ଅନେକ ଦିନର ଅନେକ କଥା

ଅନେକ ଦିନର ଅନେକ କଥା

ଜଷ୍ଟିସ୍ ରାଜକିଶୋର ଦାସ

ବ୍ଲାକ୍ ଇଗଲ୍ ବୁକ୍ସ
ଭୁବନେଶ୍ୱର, ଓଡ଼ିଶା

BLACK EAGLE BOOKS
Dublin, USA

ଅନେକ ଦିନର ଅନେକ କଥା / ଜଷ୍ଟିସ୍ ରାଜକିଶୋର ଦାସ

ବ୍ଲାକ୍ ଇଗଲ୍ ବୁକ୍ସ : ଭୁବନେଶ୍ୱର, ଓଡ଼ିଶା • ଡବ୍ଲିନ୍, ଯୁକ୍ତରାଷ୍ଟ୍ର ଆମେରିକା

BLACK EAGLE BOOKS

USA address:
7464 Wisdom Lane
Dublin, OH 43016

India address:
E/312, Trident Galaxy, Kalinga Nagar,
Bhubaneswar-751003, Odisha, India

E-mail: info@blackeaglebooks.org
Website: www.blackeaglebooks.org

First International Edition Published by
BLACK EAGLE BOOKS, 2025

ANEKA DINARA ANEKA KATHA
by **Justice Rajkishore Das**

Copyright © **Justice Rajkishore Das**

All rights reserved. No part of this publication may be reproduced, stored in a retrieval system, or transmitted, in any form or by any means, electronic, mechanical, photocopying, recording or otherwise without the prior permission of the publisher.

Cover & Interior Design: Ezy's Publication

ISBN- 978-1-64560-803-5 (Paperback)

Printed in the United States of America

ମୋ ବାପା ବୋଉଙ୍କ ପବିତ୍ର ସ୍ମୃତି ଉଦ୍ଦେଶ୍ୟରେ....
ରାଜକିଶୋର

ପଦେ ଅଧେ

ଅନେକ ବନ୍ଧୁ ମୋର ଜୀବନୀ ଓ ସମସାମୟିକ ଇତିହାସ ଲେଖିବାକୁ ବହୁବାର ଅନୁରୋଧ କରିଛନ୍ତି । ଲେଖିବି କି ନାହିଁ, କ'ଣ ବା ଲେଖିବି, ମୋ ଜୀବନରେ କ'ଣ ବା ଏପରି ଘଟଣା ଅଛି— ଏମିତି ଭାବୁ ଭାବୁ କିଛିଦିନ ବିତିଗଲା ।

ଆତ୍ମଜୀବନୀ ପ୍ରକାଶ କରିବାର ଆଦୌ ଆବଶ୍ୟକତା ନାହିଁ, ଏପରି ଭାବିବା ଠିକ୍ ନୁହେଁ । କୌଣସି କୌଣସି ବ୍ୟକ୍ତିବିଶେଷଙ୍କର ଆତ୍ମଜୀବନୀ ପ୍ରକାଶ ପାଇଲେ ତାଙ୍କ ସମୟର ଜାତୀୟ ଜୀବନ, ଜାତୀୟ ଚରିତ୍ର, ସାମାଜିକ ଅନୁଭୂତି ଓ ସାଂପ୍ରତିକ ବିକାଶ ସମ୍ବନ୍ଧରେ ବହୁତ ଆବଶ୍ୟକୀୟ ତଥା ଉପାଦେୟ ବିଷୟ ଜାଣିବାକୁ ମିଳେ ।

ବହୁ ଐତିହାସିକ ଓ ସମାଲୋଚକଙ୍କ ମତ ଯେ, ଗୋଟିଏ ଜୀବନଚରିତରେ ସମସାମୟିକ, ସାମାଜିକ ଓ ଜାତୀୟ ଚରିତ୍ର ପ୍ରତିଫଳିତ ହୋଇଥାଏ । ଅବଶ୍ୟ ବିଶ୍ୱବିଖ୍ୟାତ ନାଟ୍ୟକାର ଜର୍ଜ ବର୍ଣ୍ଣାଡ୍ ଶ' ଚିରାଚରିତ ପରିହାସ ଛଟାରେ କହିଥିଲେ– ଆତ୍ମଜୀବନୀ ଲେଖା egoism ବା ଆତ୍ମଶ୍ଳାଘାର ପରିଚାୟକ । ପ୍ରସିଦ୍ଧ କବି ଗେଟେଙ୍କ ମତରେ ଆତ୍ମଚରିତ ମାନବ ସଭ୍ୟତାର ଚିନ୍ତା ଓ ଚେତନାର ସ୍ତରକୁ ଉନ୍ନୀତ କରିବାରେ ସହାୟକ ହୁଏ । ବହୁ ଲେଖକ ଓ ଦାର୍ଶନିକଙ୍କ ମତରେ "Autobiography frequently reflects national character and so far as this is true, it can supply a rich source or materials for the understandings of diverse people." ସୂକ୍ଷ୍ମରେ କହିବାକୁ ଗଲେ, ଆତ୍ମଜୀବନୀ ଲେଖକଙ୍କ ଜୀବନର ତାତ୍ପର୍ଯ୍ୟପୂର୍ଣ୍ଣ ଘଟଣାବଳୀର କଳାତ୍ମକ ପରିପ୍ରକାଶ । ତାଙ୍କ ସମୟର ସାମାଜିକ, ଐତିହାସିକ, ସାଂସ୍କୃତିକ ଓ ରାଜନୈତିକ ଘଟଣାବଳୀ ଏଥିରେ ସ୍ୱତଃ ରୂପାୟିତ ହୋଇଥାଏ । ହିଟଲରଙ୍କ 'Mein Kamph', 'War Memoirs', ମହାତ୍ମାଗାନ୍ଧୀଙ୍କର 'My experiment with truth' ଓ ପଣ୍ଡିତ ନେହେରୁଙ୍କର 'Autobiography'

ଗୋଟିଏ ଗୋଟିଏ ଯୁଗର ଇତିହାସ। Carlyle ଙ୍କ ମତରେ "History is the essence of numerous biographies. If one wants to know the memoirs of History, let him look into the lives of great men."

ଜୀବନରେ ଅନେକ କିଛି ଅଭିଜ୍ଞତା ଅର୍ଜନ କରିଛି। ଭାବିଲି ଗୋଟିଏ ସଂକ୍ଷିପ୍ତ ଜୀବନୀ ଭାବରେ କିଛି ଲେଖିବି। ଲେଖୁ ଲେଖୁ କିଛି ଲେଖିଲି। ନିଜ ଜୀବନୀ ସହିତ ସମସାମୟିକ ପୂର୍ବ ଓ ପରବର୍ତ୍ତୀ ପିଢିର ବହୁ ବିଶିଷ୍ଟ ବ୍ୟକ୍ତିଙ୍କ ସମ୍ପର୍କରେ କିଛି ସୂଚନା ମଧ୍ୟ ଦେଲି-ତା'ର ଯାହା ମୂଲ୍ୟାଙ୍କନ ହେଉ ପଛକେ।

ଯେଉଁମାନଙ୍କର ପ୍ରତ୍ୟକ୍ଷ ଓ ପରୋକ୍ଷ ସାହାଯ୍ୟ ଓ ସହଯୋଗ ବିନା ଏହି ଆତ୍ମଜୀବନୀ 'ଅନେକ ଦିନର ଅନେକ କଥା' ଲୋକଲୋଚନକୁ ଆସିପାରି ନ ଥାନ୍ତା, ସେମାନଙ୍କୁ ମୋର ଆନ୍ତରିକ କୃତଜ୍ଞତା ଜଣାଉଛି।

ନାଟ୍ୟକାର ଭଞ୍ଜକିଶୋର ପଟ୍ଟନାୟକ, ଅଧ୍ୟାପିକା ସୁଲୋଚନା ଦାସ, ଶ୍ରୀ ବସନ୍ତ କୁମାର ରାୟ, ଶ୍ରୀ ସାରଦା ପ୍ରସନ୍ନ ନାୟକ, ଇଞ୍ଜିନିୟର ପ୍ରଭାକର ସ୍ୱାଇଁ, ଡାକ୍ତର ରଙ୍ଗାଧର ସୂତାର ଓ ଶୀ ସାରଙ୍ଗଧର ସାହୁ ପ୍ରମୁଖଙ୍କ ସହଯୋଗ ଉଲ୍ଲେଖଯୋଗ୍ୟ। ବିଶେଷ କରି ଶ୍ରଦ୍ଧେୟ ରାୟ ଆରମ୍ଭରୁ ଶେଷ ପର୍ଯ୍ୟନ୍ତ ଅତ୍ୟନ୍ତ ନିଷ୍ଠାର ସହିତ ସହଯୋଗ କରିଛନ୍ତି।

'ବିଦ୍ୟାପୁରୀ'ର ପ୍ରକାଶକ ଶ୍ରୀ ପୀତାମ୍ବର ମିଶ୍ର ଏହି ପୁସ୍ତକ ପ୍ରକାଶ କରିବା ଦିଗରେ ଆଗ୍ରହ ପ୍ରକାଶ କରିଥିବାରୁ ମୁଁ ତାଙ୍କୁ ହାର୍ଦ୍ଦିକ କୃତଜ୍ଞତା ଜଣାଉଛି।

ଏଠାରେ କହିରଖେ, ଉକ୍ତ ଆତ୍ମଜୀବନୀର ନାମକରଣ ସମ୍ପର୍କରେ ମୁଁ ଯେତେବେଳେ ଚିନ୍ତା କରୁଥିଲି, ସେତିକିବେଳେ ମୋର ଜଣେ ଘନିଷ୍ଠ ବନ୍ଧୁ, ଓଡ଼ିଶାର ପୂର୍ବତନ ପୋଲିସ ଆଇ.ଜି. ଶ୍ରୀ ବ୍ରଜବିହାରୀ ମିଶ୍ର, ଆଇ.ପି. ଏହାର ନାମ "ଅନେକ ଦିନର ଅନେକ କଥା" ରଖିବାକୁ ପରାମର୍ଶ ଦେଇଥିଲେ। ଏଥିପାଇଁ ମୁଁ ତାଙ୍କୁ ମଧ୍ୟ ଅନ୍ତରର କୃତଜ୍ଞତା ଜଣାଉଛି।

ଲେଖକ

କିଛି କଥା

ସାହିତ୍ୟ କେବଳ ମନକୁ ଶାନ୍ତି ଓ ଆନନ୍ଦ ଦିଏନି, ବେଳେବେଳେ ପରମ ଆଶ୍ୱାସନା ମଧ୍ୟ ଦିଏ। କୌଣସି ତଥ୍ୟାଶ୍ରୟୀ ଦସ୍ତାବିଜକୁ ସୁରକ୍ଷା ଦେବା ଏକ ଜାତୀୟ କର୍ତ୍ତବ୍ୟ ଏବଂ ତାହା ଜାତୀୟ ଜୀବନର ବିଗତ ଦିନକୁ ନେଇ ଗର୍ବ କରିବା ତଥା ଭବିଷ୍ୟତକୁ ନେଇ ସମ୍ଭାବନାର ସ୍ୱପ୍ନ ଦେଖିବାକୁ ଏକ ବ୍ୟାପକ ପରିସର ପ୍ରଦାନ କରେ। ସେମିତି ଏକ ସ୍ୱପ୍ନର ଇସ୍ତାହାର ହେଉଛି ମୋ ଅଜା ଜଷ୍ଟିସ୍ ରାଜକିଶୋର ଦାସଙ୍କ ଦ୍ୱାରା ଲିଖିତ ଦୀର୍ଘ ଅର୍ଦ୍ଧଶତକର ସ୍ମୃତି ବିଜଡ଼ିତ ଆତ୍ମଜୀବନୀ 'ଅନେକ ଦିନର ଅନେକ କଥା'।

ମୋ ଅଜା ରାଜକିଶୋର ଦାସଙ୍କର କୌଣସି ପୁଅ ନଥିଲେ ବରଂ ଦୁଇ ଜଣ ଝିଅ ଥିଲେ। ତାଙ୍କର ପାଞ୍ଚଜଣ ନାତି ମଧ୍ୟରୁ ମୁଁ ଥିଲି ବଡ଼ ନାତି। ବଡ଼ ନାତି ହିସାବରେ ଅନ୍ୟମାନଙ୍କ ଅପେକ୍ଷା ତାଙ୍କର ସବୁତକ ଭଲପାଇବା ମୁଁ ପାଇଥିଲି। ପିଲାବେଳୁ ହିଁ ମୁଁ ମୋ ଅଜାଙ୍କର ପ୍ରିୟ ଥିଲି। ସବୁବେଳେ ତାଙ୍କ ପାଟିରେ ଦିପୁ, ତପୁ ଓ ଲୁଲୁର ନାମ ଥିଲା। ତେବେ ସବୁଠୁ ଅଧିକ ସେ ମୋତେ ଖୋଜନ୍ତି।ସେଇ ଦିନଗୁଡ଼ିକର କଥା ମୋର ଏବେବି ସ୍ପଷ୍ଟ ମନେଅଛି। ଆମେ ସବୁ ଅଜାଙ୍କ ସହିତ ହାଇକୋର୍ଟ ଯାଏ ଗାଡ଼ିରେ ଯାଉ। ସେଠାରୁ କଲିଜିଏଟ୍ ସ୍କୁଲ୍ ଯାଏ ଚାଲିଚାଲି ଯାଉ। ସୈନିକ ସ୍କୁଲ୍‌ରେ ଯେତେବେଳେ ମୁଁ ପଢ଼ିବା ପାଇଁ ମନୋନୀତ ହେଲି ଅଜା ଖୁସି ହେଲେ, କିନ୍ତୁ କାନ୍ଦି ପକାଇଲେ। କାଳେ ମୁଁ ଆର୍ମିରେ ଚାଲିଯିବି ବୋଲି ତାଙ୍କ ଭିତରେ ଭୀଷଣ ଭୟ ଥିଲା। ମୁଁ ବିକମ୍ ଏବଂ ଏଲ୍ଏଲ୍.ବି. ଶିକ୍ଷା ଶେଷ କରି କଷ୍ଟିଙ୍ଗ୍ କରିବି ଭାବୁଥିଲି। ଅଜା କିନ୍ତୁ ମୋତେ ସବୁବେଳେ ଓକିଲାତି ପଢ଼ିବାକୁ ଉତ୍ସାହିତ କରୁଥିଲେ। ମୋ ବୃତ୍ତିଗତ ଓକିଲାତି ଜୀବନ ଉପରେ ମୋ ଅଜାଙ୍କର ଆଶୀର୍ବାଦ ସତେ ଯେମିତି ଆଶା ଏବଂ ସ୍ୱପ୍ନ ଖଚିତ ଚାନ୍ଦୁଆ ପରି ଥିଲା। ତାଙ୍କରି ଜୀବନାଦର୍ଶ ମତେ ଏକାଗ୍ର ଭାବରେ ନିଜ କର୍ମ କରିବାକୁ ସାମର୍ଥ୍ୟ ଯୋଗାଇଥିଲା। ମୋ ଅଜାଙ୍କ ଆଶୀର୍ବାଦରୁ ସର୍ବପ୍ରଥମେ

୧୯୭୮ ମସିହାରେ ମୋର ଓକିଲାତି ଜୀବନ ଆରମ୍ଭ ହୋଇଥିଲା। ୨୦୦୨ ମସିହାରେ ଓଡ଼ିଶା ହାଇକୋର୍ଟର ବିଚାରପତି ଭାବରେ, ୨୦୧୬ରେ ଝାଡଖଣ୍ଡକୁ ବଦଳି ହୋଇଯାଇଥିଲେ ଏବଂ ୨୦୧୭ରେ ସେଠାରେ ଚିଫ୍ ଜଷ୍ଟିସ୍ ଏବଂ ଜୁଡ଼ିସିଆଲ ମେମ୍ବର - ଲୋକପାଳ ହୋଇଥିଲେ।

ମୋ ବୃତ୍ତିଗତ ଜୀବନର ଶୃଙ୍ଖଳିତ କର୍ମପ୍ରଣାଳୀ ଉପରେ ଅଜାଙ୍କର ସତର୍କ ଦୃଷ୍ଟି ଥିଲା। ମଝିରେ ମଝିରେ ମୁଁ ଅଫିସ୍‌କୁ ଠିକ୍ ଭାବରେ ଯାଉଛି କି ନାହିଁ ବୋଲି ସେ ତାଦରଖ କରୁଥିଲେ। ମୁଁ ଘରେ ପହଞ୍ଚିଲା ବେଳକୁ ସେ ପ୍ରାୟ ଶୋଇପଡ଼ିଥାନ୍ତି। ମୋ ଆଈର ଦେହାନ୍ତ ପରେ ସେ ପ୍ରାୟ ମୋତେ ଅଧରାତି ବେଳକୁ ଖୋଜନ୍ତି। ତାଙ୍କ ଆଖିରେ ମୋ ଭବିଷ୍ୟତ ଏବଂ ଓକିଲାତି ଜୀବିକାକୁ ନେଇ ଥିଲା ଅସରନ୍ତି ଆଶା ଓ ସ୍ୱପ୍ନ। ସବୁବେଳେ ମତେ ଉତ୍ସାହିତ କରିବାକୁ ଯାଇ କହୁଥିଲେ- 'ତୋ ବାପା ଜଜ୍ ଥିଲା ତୁ ବି ଦିନେ ଜଜ୍ ହେବୁ। ମୋର ପୁରୁଣା ମାରଓ୍ୱାଡ଼ି କ୍ଲାଏଣ୍ଟ୍‌କୁ କହିବି ଯେ ସେମାନେ ତୋ ପାଖକୁ ଆସିବେ'। ଅଜା ଏମିତି ବହୁତ୍ ଥର କହିବା ପରେ ମୁଁ ଥରେ ତାଙ୍କୁ ରାଗିକି କହିଥିଲି- 'ତମର କୋଉ ମାରଓ୍ୱାଡ଼ି କ୍ଲାଏଣ୍ଟ୍‌ଙ୍କର ତ ଦେଖା ନାହିଁ। କେବେ ଆଉ ଆସିବେ ?' ସେ କହିଥିଲେ - 'ଏଥର ନିଶ୍ଚେ କହିବି ତୁ ଜମା ବ୍ୟସ୍ତ ହଅନି ଜୀବନରେ ଏମିତ ସଂଘର୍ଷ କରିବାକୁ ହୁଏ।' ମୁଁ ରାତି ଅଧରେ ଆସିଲେ ବି ଅଜା ଜାଣିପାରନ୍ତି। ଦିପୁ ! ଦିପୁ ! ଡାକନ୍ତି। ପ୍ରାୟ ରାତିଅଧ ଯାଏ ସେ ଚେଇଁଥାନ୍ତି ଓ ମୋତେ ଖୋଜୁଥାନ୍ତି। ମୋ ବାହାଘର ପରେ ମୋ ସହଧର୍ମିଣୀ ଏବଂ ଏ ଘରର ବଡ଼ବୋହୂ ମିତାକୁ ବଡ଼ ପାଟିରେ ଡାକିବା ତାଙ୍କର ଅଭ୍ୟାସ ହୋଇଯାଇଥିଲା, ପରେ ମୋ ପୁଅକୁ (ବଡ଼ ନାତି) ବାବୁଲ୍‌କୁ ସେ ଅନୁରୂପ ଭାବେ ଖୋଜୁଥିଲେ। ସେ ମୋ ସହିତ ଏତେ ଆସକ୍ତ ଥିଲେ ଯେ ଘରର କେତେଜଣ ମୋ ପ୍ରତି ତାଙ୍କର ଏପରି ଭଲପାଇବାକୁ ସହ୍ୟ ନକରି ଅତ୍ୟନ୍ତ ଈର୍ଷାନ୍ୱିତ ମଧ୍ୟ ହେଉଥିଲେ। ଏବେ ବି ଅଜାଙ୍କର ମତେ ଡାକୁଥିବାର ସେଇ କଣ୍ଠସ୍ୱର ମୁଁ ବାରିପାରେ। ଜଷ୍ଟିସ୍ ରାଜକିଶୋର ଦାସଙ୍କ ଆତ୍ମଜୀବନୀ ପ୍ରାୟ ୧୯୯୦ ମସିହାରେ ପ୍ରକାଶିତ ହୋଇଥିଲା। ଏହାକୁ ପ୍ରଥମେ ଦିବଂଗତ ଶ୍ରୀ ପିତାମ୍ବର ମିଶ୍ର - ବିଦ୍ୟାପୁରୀ ଛପେଇଥିଲେ। ଯା ଭିତରେ ତିନିଦଶନ୍ଧିରୁ ଊର୍ଦ୍ଧ୍ୱ ସମୟ ବିତିସାରିଛି।

ଦୀର୍ଘବର୍ଷର ବ୍ୟବଧାନରେ ଜଷ୍ଟିସ୍ ରାଜକିଶୋର ଦାସଙ୍କ ଆତ୍ମଜୀବନୀ 'ଅନେକ ଦିନର ଅନେକ କଥା'କୁ ପୁନଃ ପ୍ରକାଶିତ କରିବା ପାଇଁ ଆମ ପରିବାରରେ ଆଲୋଚନା ହେଲା। ଏହାକୁ ଦେଶ - ବିଦେଶରେ ପହଞ୍ଚାଇବାର ଇଚ୍ଛା ନେଇ ମୁଁ

ଏହାକୁ ଯୁକ୍ତରାଷ୍ଟ୍ର ଆମେରିକା ନିବାସୀ ପ୍ରକାଶକ ସତ୍ୟ ପଟ୍ଟନାୟକଙ୍କ ଦ୍ୱାରା ପ୍ରତିଷ୍ଠିତ 'ବ୍ଲାକ୍ ଇଗଲ୍ ବୁକ୍ସ' ପ୍ରକାଶନୀ ସଂସ୍ଥାରେ ଛପେଇବାକୁ ଇଚ୍ଛା ପ୍ରକାଶ କଲି। ଏ କ୍ଷେତ୍ରରେ ଅଜାଙ୍କ ଆତ୍ମଜୀବନୀର ପୁରୁଣା ପାଣ୍ଡୁଲିପିଟିକୁ ଯୋଗାଇବାରେ ସହଯୋଗ କରିଛନ୍ତି। ଓଡ଼ିଶା ହାଇକୋର୍ଟର ଆଡଭୋକେଟ୍ ତଥା ମୋର ଅନୁଜପ୍ରତିମ ପ୍ରବୀର୍ କୁମାର୍ ରାୟ, ତାଙ୍କର ସହଯୋଗୀ ଦୁର୍ଗାପ୍ରସାଦ ଭଞ୍ଜ ଏବଂ ବିଶେଷ ଭାବରେ ସହଯୋଗ କରିଛନ୍ତି ରମାଦେବୀ ମହିଳା ବିଶ୍ୱବିଦ୍ୟାଳୟର ଓଡ଼ିଆ ବିଭାଗମୁଖ୍ୟ ଡ.ସଂଘମିତ୍ରା ଭଞ୍ଜ। ଆଶା କରୁଛି ମୋ ଅଜା ଜଷ୍ଟିସ୍ ରାଜକିଶୋର ଦାସଙ୍କ ଲିଖିତ ଏହି ଗ୍ରନ୍ଥଟି ଓଡ଼ିଶାର ତତ୍କାଳୀନ ସାମାଜିକ-ସାହିତ୍ୟିକ-ରାଜନୀତିକ ଭାବଭୂମିକୁ ପୁନର୍ଜୀବିତ କରିବାରେ ସାଫଲ୍ୟମଣ୍ଡିତ ହେବ। ଏହି ଗ୍ରନ୍ଥରେ ଅତୀତର ସମୟଗର୍ଭିତ ବହୁ ଘଟଣା ଲିପିବଦ୍ଧ। ଏହା ଏକ ଜାତୀୟ ସମ୍ପତି। ଏହି ଗ୍ରନ୍ଥକୁ ଅକ୍ଷତ ରଖିବା ମୋ ଅଜାଙ୍କର ସ୍ନେହାଶୀର୍ବାଦ ପ୍ରତି ମୋର କୃତାଞ୍ଜଳି।

ପ୍ରଦୀପ କୁମାର ମହାନ୍ତି

ସୂଚିପତ୍ର

୧— ବାଲ୍ୟ ଜୀବନ ୧୯

ଜନ୍ମ, ଆମଗାଁ, ପର୍ବପର୍ବାଣି, ଗାଁ ଯାତ୍ରାଦଳ, ସରଳ ଗ୍ରାମ୍ୟ ଜୀବନ, ଆଉ ବୋଉ, ଦୟାନିଧି ଶତପଥୀ, ମଦନା ସାହୁ ଦୋକାନ, ଗାଁ' ଚୌକିଦାର

୨— ପ୍ରାରମ୍ଭିକ ଶିକ୍ଷା ୩୨

ଗାଁ' ଚାଟଶାଳୀ, ଗ୍ରାମ ବିଦ୍ୟାଳୟ, ପ୍ରଥମ ବିଶ୍ୱଯୁଦ୍ଧ

୩— କଟକ ଆସିଲି ୩୭

ରାସ୍ତାଘାଟ, କଟକରେ ପହଞ୍ଚିଲେ, ସାହେବଜାଦା ବଜାର

୪— ଛାତ୍ର ଜୀବନ ୪୨

କଟକ ନରମାଲ୍ ସ୍କୁଲ, ପ୍ରାକ୍ଟିସିଙ୍ଗ୍ ମିଡ଼ିଲ ମଡ଼େଲ ଇଂଲିଶ୍ ସ୍କୁଲ, 'କୁକୁର ବନ୍ଧୁ', ଡାକ୍ତର ବନବିହାରୀ ପଟ୍ଟନାୟକ, ରେଭେନ୍ସା କଲେଜିଏଟ୍ ସ୍କୁଲ, ରାମକୃଷ୍ଣ ନନ୍ଦ

୫—ସ୍ୱରାଜ୍ୟ ପଥେ ୫୪

ସ୍ୱରାଜ ଆଶ୍ରମ, ମୁକ୍ତିଭିକ୍ଷା, ଉତ୍କଳମଣି ଗୋପବନ୍ଧୁ ଦାସ, ଗୋପବନ୍ଧୁ ଚୌଧୁରୀ, ଅସହଯୋଗ ଆନ୍ଦୋଳନ, ନବକୃଷ୍ଣ ଚୌଧୁରୀ, ମାଳତୀ ଚୌଧୁରୀ, ଜାତୀୟକବି ବୀରକିଶୋର ଦାସ, ମହାତ୍ମା ଗାନ୍ଧୀଙ୍କ କଟକ ଆଗମନ, ବିନୋଦ ବିହାରୀ ମହିଳା ସଭା, ରମା ଦେବୀ, ଡକ୍ଟର ହରେକୃଷ୍ଣ ମହତାବ, ଡାକ୍ତର ଅଟଳ ବିହାରୀ ଆଚାର୍ଯ୍ୟ, ସଂଗ୍ରାମୀ ନିରଞ୍ଜନ ପଟ୍ଟନାୟକ, ନିତ୍ୟାନନ୍ଦ କାନୁନ୍‌ଗୋ, ବିଶ୍ୱନାଥ ନନ୍ଦ, ବନମାଳୀ ପଟ୍ଟନାୟକ, ସତ୍ୟପ୍ରିୟ ମହାନ୍ତି, ସୁରେନ୍ଦ୍ର ନାଥ ପଟ୍ଟନାୟକ, ଉମାଚରଣ ପଟ୍ଟନାୟକ, ଗୋବିନ୍ଦ ଚନ୍ଦ୍ର ମିଶ୍ର

୬— ରେଭେନ୍ସା କଲେଜ ୮୯

ଅଧ୍ୟାପକବୃନ୍ଦ, ଡକ୍ଟର ପ୍ରାଣକୃଷ୍ଣ ପରିଜା, କନିକା ଲାଇବ୍ରେରୀ, କଲେଜ ଡ୍ରାମା, ପ୍ରଫେସର ବାଥେଜା, କ୍ଷେତ୍ରମୋହନ ସ୍ୱାଇଁ, ବାରିଷ୍ଟର ମୁରଲୀଧର ମହାନ୍ତି, ପ୍ରଫେସର ଆର୍ତ୍ତବଲ୍ଲଭ ମହାନ୍ତି

୭— କର୍ମମୟ ଜୀବନର ଅୟମାରମ୍ଭ ୧୦୭

ଇଂରାଜୀ ଟିଉସନ୍, ନିଷ୍ଠୁର ମହାକାଳ, କୃପାସିନ୍ଧୁ ମିଶ୍ର ଆଇ.ସି.ଏସ୍‌, ୧୯୨୮-କଂଗ୍ରେସ ଅଧ୍ୟବେଶନ ଓ ନେତାଜୀ, ସରଳା ଦେବୀ, ବାଳକୃଷ୍ଣ କର

୮— ପାରିବାରିକ ସମ୍ପର୍କ ୧୨୦

ଅଚ୍ୟୁତାନନ୍ଦ ମହାନ୍ତି, ଡାକ୍ତର ନିତ୍ୟାନନ୍ଦ ମହାନ୍ତି, ବଳରାମ ଦାସ, ନଗେନ୍ଦ୍ର ନାଥ ଦାସ, ବାସୁଦେବ ଦାସ, ଭଗତ ଚରଣ ଦାସ, ବାରିପଦା-ବିପିନ ବିହାରୀ ଦାସ, ବୃନ୍ଦାବନ ଦାସ, ଘନଶ୍ୟାମ ଦାସ, କିଶୋରୀ ଚରଣ ଦାସ

୯— ବିବାହ ୧୪୧

ଗିରିଧାରୀ ପଟ୍ଟନାୟକ, ନିରଞ୍ଜନ ପଟ୍ଟନାୟକ, ଡାକ୍ତର ବାସନ୍ତୀ ପଟ୍ଟନାୟକ, ଜୟନ୍ତୀ ପଟ୍ଟନାୟକ, ଜାନକୀବଲ୍ଲଭ ପଟ୍ଟନାୟକ, ଇଂ ମନୋରଞ୍ଜନ ପଟ୍ଟନାୟକ, ଉମାକାନ୍ତ ମହାନ୍ତି, କିଶୋରଚନ୍ଦ୍ର ସାମନ୍ତରାୟ

୧୦— ଉତ୍କଳସମ୍ମିଳନୀ ଓ ମଧୁବାବୁ ୧୫୨

ଉତ୍କଳ ଗୌରବ ମଧୁସୂଦନ ଦାସ, ବ୍ରଜସୁନ୍ଦର ଦାସ

୧୧— କଲିକତା ମହାନଗରୀରେ ୧୫୭

ନାରାୟଣ ବୀରବର ସାମନ୍ତ

୧୨— ପାରଲା ମହାରାଜା ଓ ସ୍ୱତନ୍ତ୍ର ଓଡ଼ିଶା ପ୍ରଦେଶ ୧୬୧

ମାନ୍ଧାତା ଗୋରାଚାନ୍ଦ ପଟ୍ଟନାୟକ

୧୩— ମୋ ଓକିଲାତି ଜୀବନ ୧୬୬

ବାଙ୍କିରେ ପ୍ରଥମ ମକଦମା, ପିତୃ ବିୟୋଗ, ତତ୍କାଳୀନ ବିଚାର ପଦ୍ଧତି, ହାଇକୋର୍ଟରେ ଓକିଲାତି, ଲକ୍ଷ୍ମୀଧର ମହାନ୍ତି, ଭିକାରୀ ଚରଣ ପଟ୍ଟନାୟକ, ସ୍ୱାମୀ ବିଚିତ୍ରାନନ୍ଦ ଦାସ, ଭୁବନାନନ୍ଦ ଦାସ, ଜଷ୍ଟିସ୍ ଫଜଲ ଅଲ୍ଲୀ, କଟକ ସର୍କିଟ୍ କୋର୍ଟ, ଓଡ଼ିଶା ହାଇକୋର୍ଟ ପ୍ରତିଷ୍ଠା, ଜଷ୍ଟିସ୍ ବୀର କିଶୋର ରାୟ, ବାଞ୍ଛାନିଧି ମହାପାତ୍ର, ରାୟ ବାହାଦୂର ରାଜକିଶୋର ଦାସ, ନିମାଇଁ ହରିଚନ୍ଦନ, ବିଶ୍ୱନାଥ କର, ଗୋପାଳ ଚନ୍ଦ୍ର ପ୍ରହରାଜ, ବୈଷ୍ଣବ ପାଣି, ମକ୍ ଆସେମ୍ଲି, ଦୀନବନ୍ଧୁ ସାହୁ, ଦୟାନିଧି ଦାସ, ଶଙ୍କର୍ଷଣ ସାମଲ, ବିଶ୍ୱନାଥ ପଞାୟତ

୧୪— ସେବା ଓ ସଂସ୍କୃତି   ୭୦୦

ଲକ୍ଷ୍ମୀ ନାରାୟଣ ସାହୁ, ଶ୍ୟାମ ସୁନ୍ଦର ମିଶ୍ର, ଲକ୍ଷ୍ମୀ ନାରାୟଣ ପଟ୍ଟନାୟକ, ଭଗବତୀ ଚରଣ ପାଣିଗ୍ରାହୀ, ଉଦୟନାଥ ଷଡଙ୍ଗୀ, ବୈଦ୍ୟନାଥ ରଥ, ରାମକୃଷ୍ଣ ପତି, ଜ୍ଞାନମଣ୍ଡଳ, ଗୁଣନିଧ୍ୟ ଉବନ, ଦାମୋଦର ଶତପଥୀ, ବୈରାଗୀ ଚରଣ ମିଶ୍ର, ବନ୍ଧୁ ରାଜକିଶୋର, ଗୋଦାବରୀଶ ମହାପାତ୍ର, ବିଚ୍ଛନ୍ଦ ଚରଣ ପଟ୍ଟନାୟକ, ଓଡ଼ିଶାର ବିଭିନ୍ନ ରଙ୍ଗମଞ୍ଚ, ବନମାଳୀ ପତି, ବାଳକୃଷ୍ଣ ମହାନ୍ତି, ବାସନ୍ତୀ ରଙ୍ଗମଞ୍ଚ, କବିଚନ୍ଦ୍ର କାଳୀଚରଣ ପଟ୍ଟନାୟକ, ଅନ୍ନପୂର୍ଣ୍ଣା ଥିଏଟର, ସୋମନାଥ ଦାସ, ଲିଙ୍ଗରାଜ ନନ୍ଦ, ରାମଚନ୍ଦ୍ର ମିଶ୍ର, ଭଞ୍ଜ କିଶୋର ପଟ୍ଟନାୟକ, କାର୍ତ୍ତିକ କୁମାର ଘୋଷ, ଡାକ୍ତର ଅଦ୍ୱୈତ ମହାନ୍ତି, କମଳଲୋଚନ ମହାନ୍ତି, କେଳୁ ଚରଣ ମହାପାତ୍ର, ଅନ୍ନପୂର୍ଣ୍ଣା ଥିଏଟରର କଳାକାରଗଣ, ବାଉରିବନ୍ଧୁ ମହାନ୍ତି, ଜନତା ରଙ୍ଗମଞ୍ଚ, କଳାଶ୍ରୀ ଥିଏଟର, ରୂପଶ୍ରୀ ଥିଏଟର, ସୌଖୀନ ରଙ୍ଗମଞ୍ଚ, ରଘୁରାଓ ଓ ଅମଳା କ୍ଲବ୍

୧୫— ଓଲ୍ଡ କଲେଜ ଲେନ୍   ୭୪୦

ବସନ୍ତ ଓ ଟାଇଫଏଡ୍, ଡାକ୍ତର ପେଶାରୁଟି, ଡାକ୍ତର କୁଳମଣି ମିଶ୍ର, ପ୍ରଥମ ଓଡ଼ିଆ ବରପକ୍ଷଙ୍କୁ ସମର୍ଦ୍ଦନା, କାଠଯୋଡ଼ି କୂଳ ଆଡ୍ଡା, ଗଣେଶପ୍ରସାଦ ଭଗତ, ବିଡ଼ାନାସୀ ଏବେ ସୁନା ଥାଲି, ଜଷ୍ଟିସ୍ ଲିଙ୍ଗରାଜ ପାଣିଗ୍ରାହୀ, ଲଞ୍ଚ ହାଜ୍ ଇଟ୍ସ୍ ଉନ୍ ଏଫେକ୍ଟ, ଆଇନ ବ୍ୟବସାୟରେ ଚାରି ପୁରୁଷ, ପଣ୍ଡିତ ଲିଙ୍ଗରାଜ ମିଶ୍ର, ଡକ୍ତର ରାଧାନାଥ ରଥ, ମଇନୁଦ୍ଦିନ୍ ଅହମ୍ମଦ, ରୋଟାରୀ କ୍ଲବ୍ ଓ ମହମ୍ମଦ ୟୁସୁଫ, ମିଷ୍ଟର ଆଣ୍ଡ ମିସେସ, ଦ୍ୱିତୀୟ ବିଶ୍ୱଯୁଦ୍ଧ, କଟକରେ ଭୂମିକମ୍ପ, ବଂଶୀଧର ମହାନ୍ତି, ଝୁନ୍ଝୁନ୍ୱାଲା ଓଡ଼ିଶା ଇଣ୍ଡଷ୍ଟ୍ରିଜ, ଭାରେଡ଼ିଆ ଓ ଅନ୍ୟାନ୍ୟ, ସିରାଜ୍ ଉଦ୍ଦିନ୍, ଭାରତ ସ୍ୱାଧୀନ ହେଲା, ଲାଇଟ୍ ଇଜ୍ ଆଉଟ୍, କଟକ ଆକାଶବାଣୀ, କାଳିନ୍ଦୀ ଚରଣ ପାଣିଗ୍ରାହୀ, ଓଲ୍ଡ କଲେଜ ଲେନ୍‌ରୁ ଉଠାଯପଡ଼ା

୧୬— ଆମ ପରିବାର   ୭୭୯

ମୋ ସ୍ତ୍ରୀ, ଲିଲି, ଲିଲି ବାହାଘର, ଜଷ୍ଟିସ୍ ଯୁଗଳ କିଶୋର ମହାନ୍ତି, ବିଲି ବାହାଘର, ଗଜେନ୍ଦ୍ର ନାରାୟଣ ଦାସ

୧୭— ଲିଲି ବିଲିଙ୍କ ସାଙ୍ଗସାଥୀ   ୭୮୦

| ୧୮— | କେତୋଟି ଉଲ୍ଲେଖନୀୟ ମକଦମା | ୨୮୫ |

ମୋଦୀଙ୍କ ମକଦମାରେ ବସ୍‌ଯାତ୍ରା, ରେଳଯାତ୍ରା ଓ ସୁଭାଷ ବୋଷଙ୍କ ପ୍ରସଙ୍ଗ, କଲିକତାରେ ରେଳବନ୍ଦୀ, ହରରାମ୍ ମୋଦୀଙ୍କ ପାର୍ଟିସନ୍, ସାର୍ ଏସ୍. ଏମ୍. ବୋଷ, ଛାତ୍ର ଆନ୍ଦୋଳନ, କମ୍ୟୁନିଷ୍ଟ ଷଡ଼ଯନ୍ତ୍ର ମକଦମା, ହାଇଫେନ୍ କେଶ୍, ପ୍ରାଣନାଥ ପଟ୍ଟନାୟକ, ଗୋକୁଳ ମୋହନ ରାୟ ଚୂଡ଼ାମଣି ଓ ସାଧୁଚରଣ ମହାନ୍ତି, ଅନନ୍ତ ଚରଣ ପଟ୍ଟନାୟକ, ଗୁରୁଚରଣ ପଟ୍ଟନାୟକ, ମନମୋହନ ମିଶ୍ର, ମନୁ ସାମନ୍ତରାୟ ହତ୍ୟା, କେ.ଏସ୍. ଜୟରାମ ଆୟାର, ନୀଳଗିରି ମକଦମା, ବସନ୍ତ ମଞ୍ଜରୀ ଦେବୀ, ଦୋଳଗୋବିନ୍ଦ ମହାନ୍ତି ହତ୍ୟା, ପାଗଳା ବାବା ମକଦମା, ଏ ଖେପଟା ରାଜୁବାବୁଙ୍କର, ମହଙ୍କିଲଙ୍କ ଭାଲେଣି

| ୧୯— | ସହଯୋଗୀ ଆଡ୍‌ଭୋକେଟ୍‌ଗଣ | ୩୧୬ |

ଗିରିଜାଶଙ୍କର ବହିଦାର, ରାଜେନ୍ଦ୍ର ଚନ୍ଦ୍ର ମହାନ୍ତି, ଜଷ୍ଟିସ୍ ପ୍ରଫୁଲ୍ଲ କିଶୋର ମହାନ୍ତି, ନୀଳମଣି ରାଉତରାୟ, ପ୍ରଫୁଲ୍ଲ ପଟ୍ଟନାୟକ, ଜଷ୍ଟିସ୍ ବ୍ରଜନାଥ ମିଶ୍ର, ବାରିଷ୍ଟର ଗୋବିନ୍ଦ ଦାସ, ବିଜୟକୃଷ୍ଣ ମହାନ୍ତି, ରେବତୀ ନନ୍ଦନ ଦାସମହାପାତ୍ର, ରବି ନାରାୟଣ ବର୍ମା, ହୃଷୀକେଶ ରାୟ, ତ୍ରିଲୋଚନ ମିଶ୍ର, ଗିରିଧାରୀ ମହାପାତ୍ର, ଗୋଲୋକ ପ୍ରସାଦ ଦାସ, ରଘୁନାଥ ଦାସ, ମାନଭଞ୍ଜନ ବହିଦାର, ହରିବନ୍ଧୁ ସ୍ୱାଇଁ

| ୨୦— | ବିଚାରପତି ଜୀବନ | ୩୩୮ |

ବିଚାରପତି ହେଲି, କେତୋଟି ସ୍ମରଣୀୟ ଘଟଣାବଳୀ, ବର୍ମନଙ୍କ ଶପଥ ଗ୍ରହଣ, ନେହେରୁଙ୍କ ମହାପ୍ରୟାଣ, କଳିଙ୍ଗ ଟିଉବ୍‌ସ, ଗଙ୍ଗାଧର ମହାପାତ୍ରଙ୍କ ମକଦମା, ମୟୂରଭଞ୍ଜ ନିର୍ବାଚନ ମକଦମା, ପ୍ରିଭେଣ୍ଟିଭ୍ ଡିଟେନସନ୍ ଆକ୍ଟ, ମା'ର ମମତା, ନର୍ସ ରାଜୁଙ୍କ ସୁଆଁଳ, ହାଇକୋର୍ଟ କର୍ମଚାରୀ, ବ୍ରଜମୋହନ ପ୍ରଧାନ, ବୃନ୍ଦାବନ ଚନ୍ଦ୍ର ରଥ, ଚତୁର ବୁଢ଼ୁ, ଅବସର ବାସରେ

| ୨୧— | ସମସାମୟିକ ବିଚାରପତିଗଣ | ୩୬୩ |

ଚିଫ୍-ଜଷ୍ଟିସ୍ ନରସିଂହମ୍, ଜଷ୍ଟିସ୍ ସୌରି ପ୍ରସାଦ ମହାପାତ୍ର, ଜଷ୍ଟିସ୍ ଗୋପାଳ ଚନ୍ଦ୍ର ଦାସ, ଜଷ୍ଟିସ୍ ଏସ୍. ବର୍ମନ୍, ଜଷ୍ଟିସ୍ ଗତିକୃଷ୍ଣ ମିଶ୍ର, ଜଷ୍ଟିସ୍ ଖଲିଲ୍ ଅହମ୍ମଦ, ଜଷ୍ଟିସ୍ ଅଭିମନ୍ୟୁ ମିଶ୍ର, ଦୁଇପୁରୁଷ ଚିଫ୍-ଜଷ୍ଟିସ୍—ଜଷ୍ଟିସ୍ ପାତାୟର ମିଶ୍ର, ସାହେବ ଶୋ'ଗିୟା

୨୨—	କଲିକତାରେ ଇଣ୍ଡଷ୍ଟ୍ରିଆଲ ଜଜ୍	୩୭୩
	ବାବା ରାଜୁ ଏସେଛେ, ଜଷ୍ଟିସ୍ ଗଜେନ୍ଦ୍ର ଗାଡ୍‌କର	
୨୩—	ଜିଲ୍ଲା ପୁନର୍ଗଠନ କମିଟି	୩୭୬
୨୪—	ଲିଗାଲ ଏଡ୍	୩୮୩
୨୫—	ଓଡ଼ିଶା ରାଜ୍ୟସଭା ନିର୍ବାଚନ	୩୮୫
୨୬—	କୁଳପତି ମନୋନୟନ	୩୮୭
	ଡକ୍ଟର ସଦାଶିବ ମିଶ୍ର	
୨୭—	ନୃତ୍ୟ-ସଙ୍ଗୀତ-ନାଟକ ଦୀକ୍ଷାନ୍ତ ଭାଷଣ	୩୮୯
୨୮—	ସୟାଦପତ୍ର ସହିତ ସମ୍ପର୍କ	୩୯୩
୨୯—	ବିଭିନ୍ନ ସାଂସ୍କୃତିକ ଅନୁଷ୍ଠାନମାନଙ୍କ ସହ ସମ୍ପର୍କ	୩୯୬

ଉତ୍କଳ ଆର୍ଟ ଆଣ୍ଡ ଟ୍ରାପ୍‌ଟସ୍, ବିଭୂତ କାନୁନ୍‌ଗୋ, ବାରବାଟୀ ଷ୍ଟାଡ଼ିୟମ ଓ ଭୈରବ ଚନ୍ଦ୍ର ମହାନ୍ତି, ସତ୍ୟବ୍ରତ ଷ୍ଟାଡ଼ିୟମ୍, କଳାବିକାଶ କେନ୍ଦ୍ର ଓ ବାବୁଲାଲ ଦୋଶୀ, ସାରଳା ସାହିତ୍ୟ ସଂସଦ ଓ ଙ୍ଗ. ପ୍ରଭାକର ସ୍ୱାଇଁ, ଶିଶୁ ଅନନ୍ତ ପ୍ରଗତି ସଙ୍ଘ, ୟୁନିଭର୍ସ ଓ ଗିରିଜା ଭୂଷଣ ପଟ୍ଟନାୟକ, ପୋଲିସ ଜନତା ସମ୍ପର୍କ, ସ୍ୱାଗତିକା, ମଣିମାଣିକ, ଜାତୀୟ ଚଳଚିତ୍ର ଓ ଦୂରଦର୍ଶନ ପ୍ରତିଷ୍ଠାନ, ଶୋଭନୀୟତା ଆନ୍ଦୋଳନ, ଓଡ଼ିଶା ଫିଲ୍ମ ଆୱାର୍ଡ କମିଟି, ଓଡ଼ିଆ ନାଟକ ଶତବାର୍ଷିକୀ, ଚିନ୍ତା ଓ ଚେତନା, ସ୍ମୃତି ସଂସ୍କୃତି ପରିଷଦ, ଡକ୍ଟର ଶ୍ରୀରାମଚନ୍ଦ୍ର ଦାଶଙ୍କ ଜୟନ୍ତୀ, କଟକ କଲେକ୍ଟୋରେଟରେ ସାଂସ୍କୃତିକ ଉତ୍ସବ, ରାଜକିଶୋର ବିଦ୍ୟାପୀଠ, ପ୍ରଫେସର ପରିଜା ସ୍ମୃତି ପରିଷଦ, କଲେଜିଏଟ୍ ସ୍କୁଲରେ ସାଂସ୍କୃତିକ ଉତ୍ସବ, ନୀଳଚକ୍ରର ବାର୍ଷିକ ଉତ୍ସବ, ଉତ୍କଳ ମହିଳା ସମିତି, କଲେକ୍ଟୋରେଟ୍‌ର ଷ୍ଟାଫ୍-କମିଟି ସମ୍ମିଳନୀ, ବିଦ୍ୟା ଭାରତୀ

୩୦—	ପରିଚିତ ଓ ଅନ୍ତରଙ୍ଗତା	୪୩୫

ଜୟପ୍ରକାଶ ନାରାୟଣ, ଶ୍ରୀମତୀ ଇନ୍ଦିରାଗାନ୍ଧୀ, ପ୍ରତାପ କେଶରୀ ଦେଓ, ରାଜେନ୍ଦ୍ର ନାରାୟଣ ସିଂହଦେଓ, ପ୍ରଥମ ଓଡ଼ିଆ ଚିଫ୍-ସେକ୍ରେଟାରୀ, ନୀଳମଣି ସେନାପତି, ବି. ଶିବ ରମଣା, ସାରଙ୍ଗଧର ଦାସ, ରବିରାୟ-ବାଚସ୍ପତି,

ଜଷ୍ଟିସ୍ ରଙ୍ଗନାଥ ମିଶ୍ର, ଜଷ୍ଟିସ୍ ହରିହର ମହାପାତ୍ର, ବିଜୁ ପଟ୍ଟନାୟକ—ମୁଖ୍ୟମନ୍ତ୍ରୀ, ସୁରେନ୍ଦ୍ର ନାଥ ଦ୍ୱିବେଦୀ, ବାଙ୍କବିହାରୀ ଦାସ, ନିଶାମଣି ଖୁଣ୍ଟିଆ, ରାଜକୃଷ୍ଣ ବୋଷ, ଯଦୁମଣି ମଙ୍ଗରାଜ, ବାମା ଚରଣ ଦାସ, ପ୍ରାଣନାଥ ପଟ୍ଟନାୟକ, ବୀରେନ୍ ମିତ୍ର, ଜାନକୀବଲ୍ଲଭ ପଟ୍ଟନାୟକ, ପ୍ରାଣକୃଷ୍ଣ ପଢିହାରୀ, ଲୋକନାଥ ପଟ୍ଟନାୟକ, ବିଶ୍ୱନାଥ ପଣ୍ଡିତ, ଅଦ୍ୱୈତ ବଲ୍ଲଭ ରାୟ, ମନମୋହନ ଚୌଧୁରୀ, ଅନ୍ନପୂର୍ଣ୍ଣା ମହାରଣା, ମୁରଲିଧର ଟାଲି, ଏଚ୍. ନାୟକ, ହରିହର ପଟ୍ଟନାୟକ, ଲଲାଟେନ୍ଦୁ ପରିଜା, ହୃଦାନନ୍ଦ ରାୟ, ପ୍ରଦୀପ୍ତ କିଶୋର ଦାସ, ଅନିଲ କୁମାର ଘୋଷ, ତ୍ରିଲୋଚନ କାନୁନ୍‌ଗୋ, ମନମୋହିନୀ ଦେବୀ, କର୍ଣ୍ଣେଲ୍ ହିମାଂଶୁ ଶେଖର ମହାପାତ୍ର, ଶରତ ଚନ୍ଦ୍ର ପରିଜା, ରେଭରେଣ୍ଡ ବ୍ରଜାନନ୍ଦ ମହାନ୍ତି, ଦୁର୍ଗା ଚରଣ ଦାସ, ନାଗରୀ ମୋହନ ପଟ୍ଟନାୟକ, ରସିକ ମୋହନ ପଟ୍ଟନାୟକ, ହରମୋହନ ପଟ୍ଟନାୟକ, ପ୍ରାଣନାଥ ମହାନ୍ତି, ସ୍ୱାମୀ ଚିଦାନନ୍ଦ ସରସ୍ୱତୀ, କବି ବାଳକୃଷ୍ଣ ପଟ୍ଟନାୟକ, ପି.ଭି. କୃଷ୍ଣମୂର୍ତ୍ତି, ବାଲୁକେଶ୍ୱର ଆଚାର୍ଯ୍ୟ, ବସନ୍ତ କୁମାର ପାଣିଗ୍ରାହୀ, ମାୟାଧର ମାନସିଂହ, ସଚ୍ଚିଦାନନ୍ଦ ରାଉତରାୟ, ଶରତ ଚନ୍ଦ୍ର ମିଶ୍ର, ବିଜୟ ଦାସ, ରାଜକିଶୋର ରାୟ, ଶରତ ଚନ୍ଦ୍ର ରାଉତରାୟ, ଗୁରୁଚରଣ ମହାନ୍ତି, ଗଣେଶ୍ୱର ଦାସ, ରେଭେନ୍‌ସା କଲେଜ ପରିଚାଳନା କମିଟି, ମୁସ୍ତାଫିଜ୍ ଭାଇ, ନବକିଶୋର ମହାପାତ୍ର, ରଘୁ ରାଉତ, ସୁଶୀଳ କୁମାର ପଟ୍ଟନାୟକ, ଘନଶ୍ୟାମ ମହାପାତ୍ର, ବିନୋଦିନୀ ଷଡ଼ଙ୍ଗୀ, କାହ୍ନୁ ଚରଣ ମହାନ୍ତି, ଦେବେନ୍ଦ୍ର ନାଥ ମହାନ୍ତି, ସନ୍ତୋଷ କୁମାର ମହାନ୍ତି, ଦୁର୍ଗା ପ୍ରସାଦ ସିଂହ, ବିଜୟ କୁମାର ପାଣିଗ୍ରାହୀ, ଶୁକଦେବ ଦାସ, ରବୀନ୍ଦ୍ର ନାଥ ମହାନ୍ତି, ବିଜୟ ଚନ୍ଦ୍ର କାନୁନ୍‌ଗୋ ବୀଣାଦେବୀ, ଶାରଦା ପ୍ରସନ୍ନ ନାୟକ, ବାରିଷ୍ଟର ମଗ୍ନୁମଣି ପଟ୍ଟନାୟକ, ଟହଲି ଦଳାଇ, ପ୍ରତିଭା ରାୟ, କିଶୋର ଚନ୍ଦ୍ର ମହାନ୍ତି, ସୁଲୋଚନା ଦାସ, ଗଙ୍ଗାଧର ସୂତାର, ସାରଙ୍ଗଧର ସାହୁ ଶୁକଦେବ ମହାପାତ୍ର, ବସନ୍ତ କୁମାର ସାହୁ

୩୧— ସେଦିନରୁ ଆଜି ୪୯୧

୩୨— ନ୍ୟାୟମୂର୍ତ୍ତି ରାଜକିଶୋର ଦାସଙ୍କ ସଂକ୍ଷିପ୍ତ ଜୀବନୀ ୪୯୬

ବାଲ୍ୟ ଜୀବନ

ସମୟ ସାଗରର ବେଳାଭୂଇଁରେ ରାଶି ରାଶି ବାଲିକଣା । ସେଇ ଅଗଣିତ ବାଲିକଣାରୁ ଗୋଟିଏ ବାଲି... ଏତେ ବଡ଼ ଦୁନିଆରେ କେତେ ଛୋଟ, କେତେ ନଗଣ୍ୟ ! ମହାକାଳର ଢେଉ ତାକୁ ଛୁଇଁ ଛୁଇଁଯାଏ ଆକାଶରୁ ଝରିଆସେ ଶ୍ରାବଣର ଅସରନ୍ତି ଆଶୀର୍ବାଦର ବାରିଧାରା । ବୈଶାଖର ମଧ୍ୟାହ୍ନ ସୂର୍ଯ୍ୟ ତାକୁ ରୌଦ୍ରଦଗ୍ଧ କରେ । ପୌଷର ଝରା କାକରରେ ସେ ହୁଏ ଶିଶିରସ୍ନାତ । ବସନ୍ତ ମହୁଆ ମଳୟ ତା'ର ଶିହରିତ ପ୍ରାଣରେ ଭରିଦିଏ ନୂତନ ସ୍ପନ୍ଦନ । ଶୈଶବର କମ୍ପିତ ପଦପାତ ଆଉ ଦରୋଟି ଭାଷା, କୈଶୋରର ଅଝଟିଆ ମନ । ସ୍ୱପ୍ନବିଭୋର ଯୌବନ, ଗମ୍ଭୀର ଉଦାର ପ୍ରୌଢ଼ାବସ୍ଥା, ନିସ୍ତରଙ୍ଗ ବାରିଧର ଶାନ୍ତସମାହିତ ବାର୍ଦ୍ଧକ୍ୟ; ମୃଦୁ ପଦପାତରେ ଜୀବନ ଗୋଟିକ ପରେ ପରେ ଗୋଟିଏ ଅତିକ୍ରମି ଯାଏ । ଅନନ୍ତ ଦିଗ୍‌ବଳୟ ଯାଏ ବିସ୍ତୃତ ବାଲୁକା ଶଯ୍ୟା । ପ୍ରତ୍ୟେକଟି ବାଲିକଣାର ନିଜସ୍ୱ କାହାଣୀ ଅଛି । କିଏ ଜାଣେ କେତେଦିନ ସେମାନଙ୍କର କାହାଣୀକୁ ନିଜ ବକ୍ଷରେ ଧରି ରଖିଥିବ ଏଇ ସର୍ବଗ୍ରାସୀ ମହାକାଳ ? ତଥାପି ଆତ୍ମକଥା ନ କହି ରହିହୁଏ ନାହିଁ । ପ୍ରାଣ ଛଟପଟ ହୁଏ ।

ସେଇ ଅଗଣିତ ବାଲୁକା ମଧ୍ୟରୁ ମୁଁ ଗୋଟିଏ ବାଲିକଣା । ଏଇ ମୋର ଆତ୍ମଲିପି । ଯେଉଁଦିନ ଅବଧାନେ ହାତରେ ଖଡ଼ି ଧରାଇ ଲେଖି ଦେଇଥିଲେ ତିନୋଟି ମୁଣ୍ଡୁଳା—ବ୍ରହ୍ମା, ବିଷ୍ଣୁ, ମହେଶ୍ୱର, ସେଇଦିନ ପ୍ରଥମେ ଆଖି ଖୋଲି ଦେଖିଥିଲି ଜଗତକୁ । ସେଇଦିନଠାରୁ ଆଜିଯାଏ ଏ ଜଗତ ସହର ମୋର ଯେଉଁ ଆତ୍ମୀୟ ସମ୍ପର୍କ, ତା'ର ଗଭୀରତା କେତେ... କେବେ ମୁଁ କଳନା କରିନାହିଁ ।

ଜୀବନର ଅପରାହ୍ଣରେ ହୃଦୟର ଅସ୍ତାଚଳ ଆଜି ଭରିଯାଇଛି ମୁଠା ମୁଠା ସୁନେଲି ରଙ୍ଗରେ । ଆଜି ବିସ୍ମୃତି ପ୍ରାୟ ଉଦୟ-ଉତ୍ସବର କଥା ସ୍ମରଣ କଲାବେଳେ ପ୍ରଥମେ ମନେପଡ଼େ ତା'ରି କଥା, ଯିଏ ମୋତେ କୋଳରେ ଧାରଣ

କରିଥିଲା। ପ୍ରସୂତିର ଅଜସ୍ର ବେଦନା-ବିଧୂର ଓଠରେ ହୁଏତ ସେଦିନ ତା'ର ଖେଳିଯାଇଥିବ ଦୁଇଧାର ମନପୂରା ସ୍ମିତହସ। ସେ ମୋ ମା'; ଆଉ ମୋର ଜନ୍ମଭୂମି ମୋ ଗାଁ !

ମୋ' ଗାଁ' ନାଁ' ବାଗଲପୁର। ପୁରୀ ଜିଲ୍ଲାରେ ଆମ ଘର। ମୋ ଗାଁରେ ସୂର୍ଯ୍ୟ ଉଅଁନ୍ତି। ମୁଠା ମୁଠା ସୁନେଲି କିରଣ ନଡ଼ିଆ ତାଳଗଛର ଫାଙ୍କ ଦେଇ ମୋ ଗାଁ' ମାଟିକୁ ଅଭିଷିକ୍ତ କରେ। ପୂର୍ଣ୍ଣମୀର ଚାନ୍ଦ ମୋ ଗାଁ' ଆକାଶର ମଥାନ ଉପରେ ରୂପାଥାଳି ପରି ଝଲିଉଠେ। ମୋ ଗାଁ' ମାଟିର ବାସ୍ନା ଆଜି ବି ମୋ ଭିତରେ ଶିହରଣ ସୃଷ୍ଟି କରେ। ମୋ ଗାଁର ସବୁ ସୁନ୍ଦର। ପାଣି, ପବନ, ଗଛ, ପବନ, ଫୁଲଫଳ, ଆକାଶ, ମନ୍ଦିର, ଛାଇଆଲୁଅ, ସବୁ ଚମତ୍କାର ! ସବୁ ସୁନ୍ଦର। ଅନନ୍ୟ। ସବୁ ମତେ ମୁଗ୍‌ଧ କରେ। ତା' ରୂପର ସପନରେ ପୁଣି ମୁଁ ଆଜି ପହଁରିଯାଏ ସେଇଠିକି, ଯେଉଁଠି ଧୂଳିମାଟିରେ ଛପି ରହିଛି ମୋର ଶୈଶବ।

୧୯୦୫ ମସିହା। ବ୍ରିଟିଶ ଶାସନର ଅତ୍ୟାଚାରରେ ଭୀତତ୍ରସ୍ତ ଭାରତବାସୀ। ଜନମାନସରେ ମୁକ୍ତି-ପିପାସା। ଠିକ୍ ସେତିକିବେଳେ, ଐତିହାସିକ ବଙ୍ଗଭଙ୍ଗ ସମଗ୍ର ଦେଶରେ ନବଜାଗରଣ ସୃଷ୍ଟି କଲା। ଏକ ପକ୍ଷରେ ବିଦେଶୀ ସରକାରର ଦମନଲୀଳା ଅନ୍ୟପକ୍ଷରେ ସମଗ୍ର ଦେଶରେ ଅସନ୍ତୋଷର ବହ୍ନି ! ସେଇ ବହ୍ନି ଭିତରୁ ଜନ୍ମ ନେଉଥାଏ ସ୍ୱଦେଶୀ ଆନ୍ଦୋଳନ।

ସେହି ଆହ୍ୱାନର ପ୍ରତି ଆହ୍ୱାନରେ ଝଙ୍କୃତ ହୋଇଉଠିଛି କଟକ, ପୁରୀ, ବାଲେଶ୍ୱରର ଗଗନ ପବନ। ଜାତୀୟ ଆନ୍ଦୋଳନର ମହାସ୍ରୋତରେ ସାମିଲ୍ ହୋଇଯାଇଛନ୍ତି ଉତ୍କଳୀୟମାନେ।

ଜନ୍ମ

ସେହି ଐତିହାସିକ ୧୯୦୫ ମସିହା ନଭେମ୍ବର ୧ ତାରିଖରେ ମୋର ଜନ୍ମ ପୁରୀ ଜିଲ୍ଲାର ବାଗଲପୁର ଗ୍ରାମର ଏକ ମଧବିତ୍ତ ପରିବାରରେ। ଏବେ ଏହା ଭୁବନେଶ୍ୱର ସବ୍‌ଡ଼ିଭିଜନର ବାଲିପାଟଣା ଥାନା ଅନ୍ତର୍ଭୁକ୍ତ। କିନ୍ତୁ ସେତେବେଳେ ଏହି ଗ୍ରାମ ପୁରୀ ସଦର ସବ୍‌ଡିଭିଜନ ପ୍ରଗଣା କୋଠଦେଶର ଅନ୍ତର୍ଭୁକ୍ତ ଥିଲା। ଭୁବନେଶ୍ୱରଠାରୁ ଏହାର ଦୂରତ୍ୱ ଚଉଦ ମାଇଲ ବା ବାଇଶ କିଲୋମିଟର। କଟକ ଠାରୁ ଫୁଲନଖରା—ଭିଙ୍ଗାରପୁର ସଡ଼କବାଟେ ପ୍ରାୟ କୋଡ଼ିଏ ମାଇଲ ବା ବତିଶ କିଲୋମିଟର। ଆମ ଗାଁ'ରୁ କଟକ ଆସିବାକୁ ହେଲେ ଶଗଡ଼ ଗାଡ଼ିରେ ବାଲିପାଟଣା ବାଟଦେଇ ଫୁଲନଖରା

ଓ ତା'ପରେ ଜଗନ୍ନାଥ ସଡ଼କରେ ଆସିବାକୁ ହୁଏ, କିମ୍ବା ଶଗଡ଼ ଗାଡ଼ିରେ ଭୁବନେଶ୍ୱର ଷ୍ଟେସନ ଆସି, ସେଠାରୁ ରେଲରେ କଟକ ଆସିବାକୁ ପଡ଼ିଥାଏ।

ମୋ ବାପାଙ୍କ ନାମ ବାଞ୍ଛାନିଧି ଦାସ। ମା'ଙ୍କ ନାମ ସୁବାସିନୀ। ମୁଁ ଥିଲି ମୋ ପିତାମାତାଙ୍କର ଏକମାତ୍ର ପୁତ୍ର-ସନ୍ତାନ। ମୋ' ଉପରେ ଦୁଇ ଭଉଣୀ, ନେତ୍ରମଣି ଓ ନିଶାମଣି। ମୋ ଜେଜେବାପା ଗୋପୀନାଥ ଦାସଙ୍କ ପିତା ଥିଲେ କେଶବ ଦାସ। ମୋ ଜେଜେବାପା ଥିଲେ ଅତି ଟାଣୁଆ ଲୋକ। ମୁଁ ତାଙ୍କୁ ଦେଖିବାର ସୁଯୋଗ ପାଇନାହିଁ। କିନ୍ତୁ ତାଙ୍କ ବିଷୟରେ ଅନେକ କଥା ଶୁଣିଛି। ସେହି ଶୁଣା କଥା ତାଙ୍କର ଏକ ସଶ୍ରଦ୍ଧ ବଳିଷ୍ଠ ରୂପ ମୋ ହୃଦୟ ଭିତରେ ଆଙ୍କି ଦେଇଥିଲା। ଶୁଣିଛି, ସେ ଖୁବ୍ ସୁନ୍ଦର ହିନ୍ଦୀ କହୁଥିଲେ। ଘୋଡ଼ା ଚଢ଼ି ଯିବାଆସିବା କରୁଥିଲେ। ଘୋଡ଼ାଶାଳର ଚିହ୍ନ ବହୁଦିନ ଧରି ଥିଲା। ତାଙ୍କ ଚରିତ୍ରର ସବୁଠାରୁ ଆକର୍ଷଣୀୟ ଦିଗଟି ହେଉଛି ତାଙ୍କର କଳାପ୍ରୀତି ଓ ପ୍ରଚଣ୍ଡ ରସବୋଧ। ସେ ନିଜେ ଭଲ ବେହେଲା ବଜାଉଥିଲେ। କେତୋଟି ପୁରୁଣା ବେହେଲା ଅନେକ ଦିନଧରି ଆମ ଘରେ ଥିବାର ମୁଁ ଦେଖିଛି। ସେଇ ଭଙ୍ଗା ବେହେଲାକୁ ଧରି ବଜାଇବାର ବ୍ୟର୍ଥ ଚେଷ୍ଟା ମଧ୍ୟ ମୁଁ ପିଲାଦିନେ କରୁଥିଲି। ସେଇ ପୁରୁଣା ବେହେଲା ମୋ ଭିତରେ ସୃଷ୍ଟି କରୁଥିଲା ଆନନ୍ଦର ଏକ ମଧୁର ସ୍ୱର-ଝଙ୍କାର। ମୋ ଜେଜେବାପାଙ୍କର ଚରିତ୍ର ମୋ ପ୍ରେରଣାର ଆଦି ଉତ୍ସ ଥିଲା ବୋଧହୁଏ। ମୋ ବାପା ମଧ୍ୟ ସଙ୍ଗୀତପ୍ରିୟ ଓ କଳାପ୍ରେମୀ ଥିଲେ। ଅବଶ୍ୟ ତାଙ୍କ ଅମଳରେ ଘୋଡ଼ା ନ ଥିଲା। କିନ୍ତୁ ପୁରୁଣା ଜିନିଷ ଓ ପୁରୁଣା କଥା ପ୍ରତି ତାଙ୍କର ଥିଲା ଏକ ସହଜାତ ଦୁର୍ନିବାର ଆକର୍ଷଣ। ସେ ପରିତ୍ୟକ୍ତ ଘୋଡ଼ାଶାଳକୁ ଅନେକ ସମୟରେ ବୁଲି ବୁଲି ଦେଖନ୍ତି।

ଆମ ଗାଁ

ଆମ ଗାଁ ବାଗଲପୁର ଗୋଟିଏ ବଡ଼ ମୌଜା। ବ୍ରାହ୍ମଣ, କରଣ, କ୍ଷତ୍ରିୟ, ଖଣ୍ଡାୟତ ଆଦି ବିଭିନ୍ନ ଜାତିର ପ୍ରାୟ ସାତ ଆଠ ଶହ ଲୋକ ଏ ଗାଁର ଅଧିବାସୀ। ଅଧିକାଂଶ ଚାଷ ଉପରେ ନିର୍ଭର କରନ୍ତି। କେତେକ ଚାକିରି କରିବା ଉଦ୍ଦେଶ୍ୟରେ କଟକ ଓ ପୁରୀ ବ୍ୟତୀତ ମୟୂରଭଞ୍ଜ, ଟାଟା ପ୍ରଭୃତି ଦୂରସ୍ଥାନକୁ ଯାଇ ସେଠାରେ ବସବାସ କରି ରହୁଥିଲେ। ଏବେବି ଅନେକେ ସେସବୁ ଅଞ୍ଚଳରେ ରହୁଛନ୍ତି ଓ ବେଶ୍ ପ୍ରତିଷ୍ଠା ଲାଭ କରିଛନ୍ତି।

ଆମ ଗାଁର ଉତ୍ତର-ପୂର୍ବପଟେ ସ୍ୱପ୍ନେଶ୍ୱର ମହାଦେବଙ୍କ ମନ୍ଦିର। ସବୁ ପୂଜାପର୍ବାଣି ଦିନମାନଙ୍କରେ ଗାଁ'ର ଝିଅବୋହୂମାନେ ମନ୍ଦିରକୁ ଯାଆନ୍ତି। ଆମେ

ପିଲାମାନେ ମଧ୍ୟ ସାଙ୍ଗରେ ଯାଉଥିଲୁ। ମନ୍ଦିର ବେଢ଼ାରେ ଆମେ ଖେଳକୁଦରେ ମାତି ଯାଉଥିଲୁ। ଫୁଲ ଗଛରେ ଚଢ଼ି ଫୁଲ ତୋଳିବା, ବେଢ଼ାପାଖ କଣ୍ଟେଇକୋଳି ବୁଦାରୁ କୋଳି ତୋଳିବା, ପ୍ରଜାପତି ଧରିବା, କଙ୍କି ଧରିବା ଥିଲା ଆମ ପିଲାମାନଙ୍କର କାମ। ଭୋଗ ସରିଲେ, ଭୋଗ ଖାଇ ଘରକୁ ଫେରୁଥିଲୁ। ଆମ ଖୁସି କହିଲେ ନ ସରେ।

ଠାକୁରଙ୍କର ପୂଜାନୀତି ପାଇଁ ଜମି ଖଞ୍ଜା ରହିଛି। ସେଥିରୁ ବର୍ଷକର ଯାନିଯାତ୍ରା, ପୂଜାପର୍ବାଣି ସବୁ ହୁଏ। ଆମ ଗ୍ରାମର ଗ୍ରାମଦେବତୀ ଦେବୀ ଦୁର୍ଗା। ଦଶହରାବେଳେ ଏହି ମନ୍ଦିରରେ ବଡ଼ ଆଡ଼ମ୍ବରରେ ପୂଜା ହୁଏ। ଦୁର୍ଗା ଠାକୁରାଣୀଙ୍କ ବ୍ୟତୀତ ଆହୁରି କେତେକ ଦେବଦେବୀ ଅଛନ୍ତି। ସେମାନଙ୍କ ପାଇଁ ମଧ୍ୟ ଜମିବାଡ଼ି ଖଞ୍ଜା ରହିଛି। ସେମାନଙ୍କ ପାଇଁ ଉଦ୍ଦିଷ୍ଟ ଜମିବାଡ଼ି ସବୁ ଏବେ କ୍ରମଶଃ କ୍ଷୟ ହେଉଥିବାର ଶୁଣାଯାଏ।

ଆମ ଗାଁରେ ଗୋଟିଏ ହରିଜନ ବସ୍ତି ଅଛି। ସେମାନେ ଗୋଟିଏ ମଙ୍ଗଳା ଠାକୁରାଣୀ ଥାପି ପୂଜାରୁଜା କରନ୍ତି। ସେମାନେ ତାଙ୍କ ବିଧିବିଧାନ ଅନୁସାରେ ସେବାପୂଜା କରନ୍ତି। ସନ୍ଧ୍ୟାବେଳେ ଘୁମୁରା ବଜାଇ ନାଚଗୀତର ଆସର ଜମାନ୍ତି। ଏହା ଗୋଟିଏ ମଜବୁତ ସଙ୍ଗଠନ ପରି କାର୍ଯ୍ୟ କରୁଥିଲା।

ଆମ ଗାଁ ପରିବେଶ ମନଲୋଭା। ଶରଦସଞ୍ଜରେ ଜହ୍ନି ଫୁଲର ହାଟ ବସେ। 'ଜହ୍ନି ଫୁଲ ଠୋ ଠା, କାକୁଡ଼ି ଫୁଲ ଠୋ ଠା, ଗୁଣ୍ଡୁଚିମୂଷା କହିଯାଇଛି ତା' ଭାଗତକ ରଖିଥା'– ଗୀତ ଗାଇ ଗାଇ ଆମେ ପିଲାମାନେ ଜହ୍ନିଫୁଲ ତୋଳୁଥିଲୁ। ଗାଁ'ର ଝିଅମାନେ ଜହ୍ନି ଫୁଲରେ କୋଠି କାଟନ୍ତି ଚଉରାମୂଳେ। କୁମାରପୂର୍ଣ୍ଣମୀରେ ଚାନ୍ଦପୂଜା କରି ଚାନ୍ଦଚକଟାରୁ ପୁଳାଏ ଧରି ପୋଖରିରେ ପକାଇ ଝିଅମାନେ ପାଣିରୁ ଦରାଣ୍ଡି ଆଣନ୍ତି ଗୋଡ଼ି କିମ୍ବା ଗେଣ୍ଡା। ଯାହା ହାତରେ ଗେଣ୍ଡା ପଡ଼େ ସେ ଗୀତ ଗାଏ— 'ମୁଁ ପାଇଲି ଗେଣ୍ଡା, ମୋ ଭାଇ ହେବ ଭେଣ୍ଡା।' ଯିଏ ଗୋଡ଼ି ପାଏ ସେ ଗାଏ– 'ମୁଁ ପାଇଲି ଗୋଡ଼ି, ମୋ ଭାଉଜ ହାତରେ ସୁନାଚୁଡ଼ି। ଚାନ୍ଦଚକଟା ଖାଇ ଆମେ ଖୁସିରେ ନାଚୁଥାଉ। ପୁଚିଖେଳ, ପୂନେଇଁଗୀତ, ଫୁଲବଉଳବେଣୀ ଗୀତ ଗାଇ ରାତି ଉଜାଗରରେ ବିତେଇ ଦିଅନ୍ତି ଝିଅମାନେ। ଗାଁର ବଡ଼ ବଡ଼ ପୁଅମାନେ ଦେହରେ ପାଳଗୁଡ଼ାଇ ଝିଅମାନଙ୍କୁ ଡରାଇବାକୁ ଆସନ୍ତି। କେତେ ଖେଳ କଉତୁକ ଲାଗେ। କେତେବେଳେ ଆମ ଛୋଟପିଲାଙ୍କ ଆଖିକୁ ନିଦ ଆସିଯାଇଥାଏ କେଜାଣି, ସକାଳ ହେଲାବେଳକୁ ଆମେ ଯିଏ ଯାହା ଘରେ ଶୋଇଥାଉ। ଆଜି ବି ମନେପଡୁଛି ସେଦିନର କୁଆଁରପୂନେଇଁ ଗୀତରୁ ଦି'ଧାଡ଼ି—

‘କର୍ମଙ୍ଗା ଗଛର ଛାଇଗୋ, ଫୁଲ ବଉଳବେଣୀ,
କରମ ଯାହାର ସଫଳ ହୋଇବ, କୃଷ୍ଣଙ୍କୁ ଲଭିବ ସେହି ଗୋ,
ଫୁଲ ବଉଳବେଣୀ।
କଞ୍ଚନ ଗଛର ଛାଇଗୋ, ଫୁଲ ବଉଳବେଣୀ,
ଭାବବିନୋଦିଆ ଯେଣେ ଯାଉଥାଇ, ତେଣେ ହୁରି ପଡୁଥାଇ ଗୋ,
ଫୁଲ ବଉଳବେଣୀ।’

ଆଜି ଗାଁର ଝିଅମାନେ ଶିକ୍ଷିତା ହେଲେଣି। ହେଲେ ଗାଁର ସେ ମଧୁର ବାତାବରଣ କେତେଦୂର ସୁରକ୍ଷିତ ଅଛି ସେକଥା ମୁଁ ଠିକ୍ ଭାବରେ ଜାଣେ ନାହିଁ। ଆମ ସଂସ୍କୃତି ଆମ ପରମ୍ପରାର ପ୍ରାଣପ୍ରାଚୁର୍ଯ୍ୟଭରା ଆନନ୍ଦ ଉଲ୍ଲାସ ଆଜି ବି ମୋ ବାଲ୍ୟସ୍ମୃତିକୁ ମଧୁର, ସଜଳ କରି ରଖିଛି।

ଭିନ୍ନ ଭିନ୍ନ ଋତୁରେ ନାହିଁ ନ ଥିବା ଫୁଲଫଳର ସୁଷମା। ଅରମା ବେତବଣ, କୋଇଲିଖିଆ କଣ୍ଟା, ପୋଖରୀମାନଙ୍କରେ ନାଲି, ଧଳା, ନୀଳକଇଁର ଅପୂର୍ବ ସୌନ୍ଦର୍ଯ୍ୟ, ନେହ୍ଟି ନେହ୍ଟି ଗୋଡ଼ିବାଣ ଫୁଲ, କନିଅର ଫୁଲ, ମଲ୍ଲୀମାଳତୀର ମହମହ ବାସ୍ନାରେ ମୋ ଗାଁ ମାଟି ସୁରଭିତ। ତାଳ, ନଡ଼ିଆ ମାଳ ସାଙ୍ଗକୁ ତୋଟାମାନଙ୍କରେ ଆମ୍ବ, ପଣସ, ସପୁରି, ପିଜୁଳି, ଜାମୁଗଛର ସମାରୋହ। ତୋଟାମାଳରେ ଫୋପଡ଼ ମାରି ଆମ୍ବ ଝଡ଼େଇବା, ପିଜୁଳି ତୋଳିବା, ଜାମୁଗଛରେ ଚଢ଼ି ଜାମୁକୋଳି ତୋଳିବାରେ ଯେଉଁ ଅପୂର୍ବ ଶିହରଣ ଥିଲା, ଆଜି ଝୁଡ଼ି ଝୁଡ଼ି ପାଚିଲା ଆମ୍ବ ଦେଖି ସେ ଶିହରଣର ଶତାଂଶ ମଧ୍ୟ ସୃଷ୍ଟି ହୁଏ ନାହିଁ। ସବୁ ପାଟକର ଲୋକେ ଭାଇ ଭାଇ ପରି ଏକାଠି ମିଳିମିଶି ଚଳୁଥିଲେ। ଚଳିବା ପାଇଁ ଆମ ଗାଁ ଲୋକଙ୍କୁ ବାହାର ଉପରେ ନିର୍ଭର କରିବାକୁ ପଡୁ ନ ଥିଲା।

ଆମ ଘର ଆଗରେ ଗୋଟିଏ ବଡ଼ ପୋଖରୀ ଅଛି। ତାକୁ ‘ହଂସୁଆଣୀ ପୋଖରୀ” ବୋଲି ସମସ୍ତେ କହନ୍ତି। ସେଥିରେ ଦଳ ଦଳ ହଂସ ପହଁରୁଥିବାର ଦୃଶ୍ୟ ଅତ୍ୟନ୍ତ ଚିତ୍ତାକର୍ଷକ। ଆମ ପିଲାବେଳେ ଏହି ହଂସମାନଙ୍କ ପକ୍ଷୀରୁ କଲମ ତିଆରି କରି ଲେଖିବା କଥା ମୋର ଏବେ ବି ମନେଅଛି। ଏହା ବ୍ୟତୀତ ଗ୍ରାମରେ ଅନେକ ଛୋଟବଡ଼ ପୋଖରୀ ଥିଲା। କୂଅ ବି ଥିଲା। ଶ୍ରାବଣ, ଭାଦ୍ରବ ମାସରେ ପୋଖରୀଗୁଡ଼ିକରେ ନାନା ରଙ୍ଗର କଇଁଫୁଲ ଫୁଟେ। ଖୁଦୁରୁକୁଣୀ ପୂଜାବେଳେ ପୁଅଝିଅ ସମସ୍ତେ ମିଶି ଫୁଲ ତୋଳୁ। ପହଁରି ପହଁରି କଇଁଫୁଲ ତୋଳଆଣି ଝିଅମାନଙ୍କୁ ଦେବାର ଆତ୍ମପ୍ରସାଦର ମୂଲ୍ୟ ସତରେ କଳନା କରିହେବ ନାହିଁ। ଡାଲା ଡାଲା ଫୁଲ ଧରି

ଝିଅବୋହୂମାନେ ଗୁଚ୍ଛି ବସନ୍ତି। ମାଳଚୂଳ, ଭାଲୁକୁଣୀ ତିଆରି କରି ରାତିରେ ପୂଜା କରନ୍ତି। ତଅପୋଇ ଗୀତ ଗାଇ ମା' ମଙ୍ଗଳାଙ୍କ ପୂଜା ଅର୍ଚ୍ଚନା କରନ୍ତି। କେଉଁ ପାଳି ଚୂଡ଼ା, କେଉଁ ପାଳି ମୁଢ଼ି, କାକୁଡ଼ି, ଖଇ, ନଡ଼ିଆ ଭୋଗ। ସେଇ ଭୋଗ ମୁଠାକ ଛଡ଼ା ଆମ ପିଲାମନ ସେତେବେଳେ ଆଉ କେଉଁଥିରେ ଲାଗୁ ନ ଥିଲା।

ପର୍ବପର୍ବାଣି

ଆମ ଗାଁରେ ସାରାବର୍ଷ ପର୍ବପର୍ବାଣି ଲାଗି ରହିଥାଏ। ବାରମାସରେ ତେର ପର୍ବ। ଫୁଲେ ଫୁଲେ ଫଗୁଣ ଆସେ। କୋଇଲିର କୁହୁତାନରେ ଗାଁର ନୀରବ ମୁହୂର୍ତ୍ତଗୁଡ଼ିକ ମର୍ମରିତ ହୋଇ ଉଠନ୍ତି। ଚୋରା ଚଇତାଳି ସାରା ଗାଁରେ ଭରିଦିଏ ଏକ ନୂତନ ପ୍ରାଣସ୍ପନ୍ଦନ। ନବଯୌବନର ଉନ୍ମାଦନାରେ ଠାକୁରେ ଦୋଳଯାତ୍ରାରେ ବାହାରନ୍ତି। ଠାକୁରମାନେ ବିମାନରେ ବସି ଘର ଘର ବୁଲି ଭୋଗ ଖାଆନ୍ତି। ଗାଁ ମୁଣ୍ଡ ମେଳଣ ପଡ଼ିଆରେ ଆଖପାଖ ଗାଁ'ର ଦଶବାରଟି ବିମାନ ଏକାଠି ହୁଅନ୍ତି। ସାରା ରାତି ସଂକୀର୍ତ୍ତନ ହୁଏ। ପଞ୍ଝା ପଞ୍ଝା ସଂକୀର୍ତ୍ତନ ଦଳ ନିଜ ନିଜର କୃତିତ୍ୱ ଦେଖାଇବାକୁ ଗୌରବ ମଣନ୍ତି। ରାତି ଶେଷ ସରିକି ମେଳଣ ଭାଙ୍ଗେ। ନିଜ ନିଜ ଠାକୁର ବିମାନକୁ ନେଇ ଯେ ଯୁଆଡ଼େ ଗାଁ'କୁ ଫେରିଯାଆନ୍ତି। ଭୋଗରାଗ ଅବିର ଖେଳରେ ଗାଁର ଆତ୍ମୀୟତା ନିବିଡ଼ ହୁଏ। ବିମାନଗୁଡ଼ିକରେ ପହିଲି କଞ୍ଚା ଆମ୍ବ ଝୁଲୁଥାଏ। ଘଣ୍ଟି ଘାଗୁଡ଼ି ବାନ୍ଧି ଗୋପାଳମାନେ ଓଗାଳ ବୋଲନ୍ତି। ପୂର୍ଣ୍ଣିମା ଦିନ ଗାଁ' ଦାଣ୍ଡରେ ଗୋରୁମାନଙ୍କର ଗୋଠ ହୁଏ। ଗୋପାଳମାନଙ୍କର ପ୍ରାଣସ୍ପର୍ଶୀ ମଧୁର ଓଗାଳରେ ଗାଁ ଦାଣ୍ଡ ମୁଖରିତ ହୋଇଉଠେ। ଛନ୍ଦାଛନ୍ଦି ହୋଇ ଗୋପାଳମାନେ ଗାଆନ୍ତି–

ସୁଦାମ—(ଓଗାଳ)— "ଜହ୍ନମାମୁଁ" ବୋଲି ନନ୍ଦ କୃଷ୍ଣଙ୍କୁ ଦେଖାଇ
ଜଗତର ମାମୁଁ ଜହ୍ନ କେଉଁପରି ହୋଇ ?"

ଦାମ—(ଉତ୍ତର)— "ଜହ୍ନମାମୁଁ ବୋଲି ଲୋକେ ଯହିଁ ଡାକନ୍ତି
ଲକ୍ଷ୍ମୀଦେବୀ ଜଗତର ଜନନୀ ଅଟନ୍ତି;
ଚନ୍ଦ୍ର ଲକ୍ଷ୍ମୀ ଦୁଇଜଣ ସମୁଦ୍ରରୁ ଜାତ
ଚନ୍ଦ୍ର ତାଙ୍କର ଅଟନ୍ତି ସହୋଦର ଭ୍ରାତ
ଚନ୍ଦ୍ର ଭ୍ରାତା, ଭଗ୍ନୀ ଲକ୍ଷ୍ମୀ ଜଗତମାତା ହେଲେ
ତେଣୁ ମାମୁଁ ବୋଲି ଚନ୍ଦ୍ର ଜଗତେ ଡାକଲେ।"

ଆମବେଳର ହୋଲି ଖେଳ, ଆଜିର ରଙ୍ଗଖେଳ ଉପରେ କେତେ ତଫାତ୍‌ !

ଖରା ଟାଣ ହୁଏ। ଜ୍ୟେଷ୍ଠ ପରେ ଆସିବ ଆଷାଢ଼। ବର୍ଷା ଋତୁର ଶୁଭାଗମନ ହେବ। ଚାଷୀକୁଳ ଯେ ଯାହା କାମରେ ଲାଗିଯିବେ। ଅଥଚ ଜ୍ୟେଷ୍ଠ-ସଂକ୍ରାନ୍ତି ବେଳକୁ ହାତରେ କିଛି କାମ ନାହିଁ। ପୃଥିବୀ ରଜଃସ୍ୱଳା ହୋଇଥିବାରୁ ଚାଷବାସ କାମ ସବୁ ବନ୍ଦ। ଏତିକିବେଳେ ଆମ ଗାଁରେ ପାଳିତ ହୁଏ ରଜପର୍ବ। କଟାକଟି, ବଛାବଛି, ମାଟିହଣା, ଚାଷକାମ ସବୁ ମନା। ତେଣୁ ଖାଇବା, ପିଇବା, ମଉଜ ମଜଲିସ୍ ଛଡ଼ା ଆଉ କ'ଣ ଧନ୍ଦା ଅଛି ? ଏତିକିବେଳେ ଗାଁ ବାହାରେ ଯିଏ ଯେଉଁଠି ଥାନ୍ତି, ସମସ୍ତେ ଆସନ୍ତି ଗାଁକୁ।

ଖେଳ କସରତ, ନାଚତାମସା, ଆନନ୍ଦ ଉଲ୍ଲାସ ଭିତରେ କେମିତି ତିନିଦିନ ବିତିଯାଏ; ଆଦୌ ଜଣା ପଡ଼େନି। ଆମେ ସବୁ ପିଲା ଓ ଟୋକାମାନେ ବାଗୁଡ଼ି, ବୋହୂଚୋରି, ଡାଳମାଙ୍କୁଡ଼ି ପ୍ରଭୃତି ଖେଳୁ। ବୟସ୍କ ଓ ବୁଢ଼ାମାନଙ୍କର ତାସ ଓ ପଶାପାଲିର ଆସର ଜମେ। 'ଦୋ କେ ତିନ୍', 'କଚେ ପୁଅ ବାର', 'ଛଅ ତିନି ନଅ' ଡାକରେ ଗାଁ' ଦାଣ୍ଡ ଉଛୁଳି ପଡ଼େ। ଆଉ ଗାଁ'ର ଝିଅବୋହୂମାନଙ୍କର କଥା ନ କହିଲେ ଚଳେ। ପଞ୍ଝା ପଞ୍ଝା କୁଟକମକରା ଚନ୍ଦନ ପାଟି ଲଗାଇ, ପାଦରେ ଗୁଆ-ଖୋଳପା ମାଡ଼ି, ନୂଆ ଲୁଗାପଟା ପିନ୍ଧି ଦୋଳି ଖେଳରେ ମାତି ଯାଆନ୍ତି ସେମାନେ। ପିଲାଦିନେ ଆମେ ସବୁ ଦୋଳି ଝୁଲେଇ ଦେଉଥିଲୁ। ତାଙ୍କ ସାଙ୍ଗରେ ଦୋଳିରେ ବସି ଝୁଲୁଥିଲୁ। ଏଇ ଦୋଳି ଖେଳ ଆମ ପିଲାମାନଙ୍କ ପାଇଁ ଥିଲା ସବୁଠୁ ବେଶୀ ଆକର୍ଷଣୀୟ। ଝିଅମାନଙ୍କର ଦୋଳି ଗୀତର ଲହର ସାଙ୍ଗରେ ଦୋଳିପଟା ଉଡ଼ି ଯାଉଥିଲା କାହିଁ କେତେ ଉଚ୍ଚକୁ।

"ବନସ୍ତେ ଡାକିଲା ଗଜ, ବରଷକେ ଥରେ ଆସିଛି ରଜ,
ଆସିଛି ରଜ ଲୋ, ଘେନି ନୂଆ ସଜବାଜ।" x x x

ପହିଲି ରଜ ଦିନ ପୋଡ଼ପିଠା, ନଡ଼ିଆରାଇ ହୁଏ। ଆମ ଗାଁର ଛୋଟ ଛୋଟ ପିଲାମାନେ ପିଠାପଣା ଖାଇ ମନଆନନ୍ଦରେ ଖେଳୁଥାନ୍ତି। କେତେକ ପିଲାଙ୍କୁ ଧରି ମୁଁ ଗୋଟିଏ ଛୋଟ ବିମାନରେ ଠାକୁର ସଜାଇ, ସଂକୀର୍ତ୍ତନ କରି ଗାଁ ଦାଣ୍ଡ ପରିକ୍ରମା କରୁଥିଲି। ଏହି ପରମ୍ପରାକୁ ପାଣୁଆ ଆରମ୍ଭ କରିଛି ବୋଲି ଲୋକେ କହୁଥିଲେ (ମୋ ଡାକ ନାଁ ପାଣୁ)। ଆମ ଦେଖାଦେଖି ଆଖପାଖ ଗାଁର ପିଲାଏ ମଧ୍ୟ ବିମାନରେ ଠାକୁର ବସାଇ କୀର୍ତ୍ତନ କରି ଗାଁ ଦାଣ୍ଡରେ ବୁଲୁଥିଲେ। କିନ୍ତୁ ଦୁଃଖର କଥା, ମୁଁ ଗାଁ ଛାଡ଼ି କଟକ ଆସିବା ପରେ ଏହା ବନ୍ଦ ହୋଇ ଯାଇଥିଲା।

ଆମ ଗାଁ ଏକ ଚାଷୀ ଗାଁ। ଅକ୍ଷୟ-ତୃତୀୟାକୁ ଆମେ ପବିତ୍ରତାର ସହିତ

ପାଳନ କରୁଥିଲୁ। ମୁଁ ଅନେକଥର ଥର ପାଟଲୁଗା ପିନ୍ଧି, ବେତଗଉଣୀରେ ଧାନ ବିହନ ଧରି କ୍ଷେତକୁ ଯାଇଛି ଓ ପ୍ରଥମ ଧାନ ବୁଣିବାର ଶୁଭ ଅନୁକୂଳ କରିଛି। ଅତୀତର ସେଇ ମଧୁର ସ୍ମୃତିଚାରଣରେ ମନରେ ଆଜି ଅପୂର୍ବ ଆନନ୍ଦ ସୃଷ୍ଟି ହୁଏ।

ଦଶହରା ଆଜି ସହର ବଜାରରେ ନାନା ଜାକଜମକରେ ପାଳିତ ହେଉଛି। କିନ୍ତୁ ଆମ ଗାଁର ସେ ଅନ୍ତରଙ୍ଗ ପରିବେଶ, ସେ ଆନ୍ତରିକତା ମୋ ହୃଦୟରେ ଅଲିଭା ସ୍ମୃତି ହୋଇ ରହିଯାଇଛି। ଆମ ଗାଁ ଦଶହରାର ଆଟୋପ ଥିଲା ଭିନ୍ନ ଧରଣର। ସବୁରି ଘରେ କୁଣିଆମଇତ୍ରଙ୍କ ଭିଡ଼। ଘରେ ଘରେ ପିଠାପଣା। ସେ ସମୟରେ ଆମ ଗାଁରେ ଆଜିକାଲି ପରି ଆଡମ୍ବର ସହିତ ଦୁର୍ଗାଙ୍କର ମୂର୍ତ୍ତି ପୂଜା ହେଉ ନ ଥିଲା। ଘଟପୂଜା ଓ ଖଣ୍ଡାପୂଜା ଥିଲା ଶକ୍ତି ଉପାସନାର ସଂଭ୍ରାନ୍ତ ଅବଲମ୍ବନ। ଆମ ଘରେ ଲେଖନ ଓ ତାଳପତ୍ର ପୋଥି ପୂଜା ହେଉଥିଲା। ଶେଷଦିନ ଘଟ ବିସର୍ଜନ ପରେ ଆମେ ସବୁ ନୂଆ ତାଳପତ୍ରରେ ଲେଖନୀରେ ଲେଖୁଥିଲୁ। ଦଶହରା ଉଦ୍‌ଯାପନ ଉତ୍ସବ ଅବସରରେ ଗାଁ'ମୁଣ୍ଡ ଖୋଲା ପଡ଼ିଆରେ ମେଲଣ ହେଉଥିଲା। ଚିରାଚରିତ ରୀତିରେ ଏହି ପଡ଼ିଆକୁ ଆମେ 'ଦଶହରା ପଡ଼ିଆ' କହୁଥିଲୁ। ସମ୍ପୂର୍ଣ୍ଣ ପ୍ରାଣବନ୍ତ ଓ ନୂତନ ବାତାବରଣ ଭିତରେ ଦେବୀ ଦୁର୍ଗାଙ୍କର ନୀରାଜନା ସମାପିତ ହେଉଥିଲା।

ଆଜିକାଲ ପରି ବେତାର ଓ ଦୂରଦର୍ଶନ ସେତେବେଳେ ନ ଥିଲା। ତେଣୁ ମନୋରଞ୍ଜନ କହିଲେ ଗାଁ ଗହଳିରେ ନାଚ, ତାମସା ଓ ପର୍ବପର୍ବାଣି ଥିଲା ଏକମାତ୍ର ମାଧ୍ୟମ। ଆମ ଗାଁରେ ମଧ ଅନେକ ସମୟରେ ଏ ସବୁର ଆୟୋଜନ ହେଉଥିଲା। ଆମ ଗାଁରେ ଓ ଆଖପାଖ ଗାଁରେ ଅନେକ କେଉଟ ପରିବାର ଥିଲା। ଚଇତି ପୂନେଇଁ ସେମାନଙ୍କର ବଡ଼ ପର୍ବ। ସେଦିନ ଆମ ଗାଁ ଓ ଆଖପାଖ ଗାଁର କେଉଟମାନେ ପୁରୁଷ ଓ ସ୍ତ୍ରୀ ବେଶରେ ଆସି 'ଘୋଡ଼ାନାଚ' କରନ୍ତି। ପିଲାଦିନେ ଆମକୁ ଏ 'ଘୋଡ଼ାନାଚ' ଭାରି କଉତୁକ ଲାଗୁଥିଲା। ଘୋଡ଼ାନାଚର ଗୀତଗୁଡ଼ିକ ବେଶ ରୁଚିକର ଓ ଶ୍ରୁତିମଧୁର। ସେଇ ଚୈତ୍ର ମାସରେ ଆମ ଗାଁରେ 'ପାଟୁଆ ନାଚ' ମଧ୍ୟ ହେଉଥିଲା। ପାଟୁଆମାନଙ୍କର ନୃତ୍ୟ-ଗୀତ ଓ ପୋଷାକ-ପରିଛଦ ବେଶ ବିଚିତ୍ର ଓ ରଙ୍ଗରଙ୍ଗିଆ। ପାଟୁଆନାଚ ଅପେକ୍ଷା ମୋତେ 'ଘୋଡ଼ାନାଚ' ଅଧିକ ଆନନ୍ଦ ଦେଉଥିଲା। ତା'ର ଗୀତ କେଇପଦ କର୍ଣ୍ଣଗହ୍ୱରରେ ଏବେ ବି ଅନୁରଣିତ ହୋଇଉଠେ।

"କଳା ଚାରିଜାତି କହରେ ନାଗର, କଳା ଚାରିଜାତି କହ
କଳା ଚାରିଜାତି ନ କହି ପାରିଲେ ନାଗରରେ !
ପାଲଟା ଧୋଇବୁ ରହ।"

ଏ ସବୁ ପରମ୍ପରା ଆମ ସାଂସ୍କୃତିକ ଚେତନାର ପରିଚାୟକ। ବ୍ୟକ୍ତିଗତ ଜୀବନରେ ଓ ସମଷ୍ଟିଗତ ଭାବରେ ଆତ୍ମୀୟତା ସୃଷ୍ଟି କରିବା ଏହାର ଲକ୍ଷ୍ୟ। ପରମ ଶ୍ରଦ୍ଧା ଓ ସ୍ପର୍ଦ୍ଧା ରୂପରେ ଏହା ଆମ ଜୀବନଧାରା ସହିତ ଓତପ୍ରୋତ ଭାବରେ ଜଡ଼ିତ ଥିଲା।

ଗାଁ ଯାତ୍ରାଦଳ

ମୋ ପିଲାଦିନେ ଆମ ଗାଁ'ରେ ପଞ୍ଚାଏ ଯାତ୍ରାବାଲା ଥିଲେ। ସେମାନେ ପୌରାଣିକ କଥାବସ୍ତୁକୁ ନେଇ ଯାତ୍ରା କରୁଥିଲେ। ସେତେବେଳେ ଏହି ଯାତ୍ରା ସବୁ ଲୀଳା ଓ ସୁଆଙ୍ଗ ରୀତିରେ ଅଭିନୀତ ହେଉଥିଲା। ଆଧୁନିକ ଥିଏଟର୍ ଯୁଗରେ ସାମାଜିକ ନାଟକଗୁଡ଼ିକର ଚାହିଦା ବହୁତ ବେଶୀ। ଟେଲିଭିଜନ, ରେଡ଼ିଓ ଓ ସିନେମା ଯୁଗରେ ନାଟକ ଅଭିନୟରେ ବହୁତ କଳାକୁଶଳତା ପ୍ରଦର୍ଶିତ ହେଉଛି। କିନ୍ତୁ ଆମ ପିଲାଦିନେ ଯାହା ଅଭିନୟ ପ୍ରଣାଳୀ ଥିଲା ଅତ୍ୟନ୍ତ ସରଳ। ଆଜିକାଲି ଥିଏଟରରେ (ଅପେରାରେ ମଧ୍ୟ) ନାରୀ ଭୂମିକା ଝିଅମାନଙ୍କ ଦ୍ୱାରା ଅଭିନୀତ ହେଉଛି। ମାତ୍ର ସେ ସମୟରେ ପୁଅ ପିଲାମାନେ ନାରୀ ଭୂମିକାରେ ଅଭିନୟ କରୁଥିଲେ। ବିଜୁଳି ଆଲୁଅ ତ ନ ଥିଲା, ମଶାଲ ଆଲୁଅରେ ଯାତ୍ରାଭିନୟ ହେଉଥିଲା। ଆମ ଗାଁ ସଦା ବାରିକ ମଶାଲରେ ତେଲ ପକାଇ ପକାଇ ଯାତ୍ରାବାଲାଙ୍କ ସଙ୍ଗେ ପାଦ ମିଳାଇ ତାଙ୍କ ମୁହଁକୁ ଆଲୁଅ ଦେଖାଉଥିଲା। ଥରେ ଥରେ ରାତିରେ ଆମେ ସବୁ ଗାଢ଼ ନିଦରେ ଶୋଇଥିଲାବେଳେ ଯାତ୍ରାଦଳ ଆସି ଆମ ଦାଣ୍ଡରେ ପହଞ୍ଚନ୍ତି। ଢୋଲକ ବାଜା ଓ ହାରମୋନିୟମ୍ ଶବ୍ଦରେ ଆମ ନିଦ ଭାଙ୍ଗିଯାଏ। ଯାତ୍ରା ଆରମ୍ଭ ହୋଇ ସରିଲା ବେଳକୁ ରାତି ପାହିଯାଏ। ସକାଳେ ଯାତ୍ରାବାଲାମାନେ ଘର ଘର ବୁଲି ମାଗୁଣି କରନ୍ତି ଓ ତା'ପରେ ଚୁଡ଼ା ଗୁଡ଼ ନଡ଼ିଆ ଚକଟା ଖାଇ ଘରକୁ ଯାଆନ୍ତି।

ପିଲାଦିନୁ ମୋର ଯାତ୍ରା, ଥିଏଟର ଓ ପାଲା ପ୍ରତି ଗଭୀର ଅନୁରକ୍ତି ଥିଲା। ସ୍କୁଲରେ ପାଠ ପଢୁଥିବା ସମୟରେ ମୁଁ ମଝିରେ ମଝିରେ କଟକରୁ ଯାଇ ଗାଁରେ ଡ୍ରାମାରେ ଯୋଗଦିଏ। ବହୁବାର ବିଭିନ୍ନ ନାଟକରେ ଅଭିନୟ ମଧ୍ୟ କରିଛି। କେବଳ ନାଟକ ନୁହେଁ, ସାଙ୍ଗମାନଙ୍କୁ ଧରି କେତେଥର ପାଲା ମଧ୍ୟ କରିଛି। ତାଳପତ୍ରକୁ ଚିରି ଚଅଁର ତିଆରି କରାଯାଏ। ମୁଁ ଗାୟକ ହୋଇ ବୋଲେ–

'ମୁଁ ତ ହୋଇଥିଲେ ପାଢ଼ୀରେ
ଗୀତ ଦେଉଥାନ୍ତି ଝାଡ଼ିରେ,

'ମୁଁ ତ ହୋଇଥିଲେ ପଣ୍ଡାରେ
ଛାନ୍ଦ କହନ୍ତି ଗଣ୍ଡାକୁ ଗଣ୍ଡାରେ...'

ଗାଁର ଅନ୍ୟ ପିଲାମାନେ ଆମର ଏଇ ପାଲା ଦେଖି ଭାରି ଖୁସି ହୁଅନ୍ତି। ଆଜି ପରିଣତ ବୟସରେ ଏ ସବୁ ପିଲାଳିଆ କଥା ମନେପଡ଼ିଲେ ହସ ଲାଗେ। ସେ ସବୁ ଦିନ ଆଖିଆଗରେ ଜଳ ଜଳ ହୋଇ ଦିଶୁଛି। ମନଗହନରେ ସ୍ମୃତିର ପ୍ରଜାପତି ଉଡ଼ିବୁଲେ। ହେଲେ ସମୟ ସ୍ରୋତ ତ ଉଜାଣି ବହେ ନା !

ସରଳ ଗ୍ରାମ୍ୟ ଜୀବନ

ସେତେବେଳେ ସାରା ଗାଁ'ର ଲୋକେ ଗୋଟିଏ ପରିବାର ପରି ଚଳୁଥିଲେ। କାହା ଘରେ କୁଣିଆ ପହଞ୍ଚିଲେ, ସାଇପଡ଼ିଶାରୁ ପିଠାପଣା ଓ ତରକାରୀପତ୍ର ଆସୁଥିଲା। ସେଥିରେ କୁଣିଆ ବିଧିମତେ ଚର୍ଚ୍ଚା ହେଉଥିଲେ। ତା'ଛଡ଼ା ଗାଁ' ବାହାରେ ରହୁଥିବା ଯୁବକମାନେ ଛୁଟିରେ ଆସିଲେ, ସେମାନଙ୍କୁ ମଧ୍ୟ ପିଠାପଣା, ତରକାରୀପତ୍ର ଦେଇ ଅନ୍ୟମାନେ ସ୍ନେହ ମମତା ପ୍ରଦର୍ଶନ କରୁଥିଲେ। ଶ୍ରଦ୍ଧାରେ ସାଇଭାଇରେ ସେମାନଙ୍କୁ ନିମନ୍ତ୍ରଣ କରି ଖାଇବାକୁ ଦେଉଥିଲେ। ସାରା ଗାଁ ଗୋଟିଏ ପରିବାର ପରି ଚଳନ୍ତି। ସୁଖ, ଶାନ୍ତି, ସୌହାର୍ଦ୍ଦ୍ୟପୂର୍ଣ୍ଣ ବାତାବରଣ ଭିତରେ ସୁଖଦୁଃଖର ଦିନଗୁଡ଼ିକ ସହଜରେ ବଢ଼ିଯାଉଥିଲା। ପରସ୍ପର ଭିତରେ ସ୍ନେହ, ଶ୍ରଦ୍ଧା ଓ ସହାନୁଭୂତି ଥିଲା ଗ୍ରାମୀଣ ଜୀବନର ମୂଳମନ୍ତ୍ର। ଲୋକମାନଙ୍କର ଧର୍ମ ପ୍ରତି ଗଭୀର ଆସ୍ଥାଥିବାରୁ ସେମାନଙ୍କ ଜୀବନକୁ ଏଇ ଈଶ୍ୱର ବିଶ୍ୱାସ ହିଁ ମୁଖ୍ୟତଃ ନିୟନ୍ତ୍ରିତ କରୁଥିଲା। ହିଂସା, ଦ୍ୱେଷ ଓ ଅସାମାଜିକତାକୁ ଲୋକେ ଅନ୍ତର ଦେଇ ଘୃଣା କରୁଥିଲେ। ଆଜି ସେ ଗୋଷ୍ଠୀ-ଭାବନା ନାହିଁ କି ସେ ସ୍ନେହ, ଶ୍ରଦ୍ଧା ଓ ସହାନୁଭୂତି ନାହିଁ। ମାନବିକତା କ୍ରମଶଃ ହ୍ରାସ ପାଇବାରେ ଲାଗିଛି। ବ୍ୟକ୍ତି-କୈନ୍ଦ୍ରିକତା ଆଜି ଆମ୍ଭମାନଙ୍କୁ ଏକାନ୍ତ ଭାବେ ସ୍ୱାର୍ଥପର କରିପକାଇଛି। ଗାଁର ସେ ସୌହାର୍ଦ୍ଦ୍ୟପୂର୍ଣ୍ଣ ବାତାବରଣ ଆଜି ରାଜନୈତିକ କୂଟଚକ୍ରାନ୍ତର ପୀଠସ୍ଥଳୀ ହୋଇ ଉଠିଛି। ଏଇ କେତେ ବର୍ଷ ଭିତରେ ଗ୍ରାମୀଣ ଜୀବନରେ ମୂଲ୍ୟବୋଧଜନିତ ଅଧୋଗତି ଆମ ସାମାଜିକ ଓ ଜାତୀୟ ଜୀବନକୁ ବିକଳାଙ୍ଗ କରି ଦେଉଛି।

ସମୟ ବଦଳୁଛି। ସମୟ ବଦଳିବା ସଙ୍ଗେ ସଙ୍ଗେ ମନୁଷ୍ୟର ବାହ୍ୟ ଜୀବନଧାରାରେ ପରିବର୍ତ୍ତନ ଅବଶ୍ୟମ୍ଭାବୀ। ମାତ୍ର ମାନବିକ ମୌଳିକ-ସତ୍ତାର ପରିବର୍ତ୍ତନ ଘଟିଲେ ସତ୍ୟର ଅପଳାପ ହେବ। ମନୁଷ୍ୟ ଆତ୍ମଉତ୍ତରଣ ପଥରେ ଆଗେଇ ନ ଯାଇ ପଶୁ ସ୍ତରକୁ ଖସିଯିବ। ସେଦିନର ମଣିଷ ଓ ଆଜିର ମଣିଷର ମୌଳିକ ଚାହିଦାରେ

ପାର୍ଥକ୍ୟ ନାହିଁ। ମାତ୍ର ଆଜିର ଆଧୁନିକ ମଣିଷର ଭୌତିକ ଚାହିଦା ଅନେକ ବଢ଼ିଯାଇଛି। ଆମ ପିଲାଦିନେ ଅଧିକାଂଶ ଲୋକେ ଖଟି ଖାଇବାକୁ ପସନ୍ଦ କରୁଥିଲେ। ତୁଚ୍ଛା ବାବୁଆନଗିରି ଆମ ସଭ୍ୟ ଶିକ୍ଷିତମାନଙ୍କୁ ଆଜି ଗ୍ରାସ କରି ବସିଛି। ତେଣୁ ଜନପଥର ଦରଦାମ ଆକାଶଛୁଆଁ। ସେତେବେଳେ ଆବଶ୍ୟକୀୟ ଅଧିକାଂଶ ଜିନିଷ ଗାଁରେ ଉତ୍ପାଦିତ ହେଉଥିଲା। ସବୁ ଜିନିଷ ଶସ୍ତା ଓ ସହଜଲଭ୍ୟ ଥିଲା। ସପ୍ତାହରେ ଥରେ ଦି'ଥର ହାଟ ପାଳିରେ ପ୍ରାୟ ସବୁ ଜିନିଷ ମିଳୁଥିଲା। ସେ ସମୟରେ ଅପମିଶ୍ରଣ ଏକ ସ୍ୱପ୍ନ କହିଲେ ଚଳେ।

ମୋ' ପିଲାବେଳେ ଧାନ ଟଙ୍କାରେ ଦଶ ଗୌଣି ବା ପ୍ରାୟ ଚାଳିଶ ସେର ଥିଲା। ଚାଉଳ ଟଙ୍କାକୁ ଷୋଳ ସେର ବିକ୍ରି ହେବା ମୁଁ ଦେଖିଛି। ଏବେକାର ଏକ କିଲୋଗ୍ରାମ୍ ପ୍ରାୟ ତେର ଛଟାଙ୍କି ସହ ସମାନ। ସେ ସମୟରେ ଏକ ସେର ଷୋହଳ ଛଟାଙ୍କି ସହ ସମାନ ଥିଲା। ଆଳୁ ସେରକ ଥିଲା ଚାରିପଇସା ବା ଏକଅଣା। ଦୁଧ ସେର ଦୁଇଅଣା। ସୋରିଷ ତେଲ ସେରକର ମୂଲ୍ୟ ପ୍ରାୟ ଆଠପଣା (ଏବେକାର ପଚାଶ ପଇସା) ଥିଲା। ଯେଉଁମାନେ ମାସିକ ପାଞ୍ଚଟଙ୍କା କିମ୍ବା ଦଶଟଙ୍କା ପାଉଥିଲେ, ସେମାନେ ଗାଁ ଗଣ୍ଡାରେ ଅବସ୍ଥାପନ୍ନ ବ୍ୟକ୍ତି ରୂପେ ପରିଗଣିତ ହେଉଥିଲେ। ମାତ୍ର ଆଜିର ବଜାରଦର କଥା ନ କହିଲେ ଭଲ।

ଜୀବନ ଏକ ଚଳନ୍ତି ପ୍ରବାହ। ଏହି ସ୍ରୋତରେ କେତେ ଧାର ମିଶେ। ପୁଣି କେତେ ବିଚ୍ଛିନ୍ନ ହୋଇଯାଏ। କେତେ ସ୍ମୃତି ହୋଇ ଯାଆନ୍ତି। ସେଇ ମଧୁର ସ୍ମୃତିର ରୋମନ୍ଥନରେ ପ୍ରାଣ ଆଲୋଡ଼ିତ ହୁଏ। କେଉଁ କରୁଣ ମଧୁର ସଙ୍ଗୀତର ଘୋଷାପଦ ପରି ନୀରବ ନିଥର ମୁହୂର୍ତ୍ତରେ ହୃଦୟକୁ ସ୍ପନ୍ଦିତ କରେ। ସେଇ ସ୍ମୃତି-ସଜଳ ଦିନ ଆଉ ମଣିଷମାନେ ସମୟର ଚୋରାବାଲିରେ ହଜିଗଲେଣି ଅନେକଦିନୁ। କିନ୍ତୁ ସେମାନଙ୍କ ପଦଚିହ୍ନ ରହିଯାଇଛି। ହୁଏତ ଆଉ କିଛିଦିନ ପରେ ସେ ବି ଘଷରା ହୋଇଯିବ।

ଆଉବୋଉ

ମୋ ବୋଉ, ଆଉବୋଉଙ୍କର ମମତାର ପଣତକାନିରେ ମୋ ଶୈଶବ, ମୋ ବାଲ୍ୟକାଳ ଗଣ୍ଠି ପଡ଼ିଥିଲା। ମୋ ଆଉବୋଉ (ବଡ଼ବୋଉ-ସତ୍ୟବାଦୀ ଦାସଙ୍କ ବୋଉ) ମୋତେ ବହୁତ ଭଲ ପାଉଥିଲା। ପିଲାଦନେ ମୁଁ ବୋଉ ପାଖରେ ନ ଶୋଇ, ଆଉବୋଉ ପାଖରେ ଶୋଉଥିଲି। ସେ ମୋତେ କେତେ ଦଶକୁମାର ଚରିତ, ବୁଢ଼ୀଅସୁରୁଣୀ କଥା, ରାଜାରାଣୀ କାହାଣୀ ଶୁଣାଇଛନ୍ତି। କେତେ ଲୋରି ଗାଇ ମତେ ଶୁଆଇଛନ୍ତି। ତାଙ୍କ

ପାଖରେ ମୁଁ ନିଜକୁ ଅଧିକ ନିରାପଦ ମଣୁଥିଲି ସବୁବେଳେ। କିଏ ହାତଟେକି ଶାସନ କରିବାକୁ ଆଗେଇ ଆସିଲେ, ସେ ମୋତେ ତାଙ୍କ କୋଳରେ ଲୁଚାଇ ଦେଉଥିଲେ। ସେ କୋଳ ମୋ ପାଇଁ ଅଭୟସ୍ଥଳ ଥିଲା। ମୋ ଆଉବୋଉ ବର୍ତ୍ତମାନର ଡାକ୍ତର ନିରୁପମା ରଥଙ୍କ ଜେଜେମା। ସେ ହିଁ ମୋତେ ସକାଳୁ ଚାଟଶାଳୀ ପଠାଉଥିଲେ।

ଦୟାନିଧି ଶତପଥୀ

ସ୍ୱର୍ଗତ ଦୟାନିଧି ଶତପଥୀ ଆମ ପୁରୋହିତ ଥିଲେ। ସେ ଜଣେ ନିଷ୍ଠାପର ଲୋକ ଥିଲେ। ସେ ଆମ ଘରକୁ ଆସି ବରାବର ପୁରାଣ, ଭାଗବତ ଓ ପୋଥି ପାଠ କରୁଥିଲେ। ସେ ସମୟରେ ଆଜିକାଲି ପରି ଛାପା ପୁରାଣ ବା ଭାଗବତ ନ ଥିଲା। ସେତେବେଳେ ତାଳପତ୍ର ପୋଥି ଆକାରରେ ପୁରାଣ ଲେଖା ହୋଇଥିଲା। ଶତପଥୀ ମହାଶୟଙ୍କୁ ଆମେ ସମ୍ମାନର ସହିତ 'ନନା' ବୋଲି ଡାକୁଥିଲୁ। ସେ ଯେ କେବଳ ପୁରୋହିତ କାମ କରୁଥିଲେ ତାହା ନୁହେଁ, ଭଲ ମନ୍ଦ ସବୁଥିକି ତାଙ୍କୁ ଖୋଜା ପଡୁଥିଲା। ସମସ୍ତଙ୍କ ସୁଖଦୁଃଖରେ ସେ ହାଜର ହେଉଥିଲେ। ସେ ଜଣେ ଭଲ କବିରାଜ ଥିଲେ। ତାଙ୍କ ବଟୁଆରେ ଚେରମୂଳ ଓ ଅଉଷଧ ବ୍ୟତୀତ ଆହୁରି ଅନେକ ଜିନିଷ ରହୁଥିଲା। ସେତେବେଳେ ଚିକିତ୍ସା ବ୍ୟବସ୍ଥାରେ ଏତେ ଉନ୍ନତ ହୋଇ ନ ଥିଲା। ପାଠପଢୁଆ ଡାକ୍ତର ବିରଳ ଥିଲେ। ତେଣୁ ଶତପଥୀ ମହାଶୟ କିଏ ବାଧିକା ପଡ଼ିଲେ, କାହାର ଦେହଦୁଃଖ ହେଲେ ଆସି ହାଜର ହେଉଥିଲେ। ସବୁରି ବିପଦ ଆପଦରେ ସେ ସାଥୀ ଥିଲେ। ସେ ଧର୍ମପ୍ରାଣ ଓ ନିରାମିଷ ଆହାରୀ ଥିଲେ। ଗ୍ରାମର ଜଣେ ମୁରବୀ ତଥା ନୈଷ୍ଠିକ ବ୍ରାହ୍ମଣ ଭାବରେ ତାଙ୍କର ବେଶ୍ ଖ୍ୟାତି ଥିଲା। ମୋ ବୋଉ, ବଡବୋଉ; ଆମ ଘରର ସମସ୍ତେ ଓ ସବୁ ପିଲାମାନେ ନନାଙ୍କୁ ଭାରି ଖାତିର କରୁଥିଲୁ। ସେ ବି ଆମକୁ ଭାରି ଭଲ ପାଉଥିଲେ।

ମଦନା ସାହୁ ଦୋକାନ

ଗାଁରେ ଥିବା ମଦନା ସାହୁ ଦୋକାନ ଥିଲା ଗାଁର ସବୁଠାରୁ ବଡ଼ ଆକର୍ଷଣୀୟ ସ୍ଥାନ। ତାହା ସାଧାରଣରେ 'ମଦନା ଦୋକାନ' ବୋଲି ପରିଚିତ ଥିଲା। ଦୋକାନର ମୂଳଧନ ମାତ୍ର କେତୋଟି ଟଙ୍କା ହେବ। ଅଧଲା, ପଇସାର କାରବାର। ତଥାପି ସାରାଦିନର କାରବାର ମନ୍ଦ ହେଉ ନ ଥିଲା। ମଦନା ସାହୁ ଦିନବେଳେ ତା'ର ଚାଷବାସ କାମ ସାରି ଉପରବେଳା ଆସି ଦୋକାନରେ ବସେ। ଠିକ୍ ସଞ୍ଜବୁଡ଼ିକୁ

ଦୋକାନରେ ଭିଡ଼ ଜମିଆସେ । ସେତିକିବେଳେ ତାହା କେବଳ ଦୋକାନ ହିସାବରେ ନୁହେଁ, ଗ୍ରାମ୍ୟ ରାଜନୀତି ଓ ସମାଜନୀତି ଆଲୋଚନାର କେନ୍ଦ୍ର ସ୍ଥଳରେ ରୂପାନ୍ତରିତ ହୋଇ ଯାଉଥିଲା । ଗାଁର ବଡ଼ ଲୋକ ସେଠି ଉପସ୍ଥିତ ହୁଅନ୍ତି । ଗାଁ ଗୋଟାକର ଖବର ଆସି ସେଇଠି ପହଞ୍ଚେ । ଢିଙ୍କିଶାଳରୁ ଢେଙ୍କାନାଳଯାଏ କଥା ପଡ଼େ । ଆଖପାଖରେ କେଉଁଠି କ'ଣ ଘଟିଲା, କେଉଁଠି ଯାନିଯାତ୍ରା ହେଲା, ବାଦବିବାଦ, ଚୋରି-ଚପାଟି, ସବୁ ଗପ ସେଇଠି ପଡ଼େ । ଅନେକ ସମୟରେ ଏଇଠି ଗାଁ' ଚୌକିଦାର ଓ ଦଫାଦାର ବହୁ ଖବର ସଂଗ୍ରହ କରିଥାନ୍ତି ।

ଗାଁ' ଚୌକିଦାର

ଗାଁରେ ଚୌକିଦାର ପହରା ଦେଉଥିଲା । ଦଫାଦାର ଥିଲେ ଚୌକିଦାରଙ୍କ ଉପରିସ୍ଥ କର୍ମଚାରୀ । ସେ ଚୌକିଦାର କାର୍ଯ୍ୟ ତଦାରଖ କରୁଥିଲେ । ଚୌକିଦାରଙ୍କୁ ଦରମା ଦେବାପାଇଁ ଗ୍ରାମବାସୀମାନଙ୍କ ଠାରୁ ଚୌକିଦାରୀ ଟିକସ ଆଦାୟ କରାଯାଉଥିଲା ।

ଚୌକିଦାର ଗାଁର ଜନ୍ମ ମୃତ୍ୟୁ ଖବର ବ୍ୟତୀତ ଗଣ୍ଡଗୋଳ, ଚୋରି ଓ ଅପମୃତ୍ୟୁ ସମ୍ବାଦ ଥାନାରେ ପହଞ୍ଚାଇ ଦେଉଥିଲା । ରାତିସାରା ଗାଁରେ ବୁଲି 'ହୁସିଆର' 'ହୁସିଆର' କୁହାଟ ଛାଡୁଥିଲା । ଏଇ ରାତି ପହର ଯୋଗୁଁ ଗାଁରେ ଚୋରି ଡକାୟତି ହୋଇପାରୁ ନ ଥିଲା । ସେ ସମୟରେ କୌଣସି ମାଲି-ମୋକଦ୍ଦମା ତଦାରଖ ପାଇଁ ପୋଲିସ ଦାରୋଗାମାନେ ଯେତେବେଳେ ଘୋଡ଼ାରେ ଚଢ଼ି ଗାଁକୁ ଆସୁଥିଲେ, ଲୋକଙ୍କ ଭିତରେ ଚହଳ ପଡ଼ି ଯାଉଥିଲା । ଏକ ଅଜଣା ଆତଙ୍କରେ ଲୋକେ ଭୀତତ୍ରସ୍ତ ହୋଇ ପଡୁଥିଲେ । ଅବଶ୍ୟ ଏବେ ଗାଁ'ଗଣ୍ଡାକୁ ପୋଲିସ ଗଲେ ସାଧାରଣ ଲୋକେ ଆତଙ୍କିତ ହେଉଛନ୍ତି, ମାତ୍ର କୋକୁଆ ଭୟ ନାହିଁ । କିନ୍ତୁ ଏ କଥା ସତ ଯେ, ସେତେବେଳେ ଏବେ ପରି ଏତେ ଅପରାଧ ହେଉ ନ ଥିଲା । ଛୋଟ ଛୋଟ ଚୋରି ବା କଳିତକରାଳ ଘଟଣାକୁ ଗାଁ ଭିତରେ ପାଞ୍ଚଜଣ ମୁଖିଆଲୋକ ଏକାଠି ବସି ବିଚାର କରିଦେଉଥିଲେ । ନିଶାପ ଦ୍ୱାରା ଦୋଷୀକୁ ଦଣ୍ଡସ୍ୱରୂପ ଜୋରିମାନା କରାଯାଉଥିଲା କିମ୍ବା ଅପରାଧର ଲଘୁତା ଦୃଷ୍ଟିରୁ କ୍ଷମା ଦିଆଯାଉଥିଲା । ଜୋରିମାନା ଟଙ୍କା ଗ୍ରାମର ଠାକୁର ପାଣ୍ଠିକୁ ଯାଉଥିଲା ।

ପିଲାଦିନେ ଅଝଟିଆ ହେଲେ, ମୋ ଆଉବୋଉ ମୋତେ ଏଇ 'ହୁସିଆର' ବାୟା ଆଇଲାଣି କହି ଡରାଇ ଦେଉଥିଲା । ମୁଁ ଭୟରେ ଆଉବୋଉ କୋଳରେ ମୁହଁ ଲୁଚାଇ ଶୋଇପଡୁଥିଲି ।

ପ୍ରାରମ୍ଭିକ ଶିକ୍ଷା

ଜୀବନ ଓ ଜଗତକୁ ଦେଖିବା ଯଦି ଦର୍ଶନ ହୁଏ, ତେବେ ମନୁଷ୍ୟର ଦୁଇଟି ଚକ୍ଷୁ ଆପାତତଃ ରହିଛି। ଗୋଟିଏ ହେଲା ତା'ର ବାହ୍ୟ ସ୍ଥୂଳ ଚକ୍ଷୁ। ଯେଉଁଥିରେ ସେ ଏପରି ଦୃଶ୍ୟମାନ ଜଗତକୁ ଦେଖେ। ଅନୁଭବ କରେ। ଆଉ ଗୋଟିଏ ହେଲା ତା'ର ଅନ୍ତଃଚକ୍ଷୁ ବା ଦିବ୍ୟଦୃଷ୍ଟି ବା ଜ୍ଞାନଚକ୍ଷୁ। ଯେଉଁଥିରେ ସେ ଜୀବନ ଓ ଜଗତକୁ ଉପଲବ୍ଧି କରେ। ଅନନ୍ତ ବିଶ୍ୱ ବାହାରେ ଯେଉଁ ଚେତନାମୟ ଜଗର ରହିଛି ତା'ର ସନ୍ଦର୍ଶନ କରେ। ଆଜି ଏ ପରିଣତ ବୟସରେ ଦେଖିବା କଥା କହିଲାବେଳେ ସ୍ମରଣ ଆସେ ମୋର ପ୍ରଥମ ଶିକ୍ଷାଗୁରୁ ଅବଧାନଙ୍କ କଥା ଯିଏ ମୋର ଜ୍ଞାନଚକ୍ଷୁର ପ୍ରଥମ ଉନ୍ମୀଳନ କରିଥିଲେ। ବାହ୍ୟ ସ୍ଥୂଳଚକ୍ଷୁ ଈଶ୍ୱରଙ୍କ କରୁଣା ଥିଲା। ଜ୍ଞାନଚକ୍ଷୁ ମୋର ଗୁରୁଦେବଙ୍କର କରୁଣା ଓ ପ୍ରସାଦ ଥିଲା।

ଗାଁ ଚାଟଶାଳୀ

ମୋ ପାଠପଢ଼ା ଆରମ୍ଭ ହୋଇଥିଲା ଆମ ଗାଁ ଚାହାଳିରେ। ଚାରିବର୍ଷ ଚାରିମାସ ଚାରିଦିନ ଯେଉଁଦିନ ମୋତେ ହୋଇଥିଲା, ସେଦିନ ବହୁ ଆଡ଼ମ୍ବରରେ ମୋର ଖଡ଼ିଛୁଆଁ ହୋଇଥିଲା। ଶହେ ଆଠଟା ନଡ଼ିଆ ବାଡ଼େଇ, ବେଦୀ ଉପରେ କର୍ମରେ ବସି, ନୂଆଲୁଗା ପିନ୍ଧି ମୁଁ ଖଡ଼ି ଛୁଇଁଥିଲି। ମୋ ବୋଉ, ବାପା ମଧ୍ୟ ସେଦିନ ଉପବାସ କରିଥିଲେ। କୁଣିଆ ମଇତ୍ର ଘରେ ଆସି ରୁଣ୍ଡ ହୋଇଥିଲେ। ଭାରଥୋର, ଭୋଜିଭାତ, ତେଲିଙ୍ଗିବାଜାର ବିପୁଳ ସମାରୋହ ଭିତରେ ମୋର ଖଡ଼ିଛୁଆଁ ପର୍ବ ସମାପିତ ହୋଇଥିଲା। ନୂଆ ସିଲଟ, ନୂଆ ଖଡ଼ିରେ ମୁଁ ପ୍ରଥମେ ଅକ୍ଷର ଲେଖିଥିଲି। ଜୀବନର ସେଇ ପରମ ଲଗ୍ନଟି ବାଲ୍ୟଚପଳତା ଭିତରେ ଆନନ୍ଦ-ମଧୁର ହୋଇ ଉଠିଥିଲା। ପୁଣି ପ୍ରଥମ ଚାହାଳି ଗଲାଦିନ ଚାଉଳ, ନଡ଼ିଆ, ପରିବାପତ୍ରର ସଞ୍ଚା ଧରି ମୋ ସାଙ୍ଗରେ

ଯାଇଥିଲେ ଦଧିଦାସ। ଅବଧାନଙ୍କୁ ସେସବୁ ସମର୍ପଣ କରି ମୁଁ ତାଙ୍କ ପାଦତଳେ ପ୍ରଣାମ କରି ତାଙ୍କ ପଦଧୂଳି ନେଇଥିଲି। ଏସବୁ କରିବା ପାଇଁ ମୋତେ ବୋଉ ଓ ଆଉବୋଉ ଆଗରୁ ଶିଖେଇଥିଲେ। ସେଇଦିନଠୁ ମୋର ପାଠପଢ଼ା ଆରମ୍ଭହେଲା ମାଟିବଂଶ ଅବଧାନଙ୍କ ପାଖରେ। ଅବଧାନଙ୍କ ପାଖରେ ବସି 'ଅ' 'ଆ' ଠାରୁ ଆରମ୍ଭ କରି ମିଶାଣ, ଫେଡ଼ାଣ, ଗୁଣନ, ହରଣ, ପାହି ପଣିକିଆ, କଡ଼ାଗଣ୍ଡା, ଜରିବ, ମହଣ, ସେର, ଟଙ୍କା ପଇସା ପ୍ରଭୃତି ଶିକ୍ଷା କରିଥିଲି। ମନବୋଧ ଚଉତିଶା, କେଶବ କୋଇଲି, ଭାଗବତ, ଛାନ୍ଦ ଚଉତିଶା ପ୍ରଭୃତି ଅଧ୍ୟୟନ କରି ଆବୃତ୍ତି କରିବା ଥିଲା ଆମବେଳ ପାଠପଢ଼ାର ପାରଦର୍ଶିତା।

ଆମ ଘରେ ଦଧିଦାସ ନାମରେ ଜଣେ ପୁରାତନ କର୍ମଚାରୀ ଥିଲେ। ଦଧିଦାସ ମୋତେ କାଖରେ ବା କେବେ କେବେ କାନ୍ଧରେ ବସାଇ ଚାହାଳିକୁ ନେଉଥିଲେ। ମୋତେ କାନ୍ଧରେ ବସାଇ ନେଲାବେଳେ "ରାୟବାହାଦୁର ରାଜକିଶୋର ଦାସ ଚାହାଳିକି ବାହାରିଲେ" ବୋଲି ପାଟିକରି ଯାଉଥିଲେ। ତା'ର ସେ ଡାକର ତାତ୍ପର୍ଯ୍ୟ ମୁଁ ପରେ ବୁଝିଥିଲି। ସେତେବେଳେ ରାୟବାହାଦୁର ରାଜକିଶୋର ଦାସ ପୁରୀ ଶ୍ରୀଜଗନ୍ନାଥ ମନ୍ଦିରର ସୁପରିଣ୍ଟେଣ୍ଡେଣ୍ଟ୍ ଥିଲେ। ତାଙ୍କର ବହୁତ ଖ୍ୟାତି ଓ ସୁନାମ ଥିଲା। ଦଧିଦାସ ସେତେବେଳେ ବହୁବାର ପୁରୀକୁ ଯିବା ଆସିବା କରୁଥିବା ଯୋଗୁଁ, ସେ ବୋଧହୁଏ ସେଠାରେ ତାଙ୍କ ନାଁ ଶୁଣିଥିବେ। ଯାହାହେଉ, ମୋତେ ଚାହାଳିରେ ନେଇ ପହଞ୍ଚାଇବା ଓ ସେଠାରୁ ଆଣି ଘରେ ଛାଡ଼ିବା ପରେ ଦଧିଦାସଙ୍କ କାମ ଶେଷ ହୋଇଯାଉଥିଲା।

ପ୍ରତିଦିନ ବଡ଼ ସକାଳୁ ଚାହାଳି ଯିବାକୁ ପଡ଼େ। ସବା ଆଗେ ଯେଉଁ ଚାଟ ଚାହାଳିରେ ଉପସ୍ଥିତ ହୁଏ, ଅବଧାନେ ତା' ହାତରେ ବେତ ଛୁଆଁଇ 'ଶୂନ' ଦିଅନ୍ତି। ପରେ ଆସି ପହଞ୍ଚିଲା ପିଲା କ୍ରମ ଅନୁସାରେ ଦୁଇ, ତିନି, ଚାରି, ପାଞ୍ଚ ବେତମାଡ଼ ଖାଉଥିଲା। ସେଥିପାଇଁ 'ଶୂନ' ପାଇବାକୁ ଆମ ପିଲାଙ୍କ ଭିତରେ କାହିଁରେ କ'ଣ ପ୍ରତିଯୋଗିତା ହେଉଥିଲା। ବେଳେବେଳେ କାଳିଅନ୍ଧାରରୁ ପିଲାମାନେ ଉଠି ଚାହାଳିକି ଆସିଥାନ୍ତି ଶୂନ୍ ପାଇବା ପ୍ରଲୋଭନରେ। ପ୍ରତିଦିନ କଅଁଳ ଗାଧୁଆ (ପ୍ରାୟ ସକାଳ ନଅଟା) ବେଳେ ଚାହାଳି ଛୁଟିହୁଏ। ଖାଇସାରିବା ପରେ ଅପରାହ୍ଣ ପ୍ରାୟ ତିନିଟା ବେଳକୁ ପୁଣି ପାଠପଢ଼ା ହୁଏ ଓ ସୂର୍ଯ୍ୟାସ୍ତ ପର୍ଯ୍ୟନ୍ତ ଚାଲେ। ସନ୍ଧ୍ୟାରେ ମାନସାଙ୍କ, ପ୍ରଶ୍ନୋତ୍ତର ଓ ଆବୃତ୍ତି ହୁଏ। ରାତିରେ ଚାହାଳିରେ କିରୋସିନି ଡିବି କମ୍ବା ପୋଲାଙ୍ଗ ତେଲର ଦୀପ ଜଳେ।

ସେତେବେଳେ ଟଙ୍କାକ ଚଉଷଠି ପଇସା, ଦୁଇ ଅଧୁଲି, ଚାରି ସୁଉକି, ଆଠ ଦୋଅଣି ଓ ଷୋହଳ ଅଣା ଥିଲା। ପଇସା ଗୋଟିକ ଦୁଇ ଅଧଲା ଓ ତିନି ପାହୁଲା ସହିତ ସମାନ ଥିଲା। ତୁଣ୍ଡେ ଭୁଣ୍ଡେ ପଚିଶ ଖନ୍ଦା ପଣିକିଆ ନ ରହିଲେ ଅବଧାନଙ୍କର ଯୋଡ଼ିବେତ ହାତରେ ପଟାଙ୍ଗ ପଟାଙ୍ଗ ବସି ଯାଉଥିଲା। ସେଇ ବେତମାଡ଼କୁ ମୋର ପ୍ରାଣପଣେ ଭୟ ଥିଲା। ଏସବୁ ହିସାବ ଆଜିର ପିଲାମାନେ ଜାଣନ୍ତି ନାହିଁ। ମାତ୍ର ମୋ ପିଲାବେଳେ ଏସବୁ ଥିଲା ଅଙ୍କ ବା ଗଣିତ ପାଠର ମୂଳକଥା।

ଆଜିକାଲି ସହର ବଜାରରେ ଶିକ୍ଷକଙ୍କର ଅଭାବ ନାହିଁ। ମାତ୍ର ଆମବେଳର ଗୁରୁ ବୋଧହୁଏ ବିରଳ ହୋଇଗଲେଣି। କାରଣ ସେଇ ମାଡ଼-ଗାଳି, କଠୋର ଶାସନ ଭିତରେ ଛାତ୍ରର ଭବିଷ୍ୟତକୁ ଗଢ଼ି ତୋଳିବାର ନିଷ୍ପାପର ମନୋବୃତ୍ତି ଥିଲା ଆମ ଚାହାଳି ଅବଧାନଙ୍କର। ଆଜି ଉଚ୍ଚଶିକ୍ଷିତ ଶିକ୍ଷକମାନେ ବୃତ୍ତିଗତ ଭାବରେ ଶିକ୍ଷାଦାନକୁ ଗ୍ରହଣ କରିଛନ୍ତି। ମାତ୍ର ସେମାନଙ୍କର ପ୍ରବୃତ୍ତି ସହିତ ତା'ର ଆଦୌ ସମନ୍ୱୟ ନାହିଁ।

ଅବଧାନେ ମାସକୁ ମୋଟେ ଦୁଇଟଙ୍କା ଦରମା ପାଆନ୍ତି। ପାଳିକରି ପିଲାମାନଙ୍କ ଘରେ ଖାଆନ୍ତି। ନ ହେଲେ ସଞ୍ଚା ନିଅନ୍ତି। ସେତେବେଳେ କାଗଜ କଲମର ବିଶେଷ ପ୍ରସାର ନ ଥିଲା। ମାଟି ଚଟାଣରେ ଖଡ଼ିରେ ଲେଖା ଯାଉଥିଲା। କିଛିଦିନ ପରେ ଚାହାଳିକୁ ସିଲଟ ଆସିଲା। ପିଲାମାନେ ତଳେ ବସୁଥିଲେ, ନତୁବା ନଡ଼ିଆ ଚାଞ୍ଚ କିମ୍ବା ତାଳପତ୍ର ଚଟେଇରେ ବସୁଥିଲେ। ଅବଧାନେ ବସୁଥିଲେ ବେରୁହାଁ ବା ସଉପ ମସିଣାରେ। ପ୍ରତିଦିନ ସକାଳେ ଭକ୍ତକବି ମଧୁସୂଦନ ରାଓଙ୍କ ପ୍ରାର୍ଥନା ଗାଇ ଚାହାଳିରେ ପାଠପଢ଼ା ଆରମ୍ଭ ହୁଏ। ପ୍ରଥମେ ଦୁଇଜଣ ଆଗେ ଆଗେ ବୋଲିବେ। ଅନ୍ୟ ସମସ୍ତେ ପଛରେ ଗାଇବେ–

"ଅଖିଳ ବ୍ରହ୍ମାଣ୍ଡ ପତି ମୋ ଜୀବନ ସ୍ୱାମୀ,
ହେ ପରମ ପିତାମାତା, ପ୍ରଭୁ ଅନ୍ତର୍ଯ୍ୟାମୀ!
ଧନ୍ୟ କରୁଣା ତୋହର,
ହେ କରୁଣାସିନ୍ଧୁ! କାହିଁ ତାର ପଟାନ୍ତର!"

ପାଠପଢ଼ା ବ୍ୟତୀତ ପିଲାମାନଙ୍କୁ ଆହୁରି ଅନେକ କାମ କରିବାକୁ ପଡ଼େ। ଆମ ଚାଟଶାଳୀକୁ ଲାଗି ଗୋଟିଏ ଛୋଟ ବଗିଚା ଥିଲା। ସେଥିରେ ଆମେ ପଟାଳି କରୁ। ଘାସ ଉପାଡୁ। ଗଛ ଲଗାଉ। ଶାଗ ବୁଣୁ। ଚାଟଶାଳୀରେ ଗଣେଶ ପୂଜା ଓ ସରସ୍ୱତୀ ପୂଜା ହୁଏ। ପୂଜାଦିନ ରାତିଅଧରୁ ଉଠି ବାରିରୁ ଫୁଲ ତୋଳି ଆଣୁ। ସକାଳୁ ଗାଧୋଇ ପାଧୋଇ, ନୂଆ ଲୁଗା ପିନ୍ଧି ପୂଜା କରୁ। ଦେବଦେବୀଙ୍କ ବନ୍ଦନା ବୋଲୁ।

ପୂଜା ପରେ ପିଲାମାନଙ୍କ ସାଥିରେ ଯାଇ "ବନ୍ଦଇ ହରି ଦେବ ମୁରାରି, ଲକ୍ଷ୍ମୀ ଦେବୀଙ୍କର କାନ୍ତ" ପ୍ରଭୃତି ଜଣାଣ ଗାଇ ସାହିରେ ମାଗୁଣି କରୁ। ଯାହା ଚାଉଳ, ଡାଲି, ପରିବା ଓ ପଇସାପତ୍ର ମିଳେ, ସବୁ ଅବଧାନଙ୍କୁ ଆଣି ଦେଉ। ଅବଧାନଙ୍କ ଗୋଡ଼ତଳେ ପଡ଼ି ଭୂମିଷ୍ଠ ପ୍ରଣାମ କରୁ। ସେ ଆମକୁ ଆର୍ଶୀବାଦ କରନ୍ତି। ଆମର ଶୁଭମନାସନ୍ତି।

ଗ୍ରାମ ବିଦ୍ୟାଳୟ

କିଛିଦିନ ପରେ ଆମେ ପଢୁଥିବା ଚାଟଶାଳୀଟି ନିମ୍ନ ପ୍ରାଥମିକ ବିଦ୍ୟାଳୟରେ ପରିଣତ ହୋଇଥିଲା। ଏବେ ସେଠାରେ ଶିକ୍ଷାର ଅନେକ ପ୍ରସାର ଘଟିଲାଣି। ଆମ ଗାଁ ବାଗଲପୁରଠାରେ ବିପିନ ବିହାରୀ ହାଇସ୍କୁଲ (ଉଚ୍ଚ ଇଂରାଜୀ ବିଦ୍ୟାଳୟ) ପ୍ରତିଷ୍ଠିତ ହୋଇ, ବହୁ ସୁଖ୍ୟାତି ଓ ପ୍ରତିଷ୍ଠା ଲାଭ କରିପାରିଛି। ସେହିପରି ପାଖ ଗାଁ 'ତୁରିନ୍ତୁରା'ରେ ମୋ ବାପାଙ୍କ ପବିତ୍ର ସ୍ମୃତିରେ 'ବାଞ୍ଛାନିଧି ମଧ୍ୟଇଂରାଜୀ ବିଦ୍ୟାଳୟ' ପ୍ରତିଷ୍ଠିତ ହୋଇଛି। ସେହି ଶିକ୍ଷାନୁଷ୍ଠାନଟି ଉତ୍ତରୋତ୍ତର ଉନ୍ନତି ପଥରେ ଆଗେଇ ଚାଲିଛି। ବର୍ତ୍ତମାନ ବହୁସଂଖ୍ୟକ ଛାତ୍ରଛାତ୍ରୀ ଉକ୍ତ ସ୍କୁଲମାନଙ୍କରେ ଶିକ୍ଷାଲାଭ କରୁଛନ୍ତି।

ପ୍ରଥମ ବିଶ୍ୱଯୁଦ୍ଧ

ପିଲାବେଳେ ହସଖୁସିରେ ସମୟ ଅତିବାହିତ ହେଉଥିଲା ବେଳେ, ହଠାତ୍ ଯୁଦ୍ଧର ବିଭୀଷିକା ଦେଖାଦେଲା। କେବଳ ଆମ ଗାଁରେ ନୁହେଁ, ସାରା ରାଜ୍ୟରେ ତଥା ସମଗ୍ର ବିଶ୍ୱରେ ଚହଳ ପଡ଼ିଗଲା। ୧୯୧୪ ମସିହା ଜୁଲାଇ ମାସ। ପ୍ରଥମ ବିଶ୍ୱଯୁଦ୍ଧର ଆରମ୍ଭ। ଯୁବରାଜ ଫର୍ଡ଼ିନାଣ୍ଡଙ୍କୁ ହତ୍ୟା କରାଗଲା ପରେ ପ୍ରୁସିଆ ସହିତ ଜର୍ମାନୀର ମହାଯୁଦ୍ଧର ସୂତ୍ରପାତ ହୋଇଥିଲା। ଦୀର୍ଘ ଚାରିବର୍ଷ କାଳ ଯୁଦ୍ଧ ଲାଗି ରହିଥିଲା। ମୋ ବୟସ ସେତେବେଳକୁ ଆଠ ନଅ ବର୍ଷ ମାତ୍ର। କିନ୍ତୁ ଯୁଦ୍ଧର ଭୟ ମୋ ଭିତରେ ରାକ୍ଷସ ବା ଅସୁରର ଆତଙ୍କ ପରି ମୋ ପିଲା ମନକୁ ଗ୍ରାସ କରି ବସିଥିଲା। ଘରେ ଘରେ କୋକୁଆ ଭୟ। ସବୁରି ମନରେ ଆଶଙ୍କା। ଜର୍ମାନ ମାଡ଼ିଆସୁଛି। ତୋପ ଫୁଟେଇବ। ବୋମା ପକେଇବ। ପୋଡ଼ିଜାଳି ସବୁ ଛାରଖାର କରିଦେବ। ମନୁଷ୍ୟ ସୃଷ୍ଟି ସମୂଳେ ଧ୍ୱଂସ ହୋଇଯିବ। ଯୁଦ୍ଧର ଆତଙ୍କ ଏପରି ଭାବରେ ଖେଳିଗଲା ଯେ, ଆମେ ଛୋଟ ପିଲାମାନେ ଅତ୍ୟନ୍ତ ଭୟଭୀତ ହୋଇପଡ଼ିଲୁ। କାହାଣୀ ଶୁଣିଥିବା କେଉଁ ବୁଢ଼ୀଅସୁରୁଣୀ କିମ୍ବା ବିରାଟ ଏକ ରାକ୍ଷସ, ଯେମିତି ଏଇମାତ୍ର ଆସି ଧରି

ନେଇଯିବ ଓ ହାତଗୋଡ଼ କରି ଚୋବେଇ ଖାଇଦେବ। ଏହିପରି ଏକ ଭୟ ଓ ଆତଙ୍କର ଶିକାର ହେଲୁ ଆମ୍ଭେମାନେ। ବଡ଼ମାନଙ୍କର ଭୟ ଶତଗୁଣ ଆକାର ଧାରଣ କରି ଆମମାନଙ୍କୁ ଗ୍ରାସ କରି ବସିଲା। କିଛି ଗୋଟାଏ ବଡ଼ ଧରଣର ବ୍ୟୁତ୍ପାତ ଘଟିବ, ବହୁ ଲୋକ କ୍ଷୟ ହେବେ—ଏଇ ଦୁର୍ଭାବନା ଭିତରେ ଦିନଗୁଡ଼ିକ ଅତିବାହିତ ହେଉଥିଲା। କାହାରି ମନରେ ସାମାନ୍ୟତମ ଆନନ୍ଦ କି ଖୁସି ନ ଥିଲା। ଯୁଦ୍ଧର ଭୟ ନାନା କିମ୍ଭୂତକିମାକାର ରୂପ ନେଇ ସମସ୍ତଙ୍କ ଚେତନାକୁ ଆବୋରି ବସିଥିଲା ଅନେକ ଦିନ ଯାଏ।

କଟକ ଆସିଲି

ଯୁଦ୍ଧର ଏହି ଘନଘଟା ମଧ୍ୟରେ ଗାଁରେ ମୋର ଛାତ୍ରଜୀବନର ପରିସମାପ୍ତି ଘଟିଲା। ଉଚ୍ଚଶିକ୍ଷା ଲାଭ ଉଦ୍ଦେଶ୍ୟରେ ୧୯୧୫ ମସିହାରେ ମୁଁ କଟକ ଆସିଲି। ମୋର ଅନେକ ଆନନ୍ଦ ମଧୁର ହସଖୁସିର ବାଲ୍ୟକାଳ ମୋ ଗାଁର ଚଉହଦି ଭିତରେ ଛପି ରହିଲା। ବଡ଼ମଣିଷ ହେବାର ଉଚ୍ଚାକାଂକ୍ଷା ପାଖରେ ଗାଁରେ ରହିବାର ମୋହ ମଳିନ ଦିଶିଲା। ଭିଟାମାଟିର ମମତାର ବନ୍ଧନକୁ ଶିଥିଳ କରି ମୁଁ କଟକ ସହର ଅଭିମୁଖେ ଗୋଡ଼ ବଢ଼େଇଲି।

୧୯୧୫ ମସିହାର ପ୍ରଥମଭାଗରେ ଆରମ୍ଭ ହେଲା ମୋର କଟକଯାତ୍ରା। ଘରେ ବାପା ବୋଉ, ଗୁରୁଗୁରୁଜନମାନଙ୍କୁ ମୁଣ୍ଡିଆ ମାରି, ଠାକୁରଙ୍କୁ ଭୂମିଷ୍ଠ ପ୍ରଣାମ କରି ଗାଁର ବଡ଼ ସାନ ସମସ୍ତଙ୍କର ଶୁଭେଚ୍ଛା ଓ ଆର୍ଶୀବାଦକୁ ସମ୍ପଦ କରି ଚାଲି ଚାଲି ଆସିଲି ଭୁବନେଶ୍ୱର ଷ୍ଟେସନ ଯାଏ। ମୋ ବୋଉ, ଆଉବୋଉ ପ୍ରଭୃତିଙ୍କ ଲୁହଭିଜା ଆଖିରେ ଯୁଗପତ୍ କାରୁଣ୍ୟ, ଆଶା ଓ ବିଶ୍ୱାସ ପ୍ରତିଫଳିତ ହେଉଥିଲା। ମୁଁ ଦୃଷ୍ଟିପଥରୁ ଅନ୍ତର୍ହିତ ହେବାଯାଏ ସେମାନେ ମୋ ବାଟ ଚାହିଁ ଠିଆହୋଇ ରହିଥିଲେ। 'ମନଦେଇ ପାଠ ପଢ଼ିବୁ। ଦେହର ଯତ୍ନ ନେବୁ। ଖରାରେ ତରାରେ ବୁଲିବୁନି। ବଡ଼ବାପାଙ୍କ କଥା ମାନି ଚଳିବୁ। ଅଝଟିଆ ହେବୁନି'..... ଇତ୍ୟାଦି କେତେ କ'ଣ ଉପଦେଶ ଦେଉ ଦେଉ ବୋଉ ଆଖି ଖାଲି ବାରମ୍ବାର ଲୁହରେ ଧୋଇ ହୋଇ ଯାଉଥିଲା। ସେଇ ଲୁହ ମୋର ସ୍ମୃତିର ସଙ୍ଖାଳି ହୋଇ ମୋତେ ଏତେଦୂର ବାଟ ଆଗେଇ ନେଇପାରିଛି। ସେଦିନ ଉଦ୍‌ଗତ କୋହକୁ ଚାପିନେଇ ମୁଁ କଟକ ଆସିଥିଲି। ଆଜି ଗାଁ କଥା ସ୍ମରଣ କଲାବେଳକୁ ଚକ୍ଷୁ ବାଷ୍ପାଚ୍ଛନ୍ନ ହୋଇଯାଉଛି।

ଗାଁର ତୋଟା, ବଗିଚା, ସାଙ୍ଗସାଥୀ, ଖେଳକୁଦ, ସବୁକୁ ଛାଡ଼ି କଟକ ଆସିଲାବେଳେ ସତରେ ମନଟା କେମିତି ଗୋଳେଇଘାଣ୍ଟି ହେଉଥିଲା। ଆସିଲାବେଳେ

ଆମ ଗାଁ ପାଖେ ପାଖେ ଓଡ଼ିଶାର ବହୁ ବରେଣ୍ୟ ସନ୍ତାନଙ୍କ ଜନ୍ମସ୍ଥାନ ପଡ଼େ। ସେମାନଙ୍କ ମଧ୍ୟରେ ଗାରେଡ଼ିପାଞ୍ଚଣ ଗାଁର ସ୍ୱର୍ଗତ ନୀଳମଣି ସେନାପତି, ବିଶ୍ୱନାଥପୁରର ଭଗବତୀ ଚରଣ ପାଣିଗ୍ରାହୀ, ସବୁଜ କବି ଶ୍ରୀଯୁକ୍ତ କାଳନ୍ଦୀ ଚରଣ ପାଣିଗ୍ରାହୀ, ମଣିପୁରର ରାଜ୍ୟପାଳ ଶ୍ରୀଯୁକ୍ତ ଚିନ୍ତାମଣି ପାଣିଗ୍ରାହୀ, ଭଅଁରାଗଡ଼ର ପୂର୍ବତନ କେନ୍ଦ୍ରମନ୍ତ୍ରୀ ତଥା ବର୍ତ୍ତମାନର ଲୋକସଭା ବାଚସ୍ପତି ଶ୍ରୀଯୁକ୍ତ ରବି ରାୟ, ଚଣାହଟ୍ଟାର କବି କୃଷ୍ଣ ଚରଣ ପଟ୍ଟନାୟକ, କବି ଅନନ୍ତ ପଟ୍ଟନାୟକ ଓ ଶ୍ରୀଯୁକ୍ତ ଗୁରୁଚରଣ ପଟ୍ଟନାୟକ, ବାଲକାଟିର ଓଡ଼ିଶା ବିଧାନସଭାର ପୂର୍ବତନ ବାଚସ୍ପତି ଶ୍ରୀଯୁକ୍ତ ସତ୍ୟପ୍ରିୟ ମହାନ୍ତିଙ୍କ ନାମ ଉଲ୍ଲେଖ କରାଯାଇପାରେ। ପରବର୍ତ୍ତୀ ଜୀବନରେ ଏମାନେ ବହୁତ ଖ୍ୟାତି ଅର୍ଜନ କରିଥିଲେ। ସାରା ଓଡ଼ିଶାରେ ଆମର ଏ ଅଞ୍ଚଳ ଶିକ୍ଷା, ଦୀକ୍ଷା ଓ ସଭ୍ୟତାରେ ଅଗ୍ରଣୀ ଥିଲା।

ରାସ୍ତାଘାଟ

ଆମ ଗାଁରୁ ଭୁବନେଶ୍ୱର ଚଉଦ ମାଇଲ କଚା ରାସ୍ତା। ଶଗଡ଼ଗାଡ଼ିରେ ଆସିବାକୁ ହୁଏ। ଯେଉଁମାନେ କଟକ ଆସନ୍ତି, ଭୁବନେଶ୍ୱର ଷ୍ଟେସନରୁ ରେଳରେ ଆସନ୍ତି। ଭୁବନେଶ୍ୱର ଠାରୁ କଟକଯାଏ ତୃତୀୟ ଶ୍ରେଣୀ ଡବାରେ ରେଳଭଡ଼ା ଥିଲା ଅଠର ପଇସା। ଯେଉଁମାନେ ଫୁଲନଖରା ଦେଇ ଚାଲି ଚାଲି ଆସନ୍ତି ସେମାନେ ନିଛାଟିଆ ଜଗନ୍ନାଥ ସଡ଼କରେ ଆସନ୍ତି। ଖରାଦିନେ ଜଗନ୍ନାଥ ସଡ଼କରେ ସ୍ଥାନେ ସ୍ଥାନେ ଜଳଛତ୍ର ଦିଆଯାଉଥିଲା। ଆଜିକାଲ ପରିସ୍ଥିତି ଅନେକ ବଦଳି ଗଲାଣି। ସେତେବେଳେ ବାଟଘାଟରେ ଦୋକାନ ବଜାର, ଲୋକଗହଳି, ମଟରଗାଡ଼ି ତ ଦୂରର କଥା, ବଳଦଗାଡ଼ି ମଧ୍ୟ ବେଶୀ ଚାଲୁ ନ ଥିଲା। ଏବେ ଯେତେ ସଂଖ୍ୟାରେ ଓ ଯେତେ ପ୍ରକାରର ଯାନବାହନ ରାସ୍ତାରେ ଚାଲୁଛି, ସେ ସମୟରେ ତାହା କଳ୍ପନାତୀତ ଥିଲା। ଆଜିକାଲି ସମସ୍ତେ ଗାଡ଼ିମଟରରେ ବସି ଯିବାଆସିବା କରୁଛନ୍ତି। ଆମ ଗାଁରୁ ଭୁବନେଶ୍ୱର ଚଉଦ ମାଇଲ ରାସ୍ତା କେହି ପ୍ରାୟ ଚାଲି ଚାଲି ଆସୁନାହାନ୍ତି। ଘରୁ ଗୋଡ଼ କାଢ଼ିଲେ ଦରକାର ହେଉଛି ଯାନବାହନ। ଏସବୁ ଦେଖିଲେ ଆଶ୍ଚର୍ଯ୍ୟ ଲାଗେ। ସଭ୍ୟତା କେତେ ଦ୍ରୁତଗତିରେ ଆଗେଇ ଚାଲିଛି।

କଟକରେ ପହଞ୍ଚିଲି

ଭୁବନେଶ୍ୱରରୁ ଟ୍ରେନ୍‌ରେ ଆସି କଟକରେ ପହଞ୍ଚିଲି। ସେତେବେଳେ ବିଜୁଳି ଆଲୁଅ ନ ଥାଏ। ଠାଏ ଠାଏ କଟକ ମ୍ୟୁନିସିପାଲିଟି ତରଫରୁ କିରୋସିନ ଲାମ୍ପପୋଷ୍ଟର

ବ୍ୟବସ୍ଥା ଥାଏ। ସନ୍ଧ୍ୟା ପୂର୍ବରୁ ଜଣେ ଲୋକ ସିଢ଼ି ନେଇଆସି ତେଲ ଦେଇ ସେ ବତୀସବୁ ଜାଳିଦେଇଯାଏ। ତାହା ଅନେକ ରାତି ପର୍ଯ୍ୟନ୍ତ ଠିକ୍ ଲଣ୍ଠନ ପରି ମିଞ୍ଜି ମିଞ୍ଜି ହୋଇ ଜଳେ। କେତେକ ଜାଗାରେ ଅଳ୍ପ ସମୟ ପରେ ଆପେ ଆପେ ଲିଭିଯାଏ। ଆଜି ସହରମାନଙ୍କରେ ଅପୂର୍ବ ବିଜୁଳି ଆଲୋକସଜ୍ଜା ଦେଖିଲେ ସେଦିନର ସେଇ ମିଞ୍ଜି ମିଞ୍ଜି ମ୍ୟୁନିସିପାଲିଟି ବତୀକଥା ପୁରୁଣାଯୁଗର କାହାଣୀ ପରି ଲାଗିବ। ସହର ରାସ୍ତା ସବୁ ଏବେ ପିଚୁ ହୋଇଛି। କିନ୍ତୁ ମୁଁ ଯେତେବେଳେ କଟକ ଆସିଥିଲି, ସେତେବେଳେ କଟକର ରାସ୍ତା ସବୁ ନାଲିମାଟି ଗୋଡ଼ିର କଚା ରାସ୍ତା ଥିଲା।

ଆଜି କଟକ ସହରକୁ ଦେଖିଲେ ସେ ସମୟର କଟକର ସେ ଦୃଶ୍ୟ କେହି କଳ୍ପନା କରିପାରିବ ନାହିଁ। ଏବେ ପୁରୁଣା ନଦୀବନ୍ଧ କଡ଼େ କଡ଼େ ନୂଆବନ୍ଧ ତିଆରି ହୋଇ ସହର ଚାରିପାଖେ ରିଙ୍ଗ ରୋଡ଼ ବୁଲି ଯାଇଛି। ରାସ୍ତାଘାଟ ସବୁ ଚୌଡ଼ା ଓ ପିଚୁ। ମିଞ୍ଜି ମିଞ୍ଜି ମ୍ୟୁନସିପାଲିଟି ଆଲୋକ ପରିବର୍ତ୍ତେ ଚାରିଆଡ଼େ ବିଜୁଳିବତୀ ଓ ସ୍ୱର୍ଣ୍ଣାଭ ଆଲୋକର ସମାରୋହ। ଚାଳଘର ସ୍ଥାନରେ ଧାଡ଼ି ଧାଡ଼ି ସୁରମ୍ୟ ଅଟ୍ଟାଳିକା। ରେଳ ଷ୍ଟେସନର ସେହି ପୁରୁଣା ଲେଭଲକ୍ରସିଂ ଆଉ ନାହିଁ। ସେଠାରେ ଏକ ବିରାଟ ଓଭରବ୍ରିଜ ନିର୍ମାଣ କରାଯାଇଛି। ମହାନଦୀ ବ୍ୟାରେଜ ମଧ୍ୟ ଆଜି କାଲିର ଇଞ୍ଜିନିୟରିଂ କୌଶଳର ଏକ ନମୂନା। ବାରବାଟୀ ଷ୍ଟାଡ଼ିୟମ୍, ଇଣ୍ଡୋର ଷ୍ଟାଡ଼ିୟମ୍ ପ୍ରଭୃତି ଦର୍ଶନୀୟ। ଏହା ବ୍ୟତୀତ ସ୍ଥାନେ ସ୍ଥାନେ ସୁଦୃଶ୍ୟ ପାର୍କସମୂହ ସହରର ଶୋଭାବର୍ଦ୍ଧନ କରୁଅଛି। ଯାତାୟତ କରିବା ଲଗି ଏବେ ଶହ ଶହ ସଂଖ୍ୟାରେ ବସ୍, ଟାଉନବସ୍, କାର୍, ଟ୍ୟାକ୍ସି, ଅଟୋ ଓ ସାଇକେଲ ରିକ୍ସା ପ୍ରଭୃତିର ପ୍ରଚଳନ ମଧ୍ୟ ବହୁଳ। ମୋଟ ଉପରେ ବର୍ତ୍ତମାନର କଟକ ସହର ସେତେବେଳକାର ନାଲିଗୋଡ଼ି ମାଟିର ସହର ହୋଇ ରହିନାହିଁ; ବରଂ ଏକ ଅତ୍ୟାଧୁନିକା ସୁନ୍ଦର ରମଣୀ ପରି ସଭ୍ୟତାର ଚାକଚକ୍ୟରେ ଝଲମଲ କରୁଥିବା ଏକ ସୁନ୍ଦର ନଗରରେ ପରିଣତ ହୋଇଛି। କିନ୍ତୁ ଗୋଟିଏ କଥା ଏଠାରେ ଉଲ୍ଲେଖି ନ କରି ରହିହେଉ ନାହିଁ ଯେ ବହୁ ବର୍ଷର ପୁରାତନ ସହର ହୋଇ ମଧ୍ୟ କଟକର ଅନ୍ତଃରୂପ ତଥା ମୌଳିକତାରେ ବିଶେଷ କିଛି ପରିବର୍ତ୍ତନ ହୋଇନାହିଁ। କଟକର ସାହିବସ୍ତିର ଲୋକମାନଙ୍କ ଭିତରେ ଥିବା ଅନ୍ତରଙ୍ଗତା, ସହୃଦୟତା ଓ ପାରସ୍ପରିକ ମାନବିକ ସମ୍ପର୍କ ଏବେ ବି ଅତୁଟ ରହିଛି।

ଏହି ଅବସରରେ ଉଲ୍ଲେଖ କରାଯାଇପାରେ ଯେ, ପରବର୍ତ୍ତୀ ଅବସ୍ଥାରେ କଟକ ସହରର ଜନସାଧାରଣଙ୍କ ମଧ୍ୟରେ ଭାବଗତ ଓ ସାଂସ୍କୃତିକ ଐକ୍ୟ ପ୍ରତିଷ୍ଠା ନିମିତ୍ତ ମୋ' ସମେତ ବହୁ ସଂସ୍କୃତି ଓ ସଚେତନ ବନ୍ଧୁମାନଙ୍କୁ ନେଇ ୧୯୭୩ ମସିହାରେ

"ଦି କଟକ କଲଚର' ନାମରେ ଏକ ଅନୁଷ୍ଠାନ ଗଠିତ ହୋଇଥିଲା ଏବଂ ଓଡ଼ିଶାର ତତ୍କାଳୀନ ମୁଖ୍ୟମନ୍ତ୍ରୀ ଶ୍ରୀମତୀ ନନ୍ଦିନୀ ଶତପଥୀ ଏ କ୍ଷେତ୍ରରେ ଆଗ୍ରହ ପ୍ରକାଶ କରିଥିଲେ। ମୁଁ ଯେଉଁ ଯେଉଁ ଅନୁଷ୍ଠାନର ବିଭିନ୍ନ କାର୍ଯ୍ୟକ୍ରମ ସହିତ ସାମିଲ ହୋଇଥିଲି, ତାହା ଅନ୍ୟତ୍ର ଆଲୋଚନା କରିଛି।

କଟକରେ ପହଞ୍ଚିଲା ପରେ ମୁଁ ସାହେବଜାଦା ବଜାରରେ ଥିବା ମୋ ବଡ଼ବାପା ସ୍ୱର୍ଗତ ବଳରାମ ଦାସଙ୍କ ଘରେ ରହିଲି। ମୋ'ର ଏହି ବଡ଼ବାପାଙ୍କର ଦୁଇପୁଅ ଦେବେନ୍ଦ୍ର ନାଥ ଦାସ ଓ ନଗେନ୍ଦ୍ର ନାଥ ଦାସ ସମାଜରେ ବେଶ୍ ପ୍ରତିଷ୍ଠା ଲାଭ କରିଥିଲେ। ମହେଶ ପ୍ରସାଦ ଦାସ ମୋର ପୁତୁରା। ମହେଶର ପୁଅ ଝିଅମାନେ ଉଚ୍ଚଶିକ୍ଷା ଲାଭ କରିଛନ୍ତି। ସେମାନଙ୍କ ମଧ୍ୟରୁ ଜୟନ୍ତୀ ଏବେ ରେଙ୍ଗାଲି ଡ୍ୟାମ୍ ପ୍ରୋଜେକ୍ଟର ସୁପରଣ୍ଟେଣ୍ଡିଂ ଇଞ୍ଜିନିୟର ଥିବା ପ୍ରବୋଧ କୁମାର ପଟ୍ଟନାୟକଙ୍କୁ ବିବାହ କରିଛି। ସେଇ ଘରେ ମୋ ଛାତ୍ରଜୀବନର ପ୍ରାୟ ଦଶବର୍ଷ ଅତିବାହିତ ହୋଇଥିଲା। ସାହେବଜାଦା ବଜାରର ଅନ୍ୟନାମ ଥିଲା 'ନର୍ମାଲ ସ୍କୁଲ ଲେନ୍'। ସେଠାରେ 'ନର୍ମାଲ ସ୍କୁଲ' ନାମରେ ଏକ ବିଦ୍ୟାଳୟ ଥିଲା। ସେହି ନାମ ଅନୁସାରେ ଏହି ସ୍ଥାନର ନାମକରଣ କରାଯାଇଥିଲା। ଉକ୍ତ ବିଦ୍ୟାଳୟ ୧୮୬୯ ମସିହାରେ ପ୍ରତିଷ୍ଠିତ ହୋଇଥିଲା। ମାଇନର ପାଶ୍ କଲାପରେ ଯେଉଁମାନେ ଶିକ୍ଷକ ହେବାକୁ ଇଚ୍ଛା କରୁଥିଲେ, ସେମାନେ ପ୍ରଥମେ ଏହି ସ୍କୁଲରେ ନାଁ ଲେଖାଉଥିଲେ।

ସାହେବଜାଦା ବଜାର

ଜାତୀୟ ଆନ୍ଦୋଳନର ପ୍ରାଣକେନ୍ଦ୍ର 'ସ୍ୱରାଜ ଆଶ୍ରମ' ଏହି ସାହେବଜାଦା ବଜାରରେ ପ୍ରତିଷ୍ଠିତ ହୋଇଥିଲା। ବିଶିଷ୍ଟ ଶିକ୍ଷାବିତ୍ ରାୟବାହାଦୂର ଯୋଗେଶ ଚନ୍ଦ୍ର ରାୟ, ବିଶିଷ୍ଟ ସମାଜସେବୀ ସାହିତ୍ୟିକ ତଥା 'ମୁକୁର' ସାହିତ୍ୟ ପତ୍ରିକାର ପ୍ରତିଷ୍ଠାତା ସମ୍ପାଦକ ବ୍ରଜସୁନ୍ଦର ଦାସ, ଓଡ଼ିଶାର ପ୍ରତିଷ୍ଠିତ ଘୋଷ ପରିବାରର ରାଧାକାନ୍ତ ଘୋଷ, ନଳିନୀକାନ୍ତ ଘୋଷ, ରଜନୀକାନ୍ତ ଘୋଷ, ରମଣୀକାନ୍ତ ଘୋଷ, ରେବତୀକାନ୍ତ ଘୋଷ ପ୍ରମୁଖଙ୍କ ବାସସ୍ଥାନ ମଧ୍ୟ ଏହି ସାହେବଜାଦା ବଜାରରେ ଥିଲା। ଶିକ୍ଷାବିତ୍ ପ୍ରଫେସର ସ୍ୱର୍ଗତ କାଶୀନାଥ ଦାସ ଏହିଠାରେ ରହୁଥିଲେ। ପୂର୍ଣ୍ଣଚନ୍ଦ୍ର ଭାଷାକୋଷର ପ୍ରଣେତା ଗୋପାଳ ଚନ୍ଦ୍ର ପ୍ରହରାଜଙ୍କର ଘର ମଧ୍ୟ ସାହେବଜାଦା ବଜାରରେ। ପରବର୍ତ୍ତୀ କାଳରେ ପ୍ରହରାଜଙ୍କ ପ୍ରଣୀତ 'ଭାଷାକୋଷ' ନାମରେ ଏଇ ଲେନ୍‌କୁ 'ଭାଷାକୋଷଲେନ୍' ନାମରେ ନାମିତ କରାଯାଇଥିଲା।

ବଡ଼ବାପା ବଳରାମ ଦାସ ସେ ସମୟରେ ଜଣେ ପ୍ରତିଷ୍ଠିତ ସାହିତ୍ୟିକ ଥିଲେ। 'ବାଳବୋଧ ରାମାୟଣ', 'ଶ୍ରୀବତ୍ସ ଚରିତ', 'ନଳ ଦମୟନ୍ତୀ' ପ୍ରଭୃତିଙ୍କ ରଚନାମାନଙ୍କ ମଧ୍ୟରେ ଅନ୍ୟତମ। ମୁଁ ତାଙ୍କରି ଘରେ ରହୁଥାଏ। ଘରକୁ ଲାଗି ବାଳକାଟି ମକଦ୍ଦମ ବଂଶର ଗୋଟିଏ ବଡ଼ଘର ଥିଲା। ପୂର୍ବତନ ମନ୍ତ୍ରୀ ତଥା ଓଡ଼ିଶା ବିଧାନସଭାର ବାଚସ୍ପତି ଶ୍ରୀଯୁକ୍ତ ସତ୍ୟପ୍ରିୟ ମହାନ୍ତି ଓ ଆଇନଜୀବୀ ସ୍ୱର୍ଗତ ବିଶ୍ୱମ୍ଭର ମହାନ୍ତି ଏହି ଘରେ ରହୁଥିଲେ।

ସାହିତ୍ୟ, ସଙ୍ଗୀତ, ନାଟକ ଆଦି ସାଂସ୍କୃତିକ କାର୍ଯ୍ୟକ୍ରମ ପରିବେଷଣ କ୍ଷେତ୍ରରେ ମଧ୍ୟ ସାହେବଜାଦା ବଜାରର ବେଶ୍ ସୁନାମ ଥିଲା। ଆଇନଜୀବୀ ସ୍ୱର୍ଗତ ଅନାଥବନ୍ଧୁ ରାୟ ଜଣେ ସୁପ୍ରତିଷ୍ଠିତ ନାଟ୍ୟଶିଳ୍ପୀ ଭାବରେ ଖ୍ୟାତି ଅର୍ଜନ କରିଥିଲେ। ଅନାଥବନ୍ଧୁଙ୍କ ପିତା ଗୋପାଳଚନ୍ଦ୍ର ରାୟ, ମୋର ବଡ଼ବାପାଙ୍କ ପୁଅ ଭାଇ ଦେବେନ୍ଦ୍ରନାଥ ଦାସ ଓ ନରେନ୍ଦ୍ରନାଥ ଦାସ ମଧ୍ୟ ସେମାନଙ୍କ ଆଇନ ବ୍ୟବସାୟ ଏହି ସାହେବଜାଦା ବଜାରରେ ରହୁଥିବା ସମୟରେ ଆରମ୍ଭ କରିଥିଲେ। ବର୍ତ୍ତମାନ ବାରିଷ୍ଟର ଶ୍ରୀଯୁକ୍ତ ବୀରେନ୍ଦ୍ର ମୋହନ ପଟ୍ଟନାୟକ, ଶ୍ରୀଯୁକ୍ତ ପ୍ରବୀର ପାଲିତ, ପୂର୍ବତନ ପୋଲିସ ଡି.ଜି. ଶ୍ରୀଯୁକ୍ତ ଶ୍ୟାମସୁନ୍ଦର ପାଢ଼ୀ ଓ ତାଙ୍କ ସହଧର୍ମିଣୀ ଓଡ଼ିଶା ହାଇକୋର୍ଟର ପ୍ରଥମ ମହିଳା ବିଚାରପତି ଶ୍ରୀମତୀ ଅମୀୟ କୁମାରୀ ପାଢ଼ୀ ପ୍ରମୁଖ ବହୁ ବିଶିଷ୍ଟ ବ୍ୟକ୍ତିଙ୍କର ବାସସ୍ଥାନ ମଧ୍ୟ ଏହି ସାହେବଜାଦା ବଜାରରେ।

ରେଭେନ୍ସା କଲେଜିଏଟ୍ ସ୍କୁଲ, ରେଭେନ୍ସା କଲେଜ, ନର୍ମାଲ ସ୍କୁଲ, ସ୍ୱରାଜ ଆଶ୍ରମ, ମୁକୁର ସାହିତ୍ୟ ପତ୍ରିକା, ପୂର୍ଣ୍ଣଚନ୍ଦ୍ର ଭାଷାକୋଷ ପ୍ରଣୟନ, ନାନା ସାଂସ୍କୃତିକ କାର୍ଯ୍ୟକ୍ରମ ଓ ଆଇନ ବ୍ୟବସାୟ ଆଦି ବିଭିନ୍ନ ଦୃଷ୍ଟିକୋଣରୁ ବିଚାର କଲେ ଉକ୍ତ ସାହେବଜାଦା ବଜାର ଯେ ସେତେବେଳେ କଟକ ସହରର ଶିକ୍ଷା ଓ ସଂସ୍କୃତିର ଏକ ପୀଠସ୍ଥଳୀ ଥିଲା, ଏଥିରେ ଦ୍ୱିରୁକ୍ତିର ଅବକାଶ ନାହିଁ। ଏବେ ମଧ୍ୟ ସ୍ୱାଧୀନତା ସଂଗ୍ରାମର ପୁଣ୍ୟପୀଠ ସ୍ୱରାଜଆଶ୍ରମ, ଐତିହାସିକ ଶିକ୍ଷାୟତନ ରେଭେନ୍ସା କଲେଜିଏଟ୍ ସ୍କୁଲ ଓ ରାଧାନାଥ ଟ୍ରେନିଂ କଲେଜ ପ୍ରଭୃତି ସେମାନଙ୍କର ସ୍ୱାତନ୍ତ୍ର୍ୟ ବଜାୟ ରଖିଛନ୍ତି।

ଛାତ୍ରଜୀବନ

ଜୀବନର ମୁଖ୍ୟତଃ ପାଞ୍ଚଟି ପର୍ଯ୍ୟାୟ ଭିତରୁ ଛାତ୍ରଜୀବନ ହେଉଛି ସବୁଠାରୁ ମହାର୍ଘ। ଶୈଶବ ଓ ବାଲ୍ୟକାଳ ଅଧେ ଜଣା ଅଧେ ଅଜଣା ଭିତରେ ବିତିଯାଏ। ଶିକ୍ଷା ସମାପ୍ତ ପରେ ଆରମ୍ଭ ହୁଏ କଠୋର ବାସ୍ତବଜୀବନକୁ ସାମ୍ନା କରିବାର ପ୍ରାରମ୍ଭିକ ପ୍ରସ୍ତୁତି। ନୀତି, ଆଦର୍ଶ, ମୂଲ୍ୟବୋଧ ସହିତ ନିଛକ ସାଂସାରିକ ଜୀବନର ବରାବର ମୁହାଁମୁହିଁ ସଂଗ୍ରାମ ଲାଗିରହୁଥାଏ ଦୀର୍ଘକାଳଯାଏ। ଅପରାହ୍ଣର ଛାଇ ଲେଉଟାବେଳେ ଆରମ୍ଭ ହୋଇଯାଏ ସତ୍ୟ ମିଥ୍ୟାର, ଛାଇ ଆଲୁଅର ବିଚିତ୍ର ଲୁଚକାଳି ଖେଳ। ସାରା ଦିନର ଲାଭକ୍ଷତିର ହିସାବନିକାଶ କରୁ କରୁ ହଠାତ୍ ଜୀବନ ସହିତ ଚରମ ପ୍ରତାରଣା କରି ଜୀବନ ସୂର୍ଯ୍ୟ ଅସ୍ତମିତ ହୋଇଯାଆନ୍ତି କେଉଁ ଅତଳତଳ ମହାକାଳର ଗହ୍ୱର ଭିତରେ। ସ୍ୱପ୍ନ ଓ ସଂକଳ୍ପର ବିଚିତ୍ର ବର୍ଣ୍ଣାଳୀରେ ଛାତ୍ର ଜୀବନ ଭାସ୍ୱରିତ।

ଛାତ୍ର ଜୀବନ ବୋଧହୁଏ ପ୍ରକୃଷ୍ଟ ସମୟ, ଜୀବନର ସ୍ୱାଦ ଉପଲବ୍ଧି ପାଇଁ, ଜଗତ ପ୍ରତି ଅଙ୍ଗୀକାରବଦ୍ଧ ହେବାର ସଂକଳ୍ପ ନେବାପାଇଁ। ସମୟ ଚରମ ପ୍ରତାରକ। ଯଦି ତାକୁ ଠିକ୍ ଭାବରେ ବୁଝିବାର ପ୍ରୟାସ ନ ହୁଏ, କିମ୍ବା ତା' ପ୍ରତି ଅବହେଳା ପ୍ରଦର୍ଶନ କରାଯାଏ; ତେବେ ଦଣ୍ଡ ଲିତା ବିଲିତା ହୋଇ ସେ ହାତମୁଠାରୁ ଖସିଯାଏ ଅନାୟାସରେ। କେବଳ ଜଣେ ଉପଯୁକ୍ତ ଛାତ୍ର ହିଁ ନିଜ ହାତମୁଠାରେ ସମୟକୁ ଧରି ରଖିବାର ପ୍ରୟାସ କରିପାରେ। ଗଣିତର ଜଟିଳ ସୂତ୍ରପରି ଏଇ ଚରମ ସତ୍ୟକୁ ଯିଏ ସ୍ମରଣରେ ରଖିଛି, ତା' ପାଖରେ ଜୀବନ ଓ ସଂସାର ପରମ ଆଶା ଓ ବିଶ୍ୱାସର ପ୍ରତୀକ ରୂପେ ଦଣ୍ଡାୟମାନ ହୋଇଛି। ନଚେତ୍ ସମୟ ଠକି ଦେଇ ଚାଲିଯାଇଛି।

ଆଜିର ଏହି ଅତିକ୍ରାନ୍ତ ମୁହୂର୍ତ୍ତରେ ମୋ ଛାତ୍ର ଜୀବନକୁ ସ୍ମରଣରେ ଆଣିଲାବେଳେ ଅନେକ ସ୍ମୃତି, ସ୍ମୃତିପଟରେ ଉଭାସିତ ହୋଇ ଉଠନ୍ତି। ପ୍ରାଣରେ ଅପୂର୍ବ ପୁଲକ ସୃଷ୍ଟି ହୁଏ। କାଳର ଗତି ବଡ଼ ବିଚିତ୍ର। କାହାକୁ ସଂଗୁପ୍ତରେ ମହାନ୍ଧକାର

ଭିତରେ ହଜାଇ ଦିଏ ତ, କାହାକୁ ସ୍ମୃତିର ସଙ୍ଗାଳି କରି ସ୍ୱର୍ଣ୍ଣାକ୍ଷରରେ ନିଜ ହୃଦୟପଟରେ ଧାରଣ କରିଥାଏ।

ସେ ସମୟରେ କଟକରେ ଆଜିକାଲି ଏତେ ଅଧିକ ସଂଖ୍ୟକ ସ୍କୁଲ କଲେଜ ନ ଥିଲା। ରେଭେନ୍ସା କଲେଜିଏଟ୍, ଭିକ୍ଟୋରିଆ (ଏବର ଭକ୍ତମଧୁ ବିଦ୍ୟାପୀଠ), ମିଶନାରୀ ବା ଖ୍ରୀଷ୍ଟିୟାନ ପାଦ୍ରୀମାନଙ୍କ ଦ୍ୱାରା ପରିଚାଳିତ ମିଶନ୍ ସ୍କୁଲ, ପ୍ୟାରିମୋହନ ଏକାଡ଼େମୀ ଓ ମୁସଲିମ୍ ସେମିନାର ସ୍କୁଲ ପ୍ରଭୃତି ସ୍କୁଲମାନ ଥିଲା। ଏହିସବୁ ସ୍କୁଲମାନଙ୍କରେ ଜାତି-ବର୍ଣ୍ଣ-ଧର୍ମ ନିର୍ବିଶେଷରେ ସବୁ ସଂପ୍ରଦାୟର ପିଲାମାନେ ମାଟ୍ରିକ୍ ପଢ଼ି ପାରୁଥିଲେ। ମାଇନର ସ୍କୁଲ ମଧ୍ୟ ବେଶୀ ନ ଥିଲା। ସରକାରୀ ଏମ୍.ଇ. ସ୍କୁଲ ଭାବେ କଟକ ସେକେଣ୍ଡାରୀ ଟ୍ରେନିଂ ସ୍କୁଲ (ନର୍ମାଲ ସ୍କୁଲ) ସହିତ ପ୍ରାକ୍ଟିସିଂ ମିଡ଼ିଲ୍ ମଡ଼େଲ ଇଂଲିଶ ସ୍କୁଲଟିଏ ଥିଲା। ୧୯୧୫ ମସିହାରେ ମୁଁ ଏହି ପ୍ରାକ୍ଟିସିଂ ସ୍କୁଲର ଚତୁର୍ଥ ଶ୍ରେଣୀରେ ନାଁ ଲେଖାଇଥିଲି। ଗାଁ ଛାଡ଼ି କଟକ ପଢ଼ିବାକୁ ଆସିଛି। ମନରେ ମୋର ଅଜସ୍ର ଉତ୍ସାହ ଓ ଉଦ୍ଦୀପନା। ଗାଁ ପିଲା। କଟକ ସ୍କୁଲରେ ସାଙ୍ଗମାନଙ୍କ ପାଖରେ ସଙ୍କୋଚ, ଶିକ୍ଷକମାନଙ୍କ ପ୍ରତି ସଂଭ୍ରମ, ଶ୍ରଦ୍ଧା ଓ ଭକ୍ତି। ମୁଁ ପାଠପଢ଼ାରେ ଯୋଗ ଦେଲି।

କଟକ ନର୍ମାଲ ସ୍କୁଲ

୧୮୬୯ ମସିହାରେ କଟକ ନର୍ମାଲ ସ୍କୁଲ କଟକର ସାହେବଜାଦା ବଜାରରେ ସ୍ଥାପିତ ହୋଇଥିଲା। ୧୮୬୪ରେ କଟକରେ "କଟକ ନର୍ମାଲ କ୍ଲାସ୍" ସ୍ଥାପିତ ହୋଇ କେବଳ ନିମ୍ନ ପ୍ରାଥମିକ ସ୍କୁଲ ଶିକ୍ଷକମାନଙ୍କୁ ତାଲିମ ଦିଆଯାଉଥିଲା। କିନ୍ତୁ ନିମ୍ନ ଓ ଉଚ୍ଚ ପ୍ରାଥମିକ ସ୍କୁଲ ଶିକ୍ଷକ ତାଲିମ ପାଇଁ ଏହାକୁ 'କଟକ ନର୍ମାଲ' ସ୍କୁଲରେ ପରିଣତ କରାଗଲା। ଉକ୍ତ ସ୍କୁଲ କେବଳ ଶିକ୍ଷକ ତାଲିମର ଶହେ କୋଡ଼ିଏ ବର୍ଷର ଇତିହାସ ନୁହେଁ, ଏହା ଓଡ଼ିଆ ଭାଷା, ସାହିତ୍ୟ ତଥା ସଂସ୍କୃତିର କ୍ରମବିକାଶର ଇତିହାସ କହିଲେ ଅତ୍ୟୁକ୍ତି ହେବ ନାହିଁ। ସ୍ୱର୍ଗତ ଦ୍ୱାରିକାନାଥ ଚକ୍ରବର୍ତ୍ତୀ ୧୮୬୯ ରୁ ୧୮୯୩ ପର୍ଯ୍ୟନ୍ତ ଏହି ଅନୁଷ୍ଠାନର ପ୍ରଧାନ ଶିକ୍ଷକ ରୂପେ କାର୍ଯ୍ୟ କରିଥିଲେ। ଶୁଣାଯାଏ ସେ ମହାଶୟ ଆଗଜନ୍ ଖାଁ ନାମକ ଜଣେ ଆଫଗାନ ଭଦ୍ରଲୋକଙ୍କ ଠାରୁ ମାତ୍ର ଚାରିହଜାର ଟଙ୍କାରେ ଖଣ୍ଡିଏ ଜମି କ୍ରୟ କରି ସ୍କୁଲର ପ୍ରଥମ ପକ୍କା ଗୃହ ନିର୍ମାଣ କରାଇଥିଲେ। ସେଥିପାଇଁ ତଦାନୀନ୍ତନ ବଙ୍ଗ ଗଭର୍ଣ୍ଣରଙ୍କ ଦ୍ୱାରା ପ୍ରଶଂସିତ ହୋଇଥିଲେ। ଏହି ସ୍କୁଲରେ ଅନ୍ୟାନ୍ୟ ସ୍ୱନାମଧନ୍ୟ ପ୍ରଧାନଶିକ୍ଷକମାନଙ୍କ ମଧ୍ୟରେ ସ୍ୱର୍ଗତ ଭକ୍ତକବି ମଧୁସୂଦନ

ରାଓ, ଚନ୍ଦ୍ରମୋହନ ମହାରଣା, ଦାଶରଥି ପାଣିଗ୍ରାହୀ, ଭୀମ ରାଉତ, କୃଷ୍ଣଚନ୍ଦ୍ର ସେନଗୁପ୍ତ, ପଦ୍ମଚରଣ ପଟ୍ଟନାୟକ, ବୈକୁଣ୍ଠନାଥ ପଟ୍ଟନାୟକ, ନନ୍ଦକିଶୋର ବଳ ଓ ଲଳିତ ମୋହନ ଘୋଷ ପ୍ରମୁଖଙ୍କ ନାମ ଉଲ୍ଲେଖଯୋଗ୍ୟ। ମୁଁ ପଢୁଥିବା ପ୍ରାକ୍ଟିସିଂ ମିଡ଼ିଲ ମଡ଼େଲ ଇଂଲିଶ ସ୍କୁଲ ଏହି ନର୍ମାଲ ସ୍କୁଲ ଅଧୀନରେ ପରିଚାଳିତ ହେଉଥିଲା। ଭଲ ପଢ଼ାପଢ଼ି ହେଉଥିବା ଦୃଷ୍ଟିରୁ ସେଠାରେ ନାଁ ଲେଖାଇବାକୁ ଭାରି ଭିଡ଼ ହେଉଥିଲା।

ପ୍ରାକ୍ଟିସିଂ ମିଡ଼ିଲ ମଡ଼େଲ ଇଂଲିଶ ସ୍କୁଲ

ସ୍ୱର୍ଗତ ହାରାଧନ ଘୋଷ ଓ କୃଷ୍ଣଚନ୍ଦ୍ର ସେନଗୁପ୍ତ ପ୍ରମୁଖ କୃତବିଦ୍ୟ ବ୍ୟକ୍ତିଗଣ ଉକ୍ତ ପ୍ରାକ୍ଟିସିଂ ମିଡିଲ୍ ମଡ଼େଲ ଇଂଲିଶ ସ୍କୁଲର ପ୍ରଧାନଶିକ୍ଷକ ଭାବେ କାର୍ଯ୍ୟ କରୁଥିଲେ। ସ୍ୱର୍ଗତ ଗୋପାଳ ଚରଣ ମହାନ୍ତି ଓ ରତ୍ନାକର ଗରାବଡୁ ପ୍ରଭୃତି ସେଠାରେ ଶିକ୍ଷକତା କରୁଥିଲେ। ସେହି ଶିକ୍ଷକମାନଙ୍କ ଶିକ୍ଷାଦାନ କର୍ମରେ ନିଷ୍ଠା ଓ ଆନ୍ତରିକତା ଥିଲା। ସେମାନେ ନିଜ ନିଜ ଶିକ୍ଷାଦାନ କ୍ଷେତ୍ରରେ ପାରଦର୍ଶିତା ଲାଭ କରିଥିବାରୁ ଓ ବେଶ୍ ଛାତ୍ରବତ୍ସଳ ଥିବାରୁ; ସମାଜରେ ଏମାନଙ୍କର ସ୍ଥାନ ବଡ଼ ଉଚ୍ଚରେ ଥିଲା। ଶିକ୍ଷକତାକୁ ଏମାନେ ପବିତ୍ର କର୍ମରୂପେ ଗ୍ରହଣ କରିଥିଲେ। ସେଥିପାଇଁ ଶିକ୍ଷକମାନଙ୍କର କର୍ମନିଷ୍ଠା ଓ ବ୍ୟକ୍ତିଗତ ଚରିତ୍ରର ଅଖଣ୍ଡ ପ୍ରଭାବ ଛାତ୍ରମାନଙ୍କଠାରେ ଅନୁଭୂତ ହେଉଥିଲା। ଶିକ୍ଷକମାନେ ଥିଲେ ଆମ୍ଭମାନଙ୍କର ପଥପ୍ରଦର୍ଶକ। ଶିକ୍ଷକମାନେ ହିଁ ଥିଲେ ଆମ କର୍ମପ୍ରେରଣାର ଜୀବନ୍ତ ଆଦର୍ଶ। ଶିକ୍ଷକ ଓ ଛାତ୍ରମାନଙ୍କର ସମ୍ପର୍କ ଅତି ନିବିଡ଼ ଥିଲା। ଛାତ୍ରମାନେ ଗୁରୁଙ୍କୁ ଯଥାବିଧି ଭକ୍ତି ଓ ସମ୍ମାନ ପ୍ରଦର୍ଶନ କରୁଥିଲେ। ଆମ୍ଭମାନଙ୍କ ମନରେ ଭାରତୀୟ ପରମ୍ପରା ଓ ଐତିହ୍ୟର ବିଧି ଅନୁସୃତ, "ଗୁରୁବ୍ରହ୍ମା, ଗୁରୁର୍ବିଷ୍ଣୁ, ଗୁରୁର୍ଦେବ ମହେଶ୍ୱରଃ, ଗୁରୁଃ ସାକ୍ଷାତ୍ ପରଂବ୍ରହ୍ମ ତସ୍ମୈ ଶ୍ରୀ ଗୁରବେ ନମଃ"—ବିଶ୍ୱାସ ଗଭୀର ଥିଲା। ଗୁରୁ ଓ ଛାତ୍ରର ସମ୍ପର୍କ ଥିଲା ଅପାର୍ଥିବ। ଆମ ସମୟରେ ଗୁରୁ ଯେପରି ପରମ ଶୁଭାକାଂକ୍ଷୀ ଥିଲେ, ଆମେ ଛାତ୍ରମାନେ ମଧ୍ୟ ଅନୁରୂପ ଭକ୍ତି ନିବେଦନ କରୁଥିଲୁ। ଶିକ୍ଷକମାନେ ଛାତ୍ରବତ୍ସଳ, ଉଦାରଭାବାପନ୍ନ ଓ ପରମ ହିତୈଷୀ ଭାବରେ ଆମ୍ଭମାନଙ୍କୁ ନାନା ଉପଦେଶ ଦେଉଥିଲେ। ଆମ ସମୟରେ ଛାତ୍ରମାନେ ବାଧ୍ୟ ଓ ଶୃଙ୍ଖଳିତ ଥିଲେ। ଆଜ ଶିକ୍ଷାନୁଷ୍ଠାନମାନଙ୍କର ଦୁର୍ଗତି ଦେଖିଲେ ମନରେ କ୍ଷୋଭ ଆସେ। ଆଜି ଛାତ୍ର ବିଶୃଙ୍ଖଳିତ ହେବା ନିମନ୍ତେ ଛାତ୍ର ଅପେକ୍ଷା ଗାଁ'ର ଶିକ୍ଷକ ଓ ପିତାମାତା କମ୍ ଦାୟୀ ନୁହନ୍ତି। ଯଦି ଶିକ୍ଷା କ୍ଷେତ୍ରରେ ଅଧୋଗତି ଘଟେ, ତେବେ ତାକୁ ଜାତୀୟ ଜୀବନ ଓ ମାନବ ସଭ୍ୟତାର ଚରମ ଦୁର୍ଭାଗ୍ୟ ଛଡ଼ା ଆଉ କ'ଣ କୁହାଯାଇପାରିବ ?

ସହପାଠୀମାନଙ୍କ ମଧ୍ୟରେ ମୋର ଅତି ଅନ୍ତରଙ୍ଗ ବନ୍ଧୁଥିଲେ କିଶୋର ଟ୍ରାନ୍ସପୋର୍ଟ (କଟକ)ର ପ୍ରତିଷ୍ଠାତା ଓ ବିଶିଷ୍ଟ ସମାଜସେବୀ ସ୍ୱର୍ଗତ ନରେନ୍ଦ୍ର କିଶୋର ଦାସ (ନରିବାବୁ) ଓ ସ୍ୱର୍ଗତ ସ୍ୱାମୀ ବିଚିତ୍ରାନନ୍ଦ ଦାସ ଓ ଭୁବନାନନ୍ଦ ଦାସଙ୍କ ପୁତୁରା ତଥା ସ୍ୱର୍ଗତ ରାଘବାନନ୍ଦ ଦାସଙ୍କ ପୁଅ ରାଧାକୃଷ୍ଣ ଦାସ। ଶିକ୍ଷକ ଓ ଛାତ୍ରମାନଙ୍କର ସମ୍ପର୍କକୁ ମଧୁର କରି ରଖିବା ନିମନ୍ତେ ଆମ୍ଭମାନଙ୍କ ଅପେକ୍ଷା ଗୁରୁମାନଙ୍କର ଗୁରୁତ୍ୱପୂର୍ଣ୍ଣ ଭୂମିକା ଥିଲା।

କୁକୁର ବନ୍ଧୁ

ସାହେବଜାଦା ବଜାରରେ ଯେଉଁ ଘରେ ମୁଁ ରହୁଥିଲି, ଆମ ସ୍କୁଲର ଦୂରତ୍ୱ ସେଠାରୁ ପ୍ରାୟ ଦୁଇଶହ ଗଜ। ସ୍କୁଲରେ ଘଣ୍ଟା ବାଜିଲେ ଆମ ଘରକୁ ଶୁଭେ। ସେଇଠୁ ମୁଁ ସ୍କୁଲକୁ ଯାଏ। ଖେଳ ଛୁଟିରେ ଘରକୁ ବି ଆସିହୁଏ। ସେତେବେଳେ ମୋ ପାଖରେ ଗୋଟିଏ କୁକୁର ଥାଏ। ସେ କୁକୁରକୁ ମୁଁ ଭାରି ଭଲପାଉଥିଲି। ସେ ଅନେକ ସମୟରେ ମୋ ସାଙ୍ଗରେ ସ୍କୁଲକୁ ଯାଏ ଓ ମନକୁ ମନ ଫେରିଆସେ। ସେଥିପାଇଁ ଆମ ହେଡ୍‌ମାଷ୍ଟର ସ୍ୱର୍ଗତ କୃଷ୍ଣଚନ୍ଦ୍ର ସେନଗୁପ୍ତ କୌତୁକରେ ମୋତେ 'କୁକୁର ବନ୍ଧୁ' ବୋଲି ଡାକୁଥିଲେ। ପିଲାଦିନୁ ଆଜି ପର୍ଯ୍ୟନ୍ତ କୁକୁରମାନଙ୍କ ପ୍ରତି ମୋର ଶ୍ରଦ୍ଧା ବରାବର ରହି ଆସିଛି।

ବାସ୍ତବରେ କୁକୁର ହିଁ ମଣିଷର ପ୍ରକୃତ ବନ୍ଧୁ। ଟିପୁ, ସେଲି, ମେରୀ, କାଳିଆ, ରାଣୀ ଆଦି କୁକୁର ବନ୍ଧୁ ବରାବର ମୋ ପାଖରେ ରହି ଆସିଛନ୍ତି। ସମସ୍ତଙ୍କର କିଛି ନା କିଛି ବିଶେଷ ଗୁଣଥାଏ। ସେ କଥା ଯିଏ କୁକୁର ରଖିଛି, ନିଶ୍ଚୟ ଅନୁଭବ କରିଛି। ଟିପୁକଥା ନ କହି ରହିପାରୁ ନାହିଁ। ମୋ'ରି ସାଙ୍ଗରେ ଖାଏ। ମୋ'ରି ପାଖରେ ଶୁଏ। ମଝିରେ ଏମିତି ବେମାର ପଡ଼ିଲା ଯେ ତାକୁ ପଶୁ ଡାକ୍ତର ଲାଗି ମଧ୍ୟ କିଛି କରିପାରିଲେ ନାହିଁ। ଦିନେ ମୋର ଜଣେ ମୁସଲମାନ ମହକିଲ ତାକୁ ଭଲ କରିଦେବେ ବୋଲି କହି ନେଇଗଲେ। ଟିପୁ ବି ଜାଣିଲା ପରି ବିନା ଆପତ୍ତିରେ ଚାଲିଗଲା। ଭଲ ହୋଇ ଫେରିଲା ପରେ ମୁଁ ପଚାରିଲି, 'ଏଭଳି କି ଔଷଧ ଦେଲ ଯାହା ଡାକ୍ତରଙ୍କୁ ଜଣା ନାହିଁ।" ସେ କହିଲେ, "କିଛି ଔଷଧ ଦେଇନାହିଁ। ଖାଲି ଫିନାଇଲରେ ଧୋଇ ଦେଲି।" ଏବେ ସିନା ପୋଲିସ-କୁକୁରକୁ ତାଲିମ ଦିଆଯାଉଛି। ସେତେବେଳେ ସେ କଥା ହୋଇ ନ ଥାଏ। ତଥାପି 'ଟିପୁ' ଟ୍ରେନିଂ ପାଇଲା ପରି ଏକା ଏକା ଚିଠି ନେଇ କାଳିଗଳିରେ ପାର୍ଥବାବୁଙ୍କୁ ଦେଇ ତାଙ୍କଠାରୁ ଉତ୍ତର ନେଇ ଆସୁଥିଲା। ସେତେବେଳେ

କଟକରେ ଥିବା ଡି.ପି.ଆଇ. ଅଫିସକୁ ମଧ୍ୟ କେତେଥର ଚିଠି ନେଇ ମିସ୍ ବିନୋଦିନୀ ଷଡ଼ଙ୍ଗୀଙ୍କୁ ଦେଇ ଆସିଛି। ଉଛବ ତା'ର ତାଲିମ ମାଷ୍ଟର। ସାଇକେଲ ରଡ୍‌ରେ ବସି ହେଣ୍ଡେଲ ଉପରେ ଆଗ ଦୁଇଗୋଡ଼ ରଖି ବୁଲଯିବାରେ ତା'ର ଭାରି ସଉକ୍। ସନ୍ଧ୍ୟାରେ ଉଛବ ସାଇକେଲ ପାଖକୁ ଯିବାମାତ୍ରେ ସେ ଯାଇ ହାଜର ହୋଇଯାଉଥାଏ। କଟକର ଗହଳି ରାସ୍ତାରେ ଯାଇ ସେ ଯେତିକି ଆନନ୍ଦ ପାଉଥିଲା, ତା'ଠାରୁ ଅଧିକ ଆନନ୍ଦ ବୋଧହୁଏ ଦେଖଣାହାରୀଙ୍କୁ ମିଳୁଥିଲା।

ଡାକ୍ତର ବନବିହାରୀ ପଟ୍ଟନାୟକ

ମୋର ପଡ଼ୋଶୀ ଡାକ୍ତର ବନବିହାରୀ ପଟ୍ଟନାୟକ ତହୁଁ ବଳି କୁକୁରପ୍ରେମୀ। ତାଙ୍କ ଟାଇଗର କୁକୁର ମରିଗଲାରୁ ସେ ପୁତ୍ରଶୋକରୁ ଅଧିକ ଶୋକାତୁର ହୋଇପଡ଼ିଲେ। ଶୁଦ୍ଧିକ୍ରିୟା କଲେ। ଦଶଦିନ ସାହିର କୁକୁରମାନଙ୍କୁ ଭୋଜି ଦେଲେ। କୁକୁର ସବୁ ଏକାଠି ହେଲେ କଜିଆ କରିବେ ବୋଲି ସମସ୍ତଙ୍କ ଘରକୁ ମାଂସ ଭାତ ପଠାଇଦେଲେ। ମୋ କୁକୁର ପାଇଁ ମଧ୍ୟ ଆସିଥିଲା। ତାଙ୍କ ସଙ୍ଗେ ଦେଖାହେଲା ପରେ, ତାଙ୍କ ମନର ଏ ଦୁଃଖକୁ ହାଲ୍‌କା କରିବାପାଇଁ ରହସ୍ୟ କରି କହିଲି, "ତମେ ତ ତମ କୁକୁର ପାଇଁ ଏତେକଥା କଲ। କାଲି ମୋ କୁକୁର ମରିବ। ମୁଁ ତ ଏସବୁ କରିବି ନାହିଁ। ସେମାନେ ଯେତେବେଳେ ସ୍ୱର୍ଗରେ ଭେଟ ହେବେ, 'ମୋ ମାଲିକ ଏତେ କଲା, ତମ ମାଲିକ କ'ଣ କଲା ବୋଲି କହି ଖୁମ୍ପୁରା ଖୁମ୍ପୁରି ହେବେ। ଶେଷରେ ପ୍ରଳୟଙ୍କର କଜିଆ ହେବ। ପଡ଼ୋଶୀ ହୋଇ ତମେ ଶେଷକୁ ଏଇଆ କଲ !" ଶୁଣୁଥିବା ଲୋକେ ହସିପକାଇଲେ ସିନା, ବନୁବାବୁଙ୍କ ମୁହଁରେ ହସ ଉକୁଟିଲା ନାହିଁ। ତାଙ୍କ ମୁହଁ ଶୁଖିଗଲା। ମୁଁ ଚୁପ୍ ରହିଲି।

ଡାକ୍ତର ବନବିହାରୀ ପଟ୍ଟନାୟକ କେବଳ ଜଣେ ଡାକ୍ତର ହିସାବରେ ନୁହନ୍ତି, ଜଣେ ସମାଜସେବୀ ଭାବରେ ମଧ୍ୟ ପ୍ରତିଷ୍ଠା ଲାଭ କରିଥିଲେ। ତାଙ୍କ ଛାତ୍ରାବସ୍ଥାରେ ସେ କଲିକତାରେ ଡାକ୍ତରୀ ପଢୁଥିଲାବେଳେ ସେଠାରେ ଥିବା ଓଡ଼ିଆମାନଙ୍କୁ ସଂଗଠିତ କରାଇଥିଲେ। ବିଭିନ୍ନ ସାଂସ୍କୃତିକ ଅନୁଷ୍ଠାନ, ଯଥା ଓଡ଼ିଆ ଯାତ୍ରା, ଥିଏଟର ପ୍ରଭୃତି ସଂଗଠିତ କରାଇ ସେଠାରେ ଓଡ଼ିଆ ସଂସ୍କୃତିର ମର୍ଯ୍ୟାଦାକୁ ଅକ୍ଷୁର୍ଣ୍ଣ ରଖାଇ ପାରିଥିଲେ। ଜଣେ ସଂସ୍କୃତିସମ୍ପନ୍ନ, ଉଚ୍ଚ ଜାତୀୟବାଦୀ ଓଡ଼ିଆ ଭଦ୍ରବ୍ୟକ୍ତି ଭାବରେ ସମଗ୍ର କଲିକତାରେ ତାଙ୍କର ବେଶ୍ ସୁନାମ ଥିଲା। ଡାକ୍ତରୀ ପାଶ୍ କଲାପରେ ସେ କଲିକତାରୁ ଆସି ଓଡ଼ିଶା ସରକାରଙ୍କ ଅଧୀନରେ ନିଯୁକ୍ତ ପାଇ ଦୀର୍ଘଦିନ ଧରି ଦକ୍ଷତାର ସହ

କର୍ତ୍ତବ୍ୟ ସମ୍ପାଦନ କରିଥିଲେ। ଉଚ୍ଚଶିକ୍ଷା ଲାଭ ଉଦ୍ଦେଶ୍ୟରେ ସେ ବିଲାତ ମଧ୍ୟ ଯାଇଥିଲେ। ଜଣେ ଆଦର୍ଶ ତଥା ଦକ୍ଷ ଚିକିତ୍ସକ ଭାବରେ ସେ ସୁନାମ ଅର୍ଜନ କରିଥିଲେ। ସେ ସ୍ୱାସ୍ଥ୍ୟ ସମ୍ପର୍କୀୟ କେତେକ ପୁସ୍ତକ ରଚନା କରିଯାଇ ଅଛନ୍ତି। ତାଙ୍କ ଲିଖିତ 'ସ୍ୱାସ୍ଥ୍ୟରକ୍ଷା' ପାଠ୍ୟପୁସ୍ତକ ଭାବେ ବିଶେଷ ଆଦରଣୀୟ ହୋଇଥିଲା। ତାଙ୍କ ପୁଅ ଡାକ୍ତର ବଙ୍କିମ ଚନ୍ଦ୍ର ପଟ୍ଟନାୟକ କିଛିଦିନ ସରକାରଙ୍କ ସ୍ୱାସ୍ଥ୍ୟ ବିଭାଗରେ ବେଶ୍ ସଫଳତାର ସହ କାର୍ଯ୍ୟ କରି ଏବେ ସ୍ୱେଚ୍ଛାକୃତ ଭାବେ ଅବସର ନେଇ ସ୍ୱାଧୀନ ଭାବରେ ଚିକିତ୍ସା କରୁଛନ୍ତି।

ଡାକ୍ତର ପଟ୍ଟନାୟକଙ୍କ ଜନ୍ମସ୍ଥାନ କଟକ ଜିଲ୍ଲାର ବାଙ୍କୀଠାରେ। ସେଠାରେ ତାଙ୍କର ବହୁ ଭୂ-ସମ୍ପତ୍ତି ରହିଛି। ତାଙ୍କ ପରିବାରର ଓକିଲଭାବେ ନିଯୁକ୍ତି ପାଇ ମୁଁ କେତେଥର ବାଙ୍କୀ ଯାଇଥିଲି। ଆଜିକାଲି ପରି ସେତେବେଳେ ବାଙ୍କୀର ବିଶେଷ କିଛି ଉନ୍ନତି ଘଟି ନ ଥିଲା। ବାଙ୍କୀକୁ ଯିବାଆସିବା ଲାଗି ମଝିରେ ମଝିରେ ଖଣ୍ଡିଏ ବସ୍ ଛଡ଼ା ବିଶେଷ କିଛି ସୁବିଧା ନ ଥିଲା। ରାସ୍ତା କଡ଼େ କଡ଼େ ଘନ ଜଙ୍ଗଲମାନ ରହିଥିଲା ଏବଂ ସେହି ଜଙ୍ଗଲରେ ବାଘ ରହୁଥିଲେ। ମାତ୍ର ଏବେ ବାଙ୍କୀ ଏକ ସ୍ୱତନ୍ତ୍ର ରାଜସ୍ୱ ସବ୍‌ଡିଭିଜନ୍‌ରେ ପରିଣତ ହେବା ହେତୁ ରାସ୍ତାଘାଟରେ ଉନ୍ନତି ସହିତ ଅନେକ କୋର୍ଟ କଚେରି ଓ ସରକାରୀ କାର୍ଯ୍ୟାଳୟମାନ ପ୍ରତିଷ୍ଠିତ ହେଲାଣି।। ଚର୍ଚ୍ଚିକା ଠାକୁରାଣୀଙ୍କ ବିଜେସ୍ଥଳୀ ଭାବେ ମଧ୍ୟ ବାଙ୍କୀ ପ୍ରସିଦ୍ଧ।

ବାଙ୍କୀରେ ମୋ ଓକିଲାତି ଜୀବନର ପ୍ରଥମ ମକଦ୍ଦମା ମାଜିଷ୍ଟ୍ରେଟ୍ ପଦ୍ମଚରଣ ଦାସଙ୍କ କୋର୍ଟରେ ଆରମ୍ଭ ହୋଇଥିବା ଏବଂ ମୋ ମା'ଙ୍କ ଦେହାନ୍ତ ଘଟିବା ସମ୍ପର୍କୀୟ ଟେଲିଗ୍ରାମ୍ ସେଠାରେ ପାଇ କଟକ ଫେରି ଆସିଥିବା କଥା ମୁଁ ଅନ୍ୟତ୍ର ଆଲୋଚନା କରିଛି। ଦିନକର କଥା। ମକଦ୍ଦମା କାମ ସାରି ଡାକ୍ତର ବନବିହାରୀ ପଟ୍ଟନାୟକ ଓ ମୁଁ ସାଙ୍ଗ ହୋଇ କଟକ ଫେରୁଥାଉଁ। ତାଙ୍କ ସିଟ୍ରିନ୍ କାର୍‌କୁ ତାଙ୍କ ଡ୍ରାଇଭର ଅମୁ ଚଳାଉଥାଏ। ଆମ ସାଙ୍ଗରେ ଆଉ ଜଣେ ଭଦ୍ରବ୍ୟକ୍ତି ମଧ୍ୟ ଗାଡ଼ିରେ ଥାଆନ୍ତି। ମୁହଁ ସଞ୍ଜବେଳ। ବାଙ୍କୀ ଛାଡ଼ି ଆମେ ପ୍ରାୟ ୧୦ ମାଇଲ (୧୬ କିଲୋମିଟର) ଆସିବା ପରେ ହଠାତ୍ ଆମ କାର୍ ପଛରେ ଗୋଟିଏ ବାଘ ଦୌଡ଼ି ଦୌଡ଼ି ଆସିବାର ଜାଣିଲୁ। ମତେ ଟିକିଏ ଡର ମାଡ଼ିଲା, କିନ୍ତୁ ବନବାବୁ ଆଦୌ ବିଚଳିତ ନ ହେବା ଲକ୍ଷ୍ୟ କଲି। ପଚାରିବାରୁ ସେ କହିଲେ, "ସେ ବାଘ ଇମିତି କିଛି ବାଟ ଦୌଡ଼ି ତା' ମନକୁ ରହିଯିବ। ଏ ରାସ୍ତାରେ ଏଇଟା ନିତିଦିନିଆ ଘଟଣା।"

ତାଙ୍କରି କଥା ହିଁ ସତ୍ୟ ହେଲା।

ଏହା ପୂର୍ବରୁ ଆଉ ଥରେ ରାୟବାହାଦୁର ରାଜକିଶୋର ଦାସଙ୍କ ପରିବାରର ନିକୁଞ୍ଜ କିଶୋର ଦାସ ଓ ଚନ୍ଦ୍ର କିଶୋର ଦାସ ପ୍ରମୁଖଙ୍କ ସହ ଶିକାର କରିବାକୁ ମୁଁ ବାଙ୍କୀ ଯାଇଥିଲି। ସେତେବେଳେ ବାଘ ଦେଖିବା ଆମ ପାଇଁ ଏକ ସଉକ ଥିଲା। ଖରାଦିନ। ଆମେ କାଠଯୋଡ଼ିର ଖରାଦିନିଆ ରାସ୍ତା ଦେଇ। ଏକ ହାଫ୍‌ଟନ୍ ବସ୍‌ରେ ଯାଉଥିଲୁ। ସ୍ଥାନୀୟ ଲୋକଙ୍କ ଠାରୁ ବାଘ କେଉଁଠି ଥାଏ, ବୁଝି ଯାଉଥିଲୁ। ନିକୁଞ୍ଜ କିଶୋର ଦାସ ଓ ଚନ୍ଦ୍ରକିଶୋର ଦାସ (ବେଙ୍ଗବାବୁ) ହାତରେ ବନ୍ଧୁକ ଧରି ପ୍ରସ୍ତୁତ ହୋଇ ରହିଥାନ୍ତି। ପାଟପୁର ଜଙ୍ଗଲରେ ପହଞ୍ଚି ଗୋଟିଏ ସ୍ଥାନକୁ ଟର୍ଚ୍ଚ ଲାଇଟ୍ ପକାଇଲା ମାତ୍ରେ ଦୁଇଟି ବାଘ ଆମର ଦୃଷ୍ଟିଗୋଚର ହେଲେ। ଗୋଟିଏ ବାଘ ଶୋଇଥିଲା, ଅନ୍ୟଟି ତା' ପାଖରେ ଥିଲା। ଏ ଦୃଶ୍ୟ ଦେଖି ଆମ୍ଭେମାନେ ଭୟଭୀତ ହୋଇ ସାଙ୍ଗେ ସାଙ୍ଗେ ଗାଡ଼ି ବୁଲାଇଲୁ। ରାତି ୧୧ଟା ସରିକି କଟକରେ ଆସି ପହଞ୍ଚିଲୁ।

ରେଭେନ୍ସା କଲେଜିଏଟ୍ ସ୍କୁଲ

୧୯୧୮ ମସିହାରେ ମୁଁ ମାଇନର ପାଶ୍ କରି ରେଭେନ୍ସା କଲେଜିଏଟ୍ ସ୍କୁଲରେ ନାଁ ଲେଖାଇଲି। ସେଠାରେ ମୋ ସହପାଠୀମାନଙ୍କ ମଧ୍ୟରେ ଥିଲେ ପ୍ରତିଷ୍ଠିତ ଶିଶୁ ସାହିତ୍ୟିକ ରାମକୃଷ୍ଣ ନନ୍ଦ, ଖ୍ୟାତନାମା ପ୍ରଫେସର ଗୋପାଳ ଚନ୍ଦ୍ର ଗାଙ୍ଗୁଲିଙ୍କ ପୁଅ ଅନିଲ ଗାଙ୍ଗୁଲି। ରେଭେନ୍ସା କଲେଜିଏଟ୍ ସ୍କୁଲରେ ପାଠପଢ଼ା ଖୁବ୍ ଖୁବ୍ ଭଲ ହେଉଥିଲା। ସ୍କୁଲର ଖୁବ୍ ଖ୍ୟାତି ଥିଲା। ନେତାଜୀ ସୁଭାଷଚନ୍ଦ୍ର ବୋଷ, ଉତ୍କଳଗୌରବ ମଧୁସୂଦନ, ବୈଜ୍ଞାନିକ ପ୍ରାଣକୃଷ୍ଣ ପରିଜା ପ୍ରମୁଖ ଏହି ବିଦ୍ୟାଳୟର ଛାତ୍ର ଥିଲେ। ତତ୍କାଳୀନ ରାଜା ମହାରାଜାଙ୍କ ପିଲମାନେ ମଧ୍ୟ ଏଠାରେ ଶିକ୍ଷାଲାଭ କରୁଥିଲେ। ମୋର ମନେ ଅଛି, କେତେକ ରାଜପୁତ୍ର ଘୋଡ଼ାରେ ଚଢି ସ୍କୁଲକୁ ଯା-ଆସ କରୁଥିଲେ। ଏହି ବିଦ୍ୟାଳୟର ଛାତ୍ର ଭାବରେ ମୋ ମନ ଭିତରେ ଯେଉଁ ଗୌରବବୋଧ ଥିଲା ତାହା ଆଜୀବନ ଅକ୍ଷୁଣ୍ଣ ରହିଛି। ତା'ର ପ୍ରତ୍ୟେକ ଧୂଳିକଣା ମଧ୍ୟ ମୋ ପାଇଁ ପବିତ୍ର। ମୋତେ ମଣିଷ କରି ଗଢ଼ିତୋଳିବାରେ ଏହି ବିଦ୍ୟାଳୟର ଭୂମିକା ମୋର ପ୍ରାତଃସ୍ମରଣୀୟ।

ଶ୍ରୀଯୁକ୍ତ ରାମକୃଷ୍ଣ ନନ୍ଦ

ଶ୍ରୀଯୁକ୍ତ ରାମକୃଷ୍ଣ ନନ୍ଦ ଆଜି ଘରେ ଘରେ ପରିଚିତ। ଶିଶୁସାହିତ୍ୟିକ ଭାବରେ ତାଙ୍କର ଅଶେଷ ସୁଖ୍ୟାତି ରହିଛି।

"ଆହେ ଦୟାମୟ ବିଶ୍ୱ-ବିହାରୀ
ଘେନ ଦୟା ବହି ମୋର ଗୁହାରୀ ।
ଜଳ ସ୍ଥଳ ବନଗିରି ଆକାଶ,
ତୁମ୍ଭ ଲୀଳା ସବୁଠାରେ ପ୍ରକାଶ ।" x x x

ଉପରୋକ୍ତ ଏହି ଜଣାଣଟି ପୁରପଲ୍ଲୀଠାରୁ ଆରମ୍ଭ କରି ଓଡ଼ିଶାର ପ୍ରତ୍ୟେକ ସ୍ଥାନରେ ବିଶେଷ ଲୋକପ୍ରିୟତା ଅର୍ଜନ କରିଅଛି । ବିଦ୍ୟାଳୟର ଛୋଟ ଛୋଟ ଛାତ୍ରଛାତ୍ରୀଙ୍କ କଣ୍ଠରେ ଏହି ଜଣାଣ ବାସ୍ତବରେ କେତେ ଯେ ହୃଦୟସ୍ପର୍ଶୀ, ତାହା କେବଳ ଅନୁଭବୀ ହିଁ ଜାଣିପାରିବେ । ଏହାର ରଚୟିତା ଭାବରେ ଶ୍ରୀଯୁକ୍ତ ରାମକୃଷ୍ଣ ନନ୍ଦ ଓଡ଼ିଶାର ଶିକ୍ଷକ, ଶିକ୍ଷୟିତ୍ରୀ ତଥା ସମଗ୍ର ଛାତ୍ର ସମାଜ ନିକଟରେ ସୁପରିଚିତ ।

ଜୀବନର ପ୍ରଥମ ଅବସ୍ଥାରେ ସେ ଅସହଯୋଗ ଆନ୍ଦୋଳନ ପ୍ରତି କେବଳ ଯେ ଆକୃଷ୍ଟ ହୋଇଥିଲେ ତାହା ନୁହେଁ, ରେଭେନ୍ସା କଲେଜିଏଟ୍ ସ୍କୁଲର ଛାତ୍ର ଥିଲାବେଳେ ଅଧାରୁ ପାଠପଢ଼ା ଛାଡ଼ି ଆନ୍ଦୋଳନରେ ସାମିଲ୍ ହୋଇଥିଲେ । କିଛିଦିନ ସ୍ୱେଚ୍ଛାସେବକ ଭାବେ କାର୍ଯ୍ୟ କରିବା ପରେ ସେ ପୁଣି ପାଠପଢ଼ାରେ ମନ ଦେଇଥିଲେ ଏବଂ କୃତିତ୍ୱର ସହ ଡିଗ୍ରୀ ହାସଲ କରି ଶିକ୍ଷକତାକୁ ନିଜର ଜୀବିକା ଭାବେ ବାଛି ନେଇଥିଲେ । ତାଙ୍କ ଭଳି ଛାତ୍ରବତ୍ସଳ, ଆଦର୍ଶ ଶିକ୍ଷକ ବିରଳ ଥିଲେ ବୋଲି କହିଲେ ଅତ୍ୟୁକ୍ତି ହେବ ନାହିଁ ।

ଛାତ୍ରାବସ୍ଥାରୁ ଲେଖାଲେଖି କରିବାର ଅଭ୍ୟାସ ତାଙ୍କର ଥିଲା । ସେହି ଅଭ୍ୟାସ ତାଙ୍କୁ ପରବର୍ତ୍ତୀ କାଳରେ ଜଣେ ସୁଲେଖକ ଓ କବି ହେବାରେ ସାହାଯ୍ୟ କରିଥିଲା । ତାଙ୍କ ରଚିତ "ତୁଳସୀଦାସ'" ପୁସ୍ତକ ସାହିତ୍ୟ ଭଣ୍ଡାରରେ ଏକ ଅମୂଲ୍ୟ ସଂପଦ । ଏହା ବ୍ୟତୀତ କବିତା, ପ୍ରବନ୍ଧ ଓ କ୍ଷୁଦ୍ରଗଳ୍ପ ଲେଖି ସେ ବହୁ ଖ୍ୟାତି ଅର୍ଜନ କରିଛନ୍ତି । ମାତ୍ର ଜଣେ ଶିଶୁ-ସାହିତ୍ୟିକ ଭାବରେ ସେ ସାରା ରାଜ୍ୟରେ ଉଚ୍ଚ ସମ୍ମାନର ଅଧିକାରୀ । ବହୁ ବର୍ଷ ଶିକ୍ଷକତା କରିବା ପରେ ସେ ତାଙ୍କ ତେଲେଙ୍ଗା ବଜାରସ୍ଥ ବାସଭବନଠାରେ ଏକ ପ୍ରେସ୍ ପ୍ରତିଷ୍ଠା କରି 'ସଂସାର' ନାମରେ ଏକ ମାସିକ ଶିଶୁ-ବିଜ୍ଞାନ-ପତ୍ରିକା ପ୍ରକାଶ କରିଛନ୍ତି ।

ଶ୍ରୀଯୁକ୍ତ ରାମକୃଷ୍ଣ ନନ୍ଦ ମୋର ବାଲ୍ୟବନ୍ଧୁ । ରେଭେନ୍ସା କଲେଜିଏଟ୍ ସ୍କୁଲରେ ପଢୁଥିବା ସମୟରେ ମୋର ସହପାଠୀମାନଙ୍କ ମଧ୍ୟରୁ କୃଷି ଓ ବୈଷୟିକ ବିଶ୍ୱବିଦ୍ୟାଳୟର ପୂର୍ବତନ କୁଳପତି ଡକ୍ଟର ବଂଶୀଧର ସାମନ୍ତରାୟ, ବିଶିଷ୍ଟ ଆଇନଜୀବୀ ସ୍ୱର୍ଗତ ବିମଳକୃଷ୍ଣ ପାଲ, ପ୍ରଫେସର ଗୋପାଳ ଚନ୍ଦ୍ର ଗାଙ୍ଗୁଲିଙ୍କ ପୁତ୍ର କଲିକତାର ବିଶିଷ୍ଟ

ଆଇନଙ୍କ ଅନିଲ ଚନ୍ଦ୍ର ଗାଙ୍ଗୁଲି ଏବଂ ଶିଶୁ-ସାହିତ୍ୟିକ ଶ୍ରୀଯୁକ୍ତ ନନ୍ଦଙ୍କ ସହିତ ମୋର ଘନିଷ୍ଠ ସମ୍ପର୍କ ଥିଲା ।

ନିକଟ ଅତୀତରେ କଟକ କଳାବିକାଶ କେନ୍ଦ୍ରଠାରେ ପାଳିତ ହୋଇଥିବା ମାସିକ ଶିଶୁ ପତ୍ରିକା "ମନପବନ"ର ରଜତ-ଜୟନ୍ତୀ ଉତ୍ସବରେ ମୁଁ ମୁଖ୍ୟଅତିଥି ଭାବେ ଯୋଗଦାନ କରିବାର ସୁଯୋଗ ପାଇଥିଲି । ଉକ୍ତ ଉତ୍ସବରେ 'ସମାଜ' ସମ୍ପାଦକ ଡକ୍ଟର ରାଧାନାଥ ରଥ ଉଦ୍‌ଘାଟକ ଓ ଶ୍ରୀଯୁକ୍ତ ରାମକୃଷ୍ଣ ନନ୍ଦ ସମ୍ମାନିତ ଅତିଥି ଭାବେ ଯୋଗ ଦେଇଥିଲେ । ସେଠାରେ ଆମ ତିନିଜଣଙ୍କର ଗୋଟିଏ ଫଟୋ ନିଆଯାଇଥିଲା । ସେହି ସ୍ମୃତିକୁ ଅଧିକ ପ୍ରାଣବନ୍ତ କରିବା ଉଦ୍ଦେଶ୍ୟରେ ସେହି ଫଟୋଚିତ୍ରଟିକୁ ଏହି ପୁସ୍ତକରେ ସନ୍ନିବେଶିତ କରିବାକୁ ଉଚିତ ମନେକରୁଛି । ଦୀର୍ଘ ଦିନ ପରେ ଆମ ଦୁଇ ବନ୍ଧୁଙ୍କର ସେଠାରେ ଯେଉଁ ମିଳନ ଘଟିଥିଲା, ତାହା ଥିଲା ବାସ୍ତବକ ଅତ୍ୟନ୍ତ ଆନନ୍ଦଦାୟକ । ଶ୍ରୀଯୁକ୍ତ ନନ୍ଦଙ୍କ କଥା ଭାବିଲା ବେଳକୁ ସ୍କୁଲ ଜୀବନର ସ୍ମୃତି ଏବେ ମନେ ପଡ଼ିଯାଉଛି ।

ସେତେବେଳେ କଲେଜିଏଟ ସ୍କୁଲ ଏବକାର ଗୌରୀଶଙ୍କର ପାର୍କ ନିକଟସ୍ଥ ସିଟି ହସପିଟାଲ କୋଠାରେ ହେଉଥିଲା । ସେଠାରୁ ସ୍କୁଲ ଉଠିଗଲା । ସେହି କୋଠାରେ କିଛିଦିନ ସଚିବାଳୟ ଅଫିସ ହେଲା । ପୁଣି କିଛିଦିନ ପରେ ସଚିବାଳୟ ମଧ୍ୟ ସ୍ଥାନାନ୍ତରିତ ହୋଇଗଲା । ସେଠାରେ ବନ୍ଦୋବସ୍ତ କାର୍ଯ୍ୟାଳୟ ହେଲା । ସଂପ୍ରତି ସେଠାରେ ସିଟି ହସ୍‌ପିଟାଲ କାର୍ଯ୍ୟ କରୁଛି । ଏବେ ରେଭେନ୍ସା କଲେଜିଏଟ୍ ସ୍କୁଲ ହାଇକୋର୍ଟ ପାଖରେ ଯେଉଁ ଘରେ ହେଉଛି, ସେତେବେଳେ ତାହା ରେଭେନ୍ସା କଲେଜ ଥିଲା । ସଂପ୍ରତି ଜିଲ୍ଲା ଜଜ୍ ଅଫିସ ଯେଉଁଠାରେ ଅବସ୍ଥାପିତ, ସେଠାରେ ଥିଲା କଲେଜର ବିଜ୍ଞାନାଗାର । ମୋ ନାଁ ଲେଖାଇବାର ଦୁଇବର୍ଷ ପରେ ରେଭେନ୍ସା କଲେଜ ନିଜସ୍ୱ କୋଠାକୁ ସ୍ଥାନାନ୍ତରିତ ହେଲା । ରେଭେନ୍ସା କଲେଜିଏଟ ସ୍କୁଲ ରେଭେନ୍ସା କଲେଜର ପୁରୁଣା କୋଠାକୁ ଉଠି ଆସିଲା । ସେହିଦିନଠାରୁ ଏହି ବିଦ୍ୟାଳୟ ଆଉ ସ୍ଥାନ ପରିବର୍ତ୍ତନ କରିନାହିଁ । ଆଜିର ରେଭେନ୍ସା କଲେଜ କୋଠା ମାର୍ଟିନ କମ୍ପାନୀଙ୍କ ଦ୍ୱାରା ନିର୍ମିତ ହୋଇଥିଲା । ସେତେବେଳେ ଏହି କୋଠା ସାରା ଓଡ଼ିଶାର ବିଶେଷ ଦୃଷ୍ଟି ଆକର୍ଷଣ କରିଥିଲା । ସେ ସମୟରେ କଡ଼ି ବରଗାରେ ସାଧାରଣତଃ କୋଠା ନିର୍ମିତ ହୋଇ ଛାତ ପଡୁଥିଲା । ମାତ୍ର ରେଭେନ୍ସା କଲେଜରେ ପ୍ରଥମେ ଶୂନ୍‌ଛାତ (ଢଳେଇ ଛାତ) ହୋଇଥିବାରୁ ବହୁଲୋକ ଏହାକୁ ଦେଖିବାକୁ ଆସୁଥିଲେ । ତତ୍କାଳୀନ ଇଂରେଜ କମିଶନର ରେଭେନ୍ସା ସାହେବ (T.E. Ravenshaw) ନାମ ଅନୁସାରେ ଏହି କଲେଜର ନାମକରଣ କରାଯାଇ ରେଭେନ୍ସା କଲେଜ ହୋଇଥିଲା ।

ରେଭେନ୍ସା କଲିଜିଏଟ ସ୍କୁଲରେ ଅଧ୍ୟୟନ କରୁଥିବା ସମୟରେ ବହୁ ପ୍ରତିଷ୍ଠିତ ଶିକ୍ଷାବିତ୍ ଶିକ୍ଷକତା କରୁଥିଲେ। ପ୍ରଧାନଶିକ୍ଷକ ଭାବରେ ସ୍ୱର୍ଗତ ଶ୍ୟାମଚନ୍ଦ୍ର ତ୍ରିପାଠୀ, ଉପେନ୍ଦ୍ର ନାରାୟଣ ଦତ୍ତଗୁପ୍ତ, ବିଶ୍ୱମ୍ଭର ମିଶ୍ର ପ୍ରଭୃତି ବହୁ ଖ୍ୟାତିସମ୍ପନ୍ନ ବିଦ୍ୱାନ ବ୍ୟକ୍ତି କାର୍ଯ୍ୟ କରୁଥିଲେ। ଶ୍ୟାମଚନ୍ଦ୍ର ତ୍ରିପାଠୀ ପ୍ରଥମ ଓଡ଼ିଆ ଡି.ପି.ଆଇ. (D.P.I.) ଓ ପରେ ୟୁନିୟନ ପବ୍ଲିକ ସର୍ଭିସ କମିଶନ (Union Public Service Commission)ର ସଭ୍ୟ ଭାବରେ ଅବସ୍ଥାପିତ ହୋଇଥିଲେ। ପରୀକ୍ଷା ପାଇଁ ନିୟମିତ ପାଠ୍ୟ-ଖସଡ଼ା (Courses of Studies) ବ୍ୟତୀତ ଆମ୍ଭମାନଙ୍କୁ ଅନେକ କିଛି ଶିକ୍ଷା ଦିଆଯାଉଥିଲା। ବଢ଼େଇ କାମ, ମାଟିକାମ, ବଗିଚା କାମ ପ୍ରଭୃତି ବୈଷୟିକ ଶିକ୍ଷା ଦିଆଯାଉଥିଲା। ଏପରି ଶିକ୍ଷା ପଦ୍ଧତିର ଉଦ୍ଦେଶ୍ୟ ଥିଲା, ସର୍ବାନ୍ତଃକରଣରେ ଜଣେ ଛାତ୍ରକୁ ସଂସାର ନିମିତ୍ତ ଉପଯୁକ୍ତ କରି ଗଢ଼ି ତୋଳିବା। ତା'ଛଡ଼ା ଛାତ୍ର ମନରେ ଧାରଣା ସୃଷ୍ଟି କରାଯାଉଥିଲା ଯେ, କୌଣସି କର୍ମ ହୀନ କିମ୍ବା ଘୃଣ୍ୟ ନୁହେଁ। ପ୍ରତ୍ୟେକ କର୍ମ ମନୁଷ୍ୟ ପାଇଁ। ତେଣୁ ମଣିଷ ସବୁ କାମ ଦ୍ୱିଧାହୀନ ଭାବରେ କରିବା ଉଚିତ। ଆମ ସମୟରେ ପୁଅ ଝିଅ ଏକତ୍ର ଅଧ୍ୟୟନ କରିପାରୁ ନ ଥିଲେ। ସହଶିକ୍ଷାର ପ୍ରଚଳନ ନ ଥିବାର ଏକ ବିଶିଷ୍ଟ କାରଣ ହେଉଛି, ଆମ ସମୟରେ ଝିଅମାନେ ସାଧାରଣତଃ ପରଦା ଉପରେ ରହୁଥିଲେ। ଆଜିକାଲି ପରି ଝିଅ ପୁଅ ଏକାଠି ବସି ହସଖୁସି କରିବା, ଚା ଜଳଖିଆ ଖାଇବା, ହୋଟେଲ ବଜାର ଯିବା ସମାଜ ନୀତି ବିରୁଦ୍ଧ ଥିଲା।

ଜାଣେନି କାହିଁକି, ସଂସ୍କୃତ ଭାଷା ପ୍ରତି ମୋର ବିଶେଷ ଆଗ୍ରହ ନଥିଲା। ମାଟ୍ରିକ ପର୍ଯ୍ୟନ୍ତ ଆମେ ଯେଉଁ ଜ୍ଞାନ ପାଉ, ତାହା ମୁଖ୍ୟତଃ ଜୀବନ ପାଇଁ ଜ୍ଞାନ ଆହରଣର ପ୍ରଥମ ମୂଳଦୁଆ, ମାତ୍ର ମୋ ସଂସ୍କୃତ ପ୍ରତି ଅନାଗ୍ରହ ଥିବାରୁ, ପରବର୍ତ୍ତୀ କାଳରେ ସଂସ୍କୃତ ଶିକ୍ଷାରୁ ବଞ୍ଚିତ ହେଲି। ଯେତେ ବ୍ୟାକୁଳତା ପ୍ରକାଶ କଲେ ବି ପରିଣତ ବୟସରେ ସଂସ୍କୃତିରେ ବିଶେଷ ଜ୍ଞାନ ଲାଭ କରିପାରିଲା ନାହିଁ। ଏହା ମୋର ଘୋର ଦୁଃଖର କାରଣ ହୋଇଛି। ସଂସ୍କୃତ ଭାଷାରେ ରଚିତ ଉଚ୍ଚାଙ୍ଗ କାବ୍ୟ, ମହାକାବ୍ୟ ଅଧ୍ୟୟନର ସୌଭାଗ୍ୟରୁ ବଞ୍ଚିତ ହେଲି।

ଆମ ସ୍କୁଲର ବିଶେଷ ଆକର୍ଷଣୀୟ କାର୍ଯ୍ୟକ୍ରମଟି ଥିଲା ଆମର ନାଟକୋତ୍ସବ। ପିଲାଦିନରୁ ସେଥିରେ ମୋର ଅଶେଷ ଆଗ୍ରହ। ଥରେ ସ୍କୁଲର ନାଟ୍ୟାଭିନୟରେ ମୁଁ ଅବଧାନ ଭୂମିକାରେ ଅଭିନୟ କରିଥିଲି। ମୋ ଛାତ୍ର ଭୂମିକାରେ ଅଭିନୟ କରିଥିଲେ ବର୍ତ୍ତମାନର ଅବସରପ୍ରାପ୍ତ କୁଳପତି ଡକ୍ଟର ବଂଶୀଧର ସାମନ୍ତରାୟ ଓ ଆଡ଼ଭୋକେଟ

ସ୍ୱର୍ଗତ ବିମଳକୃଷ୍ଣ ପାଲ। ପ୍ରଦର୍ଶିତ ନାଟକଟି ଅତ୍ୟନ୍ତ କୌତୁହଳପ୍ରଦ ଓ ଚିତ୍ତାକର୍ଷକ ହୋଇଥିଲା। ଏହି ନାଟକଟି ମୁଖ୍ୟତଃ ହାସ୍ୟରସ ପ୍ରଧାନ ଥିଲା। ସେହି ନାଟକଟିର ଗୋଟିଏ ଉପଭୋଗ୍ୟ ଦୃଶ୍ୟ ମୋର ହୃଦୟପଟରେ ଭାସି ଉଠୁଛି। ପ୍ରଶ୍ନ ଉତ୍ତରରେ ପିଲାମାନେ ଯାହା କହୁଥିଲେ ସବୁ ଠିକ୍, ମାତ୍ର ଅବଧାନଙ୍କର (ମୋର) କଥା ଭୁଲ ଥିଲା। ଯଥା :—

ଜନନୀ ଗର୍ଭୁ ଯେଉଁ କ୍ଷଣି,
ଜନ୍ମ ଛୁଇଁଲୁ ଏ ଧରଣୀ।
ତୁମ୍ଭକୁ ଦେଖି ହରଷ୍ତ୍ର ଭରେ,
ହସିଲେ କେତେ ନାରୀ ନରେ..... ଇତ୍ୟାଦି

(ହରଷ୍ତ୍ର ଭରେ—ହାସ୍ୟରୋଳ ହେଲା)

ଏହିଭଳି ଭାବରେ ବହୁ ହାସ୍ୟରସାତ୍ମକ ବଚନିକା ଥାଇ ନାଟକଟି ଦର୍ଶକମାନଙ୍କୁ ଆନନ୍ଦ ଦେଇଥିଲା। ନାଟକ ପରିଚାଳନା କରିଥିଲେ ଶିକ୍ଷକ କାବ୍ୟତୀର୍ଥ ପଣ୍ଡିତ ମୃତ୍ୟୁଞ୍ଜୟ ରଥ। ନାଟକ ଅଭିନୟ ବ୍ୟତୀତ ଆବୃତ୍ତି ଓ ଅନ୍ୟାନ୍ୟ ପ୍ରତିଯୋଗିତାରେ ମୁଁ ବହୁବାର ଅଂଶ ଗ୍ରହଣ କରିଥିଲି ଓ ପୁସ୍ତକ ଉପହାର ପାଇଥିଲି। ଆଉଥରେ ମୁଁ ରେଭେନ୍ସା କଲେଜରେ ପଢୁଥିବା ସମୟରେ ଆମେ କେତେଜଣ ବନ୍ଧୁ ସାଙ୍ଗହୋଇ କଟକର ମହମ୍ମଦିଆ ବଜାରରେ କାମପାଳ ମିଶ୍ରଙ୍କ ରଚିତ 'ସୀତା ବିବାହ' ନାଟକ ଅଭିନୟ କରିଥିଲୁ। ମୁଁ ଲକ୍ଷ୍ମଣ ଭୂମିକାରେ ଅଭିନୟ କରିଥିଲି। ଅନ୍ୟମାନଙ୍କ ମଧ୍ୟରେ ଚାନ୍ଦିନୀଚୌକର ବିଶିଷ୍ଟ ବ୍ୟକ୍ତି ସ୍ୱର୍ଗତ ସଚ୍ଚିଦାନନ୍ଦ ମିଶ୍ର ପର୍ଶୁରାମ ଭୂମିକାରେ ଏବଂ ସ୍ୱର୍ଗତ ନଟବର ସାହୁ (ପରେ ଆଇ.ଏ.ଏସ୍. ହୋଇଥିଲେ) ରାମ ଭୂମିକାରେ ଅଭିନୟ କରିଥିଲେ।

ମଞ୍ଚରେ ପର୍ଶୁରାମ ପ୍ରବେଶ କରି ରାମକୁ ଧିକ୍କାର କଲେ। ଏଥିରେ ବିକ୍ଷଷ୍ଣ ହୋଇ ରାମଚନ୍ଦ୍ର ତଳକୁ ମୁହଁ କରି ଠିଆ ହୋଇଥାନ୍ତି। ଲକ୍ଷ୍ମଣ ଭୂମିକାରେ ମୁଁ ଛାତିରେ ହାତମାରି କହିଲି।

"ବିଦୀର୍ଣ୍ଣ ନହୋଇ ବକ୍ଷ କିପରିରେ ତୁହି
ସହିଲୁ ମୁହୂର୍ତ୍ତେ ହାୟ ଏ ଘୋର ଲାଞ୍ଛନା
ବିପ୍ରକୁଳ-କୁଳାଙ୍ଗାର ଅହଙ୍କାରୀ ଜନେ
ନିର୍ଦ୍ଦୋଷୀ ଆର୍ଯ୍ୟଙ୍କୁ ଆଜି ପଦାଘାତ କଲା।
ଯାଉ ଲକ୍ଷ୍ମଣ ପରାଣ। ଏ ଛାର ଜୀବନ। କୁଳରେ କଳଙ୍କ ଲାଗୁ, ଦଶରଥ

ପୁତ୍ର ବୋଲି କେହି ନ ଜାଣନ୍ତୁ। ରାମଚନ୍ଦ୍ର ଭ୍ରାତା ବୋଲି କେହି ନ ଚିହ୍ନନ୍ତୁ। ନିଶ୍ଚୟ, ନିଶ୍ଚୟ ଆଜି ଏହି ଖଡ୍ଗଧାରେ (ତରବାରୀ କାଢ଼ିଦେଇ) ବଧିବିରେ ଦୁଷ୍ଟଜନ ଦୁର୍ଦାନ୍ତ, ବର୍ବର।"

ସେଦିନର ସେହି ଅଭିନୟ କଥା ମନେ ପଡ଼ିଲେ ଏବେ ବି ମନରେ ଆନନ୍ଦ ଆସୁଛି।

ସ୍ୱରାଜ୍ୟ ପଥେ

କଲେଜିଏଟ୍ ସ୍କୁଲର ଏକ ଗୌରବାବହ ଐତିହ୍ୟ ରହିଛି । ମୋର ପରମ ସୌଭାଗ୍ୟ, ସେଇ ସ୍ମରଣୀୟ ପରମ୍ପରାର, ଉନ୍ନତି ଚିନ୍ତା ଓ ଚେତନାର ବାହକ ରୂପେ କିଛି କାର୍ଯ୍ୟ କରିବାର ସୁଯୋଗ ମୋତେ ମିଳିଥିଲା । ଏହା ମୋ' ଜୀବନର ଏକ ସ୍ୱର୍ଣ୍ଣାଭ ଦିଗନ୍ତକୁ ଉଦ୍‌ଘାଟିତ କରିଥିଲା । ଯାହା ମୋ' ଆତ୍ମକଥାର ଏକ ଉଜ୍ଜ୍ୱଳ ଅଧ୍ୟାୟ । ଜୀବନରେ ପ୍ରଥମ କରି ସେବାର ମହତ୍ତ୍ୱ ଉପଲବ୍ଧି କରିଥିଲା । ଆତ୍ମ-ପରିଚୟ ଲାଭ କରିବାର ତାହା ଥିଲା ପହିଲି ପଦକ୍ଷେପ ।

୧୯୨୧ ମସିହାରେ ଜାତିର ଜନକ ମହାତ୍ମାଗାନ୍ଧୀ ବ୍ରିଟିଶ ସରକାର ବିରୁଦ୍ଧରେ ଅସହଯୋଗ ଆନ୍ଦୋଳନର ଡାକରା ଦେଲେ । ଜାତୀୟ କଂଗ୍ରେସର ଆହ୍ୱାନରେ ସମଗ୍ର ଭାରତର ସ୍କୁଲ କଲେଜର ଛାତ୍ରମାନେ ପାଠପଢ଼ା ଛାଡ଼ି ଅସହଯୋଗ ଆନ୍ଦୋଳନରେ ସାମିଲ ହେବାପାଇଁ ଆଗେଇ ଆସିଲେ । ଦେଶ ମାତୃକାର ସେବା ନିକଟରେ ବିଦ୍ୟାର୍ଜନର ସଂକୀର୍ଣ୍ଣ ସ୍ୱାର୍ଥ ତୁଚ୍ଛ ହୋଇଉଠିଲା । ସେହି ମହାନ୍ ମନ୍ତ୍ରରେ ଅଭିମନ୍ତ୍ରିତ ହୋଇ ମୁଁ ମୋର ସାଙ୍ଗସାଥୀ ସହପାଠୀମାନଙ୍କୁ ସ୍କୁଲ ଛାଡ଼ି ଆନ୍ଦୋଳନରେ ଝାସ ଦେବାକୁ ପ୍ରବର୍ତ୍ତାଇଥିଲି । ଫଳରେ ମୋତେ ସ୍କୁଲରୁ ବହିଷ୍କାର କରିବାର ଆଦେଶ ଦିଆଗଲା । କିନ୍ତୁ ପରେ କର୍ତ୍ତୃପକ୍ଷ ସ୍ୱତଃ-ପ୍ରବୃତ୍ତ ହୋଇ ଉକ୍ତ ଆଦେଶ ପ୍ରତ୍ୟାହାର କରିନେଲେ । ସେହି ସମୟରେ ପ୍ରତିଷ୍ଠିତ ଆଇନଜୀବୀ ବିମଳକୃଷ୍ଣ ପାଲ, ଶିକ୍ଷାବିତ୍ ଡକ୍ଟର ବଂଶୀଧର ସାମନ୍ତରାୟ, ଶିଶୁ-ସାହିତ୍ୟିକ ଶ୍ରୀଯୁକ୍ତ ରାମକୃଷ୍ଣ ନନ୍ଦ, ପ୍ରଫେସର ଗୋପାଳ ଚନ୍ଦ୍ର ଗାଙ୍ଗୁଲିଙ୍କ ପୁଅ ଶ୍ରୀ ଅନିଲ ଚନ୍ଦ୍ର ଗାଙ୍ଗୁଲି ପ୍ରମୁଖ ମୋର ସହପାଠୀ ଥିଲେ ।

ସ୍ୱରାଜ ଆଶ୍ରମ ନିକଟସ୍ଥ ସାହେବଜାଦା ବଜାରରେ ଥିବା ବଡ଼ବାପାଙ୍କ ଘରେ ମୋର ଛାତ୍ରଜୀବନର ଦୀର୍ଘ ଦଶବର୍ଷ ଅତିବାହିତ ହୋଇଥିଲା । ଆମର ସେଇ ଘରଟିକୁ

ଛୋଟକାଟିଆ ଆଶ୍ରମ କହିଲେ ଚଳିବ । ବଡ଼ବାପାଙ୍କ ଅଜ୍ଞାତରେ ସେଇ ଘରେ ଜାତୀୟ ଆନ୍ଦୋଳନର ବହୁ ଗୁରୁତ୍ୱପୂର୍ଣ୍ଣ ସମସ୍ୟାମାନ ଆଲୋଚିତ ହେଉଥିଲା । ସେ ସବୁ ଆଲୋଚନାର ଆମେ ଥିଲୁ ପ୍ରତ୍ୟକ୍ଷ ଅଂଶୀଦାର । ତତ୍‌କାଳୀନ ରାଜନୀତି ତଥା ସ୍ୱାଧୀନତା ମୁକ୍ତି ସଂଗ୍ରାମର ପଥପ୍ରସ୍ତୁତି ଥିଲା ଆଲୋଚ୍ୟ ବିଷୟ । ସେଇ ଜାତୀୟତାର ମହାନ ଯଜ୍ଞବେଦୀରେ ଆତ୍ମାହୁତି ଦେବା ପାଇଁ ଆମେମାନେ ନିଜକୁ ପ୍ରସ୍ତୁତ କରୁଥିଲୁ । ପୂର୍ବତନ ବାଚସ୍ପତି ରଥା ମନ୍ତ୍ରୀ ଶ୍ରୀଯୁକ୍ତ ସତ୍ୟପ୍ରିୟ ମହାନ୍ତି ଓ ସ୍ୱର୍ଗତ ନୃସିଂହ ଚରଣ ମହାନ୍ତି ପ୍ରଭୃତି ଦେଶପ୍ରେମୀ ବନ୍ଧୁମାନେ ଏସବୁ ଆଲୋଚନାରେ ଅଂଶ ଗ୍ରହଣ କରୁଥିଲେ । ଏହି ସମସ୍ତ କ୍ଷେତ୍ରରେ ମୁଁ ଟିକିଏ ଆଗୁଆ ଥିବାରୁ ସ୍ୱର୍ଗତ ଗୋପବନ୍ଧୁ ଚୌଧୁରୀ ଓ ଅନ୍ୟ କେତେକ ସ୍ୱାଧୀନତା-ସଂଗ୍ରାମୀ ମୋତେ ଥଟ୍ଟାରେ F. L. ବା ଭବିଷ୍ୟଲ ନେତା (Future Leader) ବୋଲି ଡାକୁଥିଲେ । ସେ ସମୟରେ ସଂଗଠିତ ହୋଇଥିବା ଛାତ୍ର ଆନ୍ଦୋଳନରେ ନେତୃତ୍ୱ ନେଇ ନ ଥିଲେ ସୁଦ୍ଧା ମୁଁ ଛାତ୍ର ସଂଗଠନ (Students' Organisation) ରେ ସକ୍ରିୟ ଭୂମିକା ଗ୍ରହଣ କରିଥିଲି ।

ମୋର ମନେଅଛି, ଏହିସବୁ ଘଟଣା ଦେଖି ବଡ଼ବାପା ଓ ଅନ୍ୟ ଗୁରୁଜନମାନେ ଚିନ୍ତିତ ହେଉଥିଲେ । ମୋତେ ଏସବୁ କାର୍ଯ୍ୟରୁ ନିବୃତ୍ତ ରହିବାକୁ ପରାମର୍ଶ ଦେଉଥିଲେ । ଗାଁରୁ ବେଳେବେଳେ ବାପା କଟକ ଆସନ୍ତି । ତାଙ୍କ ଆଗରେ ମଧ୍ୟ ଏସବୁ ବିଷୟରେ ଆଲୋଚନା କରାଯାଉଥିଲା । ବଡ଼ବାପା ଓ ବାପା ମୋ ପାଇଁ ବଡ଼ ବିବ୍ରତ ହୋଇ ପଡୁଥିଲେ । ଏହି ଆନ୍ଦୋଳନଜନିତ ଜାତୀୟତା ସ୍ରୋତରେ ସାମିଲ ହୋଇଥିବା ଛାତ୍ରମାନଙ୍କ ଉପରେ ପୋଲିସର ଶାଣିତ ଦୃଷ୍ଟି ଥିଲା । ସ୍ୱେଚ୍ଛାସେବୀ ଓ ସ୍ୱାଧୀନତା ସଂଗ୍ରାମୀମାନଙ୍କୁ ପୋଲସ ଗିରଫ କରି ବହୁ ନିର୍ଯ୍ୟାତନା ଦେଉଥିଲେ । ସେ ସମୟରେ ମୋ ବଡ଼ବାପା (ବଳରାମ ଦାସ)ଙ୍କ ପୁଅ ଭାଇ ନଗେନ୍ଦ୍ର ନାଥ ଦାସ ପୁରୀରେ ମୁନ୍‌ସିଫ୍ ଥାନ୍ତି । ମୋତେ କଟକରୁ ନେଇ କିଛିଦିନ ପାଇଁ ତାଙ୍କ ପାଖରେ ପୁରୀରେ ଏକପ୍ରକାର ଅଜ୍ଞାତବାସ ଭଳି ରଖାଯାଇଥିଲା । ତାଙ୍କ ପାଖରେ ରହିଲେ ସେଠାକୁ ପୁଲିସ ଯିବେ ନାହିଁ । କାରଣ ସେ ଜଣେ ବରିଷ୍ଠ ପୁଲିସ ଅଫିସର ଦେଓ୍ୱାନ ବାହାଦୂର ଶ୍ରୀକୃଷ୍ଣ ମହାପାତ୍ରଙ୍କର ଜାମାତା ।

ସ୍ୱରାଜ ଆଶ୍ରମ

ଓଡ଼ିଶାରେ କଂଗ୍ରେସ ଆନ୍ଦୋଳନର କେନ୍ଦ୍ରସ୍ଥଳ ଥିଲା ସ୍ୱରାଜ ଆଶ୍ରମ । ଉତ୍କଳମଣି ଗୋପବନ୍ଧୁ ଦାସ, ଗୋପବନ୍ଧୁ ଚୌଧୁରୀ, ପ୍ରାଣକୃଷ୍ଣ ପଢ଼ିଆରୀ, ନିତ୍ୟାନନ୍ଦ

କାନୁନ୍‌ଗୋ, ଶ୍ରୀ ଉଦୟନାଥ ଷଡ଼ଙ୍ଗୀ, ଶ୍ରୀ ରାମକୃଷ୍ଣ ନନ୍ଦ, ମାଗୁଣି କାନୁନ୍‌ଗୋ, ଶ୍ରୀ ବିଶ୍ୱନାଥ ନନ୍ଦ, ଶ୍ରୀ ରାଜକୃଷ୍ଣ ବୋଷ, ଜାତୀୟ କବି ବୀରକଶୋର ଦାସ, ଶ୍ରୀ ସତ୍ୟପ୍ରିୟ ମହାନ୍ତି, ଯଦୁମଣି ମଙ୍ଗରାଜ ପ୍ରମୁଖ ବିଶିଷ୍ଟ ନେତୃବୃନ୍ଦ ଏଠାରେ ଏକତ୍ରିତ ହେଉଥିଲେ । ଜାତୀୟ ଆନ୍ଦୋଳନର ଆଭିମୁଖ୍ୟ ଗତି, ପ୍ରକୃତି ପ୍ରଭୃତି ପର୍ଯ୍ୟାଲୋଚିତ ହୋଇ କାର୍ଯ୍ୟପନ୍ଥା ସ୍ଥିରୀକୃତ ହେଉଥିଲା । ଏହି ସ୍ୱରାଜ ଆଶ୍ରମ-ଉତ୍କଳ ପ୍ରଦେଶ କଂଗ୍ରେସ କମିଟିର ଆନ୍ଦୋଳନ ସମ୍ପର୍କୀୟ ସମସ୍ତ ବାର୍ତ୍ତା ଏହିଠାରୁ ହିଁ ପ୍ରଚାରିତ ହେଉଥିଲା । ଏହି ସମୟରେ ଜଗତସିଂହପୁର ଠାରେ "ଅଳକାଶ୍ରମ" ନାମରେ ଆଉ ଗୋଟିଏ ଆଶ୍ରମ ପ୍ରତିଷ୍ଠା କରାଯାଇଥିଲା ।

ମୁଷ୍ଟି ଭିକ୍ଷା

ଏହି ମୁକ୍ତି ସଂଗ୍ରାମକୁ ତ୍ୱରାନ୍ୱିତ ଓ ଉଦ୍‌ଜୀବିତ କରିବା ପାଇଁ ପ୍ରଚୁର ଅର୍ଥର ଆବଶ୍ୟକତା ଥିଲା । ଦାନ, ଚାନ୍ଦା ଭେଦା ଓ ମୁଠିଚାଉଳ ଭିକ୍ଷା ମାଧ୍ୟମରେ ଅର୍ଥ ସଂଗ୍ରହ କରିବାକୁ ପଡୁଥିଲା । ସ୍ୱରାଜ ଆଶ୍ରମ ଆମ ଘର ପାଖରେ । ସେଠାକୁ ଯାଇ ନେତାମାନଙ୍କ ସହିତ ପରିଚିତ ହେବାର ସୌଭାଗ୍ୟ ମୋତେ ମିଳୁଥିଲା । ନେତାମାନଙ୍କର ଚୁମ୍ବକୀୟ ବ୍ୟକ୍ତିତ୍ୱ ଆମମାନଙ୍କୁ ସେଠାକୁ ଆକର୍ଷିତ କରି ନେଉଥିଲା । ସେମାନଙ୍କ ପ୍ରଭାବରେ ମୁଁ ମୋ ବୟସର ସାଥୀମାନଙ୍କୁ ଧରି ମୁଠି ଚାଉଳ ଓ ଚାନ୍ଦା ଆଦାୟ କରୁଥିଲି । ସେତୁବନ୍ଧ ପ୍ରତିଷ୍ଠାରେ ଗୁଣ୍ଡୁଚି ମୂଷାର ଭୂମିକା ପରି, ମୁଁ କାୟମନବାକ୍ୟରେ ଏ ଦିଗରେ ସାହାଯ୍ୟ କରୁଥିଲି । ସେଇ ମହାନ ସ୍ମୃତି ମୋର ଚିର ଅପାଶୋରା ହୋଇ ରହିଛି ।

ଦେଶରେ ଇଂରାଜୀ ଶାସନ । କେତେକ ନ୍ୟସ୍ତସ୍ୱାର୍ଥ ବ୍ୟକ୍ତି ଥା'ନ୍ତି, ଯେଉଁମାନେ ସ୍ତାବକତା କରନ୍ତି । ଦେଶଦ୍ରୋହୀ ହୋଇ ବ୍ୟକ୍ତିଗତ ଫାଇଦା ଉଠାନ୍ତି । ସେମାନଙ୍କ ନିକଟରେ ସମୂହ ସ୍ୱାର୍ଥ, ଜାତିର କଲ୍ୟାଣ ଅପେକ୍ଷା ନିଜର ସଂକୀର୍ଣ୍ଣ ଲାଭ କ୍ଷତିର ମୂଳ ତଉଲ, ଅଧିକ ମୂଲ୍ୟବାନ ହୋଇଉଠେ । ଦେଶମାତୃକାର କଲ୍ୟାଣ ପ୍ରତି ସେମାନେ ବିମୁଖ ହୋଇଥାନ୍ତି । ସେଥିପାଇଁ ଯେଉଁମାନେ ସ୍ୱାଧୀନତା ସଂଗ୍ରାମରେ ଯୋଗ ଦେଇଥାନ୍ତି, ତାଙ୍କୁ ସେମାନେ ହୀନଦୃଷ୍ଟିରେ ଦେଖନ୍ତି । ସମାଲୋଚନା କରନ୍ତି । ବିଦେଶୀ ସରକାର ନିକଟରେ ଆନୁଗତ୍ୟ ପ୍ରକାଶ କରି ସେମାନଙ୍କର ଗୋପନୀୟ ତଥ୍ୟ ସବୁ ସୁବିଧା ପାଇଲେ ଗୁପ୍ତରେ ଜଣାଇ ଦିଅନ୍ତି । ଆଜି ମଧ୍ୟ ସମାଜରେ ଏପରି ସ୍ୱାର୍ଥାନ୍ଧ ବ୍ୟକ୍ତିଙ୍କର ଅଭାବ ନାହିଁ । ସେମାନଙ୍କର କ୍ରିୟାକଳାପ ହୃଦୟରେ ଘୃଣା ଆଣିଦିଏ ।

ଏକଦା ଏହିପରି ଏକ ତୋଷାମଦକାରୀଙ୍କର କଟୁ ମନ୍ତବ୍ୟର ଶରବ୍ୟ ହୋଇଥିଲି ମୁଁ। ମନେପଡ଼ିଲେ ହସ ମାଡ଼େ। ଥରେ କବି ବୀରକିଶୋର ଦାସ (ଜାତୀୟକବି) ଓ ମୁଁ ତେଲେଙ୍ଗା ବଜାରର ଜଣେ ବିଶିଷ୍ଟ ଆଇନଜୀବୀଙ୍କ ଘରକୁ ଚାନ୍ଦା ଆଦାୟ କରିବାକୁ ଯାଇଥିଲୁ। ତାଚ୍ଛଲ୍ୟଭରା କଣ୍ଠରେ ସେ ଭଦ୍ରଲୋକ ଆମକୁ କହିଲେ, "ଯା, ଯା, ତମ ଭଳିଆ କେତେଟା ଚୁଟିଆମୂଷାଙ୍କୁ ଡରି ଇଂରେଜ ସରକାର କ'ଣ ଏ ଦେଶ ଛାଡ଼ି ପଳେଇବ? ତମ ଦେଇ ଶାଗ ସିଝିବ ନାହିଁ। ଏଇମାନେ କୁଆଡ଼େ ଦେଶରୁ ସାହାବମାନଙ୍କୁ ହଟେଇ ଦେବେ!" ତାଙ୍କର ଏ ମନ୍ତବ୍ୟ ଶୁଣି ମୋ ମନରେ ଭାରି ରାଗ ହେଲା। ଦୃଢ଼କଣ୍ଠରେ ଜବାବ ଦେଲି—"ସ୍ୱରାଜ ଆମେ ଅଲ୍‌ବତ୍ ନେବୁ। ବଞ୍ଚିଥିଲେ ଆପଣ ଦେଖିବେ, ସ୍ୱରାଜ ନ ନେଇ ଆମେ ଛାଡ଼ିବୁ ନାହିଁ।"

ଏହି ଘଟଣାର କେତେବର୍ଷ ପରେ, ଥରେ ପ୍ରଜାତନ୍ତ୍ର ପରିସର ମଧ୍ୟରେ ବିଷୁବମିଳନ ଉତ୍ସବର ଏକ ସଭାରେ ବୀରବାବୁ ତାଙ୍କ ସଭାପତି ଅଭିଭାଷଣରେ ଯାହା ବର୍ଣ୍ଣନା କରିଥିଲେ ତାହା 'ଜ୍ଞାନମଣ୍ଡଳ' ସମ୍ପାଦକ ସ୍ୱର୍ଗତ ବିନୋଦ କାନୁନ୍‌ଗୋଙ୍କ ସଙ୍କଳିତ 'ଜାତୀୟକବି ବୀରକିଶୋର' ପୁସ୍ତକର ୧୩୪ ପୃଷ୍ଠାରେ ପ୍ରକାଶିତ ହୋଇଅଛି। ପାଠକମାନଙ୍କ ଅବଗତ ପାଇଁ ସେଥିରୁ କିଛି ଅଂଶ ଏଠାରେ ଉଦ୍ଧାର କରୁଛି—

x x x "ମୁଁ ମୁଦ୍ରାକର ବାହାରିଲି ପ୍ରଜାତନ୍ତ୍ର ବିକି। ମୋ ସାଙ୍ଗରେ ଆଉଜଣେ, ତାଙ୍କ ନାଁ କାମଦେବ। 'ଆଜି ଧାର, କାଲି ନଗଦ' ନିୟମରେ କେତେଖଣ୍ଡି କାଗଜ ବିକି ଜଣେ ବିଶିଷ୍ଟ ଭଦ୍ରଲୋକଙ୍କ ବୈଠକଖାନାରେ ପହଞ୍ଚିଲୁ। ସେ ପଢୁଥାନ୍ତି 'ସତକଥା'—ସରକାରୀ କାଗଜ ଖଣ୍ଡେ। ସେ ଆମକୁ ଦେଖିଲାକ୍ଷଣି ଚୌକିରୁ ଉଠିଆସି ମୋତେ କହିଲେ, "କିହୋ, ତମେ ପରା ଥରେ ଆସିଥିଲ। ତମମାନଙ୍କୁ ସବୁ ବୁଝେଇ କହିଥିଲି। କ'ଣ ଫଳ ହେଲା? ମୋ କଥା ହେଲା କି ନାହିଁ? ତୋ ସାଙ୍ଗରେ ଯେଉଁ ପାତିଆମୁହାଁ ଟୋକା ହାଣ୍ଡି ଧରି ଆସିଥିଲା, ସେ କାହିଁକି କହୁଥିଲା କାନମୋଡ଼ି ସ୍ୱରାଜ୍ୟ ନେବ? ତାକୁ ଦେଖାହେଲେ କୁହନ୍ତି ସିନା ତମ ଗାନ୍ଧୀ ତ..." ସେ ଯେଉଁ ଶବ୍ଦ ବ୍ୟବହାର କଲେ ତାହା ମୁଁ ଏଠି କହି ପାରିବିନି କି କଲମରେ ଲେଖି ବି ପାରିବି ନାହିଁ। ସେ ଶବ୍ଦଗୁଡ଼ିକ କୃଷ୍ଣଭାଇଙ୍କ ଅଭିଧାନରେ ନାହିଁ ବା ସମୁଦୀ ବିନୋଦ କାନୁନ୍‌ଗୋଙ୍କ ଜ୍ଞାନମଣ୍ଡଳରେ ନାହିଁ। କେବଳ ପ୍ରହରାଜଙ୍କ ଭାଷା ଭାଷାକୋଷରେ ଅଛି। x x x ସେ ଭଦ୍ରବ୍ୟକ୍ତି ଯେଉଁ ପାତିଆ ଖୋଜୁଥିଲେ, ଯାହା ସାଙ୍ଗରେ ମୁଁ ସେହି ବାବୁଙ୍କ ଘରକୁ ମୁଷ୍ଟିଭିକ୍ଷା କରିବାକୁ ଯାଇଥିଲି, ତା' ନାଁ ରାଜୁ। ରାଜୁ ହାଇକୋର୍ଟରେ

ଜଜ୍ ଥିଲେ। ବର୍ତ୍ତମାନ ଅବସର ନେଇ ଅଶୋଭମୟତା-ବିରୋଧୀ ଆନ୍ଦୋଳନରେ ଯୋଗ ଦେଇଛନ୍ତି। ସେ ଭଦ୍ରଲୋକ ଓକିଲ ଯଦି ବଞ୍ଚିଥାନ୍ତେ, ସେ ଦେଖିଥାନ୍ତେ— ସେ ପାତିଆଟୋକା ଅନରେବଲ୍ ଜଷ୍ଟିସ୍ ଆର୍. କେ. ଦାସ। ସେ ଦେଖିଥାନ୍ତେ, ମୁଷ୍ଟିଭିକ୍ଷାକାରୀମାନେ ବ୍ରିଟିଶ ସରକାରଙ୍କୁ ବିଦାୟ ଦେଇ, ଦେଶର ସ୍ୱାଧୀନତା ଆଣିଛନ୍ତି। ସାରା ବିଶ୍ୱରେ ବିଶ୍ୱବନ୍ଧୁ ମହାତ୍ମାଗାନ୍ଧୀଙ୍କର ପ୍ରତିକୃତି ଫୁଲଚନ୍ଦନରେ ଭୂଷିତ ହୋଇ ପୂଜା ପାଉଛି।"

ଉତ୍କଳମଣି ଗୋପବନ୍ଧୁ ଦାସ

ଓଡ଼ିଶାରେ କଂଗ୍ରେସର ଅସହଯୋଗ ଆନ୍ଦୋଳନର କେନ୍ଦ୍ରସ୍ଥଳ ଥିଲା କଟକ। ସ୍ୱରାଜ ଆଶ୍ରମକୁ ଯିବାଆସିବା କରିବା ସମୟରେ ମୁଁ କେତେଥର ଉତ୍କଳମଣି ଗୋପବନ୍ଧୁ ଦାସଙ୍କୁ ସେଠାରେ ଦେଖିଥିଲି। କିନ୍ତୁ କଟକର ତିନିକୋଣିଆ ବଗିଚାଠାରେ ଅସହଯୋଗ ଆନ୍ଦୋଳନ ସମ୍ପର୍କରେ ଯେଉଁ ସଙ୍ଘ ସେ କରିଥିଲେ, ସେହିଠାରେ ତାଙ୍କୁ ଦେଖିବା ଓ ତାଙ୍କର ଭାଷଣ ଶୁଣିବାର ସୁଯୋଗ ମୋତେ ମିଳିଥିଲା। ସମାଜ ଅଫିସରେ ବସି ସେ କାମ କରୁଥିବା ମଧ୍ୟ ବହୁବାର ଲକ୍ଷ୍ୟ କରିଛି। ସେତେବେଳେ ସମାଜ ଅଫିସ ଆମ ଘରପାଖ ପୁରୁଣା କଲେଜ ଗଳିରେ ଥିଲା।

୧୯୧୯ ମସିହା ଅକ୍ଟୋବର ୪ ତାରିଖ ବିଜୟା ଦଶମୀ ଦିନ— ଗୋପବନ୍ଧୁଙ୍କ ସମ୍ପାଦନାରେ ଏକ କ୍ଷୁଦ୍ର ସାପ୍ତାହିକ ପତ୍ରିକା ରୂପେ ଆତ୍ମପ୍ରକାଶ-ଲାଭ କରିଥିବା 'ସମାଜ' ୧୯୩୦ ମସିହା ଏପ୍ରିଲ ୩୦ରେ 'ଦୈନିକ ସମାଜ'ରେ ପରିଣତ ହୋଇଥିଲା। ଯୁବକମାନଙ୍କ ମଧ୍ୟରେ ସେବା, ଧର୍ମ ତଥା ଜାତୀୟ ଚେତନା ସୃଷ୍ଟି କରିବା ଲକ୍ଷ୍ୟ ନେଇ ଗୋପବନ୍ଧୁ ସତ୍ୟବାଦୀ ବନବିଦ୍ୟାଳୟ ପ୍ରତିଷ୍ଠା କରିଥିଲେ। ୧୯୨୮ ମସିହା କଲିକତା କଂଗ୍ରେସ ବେଳକୁ ସେ ଇହଜଗତରେ ନ ଥିଲେ। ସେହିବର୍ଷ ଜୁନ୍ ୧୭ ତାରିଖରେ ସେ ମୃତ୍ୟୁବରଣ କରିଥିଲେ।

ଗୋପବନ୍ଧୁଙ୍କ ସ୍ମୃତି ଉଦ୍ଦେଶ୍ୟରେ ସରକାର ଓ ବେସରକାରୀ ସ୍ତରରେ ବହୁ ଅନୁଷ୍ଠାନମାନ ଗଠିତ ହୋଇଅଛି। ଓଡ଼ିଶାର ପୂର୍ବତନ ରାଜସ୍ୱ କମିଶନର S. L. Marood (ଏସ୍.ଏଲ୍. ମାରୁଡ଼୍)ଙ୍କ ସ୍ମୃତି ଉଦ୍ଦେଶ୍ୟରେ ବକ୍ସିବଜାରଠାରେ ପୂର୍ବରୁ ଥିବା 'Marood Park"କୁ ଏବେ ଗୋପବନ୍ଧୁଙ୍କ ସ୍ମୃତିରେ "ଗୋପବନ୍ଧୁ ବାଗ" ଭାବରେ ନାମିତ କରାଯାଇଅଛି।

ଗୋପବନ୍ଧୁ ଚୌଧୁରୀ

ସ୍ୱରାଜ ଆଶ୍ରମକୁ ଗୋପବନ୍ଧୁ ଚୌଧୁରୀ ବରାବର ଆସୁଥିଲେ । ସେ ଥିଲେ ପ୍ରକୃତରେ ଜନନେତା । ବ୍ୟକ୍ତିଗତ ସଂକୀର୍ଣ୍ଣ ସ୍ୱାର୍ଥର ବହୁ ଊର୍ଦ୍ଧ୍ୱରେ ଥିଲେ ଏହି ମହାନ୍ ନେତା । ସେହି ମହାମାନବଙ୍କର ସାନ୍ନିଧ୍ୟ ଲାଭ କରିବାର ଗୌରବର ମୁଁ ଅଂଶୀଦାର । ତାଙ୍କର ତ୍ୟାଗପୂତ ଆଦର୍ଶମୟ ଜୀବନ ପ୍ରତ୍ୟେକ ଓଡ଼ିଆର ଧ୍ୟେୟ ।

ଗୋପବନ୍ଧୁ ଚୌଧୁରୀ ରାୟବାହାଦୁର ଗୋକୁଳାନନ୍ଦ ଚୌଧୁରୀଙ୍କର ଜ୍ୟେଷ୍ଠପୁତ୍ର । ପୂଜ୍ୟା ରମାଦେବୀ ତାଙ୍କ ଧର୍ମପତ୍ନୀ । ଓଡ଼ିଶାର ପୂର୍ବତନ ମୁଖ୍ୟମନ୍ତ୍ରୀ ସ୍ୱର୍ଗତ ନବକୃଷ୍ଣ ଚୌଧୁରୀ ତାଙ୍କର ସାନଭାଇ । ଚୌଧୁରୀ ପରିବାର ଓଡ଼ିଶାର ଏକ ଆଭିଜାତ୍ୟସମ୍ପନ୍ନ ଖ୍ୟାତନାମା ପରିବାର । ଗୋକୁଳାନନ୍ଦ ଚୌଧୁରୀ କେବଳ ଜଣେ ବିଶିଷ୍ଟ ଆଇନଜ୍ଞ ନ ଥିଲେ; ସେ ମଧ୍ୟ ଜଣେ ଆଦର୍ଶ ସମାଜସେବୀ ଥିଲେ ।

ମୁଁ ଗୋପବନ୍ଧୁ ଚୌଧୁରୀଙ୍କୁ ମୋ' ଛାତ୍ରାବସ୍ଥାରୁ ଦେଖିଛି । ମୁଁ ତାଙ୍କୁ 'ଗୋପଭାଇ' ବୋଲି ଡାକେ । ମୁଁ ମୋ' ବଡ଼ବାପା ବଳରାମ ଦାସ (ଡେପୁଟୀ ମାଜିଷ୍ଟ୍ରେଟ)ଙ୍କ ସାହେବଜାଦା ବଜାର ଘରେ ରହି ପଢ଼ାପଢ଼ି କରୁଥିଲାବେଳେ ଗୋପଭାଇ ଅନେକ ସମୟରେ ପ୍ୟାଣ୍ଟ୍ ପିନ୍ଧି, ଟାଇ ଭିଡ଼ି ପୂରା ହାକିମ ବେଶରେ ସେଠାକୁ ଆସୁଥିଲେ । ସେହି କାଳରୁ ତାଙ୍କ ସହିତ ମୋର ପରିଚୟ । ସେ ଏମ୍.ଏ. ପାଶ୍ କରି ଡେପୁଟୀ ମାଜିଷ୍ଟ୍ରେଟ୍ ହୋଇଥିଲେ । କିନ୍ତୁ ସ୍ୱାଧୀନଚେତା ଗୋପବନ୍ଧୁ ବେଶି ଦିନ ସରକାରୀ ଚାକିରିରେ ରହି ପାରିଲେ ନାହିଁ । ପରାଧୀନ ଭାରତବର୍ଷକୁ ଇଂରେଜ ଶାସକଙ୍କ କବଳରୁ ଉଦ୍ଧାର କରିବା ପାଇଁ ମହାତ୍ମାଗାନ୍ଧୀଙ୍କ ନେତୃତ୍ୱରେ ଯେଉଁ ସ୍ୱାଧୀନତା ଆନ୍ଦୋଳନ ଆରମ୍ଭ ହୋଇଥିଲା; ସେଥିରେ ଝାସ ଦେବାର ନିଷ୍ପତ୍ତି ନେଇ ଗୋପବନ୍ଧୁ ଚୌଧୁରୀ ତା ୨୧ । ୨ । ୧୯୨୧ରେ ଡେପୁଟୀ ମାଜିଷ୍ଟ୍ରେଟ୍ ପଦରୁ ଇସ୍ତଫା ଦେଇଥିଲେ । ଉକ୍ତ ଆନ୍ଦୋଳନରେ ସକ୍ରିୟ ଭୂମିକା ଗ୍ରହଣ କରିବା ହେତୁ ତାଙ୍କୁ ବହୁବାର କାରାବରଣ କରିବାକୁ ପଡ଼ିଥିଲା ।

ଦଳୀୟ ରାଜନୀତି ପ୍ରତି ତାଙ୍କର ବିଶେଷ ଆଗ୍ରହ ନଥିଲା । କାଳକ୍ରମେ ସେ ସର୍ବୋଦୟ ଆନ୍ଦୋଳନ ସହିତ ନିଜକୁ ସାମିଲ କରିଥିଲେ । ସେ କଂଗ୍ରେସରେ ଥିଲାବେଳେ ତାଙ୍କ ଜନ୍ମସ୍ଥାନ ଜଗତସିଂହପୁରଠାରେ ଗୋଟିଏ ଆଶ୍ରମ (ଅଳକାଶ୍ରମ) ପ୍ରତିଷ୍ଠା କରିଥିଲେ । ସେଠାରେ ବହୁ ସମୟ ରହି ନାନାଦି ସେବାକାର୍ଯ୍ୟ ପରିଚାଳନା କରୁଥିଲେ । ବହୁ ଯୁବକଙ୍କୁ ଦେଶ ପ୍ରେମରେ ଉଦ୍‌ବୁଦ୍ଧ କରାଇ ଆନ୍ଦୋଳନ ପ୍ରତି ଆକୃଷ୍ଟ କରିଥିଲେ । ସର୍ବୋଦୟରେ ଯୋଗଦାନ କଲା ପରେ ତାଙ୍କର ପ୍ରେରଣାରେ

ସାରା ଓଡ଼ିଶାରେ ସର୍ବୋଦୟ ଆନ୍ଦୋଳନ ବିଶେଷ ପ୍ରସାରଲାଭ କରିଥିଲା । ତାଙ୍କର ଉଦ୍ୟମର ଫଳ ସ୍ୱରୂପ ଓଡ଼ିଶାର ବଡ଼ ରାଜା, ମହାରଜା ଓ ଜମିଦାରମାନେ ଭୂଦାନ ଉଦ୍ଦେଶ୍ୟରେ ବଡ଼ ଭୂମି (ଜମି) ଦାନ କରିଥିଲେ । ସେହିସବୁ ଜମି ଦରିଦ୍ର ଭୂମିହୀନମାନଙ୍କୁ ବଣ୍ଟନ କରାଯାଉଥିଲା ।

ଦିନକର କଥା । ସେ ମୋ' ଡଗରପଡ଼ା ଘରେ ଆସି ପହଞ୍ଚିଲେ । ତାଙ୍କ ଦାଢ଼ୀ ବଢ଼ି ଯାଇଥାଏ ଓ ସେ ଗୋଟିଏ ବାବାଜୀ ଭଳି ଦେଖା ଯାଉଥାନ୍ତି । ସେ ମୋ' ଅଫିସ ଘର ଦୁଆର ମୁହଁରେ ଛିଡ଼ା ହୋଇ କହିଲେ, "ଏତେ ବଡ଼ ଘର କରିଛ । ତାକୁ ଦିନେ ନା ଦିନେ କମ୍ୟୁନିଷ୍ଟମାନେ ନେଇଯିବେ ।" ମୁଁ ତାଙ୍କୁ ହଠାତ୍ ଚିହ୍ନି ପାରିଲି ନାହିଁ । ତାଙ୍କ କଥା ଶୁଣି ବିରକ୍ତିଭାବ ସୃଷ୍ଟି ହୋଇଥିଲା । ଭାବିଲି କିଏ ଜଣେ ମୋ' ଘରେ ଠିଆହୋଇ ମୋତେ ଥଟ୍ଟା କରୁଛି ! ମାତ୍ର ପର ମୁହୂର୍ତ୍ତରେ ମୁଁ ତାଙ୍କୁ ଚିହ୍ନି ପାରିଲି । ସେ ହେଉଛନ୍ତି ଗୋପବନ୍ଧୁ ଚୌଧୁରୀ, ଆମ ପିଲାଦିନର 'ଗୋପଭାଇ' ! ମୁଁ କହିଲି, 'ଏ ଘର କମ୍ୟୁନିଷ୍ଟମାନେ ନେବେ ସତ, ହେଲେ ଆଗ କାଠଯୋଡ଼ି କୂଳରେ ଥିବା ବଡ଼ ବଡ଼ କୋଠାକୁ ଦଖଲ କଲାପରେ ଶେଷକୁ ଇଆଡ଼େ ଆସିବେ ।" ତାଙ୍କ କାଠଯୋଡ଼ି କୂଳ ଘରକୁ ଲକ୍ଷ୍ୟ କରି ମୁଁ ଏହା କହିଥିଲି ଓ ତା'ପରେ ତାଙ୍କୁ ଆଦରରେ ଘର ଭିତରକୁ ପାଛୋଟି ଆଣିଥିଲି ।

ସେତେବେଳେ କଳାହାଣ୍ଡି ମହାରାଜା ଶ୍ରୀଯୁକ୍ତ ପ୍ରତାପକେଶରୀ ଦେଓ ମୋର ଅତିଥି ହୋଇ ରହୁଥାନ୍ତି । ସେ ମୋତେ କହିଲେ, "ତୋ ଘରେ କଳାହାଣ୍ଡି ଅଛନ୍ତି ବୋଲି ଶୁଣିଲି । ଯାଙ୍କୁ କହ ଭୂଦାନ ପାଇଁ କିଛି ଜମି ଦାନ କରନ୍ତୁ ।" ମୁଁ କହିଲି "ହଉ, ଆପଣ ଆଜି ଏଇଠି ମୋ' ଘରେ ଖାଆନ୍ତୁ । ଖାଇବାବେଳେ ମୁଁ କଳାହାଣ୍ଡି ମହାରଜାଙ୍କୁ କହିବି ।" ଗୋପଭାଇ ମୋ' କଥାରେ ରାଜି ହେଲେ । ଯଥା ସମୟରେ ମୁଁ କଳାହାଣ୍ଡିଙ୍କୁ କିଛି ଜମି ଦାନ କରିବାକୁ ଅନୁରୋଧ କରିଥିଲି । ମୋ' ଅନୁରୋଧ ରକ୍ଷା କରି ଗୋପଭାଇଙ୍କ ସାମନାରେ ବହୁ ଜମି ଭୂଦାନକୁ ଦେବାକୁ ସମ୍ମତି ପ୍ରଦାନ କରିଥିଲେ । ଅବଶ୍ୟ ଠିକ୍ କେତେ ଦେଇଥିଲେ, ମୁଁ ଜାଣେ ନାହିଁ । ପରେ ଶୁଣିଲି ପ୍ରାୟ ହଜାର ଏକର ହେବ ।

ସମାଜର ଦୁର୍ଗତ, ଦଳିତ ଓ ଅତ୍ୟାଚାରିତଙ୍କ ପ୍ରତି ତାଙ୍କ ହୃଦୟରେ ଅବାରିତ କରୁଣା ଥିଲା । ଏଠାରେ ଗୋଟିଏ କଥା ମନେ ପଡୁଛି । ଦିନେ କେତେକ ହରିଜନ ବ୍ୟକ୍ତି ଗୋପଭାଇଙ୍କଠୁଁ ଖଣ୍ଡିଏ ଚିଠିନେଇ ମୋ' ପାଖରେ ପହଞ୍ଚିଲେ । ପାଠକମାନଙ୍କ ଅବଗତ ନିମନ୍ତେ ସେ ଚିଠିଟି ପୂର୍ବ ପୃଷ୍ଠାରେ ଉଦ୍ଧାର କରିଛି । ତାଙ୍କ ଇଚ୍ଛା ଅନୁଯାୟୀ ମୁଁ ସମ୍ପୃକ୍ତ ହରିଜନମାନଙ୍କୁ ସାହାଯ୍ୟ କରିଥିଲି ।

ମଧୁଭାର ସମବାୟ ଟୋ: ଲିଃ

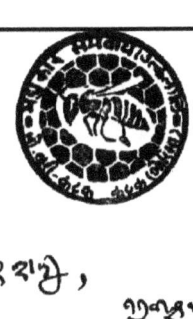

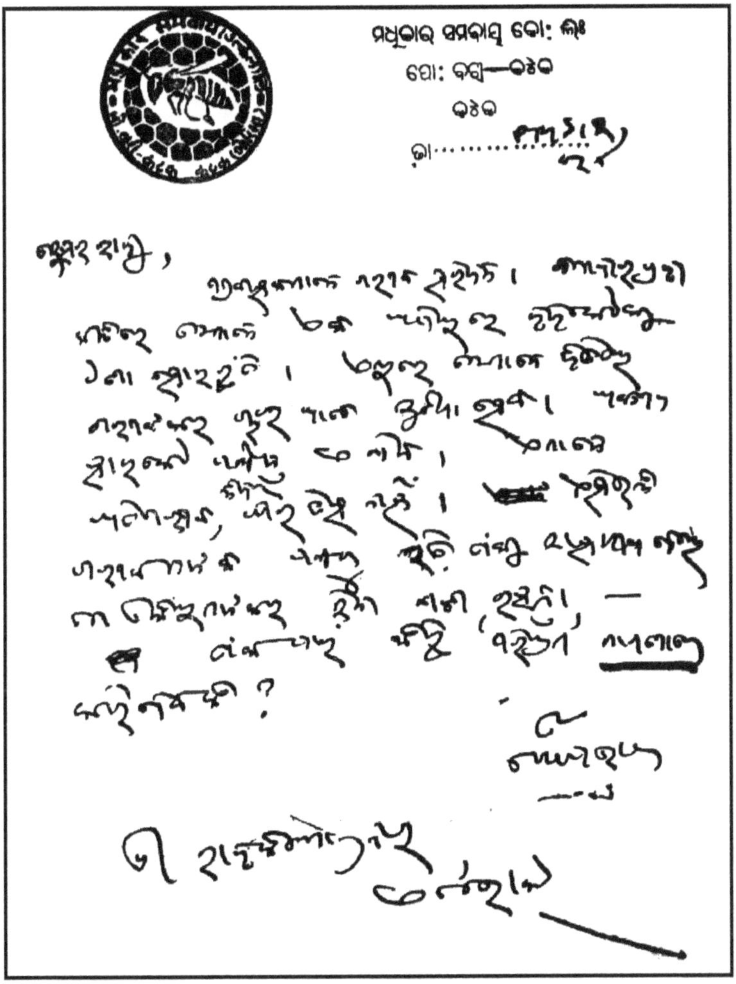

ଏହିପରି ଜଣେ ଆଦର୍ଶ ଦେଶସେବୀ ଓ ସ୍ୱାଧୀନତା ସଂଗ୍ରାମୀଙ୍କର ଗତ ତା ୨୯-୪-୧୯୫୮ ରେ ଦେହାନ୍ତ ହୋଇଥିଲା। ତାଙ୍କ ସହଧର୍ମିଣୀ ସ୍ୱର୍ଗତା ରମାଦେବୀ ମଧ୍ୟ ସ୍ୱାମୀଙ୍କ ଆଦର୍ଶରେ ଅନୁପ୍ରାଣିତ ହୋଇ ନିଜ ଜୀବନକୁ ସମାଜ ସେବାରେ ଉତ୍ସର୍ଗ କରିଥିଲେ। ଗୋପଭାଇଙ୍କ ଏକମାତ୍ର ପୁତ୍ର ଶ୍ରୀଯୁକ୍ତ ମନମୋହନ ଚୌଧୁରୀ (ବୁଲୁ), ବୋହୂ ଶ୍ରୀମତୀ ସୁମିତ୍ରା ଚୌଧୁରୀ, କନ୍ୟା ଶ୍ରୀମତୀ ଅନ୍ନପୂର୍ଣ୍ଣା ମହାରଣା (ଟୁନି) ଓ ଜ୍ୱାଇଁ ଶ୍ରୀଯୁକ୍ତ ଶରତଚନ୍ଦ୍ର ମହାରଣା ମଧ୍ୟ ସମାଜ ସେବାକୁ ଜୀବନରେ ବ୍ରତ ଭାବେ ଗ୍ରହଣ କରି ଆସିଛନ୍ତି। ଏହି ପରିବାରର ପରମ୍ପରା ଓ ବଂଶଗତ ଆଦର୍ଶ ଅଦ୍ୟାବଧି ଅକ୍ଷୁଣ୍ଣ ରହିଛି। ସରଳ ଜୀବନ ଯାପନ, ପରୋପକାର ଓ ଦାନ ଦୁଃଖୀର ସେବା ଏମାନଙ୍କ ଜୀବନର ଲକ୍ଷ୍ୟ।

ଅସହଯୋଗ ଆନ୍ଦୋଳନ

୧୯୨୧ ମସିହା କଥା। ଓଡ଼ିଶା ଅସହଯୋଗ ଆନ୍ଦୋଳନର ମହାନ ଦୀକ୍ଷାରେ ଅଭିମନ୍ତ୍ରିତ ହେଲା। ମହାଭାରତୀୟ ଚେତନାର ସ୍ରୋତରେ ଓଡ଼ିଶା ଅଂଶୀଦାର ହେଲା। ତା'ର ସୁଯୋଗ୍ୟ ସନ୍ତାନଗଣ ଏହି ଜାତୀୟ ଆନ୍ଦୋଳନର ବାର୍ତ୍ତାକୁ ଓଡ଼ିଶାର ପୁରପଲ୍ଲୀ, ନଗର ଜନପଦ, ସର୍ବତ୍ର ପ୍ରଚାରିତ କଲେ। ତା'ର ସମୂହ ପ୍ରତିଧ୍ୱନି ଝଙ୍କୃତ ହୋଇ ଉଠିଲା ସମଗ୍ର ଓଡ଼ିଶାରୁ। ସେହ ପବିତ୍ର ଆହ୍ୱାନ ମୋ ଭିତରେ ମଧ୍ୟ ସ୍ପନ୍ଦନ ତୋଳିଥିଲା। ଚହଲାଇ ଦେଇଥିଲା ମୋର ସମଗ୍ର ସତ୍ତାକୁ। ଆଜି ସ୍ୱାଧୀନୋତ୍ତର ଭାରତର ଉତ୍ତରପୁରୁଷ ଆଗରେ ସେଦିନର କାହାଣୀ କହିଲାବେଳେ, ମୁଁ ଠିକ୍ ଭାବରେ କହିପାରୁନାହିଁ—କିଏ କେତେ ସେହି ମହାନ ପ୍ଲାବନର ଅଂଶୀଦାର ଥିଲେ ! ରାସ୍ତାଧାରରେ ବସି ପାନ ବିକୁଥିବା ପାନ ବିକାଳୀ ଠାରୁ ଆରମ୍ଭ କରି ମୁଢ଼ିବାଲୀ ବା ଦିନମଜୁରିଆ ପର୍ଯ୍ୟନ୍ତ ଅଗଣିତ ଜନତାର ସହୃଦୟତା, ତ୍ୟାଗ, ଆତ୍ମୋତ୍ସର୍ଗର ପଟାନ୍ତର ନାହିଁ। ହୁଏତ ଏ ସମସ୍ତଙ୍କର ତ୍ୟାଗର କାହାଣୀ, ଜାତୀୟ ଆନ୍ଦୋଳନର ଇତିହାସରେ ଗୋଟି ଗୋଟି ହୋଇ ଲିପିବଦ୍ଧ ହୋଇପାରି ନାହିଁ ବା ହୋଇ ପାରିବା ସମ୍ଭବ ମଧ୍ୟ ନୁହେଁ। ସାଗରର ଅକଳନ୍ତି ଜଳରାଶି ଭିତରେ ବିନ୍ଦୁ ବିନ୍ଦୁ ହୋଇ କେତେ ଜଳକଣା ଥାଏ—ତା'ର ହିସାବନିକାଶ କେହି ସାଗର ଦେଖି କରିପାରେ ନାହିଁ। ଅଥଚ ସାଗର ଯେ ଅଗଣିତ ବିନ୍ଦୁ ବିନ୍ଦୁ ଜଳକଣାର ସମନ୍ୱୟ—ଏକଥା କ'ଣ କେହି ଅସ୍ୱୀକାର କରିପାରିବ ? ସେଦିନର ସେଇ ଜାତୀୟ ଆନ୍ଦୋଳନର ମହାନ୍ ସ୍ରୋତରେ ଏହିପରି ଅଗଣିତ ଜନତା ଆତ୍ମାହୁତି ଦେଇଥିଲେ। ସେଇମାନଙ୍କର ଶକ୍ତି ଓ ସାମର୍ଥ୍ୟ ନେଇ ସେଦିନ ସେ ସଂଗ୍ରାମର

ଶିଖା ପ୍ରଜ୍ୱଳିତ ହୋଇଥିଲା। ଆଜି ଅସହଯୋଗ ଆନ୍ଦୋଳନ କଥା ଉଲ୍ଲେଖ କଲାବେଳେ ସେହି ବିସ୍ମୃତ ଅଗଣିତ ସଂଗ୍ରାମୀମାନଙ୍କ ଉଦ୍ଦେଶ୍ୟରେ ହୃଦୟର ଶ୍ରଦ୍ଧାଞ୍ଜଳି ଆପେ ଆପେ ଚାଲି ଆସୁଛି। ବିଧାତାଙ୍କୁ ଧନ୍ୟବାଦ ଜଣାଉଛି, କିଞ୍ଚିତ ହେଉ ପଛେ, ସେହି କୈବଲ୍ୟ କଣିକା ପ୍ରାପ୍ତିର ସୌଭାଗ୍ୟ ମୋର ଜୁଟିଥିଲା। ଅସହଯୋଗ ଆନ୍ଦୋଳନ ଓ ଜାତୀୟ ମୁକ୍ତି ସଂଗ୍ରାମର ନିବିଡ଼ ଅନୁଭବ ମୋର ଘଟିଥିଲା।

ଉତ୍କଳମଣି ଗୋପବନ୍ଧୁ ଦାସ, ନିରଞ୍ଜନ ପଟ୍ଟନାୟକ, ଡକ୍ଟର ହରେକୃଷ୍ଣ ମହତାବ, ଡକ୍ଟର ଏକରାମ୍ ରସୁଲ, ଭଗୀରଥି ମହାପାତ୍ର, ଜଗବନ୍ଧୁ ସିଂହ, ଯଦୁମଣି ମଙ୍ଗରାଜ, ରାଜକୃଷ୍ଣ ବୋଷ, ବାବାଜୀ ରାମ ଦାସ, ନାରାୟଣ ବୀରବର ସାମନ୍ତ, ଧର୍ମାନନ୍ଦ ପଟ୍ଟନାୟକ, ନିଶାମଣି ଦାସ ପ୍ରମୁଖ ବହୁ ଦେଶପ୍ରେମୀ ଏହି ଅସହଯୋଗ ଆନ୍ଦୋଳନରେ ସାମିଲ ହୋଇଥିଲେ। ସ୍କୁଲ, କଲେଜର ଅସଂଖ୍ୟ ଛାତ୍ର ଏଥିରେ ଯୋଗଦାନ କରିଥିଲେ।

ଇଂରେଜ ସରକାର ଦୃଢ଼ ଦମନନୀତି ଦ୍ୱାରା ଏହି ଆନ୍ଦୋଳନକୁ ପ୍ରତିହତ କରିବା ପାଇଁ ଚେଷ୍ଟା କଲେ। ସଂଗ୍ରାମୀମାନଙ୍କୁ ଭାରତୀୟ ପେନାଲ କୋଡ଼ ଓ ଅନ୍ୟାନ୍ୟ ଫୌଜଦାରୀ ଆଇନର ବିଭିନ୍ନ ଦଫାରେ ଗିରଫ କଲେ। ସେମାନଙ୍କ ବିରୁଦ୍ଧରେ ନାନା ମୋକଦ୍ଦମା ରୁଜୁ କରି ସେମାନଙ୍କୁ ଭୟଭୀତ କରିବାର ପ୍ରଚେଷ୍ଟା କଲେ। ନାରୀପୁରୁଷ, ବାଳକ ବୃଦ୍ଧ ସମସ୍ତଙ୍କୁ କାରାଗାରର ଅନ୍ଧକାର ମଧ୍ୟକୁ ଠେଲି ଦେବା ନିମନ୍ତେ ପ୍ରୟାସ କଲେ। ସରକାରଙ୍କର କଠୋର ଦମନଲୀଳା ସ୍ୱାଧୀନତା ସଂଗ୍ରାମୀମାନଙ୍କୁ ଅଧିକରୁ ଅଧିକ ଉତ୍ସାହିତ କଲା; ସେହି ମହାସ୍ରୋତର ପଥକୁ ଅବରୁଦ୍ଧ କରିପାରିଲା ନାହିଁ।

ଓଡ଼ିଶାର ଗାଁ ଗଣ୍ଡା, ସହରବଜାର ଚତୁର୍ଦ୍ଦିଗରେ 'ଭାରତମାତାକୀ ଜୟ', 'ବନ୍ଦେ ମାତରମ୍', 'ଇନକିଲାବ ଜିନ୍ଦାବାଦ' ପ୍ରଭୃତି ଧ୍ୱନିରେ ପ୍ରତିଧ୍ୱନିତ ହୋଇ ଉଠିଲା। ବିଲାତଲୁଗା ବର୍ଜନ, କୋର୍ଟ, କଚେରୀ ବର୍ଜନ କରାଗଲା। ଶହ ଶହ ହଜାର ହଜାର ସଂଖ୍ୟାର ଯୁବକ ଏଥିରେ ସାମିଲ ହୋଇଥିଲେ। ବିଦେଶୀ ବସ୍ତ୍ର ପୋଡ଼ି ଦ୍ୱାରା ବିଲାତରୁ ଦେଶୀ ଲୁଗା ଆମଦାନୀ ବହୁ ପରିମାଣରେ ହ୍ରାସ ପାଇଥିଲା। ଏଥିରେ ସରକାର ଖୁବ୍ ବେଶୀ କ୍ଷୁବ୍ଧ ହୋଇ ଉଠିଲେ। ତାଙ୍କର ଏହି କ୍ରୋଧାଗ୍ନି, ସଂଗ୍ରାମୀମାନଙ୍କ ଉପରେ ଲାଠିମାଡ଼ ଦ୍ୱାରା ନିର୍ବାପିତ ହୋଇଥିଲା। ମାତ୍ର ସମ୍ପୂର୍ଣ୍ଣ ଶାନ୍ତ ହୋଇପାରି ନ ଥିଲା। କଟକର ସ୍ୱରାଜ ଆଶ୍ରମ, ଜଗତସିଂହପୁରର ଅଳକା ଆଶ୍ରମ ସମେତ ସାକ୍ଷୀଗୋପାଳ, ପୁରୀ, ବାଲେଶ୍ୱର, ସୋର, ଭଦ୍ରକ ପ୍ରଭୃତି ଅନେକ ସ୍ଥାନରେ

ଆଶ୍ରମମାନ ସ୍ଥାପିତ ହୋଇ ଅସହଯୋଗ ଆନ୍ଦୋଳନକୁ ତ୍ୱରାନ୍ୱିତ କରାଗଲା। ଛାତ୍ରମାନେ ସ୍କୁଲ କଲେଜ ଛାଡ଼ି 'ସ୍ୱରାଜ ସେବକ ସଂଘର ସଭ୍ୟ ହେଲେ। ଓଡ଼ିଶାର ବିଭିନ୍ନ ଅଞ୍ଚଳରେ 'ସ୍ୱରାଜ ସେବକ ସଂଘ'ମାନ ଗଠନ କରାଗଲ। କଂଗ୍ରେସ ସ୍ୱେଚ୍ଛାସେବକ ସଂଗ୍ରହ କାର୍ଯ୍ୟ ଅବ୍ୟାହତ ରହିଲା। ସ୍ୱେଚ୍ଛାସେବକମାନଙ୍କୁ ଆନ୍ଦୋଳନର ବିଭିନ୍ନ କାର୍ଯ୍ୟ ଓ ପ୍ରଚାର ଆଦି କାର୍ଯ୍ୟରେ ନିୟୋଜିତ କରାଗଲା।

ଏହି ସ୍ୱେଚ୍ଛାସେବୀମାନେ ସବୁଆଡ଼େ ବୁଲି ଲୋକମାନଙ୍କ ମଧ୍ୟରେ ଅସହଯୋଗ ଆନ୍ଦୋଳନର ବାର୍ତ୍ତା ପ୍ରଚାର କରୁଥିଲେ। ଲୋକମାନଙ୍କୁ ଦେଶ-ପ୍ରେମରେ ଉଦ୍‌ବୁଦ୍ଧ କରିବା ପାଇଁ ଜାତୀୟ ଚେତନା ଉଦ୍ରେକକାରୀ, ଦେଶାତ୍ମବୋଧକ ସଙ୍ଗୀତମାନ ଗାନ କରୁଥିଲେ। ସେ ସମୟରେ ଗାନ କରାଯାଉଥିବା ସଙ୍ଗୀତରୁ ଦୁଇଧାଡ଼ି ଆଜି ବି ମୋ ଭିତରେ ଆଲୋଡ଼ିତ ହେଉଛି—

"ସ୍ୱରାଜ ଭାୟା ଅଲବତ୍ ହୋଗା
ଛୋଡ୍ କେ ଆଓ ଗୋଲାମୀ,
ଭାରତ ଲଡ଼କା ଗୋଲାମ ହୋକେ
କାହେ କର ବଦ୍‌ନାମୀ !"

ଆଉ ଗୋଟିଏ ସଙ୍ଗୀତରୁ ପଦେ—

"ଅରି ଫେରି ନାହିଁ ଯୁଦ୍ଧ ସରିନାହିଁ,
ଆସ ମୋ ଶିବିରେ ଆସ ଭାଇ।
ହିମାଚଳ ଶିରେ ଶବଦ ଶୁଭଇ,
ଡର ନାହିଁ ଆଉ ଡର ନାହିଁ।"

ଏହି ଅସହଯୋଗ ଆନ୍ଦୋଳନ ସମୟର ଆଉ ଗୋଟିଏ ସ୍ମରଣୀୟ ଘଟଣା ମୋର ମନେ ପଡୁଛି। ଆଇନ ଅମାନ୍ୟ ଅନୁସନ୍ଧାନ କମିଟି (Civil Disobedience Enquiry Committee) ର ସଭ୍ୟମାନେ ଓଡ଼ିଶା ଗସ୍ତରେ ଆସିଥିଲେ। ସେମାନେ କଟକ ରେଳଷ୍ଟେସନରେ ଓହ୍ଲାଇ ସ୍ୱରାଜ ଆଶ୍ରମକୁ ଆସିଥିଲେ। ଏହି କମିଟିର ସଭ୍ୟମାନଙ୍କ ମଧ୍ୟରେ ପଣ୍ଡିତ ମୋତିଲାଲ ନେହରୁ ଥିଲେ ଅନ୍ୟତମ। ଓଡ଼ିଶା ପବ୍ଲିକ୍ ସର୍ଭିସ କମିଶନ୍‌ର ଭୂତପୂର୍ବ ଚେୟାରମ୍ୟାନ୍ ମୋତିଲାଲ ପଣ୍ଡିତଙ୍କ ପିତା ଗଣେଶଲାଲ ପଣ୍ଡିତଙ୍କ ବଗି ଗାଡ଼ିରେ ଏହି ନେତାମାନଙ୍କୁ ଅଣାଯାଇଥିଲା। ଓଡ଼ିଶା ତରଫରୁ ସେ ଉଚ୍ଛ୍ୱସିତ ସମ୍ବର୍ଦ୍ଧନା ମଧ୍ୟ ଦିଆଯାଇଥିଲା। ଏଥିରେ ଆମେ କେତେଜଣ ଛାତ୍ର ସ୍ୱେଚ୍ଛାସେବକ ଭାବେ କାର୍ଯ୍ୟ କରିଥିଲୁ। ମୋତିଲାଲ ନେହରୁ ଗଣେଶଲାଲ

ପଣ୍ଡିତଙ୍କ ଅତିଥି ହୋଇ ତାଙ୍କ ଘରେ ରହିଥିଲେ। ଅନ୍ୟମାନଙ୍କ ମଧ୍ୟରେ ଭି.କେ. ପଟେଲ, ସି. ରାଜଗୋପାଳଚାରୀ ଏବଂ ଏମ୍.ଏ. ଆନ୍‌ସାରି ଓଡ଼ିଶା ପରିଦର୍ଶନରେ ଆସିଥିଲେ।

କଟକର ଯୁବ ଆନ୍ଦୋଳନକାରୀମାନେ 'ସ୍ୱରାଜ ସେବକ ସଂଘ' ସ୍ଥାପନ କଲେ। ଏହି ସଂଘର ସମ୍ପାଦକ ହୋଇଥିଲେ ବ୍ରଜବନ୍ଧୁ ଦାସ। ଅନ୍ୟାନ୍ୟ ବିଶିଷ୍ଟ ସଭ୍ୟମାନଙ୍କ ମଧ୍ୟରେ ସ୍ୱର୍ଗତ ନବକୃଷ୍ଣ ଚୌଧୁରୀ ଓ ରାମପ୍ରସାଦ ସିଂହ ପ୍ରମୁଖଙ୍କ ନାମ ଉଲ୍ଲେଖଯୋଗ୍ୟ। ମୁଁ ମଧ୍ୟ ଉକ୍ତ ସଂଘର ଜଣେ ସଭ୍ୟ ଭାବରେ କିଛିଦିନ କାର୍ଯ୍ୟ କରିଥିଲି। ଏହା ଓଡ଼ିଶା ସରକାରଙ୍କ ତରଫରୁ ପ୍ରକାଶିତ ୧୯୭୨ ମସିହା ଅଗଷ୍ଟ ମାସ ସଂଖ୍ୟା, ସ୍ୱାଧୀନତା ରଜତ ଜୟନ୍ତୀ ବିଶେଷାଙ୍କ 'ଉତ୍କଳ ପ୍ରସଙ୍ଗ'ର ୩୪ ପୃଷ୍ଠାରେ ପ୍ରକାଶିତ ହୋଇଛି।

ନବକୃଷ୍ଣ ଚୌଧୁରୀ

ନବକୃଷ୍ଣ ଚୌଧୁରୀଙ୍କ ସହିତ ମୋର ପିଲାଦିନରୁ ସମ୍ପର୍କ। ତାଙ୍କ ସହିତ କାମ କରିବାର ଗୌରବମୟ ଅନୁଭୂତି ମୋର ରହିଛି। ତାଙ୍କ ପରି ନିଷ୍ଠାପର ଦେଶପ୍ରେମୀ ଭାରତବର୍ଷରେ କ୍ୱଚିତ୍ ଜନ୍ମଗ୍ରହଣ କରିଛନ୍ତି। ସେ ସ୍ୱାଧୀନତା ସଂଗ୍ରାମୀ ଗୋପବନ୍ଧୁ, ଚୌଧୁରୀଙ୍କର ସାନଭାଇ। ଖ୍ୟାତନାମା ଆଇନଜ୍ଞ ଗୋକୁଳାନନ୍ଦ ଚୌଧୁରୀଙ୍କର କନିଷ୍ଠପୁତ୍ର। ମାତ୍ର ଦୀନଦୁଃଖୀ, ଦେଶମାତୃକା ଓ ମାନବକଲ୍ୟାଣ ପାଇଁ ସେମାନେ ଭୋଗ ନୁହେଁ, ତ୍ୟାଗକୁ ହିଁ ଜୀବନର ପରମବ୍ରତ ରୂପେ ବରଣ କରିନେଇଥିଲେ।

ମୋର ଯେତେଦୂର ମନେହୁଏ, ଏ ପର୍ଯ୍ୟନ୍ତ ବିଧାନସଭାକୁ ନିର୍ବାଚିତ ହୋଇଥିବା ବ୍ୟକ୍ତିମାନଙ୍କ ମଧ୍ୟରେ ସେ ସବୁଠୁ ଜ୍ଞାନୀ ଥିଲେ। ବିଭିନ୍ନ ପ୍ରକାରର ବହି ପଢ଼ିବା ତାଙ୍କର ଏକ ଭଲ ଅଭ୍ୟାସ ଥିଲା। ମୁଁ କଲିକତାରୁ ଥରେ ଖଣ୍ଡିଏ ବହି ଆଣିଥିଲି। ତା'ର ନାଁ ଥିଲା 'ଟେନ୍ ଡେଜ୍ ଦ୍ୟାଟ୍ ସୁକ୍ ଦି ୱାର୍ଲଡ୍' (Ten days that shook the world)। ମୁଁ କଲିକତାରୁ ସେ ବହି ଆଣିଥିବା ଖବର ସେ କିପରି ଜାଣିଲେ କେଜାଣି, ନିଜେ ମୋ ପାଖକୁ ଆସି ମୋଠୁ ସେ ବହି ଖଣ୍ଡିକ ପଢ଼ିବାକୁ ନେଇଥିଲେ। ଏଥିରୁ ବହିପଢ଼ା ପ୍ରତି ତାଙ୍କର କେତେ ଆଗ୍ରହ ଥିଲା, ତାହା ସହଜେ ଅନୁମେୟ।

ଆଉ ଦିନକର କଥା। ଶ୍ରୀମତୀ ନନ୍ଦିନୀ ଶତପଥୀଙ୍କ ମୁଖ୍ୟମନ୍ତ୍ରୀତ୍ୱ ସମୟରେ (୧୯୭୫) ପ୍ରଧାନମନ୍ତ୍ରୀ ଶ୍ରୀମତୀ ଇନ୍ଦିରାଗାନ୍ଧୀ ଯେତେବେଳେ ସାରା ଭାରତରେ

ଜରୁରୀକାଳୀନ ପରିସ୍ଥିତି ଘୋଷଣା କରିଥିଲେ, ସେତେବେଳେ ନବବାବୁଙ୍କୁ ବାରିପଦା ଜେଲରେ ଅଟକବନ୍ଦୀ ଭାବେ ରଖାଯାଇଥିଲା। ସେହି ସମୟରେ ସେ କିଛିଦିନ ପାଇଁ ପାରୋଲ୍‌ରେ ଆସିଥିଲେ ଓ ତାଙ୍କ ବାଖରାବାଦ ଘରେ ରହୁଥିଲେ। ମୁଁ ତାଙ୍କୁ ଦେଖିବାକୁ ଯାଇଥିଲି। କାର୍ ବାହାରେ ରଖି ଘର ଭିତରକୁ ଗଲି। ଦେଖାହେଲା ମାତ୍ରେ ସେ ମୋତେ ଥଟ୍ଟାରେ କହିଲେ, "ଆରେ, ତୋ ଗାଡ଼ି ନମ୍ବର ତେଣେ ଟିପା ହୋଇଗଲାଣି।" ମୁଁ ଉତ୍ତର ଦେଲି, "ଏ କଥା ମୋତେ ଜଣା।" ଏହାପରେ ସେ ତାଙ୍କ ଜେଲ ଅନୁଭୂତି ସମ୍ପର୍କରେ ମୋ ସହିତ କିଛି ସମୟ ଆଲୋଚନା କରିଥିଲେ।

ଆଉ ଗୋଟିଏ ଘଟଣା। ସେତେବେଳକୁ ନବବାବୁ ମନ୍ତ୍ରୀପଦରେ ନ ଥାନ୍ତି। ଦେଖିଲି, ସେ ଗୋଟିଏ କାନ୍‌ଭାସ୍ ବ୍ୟାଗ ଟେକି ଟେକି ରେଳ ଷ୍ଟେସନରୁ ବାହାରକୁ ଆସୁଥାନ୍ତି। ମୁଁ ଯାଇ କହିଲି, 'ଟୁଆଁ ଭାଇ! ମୋତେ ସେଇଟାକୁ ଦେଲେ କେମିତି ହୁଅନ୍ତା!" ସେ ହସି ହସି ମନାକଲେ। କହିଲେ, "ଏ ବୋଝ ନେବାକୁ ତୋର ଦମ୍ ନାହିଁ।"

ସେ ମୁଖ୍ୟମନ୍ତ୍ରୀ ଥିଲାବେଳେ ଚାଷୀ, ମୁଲିଆମାନଙ୍କ ସ୍ୱାର୍ଥରକ୍ଷା ଦିଗରେ ବହୁ ଆଇନ୍ ପ୍ରଣୟନ କରାଯାଇଥିଲା। ସେ ପ୍ରକୃତରେ କୃଷକର ବନ୍ଧୁ ଥିଲେ। ୧୯୩୬ ମସିହା ଏପ୍ରିଲ୍ ପହିଲାରେ (Govt. of India Act, 1935) ଅନୁଯାୟୀ ଓଡ଼ିଶା ଏକ ସ୍ୱତନ୍ତ୍ର ପ୍ରଦେଶରେ ପରିଣତ ହେଲା। ୧୯୩୭ ମସିହା ଜାନୁଆରୀ ମାସରେ ଅନୁଷ୍ଠିତ ହୋଇଥିବା ଓଡ଼ିଶା ବିଧାନସଭା ନିର୍ବାଚନରେ ନବବାବୁ ନିର୍ବାଚିତ ହୋଇଥିଲେ। ସେ ବରାବର ଜମିଦାର, ସରବରାକାର ଓ ମଠ ମହନ୍ତମାନଙ୍କର ପ୍ରଜାଶୋଷଣ ମତ ବିରୁଦ୍ଧରେ ସଂଗ୍ରାମ କରୁଥିଲେ। ୧୯୧୩ ମସିହାର ଓଡ଼ିଶା ପ୍ରଜାସ୍ୱତ୍ୱ ଆଇନ ଅନୁଯାୟୀ ଚାଷୀମାନଙ୍କର ଜମି, ଗଛ ଓ ତା'ର ଫଳ ଏବଂ ପୋଖରୀ ଉପରେ ଅଧିକାର ନ ଥିଲା। ଚାଷୀ ଜମିଦାରଙ୍କ ବିନା ଅନୁମତିରେ ଜମି ବିକ୍ରି କରିପାରୁ ନ ଥିଲା ଓ ସେଥିଲାଗି ଜମିଦାରଙ୍କୁ ବହୁତ ପାଉଣା ଦେବାକୁ ପଡୁଥିଲା। ଏହାଛଡ଼ା ଜମିଦାର ଭେଟି ଓ ଅନ୍ୟାନ୍ୟ ପାଉଣା ମଧ୍ୟ ନେଉଥିଲେ। ନବବାବୁ ଜମିଦାରମାନଙ୍କର ଏତାଦୃଶ କାର୍ଯ୍ୟକଳାପର ଘୋର ପ୍ରତିବାଦ କରୁଥିଲେ ଓ ପ୍ରଜାମାନଙ୍କ ତରଫରୁ ସଂଗଠିତ ଆନ୍ଦୋଳନ ଚଳାଇଥିଲେ।

୧୯୪୬ରେ ଓଡ଼ିଶା ବିଧାନସଭା ନିର୍ବାଚନ ଅନୁଷ୍ଠିତ ହୋଇଥିଲା। ସେଥିରେ କଂଗ୍ରେସ ଦଳ ବିପୁଳ ସଂଖ୍ୟା ଗରିଷ୍ଠତା ହାସଲ କରିଥିଲେ। ସେହ ବର୍ଷ ଡକ୍ଟର ହରେକୃଷ୍ଣ ମହତାବଙ୍କ ନେତୃତ୍ୱରେ ଏକ କଂଗ୍ରେସୀ ମନ୍ତ୍ରୀମଣ୍ଡଳ ଓଡ଼ିଶାର ଶାସନ

ଦାୟିତ୍ୱ ଗ୍ରହଣ କରିଥିଲେ । ନବକୃଷ୍ଣ ଚୌଧୁରୀ ଥିଲେ ରାଜସ୍ୱମନ୍ତ୍ରୀ । ତାଙ୍କର ଅଧ୍ୟକ୍ଷତାରେ ରାଜସ୍ୱ ବିଭାଗରେ ଥିବା ପୁରୁଣାକାଳିଆ ଢାଞ୍ଚାକୁ ବଦଳାଇ ଏକ ପ୍ରଗତିଶୀଳ ରାଜସ୍ୱ ଆଇନ୍‌ର ବ୍ୟବସ୍ଥା ପ୍ରବର୍ତ୍ତନ କରିବାର ଆଭିମୁଖ୍ୟ ନେଇ ଏକ କମିଟି ଗଠନ କରାଯାଇଥିଲା ।

ରାଜସ୍ୱମନ୍ତ୍ରୀ ଥିଲାବେଳେ ତାଙ୍କ ପୁଅର ଅକାଳ ମୃତ୍ୟୁଜନିତ କାରଣରୁ ସେ ମନ୍ତ୍ରୀପଦ ତ୍ୟାଗ କରି ଅନୁଗୁଳରେ ଯାଇ ରହିଲେ । ମାତ୍ର ୧୯୫୦ ମସିହାରେ ହରେକୃଷ୍ଣ ମହତାବ କେନ୍ଦ୍ରମନ୍ତ୍ରୀ ଭାବେ ଦାୟିତ୍ୱ ଗ୍ରହଣ କରିବାରୁ ନବବାବୁଙ୍କୁ ଓଡ଼ିଶାର ମୁଖ୍ୟମନ୍ତ୍ରୀ ହେବାକୁ ପଡ଼ିଥିଲା । ଏହାପରେ ୧୯୫୨ ମସିହାରେ ଓଡ଼ିଶାରେ ସାଧାରଣ ନିର୍ବାଚନ ଅନୁଷ୍ଠିତ ହୋଇଥିଲା ଓ ନବବାବୁ ବିଧାନସଭାକୁ ନିର୍ବାଚିତ ହୋଇ ମୁଖ୍ୟମନ୍ତ୍ରୀ ଭାବେ ଦାୟିତ୍ୱ ଗ୍ରହଣ କରିଥିଲେ ଓ ରାଜସ୍ୱ ବିଭାଗକୁ ନିଜ ହାତରେ ରଖିଥିଲେ ।

୨୩ । ୧୧ । ୧୯୦୧ ତାରିଖରେ ଜନ୍ମଲାଭ କରି ନବବାବୁ ଦୀର୍ଘ ୮୩ ବର୍ଷର କର୍ମମୟ ଜୀବନ ଅତିବାହିତ କରି ଗତ ତା ୨୪ । ୬ । ୧୯୮୪ରେ ମୃତ୍ୟୁବରଣ କରିଛନ୍ତି । କଟକ ସହରବାସୀଙ୍କ ତରଫରୁ ୧ । ୭ । ୮୪ ତାରିଖରେ ନାରୀସଂଘ ସଦନଠାରେ ଏକ ଶୋକସଭାର ଆୟୋଜନ କରାଯାଇଥିଲା । ଓଡ଼ିଶାର ବହୁ ବିଶିଷ୍ଟ ବ୍ୟକ୍ତି ଉକ୍ତ ସଭାରେ ଯୋଗଦାନ କରି ନବବାବୁଙ୍କର ଗୁଣଗାନ କରିବା ସଙ୍ଗେ ସଙ୍ଗେ ଶ୍ରଦ୍ଧାଞ୍ଜଳି ଅର୍ପଣ କରିଥିଲେ । ଉକ୍ତ ସଭାର ମୁଁ ଅନ୍ୟତମ ନିବେଦକ ଥିଲି ଓ ଆଲୋଚନାରେ ଅଂଶଗ୍ରହଣ କରିଥିଲି ।

ସ୍ୱର୍ଗତ ନବକୃଷ୍ଣ ଚୌଧୁରୀ ଜଣେ ଉଦାରଭାବାପନ୍ନ, ଅମାୟିକ ଓ ସନ୍ତୋଷ ବ୍ୟକ୍ତି ଥିଲେ । ଜଣେ ଗାନ୍ଧୀବାଦ ଭାବରେ ସେ ସରଳ, ନିରାଡ଼ମ୍ବର ଜୀବନ ଯାପନ କରୁଥିଲେ । ତାଙ୍କ ସହଧର୍ମିଣୀ ଶ୍ରୀମତୀ ମାଳତୀ ଚୌଧୁରୀ ଏବେ ପରିଣତ ବୟସରେ ମଧ୍ୟ ସମାଜ ସେବା କାର୍ଯ୍ୟରେ ଲିପ୍ତ ଅଛନ୍ତି ଓ ସେଥିଲାଗି ତାଙ୍କୁ ନିକଟ ଅତୀତରେ 'ଯମୁନାଲାଲ ବଜାଜ୍' ପୁରସ୍କାର ଦିଆଯାଇ ସମ୍ମାନିତ କରାଯାଇଛି । ପୂର୍ବରୁ ଶ୍ରୀମତୀ ରମାଦେବୀଙ୍କୁ ମଧ୍ୟ ଉକ୍ତ ପୁରସ୍କାର ପ୍ରଦାନ କରାଯାଇଥିଲା ।

ଶ୍ରୀମତୀ ମାଳତୀ ଚୌଧୁରୀ

ଶ୍ରୀମତୀ ମାଳତୀ ଚୌଧୁରୀ ଓଡ଼ିଶାର ପୂର୍ବତନ ମୁଖ୍ୟମନ୍ତ୍ରୀ ତଥା ବିଶିଷ୍ଟ ସ୍ୱାଧୀନତାସଂଗ୍ରାମୀ ସ୍ୱର୍ଗତ ନବକୃଷ୍ଣ ଚୌଧୁରୀଙ୍କ ଧର୍ମପତ୍ନୀ କେବଳ ନୁହଁନ୍ତି । ତାଙ୍କର ଅନ୍ୟ ଏକ ପରିଚୟ ହେଉଛି, ସେ ଭୂତପୂର୍ବ ଜଜ୍ ବି.ଏଲ୍. ଗୁପ୍ତଙ୍କ ନାତୁଣୀ । ତାଙ୍କ

ପିତା କୁମୁଦବନ୍ଧୁ ସେନ୍ ପାଟନାରେ ବାରିଷ୍ଟର ଥିଲେ। ମାତା ସ୍ନେହଲତା ମଧ୍ୟ ଉଚ୍ଚ ଶିକ୍ଷିତା ଥିଲେ।

ଓଡ଼ିଶାକୁ ମାଳତୀ ଦେବୀ ୧୯୨୭ରେ ନବବାବୁଙ୍କୁ ବିବାହ କରି ଓଡ଼ିଶାକୁ ଆସିବା ପରଠାରୁ ଓଡ଼ିଶାରେ ସଂଗଠିତ ବିଭିନ୍ନ ଅସହଯୋଗ ଆନ୍ଦୋଳନରେ ସକ୍ରିୟ ଭୂମିକା ଗ୍ରହଣ କରିଥିଲେ। ଏଥିପାଇଁ ତାଙ୍କୁ ଅନେକବାର କାରାବରଣ କରିବାକୁ ପଡ଼ିଥିଲା। ସମାଜସେବାକୁ ଜୀବନର ଏକ ବ୍ରତ ଭାବରେ ଗ୍ରହଣ କରି ସେ ଏଥିନିମିତ୍ତ ଅନେକ ତ୍ୟାଗ ସ୍ୱୀକାର କରିଛନ୍ତି। ସେ ଅନୁଗୁଳଠାରେ ବାଜିରାଉତ ଛାତ୍ରାବାସ ପ୍ରତିଷ୍ଠା କରି ସେଠାରେ ଏବେ ପରିଣତ ବୟସରେ ମଧ୍ୟ ସରଳ, ନିରାଡ଼ମ୍ବର ଜୀବନ ଯାପନ କରୁଛନ୍ତି। ତାଙ୍କ ଆଦର୍ଶସେବାର ସ୍ୱୀକୃତି ସ୍ୱରୂପ ତାଙ୍କୁ ସର୍ବଭାରତୀୟ ସ୍ତରର ସମ୍ମାନଜନକ ଯମୁନାଲାଲ୍ ବଜାଜ୍ ପୁରସ୍କାର ପ୍ରଦାନ କରାଯାଇଛି।

ଜାତୀୟ କବି ବୀରକିଶୋର ଦାସ

ସେତେବେଳେ ସ୍ୱରାଜ ଆଶ୍ରମକୁ ଆସୁଥିବା ଆଉଜଣେ ପ୍ରଖ୍ୟାତ ବ୍ୟକ୍ତି ହେଉଛନ୍ତି ଜାତୀୟ କବି ବୀରକିଶୋର ଦାସ, ଭାରତୀୟ ଜାତୀୟ ସଂଗ୍ରାମର ଅନ୍ୟତମ ଅଗ୍ରସାରଥି। ଏହି ବୀର ପୁରୁଷ ୧୮୯୭ ମସିହା ନଭେମ୍ବର ୨୩ ତାରିଖ ଦିନ କଟକ ଜିଲ୍ଲାର ଜଗତସିଂହପୁର ଥାନା ଅନ୍ତର୍ଗତ ପୁନଙ୍ଗ ଗ୍ରାମରେ ଏକ ମଧ୍ୟବିତ୍ତ ବୈଷ୍ଣବ କରଣ ପରିବାରରେ ଜନ୍ମଗ୍ରହଣ କରିଥିଲେ। ତାଙ୍କୁ ଯେତେବେଳେ ମାତ୍ର ଦୁଇ ବର୍ଷ ବୟସ, ସେତେବେଳେ ତାଙ୍କର ମାତୃବିୟୋଗ ଘଟିଥିଲା। ଫଳରେ ପିତାମହୀଙ୍କ ଦ୍ୱାରା ସେ ଲାଳିତପାଳିତ ହୋଇଥିଲେ ଏବଂ ଶ୍ୱଶୁର ଧର୍ମାନନ୍ଦ ପଟ୍ଟନାୟକଙ୍କ ତତ୍ତ୍ୱାବଧାନରେ ତାଙ୍କ ଯୌବନ ଅତିବାହିତ ହୋଇଥିଲା। ତାଙ୍କ ପିତାଙ୍କ ନାମ ଥିଲା ଗୋପାଳଚନ୍ଦ୍ର ଦାସ। ବୀରକିଶୋର ଆଇ.ଏ. ପାଶ୍ କଲାପରେ ଓଡ଼ିଶା ସରକାରଙ୍କ ପୂର୍ତ୍ତ ବିଭାଗରେ ଅମଲା ଭାବେ କାର୍ଯ୍ୟ କରିଥିଲେ। ସେତେବେଳକୁ ସେ କାନ୍ତକବି ଲକ୍ଷ୍ମୀକାନ୍ତ ମହାପାତ୍ର ଓ କବି ଗୋଦାବରୀଶଙ୍କ ଦ୍ୱାରା ବିଶେଷ ଭାବେ ପ୍ରଭାବିତ ହୋଇ ଜଣେ ଗୀତିକବି ଭାବରେ ପ୍ରତିଷ୍ଠା ଅର୍ଜନ କରି ସାରିଥିଲେ।

ସରକାରୀ କର୍ମଚାରୀ ଥାଇ ମଧ୍ୟ ସେ ଜାତିର ଜନକ ମହାତ୍ମା ଗାନ୍ଧୀଙ୍କ ଡାକରାରେ ଉଦ୍‌ବୁଦ୍ଧ ହୋଇ ବହୁ ଦେଶାତ୍ମବୋଧ ସଙ୍ଗୀତ ରଚନା କରିବା ସହିତ ସରକାର ବିରୋଧୀ କବିତାମାନ ରଚନା କରିଥିଲେ ଏବଂ ଭାରତର ମୁକ୍ତ ସଂଗ୍ରାମରେ ନିଜକୁ ସାମିଲ କରିଥିଲେ। ସରକାର-ବିରୋଧୀ ପୁସ୍ତକ "ମୋହନ ବଂଶୀ" ରଚନା କରିବା

ପୂର୍ବରୁ ତାଙ୍କର କବିତା-ପୁସ୍ତିକା "ସ୍ମୃତିକଣିକା" ପ୍ରକାଶିତ ହୋଇ ସାରିଥିଲା। "ମୋହନ ବଂଶୀ" କବିତା ପୁସ୍ତିକାରେ କବି ବୀରକିଶୋର ଏଭଳି ସର୍ବଜନାଦୃତ ବିଦ୍ରୋହାତ୍ମକ ସଙ୍ଗୀତ ସବୁ ସନ୍ନିବେଶିତ କରିଥିଲେ ଯେ, ସେଗୁଡ଼ିକ ଓଡ଼ିଶାର ଆବାଳବୃଦ୍ଧବନିତା ସମସ୍ତଙ୍କ ପ୍ରାଣକୁ ସ୍ପର୍ଶ କରିଥିଲା ଏବଂ ସେହି ସଙ୍ଗୀତ ଗାନ ଦ୍ୱାରା ସାରା ପ୍ରଦେଶରେ ବିଦ୍ରୋହାଗ୍ନି ପ୍ରଜ୍ୱଳିତ ହୋଇ ଉଠିଥିଲା। ଫଳରେ ଇଂରେଜ ସରକାର ଜାତୀୟ କବି ବୀରକିଶୋର ପାଇଁ କାରାଦଣ୍ଡରେ ଦଣ୍ଡିତ କରିଥିଲେ। କବି ତାଙ୍କ ରଚିତ 'ମୋହନ ବଂଶୀ' କବିତାଗୁଚ୍ଛକୁ ଗାନ୍ଧୀଜୀଙ୍କ ଉଦ୍ଦେଶ୍ୟରେ ଉତ୍ସର୍ଗ କରିଥିଲେ।

ଯେଉଁ ସମୟର କଥା କୁହାଯାଉଛି, ସେ ସମୟରେ ଭାରତବର୍ଷ ସ୍ୱାଧୀନ ହୋଇ ନ ଥାଏ କିମ୍ବା ଉତ୍କଳ ଏକ ସ୍ୱତନ୍ତ୍ର ପ୍ରଦେଶ ହୋଇ ନ ଥାଏ। ବନ୍ୟା, ବାତ୍ୟା, ମରୁଡ଼ି ପ୍ରଭୃତି ପ୍ରାକୃତିକ ଦୁର୍ବିପାକରେ ଓଡ଼ିଶାର ଜନସାଧାରଣଙ୍କ ମେରୁଦଣ୍ଡ ଭାଙ୍ଗି ପଡ଼ିଥାଏ। ତା' ସହିତ ଇଂରେଜମାନଙ୍କ ଅତ୍ୟାଚାର ବୋଝ ଉପରେ ନଳିତା ବିଡ଼ା ପରି ହୋଇଥାଏ। ଓଡ଼ିଆ ଭାଇମାନଙ୍କର ଏହି ଦୂରବସ୍ଥା କବି ବୀରକିଶୋରଙ୍କୁ ଗଭୀର ଭାବେ ମର୍ମାହତ କରି ଦେଇଥିଲା। ତେଣୁ ସ୍ୱାଧୀନତା ସଂଗ୍ରାମର ପୁରୋଭାଗରେ ରହି ସେ ସାମ୍ରାଜ୍ୟବାଦୀ ଶକ୍ତି ବିରୁଦ୍ଧରେ ସ୍ୱର ଉତ୍ତୋଳନ କରିବା ଉଦ୍ଦେଶ୍ୟରେ ଅଗ୍ନି ବର୍ଷୀ କବିତାମାନ ରଚନା କରୁଥିଲେ। ଏହି ଚିନ୍ତାଧାରାର ଫଳସ୍ୱରୂପ ତାଙ୍କର ପରବର୍ତ୍ତୀ ରଚନା "ବିଦ୍ରୋହ ବୀଣା" ଗାନ୍ଧୀବାଦ ଚିନ୍ତା ଓ ଚେତନାର ପ୍ରତୀକ ରୂପେ ପ୍ରକାଶ ପାଇଥିଲା।

ତାଙ୍କ ରଚିତ "ରଣ ଦୁନ୍ଦୁଭି", "ଅରି ଫେରି ନାହିଁ", ଯୁଦ୍ଧ ସରିନାହିଁ, ଆସ ମୋ ଶିବିରେ ଆସ ଭାଇ", "ସମର ଯୁଗର ଅମର ସଙ୍ଗୀତ" ପ୍ରଭୃତି ଲୋକପ୍ରିୟ ହୋଇଥିଲା। ଦେଶ ସ୍ୱାଧୀନ ହେଲାପରେ ସେ ଶିଶୁ ସାହିତ୍ୟ ରଚନା କରିବାରେ ବ୍ରତୀ ହୋଇଥିଲେ। ସେ ଥିଲେ ମାସିକ ଶିଶୁ-ସାହିତ୍ୟ ପତ୍ରିକା "ମୋ ଦେଶ"ର ପ୍ରତିଷ୍ଠାତା।

କବି ବୀରକିଶୋର କିଛି କାଳ ପାଇଁ ଓଡ଼ିଶା ବିଧାନସଭାର ସଦସ୍ୟ ଓ ପ୍ରଦେଶ କଂଗ୍ରେସ ସଙ୍ଗଠନର କର୍ମକର୍ତ୍ତା ଥିଲେ। କିନ୍ତୁ ରାଜନୀତି ପାଇଁ ନୁହେଁ, ତାଙ୍କ କବି-ପ୍ରତିଭା ପାଇଁ ସେ ଚିରଦିନ ସ୍ମରଣୀୟ ରହିବେ। ୧୯୭୩ ମସିହା ଏପ୍ରିଲ ୨୮ ତାରିଖରେ ତାଙ୍କର ମହାପ୍ରୟାଣ ଘଟିଥିଲା। ତାଙ୍କ ସ୍ମୃତି ରକ୍ଷା ଉଦ୍ଦେଶ୍ୟରେ ଓଡ଼ିଶା ସରକାର କଟକ ଓ.ଏମ୍.ପି. ଛକ ନିକଟରେ "ଜାତୀୟ କବି ବୀରକିଶୋର ମହାବିଦ୍ୟାଳୟ" ନାମରେ ଏକ କଲେଜ ସ୍ଥାପନ କରିଛନ୍ତି।

ମୁଁ ରେଭେନ୍ସା କଲେଜିଏଟ୍ ସ୍କୁଲରେ ପଢୁଥିଲାବେଳେ ବୀରବାବୁଙ୍କ ସହିତ ମୋର ପରିଚୟ ହୋଇଥିଲା ଓ ସେହି ଦିନଠାରୁ ଆମ ମଧ୍ୟରେ ସୁସମ୍ପର୍କ ରହିଥିଲା। ସେ ଭାରି ମଉଜିଆ ଲୋକ। ଚିଠିପତ୍ର ଆଦାନ ପ୍ରଦାନରେ ବେଳେବେଳେ କବିତା ଲେଖି ପଠାଇଥାନ୍ତି। ଏଠାରେ ମୋର ମଧ୍ୟ ସେ ଗୋଟିଏ ଘଟଣା ମନେ ପଡୁଛି।

ଏକଦା ତାଙ୍କର ଗୋଟିଏ ଟାକ୍‌ସି ଚାଲୁଥିଲା। କୌଣସି ଗୋଟିଏ କାମରେ ଦରକାର ପଡ଼ିବାରୁ ମୁଁ ବୀରବାବୁଙ୍କୁ ଟାକ୍‌ସିଟି ପଠାଇବାକୁ ଚିଠି ଲେଖି ପଠାଇଲି। ଉତ୍ତରରେ ସେ ଲେଖି ପଠାଇଲେ,

"ଦଦରା ମଟର ନାହିଁ ଡ୍ରାଇଭର। ଡ୍ରାଇଭର ଆସିଲେ ଯିବ ଏକ୍‌ଟା ପରେ"। ସେତେବେଳେ ତାଙ୍କର ଏହି ଚିଠିଟି ଆମ ମଧ୍ୟରେ ହାସ୍ୟରୋଳ ସୃଷ୍ଟି କରିଥିଲା।

ମହାତ୍ମାଗାନ୍ଧୀଙ୍କ କଟକ ଆଗମନ

୧୯୨୧ ମସିହା ମାର୍ଚ୍ଚ ମାସ ୨୩ ତାରିଖ, ଦୋଳପୂର୍ଣ୍ଣିମା ଦିନ ମହାତ୍ମାଗାନ୍ଧୀ କଟକ ଆସିଥିଲେ। ବିନୋଦବିହାରୀରେ ମହିଳାସଭା, କଦମ୍‌ରସୁଲ ଓ କାଠଯୋଡ଼ି ବାଲିରେ ସାଧାରଣ ସଭା ବିଶେଷ ଉଲ୍ଲେଖଯୋଗ୍ୟ। ବାପୁଜୀ ଥିଲେ ମନ୍ତ୍ରଦ୍ରଷ୍ଟା ମହର୍ଷି। ତାଙ୍କ ବାଣୀରେ ଏପରି ଅପରିକଳ୍ପମୟ ଚୁମ୍ବକୀୟ ଶକ୍ତି ଥିଲା, ତାହା ଆବାଳବୃଦ୍ଧବନିତା ସମସ୍ତଙ୍କୁ ଆକର୍ଷିତ କରିଥିଲା। ବହୁ ସଂଖ୍ୟାରେ ଛାତ୍ର, ଯୁବକ ଓ ମହିଳା ସ୍ୱତଃପ୍ରବୃତ୍ତ ହୋଇ ଏହି ଆନ୍ଦୋଳନରେ ଝାସ ଦେଇଥିଲେ। ଐତିହାସିକ କଟକ, ତାର ସଂସ୍କୃତି ଓ ପରମ୍ପରା ଗାନ୍ଧିଜୀଙ୍କୁ ସମୁଚିତ ସମ୍ମାନ ସ୍ୱରୂପ ଅର୍ପଣ କରିଥିଲା ତାର ଅଗଣିତ ସଂଗ୍ରାମୀ ଯୋଦ୍ଧାଙ୍କୁ। ଜାତିର ଜନକଙ୍କ ପଦଧୂଳିରେ ପବିତ୍ରିତ ଏଇ କଟକ ଜାତୀୟ ମୁକ୍ତି ସଂଗ୍ରାମର ଅଂଶୀଦାର ହେଲା।

୧୯୨୫ ମସିହା ଅଗଷ୍ଟ ମାସରେ ପୁନର୍ବାର ଗାନ୍ଧିଜୀ କଟକ ଆସିଲେ। ମ୍ୟୁନିସିପାଲିଟି ପଡ଼ିଆ, ଖ୍ରୀଷ୍ଟିୟାନ ଚର୍ଚ୍ଚ ପଡ଼ିଆ ଓ ଟାଉନହଲ୍‌ରେ ସାଧାରଣ ସଭା ଓ ନାରୀସଭାରେ ଗାନ୍ଧିଜୀ ଉଦ୍‌ବୋଧନ ଦେଇଥିଲେ। ୧୯୨୭ ଡିସେମ୍ବର ମାସରେ ମହାତ୍ମାଗାନ୍ଧୀ ପୁଣିଥରେ କଟକ ଆସିଥିଲେ। ଗାନ୍ଧିଜୀଙ୍କର ଏହି ଓଡ଼ିଶା ଆଗମନ ଓଡ଼ିଶାରେ ନବଜାଗରଣ ସୃଷ୍ଟି କରି ପାରିଥିଲା। ମାତ୍ର ତୃତୀୟଥର ଅସୁସ୍ଥତାବଶତଃ, ଗାନ୍ଧିଜୀ ସାଧାରଣ ସଭାରେ ଭାଷଣ ଦେଇ ପାରିଲେ ନାହିଁ। ତାଙ୍କ ସମ୍ବର୍ଦ୍ଧନା ଉଦ୍ଦେଶ୍ୟରେ ଗୋଟିଏ ଅଭ୍ୟର୍ଥନା କମିଟି ଗଠିତ ହୋଇଥିଲା। ତା'ର ଅଧ୍ୟକ୍ଷ ଥିଲେ ମହାନ୍ ନେତା ନେତାଜୀ ସୁଭାଷଙ୍କ ପିତା କଟକର ଖ୍ୟାତନାମା ଆଡ୍‌ଭୋକେଟ୍

ଜାନକୀନାଥ ବୋଷ। ଭାଷାକୋଷ-ପ୍ରଣେତା ଗୋପାଳ ଚନ୍ଦ୍ର ପ୍ରହରାଜଙ୍କର ଆତିଥ୍ୟ ଗ୍ରହଣ କରି ତାଙ୍କ ଘରେ ଥରେ ଅବସ୍ଥାନ କରିଥିଲେ।

ଗାନ୍ଧିଜୀଙ୍କର ଓଡ଼ିଶା ଆଗମନ ଫଳରେ ଓଡ଼ିଶାରେ ଅସହଯୋଗ ଆନ୍ଦୋଳନ ଅଧିକ ସକ୍ରିୟ ଓ ଶକ୍ତିଶାଳୀ ହୋଇଥିଲା। ଲୋକଙ୍କ ଉପରେ ଗଭୀର ଆଲୋଡ଼ନ ସୃଷ୍ଟି ହୋଇଥିଲା। ଜନତା ମଧ୍ୟରେ ଅଫୁରନ୍ତ କର୍ମପ୍ରେରଣା ଭରି ଦେଇଥିଲେ ଗାନ୍ଧିଜୀ। ଜୀବନର ଉଦ୍ଦେଶ୍ୟ ଓ ଲକ୍ଷ୍ୟ ସମ୍ପର୍କରେ ଅଶିକ୍ଷିତ, ଅର୍ଦ୍ଧଶିକ୍ଷିତ ଓ ମହିଳାମାନେ ଅବଗତ ହେଲେ। ଗୃହାଙ୍ଗନର ନିଗଡ଼ ମଧ୍ୟରୁ ନିଜକୁ ମୁକ୍ତ କରି ଏକ ଆଲୋକମୟ ଦିଗନ୍ତ ଆଡ଼କୁ ପାଦ ବଢ଼ାଇଲେ ଗାଁଗଣ୍ଡାର ସାଧାରଣ ମହିଳାମାନେ। ଗାନ୍ଧିଜୀଙ୍କର ଏହି ତାତ୍ପର୍ଯ୍ୟପୂର୍ଣ୍ଣ ଯାତ୍ରା ବଡ଼ ରଚନାତ୍ମକ ଓ ଗଠନମୂଳକ ଯୋଜନା ପ୍ରତି ଲୋକଙ୍କୁ ଆକୃଷ୍ଟ କଲା। ଭୋଗ ଆଳସ୍ୟପୂର୍ଣ୍ଣ ଜୀବନକୁ ପରିହାର କରି ସରଳ ନିରାଡ଼ମ୍ବର ଜୀବନଯାପନ କରିବାକୁ ଲୋକେ ଗୌରବ ମଣିଲେ। କର୍ମୀମାନେ ନିୟମିତ ଉପାସନା କରୁଥିଲେ ଓ ଅରଟରେ ସୂତା କାଟୁଥିଲେ। ହସ୍ତଶିଳ୍ପ, କୁଟୀରଶିଳ୍ପ, ପ୍ରୌଢ଼ଶିକ୍ଷା ପ୍ରତି ବିଶେଷ ଗୁରୁତ୍ୱ ଆରୋପ କରାଗଲା। ମହାତ୍ମାଗାନ୍ଧୀ ବିଦେଶୀ ବସ୍ତ୍ର ବର୍ଜନ କରିବାକୁ ଆହ୍ୱାନ ଦେଇଥିବାରୁ, ଦେଶରେ ବିଦେଶୀ ବସ୍ତ୍ର ପୋଡ଼ା ଯାଉଥାଏ।

୧୯୨୧ ମସିହାରେ ଯେତେବେଳେ ଗାନ୍ଧିଜୀ କଟକ ଆସିଥିଲେ, ତାରି ଏକ ଅଲିଭା ସ୍ମୃତି। "କାଠଯୋଡ଼ି ବାଲିରେ ଗାନ୍ଧିଜୀ ସଭା କରିବେ ଓ ସେଇ ସଭାରେ ବିଦେଶୀ ଲୁଗା ସବୁ ପୋଡ଼ାଯିବ"—ଏଇକଥା ଶୁଣିଲୁ। କୁତୂହଳୀ ହୋଇ ମୁଁ ଓ ମୋର ବନ୍ଧୁମାନେ ସେଠାରେ ପହଞ୍ଚିଲୁ। "କ'ଣ ହେବ ?" ଏଇ ଥାଏ ଆମର ଉତ୍କଣ୍ଠା। କାଠଯୋଡ଼ି ବନ୍ଧ ଉପରେ ଅସମ୍ଭବ ଜନଗହଳି। ଯଦୁମଣି ମଙ୍ଗରାଜ ଭାଷଣ ଦେବାକୁ ନଈବାଲିକୁ ଆସିଲେ। ସେତେବେଳେ ସେ କଲେଜରେ ପଢୁଥାନ୍ତି। ତାଙ୍କର ଜ୍ୱାଳାମୟୀ ବକ୍ତୃତା ସବୁ ଶ୍ରୋତାଙ୍କୁ ମନ୍ତ୍ରମୁଗ୍ଧ କରିଥାଏ। ଆମ୍ଭେମାନେ ମଧ୍ୟ ଅତ୍ୟନ୍ତ ଭାବପ୍ରବଣ ହୋଇଗଲୁ। ଉପସ୍ଥିତ ଜନତା ଭିତରେ ସ୍ୱଦେଶ ପ୍ରେମର ଏକ ଅବାରିତ ଉଚ୍ଛ୍ୱାସ ଖେଳିଗଲା। ଯଦୁମଣି ବାବୁ ଆପଣା ଦେହରୁ ଜାମାପଟା କାଢ଼ି ନିଆଁ ଲଗାଇ ଦେଲେ। ଆଉ କେବେ ବିଦେଶୀ ବସ୍ତ୍ର ପରିଧାନ କରିବେ ନାହିଁ ବୋଲି ଅଗ୍ନି ଶପଥ ନେଲେ। ଅନ୍ୟମାନଙ୍କୁ ମଧ୍ୟ ଏପରି ଶପଥ ନେବାକୁ ସେ ଆହ୍ୱାନ କଲେ। କରତାଳି ଓ ଉଚ୍ଛ୍ୱସିତ ଆନନ୍ଦ ଉଲ୍ଲାସରେ କାଠଯୋଡ଼ି ବାଲି ଉଲ୍ଲସିତ ହୋଇଉଠିଲା। ଆମ୍ଭେମାନେ ମଧ୍ୟ ଅଗ୍ନି ଶପଥ ଗ୍ରହଣ କରିଥିଲୁ। ଖଦଡ଼ ବସ୍ତ୍ର ଆଜୀବନ ପରିଧାନ କରିବେ ବୋଲି ବହୁ ଯୁବକ ଶପଥ ନେଇଥିଲେ। ଓଡ଼ିଆ ପ୍ରଫେସର ଆର୍ତ୍ତବଲ୍ଲଭ ମହାନ୍ତି ସେତେବେଳେ

ରେଭେନ୍ସା କଲେଜ ହଷ୍ଟେଲର ସୁପରିଣ୍ଟେଣ୍ଡେଣ୍ଟ ଥାନ୍ତି। ସେ ମଧ୍ୟ ଏହି ସଭାରେ ଉପସ୍ଥିତ ଥିଲେ। ସେତେବେଳେ ରେଭେନ୍ସା କଲେଜ ବର୍ତ୍ତମାନର କଲେଜିଏଟ୍ ସ୍କୁଲ ଘରେ ହେଉଥିଲା ଓ ତା'ର ହଷ୍ଟେଲ କାଠଯୋଡ଼ି କୂଳରେ ଥିଲା। ଏଠାରେ ଉଲ୍ଲେଖ କରାଯାଇପାରେ ଯେ, ସେତେବେଳେ ଏହି ହଷ୍ଟେଲକୁ ନିଉ ହଷ୍ଟେଲ ବୋଲି କୁହାଯାଉଥିଲା। ବର୍ତ୍ତମାନ ତାହା ରାଧାନାଥ ଟ୍ରେନିଂ କଲେଜର ମହିଳା ହଷ୍ଟେଲ ହୋଇଅଛି। ଏବେ ଥିବା ରେଭେନ୍ସା କଲେଜିଏଟ୍ ସ୍କୁଲର ହଷ୍ଟେଲକୁ ସେତେବେଳେ ରେଭେନ୍ସା କଲେଜର ଓଲ୍ଡ ହଷ୍ଟେଲ କୁହାଯାଉଥିଲା। ଛାତ୍ରମାନେ ରାଜଦ୍ରୋହୀ କାର୍ଯ୍ୟରେ ଲିପ୍ତ ହୋଇ ଅଧ୍ୟୟନରୁ ନିବୃତ୍ତ ହୁଅନ୍ତୁ; ଏହା ସେ ଚାହୁଁ ନ ଥିଲେ। ମାତ୍ର ଆନ୍ଦୋଳନ ପ୍ରତି ତାଙ୍କର ଆନ୍ତରିକ ଶ୍ରଦ୍ଧା ଓ ସମର୍ଥନ ଥିଲା। ଶୃଙ୍ଖଳା ଓ ନୀତି ଦୃଷ୍ଟିରୁ ସେ ଛାତ୍ରମାନଙ୍କ ପ୍ରତି ସତର୍କ ଦୃଷ୍ଟି ରଖିଥାନ୍ତି ଓ ନାନାଭାବରେ ଆକଟ କରୁଥାନ୍ତି। ଛାତ୍ରମାନଙ୍କ ପ୍ରତି ତାଙ୍କର ନୈତିକ ଦାୟିତ୍ୱବୋଧ ଥିଲା, ହେଲେ ଦେଶପ୍ରୀତି ନିକଟରେ ଏହାର ସ୍ଥାନ ଅତି ନଗଣ୍ୟ।

ଏହି ସମୟରେ ଓଡ଼ିଶାର ବିଭିନ୍ନ ସ୍ଥାନରେ କେତେଗୁଡ଼ିଏ ଜାତୀୟ ବିଦ୍ୟାଳୟ ପ୍ରତିଷ୍ଠିତ ହୋଇଥିଲା। ପଣ୍ଡିତ ଗୋପବନ୍ଧୁ ଦାସଙ୍କ ଦ୍ୱାରା ପ୍ରତିଷ୍ଠିତ ଓ ପଣ୍ଡିତ କୃପାସିନ୍ଧୁ ମିଶ୍ରଙ୍କ ପ୍ରତ୍ୟକ୍ଷ ତତ୍ତ୍ୱାବଧାନରେ ପରିଚାଳିତ 'ସତ୍ୟବାଦୀ ବନବିଦ୍ୟାଳୟ' ହେଉଛି ଅନ୍ୟତମ ଅନୁଷ୍ଠାନ। 'ଉତ୍କଳ ଶିକ୍ଷା ପରିଷଦ' ନାମରେ ଏକ ଜାତୀୟ ବିଶ୍ୱବିଦ୍ୟାଳୟ ମଧ୍ୟ ପ୍ରତିଷ୍ଠିତ ହୋଇଥିଲା। ପଣ୍ଡିତ ଗୋପବନ୍ଧୁ ଦାସ ଏହାର ଚେୟାରମ୍ୟାନ୍ ଓ ନନ୍ଦକିଶୋର ଦାସ ଏହାର ସମ୍ପାଦକ ଥିଲେ। ଏହି ଅସହଯୋଗ ଆନ୍ଦୋଳନ ସମୟରେ ଢେଙ୍କାନାଳ, ନୀଳଗିରି, କନିକା ସମେତ ବିଭିନ୍ନ ସ୍ଥାନରେ ପ୍ରଜା ଆନ୍ଦୋଳନ ତେଜି ଉଠିଲା। ରାଜା, ମହାରାଜା ରଥା ସରକାରଙ୍କ ଦ୍ୱାରା ନିରୀହ ପ୍ରଜାମାନଙ୍କ ଉପରେ ଅକଥନୀୟ ଅତ୍ୟାଚାର କରାଯାଉଥିବା ଶୁଣାଯାଏ। ସେହି ସମୟରେ ବିଲାତୀ-ବସ୍ତ୍ର ବର୍ଜନ କରି ସ୍ୱଦେଶୀ ଖଦଡ଼ ପରିଧାନ କରିବାର ସଂକଳ୍ପ ଅନ୍ୟମାନଙ୍କ ପରି ମୁଁ ମଧ୍ୟ କରିଥିଲି। କିନ୍ତୁ ପରବର୍ତ୍ତୀ କାଳରେ ନାନା କାରଣବଶତଃ ଏହି ସଂକଳ୍ପ ମୁଁ ସମ୍ପୂର୍ଣ୍ଣ ଭାବରେ ରକ୍ଷା କରିପାରି ନ ଥିଲି।

୧୯୨୪ ମସିହା ଜୁନ ମାସ ୨୮ ଓ ୨୯ ତାରିଖରେ ଉତ୍କଳ ପ୍ରାଦେଶିକ କଂଗ୍ରେସ ସମ୍ମିଳନୀ କଟକ ମ୍ୟୁନିସିପାଲିଟି ପଡ଼ିଆରେ ଅନୁଷ୍ଠିତ ହୋଇଥିଲା। କଲିକତାର ତତ୍କାଳୀନ ସୁନାମଧନ୍ୟ ବୈଜ୍ଞାନିକ ଆଚାର୍ଯ୍ୟ ପ୍ରଫୁଲ୍ଲଚନ୍ଦ୍ର ରାୟ ଏକ ସମ୍ମିଳନୀରେ ସଭାପତିତ୍ୱ କରିଥିଲେ। ସଭାର ଅନ୍ୟାନ୍ୟ କାର୍ଯ୍ୟକ୍ରମ ମଧ୍ୟରେ କନିକା

ରାଜାଙ୍କ ଜମିଦାରରେ ହେଉଥିବା ଅନ୍ୟାୟ ଟିକସ ଆଦାୟ ଓ ପ୍ରଜାମାନଙ୍କ ଉପରେ ଅମାନୁଷିକ ଅତ୍ୟାଚାର ବିଷୟରେ ଆଲୋଚନା ହୋଇଥିଲା। ସ୍ୱର୍ଗତ କବି ବାଞ୍ଛାନିଧି ମହାନ୍ତିଙ୍କ ରଚିତ–

"କନିକା ରାଇଜ ଜମିଦାରୀ ଛାର
ସେଥିରେ ତ ପୁଣି ଏତେ ଅତ୍ୟାଚାର !
ହୋଇଥାନ୍ତା ଯଦି ମୈସୁର, ଜୟପୁର
କି ହୁଅନ୍ତା କିଏ କହିବ ?" ... ଇତ୍ୟାଦି

ସଭାରେ ସେ ଗୀତ ଆବୃତ୍ତି କରାଯାଇଥିଲା। ତାହା ଶୁଣି ଆଚାର୍ଯ୍ୟ ପ୍ରଫୁଲ୍ଲ ଚନ୍ଦ୍ର ରାୟ ଉତ୍ତେଜିତ ହୋଇପଡ଼ିଥିଲେ। ଏହି ଗୀତ ପ୍ରାଣସ୍ପର୍ଶୀ ଥିଲା।

ସମ୍ମିଳନୀର ଅବ୍ୟବହିତ ପୂର୍ବରୁ ଉତ୍କଳମଣି ଗୋପବନ୍ଧୁ ଦାସ ଓ ଭାଗୀରଥି ମହାପାତ୍ର ଦୁଇବର୍ଷ କାରାଦଣ୍ଡ ଭୋଗ କରିସାରି ହଜାରିବାଗ ଜେଲରୁ ଖଲାସ ହୋଇଥାନ୍ତି। ରାମଦାସ ବାବାଜୀ, ଯଦୁମଣି ମଙ୍ଗରାଜ ଓ ରାଜକୃଷ୍ଣ ବୋଷ ପ୍ରମୁଖ ଏହା ଆଗରୁ ଜେଲରୁ ଆସିଥାନ୍ତି। ଜେଲରୁ ମୁକ୍ତିଲାଭ କରି ଆସିଥିବା ଏହି ସଂଗ୍ରାମୀ ନେତାମାନଙ୍କୁ ସମ୍ବର୍ଦ୍ଧନା ଜଣାଇବା ପାଇଁ ଏକ ସଭାର ଆୟୋଜନ ହୋଇଥିଲା। ଗୋକୁଳାନନ୍ଦ ଚୌଧୁରୀଙ୍କ ଦୋମହଲା ଘରେ କଂଗ୍ରେସର ଏହି ବୈଠକ ବସିଥିଲା। ନେତାମାନେ ସେମାନଙ୍କ ଜେଲ ଜୀବନର ଅନୁଭୂତି ତଥା ଅଭିଜ୍ଞତା ବର୍ଣ୍ଣନା କରିଥିଲେ। ଜେଲରେ କିପରି ଧାନ କୁଟିବାକୁ, କତା ବଳିବାକୁ, ଅନ୍ୟାନ୍ୟ କଠିନ ଶାରୀରିକ ପରିଶ୍ରମ କରିବାକୁ ହୁଏ; ଏସବୁ ଅଭିଜ୍ଞତା ସେମାନେ ବର୍ଣ୍ଣନା କରିଥିଲେ।

ବିନୋଦ ବିହାରୀ ମହିଳା ସଭା

କଂଗ୍ରେସର ଗୋଟିଏ ମହିଳା ସଂଗଠନ କରାଯାଇଥିଲା। ମୋର ଶାଶୁ ହୈମବତୀ ଦେବୀ ଓ ସରୋଜିନୀ ଚୌଧୁରୀ ଏହି ମହିଳା ସଂଗଠନର ନେତୃତ୍ୱ ନେଇଥିଲେ। ଏହା ପୂଜ୍ୟା ରମାଦେବୀଙ୍କ ବୋହୂ ବେଳର ଘଟଣା। ସେତେବେଳକୁ ଗୋପବାବୁ ସରକାରୀ ଚାକିରି ତ୍ୟାଗକରି ଆନ୍ଦୋଳନ ସହିତ ନିଜକୁ ସାମିଲ କରିଥାନ୍ତି। ରମାଦେବୀ ମଧ୍ୟ ସଭା ସମିତିମାନଙ୍କରେ ଯୋଗଦେଇ ବିଭିନ୍ନ କାର୍ଯ୍ୟକ୍ରମର ତନଖି କରୁଥାନ୍ତି। ମହାତ୍ମାଗାନ୍ଧୀ କଟକ ଆସି କାଠଯୋଡ଼ି ବାଲିରେ ସଭା କରିବା ଦିନ ବିନୋଦ ବିହାରୀ ଦେବୀ ମନ୍ଦିର ବେଢାରେ ଏକ ମହିଳା ସମ୍ମିଳନୀ ଅନୁଷ୍ଠିତ ହୋଇଥିଲା। ସେଦିନ ଥିଲା ଦୋଳପୂର୍ଣ୍ଣିମା। ଅପରାହ୍ନ ୨ଟାରେ ଗାନ୍ଧିଜୀ ତାଙ୍କ ପତ୍ନୀ

କସ୍ତୁରବା ଓ ପୁତ୍ର ଦେବଦାସ ଗାନ୍ଧୀଙ୍କ ସହ ଏହି ସଭାରେ ଯୋଗଦାନ କରିଥିଲେ। ପ୍ରାୟ ପଚାଶ ଜଣ ମହିଳା ଉକ୍ତ ସଭାରେ ଉପସ୍ଥିତ ଥିଲେ। ସେଇ ସଭାର ଆବାହିକା ଥିଲେ ହୈମବତୀ ଦେବୀ।

ଛାତ୍ରାବସ୍ଥାରେ ନାନା ସଂଗଠନମୂଳକ ସେବାକାର୍ଯ୍ୟରେ ମୁଁ ନିଜକୁ ନିୟୋଜିତ କରିଥିଲି। କଂଗ୍ରେସର ଆଦର୍ଶ, ଗାନ୍ଧିଜୀଙ୍କ ଉତ୍ସାହପ୍ରଦ ବାଣୀ ଓ ତତ୍କାଳୀନ ନେତାମାନଙ୍କର ନେତୃତ୍ୱ ମୋତେ ଗଭୀର ଭାବରେ ଅନୁପ୍ରାଣିତ ଓ ପ୍ରଭାବିତ କରିଥିଲା। ରେଭେନ୍ସା କଲେଜିଏଟ ସ୍କୁଲର ଛାତ୍ରଥିବାବେଳେ ମୁଁ ଏହିସବୁ କାର୍ଯ୍ୟରେ ଆନ୍ତରିକ ନିଷ୍ଠା ସହ ଯୋଗ ଦେଉଥିଲି। ସେହି ମହାନ ନେତାମାନଙ୍କର ଅନ୍ତରଙ୍ଗ ସାନ୍ନିଧ ଲାଭ କରିଥିବାରୁ ଆଜି ମୁଁ ନିଜକୁ ପରମ ଭାଗ୍ୟବାନ ମନେକରୁଛି। ସେମାନଙ୍କର ପ୍ରତ୍ୟକ୍ଷ ଓ ପରୋକ୍ଷ ପ୍ରଭାବ ଓ ପ୍ରେରଣା ମୋର ପରବର୍ତ୍ତୀ ଜୀବନକୁ ଶୃଙ୍ଖଳିତ ଓ ପରିମାର୍ଜିତ କରିଛି; ଏଥିରେ ସନ୍ଦେହ ନାହିଁ।

ରମାଦେବୀ

୧୯୨୧ ମସିହାରେ କଟକ ସହରର ବିନୋଦ ବିହାରୀ ମନ୍ଦିର ହତାରେ ଯେତେବେଳେ ମହାତ୍ମା ଗାନ୍ଧୀ ସଭା କରିବାକୁ ଆସିଥିଲେ, ସେତେବେଳେ ରମାଦେବୀ ଉକ୍ତ ମହିଳା ସଭାରେ ଯୋଗଦାନ କରିଥିଲେ। ତାଙ୍କ ସହିତ ହୈମବତୀ ଦେବୀ (ମୋ' ଶାଶୁ) ମଧ୍ୟ ସେ ସଭାରେ ଯୋଗ ଦେଇଥିଲେ।

୧୯୨୮ ମସିହା କଲିକତାର ପାର୍କ ସର୍କସ୍ ଏରିଆରେ ଅନୁଷ୍ଠିତ ହୋଇଥିବା କଂଗ୍ରେସ ଅଧିବେଶନରେ ମୁଁ ପୂଜ୍ୟା ରମାଦେବୀଙ୍କୁ ଦେଖିଥିଲି ଓ କଥାବାର୍ତ୍ତା ମଧ୍ୟ କରିଥିଲି। ଅବଶ୍ୟ ଏହା ପୂର୍ବରୁ ସେ ବହୁବାର ଆମ ସାହେବଜାଦା ବଜାର ଘର (ମୋ ବଡ଼ବାପା ବଳରାମ ଦାସଙ୍କ ଘର)କୁ ଆସୁଥିବାର ତାଙ୍କୁ ଦେଖିଥିଲି। ମୋ' ବଡ଼ବାପାଙ୍କ ବଡ଼ପୁଅ ଦେବେନ୍ଦ୍ର ନାଥ ଦାସ (ଓକିଲ) କଟକର ଜଣେ ଖ୍ୟାତିସମ୍ପନ୍ନ ବ୍ୟକ୍ତି ଥିଲେ। ସେ ଗୋପବନ୍ଧୁ ଚୌଧୁରୀଙ୍କ ଭଉଣୀ ମାଗୁଣାସୁନ୍ଦରୀ ଦେବୀଙ୍କୁ ବିବାହ କରିଥିଲେ। ରମାଦେବୀ ତାଙ୍କ ଆତ୍ମଜୀବନୀ "ଜୀବନ ପଥେ" ପୁସ୍ତକରେ ଏହି ମାଗୁଣା ସୁନ୍ଦରୀ ବା ମାଗ ଅପାଙ୍କ ବିଷୟ ଅତି ସୁନ୍ଦର ଭାବେ ବର୍ଣ୍ଣନା କରିଅଛନ୍ତି।

ରମାଦେବୀ ତାଙ୍କ ଜୀବନକାଳ ମଧ୍ୟରେ ବହୁ ସେବାମୂଳକ କାର୍ଯ୍ୟକ୍ରମ ସହିତ ଓତଃପ୍ରୋତ ଭାବେ ଜଡ଼ିତ ଥିଲେ। ଦେଶର ସ୍ୱାଧୀନତା ସଂଗ୍ରାମ ଓ ଅସହଯୋଗ ଆନ୍ଦୋଳନରେ ସକ୍ରିୟ ଅଂଶ ଗ୍ରହଣ କରି ସେ ବହୁବାର ଜେଲ୍ ବରଣ କରିଥିଲେ।

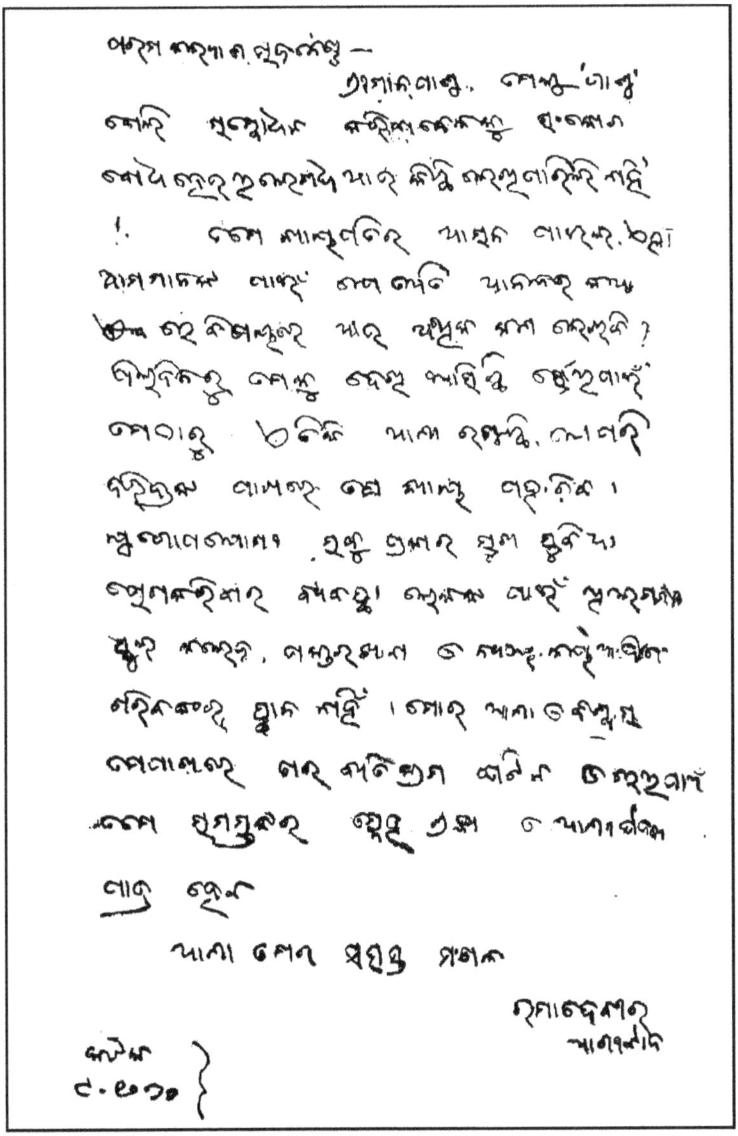

ଅନେକ ଅନେକ ନମସ୍କାର—
        ଆଗାଙ୍କୁ, କାଙ୍କୁ 'ଗାଁକୁ
ନେଇ ସୁସ୍ୱାଦୁ କବିତାଟିଏକୁ ଧନ୍ୟବାଦ
ସାଥେ ଗ୍ରହଣ କରିଅଛି ଆଉ କିଛି କହିପାରିବି ନାହିଁ
। ତମେ ଆଜ୍ମକୁ ବିରୋ ଆଜୁନ ପାଉଛି । ହୁଏ
ଆମଗାତର ବାଜୁ ଗୀତ ଗୋଟି ଯାହାକୁ ଜାଣ
ଚିହ୍ନ କି କିଶୋରଙ୍କୁ ଆଉ ସମ୍ମୁଖ ସାକ୍ଷାତ କରୁଛି ?
ବିରୁପାକ୍ଷଙ୍କୁ ନେଇ ସେହି ଆଗିତ୍ତି ଆୁ ଗାନ୍ଧ
କୋରଳ ୬ଦିନ ଆଗ ଗନ୍ଥି ।ସେଦିନ
ସଚିଦ୍ରଙ୍କ ଗାତେଷ ଆଗ ଆଗୁ ପାଢ଼ିଥିଲ ।
ମୂଖ୍ୟତଃଗ୍ୟଥା । ଗୁରୁ ପ୍ରଜା ଗୁପ୍ତ ଭୁନିୟା
ଗୀୀକପୂଙ୍କ ସଂଜୁଥୁ । ଗୋଟେ ଦଳର ସ୍ୱାଜ୍ୟରାଞ୍ଚ
ତୁଳଣୀୟ ନହୁଁ, ଡାକୁଯୁକୁ ହେବେ ତ ଧରି ମି ରିଥି
ନଦିନ ଯୋକ ନ ଶ୍ଳ । ମୋର ଆମ ତ ନିତ୍ୟ ଯ
ଗୋଗାଗଳଠୁ ବନ୍ଦ ଅନିଷ୍ଠି ଗ୍ରୀନା ଏନ୍ତୁର ଗାଁ
.ହେ ହୃଯ୍ୟୁକୁ ଅଚ୍ଚୁ ଦୃଷ୍ଟ ତ ଆଗ୍ର୍ୟର୍ଥଣ
ଭାଲୁ ଦେଶ
        ଆମ ତିନ୍ ସୁହୃତ ସଙ୍ଗତ
                                    ନୀଳୋତ୍ୟପଳଙ୍କ
                                    ଆଶୀର୍ବାଦ
କଟକ
୯.୯.୭୦

ଗରିବ, ଦୁଃଖୀ, ଅସହାୟ ଓ ନିଷ୍ପେଷିତ ଲୋକଙ୍କ ପାଇଁ ତାଙ୍କ ମନରେ ବହୁ ଅନୁକମ୍ପା ଓ ସମବେଦନାର ଭାବ ରହିଥିଲା ଏବଂ ସେବା କ୍ଷେତ୍ରରେ ସେ ଶୀର୍ଷସ୍ଥାନକୁ ଯାଇଥିଲେ।

୧୯୨୮ କଂଗ୍ରେସ ଅଧିବେଶନ ପରଠୁଁ ଜୀବନର ବହୁ କ୍ଷେତ୍ରରେ ତାଙ୍କ ସହିତ ଦେଖା ସାକ୍ଷାତ କରିବାର ସୁଯୋଗ ମୋତେ ମିଳିଥିଲା। ୧୯୫୩ ମସିହାରେ ମୋ ବଡ଼ ଝିଅ ଲିଲିର ବିବାହ ଯୁଗଳ (ପରବର୍ତ୍ତୀ କାଳରେ ସିକିମ୍ ହାଇକୋର୍ଟର ଅବସରପ୍ରାପ୍ତ ମୁଖ୍ୟ ବିଚାରପତି ଯୁଗଳ କିଶୋର ମହାନ୍ତି)ଙ୍କ ସହିତ ମୋ' ଡଗରପଡ଼ା ଘରେ ଅନୁଷ୍ଠିତ ହୋଇଥିଲା। ସେଦିନ ରମାଦେବୀ ମୋ ଅନୁରୋଧ ରକ୍ଷା କରି ମୋ ଘରକୁ ଆସିଥିଲେ। ଆହୁରି କେତେଥର ମଧ୍ୟ ସେ ଆମ ଘରକୁ ଆସିଛନ୍ତି। ଏହା ବ୍ୟତୀତ କଟକ ଥୋରିଆ ସାହିସ୍ଥ 'ଗୁଣନିଧି ଭବନ'ରେ ମଧ୍ୟ ତାଙ୍କ ସହିତ ମୋର ଅନେକବାର ଦେଖା ହୋଇଛି। ଏହି ଭବନଟି ଯାହାଙ୍କ ନାମରେ ନାମିତ ହୋଇଛି, ସେ ଗୁଣନିଧି (ଗୁଣନିଧି ମହାନ୍ତି) ହେଉଛନ୍ତି ମୋର ଜଣେ ଆତ୍ମୀୟ। ଜଣେ ନିଷ୍ଠାପର କଂଗ୍ରେସକର୍ମୀ ତଥା ଭୂଦାନ କର୍ମୀ ଭାବରେ ଗୁଣନିଧି ବାବୁଙ୍କର ମଧ୍ୟ ଥିଲା। ସ୍ୱାଧୀନତା ଆନ୍ଦୋଳନରେ ଯୋଗଦେଇ ସେ ବହୁ ବର୍ଷ କାରାବରଣ କରିଥିଲେ।

ମୁଁ ଯେତେବେଳେ ଓଡ଼ିଶା ହାଇକୋର୍ଟର ବିଚାରପତି ଭାବେ ନିଯୁକ୍ତି ପାଇଲି, ସେତେବେଳେ ରମାଦେବୀଙ୍କଠାରୁ ତାଙ୍କର ଶ୍ରଦ୍ଧା ଓ ଆର୍ଶୀବାଦ-ସୂଚକ ଖଣ୍ଡିଏ ଚିଠି ପାଇଥିଲି। ସେ ମୋ ଘରର ଶ୍ରଦ୍ଧାନାମ 'ପାଣୁ' ବୋଲି ସମ୍ବୋଧନ କରି ଚିଠିଟି ଲେଖିଥିଲେ। ଏବେ ବି ସେ ଚିଠିଟିକୁ ମୁଁ ପାଖରେ ସାଇତି ରଖିଛି। ପାଠକମାନଙ୍କ ଅବଗତ ନିମିତ୍ତ ତାଙ୍କ ଚିଠିକୁ ଏଠାରେ ପ୍ରକାଶ କଲି।

ଗତ ତାରିଖ ୨୨/୦୭/୧୯୮୫ ସକାଳେ ତାଙ୍କ ବିୟୋଗ ସମ୍ବାଦ ଶୁଣି ମୁଁ ଅତ୍ୟନ୍ତ ମର୍ମାହତ ହୋଇଥିଲି ଓ ଶେଷଦର୍ଶନ କରିବାକୁ ତାଙ୍କ ବାଖରାବାଦ ଘରକୁ ଯାଇଥିଲି। ସେଠାରେ ମୁଖ୍ୟମନ୍ତ୍ରୀ ଶ୍ରୀଯୁକ୍ତ ଜାନକୀବଲ୍ଲଭ ପଟ୍ଟନାୟକଙ୍କ ସମେତ ଓଡ଼ିଶାର ବହୁ ମାନ୍ୟଗଣ୍ୟ ବ୍ୟକ୍ତି ଉପସ୍ଥିତ ଥିଲେ। ରାଷ୍ଟ୍ରୀୟ ମର୍ଯ୍ୟାଦା ସହ ଖାନ୍‌ନଗରଠାରେ ତାଙ୍କର ଶେଷକୃତ୍ୟ ସମ୍ପନ୍ନ କରାଯାଇଥିଲା।

ସ୍ୱର୍ଗତା ରମାଦେବୀ ବାସ୍ତବରେ ଥିଲେ ଜଣେ ମହୀୟସୀ ମହିଳା। ସେବା କ୍ଷେତ୍ରରେ ସେ ସମଗ୍ର ଓଡ଼ିଶାର ନାରୀମାନଙ୍କ ମଧ୍ୟରେ ଥିଲେ ଅଗ୍ରଗଣ୍ୟ। ତାଙ୍କ ନାମରେ ବିଭିନ୍ନ ସ୍ଥାନରେ ବଡ଼ ଅନୁଷ୍ଠାନ ସ୍ଥାପିତ ହୋଇଛି। ତନ୍ମଧ୍ୟରେ ଭୁବନେଶ୍ୱରର "ରମାଦେବୀ ମହିଳା ମହାବିଦ୍ୟାଳୟ" ଅନ୍ୟତମ। ତାଙ୍କୁ ସମ୍ମାନସୂଚକ 'ଡକ୍ଟରେଟ୍' ଉପାଧି ପ୍ରଦାନ କରାଯାଇଥିଲା। ସେ ଅତି ସମ୍ମାନଜନକ "ଯମୁନାଲାଲ୍ ବଜାଜ୍"

ପୁରସ୍କାର ମଧ୍ୟ ଲାଭ କରିଥିଲେ। ଏବେ ନିକଟରେ ତାଙ୍କ ଯାଆ ଶ୍ରୀମତୀ ମାଳତୀ ଚୌଧୁରୀ ମଧ୍ୟ ଉକ୍ତ ସମ୍ମାନ ଲାଭ କରିଛନ୍ତି। ତାଙ୍କ ପୁଅ ଶ୍ରୀଯୁକ୍ତ ମନମୋହନ ଚୌଧୁରୀ (ବୁଲୁ), ଝିଅ ଶ୍ରୀମତୀ ଅନ୍ନପୂର୍ଣ୍ଣା ମହାରଣା (ଚୁନି) ମଧ୍ୟ ସମାଜସେବା କ୍ଷେତ୍ରରେ ପ୍ରତିଷ୍ଠା ଲାଭ କରିଛନ୍ତି।

ଡକ୍ଟର ହରେକୃଷ୍ଣ ମହତାବ

ଡକ୍ଟର ହରେକୃଷ୍ଣ ମହତାବଙ୍କ ସହିତ ମୋର ପ୍ରଥମ ସାକ୍ଷାତ ସ୍ୱରାଜ ଆଶ୍ରମଠାରେ ହୋଇଥିଲା। ମୁଁ ପୁରୁଣା କଲେଜ ଗଳିରେ ଥିଲାବେଳେ ମହତାବ ବାବୁ ହାଫ୍‌ପ୍ୟାଣ୍ଟ ପିନ୍ଧି ଟେନିସ୍ ଓ ବ୍ୟାଡ୍‌ମିଣ୍ଟନ୍ ଖେଳିବାକୁ ସାଇକେଲ ଚଢ଼ି ଆସୁଥିବା ଦେଖିଛି। ସେ ହାତରେ ର୍‍ୟାକେଟ୍ ଧରି ଆସୁଥିବା ବେଶଟି ତାଙ୍କୁ ଭଲମାନେ। ମହତାବ ବାବୁ ସ୍ୱରାଜ ଆଶ୍ରମରେ ଅବସ୍ଥାନ କରୁଥିଲେ। ପରବର୍ତ୍ତୀ କାଳରେ ବିହାରୀବାଗ୍ (ବର୍ତ୍ତମାନର ପରିସର) ଏବଂ ଶେଷ ଜୀବନରେ ଭୁବନେଶ୍ୱରସ୍ଥିତ ଏକାମ୍ର ନିବାସଠାରେ ରହିଲେ। ସେ ସ୍ୱାଧୀନତା ଆନ୍ଦୋଳନର ଜଣେ ପଞ୍ଚପୁରୋଧା ଥିଲେ। ବହୁବାର କାରାବରଣ କରିଥିଲେ। ଅସହଯୋଗ ଆନ୍ଦୋଳନରେ ତାଙ୍କର ଭୂମିକା ଗୁରୁତ୍ୱପୂର୍ଣ୍ଣ ଥିଲା। ସ୍ୱାଧୀନତାପ୍ରାପ୍ତି ପରେ ମହତାବ ବାବୁ ଓଡ଼ିଶାର ରାଜନୈତିକ, ସାମାଜିକ ଓ ସାଂସ୍କୃତିକ ଜୀବନର ନେତୃତ୍ୱ ନେଇଥିଲେ।

ଅନେକ ସାଂସ୍କୃତିକ କାର୍ଯ୍ୟକ୍ରମରେ ଆମେ ଏକତ୍ର ଯୋଗଦାନ କରିଛୁ। ୧୯୭୮ ମସିହା ଜୁନ୍ ୨ ତାରିଖରେ ଡକ୍ଟର ପ୍ରାଣକୃଷ୍ଣ ପରିଜାଙ୍କ ଦେହାନ୍ତ ହୋଇଯିବା ପରେ ତାଙ୍କ ସ୍ମୃତିରକ୍ଷା ଉଦ୍ଦେଶ୍ୟରେ ଓଡ଼ିଶାର ବିଶିଷ୍ଟ ବ୍ୟକ୍ତିମାନଙ୍କୁ ନେଇ ତା ୧୯।୫। ୭୯ ରିଖରେ କଟକ ଟାଉନହଲରେ ମହତାବ ବାବୁଙ୍କ ଅଧ୍ୟକ୍ଷତାରେ ଯେଉଁ ସଂଘ ଅନୁଷ୍ଠିତ ହୋଇଥିଲା, ସେଥିରେ "ପ୍ରଫେସର ପରିଜା ସ୍ମୃତି ପରିଷଦ"ର ସଭାପତି ଭାବେ ନିର୍ବାଚିତ ହୋଇଥିଲେ। ମୁଁ କାର୍ଯ୍ୟକାରୀ ସଭାପତି ଭାବେ ନିର୍ବାଚିତ ହୋଇଥିଲି। ଏ ପରିଷଦର ବିଭିନ୍ନ କାର୍ଯ୍ୟକ୍ରମରେ ଆମେ ଏକତ୍ର ମିଶି କାର୍ଯ୍ୟ କରିବାର ସୁଯୋଗ ପାଇଥିଲୁ।

ଶ୍ରୀ ଜାନକୀବଲ୍ଲଭ ପଟ୍ଟନାୟକ 'ପ୍ରଜାତନ୍ତ୍ର' ସହିତ ସଂପୃକ୍ତ ହୋଇ ଏହାର ସମ୍ପାଦକ ଭାବେ କାର୍ଯ୍ୟ କରିଥିଲେ। ସେହି ସମୟରେ ତାଙ୍କ ସହିତ ମୋ ସବୁ ବିଶିଷ୍ଟ ସ୍ୱାଧୀନତା ସଂଗ୍ରାମୀ ସ୍ୱର୍ଗତ ନିରଞ୍ଜନ ପଟ୍ଟନାୟକଙ୍କ କନ୍ୟା ଶ୍ରୀମତୀ ଜୟନ୍ତୀ ପଟ୍ଟନାୟକ (କୁନି)ର ବିବାହ ସମ୍ପନ୍ନ ହୋଇଥିଲା। ଏହି ଉତ୍ସବରେ ମହତାବ ବାବୁ ମୋ ଘରକୁ ଆସିଥିଲେ।

ଏକଦା ଓଡ଼ିଶାରେ ଆରମ୍ଭ ହୋଇଥିବା ଛାତ୍ର ଆନ୍ଦୋଳନର ଏକ ଶାନ୍ତିପୂର୍ଣ୍ଣ ସମାଧାନର ପନ୍ଥା ନିର୍ଦ୍ଧାରଣ କରିବା ଲାଗି ଉତ୍କଳ ବିଶ୍ୱବିଦ୍ୟାଳୟ ପରିସର ମଧ୍ୟରେ ରାଜ୍ୟର ବହୁ ବିଶିଷ୍ଟ ବ୍ୟକ୍ତିମାନଙ୍କର ଏକ ବୈଠକ ଅନୁଷ୍ଠିତ ହୋଇଥିଲା । ସେଥିରେ ଅନ୍ୟମାନଙ୍କ ସହିତ ମହତାବ ବାବୁ ଚେୟାରମ୍ୟାନ୍ ଓ ମୁଁ ଜଣେ ସଭ୍ୟ ଭାବରେ ଯୋଗଦାନ କରିଥିଲୁ । ଆମେ ବୈଠକରେ ଯୋଗ ଦେବାପାଇଁ ବିଶ୍ୱବିଦ୍ୟାଳୟର ସିଣ୍ଡିକେଟ୍ ହଲ୍‌କୁ ଯାଉଥିବା ସମୟରେ ସିଡ଼ିରେ ଉଠିବାକୁ ସେ କଷ୍ଟ ଅନୁଭବ କରୁଥିବା ଅନୁମାନ କରି ତାଙ୍କୁ ଉଠିବାରେ ସାହାଯ୍ୟ କରିବାକୁ କହିଲାରୁ, ଏଥିନିମିତ୍ତ ମୋତେ ବାରଣ କରି, ସେ ନିଜେ ନିଜେ ଉଠିବାକୁ ଚେଷ୍ଟା କରିଥିଲେ । ସେ ଓଡ଼ିଶାର ମୁଖ୍ୟମନ୍ତ୍ରୀ, କେନ୍ଦ୍ରମନ୍ତ୍ରୀ, ତଥା ଅବିଭକ୍ତ ବମ୍ବେ ପ୍ରଦେଶର ରାଜ୍ୟପାଳ ଥିଲେ । ବମ୍ବେର ରାଜ୍ୟପାଳ ଥିବା ସମୟରେ ସେ ଅଳ୍ପ କିଛିଦିନ ପାଇଁ ଓଡ଼ିଶାକୁ ଆସିଥିଲା ବେଳେ ମୋତିଲାଲ ପଣ୍ଡିତ ତାଙ୍କୁ ଖାଇବାକୁ ନିମନ୍ତ୍ରଣ କରିଥିଲେ । ଏହି ଭୋଜିକୁ ମୁଁ ମଧ୍ୟ ନିମନ୍ତ୍ରିତ ହୋଇ ଯାଇଥିଲି ।

ମୁଁ ଓଡ଼ିଶା ହାଇକୋର୍ଟର ବିଚାରପତି ଭାବେ ନିଯୁକ୍ତି ପାଇବା ପରେ ମହତାବ ବାବୁ ଉଦୁଉଦିଆ ଖରାବେଳେ ମୋ ଡଗରପଡ଼ା ବାସଭବନକୁ ଆସି ମୋତେ ଅଭିନନ୍ଦନ ଜଣାଇଥିଲେ । ଏହାପରି ଅନେକ ଘଟଣା ସହିତ ମୁଁ ତାଙ୍କ ସଙ୍ଗେ ସଂପୃକ୍ତ ଥିଲି । ଅର୍ଦ୍ଧଶତାବ୍ଦୀରୁ ଊର୍ଦ୍ଧ୍ୱ କାଳ ସେ ଦେଶସେବା କରି ତାଙ୍କ ଦେହତ୍ୟାଗ କଲେ ।

ଜାତୀୟ ରାଜନୀତିରେ ଜଣେ ଅଗ୍ରଗଣ୍ୟ ନେତା ଭାବେ ଦୀର୍ଘଦିନ ଲାଗି ମହତାବଙ୍କ ନାମ ସ୍ମରଣୀୟ ହୋଇ ରହିବ ।

ଡାକ୍ତର ଅଟଳ ବିହାରୀ ଆଚାର୍ଯ୍ୟ

ସ୍ୱର୍ଗତ ଡାକ୍ତର ଅଟଳ ବିହାରୀ ଆଚାର୍ଯ୍ୟ ଓଡ଼ିଶାରେ କଂଗ୍ରେସ ସଂଗଠନ ସହିତ ମୂଳରୁ ସଂପୃକ୍ତ ହୋଇ କଂଗ୍ରେସ କମିଟିର ସଭ୍ୟ ହୋଇଥିଲେ । ସେ ଅସହଯୋଗ ଆନ୍ଦୋଳନରେ ସାମିଲ ହୋଇ ଅନେକବାର କାରାବରଣ କରିଥିଲେ । ତାଙ୍କ ଘର ବିନୋଦ ବିହାରୀରେ ରହୁଥିବା ବେଳେ ତାଙ୍କର ନିକଟ ସମ୍ପର୍କରେ ଆସିଥିଲି । ପ୍ରାୟ ପ୍ରତିଦିନ ଅଟଳଦା ନିଜେ ହାତରେ ଖୁରୁପି ଧରି ମୋ ବିନୋଦ ବିହାରୀ ବସାକୁ ଆସି ବାଡ଼ିରୁ ଘାସ ନିଅନ୍ତି । କଟକସ୍ଥ ନୟାସଡ଼କରେ 'ସ୍ୱରାଜ ମେଡ଼ିକାଲ ହଲ୍' ନାମରେ ତାଙ୍କର ଗୋଟିଏ ଔଷଧ ଦୋକାନ ଥିଲା । ଅଟଳଦା ନିଜେ ସେଠାରେ ବସି ଔଷଧ ଦିଅନ୍ତି ଏବଂ ବେଳେବେଳେ ତାଙ୍କ କମ୍ପାଉଣ୍ଡର ସୁଦର୍ଶନକୁ ମଧ୍ୟ ଔଷଧ ଦେବାକୁ କହିଥାନ୍ତି । ଜଣେ ଆଦର୍ଶ ସମାଜସେବୀ ଭାବରେ ତାଙ୍କର ସୁନାମ ଥିଲା ।

ସଂଗ୍ରାମୀ ନିରଞ୍ଜନ ପଟ୍ଟନାୟକ

ଭାରତର ଜାତୀୟ ମୁକ୍ତି ଆନ୍ଦୋଳନର ଅଗ୍ରଗଣ୍ୟ ସଂଗ୍ରାମୀମାନଙ୍କ ମଧ୍ୟରେ କାରାବରଣ କରି ଅସୀମ ତ୍ୟାଗ ସ୍ୱୀକାର କରିଥିବା ସ୍ୱର୍ଗତ ନିରଞ୍ଜନ ପଟ୍ଟନାୟକଙ୍କ ନାମ ବିଶେଷ ଉଲ୍ଲେଖଯୋଗ୍ୟ। ଗଞ୍ଜାମ ଜିଲ୍ଲାର ଆସ୍କାଠାରେ ୧୮୯୬ ମସିହା ନଭେମ୍ବର ୨୪ ତାରିଖରେ ତାଙ୍କର ଜନ୍ମ। ସେ ଭାରତର ପ୍ରସିଦ୍ଧ ନଗରୀ ମାନ୍ଦ୍ରାଜରୁ ଡିଗ୍ରୀ ହାସଲ କରିବା ପରେ ବୃହତ୍ତମ ନଗରୀ କଲିକତାରେ ରହି ଏମ.ଏ. ଏବଂ ଆଇନ ଅଧ୍ୟୟନ କରୁଥିଲେ। ସେହି ସମୟରେ ଆମ ଦେଶକୁ ଇଂରେଜ ଶାସନରୁ ମୁକ୍ତ କରିବା ପାଇଁ ଜୋରସୋର୍ ଉଦ୍ୟମ ଚାଲିଥାଏ। ବହୁ ଉଚ୍ଚ ଶିକ୍ଷିତ କଲେଜରୁ ପାଠପଢ଼ା ଛାଡ଼ି ଆନ୍ଦୋଳନରେ ଝାସ ଦେଉଥାନ୍ତି। ଜାତୀୟ ଚେତନାରେ ଉଦ୍‌ବୁଦ୍ଧ ନିରଞ୍ଜନ ପଟ୍ଟନାୟକଙ୍କୁ ଏହା ବିଶେଷ ଭାବରେ ପ୍ରଭାବିତ କଲା। ସେତେବେଳକୁ ସେ ଆଇନରେ ଡିଗ୍ରୀ ହାସଲ କରି ଏମ୍.ଏ. ପରୀକ୍ଷା ପାଇଁ ପ୍ରସ୍ତୁତ ହେଉଥିଲେ। ଉଚ୍ଚତର ଡିଗ୍ରୀ ହାସଲ କରି ସରକାରୀ ପଦପଦବୀରେ ଅଧିଷ୍ଠିତ ହୋଇ ସୁଖ ସ୍ୱାଚ୍ଛନ୍ଦ୍ୟରେ ଜୀବନ ଅତିବାହିତ କରିବା ଅପେକ୍ଷା ପରାଧୀନା ଭାରତମାତାଙ୍କୁ ଶୃଙ୍ଖଳମୁକ୍ତ କରିବା ଲାଗି ଯେଉଁ ଜାତୀୟ ମୁକ୍ତି ସଂଗ୍ରାମର ସୂତ୍ରପାତ ହୋଇଥିଲା, ସେଥିରେ ନିଜକୁ ସାମିଲ କରିବାକୁ ସେ ଅଧିକ ଶ୍ରେୟସ୍କର ମନେ କରିଥିଲେ। ସେ ଓଡ଼ିଶାକୁ ଆସି ଗଞ୍ଜାମ ଜିଲ୍ଲାରେ ଲବଣ ସତ୍ୟାଗ୍ରହର ନେତୃତ୍ୱ ନେଇଥିଲେ। ଏହି କାରଣରୁ ତାଙ୍କୁ ଜେଲ ଯିବାକୁ ପଡ଼ିଥିଲା। ବ୍ରହ୍ମପୁରରୁ ତାଙ୍କ ସ୍ତ୍ରୀ ଓ ପିଲାମାନଙ୍କୁ କଟକ ନେଇ ଆସିବାକୁ ଆସିବାକୁ ସେ ମୋତେ ଚିଠି ଲେଖିଥିଲେ। ମୁଁ ଚିଠି ପାଇବା ସଙ୍ଗେ ସଙ୍ଗେ ବ୍ରହ୍ମପୁର ଯାଇଥିଲି। ବ୍ରହ୍ମପୁର ଯିବା ତାହା ମୋର ପ୍ରଥମ ଥିଲା। ସେଠାରେ ପହଞ୍ଚି ଗୋଟିଏ ଝଟ୍‌କା (ଏକ ପ୍ରକାର ଘୋଡ଼ାଗାଡ଼ି)ରେ ବ୍ରହ୍ମପୁରସ୍ଥିତ ତାଙ୍କ ଘରେ ପହଞ୍ଚିଲି। କଟକ ସହରରେ ଏହି ଝଟ୍‌କାର ପ୍ରଚଳନ ପ୍ରାୟ ନାହିଁ କହିଲେ ଚଳେ। କଟକର ଏକ-ବଳଦିଆ ଗାଡ଼ି ସହିତ ଏହି ଝଟ୍‌କାକୁ ତୁଳନା କରାଯାଇପାରେ। ଝଟ୍‌କାରେ ବସିବା ସେଇ ମୋର ପ୍ରଥମ। ମୁଁ ତାଙ୍କ ଘରେ ପହଞ୍ଚିଲାବେଳକୁ ନିରଞ୍ଜନବାବୁଙ୍କୁ ଜେଲ ହାଜତକୁ ନିଆଯାଇ ସାରିଥାଏ। ପୂର୍ବ ବ୍ୟବସ୍ଥା ଅନୁଯାୟୀ ମୁଁ ତାଙ୍କ ସ୍ତ୍ରୀ କିଶୋରମଣି ଦେବୀ (କେଶୀଅପା) ଓ ଶିଶୁକନ୍ୟା ବାସନ୍ତୀ (ଡାକ୍ତର ପ୍ରଫେସର ବାସନ୍ତୀ ପଟ୍ଟନାୟକ)ଙ୍କୁ ସାଙ୍ଗରେ ଧରି କଟକ ଫେରୁଥାଏ। ଏହି ସମୟରେ ଟ୍ରେନ୍‌ରେ ଲିଙ୍ଗରାଜ ପାଣିଗ୍ରାହୀଙ୍କ ସହିତ ମୋର ସାକ୍ଷାତ୍ ହୋଇଥିଲା। ସେତେବେଳେ ଗଞ୍ଜାମ ଜିଲ୍ଲାର ବିଭିନ୍ନ ସ୍ଥାନ ସମ୍ପର୍କରେ ମୋର ବିଶେଷ ଧାରଣା ନ ଥିଲା। ଆମେ ଫେରି ଆସୁଥିବା ସମୟରେ

ନିରଞ୍ଜନବାବୁଙ୍କ ସମେତ ସ୍ୱାଧୀନତା ସଂଗ୍ରାମୀମାନେ ଗଞ୍ଜାମର ହୁମ୍ମା ନିକଟରେ ଲୁଣ ମାରୁଥିବା କଥା ଲିଙ୍ଗରାଜ ପାଣିଗ୍ରାହୀ ଆମକୁ ଜଣାଇଥିଲେ। ସେତେବେଳକୁ ଆମେ ବ୍ରହ୍ମପୁରରୁ ଖଲିକୋଟ୍ ପର୍ଯ୍ୟନ୍ତ ରେଳରେ ଆସିଗଲୁଣି। ଯାହାହେଉ, ତାଙ୍କଠାରୁ ଏ ସମ୍ବାଦ ପାଇ ଆମ୍ଭେମାନେ ଖଲ୍ଲିକୋଟ ଷ୍ଟେସନରେ ଓହ୍ଲାଇ ବସ୍ ଯୋଗେ ହୁମ୍ମା ଆସି ଲୁଣମରା ଜାଗାରେ ପହଞ୍ଚିଲୁ। ସେଠାରେ ନିରଞ୍ଜନବାବୁଙ୍କୁ ଦେଖାକରି ଅଳ୍ପ ସମୟ ପରେ କଟକ ଆସିଲୁ। ସେତେବେଳେ ନିରଞ୍ଜନବାବୁ ପୋଲିସ୍ କ୍ୟାମ୍ପରେ ଥିଲେ। ଉକ୍ତ ଘଟଣା ପରେ ମୁଁ ଅବଶ୍ୟ ବିଭିନ୍ନ ମକଦ୍ଦମା ତଥା ଅନ୍ୟାନ୍ୟ କାର୍ଯ୍ୟରେ ବହୁବାର ବ୍ରହ୍ମପୁର ଯାଇଛି।

ମହାତ୍ମାଗାନ୍ଧୀ ଓଡ଼ିଶା ଆସିବା ପୂର୍ବରୁ ଓଡ଼ିଶାବାସୀଙ୍କ ସାମାଜିକ ଓ ଅର୍ଥନୀତିକ ଜୀବନ ସମ୍ପର୍କରେ ଏକ ପୂର୍ଣ୍ଣାଙ୍ଗ ଚିତ୍ର ବା କୌଣସି ପ୍ରକାଶିତ ତଥ୍ୟ ଅଛି କି ବୋଲି ଜାଣିବାକୁ ଚାହିଁଥିଲେ। ନିରଞ୍ଜନ ପଟ୍ଟନାୟକ ଓ ତାଙ୍କର ଜନୈକ ବନ୍ଧୁ ଚକ୍ରପାଣି ପ୍ରଧାନଙ୍କ ଦ୍ୱାରା ଲିଖିତ "The Oriya Movement" ପୁସ୍ତକ ଖଣ୍ଡିକ ତାଙ୍କୁ ଦିଆଯାଇଥିଲା। ମହାତ୍ମାଗାନ୍ଧୀ ନିରଞ୍ଜନବାବୁଙ୍କୁ ଡକାଇ ତାଙ୍କ ସହିତ ଓଡ଼ିଶା ଲୋକମାନଙ୍କର ତତ୍କାଳୀନ ଅବସ୍ଥା ସମ୍ପର୍କରେ ସବିଶେଷ ଆଲୋଚନା କରିଥିଲେ। ଜଣେ ସଚ୍ଚା କଂଗ୍ରେସକର୍ମୀ ଭାବରେ ସେ ତାଙ୍କ କର୍ତ୍ତବ୍ୟନିଷ୍ଠାର ଯେଉଁ ପରିଚୟ ଦେଇଥିଲେ, ତାହା ଗାନ୍ଧିଜୀଙ୍କୁ ଅଶେଷ ସନ୍ତୋଷ ପ୍ରଦାନ କରିଥିଲା। ସେ ନିରଞ୍ଜନବାବୁଙ୍କ କାର୍ଯ୍ୟକଳାପରେ ମୁଗ୍ଧ ହୋଇ ତାଙ୍କ ଉପରେ ଖଦୀବସ୍ତ୍ରର ଉତ୍ପାଦନ ଓ ବିକ୍ରୟ ଦାୟିତ୍ୱ ନ୍ୟସ୍ତ କରିଥିଲେ। ୧୯୨୪ ମସିହାରେ ନିରଞ୍ଜନବାବୁ ଉତ୍କଳ ପ୍ରାଦେଶିକ ଖଦୀବୋର୍ଡ଼ର ଚେୟାରମ୍ୟାନ୍ ହୋଇଥିଲେ। ୧୯୨୪ରୁ ୧୯୨୯ ମସିହା ପର୍ଯ୍ୟନ୍ତ ସେ ନିଖିଳ ଭାରତ ହସ୍ତତନ୍ତ କର୍ମଚାରୀ ସଂଘ ଓଡ଼ିଶା ଶାଖାର ସମ୍ପାଦକ ଥିଲେ। ମହାତ୍ମାଜୀଙ୍କର ଗଞ୍ଜାମ ଆଗମନ ସମୟରେ ସେ 'ଗାନ୍ଧୀ ସମାଚାର' ନାମରେ ଏକ ଦୈନିକ ଓଡ଼ିଆ ପତ୍ରିକା ପ୍ରକାଶ କରିଥିଲେ। ଏହା ଓଡ଼ିଶାର ପ୍ରଥମ ଓଡ଼ିଆ ଦୈନିକ ପତ୍ରିକା ଥିବା ବିଷୟ ଜ୍ଞାନମଣ୍ଡଳ ପ୍ରଣେତା ସ୍ୱର୍ଗତ ବିନୋଦ କାନୁନ୍‌ଗୋ ତାଙ୍କ ଆତ୍ମଜୀବନୀ "ଋଣ ପରିଶୋଧ"ରେ ଉଲ୍ଲେଖ କରିଛନ୍ତି।

୧୯୩୬ ଅପ୍ରେଲ ୧ ତାରିଖରେ ଓଡ଼ିଶା ଏକ ସ୍ୱତନ୍ତ୍ର ପ୍ରଦେଶ ଭାବେ ମର୍ଯ୍ୟାଦା ଲାଭ କରିଥିଲା। ଏହା ପୂର୍ବରୁ ବହୁ ଓଡ଼ିଆ ଭାଷାଭାଷୀ ଅଞ୍ଚଳ ବିଭିନ୍ନ ପଡ଼ୋଶୀ ରାଜ୍ୟ ଅଧୀନରେ ରହିଥିଲା। ଏବେ ମଧ୍ୟ କେତେକ ଅଞ୍ଚଳ ଓଡ଼ିଶା ପୃଥକ ହୋଇ ରହିଅଛି। ବିଭିନ୍ନ ରାଜ୍ୟର ଶାସନାଧୀନ ରହିଥିବା ସମୟରେ କଳା, ସାହିତ୍ୟ ଓ

ସଂସ୍କୃତି ପ୍ରଭୃତି ବିଭିନ୍ନ କ୍ଷେତ୍ରରେ ଖ୍ୟାତି ଅର୍ଜନ କରିଥିବା ବୀର ଓଡ଼ିଆ ଜାତି ପ୍ରତି ସେମାନେ ନାନା ଭାବରେ କେବଳ ଅବହେଳା ପ୍ରଦର୍ଶନ କରୁ ନ ଥିଲେ, ଓଡ଼ିଆ ଭାଷାର ସ୍ୱତନ୍ତ୍ରତାକୁ ଲୋପ କରିଦେବା ଲାଗି ବହୁବିଧ ଚକ୍ରାନ୍ତ କରିଥିଲେ। ଏହାର ଦୃଢ଼ ପ୍ରତିରୋଧ ସାଙ୍ଗକୁ ଓଡ଼ିଆମାନଙ୍କ ନ୍ୟାଯ୍ୟ ଦାବୀ ହାସଲ କରିବା ପାଇଁ "Oriya Movement" ନାମରେ ଯେଉଁସବୁ କାର୍ଯ୍ୟକ୍ରମ ପ୍ରସ୍ତୁତ କରାଯାଇଥିଲା, ନିରଞ୍ଜନବାବୁ ଓ ତାଙ୍କର ଯୁବବନ୍ଧୁ ତା'ର ନେତୃତ୍ୱ ନେଇଥିଲେ। ଓଡ଼ିଆମାନଙ୍କର ଏହି ଯୁକ୍ତିଯୁକ୍ତ ଦାବୀ ହାସଲ ପାଇଁ ତାଙ୍କୁ "ଫିଲପ୍ ଡଫ୍ କମିଟି", "ଓଡ଼ିନେଲ୍ କମିଟି" ଆଦି ବହୁ କମିଟି ଓ କମିଶନ ନିକଟରେ ସଂଗ୍ରାମ କରିବାକୁ ପଡ଼ିଥିଲା।

ଅସହଯୋଗ ଆନ୍ଦୋଳନର ନେତୃତ୍ୱ ନେଇ ତାଙ୍କୁ ଅକଥନୀୟ ନିର୍ଯ୍ୟାତନା ସହ୍ୟ କରିବାକୁ ପଡ଼ିଛି। ମାତ୍ର ଦୁଃଖ ଦୁର୍ବିପାକକୁ ଭୟ କରି ସେ କର୍ତ୍ତବ୍ୟ ପଥରୁ ତିଳେହେଲେ ଓହରି ଆସି ନାହାନ୍ତି। ତାଙ୍କ ଜେଲ୍ ଜୀବନର ବହୁ ଅନୁଭୂତି-ସମ୍ବଳିତ ପତ୍ର ମୋ ପାଖରେ ଏବେ ମଧ୍ୟ ସାଇତା ହୋଇ ରହିଛି।

ପୁରୀ ଜିଲ୍ଲାର ଏକ ଜଣାଶୁଣା ଜମିଦାର ସ୍ୱର୍ଗତ ଦାଶରଥି ମହାନ୍ତିଙ୍କ ମଧ୍ୟମାକନ୍ୟା କିଶୋରୀମଣି ଦେବୀଙ୍କୁ ନିରଞ୍ଜନ ବାବୁ ୧୯୨୫ ମସିହାରେ ବିବାହ କରିଥିଲେ। ଉଭୟ ଝିଅ କିଶୋରୀମଣି ଦେବୀ ଓ ମା ହୈମବତୀ ଦେବୀ ଜାତୀୟ କଂଗ୍ରେସରେ ଯୋଗଦେଇ ସ୍ୱାଧୀନତା ସଂଗ୍ରାମ ସହିତ ଆପଣାକୁ ସାମିଲ କରିଥିଲେ। ୧୯୨୧ ମସିହାରେ ମହାତ୍ମାଗାନ୍ଧୀ କଟକ ଆସିଥିବାବେଳେ ବିନୋଦବିହାରୀ ମନ୍ଦିର ବେଢ଼ାରେ ଯେଉଁ ମହିଳା ସଙ୍ଘ ଅନୁଷ୍ଠିତ ହୋଇଥିଲା, ହୈମବତୀ ଦେବୀ ତାର ନେତୃତ୍ୱ ନେଇଥିଲେ। ସ୍ୱର୍ଗତା ରମାଦେବୀ ତାଙ୍କ ଆତ୍ମଜୀବନୀ 'ଜୀବନ ପଥେ'ରେ ଏହା ଉଲ୍ଲେଖ କରିଅଛନ୍ତି।

ମୋ ସ୍ତ୍ରୀ ସରୋଜିନୀ ପୁରୀ ଜିଲ୍ଲା କୁମାରପଡ଼ା ନିବାସୀ ସ୍ୱର୍ଗତ ଦାଶରଥି ମହାନ୍ତିଙ୍କ କନିଷ୍ଠା କନ୍ୟା ତଥା କିଶୋରୀମଣି ଦେବୀଙ୍କ ସାନ ଭଉଣୀ। ଏହି କାରଣରୁ ନିରଞ୍ଜନ ପଟ୍ଟନାୟକଙ୍କ ସହିତ ସଢୁ ହିସାବରେ ମଧ୍ୟ ମୋର ଘନିଷ୍ଠ ପାରିବାରିକ ସମ୍ପର୍କ ଥିଲା। ତାଙ୍କର ସୁଯୋଗ୍ୟା କନ୍ୟା ଶ୍ରୀମତୀ ଜୟନ୍ତୀ ପଟ୍ଟନାୟକ ପୁରୀ ନିଖିଳ ଭାରତ ମହିଳା କଂଗ୍ରେସର ସଭାନେତ୍ରୀ ଓ ବହୁବର୍ଷ ଧରି ଲୋକସଭାର (କଟକ-ସଦର ନିର୍ବାଚନ ମଣ୍ଡଳୀ) ସଦସ୍ୟା ଥିଲେ। ତାଙ୍କଛଡ଼ା ନିରଞ୍ଜନ ବାବୁଙ୍କର ଆଉ ତିନୋଟି କନ୍ୟା ଓ ଦୁଇଟି ପୁତ୍ର ବିଭିନ୍ନ କ୍ଷେତ୍ରରେ ପ୍ରତିଷ୍ଠା ଅର୍ଜନ କରିଅଛନ୍ତି। ଜ୍ୟେଷ୍ଠାକନ୍ୟା ପ୍ରଫେସର ଡାକ୍ତର ବାସନ୍ତୀ ପଟ୍ଟନାୟକ ଓଡ଼ିଶା ସରକାରଙ୍କ ସ୍ୱାସ୍ଥ୍ୟ

ବିଭାଗରୁ ଅବସର ଗ୍ରହଣ କରିଛନ୍ତି। ଡାକ୍ତର ଅବନ୍ତୀ ପଟ୍ଟନାୟକ ସ୍ୱାସ୍ଥ୍ୟ ବିଭାଗରେ ଓ ସର୍ବକନିଷ୍ଠା କନ୍ୟା ଅଧ୍ୟାପିକା ରୀତା ପଟ୍ଟନାୟକ ଶିକ୍ଷା ବିଭାଗରେ କାର୍ଯ୍ୟ କରୁଛନ୍ତି। ଜ୍ୟେଷ୍ଠପୁତ୍ର ଇଞ୍ଜିନିୟର ମନୋରଞ୍ଜନ ପଟ୍ଟନାୟକ ସଂପ୍ରତି ରାଉରକେଲାଠାରେ ବିଦ୍ୟୁତ୍ ବିଭାଗର ଜଣେ ମୁଖ୍ୟଯନ୍ତ୍ରୀ ଭାବେ ଅବସ୍ଥାପିତ ଏବଂ କନିଷ୍ଠପୁତ୍ର ବିଜୟକେତନ ପଟ୍ଟନାୟକ ବ୍ରାଜିଲ୍ ୟୁନିଭରସିଟିରେ ନିଯୁକ୍ତି ପାଇ ସେଠାରେ ସପରିବାର ଅବସ୍ଥାନ କରୁଥିଲେ; ଏବେ ଆମେରିକାରେ କାର୍ଯ୍ୟରତ ଅଛନ୍ତି।

ଓଡ଼ିଶାର ପୂର୍ବତନ ଜନପ୍ରିୟ ମୁଖ୍ୟମନ୍ତ୍ରୀ ଶ୍ରୀଯୁକ୍ତ ଜାନକୀବଲ୍ଲଭ ପଟ୍ଟନାୟକ ନିରଞ୍ଜନ ବାବୁଙ୍କର ଜାମାତା।

ଭାରତ ସ୍ୱାଧୀନତା ହାସଲ କରିବାର ଚାରିବର୍ଷ ଆଗରୁ ୧୯୪୩ ମସିହା ଅଗଷ୍ଟ ୧୫ ତାରିଖରେ ନିରଞ୍ଜନ ପଟ୍ଟନାୟକ ଇହଧାମ ତ୍ୟାଗ କରି ଚାଲିଯାଇଛନ୍ତି। ରାଜନୀତିରେ ପଶି ବହୁ ଦୁଃଖ, ନିର୍ଯ୍ୟାତନା ଜୀବନସାରା ସହି ଆନ୍ଦୋଳନର ଫଳ ଭୋଗ କରିବାକୁ ସେ ଆଜି ଆମ୍ଭମାନଙ୍କ ଗହଣରେ ନାହାନ୍ତି ସତ, କିନ୍ତୁ ତାଙ୍କର ଉତ୍ସର୍ଗୀକୃତ ଆଦର୍ଶ ଓ ନିଷ୍ଠା କେବଳ ଓଡ଼ିଶାରେ ନୁହେଁ, ସମଗ୍ର ଭାରତବାସୀଙ୍କ ନିକଟରେ ସ୍ମରଣୀୟ ହୋଇ ରହିବ।

ନିତ୍ୟାନନ୍ଦ କାନୁନ୍‌ଗୋ

ଜୀବନରେ ଦୀର୍ଘ ସମୟ ଧରି ମନ୍ତ୍ରୀ ଏବଂ ରାଜ୍ୟପାଳ ହେବାର ଗୌରବ ଅର୍ଜନ କରିଥିବା ଓଡ଼ିଆମାନଙ୍କ ମଧ୍ୟରେ ସ୍ୱର୍ଗତ ନିତ୍ୟାନନ୍ଦ କାନୁନ୍‌ଗୋ ଗୋଟିଏ ସ୍ୱତନ୍ତ୍ର ସ୍ଥାନ ଅଧିକାର କରିଛନ୍ତି। ଅସହଯୋଗ ଆନ୍ଦୋଳନରେ ଝାସଦେଇ ସେ ଅନେକଥର ଜେଲ୍ ବରଣ କରିଥିଲେ। କଂଗ୍ରେସରେ ଯୋଗଦେଇ ଓଡ଼ିଶା ବିଧାନସଭାକୁ ନିର୍ବାଚିତ ହେଲାପରେ ସେ କିଛିଦିନ ପାଇଁ ଓଡ଼ିଶାର ମନ୍ତ୍ରୀ ଥିଲେ। ଏହାପରେ ଲୋକସଭାକୁ ନିର୍ବାଚିତ ହୋଇ ବହୁଦିନ ଧରି କେନ୍ଦ୍ରରେ ବିଭିନ୍ନ ବିଭାଗର ମନ୍ତ୍ରୀ ଓ ଶେଷରେ ଗୁଜୁରାଟ ଏବଂ ବିହାରର ରାଜ୍ୟପାଳ ହୋଇ ଅବସର ଗ୍ରହଣ କରିଥିଲେ।

ସ୍ୱର୍ଗତ କାନୁନଗୋ ହେଉଛନ୍ତି ବାଙ୍କାବଜାରର ବିଶିଷ୍ଟ ସମାଜସେବୀ ରାୟବାହାଦୁର ରାଜକିଶୋର ଦାସଙ୍କ ଭଣଜା। ଏହି ବାଙ୍କାବଜାରଠାରେ ତାଙ୍କ ସହିତ ମୋର ପ୍ରଥମ ସାକ୍ଷାତ ହୋଇଥିଲା ଏବଂ ପରେ ଘନିଷ୍ଠ ବନ୍ଧୁତା ସ୍ଥାପିତ ହୋଇଥିଲା। ଆମେ ତାଙ୍କୁ 'ଟୁଙ୍କୁଭାଇ' ବୋଲି ଡାକୁ। ପାଠପଢ଼ା ସାରି କିଛିଦିନ

ଆଇନ୍ ବ୍ୟବସାୟ ମଧ୍ୟ କରିଥିଲେ। ଏକଦା ସେ କଲିକତାରେ ରହୁଥିବା ସମୟରେ ସେଠାରେ ତାଙ୍କ ସହିତ ମୋର ଦେଖା ହୋଇଥିଲା। ସେ ଭାରି ସଉକିନିଆ ଲୋକ। ମୋତେ ତାଙ୍କର ରହଣିସ୍ଥାନ କଲିକତାର Y.M.C.A.କୁ ଖାଇବାକୁ ଥରେ ଡାକିଥିଲେ। ସେ କେତେଥର ମୋ ବିନୋଦବିହାରୀ ଘର ଏବଂ ପରବର୍ତ୍ତୀ ଅବସ୍ଥାରେ ଡଗରପଡ଼ା ଘରକୁ ମଧ୍ୟ ଆସିଛନ୍ତି। ତାଙ୍କ ସହିତ ମୋର ବେଶ୍ ବନ୍ଧୁତା ଥିଲା। ପରିଣତ ବୟସରେ କଟକ ସ୍ୱରାଜ ଆଶ୍ରମରେ ତାଙ୍କୁ ଏକ ଉଚ୍ଛ୍ୱସିତ ସମ୍ବର୍ଦ୍ଧନା ପ୍ରଦାନ କରାଯାଇଥିଲା। ଓଡ଼ିଶାର ବହୁ ମାନ୍ୟଗଣ୍ୟ ବ୍ୟକ୍ତିଙ୍କ ସହ ମୁଁ ମଧ୍ୟ ସେଥିରେ ଯୋଗ ଦାନ କରିଥିଲି।

ଶ୍ରୀଯୁକ୍ତ ବିଶ୍ୱନାଥ ନନ୍ଦ

ସ୍ୱରାଜ ଆଶ୍ରମର ନିବିଡ଼ ଅନୁଭୂତି ସହିତ ଜଡ଼ିତ ଥିବା ଆଉଜଣେ ବ୍ୟକ୍ତି ହେଉଛନ୍ତି, ଶ୍ରୀଯୁକ୍ତ ବିଶ୍ୱନାଥ ନନ୍ଦ। ଛାତ୍ରାବସ୍ଥାରୁ ହିଁ ଶ୍ରୀଯୁକ୍ତ ନନ୍ଦଙ୍କ ସହିତ ମୋର ସମ୍ପର୍କ। ସେ ତାଙ୍କ ଜୀବନର ପ୍ରଥମାବସ୍ଥାରୁ ଓଡ଼ିଶାରେ ସ୍ୱାଧୀନତା ସଂଗ୍ରାମର ପ୍ରାଣକେନ୍ଦ୍ର "ସ୍ୱରାଜ ଆଶ୍ରମ" ସହିତ ସଂପୃକ୍ତ ଥିଲେ। ପରବର୍ତ୍ତୀ ଅବସ୍ଥାରେ ସେ ଜଗତସିଂହପୁରଠାରେ ପ୍ରତିଷ୍ଠିତ ଅଳକାଶ୍ରମରେ ସଂପୃକ୍ତ ହୋଇ ଜଣେ ନିଷ୍ଠାପର କଂଗ୍ରେସ କର୍ମୀ ତଥା ସମାଜସେବୀ ଭାବରେ କାର୍ଯ୍ୟ କରିଥିଲେ। ସ୍ୱାଧୀନତା ସଂଗ୍ରାମରେ ଅଂଶ ଗ୍ରହଣ କରି କାରାବରଣ କରି ନ ଥିଲେ ସୁଦ୍ଧା ଅନ୍ୟାନ୍ୟ କର୍ମୀମାନଙ୍କୁ ବିଭିନ୍ନ ଭାବରେ ସହଯୋଗ କରିଥିଲେ।

ବିଶ୍ୱନାଥ ବାବୁଙ୍କ ଘର ଜଗତସିଂହପୁର ନିକଟସ୍ଥ ମଧୁସୂଦନପୁର ଶାସନରେ। କଟକର ଗଙ୍ଗାମନ୍ଦିର ଠାରେ ମଧ୍ୟ ତାଙ୍କର ଘର ଅଛି ଏବଂ ସେ ଅଧିକାଂଶ ସମୟରେ ଏହିଠାରେ ହିଁ ରହୁଛନ୍ତି। ୮୭ ବର୍ଷ ବୟସରେ ଏବେ ବି ସେ ସୁସ୍ଥ ଓ ସତେଜ ଅଛନ୍ତି। ତାଙ୍କ ପୁଅ ଡକ୍ଟର ଦେବପ୍ରସାଦ ନନ୍ଦ ପଦାର୍ଥ ବିଜ୍ଞାନର ଜଣେ ଅଧ୍ୟାପକ। ଏବେ ଗତ କିଛି ଦିନ ହେଲା ସେ କଟକର ଶୈଳବାଳା ମହିଳା ମହାବିଦ୍ୟାଳୟରେ ରିଡ଼ର୍ ପଦବୀରେ ଅବସ୍ଥାପିତ ହୋଇଛନ୍ତି।

ଶ୍ରୀଯୁକ୍ତ ନନ୍ଦଙ୍କ ସହିତ ଆମ ପରିବାରର ସମ୍ପର୍କ ଏବେ ବି ଅତୁଟ ରହିଛି। ମୁଁ ପୁରୁଣା କଲେଜ ଲେନ୍ ଘରେ ଥିଲାବେଳେ ସେ ଆମ ଘରେ କିଛି ଦିନ ରହିଥିଲେ ଓ ଆଇନ୍ ବ୍ୟବସାୟ କରୁଥିଲେ। ଏବେ ବି ସେ ଓ ତାଙ୍କ ପିଲାମାନେ ବେଳେବେଳେ ଆମ ଘରକୁ ଆସୁଛନ୍ତି।

ବନମାଳୀ ପଟ୍ଟନାୟକ

ସ୍ୱର୍ଗତ ବନମାଳୀ ପଟ୍ଟନାୟକ ମଧ୍ୟପ୍ରଦେଶ କଂଗ୍ରେସ କମିଟିର ଅନ୍ୟତମ କର୍ମକର୍ତ୍ତା ଥିଲେ। ସେ ଅନେକ ଦିନଧରି ସ୍ୱରାଜ ଆଶ୍ରମରେ ଅବସ୍ଥାନ କରୁଥିଲେ। ୧୯୬୭ ରେ ସ୍ୱତନ୍ତ୍ର ଜନ-କଂଗ୍ରେସ ମନ୍ତ୍ରୀ ମଣ୍ଡଳରେ ଶିକ୍ଷାମନ୍ତ୍ରୀ ଥିଲେ। ଏହା ବ୍ୟତୀତ ସେ କିଛି ଦିନ ପାର୍ଲିଆମେଣ୍ଟର ସଭ୍ୟ ମଧ୍ୟ ଥିଲେ। ଜଣେ ଟାଣୁଆ ନେତା ଭାବରେ ତାଙ୍କର ଖୁବ୍ ଖ୍ୟାତି ଥିଲା।

ଶ୍ରୀଯୁକ୍ତ ସତ୍ୟପ୍ରିୟ ମହାନ୍ତି

ଆମ ସାହେବଜାଦା ବଜାର ଘର ପାଚେରୀକୁ ଲାଗି ପୁରୀ ବାଲକାଟୀ ମକଦ୍ଦମ ବଂଶର ଗୋଟିଏ ବଡ଼ ଘର ଥିଲା। ତାହା ଏବେ ମଧ୍ୟ ରହିଛି। ସେଠାରେ ଓଡ଼ିଶାର ପୂର୍ବତନ ମନ୍ତ୍ରୀ ତଥା ବାଚସ୍ପତି ଶ୍ରୀଯୁକ୍ତ ସତ୍ୟପ୍ରିୟ ମହାନ୍ତି ଏବଂ ଆଇନଜୀବୀ ସ୍ୱର୍ଗତ ବିଶ୍ୱମ୍ଭର ମହାନ୍ତି ପ୍ରମୁଖ ପିଲାଦିନେ ରହି ପାଠ ପଢୁଥିଲେ। ମୁଁ ସେତେବେଳେ ମିଡ଼ିଲ ମଡ଼େଲ ଇଂଲିଶ ସ୍କୁଲରେ ପଢୁଥିଲି। ପିଲାବେଳେ ସତ୍ୟପ୍ରିୟ ବାବୁ ଓ ମୁଁ ବହୁବାର କାଠଯୋଡ଼ି ନିକଟକୁ ଗାଧୋଇ ଯାଇଛୁ। ସାଙ୍ଗ ହୋଇ ବୁଲାବୁଲି କରିବା ସହିତ ସ୍ୱରାଜ ଆଶ୍ରମକୁ ଯାଇ ଅସହଯୋଗ ଆନ୍ଦୋଳନର ପ୍ରମୁଖ ନେତାମାନଙ୍କ ସହ କୌଣସି ବିଷୟରେ ଆଲୋଚନା କରୁଥିଲୁ ଓ ସେମାନଙ୍କ ଆନ୍ଦୋଳନରେ ଗୁଣ୍ଡୁଚି ମୂଷା ପରି ସାମିଲ ହେବାକୁ ଚେଷ୍ଟା କରିଥିଲୁ।

ସତ୍ୟପ୍ରିୟ ବାବୁ କିଛିଦିନ ଓକିଲାତି କରିଥିଲେ। ମାତ୍ର ପିଲାଦିନୁ ରାଜନୀତି ପ୍ରତି ଆଗ୍ରହଥିବା ଯୋଗୁଁ ପରବର୍ତ୍ତୀ ସମୟରେ ସେ ସକ୍ରିୟ ରାଜନୀତିରେ ପ୍ରବେଶ କଲେ। କଂଗ୍ରେସ ଦଳ ପକ୍ଷରୁ ଭୁବନେଶ୍ୱର ନିର୍ବାଚନ ମଣ୍ଡଳୀରୁ ରାଜ୍ୟ ବିଧାନ ସଭାକୁ ନିର୍ବାଚିତ ହୋଇ ମନ୍ତ୍ରୀ ଏବଂ ବାଚସ୍ପତି ହୋଇଥିଲେ।

ଆମ ଗାଁ ବାଗଲପୁରରୁ ଭୁବନେଶ୍ୱର ଆସିବା ରାସ୍ତାରେ ସତ୍ୟପ୍ରିୟ ବାବୁଙ୍କ ଗାଁ ବାଲକାଟି ପଡ଼େ। ତାଙ୍କ ପରିବାର ସହିତ ଆମ ବନ୍ଧୁତା ଅନେକ ଦିନର। ସାହେବଜାଦା ବଜାରରେ ରହି ପଢୁଥିଲାବେଳେ ତାଙ୍କ ଆତ୍ମୀୟ ବିଶମ୍ଭରବାବୁଙ୍କ ସହିତ ମୋର ଯେଉଁ ବନ୍ଧୁତାର ସୂତ୍ରପାତ ହୋଇଥିଲା, ପରବର୍ତ୍ତୀ ଅବସ୍ଥାରେ ତାଙ୍କ ପୁତ୍ର ଆଡ଼ଭୋକେଟ ରବିନାରାୟଣ ମହାନ୍ତିଙ୍କ ଝିଅ ମିରା ସହିତ ସିକିମ୍ ହାଇକୋର୍ଟର ଅବସରପ୍ରାପ୍ତ ମୁଖ୍ୟ ବିଚାରପତି ଶ୍ରୀଯୁକ୍ତ ଯୁଗଳ କିଶୋର ମହାନ୍ତି (ମୋ ବଡ଼ ଜ୍ୱାଇଁ)ଙ୍କ

ଜ୍ୟେଷ୍ଠପୁତ୍ର ଆଡ୍‌ଭୋକେଟ ପ୍ରଦୀପ ମହାନ୍ତିଙ୍କ ବିବାହ ସମ୍ପନ୍ନ ହେବା ଫଳରେ ଆମ ପୂର୍ବ ସମ୍ପର୍କ ଅଧିକ ଘନିଷ୍ଠ ହୋଇ ଉଠିଛି ।

ସୁରେନ୍ଦ୍ରନାଥ ପଟ୍ଟନାୟକ

ସ୍ୱର୍ଗତ ସୁରେନ୍ଦ୍ରନାଥ ପଟ୍ଟନାୟକ ୧୯୩୦ ମସିହାରେ ପାଠପଢା ଛାଡ଼ି ସ୍ୱାଧୀନତା ଆନ୍ଦୋଳନରେ ଯୋଗଦାନ କରିଥିଲେ । ଏଥିପାଇଁ ତାଙ୍କୁ ବହୁବାର କାରାବରଣ କରିବାକୁ ପଡ଼ିଥିଲା । ସେ ବହୁଦିନ ଧରି ପ୍ରଦେଶ କଂଗ୍ରେସ କମିଟିର ସାଧାରଣ ସମ୍ପାଦକ ଭାବେ କାର୍ଯ୍ୟ କରିଥିଲେ ଓ ସ୍ୱରାଜ ଆଶ୍ରମରେ ଅବସ୍ଥାନ କରିଥିଲେ । ମୁଁ ବିଭିନ୍ନ ଘଟଣାରେ ତାଙ୍କର ନିକଟ ସମ୍ପର୍କରେ ଆସିବାର ସୁଯୋଗ ପାଇଥିଲି । ସେ ଭାରି ସଉକିନିଆ ଓ କଳାପ୍ରେମୀ ଥିଲେ । ତାଙ୍କ ନିଜ ଗାଁ କଟକ ଜିଲ୍ଲାର ନଗସପୁରଠାରେ ଗୋଟିଏ ଭଲ ଯାତ୍ରାଦଳ ମଧ୍ୟ ପ୍ରତିଷ୍ଠା କରିଥିଲେ ।

୧୯୬୬ ମସିହାରେ ସେ କଂଗ୍ରେସରୁ ଇସ୍ତଫା ଦେଇ ପବିତ୍ର ମୋହନ ପ୍ରଧାନଙ୍କ ସହ ଜନ-କଂଗ୍ରେସ ଦଳ ଗଠନର ଅନ୍ୟତମ ପୁରୋଧା ଥିଲେ । ୧୯୬୭ ରେ କିଶନ ନଗର ନିର୍ବାଚନ ମଣ୍ଡଳୀରୁ ଓଡ଼ିଶା ବିଧାନସଭାକୁ ନିର୍ବାଚିତ ହୋଇ ସ୍ୱତନ୍ତ୍ର ଜନକଂଗ୍ରେସ ମନ୍ତ୍ରୀ ମଣ୍ଡଳରେ ରାଜସ୍ୱ, ଜଳସେଚନ ଓ ବିଦ୍ୟୁତ୍ ବିଭାଗର ମନ୍ତ୍ରୀ ହୋଇଥିଲେ । ୧୯୮୦ ରୁ ୧୯୮୫ ମସିହା ପର୍ଯ୍ୟନ୍ତ ସେ ପୁନର୍ବାର ବିଧାନସଭାକୁ ନିର୍ବାଚିତ ହୋଇଥିଲେ । ୭୫ ବର୍ଷ ବୟସରେ ଗତ ତା ୩୧-୧୨-୮୯ ରେ ସେ ମୃତ୍ୟୁବରଣ କରିଛନ୍ତି ।

ଉମାଚରଣ ପଟ୍ଟନାୟକ

ସ୍ୱର୍ଗତ ଉମାଚରଣ ପଟ୍ଟନାୟକ ଜଣେ ବିଶିଷ୍ଟ ଆଇନଜୀବୀ, ସମାଜସେବୀ, ବିଧାନସଭା ତଥା ଲୋକସଭା ସଭ୍ୟ ହିସାବରେ ସମଗ୍ର ରାଜ୍ୟରେ ସୁପରିଚିତ । ସେ ୧୯୫୨ ମସିହାରୁ ୧୯୫୭ ଏବଂ ୧୯୫୬ ରୁ ୧୯୭୧ ମସିହା ପର୍ଯ୍ୟନ୍ତ ଦୁଇଥର ଲୋକସଭାକୁ ନିର୍ବାଚିତ ହୋଇଥିଲେ । ଏହା ପୂର୍ବରୁ ସେ ଥିଲେ ଓଡ଼ିଶା ବିଧାନସଭାର ସଦସ୍ୟ । ଅସହଯୋଗ ଆନ୍ଦୋଳନରେ ଯୋଗ ଦେଇ ଜେଲ୍ ବରଣ କରିଥିଲେ ।

ଉମାବାବୁଙ୍କ ସହିତ ମୋର ପରିଚୟ ଅନେକ ଦିନରୁ । ଗୋଟିଏ ଘଟଣା ମୋର ଏବେ ବି ମନେଅଛି । ମୁଁ ପୁରୁଣା କଲେଜ ଗଳି ଘରେ ରହୁଥାଏ । ସନ୍ଧ୍ୟାବେଳ । ଉମାଚରଣବାବୁ ମୋ ଘରେ ପହଞ୍ଚିଲେ । ଧରିଥିବା ଆଟାଚିଟି ଥୋଇ ଦେଇ କହିଲେ, "ରାଜୁବାବୁ, ଆଜି ମୁଁ କଂଗ୍ରେସ ଛାଡ଼ିଦେବି ବୋଲି ସ୍ଥିର କଲି । ଏହା ମୋ ଜୀବନର ଏକ ଦୁଃଖଦାୟକ ନିଷ୍ପତ୍ତି ।"

ମୁଁ ପଚାରିଲି, "କଅଣ ହେଲା ?"

ସେ କହିଲେ, "ଆଜି ସ୍ୱରାଜ ଆଶ୍ରମରେ କଂଗ୍ରେସ କମିଟିର ଏକ ବୈଠକ ବସିଥିଲା। ସେଠାରେ ବିଭିନ୍ନ ବିଷୟରେ ମହତାବବାବୁଙ୍କ ସହିତ ମୋର ଗୁରୁତର ମତଭେଦ ହେଲା। ତାଙ୍କୁ ମୁଁ କହିଲି, 'ଆପଣଙ୍କ ସହିତ ମିଶି ଏକାଠି କାମ କରିବା ମୋ ପକ୍ଷେ ସମ୍ଭବ ନୁହେଁ। ଆପଣଙ୍କର ବହୁସମର୍ଥକ ଅଛନ୍ତି। ଆପଣ କଂଗ୍ରେସରେ ରହନ୍ତୁ। ମୁଁ ଯାଉଛି।"

ତାଙ୍କଠୁଁ ଏତକ ଶୁଣି ସାରିଲା ପରେ ଏ ବିଷୟରେ ଅଧିକ ଆଲୋଚନା ନ କରିବାକୁ କହି ତାଙ୍କ ଦୁଃଖକୁ ଲାଘବ କରିବାକୁ ଚେଷ୍ଟା କରିଥିଲି। ଏହାପରେ ଅନ୍ୟାନ୍ୟ ପ୍ରସଙ୍ଗରେ ଆମେ ଦୁହେଁ ଆଲୋଚନା କରିଥିଲୁ।

କିଛିଦିନ ପରେ ମୋ ବଡ଼ ସଢୁ ଗିରିଧାରୀ ପଟ୍ଟନାୟକଙ୍କ ପୁଅ ଶ୍ରୀମାନ ଜୀବନକୃଷ୍ଣ ପଟ୍ଟନାୟକଙ୍କ ସହିତ ଉମାଚରଣବାବୁ ତାଙ୍କ ଝିଅ ବାସନ୍ତୀର ବିବାହ ପ୍ରସ୍ତାବ ଦେଇ ମୋ ପାଖକୁ ପ୍ରଥମେ ଖଣ୍ଡିଏ ଚିଠି ଲେଖିଥିଲେ। ପରବର୍ତ୍ତୀ ଅବସ୍ଥାରେ ଏହି ବୈବାହିକ ସମ୍ପର୍କ ସ୍ଥାପିତ ହେଲା ପରେ ତାଙ୍କ ସହିତ ଆମର ବନ୍ଧୁତା ଅଧିକ ଘନିଷ୍ଠ ହୋଇଥିଲା। ସେ ଲୋକସଭାର ସଦସ୍ୟ ଥିବା ସମୟରେ ମୋର ସ୍ତ୍ରୀ ସରୋଜିନୀ ଓ ମୁଁ କେତେ ଥର ଦିଲ୍ଲୀ ଯାଇ ତାଙ୍କ ଆତିଥ୍ୟ ଗ୍ରହଣ କରିଛି। ଲୋକସଭା ସଦସ୍ୟମାନଙ୍କ ପାଇଁ ଉଦ୍ଦିଷ୍ଟ ଦିଲ୍ଲୀ ସାଉଥ୍ ଆଭେନିୟୁର ସରକାରୀ ବାସଭବନରେ ସେ ରହୁଥିଲେ।

ସ୍ୱର୍ଗତ ଉମାଚରଣ ପଟ୍ଟନାୟକଙ୍କର ବ୍ୟକ୍ତିତ୍ୱ ଥିଲା ଅତ୍ୟନ୍ତ ଅସାଧାରଣ ତଥା ଉଚ୍ଚକୋଟୀର। ଜଣେ ପ୍ରବୀଣ ବ୍ୟବସ୍ଥାପକ ହିସାବରେ ସେ ଲୋକସଭାରେ ବେଶ୍ ଖ୍ୟାତି ଅର୍ଜନ କରିଥିଲେ। ପ୍ରତିରକ୍ଷା ସମ୍ପର୍କୀୟ ଅନେକ ଗୁରୁତ୍ୱପୂର୍ଣ୍ଣ ବିଷୟ ଉପରେ ତାଙ୍କର ଗଭୀର ଜ୍ଞାନ ଥିଲା। ଏହି କାରଣରୁ ତତ୍କାଳୀନ ପ୍ରଧାନମନ୍ତ୍ରୀ ପଣ୍ଡିତ ଜବାହରଲାଲ ନେହେରୁ ତାଙ୍କୁ ଶ୍ରଦ୍ଧା ଓ ବିଶେଷ ସମ୍ମାନ ପ୍ରଦର୍ଶନ କରୁଥିଲେ।

ଜଣେ ଦକ୍ଷ ଆଇନଜୀବୀ ଭାବରେ ମଧ୍ୟ ତାଙ୍କର ସୁନାମ ଥିଲା। ଥରେ ଭଞ୍ଜନଗରର ଗୋଟିଏ ବଡ଼ ମୋକଦ୍ଦମାରେ ତାଙ୍କ ମହକିଲକୁ ଜେଲଦଣ୍ଡ ଆଦେଶ ହୋଇଥିଲା। ତଳକୋର୍ଟର ଏହି ରାୟ ବିରୁଦ୍ଧରେ ସେ ଓଡ଼ିଶା ହାଇକୋର୍ଟରେ ଅପିଲ୍ ଦାୟର କରିଥିଲେ ଏବଂ ତାଙ୍କ ପକ୍ଷର ଓକିଲଭାବେ ମୋତେ ନିଯୁକ୍ତ କରିଥିଲେ। ସେ ମୋକଦ୍ଦମାରେ ଆମେ ଜିତିଲୁ। ଏଥି ନିମିତ୍ତ ଉମାଚରଣବାବୁ ତାଙ୍କ ମହକିଲଙ୍କ ଜରିଆରେ ମୋତେ ବହୁ ଅଧିକ ପରିମାଣରେ ଫିସ୍ ଦେବାକୁ ଇଚ୍ଛା କରିଥିଲେ ମଧ୍ୟ ମୁଁ ତାହା ଗ୍ରହଣ କରି ନ ଥିଲି।

ଲୋକସଭାର ସଦସ୍ୟ ଥିବା ସମୟରେ କିଛି ଦିନ ପାଇଁ ବେମାର ପଡ଼ି ସେହିଠାରେ ହିଁ ସେ ଶେଷ ନିଃଶ୍ୱାସ ତ୍ୟାଗ କରିଥିଲେ। ଏହି ଦୁଃସମ୍ବାଦ ପାଇବା ମାତ୍ରେ ତତ୍କାଳୀନ ପ୍ରଧାନମନ୍ତ୍ରୀ ସ୍ୱର୍ଗତ ଜବାହରଲାଲ ନେହେରୁ ତାଙ୍କୁ ଦେଖିବାକୁ ଯାଇଥିଲେ। ଓଡ଼ିଶାର ବର୍ତ୍ତମାନର ମୁଖ୍ୟମନ୍ତ୍ରୀ ଶ୍ରୀଯୁକ୍ତ ବିଜୁ ପଟ୍ଟନାୟକଙ୍କ ଉଦ୍ୟମରେ ଏକ ସ୍ୱତନ୍ତ୍ର ବିମାନ ଯୋଗେ ତାଙ୍କ ମରଶରୀରକୁ ଭୁବନେଶ୍ୱର ଅଣାଯାଇଥିଲା। ତାଙ୍କର ସାନଭାଇ ପୁରୀର ତତ୍କାଳୀନ ଜିଲ୍ଲାପାଳ ଉଦୟନାଥ ପଟ୍ଟନାୟକ ମୋତେ ଏହି ଦୁଃସମ୍ବାଦ ଜଣାଇ ଥିଲେ। ତାଙ୍କ ଝିଅ ବାସନ୍ତୀ ଓ ଜ୍ୱାଇଁ ଜୀବନକୃଷ୍ଣଙ୍କୁ ଏହି ସମ୍ବାଦ ଜଣାଇବାକୁ ସେ ମୋତେ ଅନୁରୋଧ କରିଥିଲେ। ଆମ୍ଭେମାନେ ଭୁବନେଶ୍ୱର ବିମାନ ଘାଟୀରେ ପହଞ୍ଚିଲା ପରେ ତାଙ୍କ ମରଶରୀର ବିମାନ ଯୋଗେ ସେଠାରେ ପହଞ୍ଚିଥିଲା ଏବଂ ସେଠାରୁ ଏକ ମୋଟରଗାଡ଼ିରେ ତାଙ୍କ ଜନ୍ମସ୍ଥାନ ବ୍ରହ୍ମପୁରକୁ ନିଆଯାଇଥିଲା। ବିମାନଘାଟୀ ଠାରୁ ତାଙ୍କ ଘର ପର୍ଯ୍ୟନ୍ତ ବିଭିନ୍ନ ସ୍ଥାନରେ ବହୁ ଅନୁଷ୍ଠାନ ତରଫରୁ ତାଙ୍କୁ ଶେଷ ସମ୍ମାନ ପ୍ରଦର୍ଶନ କରାଯାଇଥିଲା।

ଗୋବିନ୍ଦ ଚନ୍ଦ୍ର ମିଶ୍ର

ଆମ ଓଡ଼ିଶାର ପୂର୍ବତନ ଗଡ଼ଜାତ ରାଜ୍ୟ ଦଶପଲ୍ଲାରେ ସ୍ୱର୍ଗତ ଗୋବିନ୍ଦ ଚନ୍ଦ୍ର ମିଶ୍ରଙ୍କର ଜନ୍ମ। ତାଙ୍କ ପିତାଙ୍କ ନାମ ବୈଦ୍ୟନାଥ ମିଶ୍ର ଓ ମାତାଙ୍କ ନାମ କମଳା ଦେବୀ। ତାଙ୍କ ପୂର୍ବପୁରୁଷ ନୟାଗଡ଼ର ଅଧିବାସୀ। ଅତି ଅଳ୍ପ ବୟସରେ ତାଙ୍କ ବାପା ଓ ମା ମରିଯିବାରୁ ସେ ତାଙ୍କ ଜୀବନରେ ବହୁ କଷ୍ଟ ସ୍ୱୀକାର କରି ପାଠ ପଢ଼ିଥିଲେ। ଏକଥା ସେ ତାଙ୍କ ଜୀବନୀରେ ଉଲ୍ଲେଖ କରିଅଛନ୍ତି। ପାଠ ପଢ଼ିବା ଲାଗି ସେ ତାଙ୍କ ଛାତ୍ରାବସ୍ଥାରେ ପଦସ୍ଥ କର୍ମଚାରୀ ଓ ଶିକ୍ଷକଙ୍କ ନିକଟରେ ରୋଷେଇଆ କାର୍ଯ୍ୟ କରିବାକୁ ମଧ୍ୟ କୁଣ୍ଠାବୋଧ କରି ନ ଥିଲେ।

୧୯୧୦ରେ ମାଇନର ପାଶ୍ କରି ଅଧିକ ପଢ଼ିବାକୁ କଟକ ଆସି ପ୍ରଥମେ ସହରରେ ଗୋବିନ୍ଦ ଚନ୍ଦ୍ର ଶୂରଦେଓଙ୍କ ଘରେ ରହିଥିଲେ। ସେ ନୟାଗଡ଼ ରାଜାଙ୍କଠୁଁ ମାସିକ ନଅଟଙ୍କା, କଟକର ସୁଦାମ ଚରଣ ନାୟକ, ନେତାଜୀ ସୁଭାଷ ବୋଷଙ୍କ ପିତା ଜାନକୀନାଥ ବୋଷ ଆଡ୍‌ଭୋକେଟଙ୍କ ଠାରୁ ମଧ୍ୟ ଆର୍ଥିକ ସହାୟତା ଲାଭ କରିବା ଏବଂ ନେତାଜୀଙ୍କ ସହତ ପରିଚୟ ହୋଇଥିବା କଥା ତାଙ୍କ ଜୀବନୀରେ ଉଲ୍ଲେଖ କରିଛନ୍ତି। ଏହା ବ୍ୟତୀତ କଲିକତାରେ ଥିବା ସମୟରେ ସେ ସ୍ୱାଧୀନତା ଆନ୍ଦୋଳନ ଆଦି ରଚନାତ୍ମକ ଓ ଦେଶାତ୍ମବୋଧ କାର୍ଯ୍ୟକ୍ରମରେ ଅଂଶଗ୍ରହଣ କରିଥିଲେ।

ସେ ବହୁବାର ଜେଲ୍ ବରଣ କରିବା ସହିତ ୧୮ ମାସ ଜେଲ୍‌ଦଣ୍ଡ ଭୋଗକରି ୧୯୩୩ ମସିହାରେ ଜେଲ୍‌ରୁ ଖଲାସ ହୋଇ ଫେରିବା ବିଷୟ ମଧ୍ୟ ଆତ୍ମଜୀବନୀରେ ଉଲ୍ଲେଖ କରିଛନ୍ତି ।

ସେ ଥିଲେ ଗାନ୍ଧୀବାଦର ସମ୍ପୂର୍ଣ୍ଣ ବିଶ୍ୱାସୀ ଓ ଜଣେ ନିରଳସ, କର୍ମଠ ବ୍ୟକ୍ତି । ଆପଣା ଉଦ୍ୟମରେ କଟକ ଜିଲ୍ଲାର ଚମ୍ପାପୁର ଗାଁରେ ଗୋଟିଏ ଆଶ୍ରମ ପ୍ରତିଷ୍ଠା କରି ସେହିଠାରେ ହିଁ ସେ ରହୁଥିଲେ । ଗାନ୍ଧିଜୀଙ୍କ ଆଦର୍ଶକୁ ନିଜ ବ୍ୟକ୍ତିଗତ ଜୀବନରେ ପ୍ରୟୋଗ କରି ନିଷ୍ପାପର ଦେଶସେବୀ ଭାବେ ଜୀବନଯାପନ କରୁଥିଲେ । ୧୯୪୦ ମସିହାରେ ତାଙ୍କ ଜୀବନୀର ପ୍ରଥମ ଭାଗଟି ସେ ରଚନା କରିଥିଲେ । ସେ ମୋ ବିନୋଦ ବିହାରୀ ଘରକୁ ଆସି ନିଜ ହାତରେ ତା ୨୭।୯।୧୯୪୦ରେ ତାଙ୍କର ସେଇ ଜୀବନୀ ଖଣ୍ଡିକ ଉପହାର ଦେଇଥିଲେ । ସେ ବହି ଏବେ ସୁଦ୍ଧା ମୋ ପାଖରେ ସାଇତା ହୋଇ ରହିଛି ।

ସେ ବହୁବର୍ଷ ରାଜ୍ୟସଭାର ସଭ୍ୟ ଥିଲେ । ତାଙ୍କ ପରି ଜଣେ ସ୍ୱଦେଶ-ବତ୍ସଳ ଜନସେବକଙ୍କର ସ୍ମୃତିରକ୍ଷା କ୍ଷେତ୍ରରେ ବିଶେଷ କିଛି ଉଦ୍ୟମ ହୋଇ ନ ଥିବା ଦୁଃଖର ବିଷୟ ।

ରେଭେନ୍ସା କଲେଜ

ମୋର କଲେଜ ଜୀବନ ଆରମ୍ଭ ହେଲା ୧ ୯ ୨ ୩ ମସିହାରେ । ରେଭେନ୍ସା କଲେଜିଏଟ୍ ସ୍କୁଲରୁ ପ୍ରବେଶିକା ପାଶ୍ କରି ରେଭେନ୍ସା କଲେଜରେ ନାଁ ଲେଖାଇଲି । 'ରେଭେନ୍ସା କଲେଜ' ନାମ ଉଚ୍ଚାରଣ କଲାମାତ୍ରେ ଦେହରେ ଅପୂର୍ବ ଶିହରଣ ସୃଷ୍ଟି ହୁଏ । 'ଆମ କଲେଜ' ଛଡ଼ା ଆଉ କିଛି କହିବାକୁ ଇଚ୍ଛା ହୁଏ ନାହିଁ । ତା'ର ଧୂଳିମାଟି ପବିତ୍ର । ତା' ଉପରେ ଲୁଚିରହିଛି ବହୁ ଗୌରବାବହ ଅତୀତ । ତା'ର ପରମ୍ପରା ମହାନ୍ । ଓଡ଼ିଶାର ଏହି ସର୍ବବୃହତ୍ ଜ୍ଞାନମନ୍ଦିର, ଆଜି ମଧ୍ୟ ତା'ର ଉନ୍ନତ ପରମ୍ପରାକୁ ଅକ୍ଷୁର୍ଣ୍ଣ ରଖିପାରିଛି । ଅଗଣିତ ଜ୍ଞାନପିପାସୁ ବିଦ୍ୟାର୍ଥୀଙ୍କ ପଦଧୂଳିରେ ଆମ କଲେଜ ପୂତ ପବିତ୍ର । ପ୍ରଥର ଅଖଣ୍ଡ ଜ୍ୟୋତି ଧାରଣ କରି ସେ ଅଗଣିତ ବିଦ୍ୟାର୍ଥୀଙ୍କୁ ଜ୍ଞାନାଲୋକରେ ଉଦ୍ଭାସିତ କରୁଛି ।

ଆମ କଲେଜ ଭାରତବର୍ଷର ଗୋଟିଏ ପୁରୁଣା କଲେଜ । ସମଗ୍ର ଭାରତରେ ତା'ର ବହୁତ ସୁନାମ ଅଛି । ଏକ ପ୍ରଖ୍ୟାତ ମହାବିଦ୍ୟାଳୟ ରୂପେ, ସାରା ଭାରତବର୍ଷରେ ତା'ର ଏକ ସ୍ୱତନ୍ତ୍ର ମର୍ଯ୍ୟାଦାବନ୍ତ ସ୍ଥାନ ରହିଛି । କଟକ ରେଳ ଷ୍ଟେସନ ନିକଟରେ ଏହା ଅବସ୍ଥିତ । ଯେଉଁ ବିରାଟ ପଡ଼ିଆ ଉପରେ କଲେଜ ନିର୍ମିତ ହୋଇଛି, ସେହି ପଡ଼ିଆକୁ 'ଚକର ପଡ଼ିଆ' ବୋଲି କୁହାଯାଉଥିଲା । ଶୁଣାଯାଏ ଅନେକ ଦିନ ତଳେ ଏହି ପଡ଼ିଆରେ ଘୋଡ଼ାଦୌଡ଼ ହେଉଥିଲା । ଅଶ୍ୱାରୋହୀମାନେ ଏଠାରେ ଘୋଡ଼ାରେ ଚଢ଼ି ଚକ୍‌କର କାଟୁଥିଲେ । ସେଥିପାଇଁ ଏହାକୁ ଚକର ପଡ଼ିଆ କୁହାଯାଉଥିଲା ।

ବିଖ୍ୟାତ ମାର୍ଟିନ୍ ଏଣ୍ଡ କୋଃ ରେଭେନ୍ସା କଲେଜର ଏହି ବିଶାଳ ଅଟ୍ଟାଳିକା ନିର୍ମାଣ କରିଥିଲେ । ଆଗରୁ କହିଛି, ଏହାର ଢଳେଇଛାତ (ଶନଛାତ) ନୂଆ କରି ହୋଇଥିବାରୁ ବହୁଲୋକ ଏହାକୁ ଦେଖିବାକୁ ଆସୁଥିଲେ । କଟକର ଏହା ଏକ ଦର୍ଶନୀୟ ଅଟ୍ଟାଳିକା । କଲେଜର ଛାତ୍ରାବାସ ଦୁଇଟି ମଧ୍ୟ ବିଶାଳକାୟ । ପୂର୍ବପଟ

ଛାତ୍ରାବାସକୁ East Hostel ଓ ପଶ୍ଚିମପଟ ଛାତ୍ରାବାସକୁ West Hostel ବୋଲି ନାମିତ କରାଯାଇଛି। ମୁଁ କଲେଜରେ ପଢ଼ିବା ବେଳକୁ କଟକ ସହରକୁ ବିଜୁଳିବତୀ ଓ ପଙ୍ଖା ଆସିଯାଇଥାଏ। Octavious Steel Company ପ୍ରଥମେ କଟକକୁ ବିଦ୍ୟୁତ୍ ଯୋଗାଉଥିଲେ। କଲେଜରେ ଆଧୁନିକ ଧରଣର ପାଇଖାନା, ପାଣିଟ୍ୟାପ୍, ବିଜୁଳିବତୀ ଓ ପଙ୍ଖାର ସୁବ୍ୟବସ୍ଥା ହୋଇଥିଲା।

ଆଜିକାଲି ଆଧୁନିକ ଧରଣର ପାଇଖାନା ଅତି ମାମୁଲି କଥା। ମାତ୍ର ସେତେବେଳେ ତାହା ବେଶ୍ କୌତୂହଳପ୍ରଦ ମନେ ହେଉଥିଲା।

ଅଧ୍ୟାପକବୃନ୍ଦ

ଆମ ସମୟରେ ବହୁ ଖ୍ୟାତନାମା ବିଦ୍ୱାନ ପ୍ରଫେସର ଥିଲେ। ଅନେକ ଗୋରା ସାହେବ ମଧ୍ୟ ଥିଲେ। କେତେକ ବିଲାତ ଫେରନ୍ତା ପ୍ରଫେସର ଥିଲେ। ସେମାନଙ୍କୁ 'ସାହେବ' କୁହାଯାଉଥିଲା। ଡକ୍ଟର ପ୍ରାଣକୃଷ୍ଣ ପରିଜାଙ୍କୁ 'ପରିଜା ସାହେବ' ଓ ଶ୍ୟାମଚନ୍ଦ୍ର ତ୍ରିପାଠୀଙ୍କୁ 'ତ୍ରିପାଠୀ ସାହେବ' କୁହାଯାଉଥିଲା। ଏପରି ଅନେକ ପ୍ରଫେସରଙ୍କୁ ଆମେ ସାହେବ ଲଗାଇ କହୁଥିଲୁ। ମୁଁ ଆଇ.ଏ. (I. A.) ପଢ଼ିଲାବେଳେ ମୋର ବିଷୟବସ୍ତୁ ଥିଲା, ଇତିହାସ, ତର୍କଶାସ୍ତ୍ର ଓ ଉଦ୍ଭିଦ ବିଜ୍ଞାନ (History, Logic & Botany)। ଉଦ୍ଭିଦ ବିଜ୍ଞାନକୁ ସେତେବେଳେ କଳା ବିଭାଗ ଅନ୍ତର୍ଭୁକ୍ତ କରାଯାଇଥିଲା। ଯେଉଁ ବିଜ୍ଞାନ ଛାତ୍ରଛାତ୍ରୀମାନେ ଆଇ.ଏସ୍‌ସି. (I.Sc.) ରେ ଉଦ୍ଭିଦବିଜ୍ଞାନ ନେଇଥିଲେ, ସେମାନେ ଆସି ଆମ ସାଙ୍ଗରେ ଉଦ୍ଭିଦବିଜ୍ଞାନ କ୍ଲାସ କରୁଥିଲେ। ପ୍ରାକ୍ଟିକାଲ୍ କ୍ଲାସରେ ଅଣୁବୀକ୍ଷଣ ଯନ୍ତ୍ର (Microscope) ସାହାଯ୍ୟରେ ସମସ୍ତ ପରୀକ୍ଷା ନିରୀକ୍ଷା ହେଉଥିଲା।

ଡକ୍ଟର ପ୍ରାଣକୃଷ୍ଣ ପରିଜା ଆଇ.ଇ.ଏସ୍. (I E.S) ନୂଆହୋଇ ବିଲାତରୁ ଆସି ଆମ ଉଦ୍ଭିଦବିଜ୍ଞାନ ବିଭାଗର ପ୍ରଫେସର ଓ ବିଭାଗୀୟ ମୁଖ୍ୟ ହୋଇଥିଲେ। ପ୍ରଶାସନିକ କ୍ଷେତ୍ରରେ ସେ ସମୟରେ ଆଇ.ସି ଏସ୍. (I.C.S) (Indian Civil Service) ଭଳି ଶିକ୍ଷା କ୍ଷେତ୍ରରେ ଆଇ. ଇ. ଏସ୍. (I.ES) (Indian Educational Service) ମଧ୍ୟ ସର୍ବାପେକ୍ଷା ଉଚ୍ଚପଦବୀ ଥିଲା। ଉଦ୍ଭିଦ ବିଜ୍ଞନ ବିଭାଗରେ ପରିଜା ସାହେବଙ୍କ ଆଗରୁ ଖ୍ୟାତନାମା ଉଦ୍ଭିଦ-ବୈଜ୍ଞାନକ ରାୟବାହାଦୁର ଯୋଗେଶ ଚନ୍ଦ୍ର ରାୟ ପ୍ରଫେସର ଥିଲେ। ସର୍ବଶ୍ରୀ ଦେବବ୍ରତ ମୁଖାର୍ଜୀ, ପର୍ଶୁରାମ ମିଶ୍ର (ପରେ ସମ୍ବଲପୁର ବିଶ୍ୱବିଦ୍ୟାଳୟ କୁଳପତି ହେଲେ) ଓ ଅଧିରାଜ ମୋହନ ସେନାପତି ପ୍ରମୁଖ ଏହି ବିଭାଗ ସହିତ ସମ୍ପୃକ୍ତ ଥିଲେ। କଲେଜର ତତ୍କାଳୀନ ଅଧକ୍ଷ ଲାମ୍ବର୍ଟସାହେବ

(H. Lambert, I.E.S.) ଜଣେ ଉଦ୍ଭିଦ ବିଜ୍ଞାନୀ। ବିଶ୍ୱବିଦ୍ୟାଳୟ ସ୍ତରରେ ସେ ଆମ ପ୍ରାକ୍ଟିକାଲ୍ ପରୀକ୍ଷାର ପରୀକ୍ଷକ ହେଉଥିଲେ। ଥରେ ଅଧ୍ୟକ୍ଷ Lambert ସାହେବ କ୍ଲାସରେ ରୋଲକଲ ସମୟରେ ମୋ' ରୋଲ ନମ୍ବରକୁ ମଝିରେ ଛାଡ଼ିଦେଇ ପାଞ୍ଚ ପରେ ସାତ ଡାକିଥିଲେ। ରୋଲକଲ ପରେ ମୁଁ ଛିଡ଼ାହୋଇ ମୋ' ଆଟେଣ୍ଡାନ୍ସ (at-tendance) ନେବାପାଇଁ ଅନୁରୋଧ କରିବାରୁ ସେ କହିଲେ "ମୁଁ କ୍ଲାସରେ ପ୍ରବେଶ କଲାବେଳେ ତୁମେ କାହିଁକି ଛିଡ଼ା ହେଲନି ? (What prevented you from standing when the Professor entered the class room?) ପ୍ରକୃତରେ ଅନ୍ୟମନସ୍କ ଥିବାରୁ ମୁଁ ଛିଡ଼ା ହୋଇ ନଥିଲି। ଲଜ୍ଜିତ ହେଲି। ଗ୍ଲାନିବୋଧରେ ମୋ' ମୁଣ୍ଡ ନଇଁଗଲା। କହିଲି, 'କ୍ଷମା କରିବେ ? (Please excuse me)। ଏଥିରୁ ଜଣାଯାଏ ଯେ ସେ ସମୟର ଅଧ୍ୟାପକମାନେ ପ୍ରତ୍ୟେକ ଛାତ୍ର ସହିତ ପରିଚିତ ଥିଲେ ଓ ପ୍ରତ୍ୟେକ କାର୍ଯ୍ୟକଳାପ ପ୍ରତି ସତର୍କ ଦୃଷ୍ଟି ରଖୁଥିଲେ। ଛାତ୍ରର ଚରିତ୍ର ଗଠନ ଓ ଶିକ୍ଷାଦାନ, ଉଭୟବିଧ କାର୍ଯ୍ୟ ପ୍ରତି ସେମାନେ ନିଷ୍ଠାବାନ ଥିଲେ। ଛାତ୍ରମାନଙ୍କୁ ବ୍ୟକ୍ତିଗତ ଭାବରେ ଜାଣୁଥିଲେ। ମାତ୍ର ଏବେ ଏ କ୍ଷେତ୍ରରେ ସେପରି ଦେଖାଯାଏ ନାହିଁ !

ଆମ ଇତିହାସ ବିଭାଗର ମୁଖ୍ୟ ପ୍ରଫେସର ଥିଲେ ସାର୍ ଯଦୁନାଥ ସରକାର। ଜଣେ ଉଚ୍ଚକୋଟୀର ଐତିହାସିକ ଭାବରେ ତାଙ୍କର ଆନ୍ତର୍ଜାତିକ ଖ୍ୟାତି ଥିଲା। ଭାରତରେ ମୋଗଲ ଶାସନ ବିଷୟରେ ଜଣେ ବିଶେଷଜ୍ଞ ଭାବରେ ସେ ଖ୍ୟାତି ଅର୍ଜନ କରିଥିଲେ। ବ୍ରିଟିଶ ସରକାର ତାଙ୍କୁ ସାର୍ (Knight) ଉପାଧିରେ ଭୂଷିତ କରିଥିଲେ। ସେତେବେଳେ ଭାରତର ଖୁବ୍ କମ୍ ଲୋକଙ୍କୁ ଏହିଭଳି ଉପାଧି ଦିଆଯାଇଥିଲା। ସେ ମଧ୍ୟ କିଛିଦିନ ପାଇଁ କଲେଜର କାର୍ଯ୍ୟକାରୀ ଅଧ୍ୟକ୍ଷ ଥିଲେ। ଏଠାରୁ ଅବସର ଗ୍ରହଣ କଲାପରେ ସେ କଲିକତା ବିଶ୍ୱବିଦ୍ୟାଳୟର କୁଳପତି ହୋଇଥିଲେ। ସେ ଥିଲେ ଜଣେ ଦୀର୍ଘକାୟ ବ୍ୟକ୍ତି। କ୍ଲାସକୁ ଫେଲ୍‌ଟହ୍ୟାଟ୍ ଦେଇ, ହାତରେ ଖଣ୍ଡିଏ ବାଡ଼ି ଧରି ସେ ଆସୁଥିଲେ। ପଢ଼ା ଆରମ୍ଭ କରିବା ଆଗରୁ ଗୋଟିଏ କୋଣରେ ବାଡ଼ି ଓ ଟେବୁଲ ଉପରେ ଟୋପି ରଖୁଥିଲେ। ତାଙ୍କ କହିବାର ଭଙ୍ଗୀ ଚମତ୍କାର ଥିଲା। କ୍ଲାସରେ ଆମେ ଛାତ୍ରମାନେ ମନ୍ତ୍ରମୁଗ୍ଧ ପରି ତାଙ୍କର ବକ୍ତୃତା ଶୁଣୁଥିଲୁ। ପିରିଅଡ଼ ଶେଷ ଭାଗରେ ଅନେକ ସମୟରେ ସେ ପ୍ରଶ୍ନୋତ୍ତର କରାଉଥିଲେ। ଅନ୍ୟାନ୍ୟ ଇତିହାସ ଅଧ୍ୟାପକମାନଙ୍କ ମଧ୍ୟରେ ନିର୍ମଳ ଚନ୍ଦ୍ର ବାନାର୍ଜୀ ଓ ନିଶିକାନ୍ତ ସାନ୍ୟାଲଙ୍କ ନାମ ଉଲ୍ଲେଖ କରାଯାଇପାରେ।

ତର୍କଶାସ୍ତ୍ର ବା ଲଜିକ୍ (Logic)ର ବିଭାଗୀୟ ମୁଖ୍ୟ ଥିଲେ ବ୍ୟାସକବି ଫକୀରମୋହନ ସେନାପତିଙ୍କ ପୁଅ ମୋହିନୀ ମୋହନ ସେନାପତି। ସେ କେବଳ ସ୍ନାତକ (B.A.) ଶ୍ରେଣୀରେ ପଢ଼ାଉଥିଲେ। ଆଇ.ଏ. ଶ୍ରେଣୀରେ ଆମକୁ ରନ୍ନେଶ୍ୱର ଚାଟାର୍ଜୀ ତର୍କଶାସ୍ତ୍ର ପଢ଼ାଉଥିଲେ। କାଶୀନାଥ ଦାସ ଓ ଆର୍ତ୍ତବଲ୍ଲଭ ମହାନ୍ତି ଥିଲେ ଆମର ଓଡ଼ିଆ ଅଧ୍ୟାପକ। ଗିରିଜା ଶଙ୍କର ରାୟ ଓ ଜନାର୍ଦ୍ଦନ ମହାନ୍ତି ଆମକୁ ଇଂରାଜୀ ପଢ଼ାଉଥିଲେ।

କଳା ଓ ବିଜ୍ଞାନ ମିଶି ସେତେବେଳେ ଆମ କଲେଜର ଛାତ୍ର ସଂଖ୍ୟା ଥିଲା ପାଞ୍ଚଶହ (ବର୍ତ୍ତମାନ ପାଞ୍ଚହଜାରରୁ ଅଧିକ ହେବ)। ଏଣୁ ଆଜିକାଲି ପରି କଲେଜରେ ନାଁ ଲେଖାଇବାକୁ ଏତେ ଭିଡ଼ ନଥିଲା।

ଆମ କଲେଜ ସମ୍ପର୍କରେ ମୋର ଗୋଟିଏ କଥା ମନେ ପଡୁଛି। କଲିକତାରେ ମୋର କେତେକ ବଙ୍ଗୀୟ ବନ୍ଧୁ ଥରେ ମୋ' ସହିତ ଆଲୋଚନା କଲାବେଳେ, ଜଣେ ପଚାରିଥିଲେ—"ରେଭେନ୍ସା କଲେଜ କ'ଣ ଗୋଟିଏ ବଡ଼ କଲେଜ ?" ଉତ୍ତରରେ ମୁଁ କହିଥିଲି—"ଆମ ରେଭେନ୍ସା କଲେଜର ଜଣେ ପ୍ରଫେସର ସାର୍ ଯଦୁନାଥ ସରକାର ତମ କଲିକତା ବିଶ୍ୱବିଦ୍ୟାଳୟର କୁଳପତି। ଏଇଥିରୁ ରେଭେନ୍ସା କଲେଜର ସ୍ଥାନ କେତେ ଉଚ୍ଚରେ ବୁଝିପାରୁଥିବ (You can imagine how big our Ravenshaw college is!) ଅବଶ୍ୟ ଏକଥା ମୁଁ କୌତୁକ ଛଳରେ କହୁଥିଲି। କିନ୍ତୁ ଏକଥା ଅକ୍ଷରେ ଅକ୍ଷରେ ସତ୍ୟ।

ରେଭେନ୍ସା କଲେଜରେ ଆମର ଉଦ୍ଭିଦ ବିଜ୍ଞାନର ପ୍ରଫେସର ଥିଲେ ପର୍ଶୁରାମ ମିଶ୍ର। ଜଣେ ସରଳ, ମିଷ୍ଟଭାଷୀ ଓ ଛାତ୍ରବତ୍ସଳ ଅଧ୍ୟାପକ ଭାବରେ ତାଙ୍କର ସୁନାମ ଥିଲା। ସେ ପରବର୍ତ୍ତୀ ଜୀବନରେ ସମ୍ବଲପୁର ବିଶ୍ୱବିଦ୍ୟାଳୟର କୁଳପତି ହୋଇଥିଲେ।

ଡକ୍ଟର ପ୍ରାଣକୃଷ୍ଣ ପରିଜା

ଆମ ପ୍ରଫେସରମାନଙ୍କ ମଧ୍ୟରେ ପ୍ରଫେସର ପ୍ରାଣକୃଷ୍ଣ ପରିଜା ଥିଲେ ଅନ୍ୟତମ। ସେ ଥିଲେ ଉତ୍କଳର ଜଣେ ଯୋଗଜନ୍ମା ପୁରୁଷ। ଭାରତର ଶ୍ରେଷ୍ଠ ବୈଜ୍ଞାନିକ ଏବଂ ଉଚ୍ଚକୋଟୀର ଶିକ୍ଷାବିତ୍ ଭାବରେ ଖ୍ୟାତି ଅର୍ଜନ କରି ସେ ସମଗ୍ର ଦେଶ ଓ ଜାତିର ଶ୍ରଦ୍ଧାଭାଜନ ହୋଇପାରିଥିଲେ। ଗୋଟିଏ ସାଧାରଣ ମଧ୍ୟବିତ୍ତ ପରିବାରରେ ଜନ୍ମଗ୍ରହଣ କରି ସେ ନିଜ କର୍ମପଟୁତା ଓ ଅଧ୍ୟବସାୟ ବଳରେ ଜୀବନର ଶୀର୍ଷତମ ସୋପାନରେ ପହଞ୍ଚି ପାରିଥିଲେ।

ତାଙ୍କ ସହିତ ମୋର ସମ୍ପର୍କ ନିବିଡ଼ ଥିଲା। ସେ ଥିଲେ ମୋର ସମ୍ମାନାସ୍ପଦ ଗୁରୁ। ମୁଁ ଥିଲି ଏକାନ୍ତ ଅନୁରକ୍ତ ଛାତ୍ର। ଆଇ.ଏ. ପଢ଼ିବା ସମୟରେ ମୋର ପାଠ୍ୟ ବିଷୟ ଥିଲା ଇତିହାସ, ଲଜିକ୍ ଓ ବଟାନି। ସେତେବେଳେ ଦୁଇଜଣ ବିଶିଷ୍ଟ ବିଲାତ ଫେରନ୍ତା ଓଡ଼ିଆ ଅଧ୍ୟାପକ ଥାନ୍ତି। ଡକ୍ଟର ପରିଜାଙ୍କ ବ୍ୟତୀତ ଆଉ ଜଣେ ହେଉଛନ୍ତି ଶ୍ୟାମଚନ୍ଦ୍ର ତ୍ରିପାଠୀ।

ଦିନକର କଥା। ଉଦ୍ଭିଦ ବିଜ୍ଞାନର ଗୋଟିଏ ବିଷୟକୁ ମୁଁ ଅଣୁବୀକ୍ଷଣ (ମାଇକ୍ରୋସ୍କୋପ)ରେ ଦେଖିବାକୁ ଚେଷ୍ଟା କରୁଥିଲି। ଏହି ସମୟରେ ମୋ ପଛରେ ଆସି ଛିଡ଼ାହେଲେ ଡକ୍ଟର ପରିଜା। ତାଙ୍କୁ ଦେଖି ମୁଁ ସମ୍ଭ୍ରମରେ ଶଙ୍କି ଗଲି। ପରିସ୍ଥିତିକୁ ହାଲୁକା କରିଦେଇ ସେ ପଚାରିଲେ, "କ'ଣ କରୁଛ ?"

"ସାର୍, ମାଇକ୍ରୋସ୍କୋପ୍‌ରେ ଗୋଟିଏ ସ୍ଲାଇଡ଼୍ ଦେଖୁଛି।"

"କିନ୍ତୁ ମାଇକ୍ରୋସ୍କୋପ୍ ତ ଠିକ୍ ଭାବରେ ସେଟ୍ ହୋଇନାହିଁ। ଠିକ୍ ଦେଖିବ କେମିତି ?" ଏହା କହି ପରିଜା ସାହେବ ନିଜେ ଯନ୍ତ୍ରଟିକୁ ଠିକ୍ ଭାବେ ସଜେଇ ଦେଇ କହିଲେ, "ଏଥର ଦେଖ।"

ଏହା ହିଁ ଥିଲା ଅଧ୍ୟାପକ ପ୍ରାଣକୃଷ୍ଣ ପରିଜାଙ୍କ ସହିତ ମୋର ପ୍ରଥମ ବ୍ୟକ୍ତିଗତ ସାକ୍ଷାତ। ପ୍ରତ୍ୟେକ ବିଷୟକୁ ଟିକିନିଖି କରି ଦେଖିବା ତାଙ୍କର ସହଜାତ ଅଭ୍ୟାସ। ଏଇ ଅଭ୍ୟାସକୁ ସେ ତାଙ୍କ ଶେଷ ଜୀବନ ପର୍ଯ୍ୟନ୍ତ ବଜାୟ ରଖିଥିଲେ। ଏହା ବ୍ୟତୀତ ତାଙ୍କର ଅନ୍ୟ ଏକ ବିଶେଷ ଗୁଣ ଥିଲା ସମୟାନୁବର୍ତ୍ତିତା। ସେ ଅପୂର୍ବ ଶୃଙ୍ଖଳାର ପ୍ରତୀକ ଥିଲେ। ସେହିପରି ତାଙ୍କ ପୋଷାକ ପରିଚ୍ଛଦରେ ମଧ୍ୟ ଅଦ୍ଭୁତ ଚାରିତ୍ରିକ ମୂଲ୍ୟବୋଧର ପରିଚୟ ମିଳୁଥିଲା। ବିଲାତି ବେଶ ପୋଷାକରେ ସେ ଥିଲେ ଖାଣ୍ଟି ସାହେବ। ସୁଟ୍ ପିନ୍ଧିବା ଓ ଇଂରାଜୀ କହିଲାବେଳେ ତାଙ୍କୁ ଯେପରି କେମ୍ବ୍ରିଜର ସାହେବ – ଅଧ୍ୟାପକ ଛଡ଼ା ଅନ୍ୟ କିଛି କହିହେବ ନାହିଁ; ସେହିପରି ସାମାଜିକ ମିଳନରେ ଧୋତି, ପଞ୍ଜାବୀ ଓ ଚଦର ପିନ୍ଧି ଓଡ଼ିଆ କହିଲାବେଳେ ସେ ଜଣେ ଖାଣ୍ଟି ଓଡ଼ିଆ।

ଜଣେ ବିଶିଷ୍ଟ ବୈଜ୍ଞାନିକ ଭାବେ କେବଳ ଭାରତରେ ନୁହେଁ, ଆନ୍ତର୍ଜାତିକ କ୍ଷେତ୍ରରେ ମଧ୍ୟ ତାଙ୍କ ପ୍ରତିଷ୍ଠା ବିଶେଷ ଉଲ୍ଲେଖଯୋଗ୍ୟ। କେମ୍ବ୍ରିଜ ବିଶ୍ୱବିଦ୍ୟାଳୟର ଉଦ୍ଭିଦ ବିଜ୍ଞାନ ବିଭାଗର ପ୍ରବୀଣ ଅଧ୍ୟାପକ ପ୍ରଫେସର ଏଫ୍.ଏଫ୍. ବ୍ଲାକମ୍ୟାନ୍‌ଙ୍କ ଅଧୀନରେ ଗବେଷଣା କରି ପ୍ରଫେସର ପରିଜା ଆତର ଶ୍ୱାସକ୍ରିୟା (Respiration of apples) ସମ୍ବନ୍ଧରେ ଯେଉଁ ପ୍ରବନ୍ଧ ରଚନା କରିଥିଲେ ତାହା "Parija and Blackman Theory" ନାମରେ ବିଶ୍ୱ ବିଖ୍ୟାତ। କେମ୍ବ୍ରିଜ ବିଶ୍ୱବିଦ୍ୟାଳୟ

ଆନୁକୂଲ୍ୟରେ "ଆନାଲିଟିକ୍ ଷ୍ଟଡିଜ୍ ଅନ୍ ପ୍ଲାଣ୍ଟ ରେସ୍‌ପିରେସନ୍" (Analytic studies on Plant respiration) ପ୍ରକାଶିତ ହେଲା ପରେ ଉଦ୍ଭିଦର ଶ୍ୱାସକ୍ରିୟା ବିଷୟରେ ପ୍ରଫେସର ପରିଜାଙ୍କର ଏହି ବୈଜ୍ଞାନକ ଅବଦାନ ସାରା ପୃଥିବୀରେ ସମ୍ମାନିତ ହୋଇଥିଲା ।

ଏହିଠାରେ ଆମେ ଶୁଣିଥିବା ଗୋଟିଏ ଘଟଣା ମୋର ମନେ ପଡୁଛି । ଥରେ ଜଣେ ବିଶିଷ୍ଟ ବୈଜ୍ଞାନିକ ଏକ ଉତ୍ସବରେ ପରିଜାଙ୍କୁ ସାକ୍ଷାତ କରିବାକୁ ଆସିଥିଲେ । ସେ ଆଗରୁ ପରିଜାଙ୍କ କୃତିତ୍ୱ ସହ ପରିଚିତ ଥିଲେ ସୁଦ୍ଧା, ତାଙ୍କୁ ବ୍ୟକ୍ତିଗତ ଭାବେ ଦେଖି ନ ଥିଲେ । ସେ ପରିଜାଙ୍କୁ ଲକ୍ଷ୍ୟ କରି ପଚାରିଲେ, "I want to meet Dr. P. Parija" । ଉତ୍ତରରେ ପରିଜା କହିଲେ, "I am the same Parija, fossilized" ! ଏହି ଘଟଣାରୁ ସ୍ୱନାମଧନ୍ୟ ଉଦ୍ଭିଦ ବିଜ୍ଞାନୀ ଭାବରେ ସେ କିପରି ଉଚ୍ଚସ୍ଥାନ ଅଧିକାର କରିଥିଲେ, ତାହା ଅନୁମାନ କରିହୁଏ ।

ପ୍ରାଚୀନ ଓଡ଼ିଆ ସାହିତ୍ୟରେ ତାଙ୍କର ଗଭୀର ଅଧ୍ୟୟନ ଥିଲା । କଥା ପ୍ରସଙ୍ଗରେ ସେ ଅତିବଡ଼ି ଜଗନ୍ନାଥ ଦାସଙ୍କ ଭାଗବତ ପଦ ସବୁ ଆବୃତ୍ତି କରୁଥିଲେ । ପ୍ରାଚୀନ କାବ୍ୟ କବିତା ଓ ଓଡ଼ିଆରେ ଢଗଢ଼ମାଳିର ଉଦାହରଣ ଦେଇ ସେ ଆମ୍ଭମାନଙ୍କୁ ଚମତ୍କୃତ କରିଦେଉଥିଲେ । ଉଦ୍ଭିଦ ବିଜ୍ଞାନର ଜଣେ ବିଖ୍ୟାତ ଅଧ୍ୟାପକଙ୍କର ଓଡ଼ିଆ ଭାଷା ସାହିତ୍ୟରେ ଏପରି ଗଭୀର ଜ୍ଞାନ ଛାତ୍ର ସମାଜକୁ ଅଭିଭୂତ କରୁଥିଲା ।

କଟକ ଜିଲ୍ଲାର ବାଲିକୁଦା ଥାନା ଅନ୍ତର୍ଗତ ଇଛାପୁର ଗ୍ରାମରେ ୧୮୯୧ ମସିହା ଅପ୍ରେଲ ୧ ତାରିଖରେ ପ୍ରଫେସର ପରିଜା ଜନ୍ମଗ୍ରହଣ କରିଥିଲେ । ନିଜର ଐକାନ୍ତିକ ନିଷ୍ଠା ଓ ଅଧ୍ୟବସାୟ ଯୋଗୁ ସେ ଉନ୍ନତିର ଶିଖରରେ ପହଞ୍ଚି ପାରିଥିଲେ । ସେ ୧୯୩୮ ମସିହାରୁ ୧୯୪୫ ମସିହା ପର୍ଯ୍ୟନ୍ତ ରେଭେନ୍ସା କଲେଜର ଅଧ୍ୟକ୍ଷ, ୧୯୪୩ରୁ ୧୯୪୮ ପର୍ଯ୍ୟନ୍ତ ଉତ୍କଳ ବିଶ୍ୱବିଦ୍ୟାଳୟର ପ୍ରଥମ କୁଳପତି, ୧୯୫୫ରେ ପୁନର୍ବାର କୁଳପତି, ୧୯୫୨ରେ ବାଲିକୁଦା ନିର୍ବାଚନମଣ୍ଡଳୀରୁ ଓଡ଼ିଶା ବିଧାନସଭାର ନିର୍ବାଚିତ ନିର୍ଦ୍ଦଳୀୟ ବିଧାୟକ, ଓଡ଼ିଶାର ପ୍ରଥମ କୃଷି-ନିର୍ଦ୍ଦେଶକ, ଭାରତୀୟ ବିଜ୍ଞାନ-କଂଗ୍ରେସର ସଭାପତି, ଜାତୀୟ ଭାଷା-କମିଶନ୍‌ର ସଭ୍ୟ, ବିଶ୍ୱବିଦ୍ୟାଳୟ ମନ୍ତ୍ରୀ କମିଶନ୍‌ର ସାଧାରଣ ଶିକ୍ଷା କମିଟିର ଚେୟାରମ୍ୟାନ୍ ଓ ବହୁ ଜାତୀୟ ତଥା ଆନ୍ତର୍ଜାତୀୟ ଅନୁଷ୍ଠାନର ଉଚ୍ଚପଦବୀରେ ଅଧିଷ୍ଠିତ ହୋଇ ନିଷ୍ଠା ଓ ଦକ୍ଷତାର ସହ ଦାୟିତ୍ୱ ତୁଲାଇଥିଲେ । ବିଗତ ୧୯୭୮ ମସିହା ଜୁନ୍ ୨ ତାରିଖରେ ଏହି ମହାପୁରୁଷ ଆମ

ସମସ୍ତଙ୍କଠାରୁ ବିଦାୟ ନେଇ ଚାଲିଯାଇଛନ୍ତି । ତାଙ୍କ ବିୟୋଗ ଦେଶର ଶିକ୍ଷା କ୍ଷେତ୍ରରେ ଏପରି ଏକ ଶୂନ୍ୟସ୍ଥାନ ସୃଷ୍ଟି କରିଛି, ଯାହାକି ପୂରଣ ହେବା ଅସମ୍ଭବ ।

ଡକ୍ଟର ପରିଜାଙ୍କ ପବିତ୍ର ସ୍ମୃତିରକ୍ଷା ନିମିତ୍ତ ରାଜ୍ୟ ସ୍ତରରେ "ପ୍ରଫେସର ପରିଜା ସ୍ମୃତି ପରିଷଦ" ଗଠିତ ହୋଇ ୧୯୭୯ ମସିହାଠାରୁ ଆଜିସୁଦ୍ଧା କାର୍ଯ୍ୟ କରି ଆସୁଛି । ମୁଁ ଉକ୍ତ ସଂଗଠନ ସହିତ ଆରମ୍ଭରୁ ସଂପୃକ୍ତ ଏବଂ ଏବେ ଉକ୍ତ ପରିଷଦର ସଭାପତି ଅଛି । ତାଙ୍କ ସ୍ମୃତି ଉଦ୍ଦେଶ୍ୟରେ ଉତ୍କଳ ବିଶ୍ୱବିଦ୍ୟାଳୟରେ ପରିଜା ପ୍ରଫେସର ନିଯୁକ୍ତି ଓ ପରିଜା ସ୍ମାରକୀ ବକ୍ତୃତାମାଳାର ଆୟୋଜନ ସହିତ ଅନ୍ୟାନ୍ୟ ପଦକ୍ଷେପମାନ ନିଆଯାଉଛି ।

ସେତେବେଳେ ଗାଡ଼ିମଟରର ଏତେ ଭିଡ଼ ନ ଥିଲା । ଆଜିକାଲି ସ୍କୁଟର, ମଟର, ସାଇକେଲ, ଜିପ୍, କାର୍ ଯୋଗୁଁ ଗମନାଗମନର ବହୁ ଉନ୍ନତି ଘଟିଛି । ଆମ ପଢ଼ିବା ସମୟରେ କଟକରେ କେବଳ ହାତଟଣା ରିକ୍ସା ଓ କେତୋଟି ଘୋଡ଼ାଗାଡ଼ି ଥିଲା । ମୋଟରକାର ମୁଷ୍ଟିମେୟ ଧନୀଲୋକଙ୍କର ଥାଏ । ତେଣୁ ଛାତ୍ରମାନଙ୍କ ପକ୍ଷରେ କଲେଜକୁ ଯିବା ଆସିବା କରିବା ଏକ କଷ୍ଟକର ବ୍ୟାପାର ଥିଲା । ଛାତ୍ରାବାସର ପିଲାମାନଙ୍କୁ ଛାଡ଼ିଦେଲେ ସହରରୁ ଆସୁଥିବା ଅନ୍ୟପିଲାମାନଙ୍କୁ ଦିବ୍ୟାଧ୍ୟାୟୀ ଛାତ୍ର (Day Scholars) ବୋଲି କୁହାଯାଉଥିଲା । ସେମାନେ ଚାଲି ଚାଲି କଲେଜକୁ ଆସୁଥିଲେ । ଜଣେ ଜଣେ ସାଇକେଲରେ ଆସୁଥିଲେ । ଧନୀଲୋକଙ୍କର ପିଲାମାନେ ଘୋଡ଼ାଗାଡ଼ିରେ ଯାଉଥିଲେ । ମାସକୁ ତିରିଶ ଚାଳିଶ ଟଙ୍କା ଭଡ଼ାରେ ଘୋଡ଼ାଗାଡ଼ି ମିଳୁଥିଲା । ପରେ ପରେ ହାତଟଣା ରିକ୍‌ସା ସାଙ୍ଗକୁ ସାଇକେଲ ରିକ୍‌ସାର ପ୍ରଚଳନ ହେଲା । କଲେଜ ଛାତ୍ରାବାସରେ ରହିବା ଅପେକ୍ଷାକୃତ ଅଧିକ ବ୍ୟୟସାପେକ୍ଷ ଥିଲା । ଯିବା ଆସିବାର ଅସୁବିଧା ସତ୍ତ୍ୱେ, ଛାତ୍ରମାନେ ଆଖପାଖ ଅଞ୍ଚଳରେ ମେସ୍ କରି ରହୁଥିଲେ ।

ସେତେବେଳେ ହଷ୍ଟେଲ ଖର୍ଚ୍ଚ ମାସକୁ ପ୍ରାୟ ପନ୍ଦରରୁ କୋଡ଼ିଏ ଟଙ୍କା ପର୍ଯ୍ୟନ୍ତ ଥିଲା । ଖାଇବା ପିଇବାର ସୁବିଧା ଲାଗି ସାଧାରଣ ମେସ୍ କରାଯାଇଥିଲା । ଘଣ୍ଟା ବାଜିଲେ ହଷ୍ଟେଲର ଛାତ୍ରମାନେ ଖାଇବାକୁ ମେସକୁ ଯାଆନ୍ତି । ନିୟମିତ ଆମିଷ ଓ ନିରାମିଷ ଆହାରର ବ୍ୟବସ୍ଥା ଥାଏ । ମୁଁ ଓ ମୋର ସମଭାବାପନ୍ନ କେତେକ ବନ୍ଧୁ ରେଭେନ୍ସା କଲେଜ ନିକଟସ୍ଥ ଚାଉଳ କଳ ପାଖରେ ଗୋଟିଏ ପକ୍‌କା ଘର ଭଡ଼ା ନେଇ ଗୋଟିଏ ମେସ୍ ଆରମ୍ଭ କରିଥିଲୁ । ତା'ର ନାମ ଥିଲା "ବିଶ୍ୱଭୁବନ ମେସ୍" । ମୁଁ ସେଇ ମେସ୍‌ରେ ସ୍ଥାୟୀ ଭାବରେ ନ ରହୁଥିଲେ ମଧ୍ୟ ସେଠାରେ ଥିବା ମୋ

ବନ୍ଧୁମାନଙ୍କ ସହିତ ବିଭିନ୍ନ ଆଲୋଚନା ଓ ଆମୋଦ ପ୍ରମୋଦରେ ବରାବର ଯୋଗ ଦେଉଥିଲି।

ମଦନା ଜଳଖିଆ ଦୋକାନୀ ଓ କୁଞ୍ଜିଆ ପାନ ଦୋକାନୀ ଉଭୟେ ଛାତ୍ରମାନଙ୍କୁ ଆବଶ୍ୟକ ସ୍ଥଳେ ବାକିଆ ଦେଣନେଣ କରୁଥିଲେ। ପିଲାମାନେ କଲେଜ ଛାଡ଼ି ଚାକିରି କଲାପରେ ମଦନା ଓ କୁଞ୍ଜିଆର ବାକିଆ ଟଙ୍କା ଶୁଝି ଦେଉଥିଲେ। କଲେଜଛକରେ ଥିବା ଏହି ଜଳଖିଆ ଓ ପାନ ଦୋକାନ ଦୁଇଟି, ଛାତ୍ର ଓ ରାଜନୈତିକ ଦଳର ସଭ୍ୟମାନଙ୍କର ଆଡ଼ାସ୍ଥଳୀ ଥିଲା। ବେଳେବେଳେ ଅଣଛାତ୍ରମାନେ ମଧ୍ୟ ଏଠାରେ ଏକତ୍ରିତ ହେଉଥିଲେ। ମଦନା ଓ କୁଞ୍ଜିଆ ଦିହେଁ ଭଲଲୋକ ଥିଲେ। କେବଳ ବ୍ୟବସାୟୀ ଭାବରେ ସେମାନେ ପିଲାମାନଙ୍କୁ ଉତ୍ତମ ବ୍ୟବହାର ଦେଖାଉ ନ ଥିଲେ, ପିଲାମାନଙ୍କ ପ୍ରତି ଏ ଦୁହିଁଙ୍କର ଅକୁଣ୍ଠ ସ୍ନେହ ଓ ଉଦାରତା ଥିଲା। ବହୁ ଗରିବ ଛାତ୍ର ଏମାନଙ୍କ ଦ୍ୱାରା ଉପକୃତ ହେଉଥିଲେ। ଆମ କଲେଜ ଜୀବନର ଏମାନେ ଏକ ଅଂଶ ଭାବରେ ଥିଲେ କହିଲେ ଭୁଲ ହେବ ନାହିଁ।

ପଶ୍ଚିମ ଛାତ୍ରାବାସରେ ଥିବା ବାଞ୍ଛା ଜଳଖିଆ ଦୋକାନ ମଧ୍ୟ ଛାତ୍ରମାନଙ୍କର ଅତି ପ୍ରିୟ ଥିଲା। କଲେଜ ଛାଡ଼ିବା ପରେ ମଧ୍ୟ ପିଲାମାନେ କେବେ କେବେ କଲେଜ ଆସିଲେ ବାଞ୍ଛାକୁ ଖୋଜନ୍ତି।

କନିକା ଲାଇବ୍ରେରୀ

ଆମ କଲେଜ ଲାଇବ୍ରେରୀ ନାଁ 'କନିକା ଲାଇବ୍ରେରୀ'। କନିକାର ତତ୍କାଳୀନ ରାଜା ଏହି ପାଠାଗାର ନିମନ୍ତେ ବହୁ ଅର୍ଥ ପ୍ରଦାନ କରିଥିବାରୁ କନିକା ନାମ ଅନୁସାରେ ଏହାର ନାମ 'କନିକା ଲାଇବ୍ରେରୀ' ହୋଇଛି। ବିରାଟ ଏକ ଘରେ ଲାଇବ୍ରେରୀର ସମସ୍ତ ପୁସ୍ତକ ଓ ପତ୍ରପତ୍ରିକା ସୁରକ୍ଷିତ ରହିଥାଏ। ରେଭେନ୍ସା କଲେଜର କେନ୍ଦ୍ରସ୍ଥଳରେ ଏହା ପ୍ରତିଷ୍ଠିତ ଓ ଦୂରରୁ ଖୁବ୍ ସୁନ୍ଦର ଦିଶେ। ପୋର୍ଟିକୋ ପାଖରୁ ଏକ ସିଧାସଳଖ ରାସ୍ତା ଲାଇବ୍ରେରୀକୁ ପଡ଼ିଛି। ମୋ ପଢ଼ିବା ସମୟରେ ଲାଇବ୍ରେରୀ ପାଖକୁ ଲାଗି ଯେଉଁ ଛୋଟ କୋଠରିଟି ଥିଲା, ସେଠାରେ ଇଂରାଜୀ ଏମ୍.ଏ. କ୍ଲାସ ହେଉଥିଲା। ମାତ୍ର ଦଶ ପନ୍ଦର ଜଣ ଛାତ୍ର ଏମ୍.ଏ. ପଢୁଥିଲେ। କେବଳ ଇଂରାଜୀରେ ସ୍ନାତକୋତ୍ତର ବିଭାଗ ଖୋଲିଥିଲା।

ରେଭେନ୍ସା କଲେଜକୁ ଯିବାଆସିବା କରିବା ସମୟରେ ମୁଁ ଦୋଳମୁଣ୍ଡାଇ ବଜ୍ରକବାଟି ରାସ୍ତା କିମ୍ବା ଦୋଳମୁଣ୍ଡାଇ-ଛକବଜାର ବାଟ ଦେଇ ଯାଉଥିଲେ। ସେସବୁ

ରାସ୍ତାରେ ଆଦୌ ଜନଗହଳ ନ ଥିଲା । ଆଜିକାଲି ସେସବୁ ରାସ୍ତା ଏତେ ଭିଡ଼ ରହୁଛି ଯେ, ଅନେକ ସମୟରେ ଦୁର୍ଘଟଣା ହେବାର ଆଶଙ୍କା ରହୁଛି । କିନ୍ତୁ ସେତେବେଳେ ଏପରି ନିର୍ଜନ ରହୁଥିଲା ଯେ, ଦିନବେଳେ ଗଲେ ବି ଡର ମାଡ଼େ । ବଜ୍ରକବାଟି ଛକରେ ଥାଏ ଗୋଟାଏ ମଦଭାଟି । ସେଠି ମଦୁଆ ଲୋକଙ୍କର ଆଡ୍ଡା । ଛକ ବଜାରରେ ମଧ୍ୟ ଗୋଟିଏ ଛୋଟ ମଦଭାଟି ଥାଏ ।

ଦିନକର କଥା । ମୁଁ କଲେଜରୁ ଫେରୁଥାଏ । ଏକୁଟିଆ । ବଜ୍ରକବାଟି ଭାଟିରେ ଦଳେ ମଦୁଆଙ୍କ ଉପରେ ଲାଗିଥାଏ କଳିକଜିଆ । ଜଣେ କହୁଥାଏ "ଆରେ ଜାନିସ୍, ଭଗବାନ ବୋଲେଚନ, 'ଆମି ମାତାଲଦେର୍ ଆଡ୍‌ଡାୟ ଥାକି ।' ମଦ ଖାଇଲୁ ବୋଲି କ'ଣ ଆମେ ଅମଣିଷ ହୋଇଗଲୁ ? ଭଗବାନ ବି ଆମକୁ ଶ୍ରଦ୍ଧା କରନ୍ତି ।" ଅନ୍ୟ ଜଣେ ମଦୁଆ ପାଣି ପିଉ ପିଉ ଟୋପାଏ ପାଣି ହାତରେ ରଖି କହୁଥାଏ 'ଜଲ୍ ! ଏଇ ଜନ୍ୟେଇ ତୋମାର ନାମ ଜୀବନ । ତାଠୁଁ ଏଭଳି କଥା ଶୁଣି ମୋର ଧାରଣା ହେଲା, ମଦୁଆ ହେଲେ ବି ଇଏ ପାଠପଢୁଆ ଲୋକ ! ଆଶ୍ଚର୍ଯ୍ୟ ଲାଗେ, ମଦନିଶାର କି ଠାଣି !

କଲେଜ ଡ୍ରାମା

ପାଠ୍ୟକ୍ରମ ସହିତ ନାଟକ ଓ ବିଭିନ୍ନ ସାଂସ୍କୃତିକ କାର୍ଯ୍ୟକ୍ରମ ଅଙ୍ଗୀଭୂତ ଥିଲା । ଛାତ୍ରର ମାନସିକ ବିକାଶ, ଶାରୀରିକ ବିକାଶ ଓ ଛାତ୍ରକୁ ସଂସ୍କୃତି-ସଚେତନ କରିବା ନିମନ୍ତେ ଏସବୁର ଆବଶ୍ୟକତା ରହିଥିଲା । ବାର୍ଷିକୋତ୍ସବ, କ୍ରୀଡ଼ାଉତ୍ସବ ପ୍ରଭୃତି କଲେଜର ଆକର୍ଷଣୀୟ ଉତ୍ସବ ଥିଲା । ମୁଁ ଓ ମୋର କେତେକ ସହପାଠୀ ଏସବୁ କାର୍ଯ୍ୟକଳାପରେ ଅତ୍ୟନ୍ତ ଆଗ୍ରହର ସହିତ ଯୋଗ ଦେଉଥିଲୁ । ବିଶେଷ କରି ଡ୍ରାମାରେ ମୋର ଅଧିକ ଉତ୍ସାହ ଓ ଆଗ୍ରହ ରହିଥିଲା । ସେଇ ସମୟର ଗୋଟିଏ ଘଟଣା ମୋର ଏବେ ବି ମନେଅଛି ।

ପରମାନନ୍ଦ ପଟ୍ଟନାୟକ ନାମକ ଜଣେ ସୁନ୍ଦର ସୁଦର୍ଶନ ଯୁବକ ବେଶ୍ ବେଶପୋଷାକ ପିନ୍ଧି କଲେଜ ଆସନ୍ତି । ପରିଧାନରେ ତାଙ୍କର ପେଣ୍ଟ, କୋଟ୍, ଟାଇ । ଆମ ଭିତରୁ ଖୁବ୍ କମ୍ ପିଲା ପେଣ୍ଟ ପିନ୍ଧୁଥିଲେ । ପରମାନନ୍ଦ ବାବୁଙ୍କର ଧାରଣା ଥିଲା ତାଙ୍କ ଚେହେରା ଠିକ୍ ରାଜା ଚେହେରା ଭଳି । ଥରେ ସେ କଲେଜ ଡ୍ରାମାରେ ରାଜା ପାର୍ଟ ନେବାକୁ ମନ କଲେ । ଥିଏଟର ଦାୟିତ୍ୱରେ ଥିଲେ ପ୍ରଫେସର ନାରାୟଣ ମିଶ୍ର । ସେ ପରମାନନ୍ଦଙ୍କୁ କହିଲେ, "ରାଜା ଚେହେରା ଥିଲେ କ'ଣ ହେଲା, ତୋର ତ

ଗୁଣ ନାହିଁ।'" ତାଙ୍କୁ ଅନ୍ୟ ଗୋଟିଏ ଭୂମିକା ଦିଆଗଲା। ମାତ୍ର ନାଟକ ଆରମ୍ଭ ହେବା ସଙ୍ଗେ ସଙ୍ଗେ ପରମାନନ୍ଦ ହଠାତ୍ ରାଜାପୋଷାକ ପିନ୍ଧି ମଞ୍ଚ ଉପରେ ଆସି ପହଞ୍ଚିଗଲେ ଓ ଦର୍ଶକମାନଙ୍କୁ ଲକ୍ଷ୍ୟକରି କହିଲେ, "ଆପଣମାନେ ମୋ ରୂପକୁ ଦେଖନ୍ତୁ। ମୁଁ ରାଜା ରୋଲ୍ କରିବି, ନା ଯାହାକୁ ଦିଆଯାଇଛି ସେ କରିବ ? କାହା ଚେହେରା ରାଜା ପରି ଦିଶୁଛି କହିଲେ ?" ଏପରି ଅଭାବିତ ପରିସ୍ଥିତ ପାଇଁ କେହି ପ୍ରସ୍ତୁତ ନ ଥିଲେ। ଚାରିଆଡ଼ 'ଡ୍ରପ୍' 'ଡ୍ରପ୍' ବୋଲ ଚିତ୍କାର ଶୁଭିଲା। ସଙ୍ଗେ ସଙ୍ଗେ ଡ୍ରପ୍ ସିନ୍ ପକାଇ ଦିଆଗଲା। ଗୋଳମାଳର ଆଶଙ୍କା କରି ଡ୍ରାମାର ଉଦ୍ୟୋକ୍ତାମାନେ ପରମାନନ୍ଦଙ୍କୁ ବୁଝାଇଦେଇ ଷ୍ଟେଜରୁ ତଳକୁ ଓହ୍ଲାଇ ଆଣିଲେ। ହାସ୍ୟ-ରୋଳରେ ସାରା ଅଡିଟୋରିୟମ ଉଚ୍ଛୁଳି ଉଠିଲା।

ଏହି ଘଟଣାର ଦୁଇ ତିନି ଦିନ ପରେ ପରମାନନ୍ଦ ଟିକିଏ ବିଳମ୍ବରେ ଶ୍ରେଣୀରେ ପହଞ୍ଚିଲେ। ସେତେବେଳେ ଆମ ଓଡ଼ିଆ କ୍ଲାସ ନେଉଥାନ୍ତି ପ୍ରଫେସର ଆର୍ତ୍ତବଲ୍ଲଭ ମହାନ୍ତି। ସେ ତାଙ୍କୁ ପଚାରିଲେ, "ପରମାନନ୍ଦ, କାହିଁକି ଏତେ ଡେରିରେ କ୍ଲାସକୁ ଆସିଲ ?" ବେଶ୍ ନାଟକୀୟ ଭଙ୍ଗୀରେ ଉତ୍ତର ଦେଲେ ପରମାନନ୍ଦ, "ସାର୍, ହୋଇଗଲା ଟିକିଏ ବିଳମ୍ବ ! ତେବେ କି ମୁଁ କରିବି ପ୍ରସ୍ଥାନ ?" ପ୍ରଫେସର ଅବଳିମ୍ବେ ପ୍ରସ୍ଥାନ କର।" ପରମାନନ୍ଦ ନମସ୍କାର କଲେ ଓ ପ୍ରସ୍ଥାନ କଲେ। କ୍ଲାସରେ ପ୍ରବଳ ହାସ୍ୟ-ରୋଳର ଉଚ୍ଛ୍ୱାସ ଖେଳିଗଲା।

ଆଇ.ଏ. ଓ ବି.ଏ. ଛଡ଼ା ଏମ୍.ଏ. କେବଳ ଇଂରାଜୀରେ ଥିଲା। ଆମ କଲେଜରେ ଇଂରାଜୀ ଏମ୍.ଏ.ରେ ସେତେବେଳେ ମାତ୍ର ଦଶ ବାରଜଣ ଛାତ୍ର ଥିଲେ। ଅନ୍ୟାନ୍ୟ ବିଷୟରେ ଏମ୍.ଏ. ପଢ଼ିବାକୁ ହେଲେ ପାଟନା ବା ଅନ୍ୟତ୍ର ଯିବାକୁ ପଡୁଥିଲା। ସେତେବେଳେ ମାଟ୍ରିକ୍ ଠାରୁ ଏମ୍.ଏ. ପର୍ଯ୍ୟନ୍ତ ସବୁ ପରୀକ୍ଷା ପାଟନା ବିଶ୍ୱବିଦ୍ୟାଳୟ ପରିଚାଳନା କରୁଥିଲେ। ୧୯୪୩ ମସିହାରେ ଉତ୍କଳ ବିଶ୍ୱବଦ୍ୟାଳୟ ପ୍ରତିଷ୍ଠିତ ହେଲା। ୧୯୪୪ ମସିହା ପରଠାରୁ ଆଉ ଛାତ୍ରମାନଙ୍କୁ ପାଟନା ଯାଇ ପରୀକ୍ଷା ଦେବାକୁ ପଡୁ ନ ଥିଲା।

ପ୍ରଫେସର ବାଥେଜା

୧୯୨୭ ମସିହାରେ ଇତିହାସ ଓ ଅର୍ଥନୀତି ବିଷୟ ନେଇ ପାଟନା ବିଶ୍ୱବିଦ୍ୟାଳୟରୁ ମୁଁ ବି.ଏ. ପାଶ୍ କରିଥିଲି। ଅର୍ଥନୀତି (Economics) ରେ ଆମର ପ୍ରଫେସର ଥିଲେ ଏଚ୍.ଆର. ବାଥେଜା (H. R. Batheja, I.E.S.) ସେ ଜଣେ

ଅର୍ଥନୀତି-ବିଶାରଦ ଥିଲେ। ପରେ ସେ ରେଭେନ୍ସା କଲେଜର ଅଧ୍ୟକ୍ଷ ଓ ବ୍ୟାଙ୍କିଙ୍ଗ୍ ଇନ୍‌କ୍ୱାରୀ କମିଟି (Banking Enquiry Committee)ର ସଭ୍ୟ ଥିଲେ। ଶ୍ରେଣୀରେ ପାଠ ପଢ଼ାଇଲାବେଳେ ପ୍ରଫେସର ବାଥେଜା ଅର୍ଥନୀତି ପରି ଏକ ଜଟିଳ ବିଷୟକୁ ଅତି ସରଳ ଓ ବୋଧଗମ୍ୟ ଭାଷାରେ ଛାତ୍ରମାନଙ୍କୁ ବୁଝାଉଥିଲେ। ତାଙ୍କ କ୍ଲାସରେ ସବୁ ପିଲା ଆଗ ବେଞ୍ଚରେ ବସିବାକୁ ଆଗ୍ରହ ଥିଲେ। କାରଣ ତାଙ୍କ କଥା ପଛ ବେଞ୍ଚକୁ ପ୍ରାୟ ଶୁଭୁ ନ ଥିଲା। ଅଧ୍ୟାପନା ବ୍ୟତୀତ ଓଡ଼ିଶାର କେତେକ ସାମାଜିକ ଓ ସାଂସ୍କୃତିକ ଅନୁଷ୍ଠାନ ସହିତ ସେ ସଂପୃକ୍ତ ଥିଲେ।

ମୁଁ ପ୍ରଫେସରଙ୍କର ଅତ୍ୟନ୍ତ ନିକଟ ସମ୍ପର୍କରେ ଆସିଥିଲି। ସେ ମୋତେ ବ୍ୟକ୍ତିଗତ ଭାବରେ ଖୁବ୍ ଭଲ ପାଉଥିଲେ। ମୋର ତୃତୀୟ ବର୍ଷ (3rd year)ରେ ତାଙ୍କଠାରୁ ପ୍ରେରଣା ଲାଭ କରି ମୁଁ ଓ ମୋର ସାଙ୍ଗମାନେ ମିଶି 'ଇକୋନୋମିକ୍ସ ସୋସାଇଟି (Economics Society) ଗଠନ କରିଥିଲୁ। ପ୍ରଫେସର ନିଜେ ଏହି ସୋସାଇଟିର ସଭାପତି ହୋଇଥିଲେ। ମୁଁ ଥିଲି ସମ୍ପାଦକ। ପାଟନାରେ ଥିବା ଚାଣକ୍ୟ ଇକୋନୋମିକ୍ସ ସୋସାଇଟି (Chanakya Economics Society) ଢାଞ୍ଚାରେ ଆମର ଏହି ସୋସାଇଟି ଗଠନ କରାଯାଇଥିଲା। ବିଭିନ୍ନ ପଲ୍ଲୀ ବା ଗ୍ରାମାଞ୍ଚଳକୁ ଆମେ ଯାଉଥିଲୁ। ଗ୍ରାମବାସୀମାନଙ୍କର ଆୟବ୍ୟୟ, ଘର ଖର୍ଚ୍ଚର ଅଟକଳ (Family Budget) ସଂଗ୍ରହ କରୁଥିଲୁ। ଗ୍ରାମ୍ୟ ଅର୍ଥନୀତି ସମ୍ପର୍କରେ ପ୍ରତ୍ୟକ୍ଷ ଧାରଣା କରୁଥିଲୁ। ଆମ୍ଭେମାନେ ବହୁଦିନ ପର୍ଯ୍ୟନ୍ତ ଏଇଭଳି ସେବାମୂଳକ କାର୍ଯ୍ୟ କରିଥିଲୁ। ତାଙ୍କ ନିର୍ଦ୍ଦେଶନାରେ ଆମ୍ଭେମାନେ ଟାଟା କମ୍ପାନୀ ପ୍ରଭୃତି କେତେକ ବଡ଼ ବଡ କାରଖାନା ବୁଲି ଦେଖିଥିଲୁ। ସେହି ସମୟର ଆଉ ଏକ ଉଲ୍ଲେଖଯୋଗ୍ୟ ସଂସ୍ଥା ହେଲା, ପୁରାତନ ଛାତ୍ର ସଂସଦ ଗଠନ (Old Boys' Association)। ସେହି ସଙ୍ଗଠନଟି ଆଜି ମଧ୍ୟ ସକ୍ରିୟ ହୋଇ କାର୍ଯ୍ୟ କରୁଛି।

ଏହି ଇକୋନୋମିକ୍ସ ସୋସାଇଟି ଆନୁକୂଲ୍ୟରେ ଗୋଟିଏ ରାଜ୍ୟସ୍ତରୀୟ କଳା ଓ ହସ୍ତଶିଳ୍ପ ପ୍ରଦର୍ଶନୀ ଆୟୋଜନ କରିଥିଲୁ। ବେଶ ବଡ଼ ଧରଣର ଓ ଆକର୍ଷଣୀୟ ପ୍ରଦର୍ଶନୀଟିଏ ହୋଇଥିଲା। ଏହି ସମସ୍ତ କାର୍ଯ୍ୟକ୍ରମର ସଫଳତା ପାଇଁ ମୁଁ ଅକ୍ଳାନ୍ତ ପରିଶ୍ରମ କରିଥିଲି। ପ୍ରଫେସର ବାଥେଜା ମୋର ଏହି ସକ୍ରିୟ ସହଯୋଗ ଯୋଗୁଁ ଅତ୍ୟନ୍ତ ପ୍ରୀତ ହୋଇଥିଲେ। ମୁଁ ତାଙ୍କର ଅତ୍ୟନ୍ତ ପ୍ରିୟ ଛାତ୍ର ଥିଲି। ରେଭେନ୍ସା କଲେଜରୁ ବିଦାୟ ନେଇ ସେ ପାଟନା ବିଶ୍ୱବିଦ୍ୟାଳୟର ଅର୍ଥନୀତି ବିଭାଗର ମୁଖ୍ୟ (ବିଭାଗୀୟ ମୁଖ୍ୟ) ପ୍ରଫେସର ଭାବରେ ଯୋଗଦାନ କରିଥିଲେ। ସେହିଠାରୁ ମୋ କାର୍ଯ୍ୟକଳାପର

ସ୍ୱୀକୃତି ସ୍ୱରୂପ ସେ ମୋ ନିକଟକୁ ଗୋଟିଏ ସାର୍ଟିଫିକେଟ ପଠାଇଥିଲେ। ତା'ର ଅବିକଳ ନକଲ ତଳେ ପ୍ରକାଶ ପାଇଛି।

I have great pleasure in testifying to the character and ability of Babu Raj Kishore Das B.A. I came to know him intimately as a student of the Economics Department of the Ravenshaw College of which, I was once the head and as the energetic Secretary of the Economics Society of the same College of which I was the President. He impressed me as a good student what is more impo-rtant as a man who was likely to put his knowledge of economics into practice when he entered the larger College of life. As the Secretary of the Economics Society, he proved to be eminently successful and helped me much in organising debates, excursions and exhibitions of Orissa Arts and Industries. He has public spirit and driving power of an uncommon order which should prove of great use to him in any post in which initiative, organising power and constructive ability are necessary. I wish him success in his life and his undoubted desire to serve his country.

Patna College   H.R. Batheja, I.E.S.
10.7.29   Professor of Economics

BATHEJA

I have great pleasure in testifying to the character and ability of Babu Raj Kishore Das B.A. I came to know him intimately as a student of the Economics Department of the Ravenshaw College of which I was once the head and also as the executive Secretary of the Economic Society of the same college of which I was the president.

He impressed me as a good student, but what is more impressive as, a man who was lively to put his knowledge of economics into practice when he entered the larger college of life. As the Secretary of the Economic Society, he proved to be eminently successful and he helped me much in organising debates, excursions and exhibitions of Orissa Arts and Industries. He has public spirit and driving power of an uncommon order which

BATHEJA

should prove of
great use to him in
any post in which
initiative, organising
power and constructive
ability are necessary.
I wish him success
in his life and his
undoubted desire to
serve his country.

H. R. Batheja
I.E.S.

Patna College
10/7/29.

Professor of
Economics
Patna University

କ୍ଷେତ୍ର ମୋହନ ସ୍ୱାଇଁ ଆଡ୍‌ଭୋକେଟ୍

ମୋର ସହପାଠୀ ଓ ଘନିଷ୍ଠ ବନ୍ଧୁମାନଙ୍କ ମଧ୍ୟରେ ଆଡ୍‌ଭୋକେଟ୍ ସ୍ୱର୍ଗତ କ୍ଷେତ୍ରମୋହନ ସ୍ୱାଇଁ ଥିଲେ ଅନ୍ୟତମ। ରେଭେନ୍ସା କଲେଜରେ ପଢୁଥିଲାବେଳେ ଆମ ଦୁଇଜଣଙ୍କ ସମ୍ପର୍କ ଅଧିକ ନିବିଡ଼ ଥିଲା। ଅନେକ ସମୟରେ କଲେଜ ପରେ ଆମେ ସାଙ୍ଗ ହୋଇ ଚାଲି ଚାଲି ଘରକୁ ଫେରୁଥିଲୁ।

କ୍ଷେତ୍ରମୋହନ ବାବୁ ଜଣେ ଆଇନଜୀବୀ ଭାବରେ ବେଶ୍ ସୁନାମ କରିଥିଲେ। ତାଙ୍କର ପିଲାମାନେ ଉଚ୍ଚଶିକ୍ଷା ଲାଭକରି ବହୁ ବଡ଼ ବଡ଼ ପଦବୀରେ ନିଯୁକ୍ତି ପାଇଛନ୍ତି। ତାଙ୍କ ପୁଅ ଡାକ୍ତର ଆଦିକନ୍ଦ ସ୍ୱାଇଁ କଟକସ୍ଥ ଶ୍ରୀରାମଚନ୍ଦ୍ର ଭଞ୍ଜ ମେଡ଼ିକାଲରେ ଥିଲାବେଳେ ବହୁବାର ମୋର ଡଗରପଡ଼ା ଘରକୁ ଆସି ଆମର ଚିକିତ୍ସା କରିଛନ୍ତି। ଜଣେ ଦକ୍ଷ ଚିକିତ୍ସକ ଭାବରେ ସେ ବିଦେଶରେ ଏକ ଉଚ୍ଚ ପଦବୀରେ ଅବସ୍ଥାପିତ ହୋଇ କାର୍ଯ୍ୟ କରୁଛନ୍ତି।

ବାରିଷ୍ଟର ମୁରଲୀଧର ମହାନ୍ତି

କଲେଜରେ ସ୍ୱର୍ଗତ ବାରିଷ୍ଟର ମୁରଲୀଧର ମହାନ୍ତି ଓ ମୁଁ ଉଭୟ ରେଭେନ୍ସା କଲେଜରେ ପଢୁଥିଲୁ। ସେ ମୋ'ଠାରୁ ଗୋଟିଏ ବର୍ଷ ଉପରେ ଥିଲେ। ସେ ଥିଲେ English Societyର ସେକ୍ରେଟାରୀ; ମୁଁ ଥିଲି Economics Society ର ସେକ୍ରେଟାରୀ। ୧୯୨୭ ମସିହାରେ ରେଭେନ୍ସା କଲେଜରୁ ବି.ଏ. ପାଶ୍ କରି ଆମେ ଆଇନ୍ ପଢ଼ିବାକୁ ସ୍ଥିର କଲୁ। କିନ୍ତୁ କଟକରେ ଆଇନ୍ ଅଧ୍ୟୟନ ନ କରି ବିଦେଶ ଯାତ୍ରା କରି ବାରିଷ୍ଟର ପଢ଼ିବା ପାଇଁ ଇଚ୍ଛା କରିଥିଲୁ। ମାତ୍ର କେତେକ କାରଣରୁ ଏହା ମୋ ପକ୍ଷେ ସମ୍ଭବ ହୋଇ ନ ଥିଲା। ମୋ ସାଙ୍ଗରୁ ମୁରଲୀଧର ମହାନ୍ତି ଓ ନୃସିଂହ ଚରଣ ମହାନ୍ତି ବାରିଷ୍ଟର ପଢ଼ିବାକୁ ବିଲାତ ଯାଇଥିଲେ। ଏହି ବିଲାତ ଯାଉଥିବା ବନ୍ଧୁମାନଙ୍କୁ ସମ୍ବର୍ଦ୍ଧନା ଜଣାଇ ମୁଁ ବିଶେଷ ଆନନ୍ଦ ଲାଭ କରିଥିଲି।

ମୁରଲୀବାବୁ ବିଲାତରୁ ବାରିଷ୍ଟର ପାଶ୍ କରି ଆସିଲା ପରେ ପ୍ରଥମେ ପାଟନା ହାଇକୋର୍ଟରେ ଆଇନ୍ ବ୍ୟବସାୟ ଆରମ୍ଭ କରିଥିଲେ। ପରେ ଓଡ଼ିଶା ହାଇକୋର୍ଟ ପ୍ରତିଷ୍ଠିତ ହେଲାପରେ ସେ କଟକ ଆସି ଓକିଲାତି କଲେ।

ସେ ଦୀର୍ଘଦିନ ଧରି ଓଡ଼ିଶା ହାଇକୋର୍ଟ ବାର୍ ଆସୋସିଏସନ୍‌ର ସଭାପତି ଥାଇ ସୁଚାରୁରୂପେ କର୍ତ୍ତବ୍ୟ ସମ୍ପାଦନ କରିଥିଲେ।

ତାଙ୍କ ସହିତ ମୋର ବ୍ୟକ୍ତିଗତ ସମ୍ପର୍କ ଅତ୍ୟନ୍ତ ଘନିଷ୍ଠ ଥିଲା। ଏହି ବନ୍ଧୁତା

ଆମ ଉଭୟଙ୍କ ଛାତ୍ର ଜୀବନରୁ ଆରମ୍ଭ ହୋଇ ତାଙ୍କର ଶେଷ ଜୀବନ ପର୍ଯ୍ୟନ୍ତ ଅତୁଟ ରହିଥିଲା। ମୋର ମନେଅଛି, ତାଙ୍କ ବାହାଘରରେ ମୁଁ ବାରିପଦା ବରଯାତ୍ରୀ ହୋଇ ଯାଇଥିଲି। ମୋ ସହିତ ସ୍ୱର୍ଗତ ପ୍ରଫେସର ବାମାଚରଣ ଦାସ ମଧ୍ୟ ସେହି ବରଯାତ୍ରୀ ଦଳରେ ଥିଲେ। ତାଙ୍କ ବାହାଘର ଉତ୍ସବରେ ଘଟିଥିବା ଅନେକ ଘଟଣା ଏବେ ବି ମୋର ମନେଅଛି।

ଗତ ତା- ୧।୧୧।୬୭ରେ ମୁଁ ଓଡ଼ିଶା ହାଇକୋର୍ଟର ବିଚାରପତି ଜୀବନରୁ ଅବସର ଗ୍ରହଣ କରିଥିଲି। ସେତେବେଳେ ମୁରଲୀବାବୁ ଓଡ଼ିଶା ହାଇକୋର୍ଟ ବାର୍ ଆସୋସିଏସନ୍‌ର Secretary ଥିଲେ। ମୋ ବିଦାୟ ସମ୍ବର୍ଦ୍ଧନା ସଭାରେ ସେ ଆମ ବ୍ୟକ୍ତିଗତ ଜୀବନର ଅନେକ କଥା ପ୍ରକାଶ କରିଥିଲେ। କାଲି ପରି ଲାଗୁଛି, ଶ୍ରୀଯୁକ୍ତ ସୁକାନ୍ତ କିଶୋର ରାୟଙ୍କ ଜଷ୍ଟିସ୍ ହେବା ସମ୍ପର୍କରେ କେତେକ ମଜା ଟିପ୍ପଣୀ ଦେଇ ସେ ପରିସରକୁ ଅଧିକ ଉପଭୋଗ୍ୟ କରିଥିଲେ।

ଆମ୍ଭମାନଙ୍କୁ ଛାଡ଼ି ଜୀବନର ପରପାରିକୁ ଚାଲିଗଲେ ସେ। ମୁଁ ତାଙ୍କ (ମୁରଲୀବାବୁଙ୍କ) ମୃତ୍ୟୁଶଯ୍ୟା ନିକଟରେ ଉପସ୍ଥିତ ଥିଲି। ତାଙ୍କ ବଡ଼ଭାଇ ବ୍ରଜବାବୁ ମୋତେ ଧରି କାନ୍ଦି ପକାଇଲେ। ସେଭଳି ସ୍ନେହ, ବନ୍ଧୁତା ଓ ଆତ୍ମୀୟତାକୁ ସହଜେ ଭୁଲି ହେବ ନାହିଁ।

ମୁରଲୀବାବୁଙ୍କ ପୁଅ ବିଜୟ ମହାନ୍ତି ମଧ୍ୟ ବାରିଷ୍ଟର। ଦୁଇପୁରୁଷ ବାରିଷ୍ଟର ଓଡ଼ିଶାରେ ବିରଳ। ବିଜୟ ଦିଲ୍ଲୀରେ ସୁପ୍ରିମକୋର୍ଟର ଆଇନ ବ୍ୟବସାୟୀ।

ପ୍ରଫେସର ଆର୍ତ୍ତବଲ୍ଲଭ ମହାନ୍ତି

ପ୍ରଫେସର ଆର୍ତ୍ତବଲ୍ଲଭ ମହାନ୍ତିଙ୍କ ପରି କେତେଜଣ ଛାତ୍ରବତ୍ସଳ ଅଧ୍ୟାପକ ଆମ ସମୟରେ ଥିଲେ। ରେଭେନ୍ସା କଲେଜର ସଂସ୍କୃତ ଅଧ୍ୟାପକ ଭାବରେ କର୍ମମୟ ଜୀବନ ଆରମ୍ଭ କରିଥିଲେ। ଓଡ଼ିଆ ଭାଷାର ପ୍ରସାର ଓ ପ୍ରଚାର ସମାଜର କର୍ମ ଲାଗି ତାଙ୍କର ଗଭୀର ଆନ୍ତରିକତା ଥିଲା। ସେ ବହୁବର୍ଷ ଧରି ଉତ୍କଳ ସାହିତ୍ୟ ସମାଜର କର୍ମକର୍ତ୍ତା ଥିଲେ। ବିଭିନ୍ନ ଜନହିତକର କାର୍ଯ୍ୟ, ସାହିତ୍ୟ ସଭା ଓ ସାଂସ୍କୃତିକ ଅନୁଷ୍ଠାନ ସହିତ ମଧ୍ୟ ସେ ସଂପୃକ୍ତ ଥିଲେ। ଇଂରେଜ ସରକାରଙ୍କ ଠାରୁ ସେ 'ରାୟ ବାହାଦୁର' ଏବଂ ଉତ୍କଳ ବିଶ୍ୱବିଦ୍ୟାଳୟରୁ ଡି.ଲିଟ୍. ଉପାଧି ପ୍ରାପ୍ତ ହୋଇଥିଲେ। ଓଡ଼ିଆ ଭାଷା ଓ ସାହିତ୍ୟର ବହୁ ଗବେଷଣାମୂଳକ କାର୍ଯ୍ୟ ପାଇଁ ଭାରତ ସରକାର ତାଙ୍କୁ ସମ୍ମାନସୂଚକ 'ପଦ୍ମଶ୍ରୀ' ଉପାଧିରେ ମଧ୍ୟ ଭୂଷିତ କରିଥିଲେ।

"ପ୍ରାଚୀ ସମିତି" ସାହିତ୍ୟ-ଅନୁଷ୍ଠାନର ଡକ୍ଟର ଆର୍ତ୍ତବଲ୍ଲଭ ମହାନ୍ତି ଥିଲେ ପ୍ରାଣ-ପ୍ରତିଷ୍ଠାତା। ଉକ୍ତ ସମିତି ଉଦ୍ୟମରେ ବହୁ ପ୍ରାଚୀନ ସାହିତ୍ୟ (ପ୍ରାଚୀନ କାବ୍ୟ)ର ପୁନରୁଦ୍ଧାର ସମ୍ଭବପର ହୋଇଥିଲା। ବହୁ ପ୍ରାଚୀନ ତାଳପତ୍ର ପୋଥି ଉଦ୍ଧାର କରିବା ସଙ୍ଗେ ସଙ୍ଗେ 'ଚଉତିଶା' ସାହିତ୍ୟର ଉନ୍ନତି ଲାଗି ସେ ଉଦ୍ୟମ କରିଥିଲେ। ପ୍ରାଚୀ-ସାହିତ୍ୟମାଳା ଆନୁକୂଲ୍ୟରେ ବହୁ ପ୍ରାଚୀନ କାବ୍ୟ ଟୀକା ସହିତ ଆତ୍ମପ୍ରକାଶ କରିଥିଲେ। ପ୍ରାଚୀ ସମିତିର କାର୍ଯ୍ୟାଳୟ ଗଣେଶଘାଟରେ ଥିଲା। ଭୂୟାଁ ଭାସ୍କର ମହାପାତ୍ର ଉକ୍ତ ଅନୁଷ୍ଠାନକୁ ସାମୟିକ ଆର୍ଥିକ ସହାୟତା ମଧ୍ୟ ପ୍ରଦାନ କରୁଥିଲେ।

ପ୍ରଫେସର ମହାନ୍ତିଙ୍କ ସହିତ କଲେଜ ଜୀବନରେ ବହୁବାର ମୋର ଦେଖାସାକ୍ଷାତ ହୋଇଥିଲା। ପ୍ରାଚୀ ଅନୁଷ୍ଠାନରେ ମଧ୍ୟ ଅନେକଥର ସାକ୍ଷାତ ହୋଇଛି। ତାଙ୍କ ଭଳି ଅମ୍ଳାନ ପ୍ରତିଭାର ସ୍ମୃତିରକ୍ଷା ନିମିତ୍ତ ଉଭୟ ସରକାରୀ ଓ ବେସରକାରୀ ସ୍ତରରେ ଉଦ୍ୟମ ହେବା ସର୍ବାଦୌ ବାଞ୍ଛନୀୟ। ଗବେଷଣା ପ୍ରତି ଛାତ୍ରମାନଙ୍କୁ ଆକୃଷ୍ଟ କରି ପ୍ରକୃତ ଶିକ୍ଷାର ମହତ୍ତ୍ୱ ପ୍ରତିଷ୍ଠା କରିବା ଓ ସତ୍ୟସନ୍ଧାନ କରିବା ଥିଲା ତାଙ୍କର ବ୍ୟକ୍ତିଗତ ଆଦର୍ଶ। ସେ ଛାତ୍ରମାନଙ୍କୁ ଅତ୍ୟନ୍ତ ଶ୍ରଦ୍ଧା କରୁଥିଲେ। ଅଧ୍ୟାପନା କେବଳ ବୃତ୍ତିଗତ ନ ହୋଇ ଉଚ୍ଚ ଆଦର୍ଶ ଉପରେ ଆଧାରିତ ଥିବାରୁ ଆମ ସମୟରେ ପ୍ରଫେସରମାନେ ଶିକ୍ଷା କ୍ଷେତ୍ରରେ ଉଚ୍ଚମାନ ପ୍ରତିଷ୍ଠା କରିବା ନିମନ୍ତେ ସମର୍ଥ ହେଉଥିଲେ।

କର୍ମମୟ ଜୀବନର ଅୟମାରମ୍ଭ

୧୯୨୭ ମସିହାରେ ରେଭେନ୍ସା କଲେଜରୁ ବି.ଏ. ପାଶ୍ କଲି । ସ୍ଥିର କଲି, ଆଇନ ପଢ଼ିବି । ଓକିଲାତି କରିବି । ସେତେବେଳେ ମଧୁବାବୁଙ୍କର ବହୁମୁଖୀ ବ୍ୟକ୍ତିତ୍ୱ ଓଡ଼ିଶାର ଯୁବମାନସକୁ ଗଭୀର ଭାବରେ ଅନୁପ୍ରାଣିତ କରିଥାଏ । ଓଡ଼ିଶାକୁ ଶିଳ୍ପସମୃଦ୍ଧ କରିବା ପାଇଁ ମଧୁବାବୁଙ୍କର ଆହ୍ୱାନ ଥାଏ । ମୁଁ ଓ ମୋର ବନ୍ଧୁ କେତେଜଣ ସ୍ଥିରକଲୁ— ବାଣିଜ୍ୟ ବ୍ୟବସାୟ ମଧ୍ୟ କରିବୁ । ଆମର ଲକ୍ଷ୍ୟ ଥିଲା, ସ୍ୱାଧୀନ ଭାବରେ ଅର୍ଥ ଉପାର୍ଜନ କରି ଦେଶମାତୃକାର ସେବାରେ ନିଜକୁ ନିୟୋଜିତ କରିବା । ସଂକଳ୍ପ ନେଇ ମୁଁ ବ୍ୟବସାୟ ଆରମ୍ଭ କଲି । ପରିଣାମରେ ଲାଭ ତ ହେଲା ନାହିଁ, ମୂଳଜମା ବି ବୁଡ଼ିଗଲା । ଘରୁ ଆଣି ଖଟେଇଥିବା ମୂଳଟଙ୍କା ଉଠିଲା ନାହିଁ । ଋଣ ମଧ୍ୟ କିଛି ହୋଇଗଲା । ଜୀବନର ବଡ଼ ମୂଲ୍ୟବାନ ସମୟ ନଷ୍ଟ ହୋଇଗଲା ।

ବି.ଏ. ପଢ଼ିଲା ପର୍ଯ୍ୟନ୍ତ ବଡ଼ବାପାଙ୍କ ଘରେ ରହୁଥିଲି । କଟକ ଆସିବାଦିନୁ ସାହେବଜାଦା ବଜାରରେ ରହିଥିଲି । ବଡ଼ବାପା ଓ ତାଙ୍କ ପରିବାରର ସମସ୍ତେ ମୋତେ ଭାରି ଆଦର କରୁଥିଲେ । ସେଠାରେ ମୁଁ ଖୁବ୍ ଭଲରେ ଥିଲି । ଘରର କୌଣସି ଦାୟିତ୍ୱ ମୋ ଉପରେ ନ ଥିଲା । ଛାତ୍ର ପାଇଁ ଯେଉଁ ପରିବେଶ ଦରକାର, ସେ ସବୁ ସେଠି ଥିଲା । ମାତ୍ର ମୋ ବୟସ, ସାଙ୍ଗସାଥୀ, ପରିସର ଓ ଅଭିଜ୍ଞତା ବଢ଼ିବା ସଙ୍ଗେ ସଙ୍ଗେ ମୁଁ ଅଧିକ ସ୍ୱାଧୀନ ଭାବରେ ଓ ମୁକ୍ତ ପରିବେଶରେ ରହିବାକୁ ସ୍ୱତଃ ଆଗ୍ରହ ହୋଇଥିଲି । ସ୍ୱତନ୍ତ୍ର ଭାବରେ ରହିବାକୁ ମୁଁ ଚାହିଁଲି । ବନ୍ଧୁମାନଙ୍କ ସହିତ ଆଲୋଚନା କରିବାକୁ ବଡ଼ବାପାଙ୍କ ଘରେ ବିଶେଷ ସୁଯୋଗ ନ ଥିଲା । ସ୍ୱାଧୀନତା ଆନ୍ଦୋଳନରେ ସଂଶ୍ଲିଷ୍ଟ ରହି ସକ୍ରିୟ ଭାବରେ କାର୍ଯ୍ୟ କରିବାକୁ ମୁଁ ଚାହୁଁଥିଲି । ସେତେବେଳେ ଏହି ସ୍ୱାଧୀନତା ଆନ୍ଦୋଳନ ପ୍ରତି ସବୁ ଗୁରୁଗୁରୁଜନମାନଙ୍କର ଭୟ ଓ ଆଶଙ୍କା ରହୁଥିଲା । ଏକ ପକ୍ଷରେ ପ୍ରବଳପ୍ରତାପୀ ଶକ୍ତିଶାଳୀ ଇଂରେଜ ସରକାର; ଅନ୍ୟ ପକ୍ଷରେ ଅସହଯୋଗ

ଆନ୍ଦୋଳନକାରୀମାନଙ୍କର ସାମାନ୍ୟ ଶକ୍ତି। କେତେବେଳେ କ'ଣ ହେବ– ଏଇ ଆଶଙ୍କାରେ ଅଭିଭାବକମାନେ ବିବ୍ରତ ରହୁଥିଲେ। ବଡ଼ବାପାଙ୍କ ଘରେ ମଧ୍ୟ ଅନୁରୂପ ଆଶଙ୍କା ରହୁଥିଲା। ତେଣୁ ତାଙ୍କ ଘରେ ଏସବୁ ଅନୁଷ୍ଠାନ ସମ୍ଭବ ନ ଥିଲା। ମୁଁ ସ୍ଥିରକଲି, ବାହାରେ ରହିବି।

ସାହିତ୍ୟ, ସଂସ୍କୃତି ତଥା ବାଣିଜ୍ୟ ବ୍ୟବସାୟର କେନ୍ଦ୍ରସ୍ଥଳୀ ବିନୋଦବିହାରୀଙ୍କୁ ହିଁ ବାଛିଥିଲି। ବିନୋଦବିହାରୀରେ ମୋର ଅନେକ ଘନିଷ୍ଠ ବନ୍ଧୁ ଥିଲେ। ସେମାନଙ୍କ ମଧ୍ୟରେ ଉମାକାନ୍ତ ମହାନ୍ତି (ମୁଷିବାବୁ)ଙ୍କ ନାମ ଉଲ୍ଲେଖଯୋଗ୍ୟ। ମୁଷିବାବୁଙ୍କ ଭଉଣୀଙ୍କୁ ମୁଁ ବିବାହ କରିବା ଦ୍ୱାରା ଆମ ଦୁହିଁଙ୍କ ବନ୍ଧୁତା ଆହୁରି ଦୃଢ଼ୀଭୂତ ହୋଇଥିଲା। ବିନୋଦବିହାରୀରେ ଆଗରୁ ଜଣାଶୁଣା ଥିବା ଚିନ୍ତାମଣି ସାମନ୍ତରାୟଙ୍କ ଘରେ ରହିଲି। ପରବର୍ତ୍ତୀ ସମୟରେ ଏହି ପରିବାର ସହିତ ମୋର ବୈବାହକ ସମ୍ପର୍କ ସ୍ଥାପିତ ହୋଇଥିଲା। ମୋ ଜୀବନର ବହୁ ଉଲ୍ଲେଖଯୋଗ୍ୟ ଘଟଣା ବିନୋଦବିହାରୀରେ ଘଟିଥିଲା।

ଦୋତାଲା ଘରଟିଏ। ତଳ ଘରେ ଅଫିସ୍। ଉପର ମହଲାରେ ଡ୍ରଇଂ ରୁମ୍। ଏହା ଏକ ପ୍ରଶସ୍ତ ବଖରା। ବୈଠକଖାନା ପାଇଁ ଏକାନ୍ତ ଉପଯୁକ୍ତ। କାନ୍ଥ ଚାରିପଟେ ଧାଡ଼ି ଧାଡ଼ି ଚୌକି ପଡ଼ିଥାଏ। ମଝିରେ ଗୋଟିଏ ବଡ଼ ଟେବୁଲ। ଏକାଠି ବସିବା, ଖାଇବା ପିଇବା ପାଇଁ ଓ ସଭାସମିତି ପାଇଁ ବେଶ୍ ସୁବିଧା ସୁଯୋଗ ଥିଲା।

ବିନୋଦବିହାରୀ କଟକ ସହରର ଏକ କେନ୍ଦ୍ରସ୍ଥଳ। ବାଣିଜ୍ୟ ବ୍ୟବସାୟ ସାଙ୍ଗକୁ ସାମାଜିକ ତଥା ସାଂସ୍କୃତିକ କ୍ଷେତ୍ର ଭାବରେ ଏହା ବେଶ୍ ପ୍ରସିଦ୍ଧି ଲାଭ କରିଥିଲା। ନୟାସଡ଼କ, ମାରୁଆଡ଼ପଟି, ଚୌଧୁରୀ ବଜାର, ବାଙ୍କା ବଜାର, ବାଲୁବଜାର ଓ କଚେରୀ ପ୍ରଭୃତି ଗୁରୁତ୍ୱପୂର୍ଣ୍ଣ ସ୍ଥାନ ସବୁ ଏହାର ନିକଟବର୍ତ୍ତୀ ହୋଇଥିବାରୁ, ବିନୋଦବିହାରୀ ଯଥେଷ୍ଟ ପ୍ରାଧାନ୍ୟ ରହୁଥିଲା। ଦେବଦେବୀ ପୀଠସ୍ଥଳୀ ଥିଲା। ବହୁ ଆଡ଼ମ୍ବରରେ ଦୁର୍ଗାପୂଜା ଓ କାଳୀପୂଜା ପ୍ରଭୃତି ହେଉଥିଲା। ବର୍ଷର ବିଭିନ୍ନ ସମୟରେ ଯାନିଯାତ୍ରା, ସଂକୀର୍ତ୍ତନ, ପାଲା ଓ ଯାତ୍ରା ଆଦି ଅନୁଷ୍ଠିତ ହେଉଥିଲା।

ସାରା ଓଡ଼ିଶାର ବାଣୀଭଣ୍ଡାର ବା ପୁସ୍ତକ ବିକ୍ରୟ କେନ୍ଦ୍ର ରୂପେ ବିନୋଦବିହାରୀ ସୁପରିଚିତ ଥିଲା। ଏବେ ମଧ୍ୟ ତା'ର ଖ୍ୟାତି ପୂର୍ବଭଳି ରହିଛି। ଏଠାରେ ସ୍ୱର୍ଗତ ବାଳକୃଷ୍ଣ କରଙ୍କ ପୁସ୍ତକ ବିକ୍ରୟ କେନ୍ଦ୍ର, ଆକୁଳ ମିଶ୍ରଙ୍କ 'କଟକ ଟ୍ରେଡ଼ିଂ କମ୍ପାନୀ', 'କଟକ ଷ୍ଟୁଡେଣ୍ଟସ୍ ଷ୍ଟୋର', 'ଦତ୍ତ ପ୍ରେସ୍', 'ଅରୁଣୋଦୟ ପ୍ରେସ' ଓ 'ଉତ୍କଳ ସାହିତ୍ୟ ପ୍ରେସ୍' ପ୍ରଭୃତି ବହୁ ବଡ଼ ବଡ଼ ବହି ଦୋକାନ ଓ ପ୍ରେସ୍ ମାନ ଥିଲା। ବାଙ୍କା

ବଜାରରେ ପଣ୍ଡିତ ନୀଳକଣ୍ଠ ଦାଶଙ୍କ ପ୍ରତିଷ୍ଠିତ ନବଭାରତ ପ୍ରେସ୍‌ରୁ 'ନବଭାରତ' ନାମକ ଏକ ମାସିକ ପତ୍ରିକା ମଧ୍ୟ ପ୍ରକାଶିତ ହେଉଥିଲା। ଏହି ପ୍ରେସ୍‌ର ଉପର ମହଲାରେ ନୀଳକଣ୍ଠବାବୁ ଅନେକ ସମୟ ରହୁଥିଲେ। ତାଙ୍କର ସହଯୋଗୀ ଚିନ୍ତାମଣି ମିଶ୍ର ଏଠାକୁ ଆସି ପତ୍ରିକା ପ୍ରକାଶନରେ ସାହାଯ୍ୟ କରୁଥିଲେ। ଏହି ବିନୋଦବିହାରୀରୁ ବିଶ୍ୱନାଥ କର 'ଉତ୍କଳ ସାହିତ୍ୟ' ପତ୍ରିକା ପ୍ରକାଶ କରୁଥିଲେ।

ଇଂରାଜୀ ଟିଉସନ

ମୁଁ ବିନୋଦବିହାରୀରେ ଥାଏ। ଦିନେ ଗୋଟିଏ ଘୋଡ଼ାରେ ଜଣେ ଖ୍ୟାତିସମ୍ପନ୍ନ ଡାକ୍ତର ତ୍ରିଗୁଣା ରାୟ ମୋ ଘରେ ଆସି ପହଞ୍ଚିଲେ। ସେ ଜଣେ ଖ୍ୟାତିସମ୍ପନ୍ନ ବ୍ୟକ୍ତି। କ୍ରୀଡ଼ାବିତ୍ ଭାବରେ ତାଙ୍କର ବେଶ୍ ସୁନାମ ଥାଏ। କୁସ୍ତି କସରତରେ ଧୂରନ୍ଧର। ଲମ୍ବା ଓ ପହିଲିମାନ ପରି ଚେହେରା। ତାଙ୍କ ଘର ବାଲୁବଜାରରୁ ଗଣେଶ ଘାଟି ଆଡ଼କୁ ଗଲାବେଳେ ବାଟରେ ପଡ଼େ। ମୁଁ ତାଙ୍କୁ ମୋ' ପାଖକୁ ଆସିବାର କାରଣ ପଚାରିଲି। ସେ କହିଲେ, "ମୋ ପୁଅ ଶୈଲେନ ଇଂରାଜୀରେ ଦୁର୍ବଳ, ତାକୁ ଆପଣ ଟିକେ ଇଂରାଜୀ ପଢ଼ାଇବେ।" ମୁଁ ତାଙ୍କ କଥାରେ ସମ୍ମତି ପ୍ରଦାନ କଲି। ସେତେବେଳେ ମୁଁ ରେଭେନ୍ସା କଲେଜରେ ପଢୁଥାଏ। ତାଙ୍କ ପୁଅକୁ ଇଂରାଜୀ ପଢ଼ାଇବାକୁ ସେ ମୋତେ କାହିଁକି ବାଛିଲେ, ସେ କଥା ମୁଁ କହିପାରିବି ନାହିଁ। ମାତ୍ର ମୋର ଅରାଜି ହେବାର କୌଣସି କାରଣ ନ ଥିଲା। ତାଙ୍କ ଘରଠୁ ଆମ ଘର ପାଖ। ପିଲାଟି ନମ୍ର, ବାପାଙ୍କ ଭଳି ଲମ୍ବା ଚେହେରା। ମୁଁ ତାଙ୍କ ଘରକୁ ଯାଇ ଘଣ୍ଟାଏ ପଢ଼ାଏ। ଦାଣ୍ଡଘରେ ଚୌକି ଟେବୁଲ ପଡ଼ିଥାଏ। ମୁଁ ନିର୍ଦ୍ଦିଷ୍ଟ ସମୟରେ ଯାଏ। ଦୁଇ ତିନିମାସ ମୁଁ ଶୈଲେନକୁ ଓ ତା'ର ଭାଇକୁ ପଢ଼ାଉଥିଲି। ପାରିଶ୍ରମିକ କଣ ଦେଇଥିଲେ ମୋର ମନେ ନାହିଁ। କିନ୍ତୁ ମୋ' ପ୍ରତି ତାଙ୍କ ପରିବାରର ବହୁତ ଶ୍ରଦ୍ଧା ଥିଲା। ସେ ଦିନର ସେହି ଛାତ୍ର ଶୈଲେନ ତା'ର ପରବର୍ତ୍ତୀ ଜୀବନରେ ଜଣେ ପ୍ରତିଷ୍ଠିତ କ୍ରୀଡ଼ାବିତ ଓ ଆଦର୍ଶ ରେଫରୀ ଭାବରେ ଆନ୍ତର୍ଜାତିକ ଖ୍ୟାତି ଅର୍ଜନ କରିଛନ୍ତି। ବର୍ତ୍ତମାନ ସେ ସ୍ପୋର୍ଟ୍ସ କାଉନସିଲ ସହିତ ସମ୍ପୃକ୍ତ। ଶୈଲେନର ସେ ଭାଇ ବର୍ତ୍ତମାନ ଲଣ୍ଡନରେ ଅବସ୍ଥାନ କରୁଛି। ଶୈଲେନ ଏବେ ଶୋଭନୀୟ ଆନ୍ଦୋଳନ ସହ ସଂପୃକ୍ତ ବୋଲି ଜଣାଯାଏ।

ଇଂରାଜୀ ଟିଉସନ କରିବାର ଆଉ ଗୋଟିଏ ସୁଯୋଗ ମୋତେ ମିଳିଥିଲା। କଟକ ଇଂଜିନିୟରିଂ ସ୍କୁଲର ଜଣେ ବଙ୍ଗୀୟ ଭଦ୍ରଲୋକ ତାଙ୍କ ପୁଅକୁ ଇଂରାଜୀ ପଢ଼ାଇବାକୁ ମୋତେ ଅନୁରୋଧ କରିଥିଲେ। ତାଙ୍କ ଅନୁରୋଧ ଏଡ଼ି ନପାରି ଶେଷରେ

ମୁଁ 'ହଁ' ମାରିଲି। ତହିଁ ପରଦିନ ଠାରୁ ମୁଁ କଲେଜରୁ ଫେରିବା ବାଟରେ ମେଡ଼ିକାଲ କଲେଜ ସାମନାରେ ଥିବା ତାଙ୍କ ବାସଭବନକୁ ଯାଏ। ଦେଖିଲି, ପିଲାଟି ଟିକିଏ ଦୁଷ୍ଟ। ବେଳେବେଳେ ଅନ୍ୟମନସ୍କ ହେଉଛି। ତଥାପି ମୋ' ପ୍ରତି ତା'ର ଡର ଅଧିକ। ଥରେ ତାଙ୍କ ଘରକୁ ଯାଇ ଦେଖିଲି, ପିଲାଟି ପଢ଼ାଘରେ ନାହିଁ। ମୁଁ ଚୌକିରେ ବସିପଡ଼ି କିଛି ସମୟ ଅପେକ୍ଷା କଲି। ତଥାପି ତା'ର ଦେଖାନାହିଁ। ଭାବିଲି, ପିଲାଟି ବୋଧହୁଏ କାମରେ ବାହାରକୁ ଯାଇଥିବ। ତେଣୁ ଆଉ ଅଧିକ ସମୟ ଅପେକ୍ଷା ନକରି ଯିବାପାଇଁ ପଦାକୁ ବାହାରି ଆସିଲି। ଦି' ଚାରି ପାଦ ଆଗକୁ ଯାଇଛି କି ନାହିଁ; ସେ ପିଲାଟି ରାସ୍ତାଧାରରେ ଥିବା ଗୋଟିଏ ଗଛ ଉପରୁ ଧୀର ଗଳାରେ ଡାକିଲା— "ସାର୍, ଆମି ଏ ଖାନେ।"

କହିଲି, "ଦୁଷ୍ଟ ଛେଲେ, ନେମେ ଏସ୍।" ମୋ' ଜୀବନରେ ଟିଉସନ ଅଭିଜ୍ଞତା ଏତିକି।

ନିଷ୍ଠୁର ମହାକାଳ

ମୁଁ ଆଇନ ପଢୁଥାଏ। ମୋର କେତେଜଣ ଅନ୍ତରଙ୍ଗ ବନ୍ଧୁ ଉଚ୍ଚଶିକ୍ଷା ପାଇଁ ବିଲାତ ଗଲେ। ସେମାନଙ୍କ ମଧ୍ୟରୁ ସ୍ୱର୍ଗତ ମୁରଲୀଧର ମହାନ୍ତି ଓ ନୃସିଂହ ଚରଣ ମହାନ୍ତିଙ୍କ ନାମ ବିଶେଷ ଭାବରେ ଉଲ୍ଲେଖ କରାଯାଇପାରେ। ମୋର ନିଜର କେତେକ ବ୍ୟକ୍ତିଗତ ଅସୁବିଧା ଥିଲା। ବିଲାତ ଯାଇ ବାରିଷ୍ଟର ପଢ଼ିବା ମୋ' ପକ୍ଷେ ସମ୍ଭବପର ହୋଇ ପାରିନଥିଲା। ମାତ୍ର ମୋର ବନ୍ଧୁମାନଙ୍କୁ ଅନେକ ଶୁଭେଚ୍ଛା ସହ ବିଦାୟ ସମ୍ବର୍ଦ୍ଧନା ଦେବାରେ ମୋର ବହୁତ ଆଗ୍ରହ ଓ ଆନନ୍ଦ ଥିଲା। ମୁରଲୀଧର ମହାନ୍ତି ବିଲାତରୁ ବାରିଷ୍ଟର ହୋଇ ଫେରିଲେ। ପାଟନା ହାଇକୋର୍ଟରେ ପ୍ରଥମେ ଆଇନ ବ୍ୟବସାୟ ଆରମ୍ଭ କରି ପରେ ଓଡ଼ିଶା ହାଇକୋର୍ଟରେ ପ୍ରାକ୍ଟିସ କରିଥିଲେ। ସେ ଦୀର୍ଘଦିନ ଧରି ଓଡ଼ିଶା ହାଇକୋର୍ଟ ବାର ଆସୋସିଏସନ (Bar Association) ର ସଭାପତି ଥିଲେ।

ବନ୍ଧୁ ନୃସିଂହ ଚରଣ ମହାନ୍ତିଙ୍କ ବିଲାତ ଯାତ୍ରା ପୂର୍ବରୁ ମୁଁ ମୋର ବନ୍ଧୁମାନଙ୍କ ଗହଣରେ ତାଙ୍କୁ ଗୋଟିଏ ହାର୍ଦ୍ଦିକ ବିଦାୟ ସମ୍ବର୍ଦ୍ଧନା ଦେଇଥିଲି। ଏହି ଉପଲକ୍ଷେ ଶ୍ରୀରାମଚନ୍ଦ୍ର ଭବନରେ ଗୋଟିଏ ସମ୍ବର୍ଦ୍ଧନା ଉତ୍ସବର ଆୟୋଜନ କରାଯାଇଥିଲା।

କିନ୍ତୁ ଘୋର ପରିତାପର ବିଷୟ, ନୃସିଂହବାବୁ ବିଲାତରେ ବେମାର ହୋଇ ଗଭୀର ନୈରାଶ୍ୟରେ ସ୍ୱଦେଶକୁ ଫେରି ଆସିଲେ। ମୁଁ ତାଙ୍କୁ ପାଛୋଟି ଆଣିବାକୁ

ଷ୍ଟେସନକୁ ଯାଇଥିଲି । ସେଇ ବେମାର ଅବସ୍ଥାରେ ରହି କେତେମାସ ପରେ ପରଲୋକ ଗମନ କଲେ । ଏକ ଉଦୀୟମାନ ପ୍ରତିଭା ଅକାଳରେ ଝରିପଡ଼ିଲା । ଏହା ମୋର ଓ ମୋର ବନ୍ଧୁମାନଙ୍କ ହୃଦୟରେ ଗଭୀର କ୍ଷତ ସୃଷ୍ଟି କରିଥିଲା । ଆମ୍ଭେମାନେ ମର୍ମାହତ ହୋଇ ପଡ଼ିଥିଲୁ । ତାଙ୍କର ଉଚ୍ଚାଭିଳାଷ ଓ ସୁନେଲି ସ୍ୱପ୍ନ ମହାକାଳର କ୍ରୂର ଅଟ୍ଟହାସ୍ୟରେ ଭାଙ୍ଗି ଚୂରମାର ହୋଇଗଲା । ସାର୍ଥକ ଜୀବନ ଯାପନର ଆଶା ଚିରଦନ ପାଇଁ ମହାକାଳ ଗର୍ଭରେ ବିଲୀନ ହୋଇଗଲା । ମନୁଷ୍ୟର ଜୀବନ ପାଣି ଫୋଟକା ପରି । ପଲକମାତ୍ରେ ଏହି ବୁଦ୍‌ବୁଦ୍‌ ସତ୍ତା ହରାଇ ବସେ । ମଣିଷର କଳ୍ପନା-ଜଳ୍ପନା, ଭବିଷ୍ୟତର ରଙ୍ଗିନ ସ୍ୱପ୍ନ ସବୁ କେବଳ ଆକାଶ କୁସୁମ ।

କୃପାସିନ୍ଧୁ ମିଶ୍ର, ଆଇ.ସି.ଏସ୍.

ମୋର ଅନ୍ୟତମ ଯୁବବନ୍ଧୁ ସ୍ୱର୍ଗତ କୃପାସିନ୍ଧୁ ମିଶ୍ର ଆଇ.ସି.ଏସ୍. - (I. C. S.) ପରୀକ୍ଷାରେ କୃତକାର୍ଯ୍ୟ ହେବାର ଲକ୍ଷ୍ୟ ନେଇ ବିଲାତ ଯାଇଥିଲେ । ଦୁଇଥର ପରୀକ୍ଷା ଦେଇ ପ୍ରଥମଥର ବିଫଳ ମନୋରଥ ହୋଇଥିଲେ । ଦି' ଚାରିଥର ପରୀକ୍ଷା ଦେଲେ । ମାତ୍ର ବିଫଳତାର ଆଶଙ୍କା ତାଙ୍କୁ ଗ୍ରାସ କରି ବସିଲା । ଫଳାଫଳକୁ ଅପେକ୍ଷା ନ କରି ସ୍ୱଦେଶକୁ ଫେରି ଆସିଲେ । ଭଗ୍ନ ହୃଦୟରେ ଫେରି ଅନ୍ୟ କୌଣସି ବ୍ୟବସ୍ଥାର ଯୋଗାଡ଼ରେ ଲାଗିଲେ । ବିଲାତରୁ ଫେରିବା ବେଳେ ସେ ସେଠାରେ ଥିବା ତାଙ୍କ ଜଣେ ବନ୍ଧୁଙ୍କୁ ମୋ ବିନୋଦବିହାରୀ ଘରର ଠିକଣାରେ ଯୋଗାଯୋଗ କରିବାକୁ ଅନୁରୋଧ କରି ଆସିଥିଲେ ।

ସୁଖର କଥା, ଆଶାତୀତ ଭାବରେ ତାଙ୍କର ଭାଗ୍ୟୋଦୟ ଘଟିଲା । "ଆଇ.ସି.ଏସ୍. ପରୀକ୍ଷାରେ କୃତକାର୍ଯ୍ୟ ହୋଇଛନ୍ତି"—ବିଲାତରେ ଥିବା ତାଙ୍କର ସେଇ ବନ୍ଧୁ ମୋ ଠିକଣାରେ ଅଭିନନ୍ଦନ ଜଣାଇ, ଟେଲିଗ୍ରାମ କରିଥିଲେ । ମୋର ମନେଅଛି, ଏହାର ଦୁଇ ଚାରିଦିନ ଆଗରୁ ଆମେ ଏହି ପରୀକ୍ଷାର ଫଳାଫଳ ସମ୍ପର୍କରେ ବିଚାର ଆଲୋଚନା କରୁଥିଲୁ । ଯାହାହେଉ, ଏ ଖବର ଜାଣିଲା ପରେ ତାଙ୍କର ବହୁତ ବନ୍ଧୁ ଓ ଉଚ୍ଚପଦସ୍ଥ ବ୍ୟକ୍ତି ମୋ ଘରେ ଆସି ପହଞ୍ଚିଲେ । ଏଇ ପରିପ୍ରେକ୍ଷୀରେ ଆମ ବନ୍ଧୁ ମହଲରେ ତାଙ୍କୁ ଏକ ଆନ୍ତରିକ ସମ୍ବର୍ଦ୍ଧନା ଜଣାଇବାକୁ ଆନନ୍ଦ ଉଲ୍ଲାସ ଭିତରେ ଆୟୋଜନ ଚାଲିଲା । ତାଙ୍କୁ ଅଭିନନ୍ଦନ ଜଣାଇ ଟେଲିଗ୍ରାମ ପରେ ଟେଲିଗ୍ରାମ ଆସି ପହଞ୍ଚିଲା । ପରେ ପରେ ସେକ୍ରେଟାରୀ ଅଫ ଷ୍ଟେଟ୍ (Secretary of State)ଙ୍କ ଠାରୁ ସରକାରୀ ସ୍ୱୀକୃତିପ୍ରାପ୍ତ (Official Confirmation) ଆସି ପହଞ୍ଚିଲା । ବାସ୍ତବିକ,

ସେ ସମୟରେ ତାଙ୍କର ଏହି ମହତ୍ତ୍ୱପୂର୍ଣ୍ଣ ଅପୂର୍ବ ସାଫଲ୍ୟ ସମଗ୍ର ଓଡ଼ିଶା ପାଇଁ ଅତ୍ୟନ୍ତ ଗୌରବର ବିଷୟ ଥିଲା । ନୀଳମଣି ସେନାପତିଙ୍କ ପରେ ପରୀକ୍ଷା ଦେଇ ଆଇ.ସି.ଏସ୍. ପାଇବାରେ ବୋଧହୁଏ କୃପାସିନ୍ଧୁ ମିଶ୍ର ହେଉଛନ୍ତି ଦ୍ୱିତୀୟ ଓଡ଼ିଆ ।

କୃପାସିନ୍ଧୁ ବାବୁ ଉତ୍ତର ପ୍ରଦେଶ କ୍ୟାଡରରେ ଜଣେ ଉଚ୍ଚପଦସ୍ଥ ଅଫିସର ଭାବେ ଦାୟିତ୍ୱ ଗ୍ରହଣ କରିଥିଲେ । ମାତ୍ର ଅତ୍ୟନ୍ତ ଦୁର୍ଭାଗ୍ୟର କଥା, ଜଣେ ନିଷ୍ଠୁର ଆତତାୟୀର ଗୁଳି ଚୋଟରେ ସେଠାରେ ସେ ଶେଷ ନିଃଶ୍ୱାସ ତ୍ୟାଗ କରିଥିଲେ । ଏହିଭଳି ଭାବରେ ଜଣେ ତରୁଣ ଓଡ଼ିଆ ଉଚ୍ଚପଦସ୍ଥ ଅଫିସରଙ୍କର ଅକାଳ ବିୟୋଗ ଘଟିଲା । ଏହା ଆମ୍ଭମାନଙ୍କୁ ଦାରୁଣ ଦୁଃଖରେ ଅଭିଭୂତ କରିଥିଲା । ମୋର ଅତି ଅନ୍ତରଙ୍ଗ ବନ୍ଧୁ ସେ ଥିଲେ । ତାଙ୍କର ଏହି ଆକସ୍ମିକ ଚିର ବିଚ୍ଛେଦ ମୋ ଜୀବନରେ ଯେଉଁ ଅପୂରଣୀୟ କ୍ଷତି ଘଟାଇଥିଲା, ତାହା ବର୍ଣ୍ଣନା କରିବାକୁ ଭାଷା ପାଉନାହିଁ । ଯଥାର୍ଥରେ କବିବର ରାଧାନାଥ କହିଛନ୍ତି –

“ବଡ଼ କ୍ରୁର କାଳ, ବଡ଼ ଅବିଶ୍ୱାସୀ
ହାବୋଡ଼ି ଯିବ ସେ ଆଚମ୍ବିତେ ଆସି ।”

ସ୍ୱର୍ଗତ ମିଶ୍ର ଜାତିପ୍ରଥାରେ ବିଶ୍ୱାସ କରୁ ନ ଥିଲେ । ରକ୍ଷଣଶୀଳ ବ୍ରାହ୍ମଣ ପରିବାରରେ ଜନ୍ମଗ୍ରହଣ କରି ମଧ୍ୟ ସେ ଖଣ୍ଡାୟତ ଘରେ ପାଣିଗ୍ରହଣ କରିଥିଲେ । ଭାବଗ୍ରାହୀ ବିଶ୍ୱାଳଙ୍କ ମଧ୍ୟମା କନ୍ୟା ବିନ୍ଦୁକୁ ପତ୍ନୀ ରୂପେ ଗ୍ରହଣ କରି ଏକ ଅଭିନବ ଆଦର୍ଶର ପରକାଷ୍ଠା ଦେଖାଇଥିଲେ । ଭାବଗ୍ରାହୀବାବୁଙ୍କର ଆଉ ଦୁଇଟି ଝିଅ ଥିଲେ ଇନ୍ଦୁ ଓ ସର । ତାଙ୍କ ଘର ଗଣେଶଘାଟରେ । ସେମାନେ ଆମ ଘରକୁ ମଝିରେ ମଝିରେ ଆସୁଥିଲେ । ମୁଁ ମଧ୍ୟ ତାଙ୍କ ଘରକୁ ଯାଉଥିଲି । ଏହିପରି ଭାବରେ କୃପାସିନ୍ଧୁ ବାବୁ ଓ ତାଙ୍କ ଶ୍ୱଶୁରଙ୍କ ପରିବାର ସହିତ ମୋର ନିବିଡ଼ ସମ୍ପର୍କ ଥିଲା ।

୧୯୨୮–କଂଗ୍ରେସ ଅଧିବେଶନ ଓ ନେତାଜୀ

୧୯୨୮ ମସିହା ଡିସେମ୍ବର ମାସରେ କଲିକତାରେ କଂଗ୍ରେସ ଅଧିବେଶନ ଅନୁଷ୍ଠିତ ହୋଇଥିଲା । ନିଖିଳ ଭାରତୀୟ ଜାତୀୟ କଂଗ୍ରେସର ଏହି ଅଧିବେଶନ ପାର୍କ ସର୍କସ ଅଞ୍ଚଳରେ ପଣ୍ଡିତ ମୋତିଲାଲ ନେହରୁଙ୍କ ସଭାପତିତ୍ୱରେ ହୋଇଥିଲା । କଲିକତାର ତତ୍କାଳୀନ ମେୟର ଯତୀନ୍ଦ୍ର ମୋହନ ସେନଗୁପ୍ତ ଅଭ୍ୟର୍ଥନା ସମିତିର ଚେୟାରମ୍ୟାନ ଥିଲେ । ନେତାଜୀ ସୁଭାଷଚନ୍ଦ୍ର ବୋଷ ସ୍ୱେଚ୍ଛାସେବୀ ମଣ୍ଡଳୀର ଅଧ୍ୟକ୍ଷ (General Officer Comanding) ହୋଇଥିଲେ ।

ଏହି ଅଧିବେଶନ ବେଳକୁ ପଣ୍ଡିତ ଗୋପବନ୍ଧୁ ଦାସଙ୍କର ଦେହାନ୍ତ ହୋଇ ସାରିଥାଏ । ଗୋପବନ୍ଧୁ ଚୌଧୁରୀ, ଭାଗୀରଥି ମହାପାତ୍ର, ରମାଦେବୀ, ସରଳାଦେବୀ, ନିରଞ୍ଜନ ପଟ୍ଟନାୟକ, ହୈମବତୀ ଦେଈ (ମୋ ଶାଶୁ) ଓ ତାଙ୍କ କନ୍ୟା ସରୋଜିନୀ (ପରବର୍ତ୍ତୀ ସମୟରେ ମୋ ସ୍ତ୍ରୀ), ଯଦୁମଣି ମଙ୍ଗରାଜ, ନବକୃଷ୍ଣ ଚୌଧୁରୀ ଓ ରାଜକୃଷ୍ଣ ବୋଷ ପ୍ରମୁଖ ବିଶିଷ୍ଟ ବ୍ୟକ୍ତିଗଣ ଅଧିବେଶନରେ ଯୋଗ ଦେବାକୁ କଲିକତା ଯାଇଥିଲେ ।

ଉକ୍ତ ଅଧିବେଶନରେ ଜଣେ ସ୍ୱେଚ୍ଛାସେବକ ଭାବରେ କାର୍ଯ୍ୟ କରିବାର ସୁଯୋଗ ମୋତେ ମିଳିଥିଲା । ସେତେବେଳକୁ ମୁଁ ଆଇନ ଶେଷ ବର୍ଷର ଛାତ୍ର । ମୋ ସହିତ ବାରିଷ୍ଟର ମୁରଲୀଧର ମହାନ୍ତି ମଧ୍ୟ ଯାଇଥିଲେ । ସେ ଗୋଟିଏ ହୋଟେଲରେ ରହିଲେ । କଂଗ୍ରେସ ଅଧିବେଶନରେ ଯୋଗଦାନ କରିବା ମୋ ପାଇଁ ପ୍ରଥମ ଥିଲା ।

ଡିସେମ୍ବର ମାସ । କଲିକତାରେ ପ୍ରବଳ ଥଣ୍ଡା ପଡ଼ିଥାଏ । ଆମ୍ଭେମାନେ ଅସ୍ଥାୟୀ କ୍ୟାମ୍ପରେ ରହିଥିବାରୁ ଥଣ୍ଡା ଅଧିକ ଅନୁଭବ ହେଉଥାଏ । ହୈମବତୀ ତାଙ୍କ ପୁଅ ଉମାକାନ୍ତ ମହାନ୍ତି (ମୁଷିବାବୁ) ଓ ଝିଅ ସରୋଜିନୀ ରେଭେନ୍ସା କଲେଜର ତତ୍କାଳୀନ ଉଦ୍ଭିଦ ବିଜ୍ଞାନ ପ୍ରଫେସର ଦେବବ୍ରତ ମୁଖାର୍ଜୀଙ୍କର ବାଚୁ ଚାଟାର୍ଜୀସ୍ଥିତ ଘରେ ରହିଥିଲେ ।

ସେହି ଅଧିବେଶନର ସ୍ୱେଚ୍ଛାସେବକମାନେ ସମସ୍ତେ ଏକା ପ୍ରକାର ପୋଷାକ (Uniform) ପିନ୍ଧିଥିଲେ । ମହିଳା ସ୍ୱେଚ୍ଛାସେବିକାମାନେ ମଧ୍ୟ ଏକା ରଙ୍ଗର ଶାଢ଼ୀ ପିନ୍ଧି ଏକ ସୁସଜ୍ଜିତ ସେନାଭଳି ସଜ୍ଜିତ ହୋଇ ରହିଥିଲେ । ନେତାଜୀ ସୁଭାଷ ଚନ୍ଦ୍ର ବୋଷ ଅଧିବେଶନ ଦୁଇଦିନଯାକ ସେନାପତି ପୋଷାକ ପିନ୍ଧି କଂଗ୍ରେସ ସ୍ୱେଚ୍ଛାସେବକ ଦଳର ଅଧ୍ୟକ୍ଷ (G.O.C.) ଭାବେ କାର୍ଯ୍ୟ ପରିଚାଳନା କରୁଥିଲେ ।

ପୂର୍ବରୁ ନେତାଜୀଙ୍କ ବ୍ୟକ୍ତିଗତ ସମ୍ପର୍କରେ ଆସିବାର ସୁଯୋଗ ମୋତେ ମିଳିଥିଲା । ମୁଁ ରେଭେନ୍ସା କଲେଜିଏଟ ସ୍କୁଲର ଛାତ୍ର ଥିବା ସମୟରେ ସୁଭାଷ ବୋଷଙ୍କ ପିତା ବିଶିଷ୍ଟ ଆଇନଜ୍ଞ ସ୍ୱର୍ଗତ ଜାନକୀନାଥ ବୋଷ କଟକ ସହରର ଓଡ଼ିଆବଜାରଠାରେ ସପରିବାର ରହୁଥିଲେ । (ଏବେ ନେତାଜୀଙ୍କ ସ୍ମୃତି ଉଦ୍ଦେଶ୍ୟରେ ସେଠାରେ 'ନେତାଜୀ ସେବାସଦନ' ନାମରେ ଏକ ଦାତବ୍ୟ ଚିକିତ୍ସାଳୟ ପ୍ରତିଷ୍ଠିତ ହୋଇଛି ।) ତାଙ୍କରି ଘର ପାଖରେ ରେଭେନ୍ସା କଲେଜର ତତ୍କାଳୀନ ପ୍ରଫେସର ଗୋପାଳଚନ୍ଦ୍ର ଗାଙ୍ଗୁଲିଙ୍କ ଘର । ତାଙ୍କ ପୁଅ ଅନିଲଚନ୍ଦ୍ର ଗାଙ୍ଗୁଲି (ବିଶିଷ୍ଟ ଆଇନଜୀବୀ) ମୋର ସହପାଠୀ ଥିଲେ । ଆମ ଦୁହିଁଙ୍କ ମଧ୍ୟରେ ଘନିଷ୍ଠ ସମ୍ପର୍କ ଥିଲା । ମୁଁ ଅନିଲ ପାଖକୁ ଯିବା ସମୟରେ ସେଠାରେ ସୁଭାଷବାବୁଙ୍କୁ ଦେଖିବାର ସୁଯୋଗ ପାଇଥିଲି ।

ଯେଉଁ ସୁଭାଷ ବୋଷ ପ୍ରତ୍ୟେକ ଭାରତୀୟର ପ୍ରାତଃ ସ୍ମରଣୀୟ, ପ୍ରତ୍ୟେକ ଓଡ଼ିଆର ଚିର ବନ୍ଦନୀୟ; ସେଇ ସୁଭାଷଙ୍କ ସହିତ କିଛି କାମ କରିବାର ସୌଭାଗ୍ୟ ମୋର ଘଟିଛି। ଏହା ହିଁ ମୋ ଜୀବନର ଗୋଟିଏ ଗୌରବର କଥା। ଆଜି ସେହି ମଧୁର ସ୍ମୃତିର ରୋମନ୍ଥନ ବେଳେ ମୋର ସମଗ୍ର ସତ୍ତା ରୋମାଞ୍ଚିତ ହୋଇ ଉଠୁଛି।

"ଆଜାଦ୍ ହିନ୍ଦ୍ ଫୌଜର" ସର୍ବୋଚ୍ଚ ସେନାପତି ଥିଲେ ନେତାଜୀ। ଏହି ସେନାବାହିନୀ ଗଠନ କରିବାର ଉଦ୍ଦେଶ୍ୟ ତାଙ୍କର ଥିଲା—ଆବଶ୍ୟକ ହେଲେ ସଶସ୍ତ୍ର ସଂଗ୍ରାମ ଦ୍ୱାରା ଭାରତର ସ୍ୱାଧୀନତା ହାସଲ କରିବା। ତାହା ବ୍ରିଟିଶ ଶାସକ ହୃଦୟରେ କେବଳ ଭୀତି ସଞ୍ଚାର କରି ନ ଥିଲା, ବ୍ରିଟିଶ ସରକାରର ମେରୁଦଣ୍ଡ ଦୋହଲାଇ ଦେଇଥିଲା। ସେ ନିଜେ ଜଣେ ଅତ୍ୟନ୍ତ ତେଜୀୟାନ ବ୍ୟକ୍ତି ଥିଲେ। ଭାରତୀୟ ଯୁବଶକ୍ତି ଉପରେ ତାଙ୍କର ଅଖଣ୍ଡ ପ୍ରଭାବ ଥିଲା। ଭାରତର ଶୌର୍ଯ୍ୟ ଓ ଶକ୍ତିର ସେ ଥିଲେ ମହାନ ପ୍ରତୀକ। ଭାରତରୁ ସେ ଛଦ୍ମବେଶରେ ବ୍ରିଟିଶ ସେନା ଆଖିରେ ଧୂଳି ଦେଇ ବିଦେଶକୁ ଖସି ଯାଇଥିଲେ। ଜାପାନ ଓ ଜର୍ମାନୀର ଶାସକମାନଙ୍କ ସହ ବନ୍ଧୁତା ସ୍ଥାପନ କରି 'ଦିଲ୍ଲୀ ଚଲୋ' ଡାକରା ଦେଇଥିଲେ। ତାଙ୍କ ସଶସ୍ତ୍ର ସଂଗ୍ରାମର ଇତିହାସ ଯେ କୌଣସି ଗୋଇନ୍ଦା କାହାଣୀ ଠାରୁ ଅଧିକ ରୋମାଞ୍ଚକର। ତାଙ୍କ ବଳିଷ୍ଠ ବ୍ୟକ୍ତିତ୍ୱ, ବୀରତ୍ୱ ଓ ସାହସିକତାର କାହାଣୀ ଭାରତର ମୁକ୍ତି ସଂଗ୍ରାମ ଇତିହାସରେ ସ୍ୱର୍ଣ୍ଣାକ୍ଷରରେ ଲିପିବଦ୍ଧ ହୋଇ ରହିଛି।

ସୁଭାଷବାବୁ ଓଡ଼ିଶାକୁ କେବେ ଭୁଲିଯାଇ ନ ଥିଲେ। ଏହି କଟକ ସହରରେ ୧୮୯୭ ମସିହା ଜାନୁଆରୀ ୨୩ ତାରିଖରେ ତାଙ୍କର ଜନ୍ମ। କଟକ ରେଭେନ୍ସା କଲେଜିଏଟ୍ ସ୍କୁଲର ଜଣେ କୃତୀଛାତ୍ର ଭାବରେ ତାଙ୍କର ଯଥେଷ୍ଟ ସୁନାମ ଥିଲା। ଓଡ଼ିଶାରେ 'ବିଲାତବସ୍ତ୍ର' ବର୍ଜନ ଆନ୍ଦୋଳନବେଳେ ବିଲାତରୁ ଜାହାଜରେ ଆସୁଥିବା ବିଲାତି ବସ୍ତ୍ର ମୁଖ୍ୟତଃ କଲିକତା ବନ୍ଦରରେ ଖଲାସ କରାଯାଉଥିଲା। ସେହି ବନ୍ଦରରେ ଅଧିକ ସଂଖ୍ୟାରେ ଓଡ଼ିଆ ଶ୍ରମିକମାନେ କାର୍ଯ୍ୟ କରୁଥିଲେ। ସେହି ଶ୍ରମିକମାନଙ୍କୁ ଉକ୍ତ କାର୍ଯ୍ୟରୁ ନିବୃତ୍ତ କରିବା ଲାଗି ସୁଭାଷବାବୁ ଓଡ଼ିଆରେ ଯେଉଁ ଓଜସ୍ୱିନୀ ବକ୍ତୃତା ଦେଇଥିଲେ ତାହା ଶ୍ରମିକମାନଙ୍କ ଉପରେ ଗଭୀର ରେଖାପାତ କରିଥିଲା। ଏହା ତାଙ୍କ ଅତୁଳନୀୟ ସାଙ୍ଗଠନିକ ଶକ୍ତିର ଏକ ଛୋଟ ଦୃଷ୍ଟାନ୍ତ।

ସୁଭାଷଙ୍କ ପିତା ଜଣେ ଆଦର୍ଶ ସମାଜସେବୀ ଭାବରେ ଅଶେଷ ଖ୍ୟାତି ଅର୍ଜନ କରିଥିଲେ। ସେ ସରକାରୀ ଓକିଲ ଥିଲେ। କଟକ ମ୍ୟୁନିସିପାଲିଟି ଚେୟାରମ୍ୟାନ୍ ଥିଲେ। ତାଙ୍କୁ ସରକାର 'ରାୟବାହାଦୁର' ଉପାଧିରେ ଭୂଷିତ କରିଥିଲେ।

କଲିକତା ଅଧିବେଶନରେ ସୁଭାଷବାବୁ ନିଜେ ପ୍ରତ୍ୟକ୍ଷ ଭାବରେ ସମସ୍ତ କାର୍ଯ୍ୟ ତଦାରଖ କରୁଥିଲେ । ପ୍ରବଳ ଶୀତରେ ମଧ୍ୟ ଆମ ସ୍ୱେଚ୍ଛାସେବୀ ଶିବିରକୁ ଆସି ଭଲ ମନ୍ଦ ବୁଝିଥିଲେ । ସେହି ସମୟରୁ ଜଣା ପଡୁଥିଲା ଯେ ଭବିଷ୍ୟତରେ ସୁଭାଷବାବୁ ବଳିଷ୍ଠ ନେତୃତ୍ୱର ପରିଚୟ ଦେବେ । ସେନାପତି ହୋଇ ଇଂରେଜ ସରକାର ସହିତ ସଂଗ୍ରାମ କରିବେ, ଏହା ତାଙ୍କ କର୍ମମୟ ଜୀବନର ଆଦ୍ୟ କାଳରୁ ହିଁ ଅନୁମିତ ହେଉଥିଲା । ସୁଭାଷ ବୋଷଙ୍କ ପରିଚାଳିତ ଯୁବକଂଗ୍ରେସ ସଂଗଠନର ଭାରତୀୟ ଜାତୀୟ କଂଗ୍ରେସ ଉପରେ ଯଥେଷ୍ଟ ପ୍ରଭାବ ଥିଲା ।

ନେତାଜୀ ଆଜି ଇହଧାମରେ ନାହାନ୍ତି । ତାଙ୍କର ରହସ୍ୟମୟ ମୃତ୍ୟୁ ସମଗ୍ର ଦେଶ ପାଇଁ ଚରମ ଦୁର୍ଭାଗ୍ୟ । ତାଙ୍କର ମୃତ୍ୟୁ ଖବର ନାନା ଭାବରେ ପ୍ରଚାରିତ ହୋଇଛି । ଏସବୁ କଥା ମୋତେ ବହୁ ଭାବରେ ଦୁଃଖୀ କରିଛି । ନେତାଜୀଙ୍କ ନେତୃତ୍ୱ ଓ ବ୍ୟକ୍ତିତ୍ୱର ସମ୍ୟକ୍ ପରିଚୟ ଯେଉଁମାନେ ପାଇଛନ୍ତି, ସେଇମାନେ କେବଳ ଅନୁଭବ କରିପାରିବେ ଯେ, ନେତାଜୀ କ'ଣ ଥିଲେ ! ଦେଶର ସମ୍ମାନ ରକ୍ଷା କରିବାରେ ତାଙ୍କ ପରି ଲୋକ ବିରଳ । ଏହି କ୍ଷଣଜନ୍ମା ମହାମାନବ ଦେଶ ପାଇଁ ଆତ୍ମବଳି ଦେଇ ସମଗ୍ର ଜାତିର ଚିରନମସ୍ୟ ହୋଇ ରହିଛନ୍ତି ।

ନେତାଜୀଙ୍କର ମହାନ୍ ସ୍ମୃତି ଉଦ୍ଦେଶ୍ୟରେ ରେଭେନ୍ସା କଲେଜିଏଟ ସ୍କୁଲ ପ୍ରାଙ୍ଗଣରେ ପୁରାତନ ଛାତ୍ର ସଂଘ ଆନୁକୂଲ୍ୟରେ ତାଙ୍କର ଏକ ପ୍ରତିମୂର୍ତ୍ତି ଉନ୍ମୋଚିତ ହୋଇଛି । ଉକ୍ତ ପ୍ରତିମୂର୍ତ୍ତି ଉନ୍ମୋଚନ କରିବାର ସୁଯୋଗ ମୋତେ ମିଳିଥିଲା ।

କଲିକତା କଂଗ୍ରେସ ଅଧିବେଶନର ଗୋଟିଏ ନିର୍ଦ୍ଦିଷ୍ଟ ଘଟଣା ମୋର ମନେପଡୁଛି । ସଭା ଆରମ୍ଭରେ ସଭାପତି ପଣ୍ଡିତ ମୋତିଲାଲ ନେହେରୁ ଇଂରାଜୀରେ ତାଙ୍କ ଭାଷଣ ଆରମ୍ଭ କଲେ । ସାଙ୍ଗେ ସାଙ୍ଗେ ଦର୍ଶକମାନଙ୍କ ତରଫରୁ ପ୍ରତିବାଦ କରାଯାଇ ହିନ୍ଦୀରେ ଭାଷଣ ଦେବାକୁ ଦାବୀ ହେଲା ।

ମାତ୍ର ସେ ଏ ପ୍ରସ୍ତାବକୁ ଗ୍ରହଣ କରି ନ ଥିଲେ । ସଭାରେ ଭୀଷଣ ପାଟିତୁଣ୍ଡ ହୋଇ ସଭାକାର୍ଯ୍ୟ କିଛି ସମୟ ପାଇଁ ମୁଲତବୀ ରହିଲା । ଅପରାହ୍ଣ ଦୁଇଟାରେ ଯେତେବେଳେ ପଣ୍ଡିତ ଜବାହରଲାଲ ନେହେରୁ ସମ୍ମିଳନୀରେ ଆସି ପହଞ୍ଚିଲେ, ସଭାକାର୍ଯ୍ୟ ପୁନର୍ବାର ଆରମ୍ଭ ହୋଇ ବିଧିବଦ୍ଧ ଭାବେ ଚାଲିଥିଲା ।

ସେ ସମୟର ଆଉ ଗୋଟିଏ କୌତୂହଳପୂର୍ଣ୍ଣ ଘଟଣା ମଧ୍ୟ ମୋର ମନେପଡୁଛି । ଯଦୁମଣି ମଙ୍ଗରାଜ ଓ ରାଜକୃଷ୍ଣ ବୋଷ ପ୍ରଭୃତିଙ୍କ ସହ ମୁଁ ଗୋଟିଏ କ୍ୟାମ୍ପରେ ରହୁଥିଲି । ପ୍ରବଳ ଥଣ୍ଡା ଯୋଗୁଁ ଆମେ କେତେଜଣ ମୁହଁ ଘୋଡ଼ିହୋଇ ଶୋଇଥିଲୁ । ଜଣେ

ବ୍ୟକ୍ତି ସେଠାରେ ପହଞ୍ଚି କହିଲେ, "ବାବୁମାନେ, ଏତେ ଗରମରେ କିପରି ଘୋଡ଼ିହୋଇ ଶୋଇଛନ୍ତି ?" ତାଙ୍କ କଥାରେ ଆମକୁ ହସ ଲାଗିଲା। ଯଦୁମଣି ବାବୁ କହିଲେ, 'ଏ ମହାପ୍ରଭୁ ? ଏତେ ଥଣ୍ଡାରେ ଏ ଭଦ୍ରଲୋକ କେଉଁଠୁ ବାହାରିଲେ ?" ଆଗନ୍ତୁକ ଉତ୍ତର ଦେଲେ, "ଆଜ୍ଞା, ମୁଁ ଖାଲି ଭଦ୍ରଲୋକ ନୁହଁ, ଭଦ୍ରକର ଲୋକ। ଏ ଅଧିବେଶନରେ ରୋଷେଇବାସ ଦାୟିତ୍ୱ ମୋ ଉପରେ। ଆମେ ଭଦ୍ରକର ଲୋକେ କ'ଣ ଭଦ୍ରଲୋକ ନୋହୁଁ ?" ରୋଷେଇଶାଳରୁ ଆସିଥିବାରୁ ତାଙ୍କୁ ବୋଧହୁଏ ଥଣ୍ଡା ଜଣାପଡୁ ନ ଥିଲା।

୧୯୨୮ ମସିହା କଂଗ୍ରେସ ଅଧିବେଶନକୁ ଯେଉଁ ନାରୀନେତ୍ରୀମାନେ ଯାଇଥିଲେ, ସେମାନଙ୍କ ମଧ୍ୟରୁ ଓଡ଼ିଶାର ସରଳା ଦେବୀ ଓ ଅନ୍ୟ କେତେଜଣ ପରବର୍ତ୍ତୀ କାଳରେ ବେଶ୍ ସୁନାମ ଓ ପ୍ରତିଷ୍ଠାର ଅଧିକାରିଣୀ ହୋଇ ପାରିଥିଲେ। ସେଠାରେ ମୁଁ ତାଙ୍କୁ ଦେଖିଥିଲି। ଓଡ଼ିଶାର ଯେଉଁ କେତୋଟି ପରିବାର ସ୍ୱାଧୀନତା ସଂଗ୍ରାମରେ ଝାସ ଦେଇଥିଲା, ସରଳା ଦେବୀଙ୍କ ପରିବାର ଥିଲା ସେମାନଙ୍କ ମଧ୍ୟରେ ଅନ୍ୟତମ। ଏହି ଯଶସ୍ୱିନୀ ମହିଳା କଂଗ୍ରେସ କାର୍ଯ୍ୟପାଇଁ ଅଧିକାଂଶ ସମୟ ଦେଉଥିଲେ।

ସରଳା ଦେବୀ

ଜଣେ ଆଦର୍ଶ ନାରୀନେତ୍ରୀ ଓ ସୁଲେଖିକା ଭାବରେ ସରଳା ଦେବୀ ସର୍ବତ୍ର ପରିଚିତା। ସେ ହେଉଛନ୍ତି ବିଶିଷ୍ଟ ସ୍ୱାଧୀନତା ସଂଗ୍ରାମୀ ତଥା ଏମ୍.ପି. ସ୍ୱର୍ଗତ ଭାଗୀରଥି ମହାପାତ୍ରଙ୍କ ସହଧର୍ମିଣୀ। କଟକ ଜିଲ୍ଲାର ବାଲିକୁଦା ଥାନା ଅନ୍ତର୍ଗତ ନରିଲୋ ଗ୍ରାମରେ ୧୯୦୪ ମସିହା ଅଗଷ୍ଟ ୯ ତାରଖରେ ତାଙ୍କର ଜନ୍ମ। ପିତାଙ୍କ ନାମ ବାସୁଦେବ କାନୁନ୍‌ଗୋ।। ଦାଦି ଡେପୁଟି ମାଜିଷ୍ଟ୍ରେଟ୍ ବାଳମୁକୁନ୍ଦ କାନୁନଗୋ ତାଙ୍କୁ ପିଲାଟିବେଳୁ ଝିଅ କରି ନେଇଥିଲେ। ଭୂତପୂର୍ବ କେନ୍ଦ୍ରମନ୍ତ୍ରୀ ତଥା ରାଜ୍ୟପାଳ ସ୍ୱର୍ଗତ ନିତ୍ୟାନନ୍ଦ କାନୁନ୍‌ଗୋ ହେଉଛନ୍ତି ସରଳା ଦେବୀଙ୍କ ଦେଈ। ସରଳା ଦେବୀଙ୍କର ଏକମାତ୍ର ପୁତ୍ର ଆଡ୍‌ଭୋକେଟ୍ ୬ ଅମିତାଭ ମହାପାତ୍ର ମଧ୍ୟ ଜଣେ ସ୍ୱାଧୀନତା ସଂଗ୍ରାମୀ ଥିଲେ ଓ ମୃତ୍ୟୁ ପର୍ଯ୍ୟନ୍ତ ବିଭିନ୍ନ ସେବାମୂଳକ ଅନୁଷ୍ଠାନ ସହିତ-ସମ୍ପୃକ୍ତ ଥିଲେ। ସେ କଟକରେ ପ୍ରତିଷ୍ଠିତ 'The Law College'ର ପ୍ରତିଷ୍ଠାତା-ସମ୍ପାଦକ ଥିଲେ ଏବଂ ତାଙ୍କ ମା ସରଳା ଦେବୀଙ୍କ ମୃତ୍ୟୁର ପ୍ରାୟ ଏକବର୍ଷ ପୂର୍ବରୁ ହୃଦ୍‌ଯନ୍ତ୍ର କ୍ରିୟା ବନ୍ଦ ହୋଇ ତାଙ୍କର ମୃତ୍ୟୁ ଘଟିଥିଲା।

ସରଳା ଦେବୀଙ୍କ ସ୍ୱାମୀ ଭାଗୀରଥି ମହାପାତ୍ର ଓକିଲାତି ସହିତ ଦେଶ-ସେବାକୁ ମଧ୍ୟ ଜୀବନର ବ୍ରତ ଭାବେ ଗ୍ରହଣ କରି କଂଗ୍ରେସ୍ ଦଳରେ ଯୋଗଦାନ କରିଥିଲେ।

ଜେଲ ବରଣ କରି ସ୍ୱାଧୀନତା ଆନ୍ଦୋଳନ ପ୍ରତି ତାଙ୍କର ମଧ୍ୟ ଉଲ୍ଲେଖଯୋଗ୍ୟ ଅବଦାନ ରହୁଥିଲା। ସରଳା ଦେବୀ ମାତ୍ର ୧୪ ବର୍ଷ ବୟସରେ ବିବାହ କରି ସ୍ୱାମୀଙ୍କ ଆଦର୍ଶ ଓ ଗାନ୍ଧିଜୀଙ୍କ ଆହ୍ୱାନରେ ଦେଶର ସ୍ୱାଧୀନତା ଆନ୍ଦୋଳନରେ ନିଜକୁ ସାମିଲ କରିଥିଲେ। ସେଥିପାଇଁ ତାଙ୍କୁ ବହୁବାର କାରାବରଣ କରିବାକୁ ପଡ଼ିଥିଲା। ଜାତୀୟବାଦୀ ଆନ୍ଦୋଳନରେ ଭାଗନେବା ବ୍ୟତୀତ ସେ ଅସ୍ପୃଶ୍ୟତା ନିବାରଣ, ପରଦା ପ୍ରଥାର ବିଲୋପ, ନାରୀ ଜାଗରଣ ଓ ନାରୀ ଶିକ୍ଷାର ପ୍ରସାର ଦିଗରେ ଅଧିକ ସମୟ ବିନିଯୋଗ କରିଥିଲେ।

ସେ କଟକ-ସଦର-ନିର୍ବାଚନମଣ୍ଡଳୀରୁ ନିର୍ବାଚିତ ହୋଇ ଓଡ଼ିଶା ବିଧାନସଭାର ମହିଳା ସଦସ୍ୟା ହେବାର ଗୌରବ ଅର୍ଜନ କରିଛନ୍ତି। ଏତଦ୍-ବ୍ୟତୀତ ବହୁ ଅନୁଷ୍ଠାନର ମଧ୍ୟ ସେ ପ୍ରଥମ ସଦସ୍ୟା ଥିଲେ। ସେ ଉତ୍କଳ ସାହିତ୍ୟ ସମାଜ ସହିତ ବହୁବର୍ଷ ଧରି ସଂଶ୍ଳିଷ୍ଟ ଥାଇ ଏହାର ସମ୍ପାଦିକା ଓ ଉପ-ସଭାନେତ୍ରୀ ଭାବରେ ଦାୟିତ୍ୱ ପରିଚାଳନା କରିଥିଲେ। ତାଙ୍କ ସମ୍ପାଦନାରେ 'ଜାଗରଣ' ନାମରେ ଏକ ସାହିତ୍ୟ ପତ୍ରିକା ପ୍ରକାଶିତ ହେଉଥିଲା। ଏହା ବ୍ୟତୀତ 'ସବିତା' ଓ 'ଉତ୍କଳିକା' ନାମରେ ଦୁଇଟି ପତ୍ରିକା ତାଙ୍କରି ସମ୍ପାଦନାରେ ଆତ୍ମପ୍ରକାଶ କରିଥିଲା। 'ପଞ୍ଚ ପ୍ରଦୀପ', 'ବୀର ରମଣୀ', 'ବିଶ୍ୱବିପ୍ଳବିଣୀ', 'କଥା ରାମାୟଣ', 'ପତିଧର୍ମ, 'ନାରୀର ଦାବୀ', 'ଭାରତୀୟ ମହିଳା ପ୍ରସଙ୍ଗ', 'ନାରୀ ସମସ୍ୟା', 'ଅମୂଲ୍ୟନିଧି', 'ଜନାବାଈ' ଓ 'ମରୁ କାହାଣୀ' ଆଦି ବହୁ ପୁସ୍ତକ ରଚନା କରି ଜଣେ ଆଦର୍ଶ ନାରୀକବି ଭାବେ ସେ ନିଜକୁ ପ୍ରତିଷ୍ଠିତା କରିଛନ୍ତି। ତାଙ୍କର ପ୍ରଚେଷ୍ଟା ଫଳରେ ଉତ୍କଳ ସାହିତ୍ୟ ସମାଜ ସଂଲଗ୍ନ 'ଉତ୍କଳ ଗୌରବ ମଧୁସୂଦନ ପାଠାଗାର' ପ୍ରତିଷ୍ଠିତ ହୋଇଛି ଓ ସେଥି ନିମିତ୍ତ ସେ ବହୁ ପୁସ୍ତକ ଦାନ କରିଛନ୍ତି। ସେ ଉତ୍କଳ ବିଶ୍ୱବିଦ୍ୟାଳୟ ସିନେଟ୍ ସଭ୍ୟ ଭାବେ ମଧ୍ୟ ନିର୍ବାଚିତ ହୋଇଥିଲେ।

ଗତ ତା- ୦୪।୧୦।୮୬ ରିଖରେ ସେ ଆମ୍ଭମାନଙ୍କଠାରୁ ଚିରଦିନ ପାଇଁ ବିଦାୟ ନେଇଛନ୍ତି। ତାଙ୍କ କାର୍ଯ୍ୟାବଳୀ ଅନୁଧ୍ୟାନ କଲେ, ସେ ଯେ ବାସ୍ତବରେ ଜଣେ ଆଦର୍ଶବାଦୀ ଅଗ୍ରଗଣ୍ୟା ମହିଳା ଥିଲେ, ଏହା ବିନା ଦ୍ୱିଧାରେ କୁହାଯାଇ ପାରିବ।

ମୁଁ ବୋଧେ ତାଙ୍କୁ ୧୯୨୧ ମସିହା ଅସହଯୋଗ ଆନ୍ଦୋଳନ ସମୟରେ ସ୍ୱରାଜ ଆଶ୍ରମଠାରେ ପ୍ରଥମେ ଦେଖିବାର ସୁଯୋଗ ପାଇଥିଲି। ୧୯୨୮ ମସିହା କଲିକତା କଂଗ୍ରେସ୍ ସମ୍ମିଳନୀରେ ମଧ୍ୟ ତାଙ୍କୁ ଦେଖିଥିଲି। ପରବର୍ତ୍ତୀ କାଳରେ ଶ୍ରୀରାମଚନ୍ଦ୍ର ଭବନ ଓ ଅନ୍ୟାନ୍ୟ ବହୁ ସାହିତ୍ୟ ସଭାରେ ତାଙ୍କ ସାକ୍ଷାତର ସୁଯୋଗ ପାଇଛି। ସେ ଅନେକଥର ମୋ' ଘରକୁ ଆସିଛନ୍ତି ଏବଂ ନାନା ବିଷୟରେ ଆଲୋଚନା କରିଛନ୍ତି।

ମୋ' ସହୁ ସ୍ୱାଧୀନତା ସଂଗ୍ରାମୀ ନିରଞ୍ଜନ ପଟ୍ଟନାୟକ ୧୯୩୦ ମସିହାରେ ଭେଲୋର ଜେଲ୍‌ରେ ଥିଲାବେଳେ ଓଡ଼ିଶାର ଦୁଇଜଣ ମହିଳା ସରଳାଦେବୀ ଓ ଚନ୍ଦ୍ରମଣି ଦେଈଙ୍କ ସମେତ ବିଶ୍ୱନାଥ ଦାଶ, ଶଶିଭୂଷଣ ରଥ ପ୍ରମୁଖ ତାଙ୍କ ସହିତ ଜେଲ୍‌ରେ ବନ୍ଦୀ ଥିବା ବିଷୟ ତାଙ୍କ ଚିଠିରୁ ଜଣା ପଡ଼ିଥିଲା ।

ସ୍ୱର୍ଗତ ବାଳକୃଷ୍ଣ କର

ସ୍ୱର୍ଗତ ବାଳକୃଷ୍ଣ କର ଏକ ବ୍ୟକ୍ତି ନୁହନ୍ତି—ଏକ ଅନୁଷ୍ଠାନ । ତାଙ୍କ ଜୀବନକାଳ ମଧ୍ୟରେ ସେ ଯେଉଁ ଆଦର୍ଶ ଓ ଉତ୍ସର୍ଗୀକୃତ ସେବା ମନୋଭାବ ପ୍ରଦର୍ଶନ କରି ଯାଇଛନ୍ତି, ତାହା ବାସ୍ତବରେ ଅନୁକରଣୀୟ । କବିବର ରାଧାନାଥଙ୍କ ଭାଷାରେ, "କେହି ରହିନାହିଁ ରହିବ ନାହିଁଟି ଭବରଙ୍ଗ ଭୂମି ତଳେ, ସଙ୍ଗେ ନିଜ ନିଜ ଅଭିନୟ ସାରି ବାହୁଡ଼ିବେ କାଳବଳେ ।" ବାଳକୃଷ୍ଣ ବାବୁ ବହୁକାଳରୁ ଏ ଧରାବକ୍ଷରୁ ବିଦାୟ ନେଇଯାଇଛନ୍ତି, ହେଲେ ତାଙ୍କର ବଳିଷ୍ଠ ବ୍ୟକ୍ତିତ୍ୱ, ସରଳ ନିରାଡ଼ମ୍ବର ଜୀବନଯାତ୍ରା, ତଥା ଓଡ଼ିଆ ଭାଷା ତଥା ସାହିତ୍ୟ ପ୍ରତି ଅନୁରାଗ ଚିରସ୍ମରଣୀୟ ।

୧୯୩୦ ମସିହାର କଥା । ସେତେବେଳେ ମୁଁ ବିନୋଦବିହାରୀରେ ରହୁଥାଏ । ଦିନେ ବାଳକୃଷ୍ଣ ବାବୁ ମୋ ପାଖରେ ଆସି ପହଞ୍ଚିଲେ । ପରିଧାନରେ ଖଣ୍ଡେ ଆଠହାତ ଖଦଡ଼ ଧୋତି ଓ ସାଧାରଣ ପଞ୍ଜାବୀ । ତାଙ୍କର ପରିଚୟ ପାଇଲି । ବିନମ୍ର ମଧୁର ବ୍ୟବହାର, ସ୍ପଷ୍ଟବାଦିତା ଓ ଉଚ୍ଚ ଅଭିଳାଷ ତାଙ୍କ ଚରିତ୍ରର ବିଶେଷତ୍ୱ ଥିଲା । ସେ ବାଲୁବଜାରଠାରେ "ସାରସ୍ୱତ ପୁସ୍ତକ ଭଣ୍ଡାର" ନାମରେ ଗୋଟିଏ ବହି ଦୋକାନ କରିଥିଲେ ଓ ପ୍ରେସଟିଏ ମଧ୍ୟ ପ୍ରତିଷ୍ଠା କରିଥିଲେ । ସେ କେତେଥର ମୋ ଘରକୁ ଆସିଛନ୍ତି । ମୁଁ ମଧ୍ୟ ମଝିରେ ମଝିରେ ତାଙ୍କ ପାଖକୁ ଯାଏ । ତାଙ୍କ ସହିତ ସାହିତ୍ୟ ଚର୍ଚ୍ଚା ହୁଏ, ଦେଶ ସେବା ସମ୍ପର୍କରେ ଆଲୋଚନା ମଧ୍ୟ ହୁଏ । ଏହିଭଳି ଭାବରେ ଆମ ଦୁହିଁଙ୍କ ମଧ୍ୟରେ ଘନିଷ୍ଠ ବନ୍ଧୁତା ପ୍ରତିଷ୍ଠିତ ହୋଇଥିଲା ।

ସେ ପ୍ରତ୍ୟକ୍ଷ ରାଜନୀତିରେ ପଶି ନ ଥିଲେ ସତ, କିନ୍ତୁ ବହୁ ରାଜନୀତିଜ୍ଞଙ୍କୁ ସାହାଯ୍ୟ ଓ ଆଶ୍ରୟ ଦେଇଥିଲେ । ଗୋଟିଏ ବହି British Rule in India ଗୁରୁଚରଣ ପଟ୍ଟନାୟକ ରଚନା କରିଥିଲେ । ସେ ବହିରେ ଇଂରେଜ ଶାସନ ଉପରେ କେତେକ ସମାଲୋଚନା ହୋଇଥିଲା । ଭାରତରେ ସେତେବେଳେ ଇଂରାଜୀ ଶାସନ ଚାଲିଥାଏ । ସେ ବହିକୁ ଛାପି ପ୍ରକାଶ କରିବା ପାଇଁ ଓଡ଼ିଶାର କୌଣସି ପ୍ରେସ ରାଜି ହେଲେ ନାହିଁ । କିନ୍ତୁ ବାଳକୃଷ୍ଣ କର ତାହା ପ୍ରକାଶ କଲେ ଓ ସେଥିପାଇଁ ତାଙ୍କ ପ୍ରେସ ଖାନତଲାସ

ହୋଇଥିଲା । ସେ ବହି ପ୍ରକାଶ କରିଛନ୍ତି ବୋଲି ଦୃଢତାର ସହିତ ପ୍ରକାଶ୍ୟରେ ପ୍ରକାଶ କଲେ ଓ କଚେରୀରେ ସାକ୍ଷ୍ୟ ମଧ୍ୟ ଦେଇଥିଲେ । ତେଣୁ ନିଜେ ବହୁ ଅସୁବିଧାର ସମ୍ମୁଖୀନ ହୋଇଥିଲେ । ହେଲେ ତଥାକଥିତ ନେତୃ ସ୍ଥାନୀୟ ବହୁ ବ୍ୟକ୍ତି ଏହା ପ୍ରକାଶ କରିବାକୁ ମଧ୍ୟ ପଛେଇ ଗଲେ । ମୁଁ ତାଙ୍କୁ ଘରେ ଦେଖିଛି, କଚେରୀରେ ମଧ୍ୟ ଦେଖିଛି, ତାଙ୍କ ପ୍ରତି ମୋର ପ୍ରଗାଢ଼ ଶ୍ରଦ୍ଧା ଓ ଭକ୍ତି ରହି ଆସିଛି ।

ସେ ଥିଲେ ଜଣେ ଉଚ୍ଚାଭିଳାଷୀ ବ୍ୟକ୍ତି । ତାଙ୍କର ଅଭିଳାଷ କେବଳ ତ୍ୟାଗ ଓ ନିଷ୍ଠାର ଥିଲା ।

ବାଳକୃଷ୍ଣ କରଙ୍କ ସୁଯୋଗ୍ୟ ସନ୍ତାନ ଶ୍ରୀଯୁକ୍ତ ବିଚିତ୍ରାନନ୍ଦ କର ଅତି ଅଳ୍ପ ବୟସରେ ଇହଧାମ ତ୍ୟାଗ କରି ଚାଲି ଯାଇଛନ୍ତି । ବାଳକୃଷ୍ଣ ବାବୁଙ୍କ ପ୍ରତିଷ୍ଠିତ ମାତୃଭୂମି, ସହକାର ଏବଂ ପ୍ରେସ୍ ପରିଚାଳନା କ୍ଷେତ୍ରରେ ବିଚିତ୍ରାନନ୍ଦ ତାଙ୍କର ଦକ୍ଷତା ପ୍ରମାଣିତ କରିବା ସଙ୍ଗେ ସଙ୍ଗେ ବିଭିନ୍ନ ସାମାଜିକ ଓ ସାଂସ୍କୃତିକ ଅନୁଷ୍ଠାନର କର୍ମକର୍ତ୍ତା ଭାବରେ ମଧ୍ୟ ବେଶ୍ ପ୍ରତିଷ୍ଠା ଲାଭ କରିଥିଲେ । ଜଣେ ସୁଲେଖକ ଭାବରେ ମଧ୍ୟ ତାଙ୍କର ନାଁ ଥିଲା । ନାନା ବ୍ୟକ୍ତିଗତ ସମସ୍ୟା ନେଇ ସେ ଅନେକବାର ମୋ ପାଖକୁ ଆସିଥିଲେ । ବାଧାବିଘ୍ନ ମଧ୍ୟରେ ସେ ଦାୟିତ୍ୱ ପରିଚଳନା କରୁଥିଲେ ମଧ୍ୟ ତାଙ୍କ ମୁଖରୁ କେବେ ବି ସରସତା ଲିଭି ନ ଥିଲା । ସ୍ନେହଶୀଳ, ସୌଜନ୍ୟପୂର୍ଣ୍ଣ ବ୍ୟବହାରରେ ସେ ସମସ୍ତଙ୍କୁ ଆପଣାର କରି ପାରିଥିଲେ । ତାଙ୍କ ଅନ୍ତେ ତାଙ୍କର ପତ୍ନୀ ଶ୍ରଦ୍ଧେୟା ରମା ଓ ପୁତ୍ର ଶ୍ରୀ ବିକାଶ କର 'ସହକାର' ଓ 'ମାତୃଭୂମି'କୁ ବଞ୍ଚାଇ ରଖିବାକୁ ନିଷ୍ଠାର ସହ ଉଦ୍ୟମ ଅବ୍ୟାହତ ରଖିଛନ୍ତି । ଏହି ପରିବାରଟି ତିନି ପୁରୁଷ ଧରି ପତ୍ରପତ୍ରିକା ତଥା ସମ୍ବାଦପତ୍ର ପରିଚାଳନା କ୍ଷେତ୍ରରେ ସେଭଳି ଆନ୍ତରିକତା ପ୍ରଦର୍ଶନ କରିଛନ୍ତି ତାହା କ୍ୱଚିତ୍ ଦେଖିବାକୁ ମିଳେ ।

ବାଳକୃଷ୍ଣ କରଙ୍କ ଉଦ୍ୟମରେ ଏକ ଦୈନିକ ସମ୍ବାଦପତ୍ର "ମାତୃଭୂମି" ପ୍ରକାଶ ପାଇଥିଲା । ଏହା ବ୍ୟତୀତ ମାସିକ ସାହିତ୍ୟ ପତ୍ରିକା "ସହକାର" ଓ ଲୋକପ୍ରିୟ ଶିଶୁ ପତ୍ରିକା "ଜହମାମୁଁ" ସେ ବହୁବର୍ଷ ଧରି ଦକ୍ଷତାର ସହ ପରିଚାଳନା କରିଥିଲେ । ସାଧାରଣ ଜନହିତକର କାର୍ଯ୍ୟରେ ସେ ବରାବର ଅକୁଣ୍ଠ ସାହାଯ୍ୟ କରୁଥିଲେ । ସ୍ୱର୍ଗତ ବିଚିତ୍ରାନନ୍ଦ କର ଅଳ୍ପ ବୟସରେ ଅକାଳ ମୃତ୍ୟୁ ବରଣ କରିଥିଲେ ସୁଦ୍ଧା, ପିତାଙ୍କ ଆଦର୍ଶରେ ଅନୁପ୍ରାଣିତ ହୋଇ ଜୀବନକାଳ ମଧ୍ୟରେ ସାହିତ୍ୟ ସେବା ତଥା ଜନ ସେବା କ୍ଷେତ୍ରରେ ବିପୁଳ ଖ୍ୟାତି ଅର୍ଜନ କରି ଯାଇଛନ୍ତି ।

ପାରିବାରିକ ସମ୍ପର୍କ

ପରିବାର କହିଲେ ଏକ ସଂକୀର୍ଣ୍ଣ ପରିଧି ଅନ୍ତର୍ଭୁକ୍ତ ଏକ କ୍ଷୁଦ୍ର ଜଗତକୁ ବୁଝାଏ । ମାତ୍ର ଏହି ବିପୁଳ ପୃଥିବୀ ଭିତରେ ପ୍ରତ୍ୟେକ ମନୁଷ୍ୟର ଏକ ବ୍ୟାପକ ସତ୍ତା ରହିଛି । ଜନ୍ମଠାରୁ ମୃତ୍ୟୁ ପର୍ଯ୍ୟନ୍ତ ସମୟ ସୀମା ଭିତରେ ମନୁଷ୍ୟ ଅଗଣିତ ବ୍ୟକ୍ତିଙ୍କ ସଂସ୍ପର୍ଶରେ ଆସେ । ଜୀବନ ପାଇଁ ବହୁ ବ୍ୟକ୍ତିଙ୍କର ଅବଦାନ ରହିଛି । ବ୍ୟକ୍ତିର ଜୀବନ ଭିତରେ କାହାର ଦେୟ କେତେ, କାହାର ପ୍ରାପ୍ୟ କେତେ— ସେକଥା କଳନା କରିବା କଠିନ । କିନ୍ତୁ ସଂସାର କହିଲେ ରକ୍ତଗତ ସମ୍ପର୍କର ଏକ ବିଶେଷ ପରିଚୟକୁ ବୁଝାଏ ।

ମୋ ପାରିବାରିକ ଜୀବନ କଥା କହିଲାବେଳେ ମୁଁ ଏହି ସୀମା ଉଲ୍ଲଙ୍ଘନ କରୁନାହିଁ । କିନ୍ତୁ ଯେଉଁମାନଙ୍କର ସହୃଦୟ ସାନ୍ନିଧ ମୋର ଜୀବନକୁ ବହୁ ରାଗରଞ୍ଜିତ କରିଛି, ସେମାନଙ୍କୁ ମୁଁ ନିଶ୍ଚୟ ସ୍ମରଣ କରିବି । ସେମାନେ ମୋ ସମ୍ପର୍କୀୟମାନଙ୍କ ଠାରୁ କୌଣସି ଗୁଣରେ ନ୍ୟୁନ ନୁହନ୍ତି । ବରଂ ସେମାନେ ମୋ ଆତ୍ମାର ଆତ୍ମୀୟ ।

ଆଗରୁ କହିଛି, ପୁରୀ ଜିଲ୍ଲା ବାଗଲପୁର ଗାଁର ଏକ ମଧବିତ୍ତ ପରିବାରର ମୁଁ ଏକମାତ୍ର ପୁତ୍ର ସନ୍ତାନ । ଆମ ସମ୍ପର୍କୀୟ ବ୍ୟକ୍ତିମାନେ ବେଶ୍ ପ୍ରତିଷ୍ଠା ଓ ସମ୍ମାନର ଅଧିକାର । ଆପଣାର ସମ୍ପର୍କୀୟମାନଙ୍କର ପ୍ରତିଷ୍ଠା ଓ ସୁଖ୍ୟାତି ବର୍ଣ୍ଣନା କରିବା ଆସ୍ଫାଳନ ହୋଇପାରେ । ମାସ ଏହା ନ କହିଲେ ସତ୍ୟର ଅପଳାପ ହେବ । ବାସ୍ତବତା ଦୃଷ୍ଟିକୋଣରୁ ଏସବୁ କହିବାକୁ ଉତ୍ତର ମନେକରୁଛି ।

ମୋ ବାପାଙ୍କ ନାଁ ବାଞ୍ଛାନିଧି ଦାସ, ବୋଉ ନାଁ ସୁବାସିନୀ । ନେତ୍ରମଣି ଓ ଈଶାମଣି ନାମରେ ମୋର ଦୁଇଜଣ ବଡ଼ଭଉଣୀ ଥିଲେ ।

ଅଚ୍ୟୁତାନନ୍ଦ ମହାନ୍ତି

ସବା ବଡ଼ଭଉଣୀ ନେତ୍ରମଣି ନିମାପଡ଼ା ନିକଟସ୍ଥ କୁଶୀକଣା ଗ୍ରାମର ଏକ

ଜମିଦାର ବଂଶର ଅଚ୍ୟୁତାନନ୍ଦ ମହାନ୍ତିଙ୍କୁ ବିବାହ କରିଥିଲେ। ଜଣେ ବିଶିଷ୍ଟ ସମାଜସେବୀ ଭାବରେ ତାଙ୍କର ସୁନାମ ଥିଲା। ତାଙ୍କ ପୁଅଝିଅମାନେ ସମାଜର ବିଭିନ୍ନ କ୍ଷେତ୍ରରେ ପ୍ରତିଷ୍ଠା ଅର୍ଜନ କରିଅଛନ୍ତି। ନିମାପଡ଼ାର ବିଶିଷ୍ଟ ସମାଜସେବୀ, ପୂର୍ବତନ ରାଜ୍ୟସଭା ସଦସ୍ୟ ତଥା କଂଗ୍ରେସ ନେତା ଶ୍ରୀଯୁକ୍ତ ଭବାନୀଚରଣ ପଟ୍ଟନାୟକ ତାଙ୍କର ଅନ୍ୟତମ ଜାମାତା। ତାଙ୍କ ପୁଅ ବିଚିତ୍ରାନନ୍ଦ ମହାନ୍ତିଙ୍କର ଦୁଇପୁଅ। ସେମାନଙ୍କ ମଧ୍ୟରୁ ଶ୍ରୀ କୈଳାସ ଚନ୍ଦ୍ର ମହାନ୍ତି ରାଉରକେଲା ଷ୍ଟିଲ ପ୍ଲାଣ୍ଟର ଜଣେ ଇଞ୍ଜିନିୟର। ଶ୍ରୀ କିଶୋର ଚନ୍ଦ୍ର ମହାନ୍ତି ପଶୁଚିକିତ୍ସା ବିଭାଗର ଜଣେ ଡାକ୍ତର।

ଡାକ୍ତର ନିତ୍ୟାନନ୍ଦ ମହାନ୍ତି

ଦ୍ୱିତୀୟା ଭଉଣୀ ନିଶାମଣି କଟକ ଜିଲ୍ଲାର ତୁଣ୍ଡାକାଙ୍କଣ ଗ୍ରାମର ଡାକ୍ତର ନିତ୍ୟାନନ୍ଦ ମହାନ୍ତିଙ୍କୁ ବିବାହ କରିଥିଲେ ସେ କଟକ ମେଡ଼ିକାଲ ସ୍କୁଲରେ ପଢୁଥିବାବେଳେ ମୁଁ ଅନେକଥର ତାଙ୍କ ପାଖକୁ ଯାଇଛି। ସେ ସମୟର ମେଡ଼ିକାଲ ସ୍କୁଲ ଓ ଏବକାର ଶ୍ରୀରାମଚନ୍ଦ୍ର ଭଞ୍ଜ ମେଡ଼ିକାଲ କଲେଜ ମଧ୍ୟରେ ଆକାଶ-ପାତାଳ ତଫାତ୍। ନିତ୍ୟାନନ୍ଦ ଭାଇ ସରକାରୀ ଡାକ୍ତର ହିସାବରେ ଓଡ଼ିଶା ତଥା ଭାରତର ବିଭିନ୍ନ ସ୍ଥାନରେ କାର୍ଯ୍ୟ କରି ଦକ୍ଷତାର ପରିଚୟ ଦେଇଛନ୍ତି। ଚାକିରିରୁ ଅବସର ନେଇ ସେ ପୁରୀ ସିଂହଦ୍ୱାର ସାମ୍ନା ରାସ୍ତା ପାଖରେ ଗୋଟିଏ ଡାକ୍ତରଖାନା ଖୋଲିଥିଲେ। ଏହା ତାଙ୍କ ମୃତ୍ୟୁ ପର୍ଯ୍ୟନ୍ତ ବେଶ୍ ସୁରୁଖୁରୁରେ ଚାଲିଥିଲା। ତାଙ୍କର ସେ କ୍ଲିନିକ୍ ପାଖରେ ଡାକ୍ତର ପାର୍ଥରାଓଙ୍କ ଜଣେ ସମ୍ପର୍କୀୟ ଭାଇଙ୍କର ମଧ୍ୟ ଗୋଟିଏ କ୍ଲିନିକ୍ ଥିଲା। ନିତ୍ୟାନନ୍ଦ ଭାଇ ପୁରୀ ମାଉସୀମା ମନ୍ଦିର ନିକଟରେ ଗୋଟିଏ ବଡ଼ କୋଠାଘର କରିଥିଲେ। ମୁଁ ପୁରୀ ଗଲେ ଅନେକବାର ତାଙ୍କର ଘରେ ରୁହେ। ସେ ପ୍ରତିଦିନ ବଡ଼ଦେଉଳକୁ ଯାଇ ଜଗନ୍ନାଥଙ୍କୁ ଦର୍ଶନ କରୁଥିଲେ। ଜଣେ ସୁନାମଧନ୍ୟ ଚିକିତ୍ସକ ଭାବେ କାର୍ଯ୍ୟ କରିବା ବ୍ୟତୀତ, ସମାଜସେବା କ୍ଷେତ୍ରରେ ମଧ୍ୟ ତାଙ୍କର ଯଥେଷ୍ଟ ଅବଦାନ ଥିଲା।

ତାଙ୍କର ତିନୋଟି ଝିଅ। କମଳିନୀ (ଟୁନି), ପଙ୍କଜିନୀ (କେନି) ଓ ସରୋଜିନୀ (ମନି)। ବଡ଼ଝିଅ କମଳିନୀ ପୁରୀ ଜିଲ୍ଲା ଭୂଷଣ୍ଡପୁର ନିକଟସ୍ଥ କୁସୁମୀ ଗ୍ରାମର ରଘୁନାଥ ପଟ୍ଟନାୟକଙ୍କୁ ବିବାହ କରିଥିଲେ। ରଘୁନାଥ ଜଣେ ସବ୍-ଡେପୁଟୀ ମାଜିଷ୍ଟ୍ରେଟ ଥିଲେ। ଗତ ପ୍ରାୟ ତିନିବର୍ଷ ତଳେ ରଘୁନାଥଙ୍କର ଓ ତା'ର ବର୍ଷକ ପରେ କମଳିନୀଙ୍କର ମୃତ୍ୟୁ ହୋଇଯାଇଛି। ପଙ୍କଜିନୀ କଟକ କାଳିଗଳିର ବିଶିଷ୍ଟ ବ୍ୟକ୍ତି ପ୍ରାଣଧନ ଦାସ

(ପରାଣୀବାବୁ)ଙ୍କ ପୁତ୍ର ଆଡ୍‌ଭୋକେଟ ସ୍ୱର୍ଗତ ବିଜୟ ଦାସଙ୍କୁ ବିବାହ କରିଥିଲେ। ବିଜୟ ଅନେକ ଆଇନ ବହି ସମେତ ବହୁ ପୁସ୍ତକର ପ୍ରଣେତା। ଗତ ପ୍ରାୟ ଆଠବର୍ଷ ହେବ ସେ ଇହଧାମରୁ ବିଦାୟ ନେଇଗଲେଣି। ତାଙ୍କର ଏକମାତ୍ର ପୁତ୍ର ଶ୍ରୀ ଜାନକୀ ବଲ୍ଲଭ ଦାସ। ଏବେ ଭାରତୀୟ ଷ୍ଟେଟ ବ୍ୟାଙ୍କରେ କାର୍ଯ୍ୟ କରୁଅଛି। ତା' ଝିଅମାନେ ଉଚ୍ଚଶିକ୍ଷା ଲାଭ କରିଛନ୍ତି। ସେମାନଙ୍କ ଭିତରୁ ମିନତୀ ଯାଜପୁରର ଶ୍ରୀ ନାରାୟଣ ଚନ୍ଦ୍ର ଦାସଙ୍କୁ ବିବାହ କରିଛି। ନାରାୟଣ ଏବେ ମାଇନିଂ କରପୋରେସନ୍‌ର ଜଣେ ପଦସ୍ଥ ଅଫିସର ଭାବେ ଅବସ୍ଥାପିତ। ବାସନ୍ତୀ କଟକ ଦୋଳମୁଣ୍ଡେଇର ଶ୍ରୀ ପ୍ରେମରଞ୍ଜନ ମହାନ୍ତିଙ୍କୁ ବିବାହ କରିଛି। ପ୍ରେମରଞ୍ଜନ ଏବେ ଫରେଷ୍ଟ କରପୋରେସନରେ ଡି.ଆଇ.ଜି. (D.I.G.) ଭାବେ କାର୍ଯ୍ୟ କରୁଛନ୍ତି। ଆଉ ଗୋଟିଏ ଝିଅ ଆରତି ବିବାହ କରିଥିବା ନିଆଳୀ-ନୂଆଗାଁର ଶ୍ରୀ ଭାରତ ଭୂଷଣ ମହାନ୍ତି ଏବେ ରାଉରକେଲା ଇସ୍ପାତ କାରଖାନାରେ ଏକ ଉଚ୍ଚ ପଦବୀରେ କାର୍ଯ୍ୟ କରୁଛନ୍ତି। ଆଉ ଗୋଟିଏ ଝିଅ ଜୟନ୍ତୀ ନୟାଗଡ଼ର ଇଞ୍ଜିନିୟର ଶ୍ରୀ ଭୁବନ ମୋହନ ପଟ୍ଟନାୟକଙ୍କୁ ବିବାହ କରିଛି।

ନିତ୍ୟାନନ୍ଦ ଭାଇଙ୍କ ସାନଝିଅ ସରୋଜିନୀ (ମନି) ମଦନ ମୋହନ ପଟ୍ଟନାୟକଙ୍କ ପୁତ୍ର ତଥା ଓଡ଼ିଶାର ପୂର୍ବତନ ମୁଖ୍ୟ ଶାସନ ସଚିବ ଶ୍ରୀଯୁକ୍ତ ସୁଧାଂଶୁ ମୋହନ ପଟ୍ଟନାୟକ ଆଇ.ଏ.ଏସ୍. (I.A.S.)ଙ୍କ ସାନଭାଇ ଶ୍ରୀ ପୂର୍ଣ୍ଣେନ୍ଦୁ ମୋହନ ପଟ୍ଟନାୟକଙ୍କୁ ବିବାହ କରିଛି। ମନିର ଏକମାତ୍ର ଝିଅ ସାବିତ୍ରୀ କଟକ ପୀଠାପୁରର ଇଞ୍ଜିନିୟର ଶ୍ରୀ ଉମେଶ ଚନ୍ଦ୍ର ପଟ୍ଟନାୟକଙ୍କୁ ବିବାହ କରିଛି। ଏମାନେ ସପରିବାର ଆମେରିକାରେ ଅବସ୍ଥାନ କରୁଛନ୍ତି। ପୂର୍ଣ୍ଣେନ୍ଦୁ ଓଡ଼ିଶା ସରକାରଙ୍କ ଅଧୀନରେ ଜଣେ ଡେପୁଟୀ ମାଜିଷ୍ଟ୍ରେଟ ଭାବେ କାର୍ଯ୍ୟ କରି ଏବେ ନିକଟରେ ଚାକିରିରୁ ଅବସର ଗ୍ରହଣ କରିଛନ୍ତି। (ନିତ୍ୟାନନ୍ଦ ଭାଇ ଶ୍ରୀ ଜଗନ୍ନାଥ ମହାନ୍ତିଙ୍କୁ ପୋଷ୍ୟପୁତ୍ର କରି ଆଣିଥିଲେ। ଜଗନ୍ନାଥ ପୁରୀ କଲେକ୍ଟରେଟ୍‌ରେ ଜଣେ କର୍ମଚାରୀ। ସେ ପୁରୀ ଦଣ୍ଡତୋଟାରେ ଘର କରି ରହୁଛନ୍ତି।)

ଆମ ଘରେ ମୋର ଦୁଇଜଣ ବଡ଼ବାପା ଥିଲେ। ବଳରାମ ଦାସ ଓ ବାସୁଦେବ ଦାସ।

ବଳରାମ ଦାସ

କଟକରେ ରହୁଥିବାରୁ ଆମେ ବଳରାମ ଦାସଙ୍କୁ "କଟକ ବଡ଼ବାପା" ଓ ଗାଁରେ ରହୁଥିବାରୁ ବାସୁଦେବ ଦାସଙ୍କୁ "ଗାଁ ବଡ଼ବାପା" ବୋଲି ଡାକୁ। କଟକ

ବଡ଼ାପା ଜଣେ ସାହିତ୍ୟିକ ଥିଲେ। ସେ "ବାଲବୋଧ ରାମାୟଣ", "ଶ୍ରୀବତ୍ସ ଚରିତ" ଆଦି କେତେକ ଉପାଦେୟ ପୁସ୍ତକ ରଚନା କରିଥିଲେ। ମୁଁ ୧୯୧୫ ମସିହାରେ କଟକ ଆସି ତାଙ୍କ ସାହେବଜାଦା ବଜାରର ଗୋଟିଏ ଘରେ ରହିଥିଲି। ସେଠାରେ ଅନେକ ବର୍ଷ ରହି ରେଭେନ୍ସା କଲେଜରେ ବି.ଏ. ପଢୁଥିବାବେଳେ ମୁଁ ବିନୋଦବିହାରୀରେ ଯାଇ ରହିଥିଲି।

ଏହି କଟକ ବଡ଼ାପାଙ୍କର ଚାରିପୁଅ ଓ ଗୋଟିଏ ଝିଅ। ଝିଅଟିର ନାଁ ଉମା। ପୁଅମାନେ ହେଲେ ଦେବେନ୍ଦ୍ରନାଥ ଦାସ, ନଗେନ୍ଦ୍ର ନାଥ ଦାସ, ସୁରେନ୍ଦ୍ର ଓ ରବୀନ୍ଦ୍ର। ସୁରେନ୍ଦ୍ର ଓ ରବୀନ୍ଦ୍ରଙ୍କର ବସନ୍ତରେ ଅକାଳ ବିୟୋଗ ହୋଇଥିଲା। ଦେବେନ୍ଦ୍ରନାଥ ଓ ନଗୁଭାଇ ମୋ ଠାରୁ ବୟସରେ ବଡ଼।

ଦେବେନ୍ଦ୍ର ନାଥ ଦାସ

ଓଡ଼ିଶାର ସ୍ୱନାମଧନ୍ୟ ସମାଜସେବୀ ତଥା ବିଶିଷ୍ଟ ଆଇନଜୀବୀ ରାୟବାହାଦୁର ସ୍ୱର୍ଗତ ଗୋକୁଳାନନ୍ଦ ଚୌଧୁରୀଙ୍କ କନ୍ୟା ତଥା ବିଶିଷ୍ଟ ସ୍ୱାଧୀନତା ସଂଗ୍ରାମୀ ସ୍ୱର୍ଗତ ଗୋପବନ୍ଧୁ ଚୌଧୁରୀ ଓ ଭୂତପୂର୍ବ ମୁଖ୍ୟମନ୍ତ୍ରୀ ସ୍ୱର୍ଗତ ନବକୃଷ୍ଣ ଚୌଧୁରୀଙ୍କ ଭଉଣୀ ମାଗୁଣା ସୁନ୍ଦରୀଙ୍କୁ ବିବାହ କରିଥିଲେ। ପିତାଙ୍କ ପରାମର୍ଶ ଅନୁଯାୟୀ ଦେବେନ୍ଦ୍ର ଭାଇ ଓ ମାଗୁଣା ଭାଉଜ ବାହାଘର ପରେ ବାଗଲପୁର ଯାଇଥିଲେ। ଗାଁରେ ସାତଦିନ ରହି କଟକ ଫେରି ଆସିଥିଲେ। ୧୯୧୫ ମସିହା ଜାନୁଆରୀ ମାସରେ ମୁଁ କଟକ ଆସିଲି। କିଛିଦିନ ପରେ ଗୋକୁଳାନନ୍ଦ ଚୌଧୁରୀ ଇହଧାମ ତ୍ୟାଗ କଲେ। ମାଗୁଣା ଭାଉଜ ତାଙ୍କ ଘରୁ କାନ୍ଦି କାନ୍ଦି ଆମ ଘରକୁ ଆସିଥିବା କଥା ମୋର ମନେ ଅଛି। ପରବର୍ତ୍ତୀ କାଳରେ ଦେବେନ୍ଦ୍ର ଭାଇ ଓ ମାଗୁଣା ଭାଉଜ ଚୌଧୁରୀ ପରିବାରର ମୁରବୀ ଭାବରେ ସମସ୍ତ ଦାୟିତ୍ୱ ବୁଝାଶୁଝା କରିଥିବା କଥା ପୂଜ୍ୟା ରମାଦେବୀ ତାଙ୍କ ଆତ୍ମଜୀବନୀ 'ଜୀବନପଥେ'ରେ ବହୁବାର ଉଲ୍ଲେଖ କରିଛନ୍ତି। ସେମାନଙ୍କ ସହଯୋଗ ପାଇଁ କୃତଜ୍ଞତା ମଧ୍ୟ ପ୍ରକାଶ କରିଛନ୍ତି।

ଦେବେନ୍ଦ୍ର ଭାଇଙ୍କର ପୁଅ ଝିଅ ନ ଥିବାରୁ ସେ ମନୋରମା (ମନି)କୁ ଝିଅ କରିଥିଲେ। ମନି ବାଲେଶ୍ୱରର ବିଶିଷ୍ଟ ଆଇନଜୀବୀ ତଥା ସମାଜସେବୀ ଓ ଓଡ଼ିଶା ବିଧାନସଭାର ପୂର୍ବତନ ବାଚସ୍ପତି ମୁକୁନ୍ଦ ପ୍ରସାଦ ଦାସଙ୍କ ପୁତ୍ର ବ୍ରଜ ଗୋପାଳ ଦାସଙ୍କୁ ବିବାହ କରିଥିଲେ। ଦୁର୍ଭାଗ୍ୟବଶତଃ ଗୋଟିଏ ମଟର ଦୁର୍ଘଟଣାରେ ମନି ପ୍ରାଣ ହରାଇଥିଲା। ଈଶ୍ୱରଙ୍କର ଅସୀମ କୃପାରୁ ତା'ର ଶିଶୁ ପୁନଃ ରକ୍ଷା ପାଇ ଯାଇଥିଲା।

ଆଇନ ଛାତ୍ର – ରାଜକିଶୋର ଦାସ

ବିଚାରପତି ଜୀବନର ପ୍ରାକ୍ କାଳରେ ରାଜକିଶୋର ଦାସ, ଆଡ୍‌ଭୋକେଟ୍

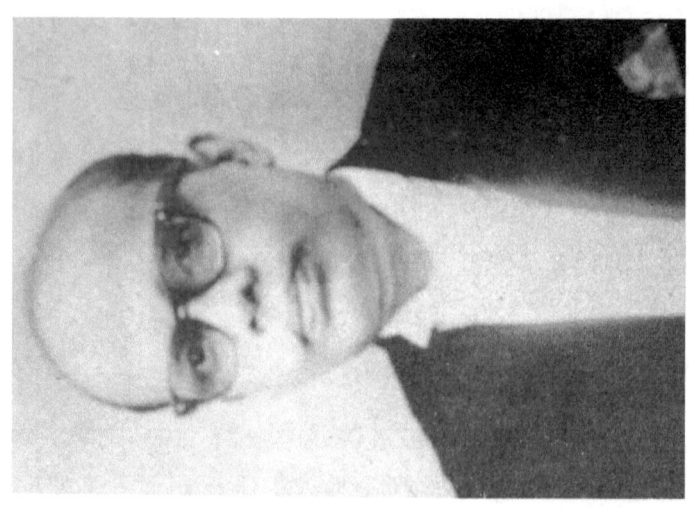

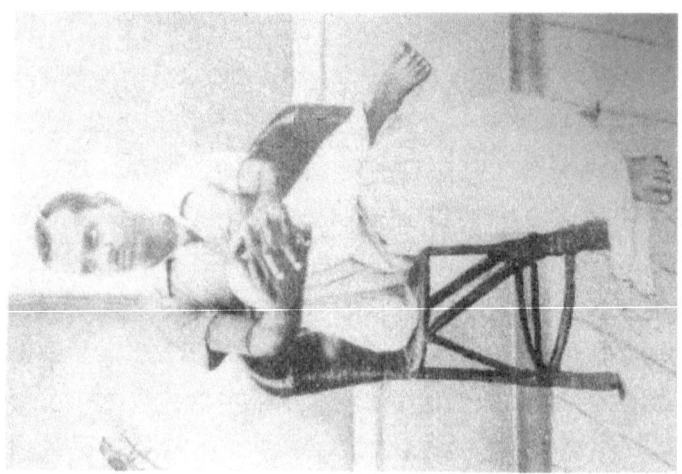

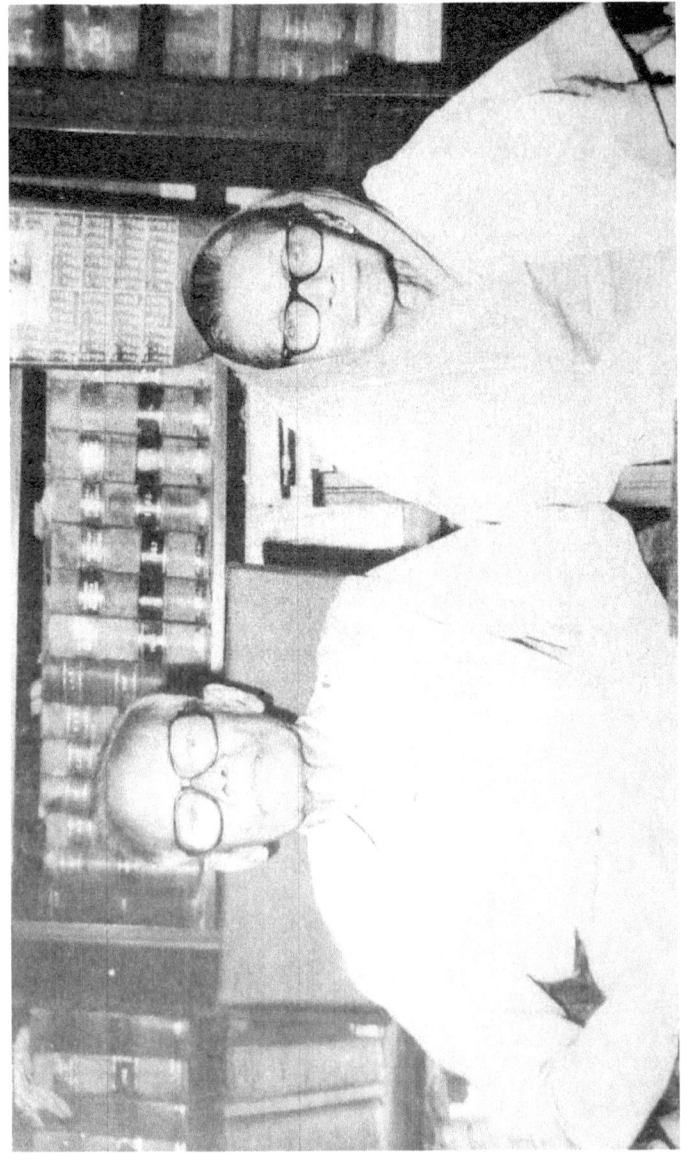

ଜଷ୍ଟିସ୍ ରାଜକିଶୋର ଦାସ ସହଧର୍ମିଣୀ ସରୋଜିନୀ ଦାସଙ୍କ ସହିତ

ଓଡ଼ିଶା ସାହିତ୍ୟ ଏକାଡେମୀର ପୁରସ୍କାର ପ୍ରଦାନ ଓ ସମ୍ବର୍ଦ୍ଧନା । ବାମରୁ ଦକ୍ଷିଣକୁ ବିନୋଦ ନାୟକ, ଶ୍ରୀଧର ଦାସ, ସୁରେନ୍ଦ୍ର ମହାନ୍ତି, ଗୋଦାବରୀଶ ମହାପାତ୍ର, ଉମା – ମୁଁ, ଗୁରୁ ଗୋପୀନାଥ, ଡକ୍ଟର ମାୟାଧର ମାନସିଂହ ଓ ଗୋଦାବରୀଶ ମିଶ୍ର । ୧୯୬୦ର ପ୍ରଥମ ଏକ ମିଳିତ ଓ ମିଳୁଥିବା ଦିନ ।

ଅଣନାତି ବାବୁଲ ଓ ପପୁଲ୍‌ଙ୍କ ଗହଣରେ ଜଷ୍ଟିସ୍ ଦାସ ।

ପରିବାରର ବ୍ୟକ୍ତିଗତ ସହକାରୀମାନଙ୍କ ଗହଣରେ ବାମରୁ ଡାହାଣ- ମଙ୍ଗୁ, ବିଜୟ, ମଧୁ, ମାୟାଧର, ଶୁକ, ଗନ୍ଧର୍ବ, ଶମ୍ଭୁ, ଧୋବେଇ, ଉଚ୍ଛବ । ଏଥିରେ ଅଣନାତି ବାବୁଲ ଓ ପପୁଲ ।

ଅନ୍ତରଙ୍ଗ ବନ୍ଧୁମାନଙ୍କ ଗହଣରେ

ବାମରୁ ଡାହାଣ – ରାଧାମଣି ଦେବୀ, ସୁଖଲତା ଦାସ, ଜଷ୍ଟିସ୍ ଦାସ, ଶ୍ରୀମତୀ ଦାସ,
କିଶୋରୀ ମଣି ଦେବୀ (କେଶୀ ଅପା), ଉପରେ – ଡାକ୍ତର ପାର୍ଥ ରାଓ ଓ ତାଙ୍କର ପତ୍ନୀ ଶ୍ରୀମତୀ ପୁଷ୍ପଲତା ରାଓ

ଜଷ୍ଟିସ୍ ଦାସଙ୍କ ଗହଣରେ –

ଝିଆରୀ ପ୍ରଫେସର ଡାକ୍ତର ବାସନ୍ତୀ ପଟ୍ଟନାୟକ ଓ ପୁତୁରା ଶ୍ରୀ ଜୀବନକୃଷ୍ଣ ପଟ୍ଟନାୟକ ଆଡ୍‌ଭୋକେଟ୍

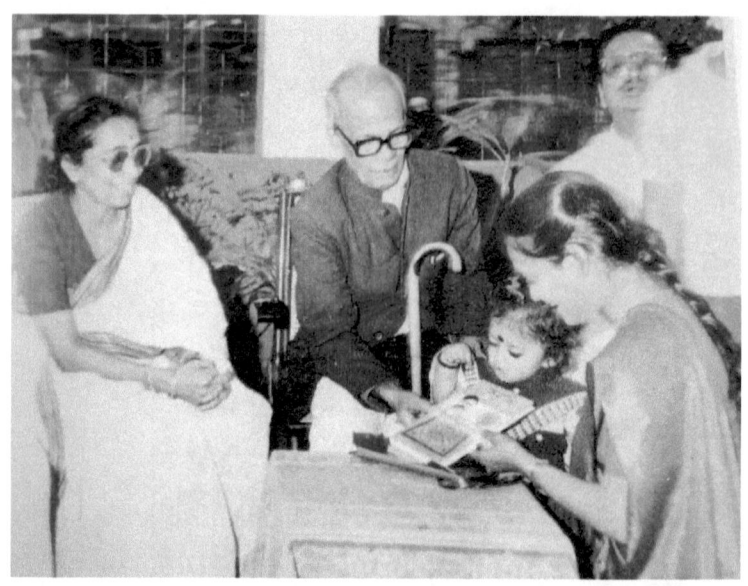

'ସଂଗ୍ରାମୀ ନିରଂଜନ' ପୁସ୍ତକ ଉନ୍ମୋଚନ ଅବସରରେ ଜଷ୍ଟିସ୍ ଦାସଙ୍କ ଗହଣରେ ଝିଆରୀ ଶ୍ରୀମତୀ ଜୟନ୍ତୀ ପଟ୍ଟନାୟକ ଓ ତାଙ୍କ ଝିଅ ସୁଦତ୍ତା (ରୀନା) ଏବଂ ତା'ର ଟିକି ଝିଅ।

ପୁତୁରା – ବିଜୟ କେତନ ପଟ୍ଟନାୟକ (ଟିକି)ର ପ୍ରଥମ ବ୍ରାଜିଲ ଯାତ୍ରା ଅବସରରେ ଭୁବନେଶ୍ୱର ବିମାନ ବନ୍ଦରରେ ପରିବାରବର୍ଗଙ୍କ ଗହଣରେ ଜଷ୍ଟିସ୍ ଦାସ।

ଦେବେନ୍ଦ୍ରନାଥ ଦାସ, ଆଇନଜୀବୀ

ନଗେନ୍ଦ୍ରନାଥ ଦାସ, ଅବସରପ୍ରାପ୍ତ ଅତିରିକ୍ତ ଜିଲ୍ଲାଜଜ୍

ମହେଶ ପ୍ରସାଦ ଦାସ

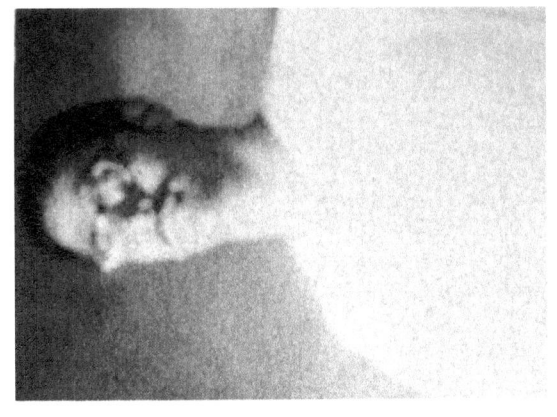

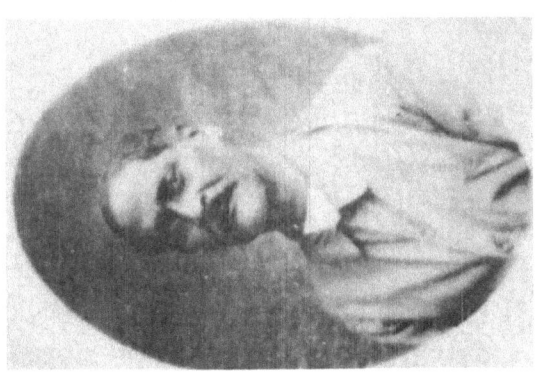

ଜଷ୍ଟିସ୍ ଦାସଙ୍କ ସହ ଏକ ସୌଜନ୍ୟମୂଳକ ସାକ୍ଷାତ ଅବସରରେ ଲୋକସଭାର ବାଚସ୍ପତି ଶ୍ରୀଯୁକ୍ତ ରବି ରାୟ ।

ଏକ ଅନ୍ତରଙ୍ଗ ମୁହୂର୍ତ୍ତରେ ଜଷ୍ଟିସ୍ ଦାସଙ୍କ ଗହଣରେ କେନ୍ଦ୍ରମନ୍ତ୍ରୀ ଶ୍ରୀଯୁକ୍ତ ନୀଳମଣି ରାଉତରାୟ, ଜ୍ୱାଇଁ ଯୁଗଳ ଓ ରାଜେନ୍ଦ୍ର ।

ଦିଲ୍ଲୀ ପରିଭ୍ରମଣ ସମୟରେ କୁତବମିନାର ପ୍ରାଙ୍ଗଣରେ ଜଷ୍ଟିସ୍ ଦାସ,
ଶ୍ରୀମତୀ ଦାସ ଓ ଶାଳକ ଶ୍ରୀ କିଶୋର ଚନ୍ଦ୍ର ସାମନ୍ତରାୟ (ମଣ୍ଟୁ) ।

ଜଷ୍ଟିସ ଦାସଙ୍କ ଗହଣରେ – 'ଅନେକ ଦିନର ଅନେକ କଥା'ର ସହଯୋଗୀ
ବାମରୁ ଡାହାଣ – ସାରଙ୍ଗଧର ସାହୁ, ଶୁକଦେବ ମହାପାତ୍ର, ଜଷ୍ଟିସ ଦାସ, ଭଞ୍ଜ କିଶୋର ପଟ୍ଟନାୟକ ଓ ବସନ୍ତ କୁମାର ରାୟ

‘ବିଦ୍ୟାଭାରତୀ’ ଅନୁଷ୍ଠାନର ଉନ୍ମୋଚନ ଉତ୍ସବ

ପାଖରେ ରାଜେନ୍ଦ୍ରବାବୁ ଓ ଧ୍ରୁବ ଚରଣ ବାରିକ ପ୍ରମୁଖ

ଜଷ୍ଟିସ୍ ଦାସ ଓ ଡାକ୍ତର ଚନ୍ଦ୍ର ମିଶ୍ରଙ୍କ ଗହଣରେ ଶ୍ରୀ ଆର.ଏନ୍. ଦାସ, ଅଧ୍ୟାପିକା ସୁଲୋଚନା ଦାସ, ଜଷ୍ଟିସ୍ ଯୁଗଳ କିଶୋର ମହାନ୍ତି, ଶ୍ରୀ ଡି.ପି. ସିଂହ ଓ ଇଂ. ପ୍ରଭାକର ସ୍ୱାଇଁ ପ୍ରମୁଖ

ନଗେନ୍ଦ୍ର ନାଥ ଦାସ

ନଗେନ୍ଦ୍ର ନାଥ ଦାସ (ନଗୁଭାଇ) ବିଚାର ବିଭାଗରେ ନିଯୁକ୍ତି ପାଇ ଶେଷରେ କଟକରେ ଅତିରିକ୍ତ ଜିଲ୍ଲାଜଜ୍ ପଦରେ ଥାଇ ୧୯୪୭ ମସିହାରେ ଅବସର ଗ୍ରହଣ କରିଥିଲେ। ସେ ରାୟ ସାହେବ ଉପାଧି ମଧ୍ୟ ପାଇଥିଲେ। ସେ ପୁରୀରେ ମୁନସଫ୍ ଥିଲାବେଳେ, ମୁଁ ଅସହଯୋଗ ଆନ୍ଦୋଳନ ସମୟରେ ଅଳ୍ପ କିଛିଦିନ ପାଇଁ ତାଙ୍କ ବସାରେ ଯାଇ ରହିଥିଲି।

ନଗୁଭାଇ ଜଗତସିଂହପୁରର ବିଶିଷ୍ଟ ଜମିଦାର ତଥା ପୁଲିସ୍ ସୁପରିଟେଣ୍ଡେଣ୍ଟ୍ ଦେଓ୍ୱାନ ବାହାଦୁର ଶ୍ରୀକୃଷ୍ଣ ମହାପାତ୍ରଙ୍କ କନ୍ୟା ସୁଲୋଚନା (ଟୁନି)ଙ୍କୁ ବିବାହ କରିଥିଲେ। ଶ୍ରୀକୃଷ୍ଣ ମହାପାତ୍ର କିଛିଦିନ ପାଇଁ ବିହାର ଓଡ଼ିଶା କାଉନସିଲ (ବର୍ତ୍ତମାନ ଆସେମ୍ବ୍ଲି)ର ସଭ୍ୟ ଏବଂ କଟକ ମ୍ୟୁନିସିପାଲିଟିର ଚେୟାରମ୍ୟାନ୍ ହୋଇଥିଲେ। ତାଙ୍କ ପୁଅ ଶ୍ୟାମାପ୍ରସାଦ ମହାପାତ୍ର (ନିଲୁ) ଜଗତ୍‌ସିଂହପୁରର ଜଣେ ପ୍ରଭାବଶାଳୀ ବ୍ୟକ୍ତି ଥିଲେ। ନିଲୁର ଝିଅମାନେ ମଧ୍ୟ ସମାଜର ବିଭିନ୍ନ କ୍ଷେତ୍ରରେ ପ୍ରତିଷ୍ଠା ଲାଭ କରିଛନ୍ତି। ତାଙ୍କ ଜ୍ୟେଷ୍ଠପୁତ୍ର ଆଉ ଆଡ୍‌ଭୋକେଟ୍ ସୋମନାଥ ମହାପାତ୍ର କଟକ ଚାନ୍ଦିନୀଚୌକିର ବିଶିଷ୍ଟ ବ୍ୟକ୍ତି ସ୍ୱର୍ଗତ ସଚ୍ଚିଦାନନ୍ଦ ମିଶ୍ରଙ୍କ କନ୍ୟା ଶ୍ରୀମତୀ ନୀଳିମା ମିଶ୍ରଙ୍କୁ ବିବାହ କରିଛି। ନୀଳିମା କଟକ ଶୈଳବାଳା ମହିଳା କଲେଜର ଅଧ୍ୟକ୍ଷା ଥିଲେ। ନିଲୁର ଝିଅ ଡାକ୍ତର ପ୍ରତିମା ମହାପାତ୍ର ଓ ତା'ର ସ୍ୱାମୀ ପ୍ରଫେସର କ୍ଷିତୀଶ ଚନ୍ଦ୍ର ସାମଲ ସଂପ୍ରତି କଟକ ଶ୍ରୀରାମଚନ୍ଦ୍ର ଭଞ୍ଜ ମେଡ଼ିକାଲ କଲେଜରେ କାର୍ଯ୍ୟ କରୁଛନ୍ତି। ନିଲୁବାବୁଙ୍କ ସାନଭାଇ ଫେଲୁ ଜଣେ ବିଶିଷ୍ଟ କ୍ରୀଡ଼ାବିତ୍ ଭାବେ ସୁନାମ ଅର୍ଜନ କରିଥିଲେ।

ନଗୁଭାଇଙ୍କ ଏକମାତ୍ର ପୁତ୍ର ମହେଶ ପ୍ରସାଦ ଦାସ ଗତ ତା- ୯।୫।୧୯୮୬ରୁ ଇହଧାମରୁ ବିଦାୟ ନେଇଗଲେଣି। ମହେଶର ପୁତ୍ର ଶ୍ରୀ ଜ୍ୟୋତିପ୍ରସାଦ ଦାସ ଏମ୍.ଏ. ଓ ଲ' ପାସ୍ କରି ଆଡ୍‌ଭୋକେଟ୍ ଭାବରେ ଆଇନ ବ୍ୟବସାୟ କରୁଛନ୍ତି। ସେ କଟକର ଏ.ପି.ପି. ଭାବରେ ମଧ୍ୟ ନିଯୁକ୍ତ ପାଇଛନ୍ତି। ଅନ୍ୟ ଚାରିପୁଅ ବିଭିନ୍ନ କ୍ଷେତ୍ରରେ କାର୍ଯ୍ୟ କରୁଛନ୍ତି। ପାଞ୍ଚ ଝିଅଙ୍କ ମଧ୍ୟରୁ ଜୟଲକ୍ଷ୍ମୀ ଶୈଳବାଳା ମହିଳା କଲେଜରେ ଅଧ୍ୟାପିକା ଅଛି। ଯଶୋଧାରା ସେଣ୍ଟ୍ରାଲ ସ୍କୁଲର ଶିକ୍ଷୟିତ୍ରୀ। ଜୟଶ୍ରୀ ମୋର ଜ୍ୟେଷ୍ଠ ଜାମାତା ଜଷ୍ଟିସ୍ ଯୁଗଳ କିଶୋର ମହାନ୍ତିଙ୍କ ଭଣଜା ଅଧ୍ୟାପକ ଶ୍ରୀ ଦେବୀ ପ୍ରସାଦ ଦାସଙ୍କୁ ବିବାହ କରିଛି।

କଟକ ବଡ଼ବାପା ବଳରାମ ଦାସଙ୍କ ଝିଅ ଉମାଅପା ମୋଠାରୁ ବୟସରେ

ବଡ଼। ସେ କଟକ ଜିଲ୍ଲା ବେଣ୍ଟକାରର ଜୟକୃଷ୍ଣ ମହାନ୍ତିଙ୍କୁ ବିବାହ କରିଥିଲେ। ଜୟୀଭାଇଙ୍କ ପୁଅ ଡାକ୍ତର ଅଦ୍ୱୈତ ପ୍ରସାଦ ମହାନ୍ତି ଜଣେ କଳାକାର ଭାବେ ଖ୍ୟାତି ଅର୍ଜନ କରିଥିଲେ। ସ୍ୱର୍ଗତ ମୋହନ ସୁନ୍ଦର ଦେବ ଗୋସ୍ୱାମୀଙ୍କ ପ୍ରଯୋଜିତ ପ୍ରଥମ ଓଡ଼ିଆ କଥାଚିତ୍ର 'ସୀତା ବିବାହ'ରେ ସେ ଲକ୍ଷ୍ମଣ ଭୂମିକାରେ ଅଭିନୟ କରିଥିଲେ। ଏହା ବ୍ୟତୀତ ସେ ଥିଲେ ଜଣେ ପ୍ରଖ୍ୟାତ ନାଟ୍ୟକାର। ତାଙ୍କ ରଚିତ ନାଟକମାନଙ୍କ ମଧ୍ୟରେ 'ସାଧବଝିଅ', 'ନର ଦେବତା' ଓ 'ପରିଚୟ' ପ୍ରଭୃତି ଉଲ୍ଲେଖଯୋଗ୍ୟ।

ବାସୁଦେବ ଦାସ

ମୋର ଆଉ ଜଣେ ବଡ଼ବାପା ହେଉଛନ୍ତି ସ୍ୱର୍ଗତ ବାସୁଦେବ ଦାସ। ତାଙ୍କୁ 'ଗାଁ ବଡ଼ବାପା' ବୋଲି କହିଥାଏ। ତାଙ୍କର ଦୁଇଟି ପୁଅ। ବଡ଼ ପଦ୍ମଚରଣ ଦାସ ଏବଂ ସାନ ସତ୍ୟବାଦୀ ଦାସ। ସେମାନେ ମୋ'ଠାରୁ ଢେର ବଡ଼। ସତ୍ୟବାଦୀ ଭାଇ କଟକରେ ବିଚାର ବିଭାଗରେ ପେସ୍କାର ଭାବେ କାର୍ଯ୍ୟ କରୁଥିଲେ। ସେ ପୁରୀ ଜିଲ୍ଲା ଚଣାହାଟର ସ୍ୱନାମଧନ୍ୟ ପଟ୍ଟନାୟକ ବଂଶର ବସନ୍ତ କୁମାରୀ ଦେଈଙ୍କୁ ବିବାହ କରିଥିଲେ। ଏହି ବସନ୍ତ କୁମାରୀ ହେଉଛନ୍ତି ବିଶିଷ୍ଟ ସମାଜସେବୀ ସ୍ୱର୍ଗତ ଜୟକୃଷ୍ଣ ପଟ୍ଟନାୟକଙ୍କ ଭଉଣୀ। ବିଶିଷ୍ଟ ସ୍ୱାଧୀନତା-ସଂଗ୍ରାମୀ ତଥା କମ୍ୟୁନିଷ୍ଟ ନେତା ଶ୍ରୀଯୁକ୍ତ ଗୁରୁଚରଣ ପଟ୍ଟନାୟକ ଓ ସ୍ୱାଧୀନତା-ସଂଗ୍ରାମୀ ସ୍ୱର୍ଗତ ଅନନ୍ତ ଚରଣ ପଟ୍ଟନାୟକଙ୍କ ପିଉସୀ। ସତ୍ୟବାଦୀ ଭାଇଙ୍କର କିଛି ପିଲାପିଲି ନ ଥିଲେ। ସେ ଅନନ୍ତ ଓ ଗୁରୁଚରଣଙ୍କୁ ଅତି ପିଲାଟି ଦିନରୁ ନେଇ ପୁଅପରି ଲାଳନ ପାଳନ କରିଥିଲେ। ଶାଳୀର ଝିଅ ନିରୁପମା (ବସି)କୁ ପିଲାବେଳୁ ଝିଅକରି ନେଇଥିଲେ। ନିରୁପମା ଶ୍ରୀଯୁକ୍ତ ଗଙ୍ଗାଧର ରଥଙ୍କୁ ବିବାହ କରିଛି। ଶ୍ରୀଯୁକ୍ତ ରଥ ଜଣେ ବିଶିଷ୍ଟ ସମାଜସେବୀ ଓ ଜଣେ ପ୍ରଖ୍ୟାତ ଆଇନଜୀବୀ ଭାବରେ ପ୍ରତିଷ୍ଠା ଲାଭ କରିଛନ୍ତି। ସେ ଓଡ଼ିଶାର ଆଡ୍‌ଭୋକେଟ୍ ଜେନେରାଲ ଭାବେ ବହୁ ବର୍ଷ କାର୍ଯ୍ୟଭାର ତୁଲାଇଛନ୍ତି। ନିରୁପମା ଜଣେ ସ୍ତ୍ରୀ-ରୋଗ ବିଶେଷଜ୍ଞ ଭାବରେ ସୁପରିଚିତା। ଜଣେ ନାରୀନେତ୍ରୀ ଓ ସମାଜସେବୀ ଭାବରେ ପ୍ରତିଷ୍ଠା ଅର୍ଜନ କରିଛି। ସଂପ୍ରତି ସେ ନିଖିଳ ଭାରତ ମହିଳା ଫେଡ଼େରେସନ୍‌ର ସଭାନେତ୍ରୀ। ବିଭିନ୍ନ ନାରୀ ସମ୍ମିଳନୀରେ ଯୋଗଦାନ କରିବାକୁ ସେ ଦେଶ ବିଦେଶ ଯାଇଥାଏ। କଟକ ତିନିକୋଣିଆ ବଗିଚାଠାରେ ଏକ ବଡ଼ ଧରଣର ନର୍ସିଂହୋମ ପ୍ରତିଷ୍ଠା କରି ସେଥିରେ କାର୍ଯ୍ୟ କରୁଛି। ତା'ର ପୁଅ ଡାକ୍ତର ଜୟନ୍ତ ରଥ ମଧ୍ୟ ଏହ ନର୍ସିଂହୋମରେ କାର୍ଯ୍ୟ କରୁଛି। ଜୟନ୍ତ ପ୍ରଖ୍ୟାତ ଡାକ୍ତର ପାର୍ଥରାଓଙ୍କ କନ୍ୟା ସୁସ୍ମିତା

(ପିକୁ)କୁ ବିବାହ କରିବା ଦ୍ୱାରା ଆମ ସମସ୍ତଙ୍କର ଅତୁଟ ପାରିବାରିକ ସମ୍ପର୍କ ଏବେ ଅଧିକ ଘନିଷ୍ଠ ହୋଇଛି। ନିରୁପମାର ବଡ଼ ପୁଅ ଆଡ୍‌ଭୋକେଟ୍ ରଜତ କୁମାର ରଥ ଆଇନ ବ୍ୟବସାୟରେ ବେଶ୍ ପ୍ରତିଷ୍ଠା ଲାଭ କରିଛି।

ଏଠାରେ ଉଲ୍ଲେଖ କରାଯାଇ ପାରେ ଯେ, ମୋ ସ୍ତ୍ରୀ ସରୋଜିନୀ ନିରୁପମା (ବସି)କୁ ନିଜ ଝିଅଠାରୁ ବଳି ଅଧିକ ଭଲ ପାଉଥିଲେ। ରେଜେଷ୍ଟ୍ରି ବିବାହ ହୋଇଥିଲେ ସୁଦ୍ଧା କନ୍ୟା ବିଦାବେଳେ ବିଧିରେ ଯାହାସବୁ କରିବା କଥା, ସରୋଜିନୀ ସବୁ ଜିନିଷ ସଜଡ଼ାସଜଡ଼ି କରି ନିରୁପମାଙ୍କୁ ଦେଇଥିଲେ। ବିବାହର କିଛିଦିନ ପରେ ବସି ଓ ସଜୁ (ସରୋଜିନୀ) କାଶ୍ମୀର ବୁଲିବାକୁ ଯାଇଥିଲେ।

ଭଗତ ଚରଣ ଦାସ

ଗାଁର ଆଉଜଣେ ବଡ଼ବାପା ହେଉଛନ୍ତି ସ୍ୱର୍ଗତ ଭଗତ ଚରଣ ଦାସ। ତାଙ୍କ ପୁଅ ଜଗଦାନନ୍ଦ ଦାସ ରଘୁନାଥପୁରଠାରେ କିଛିଦିନ କେନାଲ ରେଭିନ୍ୟୁ ବିଭାଗର ତହସିଲଦାର ଥିଲେ। ଏହି ଜଗଦାନନ୍ଦ ଭାଇ କୁମାରପଡ଼ାରେ ମୋ ଶ୍ୱଶୁର ଘର ବଂଶରେ ବିବାହ କରିଥିଲେ। ତାଙ୍କ ସ୍ତ୍ରୀ ରାଧାମଣି ଦେଈ ମୋତେ ଅତ୍ୟନ୍ତ ଶ୍ରଦ୍ଧା କରୁଥିଲେ। ମୁଁ କେତେଥର ରଘୁନାଥପୁର ଯାଇଛି। ମୁଁ ବାଗଲପୁର ଯାଉଥିଲାବେଳେ ଏହି ଭାଉଜ ଅନେକ ଭଲ ଭଲ ଜିନିଷ ତିଆର କରି ମୋତେ ଖାଇବାକୁ ଦିଅନ୍ତି।

ବାରିପଦା : ବିପିନ ବିହାରୀ ଦାସ

ଆମ କୁଟୁମ୍ବର କେତେକ ଲୋକ ବାରିପଦା ଚାଲି ଯାଇଥିଲେ। ସେମାନେ ସେଠାରେ ସ୍ଥାୟୀ ବସବାସ କରି ରହିଲେ। ସ୍ୱର୍ଗତ ମୁକୁନ୍ଦ ପ୍ରସାଦ ଦାସ ମୋର ସମ୍ପର୍କୀୟ ବଡ଼ଭାଇ। ତାଙ୍କର ଦୁଇ ପୁଅ, କ୍ଷେତ୍ରମୋହନ ଓ ବିପିନ୍। କ୍ଷେତ୍ର ମୋହନ ଛତ୍ରପୁରଠାରେ ଚାକିରୀ କରୁଥିଲେ। ବିପିନର ଦୁଇ-ପୁଅ—ବିଜୟ ଓ ବିନୋଦ। ଏ ଦୁଇଭାଇ ପ୍ରତିଷ୍ଠିତ ଆଇନଜୀବୀ ଭାବେ ସୁପରିଚିତ। ବିନୋଦ ବଡ଼। ବିଜୟ ସାନ। ବିନୋଦ ମୟୂରଭଞ୍ଜର ଜଣେ ବଙ୍ଗୀୟ ଝିଅକୁ ବିବାହ କରିଛି। ତା'ର ସ୍ତ୍ରୀ ମଧ୍ୟ ଜଣେ ଆଡ୍‌ଭୋକେଟ୍। ସେମାନେ ବାରିପଦାରେ ରହି ଓକିଲାତି କରୁଛନ୍ତି। ବିନୋଦ କିଛିଦିନ ପାଇଁ ଓଡ଼ିଶା ବାର କାଉନସିଲର୍ ଉପସଭାପତି ହୋଇଥିଲେ। ବିନୋଦର ପୁଅ ବିଦେଶରେ ଉଚ୍ଚ ଶିକ୍ଷା ପାଇ ଯାଇଛି।

ଲୋକସଭା ସଦସ୍ୟ ଶ୍ରୀଯୁକ୍ତ ବ୍ରଜମୋହନ ମହାନ୍ତି ମନ୍ତ୍ରୀ ଥିବା ସମୟରେ ବିଜୟ

ସହିତ ତାଙ୍କ ଝିଅର ବାହାଘର ହୋଇଥିଲା । ଓଡ଼ିଶାର ଶିକ୍ଷାମନ୍ତ୍ରୀ ଶ୍ରୀ ଚୈତନ୍ୟ ପ୍ରସାଦ ମାଝୀ (ପୂର୍ବତନ କେନ୍ଦ୍ର ଉପମନ୍ତ୍ରୀ) ଓ ବହୁ ବିଶିଷ୍ଟ ବ୍ୟକ୍ତି ବରଯାତ୍ରୀ ହୋଇ ଆସିଥିଲେ । ଶ୍ରୀ ମାଝୀଙ୍କ ସହିତ ମୋର ସେଠାରେ ପ୍ରଥମ ପରିଚୟ ହୋଇଥିଲା । ଭୁବନେଶ୍ୱରଠାରେ ଆୟୋଜିତ ଏହି ବିବାହ ଭୋଜିରେ ମୁଁ ଯୋଗଦାନ କରିଥିଲି । ତତ୍କାଳୀନ ରାଜ୍ୟପାଳ ଶ୍ରୀଯୁକ୍ତ ବି.ଡ଼ି. ଜତ୍ତି ଓ ମୁଁ ଏକତ୍ର ବସି ଖାଉଥିଲୁ । ମୋର ମନେ ପଡୁଛି, ସେଠାରେ ଶ୍ରୀଯୁକ୍ତ ଜତ୍ତି ବିଜୟ ସହିତ ମୋ ପରିଚୟ କରାଇଥିଲେ । ଏ କଥା ଶୁଣି ବ୍ରଜବାବୁ ହସୁଥାନ୍ତି । ପରେ ମୁଁ ଜତ୍ତିଙ୍କୁ ବିଜୟ ମୋ' ନାତି ବୋଲି କହିଥିଲେ ।

ଆମ ଗାଁ ବାଗଲପୁରଠାରେ ବିପିନର ସ୍ମୃତି ଉଦ୍ଦେଶ୍ୟରେ ବିପିନ ବିହାରୀ ଉଚ୍ଚ ବିଦ୍ୟାଳୟ ସ୍ଥାପିତ ହୋଇଛି । ପାଖ ଗାଁ ତୁରିନ୍ତୁରାଠାରେ ମୋ' ବାପାଙ୍କ ସ୍ମୃତି ଉଦ୍ଦେଶ୍ୟରେ ବାଞ୍ଛାନିଧି ମଧ୍ୟ ଇଂରାଜୀ ବିଦ୍ୟାଳୟ ପ୍ରତିଷ୍ଠିତ ହୋଇଅଛି ।

ବୃନ୍ଦାବନ ଦାସ

ସ୍ୱର୍ଗତ ବୃନ୍ଦାବନ ଦାସ ମୋର କୁଟୁମ୍ବର ବଡ଼ଭାଇ । ସେ ଜଣେ ମେଧାବୀ ଛାତ୍ର ଥିଲେ । ବିଶିଷ୍ଟ ସମାଜସେବୀ ତଥା ତତ୍କାଳୀନ ଆଡ଼ଭୋକେଟ୍ ଜେନେରାଲ ସ୍ୱାମୀ ବିଚିତ୍ରାନନ୍ଦ ଦାସଙ୍କ ଭାଣିଜୀ ହାରାମଣିକୁ ବିବାହ କରିଥିଲେ । ତାଙ୍କର ଏକମାତ୍ର ପୁତ୍ର ଶ୍ରୀ ପୂର୍ଣ୍ଣାନନ୍ଦ ଦାସ କଲିକତାରୁ ଏମ୍.ଏ. ପାଶ୍ କରିଥିଲେ । ସେ ଓଡ଼ିଶା ସରକାରଙ୍କ ଯୋଜନା ବିଭାଗର ଉପ-ନିର୍ଦ୍ଦେଶକ ଭାବେ କାର୍ଯ୍ୟ କରି ନିକଟ ଅତୀତରେ ଅବସର ଗ୍ରହଣ କରି ଅଛନ୍ତି । ତାଙ୍କ ସ୍ତ୍ରୀ ସୁପ୍ରଭା ଦାସ ଜଣେ ଶିକ୍ଷୟିତ୍ରୀ । ତାଙ୍କର ଦୁଇ ପୁଅ, ବିଶ୍ୱଜିତ୍ ଦାସ ଓ ସତ୍ୟଜିତ୍ ଦାସ । ବିଶ୍ୱଜିତ ଜଣେ ଇଞ୍ଜିନିୟର ଭାବେ ବାଙ୍ଗାଲୋରସ୍ଥିତ ଭାରତ ହେଭି ଇଲେକ୍ଟ୍ରିକାଲ୍ସରେ କାର୍ଯ୍ୟ କରୁଛି । ସତ୍ୟଜିତ୍ ଭାରତୀୟ ଷ୍ଟେଟ୍ ବ୍ୟାଙ୍କର ଜଣେ ପଦସ୍ଥ ଅଫିସର ଭାବେ ଭୁବନେଶ୍ୱରଠାରେ ଅବସ୍ଥାପିତ ।

ଶ୍ରୀ ଘନଶ୍ୟାମ ଦାସ

ଘନଶ୍ୟାମ ଦାସ ଆମ କୁଟୁମ୍ବର, ମୋ' ସମ୍ପର୍କୀୟ ସାନଭାଇ । ଆମ ଗାଁରେ ତଥା ଆଖପାଖ ଅଞ୍ଚଳରେ ଜଣେ ସମାଜସେବୀ ଭାବରେ ସେ ସୁପରିଚିତ । ଘନଶ୍ୟାମର ସାନଭାଇ ରାଧାଶ୍ୟାମ ଦାସ ଆମ୍ଭମାନଙ୍କଠାରୁ ୧୯୫୯ ମସିହାରୁ ବିଦାୟ ନେଇ ପରପାରିକୁ ଚାଲିଗଲେଣି । ତାଙ୍କ ଭଉଣୀ ଉଜ୍ଜ୍ୱଳମଣି, ନିର, ମାଳ ଓ ଉଷା ମୋଠୁଁ ଢେର ସାନ ।

କିଶୋରୀଚରଣ ଦାସ

୰ କିଶୋରୀଚରଣ ଦାସ ମୋର ସଂପର୍କୀୟ ବଡ଼ବାପା, ତାଙ୍କର ଦୁଇପୁଅ। ନୃସିଂହ ଓ ସୁଦର୍ଶନ। ସୁଦର୍ଶନଙ୍କ ପୁଅ ହୃଷିକେଶ ଦାସ। ନୃସିଂହଙ୍କ ପୁଅ ନବକଶୋର ଦାସ। ଏମାନଙ୍କ ସହ ଆମର ପାରିବାରିକ ସଂପର୍କ ଏବେବି ଅତୁଟ ରହିଛି। ଏଇ ହେଉଛି ମୋର ପାରିବାରିକ ସଂପର୍କୀୟ-ମାନଙ୍କର ସମ୍ୟକ୍ ପରିଚୟ। ସେମାନଙ୍କ ମଧ୍ୟରୁ କେତେକଙ୍କର ବିଚ୍ଛେଦ ମୋତେ ବିଶେଷ ଦୁଃଖୀ କରାଇଛି। ଅନେକେ ପ୍ରତିଷ୍ଠା ଓ ଖ୍ୟାତି ଅର୍ଜନ କରି ମୋତେ ଆନନ୍ଦିତ କରାଇଛନ୍ତି।

ବିବାହ

ବିବାହ ମନୁଷ୍ୟ ଜୀବନର ସର୍ବଶ୍ରେଷ୍ଠ ଅନୁଷ୍ଠାନ। ସଂସାର କ୍ଷେତ୍ରରେ ପ୍ରବେଶ କରିବାର ଅହେତୁକ ଆଶଙ୍କା ଓ ସୃଷ୍ଟିଧର୍ମକୁ ଅବ୍ୟାହତ ରଖିବାର ଦୁର୍ନିବାର ବାସନା—ଯୁଗପତ୍ ଶଙ୍କା ଓ ଆନନ୍ଦ ହୃଦୟକୁ ଆଚ୍ଛନ୍ନ କରି ରଖିଥାଏ। ନୂତନ ଜୀବନରେ ପଦାର୍ପଣ କରିବାର ମୋହ, ଭବିଷ୍ୟତର ସୁଖ-ସ୍ୱପ୍ନରେ ମନୁଷ୍ୟକୁ ମଗ୍ନ କରି ରଖେ। ଯୁବକ ପ୍ରାଣର ଅସୀମ ପ୍ରାଣୋଚ୍ଛ୍ୱାସ ଅଜାଣତରେ ତାକୁ ଜୀବନଧର୍ମୀ କରାଏ। ସଂସାର ଯାତ୍ରାରେ ବାଟ ଚାଲିଲାବେଳେ ଆଉ ଜଣକର ସହାୟତା ଲୋଡ଼ାହୁଏ—ଯାହାର ହାତଧରି ଅକ୍ଳେଶରେ ସଂସାରର ଦୁର୍ଗମ ପଥକୁ ଅତିକ୍ରମି ଯାଇହେବ। (ଯାହାର ଭାଗ୍ୟ ବିପର୍ଯ୍ୟୟ ଘଟିଥାଏ, ତା' କପାଳରେ ହୁଏତ ଏପରି ଜଣେ ଜୁଟେ, ଯିଏ ସାରା ଜୀବନକୁ ଦୁର୍ବିଷହ କରିଦିଏ। ମାତ୍ର ସେ ଦୃଷ୍ଟିରୁ ମୁଁ ନିଜକୁ ଭାଗ୍ୟବାନ ବୋଲି ମୁକ୍ତ କଣ୍ଠରେ କହିପାରେ।) ଯାହାଙ୍କ ହାତ ଧରି ମୁଁ ସଂସାର ଯାତ୍ରା ନିର୍ବାହ କରିଛି, ସେ ମୋ' ଜୀବନକୁ ଆନନ୍ଦ କୋଳାହଳମୟ କରି ଦେଇଛନ୍ତି। ଦୁଃଖରେ ସୁଖରେ ନିରୁଦ୍‌ବେଗ ରହି ମୋ ଛାଇପରି ପାଖେ ପାଖେ ରହିଛନ୍ତି।

ମୋ ଜୀବନର ସେଇ ପରମଲଗ୍ନଟି ଥିଲା, ୧୯୨୯ ମସିହା ଜୁନ୍ ମାସ ୧୯ ତାରିଖ। ସେତେବେଳକୁ ମୋର 'ଲ' କ୍ଲାସ ଶେଷ ହୋଇ ଯାଇଥାଏ। ଆଗରୁ କହିଛି, ବି.ଏ. ଶେଷ ବର୍ଷ ମୁଁ ବଡ଼ବାପାଙ୍କ ସାହେବଜାଦା ବଜାର ଘରୁ ବିନୋଦବିହାରୀକୁ ଚାଲିଆସିଲି। ବିଶିଷ୍ଟ ସମାଜସେବୀ ଚିନ୍ତାମଣି ସାମନ୍ତରାୟଙ୍କ କୈଳାସ ଚନ୍ଦ୍ର ସାମନ୍ତରାୟ ତାଙ୍କର ଦାଦିପୁଅ ଭାଇ। ଏକା କୁଟୁମ୍ବର ହୋଇଥିବାରୁ ଉଭୟ ପରିବାର ମଧ୍ୟରେ ସୁସମ୍ପର୍କ ଥାଏ। ପୁରୀ ଜିଲ୍ଲା ନିମାପଡ଼ା ନିକଟସ୍ଥ କୁମାରପଡ଼ାର ବିଶିଷ୍ଟ ଜମିଦାର ଦାଶରଥି ମହାନ୍ତି ହେଉଛନ୍ତି କୈଳାସ ଚନ୍ଦ୍ର ସାମନ୍ତରାୟଙ୍କ ଭିଣୋଇ। ବିଶିଷ୍ଟ ନାରୀନେତ୍ରୀ କଥା ସମାଜସେବିକା ହୈମବତୀ ଦେବୀ ତାଙ୍କ ଭଉଣୀ।

ବେଳେବେଳେ ଭଉଣୀ ଓ ଭିଣୋଇ ତାଙ୍କ ପିଲାମାନଙ୍କୁ ଧରି ତାଙ୍କ ଘରକୁ ଆସୁଥିଲେ ଓ ସେଠାରେ ରହୁଥିଲେ। କୈଳାସ ବାବୁଙ୍କୁ ବଡ଼ ଭଣଜା ଉମାକାନ୍ତ ମହାନ୍ତି ତାଙ୍କ ବିନୋଦବିହାରୀ ଘରେ ରହି ମିଶନ ହାଇସ୍କୁଲରେ ପଢୁଥିଲେ। ସେ ମୋର ସମସାମୟିକ ହୋଇଥିବାରୁ ତାଙ୍କ ସହିତ ମୋର ବନ୍ଧୁତା ଥାଏ। ମଝିରେ ମଝିରେ ତାଙ୍କ ଭାଇଭଉଣୀମାନେ କଟକ ଆସୁଥିଲାବେଳେ ମୋତେ ଦେଖିବା ଓ ମୋ' ସମ୍ବନ୍ଧରେ ଜାଣିବାର ସୁଯୋଗ ପାଇଥାନ୍ତି। ସେମାନଙ୍କ ଘର ଏକ କଂଗ୍ରେସ ପରିବାର। ଜାତୀୟ କଂଗ୍ରେସର ବିଭିନ୍ନ କାର୍ଯ୍ୟକଳାପ ସହିତ ମୁଁ ସଂପୃକ୍ତ ଥାଏ। ଏଇ ସୂତ୍ରରେ ଆମର ସମ୍ପର୍କ ଅତ୍ୟନ୍ତ ଘନିଷ୍ଠ ହୋଇଥାଏ। ଏହିପରି ଚିହ୍ନା ପରିଚୟରୁ ବିଧିବଦ୍ଧଭାବେ ପ୍ରସ୍ତାବ ପଡ଼ି ଶେଷରେ ସରୋଜିନୀ ସହିତ ମୋର ବିବାହ ସମ୍ପନ୍ନ ହୋଇଥିଲା। ସରୋଜିନୀଙ୍କର ଡାକନାମ 'ସଜୁ'।

ସଜୁ ସ୍ୱର୍ଗତ ଦାଶରଥି ମହାନ୍ତିଙ୍କର କନିଷ୍ଠା କନ୍ୟା। ବିବାହବେଳକୁ ତାଙ୍କ ବୟସ ପନ୍ଦର କି ଷୋହଳ। ତା' ପୂର୍ବରୁ ସେ ତାଙ୍କ ମା' ଓ ଭାଇଙ୍କ ସଙ୍ଗରେ କଲିକତା କଂଗ୍ରେସ ଅଧିବେଶନରେ ଯୋଗ ଦେବାକୁ ଯାଇଥିଲେ। ସେହି ସମୟରୁ ତାଙ୍କ ପ୍ରତି ମୋର ସହଜାତ ଶ୍ରଦ୍ଧା ରହିଥିଲା। ବିବାହ ସମୟକୁ ତାଙ୍କର ସଂସାର ଅଭିଜ୍ଞତା ଆଦୌ ନଥିଲା। ତା' ଛଡ଼ା ରକ୍ଷଣଶୀଳ ଜମିଦାର ପରିବାରର ଝିଅ ହୋଇଥିବାରୁ ଶିକ୍ଷାଗତ ଯୋଗ୍ୟତା ମଧ୍ୟ ବିଶେଷ କିଛି ନଥିଲା। କାରଣ ଆଜିକାଲି ପରି ସେତେବେଳେ ନାରୀଶିକ୍ଷାର ପ୍ରଚଳନ ଏତେ ନଥିଲା। ଝିଅକୁ ପରଦା ଭିତରେ ରହିବାକୁ ହେଉଥିଲା। ପାଠ ପଢ଼ିବାର ବିଶେଷ ସୁଯୋଗ ତାଙ୍କ ଭାଗ୍ୟରେ ଜୁଟି ନଥିଲା। ଯାହା କିଛି ଶିକ୍ଷାଲାଭ କରିଥିଲେ, ତାକୁଇ ପୁଞ୍ଜି କରି ସେ ସାରାଜୀବନ ଅତ୍ୟନ୍ତ ବୁଦ୍ଧିମତ୍ତାର ସହତ ଚଳିଗଲେ।

ଆମ ବାହାଘର ଦିନ ଆମ ଗାଁରୁ ମୁଁ ପାଲିଙ୍କିରେ ବର ହୋଇ ବାହାରିଲି। ସାଆନ୍ତ କୁଣିଆମାନେ ସବାରୀ ଓ ଶଗଡ ଗାଡ଼ିରେ ବରଯାତ୍ରୀ ହୋଇ ବାହାରିଲେ। ସେତେବେଳେ 'ସାଆନ୍ତ ମର୍ଯ୍ୟାଦା' ଥିଲା ସଂଭ୍ରାନ୍ତର ପରିଚୟ। ମୋର ଠିକ୍ ମନେ ନାହିଁ, ସେମାନେ କେତେ ସାଆନ୍ତ ମର୍ଯ୍ୟାଦା କରିଥିଲେ। ଟଙ୍କା ଯୌତୁକ ମାଗିବା ଆଦୌ ସମ୍ମାନଜନକ ନଥିଲା। କାଁ ଭାଁ କିଏ କେଉଁଠି କେତେବେଳେ ଟଙ୍କା ଯୌତୁକ ମାଗୁଥିଲେ। ମାତ୍ର ଏସବୁ ବିରଳ ଥିଲା। ସମୟେ ସମୟେ କେବଳ ସାଆନ୍ତ ମର୍ଯ୍ୟାଦା ପ୍ରଶ୍ନ ଉଠୁଥିଲା।

କନ୍ୟା ଘରର ସାମର୍ଥ୍ୟ ଅନୁଯାୟୀ ବର ଘରର ସାଆନ୍ତମାନଙ୍କର ଯଥାବିଧି ମର୍ଯ୍ୟାଦା କରାଯାଉଥିଲା। ଠା' ପିଢା, ମହାପ୍ରସାଦ ସେବା ପ୍ରଭୃତି ଅତ୍ୟନ୍ତ ସମ୍ମାନଜନକ

ଭାବେ କରାଯାଉଥିଲା । ଏଥିରେ ତ୍ରୁଟି ବିଚ୍ୟୁତ ନ ହେବା ପାଇଁ କନ୍ୟାପକ୍ଷ ସତର୍କ ରହୁଥିଲେ । ବୈଦିକ ରୀତିରେ ଆମର ବିଭାଘର ସରିଲା । ମୁଁ ପାଲିଙ୍କିରେ ଓ କନ୍ୟା ସବାରୀରେ ବସି ଗ୍ରାମାଭିମୁଖେ ପ୍ରତ୍ୟାବର୍ତ୍ତନ କଲୁ । ଗଲାବେଳେ ଗ୍ୟାସଲାଇଟ, ତେଲିଙ୍ଗି ବାଜା, ବଡ଼ବାଜାର ପ୍ରଶେସନରେ ଯାଇଥିଲି । ଫେରିବା ବେଳେ ଆମର ପାଖରେ କେବଳ ଶଙ୍ଖମହୁରୀ, ହୁଳହୁଳି, ତେଲିଙ୍ଗି ବାଜାର ପ୍ରଶେସନରେ ବୋହୂ ଘରକୁ ଆସିଥିଲା । ମୁଁ ମୋ ବାପା ମା' ଙ୍କର ଏକମାତ୍ର ପୁତ୍ରସନ୍ତାନ । ତେଣୁ ମୋ' ବାହାଘରରେ ମୋ' ବୋଉ ଖୁସିରେ କାନ୍ଦି ପକାଇଥିଲା । ବୋହୂ ସାଙ୍ଗରେ ସବାରୀ ପଛେ ଶଗଡ଼ରେ ବସି ଧାଈମା ଆସିଥିଲା । ଶାଶୁଘରେ ଝିଅକୁ ବୋହୂପଣିଆ କରିବାରେ ସାହାଯ୍ୟ କରିବ ବୋଲି ଆଗକାଳେ ଛୋଟ ଝିଅମାନଙ୍କ ସାଙ୍ଗରେ ଧାଈ ମା'ଟିଏ ଆସୁଥିଲା । କିଛିଦିନ ଝିଅର ଶାଶୁଘରେ ରହି ଝିଅକୁ ଚଳେଇ ଦେଇ ଶେଷରେ ପୁଣି ଧାଈ ମା' ଫେରି ଯାଉଥିଲା । ଧାଈ ମା' ବିଦା ମଧ୍ୟ ସମ୍ଭ୍ରାନ୍ତର ଆଉ ଏକ ନମୁନା ଥିଲା । ଯଥାରୀତି ଭାର ବେଭାର ସହିତ ଧାଈମା'କୁ ବିଦା କରିବାକୁ ବରପକ୍ଷକୁ ପଡୁଥିଲା । ଏଇଥିରୁ ବରପକ୍ଷର ଚଳଣି ବିଷୟରେ କନ୍ୟା ପକ୍ଷର ଲୋକମାନେ କଳନା କରି ପାରୁଥିଲେ ।

ବାହାଘରର ଆଠଦିନ ପରେ ଆମେ ଦୁହେଁ କଟକ ଆସିଲୁ । ରାତିରେ ଭୁବନେଶ୍ୱରରେ ଟ୍ରେନ ଚଢ଼ିଲୁ । ଟ୍ରେନରେ ବସିବା ଆଗରୁ ଷ୍ଟେସନରେ ଆମେ ଦୁହେଁ ଖୁବ୍ ଖୁସିରେ ବୁଲାବୁଲି କଲୁ । ସେତେବେଳେ ଏତେ ଡରଭୟ ନ ଥିଲା । ଆଜିକାଲି ଯେପରି ଷ୍ଟେସନରେ ଭିଡ଼ ରହୁଛି ତା' ମଧ୍ୟ ନ ଥିଲା । କଟକରେ ପହଞ୍ଚି ଆମ ବିନୋଦବିହାରୀ ଘରେ ରହିଲୁ ।

ମୁଁ ବିନୋଦବିହାରୀରେ ରହୁଥାଏ । ସେତେବେଳେ ବାର୍‌ରେ ଆଡ୍‌ଭୋକେଟ୍ ଭାବରେ ଓକିଲ ଆରମ୍ଭ କରି ନ ଥାଏ । ରୋଜଗାରର ପନ୍ଥା ମଧ୍ୟ କିଛି ନ ଥାଏ । ଘରେ ସବୁବେଳେ ଅତିଥି, ବନ୍ଧୁ, ସାଙ୍ଗସାଥୀଙ୍କର ଭିଡ଼ । ଖର୍ଚ୍ଚର ମଧ୍ୟ ସୀମା ନ ଥାଏ । ମୋ ସ୍ତ୍ରୀ କିନ୍ତୁ କୌଣସିଥିରେ କାର୍ପଣ୍ୟ କରନ୍ତି ନାହିଁ । ତାଙ୍କ ଘରୁ ମଝିରେ ମଝିରେ ଭାରୁଆ ଚୂଡ଼ା, ଚାଉଳ, ଡାଲି, ପନିପରିବା ଧରି ଆସି କଟକରେ ପହଞ୍ଚି ଥିଲେ । ଆମ ଗାଁରୁ ମଧ୍ୟ ଚୂଡ଼ା ଚାଉଳ, ପଇସାପତ୍ର ଆସେ । ବାପାଙ୍କ ଠାରୁ କିଛି କିଛି ପଇସାପତ୍ର ମୁଁ ମଝିରେ ମଝିରେ ଆଣୁଥିଲି । ଏ ସବୁରେ ଘର ଖର୍ଚ୍ଚ ଯାହିତାହି ସମ୍ଭାଳି ହୋଇଯାଏ । ସେତେବେଳେ ସଜୁ ପ୍ରାୟ ଶହେ ଭରି ସୁନା ଗହଣା ତାଙ୍କ ବାପଘରୁ ପିନ୍ଧି ଆସିଥିଲେ । ସେ ସମୟରେ ଶହେ ଭରି ଏମିତି ବିଶେଷ କିଛି ବଡ଼ କଥା ନ ଥିଲା ।

ସଜୁ ବଡ଼ ଈଶ୍ୱର-ବିଶ୍ୱାସୀ, ଧର୍ମପ୍ରାଣା । ସେ ଔପଚାରିକତାରେ ଆଦୌ ବିଶ୍ୱାସ

କରନ୍ତି ନାହିଁ। ଆଜିକାଲି ପରି ତାଙ୍କର ଶିକ୍ଷାଗତ ଡିଗ୍ରୀ ହୁଏତ କିଛି ନ ଥିଲା। ମାତ୍ର ତାଙ୍କର ଅତୁଟ ଈଶ୍ୱର-ବିଶ୍ୱାସ ଓ ଦୂରଦୃଷ୍ଟି ତାଙ୍କୁ ଜଣେ ସାର୍ଥକ ଗୃହିଣୀ କରାଇପାରିଛି। ସେ ରାମକୃଷ୍ଣ ପରମହଂସଙ୍କୁ ଭାରି ଭକ୍ତି କରୁଥିଲେ। ତାଙ୍କର ଅଧିକାଂଶ ରଚନାବଳୀ ଓ ବିବେକାନନ୍ଦଙ୍କର ରଚନାବଳୀ ଅଧିକ ପ୍ରିୟ ଥିଲା। ସେ ବଙ୍ଗଳା ପଢ଼ନ୍ତି। ଏବେ ମଧ୍ୟ ବଙ୍ଗଳାର ଖୁବ୍ ଉଚ୍ଚକୋଟୀର ଭଲ ଭଲ ବହି ସବୁ ତାଙ୍କର ପ୍ରିୟ। ସେ ନିଜେ "ସଂକ୍ଷିପ୍ତ ମହାଭାରତ" ନାମରେ ଖଣ୍ଡିଏ ପୁସ୍ତକ ରଚନା କରିଛନ୍ତି। ତାଙ୍କର ଅସୀମ ଧୈର୍ଯ୍ୟ। କୌଣସି ବିପଦ ଆପଦରେ କେବେ ସେ ଭାଙ୍ଗି ପଡ଼ନ୍ତି ନାହିଁ। ତାଙ୍କର ଅନେକ ଭଲ ଗୁଣ ରହିଛି। ତାଙ୍କର ସହନଶୀଳତା, କର୍ମନିଷ୍ଠା ଓ ଧୈର୍ଯ୍ୟ ମୋ ସଫଳତାର ପୃଷ୍ଠପଟରେ ଅଲକ୍ଷ୍ୟରେ ରହିଛି। ସେ ଅତ୍ୟନ୍ତ ସ୍ନେହମୟୀ। କେବଳ ମୋ ଝିଅ ଦୁଇଜଣଙ୍କୁ ନୁହେଁ, ସବୁ ପିଲାଙ୍କୁ ସେ ମାତୃସ୍ନେହ ଦେଇଥାନ୍ତି। ନୀଳମଣି ରାଉତରାୟଙ୍କ ପତ୍ନୀ ସ୍ୱର୍ଗତା ନଳିନୀ ଦେବୀ ରାଉତରାୟ ତାଙ୍କର ଘନିଷ୍ଠ ବାନ୍ଧବୀ ଥିଲେ। ନଳିନୀର ଅକାଳ ବିୟୋଗରେ ସେ ମର୍ମାହତ ହୋଇ ପଡ଼ିଥିଲେ।

ଆମ ଘରକୁ ସେତେବେଳେ କଂଗ୍ରେସର ବହୁ ଯୁବକ ନେତୃ ସ୍ଥାନୀୟ ଆମ ଘରକୁ ବ୍ୟକ୍ତି ଆସୁଥିଲେ। ଭଗବତୀ ଚରଣ ପାଣିଗ୍ରାହୀ, ଅନନ୍ତ ପଟ୍ଟନାୟକ, ବୈଦ୍ୟନାଥ ରଥ, ବହୁ କଂଗ୍ରେସ ନେତା ଆମ ଘରକୁ ବରାବର ଯିବା ଆସିବା କରୁଥିଲେ। କଂଗ୍ରେସ ଆନ୍ଦୋଳନ ସମ୍ପର୍କୀୟ ଆଲୋଚନାରେ ମୋ ଘର ସରଗରମ ହୋଇ ଉଠୁଥିଲା। ସେ ସମୟରେ ମୋ ମାମୁ ଶ୍ୱଶୁରଙ୍କ ପରିବାରର ଶ୍ରୀ କୁଳମଣି ସାମନ୍ତରାୟ, ସର୍ବପ୍ରଥମେ ଏକ ହଜାର ଟଙ୍କା କଂଗ୍ରେସକୁ ଚାନ୍ଦା ଦେଇଥିଲେ। ଆଜିକାଲି ସମୟକୁ ସେ ଟଙ୍କାର ମୂଲ୍ୟ ଲକ୍ଷାଧିକ ଟଙ୍କା ହେବ। ମୋ ସ୍ତ୍ରୀ କଂଗ୍ରେସ ପରିବାରରୁ ଆସିଥିବାରୁ ମୋର କଂଗ୍ରେସୀ ବନ୍ଧୁମାନଙ୍କୁ ଆତିଥ୍ୟ ପ୍ରଦର୍ଶନ କରିବାରେ କୁଣ୍ଠିତ ହେଉ ନ ଥିଲେ।

ମୋର କେତେକ ବନ୍ଧୁ ଲ' ପାଶ୍ କରି ବାରିଷ୍ଟର ପଢ଼ିବା ପାଇଁ ବିଲାତ ଗଲେ। ମୁଁ ମଧ୍ୟ ପରମ ଆଗ୍ରହରେ ବିଲାତ ଯିବା ଅଭିଳାଷରେ ଯୋଗାଡ଼ରେ ଲାଗି ପଡ଼ିଲି। ବିଲାତ ଯିବି ବୋଲି କିଛି ଧାର ଉଧାର ମଧ୍ୟ କଲି। ଗାଁ'ରୁ ବାପା ମଧ୍ୟ କିଛି ଟଙ୍କା ଦେଲେ, ମାତ୍ର ବିଧିର ବିଚିତ୍ର ବିଡ଼ମ୍ବନା। ମୋତେ ସେତେବେଳେ ଭୀଷଣ ଶ୍ୱାସ (ଆଜ୍‌ମା) ହୋଇଗଲା। ଡାକ୍ତର ମୋର ଶରୀରର ଅବସ୍ଥା ଦେଖି ବାରଣ କଲେ। କାରଣ, ସେତେବେଳେ ପାଣି ଜାହାଜରେ ସମୁଦ୍ର ଉପରେ ବିଲାତ ଯିବାକୁ ହେଉଥିଲା। ସମୁଦ୍ର ଭିତରେ ଦୀର୍ଘଦିନ ଯାତ୍ରା କରିବାକୁ ମୋ ଶରୀର ଅନୁମୋଦନ କଲା ନାହିଁ। ତେଣୁ ମୁଁ ବାଧ୍ୟ ହୋଇ ବିଲାତ ଯାଇ ବାରିଷ୍ଟର ପଢ଼ିବା ଚିନ୍ତାରୁ ନିବୃତ୍ତ ହେଲି।

ସରୋଜିନୀ ସ୍ୱର୍ଗତ ଦାଶରଥି ମହାନ୍ତିଙ୍କର କନିଷ୍ଠା କନ୍ୟା। ତାଙ୍କ ଜ୍ୟେଷ୍ଠା କନ୍ୟା ନେତ୍ରମଣି ଓ ମଧ୍ୟମା କନ୍ୟା କିଶୋରୀମଣି। ଏ ଦୁଇ ଝିଅଙ୍କ ତଳକୁ ତିନିପୁଅ— ଉମାକାନ୍ତ, ରାଧାକାନ୍ତ ଓ ଗୌରୀକାନ୍ତ।

ଗିରିଧାରୀ ପଟ୍ଟନାୟକ

ନେତ୍ରମଣି ପୁରୀଜିଲ୍ଲା ଭୂଷଣ୍ଡପୁରର ବିଶିଷ୍ଟ ବ୍ୟକ୍ତି ଗିରିଧାରୀ ପଟ୍ଟନାୟକଙ୍କୁ ବିବାହ କରିଥିଲେ। ତାଙ୍କର ପୁଅ ଜୀବନକୃଷ୍ଣ ପଟ୍ଟନାୟକ (ବୁଢ଼ା) ଏମ୍.ଏ., ଏଲ୍.ଏଲ୍.ବି. ପାଶ୍ କରି ପ୍ରଥମେ ମୋ ପାଖରେ ରହି ଆଇନ ବ୍ୟବସାୟ ଆରମ୍ଭ କରିଥିଲେ। ବିକ୍ରି କରି ସଂକ୍ରାନ୍ତ ମୋକଦ୍ଦମା ପରିଚାଳନା କ୍ଷେତ୍ରରେ ସେ ବେଶ୍ ଦକ୍ଷତା ହାସଲ କରିଛନ୍ତି। ସେ କେତେବର୍ଷ ପାଇଁ ଇନ୍‌କମ ଟ୍ୟାକ୍‌ସ ଷ୍ଟାଣ୍ଡିଙ୍ଗ୍ କାଉନସେଲ ଥିଲେ। ସେ ଏବେ ମୋ ଡଗରପଡ଼ା ବାସଭବନ ନିକଟରେ ନିଜର ଘର କରି ରହୁଛନ୍ତି ଓ ଆଇନ ବ୍ୟବସାୟ କରୁଛନ୍ତି। ଜୀବନକୃଷ୍ଣ ପୂର୍ବତନ ଲୋକସଭା ସଦସ୍ୟ ତଥା ଗଞ୍ଜାମର ବିଶିଷ୍ଟ ସମାଜସେବୀ ସ୍ୱର୍ଗତ ଉମାଚରଣ ପଟ୍ଟନାୟକଙ୍କ ଝିଅ ବାସନ୍ତୀକୁ ବିବାହ କରିଛନ୍ତି। ତାଙ୍କ ପିଲାମାନେ ମଧ୍ୟ ଉଚ୍ଚଶିକ୍ଷା ଲାଭକରି ସମାଜର ବିଭିନ୍ନ କ୍ଷେତ୍ରରେ ପ୍ରତିଷ୍ଠିତ।

ଗିରିଧାରୀବାବୁଙ୍କ ଝିଅମାନଙ୍କ ମଧ୍ୟରୁ ଉମା ଡାକ୍ତର ଚୈତନ୍ୟ ଚରଣ କାନୁନ୍‌ଗୋଙ୍କୁ ବିବାହ କରିବାର କିଛିଦିନ ପରେ ମୃତ୍ୟୁବରଣ କରିଥିଲା। ରମା କଟକ ଜିଲ୍ଲା ଡେରାବିଶ୍ ଦୁମ୍‌କାର ପ୍ରତିଷ୍ଠିତ ପରିବାରର ଶ୍ରୀ ମାନଗୋବିନ୍ଦ ଦାସଙ୍କୁ ବିବାହ କରିଛି। ମାନଗୋବିନ୍ଦ ଓଡ଼ିଶା ସଚିବାଳୟରେ ନିଯୁକ୍ତି ପାଇ ଉପ-ଶାସନ ସଚିବ ପଦବୀକୁ ଉନ୍ନୀତ ହୋଇ ଅବସର ଗ୍ରହଣ କରିଛନ୍ତି। ମାନଗୋବିନ୍ଦଙ୍କ ପୁଅ ଅଶୋକ ଜଣେ ଆଇ.ଏ.ଏସ୍. ଅଫିସର।

ସୁଧାମୟୀ କଟକ ଜିଲ୍ଲା ନଗସପୁରର ପଶୁଚିକିତ୍ସା ବିଭାଗର ଡାକ୍ତର ଜୀବନାନନ୍ଦ ଦାସଙ୍କୁ ବିବାହ କରିଛି। ଜୀବନାନନ୍ଦ ଏହି ବିଭାଗରେ ଉପ-ନିର୍ଦ୍ଦେଶକ ଭାବରେ କାର୍ଯ୍ୟକରି ସରକାରୀ ଚାକିରିରୁ ଅବସର ଗ୍ରହଣ କରିଛନ୍ତି। ସେ ଏବେ ସପରିବାର ଭୁବନେଶ୍ୱରଠାରେ ଅବସ୍ଥାନ କରୁଛନ୍ତି।

ନିରଞ୍ଜନ ପଟ୍ଟନାୟକ

ଦାଶରଥି ମହାନ୍ତିଙ୍କ ଦ୍ୱିତୀୟା କନ୍ୟା କିଶୋରୀମଣି ଦେବୀ ଓଡ଼ିଶାର ବିଶିଷ୍ଟ

ସ୍ୱାଧୀନତା-ସଂଗ୍ରାମୀ ସ୍ୱର୍ଗତ ନିରଞ୍ଜନ ପଟ୍ଟନାୟକଙ୍କୁ ବିବାହ କରିଥିଲେ। ତାଙ୍କୁ ଆମେ 'କେଶିଅପା' ବୋଲି ଡାକୁ। ତାଙ୍କର ଚାରିଝିଅ। ବାସନ୍ତୀ, ଜୟନ୍ତୀ, ଅବନ୍ତୀ ଓ ରୀତା। ଦୁଇପୁଅ ମନୋରଞ୍ଜନ ଓ ବିଜୟକେତନ।

ଡାକ୍ତର ବାସନ୍ତୀ ପଟ୍ଟନାୟକ

ସମସ୍ତଙ୍କ ମଧ୍ୟରେ ଡାକ୍ତର ବାସନ୍ତୀ ପଟ୍ଟନାୟକ (ଶାନ୍ତି) ବଡ଼। ସେ ଓଡ଼ିଶା ସରକାରଙ୍କ ସ୍ୱାସ୍ଥ୍ୟ ବିଭାଗରେ ନିଯୁକ୍ତି ପାଇ ପ୍ରଫେସର ପଦବୀକୁ ଉନ୍ନୀତ ହୋଇଥିଲେ। ଜଣେ ସ୍ତ୍ରୀରୋଗ ବିଶେଷଜ୍ଞ ଭାବରେ ସେ ସୁପରିଚିତା। ସେ ନିକଟରେ ସରକାରୀ ଚାକିରିରୁ ଅବସର ଗ୍ରହଣ କରି ଏବେ ଡଗରପଡ଼ାରେ ଅବସ୍ଥାନ କରୁଅଛି। ଏଠାରେ ଉଲ୍ଲେଖ କରାଯାଇପାରେ ଯେ, ସାନ ଭାଇଭଉଣୀମାନଙ୍କୁ ଡାକ୍ତର ଇଞ୍ଜିନିୟର ଆଦି ଉପଯୁକ୍ତ ମଣିଷ କରି ଗଢ଼ିବା ଦିଗରେ ବାସନ୍ତୀର ଅବଦାନ ଅତୁଳନୀୟ। ତାକୁ ଅଳ୍ପବୟସ ହୋଇଥିଲାବେଳେ ନିରଞ୍ଜନବାବୁ ଇହଧାମରୁ ବିଦାୟ ନେଇ ଚାଲିଗଲେ। ନିଜର କଠିନ ଅଧ୍ୟବସାୟ ବଳରେ ସେ ନିଜେ ଜଣେ ଡାକ୍ତର ହେଲା। ମା ହୈମବତୀ ଦେବୀଙ୍କ ସହିତ ମିଶି ଏବଂ ନିଜେ ବହୁ ତ୍ୟାଗ ସ୍ୱୀକାର କରି ଅନ୍ୟ ଭାଇଭଉଣୀମାନଙ୍କୁ ସାହାଯ୍ୟ କରି ମଣିଷ କରିଛି।

ଶ୍ରୀମତୀ ଜୟନ୍ତୀ ପଟ୍ଟନାୟକ

ପୂର୍ବତନ ଲୋକସଭା-ସଦସ୍ୟା ଶ୍ରୀମତୀ ଜୟନ୍ତୀ ପଟ୍ଟନାୟକ (କୁନି) ନିଖିଳ ଭାରତ ମହିଳା କଂଗ୍ରେସର ସଭାନେତ୍ରୀ ଭାବରେ ଏବେ ସମଗ୍ର ଦେଶରେ ସୁନାମ ଅର୍ଜନ କରିଛି। କଟକ ଭଳି ଏକ ଗୁରୁତ୍ୱପୂର୍ଣ୍ଣ ନିର୍ବାଚନ ମଣ୍ଡଳୀରୁ ସେ ଲାଗ ଲାଗ ଦୁଇଥର ବହୁ ଅଧିକ ଭୋଟରେ ଲୋକସଭାକୁ ନିର୍ବାଚିତ ହେବା ଏକ ଉଲ୍ଲେଖନୀୟ ଘଟଣା। ସେ ଜଣେ ନାରୀନେତ୍ରୀ ତଥା ସଂଗଠିକା ଭାବରେ ପ୍ରତିଷ୍ଠା ଲାଭ କରିଛି। ପୃଥିବୀର ବିଭିନ୍ନ ଦେଶର ସଭାସମିତିରେ ଯୋଗଦାନ କରି ବେଶ୍ ଖ୍ୟାତି ଅର୍ଜନ କରିପାରିଛି। ଜଣେ ସୁଲେଖିକା ଭାବରେ ମଧ୍ୟ ତା'ର ନାଁ ଅଛି। ଉଚ୍ଚକୋଟୀର ସାହିତ୍ୟ ପତ୍ରିକା 'ପୌରୁଷ'ର ସେ ସମ୍ପାଦିକା। ଅବଶ୍ୟ ଏସବୁ ସଫଳତା ପଛରେ ପିତାମାତାଙ୍କ ଆଶୀର୍ବାଦ ଓ ସ୍ୱାମୀ ଶ୍ରୀ ଜାନକୀ ବଲ୍ଲଭ ପଟ୍ଟନାୟକଙ୍କ ସହଯୋଗକୁ ଅସ୍ୱୀକାର କରାଯାଇ ପାରିବ ନାହିଁ। ଅନେକ ଝଡ଼ଝଞ୍ଜା ମଧ୍ୟରେ ଜାନକୀବାବୁ ଦୀର୍ଘ ୧ ବର୍ଷ କାଳ ଓଡ଼ିଶାର ମୁଖ୍ୟମନ୍ତ୍ରୀ ଭାବରେ ଶାସନ ପରିଚାଳନା କରି ଯେଉଁ ଇତିହାସ ସୃଷ୍ଟି

କରିଛନ୍ତି ତାହା ସବୁଦିନ ପାଇଁ ଏକ ମହତ୍ତ୍ୱପୂର୍ଣ୍ଣ ଐତିହାସିକ ଘଟଣା ହୋଇ ରହିବ। ଏ କ୍ଷେତ୍ରରେ ପତ୍ନୀ ଭାବରେ ଜୟନ୍ତୀର ଭୂମିକା ମଧ୍ୟ ତାତ୍ପର୍ଯ୍ୟପୂର୍ଣ୍ଣ।

ଶ୍ରୀ ଜାନକୀ ବଲ୍ଲଭ ପଟ୍ଟନାୟକ

୧୯୫୩ ମସିହା ଜୁଲାଇ ୭ ତାରିଖ। ଜୟନ୍ତୀ ସହିତ ଜାନକୀ ବାବୁଙ୍କ ବାହାଘର। ସେତେବେଳେ ଜାନକୀବାବୁ ପ୍ରଜାତନ୍ତ୍ରର ସମ୍ପାଦକ ଥାଆନ୍ତି। ସେପଟେ ଡକ୍ଟର ମହତାବ ଏବଂ ଏପଟେ ମୁଁ। ସେ ବର ପକ୍ଷର ମୁରବି, ମୁଁ କନ୍ୟା ପକ୍ଷର। ପୂର୍ବତନ ମୁଖ୍ୟମନ୍ତ୍ରୀ ସ୍ୱର୍ଗତ ନବକୃଷ୍ଣ ଚୌଧୁରୀ ପ୍ରମୁଖ ଓଡ଼ିଶାର ବହୁ ବିଶିଷ୍ଟ ବ୍ୟକ୍ତି ବିବାହ ଉତ୍ସବରେ ଯୋଗଦେଇ ଥାଆନ୍ତି। ଜ୍ଞାନମଣ୍ଡଳ ପ୍ରଣେତା ବିନୋଦ କାନୁନଗୋ ମଧ୍ୟ ଏଥି ନିମିତ୍ତ ଗାଁରୁ କଟକ ଆସିଥାଆନ୍ତି। (ତାଙ୍କ ଆତ୍ମଜୀବନୀ 'ଋଣ ପରିଶୋଧ' ଦ୍ରଷ୍ଟବ୍ୟ) ବହୁ ଗହଳ ଚହଳ ମଧ୍ୟରେ ବାହାଘର ଶେଷ ହେଲା ବେଳକୁ ରାତି ପାହିଲା। ସେଦିନ କଂଗ୍ରେସର ଏକ କାର୍ଯ୍ୟକାରୀ କମିଟିର ବୈଠକ ମଧ୍ୟ ବସିଥିଲା।

ଜାନକୀବାବୁ କେବଳ ଜଣେ ସଫଳ ରାଜନୀତିଜ୍ଞ ନୁହନ୍ତି। ଜଣେ ସ୍ୱନାମଧନ୍ୟ ସାହିତ୍ୟିକ, ଆଦର୍ଶ ସାମ୍ବାଦିକ, ବକ୍ତା ଆଦି ଏକ ବହୁମୁଖୀ ପ୍ରତିଭା। ମୁଁ ଅତ୍ୟନ୍ତ ତାଙ୍କ ସମ୍ପର୍କରେ ଆଲୋଚନା କରିଛି। ତାଙ୍କ ବଡ଼ଝିଅ ସୁଦତ୍ତା (ରୀନା) ଦୈନିକ ସମ୍ବାଦପତ୍ର— 'ସମ୍ବାଦ' ଓ ଦୈନିକ ଇଂରାଜୀ 'ସନଟାଇମ୍‌ସ'ର ସମ୍ପାଦକ ସୌମ୍ୟରଞ୍ଜନ ପଟ୍ଟନାୟକ (ବାବୁଲା)ଙ୍କୁ ବିବାହ କରିଛି। ସାନ ସୁପ୍ରିୟା (ଗୁଲୁ) ଓଡ଼ିଶା କୃଷି ଓ ବୈଷୟିକ ବିଶ୍ୱବିଦ୍ୟାଳୟର କୁଳପତି ଡକ୍ଟର ନିତ୍ୟାନନ୍ଦ ପଟ୍ଟନାୟକଙ୍କର ଜ୍ୟେଷ୍ଠପୁତ୍ର ଇଞ୍ଜିନିୟର ଗୌତମ ପଟ୍ଟନାୟକଙ୍କୁ ବିବାହ କରିଛି। ପୁଅ ପୃଥ୍ୱୀବଲ୍ଲଭ ପଟ୍ଟନାୟକ (ବାପୁନ) ତା'ର ପଢ଼ା ଶେଷ କରି ଏବେ ଶିଳ୍ପ ଓ ବାଣିଜ୍ୟରେ ମନୋନିବେଶ କରିଛି।

ଡାକ୍ତର ଅବନ୍ତୀ ପଟ୍ଟନାୟକ (ବୁଢ଼ୀ) ଓଡ଼ିଶା ସରକାରଙ୍କ ସ୍ୱାସ୍ଥ୍ୟ ବିଭାଗରେ ନିଯୁକ୍ତି ପାଇ ଏବେ କଟକ ସିଟି ହସପିଟାଲରେ କାର୍ଯ୍ୟ କରୁଛି। ସବା ସାନ ରୀତା ପଟ୍ଟନାୟକ (ମିନି) କଟକ ରାଧାନାଥ ଟ୍ରେନିଂ କଲେଜର ଜଣେ ଅଧ୍ୟାପିକା।

ଇଂ. ମନୋରଞ୍ଜନ ପଟ୍ଟନାୟକ

ନିରଞ୍ଜନ ବାବୁଙ୍କ ବଡ଼ପୁଅ ଇଲେକ୍ଟ୍ରିକାଲ ଇଞ୍ଜିନିୟର ମନୋରଞ୍ଜନ ପଟ୍ଟନାୟକ (ମନୁ) ଟାଟା କମ୍ପାନୀର ଜନୈକ ଚିଫ୍ ଇଞ୍ଜିନିୟର ଭାବେ କାର୍ଯ୍ୟ କରୁଛି। ସେ ଏବେ ରାଉରକେଲାରେ ଅବସ୍ଥାପିତ। ତା'ର ସ୍ତ୍ରୀ ଛବି (କାଞ୍ଚନବାଳା)

ରାଉରକେଲା ସରକାରୀ କଲେଜର ଅଧ୍ୟାପିକା। ଛବି ଓଡ଼ିଶାର ବିଶିଷ୍ଟ ବ୍ୟକ୍ତି ତଥା ବିଶିଷ୍ଟ ଶିକ୍ଷାବିତ୍ ଡକ୍ଟର ପ୍ରାଣକୃଷ୍ଣ ପରିଜାଙ୍କ ସଢୁ ଶାଳଗାଁର ସ୍ୱର୍ଗତ ହାଡ଼ିବନ୍ଧୁ କାନୁନଗୋଙ୍କ ଝିଅ। ମିଡିଲ ଇଂଲିଶ୍ ସ୍କୁଲରେ ପଢୁଥିଲାବେଳେ ହାଡ଼ିବନ୍ଧୁ ବାବୁ ମୋର ସହପାଠୀ ଥିଲେ। ସେତେବେଳେ ଆମେ ସମୁଦୀ ଡକାଡକି ହେଉଥିଲୁ। ମନୁ ସହିତ ଛବିର ବାହାଘର ପରେ ବହୁବର୍ଷ ତଳେ ଆମେ ଡକାଡକି ହେଉଥିବା ସମୁଦୀ ଡାକ ସାର୍ଥକ ହୋଇଥିଲା। ମନୁର ବଡ଼ଝିଅ ଲିପି ଇଞ୍ଜିନିୟରିଂ ପାଶ୍ କରି ଗତବର୍ଷ ଇଞ୍ଜିନିୟର ଦେବାଶିଷ ମହାନ୍ତିଙ୍କୁ ବିବାହ କରିଛି। ସାନଝିଅ ହାପି ବି.ଏସ୍‌ସି. ପାଶ୍ କରି ସାରିଲାଣି।

ସାନପୁଅ ଶ୍ରୀ ବିଜୟ କେତନ ପଟ୍ଟନାୟକ (ଟିକି) ଭାରତ ବାହାରେ ବ୍ରାଜିଲ ୟୁନିଭରସିଟିରେ ଏକ ଉଚ୍ଚ ପଦବୀରେ ଅବସ୍ଥାପିତ। ଏବେ ସେଠାରେ ତା'ର ସ୍ତ୍ରୀ, ପୁଅଝିଅଙ୍କ ସହ ବାସ କରୁଛି।

ଉମାକାନ୍ତ ମହାନ୍ତି

ମୋର ବଡ଼ଶଳା ସ୍ୱର୍ଗତ ଉମାକାନ୍ତ ମହାନ୍ତି (ମୁକ୍ତିବାବୁ) ମାଟ୍ରିକ ପାଶ୍‌କରି ଉଚ୍ଚଶିକ୍ଷା ନିମିତ୍ତ ଆଲାହାବାଦ୍ ଯାଇଥିଲେ। ହେଲେ ନିଜ ପିତା-ମାତାଙ୍କ ପଦାଙ୍କ ଅନୁସରଣ କରି ସେ ଅଧାରୁ ପାଠପଢା ଛାଡ଼ି ସ୍ୱାଧୀନତା ଆନ୍ଦୋଳନରେ ଯୋଗଦାନ କରିଥିଲେ। ମଝିଆ ଶଳା ସ୍ୱର୍ଗତ ରାଧାକାନ୍ତ ମହାନ୍ତି (ରଙ୍ଗୁବାବୁ) ଏବଂ ସାନଶଳା ଶ୍ରୀଯୁକ୍ତ ଗୌରୀକାନ୍ତ ମହାନ୍ତି (ଗୋରୀବାବୁ) ମଧ୍ୟ ସମାଜସେବାକୁ ନିଜ ଜୀବନର ବ୍ରତ ଭାବରେ ଗ୍ରହଣ କରିଥିଲେ। ତାଙ୍କ ପରିବାରର ପ୍ରାୟ ସମସ୍ତେ ଖଦଡ଼ ପିନ୍ଧୁଥିଲେ। ଏହା କଂଗ୍ରେସବାଲାଙ୍କ ପୋଷାକ ଥିଲା।

ମୁକ୍ତିଭାଇ ବାଲିକୁଦାର ଜମିଦାର ରାଘବାନନ୍ଦ ଦାସଙ୍କ କନ୍ୟା ତଥା ସ୍ୱନାମଧନ୍ୟ ସମାଜସେବୀ ରାଜକଶୋର ଦାସଙ୍କ ଭଉଣୀ ଉମାକୁ ବିବାହ କରିଥିଲେ। ଏହି ଉମା ହେଉଛନ୍ତି ବିଶିଷ୍ଟ ସମାଜସେବୀ ଗୋପବନ୍ଧୁ ଚୌଧୁରୀ ଓ ପୂର୍ବତନ ମୁଖ୍ୟମନ୍ତ୍ରୀ ନବକୃଷ୍ଣ ଚୌଧୁରୀଙ୍କ ଭାଣିଜୀ। ଉକ୍ତ ବିବାହ ଉତ୍ସବର ବରଯାତ୍ରୀ ଭାବରେ ମୁଁ ବାଲିକୁଦା ଯାଇଥିଲି। ବାଲିକୁଦାର ଶିକ୍ଷା, ସ୍ୱାସ୍ଥ୍ୟ ଓ ସାଂସ୍କୃତିକ ବିକାଶ ଦିଗରେ ରାଜକିଶୋର ଦାସଙ୍କ ଅବଦାନ ଉଲ୍ଲେଖଯୋଗ୍ୟ। ରାଜୁବାବୁ ଗତ ୧୯୮୪ ମସିହା ଅକ୍ଟୋବର ୨୨ ତାରିଖରୁ ଇହଧାମରୁ ବିଦାୟ ନେଲେଣି। ତାଙ୍କ ପୁଅଝିଅମାନେ ବେଶ୍ ପ୍ରତିଷ୍ଠା ଲାଭ କରିଛନ୍ତି।

ନିର୍ବାଚନମଣ୍ଡଳୀରୁ ମୁଷିଭାଇଙ୍କ ଗୋଟିଏ ଝିଅ ସ୍ୱନାମଧନ୍ୟ ଚିକିତ୍ସକ ତଥା ବଡ଼ମ୍ବା ଓଡ଼ିଶା ବିଧାନସଭାକୁ ନିର୍ବାଚିତ ହୋଇଥିବା ବିଧାୟକ ଡାକ୍ତର ଲଳିତ ମୋହନ ମହାନ୍ତିଙ୍କୁ ବିବାହ କରିଛି। ରଙ୍ଗୁଭାଇଙ୍କ ଝିଅ ମନି ଅଧୁନା ଖପୁରିଆ ସ୍ଥିତ ସରକାରୀ ଛାପାଖାନାର ଉପ-ନିର୍ଦ୍ଦେଶକ ଶ୍ରୀ ସମର କିଶୋର ଦାସଙ୍କୁ ବିବାହ କରିଛି। ଏହି ସମର କିଶୋର ଓଡ଼ିଶାର ବିଶିଷ୍ଟ ସ୍ୱାଧୀନତା ସଂଗ୍ରାମୀ ଜାତୀୟ କବି ବୀରକିଶୋର ଦାସଙ୍କ ପୁତ୍ର ରଥା ବୈଦ୍ୟନାଥ ଦାସଙ୍କ ପୋଷ୍ୟପୁତ୍ର। ବୈଦ୍ୟନାଥ ବାବୁଙ୍କ ସ୍ତ୍ରୀ ମନମୋହିନୀ ଦେବୀ ଜଣେ ନାରୀକବି ଭାବେ ସୁପରିଚିତା ଥିଲେ। ରଙ୍ଗୁର ସମୁଦୁଣୀ ହିସାବରେ ସେ କେତେଥର ଆମ ଘରକୁ ଆସିଛନ୍ତି। ସେ ଭାରି ସ୍ୱାଧୀନଚେତା ଥିଲେ। ତାଙ୍କର ଅନେକ ପାଣ୍ଡୁଲିପି ମଧ୍ୟ ମୋତେ ପଢ଼ିବାକୁ ଦେଇଛନ୍ତି। ସେ ବିଭିନ୍ନ ସାହିତ୍ୟ ଅନୁଷ୍ଠାନ ଓ ରାଜ୍ୟ ସାହିତ୍ୟ ଏକାଡେମୀ ଦ୍ୱାରା ସମ୍ମାନିତା ହୋଇଥିଲେ। ଗତ ଦୁଇବର୍ଷ ହେବ ସେ ସଂସାର ଛାଡ଼ି ଚାଲିଗଲେଣି। ତାଙ୍କ ଜୋଇଁ କର୍ଣ୍ଣେଲ ହିମାଂଶୁ ଶେଖର ମହାପାତ୍ର ମଧ୍ୟ ଜଣେ ସମାଜସେବୀ। କୌଣସି କାର୍ଯ୍ୟରେ ମୁଁ ଥରେ ଡେରାଡୁନ ମସୋରୀ ଯାଉଥିବାବେଳେ ତାଙ୍କ ସହିତ ମୋର ସାକ୍ଷାତ ହୋଇଥିଲା। ଗୋଟିଏ କାର୍‌ରେ ସାଙ୍ଗହୋଇ ଗଲାବେଳେ ମୁଁ ଆଲୋଚନା ପ୍ରସଙ୍ଗରେ ତାଙ୍କୁ ଏ ମିଲିଟାରୀ ବିଭାଗରେ କାହିଁକି ପଶିଲ ବୋଲି ପଚାରିଥିଲି। ସେ ଉତ୍ତରରେ କହିଥିଲେ, "କେବେ କେଉଁ ଗୁଳିରେ ମରିବ, ତାହା ଆଗରୁ ସ୍ଥିର ହୋଇ ସାରିଛି। ତେଣୁ ନିଜର ମୃତ୍ୟୁ ବିଷୟରେ ଆଦୌ ଚିନ୍ତିତ ହେବାର କିଛି ନାହିଁ।" ଆଉ ଗୋଟିଏ ଘଟଣାରେ ପ୍ରସଙ୍ଗକ୍ରମେ ସେ କହିଲେ—"ଦାନେ ଦାନେ ମେଁ ଲିଖା ହାଏ ଖାନେ ବାଲେକା ନାମ।" ତାଙ୍କର ଏହି ମଜାଳିଆ କଥା କିନ୍ତୁ ବେଶ୍ ଚିନ୍ତାଗର୍ଭକ ଥିଲା। ସେ କଥାବାର୍ତ୍ତାରେ ଭାରି ମଜାଳିଆ। କିନ୍ତୁ ଜୀବନର ନିଛକ ସତ୍ୟକୁ ସେ ଉପଲବ୍ଧି କରିଥିଲେ।

ମୋର ଶାଶୁ ହୈମବତୀ ଦେବୀଙ୍କ ଭାଇ ସ୍ୱର୍ଗର କୈଳାସ ସାମନ୍ତରାୟ। ସେ ଜଣେ ଅତ୍ୟନ୍ତ ଧର୍ମପ୍ରାଣ ସାଧୁ ଓ ସନ୍ତୋଷ ବ୍ୟକ୍ତି ଥିଲେ। ସେ ମୋତେ ଓ ମୋର ସ୍ତ୍ରୀ ସରୋଜିନୀ, ତାଙ୍କର ଭଉଣୀ ନେତ୍ରମଣି, କିଶୋରମଣିଙ୍କୁ ପୁତ୍ରକନ୍ୟା ତୁଲ୍ୟ ଭଲ ପାଉଥିଲେ।

ଶ୍ରୀ କିଶୋର ଚନ୍ଦ୍ର ସାମନ୍ତରାୟ (ମଣ୍ଟୁ)

କୈଳାସ ସାମନ୍ତରୟଙ୍କ ଏକମାତ୍ର ପୁତ୍ର କିଶୋର (ମଣ୍ଟୁ) ସହିତ ମୋର ଓ ମୋ ସ୍ତ୍ରୀ ସଜୁର ଖୁବ୍ ଶ୍ରଦ୍ଧା ଓ ଘନିଷ୍ଠତା ରହିଛି। କହିବାକୁ ଗଲେ, ଆମେ

ସମସ୍ତେ ଗୋଟିଏ ପରିବାର ଭଳି ଚଳୁଛୁ। ତାଙ୍କୁ ସମସ୍ତେ ଶ୍ରଦ୍ଧାରେ 'ନେଉଳ ଭାଇ' ବୋଲି କହନ୍ତି। ସେ କେଉଁଠି ନ ଥାନ୍ତି। ହେଲେ ତାଙ୍କୁ ଖୋଜା ପଡ଼ିଲାବେଳେ ସାଙ୍ଗେ ସାଙ୍ଗେ ଆସି ପହଞ୍ଚି ଯାଆନ୍ତି। ସେ ଜଣେ ଉଚ୍ଚକୋଟୀର ଓ ପରୋପକାରୀ ବ୍ୟକ୍ତି। ସେ ସବୁ ସାମାଜିକ ଅନୁଷ୍ଠାନ ସହିତ ସଂପୃକ୍ତ ରହି ନାନା ସେବାମୂଳକ କାର୍ଯ୍ୟରେ ନିଜକୁ ନିୟୋଜିତ କରିଛନ୍ତି। ମଷ୍ଟୁର ଝିଅ ଚିଲୁ ଓ ଜୋଇଁ ବାବୁ ଏବେ ଇଂଲଣ୍ଡରେ ଅବସ୍ଥାନ କରୁଛନ୍ତି ତାଙ୍କର ବଡ଼ଝିଅ ଚିତୁ ଡାକ୍ତର ଫାଲ୍‌ଗୁନି ରାୟଙ୍କୁ ବିବାହ କରିଛି।

ତାଙ୍କର ସାତ ଭଉଣୀ। ଯଥା—ସ୍ନେହଲତା, ସୁଖଲତା, ପ୍ରେମଲତା, ଚାରୁଲତା, ପୁଷ୍ପଲତା, ଶାନ୍ତିଲତା ଓ ସୁଷମା। ସେମାନେ ଓଡ଼ିଶାର ବହୁ ପ୍ରତିଷ୍ଠିତ ବ୍ୟକ୍ତିଙ୍କୁ ବିବାହ କରିଛନ୍ତି। ସେମାନଙ୍କ ସବା ବଡ଼ଭଉଣୀ ସ୍ନେହଲତା ଖୋର୍ଦ୍ଧାର ବଙ୍କିମ ଚନ୍ଦ୍ର ମହାନ୍ତିଙ୍କୁ ବିବାହ କରିଥିଲେ। ବଙ୍କିମବାବୁ ଓଡ଼ିଶା ସରକାରଙ୍କ ଅଧୀନରେ ଚାକିରି କରି ଏ.ଡି.ଏମ୍. ଭାବରେ ଅବସର ଗ୍ରହଣ କରିଛନ୍ତି। ସ୍ନେହଲତା ଇହଧାମରୁ ବିଦାୟ ନେଇଛନ୍ତି।

ସୁଖଲତା ପୁରୀ ସହରର ସତ୍ୟବାଦୀ ଦାସଙ୍କୁ ବିବାହ କରିଥିଲେ। ସତ୍ୟବାଦୀ ବାବୁ ସବ୍-ରେଜିଷ୍ଟ୍ରାର ଭାବେ କାର୍ଯ୍ୟ କରୁଥିଲେ। ସେ ଅତ୍ୟନ୍ତ ସଚ୍ଚୋଟ ଥିଲେ। ଏହି କାରଣରୁ ତାଙ୍କର କୌଣସି କର୍ମଚାରୀ ଖାଦ୍ୟରେ ବିଷ ପ୍ରୟୋଗ କରି ଖାଇବାକୁ ଦେବା ଫଳରେ ତାଙ୍କର ମୃତ୍ୟୁ ଘଟିଲା। ସୁଖଲତା ଓ ତା'ର ପିଲାମାନେ ଏବେ କଟକରେ ମହମ୍ମଦିଆ ବଜାରରେ ରହୁଛନ୍ତି।

ପ୍ରେମଲତା ବଡ଼ଚଣାର ଶ୍ରୀ ରଘୁନାଥ ଦାସଙ୍କୁ ବିବାହ କରିଥିଲେ। ରଘୁନାଥବାବୁ ସରକାରୀ ଚାକିରିରୁ ଅବସର ନେଇ ଏବେ ଆଇନ ବ୍ୟବସାୟ କରୁଛନ୍ତ। ତାଙ୍କର ବଡ଼ଭାଇ ଡାକ୍ତର ଜଗନ୍ନାଥ ଦାସ ବଡ଼ଚଣାରୁ ଓଡ଼ିଶା ବିଧାନସଭାକୁ ନିର୍ବାଚିତ ହୋଇଥିଲେ।

ଚାରୁଲତା କେନ୍ଦ୍ରାପଡ଼ାର ବିଶିଷ୍ଟ ବ୍ୟକ୍ତି ତଥା ସମାଜସେବୀ ଶ୍ରୀ ଗୋଲୋକ ପ୍ରସାଦ ଦାସଙ୍କୁ ବିବାହ କରିଛନ୍ତି। ଗୋଲୋକ ବାବୁ କଟକରେ ମୋର ସହଯୋଗୀ ଓକିଲ ଭାବରେ ବହୁଦିନ ଆଇନ ବ୍ୟବସାୟ କରୁଥିଲେ। ସେ ୧୯୫୩ ରୁ ୧୯୫୮ ପର୍ଯ୍ୟନ୍ତ କେନ୍ଦ୍ରାପଡ଼ା ମ୍ୟୁନିସିପାଲିଟିର ଚେୟାରମ୍ୟାନ ଥିଲେ। କେନ୍ଦ୍ରାପଡ଼ା କଲେଜ ପରିଚାଳନା ସମିତିର ସେ ଜଣେ ପ୍ରତିଷ୍ଠିତ ସଭ୍ୟ। ବହୁ ବର୍ଷ ଧରି ସେ କେନ୍ଦ୍ରାପଡ଼ା ଆଞ୍ଚଳିକ ବାଣିଜ୍ୟ ସହଯୋଗ ସମିତର ସଭାପତି ଥିଲେ। ସେ ବିଭିନ୍ନ ସେବା ଓ ସାଂସ୍କୃତିକ ଅନୁଷ୍ଠାନ ସହିତ ସଂପୃକ୍ତ। କେନ୍ଦ୍ରାପଡ଼ା ସେଣ୍ଟ୍ରାଲ କୋଅପରେଟିଭ ବ୍ୟାଙ୍କର

ଦୀର୍ଘବର୍ଷ ଧରି ସଭାପତି ଥିଲେ। ସେ ଏବେ ମଧ୍ୟ ବେଶ୍ କର୍ମତତ୍ପର ଅଛନ୍ତି ଓ ବିଭିନ୍ନ ସେବା ମୂଳକ କାର୍ଯ୍ୟରେ ନିଜକୁ ନିୟୋଜିତ କରୁଛନ୍ତି।

ପୁଷ୍ପଲତା ମାନସିକ ଚିକିତ୍ସା ବିଭାଗର ସ୍ୱନାମଧନ୍ୟ ଡାକ୍ତର ପାର୍ଥରାଓଙ୍କୁ ବିବାହ କରିଛନ୍ତି। ଡାକ୍ତର ରାଓ ହେଉଛନ୍ତି ଭକ୍ତକବି ମଧୁସୂଦନ ରାଓଙ୍କ ନାତି। ସେ ବିଲାତରେ ଉଚ୍ଚଶିକ୍ଷା ଲାଭ କରିଥିଲେ। ସରକାରୀ ଚାକିରିରୁ ସ୍ୱେଚ୍ଛାକୃତ ଭାବେ ଅବସର ନେଇ ଏବେ ତାଙ୍କ କାଳୀଗଳି ବାସଭବନଠାରେ ରୋଗୀମାନଙ୍କର ଚିକିତ୍ସା କରୁଛନ୍ତି। ପାର୍ଥବାବୁ ଓ ପୁଷ୍ପ ଦୁଇଜଣଯାକ ବହୁ ସାଂସ୍କୃତିକ ତଥା ସାମାଜିକ ଅନୁଷ୍ଠାନରେ ସଂପୃକ୍ତ ହୋଇ କାର୍ଯ୍ୟ କରୁଛନ୍ତି। ତାଙ୍କର ଏକମାତ୍ର ଝିଅ ସୁସ୍ମିତା (ପିକୁ) ଆଡ୍‌ଭୋକେଟ୍ ଜେନେରାଲ ଶ୍ରୀ ଗଙ୍ଗାଧର ରଥ ତଥା ଡାକ୍ତର ନିରୁପମା ରଥଙ୍କ ପୁତ୍ର ଡାକ୍ତର ଜୟନ୍ତ ରଥଙ୍କୁ ବିବାହ କରିଛି। ପାର୍ଥବାବୁଙ୍କର ଏକମାତ୍ର ପୁଅ 'ମୋତି'ର ଆକସ୍ମିକ ମୃତ୍ୟୁ ଆମ୍ଭମାନଙ୍କୁ ଦାରୁଣ ଶୋକରେ ଅଭିଭୂତ କରିଛି।

ଭକ୍ତକବି ମଧୁସୂଦନ ରାଓଙ୍କର ଦୁଇ ନାତି, ଅଶୋକ ରାଓ ଓ ଭାନୁଜୀ ରାଓ, ଉଭୟେ ସାହିତ୍ୟର ସାଧକ। ଭାନୁ ଏହା ମଧ୍ୟରେ ଜାତୀୟ ପୁରସ୍କାର ପାଇଛନ୍ତି ଏଇ ୧୯୮୯ ରେ।

ଶାନ୍ତିଲତା ନୟାଗଡ଼ର ଶ୍ରୀ ମଦନ ମୋହନ ମହାନ୍ତିଙ୍କୁ ବିବାହ କରିଛନ୍ତ। ମଦନ ବାବୁ ଓଡ଼ିଶା ସରକାରଙ୍କ ଅଧୀନରେ କାର୍ଯ୍ୟକରି ଶେଷରେ କଟକର ଅତିରିକ୍ତ ଜିଲ୍ଲାପାଳ ଏବଂ କେନ୍ଦ୍ରାଞ୍ଚଳ ରାଜସ୍ୱ କମିଶନରଙ୍କ ସଚିବ ଭାବେ କାର୍ଯ୍ୟକରି ଗତ କିଛି ବର୍ଷ ତଳେ ଅବସର ଗ୍ରହଣ କରିଛନ୍ତି। ସେ ଏବେ କଟକର ବାଦାମବାଡ଼ିରେ ଗୋଟିଏ ଘର କରି ଅବସ୍ଥାନ କରୁଛନ୍ତି।

ସବା ସାନଭଉଣୀ ସୁଷମା ଷଢ଼େଇକଳାର ଅଧିବାସୀ ଇଞ୍ଜିନିୟର ରଜତ କୁମାର ମହାନ୍ତିଙ୍କୁ ବିବାହ କରିଛନ୍ତି। ସୁଷମା କୃତିତ୍ୱର ସହ ବି.ଏ ପାଶ୍ କରିଥିଲେ। ଜଣେ ପ୍ରତିଷ୍ଠିତ ଇଞ୍ଜିନିୟର ଭାବରେ ରଜତବାବୁ ରାଉରକେଲାରେ ବେଶ୍ ପ୍ରତିଷ୍ଠା ଲାଭ କରିଥିଲେ। ଏବେ ନିକଟରେ ଅବସର ଗ୍ରହଣ କରି କଟକ ଶେଖ୍‌ବଜାରରେ ଘର କରି ରହୁଛନ୍ତି।

ଉତ୍କଳ ସମ୍ମିଳନୀ ଓ ମଧୁବାବୁ

ଓଡ଼ିଆ ଜାତିର ପ୍ରାତଃ ସ୍ମରଣୀୟ ଉତ୍କଳ ଗୌରବ ମଧୁସୂଦନ। ତାଙ୍କରି ନେତୃତ୍ୱରେ ଗଢ଼ି ଉଠିଥାଏ ଉତ୍କଳ ସମ୍ମିଳନୀ। ଭାରତର ଜାତୀୟ ଆନ୍ଦୋଳନ ସହିତ ସମାନ୍ତରାଳ ଭାବରେ ଓଡ଼ିଶାରେ ଏହି ଆନ୍ଦୋଳନ ସଙ୍ଗଠିତ ହୋଇଥିଲା। ଏହାର ଉଦ୍ଦେଶ୍ୟ ଥିଲା ସ୍ୱତନ୍ତ୍ର ଉତ୍କଳ ପ୍ରଦେଶ ଗଠନ। ୧୮୦୩ ମସିହାରେ ଇଂରେଜମାନଙ୍କର ପ୍ରତ୍ୟକ୍ଷ ଶାସନକୁ ଆସିଥିଲା ଓଡ଼ିଶା। ଓଡ଼ିଶାକୁ ଖଣ୍ଡବିଖଣ୍ଡିତ କରି ବିହାର, ବଙ୍ଗଳା, ମାନ୍ଦ୍ରାଜ ଓ ମଧ୍ୟପ୍ରଦେଶ ସହିତ କିଛି କିଛି ଅଂଶ ଯୋଗକରି ଦିଆଯାଇଥିଲା। ସମସ୍ତ ଓଡ଼ିଆ ଭାଷାଭାଷୀ ଅଞ୍ଚଳକୁ ଏକତ୍ରୀକରଣ କରି ଗୋଟିଏ ସ୍ୱତନ୍ତ୍ର ପ୍ରଦେଶ ଗଠନ କରିବା ଥିଲା ଏହି ସମ୍ମିଳନୀର ଲକ୍ଷ୍ୟ। ଏହି ସମ୍ମିଳନୀ ସମଗ୍ର ଓଡ଼ିଶାର ଓ ଓଡ଼ିଆ ଜାତିର ପ୍ରାଣକେନ୍ଦ୍ର ଥିଲା। ୧୯୦୩ ମସିହାରେ ଏହି ସମ୍ମିଳନୀ ଗଠିତ ହୋଇଥିଲା। ଉତ୍କଳ ଗୌରବ ମଧୁସୂଦନ ଦାସ, ପଣ୍ଡିତ ଗୋପବନ୍ଧୁ ଦାସ, ପାରଳା ମହାରଜା କୃଷ୍ଣଚନ୍ଦ୍ର ଗଜପତିଦେବ, ସ୍ୱର୍ଗତ ବ୍ରଜ ସୁନ୍ଦର ଦାସ ପ୍ରମୁଖ ଓଡ଼ିଶାର ଅନେକ ବରପୁତ୍ରଙ୍କ ଅକ୍ଲାନ୍ତ ଉଦ୍ୟମରେ ୧୯୩୬ ମସିହା ଏପ୍ରିଲ ପହିଲାରେ ଓଡ଼ିଶା ଏକ ସ୍ୱତନ୍ତ୍ର ପ୍ରଦେଶରେ ପରିଣତ ହୋଇଥିଲା।

ଉତ୍କଳ ଗୌରବ ମଧୁସୂଦନ ଦାସ

୧୯୧୯ ମସିହା। ଉତ୍କଳ ସମ୍ମିଳନୀର ଅଧିବେଶନ କଟକ ମ୍ୟୁନିସିପାଲିଟି ହତା ଭିତରେ ବସିଥାଏ। ଏହି ସଭାରେ ବହୁ ସଂଖ୍ୟକ ଲୋକ ଯୋଗ ଦେଇଥାନ୍ତି। ଏପରି ଏକ ବିରାଟ ସଭା ଦେଖିବା ମୋ ଜୀବନରେ ସେଇ ପ୍ରଥମ। ସେଠାରେ ମୁଁ ଓ ମୋର କେତେକ ସାଥୀ ସ୍ୱେଚ୍ଛାସେବକ ଭାବେ କାର୍ଯ୍ୟ କରିଥିଲୁ। ମଧୁବାବୁ ସେତେବେଳେ ମୁଣ୍ଡରେ ପଗଡ଼ି ବାନ୍ଧି ସଭାସ୍ଥଳକୁ ଆସିଲେ, ସଭାରେ ସେତେବେଳେ

ବିପୁଳ ଆନନ୍ଦ ଓ ହର୍ଷଧ୍ୱନି ହୋଇଥିଲା। ଉକ୍ତ ସଭାରେ ତାଙ୍କ ରଚିତ ନିମ୍ନୋକ୍ତ ଜାତୀୟ ସଙ୍ଗୀତ ଗାନ କରାଯାଇଥିଲା।

"ମାଆ ମାଆ ବୋଲି କେତେ ମୁଁ ଡାକିଲି
ମାଆକୁ ପାଇଲି ନାହିଁ
ଭାଇ ଭାଇ ବୋଲି କେତେ ମୁଁ ଖୋଜିଲି
ନ ଦେଲେ ଉତ୍ତର କେହି।"

x x x

"ଜାତି-ପ୍ରେମ-ବହ୍ନି ପ୍ରଜ୍ୱଳିତ କର
ସ୍ୱାର୍ଥକୁ ଦିଅ ଆହୁତି
ସ୍ୱାର୍ଥ-ମେଧ-ଯଜ୍ଞେ ଚାରିଆଡ଼େ ନାଚ
ଛାତିକୁ ମିଳାଇ ଛାତି।"

'ମଧୁବାବୁ' କହିଲେ କେବଳ ଜଣକୁ ବୁଝାଏ। ସେ ହେଉଛନ୍ତି କୁଳବୃଦ୍ଧ ମଧୁସୂଦନ ଦାସ। ସେ ଓଡ଼ିଶାର ଏକ ଅଦ୍ୱିତୀୟ ବ୍ୟକ୍ତିତ୍ୱ। ଜଣେ ଦେଶବତ୍ସଳ, ନୀତିବାଦୀ ଆଦର୍ଶ ପୁରୁଷ ହିସାବରେ ସେ ଥିଲେ ଓଡ଼ିଶାର ଗର୍ବ ଓ ଗୌରବ। ଓଡ଼ିଶାର ମାନ, ସମ୍ମାନ ଓ ମର୍ଯ୍ୟାଦାର ପ୍ରତିଷ୍ଠା ପାଇଁ ସେ ସମଗ୍ର ଜୀବନକୁ ଉତ୍ସର୍ଗ କରିଥିଲେ। ଶିକ୍ଷା, ସଂସ୍କୃତି ଓ ସଂସ୍କାର ଆଦି ସବୁ ବିଷୟରେ ତାଙ୍କର ପୁରୋଦୃଷ୍ଟି ଶତାବ୍ଦୀ ଶତାବ୍ଦୀ ଆଗରେ ଥିଲା। ଭାରତୀୟ ଜାତୀୟ ଜୀବନର ସେ ଜଣେ ଟାଣୁଆ ବ୍ୟକ୍ତି ଥିଲେ। ସେତେବେଳେ ସାମାଜିକ, ଅର୍ଥନୈତିକ, ସାଂସ୍କୃତିକ ଓ ଆଇନକାନୁନ ବିଷୟରେ କୌଣସି ସମସ୍ୟା ଉପୁଜେ, ସେତେବେଳେ ସମସ୍ତେ କହନ୍ତି, "ଚାଲ, ମଧୁବାବୁଙ୍କ ପାଖକୁ ଯିବା। ତାଙ୍କୁ ପଚାରିବା।" ବାସ୍ତବରେ ସେ ଥିଲେ ଓଡ଼ିଶାର ବିବେକ ଓ ମୁରବି।

ଏହି ମହାନ୍ ବ୍ୟକ୍ତିଙ୍କ ସହିତ ପରିଚିତ ହେବାର ସୌଭାଗ୍ୟ ମୋ ଜୀବନରେ ଆସିଥିଲା। ତାଙ୍କୁ ସାକ୍ଷାତ କରିବାର ସୁଯୋଗ ମୁଁ ପାଇଥିଲି ୧୯୨୬ ମସିହାରେ। ରେଭେନ୍ସା କଲେଜରେ ବି.ଏ. ଶ୍ରେଣୀରେ ଅର୍ଥନୀତିର ଛାତ୍ର ଥିଲାବେଳେ ମୁଁ ଯେତେବେଳେ ଇକୋନମିକ୍ସ ସୋସାଇଟି (Economics Society)ର ସେକ୍ରେଟାରୀ ଥିଲା, ସେତେବେଳେ ପ୍ରଫେସର ତଥା ଉକ୍ତ ସୋସାଇଟିର ସଭାପତି ଏଚ୍. ଆର. ବାଥେଜାଙ୍କ ଠାରୁ ଖଣ୍ଡିଏ ଚିଠି ନେଇ ମୁଁ ଓ ମୋର କେତେକ କଲେଜ ସାଙ୍ଗ ମିଷ୍ଟର ଦାସଙ୍କ ପାଖକୁ ଯାଇଥିଲୁ। ଉଦ୍ଦେଶ୍ୟ ଥିଲା, ମଧୁବାବୁଙ୍କ ଦ୍ୱାରା ପ୍ରତିଷ୍ଠିତ ପ୍ରସିଦ୍ଧ ଶିଳ୍ପ କାରଖାନା ଉତ୍କଳ ଟ୍ୟାନେରୀ ବୁଲି ଦେଖିବା ପାଇଁ ଅନୁମତି ଆଣିବା। ସେ ଆମ ହାତରୁ

ଚିଠିଟି ନେଲେ ଓ ଆମ ପରିଚୟ ପାଇ ଖୁସି ହେଲେ। ସେତେବେଳେ ଓଡ଼ିଶା ଆର୍ଟ ଓ କ୍ରାଫ୍ଟ" ତାରକସୀ କାମ ଓ ଶିଙ୍ଗ କାମ ପାଇଁ ଏବଂ ଉତ୍କଳ ଟ୍ୟାନେରୀ ଚମଡ଼ା କାରଖାନା ପାଇଁ ସମଗ୍ର ଭାରତରେ ତଥା ଭାରତ ବାହାରେ ଖ୍ୟାତି ଅର୍ଜନ କରିଥିଲା। ସେ ଆମକୁ ତାଙ୍କ ଶିଳ୍ପାନୁଷ୍ଠାନ ବୁଲି ଦେଖିବାକୁ ସଦୟ ଅନୁମତି ଦେଇଥିଲେ ଓ ଟ୍ୟାନେରୀ ମ୍ୟାନେଜର ଗୋପୀନାଥବାବୁଙ୍କୁ ଆମକୁ ବୁଲାଇ ଆଣିବାକୁ କହିଥିଲେ। ତାଙ୍କର ବ୍ୟକ୍ତିଗତ କର୍ମଚାରୀ ହାଡ଼ିବନ୍ଧୁ ଆମ ସମସ୍ତଙ୍କୁ ବେଲ ସର୍ବତ ଆଣି ଦେଇଥିଲା।

ଓଡ଼ିଶାରେ ସ୍ୱତନ୍ତ୍ର ହାଇକୋର୍ଟ ସ୍ଥାପନ ଲାଗି ସେ ଆନ୍ତରିକ ଉଦ୍ୟମ କରିଥିଲେ। ଓଡ଼ିଶାରେ ହାଇକୋର୍ଟ ନ ଥିବାରୁ ଓଡ଼ିଶାର ମକଦ୍ଦମାଗୁଡ଼ିକ ପ୍ରଥମେ କଲିକତାରେ ଓ ପରେ ପାଟନାଠାରେ ବିଚାର କରାଯାଉଥିଲା। ୧୯୧୬ ମସିହା ମେ ମାସ ୮ ତାରିଖ ଦିନ ପ୍ରଥମ ସର୍କିଟ କୋର୍ଟ ଯେତେବେଳେ କଟକରେ ବସିଥିଲା, ସେତେବେଳେ ପ୍ରଥମ ବୈଠକରେ ମାନ୍ୟବର ମୁଖ୍ୟ ବିଚାରପତି ଚେମିୟର ଓ ମାନ୍ୟବର ବିଚାରପତି ସରାଫଉଦ୍ଦିନ୍ ଯୋଗ ଦେଇଥିଲେ। ସେତେବେଳେ ମିଷ୍ଟର ଦାସ ଥିଲେ କଟକ ବାର ଆସୋସିଏସନର ସଭାପତି। ସେ ଜଜ୍‌ମାନଙ୍କୁ ଅଭିବାଦନ ଜଣାଇବା ଅବସରରେ କହିଥିଲେ, "ଏଇ ସର୍କିଟ କୋର୍ଟ ଗୋଟିଏ ସ୍ଥାୟୀ ବେଞ୍ଚ ହୋଇ ରହିବାକୁ ଓଡ଼ିଶାବାସୀ ଆଶା କରନ୍ତି।" ଏହା ହିଁ ଥିଲା ଓଡ଼ିଶାରେ ସ୍ୱତନ୍ତ୍ର ହାଇକୋର୍ଟ ସ୍ଥାପନ ପାଇଁ ମିଷ୍ଟର ଦାସଙ୍କର ଆବେଗ ଓ ଆବେଦନ।

ସମାଜସେବା କ୍ଷେତ୍ରରେ ମଧୁବାବୁଙ୍କର ଅବଦାନ ଇତିହାସରେ ସ୍ୱର୍ଣ୍ଣାକ୍ଷରରେ ଲିପିବଦ୍ଧ ହୋଇ ରହିବ ଓ ରହିଛି। ବର୍ଷେ ଯାଜପୁରରେ ଭୀଷଣ ବନ୍ୟା ହୋଇଥାଏ। ବନ୍ୟାଞ୍ଚଳ ଲୋକମାନଙ୍କୁ ସାହାଯ୍ୟ କରିବା ପାଇଁ ଆମେ କେତେଜଣ ଛାତ୍ର ଭିକ୍ଷା ମାଗିବାକୁ ବାହାରିଲୁ। ସାଙ୍ଗରେ ସ୍ୱର୍ଗତ ଯଦୁମଣି ମଙ୍ଗରାଜ ଥାନ୍ତି। ଆମ ସାଙ୍ଗରେ ମିଷ୍ଟର ଦାସ ଭିକ୍ଷା ସଂଗ୍ରହ କରିବାକୁ ଗଲେ ଓ ଉକ୍ତ ଦଳର ନେତୃତ୍ୱ ନେଲେ। ସେ ଆମକୁ କହିଲେ, "ଆମେ ସେଇମାନଙ୍କଠାରୁ ଚାନ୍ଦା ଆଣିବା, ଯିଏ ଓଳିଏ ଉପବାସ ରହି ତା'ର ଆନୁମାନିକ ମୂଲ୍ୟ ଆମକୁ ଦେବ।"

୧୯୩୪ ମସିହାରେ ମୁଁ ଓକିଲାତି ଆରମ୍ଭ କଲି। ସେହିବର୍ଷ ଫେବୃୟାରୀ ୪ ତାରିଖରେ ମିଷ୍ଟର ଦାସ ଇହଲୀଳା ସମ୍ବରଣ କଲେ। ତେଣୁ କୋର୍ଟରେ ତାଙ୍କ ଆଇନର ବିଚକ୍ଷଣତା ଓ ବାଗ୍ମିତା ଦେଖିବାର ସୌଭାଗ୍ୟ ମୋର ଘଟିନାହିଁ। ଉତ୍କଳକୁ ଏକ ସ୍ୱତନ୍ତ୍ର ପ୍ରଦେଶ ରୂପେ ପ୍ରତିଷ୍ଠା କରିବାର ସ୍ୱପ୍ନ ତାଙ୍କର ସଫଳ ହେଲା, ମାତ୍ର ସେ ତାହା ନିଜେ ଦେଖି ପାରିଲେ ନାହିଁ।

ସ୍ୱର୍ଗତ ବ୍ରଜସୁନ୍ଦର ଦାସ

ସ୍ୱତନ୍ତ୍ର ଉତ୍କଳ ପ୍ରଦେଶ ଗଠନ ଏବଂ ଓଡ଼ିଶାର ବିଚ୍ଛିନ୍ନାଞ୍ଚଳଗୁଡ଼ିକର ମିଶ୍ରଣ କ୍ଷେତ୍ରରେ ୰ ବ୍ରଜସୁନ୍ଦର ଦାସଙ୍କ ଅବଦାନ ଚିରସ୍ମରଣୀୟ । ଜଣେ ସୁଦକ୍ଷ ବ୍ୟବସ୍ଥାପକ, ସାହିତ୍ୟିକ ତଥା ସମାଜସେବୀ ଭାବରେ ତାଙ୍କର ଯଥେଷ୍ଟ ସୁନାମ ଥିଲା । ତାଙ୍କ ପ୍ରତିଷ୍ଠିତ 'ମୁକୁର' ପ୍ରେସରୁ ଏକ ମାସିକ ପତ୍ରିକା 'ମୁକୁର' ପ୍ରକାଶିତ ହୋଇ ସାହିତ୍ୟ ଓ ସଂସ୍କୃତିର ବିକାଶ ଦିଗରେ ଯଥେଷ୍ଟ ପ୍ରେରଣା ଯୋଗାଇଥିଲା । ଓଡ଼ିଶାର ଜାତୀୟ ଗ୍ରନ୍ଥାଗାର ଆନ୍ଦୋଳନ ସହିତ ସେ ବିଶେଷ ଭାବରେ ସମ୍ପୃକ୍ତ ଥିଲେ ଓ ସେଥିଲାଗି କଟକ ଭାଷାକୋଷ ଲେନସ୍ଥିତ ତାଙ୍କ ମୁକୁର ପ୍ରେସ୍‌ର ଉପର ମହଲାଟି ଉକ୍ତ ଗ୍ରନ୍ଥାଗାର ନିମିତ୍ତ ବହୁଦିନ ଛାଡ଼ି ଦେଇଥିଲେ ।

ସେ ବିହାର ଓଡ଼ିଶା କାଉନ୍‌ସିଲ୍, ଇମ୍ପିରିଏଲ୍ ଲେଜିସ୍ଲେଟିଭ କାଉନସିଲ୍ ଏବଂ ଓଡ଼ିଶା ଆସେମ୍ବ୍ଲିର ସଭ୍ୟ ଭାବରେ ତାଙ୍କ ବ୍ୟବସ୍ଥାପକ ଜୀବନର ବହୁ ଅବଦାନ ଦେଇ ଯାଇଛନ୍ତି । ମଧୁବାବୁଙ୍କ ପରେ ବ୍ରଜସୁନ୍ଦର ଉତ୍କଳ ସମ୍ମିଳନୀର ମୁଖ୍ୟପୁରୋଧା ଭାବେ କାର୍ଯ୍ୟ କରିଥିଲେ । ଉତ୍କଳମଣି ପଣ୍ଡିତ ଗୋପବନ୍ଧୁ ଦାସ ତାଙ୍କର ଅତ୍ୟନ୍ତ ଘନିଷ୍ଠ ବନ୍ଧୁ ଥିଲେ । ପୁରୀ, ସମ୍ବଲପୁର, ଫୁଲଝରେ ପ୍ରଭୃତି ବିଭିନ୍ନ ସ୍ଥାନରୁ ଉତ୍କଳ ସମ୍ମିଳନୀରେ ଯୋଗ ଦେବାକୁ ଆସୁଥିବା ପ୍ରତିନିଧିମାନେ ବହୁ ସମୟରେ ତାଙ୍କ ଘରେ ଅତିଥି ହୋଇ ରହୁଥିଲେ । ଏହା ବ୍ୟତୀତ ତାଙ୍କ ନେତୃତ୍ୱରେ ବିନୋଦ ବିହାରୀଠାରେ ମଝିରେ ମଝିରେ "କର୍ତ୍ତବ୍ୟ ବୋଧିନୀ" ସାପ୍ତାହିକ ପ୍ରବନ୍ଧ ପାଠ କାର୍ଯ୍ୟକ୍ରମ ଅନୁଷ୍ଠିତ ହୋଇ ସାମ୍ପ୍ରତିକ ଓଡ଼ିଆ ସାହିତ୍ୟର ବିଭିନ୍ନ ଦିଗ ଉପରେ ଆଲୋଚନା କରାଯାଉଥିଲା । ସେ ଭାଷାକୋଷ ଲେନ୍‌ର ତାଙ୍କ ମୁକୁର ପ୍ରେସ୍ ବାସଭବନରେ ଥିଲାବେଳେ ତାଙ୍କ ସମ୍ପର୍କରେ ଆସିବା ପାଇଁ ମୋତେ ସୁଯୋଗ ମିଳିଥିଲା । ମୋ ଓକିଲାତି ଜୀବନ ଆରମ୍ଭରେ ମୁଁ ଉତ୍କଳ ସମ୍ମିଳନୀ ତଥା ଅନ୍ୟାନ୍ୟ ସାଂସ୍କୃତିକ ଓ ସେବାମୂଳକ କାର୍ଯ୍ୟକ୍ରମରେ ଯୋଗ ଦେବା ସମୟରେ ତାଙ୍କ ଅକୁଣ୍ଠ ସହଯୋଗ ଓ ସହାନୁଭୂତି ପାଇଥିଲି ।

ଜଣେ ବିଶିଷ୍ଟ ଜମିଦାର ଭାବରେ ସେ ଇଚ୍ଛା କରିଥିଲେ ବହୁ ବିଳାସ-ବ୍ୟସନ ମଧ୍ୟରେ ତାଙ୍କ ଜୀବନ ଅତିବାହିତ କରି ପାରିଥାନ୍ତେ, କିନ୍ତୁ ସମାଜ ସେବାକୁ ଜୀବନର ବ୍ରତ ଭାବେ ଗ୍ରହଣ କରି ଏଥିନିମିତ୍ତ ବହୁଳ ଅର୍ଥ ବ୍ୟୟ କରିଥିଲେ । ଏହି କାରଣରୁ ଶେଷରେ ତାଙ୍କ ଜମିଦାରୀ କୋର୍ଟ ଅଫ୍ ୱାର୍ଡ଼ସ୍ (Court of wards) ଦାୟିତ୍ୱରେ ରହିଥିଲା ।

ଶ୍ରୀଯୁକ୍ତ ଦାସ ୧୯୪୪ ମସିହା ଜୁନ୍ ୯ ତାରିଖରେ ଆମ୍ଭମାନଙ୍କଠାରୁ ଚିର ବିଦାୟ ନେଇ ସ୍ବର୍ଗ ଯାଇଅଛନ୍ତି। ତାଙ୍କ ସ୍ମୃତି ରକ୍ଷା ଉଦ୍ଦେଶ୍ୟରେ ୧୯୬୦ ମସିହାରେ 'ଉତ୍କଳ ସାହିତ୍ୟ ସମାଜ' ଆନୁକୂଲ୍ୟରେ ଶ୍ରୀରାମଚନ୍ଦ୍ର ଭବନରେ ତାଙ୍କର ଏକ ତୈଳଚିତ୍ର ଉନ୍ମୋଚନ ଓ ୧୯୬୭ ମସିହାରେ 'ବ୍ରଜସୁନ୍ଦର ସ୍ମାରକ ଗ୍ରନ୍ଥ' ନାମରେ ଏକ ସ୍ମରଣିକା ପ୍ରକାଶନ ବ୍ୟତୀତ ଆଉ ବିଶେଷ କିଛି କରାଯାଇ ପାରିନାହିଁ।

ତାଙ୍କର ପିଲାମାନେ ବିଭିନ୍ନ କ୍ଷେତ୍ରରେ ବେଶ୍ ପ୍ରତିଷ୍ଠାଲାଭ କରିଛନ୍ତି। ଝିଅମାନଙ୍କ ମଧ୍ୟରୁ ପୂର୍ଣ୍ଣପ୍ରଭା ଦେବୀ ଓଡ଼ିଶାର ବିଶିଷ୍ଟ ଶିକ୍ଷାବିତ୍ ତଥା ପୂର୍ବତନ କୁଳପତି ପ୍ରଫେସର ବାମାଚରଣ ଦାସଙ୍କୁ ବିବାହ କରିଥିଲେ। ତାଙ୍କର ଅନ୍ୟତମ ଜାମାତା ୰ ନିକୁଞ୍ଜ କିଶୋର ଦାସ ମଧ୍ୟ ଜଣେ ବିଶିଷ୍ଟ ସମାଜସେବୀ ଓ ଦକ୍ଷ ପାର୍ଲାମେଣ୍ଟାରିଆନ୍ ଭାବେ ସୁନାମ ଅର୍ଜନ କରିଥିଲେ।

କଲିକତା ମହାନଗରୀରେ

ମହାନଗରୀ କଲିକତା। ମୁଁ ଯେଉଁ ସମୟର କଥା ଲେଖୁଛି ସେତେବେଳେ ଇଂରେଜ ରାଜତ୍ୱ। ଦିନେ ଗୋବିନ୍ଦପୁର, ହୁଗୁଳି ଓ ସୂତାନଟି ନାମକ ତିନୋଟି ପଡ଼ାକୁ ନେଇ ଇଂରେଜମାନେ ସେମାନଙ୍କର ବାଣିଜ୍ୟ କୋଠି ନିର୍ମାଣ କରିଥିଲେ। ତାହାହିଁ ଆଜି କଲିକତା। ଶିଳ୍ପସମୃଦ୍ଧ ମହାନଗରୀ। ଭାରତର ବୃହତ୍ତମ ନଗରୀ, ସୁଦୃଶ୍ୟ ବନ୍ଦର-ନଗରୀ। ୧୯୨୮ ମସିହାରେ ଥରେ ମୁଁ କଲିକତା ଯାଇଥିଲି କଂଗ୍ରେସ ଅଧିବେଶନରେ ଯୋଗ ଦେବାକୁ। ସେତେବେଳେ ମୁଁ ଲ' କ୍ଲାସର ଛାତ୍ର। ସେଠାରେ ପରେ କିଛିଦିନ ଅବସ୍ଥାନ କରିଥିଲି।

ସେଦିନର କଲିକତା, ଆଜିର କଲିକତା ଭିତରେ ଆକାଶ ପାତାଳ ତଫାତ୍। ଏବେ ଯଦି କେହି କଲିକତାର କୌଣସି ଏକ ଜନଗହଳି ଛକରେ ଛିଡ଼ାହୋଇ ଲକ୍ଷ୍ୟ କରେ, ଦେଖିବ—ସତେ ଯେମିତି ସାରା ପୃଥିବୀଟା ଏଇଠି ଚଳମାନ ହୋଇଯାଇଛି। ପ୍ରତ୍ୟେକେ ଧାଉଁଛନ୍ତି। ଧାଡ଼ି ଧାଡ଼ି ଟ୍ରାମ, ବସ୍, ଟ୍ୟାକ୍‌ସି, ଗାଡ଼ିଘୋଡାର ଏକ ଅସରନ୍ତି ସ୍ରୋତ। କୌଣସି ବ୍ୟକ୍ତି-ବିଶେଷର ଯେମିତି ସେଠି କୌଣସି ପରିଚୟ ନାହିଁ। ସେହି ମହାନ୍ ଜନସମୁଦ୍ର ଭିତରେ ସମସ୍ତେ ସତ୍ତା ହରାଇ ବସିଛନ୍ତି। ଉତ୍ତୁଙ୍ଗ ସୌଧମାଳା। ଚତୁର୍ଦ୍ଦିଗରେ ବଜାର-ଘାଟ। ସେହି କଲିକତା ମାତ୍ର କେତେବର୍ଷ ପୂର୍ବେ କ'ଣ ଥିଲା! ଇଞ୍ଜିନିୟରିଂ କୌଶଳର ଏକ ବିରାଟ କୀର୍ତ୍ତି ରୂପେ ଆଜି ଯେଉଁ ହାଓଡ଼ା ପୋଲ ମୁଣ୍ଡ ଟେକିଛି, ସେସମୟରେ ତାହା ଏକ 'ଭସାପୋଲ' ଭାବରେ ଥିଲା। ଗଙ୍ଗା ନଦୀରେ ଯେଉଁ ଜାହାଜ ସେହିବାଟେ ଆସେ, ଭସାପୋଲ ଆପେ ଆପେ ମଝିରୁ ଦି'ଭାଗ ହୋଇ ନଦୀର ଦି'ପାଖକୁ ଆଉଜିଯାଏ। ସେତେବେଳେ ଏପଟରୁ ସେପଟକୁ ଯିବାଆସିବା ସମ୍ପୂର୍ଣ୍ଣ ବନ୍ଦ ହୋଇଯାଏ। କିଛି ସମୟ ପରେ ଜାହାଜ ଅତିକ୍ରମି ଯାଏ। ପୋଲ ପୁଣି ଦି' ପାଖରୁ ଆସି ମଝିରେ

ଯୋଡ଼ି ହୋଇଯାଏ। ଗାଡ଼ି, ଘୋଡ଼ା, ମଟର, ମଣିଷ, ସମସ୍ତେ ପୁଣି ଏପଟରୁ ସେପଟକୁ ଯିବାଆସିବା କରନ୍ତି।

ସେତେବେଳେ ରାସ୍ତାଘାଟରେ ବିଜୁଳି ଆଲୋକ ବେଶୀ ନ ଥିଲା। ଚାରିଆଡ଼େ ଗ୍ୟାସ ଲାଇଟ୍‌ର ସମାରୋହ। 'ଷ୍ଟାର', ରଙ୍ଗମହଲ ପ୍ରଭୃତି ଉନ୍ନତ ଧରଣର ରଙ୍ଗମଞ୍ଚ କଲିକତାରେ ଥିଲା। ସିନେମା ହଲ ମଧ୍ୟ ଥିଲା। ମାତ୍ର ସେତେବେଳେ ଟକିଜ୍ (Talkies) ବା କଥାକୁହା ବାଇସ୍କୋପ୍ ନ ଥିଲା। ସୁବିଧାରେ କଲିକତାର ଏକ ପ୍ରାନ୍ତରୁ ଅନ୍ୟ ପ୍ରାନ୍ତକୁ ଯାଇ ପାରୁଥିଲେ। ଏବେ ଘୋଡ଼ା ଓ ଘୋଡ଼ାଗାଡ଼ିର ପ୍ରଚଳନ ପ୍ରାୟ ନାହିଁ। କାଁ ଭାଁ କେଉଁଠି ଥରେ ଅଧେ ଦେଖା ଯାଇଥାଏ। କିନ୍ତୁ ସେତେବେଳେ ଘୋଡ଼ାର, ଘୋଡ଼ାଗାଡ଼ିର ପ୍ରଚଳନ ଅଧିକ ଥିଲା। ଏବେ ଘୋଡ଼ା ସବାର ପୋଲିସ ଅବଶ୍ୟ ଅଛନ୍ତି। ମାଟିତଳେ ରେଳ ଚାଲିଛି। ସେତେବେଳେ ତାହା କଳ୍ପନା ବାହାରେ ଥିଲା।

ଓଡ଼ିଶାରୁ ଲକ୍ଷ ଲକ୍ଷ ଲୋକ କଲିକତା ଯାଇ ସେଠାରେ ଚାକିରି ବାକିରି ଓ ବାଣିଜ୍ୟ ବ୍ୟବସାୟ କରନ୍ତି। କଲିକତା ବାହାରୁ ମଧ୍ୟ ଲୋକମାନେ ଏଠାରେ ବ୍ୟବସାୟ କରନ୍ତି।

ମଧୁବାବୁଙ୍କ ଚେତନାରେ ଅନୁପ୍ରାଣିତ ହୋଇ ସ୍ୱାଧୀନ ଭାବରେ ଜୀବନଧାରଣ କରିବାର ଏକ ଉପାୟ ଆମ କେତେଜଣଙ୍କୁ ଦିଶିଲା। ଏହି ସ୍ୱାଧୀନ ପ୍ରବୃତ୍ତି ଦ୍ୱାରା ପରିଚାଳିତ ହୋଇ ବ୍ୟବସାୟ ଦିଗରେ ଆମେ କେତେଜଣ ବନ୍ଧୁ ଆଗ୍ରହୀ ହେଲୁ। କିଛି ବ୍ୟବସାୟ ଆରମ୍ଭ କରିବୁ ବୋଲି ସ୍ଥିର କରି ଏକ ଅନୁଷ୍ଠାନ ଗଢ଼ିଲୁ। ତା'ର ନାଁ ଦେଲୁ 'ଫ୍ରେଣ୍ଡସ୍ ସୋସାଇଟି"। ବ୍ୟବସାୟ କିଛିଦିନ ଚାଲିଲା। ମାତ୍ର କେତେକ ଅସୁବିଧା ଯୋଗୁଁ ଆମ ବ୍ୟବସାୟ ବନ୍ଦ ହୋଇଗଲା।

ମୋର କଲିକତା ଯିବାଆସିବା ଓ ରହଣି ସମୟରେ ମୁଁ ସେଠାକାର ପ୍ରସିଦ୍ଧ ରଙ୍ଗମଞ୍ଚ 'ଷ୍ଟାର' ବା 'ରଙ୍ଗମହଲ'ରେ ଥିଏଟର ଦେଖିବାକୁ ଅନେକବାର ଯାଇଛି। 'ଷ୍ଟାର'ରେ ବଙ୍ଗଳାର ପ୍ରଖ୍ୟାତ ଔପନ୍ୟାସିକ ୰ ତାରାଶଙ୍କର ବନ୍ଦୋପାଧ୍ୟାୟଙ୍କ ଉପନ୍ୟାସ 'ଦ୍ୱିପୁରୁଷ'ର ନାଟ୍ୟରୂପ ଅଭିନୀତ ହେଉଥାଏ। ସେଥିରେ ବିଶିଷ୍ଟ ଅଭିନେତା ଛବି ବିଶ୍ୱାସ, ଉତ୍ତମ କୁମାର ଓ ଭାନୁ ବନ୍ଦୋପାଧ୍ୟାୟ ପ୍ରମୁଖ ଅଭିନୟ କରୁଥିଲେ। ନାଟକଟି ଅତି ଉଚ୍ଚକୋଟୀର ହୋଇଥିଲା।

ଆମେ କେତେଜଣ ବନ୍ଧୁ ବିଶେଷ ଉତ୍ସାହିତ ହୋଇ ଲାଗ୍ ଲାଗ୍ ଦୁଇ ଦିନ ପାଇଁ 'ଦ୍ୱିପୁରୁଷ' ନାଟକ ଚୁକ୍ତି କରି ଅଭିନୟ କରାଇଲୁ। ସେଥିରେ ଆମ କଲେଜିଏଟ୍

ସ୍କୁଲର ଡ୍ରଇଂ ଶିକ୍ଷକ ମନ୍ମଥବାବୁଙ୍କ ପୁଅ ଦୁଇଜଣ ମଣ୍ଟୁ ଓ ଘଣ୍ଟୁ ବହୁ ସହାୟତା କରିଥିଲେ। ସେତେବେଳେ ସେ ଦୁହେଁ କଲିକତାରେ ରହୁଥାନ୍ତି। ତାଙ୍କ ସାହାଯ୍ୟ ବିନା କଲିକତା ମହାନଗରୀରେ କଣ୍ଟ୍ରାକ୍ଟରେ ନାଟକ ଅଭିନୟ କରାଇବା ଆମ ପକ୍ଷେ ଆଦୌ ସମ୍ଭବ ହୋଇପାରି ନ ଥାନ୍ତା। ଏହି ସୂତ୍ରରେ ମୋର ଛବି ବିଶ୍ୱାସ, ଉତ୍ତମ କୁମାର ଓ ଭାନୁ ବନ୍ଦୋପାଧ୍ୟାୟଙ୍କ ସହିତ ଦେଖାସାକ୍ଷାତ ହୋଇଥିଲା।

ସେହି ସମୟରେ ସଙ୍ଗୀତଜ୍ଞ ଗୋକୁଳ ଚନ୍ଦ୍ର ଶ୍ରୀଚନ୍ଦନଙ୍କ ସହ ମୋର ଘନିଷ୍ଠ ସମ୍ପର୍କ ସ୍ଥାପିତ ହୋଇଥିଲା। କଲିକତାର ବିଶିଷ୍ଟ ସଙ୍ଗୀତଜ୍ଞ ସ୍ୱର୍ଗୀୟ ରାଇଚନ୍ଦ୍ର ବଡ଼ାଲଙ୍କ ଘରକୁ ମୁଁ ଗୋକୁଳ ବାବୁଙ୍କ ସହିତ କେତେଥର ଯାଇଥିଲି। ଡାକ୍ତର ବନବିହାରୀ ପଟ୍ଟନାୟକ ବହୁଦିନ କଲିକତାରେ ରହୁଥିଲେ। କଳାପ୍ରତି ତାଙ୍କର ଯଥେଷ୍ଟ ଅନୁରାଗ ଥିଲା। ସେଠାରେ ଅନୁଷ୍ଠିତ ହେଉଥିବା ଓଡ଼ିଆ ନାଟକକୁ ସେ ବିଶେଷ ଭାବରେ ଉତ୍ସାହିତ କରୁଥିଲେ। ପ୍ରବାସୀ ଓଡ଼ିଆମାନଙ୍କର ସେ ଅତ୍ୟନ୍ତ ଶ୍ରଦ୍ଧାଭାଜନ ଥିଲେ। ସେ ସମୟରେ ସ୍ୱର୍ଗତ ଲକ୍ଷ୍ମୀନାରାୟଣ ସାହୁ ଥରେ କଲିକତା ଯାଇଥିଲେ। ତାଙ୍କୁ ନାଟକ ଦେଖିବା ସକାଶେ ଅନୁରୋଧ କରିବାରୁ ସେ ରାଜି ହୋଇଥିଲେ ଏବଂ ନାଟକ ଦେଖି ବହୁତ ଖୁସି ହୋଇଥିଲେ। ସେ ଥିଲେ ଜଣେ କଳାପ୍ରେମୀ ବ୍ୟକ୍ତି। ସେତେବେଳେ ଓଡ଼ିଶାରୁ ନାମଜାଦା ପାଲା ଗାୟକ ଓ ଯାତ୍ରାଦଳ ସବୁ କଲିକତା ଯାଇ ସେଠାରେ ଅଭିନୟ କରୁଥିଲେ। ସେ ଯାତ୍ରା, ଅଭିନୟ ଓ ପାଲାକୁ ପ୍ରବାସୀ ଓଡ଼ିଆ ତଥା ବଙ୍ଗାଳୀମାନେ ବହୁ ସଂଖ୍ୟାରେ ଉପଭୋଗ କରୁଥିଲେ। ତେଣୁ ଓଡ଼ିଆ ଭାଷା, ସାହିତ୍ୟ ଓ ସଂସ୍କୃତିର କଲିକତାରେ ବିଶେଷ ଆଦର ଥିଲା।

ସେହି ସମୟରେ କଲିକତାର ଆମହର୍ଷ୍ଟ ଷ୍ଟ୍ରୀଟରେ ଥିବା "ସୁରଭି ଭଣ୍ଡାର" ନାମକ ଏକ ଜଳଖିଆ ଦୋକାନରେ ଆମେ ବରାବର ଖାଉଥିଲୁ। ମାତ୍ର ଦି'ଅଣା ପଇସାରେ ଭଲ ଜଳଖିଆ ପେଟପୁରା ଖାଇବାକୁ ମିଳୁଥିଲା ! ମିଲ୍ ଗୋଟାକୁ ମାତ୍ର ୧୦ ପଇସା। କିନ୍ତୁ ଏବେ ଏହା କଳ୍ପନାର ବାହାରେ।

ଶ୍ରୀଯୁକ୍ତ ନାରାୟଣ ବୀରବର ସାମନ୍ତ

ମୋର ଏହି କଲିକତା ରହଣୀ ସମୟରେ ମୁଁ ଶ୍ରୀ ନାରାୟଣ ବୀରବର ସାମନ୍ତଙ୍କୁ ଜାଣିବାର ସୁଯୋଗ ପାଇଥିଲି। ପରବର୍ତ୍ତୀ ସମୟରେ ଅନେକ ବାର ଦେଖାସାକ୍ଷାତ ହୋଇଛି। ଶ୍ରୀଯୁକ୍ତ ସାମନ୍ତ ଓ ତାଙ୍କର ପତ୍ନୀ ଶ୍ରୀମତୀ ରତ୍ନମାଳୀ ଜେମା ସମାଜସେବା କ୍ଷେତ୍ରରେ ବେଶ୍ ପ୍ରତିଷ୍ଠା ଅର୍ଜନ କରିଛନ୍ତି। ନିଜ ଘର ପାରାଦ୍ୱୀପଗଡ଼ ଏବଂ ଆଖପାଖ

ଅଞ୍ଚଳରେ ଏ ଦୁଇଜଣ ସାଧାରଣରେ 'ସାଆନ୍ତ' ଓ 'ଜେମା' ଭାବରେ ଜଣାଶୁଣା। ସାଆନ୍ତ ଓଡ଼ିଶା ବିଧାନସଭାର ଉପ-ବାଚସ୍ପତି ହୋଇଥିଲେ। ତାଙ୍କ ପତ୍ନୀ ଶ୍ରୀମତୀ ରତ୍ନମାଳୀ ଜେମା ଦୁଇଥର ଓଡ଼ିଶା ବିଧାନସଭାକୁ ନିର୍ବାଚିତ ହୋଇଥିଲେ। ଉଭୟ କୁଜଙ୍ଗର ଲବଣ ସତ୍ୟାଗ୍ରହ ଠାରୁ ଆରମ୍ଭ କରି ଜାତୀୟ ଆନ୍ଦୋଳନରେ କାର୍ଯ୍ୟ କରି ଏବେ ପରିଣତ ବୟସରେ ମଧ୍ୟ ସମାଜସେବାରୁ ନିବୃତ୍ତ ହୋଇ ନାହାନ୍ତି। ଜଣେ ନାରୀନେତ୍ରୀ ଭାବରେ ଜେମା ସୁପରିଚିତା। ତାଙ୍କ ପୁଅ ବିଶ୍ୱମ୍ଭର ସାମନ୍ତ କିଶୋର ଅବସ୍ଥାରୁ ସନ୍ନ୍ୟାସବ୍ରତ ଧାରଣ କରି ପଣ୍ଡିଚେରୀ ଆଶ୍ରମରେ ଅବସ୍ଥାନ କରୁଛନ୍ତି। ବଡ଼ଝିଅ ଏବଂ ଜ୍ୱାଇଁ ଶ୍ରୀଯୁକ୍ତ ମନୋଜ ଦାସ ଉଭୟ ଶ୍ରୀଅରବିନ୍ଦ ଓ ଶ୍ରୀମାଙ୍କ ଦର୍ଶନ ପ୍ରତି ଆକୃଷ୍ଟ ହୋଇ ପଣ୍ଡିଚେରୀ ଶ୍ରୀଅରବିନ୍ଦ ଆଶ୍ରମରେ ଥିବା ମହାବିଦ୍ୟାଳୟର ଅଧ୍ୟାପକ ଭାବରେ କାର୍ଯ୍ୟ କରୁଛନ୍ତି ଓ ସେଠାରେ ସ୍ଥାୟୀ ଭାବରେ ଅବସ୍ଥାନ କରୁଛନ୍ତି। ତାଙ୍କ ସାନ ଝିଅ ଉଚ୍ଚଶିକ୍ଷା ଲାଭ ପରେ ସାଂସାରିକ ଜୀବନ ପ୍ରତି ବୈରାଗ୍ୟ ଭାବ ପୋଷଣ ପୂର୍ବକ ଏବେ ରେଳବାଇ ବିଭାଗର ଏକ ଉଚ୍ଚ ପଦବୀରେ କାର୍ଯ୍ୟ କରୁଛନ୍ତି।

ପାରଳା ମହାରାଜା ଓ ସ୍ୱତନ୍ତ୍ର ଓଡ଼ିଶା ପ୍ରଦେଶ

ପାରଳା ମହାରାଜା କୃଷ୍ଣଚନ୍ଦ୍ର ଗଜପତି ଦେବଙ୍କୁ ମୁଁ ବ୍ୟକ୍ତିଗତ ଭାବରେ ଜାଣେ । ତାଙ୍କୁ ସ୍ୱତନ୍ତ୍ର ଉତ୍କଳ ପ୍ରଦେଶର ଅନ୍ୟତମ ନିର୍ମାତା କହିଲେ ଅତ୍ୟୁକ୍ତି ହେବ ନାହିଁ । ଏଥିନିମିତ୍ତ ସେ ଅତ୍ୟନ୍ତ ଆନ୍ତରିକତାର ସହିତ ଉଦ୍ୟମ କରିଥିଲେ ।

ଭାଷା ଭିତ୍ତିରେ ପ୍ରଦେଶ ଗଠନ ମଧ୍ୟ ସ୍ଥିର କରାଯିବାରୁ ବଙ୍ଗଳା, ବିହାର, ମଧ୍ୟପ୍ରଦେଶ ଓ ମାନ୍ଦ୍ରାଜରେ ବିଚ୍ଛିନ୍ନ ହୋଇ ରହିଥିବା ଓଡ଼ିଆ ଭାଷାଭାଷୀ ଲୋକମାନଙ୍କୁ ସଙ୍ଗଠିତ କରାଇ ସେ ବ୍ରିଟିଶ୍ ସରକାରଙ୍କ ଦ୍ୱାରା ନିଯୁକ୍ତ ଫିଲିପ୍ ଉପ୍ କମିଟି, ଓଡ଼ନେଲ୍ କମିଟି ଆଦି ବିଭିନ୍ନ କମିଟି ସମ୍ମୁଖରେ ସ୍ୱତନ୍ତ୍ର ପ୍ରଦେଶ ଗଠନ ନିମିତ୍ତ ଦୃଢ଼ ଭାବରେ ଯୁକ୍ତି ବାଢ଼ିଥିଲେ । ଏଥିପାଇଁ ୧୯୩୧ ମସିହାରେ ଗଠନ କରାଯାଇଥିବା ଓଡ଼ିଶା କମିଟିର ସେ ସଭ୍ୟ ଥିଲେ ଏବଂ ଲଣ୍ଡନ୍ ଠାରେ ଅନୁଷ୍ଠିତ ହୋଇଥିବା ଗୋଲ ଟେବୁଲ ବୈଠକରେ ଯୋଗଦାନ କରିଥିଲେ । ଉକ୍ତ କାର୍ଯ୍ୟକ୍ରମ ନିମିତ୍ତ ତାଙ୍କୁ ବହୁ ପରିମାଣର ଅର୍ଥ ବ୍ୟୟ କରିବାକୁ ପଡ଼ିଥିଲା ।

ଓଡ୍‌ନେଲ୍ କମିଟି ତାଙ୍କ ରିପୋର୍ଟରେ ସିଂହଭୂମି (ଷଢ଼େଇକଳା ଓ ଖରସୁଆଁ ସମେତ)ର ଓଡ଼ିଶା ସହିତ ମିଶ୍ରଣ ଦାବୀକୁ ଅଗ୍ରାହ୍ୟ କରି ଦେଇଥିଲେ । ୧୯୩୩ ମସିହାରେ ପ୍ରସ୍ତାବିତ ଓଡ଼ିଶା ପ୍ରଦେଶର ଘୋଷଣା କରାଯାଇଥିବା ସୀମାରେଖା ମଧ୍ୟରେ ପାରଳାଖେମୁଣ୍ଡି ଓ ଜୟପୁରକୁ ବାଦ୍ ଦିଆଯାଇ ଥିବାରୁ ପାରଳା ମହାରଜାଙ୍କ ନେତୃତ୍ୱରେ ଓଡ଼ିଶା ବାସୀଙ୍କ ତରଫରୁ ଏହାର ଦୃଢ଼ ପ୍ରତିବାଦ କରାଯାଇଥିଲା । ଜୟପୁର ମହାରାଜା ବିକ୍ରମ ଦେବ ବର୍ମା ମଧ୍ୟ ଉକ୍ତ କାର୍ଯ୍ୟରେ ସହଯୋଗ କରିଥିଲେ । ସରକାରଙ୍କ ଉପରୋକ୍ତ ନିଷ୍ପତ୍ତି ଉପରେ ଘୋର ବିରକ୍ତି ପ୍ରକାଶ କରି ଦରକାର ପଡ଼ିଲେ ନିଜ

ଜମିଦାରୀର ମୁଖ୍ୟ କାର୍ଯ୍ୟାଳୟକୁ ସେ ପୁରୀ ଜିଲ୍ଲାର ଡେଲାଙ୍ଗକୁ ଉଠାଇ ଆଣିବାକୁ ଚିନ୍ତା କରୁଥିଲେ । ଓଡ଼ିଶା ଲୋକମାନଙ୍କର ଏହି ଦାବୀକୁ ବିଚାର କରିବାକୁ ଲର୍ଡ଼ ଲିନ୍‌ଲିଥ୍‌ଗୋଙ୍କ ଅଧ୍ୟକ୍ଷତାରେ ଏକ କମିଟି ଗଠନ କରାଯାଇଥିଲା । ଏହି କମିଟି ଆଗରେ ଦାବୀ ଉପସ୍ଥାପିତ କରିବାକୁ ପାରଳା ମହାରାଜାଙ୍କ ନେତୃତ୍ୱରେ ଏକ ପ୍ରତିନିଧି ଦଳ ଲଣ୍ଡନ ଯାଇଥିଲେ । ତେଲଗୁମାନଙ୍କର ତୀବ୍ର ବିରୋଧର ସମ୍ମୁଖୀନ ହୋଇ ମହାରାଜାଙ୍କୁ ପାରଳା ଖେମୁଣ୍ଡିର ବହୁ ଓଡ଼ିଆ ଭାଷାଭାଷୀ ଅଞ୍ଚଳକୁ ତ୍ୟାଗ କରିବାକୁ ପଡ଼ିଥିଲା ଏବଂ ଶେଷରେ ପାରଳାଖେମୁଣ୍ଡି ଓ ଜୟପୁର ଓଡ଼ିଶା ସହିତ ମିଶିବା ସ୍ଥିର ହେଲା । ଓଡ଼ିଶାକୁ ଏକ ସ୍ୱତନ୍ତ୍ର ପ୍ରଦେଶରେ ପରିଣତ କରିବା ଦିଗରେ ପାରଳାଙ୍କ ଅବଦାନ ସବୁଠାରୁ ବେଶି ଉଲ୍ଲେଖନୀୟ । ଓଡ଼ିଶାର ସର୍ବାଙ୍ଗୀନ ଉନ୍ନତି ପାଇଁ ସେ ଅତ୍ୟନ୍ତ ନିଷ୍ଠାର ସହିତ ଉଦ୍ୟମ କରିଥିଲେ । ତାଙ୍କ ବ୍ୟକ୍ତିଗତ ଉଦ୍ୟମରେ ପାରଳାଖେମୁଣ୍ଡିକୁ ରେଳ ଯୋଗାଯୋଗ ସମ୍ଭବ ହୋଇଥିଲା ।

ମୋର କାଲି ଭଳି ମନେ ପଡୁଛି । ୧୯୩୬ ଏପ୍ରିଲ ପହିଲା ଓଡ଼ିଶା ସ୍ୱତନ୍ତ୍ର ପ୍ରଦେଶ ହେବା ଦିନ ରାଜ୍ୟର ଚାରିଆଡ଼େ ନାନା ଆନନ୍ଦ ଉତ୍ସବ ଭୋଜିଭାତ ଖିଆପିଆର ବ୍ୟବସ୍ଥା ହୋଇଥିଲା । ମୋ ବିନୋଦବିହାରୀ ଘରେ ମୁଁ ଏକ ଚା' ଭୋଜିର ଆୟୋଜନ କରିଥିଲି । ମୋର ବନ୍ଧୁ ଜୟପୁରର ବ୍ୟବସାୟୀ ରାଜକିଶୋର ଦାସ ଏବଂ କଟକର ସୁରେନ୍ଦ୍ର ନାଥ କାନୁନ୍‌ଗୋ ପ୍ରଭୃତି ଉକ୍ତ କାର୍ଯ୍ୟକ୍ରମରେ ବିଶେଷ ସହାୟତା କରିଥିଲେ ।

ବହୁ ଦେଶପ୍ରେମୀ ଯୁବକ ଅନେକ ଉତ୍ସାହ ଓ ଉନ୍ମାଦନା ସହକାରେ ଯୋଗଦାନ କରିଥିଲେ । ଓଡ଼ିଶାର ଭବିଷ୍ୟତ ନେଇ ଆମ ମଧ୍ୟରେ ଅନେକ କଳ୍ପନା-ଜଳ୍ପନା ହୋଇଥିଲା ।

ଓଡ଼ିଆ ଭାଷା ଓ ସଂସ୍କୃତିର ସୁରକ୍ଷା କ୍ଷେତ୍ରରେ ପାରଳାଙ୍କ ଅବଦାନ ଅତୁଳନୀୟ । ୧୯୧୪ ମସିହାରେ ସେ ନିଜ ରାଜ୍ୟ ପାରଳାଖେମୁଣ୍ଡି ଠାରେ ଉତ୍କଳ ସମ୍ମିଳନୀର ଏକ ସ୍ୱତନ୍ତ୍ର ଅଧିବେଶନର ଆୟୋଜନ କରିଥିଲେ । ଉତ୍କଳ ସାହିତ୍ୟ ସମାଜ ସମେତ ଅନେକ ଅନୁଷ୍ଠାନକୁ ବହୁ ପରିମାଣର ଅର୍ଥଦାନ କରିବା ସଙ୍ଗେ ସଙ୍ଗେ ସେ ବ୍ୟକ୍ତିଗତ ଭାବରେ ମଧ୍ୟ ଏଥିପାଇଁ ବଡ଼ ଉଦ୍ୟମ କରିଥିଲେ । ଶିକ୍ଷା-ପ୍ରସାର ନିମିତ୍ତ ସେ ନିଜ ରାଜ୍ୟରେ ବହୁ ଶିକ୍ଷାନୁଷ୍ଠାନ, ଇଂରାଜୀ ଓ ସଂସ୍କୃତି ମହାବିଦ୍ୟାଳୟମାନ ପ୍ରତିଷ୍ଠା କରିଥିଲେ । ୧୯୪୪ ମସିହାରେ କଟକରେ ପ୍ରତିଷ୍ଠିତ ଖ୍ରୀଷ୍ଟ ମହାବିଦ୍ୟାଳୟରୁ ସେ ବହୁ ପରିମାଣର ଆର୍ଥିକ ସାହାଯ୍ୟ ପ୍ରଦାନ କରିଥିଲେ । ଦେଶରେ କୃଷି ଓ ଶିଳ୍ପର ବିକାଶ ନିମିତ୍ତ ସେ ବହୁବିଧ ଉଦ୍ୟମ କରିଥିଲେ । ରଏଲ୍ କୃଷି କମିଶନର ସଭ୍ୟ

ଭାବରେ ସେ ସମଗ୍ର ଭାରତ ଭ୍ରମଣ କରି ବହୁ ଅଭିଜ୍ଞତା ଅର୍ଜନ କରିଥିଲେ। କଟକସ୍ଥିତ 'କେନ୍ଦ୍ରୀୟ ଧାନ ଗବେଷଣା କେନ୍ଦ୍ର' ପ୍ରତିଷ୍ଠା କ୍ଷେତ୍ରରେ ମଧ୍ୟ ତାଙ୍କର ଅବଦାନ ଥିଲା।

ଭାରତ ଶାସନ ଆଇନ ୧୯୩୫ (Government of India Act-1935) ଅନୁସାୟୀ ୧୯୩୬ ମସିହା ଏପ୍ରିଲ ପହିଲାରେ ଓଡ଼ିଶା ଏକ ସ୍ୱତନ୍ତ୍ର ପ୍ରଦେଶରେ ପରିଣତ ହେଲା। ଜାତୀୟ ଦଳର ନେତା ଭାବରେ ୧୯୩୭ ଏପ୍ରିଲ ପହିଲାରେ ଗଠିତ ନେତୃତ୍ୱରେ ଓଡ଼ିଶାରେ ପ୍ରଥମେ ଏକ ମଧ୍ୟବର୍ତ୍ତିକାଳୀନ ମନ୍ତ୍ରୀ ମଣ୍ଡଳ ଗଠିତ ହୋଇଥିଲା। ପରେ ଦ୍ୱିତୀୟ ବିଶ୍ୱଯୁଦ୍ଧ ସମୟରେ ମଧ୍ୟ ତାଙ୍କ ନେତୃତ୍ୱରେ ମନ୍ତ୍ରୀମଣ୍ଡଳ ଗଠନ କରାଯାଇଥିଲା। ଏହିପରି ଭାବରେ ସେ ଦୁଇଥର ଓଡ଼ିଶାର ପ୍ରଧାନମନ୍ତ୍ରୀ (ମୁଖ୍ୟମନ୍ତ୍ରୀ) ହୋଇଥିଲେ। ସେ ନିଜର ଉଚ୍ଚ ଆଦର୍ଶ ରକ୍ଷା କରି ଓଡ଼ିଶାର କୃଷି, ସମବାୟ, ଶିଳ୍ପ, ଶିକ୍ଷା, ସ୍ୱାସ୍ଥ୍ୟ, ଗମନାଗମନ, ପ୍ରାକୃତିକ ସମ୍ପଦର ଉନ୍ନତି ଦିଗରେ ବହୁବିଧ ପ୍ରଚେଷ୍ଟା କରିଥିଲେ।

ବିଭିନ୍ନ ଘଟଣାରେ ମୁଁ ପାରଳା ମହାରାଜାଙ୍କ ବ୍ୟକ୍ତିଗତ ସମ୍ପର୍କରେ ଆସିବାର ସୁଯୋଗ ପାଇଥିଲି। ୧୯୩୭ ମସିହାରେ ତାଙ୍କ ନେତୃତ୍ୱରେ ଗଠିତ ମନ୍ତ୍ରୀମଣ୍ଡଳରେ ଗୋରାଚାନ୍ଦ ପଟ୍ଟନାୟକ ମନ୍ତ୍ରୀ ଥିଲେ। ବିଶିଷ୍ଟ ଆଇନଜ୍ଞ (ପରେ ଓଡ଼ିଶା ହାଇକୋର୍ଟର ପ୍ରଥମ ମୁଖ୍ୟ ବିଚାରପତି) ବୀରକିଶୋର ରାୟ, ଓଡ଼ିଶାର ବିଶିଷ୍ଟ ଜନନେତା ତଥା ବର୍ତ୍ତମାନର ମୁଖ୍ୟମନ୍ତ୍ରୀ ଶ୍ରୀ ବିଜୁ ପଟ୍ଟନାୟକଙ୍କ ପିତା ଲକ୍ଷ୍ମୀନାରାୟଣ ପଟ୍ଟନାୟକ, ଗୋରାଚାନ୍ଦ ପଟ୍ଟନାୟକ ପ୍ରମୁଖ ଏହି ଜାତୀୟ ଦଳର ସଭ୍ୟ ଥିଲେ। ମୁଁ ମଧ୍ୟ କିଛିଦିନ ଏହି ଦଳ ସହିତ ସାମିଲ ହୋଇଥିଲି। ଏହି କାରଣରୁ ଅନେକଙ୍କର ପରିହାସର ପାତ୍ର ମଧ୍ୟ ହେବାକୁ ପଡ଼ିଥିଲା। ହେଲେ ଶେଷକୁ ଏହି ଜାତୀୟ ଦଳ ଉଦ୍ୟମରେ ଓଡ଼ିଶା ପ୍ରଦେଶରେ ପରିଣତ ହୋଇଥିଲା ଏବଂ ଏହାର ନେତା ମହାରାଜା କୃଷ୍ଣଚନ୍ଦ୍ର ଗଜପତିଦେବ ଓଡ଼ିଶାର ପ୍ରଧାନମନ୍ତ୍ରୀ ହୋଇଥିଲେ। ଗୋରାଚାନ୍ଦବାବୁ ମନ୍ତ୍ରୀ ହେବା ପୂର୍ବରୁ ମୋ ବିନୋଦବିହାରୀ ଘରେ ମୋ ସହ ରହିଥିଲେ। ଉକ୍ତ ମନ୍ତ୍ରୀମଣ୍ଡଳର ଅନ୍ୟତମ ସଦସ୍ୟ ଲତିଫୁର ରହମନଙ୍କୁ ଶପଥ ନେବା ପାଇଁ ଆସିବାକୁ ମୋ ବିନୋଦବିହାରୀ ଘରୁ ତାଙ୍କ ପୁରୀସ୍ଥିତ ବାସଭବନକୁ ଟେଲିଗ୍ରାମ୍ କରାଯାଇଥିଲା ଓ ସେ ଆସି ଶପଥ ନେଇଥିଲେ। ଏମାନଙ୍କ ସହିତ ଘନିଷ୍ଠତା ଥିବା କାରଣରୁ ମୁଁ ପାରଳା ମହାରାଜାଙ୍କ ନିକଟ ସମ୍ପର୍କରେ ଆସିବାର ଅଧିକ ସୁଯୋଗ ପାଇଥିଲି। ବହୁବାର ତାଙ୍କ କୋଠିକୁ ଯାଇ ଓଡ଼ିଶାର ବିଭିନ୍ନ ସମସ୍ୟା ଉପରେ ତାଙ୍କ ସହିତ ଆଲୋଚନା କରିଥିଲି। ସେ ମୋର ମତାମତକୁ ଗୁରୁତ୍ୱ ଦେଉଥିବା ମଧ୍ୟ ମୁଁ ଉପଲବ୍ଧି କରିଥିଲି। ପ୍ରଧାନମନ୍ତ୍ରୀ ଥିବା ସମୟରେ ସେ ଜେ.ଏନ୍. ବୋଷଙ୍କ ତୁଳସୀପୁରସ୍ଥିତ କୋଠିରେ ରହୁଥିଲେ। ମୋର

ବିନୋଦବିହାରୀ ଘରେ ଓଡ଼ିଶା ଜାତୀୟ ଦଳ ଅଫିସ ହୋଇଥିଲା। ଆମ ଚେଷ୍ଟାରେ ପ୍ରକାଶ ପାଉଥିବା "ଓରିଶା ଟାଇମସ୍" ଏହାର ମୁଖପତ୍ର ଭାବରେ କାର୍ଯ୍ୟ କରୁଥିଲା। ଥରେ ଏକ ନିର୍ବାଚନ ପ୍ରଚାର କାର୍ଯ୍ୟରେ ଲକ୍ଷ୍ମୀନାରାୟଣ ପଟ୍ଟନାୟକ ଓ ମୁଁ ପାରଳାଖେମୁଣ୍ଡି ଯାଇ ସେଠାରୁ କଳାହାଣ୍ଡି, ସମ୍ବଲପୁର ଓ ଅନୁଗୁଳ ଦେଇ କଟକ ଫେରିଥିଲୁ। ସେତେବେଳେ ପାରଳାଖେମୁଣ୍ଡିରେ ରାଜାଙ୍କ ଅତିଥି ହୋଇ ରହିଥିଲୁ। ସେ ଆମକୁ ଶିକାରରୁ ଆସିଥିବା ହରିଣ ମାଂସ ଖାଇବାକୁ ଦେଇଥିଲେ।

ବିଚାରପତି ଜୀବନରୁ ଅବସର ନେବା ପରେ ଓଡ଼ିଶାରେ ଜିଲ୍ଲା ପୁନର୍ଗଠନ ନିମିତ୍ତ ଯେଉଁ କମିଟି ଗଠିତ ହୋଇଥିଲା, ସେଥିରେ ମୁଁ ଚେୟାରମ୍ୟାନ୍ ଥିଲି। ଏଥିନିମିତ୍ତ ମୋତେ ରାଜ୍ୟର ବିଭିନ୍ନ ଅଞ୍ଚଳ ଗସ୍ତ କରିବାକୁ ପଡ଼ିଥିଲା। ଏହି କାର୍ଯ୍ୟରେ ମୁଁ ପାରଳାଖେମୁଣ୍ଡି ଯାଇ ରାଜାଙ୍କ ବସନ୍ତ ନିବାସ ନିକଟସ୍ଥ ସରକାରୀ ଡାକବଙ୍ଗଳାରେ ରହିଥିଲି। ଦିନ ୪ଟାରେ ତାଙ୍କ ସହିତ ସାକ୍ଷାତ ପାଇଁ ସମୟ ନିର୍ଘଣ୍ଟ ହୋଇଥିଲା। ହେଲେ ସେ ହଠାତ୍ ଅସୁସ୍ଥ ହୋଇ ପଡ଼ିବାରୁ ସେଦିନ ଦେଖା ହୋଇ ପାରିଲା ନାହିଁ। କିଛିଦିନ ପରେ ତାଙ୍କର ପରଲୋକ ହୋଇଥିଲା। ଓଡ଼ିଶାକୁ ଏକ ସ୍ୱତନ୍ତ୍ର ପ୍ରଦେଶରେ ପରିଣତ କରିବା କ୍ଷେତ୍ରରେ ସେ ଯେଭଳି ତ୍ୟାଗ ଓ ଆନ୍ତରିକତାର ପରିଚୟ ପ୍ରଦାନ କରିଯାଇଛନ୍ତି, ତାହା ତାଙ୍କର ସ୍ମୃତିକୁ ସମଗ୍ର ଓଡ଼ିଆ ନିକଟରେ ଚିର ଜାଗରୂକ କରି ରଖିବ, ଏଥିରେ ସନ୍ଦେହ ନାହିଁ।

ମାନଧାତା ଗୋରାଚାନ୍ଦ ପଟ୍ଟନାୟକ

ମାନଧାତା ଗୋରାଚାନ୍ଦ ପଟ୍ଟନାୟକ ୧୯୩୭ ମସିହା ଅପ୍ରେଲ ୧ ତାରିଖରେ ପାରଳା ମହାରାଜା କୃଷ୍ଣଚନ୍ଦ୍ର ଗଜପତି ଦେବଙ୍କ ନେତୃତ୍ୱରେ ଗଠିତ ମଧ୍ୟବର୍ତ୍ତିକାଳୀନ ମନ୍ତ୍ରୀମଣ୍ଡଳରେ ସ୍ଥାନ ପାଇଥିଲେ। ମନ୍ତ୍ରୀ ଭାବରେ ଶପଥ ନେବା ପୂର୍ବରୁ ସେ ମୋ ବିନୋଦବିହାରୀ ଘରେ ଅତିଥି ଭାବେ କିଛି ଦିନ ରହିଥିଲେ। ତାଙ୍କ ସହିତ ପୂର୍ବରୁ ମୋର ଖୁବ୍ ବ୍ୟକ୍ତିଗତ ପରିଚୟ ନ ଥିଲେ ମଧ୍ୟ, ରାଜସ୍ୱ ଆଇନ ସମ୍ପର୍କରେ ତାଙ୍କର ପାରଦର୍ଶିତା ଥିବା ବିଷୟ ମୁଁ ସମ୍ବାଦପତ୍ରରୁ ପଢ଼ିଥିଲି। ସେ ପୂର୍ବତନ ମାଡ୍ରାସ କାଉନ୍ସିଲର ସଭ୍ୟ ଥିଲାବେଳେ ଦକ୍ଷିଣ ଓଡ଼ିଶାର ଜମିଜମା ଆଇନ ବା Madras estate Land Act (ଯାହାକି ଓଡ଼ିଶାର କୋରାପୁଟ ଓ ଗଞ୍ଜାମ ଜିଲ୍ଲାରେ ପ୍ରଚଳିତ ଥିଲା) ସମ୍ପର୍କରେ ଗଭୀର ଅନୁଧ୍ୟାନ କରି ସେ ସମସ୍ତ ବିଷୟରେ ଗୁରୁତ୍ୱପୂର୍ଣ୍ଣ ଓ ସୁଚିନ୍ତିତ ମତାମତ ପୋଷଣ କରୁଥିଲେ।

ଏହି ସମୟରେ ମୋ ବିନୋଦବିହାରୀ ଘରେ ଅନେକ ସମୟରେ ଓଡ଼ିଶାର ବହୁ ବିଶିଷ୍ଟ ବ୍ୟକ୍ତିଙ୍କୁ ନେଇ ବୈଠକମାନ ଅନୁଷ୍ଠିତ ହୋଇ ନାନା ଗୁରୁତ୍ୱପୂର୍ଣ୍ଣ ବିଷୟରେ ଆଲୋଚନା କରାଯାଉଥିଲା।

ଗୋରାଚାନ୍ଦ ବାବୁ ମୋ' ଘରେ ଅତିଥି ହୋଇ ରହୁଥିଲାବେଳେ ପ୍ରତିଦିନ ସକାଳେ ମାଣ୍ଡିଆ ଜାଉ ଖାଆନ୍ତି। ଏହାକୁ ସ୍ୱତନ୍ତ୍ର ଭାବେ ପ୍ରସ୍ତୁତ କରିବାକୁ ପଡୁଥିଲା। ମଧ୍ୟାହ୍ନ ଭୋଜନ ପାଇଁ ମଧ୍ୟ ରାଗ ଓ ଖଟା ମିଶାଇ ଦକ୍ଷିଣୀ ଢାଞ୍ଚାରେ ଖାଦ୍ୟ ତିଆରି କରିବାକୁ ହେଉଥିଲା। ମାଣ୍ଡିଆ ଜାଉ ତାଙ୍କର ପ୍ରିୟ ହୋଇଥିବାରୁ ସେ ବ୍ରହ୍ମପୁରରୁ କଟକ ଆସିଲାବେଳେ ମଝିରେ ମଝିରେ ମାଣ୍ଡିଆ ନେଇ ଆସୁଥିଲେ। ସେ ଥିଲେ ସମ୍ପୂର୍ଣ୍ଣ ନିରାମିଷାଶୀ।

ସେ ପ୍ରତିଦିନ ପ୍ରତ୍ୟୁଷରୁ ଶଯ୍ୟା ତ୍ୟାଗ କରି ମୁଣ୍ଡ ତଳେ ଲଗାଇ ଭଲ ଶୀର୍ଷାସନ କରନ୍ତି। ସେତେବେଳେ ମୋ' ବଡ଼ ଝିଅ ଲିଲି ଛୋଟ ପିଲା। ସେ ମାନ୍ଧାତାଙ୍କର ଏତାଦୃଶ ଶୀର୍ଷାସନର ଦୃଶ୍ୟ ଦେଖି ଭୟ ବିସ୍ମିତ କଣ୍ଠରେ ମତେ ଆସି ପଚାରେ, "ବାପା, ଏ ବାବୁ ଏମିତି କାହିଁକି କରୁଛନ୍ତି ?" ଉତ୍ତରରେ ମୁଁ ତାକୁ ଟିକିଏ ତାଗିଦ୍ କରି କହେ, "ସେ ତାଙ୍କର ଯାହା ଇଚ୍ଛା କରନ୍ତୁ; ତୁ ସେଠାକୁ ଯାଇ ତାଙ୍କୁ ହଇରାଣ କର ନା।"

ମନ୍ତ୍ରୀ ହେବାର ଅଳ୍ପଦିନ ପରେ ସେ କ୍ୟାଣ୍ଟନମେଣ୍ଟ ରୋଡ଼ରେ ସରକାରୀ ବାସଗୃହ ପାଇ ସେଠାକୁ ଚାଲିଯାଇଥିଲେ।

ମାନଧାତା ଗୋରାଚାନ୍ଦ ପଟ୍ଟନାୟକଙ୍କ ସହିତ ମୋର ବ୍ୟକ୍ତିଗତ ସମ୍ପର୍କ ଅତ୍ୟନ୍ତ ଘନିଷ୍ଠ ଥିଲା। ମୁଁ ଥରେ ବ୍ରହ୍ମପୁର ଯାଇ ତାଙ୍କ ଅତିଥି ହୋଇଥିଲି। ସେଦିନ ତାଙ୍କ ଘରକୁ ଓଡ଼ିଶାର ପୂର୍ବତନ ପ୍ରଧାନମନ୍ତ୍ରୀ ସ୍ୱର୍ଗତ ବିଶ୍ୱନାଥ ଦାସ ମଧ୍ୟ ଆସିଥିଲେ। ଆମେ ତିନିଜଣଯାକ ଏକାଠି ବସି ଖାଉଥିବାବେଳେ ମାନଧାତା ତାଙ୍କ ଦକ୍ଷିଣୀ ଢାଞ୍ଚାରେ ତିଆରି ତରକାରୀ ପତ୍ର ସବୁ କିପରି ଲାଗୁଛି ବୋଲି ମୋତେ ବାରମ୍ବାର ପଚାରୁଥିବା ଏବଂ ଉତ୍ତରରେ ତାହା ଭଲ ଲାଗୁଛି ବୋଲି କହିଥିବା କଥା କାଲିପରି ଲାଗୁଛି। ଜଣେ ବହୁ ଶ୍ରଦ୍ଧାରେ ଓ ଖର୍ଚ୍ଚାନ୍ତ ହୋଇ ବନ୍ଧୁ ସତ୍କାର କରୁଛନ୍ତି। ଆଉ କଣ ବା କହିଥାନ୍ତି। ଅବଶ୍ୟ ଖାଦ୍ୟରେ ଖୁବ୍ ରାଗଅଂଶ ଥିଲା। ଦକ୍ଷିଣରେ ସେଇଆ ସାଧାରଣ କଥା। ମୋଟାମୋଟି କହିବାକୁ ଗଲେ, ସେ ଥିଲେ ଜଣେ ଦକ୍ଷିଣୀ ଢାଞ୍ଚାର ମଣିଷଟିଏ।

ମୋ ଓକିଲାତି ଜୀବନ

ମଣିଷ ଯାହା ଚାହେଁ, ତାହା ହୁଏତ ସେ ପାଏ ନାହିଁ। କିମ୍ବା ଯାହା ସେ ପାଏ, ହୁଏତ ତାହା ତା'ର କଳ୍ପନା ଉପରେ ନ ଥାଏ। ଭବିଷ୍ୟତ ପାଇଁ ସମସ୍ତେ ସ୍ୱପ୍ନ ଦେଖନ୍ତି। ଯୋଜନା ତିଆରି କରନ୍ତି। ଖସଡ଼ା ପ୍ରସ୍ତୁତ କରନ୍ତି। କିନ୍ତୁ ବେଳେବେଳେ ଆଉ କିଛି ଘଟିଯାଏ—ଯାହା ଏସବୁ ଭିତରେ ନ ଥାଏ। ମୋ ବାପା ବୋଉ ଚାହୁଁଥିଲେ ମୁଁ ଡାକ୍ତର ହେବା ପାଇଁ। କାରଣ ମୋ ଭିଣୋଇ ନିତ୍ୟାନନ୍ଦ ମହାନ୍ତି ଡାକ୍ତର ଥିଲେ। ସେଥିପାଇଁ ସେମାନଙ୍କ ଭିତରେ ଏଇ ଇଚ୍ଛା ବଳବତ୍ତର ହୋଇଥିଲା ବୋଧହୁଏ। ମାତ୍ର ମୁଁ ଯେତେବେଳେ କ୍ରମଶଃ ବଡ଼ ହୋଇଛି, ସେତେବେଳେ ମୋର ଧାରଣା ହୋଇଛି— ସବୁ ନେତୃସ୍ଥାନୀୟ ବ୍ୟକ୍ତିମାନେ ଆଇନ ଅଧ୍ୟୟନ କରିଛନ୍ତି। ଭାରତର ପ୍ରାୟ ଅଧିକାଂଶ ବ୍ୟକ୍ତିଙ୍କର ଆଇନ ଶିକ୍ଷା ଓ ବ୍ୟବସାୟ ପ୍ରତି ଗଭୀର ସମ୍ମାନ ଥିଲା। ଏହା ସ୍ୱାଧୀନ ଓ ସମ୍ମାନଜନକ ବୃତ୍ତି ଭାବରେ ପରିଗଣିତ ହେଉଥିଲା। ଜାତିର ଜନକ ମହାତ୍ମାଗାନ୍ଧୀ, ପଣ୍ଡିତ ଜବାହରଲାଲ ନେହେରୁ, ଦେଶବନ୍ଧୁ ଚିତ୍ତରଞ୍ଜନ ଦାସ, ରାଜେନ୍ଦ୍ର ପ୍ରସାଦ, ବୁଲାଭାଇ ଦେଶାଇ, ସର୍ଦ୍ଦାର ବଲ୍ଲଭଭାଇ ପଟେଲ ପ୍ରମୁଖ ଆଇନ ବ୍ୟବସାୟରେ ଜୀବନଯାତ୍ରା ଆରମ୍ଭ କରିଥିଲେ।

ମୋର ଆଦର୍ଶ ଥିଲେ ମଧୁବାବୁ। ଓଡ଼ିଶାରୁ ଗୋପବନ୍ଧୁ ଦାସ ଓ ଆହୁରି ଅନେକେ ଆଇନଶିକ୍ଷା ଲାଭ କରିଥିଲେ। ମୁଁ ଛାତ୍ରାବସ୍ଥାରୁ ଆଇନ ବ୍ୟବସାୟ ଓ ଶିକ୍ଷା ପ୍ରତି ଆଗ୍ରହ ହୋଇ ଉଠିଲି। ବି.ଏ. ପାଶ୍ ପରେ କଟକରେ ଲ' ନ ପଢ଼ି ବିଲାତରେ ବାରିଷ୍ଟର ପଢ଼ିବା ପାଇଁ ମୁଁ ଇଚ୍ଛୁକ ଥିଲି। ମୋ' ସାଙ୍ଗରୁ ନୃସିଂହ ଚରଣ ମହାନ୍ତି ଓ ମୁରଲୀଧର ମହାନ୍ତି ବାରିଷ୍ଟର ପଢ଼ିବା ପାଇଁ ବିଲାତ ଗଲେ। କେତେକ କାରଣରୁ ବିଲାତ ଯିବା କଥା ମୋ' ପକ୍ଷରେ ସମ୍ଭବ ହେଇ ନାହିଁ। ସେତେବେଳେ ବିଲାତ ଯିବାକୁ ହେଲେ କଲିକତାରୁ ବମ୍ବେ ଯାଇ ସେଠାରୁ ଜାହାଜ ଯୋଗେ ଯିବାକୁ ପଡୁଥିଲା।

ମୁଁ ସିନା ବିଲାତ ଯାଇ ପାରିଲି ନାହିଁ କନ୍ତୁ ହାଓଡା ଷ୍ଟେସନ ପର୍ଯ୍ୟନ୍ତ ଯାଇ ସେଠାରୁ ମୋ' ବନ୍ଧୁମାନଙ୍କୁ ବିଦାୟ ଦେବାରେ କିଛିଟା ଆତ୍ମ-ସନ୍ତୋଷ ଲାଭ କରିଥିଲେ।

ଲ' ପାଶ୍ କରି ସାରିବାର କିଛିଦିନ ପରେ ମୁଁ ଓକିଲାତି ଆରମ୍ଭ କଲି। ସେତେବେଳକୁ ଆଇନଜ୍ଞ ଭାବରେ ମଧୁବାବୁଙ୍କ ନାମ ଉର୍ଦ୍ଧ୍ୱରେ ଥିଲା। ଓକିଲାତି କ୍ଷେତ୍ରରେ ମଧୁବାବୁ ଥିଲେ ଏକ ଐତିହାସିକ ବ୍ୟକ୍ତି। କିନ୍ତୁ ତାଙ୍କର ଜବାବ୍ ସୁଆଲ ଶୁଣିବାର ସୌଭାଗ୍ୟ ମୋର ହୋଇ ନଥିଲା। କାରଣ ସେତେବେଳକୁ ସେ ପ୍ରାୟ ଓକିଲାତି ଛାଡ଼ି ସାରିଲେଣି। କଚେରୀକୁ ସେ ଖୁବ୍ କମ୍ ସମୟ ଆସୁଥିଲେ। କିନ୍ତୁ ତାଙ୍କ ଖ୍ୟାତି ଏତେ ସୁଦୂର-ପ୍ରସାରୀ ଥିଲା ଯେ, ସେ ଆସିଲେ ତାଙ୍କୁ ଦେଖିବାକୁ ଅନେକ ଲୋକ ରୁଣ୍ଡ ହେଉଥିଲେ।

"ପାଠ ପଢ଼ିବି ଓକିଲ ହେବି ଘୋଡ଼ା ଚଢ଼ିବି ମଧୁବାବୁ ସଙ୍ଗେ ଲଢ଼ିବି" ଏହି ପ୍ରବାଦଟି ଓଡ଼ିଶାରେ ବେଶ୍ ଲୋକପ୍ରିୟ। କୋର୍ଟରେ ତାଙ୍କର ବିଚକ୍ଷଣତା ଦେଖିବାର ସୌଭାଗ୍ୟ ମୋର ଘଟିନାହିଁ। ଓଡ଼ିଶାରେ ଗୋଟିଏ ସ୍ୱତନ୍ତ୍ର ହାଇକୋର୍ଟ ପ୍ରତିଷ୍ଠା ଲାଗି ତାଙ୍କର ମହନୀୟ ପ୍ରଚେଷ୍ଟା ଆଜି ବାସ୍ତବରେ ପରିଣତ ହୋଇଛି। କିନ୍ତୁ ସେ ନ ଥିଲେ, ଆଜି ନାହାନ୍ତି। ତାଙ୍କ ମରଶରୀର ମାଟିରେ ମିଶିଯାଇଛି, ହେଲେ ତାଙ୍କର ଅକ୍ଷୟ କୀର୍ତ୍ତି ମହାକାଳ ବକ୍ଷରେ ଚିରଭାସ୍ୱର ରହିବ।

ପ୍ରଥମରୁ ହିଁ ମୁଁ ଆଇନ ବ୍ୟବସାୟ ସ୍ୱାଧୀନ ଭାବରେ ଆରମ୍ଭ କରିଥିଲି। ଆବଶ୍ୟକ ହେଲେ, ବେଳେବେଳେ କୌଣସି ବିଶିଷ୍ଟ ଓକିଲଙ୍କ ପରାମର୍ଶ ନେବା ବ୍ୟତୀତ ସହଯୋଗୀ (Junior) ଭାବେ କାର୍ଯ୍ୟ କରି ନ ଥିଲି। ସ୍ୱର୍ଗତ ବୀରକଶୋର ରାୟଙ୍କଠାରୁ ପରାମର୍ଶ ଲୋଡ଼ିବା ପାଇଁ ବହୁବାର ଯାଉଥିଲି। ବୀରବାବୁଙ୍କ ସହିତ ମୋ ସମ୍ପର୍କ ଅତ୍ୟନ୍ତ ଅନ୍ତରଙ୍ଗ ଥିଲା।

ସ୍ୱର୍ଗତ ବୀରକିଶୋର ରାୟ ଓଡ଼ିଶା ହାଇକୋର୍ଟର ପ୍ରଥମ ମୁଖ୍ୟ ବିଚାରପତି। ୧୯୪୮ ମସିହା ଜୁଲାଇ ତା ୨୬ ରିଖରେ ଯେତେବେଳେ କଟକଠାରେ ଓଡ଼ିଶା ହାଇକୋର୍ଟର ଶୁଭ ଉଦ୍‌ଘାଟନ ହୋଇଥିଲା, ତା' ପୂର୍ବରୁ ବୀରକିଶୋର ରାୟ ପାଟନା ହାଇକୋର୍ଟରେ ମାନ୍ୟବର ବିଚାରପତି ଥିଲେ। ସେଠାରୁ ଆସି ସେ କଟକରେ ମୁଖ୍ୟ ବିଚାରପତି ଭାବେ ଶପଥ ଗ୍ରହଣ କଲେ। ତାଙ୍କ ସହିତ ଆଉ ତିନିଜଣ ବିଚାରପତି ଭାବେ ଶପଥ ଗ୍ରହଣ କରିଥିଲେ। ସେମାନେ ହେଲେ ବି. ଜଗନ୍ନାଥ ଦାସ, ଲିଙ୍ଗରାଜ ପାଣିଗ୍ରାହୀ ଓ ଆର୍.ଏଲ୍. ନରସିଂହମ୍।

ଆଇନ ବ୍ୟବସାୟ ଆରମ୍ଭ କରିବା ପୂର୍ବରୁ ଆଇନ ସମେତ ଅନ୍ୟ ସବୁ ବହି

ପଢ଼ାପଢ଼ି କରିବାର ମୋର ଅଭ୍ୟାସ ଥିଲା । ଆଇନ ବ୍ୟବସାୟ ଅତ୍ୟନ୍ତ ଶ୍ରମ-ସାପେକ୍ଷ । ମୋତେ ଅନେକ କଷ୍ଟ କରିବାକୁ ପଡ଼ିଥିଲା । ମୋତେ ଲାଗୁଥିଲା, ସତେ ଯେପରି ମୁଁ ମୋର ଛାତ୍ରଜୀବନ ଆଉଥରେ ଆରମ୍ଭ କଲି ।

ସାଧାରଣତଃ ଓକିଲ ଓ ଡାକ୍ତରଙ୍କ ପ୍ରତିଷ୍ଠା ସେମାନଙ୍କ ପରିଶ୍ରମ ଓ ସାଧନା ଉପରେ ନିର୍ଭର କରେ । ସରକାରୀ ହେଉ ବା ବେସରକାରୀ ହେଉ, କର୍ମଚାରୀମାନଙ୍କ କ୍ଷେତ୍ରରେ ନିୟମିତ କେତେ ଘଣ୍ଟା ପରିଶ୍ରମ କରିବା ପରେ ବିଶ୍ରାମ ମିଳିଥାଏ । ଚାକିରି ଅନୁପାତରେ ବେତନ ମଧ୍ୟ ମିଳେ । ମାତ୍ର ଓକିଲଙ୍କ ପାଇଁ କୌଣସି କାର୍ଯ୍ୟନିର୍ଘଣ୍ଟ ନାହିଁ । ସେମାନଙ୍କୁ ଅବିଶ୍ରାନ୍ତ ପରିଶ୍ରମ କରିବାକୁ ପଡ଼େ ଓ ପରିଶ୍ରମକୁ ଚାହିଁ ଅଧିକ ଉପାର୍ଜନ କରିବାର ସୁଯୋଗ ମଧ୍ୟ ମିଳେ । ତେବେ ଏ କଥା ସତ୍ୟ ଯେ, ଆଇନ୍ ବ୍ୟବସାୟରେ ପ୍ରତିଷ୍ଠା ଅର୍ଜନ କଲାପରେ ପରିଶ୍ରମର ଫଳ ପରବର୍ତ୍ତୀ କାଳରେ ଅଧିକ ପରିମାଣରେ ମିଳିଥାଏ । କେବଳ ଓକିଲାତି କାହିଁକି, ଅନ୍ୟ ସମସ୍ତ ବ୍ୟବସାୟ କ୍ଷେତ୍ରରେ ମଧ୍ୟ ସେଇୟା ହୋଇଥାଏ ।

ବାଙ୍କିରେ ପ୍ରଥମ ମୋକଦ୍ଦମା

ମୁଁ ୧୯୩୪ ମସିହାରେ ଗୋଟିଏ ବଡ଼ ମକଦ୍ଦମାରେ ପ୍ରଥମ ଓକିଲାତି ଜୀବନ ଆରମ୍ଭ କରିଥିଲି । ସେଇବର୍ଷ ମେ ମାସର ୧୧ ତାରିଖ ଦିନଟି ମୋ ଜୀବନର ଏକ ଅବିସ୍ମରଣୀୟ ଦିବସ । ସେଦିନ ବାଙ୍କିରେ ଗୋଟିଏ ଫୌଜଦାରୀ ମୋକଦ୍ଦମାରେ ମୁଦାଲା ତରଫରୁ ମୁଁ ଓକିଲାତି କରିବାକୁ ଯାଇଥିଲି । ମୋ ବିପକ୍ଷରେ ଥିଲେ ସେତେବେଳର ଜଣେ ଖ୍ୟାତନାମା ଆଇନଜୀବୀ କେଦାର ନାଥ ରାୟ । ଫୌଜଦାରୀ ମୋକଦ୍ଦମା ଲଢ଼ିବାରେ ତାଙ୍କର ବେଶ୍ ଖ୍ୟାତି ଥିଲା । ଯେ କୌଣସି ଟାଣୁଆ ଆଡ୍‌ଭୋକେଟ୍‌ଙ୍କ ସାଙ୍ଗରେ ସେ ଲଢ଼ି ପାରୁଥିଲେ । ମହକିଲମାନଙ୍କର ତାଙ୍କ ଉପରେ ଅଗାଧ ବିଶ୍ୱାସ ଥିଲା । ଏବେ ଆଡ୍‌ଭୋକେଟ୍ ଆକ୍ଟ ଅନୁସାରେ ମୁକ୍ତାର ଓକିଲ ସମସ୍ତେ ଆଡ୍‌ଭୋକେଟ୍ ହେଲେଣି । ହେଲେ ସେ ସମୟରେ ଆଡ୍‌ଭୋକେଟ୍ ନ ହୋଇ ମୁକ୍ତାରମାନେ କେଶ ଲଢ଼ି ପାରୁଥିଲେ ।

ବାଙ୍କୀ ସେତେବେଳେ ସବ୍-ଡିଭିଜନ ହୋଇ ନ ଥାଏ । ଅବସରପ୍ରାପ୍ତ ଆଇ.ଏ.ଏସ୍. ପୁଲିନ ବିହାରୀ ଦାସଙ୍କ ପିତା ପଦ୍ମଚରଣ ଦାସ ବାଙ୍କୀର ପ୍ରଥମ ଶ୍ରେଣୀ ମାଜିଷ୍ଟ୍ରେଟ୍ ଥାଆନ୍ତି । ଦୁର୍ନୀତି ନିବାରଣ ବିଭାଗର ଆଇ.ଜି. ରାଜେନ୍ଦ୍ର ମୋହନ ପଟ୍ଟନାୟକଙ୍କ ପିତା ସ୍ୱର୍ଗତ ରସିକ ମୋହନ ପଟ୍ଟନାୟକ ବାଙ୍କୀର କୋର୍ଟ ଏସ୍.ଆଇ.

ଥାଆନ୍ତି । ମାଜିଷ୍ଟ୍ରେଟ୍‌ଙ୍କ କୋର୍ଟରେ ମୋକଦ୍ଦମା ଚାଲିଥାଏ । ମୁଦାଲା ଜଣେ ଅବସ୍ଥାପନ୍ନ ବ୍ୟକ୍ତି । ଯେତେ ଫିସ୍ ପଡୁ ପଛେ ଦେବାକୁ ଆପତ୍ତି ନ ଥିଲା । ମୁଁ ଆବଶ୍ୟକୀୟ ଆଇନ ବହି ଓ କାଗଜପତ୍ର ନେଇ ସେଠାକୁ ଯାଇଥାଏ । କୋର୍ଟରେ ପହଞ୍ଚି ଲାଗ୍ ଲାଗ୍ ଶୁଣାଣି କରିବାକୁ ମାଜିଷ୍ଟ୍ରେଟ୍‌ଙ୍କୁ ଅନୁରୋଧ କରିବାରୁ, ସେ ମୋ କଥାରେ ରାଜି ହୋଇଥିଲେ । କିନ୍ତୁ ବିଧିର ବିଧାନ ଅନ୍ୟପ୍ରକାର ଥିଲା । ମାତ୍ର ଗୋଟିଏ ଦିନ ଶୁଣାଣି ହେବା ପରେ ହଠାତ୍ କଟକରୁ ଗୋଟିଏ ଟେଲିଗ୍ରାମ ଯାଇ ମୋ ପାଖରେ ପହଞ୍ଚିଲା । ଲେଖାଥିଲା— "ମା'ଙ୍କର ପରଲୋକ ହୋଇ ଯାଇଛି, ଖୁବ୍ ଶୀଘ୍ର ଆସ ।"

11-May-34

To
Raj Kishore Das
Pleader-Banki
Mother expired, come soon, Saju
started to-day.

Nimai "

ଏହି ଟେଲିଗ୍ରାମ୍ ପାଇଲା ପରେ ଯେଉଁ ମାଜିଷ୍ଟ୍ରେଟ୍‌ଙ୍କୁ ଲାଗ୍ ଲାଗ୍ ମୋକଦ୍ଦମାର ଶୁଣାଣି କରିବାକୁ ଅନୁରୋଧ କରିଥିଲି, ତାଙ୍କୁ ହିଁ ମୁଁ ମହଲତ ମାଗିଲି । ସେ ବିସ୍ମୟ ପ୍ରକାଶ କରି କହିଲେ, "ଆପଣ ଏଇ ଦୁଇଘଣ୍ଟା ଆଗରୁ କେଶକୁ ପ୍ରତିଦିନ ପକାଇ ଶୀଘ୍ର ସାରିଦେବା ପାଇଁ କହୁଥିଲେ, ପୁଣି କାହିଁକି ନିଷ୍ପତ୍ତି ବଦଳାଉଛନ୍ତି ?" ମାତୃବିୟୋଗ ବାର୍ତ୍ତା ବହନ କରି ଆସିଥିବା ଉକ୍ତ ଟେଲିଗ୍ରାମଟିକୁ ତାଙ୍କୁ ଦେଖାଇଲି । ସେ ପଢ଼ି ଦୁଃଖିତ ହେଲେ । ମା'ଙ୍କର ମୃତ୍ୟୁ ସମ୍ବାଦ ପାଇ ମଧ ମୁଁ ଅବିଚଳିତ ଭାବେ ମୋକଦ୍ଦମା ପରିଚାଳନା କରିଥିଲି । ତା'ପରେ ସେ ମୋକଦ୍ଦମା ମହଲତ ହୋଇ ଭିନ୍ନ ତାରିଖରେ ଶୁଣାଣି ହେବାର ସ୍ଥିର ହେଲା । ମନେ ମନେ ଭାବିଲି, ମୋ ପ୍ରଥମ ମୋକଦ୍ଦମାରେ ବିଘ୍ନ ଘଟିଲା କାହିଁକି ? ପୁଣି ନିଜକୁ ନିଜେ ସାନ୍ତ୍ୱନା ଦେଲି, ଈଶ୍ୱର ହେଉଛନ୍ତି ସର୍ବମୟ କର୍ତ୍ତା । ତାଙ୍କର ଇଚ୍ଛା ହିଁ ପୂର୍ଣ୍ଣ ହେବ !

ବାଙ୍କୀ ମୋ ଜୀବନର ଏକ ପରମ ବିସ୍ମୟ ହୋଇ ରହିଯାଇଛି । ଜାଣେନି କାହିଁକି ଏପରି ଘଟିଲା । ବାଙ୍କୀରେ ମୁଁ ମୋ ଜୀବନର ପ୍ରଥମ ମୋକଦ୍ଦମା ଲଢୁଥିଲାବେଳେ ମୋର ମାତୃବିୟୋଗ ଘଟିଥିଲା । ଠିକ୍ ସେହିପରି ଡକ୍ଟର ବନବିହାରୀ ପଟ୍ଟନାୟକଙ୍କ ମୋକଦ୍ଦମାରେ ମୁଁ ଆଉ ଥରେ ବାଙ୍କୀ ଯାଇଥିଲି । ସେଦିନ ଥାଏ ଅଶୋକାଷ୍ଟମୀ । ବାପାଙ୍କ ଅବସ୍ଥା ଉଦ୍‌ବେଗଜନକ ଖବର ପାଇ ବାଙ୍କୀରୁ ଶୀଘ୍ର ଫେରି

ଆସିଲି । ଗାଁକୁ ଯାଇ ଦେଖିଲି ବାପାଙ୍କ ଅବସ୍ଥା ଗୁରୁତର । ଏହାର ଦୁଇ ତିନିଦିନ ପରେ ବାପା ସ୍ୱର୍ଗାରୋହଣ କଲେ । ବାଙ୍କୀ ମୋର ମାତୃବିୟୋଗ ଓ ପିତୃବିୟୋଗର କରୁଣ ସ୍ମୃତି ସହିତ ଜଡ଼ିତ ହୋଇ ରହିଗଲା । ସେହିଦିନଠାରୁ ବାଙ୍କୀ ମୋ ଭିତରେ କେମିତି ଏକ ଭିନ୍ନ ଭାବନା ସୃଷ୍ଟି କରିଥାଏ । ଏପରି ଘଟିବା ପଛରେ ହୁଏତ କୌଣସି କାର୍ଯ୍ୟ-କାରଣ-ସମ୍ବନ୍ଧ ନ ଥାଇପାରେ । ମାତ୍ର ଅଦ୍ୟାବଧି ମୋ ଭିତରେ ଏହା ଏକ ଅମୀମାଂସିତ ପ୍ରଶ୍ନବାଚୀ ହୋଇ ରହିଗଲା ।

ତତ୍କାଳୀନ ବିଚାର ପଦ୍ଧତି

ସେତେବେଳର ପଦ୍ଧତି ଅନୁଯାୟୀ ବଡ଼ ବଡ଼ ଫୌଜଦାରୀ ସେସନ୍ସ ମୋକଦ୍ଦମାରେ ବିଚାରପତିଙ୍କୁ ସାହାଯ୍ୟ କରିବାକୁ ଆସେସର୍ କିମ୍ବା ଜୁରର୍ଙ୍କ ସହଯୋଗ ଆବଶ୍ୟକ ପଡୁଥିଲା । ଜୁରର୍‌ମାନଙ୍କ ସାହାଯ୍ୟରେ ଯେଉଁ ମୋକଦ୍ଦମା ବିଚାର ହୁଏ, ସେଥିରେ ଜୁରର୍‌ମାନେ ଯେଉଁ ନିଷ୍ପତ୍ତି ନେବେ, ବିଚାରପତିଙ୍କୁ ତାହା ପ୍ରାୟ ଗ୍ରହଣ କରିବାକୁ ହୁଏ । ଯଦି ସେମାନଙ୍କ ମଧ୍ୟରେ ମତଭେଦ ଉପୁଜେ, ତା'ହେଲେ ମୋକଦ୍ଦମାଟିକୁ ହାଇକୋର୍ଟକୁ ପଠାଯାଏ । ସେ ସ୍ଥଳରେ ହାଇକୋର୍ଟଙ୍କ ନିଷ୍ପତ୍ତି ହିଁ ଚୂଡ଼ାନ୍ତ । ଅନ୍ୟଥା ଜୁରର୍‌ମାନଙ୍କ ନିଷ୍ପତ୍ତି କାଏମ ରହେ । ମୋକଦ୍ଦମାର ସାକ୍ଷୀ ଜମାନବନ୍ଦୀ ଶେଷ ହୋଇଗଲା ପରେ ଜୁରର୍‌ମାନେ ଅନ୍ୟ ଗୋଟିଏ କୋଠରିରେ ବସି ନିଷ୍ପତ୍ତି କରନ୍ତି । ଆସେସର୍‌ମାନଙ୍କ ସାହାଯ୍ୟରେ ଯେଉଁ ମୋକଦ୍ଦମାଗୁଡ଼ିକ ବିଚାର ହୁଏ, ସେଭଳି କ୍ଷେତ୍ରରେ ଆସେସର୍‌ମାନଙ୍କ ମତକୁ ଜଜ୍ ଗ୍ରହଣ କରିବା ନ କରିବା ସଂପୃକ୍ତ ଜଜ୍‌ଙ୍କ ଉପରେ ନିର୍ଭର କରେ । ଅବଶ୍ୟ ଜୁରର୍ ଟ୍ରାଏଲ ସିଦ୍ଧାନ୍ତକୁ ସେସନସ୍ ଜଜ୍ ମାନିବା କଥା । ଜୁରର୍‌ମାନଙ୍କ ନିଭୃତ ବିଚାର ଆଲୋଚନା ପଦ୍ଧତିକୁ ଆଇନ ପଦ୍ଧତିରେ 'ଲକ୍‌ଅପ୍' କୁହାଯାଉଥିଲା ।

ଏହି ଆସେସର୍ ଓ ଜୁରର୍‌ମାନଙ୍କ ନିଯୁକ୍ତି ଓ ବିଚାର କ୍ଷେତ୍ରରେ ପ୍ରଭେଦ ଥିଲା । ଏହି ନିଯୁକ୍ତି ଲାଗି ଅନେକେ ଆଗ୍ରହ ପ୍ରକାଶ କରିଥାନ୍ତି । କାରଣ ସେମାନେ ମଞ୍ଚ ଉପରେ ବସି, ମୁଦାଲା ଦୋଷୀ କି ନିର୍ଦ୍ଦୋଷ, ଏହା ନିର୍ଣ୍ଣୟ କରିବାରେ ଅଂଶ ଗ୍ରହଣ କରିବେ । ଅବଶ୍ୟ ଜୁରର୍‌ମାନଙ୍କର ଆଇନଗତ କ୍ଷମତା ପରିସର ଅଧିକ ଥିବାରୁ ଆସେସର୍‌ମାନଙ୍କ ତୁଳନାରେ ସେମାନଙ୍କୁ ଅଧିକ ସମ୍ମାନ ପ୍ରଦର୍ଶନ କରାଯାଉଥିଲା । ଏହି ପ୍ରଥା କେତେକାଂଶରେ ଇଂଲଣ୍ଡର ବିଚାର ପଦ୍ଧତିକୁ ଅନୁସରଣ କରାଯାଉଥିଲା ।

ମୋର ଆଇନ ବ୍ୟବସାୟରେ ମୁଁ ଫୌଜଦାରୀ ମୋକଦ୍ଦମାଗୁଡ଼ିକୁ ନିର୍ଦ୍ଦିଷ୍ଟ

ଭାବରେ ଅଗ୍ରାଧିକାର ଦେଇ ନଥିଲେ ସୁଦ୍ଧା, ଅବସ୍ଥା ଚକ୍ରରେ ଏହା ପ୍ରାଧାନ୍ୟ ଲାଭ କରିଥିଲା। ଅନେକ କ୍ଷେତ୍ରରେ ସିଭିଲ କେଶ ତୁଳନାରେ ଫୌଜଦାରୀ କେଶ୍‌ରେ ଅଧିକ ଫିସ ମିଳିଥାଏ। ସିଭିଲ କେଶ୍‌ଗୁଡ଼ିକର ବିଚାର ଶେଷ ହେବାକୁ ବେଶି ସମୟ ଲାଗେ। ଅପିଲ ରିଭିଜନ କରିବାକୁ ବର୍ଷ ବର୍ଷ ବିତିଯାଏ। ମାତ୍ର ଫୌଜଦାରୀ ମୋକଦ୍ଦମାଗୁଡ଼ିକର ସିଦ୍ଧାନ୍ତ ଅପେକ୍ଷାକୃତ ଶୀଘ୍ର ହୁଏ ଓ ଅପିଲ ରିଭିଜନ ମଧ୍ୟ ଶୀଘ୍ର ଶେଷ ହୋଇଯାଏ।

ଫୌଜଦାରୀ କେଶ୍‌ରେ ପକ୍ଷମାନେ ଆତ୍ମରକ୍ଷା ଓ ସମ୍ମାନକୁ ବିଶେଷ ଗୁରୁତ୍ୱ ଦେଉଥିବାରୁ ଅଧିକ ଫିସ ଦେବାକୁ କୁଣ୍ଠାବୋଧ କରନ୍ତି ନାହିଁ।

ଦ୍ୱିତୀୟ ବିଶ୍ୱଯୁଦ୍ଧ ପରେ କେତେଗୁଡ଼ିଏ ନିତ୍ୟ ବ୍ୟବହାର୍ଯ୍ୟ ଜିନିଷ ଉପରେ କଣ୍ଟ୍ରୋଲ (Control) ଲାଗୁ କରାଯାଇଥିଲା। ଏଥିପାଇଁ ସ୍ୱତନ୍ତ୍ର ଭାବେ "ଏସେନସିଆଲ ସପ୍ଲାଇଜ୍ ଆକ୍ଟ" (Essential Supplies Act) ଓ ଏସେନ୍‌ସିଆଲ କମୋଡ଼ିଟିକ ଆକ୍ଟ" (Essential Commoditics Act) ଆଦି ଅନେକ ନୂଆ ନୂଆ ଆଇନ କାର୍ଯ୍ୟକାରୀ ହେଲା। ସେହିପରି ଆଇନ ଅନୁସାରେ ଅନେକ ବ୍ୟବହାର୍ଯ୍ୟ ପଦାର୍ଥର ସୁଷମବଣ୍ଟନ ଓ ଶୃଙ୍ଖଳା ରକ୍ଷା ଲାଗି ବହୁ ଆଇନ ପ୍ରଣୟନ କରାଗଲା। ଏହାର ବ୍ୟତିକ୍ରମରେ କଠିନ ଦଣ୍ଡର ବ୍ୟବସ୍ଥା କେତେକ କ୍ଷେତ୍ରରେ ଉଭୟ ଜୋରିମାନା ଓ ଜେଲଦଣ୍ଡ ଭୋଗିବାକୁ ପଡୁଥିଲା। ମୋ' ଓକିଲାତିର ପ୍ରାରମ୍ଭିକ ଅବସ୍ଥାରେ ମୁଁ ବିନୋଦ ବିହାରୀରେ ଥିବା ସମୟରେ ଅନେକ ମାରୱାଡ଼ୀ ଓ ଅନ୍ୟାନ୍ୟ ବଡ଼ ବଡ଼ ବ୍ୟବସାୟୀଙ୍କୁ ମୋ' ମହକିଲଭାବେ ପାଇବାର ସୁଯୋଗ ପାଇଥିଲି। ଅତ୍ୟାବଶ୍ୟକ ଖାଦ୍ୟପଦାର୍ଥ ଓ ଅନ୍ୟାନ୍ୟ ନିତ୍ୟ ବ୍ୟବହାର୍ଯ୍ୟ ଜିନିଷ ଯୋଗାଣର ନିୟନ୍ତ୍ରଣ ହୋଇଥିବାରୁ ସାଧାରଣତଃ ଏହି ବ୍ୟବସାୟ ସହିତ ସଂପୃକ୍ତ ବ୍ୟବସାୟୀମାନେ ମୋର ଅନେକ ମହକିଲ ଥିଲେ। ସେମାନଙ୍କ ସହିତ ମୋର ବେଶ ସମ୍ପର୍କ ସ୍ଥାପିତ ହୋଇଥିଲା। ଏହି ସମୟରେ ଭାରତରକ୍ଷା ଆଇନ (Defence of India Act and Rules) ମଧ୍ୟ ପ୍ରଚଳିତ ହୋଇଥିଲା। ଉପରୋକ୍ତ ଆଇନଗୁଡ଼ିକର ସାଧାରଣ ଜୀବନ ଯାତ୍ରା ଓ ଚଳଣି ଉପରେ ଯଥେଷ୍ଟ ନିୟନ୍ତ୍ରଣ ରହୁଥିଲା।

ଏହି ସମୟର ଆଇନ ସମ୍ପର୍କୀୟ ମୋକଦ୍ଦମାଗୁଡ଼ିକ ମୋ' ଓକିଲ ଜୀବନର ପ୍ରାରମ୍ଭରୁ ମୋତେ ବିଶେଷ ଉତ୍ସାହିତ କରିବା ସଙ୍ଗେ ସଙ୍ଗେ ଅର୍ଥ ଉପାର୍ଜନରେ ମଧ୍ୟ ସୁଯୋଗ ଦେଉଥିଲା। ଉକ୍ତ ମୋକଦ୍ଦମା ପରିଚାଳନା ଉଦ୍ଦେଶ୍ୟରେ ମୋତେ ଓଡ଼ିଶା ବାହାରକୁ ମଧ୍ୟ ଯିବାକୁ ପଡୁଥିଲା। କଟକ ବାହାରେ ସମ୍ବଲପୁର ଓ ବ୍ରହ୍ମପୁର ତରଫରୁ

ମଧ୍ୟ ଏହି ଧରଣର ଅନେକ ମୋକଦ୍ଦମା ପରିଚାଳନା କରିବା ପାଇଁ ମୋତେ ସୁଯୋଗ ମିଳିଥିଲା ।

ସେତେବେଳେ ସମ୍ବଲପୁରର ପ୍ରତିଷ୍ଠିତ ଓକିଲ ମାନଭଞ୍ଜନ ବହିଦାର ଏହିପରି ଅନେକ ମୋକଦ୍ଦମା ଚଳାଇବାର ଦାୟିତ୍ୱ ମୋ ଉପରେ ନ୍ୟସ୍ତ କରିଥିଲେ । ସେଠାକାର ଅନ୍ୟତମ ଆଇନଜୀବୀ ଗିରିଧାରୀ ମହାପାତ୍ର ଉକ୍ତ ମୋକଦ୍ଦମାଗୁଡ଼ିକରେ ସହକାରୀଭାବେ କାର୍ଯ୍ୟ କରୁଥିଲେ । ସେ ମୁକ୍ତାର ହେଲେ ମଧ୍ୟ ଜଣେ ପ୍ରତିଷ୍ଠିତ ଆଇନଜୀବୀ ଭାବରେ ତାଙ୍କର ସୁଖ୍ୟାତି ଥିଲା । କେତେକ ମାରୁଆଡ଼ୀ ମହକିଲଙ୍କ ତରଫରୁ ମୋକଦ୍ଦମା ଲଢ଼ିବା ପାଇଁ ମୁଁ କଲିକତା, ବମ୍ବେ ଓ ଦିଲ୍ଲୀ ଯାଇଥିଲି । ଏବେ ମାରୁଆଡ଼ୀ ଓ ଗୁଜୁରାଟୀ ସଂପ୍ରଦାୟର ଅନେକ ଓକିଲ ଦକ୍ଷତାର ସହ ଆଇନ ବ୍ୟବସାୟ କରୁଛନ୍ତି । କିନ୍ତୁ ସେ ସମୟରେ ସେପରି ବେଶି କେହି ନ ଥିଲେ । ସେହିମାନଙ୍କ ଅଧୀନରେ ତଥା ଅକ୍ତିଆରରେ ବହୁ ବାଣିଜ୍ୟ ବ୍ୟବସାୟ ଥିଲା । ଏବେ ମଧ୍ୟ ଅଛି ।

ହାଇକୋର୍ଟରେ ଓକିଲାତି

ପ୍ରସଙ୍ଗକ୍ରମେ ଏଠାରେ କୁହାଯାଇପାରେ ଯେ, ଜଣେ ବ୍ୟକ୍ତି ଓକିଲ ଭାବେ ତିନିବର୍ଷ କାର୍ଯ୍ୟ କଲାପରେ ଆବଶ୍ୟକୀୟ ଏନ୍‌ରୋଲମେଣ୍ଟ ଫିସ୍ ଓ ଯୋଗ୍ୟତା ସାର୍ଟିଫିକେଟ ଦାଖଲ କରି ଆଡ୍‌ଭୋକେଟ ଶ୍ରେଣୀଭୁକ୍ତ ହୋଇ ପାରୁଥିଲେ । ସେତେବେଳେ ଓକିଲଙ୍କ ଲାଇସେନସ୍ ଫିସ୍ ବାବଦକୁ ପ୍ରତିବର୍ଷ ମାତ୍ର ପଚିଶ ଟଙ୍କା ଦେବାକୁ ପଡୁଥିଲା । ଓଡ଼ିଶାରେ ହାଇକୋର୍ଟ ପ୍ରତିଷ୍ଠା ହେବା ପୂର୍ବରୁ ଆଡ୍‌ଭୋକେଟ୍‌ମାନେ ପାଟନା ହାଇକୋର୍ଟ ଅଧୀନରେ ଏନ୍‌ରୋଲ ହେଉଥିଲେ । ସେଥିପାଇଁ ୫୦୦ ଟଙ୍କା ଓ ଅନ୍ୟାନ୍ୟ ଖର୍ଚ୍ଚ ଦେବାକୁ ପଡୁଥିଲା । ଏହି ବ୍ୟବସ୍ଥା ଅନୁଯାୟୀ ମୁଁ ୧୯୩୪ ମସିହା ଅପ୍ରେଲ ୧୦ ତାରିଖରେ ଓକିଲ ଭାବରେ ଏନ୍‌ରୋଲ ହେଲି ଓ ୧୯୩୯ ମସିହା ଡିସେମ୍ବର ମାସରେ ପାଟନା କୋର୍ଟରେ ଆଡ୍‌ଭୋକେଟ୍ ହେଲି । ତା'ର କେତେବର୍ଷ ପରେ ସୁପ୍ରିମକୋର୍ଟ (ଦିଲ୍ଲୀ)ରେ ମଧ୍ୟ ଆଡ୍‌ଭୋକେଟ୍ ଭାବେ ଏନ୍‌ରୋଲ ହୋଇଥିଲି ।

୧୯୧୨ ମସିହାରେ ବିହାର ଓ ଓଡ଼ିଶା ପାଇଁ ସ୍ୱତନ୍ତ୍ର ଭାବେ ପାଟନା ହାଇକୋର୍ଟ ପ୍ରତିଷ୍ଠିତ ହୋଇଥିଲା । ତା' ପୂର୍ବରୁ ଓଡ଼ିଶା କଲିକତା ହାଇକୋର୍ଟର ପରିସରଭୁକ୍ତ ଥିଲା । ସେହିବର୍ଷ ଠାରୁ ଓଡ଼ିଶାର ସମସ୍ତ ମାଲିମୋକଦ୍ଦମା ପାଟନା ହାଇକୋର୍ଟ ଅଧୀନକୁ ଆସିଲା । ପ୍ରଥମେ ଓଡ଼ିଶାରୁ ସୁବୋଧ ଚନ୍ଦ୍ର ଚାଟାର୍ଜୀ ପାଟନା ହାଇକୋର୍ଟରେ ଜଜ୍ ହୋଇଥିଲେ । ତା'ପରେ ସ୍ୱର୍ଗତ ବୀର କିଶୋର ରାୟ କେତେବର୍ଷ

ଆଡ୍‌ଭୋକେଟ ଜେନେରାଲ ରହିବା ପରେ, ଜଜ୍ ଭାବେ ନିଯୁକ୍ତି ପାଇଥିଲେ। ରାୟବାହାଦୁର ଚିନ୍ତାମଣି ଆଚାର୍ଯ୍ୟ, ରାୟବାହାଦୁର ଲକ୍ଷ୍ମୀଧର ମହାନ୍ତି, ଏମ୍. ସୁବ୍‌ବା ରାଓ, ରାୟବାହାଦୁର ଭିକାରୀ ଚରଣ ପଟ୍ଟନାୟକ, ସ୍ୱାମୀ ବିଚିତ୍ରାନନ୍ଦ ଦାସ, ପାରେଶ୍ୱର ମହାନ୍ତି, ବୈକୁଣ୍ଠନାଥ ଦେ, ସତ୍ୟନାରାୟଣ ସେନଗୁପ୍ତ ଓ କଳ୍ପତରୁ ଦାସ ପ୍ରମୁଖ ସେ ସମୟରେ ଖ୍ୟାତନାମା ଆଡ୍‌ଭୋକେଟ ଥିଲେ। ନେତାଜୀଙ୍କ ପିତା ଜାନକୀନାଥ ବୋଷ, ବିଶ୍ୱନାଥ ସିଂହ ଓ ଗୋପବନ୍ଧୁ ଚୌଧୁରୀଙ୍କ ପିତା ରାୟବାହାଦୁର ଗୋକୁଳାନନ୍ଦ ଚୌଧୁରୀ ପ୍ରମୁଖ ଆଇନଜୀବୀ ଭାବରେ ଯଥେଷ୍ଟ ପ୍ରତିଷ୍ଠା ଲାଭ କରିଥିଲେ। ଜାନକୀନାଥ ବୋଷ ସରକାରୀ ଓକିଲ ଭାବରେ ନିଯୁକ୍ତି ପାଇଥିଲେ। ସେ କଟକ ମ୍ୟୁନିସିପାଲିଟିର ଚେୟାରମ୍ୟାନ ମଧ୍ୟ ଥିଲେ।

ଲକ୍ଷ୍ମୀଧର ମହାନ୍ତି

ଉପରୋକ୍ତ ବିଶିଷ୍ଟ ଆଇନଜୀବୀମାନଙ୍କ ମଧ୍ୟରୁ ଅନେକେ ସାଧାରଣ ଜୀବନରେ ମଧ୍ୟ ବହୁ ପ୍ରତିଷ୍ଠା ଲାଭ କରିଥିଲେ। ରାୟବାହାଦୁର ଲକ୍ଷ୍ମୀଧର ମହାନ୍ତି ଦେୱାନ ବାହାଦୁର ଉପାଧିରେ ଭୂଷିତ ହୋଇଥିଲେ। ସେ ତତ୍କାଳୀନ ବିହାର ଓଡ଼ିଶା ଲେଜିସ୍‌ଲେଟିଭ୍ କାଉନସିଲର ଡେପୁଟୀ ଚେୟାରମ୍ୟାନ ଥିଲେ। ସେ ବିହାର ଓଡ଼ିଶା ପବ୍ଲିକ ସର୍ଭିସ କମିଶନର ମେମ୍ବର ହୋଇଥିଲେ। କଟକ ଜିଲ୍ଲା ବୋର୍ଡ଼ର ଚେୟାରମ୍ୟାନ ଥିଲେ ଓ ବହୁ ସାଧାରଣ ସେବା-ସଂସ୍ଥା ସହିତ ସମ୍ପର୍କ ରଖିଥିଲେ।

ରାୟବାହାଦୁର ଚିନ୍ତାମଣି ଆଚାର୍ଯ୍ୟ ବହୁ ବର୍ଷ ସରକାରୀ ଓକିଲ ଭାବେ କାର୍ଯ୍ୟ କରିଥିଲେ ଓ ପରେ ଉତ୍କଳ ବିଶ୍ୱବିଦ୍ୟାଳୟର କୁଳପତି ହୋଇଥିଲେ। ସେ ଅନେକଗୁଡ଼ିଏ ଧର୍ମଗ୍ରନ୍ଥ ରଚନା କରିଯାଇ ଅଛନ୍ତି।

ଭିକାରୀ ଚରଣ ପଟ୍ଟନାୟକ

ରାୟବାହାଦୁର ଭିକାରୀ ଚରଣ ପଟ୍ଟନାୟକ ତାଙ୍କ ଜୀବନକାଳ ମଧ୍ୟରେ କୁଟୀରଶିଳ୍ପର ଉନ୍ନତି ଓ ପ୍ରସାର ନିମିତ୍ତ ବହୁ ଉଦ୍ୟମ କରିଥିଲେ। ଅଭଙ୍ଗା କଣ୍ଢେଇ ତାଙ୍କର ଏକ ଅଭିନବ ଉଦ୍ଭାବନ। ସେ ମଧ୍ୟ ଜଣେ ନାଟ୍ୟକାର ଥିଲେ। କେତେକ ଉପାଦେୟ ପୁସ୍ତକ ପ୍ରଣୟନ କରିଥିଲେ। ତାଙ୍କର ପ୍ରଚେଷ୍ଟାରେ ଓଡ଼ିଶାରେ କୁଟୀରଶିଳ୍ପର ବହୁ ପ୍ରସାର ଘଟିଥିଲା। ତାଙ୍କ ଟାଉନହଲ ରୋଡ଼ (କଟକସ୍ଥିତ) ଗୃହରେ ସେ "ପୁଅର୍ କଟେଜ ଇଣ୍ଡଷ୍ଟ୍ରି" ନାମରେ ଏକ ଶିକ୍ଷା ତାଲିମ କେନ୍ଦ୍ର ପ୍ରତିଷ୍ଠା କରି ଗାଁ

ଗହଳିର ବିଧବା, ଅସହାୟା ସ୍ତ୍ରୀ ଲୋକମାନଙ୍କ ଜୀବିକା ଅର୍ଜନର ପନ୍ଥା ଉଦ୍ଭାବନ କରିଥିଲେ। ଅଦରକାରୀ ଛିଣ୍ଡା କାଗଜକୁ ଭିଜାଇ ଗୁଣ୍ଡ କରି, ସେଥିରେ ନାନା ପ୍ରକାର ଅଭଙ୍ଗା କଣ୍ଢେଇ ତିଆରି କରାଇ ସେ ଏହାକୁ ସମଗ୍ର ଭାରତରେ ଲୋକପ୍ରିୟ କରାଇ ପାରିଥିଲେ। ଓଡ଼ିଶାରେ ଏଣ୍ଡିପୋକ ବା ଟସର ଚାଷର ପ୍ରବର୍ତ୍ତନ କ୍ଷେତ୍ରରେ ତାଙ୍କର ବିଶେଷ ଅବଦାନ ଥିଲା। 'ଉତ୍କଳ ସାହିତ୍ୟ ସମାଜ ଓ 'ଉତ୍କଳ ଦୀପିକା' ସହିତ ସେ ସଂପୃକ୍ତ ଥିଲେ। ଏହାର ସ୍ଥାୟୀ ଗୃହ ଶ୍ରୀରାମଚନ୍ଦ୍ର ଭବନ ପ୍ରତିଷ୍ଠା ଓ ଉନ୍ନୟନ କ୍ଷେତ୍ରରେ ତାଙ୍କର ଯଥେଷ୍ଟ ଅବଦାନ ରହିଥିଲା। ଶ୍ରୀରାମଚନ୍ଦ୍ର ଭବନରେ ଅନେକ ସମୟରେ ନାନା ସାଂସ୍କୃତିକ କାର୍ଯ୍ୟକ୍ରମମାନ ଅନୁଷ୍ଠିତ ହେଉଥିଲା। ସେହିସବୁ ସଭାସମିତିରେ ଯୋଗଦାନ ସମୟରେ ମୁଁ ତାଙ୍କ ସମ୍ପର୍କରେ ଆସିଥିଲି। ଓଡ଼ିଆ ପିପୁଲସ ଆସୋସିଏସନର କାର୍ଯ୍ୟାଳୟ କିଛିଦିନ ପାଇଁ ତାଙ୍କର ଘରେ ରହିଥିଲା। ଉକ୍ତ ଅନୁଷ୍ଠାନର ସେ ଥିଲେ ଅନ୍ୟତମ ପ୍ରତିଷ୍ଠାତା ତଥା ସମ୍ପାଦକ। ମୁଁ ଏହାର ସଭ୍ୟ ଥିଲି। ଅନ୍ୟମାନଙ୍କ ମଧ୍ୟରେ ଗିରିଧାରୀ ଜଗତି, ରଙ୍ଗଲାଲ ମୋଦି ପ୍ରମୁଖ ଏଥି ସହିତ ସଂପୃକ୍ତ ଥିଲେ। ଭିକାରୀ ବାବୁ ବହୁବର୍ଷ ମୟୂରଭଞ୍ଜରେ ରହି ସାମାଜିକ ସେବା କ୍ଷେତ୍ରରେ ଲୋକପ୍ରିୟ ହୋଇ ଉଠିଥିଲେ। ସେ ରାୟ ସାହେବ ଓ ରାୟ ବାହାଦୁର ଉପାଧି ଲାଭ କରିଥିଲେ। ପରେ ତାଙ୍କୁ ସମ୍ମାନସୂଚକ ଡକ୍ଟରେଟ୍ ଉପାଧି ମଧ୍ୟ ମିଳିଥିଲା। ମାତ୍ର ଏ ସବୁ ସତ୍ତ୍ୱେ ତାଙ୍କ ସ୍ମୃତିରକ୍ଷା ନିମିତ୍ତ ବିଶେଷ କିଛି କରାଯାଇ ନ ଥିବା କ୍ଷୋଭର ବିଷୟ।

ସ୍ୱାମୀ ବିଚିତ୍ରାନନ୍ଦ ଦାସ

ସ୍ୱର୍ଗତ ବିଚିତ୍ରାନନ୍ଦ ଦାସ ଜଣେ ପ୍ରଖ୍ୟାତ ସମାଜସେବୀ ଥିଲେ। ତାଙ୍କର ପତ୍ନୀ-ବିୟୋଗ ପରେ ସେ ପୁନର୍ବିବାହ ନ କରି ସ୍ୱାମୀ ବିଚିତ୍ରାନନ୍ଦ ଦାସ ନାମରେ ପରିଚିତ ହୋଇଥିଲେ। ସେ କିଛିଦିନ ଓଡ଼ିଶା ବିଧାନସଭାର ସଭ୍ୟ ଓ ଅଧ୍ୟକ୍ଷ ହୋଇଥିଲେ। ଓଡ଼ିଶାରେ କଂଗ୍ରେସ ଆନ୍ଦୋଳନକୁ ଆଗେଇ ନେବାରେ ତାଙ୍କର ଯଥେଷ୍ଟ ଅବଦାନ ଥିଲା। ବିଭିନ୍ନ ଅନାଥାଶ୍ରମକୁ ସେ ମୁକ୍ତ ହସ୍ତରେ ଦାନ କରୁଥିଲେ। ସେ ମଧ୍ୟ କେତେ ବର୍ଷ ଆଡ଼ଭୋକେଟ୍ ଜେନେରାଲ ହୋଇଥିଲେ।

୧୮୮୫ ମସିହା ମେ ମାସ ୧୪ ତାରିଖ ସାବିତ୍ରୀ ଅମାବାସ୍ୟା ଦିନ ପୁରୀ ଜିଲ୍ଲା ବାଲିପାଟଣା ଥାନାର ଅନ୍ତର୍ଗତ କୁରୁଞ୍ଜିପୁର ଗ୍ରାମରେ ଜନ୍ମଗ୍ରହଣ କରିଥିଲେ ଯମଜ ସନ୍ତାନ ବିଚିତ୍ରାନନ୍ଦ ଓ ଭୁବନାନନ୍ଦ। ତାଙ୍କ ପିତାଙ୍କ ନାମ ରାମଚନ୍ଦ୍ର ଦାସ।

ପରବର୍ତ୍ତୀ ଜୀବନରେ ଜଣେ ସ୍ୱାମୀ ବିଚିତ୍ରାନନ୍ଦ ଦାସ ଓ ଆଉ ଜଣେ ବି. ଦାସ ନାମରେ ପରିଚିତ ହୋଇଥିଲେ। ଆମ ଓଡ଼ିଆରେ ଗୋଟିଏ କଥା ଅଛି—

"ଲବକୁଶ ଦୁହେଁ ଯାଆଁଳା ଭାଇ
ସାନବଡ଼ ବାରି ହୁଅନ୍ତି ନାହିଁ।"

ଶହେ ବର୍ଷ ତଳେ ଜନ୍ମଗ୍ରହଣ କରି ଏହି ଯାଆଁଳା ଭାଇ ଓଡ଼ିଶାର ସାମାଜିକ ଜୀବନ ତଥା ଭାରତର ଜାତୀୟ ଜୀବନକୁ ସମୃଦ୍ଧ କରିଥିଲେ। ସେହି ପ୍ରାତଃ ସ୍ମରଣୀୟ ସମାଜ ଭ୍ରାତୃଦ୍ୱୟ ଆମ ଦେଶର ସଚେତନ ଜନମାନସରେ ସର୍ବଦା ଅମର ହୋଇ ରହିଥିବେ।

ସ୍ୱାମୀ ବିଚିତ୍ରାନନ୍ଦ ଦାସ ଥିଲେ ଜଣେ ବିଖ୍ୟାତ ଆଇନଜୀବୀ। ସେ ଓଡ଼ିଶା ହାଇକୋର୍ଟର ଅତ୍ୟନ୍ତ ସମ୍ମାନଜନକ ବ୍ୟକ୍ତି ରୂପେ ପରିଗଣିତ ହେଉଥିଲେ। ସେ ଜାତୀୟ ଗୌରବ ମଧୁବାବୁଙ୍କର ପଟ୍ଟଶିଷ୍ୟ ଥିଲେ। ଜଣେ ବିଶିଷ୍ଟ ଆଇନଜ୍ଞ ଭାବରେ ତାଙ୍କର ଖ୍ୟାତି ସୁଦୂର-ପ୍ରସାରି ଥିଲା। ଆଡ଼ଭୋକେଟ୍ ଜେନେରାଲ ଥିଲାବେଳେ ମୁଁ ବହୁବାର ତାଙ୍କର ସାନ୍ନିଧ ଲାଭ କରିଛି। ଘଟଣା ଚକ୍ରରେ ମୁଁ ଓଡ଼ିଶା ହାଇକୋର୍ଟର ବିଚାରପତି ଥିଲାବେଳେ, ପୂଜ୍ୟ ସ୍ୱାମୀଜୀ କେତୋଟି ମୋକଦ୍ଦମା ମୋ କୋର୍ଟରେ ପରିଚାଳନା କରିଥିଲେ। ଏହା ମୋ ଜୀବନର ପବିତ୍ର ଓ ଗୌରବାବହ ସ୍ମୃତି ହୋଇ ରହିଛି ଓ ରହିଥିବ। ଜଣେ ଖ୍ୟାତନାମା ଆଡ଼୍‌ଭୋକେଟ୍ ଓ ଆଡ଼ଭୋକେଟ୍ ଜେନେରାଲ ଭାବେ ସେ ଅର୍ଥ ଉପାର୍ଜନ କରିଥିଲେ ସୁଦ୍ଧା, ଅର୍ଥର ଲାଳସା ତାଙ୍କୁ ଲେଶମାତ୍ର ସ୍ପର୍ଶ କରି ନ ଥିଲା।

ସ୍ୱାମୀଜୀଙ୍କର ବ୍ୟକ୍ତିଗତ ଜୀବନ ଅତ୍ୟନ୍ତ ନିର୍ମଳ ଓ ଉଚ୍ଚକୋଟୀର ଥିଲା। ସେ ସନ୍ନ୍ୟାସୀ ଭଳି ଜୀବନଯାପନ କରୁଥିଲେ। ଅବସର ସମୟରେ ସେ ସାଧାରଣତଃ ଗେରୁଆ ଲୁଗା, ଗେରୁଆ ପଞ୍ଜାବୀ ଓ ଗେରୁଆ ଗାନ୍ଧୀ ଟୋପି ପିନ୍ଧୁଥିଲେ। ତାଙ୍କର ତ୍ୟାଗପୂତ ଜୀବନ ତାଙ୍କୁ ସମସ୍ତଙ୍କ ନିକଟରେ ସମ୍ମାନାସ୍ପଦ ସ୍ୱାମୀଜୀ ରୂପେ ପରିଚିତ କରାଇଥିଲା। ସେ ଅତ୍ୟନ୍ତ ନୀତିବାଦୀ ଓ ସ୍ପଷ୍ଟବାଦୀ ଥିଲେ। ସେ ଆପଣାର ମନୋଭାବକୁ ଅକପଟ ଭାବରେ ପ୍ରକାଶ କରୁଥିଲେ। ସମାଜସେବା କ୍ଷେତ୍ରରେ ତାଙ୍କର ଅବଦାନ ଅବିସ୍ମରଣୀୟ। ଦଳିତ, ନିର୍ଯ୍ୟାତିତ ଓ ଅବହେଳିତଙ୍କ ପାଇଁ ତାଙ୍କ ପ୍ରାଣ ଅହରହ ବ୍ୟଥିତ ହେଉଥିଲା। ତେଣୁ ଯେକୌଣସି ପ୍ରକାର ସମାଜମଙ୍ଗଳ କାର୍ଯ୍ୟ ତାଙ୍କର ଆଶୀର୍ବାଦ ଲାଭ କରୁଥିଲା। ଉଗରପଡାରେ ଥିବା ତାଙ୍କ ବାସଗୃହ ଦେଶସେବା ଓ ସମାଜମଙ୍ଗଳ କାର୍ଯ୍ୟର ମୁଖ୍ୟସ୍ଥଳୀ ଥିଲା। ତାଙ୍କ ଘରକୁ 'ଚିର ଅତିଥିଶାଳା (Eternal Guest House) ବୋଲି କୁହାଯାଉଥିଲା। କଟକର ଡଗରପଡ଼ାଠାରେ ସେ ଗୋଟିଏ ଅନାଥାଶ୍ରମ ପ୍ରତିଷ୍ଠା କରିଥିଲେ।

ବିଚିତ୍ରାନନ୍ଦ ଓ ଭୁବନାନନ୍ଦଙ୍କ ବଡ଼ଭାଇ ହେଉଛନ୍ତି ରାଘବାନନ୍ଦ ଦାସ। ତାଙ୍କ ଗାଁ କୁରୁଞ୍ଜିପୁର। ଆମ ଗାଁ ବାଗଲପୁରଠାରୁ ପ୍ରାୟ ଦୁଇ କିଲୋମିଟର। ରାଘବାନନ୍ଦଙ୍କ ପୁଅ ରାଧାକୃଷ୍ଣ ମୋର ଜଣେ ବାଲ୍ୟବନ୍ଧୁ ଥିଲେ। ଏଥିପାଇଁ ମୁଁ ତାଙ୍କ ଘରକୁ ଯାଉଥିଲି। ତାଙ୍କ ପରିବାର ସହିତ ମୋର ଆତ୍ମୀୟତା ଥିଲା। ସମୟ କ୍ରମେ ଏହି ପରିବାର ଡଗରପଡ଼ାରେ ସେମାନଙ୍କ ବାସଗୃହ ନିର୍ମାଣ କରିଥିଲେ। ଘଟଣା ଚକ୍ରରେ ତାଙ୍କ ଘର ନିକଟରେ ମୁଁ ମୋର ବାସଗୃହ ନିର୍ମାଣ କରି ତାଙ୍କର ପଡ଼ୋଶୀ ହେବାର ସୁଯୋଗ ପାଇଥିଲି। ସ୍ୱାମୀ ବିଚିତ୍ରାନନ୍ଦ ଦାସ ୧୯୩୭ ମସିହାରେ ଜଣେ କଂଗ୍ରେସ ସଭ୍ୟ ଭାବେ ଓଡ଼ିଶା ବିଧାନସଭାକୁ ନିର୍ବାଚିତ ହୋଇଥିଲେ। ତାଙ୍କର ମହନୀୟ ଆଦର୍ଶ ଓ ବ୍ୟକ୍ତିତ୍ୱ ଏକାନ୍ତଭାବେ ଅନୁକରଣୀୟ।

ଭୁବନାନନ୍ଦ ଦାସ

ମିଷ୍ଟର ଭୁବନାନନ୍ଦ ଦାସ ବିଲାତର ଗ୍ଲାସଗୋ ବିଶ୍ୱବିଦ୍ୟାଳୟରୁ ବିଦ୍ୟୁତ୍ ଇଞ୍ଜିନିୟରିଂରେ ଶ୍ରେଷ୍ଠ ଡିଗ୍ରୀ ହାସଲ କରି ଓଡ଼ିଶାକୁ ଫେରିବା ପରେ ଓଡ଼ିଶା ତଥା ଭାରତରେ ବିଦ୍ୟୁତ କେନ୍ଦ୍ରମାନ ପ୍ରତିଷ୍ଠା କରିବାରେ ମନୋନିବେଶ କରିଥିଲେ। ୧୮୮୫ ମସିହାରେ ଭାରତୀୟ ଜାତୀୟ କଂଗ୍ରେସର ପ୍ରତିଷ୍ଠା ହୋଇଥିଲା। ଘଟଣା ଚକ୍ରରେ ଏହି ସ୍ମରଣୀୟ ୧୮୮୫ ମସିହାରେ ଜନ୍ମଲାଭ କରିଥିବା ଯମଜ ଭ୍ରାତୃଦ୍ୱୟ ମଧ୍ୟ ଜାତୀୟ ଆନ୍ଦୋଳନ ପ୍ରତି ସେମାନଙ୍କର ଅବଦାନ ଦେଇଗଲେ।

ଭାରତ ସ୍ୱାଧୀନ ହେବାପରେ ଭୁବନାନନ୍ଦ ବାବୁ ବହୁବର୍ଷ ପାଇଁ କେନ୍ଦ୍ର ଆସେମ୍ବ୍ଲିର ସଭ୍ୟ ଏବଂ ଏହା ପରେ ଲୋକସଭା ଓ ରାଜ୍ୟସଭାର ସଦସ୍ୟଭାବେ ନିର୍ବାଚିତ ହୋଇଥିଲେ। ପାର୍ଲିଆମେଣ୍ଟର ବୟୋଜ୍ୟେଷ୍ଠ ସଦସ୍ୟ ଭାବରେ ଯଥେଷ୍ଟ ସମ୍ମାନର ଅଧିକାରୀ ଥିଲେ। ଡକ୍ଟର ହୃଦୟନାଥ କୁଞ୍ଜୁରୁ, ପଣ୍ଡିତ ମଦନମୋହନ ମାଲବ୍ୟ, ପଣ୍ଡିତ ମୋତିଲାଲ ନେହେରୁ ଓ ତତ୍କାଳୀନ ବହୁ ଭାରତୀୟ ନେତା ଏବଂ ପାର୍ଲିଆମେଣ୍ଟାରିଆନଙ୍କର ସେ ଥିଲେ ସମସାମୟିକ। ପାର୍ଲିଆମେଣ୍ଟରେ ତାଙ୍କର ଦୀର୍ଘକାଳର ଅଭିଜ୍ଞତା ଲାଗି ତାଙ୍କୁ 'ଭାରତ ଲୋକସଭାର ଜନକ' (Father of the Indian Parliament) କୁହାଯାଉଥିଲା। ଭାରତର ସମ୍ବିଧାନ ପ୍ରଣୟନରେ ତାଙ୍କର ଗୁରୁତ୍ୱପୂର୍ଣ୍ଣ ଭୂମିକା ରହିଛି। ବହୁବର୍ଷ ଧରି ସେ ମଧ୍ୟ ପବ୍ଲିକ ଅଣ୍ଡରଟେକିଂ

କମିଟିର ଚେୟାରମ୍ୟାନ ଥିଲେ । ସେ ତାଙ୍କ ନିର୍ଭୀକତା ଓ ତଥ୍ୟ ସମ୍ବଳିତ ବକ୍ତୃତା ପାଇଁ ସର୍ବ ଭାରତୀୟ ସ୍ତରରେ ଉଚ୍ଚ ପ୍ରଶଂସିତ ହୋଇଥିଲେ ।

ବିଲାତରେ ତାଙ୍କର ସମସାମୟିକ ଥିଲେ ଡକ୍ଟର ପ୍ରାଣକୃଷ୍ଣ ପରିଜା, ମିଷ୍ଟର ଶ୍ୟାମଚନ୍ଦ୍ର ତ୍ରିପାଠୀ ଓ ମିଷ୍ଟର ସଚ୍ଚିଦାନନ୍ଦ ରାୟ । ସେହି ସମୟରେ ତାଙ୍କର ଅନ୍ୟତମ ବନ୍ଧୁ ସ୍ୱର୍ଗତ ସାରଙ୍ଗଧର ଦାସ ଆମେରିକାର କାଲିଫର୍ଣ୍ଣିଆଠାରେ କୃଷି ବିଜ୍ଞାନରେ ଉଚ୍ଚତର ଡିଗ୍ରୀ ଲାଭ କରିବାକୁ ଯାଇଥିଲେ । ଏହି ଚାରିବନ୍ଧୁଙ୍କ ମଧ୍ୟରେ ଘନିଷ୍ଠ ଆତ୍ମୀୟତା ଥିଲା । ଦେଶର ଜଣେ ଖ୍ୟାତି ସମ୍ପନ୍ନ ବିଦ୍ୟୁତ ଇଞ୍ଜିନିୟର ତଥା ପାର୍ଲିଆମେଣ୍ଟାରିଆନ ଥିଲେ ହେଁ, ମିଷ୍ଟର ବି. ଦାସଙ୍କୁ ଗର୍ବ, ଅହଙ୍କାର ସ୍ପର୍ଶ କରି ନଥିଲା । ସେ ଥିଲେ ଅତି ସରଳ ଓ ଅମାୟିକ । ଗରିବ, ଖଟିଖିଆ ଶ୍ରମିକ ଶ୍ରେଣୀ ପାଇଁ ତାଙ୍କ ହୃଦୟରେ ଅବାରିତ କରୁଣା ଓ ସମବେଦନା ଭରି ରହିଥିଲା । ଗୋଟି ଶ୍ରମିକମାନଙ୍କ ମୁକ୍ତି ଆନ୍ଦୋଳନର ସେ ଥିଲେ ଅନ୍ୟତମ ମୁଖ୍ୟ ପ୍ରବକ୍ତା । ୧୯୨୯ ମସିହାରେ ଜେନେଭାଠାରେ ଅନୁଷ୍ଠିତ ହୋଇଥିବା ଲେବର କନ୍‌ଭେନସନକୁ ପ୍ରତିନିଧି ଭାବରେ ଭାରତରୁ ସେ ଜେନେଭା ଯାଇଥିଲେ । ୧୯୪୭ ମସିହା ମେ ମାସ ପହିଲା ବିଶ୍ୱ ଶ୍ରମିକ ଦିବସରେ ସେ ଶାସନ ବିଧାୟକ ସଭାରେ ଏକ ସାରଗର୍ଭକ ଓ ତଥ୍ୟ ସମ୍ବଳିତ ମର୍ମସ୍ପର୍ଶୀ ଭାଷଣ ପ୍ରଦାନ କରିଥିଲେ । ସେ ତାଙ୍କ ଶେଷ ଜୀବନ ଦିଲ୍ଲୀରେ କଟାଇଥିଲେ ।

ଓଡ଼ିଶାର ବିଶିଷ୍ଟ ସ୍ୱାଧୀନତା-ସଂଗ୍ରାମୀ ସ୍ୱର୍ଗତ ନିରଞ୍ଜନ ପଟ୍ଟନାୟକଙ୍କ ଭଉଣୀ ରୁକ୍ମିଣୀ ଦେବୀଙ୍କୁ ସେ ବିବାହ କରିଥିଲେ । ନିରଞ୍ଜନବାବୁ ହେଉଛନ୍ତି ମୋର ସଢୁ । ସେହି କାରଣରୁ ବି. ଦାସଙ୍କ ସହିତ ମଧ୍ୟ ମୋର ବହୁତ ଆତ୍ମୀୟତା ଥିଲା । ସେ ଥିଲେ ଅତ୍ୟନ୍ତ ମେଳାପୀ ଓ ସ୍ନେହଶୀଳ ବ୍ୟକ୍ତି । ପୁରୀ ଇଲେକ୍ଟ୍ରିକ୍ ସପ୍ଲାଇ କମ୍ପାନୀ ତାଙ୍କର ଏକ ଉଲ୍ଲେଖନୀୟ କୃତି । ୧୯୮୯ ମସିହା ଅକ୍ଟୋବର ମାସରେ ସ୍ୱର୍ଗତ ଦାସଙ୍କ ତୈଳଚିତ୍ର ଭାରତର ଲୋକସଭା ପରିସର ମଧ୍ୟରେ ଉନ୍ମୋଚିତ ହୋଇଯାଇଛି ।

ଯେଉଁ ସମୟର କଥା କୁହାଯାଉଛି ସେ ସମୟରେ ଓକିଲଙ୍କ ସଂଖ୍ୟା ଆଜିକାଲି ପରି ଏତେବେଶୀ ନ ଥିଲା । ପ୍ରାୟ ୧୫୦ ଜଣ ଓକିଲ ଥିଲେ । ଓକାଲତ୍‌ନାମାରେ ପ୍ରାୟ ସମସ୍ତଙ୍କ ନାମ ଛପା ହେଉଥିଲା । ଏବେ ବହୁ ସଂଖ୍ୟାରେ ଓକିଲ ହେଲେଣି । ସେମାନଙ୍କ ମଧ୍ୟରୁ ଅନେକେ ନିଜ ନିଜର ନାମ ସହ ଓକାଲତ୍‌ନାମା ସବୁ ଛାପି ପାଖରେ ରଖିଥାଆନ୍ତି ।

ମୁଁ ପାଟନା ହାଇକୋର୍ଟରେ ଆଡ୍‌ଭୋକେଟ୍ ଭାବେ ଏନ୍‌ରୋଲ୍ ହେବା ପରେ

ହାଇକୋର୍ଟରେ ଅନେକଗୁଡ଼ିଏ ମୋକଦ୍ଦମା ଲଢ଼ି ସୁନାମ ଅର୍ଜନ କରିଥିଲି। ଏଥିପାଇଁ ମୁଁ କୌଣସି ବଡ଼ ଓକିଲଙ୍କ ସାହାଯ୍ୟ ନେଇ ନ ଥିଲି। ଏପରିକି ପୂର୍ବତନ ମୁଖ୍ୟ ବିଚାରପତି ସ୍ୱର୍ଗତ ବୀରକିଶୋର ରାୟ ଓ ପୂର୍ବତନ ଆଡଭୋକେଟ ଜେନେରାଲ ସ୍ୱର୍ଗତ ବାଞ୍ଛାନିଧି ମହାପାତ୍ରଙ୍କ ଭଳି ବୟୋଜ୍ୟେଷ୍ଠ ଏବଂ ବିଶିଷ୍ଟ ଆଇନଜୀବୀମାନଙ୍କ ବିପକ୍ଷରେ ଏକା ଏକା ଲଢ଼ି ପ୍ରତିଷ୍ଠା ଲାଭ କରିଥିଲି।

ବାଙ୍କାବଜାରଠୁ ନୟାସଡ଼କ ମଝିରେ ଗୋଟିଏ ଗଳିରାସ୍ତା ଥିଲା। ଗୋଟିଏ ପାଖରେ ପାଖରେ ବଡ଼ ବ୍ୟବସାୟୀ ଗଣେଶ ଦାସ କାଲୁରାମ ଓ ଅନ୍ୟପାଖରେ ତଦନୁରୂପ ବିଶିଷ୍ଟ ବ୍ୟବସାୟୀ ନାରୁମଲ ମୋଦୀଙ୍କ କୋଠା ଥାଏ। ସେହି ଗଳି ଉପରେ କେତେକ ବିଷୟରେ ବିବାଦ ହେଲା। ସେଥିରେ ବୀରବାବୁ ଥିଲେ ଗଣେଶ ଦାସ କାଲୁରାମଙ୍କ ପକ୍ଷରେ ଓ ମୁଁ ଥିଲି ନାରୁମଲଙ୍କ ପକ୍ଷରେ।

ନାରୁମଲ ବହୁତ ଲୋକଙ୍କୁ ଆମ ଗୁରୁଶିଷ୍ୟଙ୍କ ଭିତରେ କେମିତି ଲଢ଼େଇ ଲାଗିଛି ଦେଖିବାକୁ କୋର୍ଟ ରୁମକୁ ଡାକିଥିଲେ। କହିଲେ "ବାଘ ଆଉ ବାଘବଚ୍ଛା ଲଢ଼େଇ ହଉଛି, ଦେଖିବ ଆସ।" ମୁଁ ଶୁଣି କହିଲି— "ଏମିତି ତ ହୁଏ। ମାମୁଲି କଥା। ଲୋକଙ୍କୁ ଡାକି ଦେଖାଇବା ଦରକାର କ'ଣ ?"

ଅନ୍ୟ ଗୋଟିଏ ମୋକଦ୍ଦମାରେ ମଧ୍ୟ ବୀରକିଶୋର ରାୟଙ୍କ ବିପକ୍ଷରେ ଲଢ଼ିଥିଲି। ସେ କେଶ୍ ହାଇକୋର୍ଟରେ ପଡ଼ିଲା। ବିଚାରପତି ଥିଲେ ଜଷ୍ଟିସ ଫଜଲ ଅଲ୍ଲି ଓ ଜଷ୍ଟିସ୍ ବର୍ମା। ସେ କେଶ୍‌ରେ ଗୋଟାଏ ବଡ଼ ଧରଣର ଆଇନ ପ୍ରଶ୍ନ ଉଠିଲା। ସେଥିରେ ଗୋଟାଏ ଅନୁମୋଦନ (Sanction) ଦରକାର ଥିଲା। ସେ ଅନୁମୋଦନ ଗୃହ ଶାସନ ସଚିବ (Home Secretary) ଦେବା କଥା। ସେହି ଅନୁମୋଦନ ପତ୍ରରେ କିନ୍ତୁ ମୁଖ୍ୟ ଶାସନ ସଚିବ ଦସ୍ତଖତ କରିଥିଲେ। ବୀରବାବୁ ଯୁକ୍ତି କଲେ, ମୁଖ୍ୟ ଶାସନ ସଚିବ କରିଥିବାରୁ ଏହା ଠିକ୍ ଅଛି। କାରଣ ସେ ସର୍ବୋଚ୍ଚ ସେକ୍ରେଟାରୀ। ମାତ୍ର ମୁଁ ଯୁକ୍ତି କରିଥିଲି, ଗୃହ ଶାସନ ସଚିବ ଦସ୍ତଖତ କରି ନ ଥିବାରୁ ତାହା ଠିକ୍ ନୁହେଁ। ଶେଷକୁ ମୋ କଥା ଠିକ୍ ହେଲା। ଏହି ଅନୁମୋଦନଟି ପୁନର୍ବାର ପୁରୀରେ ରାଜ୍ୟପାଳଙ୍କ ଠାରୁ ଦସ୍ତଖତ ହୋଇ ଆସିଲା। ଲୋକମାନେ ଖୁସିହୋଇ ମୋତେ ବଧେଇ ଜଣେଇଲେ। ତା' ପରଦିନ ସନ୍ଧ୍ୟାରେ ମୁଁ ବୀରବାବୁଙ୍କ ଘରକୁ ଯାଇଥିଲି। ସେଠାରେ ଉପରୋକ୍ତ ଜଷ୍ଟିସ୍ ଦ୍ୱୟ ଉପସ୍ଥିତ ଥିଲେ। ସେମାନଙ୍କୁ ଶ୍ରୀଯୁକ୍ତ ରାୟ ଖାଇବାକୁ ଡାକିଥିଲେ। ସେମାନେ ଖୁସିହୋଇ ମୋତେ ଅନେକ କଥା ପଚାରିଲେ।

ଜଷ୍ଟିସ୍ ଫଜଲ ଅଲ୍ଲି

ଓଡ଼ିଶାରେ ହାଇକୋର୍ଟ ହେବା ପୂର୍ବରୁ ପାଟନାର ଜଜ୍‌ମାନେ ମଝିରେ ମଝିରେ ଆସି କଟକରେ ସର୍କିଟ କୋର୍ଟ କରୁଥିଲେ। ଯେଉଁ ବିଚାରପତିମାନେ କଟକ ଆସୁଥିଲେ, ସେମାନଙ୍କ ମଧ୍ୟରୁ ଅନେକଙ୍କର ଜୁନିୟର ଆଡ଼ଭୋକେଟ୍‌ମାନଙ୍କ ପ୍ରତି ସହାନୁଭୂତି ଥିଲା। ଫଜଲ ଅଲ୍ଲି ସେହପରି ଜଣେ ଉଚ୍ଚକୋଟୀର ବ୍ୟକ୍ତି ଓ ବିଚାରପତି ଥିଲେ। ମୁଁ ତାଙ୍କ ପାଖରେ ଅନେକ ଗୁଡ଼ିଏ ମୋକଦ୍ଦମା ଯୁକ୍ତି କରିଛି। ମୋକଦ୍ଦମାରେ ହାରଜିତ ଲାଗିଥାଏ। କିନ୍ତୁ ଜଜ୍‌ଙ୍କ ବ୍ୟବହାର ଗୁରୁତ୍ୱପୂର୍ଣ୍ଣ। ଅତ୍ୟନ୍ତ ସ୍ନେହ ଓ ଆଦର୍ଶ ବିଚାରପତି ଭାବରେ ତାଙ୍କର ଯଥେଷ୍ଟ ସୁନାମ ଥିଲା। ପାଟନା ହାଇକୋର୍ଟରୁ ସେ ସୁପ୍ରିମକୋର୍ଟର ବିଚାରପତି ଭାବରେ ନିଯୁକ୍ତି ପାଇଥିଲେ। ଅବସର ଗ୍ରହଣ ପରେ ସେ ଓଡ଼ିଶାର ରାଜ୍ୟପାଳ ଭାବେ ନିଯୁକ୍ତି ପାଇଥିଲେ। ତାଙ୍କ ପୁଅ ମଧ୍ୟ ସୁପ୍ରିମକୋର୍ଟରେ ବିଚାରପତି ହୋଇଥିଲେ।

ଦିନେ ଗୋଟିଏ ଫୌଜଦାରୀ ଅପିଲ୍‌ରେ ମୁଁ ଜଷ୍ଟିସ୍ ଫଜଲ ଅଲ୍ଲିଙ୍କ ପାଖରେ ଆଡ଼ମିସନ ପାଇଁ ଆର୍ଗୁମେଣ୍ଟ କରିଥିଲି। ଆଇନର ପ୍ରଥାନୁସାରେ ଆର୍ଗୁମେଣ୍ଟ ପ୍ରଥମେ ଗୃହୀତ ହେଲେ, ତା'ପରେ ଶୁଣାଣିକୁ ଯିବାର କଥା। ସେ କେଶ୍‌ରେ ମୁଦାଲାକୁ ଛଅମାସ ଜେଲ ଆଦେଶ ଦିଆଯାଇଥିଲା। ମୁଁ ଆର୍ଗୁମେଣ୍ଟ ଆରମ୍ଭ କଲା ପରେ ଜଷ୍ଟିସ୍ ଅଲ୍ଲି କହିଲେ—ଏ କେଶ୍‌କୁ ପ୍ରେସ କରନାହିଁ।" ମୁଁ ହଠାତ୍ କଥାଟାକୁ ବୁଝି ପାରିଲି ନାହିଁ। କାହିଁକି ଜଜ୍ ଏକଥା କହିଲେ ! ସେ ପୁନର୍ବାର କହିଲେ-"ଡକାୟତି ମୋକଦ୍ଦମା ମୁଁ ଆଡ଼ମିଟ୍ କରିଦେଇ ପାରେ, କାରଣ ଜେଲଦଣ୍ଡ ଅଛି। ଦଣ୍ଡ ବଢ଼ାଇ ଦେବାକୁ ମୁଁ ନୋଟିସ ଦେବି। କାରଣ ଡକାୟତି କେଶ୍‌ରେ ଛଅମାସ ଜେଲଦଣ୍ଡ କିଛି ନୁହେଁ।" ସେକଥା ବୁଝି ସାରିଲା ପରେ ତାଙ୍କୁ ଧନ୍ୟବାଦ ଦେଇ 'ନଟ୍ ପ୍ରେସ୍‌ଡ଼' ବୋଲି ଲେଖି ଦେଇଥିଲି। ଫଳରେ କେଶ୍‌ଟି ଡିସ୍‌ମିସ୍ ହୋଇଥିଲା। ସେଥିପାଇଁ ବହୁ ଓକିଲ ବନ୍ଧୁ ମତେ ବହୁତ ପ୍ରଶଂସା କରିଥିଲେ।

କଟକ ସର୍କିଟ କୋର୍ଟ

ପାଟନାରେ ହାଇକୋର୍ଟ ଥିବା ସମୟରେ ମଧ୍ୟ ସେଠାରୁ ଜଜ୍‌ମାନେ ଆସି କଟକରେ ସର୍କିଟ କୋର୍ଟ କରି ଓଡ଼ିଶାର ଅନେକ ମୋକଦ୍ଦମା ବିଚାର କରୁଥିଲେ। ୧୯୧୬ ମସିହା ମଇ ମାସ ୮ ତାରିଖ ସୋମବାର ଦିନ କଟକରେ ପ୍ରଥମେ ସର୍କିଟ କୋର୍ଟ ଅନୁଷ୍ଠିତ ହୋଇଥିଲା। ଏଥିରେ ପାଟନା ହାଇକୋର୍ଟର ମୁଖ୍ୟ ବିଚାରପତି

ଚେମିୟର ଓ ଜଷ୍ଟିସ୍ ସରାଫଉଦ୍ଦିନ୍ ବିଚାରପତି ଭାବେ ଯୋଗଦାନ କରିଥିଲେ । ବାର୍ ଆସୋସିଏସନ୍‌ର ତତ୍କାଳୀନ ସଭାପତି ମିଷ୍ଟର ମଧୁସୂଦନ ଦାସ ଜଷ୍ଟିସ୍‌ମାନଙ୍କୁ ସ୍ୱାଗତ ଜଣାଇ ଏହି ସର୍କିଟ କୋର୍ଟ ଭବିଷ୍ୟତରେ ସ୍ଥାୟୀ ହାଇକୋର୍ଟରେ ପରିଣତ ହେବ ବୋଲି ଆଶା ପ୍ରକାଶ କରିଥିଲେ । ମୁଖ୍ୟ ବିଚାରପତି ଚେମିୟର ତାଙ୍କ ଭାଷଣରେ ଏହା ସମଗ୍ର ଭାରତବର୍ଷରେ ପ୍ରଥମ ସର୍କିଟ କୋର୍ଟ ବୋଲି ଉଲ୍ଲେଖ କରିଥିଲେ । ମୋକଦ୍ଦମାର ସଂଖ୍ୟା ଅଧିକ ହେଲେ ଓଡ଼ିଶା ପାଇଁ ଏକ ସ୍ଥାୟୀ ହାଇକୋର୍ଟ ପ୍ରତିଷ୍ଠା ସମ୍ଭବ ହୋଇପାରିବ ବୋଲି କହିଥିଲେ । 'ଲେଟରସ୍ ପ୍ୟାଟେଣ୍ଟ' ଆଇନ ଅନୁଯାୟୀ କଟକର ଜିଲ୍ଲା ଓ ସେସନ୍ସ ଜଜ୍ ପାଟନା ହାଇକୋର୍ଟର ଉକ୍ତ ସର୍କିଟ କୋର୍ଟର ଏକ୍‌ସ ଅଫିସିଓ ରେଜିଷ୍ଟ୍ରାର ଭାବେ କାର୍ଯ୍ୟ କରୁଥିଲେ । କେବଳ ଓଡ଼ିଶା ପାଇଁ ଏକ ସ୍ୱତନ୍ତ୍ର ଆଇନ ପ୍ରଣୟନ କରାଯାଇ ଏପରି ସର୍କିଟ କୋର୍ଟ ଆରମ୍ଭ ହୋଇଥିଲା । ପାଟନା ହାଇକୋର୍ଟର କେତେକ ମୁଖ୍ୟ ବିଚାରପତିଙ୍କ ସମେତ ଅନ୍ୟାନ୍ୟ ବହୁ ବରିଷ୍ଠ ବିଚାରପତି ମଧ୍ୟ ସର୍କିଟ କୋର୍ଟର ବିଚାରପତି ଭାବେ ଆସୁଥିଲେ ।

ସେମାନଙ୍କ ମଧ୍ୟରେ ସାର୍ ଡ. ସନ୍ ମିଲର୍ (Sir Daw. Son Miller), ସାର୍ କୋଟ୍‌ନି ଟେରେଲ୍, ସାର୍ ଏ.ଟି. ହ୍ୟାରିସ୍, ମିଷ୍ଟର ଫଜଲ ଅଲ୍ଲୀ, ମିଷ୍ଟର ବି.ପି. ସିହ୍ନା ପ୍ରମୁଖ ପ୍ରଧାନ ଥିଲେ । ମିଷ୍ଟର ସିହ୍ନା ପରବର୍ତ୍ତୀ ସମୟରେ ଭାରତର ସୁପ୍ରିମକୋର୍ଟର ମୁଖ୍ୟ ବିଚାରପତି ଭାବେ ନିଯୁକ୍ତି ପାଇଥିଲେ । ଏହି କୋର୍ଟ କିଛି ସମୟ ବ୍ୟବଧାନରେ ଅନୁଷ୍ଠିତ ହେଉଥିଲେ ମଧ୍ୟ ଗୁରୁତ୍ୱପୂର୍ଣ୍ଣ ମୋକଦ୍ଦମାଗୁଡ଼ିକର ଶୁଣାଣି ପାଟନା ହାଇକୋର୍ଟରେ ହେଉଥିଲା । ଉକ୍ତ କାରଣରୁ ଓଡ଼ିଶାର ମୋକଦ୍ଦମାଗୁଡ଼ିକର ପରିଚାଳନା କରିବାକୁ ପାଟନା ହାଇକୋର୍ଟରେ ଓଡ଼ିଶା ସରକାରଙ୍କର ସ୍ୱତନ୍ତ୍ର ଭାବେ ଜଣେ ଜଣେ ସରକାରୀ ଓକିଲ ହୋଇ ରହୁଥିଲେ ।

ଓଡ଼ିଶାରୁ ରାଜେନ୍ଦ୍ର ପ୍ରସାଦ ଦାସ, ପୀତାମ୍ବର ମିଶ୍ର ଓ ଗୋପାଳ ଚନ୍ଦ୍ର ଦାସ ପାଟନାରେ ଆଇନ ବ୍ୟବସାୟ ଆରମ୍ଭ କରିଥିଲେ । ଓଡ଼ିଶା ହାଇକୋର୍ଟ ପ୍ରତିଷ୍ଠିତ ହେବା ପରେ ପୀତାମ୍ବର ମିଶ୍ର ଓ ଗୋପାଳ ଚନ୍ଦ୍ର ଦାସ ଓଡ଼ିଶା ହାଇକୋର୍ଟର ଜଜ୍ ଭାବେ ନିଯୁକ୍ତି ପାଇଥିଲେ ।

ଓଡ଼ିଶା ହାଇକୋର୍ଟ ପ୍ରତିଷ୍ଠା

ଓଡ଼ିଶାରେ ହାଇକୋର୍ଟ ପ୍ରତିଷ୍ଠା ମଧୁବାବୁଙ୍କର ଅନ୍ୟତମ ଅଭିଳାଷ ଥିଲା । ୧୯୩୬ ମସିହା ଅପ୍ରେଲ ପହିଲା ଦିନ ଓଡ଼ିଶା ଏକ ସ୍ୱତନ୍ତ୍ର ପ୍ରଦେଶରେ ପରିଣତ

ହେଲା । ଏହାପରେ ଓଡ଼ିଶା ପାଇଁ ଏକ ସ୍ୱତନ୍ତ୍ର ହାଇକୋର୍ଟ ପ୍ରତିଷ୍ଠା କରାଯିବାର ଆବଶ୍ୟକତା ଅନୁଭବ କରାଗଲା । ୧୯୪୮ ମସିହା ଜୁଲାଇ ୨୬ ତାରିଖରେ "ଓଡ଼ିଶା ହାଇକୋର୍ଟ" ପ୍ରତିଷ୍ଠିତ ହୋଇଥିଲା ।

ଭାରତର ତତ୍କାଳୀନ ପ୍ରଧାନ ବିଚାରପତି ସାର୍ ଏଚ୍. କାନିଆ ଏହାକୁ ଆନୁଷ୍ଠାନିକ ଭାବେ ଉଦ୍‌ଘାଟନ କରିଥିଲେ । ପାଟନା ହାଇକୋର୍ଟରେ ବିଚାରପତି ଥିବା ଜଷ୍ଟିସ୍ ବୀରକିଶୋର ରାୟ ଏହାର ମୁଖ୍ୟ ବିଚାରପତି ଭାବେ ନିଯୁକ୍ତ ହୋଇଥିଲେ । ତାଙ୍କ ସହିତ ବି. ଜଗନ୍ନାଥ ଦାସ, ଲିଙ୍ଗରାଜ ପାଣିଗ୍ରାହୀ ଓ ଆର.ଏଲ. ନରସିଂହମ ସ୍ଥାୟୀ ବିଚାରପତି ଭାବେ ନିଯୁକ୍ତି ପାଇଲେ ।

ପୂର୍ବରୁ ଲିଙ୍ଗରାଜ ପାଣିଗ୍ରାହୀ ଓଡ଼ିଶାର ଆଡ଼ଭୋକେଟ୍ ଜେନେରାଲ, ଆର.ଏଲ. ନରସିଂହମ ଆଇ.ସି.ଏସ୍. ମେମ୍ବର ଥିଲେ ଓ ବି. ଜଗନ୍ନାଥ ଦାସ ମାଡ୍ରାସରେ ଓକିଲାତି କରୁଥିଲେ ।

ଏଠାରେ ଗୋଟିଏ ବିଷୟ ସ୍ମରଣ କରାଇ ଦିଆଯାଇ ପାରେ ଯେ, ପାରଳା ମହାରଜା କୃଷ୍ଣଚନ୍ଦ୍ର ଗଜପତି ଦେବଙ୍କ ମନ୍ତ୍ରୀ ମଣ୍ଡଳରେ ୧୯୪୨ ଅଗଷ୍ଟ ୧୫ ତାରିଖରେ ଗୃହୀତ ଏକ ପ୍ରସ୍ତାବ ଅନୁଯାୟୀ ଓଡ଼ିଶାରେ ଏକ ସ୍ୱତନ୍ତ୍ର ହାଇକୋର୍ଟ ପ୍ରତିଷ୍ଠାର ଆବଶ୍ୟକତା ଅଛି କି ନାହିଁ ଅନୁଧ୍ୟାନ କରିବାକୁ ଏକ କମିଟି ଗଠନ କରାଯାଇଥିଲା । ବୀରକିଶୋର ରାୟ ଏହି କମିଟିର ମୁଖ୍ୟ ଉପଦେଷ୍ଟା ଥିଲେ ।

ଭାରତର ରାଷ୍ଟ୍ରପତି ତା- ୨୩ । ୧୧ ।୧୯୫୧ ରିଖରେ ଓଡ଼ିଶା ହାଇକୋର୍ଟରେ ମୁଖ୍ୟ ବିଚାରପତିଙ୍କୁ ମିଶାଇ ମୋଟ ସାତଜଣ ଜଜ୍ ରହିବେ ବୋଲି ଏକ ବିଜ୍ଞପ୍ତି ଘୋଷଣା କରିଥିଲେ । ମୁଖ୍ୟ ବିଚାରପତି ବୀରକିଶୋର ରାୟଙ୍କ ବ୍ୟତୀତ ତାଙ୍କ ସହିତ ଜଜ୍ ଭାବରେ ନିଯୁକ୍ତି ପାଇଥିବା ଅନ୍ୟ ତିନିଜଣ, ପରବର୍ତ୍ତୀ ଅବସ୍ଥାରେ ଓଡ଼ିଶା ହାଇକୋର୍ଟର ମୁଖ୍ୟ ବିଚାରପତି ହୋଇଥିଲେ । ଏହାପରେ ଜଷ୍ଟିସ୍ ଖଲିଲ ଅହମ୍ମଦଙ୍କୁ ପାଟନା ହାଇକୋର୍ଟରୁ ଆଣି ମୁଖ୍ୟ ବିଚାରପତି ଭାବେ ଅବସ୍ଥାପିତ କରାଯାଇଥିଲା । କଲିକତା ହାଇକୋର୍ଟରୁ ଏସ. ବର୍ମନ, ଦିଲ୍ଲୀ ହାଇକୋର୍ଟରୁ ଏସ.ଏନ. ଶଙ୍କର ଓ ଗୌହାଟୀ ହାଇକୋର୍ଟରୁ ଡମ୍ବରୁଧର ପାଠକଙ୍କୁ ଏବଂ ଓଡ଼ିଶା ହାଇକୋର୍ଟରୁ ଶ୍ରୀଯୁକ୍ତ ଗତିକୃଷ୍ଣ ମିଶ୍ର, ଶ୍ରୀଯୁକ୍ତ ସୁକାନ୍ତ କିଶୋର ରାୟ ଓ ଶ୍ରୀଯୁକ୍ତ ରଙ୍ଗନାଥ ମିଶ୍ରଙ୍କୁ ମଧ୍ୟ ଓଡ଼ିଶା ହାଇକୋର୍ଟର ମୁଖ୍ୟ ବିଚାରପତି ରୂପେ ନିଯୁକ୍ତି ଦିଆଯାଇଥିଲା । କେଶ୍ ସଂଖ୍ୟା ବୃଦ୍ଧି ପାଇବାରୁ ଜଜ୍‌ମାନଙ୍କ ସଂଖ୍ୟା ଚାରିରୁ କ୍ରମେ କ୍ରମେ ଅଧିକ ହୋଇ ଏବେ ଚଉଦରେ ପହଞ୍ଚିଲାଣି । ଅବଶ୍ୟ ମୁଁ କିଛିଦିନ ଅସ୍ଥାୟୀ ମୁଖ୍ୟ ବିଚାରପତି ଭାବେ କାର୍ଯ୍ୟ କରିଥିଲି ।

ଓଡ଼ିଶା ହାଇକୋର୍ଟର ଉଦ୍‌ଘାଟନ ଉତ୍ସବ ଏକ ସ୍ମରଣୀୟ ଘଟଣା ଭାବେ ଏବେ ବି ମୋର ସ୍ମୃତିରେ ଚିରଭାସ୍ୱର। ଆମ ରାଜ୍ୟ ପାଇଁ ଏହା ଏକ ଗୁରୁତ୍ୱପୂର୍ଣ୍ଣ ଐତିହାସିକ ଘଟଣା ଥିଲା। ୧୯୪୮ ମସିହା ଜୁଲାଇ ୨୬ ତାରଖରେ ଓଡ଼ିଶାର ପ୍ରାଣକେନ୍ଦ୍ର କଟକ ସହରସ୍ଥ ହାଇକୋର୍ଟ ପ୍ରାଙ୍ଗଣରେ ଅନୁଷ୍ଠିତ ହୋଇଥିବା ଏକ ଗାମ୍ଭୀର୍ଯ୍ୟପୂର୍ଣ୍ଣ ଉଦ୍‌ଘାଟନ ଉତ୍ସବରେ, ଓଡ଼ିଶାର ତତ୍କାଳୀନ ରାଜ୍ୟପାଳ ମିଷ୍ଟର ଆସଫ୍ ଅଲ୍ଲୀ (Bar-at-Law) ଅଧ୍ୟକ୍ଷତା କରୁଥିଲାବେଳେ; ଓଡ଼ିଶାର ଭୁତପୂର୍ବ ରାଜ୍ୟପାଳ ତଥା ପଶ୍ଚିମବଙ୍ଗଳାର ତଦାନୀନ୍ତନ ରାଜ୍ୟପାଳ ଡକ୍ଟର କୈଳାସନାଥ କାଟ୍‌ଜୁ, ପାଟନା ହାଇକୋର୍ଟର ମୁଖ୍ୟ ବିଚାରପତି ସାର୍ ସୁଲ୍‌ତାନ ଅହମ୍ମଦ ବଙ୍ଗଳାର ଆଡ୍‌ଭୋକେଟ ଜେନେରାଲ୍ ସାର୍ ଏସ୍.ଏମ୍. ବୋଷ ପ୍ରମୁଖ ଭାରତର ବହୁ ବିଶିଷ୍ଟ ବ୍ୟକ୍ତି ସମ୍ମାନର ଅତିଥି ଭାବେ ଯୋଗଦାନ କରିଥିଲେ। ପୂର୍ବରୁ କୁହାଯାଇଛି ଯେ ଭାରତର ତଦାନୀନ୍ତନ ପ୍ରଧାନ ବିଚାରପତି ସାର୍ ହରିଲାଲ୍ କାନିଆଙ୍କ ଦ୍ୱାରା ଉଦ୍‌ଘାଟିତ ହୋଇଥିଲା।

ଜଷ୍ଟିସ୍ ବୀରକିଶୋର ରାୟ

ବୀରକିଶୋର ରାୟ ତାଙ୍କର ଓକିଲାତି ବ୍ୟବସାୟ ଆରମ୍ଭରୁ ଜାତୀୟ ଆନ୍ଦୋଳନ ସହିତ ସଂପୃକ୍ତ ଥିଲେ। ଜଣେ ଆଇନଜ୍ଞ ଭାବରେ ଅଶେଷ ଖ୍ୟାତିର ଅଧିକାର ଥିଲେ। ବହୁ ଦିନରୁ ମୁଁ ତାଙ୍କ ନିକଟ ସମ୍ପର୍କରେ ଆସିଥିଲି। ଓଡ଼ିଶାକୁ ଏକ ସ୍ୱତନ୍ତ୍ର ପ୍ରଦେଶରେ ପରିଣତ କରିବା ଲାଗି ପାରଳା ମହାରଜା କୃଷ୍ଣଚନ୍ଦ୍ର ଗଜପତିଦେବଙ୍କ ନେତୃତ୍ୱରେ 'ଓଡ଼ିଶା ଜାତୀୟ ଦଳ' ନାମରେ ଯେଉଁ ରାଜନୈତିକ ସଙ୍ଗଠନ କାର୍ଯ୍ୟ କରୁଥିଲା, ବୀରବାବୁ ସେଥିରେ ସକ୍ରିୟ ଭୂମିକା ଗ୍ରହଣ କରିଥିଲେ। ମୁଁ ଓ ମୋର କେତେକ ଆଇନଜୀବୀ ବନ୍ଧୁ ଉକ୍ତ ସଙ୍ଗଠନ ସହିତ ଆପଣାକୁ ସାମିଲ କରି ଜାତୀୟ ଆନ୍ଦୋଳନରେ ଅଂଶଗ୍ରହଣ କରିଥିଲୁ। ସେହି କାର୍ଯ୍ୟକ୍ରମ ଅନୁଯାୟୀ ମୋ ସମେତ ଓଡ଼ିଶାର ପୂର୍ବତନ ଆଡ୍‌ଭୋକେଟ୍ ଜେନେରାଲ ବାଞ୍ଛାନିଧି ମହାପାତ୍ର, ଜଷ୍ଟିସ୍ ପୂର୍ଣ୍ଣଚନ୍ଦ୍ର ମିଶ୍ରଙ୍କ ପିତା ସଦାଶିବ ମିଶ୍ର, ବ୍ରଜବନ୍ଧୁ ଦାସ, ଗଦାଧର ଜେନା ପ୍ରମୁଖ ଆଡ୍‌ଭୋକେଟମାନେ ପ୍ରାୟ ପ୍ରତ୍ୟେକ ଦିନ ବୀରବାବୁଙ୍କ କାଠଯୋଡ଼ି କୂଳ ଘରକୁ ଯାଇ ବିଭିନ୍ନ ବିଷୟରେ ଆଲୋଚନା କରୁଥିଲୁ। ସେହି ସମୟରେ ବୀରବାବୁଙ୍କ ପ୍ରେରଣାରେ "ଓଡ଼ିଶା ଟାଇମ୍‌ସ" ନାମକ ଏକ ଇଂରାଜୀ ସାପ୍ତାହିକ ପତ୍ରିକା ପ୍ରକାଶିତ ହୋଇଥିଲା। ତା'ର କେତେକ ପରିଚାଳନାଗତ ଦାୟିତ୍ୱ ମୋ ଉପରେ ନ୍ୟସ୍ତ ଥିଲା। ଏହି ପତ୍ରିକାଟି ଥିଲା ଓଡ଼ିଶା ଜାତୀୟ ଦଳର ମୁଖପତ୍ର। ମୋ

ବିନୋବିହାରୀ ଘରେ ସେହି ପତ୍ରିକାର କାର୍ଯ୍ୟାଳୟ ଥିଲା । ସେଥିପାଇଁ ମୁଁ ଅନେକଙ୍କର ଚକ୍ଷୁଃଶୂଳ ହୋଇଥିଲି ।

୧୯୩୭ ମସିହା ଜାନୁଆରୀ ମାସରେ ଓଡ଼ିଶା ବିଧାନସଭା ପାଇଁ ସର୍ବପ୍ରଥମ ନିର୍ବାଚନ ହୋଇଥିଲା । ପାରଳା ମହାରାଜାଙ୍କ 'ଜାତୀୟ ଦଳ' ତରଫରୁ ବୀରକିଶୋର ରାୟ ବାଙ୍କୀ-ଗୋବିନ୍ଦପୁର ନିର୍ବାଚନ ମଣ୍ଡଳୀରୁ ପ୍ରାର୍ଥୀ ହୋଇଥିଲେ । ଆମେ କେତେଜଣ ଓକିଲ ବନ୍ଧୁ ବୀରବାବୁଙ୍କ ସପକ୍ଷରେ ନିର୍ବାଚନ ପ୍ରଚାର କରିବାକୁ ନିର୍ବାଚନ ମଣ୍ଡଳୀର ବିଭିନ୍ନ ଅଞ୍ଚଳ ବୁଲି ପ୍ରଚାର କରିଥିଲୁ । ସେ ବେଳର ଗୋଟିଏ ଦୁଇଟି ଘଟଣା ମୋର ମନେ ଅଛି ।

ଏହି ନିର୍ବାଚନ-ଗସ୍ତ କାଳରେ ଥରେ ବୀରବାବୁଙ୍କ ସହିତ ମୋର ଓକିଲ ବନ୍ଧୁ ଗଦାଧର ଜେନା, ବ୍ରଜବନ୍ଧୁ ଦାସ ଓ ଅନ୍ୟ ଜଣେ ବନ୍ଧୁ ସ୍ୱର୍ଗତ ରାଜକିଶୋର ଦାସ (ଜୟପୁରର ବ୍ୟବସାୟୀ) ପ୍ରମୁଖ ଗୋବିନ୍ଦପୁର ଯାଇଥିଲୁ । ଶୀତଦିନ । ଜହ୍ନରାତି ହୋଇଥାଏ । ଆମ୍ଭେମାନେ ଗୋଟିଏ ଡଙ୍ଗାରେ ବସି ନଈରେ ଯାଉଥିଲାବେଳେ ବୀରବାବୁ ଆମ୍ଭମାନଙ୍କୁ ସଙ୍ଗୀତ ଓ ଭଜନ ଗାଇବାକୁ କହିଥିଲେ । ମୋର ଜଣେ ଦୁଇଜଣ ବନ୍ଧୁ ଭଜନ ଗାଇଲେ—

"କୃପାସିନ୍ଧୁ ବଦନ, କରି ଅବଲୋକନ
କେଉଁ କରମହୀନ ଜନ
କାକୁସ୍ଥତର ହୋଇ, କରଯୋଡ଼ି ଜଣାଇ
ଗରୁଡ଼ସ୍ତମ୍ଭ ସନ୍ନିଧାନ
ହେ ମହାବାହୁ..." ଇତ୍ୟାଦି ।

ଏବେ ବ୍ୟବହୃତ ହେଉଥିବା ଭୋଟ ବାକ୍ସ ସେତେବେଳେ ନ ଥିଲା । ଭିନ୍ନ ଭିନ୍ନ ପ୍ରାର୍ଥୀଙ୍କ ପାଇଁ ଭିନ୍ନ ଭିନ୍ନ ରଙ୍ଗର ବାକ୍ସ ରଖାଯାଉଥିଲା । ବୀରବାବୁ ପ୍ରାର୍ଥୀ ହୋଇଥିବା ଜାତୀୟ ଦଳ ପାଇଁ, ଭୋଟ କେନ୍ଦ୍ରରେ ନାଲି ରଙ୍ଗର ବାକ୍ସ ରଖାଯାଇଥିଲା । ଏହି ନିର୍ବାଚନରେ କଂଗ୍ରେସ ପ୍ରାର୍ଥୀମାନେ ବହୁ ସଂଖ୍ୟାରେ ନିର୍ବାଚିତ ହୋଇଥିଲେ । କିନ୍ତୁ କେତେକ କାରଣରୁ ସେମାନେ ମନ୍ତ୍ରୀମଣ୍ଡଳ ଗଠନ କରିବାକୁ ସମ୍ମତ ନ ହେବାରୁ ୧୯୩୭ ମାର୍ଚ୍ଚ ୨୪ ତାରିଖରେ ଓଡ଼ିଶାର ମାନ୍ୟବର ରାଜ୍ୟପାଳ ସାର୍ ଜନ୍ ଅଷ୍ଟିନ୍ ହବାକ୍ ପାରଳା ମହାରାଜାଙ୍କୁ (ଓଡ଼ିଶା ଜାତୀୟ ଦଳକୁ) ମନ୍ତ୍ରୀ ପରିଷଦ ଗଠନ କରିବାକୁ ନିମନ୍ତ୍ରଣ କରିଥିଲେ । ମହାରାଜାଙ୍କ ନେତୃତ୍ୱରେ ମନ୍ତ୍ରୀମଣ୍ଡଳ ଶପଥ ନେଲା । ସେଥିରେ ପାରଳା ମହାରାଜା ଥିଲେ ପ୍ରଧାନମନ୍ତ୍ରୀ (ସଂପ୍ରତି ମୁଖ୍ୟମନ୍ତ୍ରୀଙ୍କ ସହ ସମାନ) । ଅନ୍ୟ

ଦୁଇଜଣ ମନ୍ତ୍ରୀ ହେଲେ ଗୋରାଚାନ୍ଦ ପଟ୍ଟନାୟକ ଓ ଲତିଫୁର୍ ରହମନ୍। ସେମାନଙ୍କ ଦାୟିତ୍ୱରେ ଯଥାକ୍ରମେ ରାଜସ୍ୱ ଓ ଶିକ୍ଷା ବିଭାଗ ରହିଲା। ଓଡ଼ିଶା ବିଧାନସଭାର ପ୍ରଥମ ଅଧିବେଶନ ରେଭେନ୍ସା କଲେଜ ହଲରେ ଆରମ୍ଭ ହୋଇଥିଲା। ଏବେ ଏହାକୁ 'ଆସେମ୍ବ୍ଲି ହଲ' ବୋଲି କୁହାଯାଉଛି। ବୀରବାବୁ ଏ ନିର୍ବାଚନରେ ହାରି ଯାଇଥିଲେ। କିନ୍ତୁ ବିଚାରପତି ଆସନରୁ ଅବସର ନେବା ପରେ ସେ କେତେ ବର୍ଷ ପାଇଁ ପାର୍ଲିଆମେଣ୍ଟର ସଭ୍ୟ ହୋଇଥିଲେ। ୧୯୪୮ ମସିହାରେ ଓଡ଼ିଶା ହାଇକୋର୍ଟ ପ୍ରତିଷ୍ଠିତ ହେଲା। ବୀରବାବୁ ହେଲେ ଏହାର ପ୍ରଥମ ମୁଖ୍ୟ ବିଚାରପତି। ପରେ ସେ ସୁପ୍ରିମ କୋର୍ଟର ଜଜ୍ ହେବା ଏକପ୍ରକାର ନିଶ୍ଚିତ ବୋଲି ବହୁମୁଖରେ ଶୁଣାଯାଇଥିଲା। ଏ ସମ୍ପର୍କରେ ବିଭିନ୍ନ ସମ୍ବାଦପତ୍ରରେ ମଧ୍ୟ ପ୍ରକାଶ ପାଇଥିଲା। ମାତ୍ର ଅତ୍ୟନ୍ତ ଦୁର୍ଭାଗ୍ୟର କଥା, ତାଙ୍କ ବିରୁଦ୍ଧରେ ନାନା ବେନାମୀ ପ୍ରଚାରପତ୍ର ଛାପା ହୋଇ ଦିଲ୍ଲୀ ସମେତ ବିଭିନ୍ନ ଗୁରୁତ୍ୱପୂର୍ଣ୍ଣ ସ୍ଥାନମାନଙ୍କରେ ବଣ୍ଟନ କରାଯାଇଥିଲା। ବୀରବାବୁ ସୁପ୍ରିମକୋର୍ଟରେ ବିଚାରପତି ହୋଇ ନ ପାରିବାରୁ ତାଙ୍କର ବିପକ୍ଷବାଦୀମାନେ ଆତ୍ମସନ୍ତୋଷ ଲାଭ କରିବା ଲକ୍ଷ୍ୟ କରାଯାଇଥିଲା। ଏ ସମ୍ପର୍କରେ ପୂର୍ବତନ ମୁଖ୍ୟମନ୍ତ୍ରୀ ଶ୍ରୀଯୁକ୍ତ ନୀଳମଣି ରାଉତରାୟଙ୍କ 'ସ୍ମୃତି ଓ ଅନୁଭୂତି' ପୁସ୍ତକରେ ବିଶଦ୍ ଭାବରେ ଆଲୋଚନା କରାଯାଇଛି। ଏହା ବ୍ୟତୀତ ୧୯୫୮ ମସିହା କଟକ 'ଲ ଟାଇମସ୍ ଜର୍ଣ୍ଣାଲ'ରେ ୬୯୭ ପୃଷ୍ଠାରେ ପ୍ରକାଶିତ ହୋଇଥିବା ଓଡ଼ିଶା ହାଇକୋର୍ଟର ତତ୍କାଳୀନ ଚିଫ୍ ଜଷ୍ଟିସ୍ ଆର.ଏଲ. ନରସିଂହମ୍‌ଙ୍କ ଭାଷଣରୁ ମଧ୍ୟ ଏହା ଜଣାଯାଏ।

"It is no exaggeration to say that in any High Court in India he would have made his mark as a great Judge... x x x"

ମୁଁ ବିନୋଦ ବିହାରୀରେ ଥିଲାବେଳେ କାଠଯୋଡ଼ି କୂଳରେ ତାଙ୍କର ଯେଉଁ କୋଠା ଅଛି, ସେତେବେଳେ ତାହା ନୂଆ ତିଆରି ହୋଇଥାଏ। ତାଙ୍କ ଶ୍ୱଶୁର ଧର୍ମାନନ୍ଦ ପଟ୍ଟନାୟକଙ୍କ ଘର କାଳୀଗଳିରେ। ସେ ଜଣେ ବିଶିଷ୍ଟ ଆଇନଜୀବୀ ଓ ସମାଜସେବୀ ଥିଲେ। ଜାତୀୟକବି ବୀରକିଶୋର ଦାସ ସ୍ୱର୍ଗତ ପଟ୍ଟନାୟକଙ୍କର ଅନ୍ୟତମ ଜାମାତା। ମଝିରେ ମଝିରେ ବୀରକିଶୋର ରାୟ ଶ୍ୱଶୁର ଘରକୁ ଆସୁଥିଲେ। ତାଙ୍କ ଶାଳକ ଡାକ୍ତର ବିଭୂତି ଭୂଷଣ ପଟ୍ଟନାୟକ ଓ ଚନ୍ଦ୍ରଶେଖର ପଟ୍ଟନାୟକଙ୍କ ସହିତ। ମୋର ଛାତ୍ରାବସ୍ଥାରେ ବେଶ୍ ଜଣାଶୁଣା ଥିଲା। ୧୯୪୬ ମସିହାରେ ପାଟନାରେ ଜଜ୍ ହୋଇ ବୀରବାବୁ ଯେତେବେଳେ ପ୍ରଥମେ କଟକ ଆସିଲେ, ମୁଁ ମୋ ପୁରୁଣା କଲେଜ ଲେନ ସ୍ଥିତ ବାସଭବନରେ ତାଙ୍କ ସମ୍ମାନାର୍ଥେ ଏକ ଭୋଜିସଭାର ଆୟୋଜନ

କରିଥିଲି । ଏଥିରେ ଓଡ଼ିଶାର ବହୁ ବିଶିଷ୍ଟ ବ୍ୟକ୍ତି ଯୋଗଦାନ କରିଥିଲେ । ଅବଶ୍ୟ ଏହି ଭୋଜି ଆୟୋଜନ କରିଥିବା ହେତୁ ମୁଁ କେତେକଙ୍କର ଚକ୍ଷୁଃଶୂଳ ହୋଇଥିବାର ଅନୁମାନ କରିଥିଲି । ତାଙ୍କ ନିକଟରେ ଅନେକ ମକଦ୍ଦମା ଯୁକ୍ତି କରିବାରେ ମୁଁ ସୁଯୋଗ ପାଇଥିଲି ଓ ସୁନାମ ଅର୍ଜନ କରିଥିଲି ।

ଗତ ତା ୨୬।୭।୧୯୫୮ ରେ ବୀରକିଶୋର ରାୟ ଆମ୍ଭମାନଙ୍କ ଠାରୁ ବିଦାୟ ନେଇ ପରଲୋକଗତ ହୋଇଛନ୍ତି । ୨୭ ତାରିଖ ଦିନ ହାଇକୋର୍ଟରେ ଏକ ଶୋକସଭା ଅନୁଷ୍ଠିତ ହୋଇ ତାଙ୍କ ବିୟୋଗରେ ଗଭୀର ଶୋକ ପ୍ରକାଶ କରାଯାଇଥିଲା । ଓଡ଼ିଶା ହାଇକୋର୍ଟର ପ୍ରଥମ ଓଡ଼ିଆ ମୁଖ୍ୟ ବିଚାରପତି ତଥା ଜଣେ ବିଚକ୍ଷଣ ଆଇନଜ୍ଞ ଭାବରେ ତାଙ୍କ ସ୍ମୃତି ଚିର ଅମ୍ଳାନ ରହିବ । ତାଙ୍କ ପୁତ୍ର ଶ୍ରୀ ସୁକାନ୍ତ କିଶୋର ରାୟ ଓଡ଼ିଶା ହାଇକୋର୍ଟର ମଧ୍ୟ ମୁଖ୍ୟ ବିଚାରପତି ହେଲେ । ତାଙ୍କ ଜ୍ୟେଷ୍ଠପୁତ୍ର ଶ୍ରୀ ବିଜୟ କିଶୋର ରାୟ ମଧ୍ୟ ବିଚାରପତି ଥିଲେ ଏବଂ କନିଷ୍ଠ ପୁତ୍ର ନିକୁଞ୍ଜ କିଶୋର ରାୟ ଓଡ଼ିଶାର ପୋଲିସ ଆଇ.ଜି. ଓ ଓଡ଼ିଶା ପବ୍ଲିକ ସର୍ଭିସ କମିଶନ (Public Service Commission) ର ଚେୟାରମ୍ୟାନ ଥିଲେ । ଜଷ୍ଟିସ ସୁକାନ୍ତ କିଶୋର ରାୟ ଏବେ ଲୋକପାଳ ଅଛନ୍ତି । ବୀରବାବୁ ମୋତେ ଅତ୍ୟନ୍ତ ଶ୍ରଦ୍ଧା କରୁଥିଲେ । ମୋ ଆଇନଜୀବୀ ଜୀବନରେ ତାଙ୍କର ଶ୍ରଦ୍ଧା, ଆର୍ଶୀବାଦ ଓ ସହାନୁଭୂତି ଚିର ସ୍ମରଣୀୟ ହୋଇ ରହିଥିବ ।

ବାଞ୍ଛାନିଧି ମହାପାତ୍ର

ଅନେକ ଦିନ ତଳର କଥା । ବାଞ୍ଛାନିଧି ମହାପାତ୍ରଙ୍କ ସହିତ ମୋର ପ୍ରଥମ ସାକ୍ଷାତ ହୋଇଥିଲା ଓଡ଼ିଶା ହାଇକୋର୍ଟର ପ୍ରଥମ ମୁଖ୍ୟ ବିଚାରପତି ସ୍ୱର୍ଗତ ବୀରକିଶୋର ରାୟଙ୍କ ଘରେ । ବାଞ୍ଛାନିଧି ବାବୁଙ୍କ ଘର ଥିଲା ତେଲେଙ୍ଗା ବଜାରରେ ଏବଂ ବୀରବାବୁଙ୍କ ଘର ପୁରୀଘାଟରେ ପାଖାପାଖି କହିଲେ ଚଳେ । ଉଭୟେ ଥିଲେ ଅତି ଅନ୍ତରଙ୍ଗ ବନ୍ଧୁ । ମୋ ଓକିଲାତି ଜୀବନର ପ୍ରଥମ ଅବସ୍ଥାରେ ବୀରବାବୁ ଓ ବାଞ୍ଛାନିଧି ବାବୁଙ୍କ ଘନିଷ୍ଠ ସମ୍ପର୍କରେ ମୁଁ ଆସିଥିଲି । ପ୍ରାୟ ପ୍ରତିଦିନ ସନ୍ଧ୍ୟାବେଳେ ବୀରବାବୁଙ୍କ ଘରେ ବାଞ୍ଛାନିଧି ବାବୁଙ୍କ ସହିତ ମୋର ସାକ୍ଷାତ ହେଉଥିଲା । ସମାଜ ସେବା ତଥା ଦେଶର ବିଭିନ୍ନ ପରିସ୍ଥିତି ବିଷୟରେ ବିଚାର ଆଲୋଚନା ହେଉଥିଲା ।

ସେ ସମୟରେ ସ୍ୱତନ୍ତ୍ର ଉତ୍କଳ ପ୍ରଦେଶ ଗଠନ ପାଇଁ ବହୁ ଉଦ୍ୟମ ହୋଇଥିଲା । କେତେକ ସମ୍ବାଦପତ୍ର ମଧ୍ୟ ଏ ଦିଗରେ ବିଶେଷ ଉଦ୍ୟମ କରିଥିଲେ । ଦିନେ ବୀରବାବୁଙ୍କ ଘରେ "The Orissa Times" ନାମରେ ଏକ ଇଂରାଜୀ ପତ୍ରିକା ପ୍ରକାଶ କରିବାକୁ

ନିଷ୍ପତ୍ତି ନିଆଗଲା । ତଦନୁଯାୟୀ ମୋ ବିନୋଦବିହାରୀ ଘରେ ଏହି ପତ୍ରିକାର କାର୍ଯ୍ୟାଳୟ ହେଇ ଏବଂ ମୁଖ୍ୟ ସମ୍ପାଦନା ତଥା ପରିଚାଳନା ଦାୟିତ୍ୱ ବାଞ୍ଛାନିଧି ମହାପାତ୍ର, ବ୍ରଜବନ୍ଧୁ ଦାସ ଓ ମୋ ଉପରେ ନ୍ୟସ୍ତ କରାଯାଇଥିଲା । ଓଡ଼ିଶା ସ୍ୱତନ୍ତ୍ର ପ୍ରଦେଶ ଭାବେ ସ୍ୱୀକୃତି ଲାଭର ସ୍ମାରକୀ ସ୍ୱରୂପ ଏପ୍ରିଲ ପହିଲାରେ ହିଁ ଉକ୍ତ ପତ୍ରିକା ଆତ୍ମପ୍ରକାଶ କରିଥିଲା । ଏ ବିଷୟରେ ମୁଁ ଅତ୍ୟନ୍ତ ଆଲୋଚନା କରିଛି ।

ବାଞ୍ଛାନିଧି ବାବୁ ସ୍ୱାଧୀନତା ସଂଗ୍ରାମରେ ସକ୍ରିୟ ଅଂଶଗ୍ରହଣ କରି ନ ଥିଲେ ମଧ୍ୟ ଆନ୍ଦୋଳନ ପ୍ରତି ତାଙ୍କର ଯଥେଷ୍ଟ ସମ୍ମାନ ଥିଲା । ନିଜର ପ୍ରଗାଢ଼ ଚେଷ୍ଟା ଓ ନିଷ୍ଠା ଫଳରେ ସେ ନିଜକୁ ଜଣେ ଦକ୍ଷ ଆଇନ୍‌ଜୀବୀ ଭାବେ ପ୍ରତିଷ୍ଠିତ କରି ପାରିଥିଲେ ଏବଂ ପରେ ଓଡ଼ିଶା ହାଇକୋର୍ଟର ଆଡ଼ଭୋକେଟ୍ ଜେନେରାଲ ହୋଇଥିଲେ । କାର୍ଯ୍ୟଦକ୍ଷତା ଲାଗି ସେ ରାୟବାହାଦୁର ଉପାଧି ଲାଭ କରିଥିଲେ ।

ଆଇନ୍ ବ୍ୟବସାୟ କ୍ଷେତ୍ରରେ ମଧ୍ୟ ମୁଁ ତାଙ୍କ ଘନିଷ୍ଠ ସମ୍ପର୍କରେ ଆସିଥିଲି । ବହୁ ଫୌଜଦାରୀ ମୋକଦ୍ଦମାରେ ମୁଁ ମୁଖ୍ୟତଃ ମୁଦାଲାମାନଙ୍କ ତରଫରୁ ଲଢୁଥିଲାବେଳେ ବାଞ୍ଛାନିଧି ବାବୁ ସରକାରଙ୍କ ପକ୍ଷରୁ ଲଢୁଥିଲେ । ମାତ୍ର ମୁଦାଲାମାନଙ୍କ ପ୍ରତି ଯେପରି କୌଣସି ଅନ୍ୟାୟ କରା ନ ଯାଏ, ସେଥିପ୍ରତି ସେ ସର୍ବଦା ସଚେତନ ଥିଲେ । ଏପରିକି ଉପଯୁକ୍ତ ନ୍ୟାୟ ପାଇବାରେ ସେ ମୁଦାଲାମାନଙ୍କ ସହାୟତା ମଧ୍ୟ କରୁଥିଲେ ।

ବାଞ୍ଛାନିଧି ବାବୁଙ୍କର ସ୍ନେହଭରା ସୌଜନ୍ୟ ଓ ଅମାୟିକ ବ୍ୟବହାର ଅତ୍ୟନ୍ତ ଶିକ୍ଷଣୀୟ । କବି ଅନନ୍ତ ପଟ୍ଟନାୟକ ଓ ଭଗବତୀ ଚରଣ ପାଣିଗ୍ରାହୀ ପ୍ରଭୃତିଙ୍କ ବିରୁଦ୍ଧରେ କମ୍ୟୁନିଷ୍ଟ ଷଡ଼ଯନ୍ତ୍ର ମାମଲାର ବିଚାର ଯେତେବେଳେ କଟକ ଜେଲ୍‌ରେ ହେଉଥିଲା, ଥରେ ମୁଁ ଅସୁସ୍ଥ ଥିବାରୁ ମୁଦାଲାମାନେ ମୋକଦ୍ଦମାଟିକୁ ଅନ୍ୟ କୋର୍ଟକୁ ଉଠାଇ ନେବାକୁ ଚାହୁଁଥିଲେ । ସେଥିପାଇଁ ଆବେଦନ କରିବାର ଆବଶ୍ୟକତା ପଡ଼ିବାରୁ ମୁଦାଲା ଓ ପୋଲିସ୍‌ଙ୍କ ସହିତ ନିଜେ ବାଞ୍ଛାନିଧି ବାବୁ ମୋ ଘରେ ଆସି ପହଞ୍ଚିଲେ । ସରକାରୀ ପକ୍ଷ ସମର୍ଥନ କରୁଥିଲେ ମଧ୍ୟ ସେ ମୁଦାଲାମାନଙ୍କ ହିତ ଦୃଷ୍ଟିରୁ ମୋ ସହିତ ପରାମର୍ଶ କରିବାକୁ ଆସିଥିଲେ । ତାଙ୍କର ଏହି ଉଦାରତା ଓ ମହାନୁଭବତାର ବାସ୍ତବିକ୍ ପଟାନ୍ତର ନାହିଁ ।

ମାଜିଷ୍ଟ୍ରେଟ୍ ଦୋଳଗୋବିନ୍ଦ ମହାନ୍ତିଙ୍କ ହତ୍ୟା ମୋକଦ୍ଦମାରେ ମଧ୍ୟ ସେ ବହୁତ ନିଷ୍ଠା ଓ ଆନ୍ତରିକତାର ସହିତ ସବୁ କାଗଜପତ୍ର ଦେଖୁଥିଲେ । ଯେପରି କୌଣସି ମିଥ୍ୟା ସାକ୍ଷୀ ଏଥିରେ ଭାଗ ନ ନିଅନ୍ତି, ସେଥିପାଇଁ ସେ ସତର୍କତା ଅବଲମ୍ବନ କରୁଥିଲେ ।

କିନ୍ତୁ ଏହା ଅବଶ୍ୟ ସତ୍ୟ ଯେ ସେ କହନ୍ତି, ଜାଣିଶୁଣି ସାକ୍ଷୀମାନେ ମିଥ୍ୟା ବୟାନ କଲେ ତାଙ୍କର କୌଣସି ପ୍ରକାର ହସ୍ତକ୍ଷେପ କରିବା କଷ୍ଟକର ବ୍ୟାପାର। ବହୁ ମୋକଦ୍ଦମାରେ ଆମ୍ଭେ ଦୁହେଁ ପରସ୍ପର ବିରୁଦ୍ଧରେ ଲଢ଼ିଛୁ। କିନ୍ତୁ କୌଣସି ବିଷୟରେ କ୍ରୋଧ ପ୍ରକାଶ କରିବା, ଉତ୍ତେଜିତ ବା ବିଚଳିତ ହେବାର ମୁଁ ତାଙ୍କୁ ଦେଖିନାହିଁ। ଉଚ୍ଚକୋଟୀର ନ୍ୟାୟ ଓ ନିରପେକ୍ଷତା ଲାଗି ନିର୍ବାଚନ ଟ୍ରିବ୍ୟୁନାଲ୍‌ର ବିଚାରପତି ଭାବେ ତାଙ୍କୁ ନିଯୁକ୍ତି ଦିଆ ଯାଇଥିଲା।

ବାଞ୍ଛାନିଧି ବାବୁ ଉଚ୍ଚକୋଟୀର କଳାପ୍ରେମୀ ଥିଲେ। ସାହିତ୍ୟ, ସଙ୍ଗୀତ, ନାଟକ ପ୍ରଭୃତିରେ ତାଙ୍କର ଶ୍ରଦ୍ଧା ଥିଲା ଓ ବହୁ ସାଂସ୍କୃତିକ ଅନୁଷ୍ଠାନ ସହିତ ସେ ସଂପୃକ୍ତ ଥିଲେ। ସଂସାରର ନାନା ଜଞ୍ଜାଳ ମଧ୍ୟରେ ତାଙ୍କ ମୁହଁରୁ କେବେ ହସ ଲିଭି ନ ଥିଲା।

ବିନୋଦବିହାରୀରେ ମୁଁ ପ୍ରାୟ କୋଡ଼ିଏ ବର୍ଷ କାଳ କଟାଇଥିଲି। ବି. ଏଲ. ପଢ଼ିବାଠୁଁ ଆରମ୍ଭ କରି ମୋ ଓକିଲାତି ଜୀବନର ଅନେକ ଦିନ ସେଠି ଅତିବାହିତ ହୋଇଥିଲା। ସେଠାରେ ରହିବା ସମୟରେ ବହୁ ବଡ଼ ବଡ଼ ବ୍ୟବସାୟୀ ପରିବାର ସହିତ ମୋର ଜଣାଶୁଣା ହୋଇଥିଲା। ଅନେକ ସମୟରେ ମୁଁ ବିନୋଦବିହାରୀର ରାଜକିଶୋର ଦାସ ରୂପେ ପରିଚିତ ଥିଲି। ରାୟବାହାଦୁର ରାଜକିଶୋର ଦାସଙ୍କୁ ଲୋକେ "ବାଙ୍କାବଜାର ରାଜୁବାବୁ" ଏବଂ ମୋତେ "ବିନୋଦବିହାରୀ ରାଜୁବାବୁ" ବୋଲି କହୁଥିଲେ।

ରାୟବାହାଦୁର ରାଜକିଶୋର ଦାସ

ଗୋଟିଏ ସମ୍ଭ୍ରାନ୍ତ ଓ ପ୍ରଭାବଶାଳୀ ପରିବାର ସହିତ ଆମର ପାରିବାରିକ ସମ୍ପର୍କ ଥିଲା, ସେ ହେଉଛନ୍ତି ରାୟବାହାଦୁର ରାଜକିଶୋର ଦାସ। ତାଙ୍କ ଘର ବାଙ୍କାବଜାରରେ ଅବସ୍ଥିତ। ସେ ବହୁ ବର୍ଷ ଧରି ପୁରୀ ଜଗନ୍ନାଥ ମନ୍ଦିରର ସୁପରିଣ୍ଟେଣ୍ଡେଣ୍ଟ ଥିଲେ। ତାଙ୍କ ପିଲାମାନେ ସମାଜରେ ବିଶେଷ ପ୍ରତିଷ୍ଠା ଲାଭ କରିପାରିଥିଲେ। ତାଙ୍କ ପୁଅ ନିକୁଞ୍ଜ କିଶୋର ଦାସ ତତ୍କାଳୀନ କାଉନସିଲ୍ ଅଫ ଷ୍ଟେଟସ୍‌ର ସଭ୍ୟ ଥିଲେ। ସେ କଟକ ଜିଲ୍ଲା ବୋର୍ଡ଼ର ମଧ୍ୟ ସଭ୍ୟ ଥିଲେ। ତାଙ୍କର ଅନ୍ୟତମ ପୁତ୍ର ଦେବେନ୍ଦ୍ର କିଶୋର ଦାସ କଟକ ସଦର ଲୋକାଲ୍ ବୋର୍ଡ଼ର ଚେୟାରମ୍ୟାନ ଥିଲେ। ଆଉ ଜଣେ ପୁତ୍ର ଉପେନ୍ଦ୍ର କିଶୋର ଦାସ। ସେ ଜଣେ ସ୍ୱନାମଧନ୍ୟ ଔପନ୍ୟାସିକ। ତାଙ୍କ ଲିଖିତ 'ମଲାଜହ୍ନ' ଉପନ୍ୟାସ ନାଟକ ଓ ଚଳଚ୍ଚିତ୍ର ରୂପରେ ରୂପାୟିତ ହୋଇ ଅଜସ୍ର ସୁଖ୍ୟାତି ଆଣି ଦେଇଛି। ଉତ୍କଳ ଗୌରବ ମଧୁସୂଦନ ଦାସଙ୍କ ଭାଇ ଗୋପାଳବଲ୍ଲଭ ଦାସ ଉପେନ୍ଦ୍ର ବାବୁଙ୍କୁ ପୋଷ୍ୟପୁତ୍ର

କର ନେଇଥିଲେ। ମୁଁ ତାଙ୍କ ତରଫରୁ ଗୋଟିଏ ସେକ୍ସନ୍ ସାର୍ଟିଫିକେଟ୍ କେଶ୍‌ରେ ଓକିଲ ଭାବରେ ନିଯୁକ୍ତି ହୋଇଥିଲେ। ଗୋପାଳବଲ୍ଲଭ ଦାସଙ୍କ କନ୍ୟା ହେଉଛନ୍ତି ବିଶିଷ୍ଟ ସମାଜ ସେବିକା ସ୍ୱର୍ଗତା ରମା ଦେବୀ। ରାୟବାହାଦୁର ରାଜକିଶୋର ଦାସ ରମାଦେବୀଙ୍କ ମାମୁଁ। ସେ ପୂର୍ବତନ ରାଜ୍ୟପାଳ ସ୍ୱର୍ଗତ ନିତ୍ୟାନନ୍ଦ କାନୁନ୍‌ଗୋଙ୍କର ମଧ୍ୟ ମାମୁଁ। ନିତ୍ୟାନନ୍ଦ କାନୁନ୍‌ଗୋଙ୍କ ପିତା ବାଳମୁକୁନ୍ଦ କାନୁନ୍‌ଗୋ ହେଉଛନ୍ତି ରାଜକିଶୋର ଦାସଙ୍କ ଭିଣୋଇ। ପିଲାଦିନେ ନିତ୍ୟାନନ୍ଦ ବାବୁ ଅନେକ ଘରକୁ ଆସୁଥିଲେ। ସେହିଠାରେ ହିଁ ତାଙ୍କ ସହିତ ମୋର ପ୍ରଥମ ସାକ୍ଷାତ ହୋଇଥିଲା। ସେ ଭାରି ସଉକିଆ ଲୋକ ଥିଲେ। ଅନେକ ସମୟରେ ସିଲ୍‌କ ଓ ମଠା ପୋଷାକ ପିନ୍ଧି ଆସୁଥିଲେ।

ରାଜକିଶୋର ଦାସଙ୍କ ପରିବାର ଏକ ରାଜାରାଜୁଡ଼ା ପରିବାର ଭଳି ଚଳୁଥିଲେ। ତାଙ୍କ ଘରେ ନାନାପ୍ରକାର ଜୀବଜନ୍ତୁ ରଖାଯାଇଥିଲା। ରାଜକିଶୋର ଦାସଙ୍କ ଭାଇ ବୀରକିଶୋର ଦାସ ଗଡ଼ଜାତର ଦେୱାନ ଥିଲେ। ଥରେ ଜଙ୍ଗଲରୁ ସେ ଗୋଟିଏ ବାଘଛୁଆ ଆଣିଥିଲେ। ସେ ବାଘଛୁଆଟି କଥା ମୋର ଆଜି ମନେ ପଡ଼ୁଛି। ମୁଁ ତ ତାଙ୍କ ଘରକୁ ପ୍ରାୟ ଅଧିକାଂଶ ସମୟରେ ଯାଏ। କୌତୁକିଆ ବାଘଛୁଆଟି ଦେଖି ମୋ ମନ ଏମିତି ଖୁସି ହୋଇଥିଲା ଯେ, ତାକୁ ନେଇ ମୁଁ ଆମ ଘରକୁ ଆସିଲି। ମୋ ସ୍ତ୍ରୀ ଓ ଅନ୍ୟମାନେ ତାକୁ ଗୋଟିଏ ବଡ଼ ବିଲେଇଛୁଆ ବୋଲି ଭାବିଥିଲେ। କିନ୍ତୁ ଯେତେବେଳେ ଜାଣିଲେ ସେ ସେଇଟା ବିଲେଇଛୁଆ ନୁହେଁ, ବାଘଛୁଆ; ସେମାନେ ସମସ୍ତେ ଆଶ୍ଚର୍ଯ୍ୟାନ୍ୱିତ ହୋଇଗଲେ। ଆତଙ୍କିତ ବି ହେଲେ। ତା'ପରେ ତାକୁ ନେଇ ଛାଡ଼ିଦେଇ ଆସିଲି। ବାଘଛୁଆଟି କ୍ରମଶଃ ବଡ଼ ହୋଇ ତା'ର ଉଗ୍ର ପ୍ରକୃତି ଦେଖାଇଲା। ତାକୁ ମହାସମାରୋହରେ ଅନ୍ୟତ୍ର ନେଇ ଛାଡ଼ି ଦିଆଯାଇଥିଲା।

ରାୟବାହାଦୂର ରାଜକିଶୋର ଦାସଙ୍କ ଘର କଟକର ବିଭିନ୍ନ ସାଂସ୍କୃତିକ କାର୍ଯ୍ୟକ୍ରମର କେନ୍ଦ୍ରସ୍ଥଳୀ ଥିଲା। ବହୁ ନାମଜାଦା ପଣ୍ଡିତ, ସଙ୍ଗୀତଜ୍ଞ ଓ ରାଜନୀତିଜ୍ଞ ତାଙ୍କ ଘରକୁ ଆସୁଥିଲେ। ସେଠାରେ ସାହିତ୍ୟ ଓ ସଙ୍ଗୀତ ଚର୍ଚ୍ଚା କରାଯାଉଥିଲା। ସ୍ୱର୍ଗତ ଗୋକୁଳ ଚନ୍ଦ୍ର ଶ୍ରୀଚନ୍ଦନ ଓ ବାଣୀକଣ୍ଠ ନିମାଇଁ ଚରଣ ହରିଚନ୍ଦନଙ୍କ ଭଳି ସଙ୍ଗୀତ ବିଶାରଦମାନେ ସଙ୍ଗୀତ ପରିବେଷଣ କରୁଥିଲେ।

ନିମାଇଁ ହରିଚନ୍ଦନ

ସଙ୍ଗୀତର ମୋହ ମୋତେ ସେ ଆଡ଼କୁ ଟାଣି ନେଇଗଲା। ସେଇଠାରେ ହିଁ ଶ୍ରୀ ହରିଚନ୍ଦନଙ୍କ ସହିତ ମୋର ପ୍ରଥମ ପରିଚୟ। ତାଙ୍କ ସଙ୍ଗୀତର ମୂର୍ଚ୍ଛନା ଓ ତନ୍ମୟ

ଭାବରେ ମୁଁ ଯେତିକି ପ୍ରଭାବିତ ହୋଇ ପଡ଼ିଲି ତା'ର ପ୍ରତିଫଳନ ତାଙ୍କ ଉପରେ ମଧ୍ୟ ପଡ଼ିଲା। କ୍ରମେ ଆମେ ଦୁହେଁ ନିକଟତର ହୋଇ ଉଠିଲୁ। ଥରେ ସେ ମୋତେ ଗାଇବାକୁ ଅନୁରୋଧ କଲେ। ପ୍ରଥମ କରି ତାଙ୍କ ସାଙ୍ଗରେ ସ୍ୱର ମିଳେଇ "ପତିତପାବନ ବାନା ଆଉ କେତେ ବେଳକୁ, ଭାସିଗଲି ଭବଜଳେ ନାବ ଦିଅ କୂଳକୁ"—ଜଣାଣଟି ଗାଇଲାବେଳେ ଯେଉଁ ଶିହରଣ ଅନୁଭବ କରିଥିଲି ଏବେ ତାହା ମନେ ପଡ଼ିଲେ ଲୋମ ଟାଙ୍କୁରି ଉଠେ। ଶ୍ରୀ ହରିଚନ୍ଦନ ଅନେକ ଚମ୍ପୁ, ଛାନ୍ଦ, ଜଣାଣ ଭଜନ ଗାଇଛନ୍ତି। କିନ୍ତୁ ସେ ଏଇ ଜଣାଣଟିକୁ ଯେଉଁ ଭାବ ଓ ଦରଦ ଦେଇ ଗାଆନ୍ତି, ସେପରି ଆଉ କେହି ଗାଇପାରିବା କଥା ମୁଁ ଜାଣେ ନାହିଁ। ଆନ୍ତରିକତାର ସୁଯୋଗରେ ତାଙ୍କୁ ମୋ ଘରକୁ ଆସିବା ପାଇଁ ଅନୁରୋଧ କଲି। ତା' ପରଠୁ ସଙ୍ଗୀତ ଆସର ଆମ ଘରେ ବସିଲା।

ଛାନ୍ଦ ଜଣାଣ ବ୍ୟତୀତ ଲଘୁ ସଙ୍ଗୀତ ମଧ୍ୟ ସେ ଅତି ଦକ୍ଷତାର ସହିତ ଗାଇପାରୁଥିଲେ ଓ ଶ୍ରୋତାବର୍ଗଙ୍କୁ ମୁଗ୍ଧ ଓ ମୋହିତ କରି ରଖୁଥିଲେ। କଲିକତାର ପ୍ରସିଦ୍ଧ ହିଜ ମାଷ୍ଟରସ୍ ଭଏସ୍ ଗ୍ରାମୋଫୋନ ରେକର୍ଡ଼ କମ୍ପାନୀ ତାଙ୍କର ଅନେକ ଗୀତ ରେକର୍ଡ଼ କରିଥିଲେ। ତାଙ୍କୁ 'ବାଣୀକଣ୍ଠ' ଉପାଧିରେ ଭୂଷିତ କରାଯାଇଥିଲା। ଜଗନ୍ନାଥ ଜଣାଣ ଗାଇଲା ବେଳେ ସେ ଏ ପାର୍ଥିବ ଜଗତରେ ଥିଲା ପରି ମନେ ହୁଏ ନାହିଁ। ସେ କହନ୍ତି ଜଗନ୍ନାଥ ଜଣାଣ ସମସ୍ତେ ମିଶି ଗାଇବା କଥା। ସେଥିପାଇଁ ଆସରରେ ଆମ ସମସ୍ତଙ୍କୁ ତାଙ୍କ ସଙ୍ଗରେ ଗାଇବାକୁ ହୁଏ। ତାଙ୍କର ପ୍ରଗାଢ଼ ଭକ୍ତିରୁ ମନେ ହେଉଥିଲା ଦିନେ ନା ଦିନେ ଜଗନ୍ନାଥ ତାଙ୍କୁ ପାଖକୁ ନେଇଯିବେ। ଶେଷକୁ ସେଇକଥା ଇ ହେଲା। ସେ ତାଙ୍କ ଜୀବନର ଅନ୍ତିମ ଭାଗ ଶ୍ରୀକ୍ଷେତ୍ରରେ ହିଁ କଟାଇଥିଲେ। ସିଂହଦ୍ୱାରର ପ୍ରତିଟି ସକାଳ ତାଙ୍କ କଣ୍ଠର ଜଣାଣ ଓ ଭଜନରେ ଝଙ୍କୃତ ହୋଇ ଉଠୁଥିଲା। ମୁଁ ପୁରୀ ଗଲେ ସିଂହଦ୍ୱାର ପାଖରେ ତାଙ୍କ ସହିତ ଭେଟ ହୁଏ। ପୁରୁଣା କଥା ସବୁ ପଡ଼େ। ଦିନେ ସେ ପ୍ରସ୍ତାବ କଲେ ମୋର ପୁରୀ ବସାରେ ସଙ୍ଗୀତ ଆସର ଜମାଇବା ପାଇଁ। ମୁଁ କହିଲି—'ଇଏ ତ ଅତି ଭାଗ୍ୟର କଥା। ଶୀଘ୍ର ତବଲା ଆଦି ସରଞ୍ଜାମ ଯୋଗାଡ଼ କରିବାକୁ ହେବ।' ହସି ଦେଇ କହିଲେ, "ତୁମେ କ'ଣ ସବୁ ଭୁଲିଗଲଣି ? ସରଞ୍ଜାମ କ'ଣ ହେବ ? ହାରମୋନିୟମ ଖଣ୍ଡେ ତ ଅଛି।" ମୋର ଗଙ୍ଗାଧରଙ୍କ 'ପ୍ରଣୟବଲ୍ଲରୀ' କାବ୍ୟ କଥା ମନେ ପଡ଼ିଗଲା, — "ସ୍ୱଭାବ ସୁନ୍ଦର ଅଙ୍ଗକୁ ଜଗତେ ନ ହୁଏ କିସ ମଣ୍ଡନ"— ଦୈବୀ ଆର୍ଶୀବାଦ ଘେନି ସେ ଯେଉଁ ମୂର୍ଚ୍ଛନା ସର୍ଜନା କରିବେ ତାହା କ'ଣ କୌଣସି ନିର୍ଜୀବ ଯନ୍ତ୍ର ସୃଷ୍ଟି କରିପାରେ !

ଦୁର୍ଭାଗ୍ୟର କଥା, ତାଙ୍କ ପ୍ରସ୍ତାବଟା ହିଁ ପ୍ରସ୍ତାବରେ ରହିଗଲା। ଆସର ଜମେଇବା ଆଗରୁ ଶ୍ରୀ ହରିଚନ୍ଦନ ନିଜ ଐକାନ୍ତିକ ଭକ୍ତିର ପରିଚୟ ଜଗତକୁ ଦେଇଗଲେ। ବାହୁଡ଼ା ଯାତ୍ରା ଦିନ 'ବାହୁଡ଼ାରେ ମୋତେ ବାହୁଡ଼ାଇ ନିଅ' ବୋଲି ପ୍ରଭୁଙ୍କ ନିକଟରେ ଭାବ-ଗଦ୍‌ଗଦ୍ କଣ୍ଠରେ ଅଳି କରି ଜଗନ୍ନାଥଙ୍କ ପାଖକୁ ସବୁଦିନ ପାଇଁ ଚାଲିଗଲେ। ଓଡ଼ିଶାର ସଙ୍ଗୀତ ଜଗତରେ ଗୋଟେ ଅମୂଲ୍ୟ ସ୍ଥାନ ସବୁଦିନ ପାଇଁ ଖାଲି ରଖି ଦେଇଗଲେ।

ବିଶ୍ୱନାଥ କର

ମୋର ବିନୋଦ ବିହାରୀର ବସାଘର ପାଚେରିକୁ ଲାଗି ଏକ ଭଡ଼ାଘରେ ବିଶ୍ୱନାଥ କର ରହୁଥିଲେ। ପଡ଼ୋଶୀ ଭାବରେ ତାଙ୍କ ପରିବାର ସହିତ ଆମ ପରିବାରର ବେଶ୍ ଆତ୍ମୀୟ ସମ୍ପର୍କ ଗଢ଼ି ଉଠିଥିଲା। ସେହିଠାରୁ ସେ ତାଙ୍କର "ଉତ୍କଳ ସାହିତ୍ୟ" ପତ୍ରିକା ପ୍ରକାଶ କରୁଥିଲେ। ପରେ ସେ କାଳୀଗଳିରେ ନୂଆ ଘର କରି ରହିଲେ। ସେଠାରେ ପ୍ରେସ୍ ସ୍ଥାପନ କରି ସେହିଠାରୁ ଏହି ପତ୍ରିକା ପ୍ରକାଶ କରିବାକୁ ଲାଗିଲେ। ତାଙ୍କ ପରିବାର ସହିତ ଆମର ଯେଉଁ ବଡ଼ ସମ୍ପର୍କ ଥିଲା, ତାହା ଅଦ୍ୟାବଧି ଅତୁଟ ରହିଛି। ତାଙ୍କ ଝିଅ ନର୍ମଦା, ସୁପ୍ରଭା ଓ ପ୍ରତିଭା ପ୍ରଭୃତି ଅନେକ ସମୟରେ ଆମ ଘରକୁ ଯିବା ଆସିବା କରୁଥିଲେ। ମୋ ଶାଶୁ ହୈମବତୀ ଦେବୀ ସେମାନଙ୍କୁ ଅତ୍ୟନ୍ତ ଶ୍ରଦ୍ଧା କରୁଥିଲେ।

ରାୟବାହାଦୁର ଗୋପାଳଚନ୍ଦ୍ର ପ୍ରହରାଜ

ଅନେକ ଦିନ ତଳର କଥା। ମୁଁ ମୋ ବିନୋଦବିହାରୀ କଚେରି ଘରେ ବସିଥାଏ। ବାହାରେ ଜଣେ ଓକିଲ ଅପେକ୍ଷା କରିଥାନ୍ତି। ଏତିକିବେଳେ ରାୟବାହାଦୁର ଗୋପାଳଚନ୍ଦ୍ର ପ୍ରହରାଜ ପଶି ଆସିଲେ। ମୁଁ କିଛି କହିବା ଆଗରୁ ସେ କହିଲେ, 'ମୁଁ ପୁଣି ଓକିଲାତି କରିବାକୁ ଆସିଲି, ତୁମ ଜୁନିଅର ହେବି।

ଭାଗ୍ୟର କି ବିଡ଼ମ୍ବନା! ମୁଁ କହିଲି "ପରିହାସ କରନ୍ତୁ ନାହିଁ। ଆପଣ ପରା ଓଡ଼ିଆ ଭାଷାକୋଷର ସ୍ରଷ୍ଟା!" କଥା ଛଡ଼ାଇ ନେଇ ସେ କହିଲେ, ଏଇ ସେଇ ଭାଷାକୋଷ। ତୁମକୁ ଦେବାକୁ ଆଣିଛି।"

ବଡ଼ ବଡ଼ ବହି ସାତଖଣ୍ଡ ମୋ ଟେବୁଲ ଉପରେ ଥୋଇଦେଇ କହିଲେ— 'ଯା କାମ ସରିଲା। କିନ୍ତୁ ଏହାର ମୂଲ୍ୟ ଏବେ କିଛି ନାହିଁ। କୋଡ଼ିଏ ବର୍ଷର ପରିଶ୍ରମ

ଗଲା । ପାଣ୍ଡିତ୍ୟ ଗଲା । ସାଧାରଣ ସାଦା କାଗଜର ମୂଲ୍ୟ ବି ନାହିଁ । ଠୁଙ୍ଗା କରିବାକୁ ବି ଗରାଖ ନାହାନ୍ତି । ଏହାରି ପାଇଁ ସର୍ବସ୍ୱାନ୍ତ ହେଲି । ଏବେ ଚଳିବି କିପରି ?”

ତୋର ତ ବହୁତ କ୍ରିମିନାଲ୍ କେଶ୍ ଅଛି । Defence of India Act ର ତୁ ସବୁ କେଶ୍ କରୁଚୁ—ମୋ ପାଇଁ କ'ଣ କର ?

— 'ଆପଣ ଚିନ୍ତା କରନ୍ତୁ ନାହିଁ, କିଛି ଗୋଟେ ଉପାୟ କରିବା । ସାମାନ୍ୟ ଜଳଯୋଗର ବ୍ୟବସ୍ଥା କରୁ କରୁ ଭାବିଲି, ଏଇ ସେଇ ମହାନ ବ୍ୟକ୍ତି; ଖାଲି ଓଡ଼ିଶା କାହିଁକି, ଭାରତ ବିଖ୍ୟାତ । ଓଡ଼ିଶା ମାତାର ସୁଯୋଗ୍ୟ ସନ୍ତାନ ! ଦୀର୍ଘ ବାଇଶି ବର୍ଷ ଓକିଲାତି କରି ଅନେକ ଦିନ ସରକାରୀ ଓକିଲ ରହି ସୁପ୍ରତିଷ୍ଠିତ ହେଲା ପରେ ମଧ୍ୟ 'ଭାଷାକୋଷ' ପାଇଁ ସବୁ ଛାଡ଼ି ଦେଇଥିଲେ । ଓଡ଼ିଆ ଭାଷାରେ ସେ ଅପୂରଣୀୟ ଅଭାବ ପୂରଣ କରିବା ପାଇଁ ସଂକଳ୍ପ କରି ସେ ନଜର ସର୍ବସ୍ୱ ଉତ୍ସର୍ଗ କରିଗଲେ । ଅର୍ଥର ମୋହ ତାଙ୍କ ପାଇଁ ତୁଚ୍ଛ ହୋଇଯାଇଛି କର୍ତ୍ତବ୍ୟର ଆହ୍ୱାନ ପାଖରେ । ଏଇ ମହାନ୍ ତ୍ୟାଗ ପାଇଁ ସେ ଏ ଜାତିର ନମସ୍ୟ ।

କବିବର ରାଧାନାଥ ରାୟଙ୍କ ସୁପୁତ୍ର ଶଶିଭୂଷଣ ରାୟ ଜଣେ ଉଚ୍ଚଦରର ସାହିତ୍ୟିକ । ସେହିପରି ଜଣେ ବନ୍ଧୁବତ୍ସଳ ବ୍ୟକ୍ତି । ପ୍ରତିଦିନ ସକାଳେ ଆସୁଥିଲେ ପ୍ରହରାଜଙ୍କ ଘରକୁ ଗୁଡ଼ାଖୁ ଘଷିବା ପାଇଁ । ଏଣେ ପ୍ରହରାଜ ଭୋରୁ ଉଠି ନିଜ ହାତରେ ଦୁଇଟି ଲୋଟା ମାଜି, ସେଥିରେ ପାଣି ରଖି ଅପେକ୍ଷା କରୁଥିଲେ ତାଙ୍କୁ । ଗୁଡ଼ାଖୁ ଘଷା ଅବସରରେ ଖୁବ୍ ଉଚ୍ଚକୋଟୀର ସାହିତ୍ୟ ଚର୍ଚ୍ଚା ହେଉଥିଲା । ସେହିପରି ଜଣେ ମହାନ୍ ବ୍ୟକ୍ତିତ୍ୱ ! ମୋ'ଠାରୁ କୋଡ଼ିଏ ବର୍ଷ ବଡ଼ ହେବେ, ଆସିଛନ୍ତି ମୋର ଜୁନିଅର ହେବା ପାଇଁ ! ଏହା ମୋ'ପାଇଁ ଗୌରବ ହୋଇପାରେ, କିନ୍ତୁ ତାଙ୍କ ପାଇଁ ଭାଗ୍ୟର ବିଚିତ୍ର ବିଡ଼ମ୍ବନା !

ମୋ ଭାବନାର ଖିଅ ଛିଣ୍ଡାଇ ସେ କହିଲେ, "ପ୍ରାକ୍ଟିସଟାକୁ ଟିକିଏ ନ ଜମାଇଲେ ହେବନାହିଁ । ଯାହା କରିବି ବର୍ତ୍ତମାନ ତ ସବୁ ମୋକଦ୍ଦମା ମୂଳରେ (Defence of India Rule) ଓ ସେ ସବୁ ମୋକଦ୍ଦମା ତଥ୍ୟ ନକଲକୁ.... ବାଧା ଦେଇ କହିଲି– "ମୁଁ ତ ସେ ଘର ନେଲି ଆପଣ ପୁଣି ଚିନ୍ତା କରୁଛନ୍ତି କାହିଁକି ?"

ସେ ଆଶ୍ୱସ୍ତି ହେଲେ । ବାରଣ୍ଡାରେ ଅପେକ୍ଷା କରିଥିବା ମହକିଲ ଗୋବର୍ଦ୍ଧନ ଦାସ ବାଜୋରିଆଙ୍କୁ ଡାକି ପ୍ରହରାଜଙ୍କୁ ତାଙ୍କ ଫିସ୍ ବାବଦ ଏକ ଶହ ଟଙ୍କା ଦେବାକୁ କହିଲି । ଗୋବର୍ଦ୍ଧନ ତୁରନ୍ତ ଟଙ୍କା ଦେଇଦେଲେ । ମୁଁ ପ୍ରହରାଜଙ୍କୁ କହିଲି ଆପଣ ଆଜି ମୋ ପାଖକୁ ଆସିଲେ, ଏଇ ହେଲା ମୋର ପ୍ରଥମ ଭେଟି । ଗୋବର୍ଦ୍ଧନ ବାବୁଙ୍କ

ମାମଲାର ବ୍ରିଫ୍ ମୁଁ କରିଦେଇଛି। ସବୁ କାଗଜପତ୍ର ଏଇଠି ଥୁଆ ହୋଇଛି। ଆପଣ ଏହାକୁ ପଢ଼ି ନିଅନ୍ତୁ। କିଛି ଚିନ୍ତା କରନ୍ତୁ ନାହିଁ। ମୁଁ ଯାଇ ପହଞ୍ଚିବି ଯେ।"

ସେତେବେଳେ ଭାରତ (Defence of India Act and Rules) ପ୍ରତିରକ୍ଷା ଆଇନରେ ଅନେକ ମୋକଦ୍ଦମା ହେଉଥାଏ। ଫୌଜଦାରୀ ଓକିଲ ହିସାବରେ ମୋର ମଧ୍ୟ କିଛି ପ୍ରତିଷ୍ଠା ଓ ଖ୍ୟାତି ହୋଇସାରିଥାଏ। ତେଣୁ ମୋ ପାଖକୁ ବହୁ ମହକିଲ ଆସୁଥାନ୍ତି ! ବହୁ ମାରୁଆଡ଼ି ମହକିଲ ଆସନ୍ତି। ଏମିତି ଗୋଟେ ବେଳ ଆସିଲା ମାରୁଆଡ଼ି ପଟିର ଅନେକ ମୋର ମହକିଲ ହୋଇଥିଲେ। ମୋ ସମ୍ମାନ କଥା ତେଣିକି ଥାଉ। (ମୋର ଗୋଟିଏ କୁକୁର ଥାଏ ଟିପୁ। ବାବୁଙ୍କ କୁକୁର ବୋଲି ତା'ର ଟିପୁର ବି ଏମିତି ଗତ ପଡ଼ିଯାଇଥାଏ ଯେ ପ୍ରତିଦିନ ଯାଇ ଥରେ ବୁଲିଆସେ।)

ମୋ ହାତରେ ବହୁ ସେସନସ୍ ମୋକଦ୍ଦମା ଥାଏ ଯେ ସବୁ ଆଗ ସାରି ତଳ କୋର୍ଟକୁ ଗଲାବେଳକୁ ସନ୍ଧ୍ୟା ହୋଇଯାଏ। ମାଜିଷ୍ଟ୍ରେଟମାନେ ବି ସହଯୋଗ କରନ୍ତି। ଲଣ୍ଠନ ଜାଳି ଅପେକ୍ଷା କରନ୍ତି। ସେତେବେଳେ ବିଜୁଳି ଆଲୁଅ ଆସି ନ ଥାଏ। ଗୋବର୍ଦ୍ଧନ ବାବୁଙ୍କ ମୋକଦ୍ଦମା ଶୁଣାଣି ଦିନ ମଧ୍ୟ ସେମିତି ସନ୍ଧ୍ୟା ପରେ ଏ.ଏଲ୍. ଜେ. ରାଓଙ୍କ ଇଜଲାସରେ ପହଞ୍ଚିଲି। ମାଜିଷ୍ଟ୍ରେଟଙ୍କୁ କହିଲି, "ମୁଁ ଗୋବର୍ଦ୍ଧନ ଦାସଙ୍କ ମାମଲାରେ, ପ୍ରହରାଜଙ୍କୁ ପଠାଇଥିଲି।" ସେ କହିଲେ 'ପ୍ରହରାଜ ଆପଣଙ୍କ ନୋଟ୍‌ଟି ଦେଇଛନ୍ତି। ଆଉ ସୁଆଲ୍ (Argument) ଯାହା କଲେ ଶୁଣିବେ ?' ହସି ହସି କହିଲେ, "ପ୍ରଥମେ ସେ ଗୋଟେ ସଂସ୍କୃତ ଶ୍ଳୋକ ବୋଲିଥିଲେ, ଯାହାର ଅର୍ଥ ହେଲା, ତୁ ଯଦି ଅନୁଗ୍ରହ କରିବୁ ତା'ହେଲେ ମୋର କହିବାର ଆବଶ୍ୟକତା ନାହିଁ। ଆଉ ତୁ ଯଦି ଅନୁଗ୍ରହ କରିବୁ ନାହଁ ମୋର କହିବାର କିଛି ମୂଲ୍ୟ ନାହିଁ।'

ବାସ୍ ସେତିକି। ମୁଁ କହିଲି, "ତା'ହେଲେ ଆପଣ କ'ଣ ହୁକୁମ କରିବେ ମୋତେ ଟିକେ କୁହନ୍ତୁ। ମୁଁ ନ ହେଲେ ସୁଆଲ କରିବି।" ସେ କହିଲେ, "ନାଁ ଆଉ ତାହା ଦରକାର ହେବନାହିଁ। ନୋଟ୍‌ରୁ ମୁଁ ସବୁ ବୁଝି ନେଇଛି। ତାକୁ ଖଲାସ କରିଦେବି।"

— 'କହିଲି, ତାହାହେଲେ ତାକୁ ବିଦା କରି ଦିଅନ୍ତୁ। ବାହାରେ ବସିଛି।'

ମାଜିଷ୍ଟ୍ରେଟ ରାୟ ଶୁଣାଇ ଦେଲେ। ଗୋବର୍ଦ୍ଧନର ଆନନ୍ଦ କହିଲେ ନ ସରେ। କହିଲି- "ଆପଣ ସତରେ ବଢ଼ିଆ ଓକିଲ ବାଛି ଦେଇଥିଲେ।"

ପ୍ରହରାଜଙ୍କୁ କିଛି ଟଙ୍କା ଦେବାକୁ କହିଲି। ସେ ମନଖୁସିରେ ଆଉ କିଛି ଟଙ୍କା ଦେଲା। ପ୍ରହରାଜ ମଝିରେ ମଝିରେ ମୋ ପାଖକୁ ଆସନ୍ତି। ଗପସପ ହୁଏ—କଳା,

ସାହିତ୍ୟ ଚର୍ଚ୍ଚା ମଧ୍ୟ ହୁଏ। କଳା ପ୍ରତି ମୋର ଶ୍ରଦ୍ଧା ଓ ଅନୁରକ୍ତ ସେ ଜାଣି ପାରିଥାନ୍ତି। ଏଇ ସୂତ୍ରରେ ଅନ୍ତରଙ୍ଗତା ବଢ଼ି ଚାଲେ। ଦିନେ ଗୋଟିଏ ଚିଠି ଆସି ପହଞ୍ଚିଲା। ଲେଖାଥିଲା— 'ବାବା ରାଜକିଶୋର ! ପାଣି ଗଲେ ତାଙ୍କ କଥା ବୁଝିବ।' ପାଣି ବୋଇଲେ ବୈଷ୍ଣବ ପାଣି। ତାଙ୍କର ଗୋଟିଏ ମୋକଦ୍ଦମା କଥା ଶୁଣିଲି। ପାଣିଙ୍କ ଠାରୁ ସବୁ କଥା ଶୁଣି ତାଙ୍କୁ ଯାହା ପରାମର୍ଶ ଦେବା କଥା, ଦେଲି। ପାଣିଙ୍କୁ କହିଲି, "ପ୍ରହରାଜ ମହାଶୟଙ୍କୁ କହିଦେବେ, ପାଣିଙ୍କ କଥା ଆଉ କ'ଣ ପାଣିରେ ପଡ଼ିବ ?" ଆଉ ଦିନେ ପ୍ରହରାଜେ ଆଉ ଖଣ୍ଡିଏ ଚିଠି ଲେଖିଥିଲେ। 'ବିହାରୀ ଗଲେ, ତାଙ୍କ କଥା ବୁଝିବ।' ବିହାରୀ ହେଉଛନ୍ତି, ବିହାରୀ ନାୟକ। ଯିଏ ଅନେକ ଫୌଜଦାରୀ ମୋକଦ୍ଦମାରେ ଜଡ଼ିତ ଥିଲେ। ମୋର ସମୟ ଅଭାବରୁ ମୁଁ ତାଙ୍କୁ ସାହାଯ୍ୟ କରିବା ଦିଗରେ ମୋର ଅକ୍ଷମତା ପ୍ରକାଶ କରିଥିଲି।

ଗଣକବି ବୈଷ୍ଣବ ପାଣି

କଟକ ଜିଲ୍ଲାର କୋଠପଦା ଗ୍ରାମରେ ସ୍ୱର୍ଗତ ବୈଷ୍ଣବ ପାଣି ଜନ୍ମଗ୍ରହଣ କରିଥିଲେ। ସେ ଓଡ଼ିଶାର ଜଣେ ପ୍ରଖ୍ୟାତ ଯାତ୍ରା-ନାଟ୍ୟକାର। ତାଙ୍କର ଜୀବନକାଳ ମଧ୍ୟରେ ସେ ଓଡ଼ିଶାର ଅଗଣିତ ଯାତ୍ରାପ୍ରେମୀମାନଙ୍କର ମନୋରଞ୍ଜନ କରିପାରିଥିଲେ ତାଙ୍କ ସୁଆଙ୍ଗ ଓ ଗୀତାଭିନୟ ମାଧ୍ୟମରେ। ବୈଷ୍ଣବ ପାଣି-ବିରଚିତ 'କଂସବଧ' (ରଙ୍ଗସଭା), 'କର୍ଣ୍ଣବଧ' ପ୍ରଭୃତି ଅର୍ଦ୍ଧଶତରୁ ଊର୍ଦ୍ଧ୍ୱ ନାଟକର ସେ ରଚୟିତା ଓ ନିର୍ଦ୍ଦେଶକ ଥିଲେ। ତାଙ୍କ ନାଟକ ଯେଉଁଠି ଅଭିନୀତ ହେଉଥିଲା, ହଜାର ହଜାର ନରନାରୀ, ଆବାଳବୃଦ୍ଧବନିତା ସେଠି ସୁଆଙ୍ଗ ଆରମ୍ଭ ହେବାର ବହୁ ପୂର୍ବରୁ ଭିଡ଼ ଜମାଉଥିଲେ। 'ବାହାବା' ଓ କରତାଳି ଧ୍ୱନିରେ ନାଟମଣ୍ଡପ ଉଚ୍ଛୁଳି ପଡୁଥିଲା। କିନ୍ତୁ କ୍ଷୋଭର ବିଷୟ, ତାଙ୍କ ମୃତ୍ୟୁ ପରେ ହିଁ ସେ 'ଗଣକବି' ଆଖ୍ୟା ଲାଭ କଲେ ଓ ତାଙ୍କ ରଚନାବଳୀ ସୁଧୀସମାଜର ଉଚ୍ଛ୍ୱସିତ ପ୍ରଶଂସା ଲାଭ କଲା। ଅର୍ଥ ଅଭାବରୁ ସାମାନ୍ୟ ତିନିଟଙ୍କା ପାଞ୍ଚଟଙ୍କାରେ ସେ ତାଙ୍କର ପାଣ୍ଡୁଲିପି ପ୍ରକାଶକଙ୍କୁ ଦେଇ ଦରିଦ୍ର ଅବସ୍ଥାରେ ଜୀବନ ବିତାଇଥିଲେ। ଅତି ଦୁଃସ୍ଥ ଅବସ୍ଥାରେ ତାଙ୍କ ଜୀବନର ଅବସାନ ଘଟିଥିଲା। ମାତ୍ର ଏବେ ଆକାଶବାଣୀ (କଟକ) ଦ୍ୱାରା ତାଙ୍କ ରଚିତ କେତେକ ଗୀତିନାଟ୍ୟ ପ୍ରଚାରିତ ହେଉଛି; ସମାଲୋଚକଗଣ ଏହାକୁ ଗଣସାହିତ୍ୟ ବୋଲି ସ୍ୱୀକୃତି ଦେଇଅଛନ୍ତି।

ସ୍ୱର୍ଗତ ପାଣି ଥିଲେ ଆଶୁକବି। କୌଣସି ଗୋଟିଏ ବସ୍ତୁ ବା ଘଟଣାକୁ ଲକ୍ଷ୍ୟ କରି ସେ ରଚନା କରିପାରୁଥିଲେ। ତାଙ୍କ ଭାଷା ଥିଲା ସରଳ, ସାବଲୀଳ। 'ଗଣକବି'

ନାମରେ ତାଙ୍କୁ ମରଣୋତ୍ତର ଉପାଧି ଦେଇ ଓଡ଼ିଆଜାତି ହୁଏତ କିଛି ସାନ୍ତ୍ୱନା ଲାଭ କରିପାରିଛି ।

ତାଙ୍କ ଯାତ୍ରାଦଳ ବିନୋଦବିହାରୀ (ମୁଁ ସେତେବେଳେ ବିନୋଦବିହାରୀଠାରେ ରହୁଥିଲି) ଠାରେ ବହୁ ଗୀତିନାଟ୍ୟ ପରିବେଷଣ କରିଥିଲେ । ତାଙ୍କର କେତେକ ନାଟକ ମୁଁ ଦେଖିଛି ଓ ଆନନ୍ଦଲାଭ କରିଛି । ଏଠାରେ ଉଲ୍ଲେଖଯୋଗ୍ୟ ଯେ, ରାୟବାହାଦୁର ଗୋପାଳଚନ୍ଦ୍ର ପ୍ରହରାଜ ଖଣ୍ଡିଏ ଚିଠି ଲେଖି ପାଣିଙ୍କ ହାତରେ ମୋ ପାଖକୁ ପଠାଇଥିଲେ । ସେ ଆପଣାର ପରିଚୟ ଦେଇ କହିଲେ, "ଆଜ୍ଞା, ମୁଁ ବୈଷ୍ଣବ ପାଣି । ଯାତ୍ରା କରେ ।" ମୁଁ କହିଲି, "ଆପଣଙ୍କ 'ରଙ୍ଗସଭା' ଜରିଆରେ ବହୁ ଆଗରୁ ମୁଁ ଆପଣଙ୍କୁ ଜାଣେ । ଆଜି ସଶରୀରେ ଦେଖିଲି ।"

ସେ ପଚାରିଲେ, "ଆଜ୍ଞା, ରଙ୍ଗସଭା ବିଷୟ ଜାଣିଛନ୍ତି ?" ମୁଁ କହିଲି, "ଜାଣେ ମାନେ ? ସେ ସୁଆଙ୍ଗର ବହୁ ଗୀତ ମୋର ମନେ ଅଛି ।" ଏହା କହି 'ରଙ୍ଗସଭା'ର କେତୋଟି ଧାଡ଼ି ତାଙ୍କୁ ଶୁଣାଇଲି । ସେ ଏତେ ଖୁସି ହେଲେ ଯେ, କଥାରେ କହିହେବ ନାହିଁ । କହିଲେ, "ସତରେ ମୁଁ କେତେ ଭାଗ୍ୟବାନ୍ !" ଯାହାହେଉ, ଗୋଟିଏ ବ୍ୟକ୍ତିଗତ ଆଇନ୍ ପରାମର୍ଶ ପାଇଁ ସେ ମୋ ପାଖକୁ ଆସିଥିଲେ । ତାଙ୍କ ଠାରୁ ସମସ୍ତ ଘଟଣା ଶୁଣି ତାଙ୍କୁ ଯାହା ପରାମର୍ଶ ଦେବା କଥା, ଦେଇଥିଲି ।

ଏହି ଘଟଣା ବ୍ୟତୀତ ତାଙ୍କ ସହିତ ଆଉ ଥରେ ଦୁଇଥର ସାକ୍ଷାତ ହୋଇଥିଲା । ୧୯୫୬ ମସିହାରୁ ସେ ମାଟିର ମମତା ତୁଟେଇ ଆମ୍ଭମାନଙ୍କ ଠାରୁ ବିଦାୟ ନେଇ ଗଲେଣି । ହେଲେ ପ୍ରତିବର୍ଷ ଝିପିଝିପିଆ ରଜବେଳକୁ ଗୋଟିଏ ଗୀତ ମୋର ମନେ ପଡ଼ିଯାଏ—

"ରଜ ସଜବାଜ ମଉଜକୁ
ଝିପିଝିପି ବର୍ଷା ସାରିଦେଲାରେ"

ହେଲେ ତାଙ୍କର ସ୍ମୃତି ଏବେ ମଧ୍ୟ ଓଡ଼ିଶାର ବହୁ ନାଟ୍ୟପ୍ରେମୀଙ୍କ ନିକଟରେ ସ୍ମରଣୀୟ ହୋଇ ରହିଅଛି ।

ମକ୍ ଆସେମ୍ବ୍ଲି

ପୂର୍ବରୁ କହିଛି, ବନ୍ଧୁମାନଙ୍କ ସହିତ ବିଭିନ୍ନ ବିଷୟରେ ଆଲୋଚନା କରାଯାଉଥିଲା । ଯୁବକ ସମୟ । ମନରେ ଅଦମ୍ୟ ଉତ୍ସାହ । ସବୁ କଥାରେ ଆଗ୍ରହ, ଉତ୍କଣ୍ଠା । ସାଙ୍ଗସାଥୀ ମହଲରେ କେତେ କଥା ପଡ଼େ । ଆମ ଦେଶରେ ବଡ଼ ବଡ଼

ଲୋକଙ୍କ ଭିତରେ କିଏ କେଉଁ ପ୍ରକାର ପୋଷାକ ପିନ୍ଧୁଥିଲେ, କିଏ କେଉଁ ପ୍ରକାର କଥା କହୁଥିଲେ ବା କେଉଁ ଶୈଳୀରେ ବକ୍ତୃତା ଦେଉଥିଲେ, ତାକୁଇ ଅନୁକରଣ କରି ଆମେ ସବୁ କ୍ୟାରିକେଚର କରୁଥିଲୁ। ସେ ସବୁ ବେଶ୍ କୌତୂହଳପ୍ରଦ ହେଉଥିଲା। ଏଠାରେ ଗୋଟିଏ 'ମକ୍ ଆସେମ୍ଲି' ସମ୍ପର୍କରେ କହୁଛି।

ବେଳେବେଳେ ଆମେ ବିନୋଦବିହାରୀରେ ମକ୍ ଆସେମ୍ଲି କରୁଥିଲୁ। ସେଥିରେ ସଭାପତିତ୍ୱ କରୁଥିଲେ ନିକୁଞ୍ଜ କିଶୋର ଦାସ। ସେ ଆମକୁ ଆସେମ୍ବ୍ଲି ଓ ପାର୍ଲିଆମେଣ୍ଟରେ କିପରି କାର୍ଯ୍ୟ ପରିଚାଳନା କରାଯାଏ—ସେ ସମ୍ବନ୍ଧରେ ନିଜ ଅନୁଭୂତି ବର୍ଣ୍ଣନା କରୁଥିଲେ। ସେ ମକ୍ ଆସେମ୍ଲିରେ ଆମ୍ଭେମାନେ ବିଭିନ୍ନ ଭୂମିକା ଗ୍ରହଣ କରୁଥିଲୁ। ମଝିରେ ମଝିରେ ସେ 'ଅର୍ଡ଼ର', 'ଅର୍ଡ଼ର' କହି ସଭା ପରିଚାଳନା କରୁଥିଲେ। ମୁଁ ବି. ଦାସ (୰ ଭୁବନାନନ୍ଦ ଦାସ)ଙ୍କ ଭୂମିକାରେ ଅଭିନୟ କରୁଥିଲି। ଭୁବନାନନ୍ଦବାବୁ ଟିକିଏ ଖନେଇ ଖନେଇ କଥା କହିଲା ଭଳି ଜଣାପଡ଼େ। ତେଣୁ ମୁଁ ମୋ ଜିଭକୁ ଗୋଟିଏ ପାଖକୁ ଜାକି ଦେଇ ଖନେଇ ଖନେଇ କହୁଥିଲି। ମିଷ୍ଟର ଦାସ (ମଧୁସୂଦନ ଦାସ) କଥା କହିଲାବେଳେ ଯେପରି ଗୋଟିଏ ହାତ ଉପରକୁ ଉଠାଇ କହନ୍ତି, ମୁଁ ତାଙ୍କୁ ଅନୁକରଣ କରି ସେହିପରି କରୁଥିଲି। ଉତ୍କଳମଣି ଗୋପବନ୍ଧୁ ଦାସଙ୍କ ଭଳି ଖନେଇ ଖନେଇ କଥା କହୁଥିଲି। ଏହି ମକ୍ ଆସେମ୍ଲିରେ ଜଣେ କେହି କହୁଥିଲାବେଳେ ଯଦି କୌଣସି ବ୍ୟତିକ୍ରମ ବା ବିଶୃଙ୍ଖଳା ହେଉଥିଲା, ତେବେ ନିକୁଞ୍ଜବାବୁ 'ଅର୍ଡ଼ର', 'ଅର୍ଡ଼ର' କହୁଥିଲେ। ଥରେ ବୈଦ୍ୟନାଥ ରଥ ସହାସ୍ୟରେ କହିଲେ, "ସଭାପତି ମହୋଦୟ! ଏହା ଆସେମ୍ଲି, କୋର୍ଟ ନୁହେଁ। ଆପଣ ଅର୍ଡ଼ର, ଅର୍ଡ଼ର କହି ଆମକୁ ଆମ ସ୍ୱାଧୀନ ମତବ୍ୟକ୍ତ କରିବା ଅଧିକାରରୁ ବଞ୍ଚିତ କରୁଛନ୍ତ।" ହସ ହୁଏ।

ଅନେକ ସମୟରେ ଏହି ମକ୍ ଆସେମ୍ବ୍ଲିକୁ ମୁଁ ମୁଖ୍ୟତଃ ଯୋଗାଯୋଗ କରୁଥିଲି। ଏହି ମକ୍ ଆସେମ୍ଲିରେ ଯୋଗ ଦେଉଥିବା ବ୍ୟକ୍ତିମାନେ ହେଲେ, ଦୀନବନ୍ଧୁ ସାହୁ, ବିଶ୍ୱନାଥ ପଶାୟତ, ଲକ୍ଷ୍ମୀନାରାୟଣ ସାହୁ, ଭଗବତୀ ଚରଣ ପାଣିଗ୍ରାହୀ ବୈଦ୍ୟନାଥ ରଥଙ୍କ ଭଳି ମୋର ଆହୁରି ଅନେକ ବନ୍ଧୁ।

ଦୀନବନ୍ଧୁ ସାହୁ

ସ୍ୱର୍ଗତ ଦୀନବନ୍ଧୁ ସାହୁ ଜଣେ ବିଶିଷ୍ଟ ଆଇନ୍‌ଜୀବୀ ଭାବରେ କେବଳ ପରିଚିତ ନ ଥିଲେ, ଜଣେ ବିଶିଷ୍ଟ ସମାଜସେବୀ ହିସାବରେ ମଧ୍ୟ ତାଙ୍କର ସୁନାମ ଥିଲା। ସେ କେନ୍ଦ୍ରାପଡ଼ା ନିର୍ବାଚନ ମଣ୍ଡଳୀରୁ ନିର୍ବାଚିତ ହୋଇ ଓଡ଼ିଶାର ଆଇନ୍ ମନ୍ତ୍ରୀ ହୋଇଥିଲେ।

ଆଇନ୍ ବ୍ୟବସାୟରେ ସେ ମୋ' ଠାରୁ ପ୍ରାୟ ପାଞ୍ଚବର୍ଷ ଜୁନିଅର। କେତେ ବର୍ଷ ପାଇଁ ସେ ଓଡ଼ିଶାର ଆଡ଼ଭୋକେଟ୍ ଜେନେରାଲ ମଧ୍ୟ ଥିଲେ। ସେ ବହୁବାର ମୋର ପ୍ରତିପକ୍ଷ ଓକିଲ ଭାବରେ ମୋକଦ୍ଦମା ପରିଚାଳନା କରିଥିଲେ। ଆମେ ବହୁ ମକଦ୍ଦମାରେ ପରସ୍ପର ପ୍ରତିପକ୍ଷର ଓକିଲ ହୋଇଥିଲେ ମଧ୍ୟ ଆମ ଦୁଇ ଜଣଙ୍କ ମଧ୍ୟରେ ବେଶ୍ ଘନିଷ୍ଠତା ଥିଲା। ଆମ ଦୁଇଜଣଙ୍କ ବ୍ୟତୀତ ଆମ ମୋହରିର ଦଇତାରି (ଦୟାନିଧି ଦାସ) ଓ ଶଙ୍କର (ଶଙ୍କର୍ଷଣ ସାମଲ)ଙ୍କ ମଧ୍ୟରେ ବେଶ୍ ବନ୍ଧୁତା ଥିଲା। କୋର୍ଟ କଚେରୀ ଓ ମହକିଲମାନଙ୍କ ମହଲରେ ତାଙ୍କର ନାଁ ଡାକ ଥିଲା।

୧୯୬୦ ମସିହାରେ ମୁଁ ବିଚାରପତି ଭାବେ ନିଯୁକ୍ତି ପାଇଲି। ମୋର ବିଚାରପତି ହେବା ସମ୍ବାଦ ପ୍ରକାଶ ପାଇବା ପରେ ପ୍ରଥମେ ମୋ' ପଡ଼ୋଶୀ ସ୍ୱାମୀ ବିଚିତ୍ରାନନ୍ଦ ଦାସ ଓ ପରେ ପରେ ପରେ ଶ୍ରୀ ଜ୍ଞାନବନ୍ଧୁ ସାହୁ ଓ ରବୀନ୍ଦ୍ରନାଥ ସିହ୍ନା (ମଇନାବାବୁ) ମୋ' ଡଗରପଡ଼ା ବାସଭବନକୁ ଆସି ସମ୍ବର୍ଦ୍ଧନା ଜଣାଇଥିଲେ। ମୁଁ ହସି ହସି କହିଲି, ଆଉ ଆମେ ପାଇବୁ ନାହିଁ। ସ୍ୱାଧୀନତା ସଂଗ୍ରାମକୁ ଭିତ୍ତିକରି ଓଡ଼ିଶାରେ ସଙ୍ଗଠିତ କମ୍ୟୁନିଷ୍ଟ ଷଡ଼ଯନ୍ତ୍ର ମାମଲା ଏବଂ ଛାତ୍ର ଆନ୍ଦୋଳନ ମୋକଦ୍ଦମାରେ କେତେକ କ୍ଷେତ୍ରରେ ମୋର ସହଯୋଗୀ ଓକିଲ ଭାବେ କାର୍ଯ୍ୟ କରିଥିଲେ। ଏହି ସମୟରେ ମୁଁ ରହୁଥିବା ବିନୋଦ ବିହାରୀ ଦୋତାଲା କୋଠା ଘରେ ଯେଉଁ ଆଲୋଚନା-ବୈଠକମାନ ଅନୁଷ୍ଠିତ ହେଉଥିଲା, ସେଥିରେ ଓଡ଼ିଶାର ବହୁ ବିଶିଷ୍ଟ ବ୍ୟକ୍ତିମାନଙ୍କ ସହିତ ଗୋପବନ୍ଧୁ ବାବୁ ମଧ୍ୟ ବହୁବାର ଉପସ୍ଥିତ ରହି ଆଲୋଚନାରେ ଅଂଶ ଗ୍ରହଣ କରୁଥିଲେ। ଏ ସମ୍ପର୍କରେ ମଜା ଘଟଣା ଉଲ୍ଲେଖ କରୁଛି। ବିନୋଦବିହାରୀର ଏହି ଆଡ୍‌ଡାସ୍ଥଳୀ ଉପରେ ସରକାରଙ୍କର କଡ଼ା ନଜର ରହିଥିଲା। ଆମ ବୈଠକକୁ କେଉଁ କେଉଁମାନେ ଆସୁଛନ୍ତି, ପୋଲିସ୍‌ବାଲା ସେମାନଙ୍କ ଉପରେ ନଜର ରଖୁଥାନ୍ତି। ଏ ସମ୍ପର୍କରେ ଆମ୍ଭେମାନେ ମଧ୍ୟ ସଚେତନ ଥାଉ। ଆମ ବନ୍ଧୁମାନେ ତଳେ ସାଇକେଲ୍ ରଖି ଉପରକୁ ଗଲାବେଳେ କାଳେ ସାଇକେଲ୍ ଚୋରି ହେବ, ତଳେ ଡିଉଟି କରୁଥିବା ପୋଲିସ୍ ବନ୍ଧୁମାନଙ୍କୁ ତାହା ଜଗିବାକୁ ଅନୁରୋଧ କରୁଥାନ୍ତି। ବିଶେଷ କରି ଦୀନବନ୍ଧୁ ବାବୁ ଓ ଭଗବତୀ ବାବୁ ପୋଲିସ୍‌ବାଲାଙ୍କୁ ଲକ୍ଷ୍ୟ କରି, "ଆମ ସାଇକେଲ୍ ରହିଲା, ଟିକିଏ ନଜର ରଖିଥିବେ" ବୋଲି କହିଯାନ୍ତି। ଏଥିରେ ପୋଲିସବାଲା ଟିକିଏ ବିବ୍ରତ ହେଲାଭଳି ଜଣା ପଡୁଥାଏ। କାରଣ ସେମାନେ ନିଜର ପରିଚୟ ପ୍ରଦାନ ନକରି ଅପରିଚିତ ଭାବେ କାର୍ଯ୍ୟ କରୁଥାଆନ୍ତି।

ଦୀନବନ୍ଧୁ ବାବୁ ଥିଲେ ଭାରି ଖୁସିବାସିଆ ଲୋକ। ସେ ନିଜେ ନାସ ଶୁଂଘନ୍ତି

ଓ ବନ୍ଧୁମାନଙ୍କୁ ମଧ୍ୟ ନାସଦାନି ବଢ଼ାଇ ଦିଅନ୍ତି। ୧୯୧୦ ମସିହା ଅକ୍ଟୋବର ତା ୧୦ ରିଖରେ ଜନ୍ମଲାଭ କରିଥିବା ଏହି ସ୍ୱନାମଧନ୍ୟ ପୁରୁଷ ୧୯୮୦ ମସିହା ଅକ୍ଟୋବର ତା ୭ ରିଖଠାରୁ ଆମ୍ଭମାନଙ୍କୁ ଛାଡ଼ି ଚାଲିଗଲେଣି। କିନ୍ତୁ ତାଙ୍କର ବିଚିତ୍ର କାର୍ଯ୍ୟାବଳୀ ଲାଗି ସେ ଆମ୍ଭମାନଙ୍କ ନିକଟରେ ଚିର-ସ୍ମରଣୀୟ ହୋଇ ରହିବେ।

ଦୟାନିଧି ଦାସ

ମୁଁ ଆଇନ ବ୍ୟବସାୟକୁ ନିଜର ଜୀବିକା ରୂପେ ବାଛିନେବା ପରେ ଏଥି ନିମିତ୍ତ ଜଣେ ବିଶ୍ୱସ୍ତ ମୋହରିରଙ୍କ ଆବଶ୍ୟକତା ଥିଲା। ସ୍ୱର୍ଗର ଦୟାନିଧି ଦାସ (ଦଇତାରି ବାବୁ) ଏହି ଶୂନ୍ୟସ୍ଥାନ ପୂରଣ କରିଥିଲେ। ଘଟଣା ଚକ୍ରରେ କର୍ମମୟ ଜୀବନର ପ୍ରାରମ୍ଭରୁ ହିଁ ସେ ମୋ ସହିତ ସଂପୃକ୍ତ ହୋଇଥିଲେ। କେବଳ ସେ ମୋହରିର ଭାବରେ ନୁହଁନ୍ତି, ଆମ ପରିବାରର ସେ ଜଣେ ବିଶ୍ୱସ୍ତ ବନ୍ଧୁରେ ପରିଣତ ହୋଇଥିଲେ।

କଚେରୀ କାମ ଛଡ଼ା ମୋର ଝିଅ ଲିଲି, ବିଲିଙ୍କ ଶୈଶବାବସ୍ଥାରୁ ହିଁ ସେ ଆମ ପରିବାରରୁ ଜଣେ ସଭ୍ୟ ହିସାବରେ ସବୁକଥା ବୁଝାବୁଝି କରୁଥିଲେ। ସେମାନଙ୍କ ପଢ଼ାପଢ଼ି, ହାନିଲାଭ ଠାରୁ ଆରମ୍ଭ କରି ବାହାଘର ପର୍ଯ୍ୟନ୍ତ ସବୁଥିରେ ସେ ଘନିଷ୍ଠ ଭାବରେ ସଂପୃକ୍ତ ଥିଲେ। ଏପରିକି ଲିଲି, ବିଲିଙ୍କ ପୁଅମାନଙ୍କର ମଧ୍ୟ ଅନେକ କାର୍ଯ୍ୟର ଭାର ସେ ବହନ କରିଥିଲେ। ପିଲାମାନେ ଦଇଅଜା, ଦଇଅଜା କହି ସବୁବେଳେ ତାଙ୍କ ପଛେ ପଛେ ଲାଗିଥିବେ। ଏଥିପାଇଁ ତିଳେହେଲେ ଦ୍ୱିଧା ନ କରି ସେ ସବୁକାମ ଅତି ଆନନ୍ଦର ସହିତ କରିଥାନ୍ତି। ତାଙ୍କ ଘର ଜଗତସିଂହପୁର ଥାନା ଅନ୍ତର୍ଗତ କାଦୁଅପଡ଼ା ନିକଟସ୍ଥ ପଲ୍ଲୀରେ ଅବସ୍ଥିତ। ଆମ ପିଲାମାନେ କେତେଥର ତାଙ୍କ ଗାଁକୁ ଯାଇଛନ୍ତି। ତାଙ୍କ ପିଲାମାନେ ମଧ୍ୟ ଅନେକବାର ଆସିଛନ୍ତି। ଆମର ଯେକୌଣସି ଭଲମନ୍ଦରେ ସେ ସବୁବେଳେ ଉପସ୍ଥିତ ଥାଆନ୍ତି।

ଦୈତାରି ବାବୁଙ୍କ ପୁଅ ଆଡ୍‌ଭୋକେଟ୍ ଶାରଦା ପ୍ରସାଦ ଦାସ ଏବେ ଜଗତସିଂହପୁର ଠାରେ ଆଇନ ବ୍ୟବସାୟ କରୁଛନ୍ତି। ଏତଦ୍‌ବ୍ୟତୀତ ସହକାରୀ ସରକାରୀ ଓକିଲ ଭାବରେ ମଧ୍ୟ ବେଶ୍ ଦକ୍ଷତାର ସହ କାର୍ଯ୍ୟ କରୁଛନ୍ତି। ଦୈତାରି ବାବୁଙ୍କର ନିଜ ଗାଁ ପଲ୍ଲୀ, ଜଗତସିଂହପୁର ଓ କଟକରେ ଆମ ଉଗରପଡ଼ା ଘର ନିକଟରେ ମଧ୍ୟ ଘର ଅଛି। ଅର୍ଥନୈତିକ ଦୃଷ୍ଟିକୋଣରୁ ତାଙ୍କର ଅବସ୍ଥା ବେଶ୍ ସ୍ୱଚ୍ଛଳ କହିଲେ ଅତ୍ୟୁକ୍ତି ହେବ ନାହିଁ।

ମୋହରିର ଭାବରେ ତାଙ୍କର ବେଶ୍ ସୁନାମ ଥିଲା । ଜଣେ ଦକ୍ଷ ତଥା ପାରଙ୍ଗମ ମୋହରିର ଭାବରେ ସେ ପ୍ରତିଷ୍ଠା ଲାଭ କରିଥିଲେ । କୋର୍ଟ କଚେରୀରେ ବହୁ ବଡ଼ ବଡ଼ ହାକିମ ତଥା କର୍ମଚାରୀ ମହଲରେ ସେ ବେଶ୍ ପରିଚିତ ଥିଲେ ।

ଶଙ୍କର୍ଷଣ ସାମଲ

ମୋର ସମସାମୟିକ ବିଶିଷ୍ଟ ଆଇନଜୀବୀ ତଥା ବନ୍ଧୁ ସ୍ୱର୍ଗତ ଦୀନବନ୍ଧୁ ସାହୁଙ୍କ ମୋହରିର ଥିଲେ ସ୍ୱର୍ଗତ ଶଙ୍କର୍ଷଣ ସାମଲ । ଆଡ୍‌ଭୋକେଟ୍ ଭାବରେ ଦୀନବନ୍ଧୁ ବାବୁ ଓ ମୋ ଯେପରି ଘନିଷ୍ଠତା ଥିଲା, ମୋର ମୋହରିର ଦଇତାରି ଓ ଶଙ୍କରଙ୍କ ମଧ୍ୟରେ ସେହିପରି ବନ୍ଧୁତା ଥିବା ମୁଁ ଲକ୍ଷ୍ୟ କରିଥିଲି । ଆନନ୍ଦର କଥା ଯେ, ପୁରୁଷାନୁକ୍ରମେ ସେମାନଙ୍କର ପିଲାମାନଙ୍କ ମଧ୍ୟରେ ସେପରି ସମ୍ପର୍କ ଅତୁଟ ରହି ପାରିଛି ।

ଥରେ ଏକ ମକଦ୍ଦମାରେ ଗୋଟିଏ ପକ୍ଷରେ ମୁଁ ଏବଂ ଆର ପକ୍ଷରେ ଦୀନବନ୍ଧୁ ସାହୁ ଥାଆନ୍ତି । କୌଣସି କାରଣରୁ ଆମେ ଦୁଇଜଣ ଯାକ ସେଦିନ କଚେରୀକୁ ଯାଇ ପାରି ନ ଥିଲୁ । ଦଇତାରି ବାବୁ ଓ ଶଙ୍କର୍ଷଣ ମଧ୍ୟ କଚେରୀକୁ ଯାଇ ନ ଥିଲେ । ଦୀନବନ୍ଧୁ ବାବୁ ବଡ଼ ବେହେଲିଆ । ଥଟ୍ଟାକରି କହିଲେ, "ହଇହେ ଶଙ୍କର, ହଇହେ ଦଇତାରି, ତୁମେ ଦୁଇ ମୂଷଳଯାକ ତ ଏଠି ଆଜି କିଲେଟରୀ ତ ହାଲ୍‌କା ପଡ଼ିଯାଇ ଥିବ ?" ଉତ୍ତରରେ ମୁଁ କହଥିଲି, 'ଏମାନଙ୍କ ପରି ଆହୁରି କେତେ ମାମଲତକାର ତ ଅଛନ୍ତି, କଚେରୀ ଅଚଳ ହେବ କାହିଁକି ?

କେବଳ ଜଣେ ମୋହରିର ଭାବରେ ନୁହେଁ, ବିଭିନ୍ନ ଆଇନ ପୁସ୍ତକ ପ୍ରକାଶନ ଓ ଏହାର ପ୍ରସାର କ୍ଷେତ୍ରରେ ଉଲ୍ଲେଖନୀୟ କାର୍ଯ୍ୟ କରି ସେ ଆଇନଜୀବୀ ମହଲରେ ମଧ୍ୟ ସୁପରିଚିତ ଥିଲେ । ଶଙ୍କର୍ଷଣ ଦ୍ୱାରା ପ୍ରତିଷ୍ଠିତ "ଲିଗାଲ ମିସେଲାନୀ" ବିଭିନ୍ନ ଆଇନ ପୁସ୍ତକ ପ୍ରକାଶନ କ୍ଷେତ୍ରରେ ଏକ ଅଗ୍ରଣୀ ସଂସ୍ଥା ରୂପେ ବେଶ୍ ଲୋକପ୍ରିୟତା ଅର୍ଜନ କରିପାରିଛି । ଦୈତାରି ବାବୁଙ୍କ ପୁଅ ଆଡ୍‌ଭୋକେଟ୍ ଶାରଦା ପ୍ରସାଦ ଦାସ ଆଇନ ବ୍ୟବସାୟ କରୁଥିଲାବେଳେ ଶଙ୍କର୍ଷଣର ପୁଅ ଶ୍ରୀ ଗୌତମ ସାମଲ (ବାବୁ) ଆଇନ ପୁସ୍ତକର ବ୍ୟବସାୟ କରୁଛି । ସେ 'ଲିଗାଲ ମିସେଲୋନୀ'ର ଉତ୍ତରୋତ୍ତର ଉନ୍ନତି ନିମିତ୍ତ ଅତ୍ୟନ୍ତ ନିଷ୍ଠାର ସହିତ କାର୍ଯ୍ୟ କରୁଥିବା ସୁଖର କଥା । ଏହି ସଂସ୍ଥା ଜରିଆରେ ବଡ଼ ଆଇନ ପୁସ୍ତକ ଓ ପତ୍ରପତ୍ରିକା ପ୍ରକାଶିତ ହୋଇ ଆଇନଜୀବୀ ମହଲରେ ବେଶ୍ ପ୍ରସାର ଲାଭ କରିଅଛି ।

ଗତ ୧୯୮୮ ମସିହାରେ ଲିଗାଲ ମିସେଲାନୀ ତରଫରୁ ଆୟୋଜିତ ଏକ

ଆଇନ ପୁସ୍ତକ ପ୍ରଦର୍ଶନକୁ ଉନ୍ମୋଚନ କରିବାକୁ ବାବୁ ମୋତେ ଅନୁରୋଧ କରିଥିଲା। ତା'ର ଅନୁରୋଧ ରକ୍ଷାକରି ମୁଁ ଉକ୍ତ ଉତ୍ସବରେ ଯୋଗଦାନ କରିଥିଲି। ସେଦିନ ମୋ ସହିତ ଓଡ଼ିଶାର ସ୍ୱନାମଧନ୍ୟ ଆଇନଜୀବୀ ତଥା ନିଖିଳ ଭାରତ ବାର କାଉନ୍‌ସିଲ୍‌ର ଚେୟାରମ୍ୟାନ୍ ବାରିଷ୍ଟର ସ୍ୱ ରଣଜିତ୍ ମହାନ୍ତି, ତା'ର ସ୍ତ୍ରୀ ଆଡ୍‌ଭୋକେଟ୍ କୁନ୍ତଳା ମହାନ୍ତି, ଓଡ଼ିଶାର ତତ୍କାଳୀନ ଆଡ୍‌ଭୋକେଟ୍ ଜେନେରାଲ ଶ୍ରୀଯୁକ୍ତ ଗଙ୍ଗାଧର ରଥ, ଅରଜିତ୍ ପଶାୟତ (ପରେ ଜଷ୍ଟିସ୍) ପ୍ରମୁଖ ବହୁ ବିଶିଷ୍ଟ ବ୍ୟକ୍ତି ମଧ୍ୟ ଉକ୍ତ ଉତ୍ସବରେ ଯୋଗଦାନ କରିଥିଲେ। ଏହା ବ୍ୟତୀତ ବାବୁର ଆହୁରି ଅନେକ କାର୍ଯ୍ୟକ୍ରମରେ ମଧ୍ୟ ମୁଁ ଯୋଗଦାନ କରିଛି। ବିଭିନ୍ନ ବିଷୟରେ ପରାମର୍ଶ ନିମିତ୍ତ ସେ ଅନେକବାର ମୋ ପାଖକୁ ଆସିଥାଏ। ଏବେ ମଧ୍ୟ ତା'ର ସମ୍ପର୍କ ଅତୁଟ ରହିଛି।

ବିଶ୍ୱନାଥ ପଶାୟତ

କଟକର ଉଦୀୟମାନ ଆଡ୍‌ଭୋକେଟ୍‌ଙ୍କ ମଧ୍ୟରେ ସ୍ୱର୍ଗତ ବିଶ୍ୱନାଥ ପଶାୟତ ଥିଲେ ଅନ୍ୟତମ। ମୁଁ ବିନୋଦବିହାରୀରେ ଥିଲାବେଳେ ଓଡ଼ିଶାର ଉନ୍ନତିକଳ୍ପେ ବହୁ ସମୟରେ ଆଲେଚନାଚକ୍ରମାନ ଅନୁଷ୍ଠିତ ହେଉଥିଲା। ମକ୍ ଆସେମ୍ବ୍ଲି ଅନୁଷ୍ଠିତ ହେଉଥିବା ବିଷୟ ମଧ୍ୟ ମୁଁ ପୂର୍ବରୁ ଆଲୋଚନା କରିଛି। ଏହିସବୁ ଆଲୋଚନାଚକ୍ର ଓ ମକ୍ ଆସେମ୍ବ୍ଲିରେ ବିଶ୍ୱନାଥବାବୁ ମଧ୍ୟ କେତେବାର ଯୋଗଦାନ କରିଛନ୍ତି।

ବିଶ୍ୱନାଥବାବୁ ସିଭିଲ୍ କୋର୍ଟ ବାର୍ ଆସୋସିଏସନର ସଭାପତି ହେବା ପାଇଁ ମୋତେ ବହୁବାର ଅନୁରୋଧ କରିଥିଲେ। ହେଲେ ମୁଁ ସେଥିରେ ରାଜି ହୋଇ ନ ଥିଲି। ମୁଁ ଜଜ୍ ହେବା ପରେ ଏହି ଆସୋସିଏସନ ତରଫରୁ ସେ ମୋତେ ସମ୍ବର୍ଦ୍ଧନା ଦେଇଥିଲେ। ବଡ଼ ଅମାୟିକ ଲୋକ। ମିଷ୍ଟଭାଷୀ। ସବୁବେଳେ ହସ ହସ ମୁହଁ। ମିଥ୍ୟା, ପ୍ରବଞ୍ଚନା ତାଙ୍କ ଜାତକରେ ନାହିଁ। ତାଙ୍କ ପୁଅ ଶ୍ରୀଯୁକ୍ତ ଅରଜିତ ପଶାୟତ ଏବେ ଓଡ଼ିଶା ହାଇକୋର୍ଟର ଜଜ୍ ହୋଇଛନ୍ତି। ହେଲେ ବିଶ୍ୱନାଥବାବୁ ଏହା ଦେଖିବାକୁ ରହି ନାହାନ୍ତି। ଗତ ତା ୨୭।୧୨।୬୪ରେ ମାତ୍ର ୫୩ ବର୍ଷ ବୟସରେ ସେ ଆମ ସମସ୍ତଙ୍କୁ ଛାଡ଼ି ଚାଲି ଯାଇଛନ୍ତି।

ସେବା-ସଂସ୍କୃତି

ସେବା ଓ ସଂସ୍କୃତିର ପ୍ରାଣକେନ୍ଦ୍ର ବିନୋଦବିହାରୀ। ଓଲ୍ଡ କଲେଜ ଲେନ୍ ଘରକୁ ଯିବା ପୂର୍ବରୁ ବିନୋଦବିହାରୀରେ ମୁଁ ଯେଉଁ ଜନସେବା, କଳାପ୍ରେମୀ ଓ ସାହିତ୍ୟିକ ତଥା ସେବା-ସଂସ୍କୃତି-କଳା-ଅନୁଷ୍ଠାନମାନଙ୍କ ସମ୍ପର୍କରେ ଆସିଥିଲି, ସେମାନଙ୍କ ଅମ୍ଳାନ ଅବଦାନ ସମ୍ବନ୍ଧରେ କିଛି ଲେଖିବା ଉଚିତ ମନେ କରୁଛି।

ଆଗରୁ କହିଛି, ବିନୋଦବିହାରୀ ହେଉଛି ଧର୍ମ, ଚେତନା, ରାଜନୀତି, ବାଣିଜ୍ୟ-ବ୍ୟବସାୟ, କଳା ଓ ସଂସ୍କୃତିର ଏକ ମହାନ୍ ପୀଠସ୍ଥଳୀ। ମୋ ଓକିଲାତି ଜୀବନର ଅନେକ ବର୍ଷ ସେଠାରେ ରହି ସେ ସବୁର ନିବିଡ଼ ସମ୍ପର୍କରେ ଆସିଥିବାରୁ ଏ ପରିଣତ ବୟସରେ ମଧ୍ୟ ମୁଁ ନିଜକୁ ଭାଗ୍ୟବାନ୍ ମନେ କରୁଛି। ଓକିଲାତି ବା କୋର୍ଟ କଚେରୀର ଚୌହଦୀ ବାହାରେ ଯେ ଧର୍ମ, ସାହିତ୍ୟ, ରାଜନୀତି, କଳା ଓ ସୌନ୍ଦର୍ଯ୍ୟର ଏକ ବିରାଟ ଦୁନିଆ ବ୍ୟାପି ରହିଛି, ବିନୋଦବିହାରୀରେ ନ ରହିଥିଲେ ସେ ସବୁର ସମ୍ପର୍କରେ ଆସିବା କିମ୍ବା ନିଜେ ଅଂଶଗ୍ରହଣ କରିବା ବୋଧହୁଏ ସମ୍ଭବ ହୋଇ ନ ଥାନ୍ତା।

ପଦ୍ମଶ୍ରୀ ଲକ୍ଷ୍ମୀନାରାୟଣ ସାହୁ

ଭୂଗୋଳରେ ଆଇସ୍‌ବର୍ଗ ବୋଲି ଗୋଟିଏ ଶବ୍ଦ ଅଛି। ଆଇସ୍‌ବର୍ଗକୁ ଭାସମାନ ବରଫର ପାହାଡ଼ ବୋଲି କୁହାଯାଇ ପାରେ। ଆଇସ୍‌ବର୍ଗ ମେରୁ ଅଞ୍ଚଳରେ ଦେଖାଯାଏ। ଏହାର ବିଶେଷତ୍ୱ ହେଉଛି, ଏହା ଉପରକୁ ଯେତିକି ଉଚ୍ଚ ଦେଖାଯାଏ, ତଳକୁ ସେତିକି ବା ତାହାଠାରୁ ବେଶୀ ବୁଡ଼ି ରହିଥାଏ। ପଦ୍ମଶ୍ରୀ ଲକ୍ଷ୍ମୀନାରାୟଣ ସାହୁଙ୍କୁ ଓଡ଼ିଶାର ଆଇସ୍‌ବର୍ଗ କୁହାଯାଏ। ସେ ଉତ୍କଳର ଜଣେ କୃତୀ ସନ୍ତାନ। ସେ ଥିଲେ ବିଖ୍ୟାତ ପଣ୍ଡିତ ଓ ବିଶିଷ୍ଟ ଜନସେବୀ। ଦେଖିବାକୁ ଡେଙ୍ଗା ହୋଇ ଜଣେ ସାଧାରଣ ବ୍ୟକ୍ତି

ଥିଲେ ମଧ୍ୟ ତାଙ୍କର ବ୍ୟକ୍ତିତ୍ୱ ଥିଲା ଅନନ୍ୟସାଧାରଣ। ମୋ ଛାତ୍ର ଜୀବନରେ ମୁଁ ତାଙ୍କ ବିଷୟରେ ଅନେକ କଥା ଶୁଣିଥିଲି, ମାତ୍ର ପରବର୍ତ୍ତୀ କାଳରେ ବ୍ୟକ୍ତିଗତ ଭାବେ ବହୁବାର ତାଙ୍କ ସମ୍ପର୍କରେ ଆସିବାର ସୌଭାଗ୍ୟ ମୋର ହୋଇଥିଲା।

ଓଡ଼ିଶାର ପୁରପଲ୍ଲୀରେ ଦୁଃଖ-କାତର ଦୁର୍ଗତ ଜନତାର ସେବା କରିବା ପାଇଁ ସାଙ୍ଗରେ ପଞ୍ଚାଏ ସ୍ୱେଚ୍ଛାସେବକଙ୍କୁ ଧରି ଆଗେଇ ଯାଉଥିଲେ ପଦ୍ମଶ୍ରୀ ଲକ୍ଷ୍ମୀନାରାୟଣ। ସେତେବେଳେ ଭୋକ-ଶୋଷ, ସୁଖସ୍ୱାଚ୍ଛନ୍ଦ୍ୟ ସବୁ ଆପଣାର ବ୍ୟକ୍ତିଗତ ସ୍ୱାର୍ଥକୁ ଜଳାଞ୍ଜଳି ଦେଇ ସେ ଯେପରି ଅହର୍ନିଶ କର୍ମତତ୍ପର ହେଉଥିଲେ, ତାହା ବର୍ଣ୍ଣନା କରିବାକୁ ଭାଷା ନାହିଁ। ଜାତି ଧର୍ମ-ବର୍ଣ୍ଣ ନିର୍ବିଶେଷରେ ଦରିଦ୍ର ନିରନ୍ନ ଅବହେଳିତ ଜନତାର ସେବା ହିଁ ଥିଲା ତାଙ୍କ ଜୀବନର ବ୍ରତ। ସେ ବହୁ ସାହିତ୍ୟିକ ତଥା ସାମାଜିକ ଉପାଧିପ୍ରାପ୍ତ ହୋଇଥିଲେ।

ପୂଜ୍ୟ ଲକ୍ଷ୍ମୀନାରାୟଣ ସାହୁ ଥିଲେ ଗୋପାଳକୃଷ୍ଣ ଗୋଖଲେଙ୍କ ଦ୍ୱାରା ପୁନାଠାରେ ପ୍ରତିଷ୍ଠିତ ହିନ୍ଦ୍ ସେବକ ସଂଘ (Servants of India Society)ର ଆଜୀବନ ସଭ୍ୟ ଓ ଓଡ଼ିଶାରେ ଏହି ସେବାସଂଘ ଶାଖାର ପ୍ରତିଷ୍ଠାତା। ସ୍ୱାଧୀନତା ପୂର୍ବରୁ ଓ ପରେ ସେ ଓଡ଼ିଶା ବିଧାନସଭାର ଜଣେ ସଭ୍ୟ ଥିଲେ ଏବଂ ଭାରତର ସମ୍ବିଧାନ ପ୍ରଣୟନ ସଙ୍ଘ (Constituent Assembly)ର ମଧ୍ୟ ସଭ୍ୟ ହୋଇଥିଲେ।

ମୋ ଛାତ୍ର ଜୀବନରେ ଉତ୍କଳ ସମ୍ମିଳନୀ, ସ୍ୱତନ୍ତ୍ର ଓଡ଼ିଶା ପ୍ରଦେଶ ଗଠନ ଓ ଭାରତର ସ୍ୱାଧୀନତା ଆନ୍ଦୋଳନରେ ଜଣେ ସ୍ୱେଚ୍ଛାସେବୀ ଭାବରେ କେତେକ କ୍ଷେତ୍ରରେ କାର୍ଯ୍ୟ କରୁଥିବା ଅବସରରେ ମୁଁ ଲକ୍ଷ୍ମୀନାରାୟଣଙ୍କ ପ୍ରତ୍ୟକ୍ଷ ସମ୍ପର୍କ ଓ ସାହଚର୍ଯ୍ୟ ଲାଭ କରିବାର ସୁଯୋଗ ପାଇଥିଲି। ମୋ ବିନୋଦବିହାରୀ ଘରେ ସେ ବେଳେବେଳେ ଖଣ୍ଡିଏ ସାଇକେଲ ଧରି ପହଞ୍ଚି ଯାଉଥିଲେ। ପରିଧାନରେ ଖଦଡ଼ ଧୋତି ଓ କୁରୁତା, କେତେବେଳେ କୁରୁତା ନ ଥାଇ ଖଣ୍ଡେ ଚଦର। ପହଞ୍ଚି ଯାଇ କହିବେ, "ରାଜକିଶୋର, ଆଜି ମୁଁ ତମ ଘରେ ଖାଇବି।" ଯାହା ଖାଇବାକୁ ଦେଲେ, ଭାରି ପରିତୃପ୍ତିର ସହିତ ଖାଆନ୍ତି।

ତା'ପରେ ଗଳ୍ପ କରନ୍ତି, ତାଙ୍କ ଅଭିଜ୍ଞତାରୁ ବହୁ ସ୍ମରଣୀୟ ଘଟଣା ବର୍ଣ୍ଣନା କରନ୍ତି। ବଡ଼ ଜ୍ଞାନୀ ସେ, ପଣ୍ଡିତ। ଲେଖାପଢ଼ାରେ ଭାରି ଝୁଙ୍କ୍। ତାଙ୍କ ଦେଉଳସାହି ଘରକୁ ମୁଁ ମଧ୍ୟ ବହୁବାର ଯାଇଛି। ତାଙ୍କ ପ୍ରତିଷ୍ଠିତ 'ମହାନଦୀ ପ୍ରେସ୍' ଦେଖିଛି। ମାସିକ ପତ୍ରିକା ସହକାର ପ୍ରଥମେ ସେଇଠି ଛାପା ହୁଏ। ତାଙ୍କ ସ୍ନେହପୂର୍ଣ୍ଣ ସାନ୍ନିଧ୍ୟ ମୋତେ ଖୁବ୍ ଆନନ୍ଦ ଦେଇଥାଏ।

ମନୁଷ୍ୟର ଜୀବନ ଦର୍ଶନ ସମ୍ବନ୍ଧରେ ସେ ଯାହା ପ୍ରକାଶ କରିଛନ୍ତି, ତା'ର ମୂଲ୍ୟବୋଧ ଚିରନ୍ତନ। ସେ କହିଛନ୍ତି, "ନିବେଦିତ ଜୀବନ ହିଁ ପ୍ରକୃତ ଜୀବନ। ଅନ୍ୟ ଜୀବନ ସବୁ କେବଳ ଗଡ୍ଡାଳିକା ପ୍ରବାହ। ଯେଉଁ ଜୀବନରେ ଅନୁଭବ, ବ୍ୟାପ୍ତି, ସୌନ୍ଦର୍ଯ୍ୟ, ସହୃଦୟତା ଓ ସହାନୁଭୂତି ବିଦ୍ୟମାନ, ସେହି ଜୀବନ ହିଁ କଳ୍ପଲତା। ପ୍ରତ୍ୟୁଷରେ କାକର କାକଳିରେ ଏହାର ସୂଚନା ଥାଏ— ଉଠ, ଜାଗ୍ରତ ହୁଅ। ଧର୍ମ ପଥରେ ବିଚରଣ କର।" ଏହି ଚିରନ୍ତନ ମୂଲ୍ୟବୋଧକୁ ଆଧାରିତ କରି ସେ ଓଡ଼ିଆ, ବଙ୍ଗଳା ଓ ଇଂରାଜୀରେ ଶତାଧିକ ରଚନା କରିଯାଇ ଅଛନ୍ତି। ନିମ୍ନରେ ତାଙ୍କର ଦୁଇଟି ଲେଖା ଦିଆଯାଉଛି।

ତୁମରି ଆଶୀର୍ବାଦ ଏବେ ଗୋ,
ପଥର କେହି ଫିଙ୍ଗିଲେ ମୋତେ
ହୋଇଯିବ ସେ ଫୁଲର ହାର,
କ୍ରୋଧରେ କେହି ଅଗ୍ନି ବରଷିଲେ
କୁଙ୍କୁମ ଲେପ ହୋଇବ ମୋହରି ହୃଦର।"

X X X

"The one thing is life,
Death is a lie,
Let us all feel it
We must die.
Where is death?
The whole Universe is life, life,
Only life eternal."

X X X

ଭାରତର ଶାସନ ବିଧାୟକ ସଭାର ପ୍ରତିନିଧି ଥିଲାବେଳେ ଆମ ଦେଶର ତ୍ରିରଙ୍ଗ ଜାତୀୟ ପତାକାର ଯେଉଁ ଗୁଣାତ୍ମକ ଆଲୋଚନା ଶ୍ରୀଯୁକ୍ତ ସାହୁ କରିଥିଲେ, ତାହା ଚିରସ୍ମରଣୀୟ।

ପାଠକମାନଙ୍କ ଅବଗତି ନିମିତ୍ତ ତାଙ୍କ ଇଂରାଜୀ ଭାଷଣର ମର୍ମାନୁବାଦ ଏଠାରେ ପ୍ରକାଶ କରାଗଲା।

ମହାଶୟ,

ପଣ୍ଡିତ ଜବାହରଲାଲ ନେହରୁ ତାଙ୍କର ଅପୂର୍ବ ଯାଦୁକରୀ ଭାଷାରେ ଆମ ଜାତୀୟ ପତାକାର ରୂପ ଗୁଣ ବର୍ଣ୍ଣନା କରି ଯେଉଁ ପ୍ରସ୍ତାବ ଆଗତ କଲେ, ତାକୁ ମୁଁ

ସର୍ବାନ୍ତଃକରଣରେ ସମର୍ଥନ କରୁଛି । ଜାତୀୟ ପତାକାର ଯେଉଁ ରୂପ ଆମ ସମ୍ମୁଖରେ ଉପସ୍ଥାପନ କରାଯାଇଛି, ତାହା ଆମ ଓଡ଼ିଶାର ହଜାର ହଜାର ବର୍ଷ ତଳର ପ୍ରସିଦ୍ଧ ଜଗନ୍ନାଥ ମନ୍ଦିର କଥା ମୋର ମନକୁ ଛୁଉଁଛି । ଏହି ମନ୍ଦିର ଉପରେ ନୀଳଚକ୍ର ରହିଛି ଓ ନୀଳଚକ୍ରରେ ରହି ପତିତପାବନ ପତାକା ଉଡୁଛି । ଏହି ପତାକା ଦରିଦ୍ର ଓ ଅସ୍ପୃଶ୍ୟମାନଙ୍କର । ତେଣୁ ମୁଁ ଆମର ନେତୃବୃନ୍ଦଙ୍କୁ ନିବେଦନ କରୁଛି, ମନ୍ଦିରରେ ଅସ୍ପୃଶ୍ୟମାନଙ୍କର ପ୍ରବେଶ ଲାଗି ଯେଉଁ ପ୍ରତିବନ୍ଧକ ରହିଛି, ତାକୁ ଦୂର କରି ସମସ୍ତଙ୍କ ପାଇଁ ମନ୍ଦିରର ଦ୍ୱାର ଉନ୍ମୁକ୍ତ କରାଯାଉ ।

ଏହି ପତାକାରେ ଥିବା ତିନୋଟି ରଙ୍ଗକୁ ମୁଁ ଯେତେବେଳେ ଦେଖୁଛି, ସେତେବେଳେ ମୋର ଜଗନ୍ନାଥ ମନ୍ଦିରର ତିନି ଠାକୁରଙ୍କ କଥା ମନେ ପଡୁଛି । ପ୍ରଭୁ ଜଗନ୍ନାଥଙ୍କ ରଙ୍ଗ ନୀଳ, ବଳରାମଙ୍କ ରଙ୍ଗ ଧବଳ ଓ ସୁଭଦ୍ରାଙ୍କ ରଙ୍ଗ ହଳଦିଆ । ଯେପରି ମନେହୁଏ, ସୁଭଦ୍ରା ଜଗନ୍ନାଥ ଓ ବଳଭଦ୍ର ରହି ସମଗ୍ର ନାରୀଜାତିକୁ ସୁରକ୍ଷିତ କରି ରଖି ଅଛନ୍ତି । ତେଣୁ ଏହି ପ୍ରତୀକକୁ ମୁଁ ପୂଜା କରୁଛି, କାରଣ ଏହା ହେଉଛି ଆମ ଜାତୀୟତାର ପ୍ରତୀକ । ସେହି ମହାନ୍ ଜାତୀୟତା ହିଁ ମୋତେ ଆଜି ଏହି ଶାସନ ବିଧାୟକ ସଭାର ଜଣେ ସଭ୍ୟ ଭାବରେ ଏଠାରେ ଆସନ ଦେଇଛି ।

ଏହି ପତାକାରେ ଥିବା ଚକ୍ର (ଅଶୋକ ଚକ୍ର) ମଗଧ ଓ କଳିଙ୍ଗ ମଧ୍ୟରେ ଥିବା ଐତିହାସିକ ସମ୍ପର୍କ କଥା ସ୍ମରଣ କରାଇ ଦେଉଛି । ଆମର ସଭାପତି ଡକ୍ଟର ରାଜେନ୍ଦ୍ର ପ୍ରସାଦଙ୍କ ଘର ମଗଧରେ । ଅତୀତରେ ମଗଧ ସମ୍ରାଟ ଅଶୋକ କଳିଙ୍ଗ ବିରୁଦ୍ଧରେ ଯୁଦ୍ଧଯାତ୍ରା କରି ବିଜୟୀ ହୋଇଥିଲେ । ମାତ୍ର ସେହି ଲୋମହର୍ଷଣକାରୀ ରକ୍ତାକ୍ତ ସମରର ବିଭୀଷିକା ତାଙ୍କ ମନରେ ଅଦ୍ଭୁତ ପରିବର୍ତ୍ତନ ଆଣିଥିଲା ଓ ସେ 'ଚଣ୍ଡାଶୋକ'ରୁ 'ଧର୍ମାଶୋକ'ରେ ପରିଣତ ହୋଇଥିଲେ । ଆଜି ମଧ୍ୟ ଅଶୋକଙ୍କର ଧର୍ମାନୁଶାସନ ପଥରରେ ଖୋଦିତ ହୋଇ ଓଡ଼ିଶାର ଦୁଇଟି ସ୍ଥାନରେ ବିଦ୍ୟମାନ ରହିଅଛି ଓ ଜାତି-ଧର୍ମ-ବର୍ଣ୍ଣ ନିର୍ବିଶେଷରେ ସମଗ୍ର ମନୁଷ୍ୟ ଜାତିକୁ ଧର୍ମ, ଶାନ୍ତି ଓ ସେବାର ଆଦର୍ଶ ଶିକ୍ଷା ଦେଉଛି ।

ଏହି ତ୍ରିରଙ୍ଗ ପତାକା କେବଳ ଆମ ଜାତିର ନୁହେଁ, ଏହା ଆନ୍ତର୍ଜାତିକ, କାରଣ ଏହି ଚକ୍ର ସମଗ୍ର ମାନବ ଜାତିର ଚିରନ୍ତନ ଚକ୍ର (wheel of eternity) । ତେଣୁ ଆମେ ସମସ୍ତେ ଏହି ପତାକାକୁ ସମ୍ମାନ ପ୍ରଦର୍ଶନ କରିବା ଉଚିତ ।"

ପୂଜ୍ୟ ଶ୍ରୀଯୁକ୍ତ ଲକ୍ଷ୍ମୀନାରାୟଣ ସାହୁ ଥିଲେ ଜଣେ ନୀରବ ସାଧକ । ଚାରୋଟି ବିଷୟ ବିଷୟରେ ଏମ୍.ଏ. ପାଶ୍ କରିଥିଲେ ମଧ୍ୟ ତାଙ୍କୁ କେବେହେଲେ ଅହଙ୍କାର

ସ୍ପର୍ଶ କରି ନଥିଲା । "ଓଡ଼ିଶାରେ ଜୈନଧର୍ମ" ବିଷୟରେ ଏକ ସାରଗର୍ଭକ ସନ୍ଦର୍ଭ ଲେଖି ସେ ସେ ଉତ୍କଳ ବିଦ୍ୟାଳୟ ଦ୍ୱାରା ଡକ୍ଟରେଟ୍ ଉପାଧିରେ ସମ୍ମାନିତ ହୋଇଥିଲେ ।

ଶ୍ରୀଯୁକ୍ତ ଶ୍ୟାମସୁନ୍ଦର ମିଶ୍ର

ଶ୍ରୀଯୁକ୍ତ ଶ୍ୟାମସୁନ୍ଦର ମିଶ୍ର ଗଞ୍ଜାମର ସୁପରିଚିତ ଶିକ୍ଷାବିତ୍ ସାହିତ୍ୟ-ରତ୍ନାକର ସ୍ୱର୍ଗତ ଚନ୍ଦ୍ରଶେଖର ମିଶ୍ରଙ୍କ ପୁତ୍ର । ୧୯୦୯ ମସିହାରେ ତାଙ୍କର ଜନ୍ମ । ୧୯୩୩ ମସିହାରେ ସେ ପାଟନା ବିଶ୍ୱବିଦ୍ୟାଳୟରୁ ଏମ୍.ଏ. ପାଶ୍ କରି ୧୯୩୫ ମସିହାରେ ଗୋପାଳକୃଷ୍ଣ ଗୋଖଲେଙ୍କ ଦ୍ୱାରା ପ୍ରତିଷ୍ଠିତ 'ହିନ୍ଦ୍ ସେବକ ସଂଘ'ର ଆଜୀବନ ସଭ୍ୟ ଭାବେ ଯୋଗଦାନ କରିଥିଲେ । ଉକ୍ତ ସଙ୍ଗଠନର କାର୍ଯ୍ୟକ୍ରମ ଅନୁଯାୟୀ ସେ ସମଗ୍ର ଭାରତର ବିଭିନ୍ନ ସ୍ଥାନକୁ ଯାଇ ନାନା ସେବାମୂଳକ କାର୍ଯ୍ୟରେ ଅଂଶ ଗ୍ରହଣ କରିଥିଲେ । ହିନ୍ଦ୍ ସେବକ ସମାଜର ମୁଖପତ୍ର "Servan ervants of India"ର ପ୍ରତିନିଧି ହିସାବରେ ସେ ୧୯୩୭ ମସିହା ଲକ୍ଷ୍ନୌରେ ଯୋଗ ଦେଇଥିଲେ ।

୧୯୩୯ ମସିହାରେ ଶ୍ରୀଯୁକ୍ତ ମିଶ୍ର ସ୍ୱର୍ଗତ ଲକ୍ଷ୍ମୀନାରାୟଣ ସାହୁଙ୍କ ସହକର୍ମୀ ଭାବରେ ଦାୟିତ୍ୱ ଗ୍ରହଣ କରି "ହିନ୍ଦ୍ ସେବକ ସଂଘ" କାର୍ଯ୍ୟାଳୟର ଦାୟିତ୍ୱ ଗ୍ରହଣ କରିଥିଲେ । ଏହି ସମୟରେ "ଓଡ଼ିଶା ନାଗରିକ ସ୍ୱାଧୀନତା ସଂଘ' ନାମରେ ଏକ ସଙ୍ଗଠନ ପ୍ରତିଷ୍ଠିତ ହୋଇଥିଲା । ଏଥିରେ ସ୍ୱାମୀ ବିଚିତ୍ରାନନ୍ଦ ଦାସ ସଭାପତି, ଏବଂ ସେ ସମ୍ପାଦକ ଭାବେ ବହୁଦିନ କାର୍ଯ୍ୟ କରିଥିଲେ । ଉକ୍ତ ସଙ୍ଗଠନ ଆନୁକୂଲ୍ୟରେ କଟକଠାରେ ଭାରତରତ୍ନ ସ୍ୱର୍ଗତ ଜୟପ୍ରକାଶ ନାରାୟଣଙ୍କ ସଭାପତିତ୍ୱରେ "ନିଖିଳ ଭାରତ ନାଗରିକ ସ୍ୱାଧୀନତା ସଂଘର" ସମ୍ମିଳନୀ ଅନୁଷ୍ଠିତ ହୋଇଥିଲା ।

୧୯୪୨-୪୩ ମସିହାରେ ଓଡ଼ିଶାର ଚିଲିକା ଉପକୂଳବର୍ତ୍ତୀ ଅଞ୍ଚଳରେ ଏକ ପ୍ରଳୟଙ୍କର ବାତ୍ୟାରେ ବହୁ ଧନଜୀବନ ନଷ୍ଟ ହୋଇଥିଲା । ଶ୍ୟାମସୁନ୍ଦର ବାବୁ ବାତ୍ୟା-ପ୍ରପୀଡ଼ିତ ଲୋକଙ୍କୁ ସାହାଯ୍ୟ କରିବା ପାଇଁ ରମ୍ଭା ରିଲିଫ୍ କେନ୍ଦ୍ରର ପରିଚାଳନା ଦାୟିତ୍ୱ ଦୀର୍ଘ ସମୟ ଧରି ତୁଲାଇଥିଲେ । ଫଳରେ ଭାରତର ବହୁ ବିଶିଷ୍ଟ ବ୍ୟକ୍ତିଙ୍କର ଆଖି ତାଙ୍କ ଉପରେ ପଡ଼ିଥିଲା ଓ ସେ ପ୍ରଶଂସାର ପାତ୍ର ହୋଇଥିଲେ । ତାଙ୍କରି ଯତ୍ନ ଫଳରେ ରମ୍ଭାଠାରେ ଏକ ଅନାଥ ଶିଶୁ ସଦନ ମଧ୍ୟ ପ୍ରତିଷ୍ଠିତ ହୋଇଥିଲା । ଏହି ସମୟରେ ସ୍ୱର୍ଗତ ଠକ୍କର ବାପାଙ୍କ ସଭାପତିତ୍ୱରେ "ଓଡ଼ିଶା ରିଲିଫ୍ କମିଟି" ଗଢ଼ାଯାଇ ବାତ୍ୟା ବିପନ୍ନ ଲୋକଙ୍କୁ ରିଲିଫ୍ ଯୋଗାଇ ଦିଆଯାଉଥିଲା । ୧୯୫୦ ମସିହାରେ ଶ୍ରୀଯୁକ୍ତ ମିଶ୍ର ମିଳିତ ଜାତିସଂଘ ତରଫରୁ ଏକ ବୃତ୍ତି ଲାଭ କରି ଯୁକ୍ତରାଷ୍ଟ୍ର ଆମେରିକା ଯାଇ

ସେଠାରେ ବହୁଦିନ ରହି ସେଠାକାର ଅବହେଳିତ ଶିଶୁ ଓ ଅବହେଳିତ ଗୋଷ୍ଠୀମାନଙ୍କ ଲାଗି ଉଦ୍ଦିଷ୍ଟ ବିଭିନ୍ନ ଅନୁଷ୍ଠାନ ସବୁ ପରିଦର୍ଶନ କରି ପ୍ରତ୍ୟକ୍ଷ ଜ୍ଞାନ ଲାଭର ସୁଯୋଗ ପାଇଥିଲେ। ସେଠାରୁ ଫେରି ଠକ୍‌କର ବାପାଙ୍କ ପରାମର୍ଶକ୍ରମେ "ଓଡ଼ିଶା ଶିଶୁ ସଦନ ସମିତି"ର ସମସ୍ତ ସ୍ଥାବର ଓ ଅସ୍ଥାବର ସମ୍ପତ୍ତି ଓଡ଼ିଶା ରାଜ୍ୟପାଳଙ୍କ ସଭାପତିତ୍ୱ ତଥା ପୃଷ୍ଠପୋଷକତାରେ ପରିଚାଳିତ "ଉତ୍କଳ ବାଳାଶ୍ରମ ସଂଘ"କୁ ଅର୍ପଣ କରିଥିଲେ। ସେ ବହୁଦିନ ଧରି ଏହି ସଂଘର ପ୍ରାଥମିକ ସଭ୍ୟ ତଥା ଅବୈତନିକ ଯୁଗ୍ମ-ସମ୍ପାଦକ ଥିଲେ। ଏହା ବ୍ୟତୀତ "ନିଖିଳ ଉତ୍କଳ ପ୍ରାଥମିକ ଶିକ୍ଷକ ସଂଘ"ର ସାଧାରଣ ସମ୍ପାଦକ, ଉତ୍କଳ ବିଶ୍ୱବିଦ୍ୟାଳୟ ସିନେଟ୍‌ର ସଭ୍ୟ, ଉତ୍କଳ ହରିଜନ ସେବକ ସଂଘ ଏବଂ ଉତ୍କଳ ସମ୍ମିଳନୀର ସାଧାରଣ ସମ୍ପାଦନ ଭାବେ ଦୀର୍ଘକାଳ ଧରି କାର୍ଯ୍ୟ ପରିଚାଳନା କରିଥିଲେ। କଟକକୁ ନିଜର କେନ୍ଦ୍ର କର୍ମସ୍ଥଳୀ ରୂପେ ବାଛିନେଇ ସେ ଏବେ ସୁଦ୍ଧା ବିଭିନ୍ନ ସେବାମୂଳକ କାର୍ଯ୍ୟରେ ଆପଣାକୁ ନିୟୋଜିତ କରୁଛନ୍ତି।

ଶ୍ରୀଯୁକ୍ତ ଶ୍ୟାମସୁନ୍ଦର ମିଶ୍ର ବର୍ତ୍ତମାନ "ହିନ୍ଦ୍ ସେବକ ସଂଘ"ର ସଭାପତି ଅଛନ୍ତି। ତାଙ୍କ ସହିତ ମୋର ପରିଚିତି ଓ ଘନିଷ୍ଠତା ଅନେକ ଦିନର। ଥରେ ତାଙ୍କ ସହିତ ମୁଁ କଲିକତା ଯାଇଥିଲି। ସେଠାରେ ପହଞ୍ଚି ଆମ୍ଭେମାନେ ଶ୍ରୀଯୁକ୍ତ ନୀଳମଣି ରାଉତରାୟ (ବର୍ତ୍ତମାନ କେନ୍ଦ୍ର କ୍ୟାବିନେଟ ମନ୍ତ୍ରୀ)ଙ୍କ ବଡ଼ଭାଇ ସ୍ୱର୍ଗତ ହରେକୃଷ୍ଣ ରାଉତରାୟଙ୍କ ଘରେ ରହିଥିଲୁ। ଏ ବିଷୟ ମୁଁ ଅତ୍ୟନ୍ତ ଆଲୋଚନା କରିଛି।

ଶ୍ରୀଯୁକ୍ତ ଶ୍ୟାମସୁନ୍ଦର ମିଶ୍ରଙ୍କ ଭାଇ ଜଗନ୍ନାଥ ମିଶ୍ର ଖଲ୍ଲିକୋଟ ପ୍ରଜା ଆନ୍ଦୋଳନର ନେତୃତ୍ୱ ନେଇ କାରାବରଣ କରିଥିଲେ। ତାଙ୍କ ପକ୍ଷ ନେଇ ମୁଁ ପାଟଣା ହାଇକୋର୍ଟରେ ମୋକଦ୍ଦମା ପରିଚାଳନା କରିଥିଲି। ବଡ଼-ଖେମେଣ୍ଡିର ରାଜା ରାମଚନ୍ଦ୍ର ଦେଓଙ୍କ ତରଫରୁ ଗଞ୍ଜାମ-ପୁରୀ ସେସନ୍‌ସ ଜଜ୍ କୋର୍ଟରେ ଦାଏର କରାଯାଇଥିବା ମକଦ୍ଦମାରେ ଜଗନ୍ନାଥ ମିଶ୍ରଙ୍କୁ ଉଭୟ ଜେଲ୍ ଓ ଜରିମାନା ଦଣ୍ଡ ଆଦେଶ ହୋଇଥିଲା। ତଳ କୋର୍ଟର ଏହି ଆଦେଶ ବିରୁଦ୍ଧରେ ପାଟଣା ହାଇକୋର୍ଟରେ ଦାଏର କରାଯାଇଥିବା ଆପିଲ୍ କେଶ୍‌ରେ ମୁଁ ମିଶ୍ରଙ୍କ ତରଫରୁ ଏବଂ ଲିଙ୍ଗରାଜ ପାଣିଗ୍ରାହୀ (ପରେ ମୁଖ୍ୟ ବିଚାରପତି ହୋଇଥିଲେ) ରାଜାଙ୍କ ତରଫରୁ ମକଦ୍ଦମା ଲଢ଼ିଥିଲୁ। ପାଟଣା ହାଇକୋର୍ଟର ବିଚାରପତି ମନୋହର ଲାଲ୍ କଟକ ଆସି ସର୍କିଟ୍ କୋର୍ଟରେ ଏହା ବିଚାର କରିଥିଲେ। ଶ୍ୟାମସୁନ୍ଦର ବାବୁଙ୍କ ଦୁଇପୁଅ ବର୍ତ୍ତମାନ ଆମେରିକାରେ ରହୁଛନ୍ତି। ତାଙ୍କ ଝିଅ ରମାରାଣୀ (ହୋତା) ଆଇ.ଆର.ଏସ୍. ପାଇ ଭାରତ ସରକାରଙ୍କ ଏକ ଉଚ୍ଚପଦବୀରେ ଅବସ୍ଥାପିତ ହୋଇ

କାର୍ଯ୍ୟ କରୁଛନ୍ତି । ରମା ଶ୍ରୀଯୁକ୍ତ ବାଞ୍ଛାନିଧି ହୋତାଙ୍କ ପୁତ୍ର ଶ୍ରୀ ପ୍ରସନ୍ନ କୁମାର ହୋତା ଆଇ.ଏ.ଏସ୍.ଙ୍କୁ ବିବାହ କରିଛନ୍ତି । ପ୍ରସନ୍ନ କିଛି ବର୍ଷ ପାଇଁ କଟକର ଜିଲ୍ଲାପାଳ ଭାବେ ବେଶ୍ ଦକ୍ଷତାର ସହ ଦାୟିତ୍ୱ ପରିଚାଳନା କରିଥିଲେ । ସେ ମଧ୍ୟ ଏକ ଉଚ୍ଚପଦବୀରେ ଅବସ୍ଥାପିତ ହୋଇଛନ୍ତି ।

ଲକ୍ଷ୍ମୀନାରାୟଣ ପଟ୍ଟନାୟକ, ଏମ୍.ବି.ଇ.

ଏକ ସମୟରେ ଇମ୍ପେରିଆଲ ବ୍ୟାଙ୍କ୍ କଟକର ଏକମାତ୍ର ବଡ଼ ବ୍ୟାଙ୍କ ଥିଲା । ପରବର୍ତ୍ତୀ କାଳରେ ଏହା ଷ୍ଟେଟ୍‌ବ୍ୟାଙ୍କ୍ ଅଫ୍ ଇଣ୍ଡିଆ ଭାବରେ ରୂପାନ୍ତରିତ ହୋଇଅଛି । ଏହା ବ୍ୟତୀତ କଟକ ବ୍ୟାଙ୍କ୍ ନାମକ ଆଉ ଗୋଟିଏ ବ୍ୟାଙ୍କ୍ ମଧ୍ୟ ଥିଲା । ଏହି କଟକ ବ୍ୟାଙ୍କ୍ ମୁଖ୍ୟତଃ କେତେକ ବଙ୍ଗୀୟ ଭଦ୍ରବ୍ୟକ୍ତିଙ୍କ ଦ୍ୱାରା ପରିଚିତ ହେଉଥିଲା । କଟକରେ ଓଡ଼ିଆମାନଙ୍କ ଦ୍ୱାରା ପ୍ରତିଷ୍ଠିତ କିମ୍ବା ପରିଚାଳିତ ହେଉଥିବା କୌଣସି ବ୍ୟାଙ୍କ୍ ନ ଥିଲା । ପ୍ରଥମେ ସ୍ୱର୍ଗତ ଲକ୍ଷ୍ମୀନାରାୟଣ ପଟ୍ଟନାୟକ କଟକରେ ଓଡ଼ିଶା ବ୍ୟାଙ୍କ୍ ପ୍ରତିଷ୍ଠା କରିବାକୁ ସ୍ଥିର କଲେ । ସେଥିରେ ତାଙ୍କ ଛଡ଼ା ଲୋକସଭା ସଦସ୍ୟ ସ୍ୱର୍ଗତ ଭୁବନାନନ୍ଦ ଦାସ (ବି. ଦାସ), ପୁରୀ ଜିଲ୍ଲା କୁହୁଡ଼ିର ରାଧାମୋହନ ପାଣି ଓ ମୁଁ ପ୍ରଥମ ଡିରେକ୍ଟର ବା ପରିଚାଳକ ହୋଇଥିଲୁ ।

କିଛି ବର୍ଷ ଉକ୍ତ ଓଡ଼ିଶା ବ୍ୟାଙ୍କ୍ ବେଶ୍ ସୁରୁଖୁରୁରେ ଚାଲିଲା । ଲକ୍ଷ୍ମୀନାରାୟଣ ବାବୁ ଏହାର ପରିଚାଳନା ନିର୍ଦ୍ଦେଶକ ଓ ଭୁବନାନନନ୍ଦ ଚେୟାରମ୍ୟାନ୍ ଭାବେ ନିର୍ବାଚିତ ହୋଇଥିଲେ । ପ୍ରଥମେ ବି. ଦାସଙ୍କ ଘରେ ଉକ୍ତ ବ୍ୟାଙ୍କ୍ କାର୍ଯ୍ୟାଳୟ ଆରମ୍ଭ ହୋଇ ପରବର୍ତ୍ତୀ ସମୟରେ ସ୍ୱର୍ଗତ ପଟ୍ଟନାୟକଙ୍କ ତୁଳସୀପୁରସ୍ଥିତ "ଆନନ୍ଦ ଭବନ" ବାସଭବନକୁ ଏହା ସ୍ଥାନାନ୍ତରିତ ହୋଇଥିଲା । କିଛିଦିନ ଧରି ଏହି ବ୍ୟାଙ୍କ୍‌ର କାର୍ଯ୍ୟାଳୟ ଓଡ଼ିଶା ହାଇକୋର୍ଟ ସାମ୍‌ନାରେ ଥିବା ଗୋଟିଏ ଘରେ ଚାଲିଥିଲା । ମାତ୍ର ପରେ ପରେ ଆଇନ୍ ଅନୁଯାୟୀ ସରକାର ସମସ୍ତ ଘରୋଇ ବା ବେସରକାରୀ ବ୍ୟାଙ୍କ୍‌ଗୁଡ଼ିକୁ ଉଚ୍ଛେଦ କରିବାରୁ ଏହି କଟକ ବ୍ୟାଙ୍କ୍ ମଧ୍ୟ ବନ୍ଦ ହୋଇ ଯାଇଥିଲା ।

ସ୍ୱର୍ଗତ ଲକ୍ଷ୍ମୀନାରାୟଣ ପଟ୍ଟନାୟକଙ୍କୁ ଏମ୍.ବି.ଇ. ଉପାଧିରେ ସମ୍ମାନର କରାଯାଇଥିଲା ।

ପାରଳା ମହାରାଜା କୃଷ୍ଣଚନ୍ଦ୍ର ଗଜପତି ଦେବଙ୍କ ନେତୃତ୍ୱରେ ଓଡ଼ିଶାରେ "ଜାତୀୟ ଦଳ" ନାମରେ ଏକ ରାଜନୈତିକ ଦଳ ଗଠନ କରାଯାଇଥିଲା । ବିଶିଷ୍ଟ ଆଡ୍‌ଭୋକେଟ୍ ବୀରକିଶୋର ରାୟ (ପରେ ଓଡ଼ିଶା ହାଇକୋର୍ଟର ମୁଖ୍ୟ ବିଚାରପତି),

'ଲକ୍ଷ୍ମୀନାରାୟଣ ପଟ୍ଟନାୟକ ପ୍ରମୁଖ ବହୁ ବିଖ୍ୟାତ ବ୍ୟକ୍ତି ଏହି ଦଳର ସଭ୍ୟ ଥିଲେ। ମୁଁ ମଧ୍ୟ ଉକ୍ତ ଦଳ ସହିତ ସମ୍ପୃକ୍ତ ଥିଲି।

୧୯୩୭ ମସିହାରେ ଅନୁଷ୍ଠିତ ନିର୍ବାଚନରେ ଏହି 'ଜାତୀୟ ଦଳ' ସପକ୍ଷରେ ନିର୍ବାଚନ ପ୍ରଚାର କରିବାକୁ ଲକ୍ଷ୍ମୀନାରାୟଣ ବାବୁଙ୍କ ସହିତ ମୁଁ ଓଡ଼ିଶାର ବିଭିନ୍ନ ସ୍ଥାନକୁ ଯାଇଥିଲି। ଲକ୍ଷ୍ମୀନାରାୟଣ ବାବୁ ବିହାର ଓଡ଼ିଶା ଜୁଡ଼ିସିଆଲ ସର୍ଭିସରୁ ଅବସର ନେଇ ସେତେବେଳେ ପାରଳା ମହାରାଜାଙ୍କ ଦେୱାନ୍ ଭାବେ କାର୍ଯ୍ୟ କରୁଥାନ୍ତି। ପାରଳାଖେମୁଣ୍ଡି ଡାକବଙ୍ଗଳାରେ ଥରେ ଆମେ ସାଙ୍ଗହୋଇ ଖାଇ ବସିଥାଉ। ମହାରାଜା ଶିକାର କରି ଆଣିଥିବା ହରିଣ ମାଂସର ତରକାରୀ ଆମକୁ ଖାଇବାକୁ ଦିଆଯାଇଥିଲା। ସେ ମାଂସ ପ୍ରତି ମୋର ବେଶି ଆଗ୍ରହ ଦେଖି ଲକ୍ଷ୍ମୀନାରାୟଣ ବାବୁ କହିଲେ, "ଦାସେ, ଖାଅ, ଖାଅ, କିଛି ହେବନାହିଁ।"

ଥରେ ନିର୍ବାଚନ କାମ ସାରି ଆମେ ସାଙ୍ଗ ହୋଇ ଫେରୁଥିବା ସମୟରେ ଗୋଟିଏ ହାତୀପଲ ହାବୁଡ଼େ ପଡ଼ିଥିଲୁ। ଡ୍ରାଇଭର୍ ଗାଡ଼ି ବନ୍ଦକରି ଦେବାରୁ "କାହିଁକି ଅଟକିଲ ?" ବୋଲି ଆମେ ପଚାରିଲୁ। ଡ୍ରାଇଭର କହିଲା, "ଆଜ୍ଞା, ଦେଖୁ ନାହାନ୍ତି ହାତୀମାନେ ଗଡୁଛନ୍ତି।" ହାତୀସବୁ ଚାଲିଗଲା ପରେ ଡ୍ରାଇଭର ଗାଡ଼ି ନେଇ ଆସିଲା। ଆମେ କିନ୍ତୁ ଭୟଭୀତ ହୋଇ ଯାଇଥିଲୁ।

ପାରଳାଖେମୁଣ୍ଡିରୁ ଆମେ ଦିନେ ଯାଉଥିଲୁ ସମ୍ବଲପୁର। ସେତେବେଳକୁ ହୀରାକୁଦ ବନ୍ଧ ହୋଇ ନ ଥିଲା। ଆମେ ଡଙ୍ଗାରେ ନଈ ପାର ହୋଇ କଟକ ଆସିଲୁ। ଡଙ୍ଗାରୁ ଓହ୍ଲାଇବା ବେଳେ ଲକ୍ଷ୍ମୀନାରାୟଣବାବୁ କହିଲେ, "ମୋ ମୁଣ୍ଡ ଟିକିଏ ବୁଲାଇ ଦେଉଛି। ଏଠାରେ କିଛି ସମୟ ବିଶ୍ରାମ ନେବା।" ବିଶ୍ରାମ ପରେ ପୁଣି ବାହାରିଲୁ। ଅନୁଗୁଳ ପାଖାପାଖି ରାସ୍ତାରେ ଯାଉଥିଲାବେଳେ ଆମ କାର୍‌ଟି ଜଣେ ଲୋକକୁ ଧକ୍‌କା ହେଲା। ଆମେ ଆହତ ବ୍ୟକ୍ତିଟିକୁ ଗାଡ଼ିରେ ପାଖ ଡାକ୍ତରଖାନାକୁ ନେଲୁ। ସେଠାରେ ଥିବା ଡାକ୍ତର ଭଗବତୀ ଆଚାର୍ଯ୍ୟ ଚିକିତ୍ସାର ସମସ୍ତ ବ୍ୟବସ୍ଥା କଲେ। ଆମେ ଥାନାକୁ ଯାଇ ଏକ ମୋକଦ୍ଦମା ରୁଜୁ କରି ଡ୍ରାଇଭରକୁ ଜାମିନ୍‌ରେ ଆଣିଲୁ। ସେତେବେଳେ ଅନୁଗୁଳର ଏସ୍.ଡ଼ି.ଓ. ଥିଲେ ରାୟବାହାଦୁର ଦୁର୍ଗାଚରଣ ଦାସ। ସବୁ କଥା ଶୁଣି ସେ ଥାନା ଅଫିସର ନୀଳକଣ୍ଠ ମହାପାତ୍ରଙ୍କୁ ଡକାଇ ଆମର କଟକ ଆସିବା ବ୍ୟବସ୍ଥା କରିଦେଲେ। ସେଇଠୁ ଆମେ କଟକ ଫେରିଲୁ। ଏହିପରି ଅନେକ ଘଟଣାରେ ଆମେ ସାଙ୍ଗ ହୋଇ କାମ କରିଥିଲୁ। ତାଙ୍କ ପ୍ରତି ମୋର ପ୍ରଗାଢ଼ ଶ୍ରଦ୍ଧା ଥିଲା। ଉକ୍ତ ନିର୍ବାଚନରେ ପାରଳା ମହାରାଜାଙ୍କ "ଜାତୀୟ ଦଳ ସଂଖ୍ୟା ଗରିଷ୍ଠ ହୋଇ ନ ଥିଲେ ମଧ୍ୟ ତାଙ୍କ

ନେତୃତ୍ୱରେ ୧୯୩୭ ଅପ୍ରେଲ ପହିଲାରେ ଓଡ଼ିଶାର ପ୍ରଥମ ମନ୍ତ୍ରୀମଣ୍ଡଳ ଗଠିତ ହୋଇଥିଲା ।

ସ୍ୱର୍ଗତ ପଟ୍ଟନାୟକ ହେଉଛନ୍ତି ଓଡ଼ିଶାର ମୁଖ୍ୟମନ୍ତ୍ରୀ ତଥା ବିଶିଷ୍ଟ ଜନନାୟକ ଶ୍ରୀଯୁକ୍ତ ବିଜୁ ପଟ୍ଟନାୟକ ଓ ଖ୍ୟାତନାମା ଦନ୍ତ-ଚିକିତ୍ସକ ଜର୍ଜ ପଟ୍ଟନାୟକଙ୍କ ପିତା । ଶ୍ରୀଯୁକ୍ତ ବିଜୁ ପଟ୍ଟନାୟକଙ୍କ ସମ୍ପର୍କରେ ମୁଁ ଅନ୍ୟତ୍ର ଆଲୋଚନା କରିଛି । ଡାକ୍ତର ଜର୍ଜ ପଟ୍ଟନାୟକ କେବଳ ଜଣେ ବିଶିଷ୍ଟ ଚିକିତ୍ସକ ଭାବରେ ନୁହନ୍ତି, ଜଣେ କ୍ରୀଡ଼ାବିତ୍ ତଥା ସମାଜସେବୀ ଭାବରେ ମଧ୍ୟ ସୁପରିଚିତ । କଟକର ବାରବାଟୀ ଷ୍ଟାଡ଼ିୟମ ଓ ସ୍ପୋର୍ଟସ୍‌ର ବିକାଶ କ୍ଷେତ୍ରରେ ତାଙ୍କର ଯଥେଷ୍ଟ ଅବଦାନ ଥିଲା । ଏହିଭଳି ଏକ ଉଚ୍ଚକୋଟୀର ବ୍ୟକ୍ତି ଆମ୍ଭମାନଙ୍କଠାରୁ ଗତ ତା ୧୬।୧।୯୦ ରିଖରେ ଚିରବିଦାୟ ନେଇ ଚାଲି ଯାଇଛନ୍ତି ।

ଭଗବତୀ ଚରଣ ପାଣିଗ୍ରାହୀ

ସ୍ୱର୍ଗତ ଭଗବତୀ ଚରଣ ପାଣିଗ୍ରାହୀଙ୍କ ଘର ଆମ ଗାଁ ବାଗଲପୁର ପାଖ ବିଶ୍ୱନାଥପୁରରେ । ଲବ୍ଧପ୍ରତିଷ୍ଠ ସାହିତ୍ୟିକ ଶ୍ରୀଯୁକ୍ତ କାଳିନ୍ଦୀ ଚରଣ ପାଣିଗ୍ରାହୀ ତାଙ୍କ ସହୋଦର । ଭୁବନେଶ୍ୱର ଦେଇ କଟକ ଆସିବାବେଳେ ତାଙ୍କ ଗାଁ ପାଖରେ ଭଗବତୀଙ୍କ ସହିତ ମୋର ପ୍ରଥମ ସାକ୍ଷାତ ହୋଇଥିଲା । ସେଦିନ ସେ ମଧ୍ୟ କଟକ ଆସୁଥାନ୍ତି । ଭୁବନେଶ୍ୱରରେ ପହଞ୍ଚି ସେଠାରୁ ରେଳ ଯୋଗେ ଆମେ ସାଙ୍ଗ ହୋଇ କଟକରେ ଆସି ପହଞ୍ଚିଲୁ । ସେତେବେଳେ ଭୁବନେଶ୍ୱରରୁ କଟକ ଆସିବା ରେଳଭଡ଼ା ଥିଲା ତୃତୀୟ ଶ୍ରେଣୀରେ ଅଠର ପଇସା (ଏବକାର ପ୍ରାୟ ତିରିଶ ପଇସା) । ଭୁବନେଶ୍ୱର ଷ୍ଟେସନରେ ଗୋଟିଏ ଜଳଖିଆ ଦୋକାନରେ ଆମେ ଦୁଇଅଣା (ବର୍ତ୍ତମାନ ବାର ପଇସା)ର ଜଳଖିଆ ଖାଇଲୁ । ଚାରି ପଇସାରେ ଚାରୋଟି କାକରା ବା ରୋଟି ତରକାରୀ । ବେଶ୍ ପେଟପୂରା ଭୋଜନ । ବାସ୍ତବିକ୍, ସେ ସମୟ ସହିତ ବର୍ତ୍ତମାନର ଦରଦାମ୍‌ର ତୁଳନା କଲେ, ବିସ୍ମିତ ହେବାକୁ ପଡୁଛି ।

ସେଦିନ ପ୍ରଥମ ଦେଖାରେ ମୁଁ ଜାଣିପାରିଥିଲି ଯେ, ଭଗବତୀବାବୁ ଜଣେ ସରଳ ମିଷ୍ଟଭାଷୀ ଲୋକ । ରେଳରେ ବହୁ ସମୟ ଧରି ଆମେ ବିଭିନ୍ନ ବିଷୟ ଆଲୋଚନା କରିଥିଲୁ । ଉଭୟେ ଖଦଡ଼ ପିନ୍ଧୁଥିବାରୁ ଆମକୁ କଂଗ୍ରେସ ଦଳର ଲୋକ ବୋଲି ବାହାରକୁ ଜଣା ପଡୁଥାଏ ।

କେତେକ ବର୍ଷର ବ୍ୟବଧାନ ପରେ ତାଙ୍କ ସହିତ ମୋର ଯେତେବେଳ

ଦ୍ୱିତୀୟବାର ଦେଖା ହେଲା, ସେତେବେଳକୁ ସେ ଜଣେ ପ୍ରଖ୍ୟାତ କମ୍ୟୁନିଷ୍ଟ ନେତା ଭାବେ ପରିଚିତ । ଏହି ସାକ୍ଷାତ ପରେ ଆମ ଉଭୟଙ୍କ ମଧ୍ୟରେ ଘନିଷ୍ଠତା ବୃଦ୍ଧି ପାଇଲା ଏବଂ ଶେଷ ପର୍ଯ୍ୟନ୍ତ ଏହା ଅତୁଟ ରହିଥିଲା ।

୧୯୩୦ ମସିହାରେ ସତ୍ୟାଗ୍ରହ ଆନ୍ଦୋଳନ, ଇଂଲଣ୍ଡରେ ଗୋଲ ଟେବୁଲ ବୈଠକର ନିଷ୍ପତ୍ତି ଭାରତର ନେତୃସ୍ଥାନୀୟ ବ୍ୟକ୍ତି ତଥା ଜନସାଧାରଣଙ୍କ ମନରେ ନୈରାଶ୍ୟଭାବ ସୃଷ୍ଟି କଲା । ଇଂରେଜ ସରକାରଙ୍କ ବିରୁଦ୍ଧରେ କି ପ୍ରକାର କାର୍ଯ୍ୟାନୁଷ୍ଠାନ ଗ୍ରହଣ କରାଯିବ, ତା' ନେଇ ମତଭେଦ ସୃଷ୍ଟି ହେବାରୁ ୧୯୩୪ ରେ ଆଚାର୍ଯ୍ୟ ନରେନ୍ଦ୍ର ଦେବଙ୍କ ନେତୃତ୍ୱରେ ସୋସାଲିଷ୍ଟ ପାର୍ଟି ଗଠିତ ହେଲା । ଭଗବତୀବାବୁ କିଛିକାଳ ଏହାର ସମ୍ପାଦକ ଥିଲେ । ଏହି ଦଳର ବହୁ ବ୍ୟକ୍ତି ଓ ଅନେକ କଂଗ୍ରେସ ଲୋକ ଭାରତୀୟ କମ୍ୟୁନିଷ୍ଟ ଦଳ ପ୍ରତି ଆକୃଷ୍ଟ ହୋଇ ଓଡ଼ିଶାରେ ଗୋଟିଏ କମ୍ୟୁନିଷ୍ଟ ଦଳ ଗଠନ କରିଥିଲେ । ଭଗବତୀବାବୁ ଏହି କମ୍ୟୁନିଷ୍ଟ ପାର୍ଟିର ପ୍ରଥମ ସମ୍ପାଦକ ହେଲେ ।

୧୯୩୯ ମସିହାରେ ଦ୍ୱିତୀୟ ବିଶ୍ୱଯୁଦ୍ଧ ଆରମ୍ଭ ହୋଇଥିଲା । ଭାରତରେ ଇଂରେଜ ସରକାରଙ୍କ ଦମନ ଲୀଳା ଚାଲିଲା । ବଡ଼ ନେତୃସ୍ଥାନୀୟ ବ୍ୟକ୍ତିଙ୍କୁ ଗିରଫ୍ କରାଗଲା । ଗଣ ଆନ୍ଦୋଳନକୁ ଦମନ କରିବାକୁ ଭାରତ ରକ୍ଷା ଆଇନ୍ ଓ ନିୟମ ପ୍ରଣୟନ କରାଯାଇ ବନ୍ଦୀମାନଙ୍କ ବିରୁଦ୍ଧରେ ସଂଖ୍ୟାଧିକ ମୋକଦ୍ଦମା ରୁଜୁ ହେଲା । ବହୁ କଂଗ୍ରେସ ଓ କମ୍ୟୁନିଷ୍ଟ ନେତାମାନଙ୍କୁ ସେଥିରେ ଜଡ଼ିତ କରାଗଲା । ସେତେବେଳକୁ ମୋର ଆଇନ୍ ବ୍ୟବସାୟର ପ୍ରାରମ୍ଭିକ ଅବସ୍ଥା । ଭଗବତୀ ମୋତେ କେତେକ ମୋକଦ୍ଦମା ପରିଚାଳନା କରିବାର ଦାୟିତ୍ୱ ଦେଇଥାନ୍ତି । ମୁଁ ସେତେବେଳେ ବିନୋଦବିହାରୀରେ ଥାଏ । ତଳ ଘରଟି ଅଫିସ୍, ଉପର ଘରଟି ବୈଠକଖାନା । ସେଠାରେ ବିଭିନ୍ନ ରାଜନୈତିକ ଗୋଷ୍ଠୀର ବନ୍ଧୁମାନେ ଦେଶର ତଥା ରାଜ୍ୟର ବିଭିନ୍ନ ସମସ୍ୟା ନେଇ ଆଲୋଚନା କରନ୍ତି । ଚା' ପାନ ବି ହୁଏ । ଭଗବତୀ ବାବୁ ବରାବର କହନ୍ତି, ଆମେ ସବୁ ଉପର ଘରବାଲା ଆସିଲୁ । ପଇସା ଦିଆ ମହକିଲ ନୋହୁଁ । ଆମ ପାଇଁ ଭୁବନେଶ୍ୱରଠାରେ ଯେଉଁ କାକରା ଖାଇଥିଲେ ସେଇୟା ହେଲେ ଚଳିବ । ବେଶୀ କିଛି ଆୟୋଜନ କରିବେ ନାହିଁ ।" ଏଇ କଥା କହି ସେ ଅନେକ ଥଟ୍ଟା ପରିହାସ ବି କରନ୍ତି । ଏଇଠାରେ ଗୋଟିଏ କଥା ମନେ ପଡ଼େ । ଭଗବତୀ ବାବୁ ଚମତ୍କାର ବଂଶୀ ବଜାଇ ଜାଣିଥିଲେ । ଥରେ ବିନୋଦବିହାରୀରେ ବଂଶୀ ଆଣି ବଜାଇଲେ । ଥଟ୍ଟାରେ କହିଲେ, ଆମେ ତ ଅଦିଆ ମହକିଲ । ଅର୍ଥନାହିଁ, ଅନର୍ଥ ଅଛି । ମୁଁ କହିଲି, "ଯାହା ମିଳିଲା ।"

ଆଉ ଦିନେ ସେ ଆସି କହିଲେ, "ଅବସ୍ଥା ଦିନକୁ ଦିନ ଜଟିଳ ହୋଇ ଯାଉଛି । କେତେବେଳେ କାହାକୁ ବାନ୍ଧିନେବେ, କିଛି ଠିକଣା ନାହିଁ । ଆପଣଙ୍କ ଉପରେ ଆମେ ଦିନେ ଆମ ରାଜ୍ୟ ନ୍ୟସ୍ତକରି ଚାଲିଯିବୁ ।" ମୁଁ କହିଲି, "ଆଚ୍ଛା, ଦେଖିବା ।" ଏହାପରେ କେତେଗୁଡ଼ିଏ ମୋକଦ୍ଦମାର ଦାୟିତ୍ୱ ମୁଁ ନେଇଥିଲି । ସେତେବେଳେ ଏଭଳି କମ୍ୟୁନିଷ୍ଟମାନଙ୍କ ମକଦ୍ଦମା ନେବାକୁ ସମସ୍ତେ ପଛାଉଥାନ୍ତି । ପୋଲିସକୁ ଡରୁଥାନ୍ତି ।

"କମ୍ୟୁନିଷ୍ଟ ଷଡ଼ଯନ୍ତ୍ର ମୋକଦ୍ଦମା" ସମ୍ପର୍କରେ ଆଲୋଚନା କଲାବେଳେ ମୁଁ ଲେଖିଛି, କିଭଳି ଭାବରେ ଖୋର୍ଦ୍ଧା ଅଞ୍ଚଳରେ କୃଷକ ଆନ୍ଦୋଳନ ସହିତ ଜଡ଼ିତ ଥିବା ପ୍ରାଣନାଥ ପଟ୍ଟନାୟକ, ଗୋକୁଳ ମୋହନ ରାୟ ଚୂଡ଼ାମଣି ଓ ସାଧୁଚରଣ ମହାନ୍ତି ପ୍ରମୁଖଙ୍କ ବିରୁଦ୍ଧରେ ଯେଉଁ ସବୁ ମୋକଦ୍ଦମା ରୁଜୁ ହୋଇଥିଲା, ସେ ସବୁ ମୋକଦ୍ଦମା ପରିଚାଳନା କରିବାକୁ ମତେ ଅନେକଥର ଖୋର୍ଦ୍ଧା ଯିବାକୁ ପଡ଼ିଥିଲା; ଭଗବତୀ ଚରଣ ପାଣିଗ୍ରାହୀ, ଅନନ୍ତ ଚରଣ ପଟ୍ଟନାୟକ, ମନମୋହନ ମିଶ୍ର, ବୈଦ୍ୟନାଥ ରଥ ପ୍ରଭୃତି କମ୍ୟୁନିଷ୍ଟ ଷଡ଼ଯନ୍ତ୍ର ମୋକଦ୍ଦମାରେ ମତେ ବହୁଥର ଜେଲ ଭିତରକୁ ଯିବାକୁ ପଡୁଥିଲା । କାରଣ ଜେଲ ଭିତରେ ମକଦ୍ଦମା ବିଚାର ହୁଏ । ଅସ୍ୱାଭାବିକ ପରିସର ମଧ୍ୟରେ । ମୁଖ୍ୟମୁଦାଲା ଭଗବତୀ ଥିଲେ କନିକାର ପ୍ରକୃତ ନେତା । ତାଙ୍କ ଜୀବନର ମୂଲ୍ୟବାନ ସମୟତକ କଟିଥିଲା କାରାଗାରରେ । ସେ ଥିଲେ ତ୍ୟାଗ ଓ ନିଷ୍ଠାର ପ୍ରତୀକ । ବହୁ ଦୁଃଖ, ନିର୍ଯ୍ୟାତନା ମଧ୍ୟରେ ତାଙ୍କ ମୁହଁରେ ସବୁବେଳେ ହସର ରେଖା ଲାଗି ରହିଥିଲା ।

ବନ୍ଧୁ ଭଗବତୀ ସେତେବେଳେ ଯାହା କହିଛନ୍ତି, ତା' କରିବାରେ ମୁଁ କେବେ ତ୍ରୁଟି କରିନାହିଁ । ଯେଉଁ ସ୍ୱାଧୀନତା ହାସଲ ଲାଗି ଭଗବତୀ ବାବୁ ଏତେ ଅବିଚାର, ଅତ୍ୟାଚାର ସହ୍ୟ କରିଥିଲେ, ଦେଶର ସେହି ସ୍ୱାଧୀନତା ଆସିବା ପୂର୍ବରୁ ୧୯୪୩ ମସିହା ଅକ୍ଟୋବର ୨୩ ତାରିଖରେ ସେ ଅକାଳରେ ଝରି ପଡ଼ିଥିଲେ ।

ଶ୍ରୀଯୁକ୍ତ ଉଦୟନାଥ ଷଡ଼ଙ୍ଗୀ

ଜଣେ ନିଷ୍ଠାପର କର୍ମୀ, ନିର୍ଭୀକ ସାମ୍ବାଦିକ ତଥା ବିଶିଷ୍ଟ ସାହିତ୍ୟିକ ଭାବେ ଶ୍ରୀଯୁକ୍ତ ଉଦୟନାଥ ଷଡ଼ଙ୍ଗୀଙ୍କ ଅବଦାନ ଅଭିନନ୍ଦନୀୟ । ତାଙ୍କ ଦ୍ୱାରା ଲିଖିତ "ଟମ କକାଙ୍କ କୁଟୀର" (ବିଶ୍ୱ ସାହିତ୍ୟକୁ ଏକ ବିଶିଷ୍ଟ ଅବଦାନ "Uncle Tom's cabin"ର ଅନୁବାଦ) ତାଙ୍କୁ ଅଗଣିତ ପାଠକଙ୍କର ଶ୍ରଦ୍ଧା ଓ ପ୍ରଶଂସାର ପାତ୍ର କରାଇଛି । ଜଣେ

ସଫଳ ଶିଶୁ-ସାହିତ୍ୟ-ସ୍ରଷ୍ଟା ଭାବେ ତାଙ୍କର ସୁନାମ ମଧ୍ୟ ଯଥେଷ୍ଟ। କିଛି ବର୍ଷ ଧରି ସେ ଉତ୍କଳ ସାହିତ୍ୟ ସମାଜ କାର୍ଯ୍ୟକାରୀ ସମିତିର ଜଣେ ନିର୍ବାଚିତ ସଭ୍ୟ ଏବଂ ସଭାପତି ଥିଲେ। ତାଙ୍କ ସାହିତ୍ୟ-ବୃତ୍ତି ଲାଗି ସେ ଓଡ଼ିଶା ସାହିତ୍ୟ ଏକାଡେମୀ ପୁରସ୍କାର ମଧ୍ୟ ଲାଭ କରିଛନ୍ତି। ସେ ବହୁବର୍ଷ ଧରି ମଧ୍ୟ ଦୈନିକ 'ସମାଜ'ର ଥିଲେ ବାର୍ତ୍ତା ସମ୍ପାଦକ।

ବାଲୁବଜାରର ଦତ୍ତ ପ୍ରେସ ନାମକ ଏକ ଛାପାଖାନାରେ ସେ ତାଙ୍କର କର୍ମ-ଜୀବନ ଆରମ୍ଭ କରିଥିଲେ। ସ୍ୱର୍ଗତ ଭଗବତୀ ଚରଣ ପାଣିଗ୍ରାହୀ (ତାଙ୍କ ସହପାଠୀ) ଓ କବି ଅନନ୍ତ ପଟ୍ଟନାୟକ ପ୍ରମୁଖ ବନ୍ଧୁମାନେ ଅନେକ ସମୟରେ ଉଦୟନାଥ ବାବୁଙ୍କ ସହିତ ମିଶି ମୋ' ବିନୋଦବିହାରୀ ଘରକୁ ଆସନ୍ତି। ସେଠାରେ ଆମ୍ଭେମାନେ ରାଜନୀତି, ସମାଜ ସେବା, ଓ ଦେଶର ବିଭିନ୍ନ ସମସ୍ୟା ସମ୍ବନ୍ଧରେ ଆଲୋଚନା କରୁଥିଲୁ। ସେହି ସମୟର ଘଟଣାକୁ ବର୍ଣ୍ଣନା କରି ଉଦୟନାଥ ବାବୁ ଲେଖିଛନ୍ତି—

x x x ରାଜକିଶୋରବାବୁଙ୍କ ସହିତ ମୋର ପ୍ରଥମ ସାକ୍ଷାତ ବୋଧହୁଏ ୧୯୩୫ ମସିହାରେ। ସେ ସମୟରେ ବିନୋଦବିହାରୀ ମଠ କଟକ ସହରର ଅନ୍ୟତମ ଧର୍ମପୀଠ ରୂପେ ଗଣ୍ୟ ହେଉଥିଲା। ଝୁଲଣ ଓ ଦଶହରା ବେଳର ଦୁର୍ଗାମେଢ଼ ହଜାର ହଜାର ସ୍ତ୍ରୀ ପୁରୁଷ ବାଳକ ବାଳିକାଙ୍କୁ ସେଠାକୁ ଟାଣି ଟାଣି ନେଉଥିଲା। ଗଣକବି ବୈଷ୍ଣବ ପାଣି ନିଜ ଯାତ୍ରାଦଳ ଧରି ଅନେକ ସମୟ ସେହିଠାରେ ରହୁଥିଲେ। ପ୍ରତିଦିନ ରାତିରେ ତାଙ୍କ ଯାତ୍ରା ଦେଖିବାକୁ ବିପୁଳ ଜନସମାଗମ ହେଉଥିଲା ଓ ରାତିଯାକ ଗହଳ ଚହଳ ଲାଗି ରହୁଥିଲା।

ଦିନେ ଯାତ୍ରାରେ ଦୁଆରୀ ଆସି ହରଭଙ୍ଗୀ ନୃତ୍ୟ ସହ ଗୀତ ଗାଇଲା—

"ପୋଡ଼ିଯାଉରେ ଇଙ୍ଗିରାଜୀ ଅମଳ;
ଘରୁ ହରିନେଲା ଟଙ୍କା, ସୁନା ରୂପା,
ମନରୁ ହରିଲା ସାହସ ବଳ।"

ଅସହଯୋଗ ଆନ୍ଦୋଳନର ଘୋର ବିରୋଧୀ ପୋଲିସ ସାହେବ ଗଣକବିଙ୍କୁ ଗିରଫ କରିବା ପାଇଁ ପରାମର୍ଶ ଦେଲେ। ଗଣକବି ବୈଷ୍ଣବ ପାଣି ତା'ର ସୂଚନା ପାଇଲେ। ପୋଲିସ ଇନସ୍ପେକ୍ଟର ପୂର୍ବ ରାତ୍ରିର ସୁଆଙ୍ଗ ଆଉ ଥରେ କରିବାକୁ ନିର୍ଦ୍ଦେଶ ଦେବାରୁ, ସଙ୍ଗେ ସଙ୍ଗେ ଦୁଆରୀର ଗୀତ ବଦଳି ଗଲା। ସେ ରାତିରେ ଦ୍ୱାରୀ ଆସି ଗାଇଲା—

"ଧନ୍ୟ ଧନ୍ୟରେ ଇଙ୍ଗିରାଜୀ ଅମଳ,
ଚଳାଇଲ ରେଳଗାଡ଼ି, ଜାହାଜ କଳ।"

କଲେକ୍ଟର ତାଙ୍କୁ ଆଉ ଗିରଫ କରିବାକୁ ଆଦେଶ ଦେଲେ ନାହିଁ। ଗଣକବି ଓ ତାଙ୍କ ଯାତ୍ରାଦଳଙ୍କୁ କଟକରୁ ବିଦାୟ କରିଦେବାର ବ୍ୟବସ୍ଥା ସାମ୍ପାଦିକଙ୍କୁ ହୋଇଥିଲା। ଏହା ଶ୍ରୀଯୁକ୍ତ ରାଜକିଶୋରବାବୁଙ୍କ ସହିତ ମୋର ଘନିଷ୍ଠତା ହେବାର ପୂର୍ବ ଘଟଣା।

ବନ୍ଧୁମାନଙ୍କ ଗହଣରେ ବିନୋଦବିହାରୀ ମଠକୁ ବହୁବାର ଆସୁଥିଲି। ଝୁଲଣ କି ଦେବୀମେଢ଼ ଦର୍ଶନ ପାଇଁ ନୁହେଁ, ସମବୟସ୍କ ସ୍ୱାଧୀନତା ଆନ୍ଦୋଳନର କର୍ମୀ ରାଜକିଶୋରବାବୁଙ୍କ ସହିତ ରାଜନୀତି ସମ୍ପର୍କରେ ଆଲୋଚନା କରିବା ପାଇଁ। ବହୁ ସମୟଯାଏ ନାନା କଥାବାର୍ତ୍ତା ହୁଏ। ସାହିତ୍ୟ ସମାଜର ଶିଥିଳତା, ସଭ୍ୟ-ସମାଚାର, ହିତବାର୍ତ୍ତା, ସ୍ୱଚ୍ଛ ଦର୍ପଣ ପତ୍ରିକାର ସମାଲୋଚନା ଆଦି ବହୁତ କଥା ପଡ଼େ। ଆମ ସାହିତ୍ୟକୁ ଯୁଗୋପଯୋଗୀ ରୂପ ଦେବା ପାଇଁ "ନବଯୁଗ ସାହିତ୍ୟ ସଂସଦ" ଓ "ଆଧୁନିକ" ପତ୍ରିକାର ଭିତ୍ତି ସ୍ଥାପନ ସେହି ବୈଠକରେ ହିଁ କରାଯାଇଥିଲା।

ଏହି ସମୟରେ କମ୍ୟୁନିଷ୍ଟ ଦଳର ଉଦ୍ୟୋକ୍ତାମାନେ ଇଂରେଜ ସରକାରଙ୍କ ଦ୍ୱାରା ରାଜଦ୍ରୋହ ଅଭିଯୋଗରେ ଗିରଫ ହୋଇ ବିଚାରର ସମ୍ମୁଖୀନ ହେଲେ। ସେତେବେଳେ ଏହି ତରୁଣ ଗୋଷ୍ଠୀଙ୍କୁ ସାହାଯ୍ୟ କରିବାକୁ କେହି ସାହସ କଲେ ନାହିଁ; ଦକ୍ଷ ପ୍ରବୀଣ ଆଇନଜୀବୀମାନେ ସେମାନଙ୍କ ପକ୍ଷରୁ ମୋକଦ୍ଦମା ଲଢ଼ିବାକୁ ଭୟ କଲେ। ବିଚାରର ରୀତି ନୀତି ଗୋପନ ରଖିବା ଉଦ୍ଦେଶ୍ୟରେ ବିଚାର କୋର୍ଟରେ ନ ହୋଇ ଜେଲଖାନାରେ କରାଗଲା।

ନୂଆ ଓକିଲାତି ଆରମ୍ଭ କରିଥିବା ତରୁଣ ରାଜକିଶୋରବାବୁ ଆସାମୀଙ୍କ ପକ୍ଷରୁ ଲଢ଼ିବାକୁ ପ୍ରସ୍ତୁତ ହୋଇ ତାଙ୍କର ଅସୀମ ସାହସିକତାର ପରିଚୟ ଦେଇଥିଲେ। ସେହିଦିନୁ ହିଁ ରାଜକିଶୋରବାବୁଙ୍କ ଦୃଢ଼ତା ଓ ନିଷ୍ଠା ପ୍ରତ୍ୟେକେ ହୃଦୟଙ୍ଗମ କରିଥିଲେ। ତାଙ୍କ ଦୃଢ଼ ମନୋବଳ ସମ୍ପର୍କରେ ଆଉ ଗୋଟିଏ ଉଦାହରଣ ଦେଉଛି।

ଭଗବତୀ ଚରଣ ପାଣିଗ୍ରାହୀଙ୍କ ଅକାଳ ବିୟୋଗରେ ସେହି ବିନୋଦବିହାରୀରେ ଯେଉଁ ଶୋକସଭା ଅନୁଷ୍ଠିତ ହୋଇଥିଲା, ସେଥିରେ ରାଜକିଶୋରବାବୁ ସଭାପତିତ୍ୱ କରିଥିଲେ। ଏହି ସଭା ପାଇଁ ଟାଉନ ହଲ୍ କି ଶ୍ରୀରାମଚନ୍ଦ୍ର ଭବନ ମିଳି ନ ଥିଲା କି କୌଣସି ପ୍ରବୀଣ ବ୍ୟକ୍ତି ସଭାପତି ହେବାକୁ ରାଜି ହୋଇ ନ ଥିଲେ।

ଶ୍ରୀଯୁକ୍ତ ବୈଦ୍ୟନାଥ ରଥ

ଶ୍ରୀଯୁକ୍ତ ବୈଦ୍ୟନାଥ ରଥ ଛାତ୍ରାବସ୍ଥାରୁ ଭାରତର ଜାତୀୟ ଆନ୍ଦୋଳନ ସହିତ

ସଂପୃକ୍ତ ହୋଇଥିଲେ । ଏଥି ନିମିତ୍ତ ତାଙ୍କୁ କାରାବରଣ ଠାରୁ ଆରମ୍ଭକରି ଅନେକ ଦୁଃଖ କଷ୍ଟ ସହ୍ୟ କରିବାକୁ ପଡ଼ିଛି ।

ଓଡ଼ିଶାରେ କମ୍ୟୁନିଷ୍ଟ ପାର୍ଟିର ପ୍ରାଣପ୍ରତିଷ୍ଠାତା ସ୍ୱର୍ଗତ ଭଗବତୀ ଚରଣ ପାଣିଗ୍ରାହୀ ଏବଂ ତାଙ୍କର ଅନ୍ୟାନ୍ୟ ସହଯୋଗୀ ବନ୍ଧୁ ସ୍ୱର୍ଗତ ଅନନ୍ତ ଚରଣ ପଟ୍ଟନାୟକ, ସ୍ୱର୍ଗତ ରାମକୃଷ୍ଣ ପତି, ଶ୍ରୀଯୁକ୍ତ ଗୁରୁ ଚରଣ ପଟ୍ଟନାୟକ ପ୍ରମୁଖଙ୍କ ସହିତ ଶ୍ରୀଯୁକ୍ତ ରଥ ମଧ୍ୟ ବହୁ ଆନ୍ଦୋଳନରେ ସାମିଲ ହୋଇଥିଲେ । ବିଶେଷ ଉଲ୍ଲେଖଯୋଗ୍ୟ "କମ୍ୟୁନିଷ୍ଟ ଷଡ଼ଯନ୍ତ୍ର ମାମଲା"ରେ ଶ୍ରୀଯୁକ୍ତ ରଥ ଥିଲେ ଅନ୍ୟତମ ମୁଦାଲା । ଏଥିରେ ତାଙ୍କୁ ୧୮ ମାସ ଜେଲ୍‌ଦଣ୍ଡ ଆଦେଶ ହୋଇଥିଲା । ମୁଦାଲାମାନଙ୍କ ତରଫରୁ ମୁଁ ଏହି ମକଦ୍ଦମା ପରିଚାଳନା କରୁଥିବା କାରଣରୁ ଶ୍ରୀଯୁକ୍ତ ରଥଙ୍କୁ ବ୍ୟକ୍ତିଗତ ଭାବରେ ଜାଣିବାର ସୁଯୋଗ ପାଇଥିଲି ।

ଏତଦ୍‌ବ୍ୟତୀତ ଢେଙ୍କାନାଳ ପ୍ରଜା ଆନ୍ଦୋଳନରେ ମଧ୍ୟ ଶ୍ରୀଯୁକ୍ତ ରଥ ସକ୍ରିୟ ଭୂମିକା ଗ୍ରହଣ କରିଥିଲେ । ଉକ୍ତ ଆନ୍ଦୋଳନରେ ସାମିଲ ହୋଇଥିବା କାରଣରୁ ଅନନ୍ତ ଚରଣ ପଟ୍ଟନାୟକଙ୍କ ବିରୁଦ୍ଧରେ ମକଦ୍ଦମା ହୋଇଥିଲା । ଉକ୍ତ ମକଦ୍ଦମା ଚଳାଇବାକୁ ମୁଁ ଅନେକବାର ଢେଙ୍କାନାଳ ଯାଇଥିଲି । ଉକ୍ତ ମକଦ୍ଦମା ପରିଚାଳନାରେ ଶ୍ରୀଯୁକ୍ତ ରଥ ବିଶେଷ ଭାବରେ ସହଯୋଗ କରିଥିଲେ ।

ଶ୍ରୀଯୁକ୍ତ ରଥ ବିଭିନ୍ନ ସମୟରେ ଓଡ଼ିଶା ବିଧାନସଭାକୁ ଏବଂ ପାର୍ଲିଆମେଣ୍ଟ (ରାଜ୍ୟସଭା)କୁ ନିର୍ବାଚିତ ହୋଇ ଅତ୍ୟନ୍ତ ଦକ୍ଷତାର ସହ କାର୍ଯ୍ୟ କରିଥିଲେ । ଜଣେ ବିଶିଷ୍ଟ କୃଷକ ଓ ଶ୍ରମିକନେତା ଭାବରେ ତାଙ୍କର ଯଥେଷ୍ଟ ସୁନାମ ଅଛି । ତାଙ୍କ ସମ୍ପର୍କରେ ମୋର ଗୋଟିଏ ମଜା ଘଟଣା ମନେ ପଡୁଛି । ଆଲୋଚନା ପ୍ରସଙ୍ଗରେ ସେ ମଧ୍ୟ ଅନେକବାର ଏହା ଉଲ୍ଲେଖ କରିଥାନ୍ତି । ବୈଦ୍ୟନାଥବାବୁ ନିର୍ବାଚନରେ ପ୍ରାର୍ଥୀ ହେବା କଥା ସ୍ଥିର ହେବା ପରେ ଏଥିନିମିତ୍ତ ଟଙ୍କା କେଉଁଠୁ ଆସିବ ବୋଲି କଥା ପଡ଼ିଲା । ବିଶେଷ କରି ପ୍ରାର୍ଥୀପତ୍ର ଦାଖଲ ସମୟରେ ଅମାନତ ଟଙ୍କା ଜମା କରିବାକୁ ମଧ୍ୟ ପାଖରେ ପଇସା ନଥାଏ । ଏହି ସମୟରେ ମୋର ଜଣେ ମହକିଲ ତାଙ୍କ ମକଦ୍ଦମା ପରିଚାଳନା ବାବଦରେ ଫିଜ୍ ଆଣି ଟେବୁଲ ଉପରେ ଥୋଇଦେଲେ । କାଳ ବିଳମ୍ବ ନ କରି ବୈଦ୍ୟନାଥ ବାବୁ ଟେବୁଲ ଉପରୁ ଟଙ୍କାତକ ଉଠାଇ ନେଲେ । କହିଲେ, ପ୍ରାର୍ଥୀପତ୍ର ଦାଖଲ ପାଇଁ ଏ ଟଙ୍କା ଜମା ଦିଆଯିବ ।" ମୋତେ ଲକ୍ଷ୍ୟକରି କହିଲେ, "ଆଜ୍ଞା, ମୋର୍ ଅମାନତ୍ ବୁଡ଼ିବ ନାହିଁ । ଆପଣ ଟଙ୍କା ନିଶ୍ଚୟ ଫେରି ପାଇବେ ।" ମୁଁ କହିଲି, "ନେଇଯା, ଦବାବେଳ କଥା ତ ଅଛି । ଭୋଟ୍ ସରିଲା ପରେ କଥାବାର୍ତ୍ତା ।"

ଏହିପରି ମଜା କରିବାରେ ବୈଦ୍ୟନାଥ ବାବୁ ବେଶ୍ ପୋଖତ। ପରିଣତ ବୟସରେ ମଧ୍ୟ ସେ ତାଙ୍କର ସେବାମୂଳକ କାର୍ଯ୍ୟକ୍ରମରୁ ବିଚ୍ୟୁତ ହୋଇ ନାହାନ୍ତି। ନିଜ ବାସସ୍ଥାନ ପଟିଆ ଅଞ୍ଚଳ କାହିଁକି, ସମଗ୍ର ଓଡ଼ିଶାର ବିଭିନ୍ନ ସ୍ଥାନରେ କୃଷି ଶ୍ରମିକଙ୍କ ନିକଟରେ ତାଙ୍କର ବେଶ୍ ସୁନାମ ଅଛି। ଲୋକେ କହନ୍ତି, ଉଲ୍ଲେଖନୀୟ ପଟିଆବନ୍ଧ ନିର୍ମାଣ ତାଙ୍କର ବଳିଷ୍ଠ ନେତୃତ୍ୱ ଯୋଗୁ ସମ୍ଭବପର ହୋଇ ପାରିଥିଲା।

ରାମକୃଷ୍ଣ ପତି

ସ୍ୱର୍ଗତ ରାମକୃଷ୍ଣ ପତି ଜଣେ ସ୍ୱନାମଧନ୍ୟ କମ୍ୟୁନିଷ୍ଟ ନେତା ଭାବରେ ସର୍ବତ୍ର ପରିଚିତ। ସେ ଗତ ୧୯୮୦ ମସିହା ନିର୍ବାଚନରେ ଭୁବନେଶ୍ୱର ନିର୍ବାଚନ ମଣ୍ଡଳୀରୁ ଓଡ଼ିଶା ବିଧାନସଭାକୁ ନିର୍ବାଚିତ ହୋଇଥିଲେ। ଅତି ସମ୍ଭ୍ରାନ୍ତ ପରିବାରରେ ଜନ୍ମ ଗ୍ରହଣ କରିଥିଲେ ମଧ୍ୟ ସମାଜର ଅତି ତଳସ୍ତରର ଖଟିଖିଆ, ମଲିମୁଣ୍ଡିଆ ଲୋକଙ୍କ ପାଇଁ ତାଙ୍କ ହୃଦୟରେ ଯଥେଷ୍ଟ ଅନୁକମ୍ପା ଥିଲା। ସେ ରେଭେନ୍ସା କଲେଜରୁ ଉଚ୍ଚଶିକ୍ଷା ଲାଭ କରିଥିଲେ। ଅତି ସରଳ, ନିରାଡ଼ମ୍ବର ଜୀବନ ଯାପନ କରୁଥିଲେ। ଛଳନା ଓ କପଟତା ତାଙ୍କୁ ଆଦୌ ସ୍ପର୍ଶ କରି ନଥିଲା। ଉଚ୍ଚକୋଟୀର ବ୍ୟକ୍ତିତ୍ୱ ପାଇଁ ସେ ସବୁ ସ୍ତରର ଲୋକଙ୍କ ନିକଟରେ ଅତି ଶ୍ରଦ୍ଧା ଓ ସମ୍ମାନର ପାତ୍ର ଥିଲେ। କୃଷକ, ଶ୍ରମିକ ଓ ସର୍ବହରା ଗୋଷ୍ଠୀର ଉନ୍ନତି ପାଇଁ ସେ ଅତି ଦୃଢ଼ତାର ସହ ସ୍ୱର ଉତ୍ତୋଳନ କରୁଥିଲେ। ଅତି ପରିଣତ ବୟସରେ ମଧ୍ୟ ସେ ନିଜକୁ ସେବାମୂଳକ କାର୍ଯ୍ୟରେ ନିୟୋଜିତ କରୁଥିଲେ। ତାଙ୍କପରି ସଚ୍ଚୋଟ ଓ ନିଷ୍ପାପର ସମାଜସେବୀ ବିରଳ କହିଲେ ଅତ୍ୟୁକ୍ତି ହେବ ନାହିଁ।

୧୯୪୦ ମସିହାରେ ପରୀକ୍ଷା ବର୍ଜନକୁ କେନ୍ଦ୍ରକରି ରେଭେନ୍ସା କଲେଜରେ ଯେଉଁ ଛାତ୍ର ଆନ୍ଦୋଳନ ଘଟିଥିଲା, ସ୍ୱର୍ଗତ ପତି ତା'ର ଅନ୍ୟତମ ନେତା ଥିଲେ। ଏଥିପାଇଁ ତାଙ୍କ ବିରୁଦ୍ଧରେ ଆଗତ ହୋଇଥିବା ମକଦ୍ଦମା ମୁଁ ପରିଚାଳନା କରିଥିଲି। ଏହି ମକଦ୍ଦମାରେ ରାମକୃଷ୍ଣ ପତି ଓ ବିଜୟ ଚନ୍ଦ୍ର ଦାସ ନିର୍ଦ୍ଦୋଷରେ ଖଲାସ ହୋଇଥିଲେ। (ଏ ସବୁ ମକଦ୍ଦମା ସମ୍ପର୍କରେ ମୁଁ ଅନ୍ୟତ୍ର ଆଲୋଚନା କରିଛି)।

ଐତିହାସିକ କମ୍ୟୁନିଷ୍ଟ ଷଡ଼ଯନ୍ତ୍ର ମାମଲାରେ ସ୍ୱର୍ଗତ ପତି ଜେଲ ଯାଇ ନଥିଲେ ମଧ୍ୟ ବାହାରେ ରହି ଉକ୍ତ ମକଦ୍ଦମା ପରିଚାଳନାରେ ଯଥେଷ୍ଟ ସହଯୋଗ କରିଥିଲେ। ମୁଦାଲାମାନଙ୍କ ତରଫରୁ ମୁଁ ଉକ୍ତ ମକଦ୍ଦମା ପରିଚାଳନା କରୁଥିବା କାରଣରୁ ସେହି ସମୟରୁ ପତିଙ୍କ ସହିତ ମୋର ବ୍ୟକ୍ତିଗତ ସମ୍ପର୍କ ସ୍ଥାପିତ ହୋଇଥିଲା।

ଅସରନ୍ତି ଜ୍ଞାନର ଭଣ୍ଡାର-ଜ୍ଞାନମଣ୍ଡଳ

ଶ୍ରଦ୍ଧେୟ ବିନୋଦ କାନୁନ୍‌ଗୋଙ୍କ ସହିତ ମୋ ସମ୍ପର୍କ ଅତି ନିବିଡ଼। ଅନେକ ଦିନରୁ ସେ ମୋର ଜଣାଶୁଣା। ସେ ମୋ ଠାରୁ ସାତବର୍ଷ ସାନ। ଐତିହାସିକ ରେଭେନ୍ସା କଲେଜିଏଟ୍ ସ୍କୁଲର ମୁଁ ଛାତ୍ର ଥିଲି। ବିଶିଷ୍ଟ ସାହିତ୍ୟିକ, ଗବେଷକ ତଥା ରେଭେନ୍ସା କଲେଜର ଅଧ୍ୟାପକ ଡକ୍ଟର ଆର୍ତ୍ତବଲ୍ଲଭ ମହାନ୍ତିଙ୍କର ବିନୋଦ ହେଉଛନ୍ତି ଭଣଜା। ମାମୁଁଙ୍କ ତତ୍ତ୍ୱାବଧାନରେ ବିନୋଦ କଲେଜିଏଟ୍‌ରେ ପଢୁଥିଲେ।

୧୯୨୮ ମସିହା କଲିକତା କଂଗ୍ରେସ ଅଧିବେଶନରେ ମୁଁ ଯୋଗଦାନ କରି ସ୍ୱେଚ୍ଛାସେବକ ବାହିନୀର ଜି.ଓ.ସି. (ଜେନେରାଲ ଅଫିସର କମାଣ୍ଡିଂ) ନେତାଜୀ ସୁଭାଷ ଚନ୍ଦ୍ର ବୋଷଙ୍କ ବିଚକ୍ଷଣତା ଲକ୍ଷ୍ୟ କରିଥିଲି। ଆମର ଏହି ପ୍ରିୟ ଶିକ୍ଷାନୁଷ୍ଠାନ ବିଶ୍ୱବିଖ୍ୟାତ ବୈଜ୍ଞାନିକ ଡକ୍ଟର ପ୍ରାଣକୃଷ୍ଣ ପରିଜା ଓ ବିଶ୍ୱବନ୍ଦିତ ଦେଶପ୍ରେମୀ ନେତାଜୀ ସୁଭାଷଚନ୍ଦ୍ର ବୋଷଙ୍କ ଭଳି କେତେ ଯେ ମହାମନୀଷୀଙ୍କୁ ଗଢ଼ିଥିଲା, ତାହା ଚିନ୍ତାକଲେ ଗର୍ବରେ ଛାତି ଫୁଲିଉଠେ। ବିନୋଦ ସେହି ସ୍କୁଲର ମହାନ ପରମ୍ପରା, ଐତିହ୍ୟ ଓ ଗୌରବର ଯଥାର୍ଥ ଉତ୍ତର ଦାୟାଦ।

ଏହାର ଦୁଇବର୍ଷ ପରେ ୧୯୩୦ ମସିହା ଏପ୍ରିଲ ୧୦ ତାରିଖରେ ୧୦ମ ଶ୍ରେଣୀର ଛାତ୍ର ବିନୋଦ କାନୁନ୍‌ଗୋ ପୋଥିରେ ଡୋରି ବାନ୍ଧି ସ୍ୱାଧୀନତା ସଂଗ୍ରାମରେ ଝାସ ଦେଲେ। ସେତେବେଳେ ମୁଁ ବିନୋଦବିହାରୀରେ ଥାଏ। କଲେଜିଏଟ୍‌ର ଜଣେ ସ୍ୱାଧୀନଚେତା ଯୁବକ, ଦେଶ-ସେବା ମନ୍ତ୍ରରେ ଦୀକ୍ଷିତ ହୋଇ ବିଦ୍ୟାଳୟ ପରିତ୍ୟାଗ କରିବା ଖବର ଶୁଣି ମୁଁ ଖୁସି ହୋଇଥିଲି। ମନେ ମନେ ଭାବି ନେଇଥିଲି, ଏ ଯୁବକ ଭବିଷ୍ୟତରେ ନିଶ୍ଚୟ ଜଣେ ବଡ଼ ଦେଶସେବକ ହୋଇ ବାହାରିବେ। ସେହି ସମୟରୁ ମୁଁ ତାଙ୍କ ଗତିବିଧି ଲକ୍ଷ୍ୟ କରୁଥିଲି। ସତକୁ ସତ ସେଇଆ ହେଲା। ସେଦିନର ଉଦ୍ଦାମ ଯୁବକ, ଆଜିର ବିଶିଷ୍ଟ ସ୍ୱାଧୀନତା-ସଂଗ୍ରାମୀ, ସ୍ୱନାମଧନ୍ୟ ଦେଶସେବୀ, ଉଚ୍ଚକୋଟୀର ସାହିତ୍ୟିକ, ବିଶିଷ୍ଟ ଶିଶୁ ସାହିତ୍ୟିକ, ଜ୍ଞାନମଣ୍ଡଳ ପ୍ରଣେତା ପଦ୍ମଶ୍ରୀ ବିନୋଦ କାନୁନ୍‌ଗୋ। ଓଡ଼ିଆ ଏନ୍‌ସାଇକ୍ଲୋପେଡ଼ିଆ—ଜ୍ଞାନମଣ୍ଡଳର ପ୍ରଣେତା ଭାବରେ ସେ କେବଳ ଓଡ଼ିଶାରେ କାହିଁକି ସମଗ୍ର ବିଶ୍ୱର ଭାଷାବିତ୍‌ମାନଙ୍କ ନିକଟରେ ସେ ଚିରଦିନ ସ୍ମରଣୀୟ ହୋଇ ରହିବେ, ଏଥିରେ ସନ୍ଦେହ ନାହିଁ।

ଆଜିକାଲି ପରି ତଥାକଥିତ ଶିକ୍ଷାଗତ ଡିଗ୍ରୀ ସେମିତି କିଛି ତାଙ୍କର ନ ଥିଲା। ମାତ୍ର ନିଜର ଅସୀମ ସାଧନା ବଳରେ ସେ ପ୍ରଜ୍ଞାର ଅଖଣ୍ଡ ଜ୍ୟୋତିଧାରୀ ହୋଇ ଅଗଣିତ ଅଶିକ୍ଷିତ, ସ୍ୱଳ୍ପଶିକ୍ଷିତ, ଅର୍ଦ୍ଧଶିକ୍ଷିତ ଓ ଶିକ୍ଷିତମାନଙ୍କ ପାଇଁ ଅସରନ୍ତି ଜ୍ଞାନର

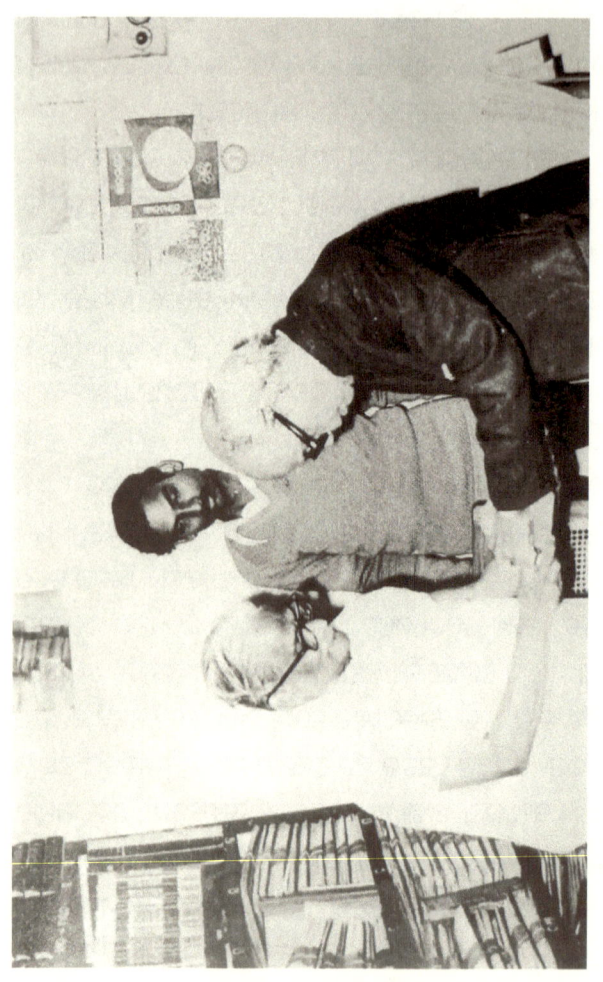

ବାରବାଟୀ ଷ୍ଟାଡ଼ିୟମ୍‌ସ୍ଥିତ ଜ୍ଞାନମଣ୍ଡଳ ପରିସର ମଧ୍ୟରେ ପଦ୍ମଶ୍ରୀ ବିନୋଦ କାନୁନ୍‌ଗୋଙ୍କ ସହିତ ଜଷ୍ଟିସ୍ ଦାସ,
ପାଖରେ ଜ୍ଞାନମଣ୍ଡଳର ସହଯୋଗୀ ଶ୍ରୀ ପ୍ରଶାନ୍ତ ଦାସ

ଭିଏଣାଠାରେ ଅନୁଷ୍ଠିତ ଓ ୟୁ ଜେ.ଏ. ଜେ.ଏ.ର ସମ୍ମିଳନୀ — ୧୯୬୨ ମସିହା। ବସିଥିବା ବ୍ୟକ୍ତିମାନେ ଶ୍ରୀଯୁକ୍ତ ପି. ପି. ଲକ୍ଷ୍ମଣନ୍ — ଭାରତୀୟ ପ୍ରତିନିଧି, ଡକ୍ଟର 'ଫ୍ରିଡମାନ୍', ମିସ୍ 'ଏମ୍.ଏ.' ଡକ୍ଟର 'ଶ୍ୱେଡଲୋ', ମିସ୍ 'ଚାଲ୍ସ୍', ଡକ୍ଟର 'ଶ୍ୱାର୍ଜ', ମିସ୍ 'ପୋଲକ' ଏବଂ ଲେଖକ ନିଜେ।

ଭଣ୍ଡାର ହୋଇ ପାରିଥିଲେ । ସେ ଥିଲେ ଜ୍ଞାନର ମଣ୍ଡଳ ଭିତରେ ଜ୍ୟୋତି-ପୁରୁଷ । ତାଙ୍କ ଭିତରେ ଅଦମ୍ୟ ଉତ୍ସାହ । ଅସରନ୍ତି କର୍ମପ୍ରେରଣା । ଗୀତାର କର୍ମଯୋଗୀ ବିନୋଦ କାନୁନ୍‌ଗୋ, କାୟମନୋବାକ୍ୟରେ ପ୍ରାଚ୍ୟ ପରମ୍ପରାର ଜଣେ ମହର୍ଷି ଥିଲେ । ସରଳ ନିରାଡ଼ମ୍ବର ଜୀବନ । ଉଚ୍ଚ ଚିନ୍ତା । ଦେଶ ଓ ଜାତି ପାଇଁ ଉତ୍ସର୍ଗୀକୃତ ଆତ୍ମା ।

ବିନୋଦ କାନୁନ୍‌ଗୋ କହିଲେ ମୁଁ ଭାବେ, ଖଣ୍ଡିଏ ଖଦଡ଼ ଧୋତି, ଫତେଇ ଓ ହଳେ ଚଟି ପିନ୍ଧିଥିବା ସାଧାରଣ ମଣିଷଟିଏ । ହେଲେ ବ୍ୟକ୍ତିତ୍ୱ ତାଙ୍କର ଅସାଧାରଣ । ଘର ଭିତରେ ପଶିଗଲେ ମୋ ଭିତରେ ସ୍ୱତଃ ଆନନ୍ଦ ଖେଳିଯାଏ । 'ରାଜୁଭାଇ' କହି ସେ ମୁଣ୍ଡିଆଟିଏ ମାରନ୍ତି । ନାନାଆଡ୍ଡୁ ନାନା କଥା ପଡ଼େ । ତାଙ୍କର ଅଳ୍ପ ସରଳିଆ କଥା ଭିତରେ ଅନେକ ତଥ୍ୟ ପୂରି ରହିଥାଏ । ବିପ୍ଳବ ସୃଷ୍ଟି କଲାଭଳି ପ୍ରେରଣା ଭରି ରହିଥାଏ ।

ଜୀବନର ଅନେକ ଘଟଣାରେ ବିନୋଦ ମୋ ପାଖକୁ ଆସିଛନ୍ତି । କୁନି (ଶ୍ରୀମତୀ ଜୟନ୍ତୀ ପଟ୍ଟନାୟକ)ର ବାହାଘର ଦିନ ଜାନକୀ ବାବୁଙ୍କ ବରଯାତ୍ରୀ ହୋଇ ମୋ ଡଗରପଡ଼ା ଘରକୁ ଆସିଥିବା କଥା ସେ ତାଙ୍କ ଆତ୍ମଜୀବନୀ 'ଋଣ ପରିଶୋଧ'ରେ ଉଲ୍ଲେଖ କରିଛନ୍ତି । ତାଙ୍କର ଆହୁରି ଅନେକ ଲେଖାରେ ମଧ୍ୟ ସେ ମୋ ବିଷୟରେ ଉଲ୍ଲେଖ କରିଛନ୍ତି । ଆଜି ସୁଦ୍ଧା ପ୍ରକାଶ ପାଇଥିବା ସମସ୍ତ ଓଡ଼ିଆ ସୁଖପାଠ୍ୟ-ଜ୍ଞାନମଣ୍ଡଳର କପି ସହିତ ଜ୍ଞାନମଣ୍ଡଳ ତରଫରୁ ପ୍ରକାଶିତ ଅନ୍ୟାନ୍ୟ ପୁସ୍ତକଗୁଡ଼ିକ ସେ ନିଜେ ଆଣି ମୋତେ ଦେଇ ଯାଇଛନ୍ତି । ଜ୍ଞାନମଣ୍ଡଳ ଫାଉଣ୍ଡେସନ୍ ଗଠନ ଓ ଭୁବନେଶ୍ୱରଠାରେ ଏହାର ନୂତନ କାର୍ଯ୍ୟାଳୟ ପ୍ରତିଷ୍ଠା ସମ୍ପର୍କରେ ବିନୋଦ ବାରମ୍ବାର ମୋ ସହିତ ଆଲୋଚନା କରିଛନ୍ତି ଏବଂ ଏ କ୍ଷେତ୍ରରେ ମୁଁ ତାଙ୍କୁ ଯଥାସମ୍ଭବ ସହଯୋଗ କରିଛି ।

ପ୍ରଫେସର ପରିଜାଙ୍କ ଦେହାନ୍ତ ପରେ ତାଙ୍କ ସ୍ମୃତିରକ୍ଷା ନିମିତ୍ତ ଯେଉଁ ସ୍ମୃତି ପରିଷଦ ଗଠିତ ହୋଇଅଛି, ବିନୋଦ ଆରମ୍ଭରୁ ଏହାର ପ୍ରତିଷ୍ଠାତା ସଭ୍ୟ ଭାବରେ ସହଯୋଗ କରୁଥିଲେ । ଏ ସମ୍ପର୍କରେ ଅନୁଷ୍ଠିତ ଅଧିକାଂଶ ସଭାସମିତି ବ୍ୟତୀତ ଆହୁରି ଅନେକ ଉତ୍ସବରେ ନିମନ୍ତ୍ରିତ ଅତିଥିଭାବେ ଆମେ ସାଙ୍ଗହୋଇ ଯୋଗଦାନ କରିଛୁ ।

ସେ ଅତ୍ୟନ୍ତ ମିଷ୍ଟଭାଷୀ । ତାଙ୍କର ସ୍ନେହପୂର୍ଣ୍ଣ, ଅମାୟିକ ବ୍ୟବହାରରେ ସେ ପ୍ରାୟ ସବୁ ସ୍ତରର ଲୋକଙ୍କୁ ଆପଣାର କରିପାରିଥିଲେ । ଏଭଳି ଯୋଗଜନ୍ମା ପୁରୁଷ କ୍ୱଚିତ ଦେଖାଯାନ୍ତି । ତାଙ୍କ ପାଇଁ ଅକୁଣ୍ଠ କର୍ମସାଧନା ଥିଲା ଜୀବନର ମହାଯଜ୍ଞ । ଏହି ତ୍ୟାଗର ଯଜ୍ଞବେଦୀରେ ସେ ନିଜକୁ ଆହୁତି ଦେଇଥିଲେ ଦେଶ ଓ ଜାତିର ଉନ୍ନତି କଳ୍ପେ ।

ଗତ ଜୁନ୍ ୨୨ ତାରିଖ ୧୯୯୦ ମସିହାରେ ତାଙ୍କର ଦେହାନ୍ତ ସମଗ୍ର ଓଡ଼ିଆ ଜାତି ପାଇଁ ଏକ ଅପୂରଣୀୟ କ୍ଷତି। ମୋ ପାଇଁ ତାହା ଦାରୁଣ ଦୁଃଖ ଆଣି ଦେଇଛି। ହୁଏତ ତାଙ୍କର ମରଶରୀରର ଅବସାନ ହେଲା, ମାତ୍ର ତାଙ୍କ ଅମର ଆତ୍ମା ଜ୍ଞାନମଣ୍ଡଳର ପ୍ରତ୍ୟେକ ପୃଷ୍ଠା ଭିତରେ ଚିର ସଂଜୀବିତ ହୋଇ ରହିବ।

ଗୁଣନିଧି ଭବନ

କଟକ ଜିଲ୍ଲାର ଦେଉଳ ଗ୍ରାମରେ ସ୍ୱର୍ଗତ ମହାନ୍ତିଙ୍କର ଜନ୍ମ। ତାଙ୍କର ଆଉ ଦୁଇ ଭାଇ ହେଉଛି ଯଦୁମଣି ଓ କୁଳମଣି। ଗୁଣନିଧିବାବୁ ଜଣେ ବିଶିଷ୍ଟ ସମାଜସେବୀଭାବେ ପ୍ରତିଷ୍ଠା ଲାଭ କରିଥିଲେ ଓ ସ୍ୱାଧୀନତା ଆନ୍ଦୋଳନରେ ଯୋଗଦାନ କରି ବହୁ ବର୍ଷ ଧରି କାରାବରଣ କରିଥିଲେ।

ଭୂଦାନ ଆନ୍ଦୋଳନର ସେ ମଧ୍ୟ ଥିଲେ ଜଣେ ସକ୍ରିୟ କର୍ମୀ। କଟକର ଥୋରିଆ ସାହିରେ ଥିବା ସର୍ବୋଦୟ ମଣ୍ଡଳ ତଥା ଭୂଦାନ ଅଫିସ ଗୃହକୁ ତାଙ୍କର ସ୍ମୃତି ଉଦ୍ଦେଶ୍ୟରେ "ଗୁଣନିଧି ଭବନ" ଭାବେ ନାମିତ କରାଯାଇଛି।

ସେ ଗତ ୧୯୬୨ ମସିହା ଡିସେମ୍ବର ୧୭ ତାରିଖରେ ମୃତ୍ୟୁବରଣ କରିଥିଲେ। ତାଙ୍କ ଭାଇ ଯଦୁମଣି ମହାନ୍ତିଙ୍କର ମଧ୍ୟ ସମାଜସେବା କ୍ଷେତ୍ରରେ ବଡ଼ ଅବଦାନ ଥିଲା। ବିଶିଷ୍ଟ ଆଇନଜ୍ଞ ଶ୍ରୀ ଗୋକୁଳ ବିହାରୀ ମହାନ୍ତି ଆଡ୍‌ଭୋକେଟ୍ ତାଙ୍କର ଜଣେ ଆତ୍ମୀୟ। ଗୋକୁଳ ସ୍ୱନାମଧନ୍ୟ ଆଡ୍‌ଭୋକେଟ୍ ସ୍ୱର୍ଗତ ମଧୁସୂଦନ ମହାନ୍ତିଙ୍କ କନ୍ୟା ଦୀପ୍ତି ମହାନ୍ତି, ଆଡ୍‌ଭୋକେଟ୍‌ଙ୍କୁ ବିବାହ କରିଥିଲେ। ଦୀପ୍ତିଙ୍କର ଅକାଳ ବିୟୋଗ ଘଟିଥିଲା। ଏମାନଙ୍କ ସହିତ ଆମର ପାରିବାରିକ ସମ୍ପର୍କ ଥିଲା।

ସମାଜ ସଂସ୍କାରକ ଦାମୋଦର ଶତପଥୀ

ସ୍ୱର୍ଗତ ଦାମୋଦର ଶତପଥୀ ଜଣେ ଆଦର୍ଶ ସମାଜ-ସଂସ୍କାରକ ଭାବରେ ସୁନାମ ଅର୍ଜନ କରିଥିଲେ। ତାଙ୍କ ଘର କଟକ ଡଗରପଡ଼ାର ବ୍ରାହ୍ମଣ ସାହିରେ। ତାଙ୍କ ପିତା ଧନେଶ୍ୱର ଶତପଥୀ ସଂସ୍କୃତ ପଞ୍ଜିକାକୁ ଓଡ଼ିଆରେ ଅନୁବାଦ କରିଥିଲେ।

ଦାମୋଦର ଶତପଥୀ ବ୍ରାହ୍ମଣ କୁଳରେ ଜନ୍ମଲାଭ କରିଥିଲେ ମଧ୍ୟ ଜାତି ପ୍ରଥା ପ୍ରତି ଆଦୌ ଗୁରୁତ୍ୱ ଦେଉ ନ ଥିଲେ। ଧରାବନ୍ଧା ସାମାଜିକ ବ୍ୟବସ୍ଥାରେ ସଂସ୍କାର ଆଣି ଆଧୁନିକ ସଭ୍ୟତାର ପ୍ରଚାର ତଥା ପ୍ରସାର ଦିଗରେ ସେ ନିଷ୍ଠାର ସହ କାର୍ଯ୍ୟ କରିଥିଲେ। ବିଧବା ବିବାହକୁ ପ୍ରୋତ୍ସାହନ ଦେବା ସହିତ ବାଲ୍ୟବିଧବା ହୋଇଥିବା

ନିଜର ବଡ଼ ଝିଅ ଶକୁନ୍ତଳାକୁ ଅନ୍ୟତ୍ର ବିବାହ କରାଇଥିଲେ। ସାନଝିଅ ଅନ୍ନପୂର୍ଣ୍ଣାକୁ ସ୍ୱର୍ଗତ ଗିରିଜାଶଙ୍କର ବହିଦାର ଆଡ୍‌ଭୋକେଟ୍‌ଙ୍କ ସହିତ ସିଭିଲ୍ ମ୍ୟାରେଜ୍ ଆକ୍ଟ ଅନୁଯାୟୀ ରେଜେଷ୍ଟ୍ରୀ ବିବାହ କରାଇଥିଲେ। ଜଣେ ବ୍ରାହ୍ମଣକନ୍ୟା କରଣ ବା କ୍ଷତ୍ରିୟ ଯୁବକଙ୍କୁ ବିବାହ କରିବା ସେତେବେଳେ ସାଧାରଣ ଘଟଣା ନ ଥିଲା।

ସ୍ୱର୍ଗତ ଶତପଥୀ ପି.ଡବ୍ଲ୍ୟୁ.ଡି. ବିଭାଗରେ ଆକାଉଣ୍ଟାଣ୍ଟ ଥିଲେ। ଇଚ୍ଛା କରିଥିଲେ କଣ୍ଟ୍ରାକ୍ଟରମାନଙ୍କଠୁଁ ସେ ଅପର୍ଯ୍ୟାପ୍ତ ଅର୍ଥ ଆଦାୟ କରିପାରିଥାନ୍ତେ; କିନ୍ତୁ ଆଦର୍ଶକୁ ବଳି ଦେଇ ଅର୍ଥ ଉପାର୍ଜନ କରିବାକୁ ସେ ଆଦୌ ପସନ୍ଦ କରୁ ନ ଥିଲେ। ସରକାରୀ ଚାକିରିରୁ ଅବସର ନେବା ପରେ ସେ ସମାଜସେବାକୁ ହିଁ ଜୀବନର ବ୍ରତ ଭାବେ ଗ୍ରହଣ କରିଥିଲେ। ରାୟବାହାଦୁର ଗୋପାଳ ଚନ୍ଦ୍ର ସାହିତ୍ୟିକ ଶଶିଭୂଷଣ ରାୟ, ସଂସ୍କାରକ ବୈରାଗୀ ଚରଣ ମିଶ୍ର ଓ କିଶୋରୀ ମୋହନ ଜୁଆରଦାର୍ ପ୍ରଭୃତି ବହୁ ପ୍ରତିଷ୍ଠିତ ବ୍ୟକ୍ତିଙ୍କ ସହ ତାଙ୍କର ବନ୍ଧୁତା ଥିଲା।

ଶତପଥୀଙ୍କ ପରିବାର ସହିତ ଆମ ପରିବାରର ଘନିଷ୍ଠ ସମ୍ପର୍କ ଥିଲା। ତାଙ୍କୁ ଦୁଇଝିଅ ଶକୁନ୍ତଳା ଓ ଅନ୍ନପୂର୍ଣ୍ଣା ଆମ ଘରକୁ ବରାବର ଆସୁଥିଲେ। ସ୍ୱର୍ଗତ ଶତପଥୀ ମୋ ସ୍ତ୍ରୀ ସରୋଜିନୀଙ୍କୁ ନିଜ ଝିଅ ପରି ଶ୍ରଦ୍ଧା କରୁଥିଲେ। ତାଙ୍କ ଘରେ ପ୍ରତିଦିନ ରାମାୟଣ, ମହାଭାରତ ଆଦି ଧର୍ମଗ୍ରନ୍ଥ ପାଠ ଓ ଆଲୋଚନା କରାଯାଉଥିଲା। ସରୋଜିନୀ ତାଙ୍କ ଠାରୁ ରାମାୟଣ ଓ ମହାଭାରତ ସମ୍ପର୍କରେ ଅନେକ କିଛି ଶିକ୍ଷା କରିଥିଲେ ଏବଂ ତାଙ୍କରି ପ୍ରଭାବରେ ସେ "ସଂକ୍ଷିପ୍ତ ମହାଭାରତ" ନାମରେ ଗୋଟିଏ ପୁସ୍ତକ ରଚନା କରିଅଛନ୍ତି। ମୁଁ ଓ ମୋର ସ୍ତ୍ରୀ ଅନେକ ସମୟରେ ବିନୋଦବିହାରୀରୁ ତାଙ୍କ ଘରକୁ ଯାଇ ଶାସ୍ତ୍ର ଆଲୋଚନାରେ ଭାଗ ନେଉଥିଲୁ।

ସ୍ୱର୍ଗତ ଶତପଥୀଙ୍କ ଜ୍ୱାଇଁ ସ୍ୱର୍ଗତ ଗିରିଜା ଶଙ୍କର ବହିଦାର ଜଣେ ଖ୍ୟାତନାମା ଆଇନଜୀବୀ ଭାବେ ପ୍ରତିଷ୍ଠା ଲାଭ କରିଥିଲେ ଓ ଅତ୍ୟନ୍ତ ଦକ୍ଷତାର ସହ ଆଇନ ବ୍ୟବସାୟ କରୁଥିଲେ। ମାତ୍ର ଦୁର୍ଭାଗ୍ୟର କଥା, ଗିରିଜାବାବୁ ଏକ କଠିନ ଏବଂ ଦୁରାରୋଗ୍ୟ ରୋଗରେ ପଡ଼ି ଶେଷ ନିଃଶ୍ୱାସ ତ୍ୟାଗ କରିଛନ୍ତି। ମୋର ସହଯୋଗୀ ଓକିଲ ଭାବରେ ଆଇନ ବ୍ୟବସାୟ ଆରମ୍ଭ କରି ଅନେକ ବର୍ଷ ପର୍ଯ୍ୟନ୍ତ ମୋ ଛାଇ ଭଳି ରହି କାର୍ଯ୍ୟ କରିଥିଲେ। ତାଙ୍କ ବିଚ୍ଛେଦ ମୋତେ ମର୍ମାହତ କରି ଦେଇଛି।

ତାଙ୍କ ପରିବାର ସହିତ ଆମର ଏବେ ବି ପୂର୍ବପରି ଘନିଷ୍ଠ ସମ୍ପର୍କ ରହିଛି।

ସଂସ୍କାରକ ବୈରାଗୀ ଚରଣ ମିଶ୍ର

ସମାଜସେବୀ, ସଂସ୍କାରକ ସ୍ୱର୍ଗତ ବୈରାଗୀ ଚରଣ ମିଶ୍ର ୧୮୮୫ ମସିହା ଡିସେମ୍ବର ୧୭ ତାରିଖ ଦିନ କଟକ ଜିଲ୍ଲାର ସାଲେପୁର ଥାନା ଅନ୍ତର୍ଗତ ମୂଳବସନ୍ତ ଗ୍ରାମରେ ଜନ୍ମଗ୍ରହଣ କରିଥିଲେ। ତାଙ୍କ ପିତାଙ୍କ ନାମ ପଦ୍ମଲୋଚନ ମିଶ୍ର। ୧୯୧୨ ମସିହାରେ ବୈରାଗୀ ବାବୁ କଟକ କଲେକ୍ଟରେଟ୍‌ରେ ଜଣେ କିରାଣୀ ଭାବେ ଯୋଗଦେଇ ଦୀର୍ଘ ୩୦ ବର୍ଷ କାର୍ଯ୍ୟ କରି ଅବସର ଗ୍ରହଣ କରିଥିଲେ। ତାଙ୍କର ଶିକ୍ଷାଗତ ସମସ୍ତ ଯୋଗ୍ୟତା ଥିଲେ ସୁଦ୍ଧା ପଦୋନ୍ନତି ମିଳିବା ପରିବର୍ତ୍ତେ ତାଙ୍କର ସ୍ୱାଧୀନ ଚେତନା, ନିର୍ଭୀକତା ଓ ସଚ୍ଚୋଟ ପଣିଆ ଲାଗି ତାଙ୍କୁ ନାନା ଭାବରେ ଅପମାନିତ ହେବାକୁ ପଡୁଥିଲା ବୋଲି ଶୁଣିବାକୁ ମିଳିଥିଲା।

ଚାକିରିକାଳ ମଧ୍ୟରେ ସେ ଅନେକ ରଚନାତ୍ମକ ଓ ସେବାମୂଳକ ନାମକ କାର୍ଯ୍ୟ ମଧ୍ୟ କରୁଥିଲେ। ୧୯୧୬ ମସିହାରେ ସେ "ସୁଖାନ୍ୱେଷଣ" ନାମକ ଖଣ୍ଡିଏ ପୁସ୍ତକ ରଚନା କରି ଆଦର୍ଶ ମାନବ ଜୀବନ କିପରି ହେବା ଉଚିତ, ତା'ର ଦିଗ୍‌ଦର୍ଶନ ଦେଇଥିଲେ। ୧୯୩୦ ମସିହାରେ ସେ "ନାରୀମଙ୍ଗଳ ସମିତି" ନାମରେ ଏକ ସ୍ୱେଚ୍ଛାସେବୀ ସଂଗଠନ ପ୍ରତିଷ୍ଠା କରିଥିଲେ। ବିଧବା ବିବାହ ଓ ବିବରା ବିବାହ ପ୍ରଭୃତିର ପ୍ରଚଳନ କରାଇ ସେ ବ୍ରାହ୍ମଣ ସମାଜର ଚକ୍ଷୁଃଶୂଳ ହୋଇଥିଲେ। ମାତ୍ର ୫ ଟଙ୍କାରେ ଆଦର୍ଶ ବିବାହ ଓ ୧ ଟଙ୍କାରେ ଆଦର୍ଶ ବ୍ରତୋପନୟନ କରାଇବା ତାଙ୍କ ଜୀବନର ଏକ ମୁଖ୍ୟ ବ୍ରତ ଥିଲା। କେବଳ ପ୍ରଚାର ନୁହେଁ, ହାତରୁ ପଇସା ଖର୍ଚ୍ଚ କରି ସେ ଅନେକ ଗରିବ ପିଲାଙ୍କୁ ଉପବୀତ ପ୍ରଦାନ କରାଇଥିଲେ। ରୋଷଣି କରି, ବାଣ ଫୁଟାଇ ଆଡ଼ମ୍ବରପୂର୍ଣ୍ଣ ବିବାହର ସେ ଥିଲେ ଘୋର ବିରୋଧୀ। ଏହା ବ୍ୟତୀତ ସେ "ବିଶ୍ୱକଲ୍ୟାଣ ସମିତି" ସ୍ଥାପନ କରିଥିଲେ ଓ ୧୯୫୪ରେ "ବିଶ୍ୱକଲ୍ୟାଣ" ନାମକ ଏକ ମାସିକ ପତ୍ରିକା ମଧ୍ୟ ପ୍ରକାଶ କରିଥିଲେ। ଛୋଟ ବଡ଼ ହୋଇ ଅନେକ ପୁସ୍ତକର ସେ ଥିଲେ ରଚୟିତା। ବୈରାଗୀବାବୁ ଆଜି ନାହାନ୍ତି; ହେଲେ ବହୁ ଆୟାସ କରି ଯେଉଁ ପ୍ରବର୍ତ୍ତନ କରିଥିଲେ, ଏବେ ପ୍ରାୟ ଅନେକ ଲୋକ ତାକୁ ମର୍ମେ ମର୍ମେ ଅନୁଭବ କରୁଛନ୍ତି। ମାତ୍ର ଦୁଃଖର କଥା, ଏବେ ଯୌତୁକ କାରଣରୁ ଅନେକ ନବବଧୂ ଯନ୍ତ୍ରଣାର ଶିକାର ହୋଇ ପ୍ରାଣ ହରାଉଛନ୍ତି।

ସ୍ୱର୍ଗତ ଦାମୋଦର ଶତପଥୀ ବୈରାଗୀ ବାବୁଙ୍କର ସଂସ୍କାରଧର୍ମୀ କାର୍ଯ୍ୟରେ ସହଯୋଗ କରୁଥିଲେ। ବୈରାଗୀ ବାବୁ କେତେଥର ମୋ ବିନୋଦବିହାରୀ ଘରକୁ ଆସିଛନ୍ତି ଓ ବିଭିନ୍ନ ସଂସ୍କାରମୂଳକ କାର୍ଯ୍ୟକ୍ରମ ସମ୍ପର୍କରେ ମୋ ସହିତ ଆଲୋଚନା କରିଛନ୍ତି। ଏ କ୍ଷେତ୍ରରେ ମୁଁ ମୋର ଦୃଢ଼ ସମର୍ଥନ ପ୍ରଦାନ କରିଅଛି।

ଅଭୁଲା ବନ୍ଧୁ–ରାଜକିଶୋର

ସ୍ୱର୍ଗତ ରାଜକିଶୋର ଦାସ (ଜୟପୁର-ବ୍ୟବସାୟୀ) ମୋର ଅତି ଅନ୍ତରଙ୍ଗ ବନ୍ଧୁ ଥିଲେ। ତାଙ୍କ ସହିତ ମୋର ପ୍ରଥମ ପରିଚୟ ହୋଇଥିଲା ରେଭେନ୍ସା କଲେଜରେ। ସେ ମୋ ଠାରୁ ପ୍ରାୟ ୩୪ ବର୍ଷ ସାନ। ପାଠପଢ଼ାରେ ମଧ୍ୟ ଜୁନିଅର। ମୁଁ ୧୯୨୭ରେ ରେଭେନ୍‌ସାରୁ ବି.ଏ. ପାଶ୍‌କରି 'ଲ' ପଢ଼ିଲି। ସେତେବେଳେ 'ଲ' କ୍ଲାସ୍ ମଧ୍ୟ ରେଭେନ୍ସା କଲେଜରେ ହେଉଥିଲା। ରାଜୁ ବିଜ୍ଞାନ ଛାତ୍ରଭାବେ ରେଭେନ୍ସା କଲେଜରେ ଅଧ୍ୟୟନ କରୁଥିଲେ। ଜଣେ ତେଜିୟାନ୍ ଛାତ୍ରନେତା ଭାବରେ ରେଭେନ୍ସା କଲେଜରେ ତାଙ୍କର ସୁନାମ ଥିଲା। ରେଭେନ୍ସା କଲେଜ ଛାତ୍ରମାନଙ୍କର କୌଣସି ଏକ ସମସ୍ୟା ସମ୍ପର୍କରେ ସେ କର୍ତ୍ତୃପକ୍ଷଙ୍କ ସହ ଆଲୋଚନା କରୁଥିଲାବେଳେ ମୁଁ ତାଙ୍କୁ ଦେଖିବାକୁ ପାଇଲି। ସେହିଦିନଠାରୁ ଆମ ଭିତରେ ଯେଉଁ ବନ୍ଧୁତାର ସୂତ୍ରପାତ ହୋଇଥିଲ, ତାହା ସବୁଦିନ ପାଇଁ ଅଭୁଲା ସ୍ମୃତି ହୋଇ ରହିଗଲା।

ସେ ଅତ୍ୟନ୍ତ ସ୍ୱାଧୀନଚେତା ଥିଲେ। ରେଭେନ୍ସା କଲେଜରେ ଅଧ୍ୟୟନ କରୁଥିବା ସମୟରୁ ହିଁ ତାଙ୍କଠାରେ ଜାତୀୟ ଆନ୍ଦୋଳନ ପ୍ରତି ଆଗ୍ରହ ସୃଷ୍ଟି ହୋଇଥିଲା। ସେ ପାଠପଢ଼ାକୁ ଗୌଣ ମନେକରି ବିଭିନ୍ନ ସେବାମୂଳକ କାର୍ଯ୍ୟରେ ନିଜକୁ ନିୟୋଜିତ କଲେ। ଫଳରେ ଆଇ.ଏସ୍.ସି. ପରୀକ୍ଷାରେ ଅକୃତକାର୍ଯ୍ୟ ହେଲେ ଏବଂ ସେହିଠାରୁ ତାଙ୍କର ପାଠପଢ଼ା ବନ୍ଦ ରହିଲା। ସେ ସ୍ୱାଧୀନତା ସଂଗ୍ରାମରେ ଅଂଶଗ୍ରହଣ କରି ଜେଲ୍ ବରଣ କରି ନ ଥିଲେ ମଧ୍ୟ ଏଥିନିମିତ୍ତ ଅନେକ କିଛି ତ୍ୟାଗ ସ୍ୱୀକାର କରିଥିଲେ। ସେ ଗାନ୍ଧିବାଦରେ ବିଶ୍ୱାସ କରୁଥିଲେ। ଜୀବନସାରା ଖଦଡ଼ ପିନ୍ଧୁଥିଲେ ଏବଂ ଅତ୍ୟନ୍ତ ସଚ୍ଚୋଟ ଓ ସ୍ପଷ୍ଟବାଦୀ ଥିଲେ। ସେ କେବେ କୌଣସି କ୍ଷେତ୍ରରେ ମିଛ କହିଥିବେ ବୋଲି ମୁଁ ବିଶ୍ୱାସ କରେ ନାହିଁ।

କୌଣସି ସରକାରୀ ଚାକିରିରେ ନ ପଶି ସ୍ୱାଧୀନ ଭାବରେ ଜୀବନ ଯାପନକୁ ସେ ଅଧିକ ପସନ୍ଦ କରିଥିଲେ। ଜାତୀୟତା ମନ୍ତ୍ରରେ ଦୀକ୍ଷିତ ହୋଇ ଯେଉଁ କେତେଜଣ ବନ୍ଧୁ ସ୍ୱାଧୀନ ଭାବରେ ବ୍ୟବସାୟ ବାଣିଜ୍ୟ କରି ଶିଳ୍ପସମୃଦ୍ଧ କରିବାକୁ ଆଗ୍ରହ ପ୍ରକାଶ କରିଥିଲେ ସେଥିରେ ରାଜୁବାବୁ ଥିଲେ ଅନ୍ୟତମ। ଓଡ଼ିଶା "ଫ୍ରେଣ୍ଡସ୍ ସୋସାଇଟି"ର ଅନ୍ୟତମ ସଦସ୍ୟ। କଲିକତାକୁ ନିଜ ବ୍ୟବସାୟର କେନ୍ଦ୍ରସ୍ଥଳ କରି ପ୍ରାୟ ୪/୫ ବର୍ଷ କାଳ କସ୍‌ରତ ଚଳାଇଲେ। ହେଲେ "ଆରେ ଡମଣା – ବୁଲି ବୁଲି କରି ସେଇ ଅଗଣା" ନୀତିରେ ଶେଷକୁ ମୁଁ ଆସି ମୋର ଆଇନ ବ୍ୟବସାୟ ଆରମ୍ଭ କଲି। ରାଜୁବାବୁ ଆଇନ ପୁସ୍ତକ ସମେତ ଅନ୍ୟାନ୍ୟ ବହୁ ଉପାଦେୟ ପୁସ୍ତକର ବିକ୍ରେତା ବା ଏଜେଣ୍ଟ

ଭାବେ କାର୍ଯ୍ୟ ଆରମ୍ଭ କରିଥିଲେ। ତାଙ୍କ "R. K. Das & Company" ଏକ ପ୍ରତିଷ୍ଠିତ Book Agency ଭାବରେ ଓଡ଼ିଶାରେ ଖ୍ୟାତି ଅର୍ଜନ କରିଥିଲା ଓ ବିଭିନ୍ନ ସରକାରୀ ପ୍ରକାଶନରେ ତାଙ୍କ ନାଁ ଛପା ଯାଉଥିଲା।

ଓଡ଼ିଶାର ଜାତୀୟ ଆନ୍ଦୋଳନ ଓ ଜାତୀୟଦଳ ସହିତ ମଧ୍ୟ ସେ ସଂପୃକ୍ତ ଥିଲେ। ୧୯୩୬ ଏପ୍ରିଲ ପହିଲାରେ ଓଡ଼ିଶା ସ୍ୱତନ୍ତ୍ର ପ୍ରଦେଶ ହେଲା। ସେଦିନ ମୋ ବିନୋଦ ବିହାରୀ ଘରେ ଯେଉଁ ବନ୍ଧୁ ମିଳନର ଆୟୋଜନ କରିଥିଲି ରାଜୁବାବୁ ତା'ର ତତ୍ତ୍ୱାବଧାରକ ଭାବରେ ସମସ୍ତ କାର୍ଯ୍ୟ ସୂଚାରୁ ରୂପେ ପରିଚାଳନା କରିଥିଲେ। ଓଡ଼ିଶା ଜାତୀୟଦଳ ତରଫରୁ ବିଶିଷ୍ଟ ଆଇନଜ୍ଞ ବୀରକିଶୋର ରାୟ (ପରେ ଓଡ଼ିଶା ହାଇକୋର୍ଟର ମୁଖ୍ୟ ବିଚାରପତି) ଥରେ ବାଙ୍କୀ-ଗୋବିନ୍ଦପୁର ନିର୍ବାଚନ ମଣ୍ଡଳୀରୁ ଓଡ଼ିଶା ବିଧାନସଭାକୁ ପ୍ରାର୍ଥୀ ହୋଇଥିଲେ। ବୀରବାବୁ ଏବଂ ଅନ୍ୟାନ୍ୟ ବନ୍ଧୁମାନଙ୍କ ସହିତ ରାଜୁବାବୁ ଓ ମୁଁ ନିର୍ବାଚନ ପ୍ରତି ପ୍ରଚାର କରିବାକୁ ଯାଇଥିଲୁ। ଡଙ୍ଗାରେ ନଈ ପାରି ହେଉଥିଲାବେଳେ ବୀରବାବୁ ଆମକୁ ଭଜନ ପରିବେଷଣ କରିବାକୁ କହିଲାରୁ ରାଜୁବାବୁ ଓ ଅନ୍ୟ କେତେଜଣ ବେଶ୍ ସୁନ୍ଦର ଭାବରେ ଭଜନ ପରିବେଷଣ କରିଥିଲେ।

କଟକରେ କିଛିଦିନ କଟାଇବା ପରେ ସେ କୋରାପୁଟ-ଜୟପୁରକୁ ନିଜ ବ୍ୟବସାୟସ୍ଥଳ ଭାବରେ ବାଛି ନେଇ ସେଠାରେ ଅବକାରୀ ବିଭାଗର ବିଭିନ୍ନ ଜିନିଷ ବିକ୍ରୟର ଏଜେନ୍‌ସି ନେଇଥିଲେ। ସେଠାରେ ପ୍ରାୟ ୨୦/୨୫ ବର୍ଷ ରହି ବ୍ୟବସାୟ ଚଳାଇଥିଲେ। କେତେକ ସମ୍ପତ୍ତି-ବାଡ଼ି ମଧ୍ୟ କରିଥିଲେ। ସେଥିସକାଶେ ଲୋକେ ତାଙ୍କୁ ଜୟପୁର-ରାଜୁବାବୁ ବୋଲି କହିଥାନ୍ତି। ଅତ୍ୟନ୍ତ ନିଷ୍ଠାର ସହିତ ବ୍ୟବସାୟ ଚଳାଉଥିଲେ ମଧ୍ୟ ଅବକାରୀ ବିଭାଗ ତରଫରୁ ତାଙ୍କୁ ଉପଯୁକ୍ତ ସହାୟତା ମିଳି ନ ଥିଲା। ଏହି କାରଣରୁ ସେ ଅନେକ ସମୟରେ ବିଶେଷ ଦୁଃଖ ଓ କ୍ଷୋଭ ମଧ୍ୟ ପ୍ରକାଶ କରିଥିବା ମୁଁ ଲକ୍ଷ୍ୟ କରିଛି। ବିଭିନ୍ନ ଅଭାବ ଅସୁବିଧାରେ ପଡ଼ି ମଧ୍ୟ କୌଣସି କ୍ଷେତ୍ରରେ ସେ ନିଜର ସାଧୁତା ଓ ସଚ୍ଚୋଟ ପଣିଆ ହରାଇ ନ ଥିଲେ। ଏଥିପାଇଁ ତାଙ୍କୁ ଅନେକ ସମ୍ପତ୍ତି ହରାଇବାକୁ ପଡ଼ିଛି ବୋଲି କହିଲେ ଅତ୍ୟୁକ୍ତି ହେବ ନାହିଁ।

ମୋର ଅନ୍ତରଙ୍ଗ ବନ୍ଧୁ ଭାବରେ ସେ ଅନେକ ସମୟରେ ଆମ ଘରେ ଆସି ରହୁଥିଲେ। ଆମ ପରିବାରର ଅନ୍ୟତମ ସଭ୍ୟ କହିଲେ ଚଳେ। ମୋର ଝିଅ ଓ ସମ୍ପର୍କୀୟମାନେ ତାଙ୍କୁ ଅତ୍ୟନ୍ତ ଶ୍ରଦ୍ଧା ଓ ସମ୍ମାନ ପ୍ରଦର୍ଶନ କରିଥାନ୍ତି। ରାଜୁବାବୁ ମଧ୍ୟ ସେମାନଙ୍କୁ ନିଜ ପିଲାମାନଙ୍କ ଠାରୁ ଅଧିକ ଭଲ ପାଆନ୍ତି। ଲିଲି ବିଲିଙ୍କ ବାହାଘର

କାର୍ଯ୍ୟରେ ସେ ଅନେକ ଗୁରୁଦାୟିତ୍ୱ ବହନ କରିଥିଲେ। ତାଙ୍କ ବଡ଼ଝିଅ ଲିଲିର ବାହାଘର ପ୍ରସ୍ତାବ ମୋର ଏହି ଡଗରପଡ଼ା ଘରେ ସ୍ଥିର କରାଯାଇଥିଲା। ଜ୍ୱାଇଁ ବାଲିକୁଦା-କଣିଆର ଶ୍ରୀ ଅଦ୍ୱୈତ କାନୁନ୍‌ଗୋ ଜଣେ ଖ୍ୟାତନାମା ଇଞ୍ଜିନିୟର। ଏବେ ସପରିବାର ଦିଲ୍ଲୀଠାରେ ଅବସ୍ଥାନ କରୁଛନ୍ତି। ତାଙ୍କର ଅନ୍ୟ ଝିଅମାନେ ମଧ୍ୟ ଭଲ ଭଲ ଜାଗାରେ ବିବାହ କରିଛନ୍ତି। ବଡ଼ପୁଅ ଡାକ୍ତର ସନ୍ତୋଷ ଦାସ ବିଶିଷ୍ଟ ସ୍ୱାଧୀନତା ସଂଗ୍ରାମୀ ତଥା ଓଡ଼ିଶାର ପୂର୍ବତନ ମନ୍ତ୍ରୀ ସ୍ୱର୍ଗତ ସୁରେନ୍ଦ୍ର ପଟ୍ଟନାୟକଙ୍କ ଝିଅକୁ ବିବାହ କରିଛନ୍ତି। ସାନ ଦୁଇ ପୁଅ ବିଭିନ୍ନ ବ୍ୟବସାୟ ପ୍ରତିଷ୍ଠା କରିଛନ୍ତି।

ରାଜୁବାବୁ ଇହଧାମରୁ ବିଦାୟ ନେବାର କିଛି ବର୍ଷ ଆଗରୁ ପ୍ରାୟ ନିୟମିତ ଭାବେ ମୋ ଡଗରପଡ଼ା ଘରକୁ ଆସୁଥିଲେ। ଦିନ ଦିପ୍ରହରେ ଖାଇ ବିଶ୍ରାମ ନେଉଥିଲେ। ସନ୍ଧ୍ୟା ବେଳକୁ ତାଙ୍କ ବଣିଆସାହି ଘରକୁ ଯାଉଥିଲେ। ଗତ ୧୯୮୮ ମସିହା ଜାନୁଆରୀ ପହିଲା ରାତିରେ ସେ ଛାତିରେ ଯନ୍ତ୍ରଣା ଅନୁଭବ କରିବାରୁ ତାଙ୍କୁ କଟକସ୍ଥ ଶ୍ରୀରାମଚନ୍ଦ୍ର ଭଞ୍ଜ ମେଡ଼ିକାଲରେ ଭର୍ତ୍ତି କରାଯାଇଥିଲା। ହେଲେ ତାଙ୍କ ସ୍ୱାସ୍ଥ୍ୟରେ ବିଶେଷ କିଛି ଉନ୍ନତି ଘଟିଲା ନାହିଁ। ଶେଷରେ ସେହି ମାସ ୨୦ ତାରିଖରେ ସେ ସମସ୍ତଙ୍କୁ ଛାଡ଼ି ସଂସାରରୁ ବିଦାୟ ନେଇଗଲେ। ହେଲେ ତାଙ୍କ ଜୀବନର ଅନେକ ଘଟଣା ଆମ ପାଇଁ ଅଭୁଲା ସ୍ମୃତି ହୋଇ ରହିଯାଇଛି।

ଗୋଦାବରୀଶ ମହାପାତ୍ର (ନିଆଁ ଖୁଣ୍ଟା)

ଓଡ଼ିଶାର ଉତ୍କୃଷ୍ଟ ସମାଲୋଚନା-ପତ୍ରିକା "ନିଆଁ ଖୁଣ୍ଟା"ର ପ୍ରତିଷ୍ଠାତା ସମ୍ପାଦକ ଭାବରେ ସ୍ୱର୍ଗତ ଗୋଦାବରୀଶ ମହାପାତ୍ର ସର୍ବସ୍ୱ ପରିଚିତ। ତାଙ୍କ ସହିତ ମୋର ପରିଚୟ ଅନେକ ଦିନର। ସେ ନିଜେ ହସନ୍ତି ନାହିଁ, କିନ୍ତୁ ଅନ୍ୟକୁ ହସାନ୍ତି। ତାଙ୍କୁ ମୁଁ କେବେ ହସିବାର ଦେଖି ନାହିଁ। ତାଙ୍କ କହିବା ଚାତୁରୀରେ ହସ ପୂରି ରହିଥାଏ। "ଜୀବନଟା ହେଲା ସତେ କେନ୍ଦ୍ରାପଡ଼ା ରାସ୍ତା" ପ୍ରଭୃତି ତାଙ୍କ ହାସ୍ୟରସ-ମିଶ୍ରିତ ଶାଣିତ-ସମାଲୋଚନାର ଦୃଷ୍ଟାନ୍ତ। ତାଙ୍କ କବିତାମାନଙ୍କରେ 'କଟୁତିକ୍ତ କଷାୟ' ରସ ସବୁ ହାସ୍ୟରସର ଅନ୍ତରାଳରେ ପ୍ରଚ୍ଛନ୍ନ ଭାବେ ରହିଥାଏ। ତାଙ୍କ ପ୍ରତିଷ୍ଠିତ "ନିଆଁ ଖୁଣ୍ଟା" ପ୍ରାୟ ୧୦/୧୨ ବର୍ଷ ଧରି ଓଡ଼ିଶାରେ ଚହଳ ପକାଇଥିଲା। ଉକ୍ତ ପତ୍ରିକା ଓଡ଼ିଶା ବାହାରେ ଥିବା ଓଡ଼ିଆ ଲୋକଙ୍କର ମଧ୍ୟ ବିଶେଷ ଆଦରଣୀୟ ଥିଲା।

ବହୁ ବର୍ଷ ତଳେ ଗୋଦାବରୀଶ ବାବୁଙ୍କ ଅକାଳ ବିୟୋଗ ହେତୁ ସମାଲୋଚନା ସାହିତ୍ୟ କ୍ଷେତ୍ରରେ ଏକ ଅପୂରଣୀୟ କ୍ଷତି ଘଟିଛି। "ନିଆଁ ଖୁଣ୍ଟା"

ପ୍ରକାଶନ ବ୍ୟତୀତ, ଉପନ୍ୟାସ ଓ କ୍ଷୁଦ୍ର ଗଳ୍ପ ଲେଖିବାରେ ସେ ଥିଲେ, ସିଦ୍ଧହସ୍ତ। ତାଙ୍କ ଦେଶାତ୍ମବୋଧକ କବିତା "ଉଠ କଙ୍କାଳ", ଗଳ୍ପ 'ମାଗୁଣିର ଶଗଡ଼" "ତଥାପି ବଞ୍ଚିଛି" ପ୍ରଭୃତି ଉତ୍କଳର ବାଣୀ-ଭଣ୍ଡାରକୁ ତାଙ୍କର ମହାର୍ଘ ଦାନ। ତାଙ୍କ ମୃତ୍ୟୁ ପରେ ତାଙ୍କର କନିଷ୍ଠ ଜାମାତା (ଜ୍ୟେଷ୍ଠ ଜାମାତା ହେଉଛନ୍ତି ଅଧ୍ୟାପକ ଗୌରୀ କୁମାର ବ୍ରହ୍ମା) ଶ୍ରୀଯୁକ୍ତ କିଶୋର ଚନ୍ଦ୍ର ମିଶ୍ର "ନିଆଁ ଖୁଣ୍ଟା"ର ସମ୍ପାଦକ ଭାବେ ଏହା ପ୍ରକାଶ କରୁଛନ୍ତି। ମାତ୍ର ଗୋଦାବରୀଶ ବାବୁଙ୍କ ସମ୍ପାଦନାରେ ଏହା ଯେପରି ମନଛୁଆଁ ହୋଇ ପାରିଥିଲା, ତାହା ଆଉ ସମ୍ଭବ ହୋଇପାରୁ ନାହିଁ।

ଥରେ ଗୋଟିଏ ୧୪୫ ଧାରା ମୋକଦ୍ଦମାରେ ଗୋଦାବରୀଶ ବାବୁ ମୋ ସହିତ ପରାମର୍ଶ କରିବାକୁ ଆସିଥିଲେ। ମୁଁ ତାଙ୍କୁ ପଚାରିଲି, "କିଓ ମହାପାତ୍ରେ, କୁଆଡ଼େ ଆସିଲେ ?" ଉତ୍ତରରେ ସେ କହିଲେ, "ଖୁଣ୍ଟା କାଢ଼ିବାକୁ ଆସିଛି। ୧ +୪=୫। ତାକୁ କ'ଣ ଟିକିଏ କମାଇ ହବ ନାହିଁ ?" ମୁଁ କହିଲି, "ଅଙ୍କ କଥା, କେମିତି କମିବ !"

ତାଙ୍କ ସହିତ ମୋର ବହୁବାର ସାକ୍ଷାତ, ଆଲୋଚନା ହୋଇଥିଲା। ତାଙ୍କ ଭଳି ଜଣେ ସ୍ନେହୀ, ମିଷ୍ଟଭାଷୀ, ମେଳାପୀ ଓ ବନ୍ଧୁପ୍ରେମୀ ଲୋକ ମିଳିବା କଷ୍ଟକର।

ବିଚ୍ଛନ୍ଦ ଚରଣ ପଟ୍ଟନାୟକ

'କଳିଙ୍ଗ-ଭାରତୀ'ର ପ୍ରତିଷ୍ଠାତା-ସଭାପତି ସ୍ୱର୍ଗତ ବିଚ୍ଛନ୍ଦ ଚରଣ ପଟ୍ଟନାୟକ ଜଣେ ସୁସାହିତ୍ୟିକ ଭାବରେ ପରିଚିତ। ସେ କବି ସମ୍ରାଟ ଉପେନ୍ଦ୍ର ଭଞ୍ଜଙ୍କର ବିପୁଳ କାବ୍ୟକୃତିକୁ ଲୋକଲୋଚନକୁ ଆଣିବା ପାଇଁ ବହୁବିଧ ଉଦ୍ୟମ କରିଯାଇଛନ୍ତି। କବି ସମ୍ରାଟଙ୍କର କେତେକ କାବ୍ୟ-ସୁଧୀବର୍ଗଙ୍କର ପ୍ରଶଂସାଭାଜନ ହୋଇଥିଲେ। ଏହା ବ୍ୟତୀତ ଭଞ୍ଜସାହିତ୍ୟ ଉପରେ ଆଲୋଚନା କରିବା ଲାଗି ସେ ବହୁଦିନ ଧରି ସାହିତ୍ୟ ସମାରୋହ କରାଉଥିଲେ। ଭଞ୍ଜସାହିତ୍ୟରେ ପାଣ୍ଡିତ୍ୟ ଲାଭ କରିଥିବା ବିଭିନ୍ନ ବ୍ୟକ୍ତିବିଶେଷ ଉକ୍ତ ସଭାମାନଙ୍କରେ ଯୋଗଦାନ କରି ସାରଗର୍ଭକ ଭାଷଣ ପ୍ରଦାନ କରୁଥିଲେ। ବିନୋଦବିହାରୀରେ ରହୁଥିବା ସମୟରୁ ଆରମ୍ଭ କରି ବହୁ ବର୍ଷ ପର୍ଯ୍ୟନ୍ତ ମୁଁ 'ଭଞ୍ଜଜୟନ୍ତୀ' ସହ ସଂପୃକ୍ତ ଥିଲି ଏବଂ ବରାବର ସାହିତ୍ୟ ସଭାରେ ଯୋଗଦାନ କରୁଥିଲି। ବିଚ୍ଛନ୍ଦବାବୁ ଅନେକ ଦିନରୁ ଇହଧାମ ତ୍ୟାଗ କରିଥିଲେ ସୁଦ୍ଧା ତାଙ୍କ ଦ୍ୱାରା ପ୍ରତିଷ୍ଠିତ ସାହିତ୍ୟ ସଭା 'ଭଞ୍ଜଜୟନ୍ତୀ' ଏବେ ମଧ୍ୟ ଅନୁଷ୍ଠିତ ହେଉଛି ଏବଂ ସେଥିଲାଗି କଟକ ମିଶନ୍ ରୋଡ୍‌ରେ ଭଞ୍ଜ-ମଣ୍ଡପ ମଧ୍ୟ ପ୍ରତିଷ୍ଠିତ ହୋଇଅଛି। ବର୍ତ୍ତମାନ ଉକ୍ତ ଅନୁଷ୍ଠାନର ସଭାପତି ହେଉଛନ୍ତି ଶ୍ରୀଯୁକ୍ତ ରଜତ କୁମାର କର। ଶ୍ରୀଯୁକ୍ତ ବ୍ରଜ ବିହାରୀ

ମିଶ୍ର, ଶରତ କର, ଡାକ୍ତର ଶୈଳେଶ୍ୱର ଅଧ୍ୟାପକ ହୃଦାନନ୍ଦ ରାୟ ଓ ଗୌରୀ କୁମାର ବ୍ରହ୍ମା ପ୍ରମୁଖ ଏଥି ସହିତ ସଂପୃକ୍ତ।

ବିଚ୍ଛନ୍ଦବାବୁ ଥିଲେ ଜଣେ ଉଦ୍ୟୋଗୀ ପୁରୁଷ। ସେ କିଛିକାଳ ଡଗରପଡ଼ାରେ ରହୁଥିଲେ। ଜଣେ ପଡ଼ୋଶୀ ହିସାବରେ ତଥା ଜଣେ ବନ୍ଧୁ ଭାବରେ ତାଙ୍କ ସହିତ ମୋର ସମ୍ପର୍କ ଥିଲା।

ଓଡ଼ିଶାର ବିଭିନ୍ନ ରଙ୍ଗମଞ୍ଚ

ମୋ ଛାତ୍ର ଜୀବନରେ ସ୍କୁଲ୍, କଲେଜ ଡ୍ରାମାମାନଙ୍କରେ ଅଂଶଗ୍ରହଣ କରିବାଠୁଁ ଆରମ୍ଭ କରି ଯାତ୍ରା, ଥିଏଟର୍ ପାଲା ଓ ସଙ୍ଗୀତ-ଆସରମାନଙ୍କରେ ଯୋଗଦାନକୁ ଯଦି କଳାପ୍ରାଣତା ବୋଲି ଧରାଯାଏ, ତା'ହେଲେ ମୁଁ ଯେ ଜଣେ କଳାପ୍ରେମୀ—ଏହା ସ୍ୱୀକାର କରିବାରେ ବୋଧହୁଏ ବାଧା ନାହିଁ। ବିନୋଦବିହାରୀରେ ରହୁଥିବା ସମୟରେ ମୁଁ ବହୁ ସୌଖୀନ୍ ତଥା ପେସାଦାର ରଙ୍ଗମଞ୍ଚ ସହିତ ପରିଚିତ ଥିଲି ଏବଂ ସ୍ଥଳବିଶେଷରେ ରଙ୍ଗମଞ୍ଚର ଉନ୍ନତି ଲାଗି ସହାୟତା ମଧ୍ୟ ପ୍ରଦାନ କରିଥିଲି। ସେହି ରଙ୍ଗମଞ୍ଚମାନଙ୍କର ପ୍ରତିଷ୍ଠାତା ତଥା ପରିଚାଳକମାନଙ୍କ ସହିତ ମୋର ସମ୍ପର୍କ ଥିଲା, ଏବେ ସୁଦ୍ଧା ସ୍ଥଳବିଶେଷରେ ରହିଛି।

ବନମାଳୀ ପତି—ବଲଙ୍ଗା ଥିଏଟର

ସ୍ୱର୍ଗତ ବନମାଳୀ ପତି ପ୍ରସିଦ୍ଧ "ରାଧାକୃଷ୍ଣ ଥିଏଟର" ବା "ବଲଙ୍ଗା ଥିଏଟର"ର ପ୍ରତିଷ୍ଠାତା। ଏହା ଓଡ଼ିଶାର ଗୋଟିଏ ପୁରାତନ ଥିଏଟର ଅନୁଷ୍ଠାନ। ପୂର୍ବତନ ଆଡ୍‌ଭୋକେଟ୍ ଜେନେରାଲ ଶ୍ରୀଯୁକ୍ତ ବାଞ୍ଛାନିଧି ମହାପାତ୍ର ସ୍ୱର୍ଗତ ପତିଙ୍କର ଜାମାତା। ବନମାଳୀବାବୁ ମୋ ଅଜାଶ୍ୱଶୁର ସ୍ୱର୍ଗତ ଭିକାରୀ ମହାନ୍ତିଙ୍କ ସଙ୍ଗାତ ଥିଲେ ଓ ସେମାନଙ୍କ ଭିତରେ ଘନିଷ୍ଠ ବନ୍ଧୁତା ଥିଲା। ମୋ ବିବାହରେ ସେ ବିଧିବଦ୍ଧ ଭାବରେ ବେଭାର ପଠାଇଥିଲେ।

ତାଙ୍କ ଦ୍ୱାରା ପ୍ରତିଷ୍ଠିତ "ବଲଙ୍ଗା ଥିଏଟର" ଓଡ଼ିଶାରେ ଯଥେଷ୍ଟ ସୁନାମ ଅର୍ଜନ କରିଥିଲୁ। ସେମାନେ ବିଭିନ୍ନ ଐତିହାସିକ ଓ ପୌରାଣିକ ନାଟକ ମଞ୍ଚସ୍ଥ କରି ଦର୍ଶକମାନଙ୍କ ପ୍ରଶଂସାଭାଜନ ହୋଇ ପାରିଥିଲେ।

ଶେଷ ଜୀବନରେ ସ୍ୱର୍ଗତ ପତି ଜଣେ ଆତତାୟୀ ହସ୍ତରେ ନିହତ ହୋଇଥିଲେ। ତାଙ୍କ ମୃତ୍ୟୁ ପରେ "ବଲଙ୍ଗା ଥିଏଟର"ର ଇତିଶ୍ରୀ ହେଲା।

ନାଟ୍ୟଶିଳ୍ପୀ ବାଳକୃଷ୍ଣ ମହାନ୍ତି

ସ୍ୱର୍ଗତ ବାଳକୃଷ୍ଣ ମହାନ୍ତି ୧୯୦୦ ମସିହାରେ ଜଗତସିଂହପୁରର ପଳାଶୋଳ ଗ୍ରାମରେ ଜନ୍ମ ଗ୍ରହଣ କରିଥିଲେ। ମୁଁ ତାଙ୍କୁ କେତେଥର ଦେଖିଛି ଓ ତାଙ୍କ ଯାତ୍ରା ଦେଖିବାର ସୁଯୋଗ ପାଇଛି। ଆଜିକାଲି ସହରରେ ତାମସା, ସୁଆଙ୍ଗ ବା ଅପେରା ବୋଲି ଯାହାକୁ କୁହାଯାଉଛି, ତାକୁ ଗାଁ ଗହଳିରେ 'ଯାତ୍ରା' ବା 'ନାଟ' ବୋଲି କୁହାଯାଏ। ଓଡ଼ିଶା ତଥା କଲିକତାର ବିଭିନ୍ନ ସ୍ଥାନରେ ତାଙ୍କ ଦ୍ୱାରା ପ୍ରତିଷ୍ଠିତ ଯାତ୍ରାଦଳ ବିପୁଳ ଲୋକପ୍ରିୟତା ଅର୍ଜନ କରିଥିଲା। 'ସୁଶୀଳ ମାଳତୀ', "ଅମର ବିଳାସ' ଓ 'ବାଣା ପରାଜୟ' ପ୍ରଭୃତି ବହୁ ନାଟକ ସେ ରଚନା କରିଥିଲେ। ସେଗୁଡ଼ିକ ମୁଖ୍ୟତଃ ଗୀତାଭିନୟ। ଯେଉଁଠାରେ ତାଙ୍କ ଯାତ୍ରାଦଳ ନାଟକ ପରିବେଷଣ କରୁଥିଲେ, ସେଠାରେ ଯାତ୍ରା ଆରମ୍ଭ ହେବାର ୨/୩ ଘଣ୍ଟା ପୂର୍ବରୁ ଲୋକମାନେ ଆସି ଭିଡ଼ ଜମାଉ ଥିଲେ। ଦର୍ଶକମାନଙ୍କ ମଧ୍ୟରେ ଓଡ଼ିଆଙ୍କ ଛଡ଼ା ବଙ୍ଗାଳୀ ଓ ଅନ୍ୟ ଗୋଷ୍ଠୀର ଲୋକମାନେ ବହୁ ସଂଖ୍ୟାରେ ଯାତ୍ରା ଉପଭୋଗ କରୁଥିଲେ।

ବାଳକୃଷ୍ଣ ମହାନ୍ତି ଗଣକବି ବୈଷ୍ଣବ ପାଣିଙ୍କ ସମସାମୟିକ ନାଟ୍ୟକାର ଓ ତାଙ୍କରି ଭଳି ଆଶୁକବି। ଯାତ୍ରା ଚାଲିଥିବାବେଳେ ସେ ସମୟ ଓ ପରିବେଶକୁ ଚାହିଁ ଗୋଟିଏ ଗୋଟିଏ ରସାତ୍ମକ ଗୀତ ରଚନା କରି ଦର୍ଶକ-ମଣ୍ଡଳୀଙ୍କୁ ମୁଗ୍ଧ କରି ଦେଉଥିଲେ। ଓଡ଼ିଶାରେ ନାଟ୍ୟଶିଳ୍ପୀ ତଥା ନାଟ୍ୟକାରଗଣ ଯେଉଁ ଭଳି ଆର୍ଥିକ ଦୂରବସ୍ଥାର ସମ୍ମୁଖୀନ ହୋଇଥାନ୍ତି, ବାଳକୃଷ୍ଣଙ୍କୁ ମଧ୍ୟ ସେ ଅବସ୍ଥାର ସମ୍ମୁଖୀନ ହେବାକୁ ପଡ଼ିଥିଲା। ବହୁ ଚେଷ୍ଟା ପରେ ଭାରତ ସରକାରଙ୍କ ଠାରୁ ୧୯୫୪ ମସିହାରେ ତାଙ୍କୁ ମାସିକ ଦେଢ଼ଶହ ଟଙ୍କା ମିଳୁଥିଲା, ମାତ୍ର ଏହାର ଚାରିବର୍ଷ ପରେ ୧୯୫୮ ମାର୍ଚ୍ଚ ମାସରେ ସେ ଇହଲୀଳା ସମ୍ୱରଣ କରିଥିଲେ।

କଟକ ଆକାଶବାଣୀ ତାଙ୍କ 'ସୁଶୀଳ ମାଳତୀ' ଓ 'ବାଣା ପରାଜୟ' ପ୍ରଭୃତି ଗୀତିନାଟ୍ୟ ପ୍ରଚାର କରି ଶ୍ରୋତାମାନଙ୍କ ନିକଟରେ ତାଙ୍କ ସ୍ମୃତିକୁ ଉଜ୍ଜୀବିତ କରି ରଖିଛନ୍ତି। ମୁକ୍ତାକାଶ ରଙ୍ଗମଞ୍ଚ ପ୍ରତି ଲୋକଙ୍କର ଆଗ୍ରହ ବଢ଼ାଇବାରେ ଉଭୟ ବାଳକୃଷ୍ଣ ମହାନ୍ତି ଓ ବୈଷ୍ଣବ ପାଣିଙ୍କ ଅବଦାନ ଅବିସ୍ମରଣୀୟ। ନାଟ୍ୟାଚାର୍ଯ୍ୟ ସ୍ୱର୍ଗତ ମହାନ୍ତିଙ୍କ ସ୍ମୃତି ରକ୍ଷା ଉଦ୍ଦେଶ୍ୟରେ ଏକ କମିଟି ଗଢ଼ାଯାଇଥିବା ଆନନ୍ଦର ବିଷୟ। ୧୯୭୯ ରେ କଟକ ଟାଉନ୍‌ହଲଠାରେ ଯେଉଁ ସ୍ମୃତି ସଭା ଅନୁଷ୍ଠିତ ହୋଇଥିଲା, ସେଥିରେ ଡକ୍ଟର ମହତାବ୍ ଅଧ୍ୟକ୍ଷତା କରିଥିଲେ ଓ ମୁଖ୍ୟ ଅତିଥି ଭାବେ ମୁଁ ଯୋଗ ଦେଇଥିଲି।

ଯୁଗ ବିତିଗଲାଣି ସତ, କିନ୍ତୁ 'ଅମର ବିଳାସ'ର ଲେଖକ ବାଳକୃଷ୍ଣ ମହାନ୍ତି ନାଟ୍ୟ ଜଗତରେ ଅମର ହୋଇ ରହିଛନ୍ତି ।

ବାସନ୍ତୀ ରଙ୍ଗମଞ୍ଚ

କଟକର ଜଣେ ଭୂତପୂର୍ବ ବଙ୍ଗୀୟ ଜମିଦାର ବୋଷ ପରିବାରର ସ୍ୱର୍ଗତ କୁଞ୍ଜବିହାରୀ ବୋଷ ମେହେନ୍ଦିପୁର ଠାରେ "ବାସନ୍ତୀ ରଙ୍ଗମଞ୍ଚ" ପ୍ରତିଷ୍ଠା କରି ସେଠାରେ କିଛିଦିନ ପାଇଁ ବିଭିନ୍ନ ନାଟକ ପରିବେଷଣ କରିଥିଲେ । ରୋଷନାରା, ମୟୂର-ସିଂହାସନ, କୃଷ୍ଣକାନ୍ତର ଉଇଲ, ଭ୍ରାନ୍ତି, ଜନା ଓ ରାଜା ସୁରଥ ପ୍ରଭୃତି ନାଟକ ଉକ୍ତ ଜମିଦାର ବଂଶର ଯୁବକମାନଙ୍କୁ ନେଇ ମଞ୍ଚସ୍ଥ କରାଯାଉଥିଲା ।

'ଓଡ଼ିଶା ଥିଏଟର୍ସ' ଓ କବିଚନ୍ଦ୍ର ଡକ୍ଟର କାଳୀଚରଣ ପଟ୍ଟନାୟକ

ଓଡ଼ିଶାର ନୃତ୍ୟ, ଓ ନାଟକ କ୍ଷେତ୍ରରେ କବିଚନ୍ଦ୍ର ଡକ୍ଟର କାଳୀଚରଣ ପଟ୍ଟନାୟକ କେବଳ ଏକ ବ୍ୟକ୍ତି ନୁହନ୍ତି, ଏକ ଅନୁଷ୍ଠାନ । ଅର୍ଦ୍ଧଶତାବ୍ଦୀରୁ ଅଧିକ କାଳ ଧରି ସେ ଓଡ଼ିଶାର ରଙ୍ଗମଞ୍ଚକୁ ଯେଉଁ ଦିଗ୍‌ଦର୍ଶନ ଓ ବଳିଷ୍ଠ ଅବଦାନ ଦେଇଛନ୍ତି ତାହା ତାଙ୍କୁ ଚିର ସ୍ମରଣୀୟ କରି ରଖିବ ।

ଗୋଟାଏ ସମୟ ଥିଲା, ଯେତେବେଳେ ଆମ ରାଜ୍ୟରେ ଝିଅମାନେ ରଙ୍ଗମଞ୍ଚରେ ଅଭିନୟ କରୁ ନ ଥିଲେ । ପୁରୁଷମାନେ ହିଁ ସାଧାରଣତଃ ନାରୀ ଭୂମିକାରେ ଅବତୀର୍ଣ୍ଣ ହେଉଥିଲେ । ମାତ୍ର କବିଚନ୍ଦ୍ର କାଳୀଚରଣ ପଟ୍ଟନାୟକ ହେଉଛନ୍ତି ପ୍ରଥମ ପ୍ରଯୋଜକ, ଯିଏକି ତାଙ୍କ ପ୍ରତିଷ୍ଠିତ 'ଓଡ଼ିଶା ଥିଏଟରସ୍' (ବାଙ୍କାବଜାର, ଯେଉଁଠି ପରେ ଜନତା ରଙ୍ଗମଞ୍ଚ ଗଢ଼ା ହୋଇଥିଲା)ରେ ନାରୀ ଭୂମିକାରେ ନାରୀମାନଙ୍କୁ ହିଁ ରଙ୍ଗମଞ୍ଚରେ ଅବତୀର୍ଣ୍ଣ କରାଇଥିଲେ । ସେ ନିଜେ ଜଣେ ପ୍ରଖ୍ୟାତ ପ୍ରଥିତଯଶା ନାଟ୍ୟକାର ଥିଲେ । ଓଡ଼ିଶା ଥିଏଟରସ୍‌ରେ ତାଙ୍କ ଲିଖିତ 'ଗାର୍ଲସ୍କୁଲ', 'ବନମାଳା', 'ଚକ୍ରୀ', 'ଅଭିଯାନ', 'ଜୟଦେବ', 'ଫଟାଭୂଇଁ', 'ଘର' ଓ' 'ଆହୂତି' ପ୍ରଭୃତି ବହୁ ନାଟକ ଅତ୍ୟନ୍ତ ସଫଳତାର ସହିତ ଅଭିନୀତ ହୋଇ ଦର୍ଶକମଣ୍ଡଳୀ ତଥା ସମାଲୋଚକମାନଙ୍କ ଦ୍ୱାରା ବିଶେଷ ଆଦୃତ ହୋଇଥିଲା । ଉକ୍ତ ନାଟକମାନଙ୍କରେ ଅଭିନେତ୍ରୀଗଣ ହିଁ ନାରୀ ଭୂମିକାରେ ଅଭିନୟ କରିଥିଲେ । ଭରତମୁନିଙ୍କ ଲିଖିତ ନାଟ୍ୟଶାସ୍ତ୍ରର ନିୟମ ଓ ଶୃଙ୍ଖଳା ଅନୁଯାୟୀ ସେ ତାଙ୍କ ନାଟକ ସବୁ ରଚନା ନ କରି ଆଧୁନିକତାର ସ୍ପର୍ଶ ଦେଇ ଯୁଗୋପଯୋଗୀ କରିବାକୁ ଚେଷ୍ଟା କରିଥିଲେ ଏବଂ ଥିଏଟରରେ କେତେକ ନୂତନ

ଶୈଳୀ ପ୍ରବର୍ତ୍ତନ କରି ଆଧୁନିକ ଓଡ଼ିଆ ନାଟକର ପ୍ରାଣ-ପ୍ରତିଷ୍ଠାତା ରୂପେ ଖ୍ୟାତି ଅର୍ଜନ କରିଥିଲେ। ତାଙ୍କ ପ୍ରତିଷ୍ଠିତ ଓଡ଼ିଶା ଥିଏଟରସ୍‌ରେ ଯେଉଁମାନେ ଏକଦା ତାଙ୍କଠୁ ଉପଯୁକ୍ତ ତାଲିମ୍ ପାଇଥିଲେ, ସେମାନେ ଆଜି ନୃତ୍ୟ ସଙ୍ଗୀତ ଓ ନାଟକ କ୍ଷେତ୍ରରେ ଏବଂ ଥିଏଟର, ଯାତ୍ରା (ଅପେରା) ତଥା ଚଳଚ୍ଚିତ୍ରରେ ଯଥେଷ୍ଟ ସୁନାମ ଅର୍ଜନ କରିପାରିଛନ୍ତି, ବିଖ୍ୟାତ 'କିଶୋର ଚନ୍ଦ୍ରାନନ୍ଦ ଚମ୍ପୂ' ଓ 'ଗୀତ-ଗୋବିନ୍ଦ'କୁ ଓଡ଼ିଆ ଭାଷାରେ ନାଟ୍ୟରୂପ ପ୍ରଦାନ କରି ନାଟ୍ୟ ଜଗତରେ କାଳୀଚରଣ ଯେଉଁ ଚମତ୍କାରିତା ସୃଷ୍ଟି କରିଥିଲେ, ତାହା ତାଙ୍କର ଅନ୍ତର୍ନିହିତ କବି ପ୍ରତିଭାର ଜ୍ୱଳନ୍ତ ନିଦର୍ଶନ।

ନୃତ୍ୟ ଏବଂ ସଙ୍ଗୀତ କ୍ଷେତ୍ରରେ ତାଙ୍କ ଅବଦାନ ସର୍ବଜନବିଦିତ। ସେ ବହୁ ସଙ୍ଗୀତ ରଚନା କରିଅଛନ୍ତି। ଓଡ଼ିଶୀ ନୃତ୍ୟ ଓ ସଙ୍ଗୀତ ଜାତୀୟ ସ୍ୱୀକୃତି ଲାଭ କରି କରିବା ଦିଗରେ କାଳୀଚରଣଙ୍କର ମଧ୍ୟ ବହୁ ପ୍ରଚେଷ୍ଟା ଥିଲା। ତାଙ୍କ ଲିଖିତ ଏବଂ ନିର୍ଦ୍ଦେଶିତ 'ମାନିନୀ' ଚଳଚ୍ଚିତ୍ର ବେଶ୍ ଉଚ୍ଚକୋଟୀର। ଉକ୍ତ ଚଳଚ୍ଚିତ୍ରରେ ସେ ନିଜେ ମଧ୍ୟ ଅଂଶଗ୍ରହଣ କରି ଭଜନ ଗାନ କରିଅଛନ୍ତି ତାଙ୍କ ସାହିତ୍ୟକୃତି ଲାଗି ତାଙ୍କୁ ଡକ୍ଟରେଟ୍ ଉପାଧି ମିଳିଥିଲା ଏବଂ ଉତ୍କଳ ସାହିତ୍ୟ ସମାଜ ତାଙ୍କୁ 'କବିଚନ୍ଦ୍ର' ଉପାଧିରେ ସମ୍ମାନିତ କରିଥିଲେ। ଏଠାରେ ତାଙ୍କ ସମ୍ପର୍କରେ ଗୋଟିଏ ବିଷୟ ଉଲ୍ଲେଖ କରିବା ଆବଶ୍ୟକ ମନେ କରୁଛି। ଭାରତ ସରକାର ତାଙ୍କୁ 'ପଦ୍ମଶ୍ରୀ' ଉପାଧି ପ୍ରଦାନ କରିଥିଲେହେଁ କବିଚନ୍ଦ୍ର ତାହାକୁ ବିନୟର ସହିତ ପ୍ରତ୍ୟାଖ୍ୟାନ କରିଥିଲେ।

କାଳୀବାବୁଙ୍କ ସହିତ ମୋ ବ୍ୟକ୍ତିଗତ ସମ୍ପର୍କ ଅନେକ ଦିନର। ଯେତେବେଳେ ମୁଁ ବିନୋଦ ବିହାରୀରେ ରହୁଥିଲି, ବିଭିନ୍ନ ବିଷୟରେ ମୋ ସହିତ ଆଲୋଚନା କରିବାକୁ ସେ ମୋ ପାଖକୁ ଆସୁଥିଲେ। ଥିଏଟର୍ ଚଳାଇବା ଦିଗରେ ସେ କିପରି ଆର୍ଥିକ ସମସ୍ୟାର ସମ୍ମୁଖୀନ ହେଉଥିଲେ, ତାହା ସେ ମୋତେ ବହୁବାର କହିଛନ୍ତି। ମୋ ସାଧ୍ୟମତେ ଯତ୍‌ସାମାନ୍ୟ ସହାୟତା କରିଛି। ହେଲେହେଁ ଥିଏଟର ବ୍ୟବସାୟ ଲାଗି ତାଙ୍କୁ ବହୁ ଆର୍ଥିକ ଦୁର୍ଗତି ଏବଂ ମନସ୍ତାପ ଭୋଗିବାକୁ ପଡ଼ିଥିଲା।

ସେ ଯାହାହେଉ, ନାନା ସୁବିଧା, ଅସୁବିଧା; ସୁଦିନ ଏବଂ ଦୁର୍ଦ୍ଦିନ ମଧ୍ୟରେ କବିଚନ୍ଦ୍ର କାଳୀଚରଣ ଆମର ଏହି ଉତ୍କଳ ମାଟିର ଜଣେ ମହାନ୍ ସାଧକ। ତାଙ୍କ ଲିଖିତ ଆତ୍ମଜୀବନୀ "କୁମ୍ଭାର ଚକ" ପାଠ କଲେ ଉତ୍କଳୀୟ ମହାନ୍ ପରମ୍ପରା, ଐତିହ୍ୟ ଏବଂ ନୃତ-ସଙ୍ଗୀତ-ନାଟକ କଳାର ପ୍ରକୃତ ପରିଚୟ ମିଳିପାରିବ। 'କୁମ୍ଭାର ଚକ' ଭାରତୀୟ ସାହିତ୍ୟ ଏକାଡ଼େମୀ ପୁରସ୍କାର ଲାଭ କରିଥିଲା। କବିଚନ୍ଦ୍ର ଡକ୍ଟର କାଳୀଚରଣ ପଟ୍ଟନାୟକ ଓଡ଼ିଆ ଜାତିର ଗୌରବ।

ଅନ୍ନପୂର୍ଣ୍ଣା ଥିଏଟର

"ଅନ୍ନପୂର୍ଣ୍ଣା ଥିଏଟର" ହିଁ ଓଡ଼ିଶାର ପେଶାଦାର ନାଟ୍ୟ-ଅନୁଷ୍ଠାନମାନଙ୍କ ମଧ୍ୟରେ ସର୍ବୋତ୍ତମ କହିଲେ ଅତ୍ୟୁକ୍ତି ହେବ ନାହିଁ। ତା'ର କଳା-କୁଶଳ ଶିଳ୍ପୀ (ଉଭୟ ନାରୀ ଓ ପୁରୁଷ)ମାନଙ୍କ ଦ୍ୱାରା ମାସ ମାସ ବର୍ଷ ବର୍ଷ ଧରି କ୍ରମାଗତ ଭାବରେ ବିଭିନ୍ନ ପୌରାଣିକ, ଐତିହାସିକ, କାଳ୍ପନିକ ଓ ବିଶେଷ ଭାବରେ ଆଧୁନିକ ସାମାଜିକ ନାଟକ ସବୁ ଅଭିନୀତ ହୋଇ ଥିଏଟର ଜଗତର ଏକ ଉଜ୍ଜ୍ୱଳ ସ୍ତମ୍ଭ ଥିଲା କହିଲେ, ଅତ୍ୟୁକ୍ତି ହେବ ନାହିଁ। ଓଡ଼ିଆ ଭାଷାରେ ମୌଳିକ ନାଟକ ସବୁ ନାଟ୍ୟକାରମାନଙ୍କ ଦ୍ୱାରା ରଚିତ ହୋଇଥିଲା ଏବଂ ସର୍ବାଙ୍ଗସୁନ୍ଦର ଭାବରେ ପ୍ରଯୋଜିତ ତଥା ଅଭିନୀତ ହୋଇ ଅଗଣିତ ଦର୍ଶକ ପ୍ରାଣରେ ଆନନ୍ଦ, ଉଲ୍ଲାସ ତଥା ଉନ୍ମାଦନା ସୃଷ୍ଟି କରୁଥିଲା।

ସୋମନାଥ ଦାଶ

ସ୍ୱର୍ଗତ ସୋମନାଥ ଦାଶ "ଅନ୍ନପୂର୍ଣ୍ଣା ଥିଏଟର"ର ପ୍ରତିଷ୍ଠାତା ତଥା ସ୍ୱତ୍ତ୍ୱାଧିକାରୀ ଥିଲେ। ୧୯୩୭ ମସିହାରେ ପୁରୀ ଜିଲ୍ଲାର ବାଲୁଗାଁ ଠାରେ ସେ ଏହି ନାଟ୍ୟାନୁଷ୍ଠାନର ଶୁଭାରମ୍ଭ କରିଥିଲେ। ପରବର୍ତ୍ତୀ ସମୟରେ ଏହା ପୁରୀଠାରେ ସ୍ଥାୟୀ ପେଣ୍ଡାଲ ନେଇ ବିଭିନ୍ନ ନାଟକମାନ ଅଭିନୀତ କରାଇଥିଲେ ଓ ଜନସାଧାରଣଙ୍କ ପ୍ରଶଂସାଭାଜନ ହୋଇଥିଲେ। ସେହି ଅନୁଷ୍ଠାନରେ ସ୍ୱର୍ଗତ ଲିଙ୍ଗରାଜ ନନ୍ଦଙ୍କର ବହୁତ ଅବଦାନ ଥିଲା। ସ୍ୱର୍ଗତ ବାଉରୀବନ୍ଧୁ ମହାନ୍ତି ଓ ରାଜକିଶୋର ମହାନ୍ତି ପ୍ରମୁଖ ଏହି ଥିଏଟରରେ ଯୋଗ ଦେଇଥିଲେ।

ଲିଙ୍ଗରାଜ ନନ୍ଦ

ଦିନକର କଥା। ସୋମନାଥ ଦାଶ ଓ ଲିଙ୍ଗରାଜ ନନ୍ଦଙ୍କ ମଧ୍ୟରେ ମନୋମାଳିନ୍ୟ ତଥା ମତାନ୍ତର ହେବାରୁ ଉଭୟେ ସମାଧାନ ଆଶାରେ ମୋ ବିନୋଦବିହାରୀ ଘରେ ଆସି ପହଞ୍ଚିଲେ। ବହୁ ଆଲୋଚନା ପରେ ସ୍ଥିରହେଲା ଯେ, ଅନ୍ନପୂର୍ଣ୍ଣା ଥିଏଟରକୁ ଦୁଇଭାଗରେ ବିଭକ୍ତ କରି ଅନ୍ନପୂର୍ଣ୍ଣା ଥିଏଟର 'ଏ' ଗ୍ରୁପ୍ ଓ ଅନ୍ନପୂର୍ଣ୍ଣା ଥିଏଟର୍ 'ବି' ଗ୍ରୁପ୍ ନାମରେ ନାମିତ କରାଯିବ। 'ଏ' ଗ୍ରୁପ୍ ସ୍ୱର୍ଗତ ବାଉରିବନ୍ଧୁ ମହାନ୍ତିଙ୍କ ପରିଚାଳନା ଦାୟିତ୍ୱରେ ପୁରୀ ପେଣ୍ଡାଲ୍‌ରେ ନାଟକ ପରିବେଷଣ କରିବେ ଏବଂ 'ବି' ଗ୍ରୁପ୍ କଟକରେ ରହି ନିୟମିତ ନାଟକ ପ୍ରଦର୍ଶନ କରିବେ। 'ବି' ଗ୍ରୁପର କ୍ଷମତାପ୍ରାପ୍ତ ମାନେଜର ହେବେ ଲିଙ୍ଗରାଜ ନନ୍ଦ। ସ୍ୱର୍ଗତ ସୋମନାଥ ଦାଶ ଉଭୟ ଗ୍ରୁପର ସ୍ୱତ୍ତ୍ୱାଧିକାରୀ

ହୋଇ ରହିବେ। ଏହି ନିଷ୍ପତ୍ତିରେ ସେମାନେ ଉଭୟେ ସମ୍ମତି ପ୍ରଦାନ କଲେ ଏବଂ ୧୯୪୪ ମସିହାଠାରୁ ଉଭୟେ ଅଲଗା ହୋଇଗଲେ।

ଓଡ଼ିଶାରେ ବ୍ୟାବସାୟିକ ରଙ୍ଗମଞ୍ଚକୁ ବଞ୍ଚାଇ ରଖିପାଇବା କେତେ କଷ୍ଟସାଧ, ତାହା ଅନୁଭବୀ ଛଡ଼ା ଅନ୍ୟ କେହି ବୁଝି ପାରିବେ ନାହିଁ। ଲିଙ୍ଗରାଜ ନନ୍ଦ ବହୁ ଦୁଃଖ କଷ୍ଟ, ସହି ଆର୍ଥିକ ଦୁର୍ଗତି ଭିତରେ ମୋ ପାଖକୁ ଅନେକ ସମୟରେ ଆସନ୍ତି। ମୁଁ ତାଙ୍କୁ ପରାମର୍ଶ ତଥା ସାହାଯ୍ୟ ଅକୁଣ୍ଠିତ ଚିତ୍ତରେ ପ୍ରଦାନ କରିଥାଏ। କାରଣ ରଙ୍ଗମଞ୍ଚ ହିଁ ଜାତି ତଥା ସଭ୍ୟତାର ଉଜ୍ଜ୍ୱଳ ପ୍ରତିଫଳନ। ଅନ୍ନପୂର୍ଣ୍ଣା ଥିଏଟର 'ବି' ଗ୍ରୁପ୍‌ରେ ଓଡ଼ିଶାର କେତେକ ବିଶିଷ୍ଟ ନାଟ୍ୟକାରଙ୍କ ମୌଳିକ ନାଟକମାନ ରଜନୀ ପରେ ରଜନୀ ଅଭିନୀତ ହୋଇ ଚାଲିଥାଏ। ମୋର ମନେପଡୁଛି, ଗୋଟିଏ ଗୋଟିଏ ନାଟକ ଲାଗ ଲାଗ ଶହେ ରାତି ଅଭିନୀତ ହୋଇଛି। ଦଶହରା ପ୍ରଭୃତି ପର୍ବପର୍ବାଣିମାନଙ୍କରେ ଦିନେ ଦିନେ ଦୁଇଟି ଲେଖାଏଁ ସୋ' ମଧ୍ୟ ପ୍ରଦର୍ଶିତ ହୋଇଥାଏ। ନାଟକ ଦେଖିବା ପାଇଁ ପ୍ରବଳ ଜନଗହଳି ହୁଏ। ନାଟକର ବହୁ ଆଲୋଚନା, ସମାଲୋଚନା, ପତ୍ରପତ୍ରିକାରେ ପ୍ରକାଶ ପାଏ। ନାଟ୍ୟକାର, ଶିଳ୍ପୀ, ତଥା ପ୍ରଯୋଜକ ଉତ୍ସାହିତ ହୁଅନ୍ତି। ରଙ୍ଗମଞ୍ଚ ଜରିଆରେ ନାଟ୍ୟସାହିତ୍ୟ ସମୃଦ୍ଧ ହୁଏ। ଅନ୍ନପୂର୍ଣ୍ଣା ଥିଏଟର 'ବି' ଗ୍ରୁପ୍, 'ଏ' ଗ୍ରୁପ୍, ଜନତା ଥିଏଟର, କଳାଶ୍ରୀ ରଙ୍ଗମଞ୍ଚ ଅଭିନୀତ (୧୯୪୫-୭୦) ନାଟକମାନ ଯେତେବେଳେ ପୂର୍ଣ୍ଣପ୍ରେକ୍ଷାଳୟରେ ଚାଲିଥିଲା; ତାହା ବାସ୍ତବିକ ଓଡ଼ିଆ ନାଟକର 'ସୁବର୍ଣ୍ଣଯୁଗ' ଥିଲା ବୋଲି କହିଲେ ଅତ୍ୟୁକ୍ତି ହେବ ନାହିଁ।

ମୁଁ ନିଜେ ସେମାନଙ୍କର ଅନେକ ନାଟକର ଅଭିନୟ ଦେଖିଛି, ଉଦ୍‌ଘାଟକ ହିସାବରେ, ମୁଖ୍ୟ-ଅତିଥି ଭାବରେ ମଧ୍ୟ ଯୋଗ ଦେଇଛି। 'ନାଟକ ଓ ରଙ୍ଗମଞ୍ଚ' ବିଷୟରେ ମୁଁ ଅନ୍ୟତ୍ର ଆଲୋଚନା କରିବି।

ଦୁଃଖର ବିଷୟ, ବାଦ୍ୟକାର, ମଞ୍ଚଶିଳ୍ପୀ, ଅଭିନେତା, ସଙ୍ଗଠକ ତଥା ମାନେଜର ଲିଙ୍ଗରାଜ ନନ୍ଦଙ୍କର ମୃତ୍ୟୁ ପରେ ଅନ୍ନପୂର୍ଣ୍ଣା 'ବି' ଗ୍ରୁପ୍‌ର ସତ୍ତା ଆଜି ପ୍ରାୟ ନାହିଁ, ଯଦିଚ 'ଏ' ଗ୍ରୁପ୍ ବାଉରିବନ୍ଧୁ ମହାନ୍ତିଙ୍କ ମୃତ୍ୟୁ ପରେ ଏବେ ବି ନାଁକୁ ମାତ୍ର ବଞ୍ଚି ରହିଛି। ଅନ୍ନପୂର୍ଣ୍ଣା 'ବି' ଗ୍ରୁପ୍‌ର ବିକାଶ ତଥା ଉପଯୁକ୍ତ ପରିଚାଳନା କ୍ଷେତ୍ରରେ ଲିଙ୍ଗରାଜ ନନ୍ଦଙ୍କ ଭୂମିକା ଅତ୍ୟନ୍ତ ପ୍ରଶଂସନୀୟ। ଏଥି ନିମିତ୍ତ ସେ ଯେ ଏକପ୍ରକାର ଭିକାରୀ ହୋଇ ଯାଇଛନ୍ତି ଏହା ବିନା ଦ୍ୱିଧାରେ କୁହାଯାଇ ପାରିବ।

ରାମଚନ୍ଦ୍ର ମିଶ୍ର

ଅନ୍ନପୂର୍ଣ୍ଣା 'ବି' ଗ୍ରୁପ୍‌ର ପ୍ରଥମ ସାମାଜିକ ନାଟକ "ମାନେଜର"ର ସଫଳ ନାଟ୍ୟକାର ହେଉଛନ୍ତି ଶ୍ରୀଯୁକ୍ତ ରାମଚନ୍ଦ୍ର ମିଶ୍ର। ତାଙ୍କ ଘର ଦଶପଲ୍ଲାରେ, ସେଇଠି ସେ ଓକିଲାତି କରନ୍ତି। ସେ ହେଉ ହେଉଛନ୍ତି ଖ୍ୟାତନାମା ଗାନ୍ଧିବାଦୀ ସ୍ୱାଧୀନତା ସଂଗ୍ରାମୀ ସ୍ୱର୍ଗତ ଗୋବିନ୍ଦ ଚନ୍ଦ୍ର ମିଶ୍ରଙ୍କର ପୁତୁରା। ତାଙ୍କ ରଚିତ ସାମାଜିକ ନାଟକ 'ମୂଲିଆ', 'ଘରସଂସାର', 'ସାହିପଡ଼ିଶା', 'ଭାଇଭାଉଜ', 'ସେବିକା' ଓ 'ମଉଡ଼ମଣି' ପ୍ରଭୃତି କେତୋଟି ନାଟକ ବିଶେଷ ଜନପ୍ରିୟ ହୋଇ ପାରିଥିଲା। ଅନ୍ନପୂର୍ଣ୍ଣା 'ଏ' ଗ୍ରୁପରେ ତାଙ୍କ 'କବିସୂର୍ଯ୍ୟ' ନାଟକ ଅତି ଉଚ୍ଚକୋଟୀର। ଜଣେ ବଳିଷ୍ଠ ନାଟ୍ୟକାର ଭାବରେ ତାଙ୍କର ବହୁ ସୁଖ୍ୟାତି ରହିଛି।

ଭଞ୍ଜକିଶୋର ପଟ୍ଟନାୟକ

ଶ୍ରୀଯୁକ୍ତ ଭଞ୍ଜକଶୋର ପଟ୍ଟନାୟକ ହେଉଛନ୍ତି ଓଡ଼ିଶାର ଅନ୍ୟତମ ଜନପ୍ରିୟ ବିଶିଷ୍ଟ ନାଟ୍ୟକାର। ଅନ୍ନପୂର୍ଣ୍ଣା 'ବି' ଗ୍ରୁପ୍ ରଙ୍ଗମଞ୍ଚରେ ତାଙ୍କ ରଚିତ 'ବେନାମୀ', 'ଜହର', 'ସାଧକ', 'ମାଣିକଯୋଡ଼ି', 'ପହିଲି ରଜ', 'ବୈରାଗୀର ସଂସାର', 'ରାଜ ନର୍ତ୍ତକୀ' 'ସାଆନ୍ତ ଘର' 'ଶିକାର' 'ଅଗ୍ନି ପରୀକ୍ଷା' ପ୍ରଭୃତି ପ୍ରାୟ କୋଡ଼ିଏ ଖଣ୍ଡ ନାଟକ ଅଭିନୀତ ହୋଇଥିଲା। ରସୋତ୍ତୀର୍ଣ୍ଣ ଉକ୍ତ ନାଟକଗୁଡ଼ିକ ଦର୍ଶକର ପ୍ରାଣକୁ ସ୍ପର୍ଶ କରିବା ସଙ୍ଗେ ସଙ୍ଗେ ଏକ ସୁସ୍ଥ, ସୁନ୍ଦର ପରିବାର ତଥା ସମାଜ ଗଠନ କରିବାର ପ୍ରେରଣା ଯୋଗାଇଥିଲା। ତାଙ୍କର ଅନ୍ୟାନ୍ୟ ବହୁ ନାଟକ 'ଗରିବ' 'ଜୟମାଲ୍ୟ', 'ଏ ଯୁଗର ଝିଅ', 'ଅଶୋକସ୍ତମ୍ଭ' ପ୍ରଭୃତି ଅନ୍ନପୂର୍ଣ୍ଣା ('ଏ' ଗ୍ରୁପ୍) ଓ 'ଜନତା ରଙ୍ଗମଞ୍ଚ' ଦ୍ୱାରା ଅଭୀନିତ ହୋଇଥିଲା।

ଭଞ୍ଜକିଶୋର ତାଙ୍କ ବିପୁଳ ନାଟ୍ୟ-ସୃଷ୍ଟି ତଥା ଅନନ୍ୟ ପ୍ରତିଭା ଲାଗି ଓଡ଼ିଶା ସାହିତ୍ୟ ଏକାଡେମୀ ପୁରସ୍କାର (୧୯୫୮-୫୯ ଅଗ୍ନି ପରୀକ୍ଷା ନାଟକ), ଓଡ଼ିଶା ସଙ୍ଗୀତ ନାଟକ ଏକାଡେମୀ ପୁରସ୍କାର (୧୯୭୭) ଓ ଜାତୀୟ ପୁରସ୍କାର (୧୯୮୪-ନାଟକ 'କୋଣାର୍କ') ଲାଭ କରିଅଛନ୍ତି। ଉତ୍କଳ ପାଠକ ସଂସଦ ତାଙ୍କୁ "ନାଟ୍ୟରତ୍ନ" ଉପାଧି ପ୍ରଦାନ କରି (୨୫।୩।୧୯୮୪) ସମ୍ମାନିତ କରି ଅଛନ୍ତି।

ତାଙ୍କର ଚଳଚ୍ଚିତ୍ର ଓ ବେତାର ଜଗତକୁ ଦାନ ମଧ୍ୟ ପ୍ରଚୁର। ଓଡ଼ିଆ ଚଳଚ୍ଚିତ୍ର 'ମାଣିକ ଯୋଡ଼ି', 'ନବଜନ୍ମ', 'ଜୀବନ ସାଥୀ', 'ରାଜା ହରିଶ୍ଚନ୍ଦ୍ର' ପ୍ରଭୃତିରେ

ତାଙ୍କ ପ୍ରତିଭାର ସ୍ୱାକ୍ଷର ରହିଛି। 'ବାଣ ହରଣ', 'ଦାନଦର୍ପୀ', 'ଦଶଭୂଜା', 'ଶ୍ରୀଗୁଣ୍ଡିଚା', 'ସନ୍ଧାନ', 'ମାଇଲ ଖୁଣ୍ଟ", 'ଅଗ୍ନି ପତଙ୍ଗ' ପ୍ରଭୃତି ବହୁ ନାଟିକା କଟକ ବେତାର କେନ୍ଦ୍ରରୁ ପ୍ରଚାରିତ। ଏହାଛଡ଼ା ସେ କାବ୍ୟକବିତା, କ୍ଷୁଦ୍ରଗଳ୍ପ, ଉପନ୍ୟାସ, ଆଲୋଚନା ପ୍ରଭୃତି କେତେକେ ରଚନା କରିଛନ୍ତି। ସରକାରୀ କାର୍ଯ୍ୟ (Production Officer, D. P. I.'s Office) ରୁ ୧୯୮୦ରେ ଅବସର ଗ୍ରହଣ କରି ସେ ବର୍ତ୍ତମାନ ସୁଦ୍ଧା ଲେଖାଲେଖି କରୁଛନ୍ତି। ତାଙ୍କ ରଚିତ ବହୁ ନାଟକର ଅଭିନୟ ମୁଁ ଦେଖିଛି। କଟକ ସିଭିଲ କୋର୍ଟ କଲଚରାଲ ଆସୋସିଏସନ ଗତ କିଛି ବର୍ଷ ତଳେ ତାଙ୍କର ଯେଉଁ ଐତିହାସିକ ନାଟକ 'କାଶ୍ମୀର ବେଗମ୍ ଗୁଲନାର' ମଞ୍ଚସ୍ଥ କରିଥିଲେ। ମୁଁ ସେ ନାଟକ ଦେଖି ତାଙ୍କର ଭୂୟସୀ ପ୍ରଶଂସା ଓ ଆଶୀର୍ବାଦ କରିଥିଲି। ତାଙ୍କ ରଚିତ ଗୀତିନାଟ୍ୟ "ବଳି ବାମନ"ର କାସେଟ୍ ମୁଁ ଶୁଣିଲି। ତାହା ମଧ୍ୟ ଏକ ସଫଳ ଏବଂ ଅନବଦ୍ୟ ସୃଷ୍ଟି।

କାର୍ତ୍ତିକ କୁମାର ଘୋଷ

ଶ୍ରୀଯୁକ୍ତ କାର୍ତ୍ତିକ କୁମାର ଘୋଷଙ୍କ ସହିତ ମୋର ପରିଚୟ ଓ ବନ୍ଧୁତା ଅନେକ ବର୍ଷ ତଳର। ଆମେ ଉଭୟେ ସମବୟସ୍କ ଓ ବହୁବର୍ଷ ସହପାଠୀ ଥିଲୁ। ସେ ମୋ ପାଖକୁ ଅନେକ ଥର ବିଭିନ୍ନ ପରାମର୍ଶ ଲାଗି ଆସନ୍ତି। ବହୁତ ଚର୍ଚ୍ଚା ହୁଏ। ଥିଏଟର, ରଙ୍ଗମଞ୍ଚ ଆଉ ନାଟକ ସମ୍ପର୍କରେ ଅନେକ କଥା ପଡ଼େ। ସେ ତାଙ୍କର "ଓଡ଼ିଶା ରଙ୍ଗମଞ୍ଚ ଓ ମୋର ନଟ ଜୀବନ" ପୁସ୍ତକ ମୋତେ ସେଇ ବନ୍ଧୁତାର ଚିହ୍ନ ସ୍ୱରୂପ ଉତ୍ସର୍ଗ କରିଛନ୍ତି ଓ ବହିର ପ୍ରଥମ ପୃଷ୍ଠାରେ ତାହା ଲେଖା ଅଛି। ଉକ୍ତ ପୁସ୍ତକରୁ ତାଙ୍କ "ନଟ ଜୀବନ" ସହିତ ଓଡ଼ିଶାର ରଙ୍ଗମଞ୍ଚ ସମ୍ପର୍କରେ ବହୁ ତଥ୍ୟ ମିଳେ।

ନୀତି ରକ୍ଷାକରି ତାଙ୍କର ସେହି ଉତ୍ସର୍ଗ ପତ୍ର ତଳେ ପ୍ରକାଶ କଲି।

"କଳାପ୍ରେମୀ ଓ ନାଟ୍ୟ-ସଂସ୍କୃତିର ବଳିଷ୍ଠ ପୃଷ୍ଠପୋଷକ, ବହୁ ପରିଚିତ, ବାଲ୍ୟବନ୍ଧୁ, ନ୍ୟାୟାଧୀଶ, ମାନାସ୍ପଦ ଶ୍ରୀ ରାଜକିଶୋର ଦାସଙ୍କ ହସ୍ତରେ ଶ୍ରଦ୍ଧାର ପ୍ରତୀକ ସ୍ୱରୂପ ଏହି ପୁସ୍ତକ ଖଣ୍ଡି ଅର୍ପଣ କଲି।"

—କାର୍ତ୍ତିକ

କାର୍ତ୍ତିକ କୁମାର ଜଣେ ପ୍ରଖ୍ୟାତ ନୃତ୍ୟଶିଳ୍ପୀ। ସେ ଖ୍ୟାତନାମା ଉଦୟ ଶଙ୍କରଙ୍କ ଠାରୁ ନୃତ୍ୟ ଶିକ୍ଷା କରି ଆସିଥିଲେ। ତାଙ୍କର ଅନ୍ୟାନ୍ୟ କୃତିମାନଙ୍କ ମଧ୍ୟରେ ଅଭିନୟ, ସଙ୍ଗୀତ, ନାଟକ-ନିର୍ଦ୍ଦେଶନା ଓ ନାଟକ ରଚନା ପ୍ରଧାନ। ତାଙ୍କ ଲିଖିତ 'ଲକ୍ଷହୀରା"

ନାଟକ ଅନ୍ନପୂର୍ଣ୍ଣା 'ଏ' ଗ୍ରୁପ୍ ଦ୍ୱାରା ଅଭିନୀତ ହୋଇ ସାରା ଓଡ଼ିଶାରେ ଚହଳ ପକାଇଥିଲା। 'ମିର୍ କାଶୀମ୍', 'ବିଚାର', 'ବାରବଧୂ', 'ମାତୃପୂଜା' ପ୍ରଭୃତି ବହୁ ସଫଳ ନାଟକର ସେ ରଚୟିତା। ତାଙ୍କ ବଡ଼ ଭାଇ ସ୍ୱର୍ଗତ ଅଶ୍ୱିନୀ କୁମାର ଘୋଷଙ୍କ ଭଳି କାର୍ତ୍ତିକ ବାବୁ ମଧ୍ୟ ନାଟକ ରଚନାରେ ବହୁ ସୁନାମ ଅର୍ଜନ କରିଅଛନ୍ତି। ଏହି ପରିଣତି ବୟସରେ ମଧ୍ୟ ସେ ଲେଖାଲେଖି କରୁଛନ୍ତି।

ଅନ୍ନପୂର୍ଣ୍ଣା 'ଏ' ଗ୍ରୁପରେ କାର୍ତ୍ତିକବାବୁ ବହୁ ନାଟକର ନିର୍ଦ୍ଦେଶନା ଦେବା ବ୍ୟତୀତ ଅଭିନୟ କରିଛନ୍ତି। ତାଙ୍କ ବଳିଷ୍ଠ ନିର୍ଦ୍ଦେଶନା ତଥା ନିପୁଣ ଅଭିନୟ ସମସ୍ତଙ୍କୁ ଆନନ୍ଦ ଦିଏ। ଓଡ଼ିଆ ଚଳଚ୍ଚିତ୍ର 'ଶ୍ରୀଜଗନ୍ନାଥ'ରେ ତାଙ୍କ ଅଭିନୟ ମଧ୍ୟ ଉଚ୍ଚକୋଟୀର ହୋଇଛି।

ଡାକ୍ତର ଅଦ୍ୱୈତ ମହାନ୍ତି

ସ୍ୱର୍ଗତ ଅଦ୍ୱୈତ ମହାନ୍ତି ଜଣେ ପ୍ରତିଷ୍ଠିତ ନାଟ୍ୟକାର। ଅଭିନୟ କରିବାରେ ତାଙ୍କର ମଧ୍ୟ ଦକ୍ଷତା ଥିଲା। ସ୍ୱର୍ଗତ ମୋହନ ସୁନ୍ଦର ଦେବ ଗୋସ୍ୱାମୀଙ୍କ ପ୍ରଯୋଜିତ ପ୍ରଥମ ଓଡ଼ିଆ ଚଳଚ୍ଚିତ୍ର "ସୀତା ବିବାହ"ରେ ସେ ଲକ୍ଷ୍ମଣ ଭୂମିକାରେ ଅଭିନୟ କରି ଦର୍ଶକମାନଙ୍କ ପ୍ରଶଂସାଭାଜନ ହୋଇ ପାରିଥିଲେ। ତାଙ୍କ ରଚିତ ନାଟକ "ସାଧବ-ଝିଅ", "ନରଦେବତା" ଓ "ପରିଚୟ" ଅନ୍ନପୂର୍ଣ୍ଣା 'ବି' ଗ୍ରୁପ୍ ଦ୍ୱାରା ଅଭିନୀତ ହୋଇଥିଲା।

କବିଚନ୍ଦ୍ର କାଳୀ ଚରଣଙ୍କର ସେ ଥିଲେ ଅତି ନିକଟ-ସମ୍ପର୍କୀୟ। କାଳୀବାବୁଙ୍କ 'ଓଡ଼ିଶା ଥିଏଟର'ର ପରିଚାଳନା ତଥା ମଞ୍ଚ ପରିକଳ୍ପନା ଦିଗରେ ସ୍ୱର୍ଗତ ମହାନ୍ତିଙ୍କର ଯଥେଷ୍ଟ ଅବଦାନ ଥିଲା। ସେ ମଧ୍ୟ ମୋର ସମ୍ପର୍କୀୟ ଭଣଜା।

କମଳଲୋଚନ ମହାନ୍ତି

ଶ୍ରୀଯୁକ୍ତ ମହାନ୍ତିଙ୍କ ରଚିତ 'ଡାକ ବଙ୍ଗଳା' ନାଟକ ବିଶେଷ ସଫଳତାର ସହିତ ଅଭିନୀତ ହୋଇଥିଲା। ତାଙ୍କର ଅନ୍ୟାନ୍ୟ ନାଟକ 'କିରାଣି', 'ସ୍ୱାମୀ-ସ୍ତ୍ରୀ' ଓ 'ଆଜାଦୀ' ପ୍ରଭୃତି ନାଟକ ଅନ୍ନପୂର୍ଣ୍ଣା ଥିଏଟର 'ବି' ଗ୍ରୁପ୍ ଓ ଜନତା ରଙ୍ଗମଞ୍ଚ ଦ୍ୱାରା ଅଭିନୀତ ହୋଇ ବିଶେଷ ସାଫଲ୍ୟ ଅର୍ଜନ କରିଥିଲା। 'ରାମ ରହିମ୍' ଓ ଶ୍ରୀକୃଷ୍ଣଙ୍କ ରାସଲୀଳା ପ୍ରଭୃତି ଚଳଚ୍ଚିତ୍ର ତାଙ୍କ ଦ୍ୱାରା ନିର୍ମିତ ହୋଇଥିଲା। ସେ ଜଣେ ଲବ୍ଧପ୍ରତିଷ୍ଠିତ ନାଟ୍ୟକାର ତଥା ମଞ୍ଚ ଓ ଚଳଚ୍ଚିତ୍ର ପ୍ରଯୋଜକ।

କେଳୁ ଚରଣ ମହାପାତ୍ର

ଓଡ଼ିଶା ତଥା ଭାରତର ଜଣେ ପ୍ରସିଦ୍ଧ ନୃତ୍ୟଗୁରୁ ଭାବେ ଶ୍ରୀଯୁକ୍ତ କେଳୁ ଚରଣ ମହାପାତ୍ର ସର୍ବତ୍ର ପରିଚିତ। ତାଙ୍କର ବହୁ ଛାତ୍ରୀ ନୃତ୍ୟକଳାରେ ଉତ୍କର୍ଷ ସାଧନ କରି ଭାରତ ବାହାରେ ମଧ୍ୟ ଖ୍ୟାତି ଅର୍ଜନ କରିଛନ୍ତି। ସରକାର ତାଙ୍କୁ ପଦ୍ମଭୂଷଣ ଉପାଧି ପ୍ରଦାନ କରିଛନ୍ତି।

କେଳୁଚରଣ ତାଙ୍କ ଶିଳ୍ପୀ ଜୀବନ ଅନ୍ନପୂର୍ଣ୍ଣା 'ବି' ଗ୍ରୁପରେ ହିଁ ଆରମ୍ଭ କରିଥିଲେ। ତବଲା ବଜାଇବା, ନିଜେ ନାଚିବା, ଅଭିନୟ କରିବା ପ୍ରଭୃତିରୁ ଆରମ୍ଭ କରି ନିଜ ଅଧ୍ୟବସାୟ ତଥା ସାଧନା ବଳରେ ଭାରତର ବିଶିଷ୍ଟ ନୃତ୍ୟଗୁରୁମାନଙ୍କ ସହ ସମାନ ଆସନ ଲାଭ କରିପାରିଛନ୍ତି। ନିକଟରେ ମଧ୍ୟପ୍ରଦେଶ ସରକାର ତାଙ୍କୁ ନୃତ୍ୟରେ ଶ୍ରେଷ୍ଠ ସମ୍ମାନ ସୂଚକ ପୁରସ୍କାର ପ୍ରଦାନ କରି ସମ୍ମାନିତ କରିଛନ୍ତି।

ସାଧନା ବଳରେ ମଣିଷ କିପରି ଉଚ୍ଚସ୍ଥାନ ଲାଭ କରିପାରେ, କେଳୁ ଚରଣ ତା'ର ଉଜ୍ଜ୍ୱଳ ଦୃଷ୍ଟାନ୍ତ।

ଅନ୍ନପୂର୍ଣ୍ଣା ଥିଏଟରର ଅନ୍ୟାନ୍ୟ କଳାକାରଗଣ

ସର୍ବଶ୍ରୀ ସାମୁଏଲ ସାହୁ (ବାବି), ପ୍ରିୟନାଥ ମିଶ୍ର (ପିର), ଦୀନବନ୍ଧୁ ଦାସ (ଟିମା) ମାଧବାନନ୍ଦ କର ପ୍ରମୁଖ ଶିଳ୍ପୀମାନେ ବିଭିନ୍ନ ନାଟକରେ ଦକ୍ଷତାର ସହ ଅଭିନୟ କରି ଅନ୍ନପୂର୍ଣ୍ଣା 'ବି' ଗ୍ରୁପ୍‌ର ସୁନାମ ତଥା ମାନକୁ ବୃଦ୍ଧି କରିଥିଲେ। ମଣିମାଳା ଓ ଅନ୍ୟାନ୍ୟ ନାରୀ ଶିଳ୍ପୀମାନଙ୍କର ଅଭିନୟ ଏଭଳି ଜୀବନ୍ତ ହେଉଥିଲା ଯେ ଦର୍ଶକ ନାଟକର ବାସ୍ତବତା ଉପରେ ଆପଣାକୁ ହଜାଇ ଦେଉଥିଲା।

ନାଟ୍ୟ-ରତ୍ନାକର ସ୍ୱର୍ଗତ ଅଶ୍ୱିନୀ କୁମାର ଘୋଷଙ୍କ ରଚିତ "ଅଭିଷେକ", କବିଚନ୍ଦ୍ର ଡକ୍ଟର କାଳୀଚରଣ ପଟ୍ଟନାୟକଙ୍କ ରଚିତ "ରକ୍ତ-ମନ୍ଦାର", ନାଟ୍ୟକାର ଭଞ୍ଜକିଶୋର ପଟ୍ଟନାୟକଙ୍କ 'ରାଜ-ନର୍ତ୍ତକୀ' ପ୍ରଭୃତି 'ବି' ଗ୍ରୁପ୍‌ର କେତେକ ଐତିହାସିକ ଓ ପୌରାଣିକ ନାଟକରେ ମଧ୍ୟ ଉକ୍ତ ଶିଳ୍ପୀମାନେ ତାଙ୍କର ଯେଉଁ ଅଭିନୟ-ନୈପୁଣ୍ୟ ପ୍ରଦର୍ଶନ କରିଥିଲେ ତାହା ବାସ୍ତବିକ ଅଭୁଲା। ଆଧୁନିକ ସାମାଜିକ ନାଟକର ସଂଖ୍ୟା ତ ବହୁତ, ପରିବେଷଣ ଶୈଳୀ ମଧ୍ୟ ଅସାଧାରଣ। ମୋଟ ଉପରେ ଓଡ଼ିଆ ନାଟକର "ସୁବର୍ଣ୍ଣ ଯୁଗରେ" ଉପରୋକ୍ତ ପ୍ରତିଭାଧର ଶିଳ୍ପୀମାନଙ୍କ ଅବଦାନ ଯେ ଅତି ଉଚ୍ଚକୋଟୀର, ଏଥିରେ ସନ୍ଦେହର ଅବକାଶ ନାହିଁ। ୧୯୪୪ ମସିହାଠାରୁ ୧୯୭୫ ମସିହା ପର୍ଯ୍ୟନ୍ତ ନାଟକର ଯେଉଁ ସ୍ରୋତ ଅବାରିତ ରହିଥିଲା, ପରେ ନାନା କାରଣରୁ

ସେଥିରେ ଭଟ୍ଟା ପଡ଼ିଯାଇଥିଲା । ଆଜି ଲୁପ୍ତ ପ୍ରାୟ ।

ଅନ୍ନପୂର୍ଣ୍ଣା ଥିଏଟର "ଏ" ଗ୍ରୁପ୍‌ର ଶିଳ୍ପୀମାନଙ୍କ ମଧ୍ୟରେ ସ୍ୱର୍ଗତ କାଶୀନାଥ ସାହୁ, ଲକ୍ଷ୍ମୀନାରାୟଣ ପାତ୍ର, ବୃନ୍ଦାବନ ପାତ୍ର (ବୁଲ୍ ବୁଲ୍), ପ୍ରମୁଖ ସେମାନଙ୍କ ଅଭିନୟ ଚାତୁର୍ଯ୍ୟରେ ଅନ୍ନପୂର୍ଣ୍ଣାର ପ୍ରତିଷ୍ଠା ବିଶେଷ ଭାବରେ ବୃଦ୍ଧି କରିଥିଲେ । ନାରୀଶିଳ୍ପୀମାନଙ୍କ ମଧ୍ୟରେ 'ରାଧାରାଣୀ ଦେବୀ, ଶ୍ରୀମତୀ ଭାନୁମତୀ, ବାଳାମଣି, ସରସ୍ୱତୀ ପ୍ରଭୃତି ଦର୍ଶକମାନଙ୍କର ବିଶେଷ ପ୍ରଶଂସା-ଭାଜନ ହୋଇଥିଲେ ।

ସ୍ୱର୍ଗତ ବାଉରିବନ୍ଧୁ ମହାନ୍ତିଙ୍କ ସୁଦକ୍ଷ ପରିଚାଳନାରେ ଏକଦା ଗଢ଼ି ଉଠିଥିବା ଅନ୍ନପୂର୍ଣ୍ଣା 'ଏ' ଗ୍ରୁପ୍ ଏବେ ବଞ୍ଚିଛି । ମାତ୍ର କନା ହିଁ ପଡ଼ିରହିଛି । ଉଡ଼ିଯାଇଛି କର୍ପୂର !

ମଞ୍ଚଶ୍ରୀ ବାଉରିବନ୍ଧୁ ମହାନ୍ତି

ଅନ୍ନପୂର୍ଣ୍ଣା ଥିଏଟର 'ଏ' ଗ୍ରୁପ୍‌ର ପରିଚାଳକ, ସଙ୍ଗଠକ ସ୍ୱର୍ଗତ ବାଉରିବନ୍ଧୁ ମହାନ୍ତିଙ୍କ ଜନ୍ମ କଟକ ଜିଲ୍ଲା ଜଗତସିଂହପୁର-ବାଲିକୁଦା ଅଞ୍ଚଳର ଖୋରଦ ଗ୍ରାମରେ, ଏକ ମଧ୍ୟବିତ୍ତ ପରିବାରରେ । ପାଠ ସେ ବିଶେଷ ପଢ଼ି ନ ଥିଲେ କହିଲେ ଚଳେ । ତାଙ୍କରି ଭାଷାରେ "ଅଣ୍ଡର୍ ଲୋଅର୍ ପ୍ରାଇମେରୀ ପାଶ୍ ।" କିନ୍ତୁ ସାଙ୍ଗଠନିକ କ୍ଷମତା ତାଙ୍କର ଅସୀମ ।

ନାଟ୍ୟାଚାର୍ଯ୍ୟ ସ୍ୱର୍ଗତ ବାଳକୃଷ୍ଣ ମହାନ୍ତିଙ୍କ ଯାତ୍ରାଦଳର ମାନେଜର ଭାବେ କାର୍ଯ୍ୟ ଆରମ୍ଭ କରି ତାଙ୍କ ଜୀବନ ଅନ୍ନପୂର୍ଣ୍ଣା ଥିଏଟର 'ଏ' ଗ୍ରୁପ୍‌ର ମାନେଜର ଭାବେ ସମାପ୍ତ ହୋଇଥିଲା । ତାଙ୍କ ଜୀବନକାଳ ମଧ୍ୟରେ ସେ ରଙ୍ଗମଞ୍ଚ ଓ ଥିଏଟରକୁ ପ୍ରାଣବନ୍ତ ତଥା ରୁଚିସମ୍ପନ୍ନ କରିବା ପାଇଁ ଅକ୍ଳାନ୍ତ ଉଦ୍ୟମ କରିଯାଇଛନ୍ତି ଏବଂ ସାଧସାଧନା ଦେଇ ଦୀର୍ଘ ଚାଳିଶି ବର୍ଷ କାଳ ଓଡ଼ିଆ ନାଟକକୁ ଲୋକପ୍ରିୟ କରିଯାଇଛନ୍ତି ।

ତାଙ୍କର ବିଶେଷ ବିଦ୍ୟା ନଥିଲା, କିନ୍ତୁ ପ୍ରଖର ବୋଧଶକ୍ତି ଥିଲା । ବିଚକ୍ଷଣ ବୁଦ୍ଧି ବଳରେ ସେ ନାଟ୍ୟକଳାକୁ ଉନ୍ନତ କରିଛନ୍ତି, ଓ 'ମଞ୍ଚଶ୍ରୀ' ଉପାଧିରେ ଭୂଷିତ ହୋଇଛନ୍ତି । ସେ ବହୁତଥର ମୋ' ପାଖକୁ ଆସି ପରାମର୍ଶ ଲୋଡ଼ିଛନ୍ତି । ମୁଁ ତାଙ୍କଠି ପ୍ରତିଭାର ସନ୍ଧାନ ପାଇଛି । ତାଙ୍କ ମୃତ୍ୟୁରେ ଉତ୍କଳ ରଙ୍ଗମଞ୍ଚର ଏକ ବିଶିଷ୍ଟ ସ୍ଥାନ ଅଦ୍ୟାବଧି ଶୂନ୍ୟ ରହିଛି ।"

ଜନତା ରଙ୍ଗମଞ୍ଚ

କଟକ ବାଙ୍କାବଜାରର ଯେଉଁଠାରେ କବିଚନ୍ଦ୍ର କାଳୀଚରଣଙ୍କ 'ଓଡ଼ିଶା ଥିଏଟର୍ସ'

ଥିଲା ସେହିଠାରେ ପରବର୍ତ୍ତୀ ସମୟରେ ଶିଳ୍ପୀମାନଙ୍କ ପ୍ରଚେଷ୍ଟାରେ ଗଢ଼ି ଉଠିଥିଲା "ଜନତା ରଙ୍ଗମଞ୍ଚ"। ସର୍ବଶ୍ରୀ ରଷ୍ୟଶୃଙ୍ଗ ମିଶ୍ର, ନଟବର ସେଣ, ପ୍ରଫୁଲ୍ଲ ଶାସ୍ତ୍ରୀ, ନିରଞ୍ଜନ ଶତପଥୀ, ଭୋଳାନାଥ ଦାସ ପ୍ରମୁଖ ଏହାର ପରିଚାଳକ ଓ ଶିଳ୍ପୀ ଥିଲେ। ନାଟ୍ୟକାର ଶ୍ରୀଯୁକ୍ତ ଗୋପାଳ ଛୋଟରାୟ, କମଳଲୋଚନ ମହାନ୍ତି, ଆନନ୍ଦଶଙ୍କର ଦାସ, ଭଞ୍ଜକିଶୋର ପଟ୍ଟନାୟକ, କାର୍ତ୍ତିକ କୁମାର ଘୋଷ ପ୍ରଭୃତିଙ୍କର ବିଭିନ୍ନ ସ୍ୱାଦର ନାଟକ ଉକ୍ତ କଳାକାରଗଣ, ସଫଳତାର ସହ କ୍ରମାଗତ ବହୁ ରଜନୀ ଧରି ଅଭିନୟ ପ୍ରଦର୍ଶନ କରିଥିଲେ। ଅନ୍ନପୂର୍ଣ୍ଣା ଥିଏଟର 'ବି' ଗ୍ରୁପ୍ ଭଳି ଏମାନେ ମଧ୍ୟ ଯଥେଷ୍ଟ ଖ୍ୟାତି ଅର୍ଜନ କରିଥିଲେ। ମାତ୍ର ବିଭିନ୍ନ କାରଣରୁ ଏହି ରଙ୍ଗମଞ୍ଚ ମଧ୍ୟ ତା'ର ସତ୍ତା ହରାଇବାକୁ ବସିଲାଣି। ମଞ୍ଚର ପାଦ-ପ୍ରଦୀପ ବର୍ତ୍ତମାନ ସମ୍ପୂର୍ଣ୍ଣ ନିଷ୍ପ୍ରଭ କହିଲେ ଅତ୍ୟୁକ୍ତି ହେବନାହିଁ।

କଳାଶ୍ରୀ ଥିଏଟର

କେତେକ ଥିଏଟର ପ୍ରେମୀ ଉଦ୍ୟୋକ୍ତାଙ୍କ ଉଦ୍ୟମ ଫଳରେ ଦୋଳମୁଣ୍ଡାଇଠାରେ "କଳାଶ୍ରୀ ଥିଏଟର" ନାମରେ ଏକ ରଙ୍ଗମଞ୍ଚ ସ୍ଥାପିତ ହୋଇଥିଲା। ଏହାର ଶିଳ୍ପୀମାନେ ନାଟ୍ୟକାର ଡାକ୍ତର ବସନ୍ତ ମହାପାତ୍ର ଓ ଯଦୁନାଥ ଦାଶ ମହାପାତ୍ର ପ୍ରଭୃତିଙ୍କ ରଚିତ କେତେକ ସାମାଜିକ ନାଟକ ପରିବେଷଣ କରିଥିଲେ। ଏହାର ମାନ ମଧ୍ୟ ଉଚ୍ଚକୋଟୀର ଥିଲା। ଗୋଟିଏ ନାଟକର ପ୍ରଥମ ଅଭିନୟ ରଜନୀରେ ମୁଁ ମୁଖ୍ୟ ଅତିଥି ଭାବେ ନାଟକର ଶୁଭଉଦ୍‌ଘାଟନ କରିଥିଲି। ଓଡ଼ିଶା ସରକାରୀ ଛାପାଖାନାର ନିର୍ଦ୍ଦେଶକ ତଥା ନାଟ୍ୟକାର ଉଦୟ ନାଥ ମିଶ୍ର ଉକ୍ତ ଅନୁଷ୍ଠାନର ଅନ୍ୟତମ ପୃଷ୍ଠପୋଷକ ଭାବରେ ବିଭିନ୍ନ ବିଷୟ ବୁଝାସୁଝା କରୁଥିଲେ। ଦୀର୍ଘଦିନ ଠାରୁ ଏହା ଅଚଳ ହୋଇ ପଡ଼ିରହିଛି।

ରୂପଶ୍ରୀ ଥିଏଟର

୧୯୫୦ ମସିହାରେ ଏହା କଟକ ରେଳ ଷ୍ଟେସନ ନିକଟ ପୁରୁଣା ୟୁନିଭରସିଟି ହତା ନିକଟରେ ପ୍ରତିଷ୍ଠିତ ହୋଇଥିଲା। ଶ୍ରୀଯୁକ୍ତ ସୁରେନ୍ଦ୍ର କୁମାର ଦାସ (ସୁରବାବୁ) ଓ ଶ୍ରୀଯୁକ୍ତ କାର୍ତ୍ତିକ କୁମାର ଘୋଷ ଏହାର ପରିଚାଳନାରେ ଅଂଶ ଗ୍ରହଣ କରିଥିଲେ। ଏହାର ଶିଳ୍ପୀମାନେ ନାଟ୍ୟକାର ସ୍ୱର୍ଗତ ଧର୍ମାନନ୍ଦ ମହାନ୍ତିଙ୍କ ରଚିତ "ଚଉଠି ରାତି", ଶ୍ରୀଯୁକ୍ତ ଭଞ୍ଜକିଶୋର ପଟ୍ଟନାୟକଙ୍କ "ଗରିବ" ଓ ଶ୍ରୀଯୁକ୍ତ ଆନନ୍ଦଶଙ୍କର ଦାସଙ୍କ "ସମାଧି" ନାଟକର ସଫଳ ରୂପାୟନ କରିଥିଲେ। ମାତ୍ର ୧୯୫୩ ମସିହାର ମଧ୍ୟ

ଭାଗରେ ନାନା କାରଣରୁ ଏହି ଥିଏଟର ଭାଙ୍ଗି ଯାଇଥିଲା। ଏହାର କର୍ମକର୍ତ୍ତାଗଣ ଓଡ଼ିଆ ଚଳଚ୍ଚିତ୍ର "ଶ୍ରୀଜଗନ୍ନାଥ"ର ପ୍ରଯୋଜକ। ଏହି ଚଳଚ୍ଚିତ୍ର ନିର୍ମାତା ଥିଲେ 'ରୂପଭାରତୀ ଲିଃ'।

୧୯୫୩ ମସିହାରେ ବାଙ୍କାବଜାରଠାରେ "ଜନତା ରଙ୍ଗମଞ୍ଚ"ର ପ୍ରତିଷ୍ଠା ହୋଇଥିଲା ଏବଂ "ରୂପଶ୍ରୀ ଥିଏଟର"ର ଶିଳ୍ପୀମାନେ ଏଥିରେ ଯୋଗଦାନ କରିଥିଲେ।"

ସୌଖୀନ ରଙ୍ଗମଞ୍ଚ

ଉପରେ ଯେଉଁ ସବୁ ଥିଏଟର ବା ରଙ୍ଗମଞ୍ଚମାନଙ୍କ ବିଷୟରେ ଆଲୋଚନା କରାଗଲା, ସେ ସବୁ ଥିଲା ପେସାଦାର ବା ବ୍ୟାବସାୟିକ ଅନୁଷ୍ଠାନ। ମାତ୍ର ଏମାନଙ୍କ ଛଡ଼ା ସାରା ଓଡ଼ିଶାର ଗାଁ ଗହଳିଠୁଁ ଆରମ୍ଭ କରି ସହର ବଜାର ଅଞ୍ଚଳରେ ବହୁ ସୌଖୀନ ରଙ୍ଗମଞ୍ଚ ବା ଥିଏଟର ଗଢ଼ି ଉଠିଥିଲା। ଦିନେ ବା ଦୁଇଦିନ ପାଇଁ ସେମାନେ ହାତରୁ ଟଙ୍କା ଖର୍ଚ୍ଚ କରି ବିଭିନ୍ନ ନାଟକ ଅଭିନୟ କରୁଥିଲେ। ସ୍କୁଲ, କଲେଜମାନଙ୍କରେ ମଧ୍ୟ ଏହିପରି ନାଟ୍ୟାନୁଷ୍ଠାନମାନ ଥିଲା।

ପେସାଦାର ରଙ୍ଗମଞ୍ଚମାନଙ୍କ ସତ୍ତା ନଥିଲାବେଳେ ବିଭିନ୍ନ ନାମରେ ସୌଖୀନ ଅନୁଷ୍ଠାନ ସବୁ ଏବେ ବି ଯାତ୍ରା, ଅପେରା, ଓ ଥିଏଟର ଅସ୍ଥାୟୀ ଭାବେ କରି ଚାଲିଛନ୍ତି।

ରଘୁ ରାଓ—ଅମଲା କ୍ଲବ୍

ରାୟ ସାହେବ ସ୍ୱର୍ଗତ ରଘୁନାଥ ରାଓ କଟକ କଲେକ୍ଟୋରେଟ୍‌ର ଅଫିସ ସୁପରିଣ୍ଟେଣ୍ଡେଣ୍ଟ୍ ଭାବରେ କେବଳ ନୁହଁନ୍ତି, ଜଣେ ବିଶିଷ୍ଟ ସମାଜସେବୀ ତଥା ସଂସ୍କୃତିପ୍ରେମୀ ବ୍ୟକ୍ତି ହିସାବରେ ସାରା ଓଡ଼ିଶାରେ ସୁପରିଚିତ। କଟକ କଲେକ୍ଟୋରେଟ୍‌ର ଅଫିସ ସୁପରିଣ୍ଟେଣ୍ଡେଣ୍ଟ୍ ଥିବା ସମୟରେ ସେ ଅମଲାମାନଙ୍କ ପାଇଁ ଅନେକ ହିତକର କାର୍ଯ୍ୟ କରିଯାଇଛନ୍ତି। ତନ୍ମଧ୍ୟରେ ୧୯୩୫ ମସିହାରେ କାଜିବଜାରଠାରେ ପ୍ରତିଷ୍ଠିତ 'କଟକ ଅମଲା କ୍ଲବ୍' ତାଙ୍କର ଏକ ଅକ୍ଷୟ କୀର୍ତ୍ତି ଭାବେ ଏବେ ମଧ୍ୟ ଦଣ୍ଡାୟମାନ।

ଉକ୍ତ 'ଅମଲା କ୍ଲବ୍' ପ୍ରତିଷ୍ଠା କରିବା ଦ୍ୱାରା ସ୍ୱର୍ଗତ ରାଓଙ୍କର ଦୁଇଟି ପରିକଳ୍ପନା ଯଥାର୍ଥ ରୂପ ନେଇଥିଲା। ପ୍ରଥମତଃ ଓଡ଼ିଶାରେ ରଙ୍ଗମଞ୍ଚର ସଂଖ୍ୟା ସେତେବେଳେ ଅତି ନଗଣ୍ୟ ଥିଲା ଏବଂ ସରକାରୀ କର୍ମଚାରୀ (ବ୍ରିଟିଶ ଶାସନରେ)ମାନଙ୍କ ପକ୍ଷରେ

ଥିଏଟର କରିବା ଯେତେବେଳେ କଳ୍ପନାର ବାହାରେ ଥିଲା, ରଘୁବାବୁ ସେହି 'ଅମଲା କ୍ଲବ୍' ରଙ୍ଗମଞ୍ଚରେ କଲେକ୍‌ଟୋରେଟ୍‌ର ଅମଲାମାନଙ୍କୁ ନେଇ ବିଭିନ୍ନ ନାଟକ ପରିବେଷଣ କରାଇଥିଲେ। ବର୍ଷକୁ ଗୋଟିଏ ବା ଦୁଇଟି ନାଟକ ଅଷ୍ଟମୀର ହେଉଥିଲା। ୧୯୪୩-୪୪ ମସିହାରେ ଉକ୍ତ ଅମଲା କ୍ଲବ୍‌ରେ କଟକ କଲେକ୍ଟୋରେଟ୍ ଡ୍ରାମାଟିକ୍ ଆସୋସିଏସନ ଦ୍ୱାରା 'କଙ୍କାବତୀର ଘାଟ' ଓ 'ସମ୍ରାଟ ସମୁଦ୍ରଗୁପ୍ତ' ନାଟକ ଶ୍ରୀଯୁକ୍ତ ବିମଳ ଚନ୍ଦ୍ର ଘୋଷଙ୍କ ବଳିଷ୍ଠ ନିର୍ଦ୍ଦେଶନାରେ ମଞ୍ଚସ୍ଥ କରାଯାଇଥିଲା। ବଙ୍ଗଳା ନାଟକର ଓଡ଼ିଆ ଅନୁବାଦ ଏହି 'କଙ୍କାବତୀର ଘାଟ' ନାଟକରେ ତତ୍କାଳୀନ ଡେପୁଟି ମାଜିଷ୍ଟ୍ରେଟ୍ ଶ୍ରୀଯୁକ୍ତ ଗଣନାଥ ଦାସ (ପରେ Labour & Tribal Rural Welfare ର Secretary, I. A. S.) ନାୟକ ଭୂମିକାରେ ଅବତୀର୍ଣ୍ଣ ହୋଇଥିଲେ ଏବଂ ମୁଖ୍ୟ ନାରୀ ଭୂମିକାରେ ଅଭିନୟ କରିଥିଲେ ନାଟ୍ୟକାର ଭଞ୍ଜ କିଶୋର ପଟ୍ଟନାୟକ। ଅନ୍ୟାନ୍ୟ ଭୂମିକାରେ ଅଭିନୟ କରିଥିଲେ ସ୍ୱର୍ଗତ ଖଗେନ୍ଦ୍ର ନାଥ ମିତ୍ର, ହରିହର ଚକ୍ରବର୍ତ୍ତୀ ଓ ବିନୟ ବୋଷ ପ୍ରମୁଖ।

ନାଟକ ଅଭିନୟ (ବ୍ୟତୀତ ସ୍ୱର୍ଗତ ରାଓଙ୍କର ଅନ୍ୟ ଏକ ମହତ୍ ଉଦ୍ଦେଶ୍ୟ ଥିଲା। ସେତେବେଳେ ଆଜିକାଲି ଭଳି କଟକରେ ପଞ୍ଚତାରକା ହୋଟେଲ, ବଡ଼ ବଡ଼ ହୋଟେଲ ବା ଲକର ବ୍ୟବସ୍ଥା ନ ଥିଲା। ବିଭିନ୍ନ ସରକାରୀ କାର୍ଯ୍ୟରେ ଓଡ଼ିଶାର ବିଭିନ୍ନ ଅଞ୍ଚଳରୁ କଟକ ଆସୁଥିବା କର୍ମଚାରୀଙ୍କ ଅମଲା କ୍ଲବରେ ରହିବା ଓ ଖାଇବା ପିଇବାର ସୁବିଧା ଲାଗି ମୁଖ୍ୟତଃ ପରିକଳ୍ପନା କରାଯାଇଥିଲା। ଏବେ ସୁଦ୍ଧା ସେହି ମେସ୍‌ଟି ପୂର୍ବ ଭଳି ଚାଲିଛି। କଲେକ୍ଟୋରେଟ୍‌ର କର୍ମଚାରୀମାନେ ପ୍ରତିବର୍ଷ ନ ହେଲେବି, ମଝିରେ ମଝିରେ ନାଟକ ପରିବେଷଣ କରୁଛନ୍ତି। ଏହି ଅମଲା କ୍ଲବ୍‌ରେ ଏକ ପାଠାଗାର ମଧ୍ୟ ସେ ସ୍ଥାପନ କରିଥିଲେ। ସ୍ୱର୍ଗତ ରାଓ ହେଉଛନ୍ତି ଡାକ୍ତର ପାର୍ଥ ରାଓଙ୍କ କକା। ସେ ବହୁକାଳରୁ ଇହଧାମ ତ୍ୟାଗ କଲେଣି, କିନ୍ତୁ ତାଙ୍କର କୀର୍ତ୍ତି ଏବେ ସୁଦ୍ଧା ଅମର ରହିଛି। ଅମଲାମାନେ ଉପକୃତ ହେଉଛନ୍ତି।

ଓଲ୍ଡ କଲେଜ ଲେନ୍

୧୯୪୫ ମସିହାରେ ମୁଁ ବିନୋଦବିହାରୀରୁ ପୁରୁଣା କଲେଜ ଗଳିକୁ ଆସିଲି। ଏବେ ସେଠାରେ ଯେଉଁ ଘରଟି ଅଛି ତାକୁ ପ୍ରଥମେ ଭଡ଼ାରେ ରଖା ଯାଇଥିଲା। ପରବର୍ତ୍ତୀ ଅବସ୍ଥାରେ ଏହା କିଣା ହେଲା। ଏବେ ରହୁଥିବା ଡଗରପଡ଼ା ଘରକୁ ଆସିବା ପର୍ଯ୍ୟନ୍ତ ମୁଁ ସେହି ଘରେ ଅଫିସ କରୁଥିଲି। ମଟର ରଖିବାକୁ ଗ୍ୟାରେଜ୍ ଥିଲା। ଦୁଇଟି କାର ଓ.ଆର.ସି. ୩୭୫ ଓ ୧୬୭୨ (ବଡ଼ଫୋର୍ଡ଼ ଭି-୮) କିଣାଯାଇ ବହୁତ ବ୍ୟବହାରରେ ଲାଗିଲା। ଏହି ଘରେ ଥିଲାବେଳେ ମୋ ଆଇନ ବ୍ୟବସାୟର ବିଶେଷ ପ୍ରସାର ଘଟିଥିଲା। ବହୁ ବଡ଼ ବଡ଼ ମକଦ୍ଦମା ମିଳିଥିଲା। ପ୍ରତିଷ୍ଠା ମଧ୍ୟ ଲାଭ କରିଥିଲି। ପ୍ରଚୁର ଅର୍ଥ ଉପାର୍ଜନ କରିଥିଲି। ଯାହା କହନ୍ତି, ବଡ଼ ଲକ୍ଷ୍ମୀବନ୍ତ ଘର। ଅନେକ ସ୍ମୃତି ଓ ବିଜଡ଼ିତ ଘଟଣା ଏଠାରେ ଥିଲାବେଳେ ଘଟି ଯାଇଛି।

ବସନ୍ତ ଓ ଟାଇଫଏଡ୍

ପୁରୁଣା କଲେଜ ଲେନ୍‌ରେ ରହୁଥିବା ସମୟରେ ମୋତେ ବସନ୍ତ ଓ ମୋର ସ୍ତ୍ରୀ ସରୋଜିନୀକୁ ଟାଇଫଏଡ୍ ହୋଇଥିଲା। ମୁଁ ରୋଗରେ ପଡ଼ିବାର ୧୩ ଦିନ ପରେ ସରୋଜିନୀକୁ ଟାଇଫଏଡ୍ ଆରମ୍ଭ ହେଲା। ସେ ଗୋଟିଏ କୋଠରିରେ ଏବଂ ମୁଁ ଆଉ ଗୋଟିଏ କୋଠରିରେ। ଏକାବେଳକେ ବେମାର ପଡ଼ିଲୁ। ଡାକ୍ତର ବନବିହାରୀ ପଟ୍ଟନାୟକ ଆମର ଚିକିତ୍ସା କରୁଥିଲେ। ମଝିରେ ମଝିରେ ଡାକ୍ତର କୁଳମଣି ମିଶ୍ର ଆସି ମୋତେ ଦେଖୁଥିଲେ। ଡାକ୍ତର ପେସାରୁଟି ସରୋଜିନୀର ଚିକିତ୍ସା ଖବର ବୁଝୁଥିଲେ।

ବିଶିଷ୍ଟ ଆଇନଜ୍ଞ ଲିଙ୍ଗରାଜ ପାଣିଗ୍ରାହୀ, ପୀତାମ୍ବର ମିଶ୍ର, ପଣ୍ଡିତ ଲିଙ୍ଗରାଜ ମିଶ୍ର; ମୋର ସହଯୋଗୀ ଆଡ୍‌ଭୋକେଟ୍ ଗିରିଜାଶଙ୍କର ବହିଦାର, ଶ୍ରୀ ଗଜେନ୍ଦ୍ର ଚନ୍ଦ୍ର ମହାନ୍ତି ପ୍ରମୁଖ ବହୁ ବିଶିଷ୍ଟ ଭଦ୍ରବ୍ୟକ୍ତି ଏବଂ ମୋର ମଳାଶ୍ରୁର କୈଳାସ ଚନ୍ଦ୍ର

ସାମନ୍ତରାୟ, ତାଙ୍କ ପୁଅ ଶ୍ରୀ କିଶୋର ଚନ୍ଦ୍ର ସାମନ୍ତରାୟ (ମଣ୍ଟୁ), ବଡ଼ଶଳା ଉମାକାନ୍ତ ମହାନ୍ତି ଅଧିକାଂଶ ସମୟରେ ଆସି ଆମର ଦେଖାଶୁଣା କରୁଥିଲେ। ସାହେବଜାଦା ବଜାରରେ ରହୁଥିବା ଆମ ପରିବାରର ସଭ୍ୟମାନେ ପ୍ରାୟ ସବୁବେଳେ ପାଖେ ପାଖେ ରହି ଆମ ଭଲମନ୍ଦ ବୁଝୁଥିଲେ।

ଏ ବି ଏକ ଚିକିତ୍ସା ପଦ୍ଧତି–ଡାକ୍ତର ପେସାରୁଟି

ଡାକ୍ତର ପେସାରୁଟି ସରୋଜିନୀର ଚିକିତ୍ସା ଖବର ବୁଝିସାରି ମୋ ରୁମ୍‌କୁ ଆସିନ୍ତି। ମୋର ଭଲମନ୍ଦ ବୁଝିବା ସଙ୍ଗେ ସଙ୍ଗେ ଅନେକ ସମୟଧରି ମୋ ପାଖରେ ବସି ରହନ୍ତି। ମୋତେ ଟିକେ ମାଡ଼ିପଡ଼େ। ମୁଁ ଥରେ ତାଙ୍କୁ ପଚାରିଲି। ସେ କହିଲେ, "ଡାକ୍ତର କିଛି ସମୟ ରୋଗୀ ପାଖରେ କଟାଇଲେ ଏହା ରୋଗୀକୁ ଶୀଘ୍ର ଆରୋଗ୍ୟ ଲାଭରେ ସହାୟକ ହୁଏ। ଏ ବି ଏକ ଚିକିତ୍ସା ପଦ୍ଧତି।"

ଡାକ୍ତର ପେସାରୁଟି ଜଣେ ଉଚ୍ଚକୋଟୀର ଚିକିତ୍ସକ ଥିଲେ। ସରକାରୀ ଡାକ୍ତର ହିସାବରେ ତାଙ୍କର ଖୁବ୍ ଖ୍ୟାତି ଥିଲା। ଜଣେ ଅଣଓଡ଼ିଆ ଲୋକ ହୋଇଥିଲେ ମଧ୍ୟ ଓଡ଼ିଆ ଭାଷା ଓ ସାହିତ୍ୟ ପ୍ରତି ତାଙ୍କର ଯଥେଷ୍ଟ ଅନୁରାଗ ଥିଲା। ଓଡ଼ିଆ ଯାତ୍ରା ଦେଖିବାକୁ ସେ ଭାରି ଭଲ ପାଆନ୍ତି। କଟକର ବିଭିନ୍ନ ସ୍ଥାନରେ ହେଉଥିବା ଓଡ଼ିଆ ଯାତ୍ରା ଦେଖିବାକୁ ସେ କେତେବାର ଯାଇଛନ୍ତି। ରାଣୀହାଟରେ ଯାତ୍ରା ହେଉଥିବା ବେଳେ ସେ ଅନେକ ସମୟରେ ସେଠି ଚୌକି ପକାଇ ବସି ଯାତ୍ରା ଦେଖନ୍ତି ବୋଲି ଲୋକେ କହନ୍ତି। ସେ କେତେବାର ଅନ୍ନପୂର୍ଣ୍ଣା ଥିଏଟରକୁ ନିମନ୍ତ୍ରିତ ଅତିଥି ଭାବେ ଆସି ନାଟକ ମଧ୍ୟ ଦେଖୁଥିଲେ। ସେ ବହୁବର୍ଷ ଓଡ଼ିଶାରେ ଚାକିରି କରି ଏହିଠାରୁ ଅବସର ଗ୍ରହଣ କରିଥିଲେ।

ଡାକ୍ତର କୁଳମଣି ମିଶ୍ର

ଡାକ୍ତର କୁଳମଣି ମିଶ୍ରଙ୍କର ବାଲୁବଜାରଠାରେ ଗୋଟିଏ ଚିକିତ୍ସାଳୟ ଥିଲା। ସେ ସରକାରୀ ଚାକିରି ନ କରି ଘରୋଇ ଭାବରେ ଏହି ଡାକ୍ତରଖାନାଟି ଚଳାଉଥିଲେ। ଏବେ ବେସରକାରୀ ଉଦ୍ୟମରେ ବହୁ ବଡ଼ ବଡ଼ ଡାକ୍ତରଖାନା (ନର୍ସିଂହୋମ୍ ବା କ୍ଲିନିକ୍) ପ୍ରତିଷ୍ଠିତ ହୋଇ ରୋଗୀମାନଙ୍କୁ ଚିକିତ୍ସା କରାଯାଉଛି। ବହୁ ବଡ଼ ବଡ଼ ଡାକ୍ତର ମଧ୍ୟ ସେଠାରେ କାର୍ଯ୍ୟ କରୁଛନ୍ତି। ହେଲେ ମୁଁ ଯେଉଁ ସମୟର କଥା କହୁଛି, ସେତେବେଳେ ଡାକ୍ତର କୁଳମଣି ମିଶ୍ର, ଡାକ୍ତର ଅଟଳ ବିହାରୀ ଆଚାର୍ଯ୍ୟ, ରଜନୀ

ବାବୁ, ଚାରୁ ବାବୁ ପ୍ରମୁଖ ଖୁବ୍ କମ୍ ଲୋକଙ୍କର ଘରୋଇ ଚିକିତ୍ସାଳୟ ଥିଲା। ସରକାରୀ ଡାକ୍ତରଖାନାର ମଧ୍ୟ ବିଶେଷ ପ୍ରସାର ଘଟି ନ ଥିଲା। ଶ୍ରୀରାମଚନ୍ଦ୍ର ଭଞ୍ଜ ମେଡ଼ିକାଲ ଏବେ ସମଗ୍ର ଦେଶରେ ଏକ ବଡ଼ ଧରଣର ଡାକ୍ତରଖାନା ଭାବରେ ଗଣ୍ୟ ହେଉଥିଲାବେଳେ, ସେତେବେଳେ ଏହା ଏକ ମଧ୍ୟମ ଧରଣର ଚିକିତ୍ସାଳୟ ଥିଲା। ମ୍ୟୁନିସିପାଲିଟି ତରଫରୁ ଗୋଟିଏ ଛୋଟ ଧରଣର ଡିସ୍ପେନ୍ସାରୀ ଥିଲା। ରୋଗୀମାନେ ଚିକିତ୍ସା ନିମିତ୍ତ ନାନା ଅସୁବିଧାର ସମ୍ମୁଖୀନ ହେଉଥିଲେ। ସେତେବେଳେ ହଇଜାରୋଗ ହୋଇଛି ଶୁଣି ଲୋକେ ଆତଙ୍କିତ ହେଉଥିଲେ। ଆଜିକାଲି ପରି ଉନ୍ନତ ଚିକିତ୍ସା ପଦ୍ଧତିର ପ୍ରସାର ଘଟି ନ ଥିଲା।

କୁଳମଣି ବାବୁଙ୍କ ସହିତ ଆମର ବ୍ୟକ୍ତିଗତ ବନ୍ଧୁତା ଥିବାରୁ ସେ ପ୍ରାୟ ଅଧିକାଂଶ ସମୟରେ ଆମ ଘରକୁ ଆସି ଚିକିତ୍ସା କରୁଥିଲେ। ଡାକ୍ତର ଭାବରେ ରୋଗୀ ଚିକିତ୍ସା ବ୍ୟତୀତ ସମାଜସେବା କ୍ଷେତ୍ରରେ ମଧ୍ୟ ତାଙ୍କର ବେଶ୍ ସୁନାମ ଥିଲା। ସେ ବହୁ ଧାର୍ମିକ ଅନୁଷ୍ଠାନ ସହିତ ସଂପୃକ୍ତ ଥିଲେ। ସାଧୁ ସନ୍ଥମାନଙ୍କ ପ୍ରତି ତାଙ୍କର ଶ୍ରଦ୍ଧା ଥିଲା।

ଦିନକର କଥା। ସେତେବେଳେ ପୋଲିସ ତରଫରୁ କାଳିଆବୋଦାର ବାବାଜୀମାନଙ୍କ ବିରୁଦ୍ଧରେ କେତେକ ମକଦ୍ଦମା ଆରମ୍ଭ ହୋଇଥାଏ। କଟକର ତତ୍କାଳୀନ ଜିଲ୍ଲାପାଳ ଭି. ରାମନାଥନ୍ ଓ ପୋଲିସ୍ ସୁପରିଣ୍ଟେଣ୍ଡେଣ୍ଟ। ପୁରୁଣା କଲେଜ ଲେନ୍ ଘରେ ପହଞ୍ଚି ସରକାରଙ୍କ ତରଫରୁ ଏହି ମକଦ୍ଦମାଟି ପରିଚାଳନା କରିବାକୁ ମୋତେ ଅନୁରୋଧ କଲେ। ସରକାରଙ୍କ ବିପକ୍ଷରେ ମକଦ୍ଦମା ଲଢ଼ିବା କ୍ଷେତ୍ରରେ ମୁଁ ଅଭ୍ୟସ୍ତ ଥିବା କାରଣରୁ ସରକାରଙ୍କ ତରଫରୁ ଏହି ମକଦ୍ଦମାଟି ଚଳାଇବାକୁ ମୁଁ ଅନିଚ୍ଛା ପ୍ରକାଶ କରିଥିଲି। ହେଲେ ସାଧାରଣ ସ୍ୱାର୍ଥ ଦୃଷ୍ଟିରୁ ଗୁରୁତ୍ୱପୂର୍ଣ୍ଣ ଘଟଣା ବୋଲି କହି ସରକାରଙ୍କ ତରଫରୁ ଉକ୍ତ ମକଦ୍ଦମାଟି ପରିଚାଳନା କରିବାକୁ ଉଭୟ କଲେକ୍ଟର ଓ ଏସ୍.ପି. ଅନୁରୋଧ କରିବାରୁ ମୁଁ ବାଧ୍ୟହୋଇ ସେଥିରେ ହଁ ଭରିଲି। କଲେକ୍ଟର ଓ ଏସ୍.ପି.ଙ୍କ ଯିବାର କିଛି ସମୟ ପରେ କୁଳମଣି ବାବୁ ଓ ତାଙ୍କ ସହିତ ଆଉ କେତେଜଣ ବନ୍ଧୁ ଆସି ପହଞ୍ଚିଲେ। ବାବାଜୀମାନଙ୍କ ତରଫରୁ କେଶ୍‌ଟି ପରିଚାଳନା କରିବାକୁ ମୋତେ ଅନୁରୋଧ କଲେ। କିନ୍ତୁ ଏହାର କିଛି ସମୟ ଆଗରୁ ମୁଁ ଏହି ମକଦ୍ଦମାଟି ସରକାରଙ୍କ ତରଫରୁ ପରିଚାଳନା କରିବି ବୋଲି କଲେକ୍ଟରଙ୍କୁ ଜବାବ ଦେଇଥିବା କାରଣରୁ ତାଙ୍କ ଅନୁରୋଧକୁ ଗ୍ରହଣ କରିପାରି ନ ଥିଲି।

ବିଶିଷ୍ଟ ସ୍ୱାଧୀନତା ସଂଗ୍ରାମୀ, ଦକ୍ଷ ପାର୍ଲିଆମେଣ୍ଟାରିଆନ୍, ପ୍ରଜା-ସମାଜବାଦୀ ଦଳର ତୁଙ୍ଗନେତା ତଥା ସ୍ୱନାମଧନ୍ୟ ସମାଜସେବୀ ଶ୍ରୀଯୁକ୍ତ ସୁରେନ୍ଦ୍ରନାଥ ଦ୍ୱିବେଦୀ

ହେଉଛନ୍ତି କୁଳମଣି ବାବୁଙ୍କ ଭଣଜା। ଦ୍ୱିବେଦୀ କଟକ ଆସୁଥିଲାବେଳେ ଅଧିକାଂଶ ସମୟରେ କୁଳମଣି ବାବୁଙ୍କ ତେଲେଙ୍ଗା ବଜାର ଘରେ ରହୁଥିଲେ। ଆଇନଜୀବୀ ଭାବରେ ମୁଁ ପରିଚାଳନା କରିଥିବା କମ୍ୟୁନିଷ୍ଟ ଷଡ଼ଯନ୍ତ୍ର ମାମଲା ଭଳି ମୋର ବନ୍ଧୁ ଦୀନବନ୍ଧୁ ସାହୁ ପରିଚାଳନା କରିଥିବା "ଦ୍ୱିବେଦୀ ଷଡ଼ଯନ୍ତ୍ର ମାମଲା" ମଧ୍ୟ ସେତେବେଳେ ସାରା ଓଡ଼ିଶାରେ ଗହଳ ସୃଷ୍ଟି କରିଥିଲା। ଦ୍ୱିବେଦୀଙ୍କ ସମ୍ପର୍କରେ ମୁଁ ଅନ୍ୟତ୍ର ଆଲୋଚନା କରିଛି।

ପ୍ରଥମ ଓଡ଼ିଆ ବିଚାରପତିଙ୍କୁ ସମ୍ବର୍ଦ୍ଧନା

ବିନୋଦ ବିହାରୀରୁ ମୁଁ ପୁରୁଣା କଲେଜ ଗଳି ଘରକୁ ଆସିବାର ଅଳ୍ପ କିଛିଦିନ ପରେ ବିଶିଷ୍ଟ ଆଇନଜ୍ଞ ବୀରକିଶୋର ରାୟ ୧୯୪୫ ମସିହାରେ ପାଟନା ହାଇକୋର୍ଟର ବିଚାରପତି ଭାବେ ନିଯୁକ୍ତି ପାଇଲେ। ଏହା ପୂର୍ବରୁ ସେ ପାଟନା ହାଇକୋର୍ଟରେ ଓଡ଼ିଶାର ପ୍ରଥମ ଆଡ୍‌ଭୋକେଟ୍ ଜେନେରାଲ ଭାବେ ନିଯୁକ୍ତି ପାଇଥିଲେ। ପରେ ସେ ଓଡ଼ିଶା ହାଇକୋର୍ଟର ପ୍ରଥମ ମୁଖ୍ୟ ବିଚାରପତି ମଧ୍ୟ ହେଲେ। ବିଚାରପତି ଭାବେ ନିଯୁକ୍ତି ପାଇବା କ୍ଷେତ୍ରରେ ସେ ହେଉଛନ୍ତି ପ୍ରଥମ ଓଡ଼ିଆ। ତାଙ୍କ ପୂର୍ବରୁ ଅନ୍ୟ କୌଣସି ଓଡ଼ିଆ, ହାଇକୋର୍ଟର ବିଚାରପତି ଭାବେ ନିଯୁକ୍ତି ପାଇ ନ ଥିଲେ।

ପାଟନା ହାଇକୋର୍ଟରେ ବିଚାରପତି ଭାବେ ନିଯୁକ୍ତି ପାଇବାର କିଛିଦିନ ପରେ ଜଷ୍ଟିସ୍ ରାୟ ସର୍କିଟ୍ କୋର୍ଟରେ କଟକ ଆସିଥିଲେ। ହାଇକୋର୍ଟ ଜଷ୍ଟିସ୍ ଭାବରେ ସେ ପ୍ରଥମଥର ପାଇଁ କଟକ ଆସୁଥିବାରୁ ତାଙ୍କ ସମ୍ମାନାର୍ଥେ ମୋ ଓଲ୍ଡ କଲେଜ ଲେନ୍ ଘରେ ଏକ ଭୋଜିର ଆୟୋଜନ କରିଥିଲି।

ଓଡ଼ିଶାର ବହୁ ବିଶିଷ୍ଟ ଆଇନଜୀବୀ ଏଥିରେ ଯୋଗଦାନ କରି ଜଷ୍ଟିସ୍ ରାୟଙ୍କୁ ଉଚ୍ଛ୍ୱସିତ ସମ୍ବର୍ଦ୍ଧନା ଜ୍ଞାପନ କରିଥିଲେ। ଅବଶ୍ୟ ଏହି କାରଣରୁ ମୋତେ କେତେଜଣଙ୍କର ଚକ୍ଷୁଃଶୂଳ ହେବାକୁ ପଡ଼ିଥିଲା।

କାଠଯୋଡ଼ିକୂଳ ଆଡ୍ଡା

ମୋର ପୁରୁଣା କଲେଜ ଗଳିରେ ଥିବା ଘରଟି କାଠଯୋଡ଼ି ନଦୀ କୂଳରେ ଅବସ୍ଥିତ। ଆମ ଘରପାଖ ନଈବନ୍ଧକୁ ବହୁତ ଲୋକ ବୁଲି ଆସନ୍ତି। ଏହା କଚେରୀ ପାଖାପାଖି ହୋଇଥିବାରୁ ପ୍ରାୟ ଅନେକ ଲୋକ ଏଠାକୁ ଆସୁଥିବା ଦେଖାଯାଏ।

ଏଠାକୁ ଆସୁଥିବା ଲୋକମାନଙ୍କ ମଧ୍ୟରେ ମୋର ମହକିଲ ବକ୍‌ସି ବଜାରର ଗଣେଶ ପ୍ରସାଦ ଭଗତ ଓ ନୟାସଡ଼କର ଅନେକ ମାରୱାଡ଼ି ଭଦ୍ରବ୍ୟକ୍ତ ଅନ୍ତର୍ଭୁକ୍ତ ଥିଲେ। ବେଳେବେଳେ ରାତି ୯ଟା ୧୦ଟା ପର୍ଯ୍ୟନ୍ତ ଭିଡ଼ ଲାଗିଥାଏ। ଆମ ଘର ବାରଣ୍ଡାରେ ବସି ଅନେଇଲେ କିଏ ଆସିଲେ, କିଏ ଗଲେ ସବୁ ଜାଣିହୁଏ। ମୁଁ ମଧ୍ୟ ଦିନେ ଦିନେ କାମସାରି କାଠଯୋଡ଼ି କୂଳକୁ ଯାଏ। ସେଠାରେ ନଈବନ୍ଧ ଉପରେ ଥିବା ଇଟା ବେଞ୍ଚରେ ବସେ। ଏବେ ରିଙ୍ଗ୍ ରୋଡ଼ ହେବା ଦ୍ୱାରା ସେ ଇଟା ବେଞ୍ଚଗୁଡ଼ିକ ଆଉ ନାହିଁ। ଗଣେଶବାବୁ ପ୍ରଭୃତି ମୁଁ ନଈବନ୍ଧରେ ଥିବା ଲକ୍ଷ୍ୟକରି ଅନେକ ସମୟରେ ମୋ ପାଖକୁ ଯାଆନ୍ତି। ଆମେ ସାଙ୍ଗହୋଇ ମୋ ଅଫିସ୍ ଫେରିଆସୁ। ବିଭିନ୍ନ ବିଷୟରେ ଆଲୋଚନା ହୁଏ। ତାଙ୍କ ଘୋଡ଼ାଗାଡ଼ି ପହଞ୍ଚିଲା ପରେ ସେ ଘରକୁ ଫେରନ୍ତି।

ଗଣେଶ ପ୍ରସାଦ ଭଗତ

ସ୍ୱର୍ଗତ ଗଣେଶ ପ୍ରସାଦ ଭଗତ କଟକର ଜଣେ ବିଶିଷ୍ଟ ବ୍ୟକ୍ତି ଥିଲେ। ତାଙ୍କ ଘର କଟକର ବକ୍ସି ବଜାରରେ। ଆମ ଗାଁ ବାଗଲପୁର ଅନ୍ତର୍ଭୁକ୍ତ ଥିବା ପ୍ରଗଣା 'କୋଠଦେଶ୍'ର ସେ ଥିଲେ ଜଣେ ଖ୍ୟାତନାମା ଅଂଶୀଦାର। ତାଙ୍କର ଜଗୁ ନାମରେ ଜଣେ ମୋହରିର ଥିଲେ। ସାଧାରଣରେ ଜଗ ମୋହରିର ନାମରେ ସେ ପରିଚିତ। ଯେଉଁମାନଙ୍କର ବାବୁଙ୍କ ସାଙ୍ଗରେ କାମ ଥାଏ ସେମାନେ ପ୍ରଥମେ ଜଗକୁ ଧରନ୍ତି। ଜଗ ଗଣେଶ ବାବୁଙ୍କର ଅତ୍ୟନ୍ତ ବିଶ୍ୱସ୍ତ ଥିଲେ।

ଆଡ୍‌ଭୋକେଟ୍ କୁଞ୍ଜବିହାରୀ ପ୍ରସାଦ ଗଣେଶ ବାବୁଙ୍କ ଭଣଜା। ଏବେ ଟାକସ୍ କେଶ୍‌ରେ ସେ ବେଶ୍ ଦକ୍ଷତା ହାସଲ କରିଛନ୍ତି। କୁଞ୍ଜବିହାରୀ ଅନେକ ସମୟରେ ଗଣେଶ ବାବୁଙ୍କ ସହିତ ମୋ ଅଫିସକୁ ଆସିଛନ୍ତି। ପରବର୍ତ୍ତୀ ଅବସ୍ଥାରେ କେତେକ ଆଇନଗତ ବିଷୟରେ ଆଲୋଚନା କରିବାକୁ ମଧ୍ୟ ସେ ମୋ ପାଖକୁ ଆସିଛନ୍ତି। ଅନେକ ସାଂସ୍କୃତିକ ଅନୁଷ୍ଠାନ ସହିତ ସେ ସଂପୃକ୍ତ। ଜଣେ ସମାଜସେବୀ ଭାବରେ ତାଙ୍କର ସୁନାମ ଅଛି।

ବିଡ଼ାନାସୀ ଏବେ ସୁନାଥାଳି

ମୋ ପୁରୁଣା କଲେଜ ଗଳି ଘରଟି ଅପେକ୍ଷାକୃତ ଛୋଟ। ଏହି କାରଣରୁ ଘର କରିବାକୁ ମୁଁ କଚେରୀ ପାଖାପାଖି ଅଞ୍ଚଳରେ ଖଣ୍ଡେ ଜମି ଖୋଜୁଥିଲି। ବିଡ଼ାନାସୀରେ କିଛି ଜମି ଥିଲା। ଗଣେଶବାବୁ ଓ ତାଙ୍କ ମୋହରିର ଜଗ ମଧ୍ୟ ବିଡ଼ାନାସୀରୁ କିଛି ଜମି

ନେବାକୁ ମୋ ସାଙ୍ଗରେ ଲଗାଇଥିଲେ। ଏବେ ଘର କରି ରହୁଥିବା ଡଗରପଡ଼ା ଜମିଟି ମିଳିଯିବାରୁ ମୁଁ ବିଡ଼ାନାସୀ ଜମି ନେବାକୁ ଆଗ୍ରହ ହୋଇ ନ ଥିଲି। ଇଚ୍ଛା କରିଥିଲେ ଖୁବ୍ ସୁବିଧାରେ ସେ ଜମି ପାଇଥାନ୍ତି। ସେତେବେଳେ ବିଡ଼ାନାସୀକୁ କେହି ପଚାରୁ ନ ଥିଲେ। ଅଳ୍ପ କେତେଦିନ ହେଲା ଏହା ସୁନାଥାଳି ହୋଇଛି।

ଧନ ଦଉଲତ, ଚେଷ୍ଟାରେ ମିଳେ ନାହିଁ। ଭାଗ୍ୟରେ ଥିଲେ ମିଳେ। ମୋର ଚିହ୍ନାଜଣା ଅନେକ ବ୍ୟକ୍ତି ସେ ବିଡ଼ାନାସୀ ଜମିରୁ କିଛି ନେଇଥିଲେ। ଏବେ ସେମାନେ ବଡ଼ ଲାଭବାନ ହୋଇଥିବା ଶୁଣାଯାଏ। ଓଡ଼ିଶା ସରକାରଙ୍କ ନିଷ୍ପତ୍ତି ଅନୁଯାୟୀ କଟକ ସହର ଉନ୍ନୟନ ସଂସ୍ଥା (ସି.ଡି.ଏ.) ତରଫରୁ ଏଠାରେ ଯେଉଁ ନୂତନ ବିଡ଼ାନାସୀ କଟକ ଗଢ଼ିଉଠୁଛି ତାହା ସଂପୂର୍ଣ୍ଣ ହେଲେ ବିଡ଼ାନାସୀର ଗୁରୁତ୍ୱ ଯଥେଷ୍ଟ ବୃଦ୍ଧି ପାଇବା ସଙ୍ଗେ ସଙ୍ଗେ ଏହା କଟକ ସହରର ଏକ ଗୁରୁତ୍ୱପୂର୍ଣ୍ଣ ସ୍ଥାନରେ ପରିଣତ ହେବ। କାଠଯୋଡ଼ି କୂଳେ କୂଳେ ନିର୍ମିତ ନୂତନ ରିଙ୍ଗ୍ ରୋଡ଼୍ ଉପରେ ଏବେ ଟାଉନବସ ଚଳାଚଳ କରୁଛି। ସି.ଡି.ଏ. ଦ୍ୱାରା ପ୍ରଦତ୍ତ ଜମିରେ କେତେଜଣ ଏବେ ଘର କରି ରହିଲେଣି। ସେଠାରେ ନିର୍ମିତ ହୋଇଥିବା ପାର୍କଟି ମଧ୍ୟ ବେଶ୍ ମନୋରମ ଓ ଆକର୍ଷଣୀୟ ହୋଇଛି।

ଜଷ୍ଟିସ୍ ଲିଙ୍ଗରାଜ ପାଣିଗ୍ରାହୀ

ଲିଙ୍ଗରାଜ ପାଣିଗ୍ରାହୀଙ୍କୁ ମୁଁ ପ୍ରଥମେ ଜଣେ ଖଦଡ଼ର ଧୋତି ଓ ଲମ୍ବା ପଞ୍ଜାବୀ ପିନ୍ଧା ଭଦ୍ରବ୍ୟକ୍ତି ଭାବରେ ଦେଖିଥିଲି। ସେ ଖାଣ୍ଟି କଂଗ୍ରେସିଆ ନ ଥିଲେ ମଧ୍ୟ ଜଣେ କଂଗ୍ରେସପ୍ରେମୀ ଭାବରେ ମୁଁ ତାଙ୍କୁ ଜାଣିଥିଲି। ମୋର ସଢ଼ୁ ସ୍ୱର୍ଗତ ନିରଞ୍ଜନ ପଟ୍ଟନାୟକ ଗଞ୍ଜାମର ଲୋକ। ଜଣେ ବିଶିଷ୍ଟ ସ୍ୱାଧୀନତା-ସଂଗ୍ରାମୀ ଭାବରେ ସମଗ୍ର ରାଜ୍ୟରେ ତାଙ୍କର ଖ୍ୟାତି ଥିଲା। କଂଗ୍ରେସର ଜଣେ ଟାଣୁଆ ନେତା ଭାବରେ ତାଙ୍କର ନାଁ' ଡାକ ଥିଲା। ଲିଙ୍ଗରାଜ ପାଣିଗ୍ରାହୀ କିଛିଦିନ କଂଗ୍ରେସ କାର୍ଯ୍ୟରେ ସହଯୋଗ କରିଥିବା କାରଣରୁ ଉଭୟଙ୍କ ମଧ୍ୟରେ ବେଶ୍ ବନ୍ଧୁତା ଥିଲା। ନିରଞ୍ଜନ ବାବୁ ଅସହଯୋଗ ଆନ୍ଦୋଳନରେ ଅଂଶଗ୍ରହଣ କରି ଜେଲ ବରଣ କରିଥିବା ସମ୍ବାଦ ପାଇ ମୁଁ ତାଙ୍କ ସ୍ତ୍ରୀ କିଶୋରୀମଣି ଦେବୀ (କେଶୀ ଅପା) ଓ ପିଲାଙ୍କୁ କଟକ ଆଣିବାକୁ ବ୍ରହ୍ମପୁର ଯାଇଥିଲି। ସେହି ସମୟରେ ପାଣିଗ୍ରାହୀଙ୍କ ସହ ମୋର ପ୍ରଥମ ପରିଚୟ ହୋଇଥିଲା। ଏହା ମୁଁ ଅନ୍ୟତ୍ର ଆଲୋଚନା କରିଛି।

ପରବର୍ତ୍ତୀ ଅବସ୍ଥାରେ ପାଣିଗ୍ରାହୀ କଟକ ଆସି ଏଠାରେ ଆଇନ ବ୍ୟବସାୟ

କରୁଥିଲେ। ସେହି ସମୟରେ ସେ ପୁରୁଣା କଲେଜ ଗଳି ନିକଟସ୍ଥ ନିମଚୌଡ଼ିର ପ୍ରିୟନାଥ ଭବନରେ ରହୁଥିଲେ। ମୁଁ ବିନୋଦବିହାରୀରୁ ପୁରୁଣା କଲେଜ ଗଳିକୁ ଆସିବା ପରେ ତାଙ୍କର ପଡ଼ିଶା ହୋଇ ରହିଲି। ସେ ସମୟରେ ଆମ ଭିତରେ ବେଶ୍ ଘନିଷ୍ଠତା ହୋଇଥିଲା। ସେ ଅନେକ ସମୟରେ ଆମ ଘରକୁ ଆସୁଥିଲେ। ମୁଁ ମଧ୍ୟ ବେଳେବେଳେ ତାଙ୍କ ଘରକୁ ଯାଉଥିଲି। ଥରେ ଏକାବେଳେକେ ମୁଁ ଓ ମୋର ସ୍ତ୍ରୀ ସରୋଜିନୀ ବେମାର ପଡ଼ିଲୁ। ମୋତେ ବସନ୍ତ ଓ ସରୋଜିନୀକୁ ଟାଇଫଏଡ୍ ହୋଇଥିଲା। ସେତେବେଳେ ଲିଙ୍ଗରାଜ ବାବୁ ଓ ତାଙ୍କ ପତ୍ନୀ ଅନେକବାର ଆମ ଘରକୁ ଆସିଛନ୍ତି। ଚିକିତ୍ସା କାର୍ଯ୍ୟରେ ମଧ୍ୟ କେତେପ୍ରକାର ସହଯୋଗ କରିଛନ୍ତି। ସେ ପ୍ରାୟ ବହୁବାର କାଠଯୋଡ଼ି କୂଳକୁ ବୁଲି ଆସନ୍ତି। ମୁଁ ମଧ୍ୟ କେତେଥର ତାଙ୍କ ସାଙ୍ଗରେ ଯାଇଛି।

୧୯୪୫ ମସିହାରେ ବୀରକିଶୋର ରାୟ ପାଟନା ହାଇକୋର୍ଟରେ ବିଚାରପତି ହେବାରୁ ଲିଙ୍ଗରାଜ ପାଣିଗ୍ରାହୀ ତାଙ୍କ ସ୍ଥାନରେ ଓଡ଼ିଶାର ଆଡ୍‌ଭୋକେଟ ଜେନେରାଲ ହୋଇଥିଲେ। ୧୯୪୮ ମସିହା ଜୁଲାଇ ୨୬ ତାରିଖରେ ଓଡ଼ିଶାରେ ହାଇକୋର୍ଟ ସ୍ଥାପିତ ହେଲା। ବୀରବାବୁ ମୁଖ୍ୟ ବିଚାରପତି ହେଲେ ଏବଂ ପାଣିଗ୍ରାହୀ ଅନ୍ୟତମ ବିଚାରପତି ଭାବେ ନିଯୁକ୍ତି ପାଇଲେ। ପରେ ୨୧।୫।୫୬ରେ ସେ ଓଡ଼ିଶା ହାଇକୋର୍ଟର ମୁଖ୍ୟ ବିଚାରପତି ହୋଇଥିଲେ। ସେ ବିଚାରପତି ହେବାପରେ ପ୍ରିୟନାଥ ଭବନରୁ ଯାଇ କେଉଁଝର କୋଠିରେ ରହିଥିଲେ। ସେ ନିମଚୌଡ଼ିର ଯେଉଁ ପ୍ରିୟନାଥ ଭବନରେ ରହୁଥିଲେ, ସେଥିରେ ଆଗରୁ ଓଡ଼ିଶାର ପୂର୍ବତନ ପ୍ରଧାନମନ୍ତ୍ରୀ ବିଶ୍ୱନାଥ ଦାସ ରହୁଥିଲେ। ପାଣିଗ୍ରାହୀ ବାବୁ ଜଣେ ଭଲ ବକ୍ତା। ବିଶେଷକରି ଇଂରେଜୀ ବକ୍ତୃତାରେ ତାଙ୍କର ଦକ୍ଷତା ଥିଲା। କଳା ପ୍ରତି ଯଥେଷ୍ଟ ଅନୁରାଗ ଥିଲା। ନାଚ, ପାଲା ଓ ଦାସକାଠିଆରେ ତାଙ୍କର ଭାରି ଆଦର। ଗଞ୍ଜାମ ଅଞ୍ଚଳରୁ ଅନେକ ଦାସକାଠିଆବାଲା ଆସି ବିଭିନ୍ନ ସ୍ଥାନରେ ଦାସକାଠିଆ କରୁଥିଲେ। ମଝିରେ ମଝିରେ ତାଙ୍କ ଘରେ ଦାସକାଠିଆ ହୁଏ। ସେ କେତେଥର ଆଡ୍‌ଭୋକେଟ୍ ପୀତାମ୍ବର ମିଶ୍ରଙ୍କୁ ସାଙ୍ଗରେ ନେଇ ତାଙ୍କ କେଉଁଝର କୋଠିକୁ ଦାସକାଠିଆ ଦେଖି ଯିବାକୁ ନିମନ୍ତ୍ରଣ କରିଥିଲେ। ଆମେ ଯାଉ। ସେ ଦାସକାଠିଆବାଲାଙ୍କୁ ଆମ ନାଁରେ ଭଣତି କରିବାକୁ କହନ୍ତି। ଖୁବ୍ ଉପଭୋଗ୍ୟ ହୁଏ। ଉତ୍ତର ଓଡ଼ିଶାରେ ଯାତ୍ରାର ଯେପରି ଆଦର, ଦକ୍ଷିଣ ଓଡ଼ିଶାରେ ଦାସକାଠିଆ ସେହିପରି ଆଦୃତ।

ଜଷ୍ଟିସ୍ ପାଣିଗ୍ରାହୀ ବିଚାରପତି ଜୀବନରୁ ଅବସର ଗ୍ରହଣ କରିବା ପରେ

ସମାଜସେବା ପ୍ରତି ଆଗ୍ରହ ପ୍ରକାଶ କରିଥିଲେ। ସକ୍ରିୟ ରାଜନୀତିରେ ଅଂଶ ଗ୍ରହଣ କରି ଓଡ଼ିଶାର ଶିକ୍ଷା ଓ ଆଇନମନ୍ତ୍ରୀ ହୋଇଥିଲେ।

ମୋ ଓକିଲାତି ଜୀବନରେ ମୋତେ ତାଙ୍କ ବିପକ୍ଷରେ କେତୋଟି ମକଦ୍ଦମା ଲଢ଼ିବାକୁ ପଡ଼ିଥିଲା। ସେଗୁଡ଼ିକ ମଧ୍ୟରୁ ସମାଜସେବୀ ଶ୍ରୀ ଶ୍ୟାମସୁନ୍ଦର ମିଶ୍ରଙ୍କ ଭାଇ ବିଶିଷ୍ଟ କଂଗ୍ରେସ ନେତା ତଥା ପାର୍ଲାମେଣ୍ଟାରିଆନ୍ ଜଗନ୍ନାଥ ମିଶ୍ରଙ୍କ ମକଦ୍ଦମା ଓ ପୁରୀର ଗୋଟିଏ ଆବ୍‌ଡକ୍‌ସନ୍ କେଶ୍ ବିଶେଷ ଉଲ୍ଲେଖଯୋଗ୍ୟ।

ଲଞ୍ଚ ହାଜ୍ ଇଟ୍‌ସ୍ ଓନ୍ ଏଫେକ୍ଟ

ଗୋଟିଏ ଦିନର କୌତୁହଳ କଥା କହୁଛି। ସେ ସମୟରେ ଗଞ୍ଜାମ ଓ ପୁରୀ ଜିଲ୍ଲା ମିଶି ଗୋଟିଏ ସେସନ୍ସ ଡିଭିଜନ ଥିଲା। ବ୍ରହ୍ମପୁରଠାରେ ଥିବା ଜିଲ୍ଲା ଓ ସେସନ୍ସ ଜଜ୍ ଶ୍ରୀ ରମେଶ ଚନ୍ଦ୍ର ମିତ୍ର ପୁରୀକୁ ସର୍କିଟ୍‌ରେ ଆସି ପୁରୀ ଜିଲ୍ଲାର ମକଦ୍ଦମା ବିଚାର କରୁଥାନ୍ତି। ଆବ୍‌ଡକ୍‌ସନ୍ (366 I.P.C.) କେଶ୍ ବିଚାର କରାଯାଉଥାଏ। ମୁଦେଇଙ୍କ ତରଫରୁ ମୁଁ ଏବଂ ପୁରୀର ତତ୍କାଳୀନ ସରକାରୀ ଓକିଲ ବିଶିଷ୍ଟ ଆଇନଜ୍ଞ, ସମାଜସେବୀ ତଥା ଭାଷାକୋଷ ପ୍ରଣେତା ଗୋପାଳ ଚନ୍ଦ୍ର ପ୍ରହରାଜଙ୍କ ଜାମାତା ରାୟବାହାଦୂର ଲୋକନାଥ ମିଶ୍ର ଏବଂ ମୁଦାଲାମାନଙ୍କ ତରଫରୁ ଶ୍ରୀ ଲିଙ୍ଗରାଜ ପାଣିଗ୍ରାହୀ ମକଦ୍ଦମା ଲଢୁଥାଉ।

ମକଦ୍ଦମାର ବିଷୟବସ୍ତୁ ଥିଲା—ଜଣେ ସ୍ତ୍ରୀ ଲୋକ ଅଭିଯୋଗ କରିଥିଲା ଯେ, ମୁଦାଲାମାନେ ତାକୁ ବଳପ୍ରୟୋଗ କରି ନେଇ ଆସିଥିଲେ (Kidnapping Abduction-366 I.P.C.)। ମକଦ୍ଦମା ବିଚାର ଆରମ୍ଭ ହେଲା। ପ୍ରଥମେ ଜମାନବନ୍ଦିରେ ସ୍ତ୍ରୀଲୋକଟି ତା' ଉପରେ ବଳପ୍ରୟୋଗ କରି ମୁଦାଲାମାନେ ନେଇଯାଇଥିଲେ ବୋଲି ଅଭିଯୋଗ କଲା। ତା'ର ପ୍ରାଥମିକ ବୟାନ ପରେ କୋର୍ଟ ଲଞ୍ଚକୁ ଉଠିଲା। ଲଞ୍ଚ୍ ପରେ ପୁଣି ଶୁଣାଣି ଆରମ୍ଭ ହେଲା। କିନ୍ତୁ ବିଶ୍ରାମ ପରେ ମୁଦେଇ ସ୍ତ୍ରୀଲୋକଟି ଓଲଟା କଥା କହିଲା। ସେ କହିଲା, 'ମୁଁ ନିଜ ଇଚ୍ଛାରେ ଚାଲିଯାଇଥିଲି। ମୁଦାଲାମାନେ ମୋତେ ଭୁଲାଇ ନେଇ ନ ଥିଲେ କିମ୍ବା ବଳପ୍ରୟୋଗ କରି ନ ଥିଲେ।" ଠିକ୍ ଓଲଟା କଥା କହିବାରୁ ଜବରଦସ୍ତି ନେଇଥିବା କଥା କୁଆଡ଼େ ଗଲା। ଜଜ୍ ଶ୍ରୀଯୁକ୍ତ ମିତ୍ର ମୋତେ ଚାହିଁ କହିଲେ, "ମୁଦେଇ ବର୍ତ୍ତମାନ ଠିକ୍ ଓଲଟା କଥା କହିଲା ଯେ ସେ ନିଜ ଇଚ୍ଛାରେ ଚାଲିଯାଇଥିଲା। ଆଉ ଏ କେଶ୍‌ଟି କ'ଣ ଚାଲିବ।" ମୁଁ କହିଲି, 'ଲଞ୍ଚ ହାଜ୍ ଇଟ୍ସ ଓନ୍ ଏଫେକ୍ଟ୍ସ"। ସେ

କହିଲେ, "ସର୍କିଟ୍ କୋର୍ଟ କ୍ୟାନ୍‌ସେଲ୍ କରି ମୁଁ ବ୍ରହ୍ମପୁର ଫେରିଯାଉଛି। ଆଉ ଉପାୟ କ'ଣ ?" ମୁଁ କହିଲି, "ସେ ହଲପ୍ ନେଇ ପ୍ରଥମେ ଗୋଟିଏ କଥା କହି ବର୍ତ୍ତମାନ ଠିକ୍ ଓଲଟା କଥା କହି ଅଦାଲତରେ ମିଥ୍ୟା ସାକ୍ଷ୍ୟ ଦେଇଥିବାରୁ ପେନାଲକୋର୍ଡ୍‌ର ୧୯୩ ଦଫା ଅନୁସାରେ ତା' ବିରୁଦ୍ଧରେ କାର୍ଯ୍ୟାନୁଷ୍ଠାନ କରାଯାଇ ପାରନ୍ତା। କିନ୍ତୁ ବୃଥାରେ ସମୟ ନଷ୍ଟ କରି ଲାଭ ନାହିଁ"। ପାଣିଗ୍ରାହୀ କିଛି ନ କହି ଚୁପ୍ ହୋଇ ବସିଥାନ୍ତି। କଥାଟା ଜଣା ପଡ଼ିଗଲା। ରାୟବାହାଦୁର ଲୋକନାଥ ମିଶ୍ର ଓ ମୁଁ ସବୁ ବୁଝିଗଲୁ। ପାଣିଗ୍ରାହୀଙ୍କୁ ମୁଁ କହିଲି, "ବେଶ୍ ଗୋଟିଏ ବଡ଼ ଧରଣର ଖେଳ ଖେଳିଲେ।" ସେ କ'ଣ ବା କହିଥାନ୍ତେ। ସେ ତ ସବୁ ଜାଣିଥାନ୍ତି।

ଆଇନ ବ୍ୟବସାୟରେ ଚାରିପୁରୁଷ

(ରଘୁନାଥ-ମଧୁସୂଦନ-ରଣଜିତ-ଇନ୍ଦ୍ରଜିତ)

ଲାଗ୍ ଲାଗ୍ ଚାରିପୁରୁଷ ଆଇନ ବ୍ୟବସାୟ କରିବା ଆମ ଓଡ଼ିଶାରେ କ୍ୱଚିତ୍ ଦେଖାଯାଏ। ସେହିଭଳି ଏକ ପରିବାର ହିସାବରେ କେବଳ ନୁହେଁ, ସେବା ଓ ସଂସ୍କୃତିର ପୃଷ୍ଠପୋଷକ ଭାବରେ ମଧ୍ୟ ଏହି ପରିବାରଟି ବେଶ୍ ଜଣାଶୁଣା। ଏତଦ୍‌ବ୍ୟତୀତ ନିଖିଳ ଭାରତ ବାର୍ କାଉନ୍ସିଲର ସଭାପତି ପଦ ଅଳଙ୍କୃତ କରି ରଣଜିତ ଦେଶର ଆଇନଜୀବୀ ମହଲରେ ଓଡ଼ିଶାକୁ ପରିଚିତ ଓ ସମ୍ମାନିତ କରିପାରିଛନ୍ତି।

ମୁଁ ପୁରୁଣା କଲେଜ ଗଳିରେ ଥିଲାବେଳେ ବିଶିଷ୍ଟ ଆଇନଜୀବୀ ମଧୁସୂଦନ ମହାନ୍ତି ମୋର ପଡ଼ିଶା ଥିଲେ। ସେ ଆୟକର ବିଭାଗରୁ ଅବ୍ୟାହତ ନେଇ ଆଇନ ବ୍ୟବସାୟ କରୁଥିଲେ। ପୂର୍ବରୁ ତାଙ୍କ ପିତା ସ୍ୱର୍ଗତ ରଘୁନାଥ ମହାନ୍ତି ମଧ୍ୟ ଆଇନ ବ୍ୟବସାୟ କରୁଥିଲେ। ସେ ମୁକ୍ତାର ଥିଲେ। ସବାରୀରେ ବସି କଚେରୀକୁ ଆସୁଥିଲେ। ସେତେବେଳେ ଏହା ଖାନ୍ଦାନ୍ ବୁନିଆଦିର ପରିଚୟ ଥିଲା। ମୋଟରକାର୍‌ର ପ୍ରଚଳନ ସେତେ ନ ଥିଲା।

ମଧୁବାବୁ ଆୟକର ସଂକ୍ରାନ୍ତୀୟ ମକଦ୍ଦମାରେ ବିଶେଷ ପାରଦର୍ଶିତା ଲାଭ କରିବା ସଙ୍ଗେ ସଙ୍ଗେ ସାଧାରଣ ଜୀବନରେ ବଡ଼ ଅସାଧାରଣ ପ୍ରତିଭାର ପରିଚୟ ଦେଇଥିଲେ। ବିଭିନ୍ନ ସାମାଜିକ ଅନୁଷ୍ଠାନ, ସାହିତ୍ୟସଭା ଓ ସାଂସ୍କୃତିକ କାର୍ଯ୍ୟକ୍ରମ ପ୍ରତି ତାଙ୍କର ବିଶେଷ ଅନୁରାଗ ଥିଲା। ସେ ସଭାସମିତିରେ ନିଜର ନିର୍ଭୀକ ମତ ପ୍ରକାଶ କରୁଥିଲେ। 'ଅବ୍‌ଜରଭର୍' ନାମରେ ଗୋଟିଏ ସାପ୍ତାହିକ ଇଂରାଜୀ ପତ୍ରିକା ପ୍ରକାଶ କରୁଥିଲେ। ଭାରି ଖେଳପ୍ରିୟ। ତାସ ଓ ପଶାଖେଳରେ ତାଙ୍କର ଭାରି ସଉକ।

ସାମ୍ବାଦିକତା କ୍ଷେତ୍ରରେ ନିଜର ବଳିଷ୍ଠ ଓ ନିର୍ଭୀକ ମତ ପ୍ରକାଶ ପାଇଁ ସେ ବିଶେଷ ଖ୍ୟାତି ଅର୍ଜନ କରିଥିଲେ।

ଅନେକ ସମୟରେ ମଧୁବାବୁଙ୍କ ସହିତ ଦେଖାସାକ୍ଷାତ ହୁଏ। ତାଙ୍କ ଇଂରାଜୀ ପତ୍ରିକା 'ଅବ୍‌ଜରଭର୍' ସମ୍ପର୍କୀୟ ଏକ ମକଦ୍ଦମାରେ ସେ ମୋତେ ଓକିଲ ଭାବେ ନିଯୁକ୍ତି କରିଥିଲେ। ଏହା ବ୍ୟତୀତ ବହୁବାର ସେ ମୋ ଉଗରପଡ଼ା ଘରକୁ ମଧ୍ୟ ଆସୁଥିଲେ। ଓଡ଼ିଶାର ରାଜା ମହାରାଜାଙ୍କ ମଧ୍ୟରୁ କିଏ କେମିତ ବେଳେବେଳେ ମୋ ଘରେ ଆତିଥ୍ୟ ଗ୍ରହଣ କରିଥାନ୍ତି। ବିଭିନ୍ନ ଆଇନ ପରାମର୍ଶ ପାଇଁ ମଧ୍ୟ ସେମାନେ ମୋ ସାହାଯ୍ୟ ଲୋଡ଼ିଥାନ୍ତି। ଥରେ କଳାହାଣ୍ଡି ମହାରଜା ମୋ ଘରେ ଥିଲାବେଳେ ମଧୁବାବୁ ଆସି ପହଞ୍ଚିଥିଲେ। ପାଟିକରି କହିଲେ—"ଆଗେ ରାଜା ମହାରାଜାମାନେ ମିଷ୍ଟର ଦାସ (ଉତ୍କଳ ଗୌରବ ମଧୁସୂଦନ ଦାସ)ଙ୍କ ଘରକୁ ଆସୁଥିଲେ। ଏବେ ସେମାନେ ମିଷ୍ଟର ଆର.କେ. ଦାସଙ୍କ (ମୋ) ଘରକୁ ଆସୁଛନ୍ତି। ପ୍ରକୃତରେ ସେ ହିଁ ଏବେକାର ମିଷ୍ଟର ଦାସ। ଓଡ଼ିଶାର ଦ୍ୱିତୀୟ ମଧୁବାବୁ।" ତାଙ୍କର ଏପରି ଅତିଶୟୋକ୍ତି ମୋତେ ଭଲ ଲାଗି ନ ଥିଲା। କିନ୍ତୁ ସେ ତ ନଛୋଡ଼ବନ୍ଧା, ତାଙ୍କ ମନକୁ ଯାହା ଆସିବ, ବିନା ଦ୍ୱିଧାରେ ତାହା ସେ ପ୍ରକାଶ କରିବେ। ପରିଣତି କିମ୍ବା ଫଳାଫଳ ପ୍ରତି ତାଙ୍କର ଭ୍ରୂକ୍ଷେପ ନଥାଏ। ସେ ଯେଉଁଠି ଆସି ପହଞ୍ଚନ୍ତି, ସେଠି ବେଶ୍ ହୋ-ହଲ୍ଲା ସୃଷ୍ଟି କରନ୍ତି। ସେ ଜଣେ ପ୍ରତିଭାବାନ ବ୍ୟକ୍ତି ଥିଲେ। ତାଙ୍କ ବାକ୍‌ପଟୁତାର ପଟାନ୍ତର ନାହିଁ।

ଆଉଥରେ ମଧୁବାବୁ ପୁତ୍ର ରଣଜିତକୁ ସାଙ୍ଗରେ ଧରି ମୋ ଘରେ ପହଞ୍ଚିଲେ। କହିଲେ, "ସେ ବାରିଷ୍ଟରୀ ପଢ଼ିବାକୁ ବିଲାତ ଯାଉଛି। ଆପଣଙ୍କଠାରୁ ଆଶୀର୍ବାଦ ନେବାକୁ ଆସିଛି।" ରଣଜିତ ମୁଣ୍ଡିଆଟିଏ ମାରିଲା। ତା' ମୁଣ୍ଡକୁ ଆଉଁଷି ଦେଲି। ଆର୍ଶୀବାଦ କରି କହିଲି— 'ଏଣିକି ମୁଣ୍ଡିଆମରା ଅଭ୍ୟାସ ଚାଲିଯିବ। ବାରିଷ୍ଟର ହୋଇ ଆସିଲେ ସେକ୍‌ହ୍ୟାଣ୍ଡ ଚାଲିବ। ତୁ ନିଶ୍ଚୟ ଦିନେ ବଡ଼ମଣିଷ ହେବୁ।" ସେଇୟା ହେଲା। ସେ ବାରିଷ୍ଟରୀ ପାଶ୍ କରି ଆସିଲା। ବଡ଼ ମଣିଷଟିଏ ମଧ୍ୟ ହେଲା। ଜୀବନ ଆରମ୍ଭ କଲା। ଆଇନ ବ୍ୟବସାୟରେ ଖୁବ୍ ପ୍ରତିଷ୍ଠା ଲାଭ କଲା। ଆଇନ ବ୍ୟବସାୟରେ ତା' ଭଳି ଟାଣୁଆ ଆଇନଜ୍ଞ ଖୁବ୍ କ୍ୱଚିତ ଦେଖାଯାଆନ୍ତି। ନାମଜାଦା ଆଇନଜ୍ଞ ଭାବରେ ଅପର୍ଯ୍ୟାପ୍ତ ରୋଜଗାର କଲା। ବହୁ ଉଚ୍ଚ ସମ୍ମାନର ଅଧିକାରୀ ହେଲା। ସର୍ବଭାରତୀୟ କ୍ଷେତ୍ରରେ ଓକିଲ ହିସାବରେ ଅଶେଷ ସୁଖ୍ୟାତି ଅର୍ଜନ କରିପାରିଥିଲା। ସେ ଅଲଇଣ୍ଡିଆ ବାର୍ କାଉନ୍ସିଲର ସଭାପତି ରୂପେ ଦୀର୍ଘକାଳ କାର୍ଯ୍ୟଭାର ତୁଲାଇଥିଲା। ସେହି ଉଚ୍ଚ ପଦବୀରେ ଏ ପର୍ଯ୍ୟନ୍ତ ତା'ଛଡ଼ା କେହି ଓଡ଼ିଆ ଅଧିଷ୍ଠିତ ହୋଇ ନ ଥିଲେ। ସେ ଥିଲା

ପ୍ରଥମ ଓଡ଼ିଆ । ସମଗ୍ର ଓଡ଼ିଶାର ଗର୍ବ । ତା'ପାଇଁ ଆମେ ସମସ୍ତେ ଗର୍ବିତ ।

ଦେଖିବାକୁ ରଣଜିତ ଯେପରି ଉଚ୍ଚ ଛାଞ୍ଚର ଡେଙ୍ଗା ଚଉଡ଼ା ଲୋକ— ହୃଦୟଟି ମଧ୍ୟ ସେହିପରି ମହାନ ଥିଲା । ଅନ୍ୟର ସୁଖଦୁଃଖରେ ଦରଦୀ ମନ ନେଇ, ସବୁରି ପାଇଁ ସେ କଥାପଦେ କହୁଥିଲେ । ତା'ର ଅକାଳ ବିୟୋଗ ଓଡ଼ିଶାର ବଡ଼ ଲୋକଙ୍କ ହୃଦୟରେ ଦାରୁଣ ବ୍ୟଥା ସୃଷ୍ଟି କରିଛି । ସେ ବଞ୍ଚି ରହିଥିଲେ ଓଡ଼ିଶା ପାଇଁ ଓ ଓଡ଼ିଆମାନଙ୍କ ପାଇଁ ବହୁତ କିଛି କରିପାରିଥାନ୍ତା । ମାତ୍ର ବିଧାତା ବଡ଼ ବିଚିତ୍ର । ତାକୁ ଅସମୟରେ ଆମ୍ଭମାନଙ୍କ ପାଖରୁ ଛଡ଼ାଇ ନେଲେ । ତା'ର ଦେହାନ୍ତ ଖବର ପାଇ ମୁଁ ଗମ୍ଭୀର ଭାବରେ ମର୍ମାହତ ହୋଇଥିଲି । ଶ୍ରଦ୍ଧେୟ ରଣଜିତ ଆମ ପରିବାରର ଅତ୍ୟନ୍ତ ପ୍ରିୟ ଥିଲେ । ଜଣେ ସମାଜସେବୀ ଭାବରେ ସେ ବହୁ ସ୍ୱେଚ୍ଛାସେବୀ ଅନୁଷ୍ଠାନ ସହିତ ଜଡ଼ିତ ଥିଲେ । ଏକାଧାରରେ ସେ ବହୁମୁଖୀ ବ୍ୟକ୍ତିତ୍ୱର ଅଧିକାର ଥିଲେ । ତାଙ୍କର ପତ୍ନୀ ଶକୁନ୍ତଳା (କୁନି) ସ୍ନେହଶୀଳା, ବୁଦ୍ଧିମତୀ ଓ ପରୋପକାରିଣୀ । ସେ ମଧ୍ୟ ବହୁ ମହିଳା ସ୍ୱେଚ୍ଛାସେବୀ ଅନୁଷ୍ଠାନରେ ନିଃସ୍ୱାର୍ଥପର ଭାବରେ ସେବା କାର୍ଯ୍ୟ କରୁଛି ।

ଆଇନ ବ୍ୟବସାୟ ତାଙ୍କ ବଂଶଗତ ବୃତ୍ତି ବୋଲ କହିଲେ ଅତ୍ୟୁକ୍ତି ହେବନାହିଁ । ରଣଜିତର ଜେଜେବାପା ରଘୁନାଥ ମହାନ୍ତି, ବାପା ମଧୁସୂଦନ ମହାନ୍ତି, ସେ ନିଜେ ଓ ତା ସ୍ତ୍ରୀ ଶକୁନ୍ତଳା ମଧ୍ୟ ଜଣେ ଆଡ଼୍‌ଭୋକେଟ୍ । ତା'ର ଜ୍ୟେଷ୍ଠପୁତ୍ର ଶ୍ରୀ ଇନ୍ଦ୍ରଜିତ ମହାନ୍ତି ମଧ୍ୟ ଆଇନ ବ୍ୟବସାୟ ଆରମ୍ଭ କରି ପିତାଙ୍କ ପଦାଙ୍କ ଅନୁସରଣ କରିଛି । ମଧୁବାବୁଙ୍କ ଝିଅ ଦୀପ୍ତି ମହାନ୍ତି ମଧ୍ୟ ଜଣେ ଆଇନଜୀବୀ ଭାବରେ ପ୍ରତିଷ୍ଠା ଲାଭ କରିଥିଲେ । ରଣଜିତ ପୂର୍ବରୁ ସେ ମଧ୍ୟ ଅକାଳରେ ସଂସାରରୁ ବିଦାୟ ନେଇ ଚାଲିଯାଇଛି । ଦୀପ୍ତି ଆଡ଼୍‌ଭୋକେଟ୍ ଶ୍ରୀ ଗୋକୁଳ ବିହାରୀ ମହାନ୍ତିଙ୍କୁ ବିବାହ କରିଥିଲାବେଳେ ମଧୁବାବୁଙ୍କ ଆଉ ଗୋଟିଏ ଝିଅ ବିଶିଷ୍ଟ ସାହିତ୍ୟିକ ତଥା ପୂର୍ବତନ ଲୋକସଭା ସଦସ୍ୟ ପ୍ରଖ୍ୟାତ ସାହିତ୍ୟିକ ଓ ସାମ୍ବାଦିକ ଶ୍ରୀ ସୁରେନ୍ଦ୍ର ମହାନ୍ତିଙ୍କୁ ବିବାହ କରିଥିଲେ ।

ଗତ ତିନିବର୍ଷ ତଳେ ଲିଗାଲ ମିସଲେନୀ ତରଫରୁ ଆୟୋଜିତ ଏକ ଉତ୍ସବରେ ରଣଜିତ ସହିତ ମୋର ଯେଉଁ ସାକ୍ଷାତ ହୋଇଥିଲା, ତାହା ଯେ ଶେଷ ସାକ୍ଷାତ ହେବ, ତାହା ସେତେବେଳେ ଚିନ୍ତାର ବାହାରେ ଥିଲା । ବାରିଷ୍ଟର ରଣଜିତ ମହାନ୍ତି (ଆମର ଶ୍ରଦ୍ଧେୟ ରଣଜିତ) ଗତ ୨୨-୮-୮୯ ତାରିଖରୁ ପରିବାର ତଥା ବନ୍ଧୁ ପରିଜନ ଓ ଆମମାନଙ୍କ ଠାରୁ ବିଦାୟ ନେଇ ସେପାରିକୁ ଚାଲିଗଲେଣି । ଓଡ଼ିଶାର ଆଇନ, କଳା, ସାହିତ୍ୟ, ସଂସ୍କୃତି, ରାଜନୀତି ଓ ସମାଜସେବା କ୍ଷେତ୍ରରେ ଏହି ପରିବାରର ଅବଦାନ ଚିର ସ୍ମରଣୀୟ ହୋଇ ରହିବ ।

ପଣ୍ଡିତ ଲିଙ୍ଗରାଜ ମିଶ୍ର

ସ୍ୱର୍ଗତ ଲିଙ୍ଗରାଜ ମିଶ୍ର ବହୁଦିନ ଧରି 'ସମାଜ'ର ସମ୍ପାଦକ ଥିଲେ। ପୁରୁଣା କଲେଜ ଗଳିରେ ସେ ଥିଲେ ମୋର ପଡ଼ୋଶୀ। ମୁଁ ବିନୋଦ ବିହାରୀରୁ ଆସି ପୁରୁଣା କଲେଜ ଗଳିରେ ମୋ ଘରେ ରହୁଥାଏ। ସେଇଠି ଅଳ୍ପଦୂରରେ ଡକ୍ଟର ରାଧାନାଥ ରଥ (ସଂପ୍ରତି 'ସମାଜ'ର ସଂପାଦକ) ଓ ଆଡ୍‌ଭୋକେଟ୍ ସ୍ୱର୍ଗତ ମଧୁସୂଦନ ମହାନ୍ତି ମଧ୍ୟ ରହୁଥିଲେ। ପାଖାପାଖି ରହୁଥିବା ଯୋଗୁଁ ପଣ୍ଡିତ ଲିଙ୍ଗରାଜ ମିଶ୍ରଙ୍କ ସହିତ ମିଶିବାର ଅଧିକ ସୁଯୋଗ ମୋତେ ମିଳିଥିଲା। ଆମ ଦୁଇଜଣଙ୍କ ସମ୍ପର୍କ ଅତ୍ୟନ୍ତ ଅନ୍ତରଙ୍ଗ ଥିଲା। ବିଭିନ୍ନ ଭାଷା ଓ ସାହିତ୍ୟ ଉପରେ ତାଙ୍କର ଅଗାଧ ଜ୍ଞାନ ଥିଲା। ବିଶେଷକରି ସଂସ୍କୃତ ଭାଷାରେ ସେ ପଣ୍ଡିତ ଥିଲେ। ସେ ସରଳ, ନିରାଡ଼ମ୍ବର, ମିଷ୍ଟଭାଷୀ ଓ ସ୍ୱଳ୍ପଭାଷୀ ଥିଲେ। ଏକଦା ସେ ଓଡ଼ିଶାର ଶିକ୍ଷାମନ୍ତ୍ରୀ ଆସନ ଅଳଙ୍କୃତ କରିଥିଲେ। ସେ ମନ୍ତ୍ରୀପଦ ଗ୍ରହଣ କଲାପରେ, ରାଧାନାଥବାବୁ 'ସମାଜ' ପତ୍ରିକାର ସମ୍ପାଦନା ଦାୟିତ୍ୱ ଗ୍ରହଣ କଲେ।

ଡକ୍ଟର ରାଧାନାଥ ରଥ

ଶ୍ରୀଯୁକ୍ତ ରାଧାନାଥ ରଥ ଓଡ଼ିଶା କଂଗ୍ରେସର ପ୍ରତିଷ୍ଠାତା ଉତ୍କଳମଣି ଗୋପବନ୍ଧୁ ଦାସଙ୍କ ଠାରୁ ପ୍ରେରଣା ଲାଭ କରି କଂଗ୍ରେସରେ ଯୋଗ ଦେଇଥିଲେ। ଇଂରେଜ ସରକାର ବିରୁଦ୍ଧରେ ଚାଲିଥିବା ସ୍ୱାଧୀନତା ସଂଗ୍ରାମରେ ଜଣେ ନିଷ୍ଠାପର କର୍ମୀ ଭାବେ କାର୍ଯ୍ୟ କରି ସେ ଜେଲଦଣ୍ଡ ମଧ୍ୟ ଭୋଗିଥିଲେ। ଉତ୍କଳମଣିଙ୍କ ଦ୍ୱାରା ପ୍ରତିଷ୍ଠିତ ଦୈନିକ ସମ୍ବାଦପତ୍ର 'ସମାଜ'ର ସେ ହେଉଛନ୍ତି ସମ୍ପାଦକ। ଓଡ଼ିଶାର ଜଣେ ପୂର୍ବତନ ମନ୍ତ୍ରୀ, ଭାରତର ଲୋକସେବକ ମଣ୍ଡଳର ସଭାପତି ତଥା ଅନ୍ୟତମ ବର୍ଷୀୟାନ୍ ନେତା ଭାବେ ସେ ସର୍ବତ୍ର ପରିଚିତ।

ଡକ୍ଟର ରାଧାନାଥ ରଥଙ୍କ ସହିତ ମୋର ସମ୍ପର୍କ ଅନେକ ଦିନର। ଆମ ରାଜ୍ୟର ବିଭିନ୍ନ ଜନସେବୀ ତଥା ସାଂସ୍କୃତିକ ଅନୁଷ୍ଠାନର ବିଭିନ୍ନ କାର୍ଯ୍ୟକ୍ରମ ଅବସରରେ ତାଙ୍କ ସହିତ ମୋର ଆଳାପ ଆଲୋଚନା ତଥା ଭାବ-ବିନିମୟ ବହୁବାର ହୋଇଛି। ତାଙ୍କର ନିମନ୍ତ୍ରଣକ୍ରମେ ଆଠଗଡ଼ ଗୋପବନ୍ଧୁ ବିଜ୍ଞାନ କଲେଜର ଏକ ଉତ୍ସବକୁ ଆମେ ସାଙ୍ଗ ହୋଇ ଯାଇଥିଲୁ। ସେହି ସଭାରେ ତାଙ୍କ ଭାଷଣରେ ରାଧାନାଥବାବୁ ମୋର ବହୁ ପ୍ରଶଂସା କରିଥିଲେ। ଉତ୍ସବ ପରେ ଏକା ଗାଡ଼ିରେ ସାଙ୍ଗ ହୋଇ କଟକ ଫେରିଲାବେଳେ ତାଙ୍କ ସହିତ ମୋର ଅନେକ ବିଷୟରେ ଆଲୋଚନା ହୋଇଥିଲା।

ଭୁବନେଶ୍ୱରଠାରେ ବାଲଓ୍ୱାଡ଼ିର ଏକ ଉତ୍ସବରେ ମୁଁ ସଭାପତିତ୍ୱ କରିଥିଲି। ରାଧାନାଥବାବୁ ସେଠାରେ ଅତିଥି ଭାବେ ଉପସ୍ଥିତ ଥିଲେ।

ସ୍ୱର୍ଗତ ରାଜେନ୍ଦ୍ର ନାରାୟଣ ସିଂହଦେଓଙ୍କ ମୁଖ୍ୟମନ୍ତ୍ରୀତ୍ୱ କାଳରେ ଓଡ଼ିଶାର ସୀମାନ୍ତ ଅଞ୍ଚଳ ସମ୍ବନ୍ଧରେ ଆନ୍ଧ୍ର ସରକାରଙ୍କ ନିଷ୍ପତ୍ତି ଉପରେ ଓଡ଼ିଶା ଆସେମ୍ବ୍ଲିରେ ପ୍ରସ୍ତାବ ଦେବାନେଇ ଗୋଟିଏ ଆଲୋଚନା ହୋଇଥିଲା। ସେଥିରେ ରାଧାନାଥବାବୁଙ୍କ ସହ ଡକ୍ଟର ମହତାବ, ହରିହର ପଟେଲ ଓ ମୁଁ ଯୋଗ ଦେଇଥିଲୁ। ସେହି ପ୍ରସ୍ତାବ ରାଧାନାଥବାବୁଙ୍କ ସ୍ୱାକ୍ଷରରେ ହିଁ ଦିଆ ଯାଇଥିଲା। ୧୯୮୭ ଡିସେମ୍ବର ୨୭ ତାରିଖରେ କଟକ କଳାବିକାଶ କେନ୍ଦ୍ରଠାରେ ଅନୁଷ୍ଠିତ ହୋଇଥିବା 'ମନପବନ' ଶିଶୁପତ୍ରିକାର ରଜତ ଜୟନ୍ତୀ ଉତ୍ସବରେ ଡକ୍ଟର ରାଧାନାଥ ରଥ, ବିଶିଷ୍ଟ ଶିଶୁ ସାହିତ୍ୟିକ ଶ୍ରୀରାମକୃଷ୍ଣ ନନ୍ଦ ଓ ମୁଁ ଅତିଥିଭାବେ ଯୋଗଦାନ କରିଥିଲୁ। ଏହା ବ୍ୟତୀତ ପ୍ରଫେସର ପରିଜା-ସ୍ମୃତି ପରିଷଦର ଟାଉନହଲ ମିଟିଂ ଓ କ୍ଲବହାଉସ ମିଟିଂରେ ଆମେ ପ୍ରାୟ ବହୁବାର ଏକାଠି ହୋଇଛୁ। ଶ୍ରୀଯୁକ୍ତ ମଇନ୍‌ଉଦ୍ଦିନ ଅହମ୍ମଦଙ୍କ ଉଦ୍ୟମରେ ପ୍ରତିଷ୍ଠିତ ଉର୍ଦ୍ଦୁ ଲାଇବ୍ରେରୀର ଏକ ଉତ୍ସବରେ ଆମେ ସାଙ୍ଗ ହୋଇ ଯୋଗଦାନ କରିଥିଲୁ।

ଓଡ଼ିଶାର ବନ୍ୟା, ବାତ୍ୟା, ମରୁଡ଼ି ଆଦି ବିଭିନ୍ନ, ଦୈବୀ ଦୁର୍ବିପାକ ସମୟରେ ଦୂର୍ଗତ ଲୋକମାନଙ୍କୁ ସାହାଯ୍ୟ କରିବାକୁ ଉତ୍କଳମଣି ଗୋପବନ୍ଧୁ ଯେଉଁ ପରମ୍ପରା ସୃଷ୍ଟି କରିଥିଲେ ରାଧାନାଥବାବୁ ତାଙ୍କର ଉପଯୁକ୍ତ ଦାୟାଦ ଭାବରେ ସେସବୁ ସେବାମୂଳକ କାର୍ଯ୍ୟକ୍ରମକୁ ଚଳାଇ ରଖିଛନ୍ତି। ସମାଜ ରିଲିଫ ପାଣ୍ଠି ତରଫରୁ ସେ ଦୁଃସ୍ଥ, ଅସହାୟ ଲୋକମାନଙ୍କୁ ବରାବର ସହଯୋଗ କରୁଛନ୍ତି। ବେସରକାରୀ ରିଲିଫ ସଂସ୍ଥା ଭାବରେ ଏହା ଏକ ଆଗୁଆ ଅନୁଷ୍ଠାନ ଭାବରେ କାର୍ଯ୍ୟ କରୁଛି ବୋଲି ନିର୍ଦ୍ୱନ୍ଦ୍ୱରେ କୁହାଯାଇ ପାରିବ।

ଓଡ଼ିଶାର ଅଗଣିତ ସେବା, ସଂସ୍କୃତି ଓ ଶିକ୍ଷାନୁଷ୍ଠାନମାନେ ରାଧାନାଥ ବାବୁଙ୍କୁ ଅତ୍ୟନ୍ତ ଶ୍ରଦ୍ଧା ଓ ସମ୍ମାନ ପ୍ରଦର୍ଶନ କରନ୍ତି। ୯୩ ବର୍ଷ ବୟସରେ ମଧ୍ୟ ସେ ବେଶ୍ କର୍ମତତ୍ପର ଅଛନ୍ତି। ସେ ଦେଶସେବାକୁ ଯେପରି ଗୁରୁତ୍ୱ ପ୍ରଦାନ କରୁଛନ୍ତି ତାହା ବିଶେଷ ଉଲ୍ଲେଖଯୋଗ୍ୟ।

ରାଧାନାଥ ବାବୁଙ୍କ ସୁଯୋଗ୍ୟ କନ୍ୟା ଅଧ୍ୟାପିକା ମନୋରମା ମହାପାତ୍ର 'ସମାଜ'ର ସହଯୋଗୀ ସମ୍ପାଦିକା ଭାବେ ଦାୟିତ୍ୱ ଗ୍ରହଣ କରି ପିତାଙ୍କ ଗୁରୁଦାୟିତ୍ୱକୁ କେତେକାଂଶରେ ଲାଘବ କରିଥିବା ଆନନ୍ଦର କଥା। ଜଣେ ଉଚ୍ଚକୋଟୀର ବକ୍ତା ଓ ସାହିତ୍ୟିକା ଭାବରେ ମନୋରମା ବେଶ୍ ପ୍ରତିଷ୍ଠା ଲାଭ କରିଛନ୍ତ। ଉତ୍କଳ ସାହିତ୍ୟର

ସମ୍ପାଦିକା ତଥା ଅନ୍ୟାନ୍ୟ ବହୁ ସାହିତ୍ୟ ଓ ସାଂସ୍କୃତିକ ଅନୁଷ୍ଠାନର କର୍ମକର୍ତ୍ତା ଭାବରେ ମଧ୍ୟ ସେ ଦାୟିତ୍ୱ ସୂଚାରୁରୂପେ ପରିଚାଳନା କରୁଥିବା ଜଣାଯାଏ । ସେ ଆଇନଗତ ସାହାଯ୍ୟ ଓ ଉପଦେଷ୍ଟା ବୋର୍ଡ଼ ସହିତ ସଂପୃକ୍ତ ରହି କାର୍ଯ୍ୟ କରୁଛନ୍ତି । ରାଧାନାଥ ବାବୁଙ୍କ ଜାମାତା ସ୍ୱର୍ଗତ ପଦାରବିନ୍ଦ ମହାପାତ୍ରଙ୍କ ଅକାଳବିୟୋଗ ରାଧାନାଥ ବାବୁ ତଥା ଶ୍ରଦ୍ଧେୟା ମନୋରମାଙ୍କ ପାଇଁ ଅପୂରଣୀୟ କ୍ଷତି । ପଦାରବିନ୍ଦ ବାବୁ ବନବିଭାଗର ଚିଫ୍-କନ୍‌ଜରଭେଟର ଭାବରେ ତାଙ୍କର ଦାୟିତ୍ୱ ଦକ୍ଷତାର ସହ ପରିଚାଳନା କରି ଅବସର ଗ୍ରହଣ କରିଥିଲେ । ସେ ମୋର ଜ୍ୟେଷ୍ଠ ଜାମାତା ସିକିମ ହାଇକୋର୍ଟର ଅବସରପ୍ରାପ୍ତ ମୁଖ୍ୟ ବିଚାରପତି ଶ୍ରୀଯୁକ୍ତ ଯୁଗଳ କିଶୋର ମହାନ୍ତିଙ୍କର ଅତ୍ୟନ୍ତ ଅନ୍ତରଙ୍ଗ ବନ୍ଧୁ ଥିଲେ ।

ସଂପ୍ରତି ଓଡ଼ିଶା ରାଜ୍ୟ ଯୋଜନା ବୋର୍ଡ଼ର ଅନ୍ୟତମ ସଦସ୍ୟ ଡକ୍ଟର ନୀଳକଣ୍ଠ ରଥ ରାଧାନାଥ ବାବୁଙ୍କ ସୁଯୋଗ୍ୟ ପୁତ୍ର । ଜଣେ ବିଶିଷ୍ଟ ଅର୍ଥନୀତିଜ୍ଞ ଭାବରେ ତାଙ୍କର ସୁନାମ ଅଛି ।

ରାଧାନାଥ ବାବୁ ସାମ୍ବାଦିକତା କ୍ଷେତ୍ରରେ ସାଧାରଣ ଜନତାର ଜାଗ୍ରତ-ପ୍ରହରୀ ରୂପେ ନିରବଚ୍ଛିନ୍ନ ଭାବେ କାର୍ଯ୍ୟ କରି ଆସୁଛନ୍ତି । ଏହି ବୟୋବୃଦ୍ଧ ବ୍ୟକ୍ତି ସମଗ୍ର ଓଡ଼ିଶାର ସମ୍ମାନନୀୟ ।

ଶ୍ରୀଯୁକ୍ତ ମଇନ୍‌ଉଦ୍ଦିନ ଅହମ୍ମଦ **(ଅବସରପ୍ରାପ୍ତ ଆଇ.ଏ.ଏସ୍.)**

ଶ୍ରୀଯୁକ୍ତ ମଇନ୍‌ଉଦ୍ଦିନ ଅହମ୍ମଦ, ଆଇ.ଏ.ଏସ୍., ଜଣେ ଦକ୍ଷ ପ୍ରଶାସକ ଭାବରେ ପ୍ରତିଷ୍ଠା ଲାଭ କରିଥିଲେ । ବହୁବର୍ଷ ଧରି ତାଙ୍କ ସହିତ ମୋର ଘନିଷ୍ଠତା ରହିଅଛି । ସେ ଏମ୍.ଏ. ପାଶ୍ କଲା ପରେ ପ୍ରଥମେ ଡେପୁଟି ମାଜିଷ୍ଟ୍ରେଟ୍ ଭାବରେ ସେ ସମୟରେ ବିହାର ଓଡ଼ିଶା ସରକାରଙ୍କ ଅଧୀନରେ ଯୋଗଦାନ କରିଥିଲେ । ଚାକିରି କ୍ଷେତ୍ରରେ ପର୍ଯ୍ୟାୟକ୍ରମେ ପଦୋନ୍ନତି ଲାଭକରି ଶେଷରେ ଆଇ.ଏ.ଏସ୍. ହୋଇ ରାଜସ୍ୱ କମିଶନର ଥିବାବେଳେ ସରକାରୀ ଚାକିରିରୁ ଅବସର ଗ୍ରହଣ କରିଥିଲେ । ସେ ୧୯୪୧, ୧୯୫୧ ଓ ୧୯୬୧ ମସିହା ଜନଗଣନାର ଓଡ଼ିଶାର ଜନଗଣନା-ନିର୍ଦ୍ଦେଶକ ଭାବେ ଦାୟିତ୍ୱ ପରିଚାଳନା କରିଥିଲେ । ଅତ୍ୟନ୍ତ ନିଷ୍ଠା ଓ ଆନ୍ତରିକତାର ସହିତ ଜନଗଣନା କ୍ଷେତ୍ରରେ ସେ ଅନେକ ତଥ୍ୟ-ସମ୍ବଳିତ ଐତିହାସିକ ବିବରଣୀ ପ୍ରଦାନ କରିଛନ୍ତି । ସେ ସମସ୍ତ ବିବରଣୀ ପାଠ କଲେ ବିଭିନ୍ନ କ୍ଷେତ୍ରରେ ସମଗ୍ର ଓଡ଼ିଶାର ଏକ ପୂର୍ଣ୍ଣାଙ୍ଗ ଚିତ୍ର ଜାଣିହେବ ।

ସରକାରୀ ଚାକିରିରୁ ଅବସର ନେଇ ସେ ସମାଜସେବା କ୍ଷେତ୍ରରେ ନିଜକୁ ସମ୍ପୂର୍ଣ୍ଣ ରୂପେ ନିୟୋଜିତ କରିଛନ୍ତି। କଟକ ସହରର ବକ୍ସିବଜାର ଠାରେ ଅବସ୍ଥିତ ଉର୍ଦ୍ଦୁ ପାଠାଗାର ତାଙ୍କ ଐକାନ୍ତିକ ଉଦ୍ୟମର ଜ୍ୱଳନ୍ତ ପ୍ରତୀକ ରୂପେ ଦଣ୍ଡାୟମାନ। ଏଥି ନିମିତ୍ତ ନିଷ୍ଠାର ସହିତ ଅକ୍ଳାନ୍ତ ପରିଶ୍ରମ କରିବା ସଙ୍ଗେ ସଙ୍ଗେ ସେ ନିଜର ସ୍ୱ-ଉପାର୍ଜିତ ଅର୍ଥ ମଧ୍ୟ ବହୁ ପରିମାଣରେ ଦାନ କରିଅଛନ୍ତି।

ଉକ୍ତ ଉର୍ଦ୍ଦୁ ଲାଇବ୍ରେରୀର ମୁଁ ଥିଲି ଜଣେ ମୁଖ୍ୟ ପ୍ରତିଷ୍ଠାତା ସଭ୍ୟ। ଏହା ଶ୍ରୀଯୁକ୍ତ ଅହମ୍ମଦ ମଧ୍ୟ ବିଭିନ୍ନ ସ୍ଥାନରେ ଉଲ୍ଲେଖ କରିଛନ୍ତି। ସେହି ଲାଇବ୍ରେରୀ ଘରେ ଓଡ଼ିଶାର ଭୂତପୂର୍ବ ମୁଖ୍ୟମନ୍ତ୍ରୀ ଶ୍ରୀଯୁକ୍ତ ବିଶ୍ୱନାଥ ଦାଶ, ସମାଜ ସମ୍ପାଦକ ଡକ୍ଟର ରାଧାନାଥ ରଥ ଏବଂ ମୋ ନାମ ଫଳକ ଉଲ୍ଲେଖ ରହିଛି। ଏହି ଉର୍ଦ୍ଦୁ ପାଠାଗାର ବ୍ୟତୀତ ଓଡ଼ିଶାର ଆହୁରି ଅନେକ ସେବା ଓ ସାଂସ୍କୃତିକ କାର୍ଯ୍ୟକ୍ରମରେ ନିଯୁକ୍ତ ଅହମ୍ମଦ ଜଡ଼ିତ ଅଛନ୍ତି। ଧର୍ମ ପ୍ରତି ତାଙ୍କର ପ୍ରଗାଢ଼ ଭକ୍ତି ଥିଲା। ସେ 'ହଜ୍' କରିବାକୁ ମକ୍କା ଯାଇଥିଲେ।

ଶ୍ରୀଯୁକ୍ତ ଅହମ୍ମଦଙ୍କ ପିତା ସ୍ୱର୍ଗତ ଅସରଫ୍ ଅଲୀ ମଧ୍ୟ ଜଣେ ସ୍ୱନାମଧନ୍ୟ ସମାଜସେବୀ ଓ ସାହିତ୍ୟିକ ଥିଲେ। ସେ ଜଣେ ବ୍ୟାକରଣବିତ୍ ମଧ୍ୟ ଥିଲେ। ଏହି ପରିବାର ସହିତ ମୋର ଘନିଷ୍ଠ ସମ୍ପର୍କ ରହିଅଛି। ମୁଁ ତାଙ୍କ ବାଲେଶ୍ୱର ଘରକୁ ମଧ୍ୟ ଯାଇଥିଲି।

ଏବେ ସୁଦ୍ଧା ଶ୍ରୀଯୁକ୍ତ ଅହମ୍ମଦ ସମାଜସେବା ପ୍ରତି ତାଙ୍କର ଅବଦାନ ଅବ୍ୟାହତ ରଖିଛନ୍ତି।

ରୋଟାରୀ କ୍ଲବ୍ ଓ ମହମ୍ମଦ ୟୁସୁଫ୍

ରୋଟାରୀ କ୍ଲବ୍ ସମ୍ପର୍କରେ ଆଲୋଚନାରୁ ଜଣାଯାଏ ସେ, ଉକ୍ତ ସଙ୍ଗଠନ ୧୯୦୫ ମସିହା ଫେବୃଆରୀ ୨୩ ତାରିଖରେ ପ୍ରଥମେ ଆମେରିକାର ଚିକାଗୋ ସହରରେ ଆତ୍ମପ୍ରକାଶ କରିଥିଲା। ପରବର୍ତ୍ତୀ ଅବସ୍ଥାରେ ଏହା ଏକ ଆନ୍ତର୍ଜାତିକ ଅନୁଷ୍ଠାନରେ ପରିଣତ ହୋଇ ଏବେ ବିଭିନ୍ନ ଭାବରେ ବହୁ ସମାଜ-ମଙ୍ଗଳ କାର୍ଯ୍ୟରେ ନିଜକୁ ନିୟୋଜିତ କରିଛି। ପୃଥିବୀର ଅନେକ ଦେଶରେ ଏହି ସଙ୍ଗଠନ କାର୍ଯ୍ୟ କରୁଅଛି।

ବିଗତ ୧୯୪୫ ମସିହାରୁ ଏହା କଟକ ସହରରେ ପ୍ରତିଷ୍ଠା ଲାଭ କରି ଏ ପର୍ଯ୍ୟନ୍ତ ବହୁ ସେବାମୂଳକ କାର୍ଯ୍ୟରେ ନିଜକୁ ନିୟୋଜିତ କରି ଆସୁଛି। ୧୯୭୩

ମସିହା ଏପ୍ରିଲ ୩ ତାରିଖରେ କଟକ ବାରବାଟୀ ଷ୍ଟାଡ଼ିୟମ୍‌ରେ କଟକ ଶାଖାର ଏକ ଅଧିବେଶନରେ ଯୋଗଦାନ କରିବାର ସୁଯୋଗ ମୁଁ ପାଇଥିଲି । ମୋର ଜୁନିଅର ଭାବେ କାର୍ଯ୍ୟ କରୁଥିବା ଆଡ଼୍‌ଭୋକେଟ୍ ଶ୍ରୀ ବିଜୟ ମହାନ୍ତି ସେତେବେଳେ ଏହାର ସଭାପତି ଥିଲେ ଏବଂ ଉକ୍ତ ଉତ୍ସବରେ ଯୋଗଦାନ କରିବାକୁ ସେ ମୋତେ ଅନୁରୋଧ କରିଥିଲେ । ବିଜୟଙ୍କ ଅନୁରୋଧ ରକ୍ଷାକରି ସେଦିନ ଉତ୍ସବରେ ମୁଖ୍ୟ ଅତିଥି ଭାବେ ଯୋଗଦାନ କରିବା ବ୍ୟତୀତ ଭୁବନେଶ୍ୱର ଏବଂ ପୁରୀଠାରେ ଅନୁଷ୍ଠିତ ହୋଇଥିବା ରୋଟାରୀ କ୍ଲବ୍‌ର ଅନ୍ୟ ଦୁଇଟି ଉତ୍ସବରେ ମଧ୍ୟ ଅତିଥି ଭାବେ ଯୋଗଦାନ କରିବାର ସୁଯୋଗ ପାଇଥିଲି । ରୋଟାରୀ କ୍ଲବ୍‌ର ଉତ୍ସବମାନଙ୍କରେ ବହୁ ପୁରୁଣା ପ୍ରତିଷ୍ଠିତ ବ୍ୟବସାୟୀ ତଥା ମହକିଲମାନଙ୍କୁ ମଧ୍ୟ ସେଠାରେ ଦେଖିବାର ସୁଯୋଗ ପାଇଥିଲି ।

କଟକ ସହରର ଅନ୍ୟତମ ସମାଜସେବୀ ମହମ୍ମଦ ୟୁସୁଫ୍ ଉକ୍ତ ରୋଟାରୀ କ୍ଲବ୍ ସହିତ ବହୁ ଭାବରେ ସଂପୃକ୍ତ ଥିଲେ । ସେ ଲୁଣ ବ୍ୟବସାୟ ସହିତ ସଂପୃକ୍ତ ଥିବା କାରଣରୁ ବିଶିଷ୍ଟ ଲୁଣ ବ୍ୟବସାୟୀ ନରମଲ୍ ମୋଦୀ (ନାରୁବାବୁ)ଙ୍କ ସହ ତାଙ୍କର ବେଶ୍ ବନ୍ଧୁତା ଥିଲା । ଅନେକ ସମୟରେ ସେ ତାଙ୍କ ଘରକୁ ଯିବା ଆସିବା କରୁଥିଲେ । ନାରୁବାବୁ ମୋର ମହକିଲ ତଥା ବ୍ୟକ୍ତିଗତ ବନ୍ଧୁ ହୋଇଥିବା କାରଣରୁ ମୁଁ ତାଙ୍କ ନୟାସଡ଼କର ଘରକୁ ଯାଇଥିବା ଅବସରରେ ସେଠାରେ ମହମ୍ମଦ ୟୁସୁଫ୍‌ଙ୍କ ସହ ସାକ୍ଷାତ ହୋଇଥିଲା । ନାରୁବାବୁଙ୍କ ସହ ମିଶି ୟୁସୁଫ୍ ସାହେବ ମୋ ଘରକୁ ମଧ୍ୟ କେତେଥର ଆସିଥିଲେ । ସେ ଥରେ ମୋତେ ଚା ପିଇବାକୁ ତାଙ୍କ ଘରକୁ ନିମନ୍ତ୍ରଣ କରିଥିଲେ ଏବଂ ନାରୁବାବୁଙ୍କ ସହ ମୁଁ ତାଙ୍କ ଘରକୁ ମଧ୍ୟ ଯାଇଥିଲି । ବେଶ୍ ଦୀର୍ଘକାୟ ବ୍ୟକ୍ତି । ଦେଖିବାକୁ ସୁନ୍ଦର ଚେହେରା । ଅତ୍ୟନ୍ତ ମିଷ୍ଟଭାଷୀ । ଭଲ ଇଂରାଜୀ କହନ୍ତି । ଜଣେ ଉଚ୍ଚ ଶିକ୍ଷିତ, ଗୁଣୀ ବ୍ୟକ୍ତି ଭାବରେ ମଧ୍ୟ ତାଙ୍କର ସୁନାମ ଥିଲା । ବିଭିନ୍ନ ସେବାମୂଳକ ଅନୁଷ୍ଠାନ ସହିତ ସେ ସଂଯୁକ୍ତ ଥିଲେ ।

ରୋଟାରୀ କ୍ଲବ୍ ସହିତ ସାମିଲ ହେବା ପାଇଁ ସେ ମୋତେ ବହୁବାର ଅନୁରୋଧ କରିଥିଲେ । ଏହି କ୍ଲବ୍-ଜୀବନରେ ଅନେକ ସୁବିଧା ଅଛି ଏବଂ ଇଚ୍ଛା କଲେ ବିଦେଶ ଯାଇହେବ ବୋଲି ମଧ୍ୟ ସେ କହୁଥିଲେ । ହେଲେ କୌଣସି ବ୍ୟକ୍ତିଗତ କାରଣରୁ ଉକ୍ତ ସଙ୍ଗଠନ ସହିତ ମୁଁ ଖୁବ୍ ବେଶୀ ସଂପୃକ୍ତ ହେବାକୁ ଆଗ୍ରହ ହୋଇପାରି ନ ଥିଲି ।

ମିଷ୍ଟର ଆଣ୍ଡ ମିସେସ୍

ସ୍ୱର୍ଗତା ନଳିନୀ ଦେବୀ ରାଉତରାୟ ଓଡ଼ିଶାର ପୂର୍ବତନ ମୁଖ୍ୟମନ୍ତ୍ରୀ ବର୍ତ୍ତମାନର

କେନ୍ଦ୍ର କ୍ୟାବିନେଟ ମନ୍ତ୍ରୀ ଶ୍ରୀଯୁକ୍ତ ନୀଳମଣି ରାଉତରାୟଙ୍କ ସହଧର୍ମିଣୀ ଭାବେ କେବଳ ନୁହନ୍ତି, ଜଣେ ସ୍ୱନାମଧନ୍ୟା ସମାଜ ସେବିକା ଓ ସୁଲେଖିକା ଭାବେ ସର୍ବତ୍ର ପରିଚିତା। ସ୍କୁଲରେ ପାଠପଢ଼ିବା ଦିନଠାରୁ ତାଙ୍କଠାରେ ଏହି ସମସ୍ତ ସୁଗୁଣ ପ୍ରକାଶ ପାଇଥିଲା।

ଶ୍ରୀଯୁକ୍ତ ନୀଳମଣି ରାଉତରାୟ ତାଙ୍କ ସୁଦୀର୍ଘ ଆତ୍ମଜୀବନୀ 'ସ୍ମୃତି ଓ ଅନୁଭୂତି' (ପୃଷ୍ଠା ୨୧୨-୨୨୪) ରେ ନଳିନୀଙ୍କ ସଂପର୍କରେ ବିଶଦଭାବେ ବର୍ଣ୍ଣନା କରିଛନ୍ତି। ବିଶେଷ ଭାବରେ ମୋ ଆଇନ ବ୍ୟବସାୟ ସହିତ ଦୀର୍ଘଦିନ ଧରି ସହଯୋଗୀ ଭାବେ କାର୍ଯ୍ୟ କରିଥିବା ଆଡ୍‌ଭୋକେଟ ସ୍ୱର୍ଗତ ଗିରିଜାଶଙ୍କର ବହିଦାର ଶ୍ରୀଯୁକ୍ତ ରାଉତରାୟଙ୍କ ସହିତ ନଳିନୀ ଦେବୀଙ୍କ ବିବାହ କାର୍ଯ୍ୟରେ କିଭଳି ମଧ୍ୟସ୍ଥତା କରିଥିଲେ, ତାହା ନୀଳମଣିବାବୁ ସୁନ୍ଦର ଭାବେ ବର୍ଣ୍ଣନା କରିଛନ୍ତି। ନୀଳମଣିବାବୁଙ୍କ ସମେତ ତାଙ୍କ ଭାଇ ସ୍ୱର୍ଗତ ହରେକୃଷ୍ଣ ରାଉତରାୟ ନଳିନୀ ସହିତ ଆମର ପାରିବାରିକ ସମ୍ପର୍କ ଅତ୍ୟନ୍ତ ଘନିଷ୍ଠ ଥିଲା। ହିନ୍ଦ୍ ସେବକ ସଂଘର ସଭ୍ୟ ଶ୍ରୀଯୁକ୍ତ ଶ୍ୟାମସୁନ୍ଦର ମିଶ୍ର ଓ ତାଙ୍କ ପରିବାର ଏବଂ ସପରିବାରରେ ମୁଁ କଲିକତାଠାରେ ହରେକୃଷ୍ଣ ରାଉତରାୟଙ୍କ ଘରେ ଅତିଥି ହୋଇ ସୁଖ-ସ୍ୱାଚ୍ଛନ୍ଦ୍ୟରେ ରହିଥିବା ବିଷୟ ଅନ୍ୟତ୍ର ଉଲ୍ଲେଖ କରିଅଛି।

ନଳିନୀ ଦେବୀଙ୍କ ସହିତ ମୋ ସ୍ତ୍ରୀଙ୍କ ସମ୍ପର୍କ ଅତ୍ୟନ୍ତ ସ୍ନେହପୂର୍ଣ୍ଣ ଥିଲା। ଅନେକ ସମୟରେ ସେ ଆମ ଘରକୁ ଆସି ଆତିଥ୍ୟ ଗ୍ରହଣ କରୁଥିଲେ। ସେ ମଝିରେ ମଝିରେ ଦୁଇ ତିନି ଦିନ ଲେଖାଏଁ ମୋ ଘରେ ରହୁଥିଲେ। ଦୁଇ ବାନ୍ଧବୀ ପରସ୍ପରର ଅତ୍ୟନ୍ତ ଆତ୍ମୀୟ ଥିଲେ। ସବୁ କାମରେ ସେ ଆଗୁଆ ଥିଲେ। ପ୍ରତ୍ୟୁତ୍ପନ୍ନମତି, ସ୍ନେହଶୀଳା ନଳିନୀ ଦେବୀ ଜଣେ ପ୍ରତିଭାମୟୀ ନାରୀ ଥିଲେ। ଥରେ ଗୋଟିଏ ଉତ୍ସବକୁ ମାତ୍ର ଖଣ୍ଡିଏ ନିମନ୍ତ୍ରଣ କାର୍ଡ଼ ନେଇ ମୋ ସ୍ତ୍ରୀ ଓ ସେ ବାହାରିଲେ। ଭିତରକୁ ଯିବା ପାଇଁ ହୁଏତ କିଛି ଆପତ୍ତି ଥାଇପାରେ– ଏ ଆଶଙ୍କା ମୋ ସ୍ତ୍ରୀଙ୍କର ଥିଲା। ମାତ୍ର ଗେଟ୍ ପାଖରେ ନଳିନୀ ଦେବୀ ନିମନ୍ତ୍ରଣ ପତ୍ରଟି ଦେଖାଇ କହିଲେ—ଆମେ ମିଷ୍ଟର ଆଣ୍ଡ ମିସେସ୍ ଆସିଛୁ। ନିମନ୍ତ୍ରଣ ପତ୍ର ତଦାରଖ କରୁଥିବା ଭଦ୍ରଲୋକ ସାମାନ୍ୟ ହସି ଦୁହିଁଙ୍କୁ ଭିତରକୁ ଛାଡ଼ିଦେଲେ।

ଏକଥାକୁ ଆମେ ପରେ ଖୁବ୍ ଉପଭୋଗ କରିଥିଲୁ। ସେତେବେଳେ ନଳିନୀ ପ୍ରଜାତନ୍ତ୍ର ପରିସରରେ ରହୁଥାନ୍ତି। ସେ 'ମରୁତୀର୍ଥ' ନାମକ ଏକ ସାହିତ୍ୟ ପତ୍ରିକାର ସମ୍ପାଦିକା ଥିଲେ। ସେ କ୍ୟାନ୍‌ସର ରୋଗରେ ପୀଡ଼ିତା ହୋଇ ମୃତ୍ୟୁବରଣ କରିଥିଲେ। ତାଙ୍କର ବିଚ୍ଛେଦ ମୋ ସ୍ତ୍ରୀଙ୍କ ପାଇଁ ଗଭୀର ଦୁଃଖର ଘଟଣା ହୋଇଥିଲା। ଆମେ ଜଣେ

ପରମ ଆତ୍ମୀୟା ବନ୍ଧୁଙ୍କୁ ହରାଇଲୁ। ସେ ଆଜି ନାହାନ୍ତି, ହେଲେ ତାଙ୍କ ସ୍ମୃତି ଆମ୍ଭମାନଙ୍କର ମାନସପଟରେ ଜୀବନ୍ତ ହୋଇ ରହିଛି।

ଦ୍ୱିତୀୟ ବିଶ୍ୱଯୁଦ୍ଧ

ଦ୍ୱିତୀୟ ବିଶ୍ୱଯୁଦ୍ଧ କେବଳ କଟକ କିମ୍ବା ଓଡ଼ିଶା ପାଇଁ ଆତଙ୍କ ନଥିଲା; ତାହା ସମଗ୍ର ବିଶ୍ୱପାଇଁ ଏକ ବିରାଟ ପ୍ରଶ୍ନବାଚୀ ଥିଲା। ହିରୋସୀମା, ନାଗାସାକିରେ ବୋମା ବିସ୍ଫୋରଣ ପରେ, ପୃଥିବୀର ପ୍ରତ୍ୟେକ ମନୁଷ୍ୟ ଶଙ୍କାକୁଳ ହୋଇ ଯୁଦ୍ଧର ଫଳାଫଳ ପ୍ରତି ଅପେକ୍ଷ୍ୟମାଣ ହୋଇ ରହିଥିଲା। ସତରେ ଏ ମନୁଷ୍ୟ-ସଭ୍ୟତା ତିଷ୍ଠି ରହିବ ତ ? ଏପରି ଏକ ଭୟ ସାଧାରଣ ମନକୁ ଆବୋରି ବସିଥିଲା।

ସେପ୍ଟେମ୍ବର ୧୯୩୯ ମସିହାରେ ଦ୍ୱିତୀୟ ବିଶ୍ୱଯୁଦ୍ଧ ଆରମ୍ଭ ହେଲା। ସେତେବେଳେ ମୁଁ ଓକିଲାତି କରୁଥିଲି। ସେ ସମୟରେ ବିପଦକାଳୀନ ସତର୍କଘଣ୍ଟି (ସାଇରନ୍) ବାଜିବାମାତ୍ରେ ସମସ୍ତେ ଗାତ (ଟ୍ରେଞ୍ଚ୍) ଭିତରେ ପଶି ଯିବାର ବ୍ୟବସ୍ଥା ହୋଇଥିଲା। (କଟକ ସହରର ବିଭିନ୍ନ ସ୍ଥାନରେ ଏପରି ବହୁତ ଗାତ ଥିଲା।) ଆକାଶ ମାର୍ଗରୁ ବୋମା ବର୍ଷଣ ହେଲେ ଆତ୍ମରକ୍ଷା ପାଇଁ ଏଭଳି ସତର୍କତା ଅବଲମ୍ବନ କରିବା ସଂପର୍କରେ ଲୋକମାନଙ୍କୁ ତାଲିମ ଦେବା ନିମିତ୍ତ ଏୟାର ରେଡ୍ ପ୍ରିକସନ୍ (ଏ.ଆର.ପି.) ବାହିନୀ ଗଠନ କରାଯାଇଥିଲା। ଯୁଦ୍ଧ ସମାପ୍ତି ପରେ, ପରବର୍ତ୍ତୀ କାଳରେ ସେମାନେ ସ୍ଥାୟୀ ଚାକିରିରେ ନିଯୁକ୍ତି ପାଇଥିଲେ। ୧୯୪୩ ମସିହା ବେଳକୁ ବହୁଲୋକ ବାଲେଶ୍ୱର ପ୍ରଭୃତି ଅଞ୍ଚଳରୁ କଟକକୁ ପଳାଇ ଆସିଥିଲେ। ଠକ୍‌କର ବାପା ସେତେବେଳେ କଟକ ଆସିଥିଲେ। ପରିଜା ସାହେବ ମଧ୍ୟ ତାଙ୍କ ମିଶି ରିଲିଫ କାର୍ଯ୍ୟରେ ପୂର୍ଣ୍ଣ ସହଯୋଗ କରୁଥିଲେ।

ପାରାଦ୍ୱୀପ, କୁଜଙ୍ଗ ଅଞ୍ଚଳର ଲୋକମାନେ ସବୁସମୟରେ ଭୀତତ୍ରସ୍ତ ହୋଇ ରହୁଥିଲେ। କାରଣ ସମୁଦ୍ରବାଟେ ଶତ୍ରୁର ଆକ୍ରମଣର ଭୟ ସେମାନଙ୍କୁ ଆତଙ୍କିତ କରି ରଖିଥିଲା। ଏହି ସମୟରେ କଟକରୁ ରାଜଧାନୀ ସମ୍ବଲପୁରକୁ ଉଠାଇ ନିଆ ଯାଇଥିଲା। ଗାଡ଼ି ଲାଇଟ୍‌ରେ କଳା ବୋଳା ଯାଉଥିଲା। ରାତିରେ କଟକ ସହରକୁ ସମ୍ପୂର୍ଣ୍ଣ ଅନ୍ଧାର (ବ୍ଲାକ୍ ଆଉଟ) କରି ଦିଆ ଯାଉଥିଲା। ଦ୍ୱିତୀୟ ବିଶ୍ୱଯୁଦ୍ଧ ପରେ ଅକ୍ଟାଭିଅସ୍ ଷ୍ଟିଲ କମ୍ପାନୀ କଟକ ସହରରେ ବିଦ୍ୟୁତକରଣ କରିଥିଲେ।

ଏହି ଦ୍ୱିତୀୟ ବିଶ୍ୱଯୁଦ୍ଧ ସମୟରେ ମୋଦି ପରିବାରର ଗୋଟିଏ ମକଦ୍ଦମାରେ ମୁଁ କଲିକତା ଯାଇଥିଲି। ପ୍ରଫେସର ବାମା ଚରଣ ଦାସଙ୍କ ଭାଇ ସ୍ୱର୍ଗତ ଶ୍ୟାମା ଚରଣ

ଦାସ ଆଡ୍‌ଭୋକେଟ୍ ସେହି ମକଦ୍ଦମାରେ ସେଠାରେ ଜମାନବନ୍ଦୀ ନେବାକୁ କମିଶନ ହୋଇ ଯାଇଥିଲେ। ମୁଁ ମୋଦି ପରିବାରର ଓକିଲ ଭାବେ ଯାଇଥିଲି। ସାଙ୍ଗରେ ମୋଦି ମଧ୍ୟ ଯାଇଥିଲେ। ହାଓଡ଼ା ବାଟେ ଯିବାକୁ ରେଳ ଟିକେଟ ହୋଇଥିଲା। ବୋମା ପଡ଼ିଥିବା କାରଣରୁ ଆମେ ବିଜୟନଗରମ୍ ବାଟେ ଆଲହାବାଦ ବୁଲି କରି କଲିକତା ଯାଇଥିଲୁ।

ଦ୍ୱିତୀୟ ମହାଯୁଦ୍ଧର ସମାପ୍ତି ପରେ ବିଶ୍ୱମାନସରୁ ଯୁଦ୍ଧର ଘନଘଟା-ଜନିତ ଭୟ ଓ ଆଶଙ୍କା କ୍ରମଶଃ ଅପସରି ଯାଇଥିଲା। ମାତ୍ର ତା'ର ବିକଟ ଅନୁଭବ ବହୁକାଳ ପର୍ଯ୍ୟନ୍ତ ସ୍ମୃତିରେ ଜଡ଼ିତ ହୋଇ ରହିଥିଲା।

କଟକରେ ଭୂମିକମ୍ପ

୧୯୩୪ ମସିହା ଜାନୁଆରୀ ୧୫ ତାରିଖର ଘଟଣା। ସେଦିନ ଅପରାହ୍ଣ ପ୍ରାୟ ଦୁଇଟା ସମୟରେ କୌଣସି ଗୋଟିଏ କାମରେ ମୁଁ କଲେକ୍ଟୋରେଟ୍‌କୁ ଯାଇଥିଲି। ହଠାତ୍ ଚାରିଆଡ଼େ ପାଟିତୁଣ୍ଡ ଓ ଧାଁ ଦଉଡ଼ ଆରମ୍ଭ ହୋଇଗଲା। ଅଫିସ କୋଠା ଥରି ଉଠିଲା ଭଳି ଜଣା ପଡୁଥାଏ। "ହେଇ, ଭୂମିକମ୍ପ ହେଲା" ବୋଲି ଲୋକେ ପାଟିକରି ଉଠିଲେ। ଆମେ ସବୁ ବାହାରକୁ ପଳାଇ ଆସିଲୁ। କାଠଯୋଡ଼ି କୂଳରେ ଥିବା ଗଛ ସବୁ ଦୋହଲି ଯାଉଥାଏ। ତଳକୁ ନଇଁ ଆସି ପୁଣି ଉପରକୁ ଉଠି ଯାଉଥାଏ।

ଖବର କାଗଜରେ ଓଡ଼ିଶାର କଟକ, ବିହାର ତଥା ଭାରତର ଅନ୍ୟ କେତେକ ସ୍ଥାନରେ ବଡ଼ ଧରଣର ଭୂମିକମ୍ପ ହୋଇଥିବା କଥା ପ୍ରକାଶ ପାଇଥିଲା। ସେହି ସମୟର ସେ ଭୟାବହ ଅନୁଭୂତି କଥା ମନେ ପଡ଼ିଲେ ଆତଙ୍କିତ ଲୋକମାନଙ୍କର ସେ କରୁଣ ଚିତ୍ର ମୋ ଆଖି ଆଗରେ ଏବେ ବି ଭାସି ଉଠୁଛି। ପ୍ରକୃତରେ ଲୋକମାନଙ୍କ ମଧ୍ୟରେ ପ୍ରବଳ ଆତଙ୍କ ଖେଳି ଯାଇଥିଲା ଏବଂ ଏହା ପ୍ରାୟ କିଛି ଦିନ ଧରି ସେମାନଙ୍କୁ ଭୟଭୀତ କରି ରଖିଥିଲା ବୋଲି କହିଲେ ଅତ୍ୟୁକ୍ତି ହେବ ନାହିଁ। ଅବଶ୍ୟ ବିହାର ଓ ଭାରତର ଅନେକ ସ୍ଥାନରେ ଭୟଙ୍କର ଭୂମିକମ୍ପ ହୋଇଥିବାର ସମ୍ବାଦ ପରେ ପ୍ରକାଶ ପାଇଥିଲା।

ବଣିକ-ବନ୍ଧୁ ବଂଶୀଧର ମହାନ୍ତି

ମୁଁ ପୁରୁଣା କଲେଜ୍ ଗଳିରେ ରହୁଥିବା ସମୟରେ ସ୍ୱର୍ଗତ ବଂଶୀଧର ମହାନ୍ତିଙ୍କ ସହ ମୋର ବନ୍ଧୁତା ସ୍ଥାପିତ ହୋଇ ଶେଷ ପର୍ଯ୍ୟନ୍ତ ଅତୁଟ ରହିଥିଲା। ସେତେବେଳେ

ଯେଉଁ ମୁଷ୍ଟିମେୟ ଓଡ଼ିଆ ବ୍ୟବସାୟ ଓ ଶିଳ୍ପ କ୍ଷେତ୍ରରେ ପ୍ରତିଷ୍ଠା ଲାଭ କରିଥିଲେ, ସେମାନଙ୍କ ମଧ୍ୟରେ ବଂଶୀଧର ମହାନ୍ତି ଅନ୍ୟତମ। ମୋର ଜଣେ ବାଲ୍ୟବନ୍ଧୁ ସ୍ୱର୍ଗତ ନରେନ୍ଦ୍ର କିଶୋର ଦାସ (ନରିବାବୁ)ଙ୍କ ସହିତ ବଂଶୀଧର ବାବୁଙ୍କର ମଧ୍ୟ ବନ୍ଧୁତା ଥିଲା ଏବଂ ସେହି ଅବସରରେ ନରିବାବୁଙ୍କ ସହିତ ବଂଶୀବାବୁ କେତେଥର ମୋ ପୁରୁଣା କଲେଜ ଗଳି ଘରକୁ ଆସିଥିଲେ ଓ କେତେକ ଆଇନଗତ ପରାମର୍ଶ ମଧ୍ୟ କରିଥିଲେ। ସ୍ୱର୍ଗତ ମୋତିଲାଲ ପଣ୍ଡିତ, ପୂର୍ବତନ ମୁଖ୍ୟମନ୍ତ୍ରୀ ସ୍ୱର୍ଗତ ବୀରେନ୍ ମିତ୍ର ଓ ସ୍ୱର୍ଗତ ନବ କିଶୋର ମହାନ୍ତି ପ୍ରଭୃତିଙ୍କ ସହିତ ତାଙ୍କର ମଧ୍ୟ ବ୍ୟାବସାୟିକ ସମ୍ପର୍କ ଥିଲା। ସେହି ସମୟରେ "ଓଡ଼ଶା ଏଜେନ୍ସି" ନାମରେ ଏକ ବ୍ୟବସାୟ-ପ୍ରତିଷ୍ଠାନ ଗଠିତ ହୋଇ ସେମାନଙ୍କ ମିଳିତ ଉଦ୍ୟମରେ ବ୍ୟବସାୟ ଚାଲିଥିଲା। ବଂଶୀବାବୁ ଥିଲେ ଏମାନଙ୍କ ମଧ୍ୟରେ ବୟୋବୃଦ୍ଧ। କେବଳ କଟକ ମାଲଗୋଦାମ କାହିଁକି, ସାରା ଓଡ଼ିଶାର ବ୍ୟବସାୟୀ ମହଲରେ ତାଙ୍କର ପ୍ରତିପତ୍ତି ଥିଲା, ଖାତିର ମଧ୍ୟ ଖୁବ୍ ଥିଲା।

ଉକ୍ତ "ଓଡ଼ିଶା ଏଜେନ୍ସି" ତରଫରୁ ଗୋଟିଏ ମକଦ୍ଦମା ଦାୟର କରାଯାଇଥିଲା। ଏହି କେଶ୍‌ରେ "ଓଡ଼ିଶା ଏଜେନ୍‌ସି" ତରଫରୁ ଓକିଲ ଭାବେ ନିଯୁକ୍ତି ପାଇ ମକଦ୍ଦମା ଚଳାଇବାକୁ ମୁଁ ସମ୍ବଲପୁର ଯାଇଥିଲି। ସେ ସମୟରେ ରାଜସ୍ୱ ପରିଷଦର ସଭ୍ୟ ଶ୍ରୀ ବଳରାମ ଶିବରମଣ, ଆଇ.ସି.ଏସ୍. (ବର୍ତ୍ତମାନ ଓଡ଼ିଶା ଯୋଜନା ବୋର୍ଡ଼ର ଉପାଧ୍ୟକ୍ଷ) ସମ୍ବଲପୁର ଠାରେ ଅଫିସ୍ କରୁଥାନ୍ତି।

ପରବର୍ତ୍ତୀ ଅବସ୍ଥାରେ ବଂଶୀବାବୁ କେତେଥର ମୋ ଡଗରପଡ଼ା ଘରକୁ ଆସିଥିଲେ। ଜଣେ ସମାଜସେବୀ ଭାବରେ ମଧ୍ୟ ତାଙ୍କର ବିଶେଷ ପ୍ରତିଷ୍ଠା ଥିଲା। ଦୁଃଖୀରଙ୍କିମାନଙ୍କୁ ସେ ମୁକ୍ତ ହସ୍ତରେ ଦାନ କରୁଥିଲେ ଏବଂ ନିଜର ବନ୍ଧୁମାନଙ୍କୁ ମଧ୍ୟ ବିଭିନ୍ନ ଭାବରେ ସହଯୋଗ କରୁଥିଲେ। ଜଣେ ବଦାନ୍ୟ ବ୍ୟକ୍ତି ଭାବରେ ତାଙ୍କର ସୁନାମ ଥିଲା।

ଗୋଟିଏ ମଧ୍ୟବିତ୍ତ ପରିବାରରେ ଜନ୍ମଲାଭ କରି ବଂଶୀବାବୁ ସ୍ୱକୀୟ କର୍ମଗୁଣରେ ଜୀବନ ଆରମ୍ଭ କରି କାଳକ୍ରମେ କଟକ ମାଲଗୋଦାମରେ ଏକ ବଡ଼ ବ୍ୟବସାୟ ପ୍ରତିଷ୍ଠାନର ମାଲିକ ହୋଇଥିଲେ। ବିଶେଷ କରି ଧାନ ଚାଉଳ ବ୍ୟବସାୟରେ ପର୍‌ଚେଜିଙ୍ଗ୍ ଏଜେଣ୍ଟ୍ ହୋଇ ସେ ବହୁ ଅର୍ଥ ଉପାର୍ଜନ କରିଥିଲେ। ସେ ଛତ୍ରବଜାରଠାରେ କୋଠା ନିର୍ମାଣ କରି ସେହିଠାରେ ରହୁଥିଲେ। ବଣିକ ସଂଘର ଜଣେ ରାଜ୍ୟସ୍ତରୀୟ ନେତା ଭାବରେ ସେ ବହୁ ପ୍ରତିଷ୍ଠା ଲାଭ କରିଥିବାରୁ ସେ ମୋ

ଘରକୁ ଆସିଲେ ମୁଁ କୌତୁକ ଛଳରେ "ବଣିକ-ବନ୍ଧୁ ଆସିଲେ" ବୋଲି ତାଙ୍କୁ କହିଥାଏ।

ଅଳ୍ପ କେତେଦିନ ତଳେ ବଂଶୀବାବୁ ଆମ୍ଭମାନଙ୍କୁ ଛାଡ଼ି ପରପାରକୁ ଚାଲି ଯାଇଛନ୍ତି। ତାଙ୍କ ବିୟୋଗରେ ଓଡ଼ିଶା ବଣିକ ସଂଘ ଜଣେ ପ୍ରଭାବଶାଳୀ ପୁରୁଷଙ୍କୁ ହରାଇବା ସଙ୍ଗେ ସଙ୍ଗେ ଓଡ଼ିଶା ଯେ ଜଣେ ପ୍ରତିଭାବାନ୍ ବ୍ୟବସାୟୀଙ୍କୁ ସବୁଦିନ ଲାଗି ହରାଇଛି, ଏହା ନିଃସନ୍ଦେହ।

ଝୁନ୍‌ଝୁନ୍‌ୱାଲା—ଦୁର୍ଗା ଗ୍ଲାସ୍ ଫ୍ୟାକ୍ଟରୀ

ଦିନକର କଥା। ମୁଁ ମୋର ପୁରୁଣା କଲେଜ ଗଳିରେ ଥିବା ଅଫିସ୍ ଘରେ ବସିଥାଏ। ଖୋର୍ଦ୍ଧାର ଉଦୟ ନାଥ ମହାନ୍ତି ଆସି ପହଞ୍ଚିଲେ। ସାଙ୍ଗରେ ଆସିଥାନ୍ତି ଜଣେ ମାରୱାଡ଼ି ଭଦ୍ରଲୋକ। ତାଙ୍କ ନାଁ ଦେଓ କରଣ ଝୁନ୍‌ଝୁନ୍‌ୱାଲା। ଏହି ଦେଓ କରଣ ଝୁନ୍‌ଝୁନ୍‌ୱାଲା ହେଉଛନ୍ତ ବର୍ତ୍ତମାନ ଓଡ଼ିଶାର ଜଣେ ବିଶିଷ୍ଟ ଶିଳ୍ପପତି ଭାବେ ଜଣାଶୁଣା। ଶ୍ରୀ ଯୁଗଳ କିଶୋର ଝୁନ୍‌ଝୁନ୍‌ୱାଲାଙ୍କ ପିତା। ନିଜ ବ୍ୟବସାୟ ସଂକ୍ରାନ୍ତୀୟ କେତେକ ଆଇନଗତ ବିଷୟରେ ପରାମର୍ଶ କରିବାକୁ ସେ ଆସିଥିଲେ।

ଦେଓ କରଣ ବାବୁ ବାରଙ୍ଗ ନିକଟସ୍ଥ ଦାଢ଼ାପାଟଣା ଗ୍ରାମରେ ମ୍ରିୟମାଣ ଅବସ୍ଥାରେ ଥିବା ଗୋଟିଏ ଛୋଟ କାଚ କାରଖାନାକୁ କିଣିଥିଲେ।

ପରବର୍ତ୍ତୀ ଅବସ୍ଥାରେ ଏହିଠାରେ ତାହା "ଦୁର୍ଗା ଗ୍ଲାସ୍ ଫ୍ୟାକ୍ଟରୀ" ନାମରେ ନାମିତ ହୋଇ ଏବେ ଏକ ବିରାଟ ଅନୁଷ୍ଠାନରେ ପରିଣତ ହୋଇଛି। ଏହାର ଉତ୍ତରୋତ୍ତର ଉନ୍ନତି ପଛରେ ଦେଓ କରଣ ବାବୁଙ୍କ ଏକନିଷ୍ଠ ଉଦ୍ୟମ ସାଙ୍ଗକୁ ଉଦୟ ନାଥ ବାବୁଙ୍କ ଅବଦାନ ମଧ୍ୟ କମ୍ ନୁହେଁ। ଏହି ଅନୁଷ୍ଠାନର ମ୍ୟାନେଜର ଭାବରେ କେବଳ ନୁହନ୍ତି, ଅନ୍ୟାନ୍ୟ ବହୁ କାର୍ଯ୍ୟରେ ମଧ୍ୟ ଉଦୟନାଥ ବାବୁଙ୍କର ଅତ୍ୟନ୍ତ ଆନ୍ତରିକତାର ସହିତ କାର୍ଯ୍ୟ ତତ୍ପରତା ଲକ୍ଷ୍ୟ କରାଯାଇଥିଲା।

ଦୁର୍ଗା ଗ୍ଲାସ୍ ଫ୍ୟାକ୍ଟରୀ ଉପରେ ୧୯୩୯ ମସିହାରେ ଗୋଟିଏ ମକଦ୍ଦମା ହୋଇଥିଲା। ଜୟରାମ ସ୍ୱାଇଁ ଓ ଅନ୍ୟମାନେ ବାଦୀ ଏବଂ ଦେଓ କରଣ ଝୁନ୍‌ଝୁନ୍‌ୱାଲା ପ୍ରତିବାଦୀ ଥିଲେ। ଏହି ମକଦ୍ଦମା ପରିଚାଳନା କରିବାକୁ ମୋତେ ଦେଓ କରଣ ବାବୁ ଓକିଲ ଭାବେ ନିଯୁକ୍ତି କରିଥିଲେ। ଏହା ବ୍ୟତୀତ ତାଙ୍କର ଅନ୍ୟ କେତେକ ମକଦ୍ଦମା ପରିଚାଳନା ଭାର ମୋ ଉପରେ ନ୍ୟସ୍ତ କରିଥିଲେ।

ଓଡ଼ିଶା ଇଣ୍ଡଷ୍ଟ୍ରିଜ୍

ଦୁର୍ଗା ଗ୍ଲାସ୍ ଫ୍ୟାକ୍ଟରୀ ବ୍ୟତୀତ 'ଓଡ଼ିଶା ଇଣ୍ଡଷ୍ଟ୍ରିଜ୍' ନାମରେ ମଧ୍ୟ ଆଉ ଗୋଟିଏ ବ୍ୟବସାୟ ପ୍ରତିଷ୍ଠାନ ସହିତ ତାଙ୍କ ପୁଅ ଶ୍ରୀ ଯୁଗଳ କିଶୋର ଝୁନ୍‌ଝୁନ୍‌ୱାଲା ଓ ଅନ୍ୟ କେତେଜଣ ସଂପୃକ୍ତ ଅଛନ୍ତି । ଏହି ସଂସ୍ଥାଟି ବେଶ୍ ପ୍ରତିଷ୍ଠା ଲାଭ କରିଅଛି । ଏହାର ମୁଖ୍ୟ କାର୍ଯ୍ୟାଳୟ ବାରଙ୍ଗଠାରେ ଥିଲେ ମଧ୍ୟ ଏହାର ଫ୍ୟାକ୍ଟରୀ ଏବେ କଟକ ଜିଲ୍ଲାର ବାରଙ୍ଗ ଓ ସୁନ୍ଦରଗଡ଼ ଜିଲ୍ଲାର ଲାଠିକଟାଠାରେ କାର୍ଯ୍ୟ କରୁଛି । କିଛି ଜମି ନେଇ ଏମାନେ ଭୁବନେଶ୍ୱରରେ ମଧ୍ୟ କୋଠାବାଡ଼ି କରିଛନ୍ତି । ଯୁଗଳକିଶୋର ଏବେ ଏହାର ପରିଚାଳନା ନିର୍ଦ୍ଦେଶକ ଭାବେ କାର୍ଯ୍ୟ କରୁଛନ୍ତି ।

ଦେଓକରଣ ବାବୁଙ୍କ ପିଲାମାନେ ବ୍ୟବସାୟ କ୍ଷେତ୍ରରେ ଦକ୍ଷତା ହାସଲ କରି ଏବେ ସମାଜର ଜଣେ ଜଣେ ପ୍ରତିଷ୍ଠିତ ବ୍ୟକ୍ତି ଭାବରେ ପରିଚିତ । ବିଶେଷ କରି ଜେ.କେ. ଝୁନ୍‌ଝୁନ୍‌ୱାଲା ଓ କେ.ପି. ଝୁନ୍‌ଝୁନ୍‌ୱାଲା ତାଙ୍କ ବ୍ୟବସାୟ ପ୍ରତିଷ୍ଠାନର ମୁଖ୍ୟ ପରିଚାଳକ ଭାବରେ ସବୁ ବୁଝାସୁଝା କରୁଛନ୍ତି ।

ଦେଓ କରଣ ବାବୁଙ୍କ ସହିତ ୪୦ ବର୍ଷ ତଳେ ମୋର ଯେଉଁ ସମ୍ପର୍କ ସ୍ଥାପିତ ହୋଇଥିଲା, ତାଙ୍କ ପିଲାମାନଙ୍କ ସହିତ ମଧ୍ୟ ଏବେ ସେହି ସୁସମ୍ପର୍କ ଅତୁଟ ରହି ପାରିଛି ।

ଭାରେଡ଼ିଆ ଓ ଅନ୍ୟାନ୍ୟ ମାରୱାଡ଼ି ମହକିଲଗଣ

ମୁଁ ଜାଣିବାରେ ଭାରେଡ଼ିଆ ବ୍ରଦର୍ସ କଲିକତାରେ ବ୍ୟବସାୟ କରୁଥିଲେ । ବର୍ତ୍ତମାନ ବୋଧହୁଏ କରୁଛନ୍ତି । ଓଡ଼ିଶାର ବିଭିନ୍ନ ସ୍ଥାନରେ ସେମାନଙ୍କର ବ୍ୟବସାୟ ପ୍ରତିଷ୍ଠାନମାନ ରହିଛି । କଟକର ଚାଉଳିଆଗଞ୍ଜ (ନୂଆବଜାର)ରେ ଗୋଟିଏ ଫ୍ଲାୟାର୍ ମିଲସ୍ ଓ ଅନ୍ୟାନ୍ୟ ବ୍ୟବସାୟ ରହିଛି । ଜଗତପୁରଠାରେ ଏମାନଙ୍କର କୋଲ୍ଡ ଷ୍ଟୋରେଜ୍ ମଧ୍ୟ ଅଛି । ଏହି ବ୍ୟବସାୟ ପ୍ରତିଷ୍ଠାନର କେତେକ ମକଦ୍ଦମାରେ ମୁଁ ଓକିଲ ଭାବେ ନିଯୁକ୍ତି ପାଇ ମକଦ୍ଦମା ପରିଚାଳନା କରିଥିଲି ।

ମୁଁ ଅନ୍ୟତ୍ର ଆଲୋଚନା କରିଥିବା ନନ୍ଦ କିଶୋର ଲାଲ ମୋଦୀଙ୍କ ମକଦ୍ଦମା, ତିଳକ ଚାନ୍ଦ ହରେରାମ ମୋଦୀଙ୍କ ପାର୍ଟିସନ ମକଦ୍ଦମା ବ୍ୟତୀତ ଇଚ୍ଛାରାମ ବିରିଡ଼ିଚାନ୍ଦ ପ୍ରଭୃତି ବହୁ ମାରୱାଡ଼ି ମହକିଲମାନଙ୍କର ଓକିଲ ଭାବେ ନିଯୁକ୍ତି ପାଇ ମକଦ୍ଦମା ପରିଚାଳନା କରିଥିଲି ।

ଖଣି ମାଲିକ ସିରଜଉଦ୍ଦିନ୍

ଆଉ ଦିନକର କଥା । ମୁଁ ପୁରୁଣା କଲେଜ ଗଳି ଘରେ ରହୁଥାଏ । ସନ୍ଧ୍ୟାବେଳ । ମୁଁ ମୋ ଅଫିସରେ ବସି କାମ କରୁଥାଏ । ସିରାଜଉଦ୍ଦିନ୍ ନାମକ କେଉଁଝରର ଜଣେ ବିଶିଷ୍ଟ ଖଣି-ବ୍ୟବସାୟୀ ଆସି ପହଞ୍ଚିଲେ । କେଉଁଝରଠାରେ ଥିବା ତାଙ୍କ କ୍ରୋମାଇଟ୍ ଖଣି ସମ୍ବନ୍ଧରେ ମକଦ୍ଦମା ହୋଇଥିଲା । ଏହି ମକଦ୍ଦମାଟି ପ୍ରଥମେ ମୁନସିଫ୍ ବ୍ରଜସୁନ୍ଦର ଦାସଙ୍କ କୋର୍ଟରେ ପଡ଼ିଥିଲା । ଏଥିରେ ସିରାଜଉଦ୍ଦିନ୍ ହାରିଯାଇ ତତ୍କାଳୀନ ସବ୍‌ଜଜ୍ ଶ୍ରୀ ଗତିକୃଷ୍ଣ ମିଶ୍ର (ଶେଷରେ ଓଡ଼ିଶା ହାଇକୋର୍ଟର ଚିଫ୍‌ଜଷ୍ଟିସ୍)ଙ୍କ କୋର୍ଟରେ ଆପିଲ ଦାଏର କରିଥିଲେ । ଏଥିରେ ମଧ୍ୟ ସେ ହାରିଯିବାରୁ ଓଡ଼ିଶା ହାଇକୋର୍ଟରେ ସେକେଣ୍ଡ ଆପିଲ ଦାଏର କଲେ । ଏଥିରେ ସିରାଜଉଦ୍ଦିନ୍ ମୋତେ ଏବଂ ସ୍ୱର୍ଗତ ଗୋପାଳ ଚନ୍ଦ୍ର ଦାସ (ପରେ ଓଡ଼ିଶା ହାଇକୋର୍ଟର ବିଚାରପତି)ଙ୍କୁ ଓକିଲ ନିଯୁକ୍ତ କରିଥିଲେ । ଅପର ପକ୍ଷରେ ଭାଗବତ ମହାନ୍ତି ଓ ବଂଶୀଧର ପଟ୍ଟନାୟକଙ୍କ ତରଫରୁ ଶ୍ରୀ ହରିହର ମହାପାତ୍ର (ପରେ ପାଟନା ହାଇକୋର୍ଟର ବିଚାରପତି) ମକଦ୍ଦମା ପରିଚାଳନା କରୁଥିଲେ । ଶେଷରେ ଉକ୍ତ ମକଦ୍ଦମାଟି ପକ୍ଷମାନଙ୍କ ମଧ୍ୟରେ ରଫା ହୋଇଥିଲା । ଏହି ମକଦ୍ଦମା ରଫା ହେବା ପରେ ସିରାଜଉଦ୍ଦିନ୍ ଗୋଟିଏ ନୂଆ ସନ୍‌ବିମ୍ କାର୍ ଆଣି ମୋ ଘର ଦୁଆର ମୁହଁରେ ଥୋଇଦେଇ କହିଲେ, "ରାଜୁବାବୁ, ଆପଣଙ୍କ ଫିସ୍ ବାବଦକୁ ଏହି କାର୍‌ଟି ଆପଣଙ୍କ ପାଇଁ ଆଣିଛି ।" ମୁଁ କହିଲି, "ଦେଖ, ଗ୍ୟାରେଜ୍‌ରେ କାର୍ ଥୁଆ ହୋଇଛି । ମୋର ଟଙ୍କା ଦରକାର । ଘର ତିଆରିରେ ବହୁଳ ଟଙ୍କା ଖର୍ଚ୍ଚ ହେଉଛି ।" ସେ କାର୍‌ଟି ଫେରାଇ ନେଇ ମୋର ଫିଜ୍ ଟଙ୍କା ଆକାରରେ ଦେଇଥିଲେ ।

ମୁଁ ଜଜ୍‌ହେବା ପରେ ସିରାଜ୍‌ଉଦ୍ଦିନଙ୍କର ଅନ୍ୟ ଏକ ସେଲଟାକ୍ସ କେଶ୍‌ର ଶୁଣାଣି ମୋ' କୋର୍ଟରେ ପଡ଼ିଥିଲା । ସିରାଜଉଦ୍ଦିନଙ୍କ ତରଫରୁ ମକଦ୍ଦମା ପରିଚାଳନା କରିବାକୁ କଲିକତାରୁ ସ୍ୱନାମଧନ୍ୟ ବାରିଷ୍ଟର ସିଦ୍ଧାର୍ଥଶଙ୍କର ରାୟ କଟକ ଆସିଥିଲେ । ଏବେକାର ସୁପ୍ରିମ୍‌କୋର୍ଟ ବିଚାରପତି ଶ୍ରୀ ରଙ୍ଗନାଥ ମିଶ୍ର ଷ୍ଟାଣ୍ଡିଂ କାଉନ୍‌ସେଲ ଭାବରେ ସରକାରଙ୍କ ତରଫରୁ ଆପିଅର କରିଥିଲେ । ମକଦ୍ଦମା ଆରମ୍ଭ ହେବା ପୂର୍ବରୁ ଏହା ମୁଁ ନେବା ପାଇଁ ଅନିଚ୍ଛା ପ୍ରକାଶ କରିଥିଲି । କାରଣ, ଏକ ସମୟରେ ସିରାଜଉଦ୍ଦିନ୍ ମୋର ମହକିଲ ଥିଲେ । ମୁଁ କେଶ୍‌ଟି ନେବାକୁ ମନା କରିବାରୁ ସିଦ୍ଧାର୍ଥଶଙ୍କର କଥାଟାକୁ ଅତି ନମ୍ର ଭାବରେ ଉତ୍‌ଥାପନ କରି କହିଲେ, "ସାର୍ ଆପଣଙ୍କୁ କେଶ୍‌ର ମେରିଟ୍ ଉପରେ ବିଚାର କରିବାକୁ ଆମେ ଚାହୁଁନାହୁଁ । ଆମେ ଟାକସ୍ ମାନି ନେଉଛୁ । ମାତ୍ର କେତୋଟି କିସ୍ତିରେ ସେ ତାହା ପରିଶୋଧ କରିବାକୁ ଚାହୁଁଥିବା କାରଣରୁ କୋର୍ଟ ଏ

ସମ୍ପର୍କରେ ନିଷ୍ପତ୍ତି ନେବାକୁ ସେ ଆବେଦନ କରିଛନ୍ତି।" ସରକାରଙ୍କ ତରଫରୁ ମକଦ୍ଦମା ଚଳାଉଥିବା ଶ୍ରୀ ରଙ୍ଗନାଥ ମିଶ୍ର ତାଙ୍କ ସହିତ ଏକମତ ହୋଇ ଏଥିରେ କେଶ୍‌ର ମେରିଟ୍ ବଦଳରେ କେବଳ ମୋଡ୍ ଅଫ୍ ପେମେଣ୍ଟ ସ୍ଥିର କରିବା ପ୍ରଶ୍ନ ଥିବାରୁ ତାକୁ ବିଚାର କରିବାକୁ ଅନୁରୋଧ କରିଥିଲେ। ମୁଁ ଏହି ମକଦ୍ଦମାରେ ଦୁଇ ପକ୍ଷଙ୍କ ମତାମତ ଶୁଣି ଉଭୟପକ୍ଷ ରାଜି ହେଲାଭଳି କିସ୍ତି ନିର୍ଦ୍ଧାରଣ କରିଥିଲି।

ଏହି ମକଦ୍ଦମା ପରିଚାଳନା ସମୟରେ ଶ୍ରୀ ସିଦ୍ଧାର୍ଥ ଶଙ୍କର ରାୟ ଓ ଶ୍ରୀ ରଙ୍ଗନାଥ ମିଶ୍ରଙ୍କ ମକଦ୍ଦମା ପରିଚାଳନା ଶୈଳୀ କିପରି ମନୋମୁଗ୍ଧକର ତାହା ମୁଁ ଲକ୍ଷ୍ୟ କରିଥିଲି। ଏହା ସେ ସମସ୍ତ ଆଇନଜୀବୀଙ୍କ ପକ୍ଷରେ ଅନୁଧାନର ବିଷୟ, ଏଥିରେ ସନ୍ଦେହ ନାହିଁ।

ନିଜର ପ୍ରତିଭା ବଳରେ ଶ୍ରୀ ସିଦ୍ଧାର୍ଥଶଙ୍କର ରାୟ ପଶ୍ଚିମବଙ୍ଗର ମୁଖ୍ୟମନ୍ତ୍ରୀ, ଭାରତର ଶିକ୍ଷାମନ୍ତ୍ରୀ ଏବଂ ପଞ୍ଜାବର ରାଜ୍ୟପାଳ ହୋଇ ପାରିଥିଲେ।

ଭାରତ ସ୍ୱାଧୀନ ହେଲା

ସହସ୍ର ବର୍ଷର ପରାଧୀନତା ପରେ ଅସରନ୍ତି ସ୍ୱପ୍ନ ଓ ସଙ୍କଳ୍ପ ନେଇ ସେହି ବହୁ ଈପ୍‌ସିତ ଦିନ ଆସିଥିଲା। କୋଟି ଜନତାର ମୁକ୍ତି ସଂଗ୍ରାମର ସିଦ୍ଧିସ୍ୱରୂପ ସେଦିନ ପ୍ରଥମ ସ୍ୱାଧୀନତାର ସୂର୍ଯ୍ୟ ଭାରତ ଆକାଶରେ ଉଦୟ ହୋଇଥିଲା। ହୁଏତ ସବୁଦିନ ପରି ସୂର୍ଯ୍ୟ ପୂର୍ବାକାଶକୁ ଅରୁଣ ରଙ୍ଗରେ, ରଞ୍ଜିତ କରି ଉଦୀୟମାନ ହୋଇଥିବେ। ୧୯୪୭ ମସିହା ୧୪-୧୫ ତାରିଖ ଠିକ୍ ମଧ୍ୟ ରାତ୍ରରେ ଭାରତ ପରାଧୀନତାର ଶୃଙ୍ଖଳରୁ ମୁକ୍ତିଲାଭ କରି ସ୍ୱାଧୀନ ହେଲା। ଅଗଷ୍ଟ ୧୫ ତାରିଖର ଭାରତ ଆକାଶରେ ଉଦିତ ସୂର୍ଯ୍ୟ ଥିଲେ – ଭାରତର ସ୍ୱାଧୀନତାର ସୂର୍ଯ୍ୟ। ଅସୀମ ଆଶା ଓ ବିଶ୍ୱାସର ଜ୍ୟୋତିରେ ଭାରତର ଆକାଶ, ମାଟି, ପାଣି ଓ ପବନ ଝଲମଲ କରୁଥିଲେ। କେତେ ବିଧବାର ଭିଜା ପଣତ, କେତେ ପୁତ୍ରହରା ଜନନୀର କାରୁଣ୍ୟ-ସଜଳ ଚକ୍ଷୁ, କାରାଗାରର ଘନଘୋର ଅନ୍ଧକାରରେ ସଢ଼ି ମରୁଥିବା ସଂଖ୍ୟାତୀତ ସଂଗ୍ରାମୀମାନଙ୍କର ଶୁଷ୍କ ଓ ଓଷ୍ଠ ଧାରରେ ଆନନ୍ଦର ଆଞ୍ଜୁଳା ଆଞ୍ଜୁଳା ଫୁଲ ଫୁଟାଇ ସ୍ୱାଧୀନତା ଆସିଲା। ଜବାହରଲାଲ ନେହେରୁ ଘୋଷଣା କଲେ, "ଯେତେବେଳେ ପୃଥିବୀ ନିଦ୍ରିତ, ଭାରତ ହେବ ଜୀବନ୍ତ ଓ ମୁକ୍ତି ପାଇଁ ଜାଗ୍ରତ। ଗୋଟିଏ ମୁହୂର୍ତ୍ତ ଆସେ, ଯାହାକି ଇତିହାସରେ କଦାଚିତ୍ ଦେଖିବାକୁ ମିଳିଥାଏ, ଯେତେବେଳେ ଆମେ ପୁରାତନ ମଧ୍ୟରୁ ନୂତନକୁ ବାହାରି ଆସୁଥାଉ, ଯେତେବେଳେ ଗୋଟିଏ ଯୁଗର ପରିସମାପ୍ତି

ଘଟେ ଏବଂ ଯେତେବେଳେ ଦୀର୍ଘକାଳ ଦମିତ ଥିବା ଗୋଟିଏ ଜାତିର ଆତ୍ମା ସ୍ୱ-ଅଭିବ୍ୟକ୍ତି ଲାଭ କରେ।”

ମୁଁ ସେଇ ଭାଗ୍ୟବାନମାନଙ୍କ ମଧ୍ୟରୁ ଜଣେ, ଯିଏ ପରାଧୀନ ଭାରତରେ ଜନ୍ମଗ୍ରହଣ କରି ସ୍ୱାଧୀନତାର ପ୍ରଥମ ସ୍ପର୍ଶ ଅନୁଭବ କରିଛି। ଅଳ୍ପ ବହୁତେ ମୁଁ ସ୍ୱାଧୀନତା ଆନ୍ଦୋଳନ, ଗାନ୍ଧିଜୀଙ୍କ ଅହିଂସା ଆନ୍ଦୋଳନ ସହିତ ଜଡ଼ିତ ଥିଲି। ସୁଭାଷବୋଷଙ୍କ ଅଗ୍ନିବର୍ଷୀ ବାଣୀ ଓ ନେତୃତ୍ୱର ସଂସ୍ପର୍ଶରେ ଆସିଥିଲି। ପିଲାଦିନରୁ ସ୍ୱରାଜଆଶ୍ରମ ଓ ସ୍ୱାଧୀନତା ସଂଗ୍ରାମୀମାନଙ୍କର ପ୍ରତ୍ୟକ୍ଷ ସମ୍ପର୍କ ମୋ' ସମଗ୍ର ଶିରାପ୍ରଶିରାରେ ମାତୃଭୂମି ପ୍ରତି ଶ୍ରଦ୍ଧା, ସମ୍ମାନ ଓ ମମତା ଭରି ଦେଇଥିଲା। ଆମର ଦୀର୍ଘଦିନର ସାଧନା ଯେ ଫଳବତୀ ହୋଇଛି, ଏହା ସତ୍ୟ ଓ ବାସ୍ତବ ହେଲେ ମଧ୍ୟ ପ୍ରତ୍ୟୟ ଆସୁନଥିଲା। ଆମେ ଆନନ୍ଦରେ ଅଧୀର ହୋଇ ଉଠିଥିଲୁ। ସାରା ଦେଶ ଆନନ୍ଦ ଉଲ୍ଲାସରେ ପ୍ରକମ୍ପିତ ହୋଇ ଉଠିଥିଲା। ମାର୍ଚ୍ଚ ଫାଷ୍ଟ କରି ବିଭିନ୍ନ ଦେଶାତ୍ମବୋଧକ ଧ୍ୱନିମାନ ଦେଇ ଛାତ୍ର, ଯୁବକ ଓ ଜନତା ରାସ୍ତା ପରିକ୍ରମା କରିଥିଲେ। ସହର ଓ ଗ୍ରାମାଞ୍ଚଳ ସର୍ବତ୍ର ତୋରଣ ଦ୍ୱାରା ସୁସଜ୍ଜିତ ହୋଇଥିଲା। ତ୍ରିରଙ୍ଗ ପତାକାକୁ ହର୍ଷୋଲ୍ଲାସର ଧ୍ୱନି ସହିତ ଉତ୍ତୋଳନ କରାଯାଇଥିଲା। ଘରେ ଘରେ ଆନନ୍ଦ ଉତ୍ସବ ଲାଗି ରହିଥିଲା। ସଭା ସମିତିର ଆୟୋଜନ କରାଯାଇ ସଂଗ୍ରାମୀ ନେତାମାନେ ଉଦ୍‌ବୋଧନ ଦେଇଥିଲେ। ତୋପ ଓ ଆତସବାଜୀ ଫୁଟା ଯାଇଥିଲା। ଚାରିଆଡ଼େ ଭୋଜି-ଭାତର ଆୟୋଜନ ହୋଇଥିଲା। ମୁଁ ଓ ଆମ ପରିବାର ସହିତ ଏହି ଉତ୍ସବରେ ମୋର ବହୁ ବନ୍ଧୁ ସାମିଲ ହୋଇଥିଲେ।

ସେ ଅନୁଭୂତି ଅନୁଭବର ସତେ ପଟାନ୍ତର ନାହିଁ। ସମଗ୍ର ଦେଶ ଓ ଜାତି ଜୀବନରେ ଏପରି ସୌଭାଗ୍ୟର ଦିନ କେତେବାର ଆସେ ? ସେଦିନର ମୋର ମନର ଭାବ କ'ଣ ଥିଲା, ଆଜି ସେକଥା ବର୍ଣ୍ଣନା କରିବାକୁ ଉପଯୁକ୍ତ ଭାଷା ମୁଁ ପାଉନାହିଁ। କେତେଜଣ ବୟୋବୃଦ୍ଧଙ୍କୁ ଛାଡ଼ିଦେଲେ, ସ୍ୱାଧୀନତା ପରେ ଜନ୍ମଲାଭ କରିଥିବା ଯୁବକ ବା ପରବର୍ତ୍ତୀ ବଂଶଧରମାନେ ଆମ ମନର ସେଦିନର ଉତ୍ତାପ କେତେ ଥିଲା, ତାହା କଳନା କରିପାରିବେ ନାହିଁ।

ହଜାର ବର୍ଷର ଦୁର୍ଭାଗ୍ୟର ନିବିଡ଼ ଅନ୍ଧକାର ଭେଦ କରି, ମୁକ୍ତ-ସୂର୍ଯ୍ୟର ପ୍ରଥମ ଉଜ୍ଜ୍ୱଳ ଆଲୋକର ସ୍ପର୍ଶ ଯେ ପାଇଛି, ସେ ଅନୁଭବ କରିଛି ସ୍ୱାଧୀନତା କ'ଣ ! ଆଜି ଉତ୍ତରଦାୟାଦ ହାତରେ ସେଇ ସ୍ୱାଧୀନତାର ମାନରକ୍ଷା କରିବାର ଦାୟିତ୍ୱ ନ୍ୟସ୍ତ।

ଲାଇଟ ଇଜ୍ ଆଉଟ୍

ସ୍ୱାଧୀନତାର ମାତ୍ର କିଛି ମାସ ପରେ ଆମ ଜାତୀୟ ଜୀବନରେ ଏକ ଅକାଳ ଚଡ଼କ ପଡ଼ିଥିଲା । ଆମର ପ୍ରିୟନେତା ଜାତିର ଜନକ ଗାନ୍ଧିଜୀଙ୍କୁ ହତ୍ୟା କରାଯାଇଥିଲା । ୧୯୪୮ ମସିହା ଜାନୁୟାରୀ ୩୦ ତାରିଖ । ନାଥୁରାମ ଗଡ୍‌ସେ ପ୍ରାର୍ଥନା ସଭାରେ ଗାନ୍ଧିଜୀଙ୍କୁ ହତ୍ୟା କରିବାର ଖବର ପ୍ରଚାରିତ ହେବା ମାତ୍ରେ ସମଗ୍ର ଦେଶରେ ଶୋକର ଛାୟା ଖେଳି ଯାଇଥିଲା । ୧୯୪୮ ମସିହା ଜାନୁୟାରୀ ୨୮ ତାରିଖ ଦିନ କଟକ ଆକାଶବାଣୀ କେନ୍ଦ୍ର ପ୍ରତିଷ୍ଠିତ ହୋଇଥିଲା । ଏହାର ମାତ୍ର ଦୁଇଦିନ ପରେ ଏହି ଦୁର୍ଘଟଣା ଘଟିଥିଲା । ମୋ ପୁତୁରା 'ବୁଢ଼ା' (ଜୀବନକୃଷ୍ଣ ପଟ୍ଟନାୟକ) ଆସି କହିଲା "ଗାନ୍ଧିଜୀଙ୍କୁ ମାରିଦେଲେ ।" ଏକଥା ମୁଁ ପ୍ରଥମେ ବିଶ୍ୱାସ କରିପାରିଲି ନାହିଁ, କିନ୍ତୁ ରେଡ଼ିଓ ଖୋଲିଲା ବେଳକୁ ପ୍ରଧାନମନ୍ତ୍ରୀ ନେହେରୁ ଜାତି ଉଦ୍ଦେଶ୍ୟରେ କହିଲେ— "ଲାଇଟ୍ ଇଜ୍ ଆଉଟ୍ ।"

ଗାନ୍ଧିଜୀଙ୍କ ହତ୍ୟା ସମ୍ପର୍କୀୟ ବାର୍ତ୍ତା ରେଡ଼ିଓରେ ପ୍ରଚାରିତ ହେଉଥିଲା । ଆମର ନୂଆ ରେଡ଼ିଓକୁ ବହୁ ଲୋକ ଘେରି କରି ଏହି ଖବର ଶୁଣୁଥିଲେ । ସମସ୍ତଙ୍କ ଆଖିରେ ଲୁହ । ମନ ଭିତରେ ଅକୁହା ବ୍ୟଥା । ଏ ଦେଶର ମୁରବୀ ଚାଲିଗଲେ । ଯିଏ ଆମକୁ ବାଟ କଢ଼େଇ ନେଉଥିଲେ, ସେଇ ସତ୍ୟଶାନ୍ତିର ଉପାସକ ଆଜି ଆମକୁ ଛାଡ଼ି ଚାଲିଗଲେ । ସାରା ପୃଥିବୀର ଅଧିବାସୀମାନେ ଓ ବଡ଼ ବଡ଼ ନେତାମାନେ ଗାନ୍ଧିଜୀଙ୍କ ହତ୍ୟାକୁ ଘୋର ନିନ୍ଦା କରିବା ସଙ୍ଗେ ସଙ୍ଗେ ଜାତି ଉଦ୍ଦେଶ୍ୟରେ ଶୋକବାର୍ତ୍ତାମାନ ପଠାଉଥିଲେ । ସ୍ୱାଧୀନ ଭାରତର ଏହା ଥିଲା ସର୍ବପ୍ରଥମ ଦୁର୍ଯ୍ୟୋଗ । ଯିଏ ଅହିଂସା ମାର୍ଗରେ ଏ ଦେଶର ସ୍ୱାଧୀନତାକୁ ପ୍ରତାପୀ ଇଂରେଜ ସରକାର ହାତରୁ ଆଣି ଦେଇଥିଲେ, ସେଇ ନିଜେ ହିଂସାର ଶିକାର ହୋଇ ମହାପ୍ରୟାଣ ଲାଭ କଲେ— ଏହା ଥିଲା ସମଗ୍ର ଭାରତର ଦାରୁଣ ଦୁଃଖ । ରାଧାନାଥ ରାୟଙ୍କର ଗୋଟିଏ ଧାଡ଼ି କବିତା ମନେ ପଡୁଛି—

"କେହି ରହିନାହିଁ ରହିବେ ନାହିଁଟି ଭବରଙ୍ଗ ଭୂମି ତଳେ
ସର୍ବେ ନିଜ ନିଜ ଅଭିନୟ ସାରି ବାହୁଡ଼ିବେ କାଳବଳେ ।"

କଟକ ଆକାଶବାଣୀ

୧୯୪୮ ମସିହା ଜାନୁୟାରୀ ଅଠେଇଶ ତାରିଖରେ କଟକଠାରେ ଆକାଶବାଣୀର (ଅଲ ଇଣ୍ଡିଆ ରେଡ଼ିଓ) ଏକ ଶାଖା ପ୍ରତିଷ୍ଠିତ ହୋଇଥିଲା । ଏହା

ପ୍ରଥମେ କଟକ ବକ୍‌ସିବଜାରସ୍ଥିତ ମଧୁପୁର କୋଠିରେ ଆରମ୍ଭ ହୋଇଥିଲା। ସୁସାହିତ୍ୟିକ ଶ୍ରୀଯୁକ୍ତ କାଳନ୍ଦୀଚରଣ ପାଣିଗ୍ରାହୀ ଅନ୍ୟତମ ପ୍ରଯୋଜକ (Producer of Spoken Language) ଭାବେ ସେଠାରେ କାର୍ଯ୍ୟ କରୁଥିଲେ। ସେ ମୋତେ ଗୋଟିଏ ବିଷୟରେ ସନ୍ଦର୍ଭ ପାଠ (Talk) କରିବାକୁ ସୁଯୋଗ ଦେଇଥିଲେ। ଯଥାରୀତି ସେହି କାର୍ଯ୍ୟକ୍ରମଟି ପ୍ରଚାରିତ ହୋଇଥିଲା। ଏହାପରେ ଆକାଶବାଣୀର ବିଭିନ୍ନ କାର୍ଯ୍ୟକ୍ରମରେ ମୁଁ ବହୁବାର ଯୋଗଦାନ କରିଛି ଓ ବହୁ ସନ୍ଦର୍ଭ ପାଠ କରିଛି। 'ଆକାଶବାଣୀ ରିକ୍ରିଏସନ କ୍ଲବ' ତରଫରୁ ପରିଚାଳିତ ହେଉଥିବା ଏକ ହୋଲି ଉତ୍ସବରେ ଅତିଥି ଭାବେ ଯୋଗଦାନ କରିବାର ସୁଯୋଗ ମୋତେ ମିଳିଥିଲା। ମଧୁପୁର କୋଠିରେ ଅନୁଷ୍ଠିତ ଉକ୍ତ ଉତ୍ସବରେ ତତ୍କାଳୀନ ଓଡ଼ିଶାର ଅବକାରୀ ମନ୍ତ୍ରୀ ଡାକ୍ତର ଝସକେତନ ସାହୁ ମଧ୍ଯ ଯୋଗ ଦେଇଥିଲେ। ସ୍ୱର୍ଗତ ସାହୁଙ୍କୁ ମୁଁ ଗୋଟିଏ ଟୋପି ପିନ୍ଧାଉଥିବା ବେଳେ ପ୍ରବଳ ହାସ୍ୟରୋଳ ହୋଇଥିଲା। କାରଣ, ସେହି ଟୋପି ପିନ୍ଧାଇ ତାଙ୍କୁ ଏକ ବିଚିତ୍ର ହାସ୍ୟୋଦ୍ଦୀପକ ଉପାଧିରେ ଭୂଷିତ କରାଯାଇଥିଲା। ସେଦିନର ସେ ଉତ୍ସବଟି ବେଶ୍ ହୃଦୟସ୍ପର୍ଶୀ ଓ ଅନ୍ତରଙ୍ଗ ହୋଇପାରିଥିଲା। ପାରମ୍ପରିକ ରୀତିରେ ଆଜି ମଧ୍ୟ ଏହି ହୋଲି ଉତ୍ସବ ଆକାଶବାଣୀ ରିକ୍ରିଏସନ୍ କ୍ଲବ ତରଫରୁ ଅତ୍ୟନ୍ତ ଆକର୍ଷଣୀୟ ଭାବେ ପାଳିତ ହେଉଛି। ଶ୍ରୀ କେ.ଭି. କୃଷ୍ଣମୂର୍ତ୍ତି ବହୁ ବର୍ଷ ଧରି ଆକାଶବାଣୀ କଟକ କେନ୍ଦ୍ରର ନିର୍ଦ୍ଦେଶକ ଥିଲେ। ବିଶ୍ୱକବି ରବୀନ୍ଦ୍ରନାଥ ଠାକୁର ପାଶ୍ଚାତ୍ୟ ବିଜ୍ଞାନୀ ମାନସରୁ ସୃଷ୍ଟି ରେଡ଼ିଓର ଭାରତୀୟ ନାମକରଣ 'ଆକାଶବାଣୀ' କରିଥିଲେ। ବର୍ତ୍ତମାନ ଆକାଶବାଣୀ କଟକ କେନ୍ଦ୍ରକୁ କ୍ୟାଣ୍ଟନ୍‌ମେଣ୍ଟର ନୂଆ କୋଠାକୁ ସ୍ଥାନାନ୍ତରିତ କରାଯାଇଛି।

ସବୁଜ କବି—କାଳିନ୍ଦୀ ଚରଣ ପାଣିଗ୍ରାହୀ

ମୁଁ ଆକାଶବାଣୀ (ଅଲ ଇଣ୍ଡିଆ ରେଡ଼ିଓ)ରେ କେତେଥର କହିବାକୁ ଯାଇଛି। ସେଠାରେ ଶ୍ରୀଯୁକ୍ତ କାଳିନ୍ଦୀ ଚରଣ ପାଣିଗ୍ରାହୀଙ୍କ ସହିତ ଦେଖାହୁଏ। ଅନେକଥର ସେ ମୋ ପାଖରେ ଥାଇ ରେକର୍ଡିଂ କରନ୍ତି। ସନ୍ଦର୍ଭଟି ପଢ଼ିବା ପୂର୍ବରୁ ଭଲକରି ଥରେ ମଡ଼େଇ ଦିଅନ୍ତି। ବଡ଼ ମିଷ୍ଟଭାଷୀ। ଅମାୟିକ ବ୍ୟକ୍ତି। ମୁହଁ ସବୁବେଳେ ହସ ହସ। ଭଦ୍ର। ଭଦ୍ରତା-ପରିପୂର୍ଣ୍ଣ ବ୍ୟବହାର ତାର। ଆମ ବନ୍ଧୁତାର ଆଉ ଗୋଟିଏ ସୂତ୍ର ଥିଲା, ସେ ଆମ ଗାଁ ପାଖର ଲୋକ। ତାଙ୍କ ଘର ବିଶ୍ୱନାଥପୁର—ଆମ ଘର ବାଗଲପୁର। ତାଙ୍କ ଗାଁ'ଠୁ ଆମ ଗାଁ ମାତ୍ର ତିନି ମାଇଲ ଦୂର। ଆମ ଗାଁ ପାଖ ବାଲିପାଟଣାରେ ଗୋଟିଏ ସାଂସ୍କୃତିକ ଆଲୋଚନା ଚକ୍ରରେ ମୁଁ ଯୋଗ ଦେଇଥିଲି। ସେ ଥରେ ମୋ

ସହିତ ଆମ ଗାଁ ବାଗଲପୁର ଯାଇଥିଲେ । ସେ ବହୁବାର ମୋ କଟକସ୍ଥିତ ବାସଗୃହକୁ ଆସିଛନ୍ତି ।

'ମାଟିର ମଣିଷ' ଉପନ୍ୟାସର ପ୍ରସିଦ୍ଧ ଔପନ୍ୟାସିକ କାଳିନ୍ଦୀଚରଣ ପାଣିଗ୍ରାହୀ ପଦ୍ମଶ୍ରୀ ଉପାଧି ପାଇଛନ୍ତି, ଏ ଖବର ପାଇ ମୁଁ ଅତ୍ୟନ୍ତ ଆନନ୍ଦିତ ହୋଇଥିଲି । ସବୁଜ ସାହିତ୍ୟ ପରମ୍ପରାର ସେ ଥିଲେ ଅନ୍ୟତମ ପଞ୍ଚ ପୁରୋଧା । ଜଣେ ବିଶିଷ୍ଟ ସାହିତ୍ୟିକ ଭାବରେ ତାଙ୍କର ଅଶେଷ ସୁନାମ ରହିଛି । ଜଣେ ସମାଜସେବୀ ଭାବରେ ମଧ୍ୟ ସେ ପ୍ରତିଷ୍ଠା ଅର୍ଜନ କରିଛନ୍ତ । ନିଜର ସାହିତ୍ୟିକ ପ୍ରତିଭା ପାଇଁ ସେ ବିଭିନ୍ନ ଅନୁଷ୍ଠାନ ତରଫରୁ ସମ୍ମାନିତ ହୋଇଛନ୍ତି ।

ଓଡ଼ିଶାର ପୂର୍ବତନ ମୁଖ୍ୟମନ୍ତ୍ରୀ ଶ୍ରୀମତୀ ନନ୍ଦିନୀ ଶତପଥୀ ତାଙ୍କର ସୁଯୋଗ୍ୟା କନ୍ୟା । ବିଶିଷ୍ଟ କମ୍ୟୁନିଷ୍ଟ ନେତା ତଥା ସମାଜସେବୀ ସ୍ୱର୍ଗତ ଭଗବତୀ ଚରଣ ପାଣିଗ୍ରାହୀ ତାଙ୍କର ସାନଭାଇ । ଆଇନଜୀବୀ ସ୍ୱର୍ଗତ ଦିବ୍ୟସିଂହ ପାଣିଗ୍ରାହୀ ତାଙ୍କର ଜ୍ୟେଷ୍ଠଭ୍ରାତା । ଶ୍ରୀଯୁକ୍ତ କାଳିନ୍ଦୀଚରଣ ପାର୍ଣିଗ୍ରାହୀ ଯେ ଜଣେ ସହୃଦୟ ବ୍ୟକ୍ତି ଏଥିରେ ଦ୍ୱିମତର ଅବକାଶ ନାହିଁ ।

ଓଲ୍ଡ କଲେଜ ଲେନ୍‌ରୁ ଡଗରପଡ଼ା

୧୯୫୦ ମସିହା । ଡଗରପଡ଼ାରେ ଖଣ୍ଡେ ଜମି କିଣା ହୋଇଥିଲା । ସେଠି ଗୋଟିଏ ଘର କରିବାର ମନେ ମନେ ଯୋଜନା କରୁଥିଲି । ମାତ୍ର ଏ କଥାରେ ମୋ ସ୍ତ୍ରୀ ମୋତେ ଅଧିକ ଉତ୍ସାହିତ କଲେ । ଖୋଲା ମେଲା ଜାଗା । ନଈକୂଳିଆ ପବନ, ସୂର୍ଯ୍ୟାଲୋକ ପ୍ରଚୁର ମିଳିବ । ମୁଁ ସ୍ଥିରକଲି ଶୀଘ୍ର ଘରଟି କରିବା ଦରକାର । କାରଣ, ମୁଣ୍ଡ ଉପରେ ଲିଲି ବିଲିଙ୍କ ବାହାଘର । ନୂଆ ଘରେ ଝିଅ ବାହାଘର କରିବାକୁ ମୋ ସ୍ତ୍ରୀ ଭାରି ଇଚ୍ଛା କରୁଥିଲେ ।

ମୁଁ ତ ସହଜେ ସବୁବେଳେ କାର୍ଯ୍ୟବ୍ୟସ୍ତ, ସକାଳୁ ରାତିଅଧଯାଏ । କୋର୍ଟ କୋର୍ଟ କଚେରୀ, ମହକିଲ, ଫାଇଲ ଏହାରି ଭିତରେ ମୋ ଦିନଯାଏ । ଘର କାମ ନିଜେ ପ୍ରତ୍ୟକ୍ଷ ତଦାରଖ କରିବାକୁ ମୋତେ ବା ବେଳ କାହିଁ ? ଇଞ୍ଜିନିୟର ମହେନ୍ଦ୍ର ଭୂୟାଁଙ୍କୁ ଅନୁରୋଧ କଲି– ମୋର ଘରତୋଳା କାମରେ ମୋତେ ଟିକେ ସାହାଯ୍ୟ କରିବା ପାଇଁ । ତାଙ୍କର ସହଯୋଗ ଓ ପ୍ଲାନ ଅନୁଯାୟୀ ଘରତୋଳା କାର୍ଯ୍ୟ ଆରମ୍ଭ ହେଲା । ମହେନ୍ଦ୍ରବାବୁ ମଝିରେ ମଝିରେ ଆସି କାମ ତଦାରଖ କରନ୍ତି । ରାଜମିସ୍ତ୍ରୀ ଥାଏ ମହନି ମିସ୍ତ୍ରୀ । ମହେନ୍ଦ୍ରବାବୁଙ୍କ ନିର୍ଦ୍ଦେଶରେ ସେ କାମ କରେ । କବାଟ ଝରକା

ଇତ୍ୟାଦି କାଠ କାମ ସବୁ ସତ୍ୟାନନ୍ଦ ମହାରଣା କରିଥିଲା। ଘରକାମ ସମ୍ପୂର୍ଣ୍ଣ ହେବାକୁ ପ୍ରାୟ ଦୁଇବର୍ଷ ସମୟ ଲାଗିଥିଲା। ୧୯୫୨ ମସିହାରେ ଶେଷ ହେଲା। ମହନ ମିସ୍ତ୍ରୀ, ସତ୍ୟାନନ୍ଦ ସିନା ମଜୁରୀ ନେଉଥିଲେ, ହେଲେ ତାଙ୍କର ସଚ୍ଚୋଟ ପଣିଆ ଓ ଅକୁଣ୍ଠ କର୍ମନିଷ୍ଠା ନୂଆଘରର ଅସଲ ମୂଳଦୁଆ ଥିଲା। ସେଇମାନଙ୍କ ଯୋଗୁଁ ଘରଟି ସର୍ବାଙ୍ଗ ସୁନ୍ଦର ଓ ମଜଭୁତ ହୋଇ ପାରିଛି।

ଆମେ ୧୯୫୨ ମସିହାରେ ନୂଆ ଘରକୁ ଆସିଲୁ। ଘର ପ୍ରତିଷ୍ଠା କାର୍ଯ୍ୟରେ ମୋର ବହୁ ବନ୍ଧୁବାନ୍ଧବ ଯୋଗ ଦେଇଥିଲେ। ନୂଆ ମନ ନେଇ ନୂଆ ଘରକୁ ଆସିଲି। ଏଇ ସେଇ ଡଗରପଡ଼ା ଘର। କେତେ ଭଲମନ୍ଦ, ସୁଖଦୁଃଖର ସ୍ମୃତି ଲୁଚି ରହିଛି ତା'ଭିତରେ।

ଆମ ପରିବାର

ଆମ ପରିବାର କହିଲେ, ମୋତେ ଓ ମୋ ସ୍ତ୍ରୀଙ୍କୁ କେନ୍ଦ୍ରକରି ଗଢ଼ି ଉଠିଥିବା ସଂସାର। ଏହାର କଳେବର କ୍ଷୁଦ୍ର ହେଲେହେଁ, ବ୍ୟାପ୍ତି କିନ୍ତୁ ବେଶ୍ ସୁଦୂରପ୍ରସାରୀ। ମୋର ଦୁଇଟି ଝିଅ। କିନ୍ତୁ ମୋର ଦୁଇସଢୁ ଓ ଅନ୍ୟାନ୍ୟ ଆତ୍ମୀୟମାନଙ୍କ ପିଲାମାନେ ମୋ' ସ୍ତ୍ରୀଙ୍କ ପାଖରେ ବଢ଼ିଛନ୍ତି। କାଲି ଧୂଳି-ଧୂସର ହୋଇ ଖେଳୁଥିଲେ। ଆଜି ଯାଇ କାହିଁ ଉପରେ ଉଠିଲେଣି। ଭାବିଲେ ବଡ଼ ଆନନ୍ଦ ଲାଗେ। ଅବସ୍ଥା ଯେ ଖୁବ୍ ସ୍ୱଚ୍ଛଳ ଥିଲା, ତାହା ନୁହେଁ। ତଥାପି ମୋ ସ୍ତ୍ରୀ ସରୋଜିନୀ (ସଜୁ) ନିକିତିରେ ତଉଲିଲା ଭଳି କାହାରିକୁ ଊଣାଅଧିକ କରି ନାହାନ୍ତି। ସ୍ନେହ ଯେମିତି, ଆକଟ ବି ସେମିତ। ସମସ୍ତଙ୍କୁ ସମାନ। ମୁଁ ବାହାରର କଥା ବୁଝେ। ଯାହା ଯେଉଁଠୁ ରୋଜଗାର କରି ଆଣେ, ତାଙ୍କ ହାତରେ ଦିଏ। ଆଉ ସାରା ପରିବାରର ଭଲମନ୍ଦ ସବୁ ସେ ବୁଝନ୍ତି। ସେ ଘରର ସର୍ବମୟୀ କର୍ତ୍ତ୍ରୀ। ତାଙ୍କର କର୍ମନିଷ୍ଠା, ଦରଦଭରା ମାତୃହୃଦୟ, ଦୂରଦୃଷ୍ଟି, ଆମ ସଂସାରର ମର୍ଯ୍ୟାଦାକୁ ଅଦ୍ୟାବଧି ଅକ୍ଷୁର୍ଣ୍ଣ ରଖିଛି। ସୁଖ ହେଉ କି ଦୁଃଖ ହେଉ, ସବୁକୁ ସେ ଆବୋରି ନେଇଛନ୍ତି। ଆଦୌ ବିଚଳିତ ହୋଇ ନାହାନ୍ତି। ଆଜି ଜୀବନର ଗୋଧୂଳି ଲଗ୍ନରେ, ଜୀବନର ହିସାବନିକାଶ କଲାବେଳେ ତାଙ୍କ ତ୍ୟାଗ ପ୍ରତି ଆନ୍ତରିକ କୃତଜ୍ଞରା ଓ ଶ୍ରଦ୍ଧାରେ ମୋ' ହୃଦୟ ଭରିଯାଉଛି।

ମୋ' ସ୍ତ୍ରୀ

ପ୍ରତ୍ୟେକ ସଫଳତା ପଛରେ କାହାର ଗୋଟାଏ ପ୍ରଚ୍ଛନ୍ନ ହାତଥାଏ — ଏ ଉକ୍ତିର ସତ୍ୟତା ବୋଧେ ମୋ' ଜୀବନରେ ପ୍ରତିପାଦିତ ହୋଇଛି। ଓକିଲ ଜୀବନର ପ୍ରଥମାବସ୍ଥାରେ ସମସ୍ତେ ପ୍ରାୟ ଗୋଟାଏ ଝଡ଼ଝଞ୍ଜା ଭିତରେ ଗତି କରିଥାନ୍ତି। ଆର୍ଥିକ ଅବସ୍ଥାର କୌଣସି ସ୍ଥିତି ନଥାଏ। ସ୍ୱାଧୀନ ଭାବରେ ସମ୍ମାନଜନକ ଭାବରେ ଓକିଲାତି

କରି ଜୀବିକାର୍ଜନ କରିବି କି ଆଉ କିଛି ବ୍ୟବସାୟ କରିବି—ଏହିପରି ଆନ୍ଦୋଳନ ଅଳ୍ପେ ବହୁତେ ସମସ୍ତେ ଅଙ୍ଗେ ନିଭାଇଥିବେ। ତେବେ ଏଇ ସମୟରେ ସ୍ତ୍ରୀର ଭୂମିକା ବହୁତ ଗୁରୁତ୍ୱପୂର୍ଣ୍ଣ। ସ୍ତ୍ରୀ ଯଦି ସାହାଯ୍ୟ ନ କରେ, ତେବେ ତ ତା'ର ଓକିଲାତି ଜୀବନରେ ଯବନିକା ପଡ଼ି ଯାଇଥାଏ। ମୋର ସ୍ତ୍ରୀ ବଡ଼ ଧନୀଘରର ଝିଅ ହୋଇଥିଲେ ମଧ୍ୟ ଅଭାବର ଅସରନ୍ତି ପସରା ମେଲାଇ ମତେ କେବେ ନିରୁତ୍ସାହିତ କରିନାହାନ୍ତି। ବରଂ ଏଇ ଓକିଲାତି ଜୀବନରେ ଆଗେଇ ଯିବାକୁ ସାହସ ଦେଇଛନ୍ତି। ବେଶି ପାଠ ପଢ଼ି ନଥିଲେ ମଧ୍ୟ ତାଙ୍କର ଜ୍ଞାନ ବହୁତ ବେଶି।

କଥାକଥାରେ ସେ କହନ୍ତି– 'ପାରିଲି ନାହିଁ ବୋଲି ଧର ନା ମୁଖେ, ହାରିଲି ବୋଲି ଫେର ନ ଯାଅ ଦୁଃଖେ।" ନିଜ ସ୍ତ୍ରୀର ପ୍ରଶଂସା ନିଜେ ଲେଖିବାକୁ ସଙ୍କୋଚ ବୋଧ ହେଲେ ମଧ୍ୟ, ସେ ଗୋଟିଏ ଅଦ୍ଭୁତ ଚରିତ୍ର, ଅସମ୍ଭବ ତାଙ୍କର ମନୋବଳ; ଏକଥା ନ କହି ରହି ପାରୁନାହିଁ। ଜୋତା ସିଲେଇଠାରୁ ଚଣ୍ଡୀପାଠ ପର୍ଯ୍ୟନ୍ତ ସବୁଥିରେ ନିପୁଣା। ମୋର ତ ଶୃଙ୍ଖଳିତ ଜୀବନ। ସକାଳ ଛଅଟାରୁ ଦିନ ନଅଟା ପର୍ଯ୍ୟନ୍ତ ଅଫିସ ଘରେ କଟେ। ତା' ପରେ କଚେରୀ। ସନ୍ଧ୍ୟା ସାତଟାରୁ ରାତି ଏଗାରଟା ବାରଟା, କିଛି ଠିକଣା ନାହିଁ; ପୁଣି ଅଫିସ ଘରେ। ଓକିଲମାନଙ୍କର ଘର ଓ ପରିବାର ବୋଲି କିଛି ନାହିଁ। ତେବେ ସେ ସବୁ ସମ୍ଭାଳୁଥିଲେ। ଅବଶ୍ୟ ଘରେ ଶୃଙ୍ଖଳା ଆଣିବାକୁ ତାଙ୍କୁ ମଝିରେ ମଝିରେ କଡ଼ା ହେବାକୁ ପଡୁଥିଲା। ଦୁଇ ଝିଅ— ଶୃଙ୍ଖଳିତ ନ ହେଲେ ପର ଘରେ ଚଳିବେ କିପରି ! ତାଙ୍କର ବ୍ୟକ୍ତିତ୍ୱ ମଧ୍ୟରେ ସବୁଠାରୁ ବଡ଼ଥିଲା ଉଦାରମନ ଓ ସମଦର୍ଶିତା। ଯାହା ଆସିବ, ସମାନ ଭାବରେ ସାଇପଡ଼ିଶାରେ ବଣ୍ଟାହେବ। ନିଜ ଝିଅ ବୋଲି ତାକୁ ଅଜାଡ଼ି ଦେବେ ନାହିଁ କି ଝିଆରୀ ବୋଲି କାର୍ପଣ୍ୟ କରିବେ ନାହିଁ। ବହୁତ ଝିଅ ତ ମୋ' ଦୁଇ-ଝିଅଙ୍କ ସାଙ୍ଗେ ରହୁଥିଲେ—ଯାହା ହେବ ସବୁ ସମାନ। ପାତର ଅନ୍ତରର ପ୍ରଶ୍ନ ଉଠେ ନାହିଁ !

ସମସ୍ତେ ଅବଶ୍ୟ ତାଙ୍କୁ ଡରନ୍ତି। କୌଣସି ଦୋଷ ଦେଖିଲେ ସେ କାହାକୁ ଛାଡ଼ିବେ ନାହିଁ। ସିଲେଇପତ୍ର ଠାରୁ ଆରମ୍ଭ କରି ରନ୍ଧାବଢ଼ା ପର୍ଯ୍ୟନ୍ତ। ଉଲ ବୁଣାରେ ଯଦି ଗୋଟାଏ ଜାଗାରେ ଭୁଲ ହୋଇଗଲା, ସିଏ ସେଇ ମୂଳ ଉଲ୍‌ରୁ ଖୋଲି ପକାନ୍ତି। ତାଙ୍କ ସମସାମୟିକମାନେ ଥଟ୍ଟା କରନ୍ତି,—'ମାଙ୍କଡ଼ ତିନିଫୁଟ ଚଢ଼ି ଦି ଫୁଟ ଖସୁଛି' ଅଙ୍କ ପରି ଏ ବୁଣା କେତେ ଦିନରେ ସରିବ ? ସେ କଥାକୁ ତାଙ୍କର ଖାତିର ନଥାଏ। ବଡ଼ ଷ୍ଟ୍ରିକ୍ଟ ହେଡ୍‌ମିଷ୍ଟ୍ରେସ—ନଡ଼ିଆପରି ଉପରଟା ଟାଣ ହେଲେ ବି ଭିତରଟା ନରମ।

ସେ ଜୀବଜନ୍ତୁଙ୍କୁ ବହୁତ ଭଲ ପାଆନ୍ତି। ନେଉଳ, ବିଲେଇ, କୁକୁର—

ସବୁକାଳେ ଆମଘରେ ପୋଷା ହୋଇଥାଆନ୍ତି। ସେ ନିଜେ ବହୁତ ମିଠାପ୍ରିୟ। ଜୀବଜନ୍ତୁଙ୍କୁ ମଧ୍ୟ ଦୁଧ ଭାତ ସାଙ୍ଗରେ ମେଞ୍ଚାଏ ଲେଖାଏଁ ଚିନି ଦିଅନ୍ତି। ଯୁକ୍ତି କ'ଣ ନା, ଚିନି ନ ମିଶିଲେ ସେମାନଙ୍କ ପାଟିକୁ କୁଆଡ଼େ ସୁଆଦ ଲାଗିବନି। ଯାହା କିଛି ନୂଆ ଜିନିଷ ଜାଣିବାରେ ଓ ଶିଖିବାରେ ତାଙ୍କର ଅସୀମ ଆଗ୍ରହ। ପୁରୀ ଯାଇଛନ୍ତି ତ ନୋଳିଆଙ୍କ ପାଖେ ବସି ଜାଲବୁଣା ଶିଖିଲେଣି। କେଉଁଠି ନୂଆ ରନ୍ଧାବଢ଼ା, କାହାଠୁ ସୁଯୋଗ ପାଇଲେ ଶିଖିବେ। କେକ୍, ରୋଜକେକ ପ୍ରଭୃତି ଆଗେ ଏତେ ବେଶି ପ୍ରଚଳନ ନଥିଲା କି କେହି ବେଶି ଖାଉନଥିଲେ। ତାକୁ ସେ ସାଙ୍ଗେ ସାଙ୍ଗେ ଶିଖିବେ ଓ ଜବରଦସ୍ତ ସମସ୍ତଙ୍କୁ ଶିଖାଇବେ। ଜବରଦସ୍ତି ସମସ୍ତଙ୍କୁ ଖାଇବାକୁ ଦେବେ। କୌଣସି ଲୁଗାପଟା ଫାଟିଗଲେ କିଏ ତାକୁ ଫୋପାଡ଼ି ଦିଏ। କିନ୍ତୁ ସେ ତାକୁ ବ୍ୟବହାର ଉପଯୋଗୀ କରିବା ପାଇଁ ନିଜେ ରଫୁ କରନ୍ତି। ଭିକାରୀ, ଦୀନଦୁଃଖୀଙ୍କୁ ବାଣ୍ଟି ଦିଅନ୍ତି। କେଉଁଠି ଏତେ ଟିକେ ଜିନିଷ ନଷ୍ଟ ହେବା ସେ ବରଦାସ୍ତ କରି ପାରନ୍ତି ନାହିଁ। ସେଥିପାଇଁ ମୋ' ସାନଝିଅ ବିଲି ତାଙ୍କୁ ଚିଡ଼ାଏ– "ବୋଉ, ତୁ ଆଉରଙ୍ଗଜେବଙ୍କ ଭଉଣୀ ହୋଇ ଜନ୍ମ ହେବାର ଥିଲା।"

ସବୁଠୁ ବଳି ତାଙ୍କର ଅନ୍ୟତମ ବିଶେଷତ୍ୱ ହେଉଛି, ନିଜେ ବେଶୀ କିଛି ଶିକ୍ଷାଗତ ଯୋଗ୍ୟତା ହାସଲ କରିନଥିଲେ ବି ଲେଖାଲେଖିରେ ତାଙ୍କର ଅପୂର୍ବ ପାରଦର୍ଶିତା ଥିଲା। ସେ ପିଲାମାନଙ୍କ ପାଇଁ ମହାଭାରତ ଲେଖିଥିଲେ। ଧର୍ମ ସମ୍ବନ୍ଧୀୟ ଅନେକ ଛୋଟବଡ଼ ଲେଖା ସେ ଲେଖୁଥିଲେ। ହେଲେ ସେ ସବୁକୁ ଛପେଇ ଗ୍ରନ୍ଥ ଆକାରରେ ଦେଖିବାର ପ୍ରଚେଷ୍ଟା ହୁଏତ ତାଙ୍କର ନଥିଲା। ତେଣୁ ମହାଭାରତକୁ ଛାଡ଼ିଦେଲେ ଆଉ କିଛି ଲେଖା ଛପା ହୋଇପାରି ନାହିଁ।

ମୋ ବିବାହର କିଛିଦିନ ପରେ ମୋ ସ୍ତ୍ରୀଙ୍କୁ ସ୍ୱର୍ଗତ ଦାମୋଦର ଶତପଥୀ ଝିଅ କରିଥିଲେ। ବିଶିଷ୍ଟ ଆଡ୍‌ଭୋକେଟ ଗିରିଜାଶଙ୍କର ବହିଦାରଙ୍କ ଶ୍ୱଶୁର। ତାଙ୍କର ଦୁଇଟି ଝିଅ। ଶକୁନ୍ତଳା ଓ ଅନ୍ନପୂର୍ଣ୍ଣା। ଶକୁନ୍ତଳା ରେଭେନ୍ସା ଗାର୍ଲସ ସ୍କୁଲରେ ଶିକ୍ଷୟିତ୍ରୀ ଥିଲା। ସେ ତାଙ୍କର ଘନିଷ୍ଠ ବନ୍ଧୁ। ମୋ ସ୍ତ୍ରୀ ତାଙ୍କ ଘରକୁ ପ୍ରାୟ ଯିବା ଆସିବା କରନ୍ତି। ତାଙ୍କରି ଘରେ ରାମାୟଣ, ମହାଭାତ ଠାରୁ ଆରମ୍ଭ କରି ବାଇବେଲ ପର୍ଯ୍ୟନ୍ତ ଚର୍ଚ୍ଚା ହେଉଥିଲା। ଏକେ ତ ମୋ ଶାଶୁ ହୈମବତୀ ଦେବୀ ନାରୀନେତ୍ରୀ। ପୁଣି ଧର୍ମବାପା ସମାଜ ସଂସ୍କାରକ। ତେଣୁ ସାରାଜୀବନ ଅନ୍ୟାୟକୁ ପ୍ରଶ୍ରୟ ନ ଦେବା ଓ ସ୍ୱାଧୀନ ଭାବରେ ଚିନ୍ତା କରିବା ତାଙ୍କ ଚରିତ୍ରରେ ପରିସ୍ଫୁଟ ହୋଇଥିଲା।

ସେ ଘର ଭିତରେ ଥାଇ ସମାଜ ସେବାରେ ମନ ବଳେଇ ଥିଲେ। ଛୋଟମୋଟ

କାମ—ଯାହା ତାଙ୍କ ଦ୍ୱାରା ସମ୍ଭବ ତାକୁ କରିବାରେ ତାଙ୍କର ଅସମ୍ଭବ ଆଗ୍ରହ ଥିଲା। କେଉଁଠି ବନ୍ୟା ହେଲାଣି ତ ଚାନ୍ଦା ମାଗିବାକୁ ପଡ଼ିବ, ସେ ବାହାରି ପଡ଼ିବେ। କେଉଁଠି ଇଣ୍ଟରକାଷ୍ଟ ବାହାଘର ହେଲାଣି ତ ସେ ଯାଇ ଆଗଭର ହୋଇ ସାହାଯ୍ୟ କରିବେ। ଆଜିକାଲିର ସାମାଜିକ ପରିସ୍ଥିତ ପରି, ସେତେବେଳେ ଅନ୍ୟ ଜାତିରେ ବିବାହ କରିବା ଏତେ ସହଜ କଥା ନ ଥିଲା। ଅବଶ୍ୟ ଏ ସବୁ ବିଷୟରେ ମୁଁ ତାଙ୍କୁ କେବେ ବାଧା ଦେଇନାହିଁ। ଅସମ୍ଭବ ଝୁଙ୍କ୍ ଏ ସବୁରେ ତାଙ୍କର। ସେଥିପାଇଁ ସବୁ କଥା କଥାରେ 'ସଜୁଅପା'କୁ ଆଗ ଲୋଡ଼ା ହୁଏ। ସମସ୍ତଙ୍କ ପାଖରେ ସେ ଥିଲେ 'ସଜୁଅପା'।

ତାଙ୍କର ଆଉ ଗୋଟିଏ ବିଚିତ୍ର ସ୍ୱଭାବ ଥିଲା। ବଗିଚାରେ ଯଦି ଗଛଟା ବଢ଼ି ଯାଇଛି, ନିଜେ ଗଛ ଉପରକୁ ଚଢ଼ିଯାଇ ଡାଳ କାଟିବାର ସାମର୍ଥ୍ୟ ତାଙ୍କର ଥିଲା। ସେଥିରେ ତାଙ୍କର ସଂକୋଚ ନଥିଲା ! ନାରୀସୁଲଭ ଗୁଣ ସହିତ କିଛିଟା ପୁରୁଷ ଲୋକଙ୍କ ପରି ସାହସ ତାଙ୍କର ଥିଲା। ମିଛ ଯିଏ କହୁଥିଲା, ସେ ତାକୁ ସହ୍ୟ କରିପାରୁ ନ ଥିଲେ। ତଥାପି ମୋ ଜୀବିକାକୁ ସେ ସହ୍ୟ କରିଥିଲେ। କିନ୍ତୁ ମଝିରେ ମଝିରେ ମୋତେ ଚେତାବନୀ ଦେଉଥିଲେ— "ଅନ୍ୟାୟ ପଥରେ ଆଗେଇ ଟଙ୍କା ରୋଜଗାର କରିବା ଠିକ୍ ନୁହେଁ। ବୃତ୍ତି ହେଲେ ବି କ'ଣ ହେଲା; ସତ୍ୟ ନ୍ୟାୟକୁ ସବୁବେଳେ ଆଖି ଆଗରେ ରଖିଥିବ।"

ତାଙ୍କର ଧରାବନ୍ଧା ତେଲ ଲୁଣ ସଂସାର ଜୀବନ ଦେଖି ତାଙ୍କୁ ଜଣେ ନିରାଟ ବାସ୍ତବବାଦୀ ସଂସାରୀ ଲୋକ ଭାବିଦେଲେ, ତାଙ୍କୁ ଚିହ୍ନିବାରେ ହୁଏତ ଭ୍ରମ ହୋଇ ଯାଇପାରେ। କର୍ମ ଯେତିକି, ଜ୍ଞାନ ସେତିକି; ମାତ୍ର ଧର୍ମ ହେଉଛି ତାଙ୍କର ଅଧିକ। କିଛିବର୍ଷ ତଳେ ରାମକୃଷ୍ଣଙ୍କ ଜୀବନୀ ପଢ଼ି ତାଙ୍କର କର୍ମମୟ ଜୀବନ ଭିନ୍ନ ମୋଡ଼ ନେଲା। ଆଧ୍ୟାତ୍ମିକ ଚେତନାର ସ୍ଫୁରଣ ହେତୁ ସେ ଅଧିକରୁ ଅଧିକ ଶ୍ରୀରାମକୃଷ୍ଣଙ୍କ ଦର୍ଶନ ପ୍ରତି ଅନୁରକ୍ତ ହୋଇ ଉଠିଲେ। ଦିନେ ତାଙ୍କୁ କିଏ ଆସି ସ୍ୱପ୍ନରେ କହିଲେ— "ଅମୁକ ଜାଗାରେ ଶ୍ରୀରାମକୃଷ୍ଣଙ୍କ ଫଟୋ ଅଛି, ସେଇଟା ବାହାର କରି ସେଥିରେ ମନୋନିବେଶ କର।" ପରଦିନ ସକାଳୁ ଦେଖିଲା ବେଳକୁ ଗ୍ୟାରେଜ ପାଖରେ ଥିବା କୋଠରୀ, ଯେଉଁଠି କୋଡ଼ିଏ ପଚିଶ ବର୍ଷ ଧରି ଅଦରକାରୀ ଜିନିଷପତ୍ର ରହୁଥିଲା, ଲୋକ ଲଗେଇ ଖୋଜା ଚାଲିଛି। ଏହିପରି ପାଗଳାମି ମଝିରେ ମଝିରେ ବାହାରେ, ଭାବି ଚୁପ୍ ରହିଲି। ହେଲେ ଆଶ୍ଚର୍ଯ୍ୟର କଥା, ସ୍ୱପ୍ନରେ ନିର୍ଦ୍ଦେଶ ଥିବା ଜାଗାରୁ ଫଟୋଟି ବାହାରିଲା। ତା'ପରେ ଦେଖାଦେଲେ ତାଙ୍କ ଜୀବନର ତଥାକଥିତ 'ବୁଢ଼ା'। ବୁଢ଼ା ଛଡ଼ା ଆଉ କେହି ରହିଲେ ନାହିଁ। ସେ ହେଲେ ଈଶ୍ୱର, ଭଗବାନ, ବ୍ରହ୍ମ

ସବୁକିଛି ତାଙ୍କୁ ସମର୍ପିତ। କର୍ତ୍ତବ୍ୟ କର୍ମ କୌଣସିଥିରେ କାଣିଚାଏ ହେଲେ କମିଲାନି। କିନ୍ତୁ କର୍ମ ତାଙ୍କୁ ଜଡ଼ିତ କରି ମୋହଗ୍ରସ୍ତ କରି ରଖି ପାରିନି କେଉଁଦିନ। ସଂସାରର ମାୟାରେ ଥାଇ ମଧ୍ୟ ସେ ସମ୍ପୂର୍ଣ୍ଣ ମୋହମୁକ୍ତ। ଏହା ହିଁ ତ ଗୀତାର କର୍ମଯୋଗ।

ତାଙ୍କର ବ୍ୟକ୍ତିଗତ ଉଦ୍ୟମରେ ଗତ ୫।୯।୯୦ ତାରିଖ ବୁଧବାର ଇନ୍ଦୁପୂର୍ଣ୍ଣିମା ଦିନ ଆମ ଜନ୍ମସ୍ଥାନ ପୁରୀ ଜିଲ୍ଲାର ବାଗଲପୁରଠାରେ ଏକ ଭାଗବତ ଟୁଙ୍ଗୀ ପ୍ରତିଷ୍ଠା କରାଯାଇଛି। ଏଥି ନିମିତ୍ତ ସମସ୍ତ ଶ୍ରୀମଦ୍ଭାଗବଦ ସେଟ୍ ସହିତ ଶ୍ରୀରାମକୃଷ୍ଣ ଲୀଳାମୃତ ଯୋଗାଇ ଦିଆଯାଇଛି। ଭାଗବତ ଟୁଙ୍ଗୀ ନିମିତ୍ତ ଅନ୍ୟାନ୍ୟ ସମସ୍ତ ସରଞ୍ଜାମ ଓ ପ୍ରତିଦିନ ଭାଗବତପାଠ କରୁଥିବା ପୁରୋହିତଙ୍କ ପାଇଁ ମାସିକ ଭତ୍ତା ଓ ଅନ୍ୟାନ୍ୟ ଆନୁଷଙ୍ଗିକ ଖର୍ଚ୍ଚ ନିମିତ୍ତ ଏକ ସ୍ଥାୟୀ ପାଣ୍ଠିର ବ୍ୟବସ୍ଥା ମଧ୍ୟ କରାଯାଇଛି।

ଉକ୍ତ ଭାଗବତ ଟୁଙ୍ଗୀ ପରିଚାଳନାରେ ଆମ ପରିବାରର ଶ୍ରୀ ମନମୋହନ ଦାସ ଓ ଶ୍ରୀ ଯଦୁମଣି ପଣ୍ଡା (କେଲୁ ପଣ୍ଡା)ଙ୍କ ସହଯୋଗ ବିଶେଷ ଉଲ୍ଲେଖଯୋଗ୍ୟ।

ଆଜି ଜୀବନର ଅନ୍ତିମ ପର୍ଯ୍ୟାୟରେ ଜଣେ ସୁଗୃହିଣୀ ଭାବରେ ତାଙ୍କର କର୍ତ୍ତବ୍ୟ ପରାୟଣତାକୁ ସ୍ୱୀକାର କରିବାରେ ମୋର କୁଣ୍ଠା ନାହିଁ। ଯେଉଁମାନେ ତାଙ୍କୁ ଚିହ୍ନିଛନ୍ତି, ଜାଣିଛନ୍ତି—ସେଇମାନେ ଜାଣନ୍ତି; ସବୁ ସାଧାରଣ ନାରୀଟିଏ ପରି ମନେ ହେଉଥିଲେ ସୁଦ୍ଧା, ବାସ୍ତବରେ ସେ ଜଣେ ଅସାଧାରଣ ମହିଳା।

ଲିଲି

୧୯୩୦ ମସିହା ଅଗଷ୍ଟ ୧୭ ତାରିଖରେ ଆମ ବଡ଼ଝିଅର ଜନ୍ମ। ସରୋଜିନୀ ସାଙ୍ଗକୁ ମିଳେଇ ନାମ ରଖାଗଲା ନଳିନୀ। ଡାକ ନାଁ ଲିଲି। ଦୁର୍ବଳ ସ୍ୱାସ୍ଥ୍ୟ ହେଲେବି ଭାରି କର୍ମପ୍ରବଣା। ମା' ପଛରେ ଛାଇପରି ଥାଏ। ପ୍ରଥମ ପିଲା। ମା' ସାଙ୍ଗକୁ ଘରର ଭଲମନ୍ଦ ବୁଝିବାରେ ସେ ଆଗେଇ ଆସିଲା। ଘରର ଦାୟିତ୍ୱ ଟିକିଏ ଅଧିକ ତା' ଉପରେ ପଡ଼ିବା ସ୍ୱାଭାବିକ। ସାନମାନଙ୍କର ଅଳିଅର୍ଦ୍ଦଳି ବୁଝିବା, ବନ୍ଧୁ ଚର୍ଚ୍ଚା, ପର୍ବପର୍ବାଣି, ସବୁଥିରେ ସେ ମା'କୁ ସାହାଯ୍ୟ କରେ। ସହଜେ ତ ମୋ' ଘରେ ଅଧିକ ବନ୍ଧୁବାନ୍ଧବ, ଗଲାଅଇଲା, ସାଙ୍ଗସାଥୀଙ୍କର ଭିଡ଼ ଜମେ। ସେମାନଙ୍କୁ ଯଥୋଚିତ ଚର୍ଚ୍ଚା, ସମାଦର ନ ହେଲେ ମୁଁ ତ ନିଶ୍ଚୟ କ୍ଷୁଦ୍ର ହୁଅନ୍ତି। ମାତ୍ର ମୋ' ସ୍ତ୍ରୀ କେବେବେଳେ ହେଲେ ସେଥିରେ କାର୍ପଣ୍ୟ କରିନାହାନ୍ତି। ମା' ଠୁ ଶିଖି ଶିଖି ଲିଲି ବି ସେଥିରେ ପାରଙ୍ଗମ ହୋଇ ଉଠିଲା। ଆମେ ଏକରକମ ତା' ଉପରେ ନିର୍ଭର କରିଗଲୁ। ସମସ୍ତେ ତା'ର ଆପଣାର। ଟିକି, ମିନି ତ ତାକୁ ମା' ଭଳି ଆଦରି ଯାଇଥାନ୍ତି। ସବୁ କାମ

ଭିତରେ ବେଞ୍ଜୋ ବଜାଇବା, ଭଲ ବୁଣାବୁଣି କରିବା, ମେସିନ ସିଲେଇ କରିବା ଇତ୍ୟାଦି କାମ ସେ ନିଖୁଣ ଭାବରେ କରୁଥିଲା।

ମୋ' ଶାଶୁ ହୈମବତୀ ଦେବୀ ଓଡ଼ିଶାର ଜଣେ ନାରୀନେତ୍ରୀ। ତାଙ୍କର ଝିଅ ସରୋଜିନୀ। ଏକ ବଳିଷ୍ଠ ପାରମ୍ପରିକ ଚିନ୍ତାଧାରା ଓ ଆତ୍ମବିଶ୍ୱାସର ସେ ଉତ୍ତରାଧିକାରିଣୀ। ତେଣୁ ସରୋଜିନୀର ଶୃଙ୍ଖଳାର କଡ଼ା ଆଇନ ଆମ ଘରେ ଜାରିଥାଏ। ସେଥିପାଇଁ ଭଲମନ୍ଦରେ ସମସ୍ତଙ୍କ ଦୋଷ ନିଜ ମୁଣ୍ଡକୁ ନେଇଯାଏ ଲିଲି। କ'ଣ ଟିକିଏ ଘରକୁ ଆସିଲେ ଚିରୁଡ଼ାଏ ଚିରୁଡ଼ାଏ, କରି ସେ ସମସ୍ତଙ୍କୁ ସମାନ ଭାବରେ ଖୁଆଏ। ସେଥିପାଇଁ ଦଇତାରି (ମୋ ମୋହରିର) ତାକୁ ବେଳେବେଳେ ଚିଡ଼ାଉଥିଲା।

ଲିଲି ବାହାଘର

ସଂସାରୀ ହେବା ଆଗରୁ ସେ ପକ୍‌କା ଘରଣୀ ହୋଇ ସାରିଥାଏ। ବେଳେବେଳେ ମୋ' ମନକୁ ଆସେ, ଏ ଝିଅ ଶାଶୁଘରକୁ ଚାଲିଗଲେ ଆମ ସଂସାର ଚାଲିବ କିପରି ? ରେଭେନ୍ସା ଗାର୍ଲସ ସ୍କୁଲରୁ ମେଟ୍ରିକ୍ ପାଶ୍‌କରି ଶୈଳବାଳା ମହିଳା କଲେଜରେ ଆଇ.ଏ. ପଢୁଥାଏ। ସେତେବେଳେ ମୋ' ପାଖରେ ଜୁନିୟର ଥାନ୍ତି ଶ୍ରୀ ରବିନାରାୟଣ ବର୍ମା। ଆଇନ ବ୍ୟବସାୟରେ ସିନିୟର-ଜୁନିୟର ସମ୍ପର୍କ ପରିବାରର ଜଣେ ସଦସ୍ୟ ପରି ନିବିଡ଼ ଓ ଘନିଷ୍ଠ। କିଛିଦିନ ପରେ ରବିଙ୍କ ମାଉସୀ ପୁଅ ଭାଇ ଶ୍ରୀ ଯୁଗଳ କିଶୋର ମହାନ୍ତି ମୋ' ଜୁନିୟର ଭାବେ ଯୋଗଦେଲେ। ଅଳ୍ପଦିନ ଭିତରେ ତାଙ୍କର ବିଚକ୍ଷଣତା ଓ ବ୍ୟକ୍ତିତ୍ୱ ମୋତେ ପ୍ରଭାବିତ କଲା। ଦିନେ ରବି, ଲିଲି ସହିତ ଯୁଗଳର ବିବାହ ପ୍ରସ୍ତାବ ବାଢ଼ିଲେ। ଚିନ୍ତାକରି ଦେଖିଲି, ଭଲହେବ।

ଜଷ୍ଟିସ୍ ଯୁଗଳ କିଶୋର ମହାନ୍ତି—

ଯୁଗଳ ରୂପରେ ଯେମିତି, ଗୁଣରେ ବି ସେମିତି। ସାଧାରଣଙ୍କଠାରୁ ବାରି ହୋଇ ପଡ଼ିଲାପରି। ୧୯୨୭ ମସିହା ଜାନୁୟାରୀ ୫ ତାରିଖରେ କଟକ ଜିଲ୍ଲା ସାଲେପୁର ପାଖ ତେନ୍ତୋଲ (କାଠାହାର) ଗ୍ରାମରେ ତାଙ୍କର ଜନ୍ମ। ୰ ଗଣେଶ୍ୱର ମହାନ୍ତି ଓ ମୋତାମଣି ଦେଈଙ୍କର ସେ ସବା ସାନପୁଅ। ସମ୍ଭ୍ରାନ୍ତ ପରିବାର। ତାଙ୍କ ଭାଇ ବନ୍ଧୁମାନେ ସମାଜରେ ବେଶ୍ ପ୍ରତିଷ୍ଠିତ। ଯୁଗଳ ରେଭେନ୍ସା କଲେଜିଏଟ୍‌ରୁ ମେଟ୍ରିକ୍, ରେଭେନ୍ସା କଲେଜରୁ ବି.ଏସ୍‌ସି. ଓ ମଧୁସୂଦନ ଆଇନ କଲେଜରୁ ଏଲ୍.ଏଲ.ବି. ପାଶ୍ କରି ଓଡ଼ିଶା ହାଇକୋର୍ଟରେ ଆଡ୍‌ଭୋକେଟ୍ ଥାଆନ୍ତି।

ବାହାଘର ସ୍ଥିର ହେଲା । ୧୯୫୩ ମସିହା ମାର୍ଚ୍ଚ ୧୧ ତାରିଖ ଦିନ ବିଭାଘର ହେଲା । ଯୁଗଳଙ୍କ ଦାଦା ଶ୍ରୀ ନନ୍ଦକିଶୋର ମହାନ୍ତି ବରକର୍ତ୍ତା, କନ୍ୟା ଦାନକଲେ ମୋ' ବଡ଼ବାପା ପୁଅ ଭାଇ ସତ୍ୟବାଦୀ ଭାଇ । ଗୋପବନ୍ଧୁ ଚୌଧୁରୀ, ନବକୃଷ୍ଣ ଚୌଧୁରୀ, ଜଷ୍ଟିସ୍ ଲିଙ୍ଗରାଜ ପାଣିଗ୍ରାହୀ, ଡଃ ଜର୍ଜ ପଟ୍ଟନାୟକ ଜଷ୍ଟିସ୍ ନରସିଂହମ୍ ଓ ଅନ୍ୟାନ୍ୟ ବହୁ ଶୁଭକାଙ୍କ୍ଷୀ ବର କନ୍ୟାଙ୍କୁ ଆସି ଆଶୀର୍ବାଦ ଦେଲେ । ଭୋଜିଟା କିପରି ଭଲହେବ, ମୁଁ ଟିକେ ଚିନ୍ତା କରୁଥିଲି । ସେ ଦାୟିତ୍ୱ ନେଲେ ଅନ୍ନପୂର୍ଣ୍ଣା ଥିଏଟରର ପରିଚାଳକ ଲିଙ୍ଗରାଜ ନନ୍ଦ । ରନ୍ଧା ବଢ଼ା ସେ ନିଜେ ତଦାରଖ କଲେ । ମାରୁୱାଡ଼ି ପଟିଟା ସାରା ତ କହିଲେ ମୋର ସେତେବେଳର ମହକିଲ । ସେମାନେ ସମସ୍ତେ ଭାରି ଖୁସିରେ ଭୋଜିରେ ଯୋଗ ଦେଲେ ଓ ନିଜେ ସେମାନଙ୍କ ବାସନପତ୍ର ଆଣି, ନିଜ ପାଇଁ ନିଜେ ରାନ୍ଧି ଖାଇପିଇ ଆନନ୍ଦ କଲେ । ଯେତେ ସତର୍କ ହେଲେ ବି କେଉଁଠି କେମିତି ଭୁଲ ଭଟକା ହୋଇଯାଏ । 'ଠା ପିଢ଼ା'କୁ ସ୍ୱତନ୍ତ୍ର ଭାବରେ ଡକା ହୋଇନାହିଁ ବୋଲି ଜଷ୍ଟିସ୍ ବୀରକିଶୋର ରାୟ ଅଭିମାନ କଲେ । କେତେ କଷ୍ଟରେ ପୁଣି ତାଙ୍କୁ ମନେଇଲି ।

ସବୁ ଆନନ୍ଦ ଭିତରେ ଟିକେ ନିରାନନ୍ଦ ପୂରାଇଦେବା ବୋଧହୁଏ ଭଗବାନଙ୍କର ଲୀଳା । ଏବେ ଧୁମ୍‌ଧାମ୍ ଭିତରେ କିନ୍ତୁ ମୁଁ ଭାରି ବିଚଳିତ ଥାଏ । ମୋର ଜଣେ ମହକିଲ ପ୍ରାଣବନ୍ଧୁ ମିଶ୍ର ପ୍ରକୃତ ପକ୍ଷେ ଘଟଣା ସ୍ଥଳରେ ନ ଥାଇ ମଧ ଘାତକ ବୋଲି ଫାଶୀଦଣ୍ଡ ପାଇବା ବିଷୟ ମୋତେ ଭୀଷଣ ଆଘାତ ଦେଇଥାଏ । ନ୍ୟାୟାଳୟ ଉପରେ ଥିବା ମୋର ଗଭୀର ଆସ୍ଥା ସେପରି ଦୋହଲି ଯାଉଥାଏ ।

ମୋର ସହଯୋଗୀ ଭାବରେ ଯୁଗଳ ୧୯୫୩ ମସିହାଠାରୁ ଅନେକ ଗୁରୁତ୍ୱପୂର୍ଣ୍ଣ ମୋକଦ୍ଦମା ପରିଚାଳନା କରିଛନ୍ତି । ଜଣେ ପ୍ରତିଷ୍ଠିତ ଆଇନଜୀବୀ ଭାବରେ ତାଙ୍କର ବେଶ୍ ସୁନାମ ଥିଲା । ଦୀର୍ଘ ଦଶବର୍ଷର ଅଧିକ ସମୟ ସେ ଓଡ଼ିଶା ହାଇକୋର୍ଟ ବାର ଆସୋସିଏସନର ସମ୍ପାଦକ ଦାୟିତ୍ୱ ତୁଲାଇଥିଲେ । ବିଚାରପତି ଭାବେ ନିଯୁକ୍ତ ହେବା ପର୍ଯ୍ୟନ୍ତ ବାର କାଉନସିଲର ସଦସ୍ୟ ଥିଲେ । ତା ୧୨-୭-୧୯୭୮ ରେ ସେ ପ୍ରଥମେ ଓଡ଼ିଶା ହାଇକୋର୍ଟରେ ଅତିରିକ୍ତ ବିଚାରପତି ଭାବେ ନିଯୁକ୍ତି ପାଇଲେ । ତା ୧୪-୯-୭୯ ରେ ସ୍ଥାୟୀ ବିଚାରପତି ହେଲେ । ଏହାପରେ ତା ୨୧-୧-୧୯୮୬ ରେ ମୁଖ୍ୟ ବିଚାରପତି ପଦବୀକୁ ଉନ୍ନୀତ ହୋଇ ସିକିମ ହାଇକୋର୍ଟର ମୁଖ୍ୟ ବିଚାରପତି ହୋଇଥିଲେ । ସେ ହେଉଛନ୍ତି ପ୍ରଥମ ଓଡ଼ିଆ, ଯେ କି ଓଡ଼ିଶା ବାହାରେ ମୁଖ୍ୟ ବିଚାରପତି ଭାବେ ନିଯୁକ୍ତି ପାଇବାର ଗୌରବ ଅର୍ଜନ କରିଛନ୍ତି ।

ସରଳ ଅମାୟିକ ବ୍ୟବହାର ତଥା ଉଚ୍ଚକୋଟୀର ବ୍ୟକ୍ତିତ୍ୱ ଯୋଗୁଁ ସେ

ସମସ୍ତଙ୍କର ଆଦରର ଓ ଆପଣାର ହୋଇ ପାରିଛନ୍ତି । ସିକିମ୍‌ରେ ଥିଲାବେଳେ ସେଠାରେ ରହୁଥିବା ଓଡ଼ିଆମାନଙ୍କୁ ସଙ୍ଗଠିତ କରାଇ ଗ୍ୟାଙ୍ଗ୍‌ଟକଠାରେ ଶ୍ରୀ ଜଗନ୍ନାଥଙ୍କ ବିଗ୍ରହ ସ୍ଥାପନ କରାଇଛନ୍ତି । ତାଙ୍କରି ଉଦ୍ୟମରେ ଜଗନ୍ନାଥ ସଂସ୍କୃତିର ପ୍ରଚାର ଓ ପ୍ରସାର ନିମିତ୍ତ ସେଠାରେ ରଥଯାତ୍ରା ଅନୁଷ୍ଠିତ ହେଉଛି । ଏହା ତାଙ୍କ ଜୀବନର ଏକ ଉଲ୍ଲେଖଯୋଗ୍ୟ ଘଟଣା । ଯୁଗଳ ଗତ ୫-୧-୮୯ ତାରିଖରେ ଅବସର ଗ୍ରହଣ କରି ଗ୍ୟାଙ୍ଗଟକ୍‌ରୁ ଫେରି ଆସିବା ମଧ୍ୟ ସେଠାକାର ଓଡ଼ିଆମାନେ ରଥଯାତ୍ରାକୁ ଯଥାରୀତି ପାଳନ କରୁଛନ୍ତି । ଆଇନ ହୁଏତ ତାଙ୍କ ବୃତ୍ତି ହୋଇପାରେ କିନ୍ତୁ ତାଙ୍କ ପ୍ରବୃତ୍ତି ହେଉଛି ସମାଜସେବା, ସାଙ୍ଗଠନିକ କାର୍ଯ୍ୟ, ପରୋପକାର ଓ କ୍ରୀଡ଼ା ଅନୁଷ୍ଠାନ । ଜଣେ ଭଲ କ୍ରୀଡ଼ାବିତ୍ ଭାବରେ ମଧ୍ୟ ତାଙ୍କର ସୁନାମ ଅଛି । ଅବସର ଗ୍ରହଣ ପରେ କଟକରେ ଅବସ୍ଥାନ କରୁଛନ୍ତି ଏବଂ ବିଭିନ୍ନ ସାଂସ୍କୃତିକ ଓ ସେବାମୂଳକ କାର୍ଯ୍ୟରେ ମନ ବଳାଇଛନ୍ତି ।

ଯୁଗଳଙ୍କର ତିନିପୁଅ । ବଡ଼ପୁଅ ଆଡ୍‌ଭୋକେଟ୍ ପ୍ରଦୀପ କୁମାର ମହାନ୍ତି (ଦୀପୁ) ଏବେ ହାଇକୋର୍ଟରେ ଓକିଲାତି କରୁଛି । ଓଡ଼ିଶା ହାଇକୋର୍ଟ ବାର-ଆସୋସିଏସନ ଓ ବାର କାଉନସିଲ ସହିତ ସମ୍ପୃକ୍ତ ହୋଇ ଏହି ସଙ୍ଗଠନର ସହ ସମ୍ପାଦକ ଏବଂ ସଭ୍ୟ ଭାବରେ ବିଭିନ୍ନ ଦାୟିତ୍ୱ ପରିଚାଳନା କରୁଛି । ଦୀପୁ ବାଲକାଟି ମକଦ୍ଦମ ବଂଶର ଆଡ଼ଭୋକେଟ୍ ଶ୍ରୀ ରବିନାରାୟଣ ମହାନ୍ତିଙ୍କ କନ୍ୟା କଞ୍ଚନା (ମିତା)କୁ ବିବାହ କରିଛି । ଦୀପୁର ପାଞ୍ଚବର୍ଷର ପୁଅ ଅଭିଷେକ (ବାବୁଲ୍) ବଡ଼ ଓ ସାନ ପୁଅ ଆଶୁତୋଷ (ପପୁଲ୍) ଲିଲି-ଯୁଗଳ ଓ ଆମ ଦୁହିଁଙ୍କ ପାଇଁ ଦୁହେଁ ଆନନ୍ଦର ଉତ୍ସ ହୋଇଛନ୍ତି ।

ମଝିଆଁ ପୁଅ ତାପସ (ତପୁ) ଇତିହାସରେ ଏମ୍.ଫିଲ୍ କରି ଏବେ ରାଉରକେଲା ସରକାରୀ କଲେଜର ଇତିହାସ ଅଧ୍ୟାପକ ଭାବେ କାର୍ଯ୍ୟ କରୁଛି । ସେ କେନ୍ଦ୍ରାପଡ଼ାର ଶ୍ରୀ ଅନାଥବନ୍ଧୁ ଦାସ (ଜିଲ୍ଲା ଜଜ୍)ଙ୍କ କନ୍ୟା ନିବେଦିତାକୁ ବିବାହ କରିଛି । ତପୁର ଏଇ ଗତ ଜାନୁୟାରୀ ମାସରେ ଗୋଟିଏ ଝିଅ (ସେଲଭି) ଜନ୍ମ ହୋଇଛି ।

ସାନପୁଅ ଅଶୋକ (ବାପୁ) ଆଇନ ପାଶ୍ କଲାପରେ ଜଣେ ଯୁବ ଶିଳ୍ପୋଦ୍ୟୋଗୀ ଭାବରେ ଜୀବନ ଆରମ୍ଭ କରିଛି ।

ବିଲି ବାହାଘର

ସାନଝିଅ ବିଲିର ଜନ୍ମ ୧୯୩୬ ମସିହା ସେପ୍ଟେମ୍ବର ୧୧ ତାରିଖରେ । ମା’-ଓ ଭଉଣୀଙ୍କ ନାମ ସାଙ୍ଗକୁ ନାମ ମିଳାଇ ଦିଆଯାଇଛି, ବିଳାସିନୀ । ରେଭେନ୍ସା କଲେଜରେ ପଢ଼ିଲାବେଳେ ମୋ କାର୍‌ରେ ଯାଏ । ମୋ ପିଆନୋ, ସ୍ତ୍ରୀଙ୍କ ହାରମୋନିୟମ, ଲିଲିର

ବେଞ୍ଜୋ ଘରେ ପଡ଼ିଥାଏ । ବିଲି କିନ୍ତୁ ଆକୃଷ୍ଟ ହେଲ ବେହେଲା ପ୍ରତି । ବେହେଲାମାଷ୍ଟର ଆସି ଘରେ ଶିଖାଇଲେ । ବିଭାଘର ପରେ ସେ ବିଶିଷ୍ଟ ବେହେଲାବାଦକ ଶ୍ରୀ ସୁନାକର ସାହୁଙ୍କ ଠାରୁ ମଧ୍ୟ ଶିଖିଲା । କିଛିଦିନ ପରେ ଗୃହ ଜଞ୍ଜାଳ ଉପରେ ଏ ବିଦ୍ୟା ଛାଡ଼ିଦେଲା । ଡିଷ୍ଟିକ୍ସନ ସହ ବି.ଏସ୍‌ସି. ପାଶ୍ କଲାପରେ ଆଉ ପଢ଼େଇବି କି ନାହିଁ ଭାବୁଥାଏ । ସେତେବେଳର ଗୃହମନ୍ତ୍ରୀ, ମୋର ଅତି ପ୍ରିୟ ବନ୍ଧୁ ଶ୍ରୀ ନୀଳମଣି ରାଉତରାୟ ବିଭାଘର ପ୍ରସ୍ତାବ ଦେଲେ । ୧୯୫୭ ମସିହା । ରାଜେନ୍ଦ୍ର (ଶ୍ରୀ ରାଜେନ୍ଦ୍ର ନାରାୟଣ ଦାସ) ଏଲହାବାଦରୁ ଏମ୍.ଏ. ପାଶ୍ କରି ମାଉଣ୍ଟଆବୁରୁ ଆଇ.ପି.ଏସ୍. ଟ୍ରେନିଂ ସାରି ଅନୁଗୁଳରେ ଟ୍ରେନିଂ ନେଉଥିଲେ । ସେବର୍ଷ ସାରା ଓଡ଼ିଶାରୁ ସର୍ବଭାରତୀୟ ଆଇ.ପି.ଏସ୍. ପରୀକ୍ଷାରେ ଏକମାତ୍ର ଓଡ଼ିଆ ଭାବେ ସଫଳ ହୋଇଥାନ୍ତି । ବାପା ଉଦୟ ନାରାୟଣ ଦାସ ଏକ୍ସାଇଜ ବିଭାଗରେ ଚାକିରି କରି ଅବସର ନେଇଥାନ୍ତି । ବାଲେଶ୍ୱର ଜିଲ୍ଲାର ପାଟରା ଗ୍ରାମରେ ତାଙ୍କର ଘର । ମା' ରାସମଣି ଦେଈଙ୍କର ପ୍ରତ୍ୟକ୍ଷ ତତ୍ତ୍ୱାବଧାନରେ ସେ ଏବେ କୃତିତ୍ୱର ଅଧିକାରୀ ହୋଇ ପାରିଥାନ୍ତି । ଉଦୟବାବୁଙ୍କ ସମ୍ପର୍କରେ ମୋର ଅନୁଭୂତି ସ୍ୱତନ୍ତ୍ର । ସେ ଜଣେ ସରଳ ସାଧୁ ପ୍ରକୃତିର ବ୍ୟକ୍ତି ତଥା ଜଣେ ସୁଦକ୍ଷ, ସଚ୍ଚୋଟ କର୍ମଚାରୀ । ଜୀବିକା ତାଙ୍କ ଜୀବନ ଉପରେ କୌଣସି ପ୍ରଭାବ ପକାଇ ପାରି ନଥିଲା । ଉଦୟବାବୁଙ୍କ ପରି ଭଲ ଲୋକ ମୁଁ କମ୍ ଦେଖିଛି । ଦିନେ କୌତୂହଳବଶତଃ ପଚାରିଦେଲି—"ପାଣି ଭିତରେ ବୁଡ଼ିକରି ଆପଣଙ୍କୁ କିପରି କିଛି ଛୁଇଁ ପାରିଲା ନାହିଁ ?" ସେ କିଛି ଉତ୍ତର ନ ଦେଇ କେବଳ ନିର୍ମଳ ହସଟିଏ ହସିଦେଲେ ।

ମୋର କଲେଜ ବେଳର ସାଙ୍ଗ ରାଜୁ (ବଣିଆ ସାହିର ୰ ରାଜକିଶୋର ଦାସ) ସୁଖରେ ଦୁଃଖରେ ସଦାବେଳେ ମୋ ପାଖେ ପାଖେ ସାରାଜୀବନ ରହିଥିଲା । ଉଦୟବାବୁଙ୍କ ସଙ୍ଗରେ ତା'ର ଭଲ ପରିଚୟ ଥାଏ । ବିଭାଘର ସମ୍ପର୍କରେ ମୋ ତରଫରୁ ସବୁ କଥା ସେଇ କହୁଥାଏ । ତେଣୁ ସେମାନେ ତାକୁ ମୋର 'ଚଳନ୍ତି ପ୍ରତିମା' ବୋଲି ଆଖ୍ୟା ଦେଇଥାନ୍ତି ।

୧୯୫୭ ମସିହା ଜୁନ ୮ ତାରିଖରେ ବିଭାଘର ହେବା ବେଳକୁ ରାଜେନ୍ଦ୍ର କଟକର ଏ.ଏସ୍.ପି. ହୋଇ ଯୋଗ ଦେଇଥାନ୍ତି । କଟକ ଏସ୍.ପି. ବିନୋଦ ମହାପାତ୍ର (ଆଇ.ପି.ଏସ୍.) ବର ପ୍ରଶେସନର ଦାୟିତ୍ୱ ନେଇଥାନ୍ତି । ସମସ୍ତେ ଭାବୁଥାନ୍ତି, ବାଲେଶ୍ୱରରୁ କେତେଜଣ ବା ବରଯାତ୍ରୀ ଆସିବେ ! କିନ୍ତୁ ସେତେବେଳେ ପୋଲିସ କର୍ମଚାରୀଙ୍କ ଭିତରେ ଯେ କେତେ ସୌହାର୍ଦ୍ଦ୍ୟ ଥିଲା ତାହା ପ୍ରଶେସନରୁ ଜଣା ପଡ଼ିଲା । ଡି.ଆଇ.ଜି. ଶ୍ରୀ ଜ୍ୟୋତିଷ ଚନ୍ଦ୍ର ଘୋଷଙ୍କ ବିରାଟ ଗାଡ଼ିରେ ବର ଆସି ଆମ ଘରେ ପହଞ୍ଚିଲା ।

ଶାଶୁଘରେ ବିଲି ନାମ ରଖିଲେ 'କସ୍ତୁରୀ'। ପାଠପଢ଼ା ସରୁ ନ ସରୁଣୁ ବାହା ହୋଇ ଚାଲିଗଲା। କିପରି ଘର ସମ୍ଭାଳିବ, ବଡ଼ ଚିନ୍ତା। ଲିଲି କଥା ଅଲଗା। ଇଏ ତ କିଛି ଶିଖି ନ ଥିଲା। ଏମାନଙ୍କର ପୁଣି ବଦଳି ଚାକିରି। ଆଜି ଏଠି ତ କାଲି ସେଠି। ତେବେ ନାନା ମାନ୍ୟଗଣ୍ୟ ବ୍ୟକ୍ତି ତାଙ୍କ ଘରକୁ ଯାଆନ୍ତି। ତାଙ୍କ ଠାରୁ ଗାଁ'ର ଆତିଥ୍ୟ, ରନ୍ଧାବଢ଼ା, ଘରକରଣା, ସଙ୍ଗଠନ ପରିଚାଳନା ଆଦିର ପ୍ରଶଂସା ନାନା ଭାବରେ ମୋ କାନରେ ଆସି ପଡ଼େ। ମନ ପୂରିଉଠେ। ୧୯୬୮ ମସିହାରେ ରାଜେନ୍ଦ୍ରଙ୍କର କଟକ ବଦଳି ହେଲା। ଅଳ୍ପ ଦିନରେ ବିଲିର ଲେଖା ସବୁ ପ୍ରଜାତନ୍ତ୍ର ସାହିତ୍ୟ ବିଭାଗରେ ଦେଖିଲେ। ରେଡ଼ିଓରେ ବିଭିନ୍ନ ଆଲୋଚନା ଶୁଣିଲି। ସେ କଟକ ଦୂରଦର୍ଶନ କେନ୍ଦ୍ରର ମହିଳା କଳାକାର ହୋଇ ଦେଖାଦେଲା। ୧୯୭୧ କି ୭୨ ହେବ। ଆଇ.ପି.ଏସ୍. ଅଫିସର ଓ ତାଙ୍କ ସ୍ତ୍ରୀ ମାନେ ମିଶି ଗୋଟେ ନାଟକ ମଞ୍ଚସ୍ଥ କରିଥିଲେ। ମୋତେ ଡାକୁଥିଲେ। ମୁଁ ବିରକ୍ତିରେ କହିଲି, "ଝିଅ ଜୋଇଁ ଥେଇ ଥେଇ ହୋଇ ନାଚିବେ ମୁଁ ଯିବି ଦେଖିବାକୁ!" ମୁଁ ସିନା ଗଲି ନାହିଁ, ବିଚାରକମଣ୍ଡଳୀ ବିଲି ଓ ରାଜେନ୍ଦ୍ରଙ୍କୁ ଶ୍ରେଷ୍ଠ ଅଭିନୟ ପାଇଁ ପୁରସ୍କାର ଦେଲେ। ଜଷ୍ଟିସ୍ ଶ୍ରୀ ଗତିକୃଷ୍ଣ ମିଶ୍ର ଦେଖି ଆସି ମୋତେ ବହୁତ ପ୍ରଶଂସା କରି କହିଥିଲେ।

ଦୁଇ ପୁଅଙ୍କୁ ନିଜ ହାତରେ ପାଳି, ପଢ଼େଇ ମଣିଷ କଲା। ତାଙ୍କ ପାଇଁ ସିନେମା, ଥିଏଟର, ବୁଲିଯିବା, ସବୁ ସଉକ ଛାଡ଼ିଦେଲା। ବଡ଼ପୁଅ ବି.ଏସ୍‌ସି. ଶେଷବର୍ଷ ବେଳକୁ ରାଜେନ୍ଦ୍ରଙ୍କର ସମ୍ବଲପୁର ବଦଳି ହୋଇଗଲା। ପିଲାକୁ ଏଠାରେ ରଖିବାକୁ ହେବ। ମୋ ଘରେ ସବୁବେଳେ ଗହଳି, ତାଙ୍କର ଜଣେ ଆପଣାର ଅଫିସର ଶ୍ରୀ ରାଜେନ୍ଦ୍ର ମୋହନ ପଟ୍ଟନାୟକଙ୍କ ଗେଷ୍ଟ ରୁମ୍‌ର ଗୋଟିଏ କୋଠରି ଭିତରେ ସେ ହାତରେ ରାନ୍ଧିବାଢ଼ି ବର୍ଷେରୁ ଅଧିକ କାଳ ରହିଲା—କେବଳ ଦୁଇ ପୁଅଙ୍କ ପଢ଼ାପଢ଼ି ସୁବିଧା ପାଇଁ। ଏବେ ସେ ଆମ ଡାକ୍ତର ହୋଇଛି। ଆଇ.ଏସ୍.ସି. ପାଶ୍ କରିବା ପରେ ସେ ଡାକ୍ତରୀ (ଏମ୍.ବି.ବି.ଏସ୍.) ପଢ଼ିବା ପାଇଁ ନାଁ ଲେଖାଇ ଥିଲା। ମୁଁ ଜୋର୍ କରି ନେଇ ଆସିଲି। ଡାକ୍ତର ବୋଧହୁଏ ତା' ପ୍ରକୃତିଗତ। ଏବେ ହୋମିଓପ୍ୟାଥି ବହି ପଢ଼ି ସେ ଔଷଧ ଦେଉଛି। ମୋ ସମ୍ପର୍କୀୟ ବହୁ ଡାକ୍ତର ଚାରିପାଖରେ ରହୁଛନ୍ତି। କିନ୍ତୁ ମୁଁ ତା'ରି ଔଷଧକୁ ଭରସା କରିଥାଏ। ତା' ଶାଶୁଶ୍ୱଶୁର ତାଙ୍କ ଶେଷ ଜୀବନରେ ତା'ରି ପାଖରେ ରହି ସେବା ପାଇଥିଲେ।

ରାଜେନ୍ଦ୍ର ନାରାୟଣ ଦାସ

ରାଜେନ୍ଦ୍ରଙ୍କ ଜନ୍ମ ୧୯୩୦ ମସିହା ଡିସେମ୍ବର ୨ ତାରିଖ ଦିନ। ସମ୍ବଲପୁର

କଲେଜରୁ ବି.ଏ. (ଅନର୍ସ) ପାଶ୍ କରି ଆଲହାବାଦରୁ ଦର୍ଶନ ଶାସ୍ତ୍ରରେ ଏମ୍.ଏ. ପାଶ୍ କଲେ। ଉତ୍କଳ ବିଶ୍ୱବିଦ୍ୟାଳୟରୁ ଏଲ.ଏଲ.ବି. ପାଶ୍ କରି ବାଲେଶ୍ୱରଠାରେ କିଛି ଦିନ ଆଇନ ବ୍ୟବସାୟ କରିଥିଲେ। ସର୍ବଭାରତୀୟ ସେବା ପରୀକ୍ଷାରେ କୃତିତ୍ୱ ହାସଲ କରି ୧୯୫୫ ମସିହାରେ ଭାରତୀୟ ପୋଲିସ ସେବା ସଂସ୍ଥାରେ ଯୋଗଦାନ କରିଥିଲେ। ଜଣେ ଦକ୍ଷ ପ୍ରଶାସନିକ ଭାବରେ ସେ ନାନା ପ୍ରଶଂସାପତ୍ର ସହିତ ରାଷ୍ଟ୍ରପତିଙ୍କ ପ୍ରଶଂସନୀୟ ପୋଲିସ ପଦକ, ତଥା ବିଶିଷ୍ଟ ପୋଲିସ ସେବା ପଦକ ଲାଭ କରିଛନ୍ତି। ପୋଲିସ ସେବାର (ଡି.ଜି.) ସର୍ବୋଚ୍ଚ ପଦବୀରେ ଅବସ୍ଥାପିତ ହୋଇଥିଲେ। ଅତି ଦକ୍ଷତାର ସହ କାର୍ଯ୍ୟ କରି ସେ ଗତ ୩୧।୧୨।୮୮ ତାରିଖରେ ଅବସର ଗ୍ରହଣ କରି ଏବେ କଟକରେ ଅବସ୍ଥାନ କରୁଛନ୍ତି।

ଜଣେ ଦକ୍ଷ ପୋଲିସ ଅଫିସର ଭାବରେ ଖ୍ୟାତି ଅର୍ଜନ କରିବା ସଙ୍ଗେ ସଙ୍ଗେ ସେ ଜଣେ ସ୍ୱନାମଧନ୍ୟ କଳାକାର, ସଫଳ ନାଟ୍ୟକାର ତଥା କ୍ରୀଡ଼ାବିତ୍ ଭାବରେ ମଧ୍ୟ ସୁପରିଚିତ। ଓଡ଼ିଶାର ସାହିତ୍ୟ, କଳା ଓ ସଂସ୍କୃତି ସହିତ ସେ ନିରବଚ୍ଛିନ୍ନ ଭାବରେ ନିଜକୁ ସଂଶ୍ଳିଷ୍ଟ କରି ଆସିଛନ୍ତି। ତାଙ୍କର ଦୁଇଟି ନାଟକ ପ୍ରକାଶ ପାଇଛି। 'ସରଦେଇ ଚଟୀଘର' ଓ 'କଳିଙ୍ଗ ଶିଳ୍ପୀ' ଅତ୍ୟନ୍ତ ଜୀବନଧର୍ମୀ। ସେ ନିଜେ ଜଣେ ଦକ୍ଷ ଓ କୁଶଳୀ ଅଭିନେତା। ତାଙ୍କର ବହୁ ଉଚ୍ଚକୋଟୀର ରଚନାବଳୀ ଓଡ଼ିଆ ତଥା ଭାରତର ବିଭିନ୍ନ ଭାଷାରେ ପ୍ରକାଶିତ ହୋଇ ଉଚ୍ଚ ପ୍ରଶଂସିତ ହୋଇଛି। ଅବସର ଗ୍ରହଣ ପରେ ସେ ଏବେ ଅଧିକାଂଶ ସମୟ ସାହିତ୍ୟ ଓ ସାଂସ୍କୃତିକ କାର୍ଯ୍ୟକ୍ରମରେ ବିନିଯୋଗ କରୁଛନ୍ତି।

ରାଜେନ୍ଦ୍ରଙ୍କର ଦୁଇ ପୁଅ। ବଡ଼ ପୁଅ ସିଦ୍ଧାନ୍ତ ଦାସ (ଲୁଲୁ) ୧୯୮୧ରେ ଆଇ.ଏଫ୍.ଏସ୍. ପାଇ ଜଙ୍ଗଲ ବିଭାଗରେ ନିଯୁକ୍ତି ପାଇଛି। ଡେରାଡୁନ ଫରେଷ୍ଟ ଟ୍ରେନିଂ ଇନଷ୍ଟିଚ୍ୟୁଟରେ ତାଲିମ ପାଇବା ବେଳୁ ସେ ପ୍ରଶଂସାପତ୍ର ପାଇବା ଆରମ୍ଭ କରି ଦେଇଛି। ସେ ଏବେ ଅନୁଗୁଳ ଫରେଷ୍ଟ ରେଞ୍ଜରସ୍ ଟ୍ରେନିଂ କଲେଜର ଅଧ୍ୟକ୍ଷ ଭାବରେ କାର୍ଯ୍ୟ କରୁଛି। ତା ସ୍ତ୍ରୀ ସୁସ୍ମିତା (ମିଲୁ) ଆକାଶବାଣୀ ଓ ଦୂରଦର୍ଶନର କଣ୍ଠଶିଳ୍ପୀ। ୨୭।୦୪।୮୯ ତାରିଖରେ ଲୁଲୁର ଝିଅ ଅଙ୍କିତା (ନିକି) ଜନ୍ମ ହେଲା। କଉତୁକିଆ ପିଲାଟି ଏବେ ଆମ ସମସ୍ତଙ୍କୁ ଅପାର ଆନନ୍ଦ ଦେଉଛି।

ରାଜେନ୍ଦ୍ରଙ୍କ ସାନପୁଅ ସୀମନ୍ତ (ନାନୁ) ଏବେ ଓକିଲାତି କରୁଛି। ଜଣେ ଉତ୍ତମ ଟେନିସ, ବ୍ୟାଡ଼ମିଣ୍ଟନ ଓ ଫୁଟବଲ ଖେଳାଳୀ ଭାବରେ ସେ ବେଶ ଜଣାଶୁଣା। ୧୯୭୯ରେ ସେ ଓଡ଼ିଶାର ଜୁନିଅର ଟେନିସ୍-ଚମ୍ପିଆନ୍ ହୋଇଥିଲା। ତା'ର ସ୍ତ୍ରୀ 'ମୀଠୁ' ଚିତ୍ରକଳା ଓ ହସ୍ତଶିଳ୍ପରେ ନିପୁଣା।

ଲିଲି ବିଲିଙ୍କ ସାଙ୍ଗସାଥି

ଆମ ସଂସାରର କେନ୍ଦ୍ରବିନ୍ଦୁ ଥିଲେ ମୋ ଝିଅ ଦୁହେଁ। ପୁରୁଷଲୋକମାନଙ୍କର ଅଧିକାଂଶ ସମୟ ବାହାରେ କଟେ। ଓକିଲାତି ଜୀବନ—କର୍ମମୟ ଜୀବନ। ଦଣ୍ଡେ ନିଃଶ୍ୱାସ ମାରିବାକୁ ବେଳ ମିଳେ ନାହିଁ। ସେଥିରେ ପୁଣି ନାନା ସମାଜସେବା ଓ ସାଂସ୍କୃତିକ କାର୍ଯ୍ୟରେ ମଧ୍ୟ କିଛି ସମୟ ଯାଏ। ତେଣୁ ଘର କଥା ବୁଝିବାକୁ ସମୟ ନ ଥାଏ। ମୋ ସ୍ତ୍ରୀ ସଜୁ ଘରର ସବୁ ଦାୟିତ୍ୱ ନିଜ ଉପରକୁ ନେଇଥିଲେ। ମୋ ଦି'ଝିଅ ଲିଲି, ବିଲି ଥିଲେ ତାଙ୍କର ଦୁଇଟି ଆଖି। ତାଙ୍କୁ ସେ ଦଣ୍ଡେ ଆଖିରୁ ଅନ୍ତର କରୁ ନ ଥିଲେ। ତାଙ୍କର ହସଖେଳ, ଭଲମନ୍ଦ, ଦେହମୁଣ୍ଡ—ଏ ସବୁକୁ ନେଇ ସଜୁ ସବୁବେଳେ ବ୍ୟସ୍ତ ରହୁଥିଲେ।

ଲିଲି ବିଲିଙ୍କ ସାଙ୍ଗକୁ ମୋର ବଡ଼ସଢୁ ଗିରିଧାରୀ ପଟ୍ଟନାୟକଙ୍କ ପୁଅ ଜୀବନକୃଷ୍ଣ (ବୁଢ଼ା) ଓ ଝିଅ ସୁଧାମୟୀ (ବୁଢ଼ୀ) ମା' ନେତ୍ରମଣିଙ୍କ ବିୟୋଗ ପରେ ଆମ ପାଖରେ ଆସି ରହୁଥିଲେ। ବୁଢ଼ୀ, ଲିଲି ବିଲିଙ୍କ ଠାରୁ ବଡ଼। ଏ ତିନିଜଣ ସାଙ୍ଗହୋଇ ରେଭେନ୍ସା ବାଳିକା ସ୍କୁଲକୁ ପଢ଼ିବାକୁ ଯାଉଥିଲେ। ମାଟ୍ରିକ୍ ପାଶ୍ ପରେ ବୁଢ଼ୀ ଓ ଲିଲି ସାଙ୍ଗହୋଇ ସେଠାରେ ଥିବା ମହିଳା କଲେଜରେ ଆଇ.ଏ. ପଢୁଥିଲେ। ଆମେ ବିନୋଦ ବିହାରୀରୁ ଓଲ୍ଡ କଲେଜ ଲେନ୍‌କୁ ଆସିଲାବେଳେ ମଧ୍ୟ ବୁଢ଼ୀ ଆମ ପାଖରେ ରହୁଥିଲା। ସେ ଭାରି ସ୍ନେହୀ ଓ ମେଳାପି। ମେଧାବୀ ଏବଂ କଷ୍ଟସହିଷ୍ଣୁ। ବୁଢ଼ୀ ମୋର ବଡ଼ଝିଅ ବୋଲି ଅନେକଙ୍କର ଧାରଣା ଥିଲା।

ବୁଢ଼ୀ ନଗସପୁରର ଡାକ୍ତର ଜୀବନାନନ୍ଦ ଦାସଙ୍କୁ ବିବାହ କରିଛି। ଜୀବନାନନ୍ଦ ପଶୁଚିକିତ୍ସା ବିଭାଗର ଉପନିର୍ଦ୍ଦେଶକ ଭାବେ କାର୍ଯ୍ୟ କରି ନିକଟ ଅତୀତରେ ଅବସର ଗ୍ରହଣ କରିଛନ୍ତି। ବୁଢ଼ୀର ବଡ଼ପୁଅ କାବୁଲି ଜଣେ ଇଞ୍ଜିନିୟର। ସେ ଏବେ

ଆମେରିକାରେ ଅବସ୍ଥାନ କରୁଛି। ମଝିଆଁ ପୁଅ ଟୁଟୁ ଜଣେ ବ୍ୟାଙ୍କ କର୍ମଚାରୀ ଏବଂ ସାନପୁଅ ମାମୁଲି ଜଣେ କଲେଜ ଛାତ୍ର।

ଲିଲି ବିଲିଙ୍କ ପରି ତାଙ୍କର ସାଙ୍ଗମାନେ ମଧ୍ୟ ଆମ ପରିବାରର ଅଙ୍ଗ ଥିଲେ। ସଜୁ ସେମାନଙ୍କୁ ଅତି ଆଦରଯତ୍ନ କରୁଥିଲେ। ନିଜ ଝିଅ ପରି ସେମାନଙ୍କୁ ଶ୍ରଦ୍ଧା କରୁଥିଲେ। ସେଥିପାଇଁ ଆମ ଘରେ ସବୁବେଳେ ଏ ଦୁହିଁଙ୍କର ସାଙ୍ଗସାଥୀମାନଙ୍କ ରେଳି ଗହଳି। ସେମାନେ ମୋତେ ଓ ସଜୁଙ୍କୁ ବାପା ମା'ଙ୍କ ପରି ସମ୍ମାନ ଓ ଭକ୍ତି କରୁଥିଲେ। ତାଙ୍କ ସାଙ୍ଗମାନଙ୍କ ମଧ୍ୟରୁ ଆଜି ଅନେକ ସାମାଜିକ ପ୍ରତିଷ୍ଠାର ଅଧିକାରିଣୀ ହୋଇ ପାରିଛନ୍ତି। ଅନେକ ବାହାସାହା ହୋଇ ସୁଖରେ ସଂସାର କରୁଛନ୍ତି। ସେମାନଙ୍କ ସୁଖ ଦେଖି ଆମେ ସୁଖୀ ହୋଇଛୁ। କାହାର କାହାର ସୁବିଧା ଅସୁବିଧା ପଡ଼ିଲେ ସେମାନେ ଆମ ପରାମର୍ଶ ଲୋଡ଼ି ଆସୁଥିଲେ। ସେମାନଙ୍କ ପାଇଁ ଆମ ଘରର ଦ୍ୱାର ସବୁକାଳେ ଅବାରିତ। ସେଥିପାଇଁ ମୋ ପରିବାର ଛୋଟ ହେଲେ ମଧ୍ୟ ସବୁବେଳେ ହାଉଯାଉ। ମୁଁ ଅନୁଭବ କରେ ଲିଲି, ବିଲି କେବଳ ମୋର ଦୁଇଟି ଝିଅ ନ ଥିଲେ; ତାଙ୍କର ସାଙ୍ଗସାଥୀମାନେ ସମସ୍ତେ ମୋ ଝିଅ। ସେଥିଯୋଗୁଁ ମୋ ସଂସାର ଖୁବ୍ ବଡ଼।

ଲିଲିର ଘନିଷ୍ଠ ସାଙ୍ଗ ଥିଲେ ଇଲା, ସୁଧୀରା, ଅମୀୟ, ଶ୍ରୀମତୀ, ଶକୁନ୍ତଳା ପ୍ରଭୃତି। ଏମାନେ ସେତେବେଳେ ରେଭେନ୍ସା ଗାର୍ଲସ୍ ସ୍କୁଲରେ ପଢୁଥିଲେ। ସେତିକିବେଳୁ ଏମାନଙ୍କର ଘନିଷ୍ଠତା। ଘରୁ ପ୍ରତିଦିନ ଲିଲି କିଛି ପଇସା ନେଇଥାଏ ଓ ଅନ୍ୟମାନେ ବି ଆଣନ୍ତି। ସ୍କୁଲ ପାଖରେ ପୁରୀ, ଚଣା, ଆଳୁଦମ୍, ବରା, ଲଡ୍ଡୁ ଇତ୍ୟାଦି ବିକ୍ରି ହୁଏ। ସାଙ୍ଗମାନେ ମିଶି ଖାଆନ୍ତି। ଟଭା, କମଳା, ବରକୋଳି ଏସବୁ ମଧ୍ୟ ବାଦ୍ ପଡ଼େନାହିଁ। ବିଲି ଅପା ପଛେ ପଛେ ଥାଏ। ତାକୁ ଅଳ୍ପ ଟିକିଏ ଧରେଇ ଦେଲେ, ସେ ଖୁସୀ। କେଉଁଦିନ କିଏ ଘରୁ ଆଚାର ଆଣିଥାଏ ତ ଆଉ କେଉଁଦିନ କିଏ ଆଉ କିଛି ଆଣିଥାଏ। ଏକାଠି ସବୁ ଖାଆନ୍ତି। ବିରାଟ ପାଚେରୀ ଘେରା ଗାର୍ଲସ୍ ସ୍କୁଲ ଭିତରେ ଏମାନଙ୍କ ଦିନ ଖୁବ୍ ଆନନ୍ଦରେ କଟେ। ବିଲି ତ ଛୋଟ ଥାଏ। ସବୁ କଥା ଆସି ଘରେ ଗପିଦିଏ। କେଉଁଦିନ ତା'ର ଅଝଟ, ଅପା ମତେ ଏଇଟା ଦେଲାନ। ଅପା ଓ ତା' ସାଙ୍ଗମାନେ ମୋତେ ଖେଳରେ ମିଶେଇଲେନି। ଏମିତି କେତେ ଅଭିଯୋଗ।

ଲିଲିର ଏ ସାଙ୍ଗମାନେ ସମସ୍ତେ ପୁଣି ମହିଳା କଲେଜରେ ପଢ଼ିଲେ। ମାତ୍ର ଇଲା ଶାନ୍ତିନିକେତନ ଯାଇ ପଢ଼ିଲା। ସେଇଠୁ ବିଦେଶ ଗଲା। ଆର୍କିଟେକ୍ଚର୍‌ରେ ଉଚ୍ଚଶିକ୍ଷା ଲାଭ କରି ଆସିଲା। ଶିଳ୍ପପତି ଶ୍ରୀ ବଂଶୀଧର ପଣ୍ଡା ହେଉଛନ୍ତି ଇଲାର ସ୍ୱାମୀ।

ସୁଧୀରା ଲିଲିର ଆଉ ଜଣେ ସାଙ୍ଗ। ସେ ପଲିଟେକ୍‌ନିକ୍ କଲେଜର ପ୍ରିନ୍ସପାଲ୍

ଭାବରେ ଏବେ କାମ କରୁଛି । ତା'ର ସ୍ୱାମୀ ଶ୍ରୀ ରାଇଚରଣ ଦାସ ଭାରତୀୟ ପ୍ରଶାସନ ସେବାରେ ଯୋଗଦେଇ ଓଡ଼ିଶା ସରକାରଙ୍କ ଅଧୀନରେ କାର୍ଯ୍ୟ କରୁଥିଲେ । ସେ ବହୁଦିନ ରେଭନ୍ୟୁ ସେକ୍ରେଟାରୀ ଭାବରେ ଅବସ୍ଥାପିତ ହୋଇଥିଲେ । ଅମୀୟ ଏବେ ଆମଘର ପାଖରେ ରହୁଛି । ସବୁଦିନ ଦୁହିଁଙ୍କର ଦେଖା । ଦୁହେଁ ପିଲାଦିନରୁ ସାଙ୍ଗ । ଏବେ ମଧ୍ୟ ସେମାନଙ୍କର ବନ୍ଧୁତ୍ୱର ନିବିଡ଼ତା ପୂର୍ବପରି ଅକ୍ଷୁର୍ଣ୍ଣ ରହିଛି । ଦୁହେଁ ପରସ୍ପରକୁ ଭେଟିଲେ ବେଶ୍ ହସଖୁସିରେ ମାତି ଯାଆନ୍ତି କିଛି ସମୟ ପାଇଁ । ଢିଙ୍କିଶାଳରୁ ଢେଙ୍କାନାଳ ଯାଏ କଥା ପଡ଼େ । ନିଜ ନିଜର ଦୁଃଖ ସୁଖର କଥା ପରସ୍ପରକୁ କହନ୍ତି । ଅମୀୟର ସ୍ୱାମୀ ଶ୍ରୀ ଲୋକନାଥ ମହାପାତ୍ର ଏବେ ଡିଷ୍ଟ୍ରିକ୍ଟ ଜଜ୍ (District Judge) ଭାବରେ କଟକରେ ଅବସ୍ଥାପିତ ହୋଇ କାର୍ଯ୍ୟଭାର ତୁଲାଉଛନ୍ତି । ଲିଲିର ଆଉ ଜଣେ ସାଙ୍ଗ ହେଉଛି ଶ୍ରୀମତୀ ଦାସ । ସେ ବହୁକାଳ ହେଲା ଶିକ୍ଷା ବିଭାଗରେ କାର୍ଯ୍ୟ କରୁଛି । ସେ ଓଡ଼ିଶା ସରକାରଙ୍କ ଅଧୀନରେ ଡି.ଡି.ପି.ଆଇ. ଭାବରେ ଅବସ୍ଥାପିତା । ସେ ମଧ୍ୟ ଅନେକ ସମୟରେ ଆମ ଘରକୁ ଆସେ । ସେମାନେ ସବୁ ଅଧିକ ପଢ଼ାପଢ଼ି କଲେ । ଲିଲିକୁ ମୁ ଶୀଘ୍ର ବିଭା କରାଇ ଦେଲି । ତେଣୁ ଆଉ ଅଧିକ ପଢ଼ାପଢ଼ି କରି ଚାକିରି ବାକିରି କଲାନାହିଁ । ସେ ସୁଗୃହିଣୀ ଭାବରେ ମୋର ନାଁ ରଖିଛି । ଆମ ଘରେ ଓ ତା' ଶାଶୁଘରେ ସମସ୍ତଙ୍କୁ ସ୍ନେହ ପାଶରେ ବାନ୍ଧିରଖି ପାରିଛି । ଏଇ ତ ତା'ର ପାଠ ପଢ଼ାର ସାର୍ଥକତା । ଘରେ ବାହାରେ ତାକୁ ନିନ୍ଦା କଲାପରି କେହି ଲୋକ ନାହିଁ । ତା' ପ୍ରଶଂସା ଶୁଣିଲେ ମୋ' ପିତୃପ୍ରାଣ ସତରେ ଆନନ୍ଦରେ ପୂରିଉଠେ ।

ବି. ଶିବରମଣ ଆଇ.ସି.ଏସ୍ କଟକରେ ଥିଲାବେଳେ ତାଙ୍କ ଝିଅ କନକ ରେଭେନ୍ସା କଲେଜରେ ପଢୁଥିଲା । ମୋ' ସାନଝିଅ ବିଲି ମଧ୍ୟ ରେଭେନ୍ସାରେ ବି. ଏସ୍‌ସି. ପଢୁଥିଲା । କନକ, କମଳ, ଭକ୍ତିଲତା, ପ୍ରିୟମ୍ବଦା, ମନ୍ଦାକିନୀ, କୃଷ୍ଣପ୍ରିୟା, କ୍ଷେତ୍ରମଣି ପ୍ରଭୃତି ବିଲିର ଭାରି ସାଙ୍ଗଥିଲେ । ସେମାନେ ବରାବର ଆମ ଘରକୁ ଆସୁଥିଲେ । ବିଲି ମଧ୍ୟ ସେମାନଙ୍କ ଘରକୁ ଯିବା ଆସିବା କରେ ।

ମୋର ଗୋଟିଏ କଳାରଙ୍ଗର ଫୋର୍ଡ଼ଗାଡ଼ି (FORD-V-8-ORC-1672) ଥିଲା । ଏହିଭଳି ଗାଡ଼ି ସେତେବେଳେ ବେଶୀ ନ ଥିଲେ ମଧ୍ୟ ଜଷ୍ଟିସ୍ ବାଛୁ ଜଗନ୍ନାଥ ଦାସ ଓ ଶିବରମଣଙ୍କର ଥିଲା । ମୋ ଗାଡ଼ି ଅନେକ ସମୟରେ ବିଲିକୁ ନେବା ଆଣିବା କରିବାକୁ ରେଭେନ୍ସା କଲେଜକୁ ଯାଉଥିଲା । ଦୁଇଟିଯାକ ଗାଡ଼ିର ରଙ୍ଗ କଳା । ଗଠନପ୍ରଣାଳୀ ଏକାଭଳି ହୋଇଥିବାରୁ ହଠାତ୍ ଗାଡ଼ିଟିକୁ ଚିହ୍ନିବା ସମ୍ଭବପର ନ ଥିଲା । ଥରେ କଲେଜରୁ ଫେରିଲା ବେଳେ ଶିବରମଣଙ୍କ ଝିଅ କନକ ଆମ ଗାଡ଼ିରେ ବସିଗଲା ।

ତା' ପରେ ପରେ ବିଲି ପହଞ୍ଚି ଗାଡ଼ିରେ ବସିବାକୁ ଗଲାବେଳେ ଏହା ତାଙ୍କ ଗାଡ଼ି ନୁହେଁ ବୋଲି ଜାଣି କନକ ଗାଡ଼ିରୁ ଓହ୍ଲାଇ ଯାଇଥିଲା । ବିଲି ସେଦିନ ତାକୁ ଆମ ଘରକୁ ଆସିବାକୁ ଏବଂ ସାଙ୍ଗରେ ନେଇ ତାଙ୍କ କୋଠିରେ ଛାଡ଼ି ଆସିବାକୁ କହିଥିଲା । ହେଲେ ସେ ପରେ କେବେ ଆସିବ ବୋଲି କହି ତାଙ୍କ ଗାଡ଼ିରେ ବସି ଘରକୁ ଯାଇଥିଲା । ସେହି ଦିନରୁ ବିଲି ଓ କନକର ଅନ୍ତରଙ୍ଗତା ନିବିଡ଼ ହୋଇ ଉଠିଥିଲା ।

କମଳ ଓ କ୍ଷେତ୍ରମଣି ମଝିରେ ମଝିରେ ଆସି ଆମ ଘରେ ରହୁଥିଲେ । ସାଙ୍ଗମେଳରେ ଲିଲି ବିଲିଙ୍କ ଦିନ ଖୁସିରେ ଅତିବାହିତ ହୋଇ ଯାଉଥିଲା । ସେମାନେ ଆମ ଘରକୁ କେବେ ପର ଘର ବୋଲି ଭାବୁ ନ ଥିଲେ । ସେଦିନର ସେଇ ଛୋଟ ଛୋଟ ଝିଅମାନେ ଆଜି ସମାଜରେ ବେଶ୍ ପ୍ରତିଷ୍ଠିତ । କମଳ ଆଜି ଉଦ୍ଭିଦ ବିଜ୍ଞାନର ପ୍ରଫେସର । ଡକ୍ଟରେଟ୍ କରି ସେ ଡଃ କମଳକୁମାରୀ ପଟ୍ଟନାୟକ ନାମରେ ବେଶ୍ ସ୍ୱନାମଧନ୍ୟା । ତା'ର ସ୍ୱାମୀ ଶ୍ରୀ ଗିରିଜାଭୂଷଣ ପଟ୍ଟନାୟକ 'ଦି ଇଉନିଭର୍ସ'ର ପ୍ରତିଷ୍ଠାତା ଭାବରେ ଆନ୍ତର୍ଜାତିକ ସୁଖ୍ୟାତିର ଅଧିକାରୀ ହୋଇ ପାରିଛନ୍ତି । ବିଭିନ୍ନ ଦେଶ ଓ ଜାତି ସହିତ ମୈତ୍ରୀ ସ୍ଥାପନ ନିମନ୍ତେ ଏହି ଅନୁଷ୍ଠାନ ନିଷ୍ଠାପର ଭାବରେ କାର୍ଯ୍ୟ କରି ଆସୁଛି । ଦେଶ-ବିଦେଶର ସାହିତ୍ୟ, କଳା, ସଂସ୍କୃତି ପ୍ରଭୃତିର ଆଦାନ ପ୍ରଦାନ ହେଉଛି ଏହି ଅନୁଷ୍ଠାନର ମୁଖ୍ୟ ଲକ୍ଷ୍ୟ । ଯଦିଓ ଏହା ତାଙ୍କର ବ୍ୟକ୍ତିଗତ ଶ୍ରମ ଓ ସାଧନାରେ ପ୍ରତିଷ୍ଠିତ ହୋଇପାରିଛି; ତଥାପି ଏହା ଏକ ଜାତୀୟ ଅନୁଷ୍ଠାନର ମର୍ଯ୍ୟାଦା ଲାଭ କରିପାରିଛି । ଜଣେ ସମାଜସେବୀ ଭାବରେ ସେ ବେଶ ଲୋକପ୍ରିୟ ।

କୃଷ୍ଣପ୍ରିୟା ଚିକିତ୍ସା ବିଜ୍ଞାନରେ ପାରଦର୍ଶିତା ଲାଭ କରି ସମ୍ପ୍ରତି ରାଉରକେଲାରେ ଡାକ୍ତର ଭାବରେ କାର୍ଯ୍ୟ କରୁଅଛି । ତା'ର ସ୍ୱାମୀ ମଧ୍ୟ ଡାକ୍ତର । ବିଲିର ଆଉ ଜଣେ ବନ୍ଧୁ ହେଉଛି କ୍ଷେତ୍ରମଣି । ସେ ମଧ୍ୟ ଜଣେ ଡାକ୍ତର । ତା'ର ସ୍ୱାମୀ କମ୍ୟୁନିଷ୍ଟ ନେତା ଶ୍ରୀ ନରସିଂହ ତ୍ରିପାଠୀ ସାରା ଓଡ଼ିଶାରେ ବେଶ୍ ଜଣାଶୁଣା । ଭକ୍ତିଲତା ଓ ମନ୍ଦାକିନୀ ଦୁହେଁ ଡାକ୍ତର । ବିଲିର ଅଧିକାଂଶ ସାଙ୍ଗ ଡାକ୍ତର । ବିଲି ଡାକ୍ତର ପଢ଼ିଥାନ୍ତା । ମାତ୍ର ବିଧାତାର ଯାହା ଇଚ୍ଛା ତାହା ହୁଏ । ବିଲି ଡାକ୍ତରୀ ନ ପଢ଼ି ଘରସଂସାର ସମ୍ଭାଳିଲା । ତା'ର ସାଙ୍ଗମାନେ ଅଧିକାଂଶ ଚାକିରିବାକିରି କଲେ । କିନ୍ତୁ ସେ ନିଜର ପାରଦର୍ଶିତା ଘରସଂସାର ଭିତରେ ଦେଖାଇଲା । ଭକ୍ତି ଏବେ ଡାକ୍ତର ଭକ୍ତିଲତା ରାୟ । ସେ କାନ ନାକ-ଗଳା ବିଭାଗର ପ୍ରଫେସର ଭାବରେ ଶ୍ରୀରାମଚନ୍ଦ୍ର ଭଞ୍ଜ ମେଡ଼ିକାଲ କଲେଜ, କଟକରେ କାର୍ଯ୍ୟ କରୁଛି । ତା'ର ସ୍ୱାମୀ ଶ୍ରୀ ଅନ୍ନଦା ପ୍ରସାଦ ରାୟ କଂଗ୍ରେସର ଜଣେ ତୁଙ୍ଗ ନେତା । ସେ ଏବେ କଟକ ଜିଲ୍ଲା କଂଗ୍ରେସ କମିଟିର ସଭାପତି ଭାବେ ଦାୟିତ୍ୱ

ନିର୍ବାହ କରୁଛନ୍ତି। ପ୍ରିୟମ୍ବଦା ନୃତ୍ୟଶିଳ୍ପୀ ଭାବରେ ଦେଶବିଦେଶରେ ସୁଖ୍ୟାତି ଅର୍ଜନ କରିପାରିଛି। ଶିକ୍ଷା କ୍ଷେତ୍ରରେ ମଧ୍ୟ ସେ ବେଶ୍ ପ୍ରତିଷ୍ଠା ଅର୍ଜନ କରିଛି।

ସେ ଦୁହିଁଙ୍କର ଅନେକ ସାଙ୍ଗ ଥିଲେ। ଅନେକଙ୍କ ନାଁ ମୋର ମନେ ପଡୁନାହିଁ। ଲିଲି ବିଲିଙ୍କ ସାଙ୍ଗସାଥୀଙ୍କ କଥା ମନେ ପକାଇଲାବେଳେ ମୋର ମନେହୁଏ, ଏମାନେ ସମସ୍ତେ ମୋ ଝିଅ। ମୁଁ ସେମାନଙ୍କୁ ସମସ୍ତଙ୍କୁ ସ୍ନେହ କରେ ଓ ସେମାନଙ୍କ ପାଇଁ ମୋ ଆଶୀର୍ବାଦ ସବୁବେଳେ ରହିଛି।

କେତୋଟି ଉଲ୍ଲେଖନୀୟ ମକଦ୍ଦମା

ଜଣେ ଆଇନଜୀବୀର ଜୀବନ ବଡ଼ ବିଚିତ୍ର। ତା' ଜୀବନର ପ୍ରତ୍ୟେକଟି ଅନୁଭବର ଗୋଟିଏ ଗୋଟିଏ ସ୍ୱତନ୍ତ୍ର ଓ ନିଜସ୍ୱ ସ୍ଥିତି ରହିଛି। କେତେ ଅଜଣାର ଆବିଷ୍କାର ହୁଏ। କେତେ ରହସ୍ୟ-ରୋମାଞ୍ଚଭରା କାହାଣୀ, କେତେ ବିଷାଦଭରା ଅଶ୍ଳୀଳ ଗାଥା, କେତେ ବିଭୀଷିକାମୟ ଜୀବନ ଦୁର୍ଘଟଣାର ଅସରନ୍ତି ଭଣ୍ଡାର ତା'ର ସମଗ୍ର ଜୀବନର ସାଧନା। ସମସ୍ତଙ୍କ ଜୀବନବ୍ୟାପୀ ଆଇନ ବ୍ୟବସାୟର ଏଇତକ କେବଳ ଲାଭ—ଜୀବନକୁ ଓ ମଣିଷକୁ ସବୁ ଦିଗରୁ ସବୁ ଅବସ୍ଥାରେ ଚିହ୍ନିବା। ମାତ୍ର ଜଣେ ଆଇନଜ୍ଞ ପୁଣି ପଦ୍ମପତ୍ରରେ ଢଳଢଳ ଜଳ ବିନ୍ଦୁଟିଏ ପରି। ସବୁ ଜାଣେ, ସବୁ ଶୁଣେ, ସବୁ ଅନୁଭବ କରେ, ଅଥଚ ଦ୍ରବୀଭୂତ ହୁଏ ନାହିଁ ଓ କେବେ କେମିତି ଯଦି ଆଇନଜ୍ଞର ଦରଦ ହୃଦୟ କେଉଁଠି ବିଗଳିତ ହୋଇଯାଏ, କର୍ମଜଞ୍ଜାଳ ଓ ଆଇନର ପଟିବନ୍ଧା ଦୁଇଚକ୍ଷୁ ତାକୁ ପୁଣି ଠେଲି ନେଇଯାଏ ତା'ର ସାଧନା ନିକଟକୁ। କାହା ପାଇଁ ଦୁଃଖ କରିବାକୁ ତା'ର ଅବସର ନ ଥାଏ। କାହା ଆନନ୍ଦରେ ଭାଗୀଦାର ହେବା ପାଇଁ ତାକୁ ହୁଏତ ସମୟ ଅନୁମତି ଦିଏ ନାହିଁ। ଏହିପରି ଏକ ଖଣ୍ଡାଧାରରେ ନିତ୍ୟ ଚାଲୁଥିବା ବ୍ୟକ୍ତି ଜଣେ ଆଇନଜୀବୀ! ସବୁଠି ଥାଏ, ଅଥଚ କେଉଁଠି ନ ଥାଏ।

ମୋର ଆଇନ ବ୍ୟବସାୟକାଳରେ ମୁଁ ଅନେକ ମକଦ୍ଦମା ଲଢ଼ିଛି ଓ ଜଜ୍ ହୋଇ ବଡ଼ ମକଦ୍ଦମାର ବିଚାର କରିଛି। ବହୁତ କହିଛି, ବହୁତ ଶୁଣିଛି। ସେ ସବୁ ଲେଖି ବସିଲେ କେଜାଣି କେତେ ପୋଥି ହେବ। ପ୍ରତ୍ୟେକଟି ଘଟଣା ଚିତ୍ତାକର୍ଷକ; ମାତ୍ର ସେ ସବୁର ଅବତାରଣା କରିବା ଏଠାରେ ସମ୍ଭବ ଏବଂ ଆବଶ୍ୟକ ହୋଇ ନ ପାରେ। ତେଣୁ ଏଠାରେ କେତୋଟି ଘଟଣା ଓ ମକଦ୍ଦମା ବିଷୟରେ ଉଲ୍ଲେଖ କରିବାକୁ ମୁଁ ସମୀଚୀନ ମନେ କରୁଛି।

ଗୋଟିଏ ଭାଷାରେ କହିଲେ କଥାଟା ସହଜ ହେବ—ମୋ' ସାରା ଜୀବନର

ମୁଖ୍ୟ ଅଂଶୀଦାର ହେଉଛନ୍ତି ଏହି ମକଦ୍ଦମାଗୁଡ଼ିକ। ଏଇମାନଙ୍କ ପାଇଁ କେତେ ଯେ ବିନିଦ୍ର ରଜନୀ ମୋର ଅତିବାହିତ ହୋଇଛି, ସେ କଥା ଆଜି ସ୍ମରଣ କଲାବେଳେ ଠିକ୍ କହି ହେବ ନାହିଁ। ହୀରାକୁଦ ଡ୍ୟାମ୍‌କେଶ୍, ଗୀତାବାଈ ମର୍ଡର କେଶ୍, ଅନ୍ନପୂର୍ଣ୍ଣା ଥିଏଟର କେଶ୍, କାଳୀଚରଣ ପଟ୍ଟନାୟକଙ୍କ କେଶ୍, ଭାରେଡ଼ିଆ ବ୍ରଦର୍ସଙ୍କ ମକଦ୍ଦମା, ହବିବୁର ରହମନ ମକଦ୍ଦମା, ଉପେନ୍ଦ୍ର କିଶୋର ଦାସଙ୍କ ସକ୍ସେସନ୍ ସାର୍ଟିଫିକେଟ୍ କେଶ୍, ଜଗନ୍ନାଥ ମିଶ୍ରଙ୍କ କେଶ୍ ପ୍ରଭୃତି ବେଶ୍ ହଇଚଇ ସୃଷ୍ଟି କରିଥିବା ମକଦ୍ଦମା। କିନ୍ତୁ ସେ ସବୁ ମକଦ୍ଦମାକୁ ମୁଁ ଏଠାରେ ଉଲ୍ଲେଖ କରୁନାହିଁ। ଲେଖିବାକୁ ଆଉ ବଳ ଓ ବେଳ ନାହିଁ। ବେଳ ଗଡ଼ିଯାଇଛି।

ନନ୍ଦକିଶୋରଲାଲ୍ ମୋଦିଙ୍କ ମକଦ୍ଦମାରେ ବମ୍ବେ ଯାତ୍ରା

କଟକର ମାରୁଆଡ଼ି ବ୍ୟବସାୟୀମାନଙ୍କ ମଧ୍ୟରେ 'ତିଳକଚାନ୍ଦ ହରେରାମ୍" ଫାର୍ମ ଗୋଟିଏ ଅତି ପ୍ରତିଷ୍ଠିତ ବ୍ୟବସାୟ-ସଂସ୍ଥା ଥିଲା। ହରେରାମ ବାବୁଙ୍କର ପାଞ୍ଚପୁଅ ଥିଲେ। ସେମାନେ ହେଲେ ଲକ୍ଷ୍ମୀନାରାୟଣ, ରଙ୍ଗଲାଲ, ରାମେଶ୍ୱର ଲାଲ, ନରମଲ୍ ଓ ଯୋଗୀଲଲ୍। ଏମାନେ ଓଡ଼ିଶାର ଏକ ପ୍ରଖ୍ୟାତ ମାରୁଓ୍ୱାଡ଼ି ପରିବାର ଭାବେ ପରିଚିତ। ନରମଲ୍ ମୋଦୀଙ୍କର ପୁଅ ନନ୍ଦକିଶୋର ଜଣେ ବଡ଼ ତେଜୀୟାନ୍ ଯୁବକ ଥିଲେ। ସେ କଟକ ମ୍ୟୁନିସିପାଲିଟିର କାଉନ୍ସିଲର୍ ହୋଇଥିଲେ ଓ ବଡ଼ ସାମାଜିକ ତଥା ସାଂସ୍କୃତିକ ଅନୁଷ୍ଠାନ ସହିତ ସମ୍ପୃକ୍ତ ଥିଲେ।

ଥରେ ବମ୍ବେର ଜନୈକ ବ୍ୟବସାୟୀ କଟକ ଆସି କେତେଜଣଙ୍କୁ ବହୁ ଅର୍ଥର ଲୋଭ ଦେଖାଇ ସେମାନଙ୍କଠାରୁ ଚୁକ୍ତିପତ୍ର କରାଇ ନେଇଥିଲେ। ଏହିଭଳି ଚୁକ୍ତି କରିଥିବା ଲୋକଙ୍କ ମଧ୍ୟରେ ଶିକାର ହୋଇଥିଲେ ନନ୍ଦକିଶୋର ଲାଲ୍ ମୋଦି। ସେହି ଚୁକ୍ତିପତ୍ରରେ ଉଲ୍ଲେଖ ଥିଲା ଯେ, ଏ ସମ୍ପର୍କରେ କୌଣସି ବିବାଦ ଉପୁଜିଲେ ତାହା କେବଳ ବମ୍ବେ ହାଇକୋର୍ଟ ପରିସର ମଧ୍ୟରେ ବମ୍ବେରେ ବିଚାର କରାଯାଇ ପାରିବ। ଚୁକ୍ତି ସ୍ୱାକ୍ଷରିତ ହେବାର କିଛିଦିନ ପରେ ବହୁ ଅର୍ଥ ଦାବୀ କରି ବମ୍ବେ ହାଇକୋର୍ଟରେ ତାଙ୍କ ବିରୁଦ୍ଧରେ ଏକ ମକଦ୍ଦମା କରାଯାଇଥିଲା। ଚୁକ୍ତି ଅନୁଯାୟୀ ନନ୍ଦଲାଲ୍‌ଙ୍କ ଉପରେ କଟକରେ ଏକ ନୋଟିସ୍ ଜାରି ହୋଇଥିଲା। ତାଙ୍କ ପିତା ନରମଲ୍ ମୋଦି ବଡ଼ ବ୍ୟସ୍ତ ଓ ଚିନ୍ତିତ ହୋଇ ପଡ଼ିଥିଲେ। ମୁଁ ସେତେବେଳେ ମୋଦି ପରିବାରର ଅନେକ ମକଦ୍ଦମା ପରିଚାଳନା କରୁଥାଏ। ନରମଲ ବାବୁ ଏଭଳି ଗୋଟିଏ ମକଦ୍ଦମା ପାଇଁ ବଡ଼ ବିବ୍ରତ ଭାବରେ ଦିନେ ଆସି ମୋତେ ବମ୍ବେ ଯାଇ ସେ ମକଦ୍ଦମା ବିଷୟ ବୁଝି ଯାହା

ଆବଶ୍ୟକ ତାହା କରିବାକୁ ଏବଂ ଏଥିପାଇଁ ଯେତେ ଖର୍ଚ୍ଚ ହେଉ ପଛକେ, ବମ୍ବେର ବଡ଼ ବଡ଼ ଓକିଲମାନଙ୍କ ପରାମର୍ଶ ମୁତାବକ ଏ ମକଦ୍ଦମା ଲଢ଼ିବାକୁ ହେବ ବୋଲି କହଲେ। ତା'ପରେ ମୁଁ ବମ୍ବେ ଯାତ୍ରାକଲି। ଏହା ବମ୍ବେ ହାଇକୋର୍ଟର ଅରିଜିନାଲ୍ ଜୁରିସ୍‌ଡିକ୍‌ସନ୍ ଅନ୍ତର୍ଭୁକ୍ତ ମକଦ୍ଦମା ହୋଇଥିବାରୁ ଏହାକୁ କୌଣସି ଏକ ସଲିସିଟର ଓ ଆଟର୍ଣ୍ଣିଙ୍କ ଜରିଆରେ ଦାୟର୍ କରାଯିବା କଥା। ତା' ହେଲେ ଅଳ୍ପ କୋର୍ଟଫିସ୍ ଦେଇ ବହୁତ ଟଙ୍କାର ନାଲିସ୍ ଦାବୀ କରିହେବ; କିନ୍ତୁ ଅନ୍ୟତ୍ର ନାଲିସ୍ କଲେ ଟଙ୍କା ଦାବୀ ଅନୁପାତରେ କୋର୍ଟଫିସ୍ ଦେବାକୁ ପଡ଼ିବ।

ବମ୍ବେରେ ପହଞ୍ଚି "ଦୀକ୍ଷିତ ମାଣିକଲାଲ୍" ନାମକ ଏକ ସଲିସିଟର୍ ଫାର୍ମକୁ ଗଲି। ସେଠାରେ ଉକ୍ତ ଫାର୍ମର ଗୁଣବନ୍ତଲାଲ୍ କାପାଡ଼ିଆଙ୍କ ସଙ୍ଗେ କଥାବାର୍ତ୍ତା କଲି। ଏଠାରେ ଉଲ୍ଲେଖ କରାଯାଇପାରେ ଯେ, ବହୁତ ପଦ୍ଧତି ଅନୁଯାୟୀ ଭାରତବର୍ଷର କେତୋଟି ହାଇକୋର୍ଟର ଅରିଜିନାଲ୍ ଜୁରିଡିକ୍ସନ ଥିଲା। ସେଥିମଧ୍ୟରୁ ବମ୍ବେ ହାଇକୋର୍ଟ ଅନ୍ୟତମ। ଏହି ଜୁରିଡିକ୍‌ସନ୍ ପ୍ରଥା ଅନୁଯାୟୀ ମନିସୁଟ୍ ବା ଟଙ୍କା ନାଲିସ୍ ଜାତୀୟ କେଶ୍‌ଗୁଡ଼ିକ ଯେତେ ଟଙ୍କାର ଦାବୀ ହେଲେ ମଧ୍ୟ, ତାହା ପ୍ରଥମେ ହାଇକୋର୍ଟରେ ଅରିଜିନାଲ୍ ଜୁରିଡିକ୍‌ସନ୍ ମୁତାବକ ବିଚାର କରାଯାଏ। ଲକ୍ଷ ଲକ୍ଷ ଟଙ୍କାର ଦାବୀ ଉପରେ ଅଳ୍ପ ଝଙ୍କାର କୋର୍ଟ ଫିସ୍ ଦେଇ ମକଦ୍ଦମା ଦାୟର କରାଯାଇପାରେ ଓ କେତେକ କ୍ଷେତ୍ରରେ ବିଧି ବ୍ୟବସ୍ଥା ଅନୁସାରେ ଅପିଲ୍ ହୁଏ। ପକ୍ଷମାନେ ଚାହିଁଲେ ପ୍ରଥମେ ସଲିସିଟର୍ ଆଟର୍ଣ୍ଣି ନିଯୁକ୍ତି ହୁଅନ୍ତି ଓ ସେମାନେ କେଶ୍ ଲଢ଼ିବାକୁ ଉପଯୁକ୍ତ ଆଡ଼ଭୋକେଟ୍ ନିଯୁକ୍ତ କରିପାରନ୍ତି।

ମୁଁ 'ଦୀକ୍ଷିତ ମାଣିକଲାଲ୍" ନାମକ ଏକ ସଲିସିଟର ଫାର୍ମରେ ପହଞ୍ଚି ତାଙ୍କୁ ନନ୍ଦଲାଲଙ୍କ ମକଦ୍ଦମାରେ କୌଣସି ବଡ଼ ଖ୍ୟାତିସମ୍ପନ୍ନ ଓକିଲମାନଙ୍କୁ ନିଯୁକ୍ତି କରିବା କଥା କହିଲି। କଥା ପ୍ରସଙ୍ଗରେ ମୁଁ ବୁଲାଭାଇ ଦେଶାଇ ବା ଏମ୍.ଏ. ଜିହ୍ନାଙ୍କୁ ନିଯୁକ୍ତି ଦେଲେ ଭଲ ହୁଅନ୍ତା ବୋଲି କହିଲି। ମୋର ବମ୍ବେ, ଯାହା ସମୟରେ ନରମଲ ବାବୁ ମଧ୍ୟ ଏହି ଦୁଇଜଣ ଓକିଲଙ୍କ ବିଷୟରେ କଥା ପ୍ରସଙ୍ଗରେ ପ୍ରସ୍ତାବ ଦେଇଥିଲେ।

ଗୁଣବନ୍ତଲାଲ କପାଡ଼ିଆ ସଲିସିଟର କହିଲେ, "ସେମାନେ ବୁଢ଼ା ହୋଇଗଲେଣି। ଏହା ବ୍ୟତୀତ ସେମାନେ ରାଜନୀତି ସହିତ ଅଧିକ ସଂପୃକ୍ତ ହୋଇ ଓକିଲ ପ୍ରାୟ କରୁନାହାନ୍ତି କହିଲେ ଚଳେ।" କାପାଡ଼ିଆଙ୍କ ସହିତ ମୁଁ ବମ୍ବେ ହାଇକୋର୍ଟକୁ ଗଲି। ପ୍ରଥମ ମହଲା ତଳେ ଏମ୍.ଏ. ଜିହ୍ନାଙ୍କର ଚେମ୍ବର ଥିଲା। ସେଠାରେ ତାଙ୍କ ନାମଫଳକ ଝୁଲୁଥିଲା, ମାତ୍ର ଚେମ୍ବର ବନ୍ଦ ଥିଲା। ସେଠାରୁ ଫେରି

ମୁଁ ବୁଲାଭାଇ ଦେଶାଇଙ୍କ ମାଲବାର ହିଲ୍‌ସ ନିକଟରେ ଥିବା ଘରକୁ ଗଲି। ସେଦିନ ସେ ତାଙ୍କର ଗସ୍ତ ଶେଷକରି ବମ୍ବେକୁ କ୍ୱାଇକ୍ ଜାହାଙ୍ଗିର ହଲ୍ ନାମକ ଏକ ତରଫରୁ ଏକ ସଙ୍ଘ ଡକା ଯାଇଥିଲା ଓ ଶ୍ରୀଯୁକ୍ତ ଦେଶାଇ ସେଥିରେ ସଭାପତିତ୍ୱ କରିଥିଲେ। ମୁଁ ସେହି ସଭାରେ ଉପସ୍ଥିତ ହୋଇ ବୁଲାଭାଇ ଦେଶାଇଙ୍କ ଭାଷଣ ଶୁଣୁଥିଲି। ବଙ୍ଗଳାର ରାଜନୈତିକ ଭାଷଣ ବନ୍ଦୀମାନଙ୍କ ପାଇଁ ବମ୍ବେବାସୀଙ୍କର ସମର୍ଥନ ପ୍ରକାଶ କରିବା କଥା ବୋଲି ସଭାରେ ପ୍ରସ୍ତାବ ହେଲେ। ଏହି ପ୍ରସ୍ତାବ ସର୍ବସମ୍ମତିକ୍ରମେ ଗୃହୀତ କରାଯିବା ନିମିତ୍ତ ସଭାପତି ଶ୍ରୀଯୁକ୍ତ ଦେଶାଇ ଆହ୍ୱାନ ଦେବାରୁ ସେ ସଭାସ୍ଥଳରେ ଜଣେ ଯୁବକ ହଠାତ୍ ଉଠିପଡ଼ି କହିଲେ, "ଏ ପ୍ରସ୍ତାବ ସର୍ବସମ୍ମତିକ୍ରମେ ଗୃହୀତ ହୋଇପାରିବ ନାହିଁ। ମୁଁ ଏହାକୁ ବିରୋଧ କରୁଛି।" ବହୁ ପାଟିତୁଣ୍ଡ ହେଲା। ମାତ୍ର ଶେଷରେ ଏହା ବହୁମତରେ ଗୃହୀତ ହୋଇଥିଲା।

ଏହାପରେ ମୁଁ ବମ୍ବେର ଅନ୍ୟତମ ଖ୍ୟାତନାମା ଆଡ୍‌ଭୋକେଟ୍ ସି.କେ. ଦପ୍ତରୀଙ୍କୁ (ଭାରତର ସଲିସିଟର ଜେନେରାଲ୍ ଓ ପରେ ଆଟର୍ଣ୍ଣି ଜେନେରାଲ) ସାକ୍ଷାତ କରି ଏହି ମକଦ୍ଦମା ସମ୍ପର୍କରେ ଆଲୋଚନା କରିଥିଲି।

ଶ୍ରୀଯୁକ୍ତ ଦପ୍ତରୀଙ୍କ ପାଖରୁ ଫେରି ମୁଁ ଆମ ସଲିସିଟର ଦୀକ୍ଷିତ ମାଣିକଲାଲ ଏଣ୍ଡ କୋଃଙ୍କ ପରାମର୍ଶ କ୍ରମେ ଅନ୍ୟଜଣେ ଆଡ଼୍‌ଭୋକେଟଙ୍କୁ ନିଯୁକ୍ତି କରିବାକୁ ସ୍ଥିର କଲି। ଖ୍ୟାତନାମା ଆଇନଜ୍ଞ ମୋତିଲାଲ୍ ଶୀତଲବାଦ ଯେ କି ପରେ ଭାରତର ଆଟର୍ଣ୍ଣି ଜେନେରାଲ ଓ ବହୁ ଉଚ୍ଚ ଆସନ ଲାଭ କରିଥିଲେ —ତାଙ୍କୁ ଭେଟିଲି। କେଶ୍ ସମ୍ବନ୍ଧରେ ତାଙ୍କ ସହିତ ଆଲୋଚନା କଲାବେଳେ ଏହି କଣ୍ଟ୍ରାକ୍ଟିଂ ପାର୍ଟି ନନ୍ଦଲାଲ ମୋଦି ଜଣେ ନାବାଳକ (ମାଇନର୍) ବୋଲି ମୁଁ ତାଙ୍କୁ କହିଥିଲି ଓ ସେହି କାରଣରୁ ଉକ୍ତ କଣ୍ଟ୍ରାକ୍ଟ ତାଙ୍କପ୍ରତି ଲାଗୁ ହୋଇ ନ ପାରେ ବୋଲି ମଧ୍ୟ ଜଣାଇଥିଲା। ମୋ ଠାରୁ ଏହା ଶୁଣି ନନ୍ଦଲାଲ୍ ମାଇନର୍ ବୋଲି କୌଣସି ପ୍ରମାଣ ଅଛି କି ବୋଲି ସେ ଜାଣିବାକୁ ଚାହିଁଥିଲେ ଓ ନନ୍ଦଲାଲ ପ୍ରକୃତରେ ମାଇନର୍ ହୋଇଥିଲେ, କେଶ୍‌ଟି ଆଦୌ ବିଚାରଯୋଗ୍ୟ ନୁହେଁ ବୋଲି ମତ ଦେଇଥିଲେ। ପ୍ରମାଣ ସ୍ୱରୂପ, ମୁଁ ଶୀତଲବାଦ୍‌ଙ୍କୁ ନନ୍ଦଲାଲଙ୍କ ମାଟ୍ରିକ୍ ସାର୍ଟିଫିକେଟ ଦେଖାଇଥିଲି। ଏହି ସାର୍ଟିଫିକେଟକୁ ବମ୍ବେ, ହାଇକୋର୍ଟରେ କିପରି ପ୍ରମାଣ କରାଯାଇ ପାରିବ ତାହା ସେ ମୋତେ ପଚାରିଥିଲେ। ପ୍ରମାଣ କରାଯାଇ ପାରିବ ବୋଲି ଶୁଣି ସେ ବହୁତ ଖୁସି ହୋଇଯାଇଥିଲେ ଓ ତାଙ୍କର ଜଣେ ଜୁନିୟର ମହିଳା ଆଡ଼୍‌ଭୋକେଟଙ୍କୁ ଏ ସମ୍ପର୍କୀୟ ସମସ୍ତ କାଗଜପତ୍ର ଦେଖିବାକୁ ପରାମର୍ଶ ଦେଇଥିଲେ। ମୁଁ ତାଙ୍କୁ ସବୁ କାଗଜ କାଗଜପତ୍ର ଦେଖାଇଲି। ଏହାପରେ

ସେ କହିଲେ, 'ଏଇଟା ହେଲା ଉଏଜେରିଙ୍ଗ୍ କଣ୍ଟ୍ରାକ୍ଟ ଆକ୍ଟ ଅନୁସାରେ ଏହା ଅସିଦ୍ଧ। ଏନ୍‌ଫୋର୍ସେବଲ୍ ନୁହେଁ। ଖୁବ୍ ଖୁସିହୋଇ ସମସ୍ତ କାଗଜପତ୍ର ତାଙ୍କ ଜିମାଦେଇ ମୁଁ କଟକ ଫେରି ଆସିଲି।

ବମ୍ବେ, ମହାନଗରୀରେ ଏକ ସପ୍ତାହବ୍ୟାପୀ ମୋର ଅବସ୍ଥାନ ସମୟରେ ମୁଁ ଇଣ୍ଡିଆ ଗେଟ୍, ରାଜମହଲ ହୋଟେଲ, ମାଲବାର୍ ହିଲ୍‌ସ, ସୁ-ହାଉସ, ଆକ୍ୱାରିୟମ୍ ଓ ପ୍ରସିଦ୍ଧ ଏଲିଫାଣ୍ଟା କେଭ୍ ପ୍ରଭୃତି ଦର୍ଶନୀୟ ସ୍ଥାନ ସବୁ ଦେଖିଲି। କ୍ରିମିନାଲ୍ କେଶ୍‌ରେ ମୋର ବିଶେଷ ଆଗ୍ରହ ଥିବାରୁ ମୁଁ ହାଇକୋର୍ଟରେ କେତେକ ଫୌଜଦାରୀ ସେସନ୍ସ ଟ୍ରାଏଲ୍ ମଧ୍ୟ ଦେଖିଥିଲି। ଏହିସବୁ ଟ୍ରାଏଲ୍‌ଗୁଡ଼ିକ ମୋ ମନରେ ବେଶ୍ କୌତୂହଳ ସୃଷ୍ଟି କରିଥିଲା।

ରେଳଯାତ୍ରା ଓ ସୁଭାଷ ବୋଷଙ୍କ ପ୍ରସଙ୍ଗ

ବମ୍ବେରେ ଅଳ୍ପ କିଛି ଦିନ ରହିବା ପରେ ମୁଁ ମେଲ୍‌ରେ କଟକ ଫେରୁଥାଏ। ସେତେବେଳକାର ଟ୍ରେନ୍ ସର୍ଭିସ ଏବେକାର ଟ୍ରେନ୍ ସର୍ଭିସ ଠାରୁ ଯଥେଷ୍ଟ ଭଲ ଥିଲା। ଆଜିକାଲିକାର ପ୍ରଥମ ଶ୍ରେଣୀଠାରୁ ସେ ସମୟର ଦ୍ୱିତୀୟ ଶ୍ରେଣୀ ମଧ୍ୟ ଆରାମଦାୟକ ଥିଲା। ସେତେବେଳେ ପ୍ରଥମ, ଦ୍ୱିତୀୟ, ଇଣ୍ଟର ଓ ତୃତୀୟଶ୍ରେଣୀ, ଏହିପରି ବିଭିନ୍ନ ଶ୍ରେଣୀ ବିଭାଗ ଥିଲା। ମୁଁ ଦ୍ୱିତୀୟ ଶ୍ରେଣୀରେ ଆସୁଥିଲାବେଳେ ଟ୍ରେନ୍‌ର ସେହି ଡବାରେ ଆଉ ଚାରିଜଣ ଯାତ୍ରୀ ଆସୁଥିଲେ। ସେମାନେ ପ୍ରାୟ ସମସ୍ତେ ମୋର ସମବୟସ୍କ ଯୁବକ ଥିଲେ। ଆମ୍ଭମାନଙ୍କ ମଧ୍ୟରେ ପ୍ରଥମ ପରିଚୟରୁ ହିଁ ଖୁବ୍ ଆଳାପ ହୋଇ ତାସ୍ ଖେଳ ଆରମ୍ଭ ହୋଇଗଲା। ଏହି ତାସ୍‌ଖେଳ ଭିତରେ ମଝିରେ ମଝିରେ ସୁଭାଷ ବୋଷ ପଟ୍ଟାଭି ସୀତାରମାୟାଙ୍କ କଥା ପଡ଼ିଥିଲା। ଏହାର କିଛି ଦିନ ପୂର୍ବରୁ ହରିପୁର କଂଗ୍ରେସ ଅଧିବେଶନ ଶେଷ ହୋଇ ଯାଇଥାଏ ଓ ସେଥିରେ ସୁଭାଷ ବୋଷ ପଟ୍ଟାଭୀଙ୍କୁ ପରାଜିତ କରି ଭାରତୀୟ ଜାତୀୟ କଂଗ୍ରେସର ସଭାପତି ଭାବେ ନିର୍ବାଚିତ ହୋଇଥାନ୍ତି। ପଟ୍ଟାଭୀ ମହାତ୍ମା ଗାନ୍ଧୀଙ୍କ ଆର୍ଶୀବାଦରେ କଂଗ୍ରେସ ସଭାପତି ପାଇଁ ପ୍ରାର୍ଥୀ ହୋଇ ହାରି ଯାଇଥିବା କାରଣରୁ ମହାତ୍ମା ଗାନ୍ଧୀ ଏହାକୁ (Pattavi's defeat is my defeat) ନିଜର ପରାଜୟ ବୋଲି କହୁଥାନ୍ତି। ସୁଭାଷ ବୋଷ ବଡ଼ ତେଜୀୟାନ ବ୍ୟକ୍ତି ଭାବରେ ସମଗ୍ର ଭାରତରେ ସେତେବେଳେ ସୁଖ୍ୟାତି ଅର୍ଜନ କରିଥାନ୍ତି।

ଫେରୁଥିବା ସମୟରେ ମଧ୍ୟପ୍ରଦେଶର ରାଜନନ୍ଦୀ ଗାଁ ଷ୍ଟେସନରେ ଦୁଇଜଣ

ସ୍ତ୍ରୀଲୋକ ଗୋଟିଏ ୪୫ ବର୍ଷର ପିଲା ସହିତ ଆମେ ବସିଥିବା ଡବାରେ ଉଠିଲେ। ତାଙ୍କ ସାଙ୍ଗରେ ଆଉ ଜଣେ ମଜଭୁତିଆ ଦେହରକ୍ଷୀ ଭାବରେ ଆଟେଣ୍ଡାଣ୍ଟ୍ ମଧ୍ୟ ଥାଆନ୍ତି। ଏହି ସମୟରେ ଆମର ହଠାତ୍ ଧାରଣା ହେଲା ଯେ, ସ୍ତ୍ରୀଲୋକମାନେ ବସିଥିବା ଡବାକୁ ନ ଯାଇ ଏମାନେ କାହିଁକି ପୁରୁଷମାନେ ବସିଥିବା ଡବାରେ ଚଢ଼ିଲେ। ସେ ଆଟେଣ୍ଡାଣ୍ଟ୍‌କୁ ମୁଁ ଡାକି ପଚାରିଲି, 'ଏମାନେ ମହିଳା କମ୍ପାର୍ଟମେଣ୍ଟକୁ ନ ଯାଇ ଆମେ ପୁରୁଷମାନେ ବସିଥିବା କମ୍ପାଟମେଣ୍ଟରେ କାହିଁକି ଉଠିଲେ ?" ସେ କହିଲା, "କିଛିଦିନ ଆଗରୁ ଟ୍ରେନ୍‌ରେ ଏକ ଡକାୟତ ହୋଇଯାଇଛି। ସେହି ଭୟରେ ଏମାନେ ସ୍ତ୍ରୀଲୋକମାନଙ୍କ କମ୍ପାର୍ଟମେଣ୍ଟକୁ ନ ଯାଇ ପୁରୁଷମାନେ ବସିଥିବା କମ୍ପାର୍ଟମେଣ୍ଟରେ ଯିବାକୁ ଚାହିଁଛନ୍ତି।" ଏହାପରେ ପରିଚୟ ବୁଝିବାରୁ ଜଣାଗଲା ଯେ, ସେମାନଙ୍କ ମଧ୍ୟରୁ ଜଣେ ଗ୍ରାଜୁଏଟ ଏବଂ ଆଉ ଜଣେ ଇଣ୍ଟରମିଡ଼ିଏଟ। ତାଙ୍କ ସହିତ ଥିବା ସାନପିଲାଟି ଅତି କୌତୂହଳର ସହିତ ଆମ ପାଖରେ ଥିବା ଖେଳା ଯାଉ ନ ଥିବା ତାସ୍ (ଅଖେଳ)ରେ ଖେଳୁଥିଲା। ଏହା ଦେଖି ତା'ର ମା' ଖେଳିବାକୁ ବାରଣ କଲାରୁ ଆମେ ପିଲାଟି ଖେଳିବାରେ କଛି ଅସୁବିଧା ହେଉ ନାହିଁ ବୋଲି କହିଥିଲୁ। କ୍ରମେ କ୍ରମେ ସେମାନେ ଆମ ଆଲୋଚନାରୁ ଜାଣି ପାରିଲେ ଯେ, ଏମାନେ (ଆମ୍ଭେମାନେ) ଭଦ୍ର ଓ ନିରାପଦ ଲୋକ ଏବଂ ଆମ୍ଭମାନଙ୍କ ସହ ସେମାନେ ନିରାପଦରେ ଯାତ୍ରା କରିପାରିବେ।

ଯାହା ଜଣା ପଡ଼ିଲା ଏହି ଦୁଇଜଣ ମହିଳା ଦୁଇ ଭଉଣୀ ଥିଲେ। ସେମାନଙ୍କ ପରିବାରର କେହି ଜଣେ ମରିଯାଇଥିବା କାରଣରୁ ସେମାନେ ଶୁଦ୍ଧିକ୍ରିୟାରେ ଯୋଗଦାନ କରି ଫେରୁଥିଲେ। ସେମାନଙ୍କ ମଧ୍ୟରୁ ଜଣେ ନାଗପୁର ପର୍ଯ୍ୟନ୍ତ ଆସିଲେ ଏବଂ ଆଉ ଜଣେ ମଝିରେ କୌଣସି ଷ୍ଟେସନରେ ଓହ୍ଲାଇ ଯାଇଥିଲେ। ଆମେ ସେତେବେଳେ ସେମାନଙ୍କ ଠାରୁ ଯେଉଁ ପରିଚୟ ପାଇଥିଲୁ, ସେଥିରେ ଜଣେ ମଧ୍ୟପ୍ରଦେଶର ସୁନାମଧନ୍ୟ ଶୁକ୍ଲା ପରିବାରର ଏବଂ ଆଉ ଜଣେ ଯୋଶୀ ପରିବାରର ବୋହୂ ଥିଲେ। ଆମ ସହିତ ନାଗପୁର ପର୍ଯ୍ୟନ୍ତ ଆସିଥିବା ମହିଳାଙ୍କ ସ୍ୱାମୀ ଜଣେ ଡାକ୍ତର ଥିଲେ। ଟ୍ରେନ୍ ପହଞ୍ଚିଲା ପରେ ସେଠାରେ ପିଲାମାନଙ୍କୁ ଅପେକ୍ଷା କରିଥିବା ଡାକ୍ତର ଶୁକ୍ଲାଙ୍କୁ ତାଙ୍କର ସ୍ତ୍ରୀ ଆମ୍ଭମାନଙ୍କ ସହିତ ସେ ବେଶ୍ ନିରାପଦରେ ଆସି ପହଞ୍ଚି ଯାଇଥିବା କଥା କହିଥିଲେ। ଡାକ୍ତର ଶୁକ୍ଲା ଏଥିରେ ଖୁସିହୋଇ ଆମ୍ଭମାନଙ୍କ ପ୍ରତି କୃତଜ୍ଞତା ଜ୍ଞାପନ କରିବା ସାଥେ ସାଥେ ନାଗପୁରରେ ଓହ୍ଲାଇ ତାଙ୍କର ଅତିଥି ହେବାକୁ ନିମନ୍ତ୍ରଣ ମଧ୍ୟ କରିଥିଲେ। ମୁଁ ମୋର ଅସୁବିଧା କଥା ଜଣାଇ ରହିହେବ ନାହିଁ ବୋଲି କହିଥିଲି ଓ

ପ୍ରତିନିମନ୍ତ୍ରଣରେ ପୁରୀ ଆସିବାକୁ ତାଙ୍କୁ ନିମନ୍ତ୍ରଣ କରିଥିଲି । ଗାଡ଼ି ଛାଡ଼ିଲାବେଳେ ସେ ଭଦ୍ରବ୍ୟକ୍ତି ବହୁପ୍ରକାରର ଫଳ ଓ ଅନ୍ୟାନ୍ୟ ଖାଦ୍ୟ ପଦାର୍ଥ ଆଣି ଆମ୍ଭମାନଙ୍କ ଡବାରେ ଥୋଇଦେଇ ଗଲେ । ପରେ ସେମାନଙ୍କ ସହିତ ଆଉ କେବେ ସାକ୍ଷାତ ହୋଇନାହିଁ ।

ମୋ ସହିତ ଆସିଥିବା ଅନ୍ୟାନ୍ୟ ଯୁବବନ୍ଧୁମାନେ ହାଓଡ଼ା ପର୍ଯ୍ୟନ୍ତ ଆସିଥିଲେ । ଜଣେ ରେଳଯାତ୍ରୀ ହିସାବରେ ଅନେକ ସମୟରେ ଦୂରଗାମୀ ଯାତ୍ରାରେ ଅନେକ ଅପରିଚିତ ବ୍ୟକ୍ତିଙ୍କ ସହ ଏହିଭଳି ପରିଚୟ ଏପରିକି ଘନିଷ୍ଠ ବନ୍ଧୁତା ମଧ୍ୟ ହୋଇଥାଏ ।

ଆଉଥରେ ଦିଲ୍ଲୀରୁ ଟ୍ରେନ୍‌ରେ ଫେରୁଥିବା ସମୟରେ ମଧ୍ୟ ଏହିଭଳି ଏକ ଆକସ୍ମିକ ଘଟଣା ସମ୍ପର୍କରେ ମୋର କିଛି ଅଭିଜ୍ଞତା ହୋଇଥିଲା । ପ୍ରସଙ୍ଗକ୍ରମେ ଏଠାରେ ତାହା ଉଲ୍ଲେଖ କରୁଛି ।

ସେତେବେଳେ ସୁଭାଷ ବୋଷ ଆଲିପୁର ଜେଲ୍‌ରେ ଥାଆନ୍ତି । ସେତେବେଳେ ନୂଆହୋଇ ପ୍ରଚଳିତ ହୋଇଥିବା ଶୀତତାପନିୟନ୍ତ୍ରିତ ବଗିରେ ମୁଁ କଟକ ଫେରୁଥାଏ । ସେ ବଗିରେ ମିଷ୍ଟର ଭେଡ଼ି ନାମକ ଜଣେ ଭଦ୍ରବ୍ୟକ୍ତିଙ୍କ ସହ ମୋର ଆଳାପ ହୋଇଥିଲା । ଆମ ଦୁଇଜଣଙ୍କ ମଧ୍ୟରେ ନାନା ବିଷୟରେ ଆଲୋଚନା ହେଲା । ସେ ଜଣେ ବିଶିଷ୍ଟ ବ୍ୟକ୍ତି ଥିଲେ ବୋଲି ମୁଁ ପରେ ଜାଣିବାକୁ ପାଇଥିଲି । ତାଙ୍କର ଜଣେ ଆତ୍ମୀୟ ସେତେବେଳେ ଓଡ଼ିଶାରେ ଏକ ବଡ଼ ପଦବୀରେ କାର୍ଯ୍ୟ କରୁଥିବା କଥା ସେ ପ୍ରସଙ୍ଗକ୍ରମେ ମୋତେ କହିଥିଲେ ।

ଟ୍ରେନ୍‌ରେ ସେ ସମୟରେ ପ୍ରାୟତଃ ସୁଭାଷ ବୋଷଙ୍କ ବିଷୟରେ ଅଧିକ ଆଲୋଚନା ହେଉଥାଏ । ଭଦ୍ରବ୍ୟକ୍ତି ଜଣକ ସୁଭାଷ ବୋଷଙ୍କ ସମ୍ପର୍କରେ ଅନେକ କଥା ଜାଣିଥିବା କଥା ମୋର ହୃଦ୍‌ବୋଧ ହେବାରୁ ସୁଭାଷଙ୍କ ସମ୍ପର୍କରେ ଅଧିକ କିଛି ଆଲୋଚନା କରିବାକୁ ତାଙ୍କୁ ଅନୁରୋଧ କରିଥିଲି । ସେ ତାଙ୍କର ଗୋଟିଏ ଚମତ୍କାର ଅଭିଜ୍ଞତା ବର୍ଣ୍ଣନା କରି କହଲେ, "କଲିକତାର ଗୋଟିଏ ଘଟଣା । ଦିନେ ମହମ୍ମଦ ଅଲ୍ଲିପାର୍କରେ ଏକ ସାଧାରଣ ସଭା ହେଉଥାଏ । ମୁଁ ଗୋଟିଏ କାର୍‌ରେ ସଭାମଞ୍ଚଠାରୁ ଅଳ୍ପଦୂରରେ ବସି ଭାଷଣ ଶୁଣୁଥାଏ । ଏହି ସମୟରେ ଜଣେ ଲୋକ ସଭା ଭିତରୁ ଦୌଡ଼ିଆସି ଖଣ୍ଡେ ଚିଠି ମୋ ହାତରେ ଗୁଞ୍ଜିଦେଲା । ତାହା ସୁଭାଷ ବାବୁଙ୍କୁ ଦିଆଯିବାକୁ ଲେଖା ଯାଇଥାଏ । ମୋତେ ଖବର ଦିଆଯାଇଥାଏ, "ଆପଣ ଅତିଶୀଘ୍ର ଏ ଚିଠିଟିକୁ ନେଇ ଆଲିପୁର ଜେଲ୍‌ରେ ଥିବା ସୁଭାଷବୋଷଙ୍କ ନିକଟରେ ପହଞ୍ଚାଇ ଦେବେ ।" ଆଲିପୁର ଜେଲ୍‌ର ସୁପରିଣ୍ଟେଣ୍ଡେଣ୍ଟ ମୋର ପରିଚିତ ଥିଲେ । ତାହା ସେ କିପରି ଜାଣିଲେ ମୁଁ ଜାଣେ ନାହିଁ । ସେ କହିଲେ ଏହାପରେ ମୁଁ ଆଲିପୁର ଜେଲ୍‌କୁ ଗଲି ।

ସେଠାରେ ଥିବା ମୋର ବନ୍ଧୁଙ୍କୁ ସୁଭାଷବୋଷଙ୍କ ଚିଠି କଥା କିଛି ନ ଜଣାଇ ଜେଲ୍ ବୁଲି ଦେଖିବା ବାହାନାରେ ଉପରକୁ ଯିବାକୁ ଅନୁରୋଧ କଲି। ସେ ତାଙ୍କର ଜଣେ କର୍ମଚାରୀଙ୍କୁ ମୋ ସହିତ ପଠାଇ ଜେଲ୍ ଭିତର ବୁଲାଇ ଦେଖାଇ ଆଣିବାକୁ କହିଥିଲେ। ସେ କର୍ମଚାରୀ ଜଣକ ମୋତେ ଜେଲ୍‌ର ବିଭିନ୍ନ ସ୍ଥାନ ବୁଲି ଦେଖାଉଥାନ୍ତି। ତାହା ଏକ ବଡ଼ ଧରଣର ଜେଲ୍‌ଖାନା। ସେଥିରେ ବହୁ ବିଶିଷ୍ଟ ବ୍ୟକ୍ତି ବନ୍ଦୀଭାବେ ରହିଥିଲେ। ଏହିଭଳି ବୁଲି ଦେଖିବା ସମୟରେ ସୁଭାଷବୋଷ ରହୁଥିବା ସ୍ଥାନଟିର ସନ୍ଧାନ ଜାଣିହେଲା। ଏହି ସମୟରେ ଜଣେ ଆସି 'ସେ ଚିଠି ଦିଅନ୍ତୁ" ବୋଲି ମାଗିଲେ। ସୁଭାଷବୋଷ ପାଖରେ ଥାଇ ଏ ଚିଠିଟି ମଗାଇ ପଠାଇଛନ୍ତି ବୋଲି ଜାଣିପାରି ମୁଁ ସଙ୍ଗେ ସଙ୍ଗେ କୌଶଳରେ ଚିଠିଟିକୁ ବାହାର କରି ପଠାଇଦେଲି। ତାହା ସୁଭାଷବୋଷ ନିଶ୍ଚୟ ପାଇଥିବେ। ମୁଁ ଭିତରେ ବୁଲୁଥିବାବେଳେ ମୋ ସାଙ୍ଗରେ ଗାଇଡ୍ ହୋଇ ଯାଇଥିବା ଜେଲ୍ କର୍ମଚାରୀଙ୍କୁ ବିଭିନ୍ନ କୋଠରି ବୁଲି ଦେଖୁଥିବା ସମୟରେ ଏଥିରେ କିଏ କିଏ ସବୁ ରହୁଛନ୍ତି ବୋଲି ପଚାରିଥିଲି। କର୍ମଚାରୀଟି ତା'ର ବୟାନ ଦେଉଥିବା ଭିତରେ କେତେକ ନିର୍ଦ୍ଦିଷ୍ଟ କୋଠରୀର ପାଖକୁ ନ ଯିବା ପାଇଁ ମୋତେ ପରାମର୍ଶ ଦେଉଥିଲେ ଏବଂ ସେଠାରେ ସୁଭାଷବୋଷ ଓ ଆହୁରି ଅନେକ ବଡ଼ ବଡ଼ ନେତା ରହୁଛନ୍ତି ବୋଲି କହିଥିଲେ। ଜେଲ୍ କର୍ମଚାରୀଙ୍କ ଠାରୁ ଏତକ ଜାଣିସାରିଲା ପରେ ସେ ଚିଠିଟିକୁ ସୁଭାଷବୋଷଙ୍କ ନିକଟରେ ପହଞ୍ଚାଇବା ମୋ ଦ୍ୱାରା ସମ୍ଭବ ହୋଇପାରିଲା। ସେଠାରେ ତାଙ୍କର ରହିବା ଖବର ଜାଣିପାରି ନ ଥିଲେ ମୋତେ ଚିଠିଟି ମାଗୁଥିବା ଭଦ୍ରବ୍ୟକ୍ତିଙ୍କୁ ତାହା ହୁଏତ ସେ ସମୟରେ ଦେଇପାରି ନ ଥାନ୍ତି।"

ମୋର ସହଯାତ୍ରୀ ଭଦ୍ରବ୍ୟକ୍ତିଙ୍କର ଉପରୋକ୍ତ ଗୋଟିଏ ଉଦାହରଣରୁ ସୁଭାଷ ବାବୁଙ୍କର ସମଗ୍ର ଭାରତରେ କାହିଁକି, ଆନ୍ତର୍ଜାତିକ କ୍ଷେତ୍ରରେ ମଧ୍ୟ କିଭଳି ଅତି ଗୁରୁତ୍ୱପୂର୍ଣ୍ଣ ସାଂଗଠନିକ ଶକ୍ତି କାର୍ଯ୍ୟ କରୁଥିଲା ଏବଂ କଲିକତାର ଏକ ସାଧାରଣ ସଭା ମଧ୍ୟରୁ ଗୋଟିଏ ଗୁପ୍ତପତ୍ର ଏହିଭଳି ଢଙ୍ଗରେ ଯାଇ ଆଲିପୁର ଜେଲ୍‌ରେ ତାଙ୍କୁ ହସ୍ତାନ୍ତର କରାଯିବ ବୋଲି ସେ କିପରି ଆଗରୁ ଜାଣିପାରିଥିଲେ ତାହା ଅନୁମାନ କରାଯାଇ ପାରିବ। ସେ ଭାରତରୁ ଛଦ୍ମବେଶରେ ଜାପାନ ଓ ସେଠାରୁ ଅନ୍ୟାନ୍ୟ ଦେଶମାନଙ୍କୁ ଚାଲିଯିବା ପାଇଁ ଯେଉଁଭଳି ବ୍ୟବସ୍ଥାମାନ କରିଥିଲେ, ତାହା ତାଙ୍କ ଉଚ୍ଚକୋଟୀର ବିଚକ୍ଷଣ ବୁଦ୍ଧିର ପରିଚୟ ପ୍ରଦାନ କରିଥାଏ ବୋଲି କହିଲେ ଅତ୍ୟୁକ୍ତି ହେବନାହିଁ।

ମୋର ପରମ ସୌଭାଗ୍ୟ ଯେ ଛାତ୍ରାବସ୍ଥାରେ ମୁଁ ନେତାଜୀଙ୍କ ସମ୍ପର୍କରେ ଆସିବାର ସୁଯୋଗ ପାଇଥିଲି। ପୂର୍ବରୁ ମୁଁ ଏହା ଆଲୋଚନା କରିଛି।

କଲିକତାରେ ରେଳବନ୍ଦୀ

ଜୀବନରେ ବେଳେବେଳେ ଏପରି ଅଭାବିତ ଅନୁଭୂତି ଆସେ, ଯାହା ସ୍ମରଣ କଲେ ମନରେ ଶିହରଣ ସୃଷ୍ଟି ହୋଇଥାଏ। ଏମିତି ବି ଘଟେ—ମନୁଷ୍ୟ ଚିନ୍ତା କରେ ଗୋଟାଏ କଥା, ମାତ୍ର ସମୟ ଟାଣିନିଏ ତାକୁ ଆଉ ଗୋଟିଏ ଦିଗରେ। ସେଥିରେ ତା'ର ଆଉ ଚାରା ନଥାଏ। ଅଗତ୍ୟା ସେ ଟାଣି ହୋଇଯିବାକୁ ବାଧ୍ୟ ହୋଇଥାଏ। ସେହିପରି ଗୋଟିଏ ଘଟଣା ଆଜି ମନେ ପଡୁଛି ନୟାସଡ଼କର ଗୋଟିଏ ମାରୁଆଡ଼ି ଫାର୍ମ ତରଫରୁ ମୁଁ କଲିକତା ଯାଇଥାଏ ଗୋଟିଏ କେଶ୍‌ରେ।

କଲିକତାରେ କାମ ସରିଗଲା। ଏଥର ଘରକୁ ଫେରିବାର ଚିନ୍ତା। ସେଦିନ କିନ୍ତୁ ଭୟଙ୍କର ବର୍ଷା କଲିକତାରେ। ରାସ୍ତାଘାଟ ଚାରିଆଡ଼ ପାଣିରେ ବୁଡ଼ି ରହିଥାଏ। କଷ୍ଟେ ମଷ୍ଟେ ହାଓଡ଼ା ଷ୍ଟେସନରେ ପହଞ୍ଚିଲି। ଖଣ୍ଡେ ସେକେଣ୍ଡ କ୍ଲାସ ଟିକେଟ କିଣି ବସିଲି। (ସେତେବେଳେ ଟ୍ରେନରେ ତୃତୀୟ ଶ୍ରେଣୀ, ଦ୍ୱିତୀୟ ଶ୍ରେଣୀ ଓ ପ୍ରଥମ ଶ୍ରେଣୀ—ଏପରି ତିନୋଟି ଡବାଥିଲା)। ସେଇ କମ୍ପାର୍ଟମେଣ୍ଟରେ ପରିଚିତ କେତେଜଣ ଭଦ୍ରଲୋକ ଯାଉଥାନ୍ତି। ଗାଡ଼ି କିଛି ବିଳମ୍ବରେ ଛାଡ଼ିଲା।

କିଛି ସମୟ ଗଲାପରେ, ଗାଡ଼ି ହଠାତ୍ ବନ୍ଦ ହୋଇଗଲା ଉଲ୍‌ବେରିଆ ଷ୍ଟେସନରେ। ଟ୍ରେନଟି ବନ୍ଦହେବା ସଙ୍ଗେ ସଙ୍ଗେ ଅନେକ ଲୋକ ଆସି ପାଟିକରି କବାଟ ବାଡ଼େଇଲେ। ଡବାଟିରେ ଆମେ ମୋଟେ ସାତ ଆଠଜଣ ବସିଥାଉ। ମନରେ ଭୟ ହେଲା। ଏମାନେ କିଏ ? ସହଜେ ତ ବର୍ଷାରାତି। ପରିବେଶ ଓ ଅବସ୍ଥା ବେଶ ଭୀତିପ୍ରଦ। ଆମେ ସମସ୍ତେ ଟିକିଏ ଡରିଗଲୁ। ଏମାନେ କିଏ ଏପରି ପାଟିକରି ଡାକୁଛନ୍ତି ? ସେମାନେ କହୁଥାନ୍ତ, 'ମରେ ଗୋଲେମ ଖୋଲେ ଦିନ।' ବାଧ୍ୟ ହୋଇ କବାଟ ଖୋଲିଦେଲୁ। ବାହାରେ ଭୀଷଣ ବର୍ଷା। ସେମାନେ ଜୁଡୁବୁଡୁ ଓଦା ହୋଇଯାଇଥାନ୍ତି। ତାଙ୍କଠାରୁ ଜଣାଗଲା, ଭୀଷଣ ବର୍ଷା ଯୋଗୁଁ ଷ୍ଟେସନର ଟିଣ ଛାତ ସବୁ ଉଡ଼ିଯାଇଛି। ଖଣ୍ଡପ୍ରଳୟ ପରି ଅବସ୍ଥା ସେଠି ଅତି ଭୟଙ୍କର।

ଟ୍ରେନ୍ ଆଉ ଛାଡ଼ିଲା ନାହିଁ। ଯାହା ବୁଝିଲୁ, ଗାଡ଼ି ଆଉ ଯାଇ ପାରିବ ନାହିଁ। ତେଣୁ ଆମ୍ଭମାନଙ୍କୁ ସେହିଠାରେ ବାଧହୋଇ ରହିବାକୁ ପଡ଼ିବ। କେତେ ସମୟ ଗାଡ଼ି ଅଟକି ରହିପାରେ, ତା'ର କିଛି ଠିକଣା ନାହିଁ। ସେ ରାତିଟି ଟ୍ରେନ୍‌ରେ କଟିଲା। ରେଳରେ ଯାତ୍ରା କଲାବେଳେ ଅନେକ ନୂଆ ନୂଆ ବନ୍ଧୁ ହୋଇଯାଆନ୍ତି। ତାହାହିଁ ହେଲା। ସକାଳେ ଟ୍ରେନରୁ ଓହ୍ଲାଇ ଦେଖିଲୁ ପାଖ ଆଖରେ ଦୋକାନପତ୍ର କିଛି ନାହିଁ। ଚା' ଖାଇବାକୁ ମାଇଲିଏ ଦୂର ଗାଁକୁ ଗଲୁ। ଗାଁରେ ମଧ୍ୟ ଅନେକ ଟିଣ ଘରର ଛାତ

ଉଡ଼ି ଯାଇଛି। ରାସ୍ତା-ଘାଟରେ ଗଛ ପତ୍ର ଭଙ୍ଗା ଡାଳ ପ୍ରଭୃତି ଉଡ଼ିଆସି ପଡ଼ିଛି। ସେଠାରେ ମଧ୍ୟ କିଛି ଖାଇବାକୁ ମିଳିଲା ନାହିଁ। ଷ୍ଟେସନକୁ ଫେରିଲୁ। ଫେରିଲା ବେଳକୁ ଦିନ ବାରଟା ହେବ। କ'ଣ ଖାଇବା ? ସମସ୍ତଙ୍କର ଭାଳେଣି ପଡ଼ିଲା। ଜଣେ ଯାତ୍ରୀବନ୍ଧୁ ତାଙ୍କର ଟିଫିନ କ୍ୟାରିଅରରୁ ଆମ୍ଭମାନଙ୍କୁ କିଛି ଖାଇବାକୁ ଦେଲେ। ଜଣକର ଖାଇବା, ସାତ ଆଠ ଜଣ ଖାଇଲୁ। ସମୁଦ୍ରକୁ ଶଙ୍ଖ ପରି। ତାସ ମୁଠାଏ ଯୋଗାଡ଼ ହେଲା। ତାସ୍ ଖେଳରେ କିଛି ସମୟ ବିତିଗଲା।

ଷ୍ଟେସନ ମାଷ୍ଟରଙ୍କୁ ଯାଇ ଦେଖା କଲୁ। ପଚାରିଲୁ, କେମିତି ଯିବୁ ? ସେ କହିଲେ, ଦୁଇ ତିନିଦିନ ସମୟ ଲାଗିପାରେ। ଆଗରେ ରେଳ ଲାଇନ୍ ଉପରେ ପାଣି ଜମା ହୋଇଛି। ଲାଇନ ଖରାପ ଅଛି। ସେଠାରେ କେମିତି କେଉଁଠି ରହିବୁ ? ସେ କହିଲେ ବୋଧହୁଏ ଆପଣଙ୍କୁ ହାଓଡ଼ା ଫେରିଯିବାକୁ ହେବ। ହାଓଡ଼ା ଫେରିବା କଥା ଶୁଣି ମୋର ଘର ଚିନ୍ତା ହେଲା। ପାଖରେ ବିଶେଷ ପଇସା ନାହିଁ। ଘରକୁ ଫେରନ୍ତା ବାଟରେ କିଏ ବା କାଇଁ ବେଶି ଟଙ୍କା ପାଖରେ ରଖନ୍ତା ! କେମିତି ପୁଣି ସେଠି ରହିବାକୁ ହେବ ? ଖର୍ଚ୍ଚ ହେବ ? ଏପରି ନାନା ଦୁଶ୍ଚିନ୍ତା ମନକୁ ଆବୋରି ବସିଲା। ଯାହାହେଉ ମହକିଲ ବନ୍ଧୁ ମିଳିଗଲେ। ସେ ମଧ୍ୟ କଟକ ଫେରିବା ପାଇଁ ଟ୍ରେନରେ ବସିଥିଲେ। ସେ ଆଶ୍ୱାସନା ଦେଲେ, ଆପଣଙ୍କର ଯାହା ଖର୍ଚ୍ଚ ଦରକାର ମୋ'ଠାରୁ ନେଇ ପାରନ୍ତି। ଟିକିଏ ଭରସା ହେଲା। ସେତେବେଳେ ଯୁଦ୍ଧ ସମୟ ଥିବାରୁ, ଷ୍ଟେସନଟି ଜଣେ ଗୋରା ମିଲିଟାରୀ ଅଫିସରଙ୍କ ଚାର୍ଜରେ ଥିଲା। ତାଙ୍କୁ ଯାଇ କହିଲୁ ଆମ ଦୁର୍ଦ୍ଦଶା କଥା। ସେ ଟିକିଏ ବ୍ୟସ୍ତ ହେଲେ। ମାତ୍ର, ଉପାୟ କ'ଣ ଅଛି ? ପ୍ରକୃତିର ନାଲିଆଖି ପାଖରେ ମନୁଷ୍ୟର ସାମର୍ଥ୍ୟ କେତେ ? ସେ କହିଲେ, ଅପେକ୍ଷା କରିବା ଛଡ଼ା ଆଉ କିଛି ବାଟ ନାହିଁ।

ସେଦିନ ରାତି ଦଶଟା ଏଗାରଟା ବେଳକୁ ହାଓଡ଼ା ଷ୍ଟେସନରୁ ଗୋଟିଏ ଗାଡ଼ି ଖାଦ୍ୟ ସାମଗ୍ରୀ ନେଇ ଆସିଲା। ମୁଁ ଓ ଆଉ କେତେଜଣ ସ୍ୱେଚ୍ଛାସେବକ ହୋଇ ଖାଦ୍ୟ ବାଣ୍ଟିବା ଆରମ୍ଭ କରିଦେଲୁ। ଦୁଇଟା ସିଙ୍ଗଡ଼ା, ଲଡୁ ଗୋଟାଏ। ତାକୁ ପୁଣି ଲାଇନ ଲଗାଇ ଆଣି ଖାଇବାକୁ ହେବ। କିପରି ରାତିଟି କଟିବ ? ସେମିତି କଷ୍ଟେ ମଷ୍ଟେ ରାତିଟି କଟିଗଲା। ପରଦିନ ପୁଣି ସେଇ ଚିନ୍ତା। ପରଦିନ ଠିକ୍ ସେମିତି କିଛି ପାଉଁରୁଟି ଓ ସିଙ୍ଗଡ଼ା ନେଇ ଗାଡ଼ି ଆସିଲି। ସମସ୍ତେ ଭୋକିଲା। ଖାଲି ଯାହିତାହି ଜୀବନ ରକ୍ଷା କରିବାକୁ ହେବ। ସମସ୍ତେ ଚିନ୍ତିତ ଓ ବିବ୍ରତ ହୋଇ ପଡ଼ିଲୁ। ଦ୍ୱିତୀୟ ରାତିଟି ମଧ୍ୟ ସେପରି ଟ୍ରେନ ଡବା ମଧ୍ୟରେ କଟିଗଲା। ତା' ପରଦିନ ଖବର ଆସିଲା ଟ୍ରେନଟି

ହାଓଡ଼ା ଷ୍ଟେସନକୁ ଫେରିଯିବ। ଯାହାହେଉ ପିଣ୍ଡରେ ପ୍ରାଣ ପଶିଲା। ହାଓଡ଼ାରେ ପହଞ୍ଚିଗଲେ ଏସବୁ ଅସୁବିଧା ତ ନିଶ୍ଚୟ ଦୂର ହୋଇଯିବ। ଆଉ ଯାହାହେଉ, ଖାଇବାକୁ ତ କିଛି ମିଳିବ।

ହାଓଡ଼ା ଫେରି ଆସିଲୁ। ମହକିଲ ବନ୍ଧୁଙ୍କ ଠାରୁ କିଛି ଟଙ୍କା ମିଳିଲା। ହୋଟେଲକୁ ଯାଇ ସେଠାରେ ରହିଲୁ। ହାତରେ କିଛି କାମ ନାହିଁ। ବର୍ଷା ଯୋଗୁଁ ଭୀଷଣ ଅସ୍ୱସ୍ତିକର ପରିସ୍ଥିତି। ସିନେମାଦେଖା, ତାସଖେଳ, ବୁଲାବୁଲିରେ ସେ ଦୁଇଦିନ କଟିଗଲା। ତୃତୀୟ ଦିନ କଟକ ଫେରିବା ପାଇଁ ମେଜର ମହାନ୍ତି (ଟିମ୍) ଓ ଆଉ କେତେ ଜଣ ବନ୍ଧୁ ଷ୍ଟେସନକୁ ଆସିଲୁ। ବାଲେଶ୍ୱର ପଟେ ଆସିବାର କୌଣସି ସମ୍ଭାବନା ନାହିଁ। ଅଗତ୍ୟା ସମ୍ବଲପୁର ପଟେ ଆସିବାର ଯୋଜନା କଲୁ।

ସମ୍ବଲପୁରର ଏସ୍.ପି. ଥାନ୍ତି, ଶ୍ରୀକାନ୍ତ ଘୋଷ। ସେ 'କାନ୍ତୁ ଘୋଷ' ନାମରେ ପରିଚିତ। ସେ ଆମର ଆମର ବେଶ୍ ଜଣାଶୁଣା। ପରେ ଆଇ.ଜି. ହୋଇ ସେ ରିଟାୟାର କରିଥିଲେ। ସମ୍ବଲପୁରରେ ପହଞ୍ଚି ତାଙ୍କର ଆତିଥ୍ୟ ଗ୍ରହଣ କଲୁ। ଟ୍ରେନ ଅଟକିଥାଏ। ଥାନାରେ ରୋଷେଇବାସ ବ୍ୟବସ୍ଥା ହେଲା। ବେଶ୍ ଆଡ଼ମ୍ବରପୂର୍ଣ୍ଣ ବ୍ୟବସ୍ଥା। ମାତ୍ର ଖାଇପିଇ ଆସିଲାବେଳକୁ ଟ୍ରେନ ଛାଡ଼ି ସାରିଲାଣି। ସେ ଆମକୁ ଗୋଟେ ଗାଡ଼ିରେ ପଠାଇଲେ। ଥାନାକୁ ଖବର ଦେଇଦେଲେ ଯେ ମେରାମଣ୍ଡଳ ଷ୍ଟେସନ ପାଖରେ ଟ୍ରେନ ଅଟକେଇ ରଖିବାକୁ। ମାତ୍ର ଏପରି ଅବସ୍ଥା ହେଲା, ଆମେ ବିଳମ୍ବରେ ଆସି ପହଞ୍ଚିଲା ବେଳକୁ ମେରାମଣ୍ଡଳ ଷ୍ଟେସନରୁ ମଧ୍ୟ ଗାଡ଼ି ଛାଡ଼ି ସାରିଲାଣି। ତାଙ୍କ କାର୍‌ରେ ଆସୁଥାଉ। ଏମିତି ଆଗପଛ ହୋଇ ଆଉ ଟ୍ରେନକୁ ଧରି ପାରିଲୁ ନାହିଁ। ଆମ ସାଙ୍ଗରେ ସେ ପୋଲିସବାଲା ମଧ୍ୟ ପଠାଇଥାନ୍ତି। ଆଠଗଡ଼ ପାଖରେ ଆଠଗଡ଼ ରାଜାଙ୍କ ଗାଡ଼ି ଡାକ ନେଇ ଯାଇଥିଲା। ସେଇ ଗାଡ଼ିରେ ଆମକୁ ଆସିବାକୁ ବ୍ୟବସ୍ଥା କରିଦେଲେ ପୋଲିସବାଲା। ଡଙ୍ଗାରେ ପାରି ହେବା ପାଇଁ ନଈକୂଳକୁ ଆସୁଥିଲୁ। କାର୍ ବାଲିରେ ପଶିଗଲା। ଆଉ ବାହାରି ପାରିଲା ନାହିଁ। ରାଜା ଲୋକ ପଠାଇ ଗାଡ଼ି ବାହାର କରିବାର ବ୍ୟବସ୍ଥା କଲେ। ରାଜାଙ୍କ ଡଙ୍ଗାରେ ବସି ମହାନଦୀରେ ଆସିଲୁ।

ଡଙ୍ଗା ଆସି ଚହଟାରେ ପହଞ୍ଚିଲା। କଟକକୁ ଡାକ ଆଣି ଆସୁଥିବା ସେ ପୋଲିସବାଲା ମଧ୍ୟ ଆମ ସାଙ୍ଗେ ସାଙ୍ଗେ ଥା'ନ୍ତି। କାନ୍ତୁବାବୁ ଓ୍ୟାରଲେସ୍‌ରେ ଆଗରୁ କଟକ ଖବର ପଠାଇ ଦେଇଥାନ୍ତି। ଥାନାବାଲା ଥାନ୍ତି। ଥାନାବାଲା ଖବର ପାଇ ନଈକୂଳକୁ ହାତଟଣା ରିକ୍ସା ପଠାଇଥାନ୍ତି। କିଛି ବାଟ ଚାଲି, କିଛିବାଟ ରିକ୍ସାରେ ପହଞ୍ଚିଲୁ। ସେତେବେଳକୁ ଆଠ ଦଶଦିନ ହେଲାଣି। ଘରେ ସମସ୍ତେ ବ୍ୟସ୍ତ। ସେଇଦିନ

କାନ୍ତୁବାବୁଙ୍କଠାରୁ ଖବର ପାଇ ପୋଲିସବାଲା ଘରେ ଖବର ଦେଇ ଯାଇଥିଲେ। ଦଶଦିନ ପରେ ଆମକୁ ଦେଖି ଘରେ ଆଶ୍ୱସ୍ତ ହେଲେ।

ହରେରାମ ମୋଦିଙ୍କ ପୁତ୍ରମାନଙ୍କ ମଧ୍ୟରେ ପାର୍ଟିସନ୍

କଟକ ସହରରେ ବହୁ ପ୍ରତିଷ୍ଠିତ ମାରୁଆଡ଼ି ବ୍ୟବସାୟୀ ଫାର୍ମ ରହିଛି। ସେଥିମଧ୍ୟରୁ ନୟାସଡ଼କରେ "ତିଳକଚାନ୍ଦ ହରେରାମ" ଗୋଟିଏ ପୁରୁଣା ଫାର୍ମ। ଉକ୍ତ ଫାର୍ମର ମୁଖ୍ୟ ଥିଲେ ସ୍ୱର୍ଗତ ହରେରାମ ମୋଦି। ତାଙ୍କର ପାଞ୍ଚପୁଅ ହେଉଛନ୍ତି ଲକ୍ଷ୍ମୀନାରାୟଣ, ରଙ୍ଗଲାଲ୍, ରାମେଶ୍ୱରଲାଲ, ନରମଲ୍ ଓ ଯୋଗୀମଲ। ସେତେବେଳେ ମୁଁ ବିନୋଦ ବିହାରୀରେ ଥିଲି ଓ ମାରୁୱାଡ଼ି ସମ୍ପ୍ରଦାୟର ବହୁ ବଡ଼ ବଡ଼ ମକଦ୍ଦମା ପରିଚାଳନା କରିବାର ସୁଯୋଗ ପାଇଥିଲି। ହରେରାମ୍ ମୋଦିଙ୍କ ପାଞ୍ଚପୁଅଙ୍କ ମଧ୍ୟରେ ସଂପତ୍ତି ବଣ୍ଟନ ନିମିତ୍ତ ୧୯୪୧ ମସିହାରେ ଗୋଟିଏ ପାର୍ଟିସନ୍ ମକଦ୍ଦମା (O.S. No. 6 of 1941) କଟକର ସବ୍‌ଜଜ୍ କୋର୍ଟରେ ଆରମ୍ଭ ହେଲା। ସେହି ପାଞ୍ଚଭାଇଙ୍କ ଭିତରୁ ଉକ୍ତ ମୋକଦ୍ଦମାରେ ନରମଲ୍ ମୋଦି ଓ ଯୋଗୀମଲ ମୋଦିଙ୍କ ମଧ୍ୟରେ ଉତ୍ତମ ବୁଝାମଣା ଥିଲା। ଅନ୍ୟ ତିନି ଭାଇ ବିଭିନ୍ନ ଭାବରେ ପକ୍ଷଭୁକ୍ତ ହୋଇଥିଲେ। ସେମାନଙ୍କ ମଧ୍ୟରେ ଏକ ପ୍ରକାର ଭୁଲ ବୁଝାମଣା ଥିଲା। ମୁଁ ନରମଲଙ୍କ ତରଫରୁ ଓକିଲ ଥିଲି। ଏହି ମକଦ୍ଦମା ବହୁବର୍ଷ ଧରି ଭିନ୍ନ ଭିନ୍ନ କୋର୍ଟରେ ଚାଲିଥିଲା ଏବଂ ମକଦ୍ଦମାର ବହୁ ଆନୁଷଙ୍ଗିକ ବିଷୟ ହାଇକୋର୍ଟରେ ମଧ୍ୟ ପଡ଼ିଥିଲା।

ପକ୍ଷମାନଙ୍କ ତରଫରୁ ଭିନ୍ନ ଭିନ୍ନ ଓକିଲ ଏହି ମକଦ୍ଦମା ଲଢୁଥିଲେ। ଏହାର ଗୋଟିଏ ଆନୁଷଙ୍ଗିକ ବିଷୟ ହାଇକୋର୍ଟରେ ପଡ଼ିଥିଲାବେଳେ ଅନ୍ୟ ଏକ ମକଦ୍ଦମାରେ ଭାରତର ଜଣେ ବିଶିଷ୍ଟ ଆଇନଜ୍ଞ ଭାବରେ ବହୁ ଖ୍ୟାତି ଅର୍ଜନ କରିଥିବା ଶ୍ରୀଯୁକ୍ତ ପ୍ରିୟରଞ୍ଜନ ଦାସ ଓଡ଼ିଶା ହାଇକୋର୍ଟକୁ ଆସିଥାନ୍ତି। ଆମେ ତାଙ୍କୁ ସାକ୍ଷାତ କରି ନରମଲ ମୋଦି ଓ ଯୋଗୀମଲ ମୋଦିଙ୍କ ପରାମର୍ଶ କ୍ରମେ ଓ ତାଙ୍କ ତରଫରୁ ମୁଁ ଚଳାଉଥିବା ମକଦ୍ଦମାରେ ତାଙ୍କୁ ଓକିଲ ନିଯୁକ୍ତି କରିବାକୁ ଚାହୁଁଛି ବୋଲି ଜଣାଇଲି। ହେଲେ ଏ ବିଷୟରେ ଆଲୋଚନା କରିବାକୁ ସେ ମୋତେ କଲିକତା ଯିବାପାଇଁ ପରାମର୍ଶ ଦେଲେ। ତଦନୁଯାୟୀ ମୁଁ କଲିକତା ଗଲି। ଅନ୍ୟ ତିନିଭାଇଙ୍କ ତରଫରୁ ମକଦ୍ଦମା ଚଳାଉଥିବା ଓକିଲ ବନ୍ଧୁ ବିମଲ ପାଲ ଓ ପି.ଭି. ରାଓ (ପରେ ହାଇକୋର୍ଟ ଜଜ୍) ମଧ୍ୟ ଓକିଲ ନିଯୁକ୍ତି କରିବା ଉଦ୍ଦେଶ୍ୟରେ କଲିକତା ଯାଇଥିଲେ। ମୁଁ କଲିକତାରେ ପହଞ୍ଚି ପି.ଆର. ଦାସଙ୍କୁ ସାକ୍ଷାତ କଲି। ମୋ ଠାରୁ ମକଦ୍ଦମାର ସମସ୍ତ ବିବରଣୀ ଶୁଣିବା ପରେ ସେ

ମୋତେ ସାର୍ ଏସ୍.ଏମ୍. ବୋଷଙ୍କ ପାଖକୁ ଯିବାକୁ ପରାମର୍ଶ ଦେଲେ ଓ ମୋ ହାତରେ ତାଙ୍କ ପାଖକୁ ଖଣ୍ଡିଏ ଚିଠି ମଧ୍ୟ ଦେଲେ ।

ଏଠାରେ ପ୍ରସଙ୍ଗସମେ କୁହାଯାଇପାରେ ଯେ, ୧୯୪୮ ମସିହାରେ ଓଡ଼ିଶା ହାଇକୋର୍ଟର ଉଦ୍‌ଘାଟନ ଉତ୍ସବକୁ ସାର୍ ଏସ୍.ଏମ୍. ବୋଷ ନିମନ୍ତେ ଅତିଥି ଭାବେ ଆସିଥିଲେ । ସେତେବେଳେ ସେ କଲିକତାରେ ବଙ୍ଗଳାର ଆଡ୍‌ଭୋକେଟ ଜେନେରାଲ ଭାବେ ଥାନ୍ତି ।

ମୁଁ କଲିକତା ହାଇକୋର୍ଟରେ ସାର୍ ଏସ୍.ଏମ୍. ବୋଷଙ୍କୁ ତାଙ୍କ ଚେମ୍ବରରେ ଭେଟି ପି.ଆର. ଦାସଙ୍କ ଚିଠିଟିକୁ ଦେଲି । ସେ ତାଙ୍କ ସେତେବେଳକୁ ସନ୍ଧ୍ୟାବେଳେ କୌଣସି ଏନଗେଜମେଣ୍ଟ ଅଛି କି ନାହିଁ ବୋଲି ପଚାରିଲେ । ସେଦିନ ଜଣେ ବିଶିଷ୍ଟ ବ୍ୟକ୍ତିଙ୍କର ତାଙ୍କୁ ସାକ୍ଷାତ କରିବାର ପ୍ରୋଗ୍ରାମ ଥିଲା । ହେଲେ ସେ ପି.ଆର. ଦାସଙ୍କ ଚିଠି ପଢ଼ି ମୋ ସହିତ ଆଲୋଚନା କରିବାକୁ ସ୍ୱୀକୃତି ପ୍ରଦାନ କରି ଅନ୍ୟ ସମସ୍ତ ଏନ୍‌ଗେଜମେଣ୍ଟକୁ ବାତିଲ କରିଦେଲେ ଓ ମତେ ତାଙ୍କୁ ତାଙ୍କ ବାସଭବନରେ ସାକ୍ଷାତ କରିବାକୁ କହିଲେ । ତେଣୁ ମୁଁ ସନ୍ଧ୍ୟାବେଳେ ତାଙ୍କର ବାସଭବନକୁ ଯାଇ ମୋକଦ୍ଦମା ସମ୍ବନ୍ଧରେ ତାଙ୍କ ସହିତ ବିଶଦ ଆଲୋଚନା କଲି । ସମସ୍ତ କାଗଜପତ୍ର ଦେଖିବା ପରେ ସେ ମକଦ୍ଦମାରେ ନିଯୁକ୍ତି ହେବା ପାଇଁ ସମ୍ମତି ହେଲେ । ଏତିକିବେଳେ ପ୍ରତିପକ୍ଷଙ୍କ ତରଫରୁ କିଏ ଓକିଲ ଯାଉଛନ୍ତି ବୋଲି ସେ ଜାଣିବାକୁ ଚାହିଁଥିଲେ । ଉତ୍ତରରେ ମୁଁ ଶ୍ରୀ ଅତୁଲ ଗୁପ୍ତ ଯାଉଥିବା କଥା ଶୁଣିଛି ବୋଲି କହିଲି । ସେ କହିଲେ, "ଅତୁଲ ଗୁପ୍ତ ଗଲେ ଭଲ । ସେ ଜଣେ ବିଚକ୍ଷଣ ଆଇନଜ୍ଞ । ଅବାନ୍ତର କଥା ଆଦୌ କହିବେ ନାହିଁ । ତାଙ୍କ ସବ୍‌ମିସନ ବ୍ରିଫ୍ ଟୁ ଦି ପଏଣ୍ଟ । ସେ ଗଲେ ଆମକୁ କୌଣସି ଅସୁବିଧା ହେବ ନାହିଁ ।" ତା'ପରେ ମୋତେ ଲକ୍ଷ୍ୟ କରି ପୁଣି କହିଲେ, "ମୁଁ କେବଳ ଆଇନ ପଏଣ୍ଟ ବିଷୟରେ ଯାହା କହିବି । ମୋକଦ୍ଦମାର ବିଷୟବସ୍ତୁ ଉପରେ ଯାହାସବୁ ଆପଣ କହିବେ ।" ମୋତେ ଏ ଦାୟିତ୍ୱ ଗୋଟିଏ ବଡ଼ ବୋଝ ଭଳି ଲାଗୁଥିଲେ ମଧ୍ୟ ମୁଁ ତାହା ତୁଲାଇବାକୁ ମାନସିକ ସ୍ତରରେ ପ୍ରସ୍ତୁତ ହେଲି ଓ ସାର୍ ଏସ୍.ଏମ୍. ବୋଷଙ୍କ ସଙ୍ଗେ କଥାବାର୍ତ୍ତା କରି କଟକ ଫେରିଲି ।

ପୂର୍ବୋକ୍ତ ବ୍ୟବସ୍ଥା ଅନୁଯାୟୀ ଓଡ଼ିଶା ହାଇକୋର୍ଟରେ ଯେଉଁଦିନ ମକଦ୍ଦମା ପଡ଼ିଲା, ସାର୍ ଏସ୍.ଏମ୍. ବୋଷ ଛିଡ଼ାହୋଇ ଆଇନ୍ ପଏଣ୍ଟ୍ ଉପରେ ତାଙ୍କର ଯେତିକି କହିବା କଥା ସେତିକି ମାତ୍ର କହିଥିଲେ । ତା'ପରେ, ମତେ ଲକ୍ଷ୍ୟକରି ସେ କହିଲେ, "My friend advocate Mr. Das (ଅର୍ଥାତ୍ ମୁଁ) will place facts and evidence"ମୁଁ ମୋକଦ୍ଦମାର ବିଷୟବସ୍ତୁ ଉପରେ ଏକ ପୂର୍ଣ୍ଣାଙ୍ଗ ବିବରଣୀ ଉପସ୍ଥାପିତ କରିଥିଲି । ଅପର ପକ୍ଷରୁ ଶ୍ରୀ ଅତୁଲ ଗୁପ୍ତ ତାଙ୍କର ବକ୍ତବ୍ୟ ପେଶ୍ କଲାପରେ ତାଙ୍କର ଅନ୍ୟତମ ସହକାରୀ ଓକିଲ ଶ୍ରୀ ସତ୍ୟନାରାୟଣ ସେନ୍‌ଗୁପ୍ତ ବିଷୟ ଓ ସାକ୍ଷ୍ୟ ଉପରେ ବିବରଣୀ ପ୍ରଦାନ କରିଥିଲେ । ଖୁବ୍ ବଡ଼ ମକଦ୍ଦମାଟିଏ ଏବଂ କଲିକତାରୁ ବଡ଼ ବଡ଼ ବାରିଷ୍ଟର ଆସିଛନ୍ତି ଜାଣି ମକଦ୍ଦମା ଶୁଣିବାକୁ ବହୁତ ଲୋକ ତଥା ଓକିଲମାନେ କୋର୍ଟ ରୁମ୍‌ରେ ଭିଡ଼ ଜମେଇଥାନ୍ତି । ସମ୍ପୃକ୍ତ ପକ୍ଷମାନେ ବହୁ ଅର୍ଥ ଖର୍ଚ୍ଚ କରି କଲିକତାରୁ ନାମଜାଦା ଓକିଲମାନଙ୍କୁ ଆଣିଥିବାରୁ କୋର୍ଟରେ ବହୁତ ଯୁକ୍ତିତର୍କ ଓ ଗର୍ଜନ ତର୍ଜନ ହେବ ବୋଲି ଦର୍ଶକମାନେ ଆଶା କରିଥିଲେ । କିନ୍ତୁ ଉଭୟ ସାର୍ ଏସ୍.ଏମ୍. ବୋଷ ଓ ଅତୁଲ ଗୁପ୍ତ ସେମାନଙ୍କ ବକ୍ତବ୍ୟ ଖୁବ୍ ସଂକ୍ଷେପରେ ଶେଷ କରିଥିବାରୁ ଦର୍ଶକମାନଙ୍କ ମଧ୍ୟରେ ନୈରାଶ୍ୟ ଲକ୍ଷ୍ୟ କରାଯାଇଥିଲା ।

ସାର୍ ଏସ୍.ଏମ୍. ବୋଷ

ସାର୍ ଏସ୍.ଏମ୍. ବୋଷ ଜଣେ ବିଶିଷ୍ଟ ବାରିଷ୍ଟର । ସେ କଲିକତା ହାଇକୋର୍ଟରେ ଆଡ଼ଭୋକେଟ୍ ଜେନେରାଲ ଥିଲେ । ସେହି ସମୟରେ ଶ୍ରୀ ଅତୁଲ ଗୁପ୍ତ କଲିକତା ହାଇକୋର୍ଟର ଜଣେ ଖ୍ୟାତ ସମ୍ପନ୍ନ ଆଡ଼୍‌ଭୋକେଟ୍ ଭାବେ ସୁନାମ ଅର୍ଜନ କରିଥିଲେ । ସେହି ପାର୍ଟିସନ୍ ମୋକଦ୍ଦମା ସମ୍ପର୍କରେ ଆସି ସାର୍ ଏସ୍.ଏମ୍. ବୋଷଙ୍କ ସହିତ ମୋର ପରିଚୟ ହୋଇଥିଲା । ପରବର୍ତ୍ତୀ ଅବସ୍ଥାରେ କିଛି ଘନିଷ୍ଠତା ବୃଦ୍ଧି ପାଇଥିଲା । ବ୍ୟକ୍ତିଗତ ଭାବରେ ସେ ମୋତେ ଅତ୍ୟନ୍ତ ଶ୍ରଦ୍ଧା କରୁଥିଲେ । ସେ କଲିକତାରେ ଆଇନ୍ ବ୍ୟବସାୟ କରୁଥିଲେ ସୁଦ୍ଧା ଓଡ଼ିଶାର ଜଣେ ଅଧିବାସୀ ହିସାବରେ ଗଣ୍ୟ ହେବାରେ ଆନନ୍ଦ ଲାଭ କରୁଥିଲେ । ତାଙ୍କ ପିତା ଜେ.ଏନ୍. ବୋଷ ଜଣେ ପ୍ରତିଷ୍ଠିତ ଆଇନଜ୍ଞ ଥିଲେ ଓ କଟକରେ ତାଙ୍କ ତୁଳସୀପୁର କୋଠାରେ ବହୁ ସମୟ ଆସି ରହୁଥିଲେ । ପାରଳା ମହାରାଜାଙ୍କ ମନ୍ତ୍ରୀମଣ୍ଡଳ ଓଡ଼ିଶା ଶାସନଦାୟିତ୍ୱରେ ଥିଲାବେଳେ ମହାରଜା କୃଷ୍ଣଚନ୍ଦ୍ର ଗଜପତି ଦେବ ଜେ.ଏନ୍. ବୋଷଙ୍କର ଏହି କୋଠିରେ ରହୁଥିଲେ । ଶ୍ରୀଯୁକ୍ତ ବୀରକିଶୋର ରାୟ ମଧ୍ୟ ଓଡ଼ିଶା ହାଇକୋର୍ଟର ଜଷ୍ଟିସ ହେଲା ପରେ ଅନେକ ଦିନ ସେହିଠାରେ ରହୁଥିଲେ । ମୁଁ ବହୁତ ଥର ତାଙ୍କର ସେଇ ତୁଳସୀପୁର ଘରକୁ ଯାଇଛି । ପରବର୍ତ୍ତୀ ସମୟରେ ଯେତେବେଳେ ସେହି କୋଠାରେ କଟକ ଅଲ ଇଣ୍ଡିଆ ରେଡ଼ିଓର ଗୋଟିଏ ଅଫିସ୍ ହୋଇଥିଲା, ମୁଁ ସେତେବେଳେ ମଧ୍ୟ ସେଠାକୁ ଯାଇଥିଲି ।

ଭାରତର ସ୍ୱାଧୀନତା ସଂଗ୍ରାମରେ ତତ୍କାଳୀନ ଛାତ୍ର ଆନ୍ଦୋଳନ ଏକ

ଉଲ୍ଲେଖନୀୟ ଘଟଣା। ଆମ ଓଡ଼ିଶାର ଅନେକ ଛାତ୍ର ଏହି ଆନ୍ଦୋଳନରେ ନିଜକୁ ସାମିଲ୍ କରିଥିଲେ। ୧୯୨୮ ମସିହାରୁ ଛାତ୍ରମାନେ କ୍ରମଶଃ ଅଧିକରୁ ଅଧିକ ସଂଖ୍ୟାରେ ଏହି ଆନ୍ଦୋଳନକୁ ସମର୍ଥନ କରିବା ସହିତ ଏହାର ସଫଳତା ପାଇଁ ବିଭିନ୍ନ ପନ୍ଥା ଗ୍ରହଣ କରିବାକୁ ଆଗଭର ହୋଇ ଆସିଥିଲେ।

ସେ ସମୟରେ ଓଡ଼ିଶାରେ ଛାତ୍ର ଆନ୍ଦୋଳନ କହିଲେ ମୁଖ୍ୟତଃ ରେଭେନ୍ସା କଲେଜ ଓ ଏସ୍.ସି.ବି. ମେଡ଼ିକାଲ କଲେଜ ଛାତ୍ରମାନଙ୍କୁ ବୁଝାଉଥିଲା ଏବଂ ସେହି ଆନ୍ଦୋଳନରେ ନେତୃତ୍ୱ ନେଇଥିବା ଅନେକ ଛାତ୍ର ପରବର୍ତ୍ତୀ କାଳରେ ଓଡ଼ିଶାର କୃତବିଦ୍ୟ ବ୍ୟକ୍ତିମାନଙ୍କ ମଧ୍ୟରେ ପରିଗଣିତ ହୋଇଥିଲେ। ମୁଁ ମୋର ଛାତ୍ର ଜୀବନରେ ଅସହଯୋଗ ଆନ୍ଦୋଳନରେ ବିଶେଷ ଭାବରେ ଯୋଗଦେବା ସଙ୍ଗେ ସଙ୍ଗେ କର୍ମୀମାନଙ୍କୁ କିଛି ସାହାଯ୍ୟ ସହଯୋଗ ଓ ପ୍ରେରଣା ଯୋଗାଇଥିଲି। ଆନ୍ଦୋଳନକାରୀମାନଙ୍କ ବିରୋଧରେ ଇଂରେଜ ସରକାର ତରଫରୁ ନାନା ମିଥ୍ୟା ଅଭିଯୋଗରେ ମକଦ୍ଦମାମାନ ଦାୟର କରାଯାଇଥିଲା। ଅବସ୍ଥାକ୍ରମେ ମୋର ଓକିଲାତି ଜୀବନରେ ମୁଁ ଛାତ୍ରମାନଙ୍କ ତରଫରୁ ବଡ଼ ମକଦ୍ଦମା ଚଳାଉଥିଲି।

୧୯୩୮ ମସିହା ଫେବୃଆରୀ ମାସର ଶେଷ ଭାଗରେ ଓଡ଼ିଶାର ତତ୍କାଳୀନ ରାଜ୍ୟପାଳଙ୍କର ରେଭେନ୍ସା କଲେଜ ପରିଦର୍ଶନ କରିବାର ପ୍ରୋଗ୍ରାମ ଥାଏ। ତାଙ୍କ ସମ୍ମାନାର୍ଥେ କଲେଜ କର୍ତ୍ତୃପକ୍ଷ ଛାତ୍ରମାନଙ୍କ ଦ୍ୱାରା ଏକ ଡ୍ରିଲ୍‌ର ଆୟୋଜନ କରିଥାନ୍ତି। କିନ୍ତୁ ସେତେବେଳର ଛାତ୍ରନେତା ଅଶୋକ ଦାସ (ପରବର୍ତ୍ତୀ ସମୟରେ ଆଡ୍‌ଭୋକେଟ ଜେନେରାଲ) ଓ ସଚ୍ଚି ରାଉତରାୟ (ପରେ ଜ୍ଞାନପୀଠ ପୁରସ୍କାର ପ୍ରାପ୍ତ) ପ୍ରମୁଖ ଏହି ସମ୍ବର୍ଦ୍ଧନା ଉତ୍ସବର ପ୍ରବଳ ବିରୋଧ କରିବାରୁ ରେଭେନ୍ସା କଲେଜର ତତ୍କାଳୀନ ଅଧ୍ୟକ୍ଷ ପ୍ରଫେସର ପ୍ରାଣକୃଷ୍ଣ ପରିଜା ଉକ୍ତ କାର୍ଯ୍ୟକ୍ରମକୁ ବାତିଲ କରିଦେଇଥିଲେ। ଏହା ବ୍ୟତୀତ ସେହି ସମୟରେ ଓଡ଼ିଶା ମେଡ଼ିକାଲ ସ୍କୁଲରେ ଏକ ଛାତ୍ର ଆନ୍ଦୋଳନ ସଂଗଠିତ ହୋଇଥିଲା। ସେମାନଙ୍କ ଦାବୀକୁ ସମର୍ଥନ କରି ରେଭେନ୍ସା କଲେଜରେ ଆନ୍ଦୋଳନ ଆରମ୍ଭ ହୋଇଥିଲା ଓ କ୍ରମେ ଏହା ଗୁରୁତର ଆକାର ଧାରଣ କରିଥିଲା। ଏଥିରେ ରେଭେନ୍ସା କଲେଜର ଛାତ୍ରନେତା ସର୍ବଶ୍ରୀ ବିବୁଧେନ୍ଦ୍ର ମିଶ୍ର, ନୀଳମଣି ରାଉତରାୟ ଓ ମନମୋହନ ମିଶ୍ର ପ୍ରମୁଖ ଯୋଗଦାନ କରି ଗିରଫ ହୋଇଥିଲେ।

ତା ୨୬/୦୧/୧୯୪୦ରେ ରେଭେନ୍ସା କଲେଜ ହତାରେ ଗୋଟିଏ ସଭା ହୋଇ ଛାତ୍ରମାନଙ୍କ ଦ୍ୱାରା ସ୍ୱାଧୀନତା ଦିବସ ପାଳନ କରାଯିବା ଏକ ବିଶେଷ ଉଲ୍ଲେଖଯୋଗ୍ୟ ଘଟଣା। ଏହା କଲେଜ ତରଫରୁ ବିଶ୍ୱବିଦ୍ୟାଳୟ କର୍ତ୍ତୃପକ୍ଷଙ୍କୁ ଜଣାଇ

ଦିଆଯାଇଥିଲା। ଛାତ୍ରନେତା ଶ୍ରୀ ନୀଳମଣି ରାଉତରାୟ ଓ ବିବୁଧେନ୍ଦ୍ର ମିଶ୍ରଙ୍କୁ ଜୋରିମାନା କରାଯାଇଥିଲା। ଏହାର ପ୍ରତିବାଦରେ ଛାତ୍ରମାନେ ଆନ୍ଦୋଳନକୁ ତୀବ୍ରତର କରିଦେଲେ। ସେମାନେ କଲେଜ ଶ୍ରେଣୀରେ ଯୋଗ ଦେଲେ ନାହିଁ। ବିଶ୍ୱବିଦ୍ୟାଳୟ ପରୀକ୍ଷା ବର୍ଜନ କଲେ। ପରୀକ୍ଷା ପରିଚାଳନା କରିବାକୁ କୌଣସି ଅଧ୍ୟାପକଙ୍କୁ ଛାଡ଼ିଲେ ନାହିଁ। ଆନ୍ଦୋଳନର ନେତୃତ୍ୱ ନେଇଥିବା ଯୋଗୁଁ ତା ୨୪।୨।୪୦ ରିଖରେ ଶ୍ରୀଯୁକ୍ତ ସଚ୍ଚି ରାଉତରାୟ ଓ ଅଶୋକ ଦାସଙ୍କୁ ପୋଲିସ ଗିରଫ କରି ଭାରତୀୟ ଦଣ୍ଡବିଧି ଆଇନର ୪୪୭ ଓ ୩୪୧ ଦଫାରେ ସେମାନଙ୍କ ବିରୁଦ୍ଧରେ ମକଦ୍ଦମା ରୁଜୁ କଲେ।

ବିଶ୍ୱବିଦ୍ୟାଳୟ ପରୀକ୍ଷା ବର୍ଜନ ଆନ୍ଦୋଳନରେ ସର୍ବଶ୍ରୀ ନୀଳମଣି ରାଉତରାୟ, ରାମକୃଷ୍ଣ ପତି, ଦୁର୍ଗାଚରଣ ମହାନ୍ତି, ଭବତୋଷ ରକ୍ଷିତ, ବିଜୟ ଚନ୍ଦ୍ର ଦାସ ଓ ସୁଦର୍ଶନ ମିଶ୍ର ପ୍ରମୁଖ ନେତୃତ୍ୱ ନେଇଥିଲେ। ଉକ୍ତ ମକଦ୍ଦମାରେ ରେଭେନ୍ସା କଲେଜର ତତ୍କାଳୀନ ପ୍ରଫେସର ବଳଭଦ୍ର ପ୍ରସାଦ ସାକ୍ଷ୍ୟ ପ୍ରଦାନ କରି ଉପରୋକ୍ତ ଛାତ୍ରନେତାମାନେ କିପରି ସିଡ଼ି ତଳେ ପିକେଟିଂ କରି ଉପର ମହଲାକୁ କାହାରିକୁ ଛାଡ଼ି ନ ଥିଲେ, ସେ ବିଷୟ ବୟାନ କରିଥିଲେ। ପ୍ରଫେସର ପ୍ରସାଦ, ସୁନ୍ଦରମ୍ ଓ ତ୍ରିପାଠୀଙ୍କ ବହୁ ପରାମର୍ଶ ଓ ଉଦ୍ୟମକୁ ଭ୍ରୂକ୍ଷେପ ନ କରି ଛାତ୍ରମାନେ ଆନ୍ଦୋଳନରେ ଯୋଗ ଦେଇଥିବା ବିଷୟ ତାଙ୍କ ବକ୍ତୃତ୍ୱରେ ଉଲ୍ଲେଖ କରିଥିଲେ। ତା ୨୬।୨।୪୦ରେ ଆରମ୍ଭ ହେବାକୁ ଥିବା ବିଶ୍ୱବିଦ୍ୟାଳୟ ପରୀକ୍ଷା ବର୍ଜନ ଆନ୍ଦୋଳନବେଳେ ଶ୍ରୀ ମନମୋହନ ମିଶ୍ର କିପରି ରାଣୀହାଟ ପୋଲ ରାସ୍ତା ଉପରେ ଶୋଇ ରହି ଗାଡ଼ି ଚଳାଚଳରେ ବାଧା ସୃଷ୍ଟି କରିଥିଲେ, ତାହା ମଧ୍ୟ ପ୍ରଫେସରମାନେ ତାଙ୍କ ସାକ୍ଷ୍ୟରେ ବର୍ଣ୍ଣନା କରିଥିଲେ। ପରୀକ୍ଷାର୍ଥୀମାନଙ୍କ ପ୍ରବେଶପତ୍ର ଛଡ଼ାଇ ନେବା, ତାକୁ ସବୁ ଚିରିଦେବା ଓ ଯିବା ଆସିବା ବାଟ ବନ୍ଦ କରିବା ପ୍ରଭୃତି ବହୁ ଅଭିଯୋଗ ଛାତ୍ରମାନଙ୍କ ବିରୁଦ୍ଧରେ କରାଯାଇଥିଲା। ପରୀକ୍ଷା ଆରମ୍ଭହେବା ପୂର୍ବରୁ ଅନେକ ଛାତ୍ରନେତାଙ୍କୁ ଗିରଫ କରାଯାଇଥିଲା, ଏବଂ ପୋଲିସ ସହାୟତାରେ ପରୀକ୍ଷା ପରିଚାଳନା କରାଯାଇଥିଲା।

ଏଠାରେ ଉଲ୍ଲେଖଯୋଗ୍ୟ ଯେ, ଉକ୍ତ ମକଦ୍ଦମାରେ ସାକ୍ଷ୍ୟ ପ୍ରଦାନ କରିବାକୁ ରେଭେନ୍ସା କଲେଜର ତତ୍କାଳୀନ ଅଧ୍ୟକ୍ଷ ଡକ୍ଟର ପ୍ରାଣକୃଷ୍ଣ ପରିଜା କୋର୍ଟକୁ ଆସିଥିଲେ। ସେ କଲେଜରେ ମୋର ଗୁରୁଥିଲେ। ତାଙ୍କ ପ୍ରତି ମୋର ପ୍ରଗାଢ଼ ଭକ୍ତିଥିଲା। ଏବେ ମଧ୍ୟ ରହିଛି। ତାଙ୍କୁ କୋର୍ଟରେ ଜେରା କରାଯାଇଥିବା ଦୃଶ୍ୟ

ଦେଖିବାକୁ ସେତେବେଳେ ପ୍ରବଳ ଭିଡ଼ ହେଉଥିଲା । ବିଶେଷ କରି ତାଙ୍କର ଜଣେ ଛାତ୍ର ଓକିଲ ତାଙ୍କୁ କିପରି ଭାବରେ ଜେରା କରିବେ, ଡକ୍ଟର ପରିଜା ସେ ସବୁ ପ୍ରଶ୍ନର କ'ଣ ଉତ୍ତର ଦେବେ, ତାହା ଶୁଣିବାକୁ ଲୋକଙ୍କ ଉପରେ ବେଶ୍ କୌତୂହଳ ସୃଷ୍ଟି ହୋଇଥିଲା ।

ମୁଁ ମୋର ଜେରା ଆରମ୍ଭ କରିବା ପୂର୍ବରୁ ସାର୍ (ଡକ୍ଟର ପରିଜା)ଙ୍କୁ ଅତି ନମ୍ରତାର ସହିତ ନମସ୍କାର ଜଣାଇ ଆଇନ ଦୃଷ୍ଟିରୁ କେତୋଟି ପ୍ରଶ୍ନ ପଚାରୁଛି ବୋଲି କହିବା ବେଳେ, "ତୁମେ ତୁମର କର୍ତ୍ତବ୍ୟ କରୁଛ, ସେଥିରେ ସଙ୍କୋଚର କୌଣସି କାରଣ ନାହିଁ, ଯାହା ପଚାରିବା କଥା ପଚାର" ବୋଲି ସେ କହିଥିଲେ । ମୁଁ ମୋର ଆବଶ୍ୟକୀୟ ପ୍ରଶ୍ନଗୁଡ଼ିକ ଅତି ଭଦ୍ରତାର ସହ ପଚାରିଥିଲି ଓ ସେ ଶିଷ୍ଟତାର ସହିତ ସମସ୍ତ ପ୍ରଶ୍ନର ସଠିକ୍ ଉତ୍ତର ଦେଇଥିଲେ । ପରିଜାଙ୍କ ଠାରୁ ଅଧିକ ବା କ'ଣ ଆଶା କରାଯାଇଥାନ୍ତା ? ଏହି ମକଦ୍ଦମାରେ କୋର୍ଟରେ ହଇଚଇ ସୃଷ୍ଟି ହେବ ବୋଲି ଯେଉଁମାନେ ଆଶା କରିଥିଲେ ସେମାନେ ନିରାଶ ହୋଇଥିଲେ ।

ଏହି ମକଦ୍ଦମା ବିଚାର କରୁଥିବା ପ୍ରଥମ ଶ୍ରେଣୀ ମାଜିଷ୍ଟ୍ରେଟ୍ ଶ୍ରୀ ଜଗବନ୍ଧୁ ମହାପାତ୍ର ୧୪-୫-୪୦ ତାରିଖ ଦିନ ତାଙ୍କର ରାୟ ପ୍ରକାଶ କରିଥିଲେ । ମାଜିଷ୍ଟ୍ରେଟ୍ ଫୌଜଦାରୀ ଆଇନର କେତେକ ଧାରା ଅନୁଯାୟୀ ରାମକୃଷ୍ଣ ପତି ଓ ବିଜୟ ଚନ୍ଦ୍ର ଦାସଙ୍କୁ ନିର୍ଦ୍ଦୋଷରେ ଖଲାସ କରିବା ସଙ୍ଗେ ସଙ୍ଗେ, ଅନ୍ୟ କେତେ ଜଣଙ୍କୁ ମାମୁଲିଭାବେ, କେତେକଙ୍କୁ ଅର୍ଥ ଦଣ୍ଡରେ ବ୍ୟକ୍ତିଗତ ଜାମିନ୍ (Bond)ରେ ଖଲାସ କରି ଦେଇଥିଲେ ।

ତା ୨୪-୨-୪୦ରେ ଘଟଣା ପାଇଁ ଅଶୋକ ଦାସ ଓ ସଚ୍ଚି ରାଉତରାୟଙ୍କ ବିରୁଦ୍ଧରେ ପ୍ରଥମ ଶ୍ରେଣୀ ମାଜିଷ୍ଟ୍ରେଟ୍ ଯେଉଁ ରାୟ ଦେଇଥିଲେ, ତା' ବିରୁଦ୍ଧରେ ଅପିଲ ଦାଏର୍ କରାଯାଇଥିଲା । ରାଜନୈତିକ କାର୍ଯ୍ୟକ୍ରମ ତଥା ଦେଶର ସ୍ୱାଧୀନତା ଆନ୍ଦୋଳନ ସମ୍ପର୍କରେ ଅନେକ ଗୁଡ଼ିଏ ମକଦ୍ଦମା ଓଡ଼ିଶାର ସ୍ଥାନରେ ଦେଶପ୍ରେମୀମାନଙ୍କ ବିରୁଦ୍ଧରେ କରାଯାଇଥିଲା । ସ୍ୱାଧୀନତା ଆନ୍ଦୋଳନରେ ନିଜକୁ ପ୍ରତ୍ୟକ୍ଷ ଭାବେ ଜଡ଼ିତ କରିବାଠାରୁ ରାଜ୍ୟର ବିଭିନ୍ନ ସ୍ଥାନରେ ଏ କ୍ଷେତ୍ରରେ କାର୍ଯ୍ୟ କରି ଗୁରୁତର ମକଦ୍ଦମାରେ ଅଭିଯୁକ୍ତ ହୋଇଥିବା ସତ୍ୟାଗ୍ରହମାନଙ୍କ ସପକ୍ଷରେ ମକଦ୍ଦମା ଲଢ଼ି ସେମାନଙ୍କୁ ଖଲାସ କରିବା କାର୍ଯ୍ୟକୁ ମୁଁ ଅଧିକ ଗୁରୁତ୍ୱ ଦେଉଥିଲି । ଏଭଳି କାର୍ଯ୍ୟକ୍ରମ ମୋର ଓକିଲାତି ଜୀବନର ଏକ ଗୁରୁତ୍ୱପୂର୍ଣ୍ଣ ଅଧ୍ୟାୟ ଥିଲା କହିଲେ ଅତ୍ୟୁକ୍ତି ହେବ ନାହିଁ । ମୋ' ସହିତ ମୋର ଅନେକ ଓକିଲ ବନ୍ଧୁ ମଧ୍ୟ ଏ ଦିଗରେ ସହାୟତା କରିଥିଲେ । ଏଥିପାଇଁ ମୋ'

ବିନୋଦବିହାରୀ ଘରେ କାର୍ଯ୍ୟପନ୍ଥା ନିର୍ଦ୍ଧାରଣ କରିବା ପାଇଁ ଅନେକ ଥର ବୈଠକ ବସୁଥିଲା। ସ୍ୱର୍ଗତ ଦୀନବନ୍ଧୁ ସାହୁ, ଚନ୍ଦ୍ରକାନ୍ତ ଘୋଷ, ଗଦାଧର ଜେନା ପ୍ରଭୃତି ଓକିଲବନ୍ଧୁ ଓ ରାଜନୈତିକ ନେତୃବୃନ୍ଦ ଆଲୋଚନାରେ ପ୍ରାୟତଃ ଭାଗ ନେଉଥିଲେ। ଏହି କାରଣରୁ ମୋର ବିନୋଦ ବିହାରୀ ରହିବା ଘର ତଥା ଆମର କାର୍ଯ୍ୟକଳାପ ଉପରେ ପୋଲିସର କଡ଼ା ନଜର ରହିଥାଏ। ଆଉ ଯାହା ହେଉନା କାହିଁକି, ସେମାନଙ୍କର ସାଇକେଲ ସବୁ ପୋଲିସ ଆଖି ଆଗରେ ନିରାପଦରେ ରହୁଥାଏ। ଦୀନବନ୍ଧୁ ଟିକିଏ ଥଟ୍ଟାରେ ସେମାନଙ୍କୁ କହେ, 'ଆମେ ଆସିବା ପର୍ଯ୍ୟନ୍ତ ଆପଣ ନିଶ୍ଚୟ ଥିବେ, ଆମ ସାଇକେଲ ରହିଲା, ଆମେମାନେ ନିଶ୍ଚିନ୍ତ'। ସେମାନେ ସବୁ କଥା ବୁଝି ଟିକିଏ ହସି ଦିଅନ୍ତି।

ପ୍ରକୃତ ପକ୍ଷେ କହିବାକୁ ଗଲେ ଇଂରେଜ ସରକାରଙ୍କ ଅଧୀନରେ କାର୍ଯ୍ୟ କରୁଥିବା ଅନେକ ପୋଲିସ୍ କର୍ମଚାରୀଙ୍କର ହୃଦୟରେ ମଧ୍ୟ ଜାତୀୟତା ମନୋଭାବ ପୂରି ରହିଥିଲା। ଆନ୍ଦୋଳନକାରୀଙ୍କୁ ଆମ୍ଭମାନଙ୍କର ଆଇନ୍ ସହାୟତା ସହିତ ବହୁ ବିଶିଷ୍ଟ ବ୍ୟକ୍ତି ତଥା ଉଚ୍ଚପଦସ୍ଥ କର୍ମଚାରୀ ମଧ୍ୟ ବହୁ ପ୍ରକାର ସାହାଯ୍ୟ ସହାନୁଭୂତି ଦେଖାଉଥିଲେ। ଏପରିକି ଏହି ସବୁ ମକଦ୍ଦମା ବିଚାର କରୁଥିବା ବିଚାରପତିମାନେ ମଧ୍ୟ କିଛି କମ୍ ଜାତୀୟତା ମନୋଭାବ ପୋଷଣ କରୁ ନଥିଲେ ! ଅନେକ ସମୟରେ ସାକ୍ଷୀମାନେ ଅଭିଯୁକ୍ତ ବ୍ୟକ୍ତିମାନଙ୍କ ବିରୁଦ୍ଧରେ ପ୍ରତ୍ୟକ୍ଷ ପ୍ରମାଣ ଦେବାକୁ ଅନିଚ୍ଛା ପ୍ରକାଶ କରୁଥିଲେ।

କଚେରୀରେ ବିଚାରବେଳେ ଅନେକ କୌତୂହଳପୂର୍ଣ୍ଣ ଘଟଣା ଘଟୁଥିଲା।

ଥରେ ଜଣେ ମଠାଧୀଶ (ମହନ୍ତ)ଙ୍କୁ ସାକ୍ଷ୍ୟ ଦେବାକୁ ଡକାଯାଇଥାଏ। ସାକ୍ଷ୍ୟ ଦେବାକୁ ଯାଇ ସେ ମହାଶୟ କହିଲେ, 'ଆମ୍ଭେ କୌଣସି ମିଥ୍ୟା ବୟାନ ଦେଉନାହିଁ ବା ଦେବୁ ନାହିଁ।" ମାଜିଷ୍ଟ୍ରେଟ୍ ଭରତ ନାୟକ ତତ୍‌କ୍ଷଣାତ୍ କହିଲେ, "ତୁମେ ମିଥ୍ୟା ବୟାନ କର ନାହିଁ, କଲେ ଦଣ୍ଡ ପାଇବ। ସତ କଥା କହିଯାଅ, ଭୟ ନାହିଁ।" ମହନ୍ତ କହିଲେ, "ସରକାର ତରଫ ଓକିଲ ତାଙ୍କ ଘରେ କାଲି ଯାହା କହିଛନ୍ତି, ସେଇକଥା କହ।" ମାଜିଷ୍ଟ୍ରେଟ କହିଲେ, "ସେ କ'ଣ କହିଛନ୍ତି ଆମେ ଜାଣୁ ନା। ତୁମେ ଯାହା ଦେଖିଛ ଓ ଜାଣିଛ ସେତକ କୁହ।" ମହନ୍ତ କହିଲେ, "ଆଜ୍ଞା, ମତେ ଛୁଟି ଦିଅନ୍ତୁ। ମୁଁ କିଛି କହି ପାରିବି ନାହିଁ।"

ଏପର ବାକ୍ୟାଳାପ ଶୁଣି କୋର୍ଟରୁମ୍‌ରେ ହାସ୍ୟରୋଳ ସୃଷ୍ଟି ହୋଇଥିଲା। ମହନ୍ତ ବିଦା ହୋଇ ଗଲେ।

କମ୍ୟୁନିଷ୍ଟ ଷଡ଼ଯନ୍ତ୍ର ମକଦ୍ଦମା

ସର୍ବଶ୍ରୀ ଭଗବତୀ ଚରଣ ପାଣିଗ୍ରାହୀ, ଅନନ୍ତ ଚରଣ ପଟ୍ଟନାୟକ, ଗୁରୁଚରଣ ପଟ୍ଟନାୟକ, ବୈଦ୍ୟନାଥ ରଥ, ବନମାଳୀ ଦାସ, ଦୁର୍ଗାଚରଣ ମହାନ୍ତି, ସିଦ୍ଧେଶ୍ୱର ମହାନ୍ତି ଓ ଗଣେଶ୍ୱର ମହାନ୍ତିଙ୍କ ବିରୁଦ୍ଧରେ ଏକ ଷଡ଼ସନ୍ତ୍ର ମାମଲା ସରକାରଙ୍କ ତରଫରୁ ଦାୟର ହୋଇଥିଲା। ଏହି କନସ୍ପିରେସି କେଶ୍‌ର ମୂଳକଥା ହେଲା—ଭାରତ ସରକାର କମ୍ୟୁନିଷ୍ଟ ପାର୍ଟି ଅଫ୍ ଇଣ୍ଡିଆ ଓ ତା'ର ଶାଖା ଉତ୍କଳ କମ୍ୟୁନିଷ୍ଟ ପାର୍ଟିକୁ ବେଆଇନ ଦଳ ଭାବେ ଘୋଷଣା କରିଥିଲେ। ଉପରୋକ୍ତ ମୁଦାଲାମାନେ ସେହି ଦଳର ସଦସ୍ୟ ଥିବାରୁ ସେମାନଙ୍କ ବିରୁଦ୍ଧରେ ମକଦ୍ଦମା ଆଗତ କରାଯାଇଥିଲା। କମ୍ୟୁନିଷ୍ଟ ପାର୍ଟିର ମୁଖ୍ୟ କାର୍ଯ୍ୟାଳୟ ସେତେବେଳେ ବମ୍ବେରେ ଥିଲା। ଦେଶ ଭିତରେ ନାନା ପ୍ରକାର ବିଶୃଙ୍ଖଳା ଓ ଗୋଳମାଳ ସୃଷ୍ଟି କରିବା ଏହି ପାର୍ଟିର ମୁଖ୍ୟ ଭୂମିକା ବୋଲି ଅଭିଯୋଗ ହୋଇଥିଲା। ଏହା ଦ୍ୱିତୀୟ ବିଶ୍ୱଯୁଦ୍ଧ ବେଳର ଘଟଣା। କମ୍ୟୁନିଷ୍ଟ ପାର୍ଟି ତରଫରୁ "ଯୁଦ୍ଧ ବିରୁଦ୍ଧରେ ଯୁଦ୍ଧ", "ସର୍ବହରାର ପଥ", "ଫ୍ରାନ୍‌ସ ପ୍ରତି ବିଶ୍ୱାସଘାତକତା" ଓ "ଆଗେଇ ଚାଲ" ପ୍ରଭୃତି ଅନେକ ସ୍ଲୋଗାନ ଲିଫଲେଟ୍ ଓ ପାମ୍ପଲେଟ୍ ଆକାରରେ ଛପା ହୋଇ ବଣ୍ଟା ଯାଉଥିଲା। ପ୍ରଚାର ଦ୍ୱାରା କମ୍ୟୁନିଷ୍ଟମାନେ ଲୋକମାନଙ୍କୁ ତାଙ୍କ ଦଳରେ ସାମିଲ୍ ହେବା ପାଇଁ ପ୍ରବର୍ତ୍ତାଉଥିଲେ ବୋଲି ଅଭିଯୋଗ ହୋଇଥିଲା। କାଗଜପତ୍ର ସବୁ ବମ୍ବେରୁ ଆସୁଥିଲା। ପ୍ରକୃତ ଲୋକଙ୍କ ନାଁରେ ଚିଠି ଆସିଲେ କାଳେ କଥାଟା ଧରା ପଡ଼ିଯିବ, ସେଥିପାଇଁ କେତେକ ବିଶ୍ୱସ୍ତ ଲୋକଙ୍କ ନାଁରେ ଏସବୁ ଆସୁଥିଲା। ଏହି ବ୍ୟକ୍ତିମାନଙ୍କୁ ପୋଷ୍ଟ-ବକ୍ସ ବୋଲି କୁହାଯାଉଥିଲା। କଟକର ଛତ୍ରବଜାରଠାରେ "ସାଗର ସୋପ୍ ଫ୍ୟାକ୍ଟରୀ" ବୋଲି ଗୋଟିଏ ସାବୁନ କାରଖାନା ଥିଲା। ତା'ର ସ୍ୱତ୍ୱାଧିକାରୀ ଥିଲେ କୃଷ୍ଣମୋହନ ମହାନ୍ତି। ସେ ମୁଦାଲା ଅନନ୍ତ ଚରଣ ପଟ୍ଟନାୟକ ଓ ଗୁରୁ ଚରଣ ପଟ୍ଟନାୟକଙ୍କ ଦାଦା। ସିଦ୍ଧେଶ୍ୱର ଓ ଗଣେଶ୍ୱର ଉକ୍ତ ଫ୍ୟାକ୍ଟରୀର କର୍ମଚାରୀ ଥିଲେ। ଅଭିଯୋଗ ହେଲା ଯେ, ସେ ଫ୍ୟାକ୍ଟରୀ ଜରିଆରେ କମ୍ୟୁନିଷ୍ଟ ପାର୍ଟିର କାଗଜପତ୍ର ସବୁ ଅନନ୍ତ, ଗୁରୁଚରଣ ତଥା ଓଡ଼ିଶାର କମ୍ୟୁନିଷ୍ଟ ଦଳ ନିକଟରେ ପହଞ୍ଚୁଥିଲା।

ଏହି ଷଡ଼ଯନ୍ତ୍ର ମାମଲାଟି ତତ୍କାଳୀନ ସି.ଆଇ.ଡ଼ି. ଇନସ୍ପେକ୍ଟର ରାୟସାହେବ ମନବୋଧ ପଣ୍ଡା ରୁଜୁ କରିଥିଲେ। ତାଙ୍କ ରିପୋର୍ଟ ଅନୁଯାୟୀ ୧୦।୯।୧୯୪୦ରେ ଟାଉନ ଇନସ୍ପେକ୍ଟର ଗଙ୍ଗାଧର ଦ୍ୱିବେଦୀ ପ୍ରାଥମିକ ଏତାଲା ଦେଇଥିଲେ। ପ୍ରାରମ୍ଭିକ ତଦନ୍ତ ପରେ ଉପରୋକ୍ତ ଆଠଜଣ ମୁଦାଲାଙ୍କ ବିରୁଦ୍ଧରେ ମକଦ୍ଦମା ଚାଲିଲା। ଅବଶ୍ୟ

ଏପରି ମକଦ୍ଦମା କରିବା ଉପରେ ହାକିମ ମହଲରେ ଆଗରୁ ସ୍ଥିର ହୋଇଥିଲା । ମକଦ୍ଦମା ପରିଚାଳନା ବନ୍ଦୋବସ୍ତ କରିବା ନିମନ୍ତେ ବିଶିଷ୍ଟ ସମାଜସେବୀ ଶ୍ରୀଯୁକ୍ତ ଶ୍ୟାମସୁନ୍ଦର ମିଶ୍ର ଓ ପଦ୍ମଶ୍ରୀ ଲକ୍ଷ୍ମୀନାରାୟଣ ସାହୁ ପ୍ରମୁଖ ଗୋଟିଏ କମିଟି ଗଠନ କରିଥିଲେ । ମୋ ଉପରେ ମୁଦାଲାମାନଙ୍କ ତରଫରୁ ମକଦ୍ଦମା ଲଢ଼ିବା ଭାର ମୁଖ୍ୟତଃ ନ୍ୟସ୍ତ କରାଯାଇଥିଲା । ଓଡ଼ିଶାର ପୂର୍ବତନ ଆଇନମନ୍ତ୍ରୀ ସ୍ୱର୍ଗତ ଦୀନବନ୍ଧୁ ସାହୁ, ଉଦୀୟମାନ ଆଇନଜୀବୀଙ୍କ ସ୍ୱର୍ଗତ ଚନ୍ଦ୍ରକାନ୍ତ ଘୋଷ ଓ ଆଉ କେତେକ ବନ୍ଧୁ ମଧ୍ୟ ମୋ ବିନୋଦବିହାରୀ ଘରଠାକୁ ଆସି କାର୍ଯ୍ୟ ସମ୍ପାଦନର ପ୍ରସ୍ତୁତି କରୁଥିଲେ । ଏହା ବ୍ୟତୀତ କଲିକତାର ଜଣେ ବାରିଷ୍ଟର ଶ୍ରୀଯୁକ୍ତ ମୁଖାର୍ଜୀ କିଛି ଦିନ ପାଇଁ ଉକ୍ତ ମକଦ୍ଦମା ପରିଚାଳନା କରିଥିଲେ । ସରକାରଙ୍କ ତରଫରୁ ସରକାର ଓକିଲ ସ୍ୱର୍ଗତ ବାଞ୍ଛାନିଧି ମହାପାତ୍ର ମକଦ୍ଦମା ଚଳାଉଥିଲେ ଓ ତାଙ୍କୁ ସହାୟତା କରୁଥିଲେ ପୋଲିସ ଅଫିସର ସୁଦର୍ଶନ ମହାନ୍ତି ଓ ଅନ୍ୟମାନେ ।

ମୁଦାଲାମାନଙ୍କୁ କୋର୍ଟକୁ ଆଣିଲେ କାଳେ ବହୁ ଲୋକ ରୁଣ୍ଡ ହୋଇଯିବେ ଓ ଅନେକ କଥା ପ୍ରଚାରିତ ହେବ, ସେଥିଲାଗି ମକଦ୍ଦମାର ବିଚାର କଟକ ଜେଲ ଭିତରେ କରାଯାଇଥିଲା । ବିଚାରପତି ଭାବେ ହରବଂଶ ଲାଲ ଆଇ.ସି.ଏସ୍. ସ୍ୱତନ୍ତ୍ର ଭାବେ ନିଯୁକ୍ତି ପାଇଥିଲେ । ସେ ପାଟନାରେ ପାଠ ପଢୁଥିଲାବେଳେ ଭଗବତୀ ପାଣିଗ୍ରାହୀଙ୍କୁ ଜାଣିଥିଲେ ଓ ତାଙ୍କ ପ୍ରତି ତାଙ୍କର ଶ୍ରଦ୍ଧା ଥିଲା ।

ଏହାକୁ ସେହି ସମୟରେ ଦେଶର ଏକ ବଡ଼ ଧରଣର ଫୌଜଦାରୀ ମକଦ୍ଦମା ବୋଲି କୁହାଯାଇପାରେ । ଏଥିରେ ବହୁସଂଖ୍ୟକ ସାକ୍ଷୀ ଥିଲେ, ପ୍ରମାଣ ପତ୍ର ଭାବେ ଶହ ଶହ ଦଲିଲ୍ ଉପସ୍ଥାପିତ କରାଯାଇଥିଲା ଏବଂ ମୁଦାଲାମାନଙ୍କ ବିରୁଦ୍ଧରେ ଅଭିଯୋଗ ମଧ୍ୟ ବହୁମୁଖୀ ଥିଲା । ସାରା ଓଡ଼ିଶାରେ ଏହି ଷଡ଼ଯନ୍ତ୍ର ମାମଲା ବେଶ୍ ଚହଳ ସୃଷ୍ଟି କରିଥିଲା । ମୁଦାଲାମାନେ ଭାରତୀୟ ଦଣ୍ଡବିଧି ଆଇନର ୧୨୦ବି, ଭାରତ ରକ୍ଷା ଆଇନ ଓ କ୍ରିମିନାଲ କୋଡ୍ ସଂଶୋଧନ ଆଇନ ଅନୁସାରେ ସମସ୍ତ ଅଭିଯୋଗକୁ ଅସ୍ୱୀକାର କରିଥିଲେ । ମାଜିଷ୍ଟ୍ରେଟ୍ ମିଷ୍ଟର୍ ଲାଲ୍ ଜଣେ ଯୁବକ ଆଇ.ସି.ଏସ୍. ଏବଂ ମୁଦାଲାମାନଙ୍କ ତରଫରୁ ବାରିଷ୍ଟର ମୁଖାର୍ଜୀ ମଧ୍ୟ ଜଣେ ଯୁବକ ହୋଇଥିବାରୁ ସେ ଦୁଇଜଣଙ୍କ ମଧ୍ୟରେ ବାକ୍‌ଯୁଦ୍ଧ ଅନେକ ସମୟରେ ବେଶ୍ ଉପଭୋଗ୍ୟ ହେଉଥିଲା । ଏହି ବାକ୍‌ଯୁଦ୍ଧ ଭିତରେ 'ଝିମିଟି ଖେଳରୁ ମହାଭାରତ" ସୃଷ୍ଟି ହେଲାପରି ମୁଦାଲା ତରଫରୁ ସେ କୋର୍ଟରୁ ମକଦ୍ଦମା ଉଠାଇ ଆଣିବାକୁ ଏକ ଟ୍ରାନ୍ସଫର୍ ପିଟିସନ ଦାଖଲ କରାଗଲା । ସେ ସମୟରେ କ୍ରିମିନାଲ ପ୍ରୋସିଡ଼ିୟର କୋଡ୍‌ର ୫୨୬ ଧାରା ଅନୁସାରେ

ସାଙ୍ଗେ ସାଙ୍ଗେ ମକଦ୍ଦମା ବନ୍ଦ ରହିବା କଥା । ମାତ୍ର ସରକାର ଚାହୁଁଥିଲେ ମକଦ୍ଦମାର ବିଚାର ଚଞ୍ଚଳ ଶେଷ ହୋଇଯାଉ । କିନ୍ତୁ ଏହା ଫଳରେ ବିଚାର ବାଧାପ୍ରାପ୍ତ ହେଲା ଏବଂ ମାଜିଷ୍ଟ୍ରେଟ ଶ୍ରୀ ଲାଲ୍ ମଧ୍ୟ ନାନା କାରଣରୁ ଅସୁବିଧାରେ ପଡ଼ିଲେ ।

ଦିନେ ବିନୋଦବିହାରୀରେ ମୁଁ ମୋ ଘରେ ବସିଥାଏ । ସମୟ ପ୍ରାୟ ଅପରାହ୍ଣ ଚାରିଟାବେଳେ ହଠାତ୍ ଭଗବତୀ ଆସି ହାଜର । ତାଙ୍କ ସାଙ୍ଗରେ ଆସିଥାନ୍ତି ସରକାରୀ ଓକିଲ ବାଞ୍ଛାନିଧି ମହାପାତ୍ର ଓ କେତେକ ପୋଲିସ ଅଫିସର । ଏମାନଙ୍କୁ ଦେଖିବାକୁ ମୋ ଫାଟକ ପାଖରେ ବହୁତ ଲୋକ ରୁଣ୍ଡ ହୋଇଥାନ୍ତି । ମୁଁ ପଚାରିଲି, "ଭଗବତୀ, କଥା କ'ଣ ?" ସେ ଉତ୍ତର ଦେଲେ, "ଏ ଦରବାରୀ କାରଖାନାରୁ କ'ଣ କିଛି ବୁଝିପାରୁ ନାହାନ୍ତି ? ସେ ମାଜିଷ୍ଟ୍ରେଟ କହୁଛନ୍ତି, ଏ ଟ୍ରାନ୍ସଫର୍ ପିଟିସନ୍‌କୁ ଉଠାଇ ନିଅ, ନ ହେଲେ ବହୁତ ଡେରି ହେବ ଓ ବିଚାର ପଦ୍ଧତିରେ ବହୁ ଅସୁବିଧା ସୃଷ୍ଟି ହେବ । ସେଥିପାଇଁ ଏପରି ରାଜକୀୟ ଆୟୋଜନ କରି ମୋତେ ଏଠାକୁ ପଠାଇଛନ୍ତି ।" ଯାହାହେଉ, ମକଦ୍ଦମା ଚାଲିଲା । ତା ୩-୧୨-୪୦ରେ ମାଜିଷ୍ଟ୍ରେଟ ରାୟ ଦେଲେ । ଭଗବତୀ, ଅନନ୍ତ, ଗୁରୁଚରଣ, ବୈଦ୍ୟନାଥ ଓ ବନମାଳୀ ଷଡ଼ଯନ୍ତ୍ରରେ ଦୋଷୀ ସାବ୍ୟସ୍ତ ହେଲେ । ଭଗବତୀ, ବୈଦ୍ୟନାଥ ଓ ଗୁରୁଚରଣଙ୍କୁ ଅଠର ମାସକରି ଅନନ୍ତ ଓ ବନମାଳୀଙ୍କୁ ନଅ ମାସ କରି ଷଡ଼ଯନ୍ତ୍ର ଦଫାରେ କାରାଦଣ୍ଡ ଓ ଅର୍ଥଦଣ୍ଡ ଦିଆଗଲା । ଅନ୍ୟ କେତୋଟି ଦଫାରେ ଏମାନଙ୍କୁ ଆଉ କେତେମାସ ଅଧିକ କାରାଦଣ୍ଡ ଦିଆଯାଇଥିଲା ।

ଉକ୍ତ ରାୟ ବିରୁଦ୍ଧରେ ମୁଦାଲାମାନଙ୍କ ତରଫରୁ ଅପିଲ ଦାୟର କରାଗଲା । ଏହାର ଶୁଣାଣି ଜିଲ୍ଲାଜଜ୍ ଶ୍ରୀ ଜେ.ଏ. ମାହେର ଆଇ.ସି.ଏସ୍.ଙ୍କ କୋର୍ଟରେ ହୋଇଥିଲା । ସେ ତା ୩-୧୨-୪୧ରେ ତାଙ୍କ ରାୟରେ ଗଣେଶ୍ୱର ଓ ସିଦ୍ଧେଶ୍ୱରଙ୍କୁ ଖଲାସ ଆଦେଶ ଦେଲେ । ଅନ୍ୟମାନଙ୍କ ଦଣ୍ଡାଦେଶକୁ କାଏମ୍ ରଖି ରାୟରେ ଉଲ୍ଲେଖ କରିଥିଲେ ଯେ, ଗୁରୁତର ଅଭିଯୋଗରେ ଦୋଷୀ ସାବ୍ୟସ୍ତ ହୋଇଥିବାରୁ ସେମାନଙ୍କୁ ଆହୁରି ଅଧିକ ଦଣ୍ଡ ଦିଆଯାଇଥିଲେ ସେ ମଧ୍ୟ କାଏମ୍ ରଖିଥାନ୍ତେ । ଏହିପରି ଭାବରେ ଓଡ଼ିଶାର ଗୋଟିଏ ବଡ଼ ଷଡ଼ଯନ୍ତ୍ର ମାମଲାର ପରିସମାପ୍ତି ଘଟିଥିଲା । ଉପରୋକ୍ତ ମୁଦାଲାମାନଙ୍କ ସହିତ ଶରତ ପଟ୍ଟନାୟକ ଓ ବିଜୟ ଚନ୍ଦ୍ର ଦାସ ମଧ୍ୟ ଗିରଫ ହୋଇଥିଲେ । ଅନ୍ୟ ଦଫାରେ ଉଭୟଙ୍କୁ ଛଅ ମାସ ଜେଲଦଣ୍ଡ ଦିଆଯାଇଥିଲା ।

ଅବଶ୍ୟ ବର୍ତ୍ତମାନ ସେଭଳି ମକଦ୍ଦମାର ଆବଶ୍ୟକତା ବୋଧହୁଏ ନାହିଁ । ସୋଭିଏତ ରୁଷ୍‌ରେ ମଧ୍ୟ ବର୍ତ୍ତମାନ ଗଣତନ୍ତ୍ରର ଭିତ୍ତି ସୁଦୃଢ଼ ହେଲାଣି । ଶାସନ ପଦ୍ଧତି

ବଦଳିଗଲାଣି । ଭାରତର ଅନ୍ୟତମ ବନ୍ଧୁରାଷ୍ଟ୍ର ରୁଷ୍‌ର ଏଭଳି ପରିବର୍ତ୍ତନ ସ୍ୱାଗତଯୋଗ୍ୟ । ସୋଭିଏତ ଇତିହାସ ଯେ ସମ୍ପୂର୍ଣ୍ଣ ବଦଳିଯାଇଛି, ଏହା ନିଃସନ୍ଦେହ ।

ହାଇଫେନ୍ କେଶ୍

୧୯୩୯ ମସିହାରେ ସ୍ୱର୍ଗତ ଚନ୍ଦ୍ରମଣି ଦାସ "ହାଇଫେନ୍" ନାମକ ଗୋଟିଏ ଉପନ୍ୟାସ ରଚନା କରିଥିଲେ । ସେହି ଉପନ୍ୟାସଟି ବାଲୁବଜାର ଷ୍ଟୁଡେଣ୍ଟସ୍ ଷ୍ଟୋର୍‌ରେ ବିକ୍ରି ହେଉଥିବା ଅବସ୍ଥାରେ ପୋଲିସ ଏହାକୁ ଜବତ କରିଥିଲେ ଓ ମକଦ୍ଦମା ରୁଜୁ କରିଥିଲେ । ଉକ୍ତ ମକଦ୍ଦମା ମାଜିଷ୍ଟ୍ରେଟ ଶ୍ରୀ ଭରତ ଚନ୍ଦ୍ର ନାୟକଙ୍କ କୋର୍ଟରେ ପଡ଼ିଥିଲା । କାଶୀନାଥ ସାହୁ ନାମକ ଜଣେ ବ୍ୟକ୍ତି ସେ ବହିଟିକୁ ଶ୍ରୀ ପ୍ରେସ୍‌ରେ ଛାପିଥିଲେ । ଉକ୍ତ ଉପନ୍ୟାସର ସାହିତ୍ୟିକ ମୂଲ୍ୟବୋଧ ଯାହା ଥାଉ ନା କାହିଁକି, ତାହା ଏକ ଅଶ୍ଳୀଳ ପୁସ୍ତକ ବୋଲି କୋର୍ଟରେ ଅଭିଯୋଗ କରାଯାଇଥିଲା । ଓଡ଼ିଶାର ବହୁ ପ୍ରତିଷ୍ଠିତ ବ୍ୟକ୍ତି ଏ ମକଦ୍ଦମାରେ ସରକାରଙ୍କ ତରଫରୁ ସାକ୍ଷ୍ୟ ପ୍ରଦାନ କରିଥିଲେ । ସେମାନଙ୍କ ମଧ୍ୟରେ ବିହାର, ଓଡ଼ିଶା ବିଧାନସଭାର ସଦସ୍ୟ ଦେୱାନ ବାହାଦୁର ଶ୍ରୀକୃଷ୍ଣ ମହାପାତ୍ର, ରେଭେନ୍ସା କଲେଜର ତତ୍କାଳୀନ ଅଧ୍ୟକ୍ଷ ଡକ୍ଟର ପ୍ରାଣକୃଷ୍ଣ ପରିଜା, ରାୟସାହେବ ଆର୍ତ୍ତବଲ୍ଲଭ ମହାନ୍ତି, ରାୟବାହାଦୁର ଗୋପାଳ ଚନ୍ଦ୍ର ପ୍ରହରାଜ ଓ ରାୟବାହାଦୁର ଭିକାରୀ ଚରଣ ପଟ୍ଟନାୟକଙ୍କ ନାମ ଉଲ୍ଲେଖଯୋଗ୍ୟ । ମକଦ୍ଦମାଟି କଟକରେ ବହୁତ ହଇଚଇ ସୃଷ୍ଟି କରିଥିଲା ।

ମୁଦାଲାଙ୍କ ତରଫରୁ ମୁଁ ମକଦ୍ଦମା ପରିଚାଳନା କରିଥିଲି । ଏହି ମକଦ୍ଦମାର ଆଇନଗତ ଗୁରୁତ୍ୱ ନ ଥିଲେ ମଧ୍ୟ, ବଡ଼ ବଡ଼ ଲୋକେ ସରକାରଙ୍କ ସାକ୍ଷୀ ହେବା କାରଣରୁ ମୁଦାଲା ନିଜକୁ ବଡ଼ ଅସହାୟ ମନେ କରୁଥିଲେ । ମାତ୍ର ମୁଁ ସ୍ୱର୍ଗତ ଦାସଙ୍କ ତରଫରୁ ମକଦ୍ଦମା ଲଢ଼ିବାକୁ ରାଜି ହୋଇଥିବା କାରଣରୁ ସେ ଏକପ୍ରକାର ଆଶ୍ୱସ୍ତି ଲାଭ କରିଥିଲେ ।

"ହାଇଫେନ" ଏକ ଅଶ୍ଳୀଳ ଇଙ୍ଗିତ ପ୍ରଦାନକାରୀ ଶବ୍ଦ ବୋଲି ହୋଇଥିବା ଅଭିଯୋଗର ପ୍ରତିବାଦ ମୁଁ କରିଥିଲି । ମୋର ଯୁକ୍ତି ଥିଲା— ବହୁ ଇଂରାଜୀ ଲେଖକ ତାଙ୍କ ଲେଖାରେ ଏହି ହାଇଫେନ୍ ଶବ୍ଦ ବ୍ୟବହାର କରନ୍ତି -"Hyphen-which joins a buckle" ଏହା କେବଳ ଦୁଇଟି ଶବ୍ଦକୁ ଯୋଡ଼ିବା (Compound-word) ପାଇଁ ଉଦ୍ଦିଷ୍ଟ । ଏଥିରେ ଅଶ୍ଳୀଳତା କିଛି ନାହିଁ । ଅଶ୍ଳୀଳ ପୁସ୍ତକ ସମ୍ପର୍କୀୟ ଏକ ମକଦ୍ଦମା ବିଚାର କରାଯାଉଛି ଭାବି କଚେରୀରେ ବହୁ ଲୋକ ରୁଣ୍ଡ ହୋଇଥିଲେ । ଏହା ସାରା ଓଡ଼ିଶାରେ ମଧ୍ୟ ଚହଳ ପକାଇ ଦେଇଥିଲା ।

ପ୍ରାଣନାଥ ପଟ୍ଟନାୟକ

ଇଂରେଜ ସରକାରଙ୍କ ବିରୁଦ୍ଧରେ ସାରା ଦେଶରେ ଆନ୍ଦୋଳନ ଚାଲିଥାଏ। ୧୯୩୯ ମସିହାର ଘଟଣା। ସେ ସମୟରେ ଖୋର୍ଦ୍ଧା ଅଞ୍ଚଳରେ ଚାଲିଥିବା କୃଷକ ଆନ୍ଦୋଳନ ଏକ ଜଟିଳ ପରିସ୍ଥିତ ସୃଷ୍ଟି କରିଥାଏ। ଏହି ଆନ୍ଦୋଳନର ନେତୃତ୍ୱ ନେଇଥାନ୍ତି ବିଶିଷ୍ଟ ସମାଜସେବୀ ତଥା ସ୍ୱାଧୀନତା-ସଂଗ୍ରାମୀ ସ୍ୱର୍ଗତ ପ୍ରାଣନାଥ ପଟ୍ଟନାୟକ, ଗୋକୁଳ ମୋହନ ରାୟ ଚୂଡ଼ାମଣି ଏବଂ ସାଧୁଚରଣ ମହାନ୍ତି ପ୍ରମୁଖ।

ପ୍ରାଣନାଥ ପଟ୍ଟନାୟକ ତା ୧୯-୧୦-୧୯୩୯ ରିଖରେ ହାଟ ସାହିଠାରେ ଏକ ସଭାରେ ବକ୍ତୃତା ଦେଇଥିଲେ। ସେତେବେଳେ ଭାରତୀୟ ଜାତୀୟ କଂଗ୍ରେସ୍ ଯୁଦ୍ଧକୁ ନୀତିଗତ କାରଣରୁ କେତେକ ଭାବରେ ବିରୋଧ କରୁଥିଲେ। ସେହି ଯୁଦ୍ଧ ବିରୋଧୀ ନୀତିକୁ ଜନସାଧାରଣଙ୍କୁ ବୁଝାଇବା ପାଇଁ ବିଭିନ୍ନ ସ୍ଥାନରେ ସଭା ସମିତିମାନ ପ୍ରାୟତଃ ଅନୁଷ୍ଠିତ ହେଉଥିଲା। ପ୍ରାଣନାଥ ବାବୁ ସଭାରେ ଏହି ମର୍ମରେ ବକ୍ତୃତା ଦେଇଥିଲେ। ରାଜଦ୍ରୋହରେ ଲିପ୍ତ ବୋଲି ତାଙ୍କ ବିରୁଦ୍ଧରେ ଅଭିଯୋଗ କରାଯାଇଥିଲା। ସରକାରଙ୍କ ତରଫରୁ ଯେଉଁମାନେ ତାଙ୍କ ବକ୍ତୃତାର ରିପୋର୍ଟ ଲେଖୁଥିଲେ, ସେମାନେ ତାଙ୍କ ବିରୁଦ୍ଧରେ ସାକ୍ଷ୍ୟ ଦେଲେ। ପ୍ରାଣନାଥ ବାବୁ ରାଜଦ୍ରୋହ ଅଭିଯୋଗକୁ ଦୃଢ଼ତାର ସହିତ ଅସ୍ୱୀକାର କରିବା ସଙ୍ଗେ ସଙ୍ଗେ କହିଥିଲେ ଯେ, ସଭାରେ ସେ କେବଳ ଜାତୀୟ କଂଗ୍ରେସ୍‌ର ଯୁଦ୍ଧ ବର୍ଜନ ନୀତିକୁ ଲୋକଙ୍କୁ ବୁଝାଇଥିଲେ। ତାଙ୍କ ସପକ୍ଷରେ ସାକ୍ଷ୍ୟ ଦେଇଥିଲେ ତତ୍କାଳୀନ ଜାତୀୟ କଂଗ୍ରେସ କାର୍ଯ୍ୟକାରୀ କମିଟିର ସଭ୍ୟ ଡକ୍ଟର ହରେକୃଷ୍ଣ ମହତାବ ଓ ଜିଲ୍ଲା ସମ୍ପାଦକ ସ୍ୱର୍ଗତ ଲାଲ୍‌ବିହାରୀ ଦାସ। ସେମାନଙ୍କ ସାକ୍ଷ୍ୟର ମର୍ମ ଥିଲା, କଂଗ୍ରେସ୍ ଯୁଦ୍ଧ ସମ୍ପର୍କରେ ଯେଉଁ ମତ ଗ୍ରହଣ କରିଥିଲା; ପ୍ରାଣନାଥ ବାବୁ ତାହାହିଁ ସଭାରେ ଲୋକମାନଙ୍କୁ ବୁଝାଇଥିଲେ।

ପ୍ରାଣନାଥ ବାବୁ ପ୍ରମୁଖ ଏତେ ଲୋକପ୍ରିୟ ଥିଲେ ଯେ, ଖୋର୍ଦ୍ଧା କୋର୍ଟରେ କେଶ୍ ବିଚାର ହେଉଥିବାବେଳେ, ହଜାର ହଜାର ଲୋକ ସେଠାରେ ରୁଣ୍ଡ ହେଉଥିଲେ। ସ୍ୱର୍ଗତ ଭଗବତୀ ପାଣିଗ୍ରାହୀ ଏ ସମସ୍ତ ମକଦ୍ଦମାରେ ମୋତେ ସାହାଯ୍ୟ କରୁଥିବାରୁ ମୋ' ସହିତ ଯିବା ଆସିବା କରୁଥିଲେ। ଦିନେ ଏପରି ଭିଡ଼ ହେଲା ଯେ, ମୋ ପକ୍ଷେ କଚେରୀ ଭିତରକୁ ଯିବା କଷ୍ଟସାଧ ହୋଇ ପଡ଼ିଲା। କ୍ଷୀଣକାୟ ଭଗବତୀ ବାବୁ ଗୋଟିଏ ଚେୟାର ଉପରେ ଛିଡ଼ାହୋଇ ରହସ୍ୟ କରି କହିଲେ, "ଭାଇମାନେ,

ଯାହା ଦେଖିବାକୁ ଆସିଛ । ହେଲେ ଯିଏ ଯାତ୍ରା କରିବେ, ତାଙ୍କୁ ତ ବାଟ ଛାଡୁନା, ଯାତ୍ରା କ'ଣ ଦେଖିବ ?" ଏଇ କଥା ଶୁଣି ଲୋକମାନେ ଦୁଇପାଖରେ ଛିଡ଼ା ହୋଇ ଆମକୁ ବାଟ ଛାଡ଼ିଦେଲେ । ଭଗବତୀ ବାବୁ ମୋତେ କହିଲେ, "ଦେଖିଲେ, ସରକାର ସିନା ଆମ କଥା ଶୁଣୁନାହାନ୍ତି, ଲୋକେ ଠିକ୍ ବୁଝିଛନ୍ତି । ଆଉ ଆମେ ତାଙ୍କୁ ବୁଝାଇଲେ, ସରକାର ଆମକୁ ବାନ୍ଧି ପକାଉଛନ୍ତି ।" ପ୍ରବଳ ହାସ୍ୟରୋଳ ମଧ୍ୟରେ ଆମେ କୋର୍ଟ ରୁମ୍‌ରେ ପ୍ରବେଶ କଲୁ । କଚେରୀର ଗମ୍ଭୀର ବାତାବରଣ ଭିତରେ ଭଗବତୀବାବୁଙ୍କର ଅଦମ୍ୟ ଚେଷ୍ଟା ଓ ପରିହାସପୂର୍ଣ୍ଣ କଥାବାର୍ତ୍ତା ମୋତେ ଖୁବ୍ ଉତ୍ସାହିତ କରୁଥିଲା ।

ଉକ୍ତ ମକଦ୍ଦମା ଖୋର୍ଦ୍ଧାର ତତ୍କାଳୀନ ଏସ୍.ଡ଼ି.ଓ. ଶ୍ରୀ କେ. ରମଣ ଆଇ.ସି.ଏସ୍.ଙ୍କ କୋର୍ଟରେ ପଡ଼ିଥିଲା । ସେ ତା ୨୫-୧-୪୮ ରିଖରେ ପ୍ରାଣନାଥ ବାବୁଙ୍କୁ ତିନୋଟି ଦଫାରେ ଛ' ମାସ କରି ମୋଟ ଅଠର ମାସ ଜେଲ୍ ଓ ଜୋରମାନା ଦଣ୍ଡାଦେଶ ଦେଇଥିଲେ ।

ଗୋକୁଳମୋହନ ରାୟ ଚୂଡ଼ାମଣି ଓ ସାଧୁ ଚରଣ ମହାନ୍ତିଙ୍କ ମକଦ୍ଦମା

ଶ୍ରୀ ଗୋକୁଳ ମୋହନ ରାୟ ଚୂଡ଼ାମଣି ଓ ସାଧୁଚରଣ ମହାନ୍ତଙ୍କ ନାମରେ ମଧ୍ୟ ଅନୁରୂପ ମକଦ୍ଦମା ମାନ ଚାଲିଥିଲା । ରାୟ ଚୂଡ଼ାମଣିଙ୍କ ବିରୁଦ୍ଧରେ ମୁଖ୍ୟ ଅଭିଯୋଗ ଥିଲା, ସେ ତା ୬-୧୧-୩୯ ରେ ଖୋର୍ଦ୍ଧା ଥାନା ବେରବୋଇଠାରେ ଗୋଟିଏ ସଭା କରି ସରକାର ବିରୋଧୀ ବକ୍ତୃତାମାନ ଦେଇଥିଲେ । ସାଧୁଚରଣ ମହାନ୍ତି ଜଟଣିଠାରେ ସଭା କରି ସରକାରଙ୍କ ବିରୁଦ୍ଧରେ ବକ୍ତୃତା ଦେଇଥିବାରୁ ତାଙ୍କ ବିରୁଦ୍ଧରେ ମକଦ୍ଦମା ହୋଇଥିଲା । ଏ ମକଦ୍ଦମାରେ ଡକ୍ଟର ମହତାବ ଓ ଲାଲ୍‌ବିହାରୀ ଦାସ ମଧ୍ୟ ମୁଦାଲାମାନଙ୍କ ପକ୍ଷରେ ସାକ୍ଷ୍ୟ ପ୍ରଦାନ କରିଥିଲେ । ଉକ୍ତ ମକଦ୍ଦମା ଶ୍ରୀ କେ. ରମଣଙ୍କ କୋର୍ଟ ଚାର୍ଟରେ ବିଚାର ହୋଇ ମାତ୍ର ଗୋଟିଏ ଦିନରେ ରାୟ ପ୍ରକାଶ ପାଇଥିଲା ଓ ମୁଦାଲାମାନଙ୍କୁ ଦୋଷୀ ସାବ୍ୟସ୍ତ କରାଯାଇ ଦଣ୍ଡାଦେଶ ହୋଇଥିଲା ।

ସେତେବେଳେ ପୁରୀ ଓ ଗଞ୍ଜାମ ଜିଲ୍ଲା ନିମିତ୍ତ ଜଣେ ମାତ୍ର ସେସନସ୍ ଜଜ୍ ଥାଆନ୍ତି ଶ୍ରୀ ରମେଶ ଚନ୍ଦ୍ର ମିଶ୍ର । ସେଦିନ ସେ ପୁରୀକୁ ସର୍କିଟ୍ କୋର୍ଟ କରିବାକୁ ଆସିଥାନ୍ତି । ରମଣ ସାହେବ ରାୟ ଦେଲାଦିନ ମୁଁ ସଙ୍ଗେ ସଙ୍ଗେ ପୁରୀ ଯାଇ ନିଜେ ଟାଇପ୍ କରି ଶ୍ରୀ ମିଶ୍ରଙ୍କ ପାଖରେ ସେ ବୁଲୁଥିବା ସମୁଦ୍ର କୂଳକୁ ଯାଇ ଅପିଲ୍ ଦାଖଲ କରି ଓ ଷ୍ଟେ ଅର୍ଡ଼ର ଆଣିଲି ।

ପରବର୍ତ୍ତୀ ଅବସ୍ଥାରେ ଏ ମକଦ୍ଦମା ପରିଚାଳନା କ୍ଷେତ୍ରରେ ବ୍ରହ୍ମପୁରର ବିଶିଷ୍ଟ

ସ୍ୱାଧୀନତା ସଂଗ୍ରାମୀ ତଥା ସମାଜସେବୀ ସ୍ୱର୍ଗତ ନିରଞ୍ଜନ ପଟ୍ଟନାୟକ ଏବଂ ପୂର୍ବତନ ମନ୍ତ୍ରୀ ସ୍ୱର୍ଗତ ମାନଧାତା ଗୋରାଚାନ୍ଦ ପଟ୍ଟନାୟକ ସହାୟତା କରିଥିଲେ ।

ଅନନ୍ତ ଚରଣ ପଟ୍ଟନାୟକ

ଢେଙ୍କାନାଳରେ ପ୍ରଜା ଆନ୍ଦୋଳନ ଖୁବ୍ ସରଗରମ ଥାଏ । କଟକ ଜିଲ୍ଲା ଏବଂ ଢେଙ୍କାନାଳ ରାଜ୍ୟ ସୀମାରେ 'କବାଟବନ୍ଧ" ବୋଲି ଗୋଟେ ଜାଗା । ସେଠାରେ ଅନନ୍ତ ପଟ୍ଟନାୟକ, ରବି ଘୋଷ ଆଦି କେତେଜଣ ସଭା କରୁଥାନ୍ତି । ଢେଙ୍କାନାଳ ରାଜାଙ୍କ ଲୋକ ଅଚାନକ କୁଆଡୁ ଆସି ସେମାନଙ୍କୁ ଜବରଦସ୍ତି ଟେକି ନେଇଗଲେ । ଏମାନେ ଛାଟିପିଟି ହୋଇ, "ଆରେ ବଇଦା, ଅଟକାଅ, ଅଟକାଅ' ବୋଲି ପାଟି କଲେ ବି, ବଳରେ ପାରି ହେବନାହିଁ ଜାଣି 'ବଇଦା' ବାଧ୍ୟ ହୋଇ ଚୁପ୍ ରହିଲେ । 'ବଇଦା' ବୋଇଲେ ଶ୍ରୀ ବୈଦ୍ୟନାଥ ରଥ, ଯେ ପରେ ଓଡ଼ିଶା ବିଧାନସଭାକୁ ନିର୍ବାଚିତ ହୋଇଥିଲେ ।

ଅନନ୍ତ ପଟ୍ଟନାୟକଙ୍କୁ ଢେଙ୍କାନାଳରେ ବନ୍ଦୀ କରି ରଖାଗଲା । ପରେ ସେଇ ମକଦ୍ଦମା ପ୍ରସଙ୍ଗରେ ମୋତେ ଢେଙ୍କାନାଳ ଯିବାକୁ ହେଲା ପ୍ରଜାଙ୍କ ତରଫରୁ । ବୈଦ୍ୟନାଥ ମୋ' ସାଙ୍ଗରେ ଥାନ୍ତି । ଦିନ ପ୍ରାୟ ଦଶଟା ବେଳେ ଢେଙ୍କାନାଳ ରେଳ ଷ୍ଟେସନରେ ଓହ୍ଲାଇ ଦେଖିଲୁ, ଠାଆକୁ ଠାଆ ମିଲିଟାରୀ ପୋଲିସ୍ ଛାଇ ହୋଇଛନ୍ତି । ସହର ଆଡ଼କୁ ମୁହେଁଇଛୁ, ଜଣେ ଗୋରା ମିଲିଟାରୀ ଅଫିସର ଆସି ଆମେ କିଏ— କୋଉଠୁ ଆସିଛୁ —କୁଆଡ଼େ ଯିବୁ- କାହିଁକି ଆସିଛୁ ଇତ୍ୟାଦି ପଚାରିଲେ । ମୁଦାଲାମାନଙ୍କ ତରଫରୁ ମାମଲା ଲଢ଼ିବା ପାଇଁ ଆସିଥିବା କଥା ଜାଣିଲାରୁ ଆମକୁ ଆଉ ଅଟକାଇଲେ ନାହିଁ । ଜାଣିଲି, ଆଇନ୍ ଓ ଆଇନଜୀବୀଙ୍କ ପାଇଁ ତାଙ୍କର ଯଥେଷ୍ଟ ସମ୍ମାନ ଅଛି । ବୈଦ୍ୟନାଥ ଦେହରକ୍ଷୀ ପରି ମୋ' ପାଖରେ ଲାଗି ରହିଥାନ୍ତି । ମୋ' ଯିବା କଥା ରାଜାଙ୍କୁ ଅଛପା ନ ଥାଏ । ତାଙ୍କର ଜଣେ ପୋଲିସ୍ ଅଫିସର୍ ଶ୍ରୀ ନୀଳମଣି ଧଳ ଅତି ପାରିବାର ଲୋକ । ଆମ ରହିବା, ଖାଇବା ପ୍ରଭୃତିର ବନ୍ଦୋବସ୍ତ ରାଜାଙ୍କ ଆଡୁ ରାଜ୍ୟ ଅତିଥି ଭବନରେ କରାଇ ଦେଇଥାନ୍ତି । ମୁଁ ତାଙ୍କୁ କହିଲି, "ଯଦି ଅନନ୍ତ ପଟ୍ଟନାୟକ ଆସି ମୋ' ସାଙ୍ଗରେ ଖାଇବେ, ତା' ହେଲେ ରାଜାଙ୍କ ଅତିଥି ହେବାରେ ମୋର ଆପତ୍ତି ରହିବ ନାହିଁ । ତେବେ କୋର୍ଟରେ ମାମଲା ସରିବା ଆଗରୁ ମୁଁ କୁଆଡ଼େ ଯିବି ନାହିଁ ।" ନୀଳମଣି ବାବୁ ସବୁଥିରେ ରାଜି ହୋଇଗଲେ । ଅନନ୍ତ ଆସିଲେ ଓ ମୋ' ସାଙ୍ଗରେ ଖାଇଲେ । ସିଗାରେଟ୍ ମଧ୍ୟ ମୋ' ସହିତ ତାଙ୍କୁ ଦିଆଗଲା ।

ଏଣ୍ଡରସନ୍ ସାହେବଙ୍କୁ ଭେଟିଲି । ସେ ଜଣେ ଆଙ୍ଗଲୋଇଣ୍ଡିଆନ୍ । ତାଙ୍କର କୋର୍ଟରେ ଏ ମକଦ୍ଦମା ପଡ଼ିବା କଥା । ସେ କହିଲେ ଷ୍ଟେଟ୍ ଆଇନ୍ ଅନୁସାରେ ଢେଙ୍କାନାଳ ହାଇକୋର୍ଟରେ ଓକିଲ ହିସାବରେ ଏନ୍‌ରୋଲମେଣ୍ଟ୍ ହେଲେ ମୁଁ ତାଙ୍କ କୋର୍ଟରେ ମକଦ୍ଦମା ଚଳାଇ ପାରିବି ନାହିଁ । 'ହାଇକୋର୍ଟ ବୋଇଲେ ଦୟାନିଧି ଦାସ । ସେ କଟକରେ କଲେକ୍ଟର ଥିଲେ । ଅବସର ନେବାପରେ ଢେଙ୍କାନାଳ ହାଇକୋର୍ଟର ଜଷ୍ଟିସ୍ ହେଲେ । ଜଷ୍ଟିସ୍ କହିଲେ ସେ, ଚିଫ୍ ଜଷ୍ଟିସ୍ କହିଲେ ବି ସେ !

ଏନ୍‌ରୋଲ୍‌ମେଣ୍ଟ ପରେ ଗଲି ଏଣ୍ଡରସନ୍ ସାହେବଙ୍କ ପାଖକୁ । କିନ୍ତୁ ସେତେବେଳକୁ ସାହେବ ବାହାରି ଗଲେଣି ଶିକାରକୁ । ମୁଁ ଶିକାରୀ ନୁହେଁ; ତେବେ ମୋ' ଜାଣିବାରେ ରାତିରେ ଲୋକ ଶିକାର କରିବାକୁ ଯାଆନ୍ତି । ଦିନ ବାରଟା ବେଳେ ନ ଖାଇ ନ ପିଇ, କୋର୍ଟ କାମ ପକେଇ ଦେଇ ଶିକାର କରିବାକୁ ଚାଲିଯିବା କୌଣସି ବିଶ୍ୱାସଯୋଗ୍ୟ କଥା ନୁହେଁ । ମୁଁ ଅନେକ ଇଂରେଜ ଅଫିସରଙ୍କ ସଂସ୍ପର୍ଶରେ ମଧ୍ୟ ଆସିଛି । ଏପରି କେହି କରନ୍ତି ନାହିଁ । ଦୟାନିଧି ବାବୁଙ୍କ କଥା ମନେ ପଡ଼ିଲା । ଏ କେଶ୍ ସେମିତି ଗଡ଼ି ଗଡ଼ି ଚାଲିଲା । କେଶ୍ ସିନା ପଡ଼ିଲା ନାହିଁ, ହେଲେ ନୀଳମଣି ବାବୁ ଛାଡ଼ିବା ଲୋକ ନୁହଁନ୍ତି । ଆମକୁ ରାଜ୍ୟ ଅତିଥି ଭବନକୁ ଯିବାକୁ ହେଲା । ମୋ' କଥା ଅନୁସାରେ ଅନନ୍ତ ପଟ୍ଟନାୟକଙ୍କୁ ଆଣି ହାଜର କରାଗଲା ଜଗୁଆଳି ସହ । ଅବଶ୍ୟ ଭଲ ଭୋଜି ମିଳିଲା । ଏଠାରେ ଉଲ୍ଲେଖ କରାଯାଇପାରେ ଯେ, ଢେଙ୍କାନାଳ ରାଜା ମୋତେ ଭଲ ବ୍ୟବହାର ପ୍ରଦର୍ଶନ କରିବା ସହିତ ପୋଲିସ ଅଫିସର ଶ୍ରୀ ନୀଳମଣି ଧଳଙ୍କୁ ମୋ' ସାଙ୍ଗେ ସାଙ୍ଗେ ରହିବା ପାଇଁ ଯେଉଁ ବ୍ୟବସ୍ଥା କରିଥିଲେ ତା'ର ଦୁଇଟି ଉଦ୍ଦେଶ୍ୟ ଥିଲା । ଆମକୁ ରାଜାଙ୍କ ତରଫରୁ ଭଲ ବ୍ୟବହାର ପ୍ରଦର୍ଶନ ଦ୍ୱାରା ରାଜା ଅନ୍ୟମାନଙ୍କ ପ୍ରତି ଏଭଳି ସହାନୁଭୂତିଶୀଳ ବୋଲ ଧାରଣା ଜନ୍ମିବ ଏବଂ ନୀଳମଣି ଧଳ ପାଖରେ ଥିବାରୁ ସାଧାରଣ ଲୋକେ ମୋତେ ଦେଖା କରିବାକୁ ସାହସ କରିବେ ନାହିଁ ।

ପ୍ରାୟ ଛଅ ମାସ ପରେ ସାରା ଭାରତରେ ଯେତେବେଳେ ଗୋଟିଏ ରାଜନୈତିକ ରଫାରଫି ହେଲା, ସେତେବେଳେ ଅନନ୍ତ ପଟ୍ଟନାୟକ ଛାଡ଼ ପାଇଲେ ।

ଗୁରୁଚରଣ ପଟ୍ଟନାୟକ

ବିଶିଷ୍ଟ କମ୍ୟୁନିଷ୍ଟ ନେତା ଶ୍ରୀଯୁକ୍ତ ଗୁରୁଚରଣ ପଟ୍ଟନାୟକଙ୍କ ବିରୁଦ୍ଧରେ ମଧ୍ୟ ଇଂରେଜ ସରକାରଙ୍କ ତରଫରୁ ମକଦ୍ଦମା କରାଯାଇଥିଲା ।

"ଭାରତରେ ଇଂରେଜ ରାଜ" ନାମକ ଖଣ୍ଡିଏ ବହି ଶ୍ରୀ ପଟ୍ଟନାୟକ ଲେଖିଥିଲେ। ସେଥିରେ ବହୁ ରାଜଦ୍ରୋହସୂଚକ ଲେଖା ଅଛି ବୋଲି ଅଭିଯୋଗ କରି ତତ୍କାଳୀନ ଟାଉନ ଇନିସ୍ପେକ୍ଟର ମକଦ୍ଦମା ରୁଜୁ କରିଥିଲେ। ସେ ବହିରେ, କୌଣସି ଲେଖକଙ୍କର ନାଁ ଥିଲା କିମ୍ବା କେଉଁ ପ୍ରେସ୍‌ରେ ଛାପା ହୋଇଛି ତାହା ମଧ୍ୟ ଉଲ୍ଲେଖ ନ ଥିଲା। ପୋଲିସ କଟକର ସାରସ୍ୱତ ପ୍ରେସକୁ ଖାନତଲାସ କରି ସେଠାରୁ ୧୬୦ ଖଣ୍ଡ ବହି ଜବତ କରିଥିଲେ। ପ୍ରେସ ହିସାବ ଖାତାରୁ ଜଣା ପଡ଼ିଲ ଯେ, ଗୁରୁଚରଣ ପଟ୍ଟନାୟକ ଆଗତୁରା କେତେ ଖଣ୍ଡ ବହି ନେଇଛନ୍ତି। ଭାରତୀୟ ଦଣ୍ଡବିଧି ଆଇନର ୧୨୪(କ) ଦଫାରେ ପୋଲିସ ଦ୍ୱାରା ମକଦ୍ଦମା ରୁଜୁ କରାଯାଇ ତାଙ୍କୁ ଗିରଫ କରାଗଲା। ସରକାରଙ୍କ ତରଫରୁ ପ୍ରେସ୍‌ର ସ୍ୱତ୍ତାଧିକାରୀ ସ୍ୱର୍ଗତ ବାଳକୃଷ୍ଣ କର ଓ ସେହି ପ୍ରେସ୍‌ର କେତେକ କର୍ମଚାରୀ ସାକ୍ଷ୍ୟ ପ୍ରଦାନ କରି ଶ୍ରୀ ଗୁରୁଚରଣ ପଟ୍ଟନାୟକ ଏହି ବହିର ଲେଖକ ବୋଲି କହିଥିଲେ। ଶ୍ରୀ ପଟ୍ଟନାୟକ ବହିର ପ୍ରଣେତା ବୋଲି ସ୍ୱୀକାର କରିଥିଲେ। କିନ୍ତୁ କହିଥିଲେ ଯେ, ଉକ୍ତ ବହିରେ ସେ କେବଳ କେତେକ ଐତିହାସିକ ବିବୃତି ଉଦ୍ଧାର କରିଅଛନ୍ତି ଏବଂ ସେଥିରେ ରାଜଦ୍ରୋହସୂଚକ କୌଣସି ଲେଖା ନାହିଁ। ଶ୍ରୀ ବାଳକୃଷ୍ଣ କର ମଧ୍ୟ ସରକାର ତରଫ ସାକ୍ଷୀ ହୋଇଥିଲେ ସୁଦ୍ଧା ମୋଟାମୋଟି ମୁଦାଲାଙ୍କ ଉକ୍ତିକୁ ସମର୍ଥନ କରିଥିଲେ। ଏହି ମକଦ୍ଦମା ଶ୍ରୀ ପି.ସି. ପାତ୍ରଙ୍କ କୋର୍ଟରେ ବିଚାର କରାଯାଇ ୨୨-୨-୪୦ ତାରିଖରେ ରାୟ ପ୍ରକାଶ ପାଇଥିଲା। ମୁଦାଲାଙ୍କୁ ଦେଢ଼ବର୍ଷ ଜେଲ ଓ ଦୁଇଶହ ଟଙ୍କା ଜୋରିମାନା ଦଣ୍ଡ ଆଦେଶ ହେଲା ଏବଂ ଜୋରିମାନା ଅନାଦାୟ ଆଉ ଦୁଇମାସ କାରାଦଣ୍ଡ ଆଦେଶ ଦିଆଯାଇଥିଲା। ଏହି ରାୟ ବିରୁଦ୍ଧରେ ପାଟନା ହାଇକୋର୍ଟରେ ଅପିଲ କରାଯାଇଥିଲା। ସେତେବେଳେ ପାଟନା ହାଇକୋର୍ଟର ଜଜ୍‌ମାନେ ମଝିରେ ମଝିରେ କଟକ ଆସି ସର୍କିଟ କୋର୍ଟ କରୁଥିବା ବିଷୟ ପୂର୍ବରୁ କୁହାଯାଇଅଛି। ଏହି ମକଦ୍ଦମା ସଂପର୍କରେ ପାଟନା ହାଇକୋର୍ଟର ତତ୍କାଳୀନ ମୁଖ୍ୟ ବିଚାରପତି ସାର୍ ଏ.ଟି. ହ୍ୟାରିସ୍‌ଙ୍କ ନିକଟରେ ଶୁଣାଣି ହୋଇଥିଲା। ମୁଦାଲାଙ୍କ ତରଫରୁ ସ୍ୱାମୀ ବିଚିତ୍ରାନନ୍ଦ ଦାସ ଓ ମୁଁ ମକଦ୍ଦମା ଲଢୁଥିଲୁ। ସେ ବହିଟି କୋର୍ଟରେ ଉପସ୍ଥାପିତ କରାଯାଇଥିଲା। ସେଥିରେ ଏଡ଼ମଣ୍ଡ ବାର୍କ, ଡବଲ୍ୟୁ, ଡବଲ୍ୟୁ, ହଣ୍ଟର, ସାର୍ ଚାର୍ଲସ୍ ଏଲିଏଟ୍, ଆର.ସି. ଦତ୍ତ, ଜେ.ଟି. ସୁନ୍ଦରଲାଣ୍ଡ ଓ ଆନିବେସାନ୍ତ ପ୍ରମୁଖ ବିଶିଷ୍ଟ ବ୍ୟକ୍ତି ତଥା ପ୍ରତିଷ୍ଠିତ ପତ୍ରିକାରେ ଭାରତବର୍ଷ ସମ୍ପର୍କରେ ଯାହା ସବୁ ପ୍ରକାଶ ପାଇଥିଲା, ଶ୍ରୀ ପଟ୍ଟନାୟକ ସେଥିରୁ ହିଁ ଉଦ୍ଧାର କରିଥିଲେ। ସେସବୁ ନିଜର ଦେଖିସାରିବା ପରେ କୋର୍ଟ ସାଙ୍ଗେ ସାଙ୍ଗେ ନିଷ୍ପତ୍ତି

ନେଲେ ଯେ, ଏ ପର୍ଯ୍ୟନ୍ତ ମୁଦାଲା ଯେତିକି ଜେଲଦଣ୍ଡ ଭୋଗ କରିଛନ୍ତି, ତା'ଠାରୁ ଆଉ ଅଧିକ ଦଣ୍ଡ ଭୋଗ କରିବାର ଆବଶ୍ୟକତା ନାହିଁ। ଏହିପରି ଭାବରେ ସେ ମକଦ୍ଦମାର ପରିସମାପ୍ତି ଘଟିଥିଲା। କିନ୍ତୁ ସେହି ବହିଟି ପାଇଁ ସରକାର ସ୍ତରରେ ବହୁ ଆଲୋଡ଼ନ ସୃଷ୍ଟି ହୋଇଥିଲା। ଅବଶ୍ୟ ଏହି ମକଦ୍ଦମାଟି ବ୍ୟତୀତ ଶ୍ରୀ ପଟ୍ଟନାୟକଙ୍କ ବିରୁଦ୍ଧରେ ଆହୁରି ଅନେକ ମକଦ୍ଦମା କରାଯାଇଥିଲା। ବିଭିନ୍ନ ଦଫାରେ ତାଙ୍କୁ ବହୁବାର କାରାବରଣ କରିବାକୁ ପଡ଼ିଥିଲେ ମଧ୍ୟ କାଳକ୍ରମେ ସେସବୁ ମଉଳି ଯାଇଥିଲା।

ସ୍ୱର୍ଗତ ଅନନ୍ତ ଚରଣ ପଟ୍ଟନାୟକ ଓ ଶ୍ରୀଯୁକ୍ତ ଗୁରୁଚରଣ ପଟ୍ଟନାୟକ ହେଉଛନ୍ତି ଦୁଇ ଭାଇ। ଏମାନେ ଆମର ଅତି ନିକଟ ସମ୍ପର୍କୀୟ ବନ୍ଧୁ। ରମାଦେବୀଙ୍କର ମଧ୍ୟ ଆତ୍ମୀୟ। ରମାଦେବୀ ତାଙ୍କ ଆତ୍ମଜୀବନୀରେ ଏ ଦୁଇ ଭାଇଙ୍କ ସମ୍ପର୍କରେ ଉଲ୍ଲେଖ କରିଛନ୍ତି। ଜଣେ ବିଶିଷ୍ଟ କବି ତଥା ସାହିତ୍ୟିକ ଭାବରେ ଅନନ୍ତ ବିଶେଷ ପ୍ରତିଷ୍ଠା ଲାଭ କରିଥିଲେ। ତାଙ୍କର ଅନେକ କବିତା ପୁସ୍ତକ ପ୍ରକାଶିତ ହୋଇଛି। ଜଣେ ଶିଶୁ ସାହିତ୍ୟିକ ଭାବରେ ମଧ୍ୟ ସେ ସୁନାମ ଅର୍ଜନ କରିଥିଲେ।

ଅନନ୍ତଙ୍କର ତିନୋଟି ପୁଅ ଓ ଗୋଟିଏ ଝିଅ। ବଡ଼ପୁଅ ଆଲୋକେଶ ଆମ ପରିବାରରେ ସତ୍ୟବାଦୀ ଭାଇଙ୍କ ପୋଷ୍ୟପୁତ୍ର ହୋଇ ଯାଇଛନ୍ତି। ଜଣେ ମେଧାବୀ ଛାତ୍ର ଭାବରେ ତା'ର ସୁନାମ ଥିଲା। ଇଞ୍ଜିନିୟରିଂ ପଢୁଥିବା ସମୟରୁ ସେ ହଠାତ୍ ଅସୁସ୍ଥ ହୋଇ ପାଠପଢ଼ା ଛାଡ଼ିବାକୁ ବାଧ୍ୟ ହୋଇଥିଲା। ଭାରତର ପ୍ରାୟ ସମସ୍ତ ବଡ଼ ବଡ଼ ହସ୍‌ପିଟାଲ ସମେତ ରୁଷ୍ ଓ ଆମେରିକାରେ ମଧ୍ୟ ତା'ର ଚିକିତ୍ସା କରାଯାଇଥିଲା। ହେଲେ ବିଶେଷ କିଛି ଉପକାର ମିଳିନାହିଁ। ଆଲୋକେଶ (ଦାସ) ଏବେ ଜଣେ ଶିଳ୍ପଦ୍ୟୋଗୀ ଭାବରେ ଜୀବନ ଆରମ୍ଭ କରିଛି। ଦ୍ୱିତୀୟ ପୁତ୍ର ଅମରେଶ ପଟ୍ଟନାୟକ ଏମ.ଏ., ଏଲ୍.ଏଲ୍.ବି. ପାଶ୍ ପରେ ଆମେରିକା ଯାଇ ସେଠାରେ ବ୍ୟବସାୟ କରୁଛି। ସାନପୁଅ ଅନିମେଶ ପଟ୍ଟନାୟକ ମଧ୍ୟ ଆମେରିକାରେ ଉଚ୍ଚଶିକ୍ଷା ଲାଭ କରି ସେଠାରେ ଗୋଟିଏ ବ୍ୟବସାୟ ଆରମ୍ଭ କରିଛି।

ଝିଅ ମୈତ୍ରୀ ଓଡ଼ିଶା ସରକାରଙ୍କ ଅଧୀନରେ ଜଣେ ଜିଓଲୋଜିଷ୍ଟ ଭାବରେ କାର୍ଯ୍ୟ କରୁଛି। ତା'ର ସ୍ୱାମୀ ବଗଲଗଡ଼ର ଶ୍ରୀ ଶୁଭ୍ରାଂଶୁ ରାୟ ଜଣେ ଭୂତତ୍ତ୍ୱବିତ୍ ଭାବରେ ବେଶ୍ ସୁନାମ ଅର୍ଜନ କରିଛି। ଜିଓଲୋଜିରେ ଡକ୍ଟରେଟ୍ କରି ଶୁଭ୍ରାଂଶୁ ଭାରତ ସରକାରଙ୍କ ଅଧୀନରେ ନିଯୁକ୍ତି ପାଇ ଏବେ ଉଭୟେ ଭୁବନେଶ୍ୱର ଠାରେ ଅବସ୍ଥାନ କରୁଛନ୍ତି।

ଗୁରୁଚରଣଙ୍କ ଦୁଇ ଝିଅଙ୍କ ମଧ୍ୟରୁ ବଡ଼ ଜିତା ଏମ୍.ଏ.,ବି.ଇଡ଼ି. ଓ ସାନ ଜଲ୍ଲି

ଏମ୍.ଏ. ପାଶ୍ କରିଛନ୍ତି । ଜଲ୍ଲି ଜଗତସିଂହପୁର ନିକଟସ୍ଥ ବାଗଲପୁର ଅଧ୍ୟାପିକା ଭାବରେ କାର୍ଯ୍ୟ କରୁଛି । ଏକମାତ୍ର ପୁତ୍ର ବିପ୍ଳବ ଏବେ କଲେଜରେ ପଢୁଛି ।

ଶ୍ରୀଯୁକ୍ତ ମନମୋହନ ମିଶ୍ର

୧୯୩୯ ମସିହା ସେପ୍ଟେମ୍ବର ମାସରେ ଦ୍ୱିତୀୟ ବିଶ୍ୱଯୁଦ୍ଧ ଆରମ୍ଭହେଲା । ୧୯୩୭ ମସିହାରେ ଗଠିତ ହୋଇଥିବା ସରକାରଗୁଡ଼ିକ ଇସ୍ତଫା ଦେଲେ । ସାରା ଦେଶରେ ଇଂରେଜ ସରକାରଙ୍କ ତରଫରୁ ନାନା ପ୍ରକାର ଦମନଲୀଳା ଆରମ୍ଭ ହେଲା । ଇଂରେଜ ସରକାରଙ୍କ ଅତ୍ୟାଚାର ବିରୁଦ୍ଧରେ ଭାରତର ଚାରିଆଡ଼େ ଜାତୀୟ ଆନ୍ଦୋଳନମାନ ଗଢ଼ି ଉଠିଲା । ୧୯୪୦ ମସିହା ଜାନୁଆରୀ ୨୬ ତାରିଖକୁ ସମଗ୍ର ଦେଶରେ ସ୍ୱାଧୀନତା ଦିବସ ଭାବରେ ପାଳନ କରାଯାଉ ଥିବାରୁ ଐତିହାସିକ ରେଭେନ୍ସା କଲେଜର ଛାତ୍ରମାନଙ୍କ ତରଫରୁ ମଧ୍ୟ ଏହି ଉତ୍ସବ ପାଳିତ ହୋଇଥିଲା । ଇଂରେଜ ସରକାରଙ୍କ ଦୃଷ୍ଟିରେ ଏହା ଏକ ବେଆଇନ କାର୍ଯ୍ୟ ବୋଲି ବିବେଚିତ ହୋଇଥିବାରୁ ଏଥିରେ ନେତୃତ୍ୱ ନେଇଥିବା ଛାତ୍ରମାନଙ୍କ ବିରୁଦ୍ଧରେ ମକଦ୍ଦମା ରୁଜୁ କରାଯାଇ ସେମାନଙ୍କୁ ଗିରଫ କରାଗଲା । ତତ୍କାଳୀନ ଇଂରାଜୀ ଏମ୍.ଏ. ଶ୍ରେଣୀର ଛାତ୍ର ଶ୍ରୀଯୁକ୍ତ ମନମୋହନ ମିଶ୍ରଙ୍କୁ ଏହି ଆନ୍ଦୋଳନର ଅନ୍ୟତମ ଅପରାଧୀ ଭାବେ ବିବେଚନା କରାଯାଇ ତାଙ୍କୁ ଗିରଫ କରାଯାଇଥିଲା । ଛାତ୍ରମାନଙ୍କ ତରଫରୁ ମୁଁ ଏହି ମକଦ୍ଦମା ପରିଚାଳନା କରୁଥିବା କାରଣରୁ ସେହି ସମୟରୁ ମନମୋହନଙ୍କୁ ଜାଣିବାର ସୁଯୋଗ ପାଇଲି । ସେ ସମୟରେ ଡକ୍ଟର ପ୍ରାଣକୃଷ୍ଣ ପରିଜା ରେଭେନ୍ସା କଲେଜର ଅଧ୍ୟକ୍ଷ ଥିଲେ । (ଏହି ଛାତ୍ର ଆନ୍ଦୋଳନ ମକଦ୍ଦମା ସମ୍ପର୍କରେ ମୁଁ ଅନ୍ୟତ୍ର ଆଲୋଚନା କରିଛି ।)

୧୯୪୦ ମସିହା ଏପ୍ରିଲ ମାସର ଏକ ସନ୍ଧ୍ୟାରେ ପୁରୀ ସହରସ୍ଥିତ ବାଲିସାହିଠାରେ ଅନୁଷ୍ଠିତ ଗୋଟିଏ ସଭାରେ ସରକାରଙ୍କ ବିରୁଦ୍ଧରେ ଭାଷଣ ଦେଇଥିବା ଅଭିଯୋଗରେ ଶ୍ରୀଯୁକ୍ତ ମିଶ୍ରଙ୍କ ବିରୁଦ୍ଧରେ ଭାରତୀୟ ଦଣ୍ଡବିଧି ଆଇନ ୧୨୪ (କ) ଧାରା ଅନୁଯାୟୀ ମକଦ୍ଦମା ରୁଜୁ କରାଯାଇଥିଲା । ଏହା ପୁରୀର ତତ୍କାଳୀନ ୧ମ ଶ୍ରେଣୀ ମାଜିଷ୍ଟ୍ରେଟ୍ ପି.କେ. ଦାସଙ୍କ କୋର୍ଟରେ ବିଚାର ହୋଇ ତାଙ୍କୁ ଦେଢ଼ବର୍ଷ ସଶ୍ରମ ଜେଲ୍‌ଦଣ୍ଡ ଆଦେଶ ହୋଇଥିଲା । ଏହି ଜେଲ ଦଣ୍ଡାଦେଶ ବିରୁଦ୍ଧରେ ମୁଁ ପାଟଣା ହାଇକୋର୍ଟରେ ଆପିଲ ଦାଏର କରିଥିଲି । ସରକାରଙ୍କ ତରଫରୁ ବୀର କିଶୋର ରାୟ (ପରେ ଓଡ଼ିଶା ହାଇକୋର୍ଟର ମୁଖ୍ୟ ବିଚାରପତି) ମକଦ୍ଦମା ପରିଚାଳନା କରିଥିଲେ ।

ଏତଦ୍‌ବ୍ୟତୀତ ୧୯୫୦ ମସିହାରେ ଶ୍ରୀଯୁକ୍ତ ମିଶ୍ର ବନ୍ଦୀଥିବା ସମୟରେ Maintenance of public order Act. ର ଗୋଟିଏ ମକଦ୍ଦମା ଓଡ଼ିଶା ହାଇକୋର୍ଟରେ ରୁଜୁ କରାଯାଇଥିଲା। କୟିଦୀମାନଙ୍କ ତରଫରୁ ମୁଁ ମକଦ୍ଦମା ପରିଚାଳନା କରିଥିଲି। ଏହି ମକଦ୍ଦମାଟି ପରବର୍ତ୍ତୀ ସମୟରେ ମୁଖ୍ୟ ବିଚାରପତି ବୀର କିଶୋର ରାୟ ଓ ବିଚାରପତି ଆର.ଏଲ୍. ନରସିଂହମ୍‌ଙ୍କ କୋର୍ଟରେ କଟକରେ ବିଚାର କରାଯାଇଥିଲା। ଉକ୍ତ ମକଦ୍ଦମାର ଅନ୍ୟତମ ମୁଦାଲା ଭାବରେ ମନମୋହନ ନିଜେ ତାଙ୍କର କିଛି ବୟାନ ଦେବାକୁ ଇଚ୍ଛା ପ୍ରକାଶ କରିବାରୁ ଚିଫଜଷ୍ଟିସ୍ ରାୟ ତାଙ୍କର ଏହି ଆବେଦନକୁ ମଞ୍ଜୁର କରି ମୁଦାଲାକୁ କୋର୍ଟରେ ଉପସ୍ଥିତ ହେବାକୁ ଆଦେଶ ଦେଇଥିଲେ। ମନମୋହନଙ୍କୁ ହାତକଡ଼ା ପକା ନଯାଇ ଜଣେ ସ୍ୱାଧୀନ ନାଗରିକ ଭାବରେ ପୋଲିସ ଗହଣରେ କୋର୍ଟ ରୁମ୍‌ରେ ହାଜର କରାଯାଇଥିଲା। କୋର୍ଟରେ ସେ ନିଜର ବୟାନ ପ୍ରଦାନ କରିଥିଲେ। ତାହା ଦେଖିବା ଓ ଶୁଣିବା ପାଇଁ ସେଦିନ କୋର୍ଟରେ ବେଶ୍ ଜନଗହଳ ହୋଇଥିଲା।

କୋର୍ଟ କଚେରୀର ସମ୍ପର୍କ ଛଡ଼ା ସମାଜର ବିଭିନ୍ନ କ୍ଷେତ୍ରରେ ମନମୋହନଙ୍କ ସହିତ ମୋର ଘନିଷ୍ଠତା ରହି ଆସିଛି। ଜଣେ ବିଶିଷ୍ଟ ସମାଜସେବୀ, କଟକ ମ୍ୟୁନସିପାଲିଟିର ପୂର୍ବତନ ଚେୟାରମ୍ୟାନ୍ ଭାବରେ କେବଳ ନୁହଁନ୍ତି, ଜଣେ ବିଶିଷ୍ଟ ସାହିତ୍ୟିକ, କବି, ଲେଖକ ଓ ବକ୍ତା ଭାବରେ ସେ ସର୍ବତ୍ର ପରିଚିତ। ଏଥିନିମିତ୍ତ ସେ ବହୁବାର ସମ୍ମାନିତ ହୋଇଛନ୍ତି। ରେଭେନ୍ସା କଲେଜର ଛାତ୍ରନେତା ଭାବରେ ସେ ଯେଉଁ ଐତିହ୍ୟ ସୃଷ୍ଟି କରି ଯାଇଛନ୍ତି ତାହା ବହୁଦିନ ସ୍ମରଣୀୟ ହୋଇ ରହିବ। ଗତ ୧୯୮୬ ମସିହା ନଭେମ୍ବର ୧୬ ତାରିଖ ସନ୍ଧ୍ୟାରେ କଟକ ଶ୍ରୀରାମଚନ୍ଦ୍ର ଭବନଠାରେ ଅନୁଷ୍ଠିତ ହୋଇଥିବା ବିଶିଷ୍ଟ ଶିକ୍ଷାବିତ୍ ବାଗ୍ମୀ ଡକ୍ଟର ଶ୍ରୀରାମଚନ୍ଦ୍ର ଦାଶଙ୍କ ୬୯ ତମ ଜୟନ୍ତୀ ଉତ୍ସବରେ ମୁଁ ସଭାପତିତ୍ୱ ଏବଂ ମନମୋହନ ମୁଖ୍ୟବକ୍ତା ଭାବରେ ସାଙ୍ଗ ହୋଇ ଯୋଗଦାନ କରିଥିଲୁ। ବହୁଲୋକ ଆଗ୍ରହ ପ୍ରକାଶ କରି ଉକ୍ତ ସଭାରେ ଯୋଗ ଦେଇଥିଲେ।

ସମାଜରେ ମନମୋହନ ଯେପରି ନିଜ ଯୋଗ୍ୟତା ବଳରେ ପ୍ରତିଷ୍ଠା ଲାଭ କରିଛନ୍ତି, ତାଙ୍କର ସୁଯୋଗ୍ୟ ପୁତ୍ରମାନେ ମଧ୍ୟ 'ବାପ୍‌ସେ ବେଟା ଜ୍ୟାଦା' ନ୍ୟାୟରେ ବେଶ୍ ପ୍ରତିଷ୍ଠା ଲାଭ କରି ପାରିଥିବା ଆନନ୍ଦର ବିଷୟ।

ଆମେରିକାରେ ରହୁଥିବା ମନମୋହନର ତିନି ପୁଅଙ୍କ ମଧ୍ୟରୁ ବଡ଼ ବିଜୟମୋହନ ହାରବର୍ଡ଼ ବିଶ୍ୱବିଦ୍ୟାଳୟରେ ପ୍ରଫେସର ଭାବେ କାର୍ଯ୍ୟ କରୁଛି। ସଞ୍ଜୟ

ଓ ଅଭିଜୟ ଉଚ୍ଚ ଶିକ୍ଷା ଲାଭ କରୁଛନ୍ତି। ସାନ ଦୁଇପୁଅଙ୍କ ମଧ୍ୟରୁ ଅଭ୍ୟୁଦୟ ଜଣେ ଇଞ୍ଜିନିୟର ଏବଂ ସର୍ବୋଦୟ ଏମ୍.ଟେକ୍. କରି ଜଣେ ଉଚ୍ଚସ୍ତରର ବୈଜ୍ଞାନିକ ଭାବରେ ବମ୍ବେସ୍ଥିତ ଭାବା ଆଟମିକ୍ ଏନର୍ଜି ସେଣ୍ଟରରେ କାର୍ଯ୍ୟ କରୁଅଛି। ତାଙ୍କର ଭିଣୋଇ ସ୍ୱର୍ଗତ ଉପେନ୍ଦ୍ର ମହାପାତ୍ର ଓ ଭଉଣୀ ଶ୍ରୀମତୀ ବିଷ୍ଣୁପ୍ରିୟା। ଦେବୀ ଉଭୟ ସ୍ୱାଧୀନତା ସଂଗ୍ରାମୀ। ବଡ଼ ଭଣଜା ଶ୍ରୀ ଆଶିଷ ମହାପାତ୍ର ଜଣେ ଜଣାଶୁଣା କମ୍ୟୁନିଷ୍ଟ ନେତା।

ମନୁ ସାମନ୍ତରାୟ ହତ୍ୟା ମକଦ୍ଦମା

କଟକ ସହରର ଅନତିଦୂରରେ ଅବସ୍ଥିତ ଗୋଟିଏ ଗାଁରେ ମନୁ ସାମନ୍ତରାୟ ନାମକ ଜଣେ ପ୍ରତିଷ୍ଠିତ ବ୍ୟକ୍ତିଙ୍କୁ ହତ୍ୟା କରାଯାଇଥିବା ଘଟଣାକୁ ନେଇ ଗୋଟିଏ ମକଦ୍ଦମା ରୁଜୁ ହୋଇଥିଲା। ଗୋଟିଏ ବିଦ୍ୟାଳୟକୁ କେନ୍ଦ୍ର କରି ଗ୍ରାମବାସୀମାନଙ୍କ ମଧ୍ୟରେ ବିବାଦ ସୃଷ୍ଟି ହୋଇଥିଲା ଏବଂ ହତ୍ୟାକାଣ୍ଡ ଘଟିଥିଲା। ସେ ସମୟରେ ଏହି ଘଟଣାଟି ଚାରିଆଡ଼େ ଚହଳ ପକାଇ ଦେଇଥିଲା। କେତେକ ବ୍ୟକ୍ତି ଉକ୍ତ ହତ୍ୟା ଘଟଣାରେ ମୁଦାଲା ଶ୍ରେଣୀଭୁକ୍ତ ନ ହେବା ଉଦ୍ଦେଶ୍ୟରେ ଆଗରୁ କଟକ ଚାଲିଆସି ନିଜ ଲୋକଙ୍କ ଜରିଆରେ ନିଜ ବିରୁଦ୍ଧରେ ଥାନାରେ ଗୋଟିଏ କେଶ୍ ଦାୟର୍ କରିଥିଲେ। ଏହି ହତ୍ୟାକାଣ୍ଡ ଘଟିବା ସମୟରେ ସେମାନେ ସେଠାରେ ଉପସ୍ଥିତ ନ ଥିବା ପ୍ରମାଣିତ କରିବା ଉକ୍ତ ଥାନା ଡାଏରୀର ଉଦ୍ଦେଶ୍ୟ ଥିଲା।

ଉକ୍ତ ହତ୍ୟାକାଣ୍ଡ ସନ୍ଧ୍ୟାବେଳେ ଘଟିଥିବା ଅଭିଯୋଗ ହୋଇଥିବାରୁ ସୂର୍ଯ୍ୟାଲୋକ ଓ ଦୃଷ୍ଟିଶକ୍ତି (Visibility ty and Sufficiency of Sun light) ଉକ୍ତ ମକଦ୍ଦମା ବିଚାର କ୍ଷେତ୍ରରେ ଏକ ମୁଖ୍ୟ କାରଣ ରୂପେ ବିବେଚିତ ହୋଇଥିଲା। କଟକ ସେସନସ୍ ଜର୍ଜଙ୍କ କୋର୍ଟରେ ଏହା ବହୁଦିନ ଧରି ଚାଲିଥିଲା। ମୁଦାଲାମାନଙ୍କ ତରଫରୁ ମୁଁ ମକଦ୍ଦମା ପରିଚାଳନା କରୁଥିଲି। ସେସନସ୍ ଜଜ୍‌ଙ୍କ ବିରୁଦ୍ଧରେ ହାଇକୋର୍ଟରେ ଅପିଲ କରାଯାଇଥିଲା।

କେ.ଏସ୍. ଜୟରାମ ଆୟର

ମୁଦାଲାମାନଙ୍କ ପକ୍ଷରେ ମକଦ୍ଦମା ଲଢ଼ିବାକୁ ମାନ୍ଦ୍ରାଜର ଜଣେ ଖ୍ୟାତିସମ୍ପନ୍ନ ଆଇନ୍‌ଜୀବୀ ଶ୍ରୀଯୁକ୍ତ କେ.ଏସ୍. ଜୟରାମ ଆୟାର କଟକ ଆସିଥିଲେ। ମୁଁ ତାଙ୍କ ସହିତ ମିଶି ମକଦ୍ଦମା ପରିଚାଳନା କରୁଥିଲି। ଶ୍ରୀ ଆୟାର ତତ୍କାଳୀନ ଜିଲ୍ଲା ପରିଷଦ ଡାକବଙ୍ଗଳାରେ ରହୁଥିଲେ। ତାଙ୍କ ଖାଦ୍ୟପେୟର ମୁଁ ଆୟୋଜନ କରିଥିଲି।

ସେତିକିବେଳେ ଭି. ରାମନାଥନ୍ , ଆଇ.ସି.ଏସ୍. କଟକର ଜିଲ୍ଲା ମାଜିଷ୍ଟ୍ରେଟ ଓ କଲେକ୍ଟର ଥାଆନ୍ତି। ସେ ଜୟରାମ ଆୟାର ଓ ମୋତେ ତାଙ୍କ ବଙ୍ଗଳାକୁ ଖାଇବାକୁ ନିମନ୍ତ୍ରଣ କରିଥିଲେ। ମାନ୍ଦ୍ରାଜରୁ ତାଙ୍କ ମା' ପଠାଇଥିବା ଲଡୁ ଜାତୀୟ ମିଠା ଆମ୍ଭମାନଙ୍କୁ ଅତି ଆଦର ଓ ଶ୍ରଦ୍ଧାର ସହ ଖାଇବାକୁ ଦେଇଥିଲେ।

ଏଠାରେ ଗୋଟିଏ କୌତୂହଳପୂର୍ଣ୍ଣ ଘଟଣା ଉଲ୍ଲେଖ କରିବାକୁ ଇଚ୍ଛା କରୁଛି। ଶ୍ରୀଯୁକ୍ତ ଆୟାର ମାନ୍ଦ୍ରାଜରୁ କଟକ ଆସିଲାବେଳେ ସାଙ୍ଗରେ ବିଡ଼ାଏ କଦଳୀପତ୍ର ଆଣିଥିଲେ। କାଳେ କଟକରେ କଦଳୀପତ୍ର ମିଳିବ ନାହିଁ, ତାଙ୍କୁ ଅନ୍ୟ କୌଣସି ପାତ୍ରରେ ଖାଇବାକୁ ପଡ଼ିବ। ଏହି ଘଟଣାରୁ ତାଙ୍କର କଦଳୀ-ପତ୍ରରେ ଖାଇବାରେ କେତେ ଶ୍ରଦ୍ଧା ଓ ନିଷ୍ଠା ଥିଲା, ତାହା ଅନୁମାନ କରିହେବ।

ସ୍ୱର୍ଗତ ଆୟାର ତାଙ୍କ ଶ୍ରଦ୍ଧାର ସ୍ୱାକ୍ଷର ସ୍ୱରୂପ ମୋତେ ଖଣ୍ଡେ ବହି ଉପହାର ଦେଇଥିଲେ। ତା'ର ନାଁ "Criminal Procedure Code। ତାଙ୍କ ହସ୍ତାଙ୍କିତ ବହିଟି ମୋ ପାଖରେ ସାଇତା ହୋଇ ରହିଛି।

ଦିନକର କଥା। ଓଡ଼ିଶା ହାଇକୋର୍ଟର ଅବସରପ୍ରାପ୍ତ ମୁଖ୍ୟ ବିଚାରପତି ଶ୍ରୀ ଆର୍.ଏଲ୍. ନରସିଂହମ୍ କୌଣସି ଏକ କାର୍ଯ୍ୟରେ କଟକ ଆସି କିଛି ସମୟ ପାଇଁ ମୋର ଅତିଥି ହୋଇଥିଲେ। ସେ ମୋତେ ରାମନାଥଙ୍କ କଥା ପଚାରିଥିଲେ ତାଙ୍କୁ ସାକ୍ଷାତ୍ କରିବା ପାଇଁ। କିନ୍ତୁ ଦୁର୍ଭାଗ୍ୟର କଥା ଯେ, ଠିକ୍ ସେଇଦିନ ରାମନାଥନ୍‌ଙ୍କ ଦେହାନ୍ତ ହୋଇଥିଲା। ଏ ଦୁଃଖଦାୟକ ଖବର ଶୁଣି ସେ ମର୍ମାହତ ହୋଇଥିଲେ। ଶେଷ ଦର୍ଶନ ପାଇଁ ମୁଁ ଓ ସେ ସାଙ୍ଗହୋଇ ସତୀଚଉରା ଶ୍ମଶାନକୁ ଯାଇଥିଲୁ।

ନୀଳଗିରି ମକଦ୍ଦମା

ଓଡ଼ିଶାର ପ୍ରାୟ ସବୁ ଗଡ଼ଜାତରେ ରାଜଶକ୍ତି ଓ ପ୍ରଜାମାନଙ୍କ ମଧ୍ୟରେ ଗଣ୍ଡଗୋଳ ମାଲିମକଦ୍ଦମା ଲାଗି ରହିଥାଏ। ପ୍ରାୟ ବହୁ ମାମଲରେ ମୁଁ ପ୍ରଜାମାନଙ୍କ ପକ୍ଷ ନେଉଥାଏ। ରାଜାମାନଙ୍କ ପାଖରେ ଥାଏ ଅର୍ଥବଳ ଓ ପରାକ୍ରମ। ପ୍ରଜାମାନଙ୍କ ପାଖରେ ଥାଏ ଅନ୍ୟାୟ ବିରୁଦ୍ଧରେ ଛିଡ଼ା ହେବାର ମନୋବଳ।

୧୯୪୫-୪୭ ମସିହା କଥା। କେନ୍ଦୁଝରରେ ବିଧାନସଭା ସଦସ୍ୟ ଶ୍ରୀ ମଦନ ମୋହନ ପଟ୍ଟନାୟକଙ୍କ ଭାଇ ଶ୍ରୀ କୀର୍ତ୍ତନ ବିହାରୀ ପଟ୍ଟନାୟକଙ୍କ ବିରୁଦ୍ଧରେ ଗୋଟିଏ ମକଦ୍ଦମା ହୋଇଥାଏ। ମୁଁ କୀର୍ତ୍ତନ ବିହାରୀଙ୍କ ତରଫରୁ ଲଢ଼ିବାପାଇଁ କେନ୍ଦୁଝର ଯାଉଥାଏ। ମୋ ସାଙ୍ଗରେ ସହଯୋଗୀ ଭାବରେ ଶ୍ରୀ ପ୍ରଫୁଲ୍ଲ ଚନ୍ଦ୍ର ପଟ୍ଟନାୟକ ଥାଆନ୍ତି।

କେନ୍ଦୁଝର ରୋଡ଼ ଷ୍ଟେସନରେ ଓହ୍ଲାଇ ଦେଖିଲୁ ସେଠାରେ କୁଲି ନାହାନ୍ତି। ପ୍ରଫୁଲ— ଯେ କି ରେଲୱେ ସର୍ଭିସ କମିଶନର ଚେୟାରମାନ୍, ପାର୍ଲିଆମେଣ୍ଟର ଡେପୁଟି ସେକ୍ରେଟାରୀ ଭଳି ବଡ଼ ବଡ଼ ପଦବୀ ଅଧିକାର (ଅଳଙ୍କୃତ) କରିଥିଲେ—ସେ ସୁଟ୍‌କେଶ୍ ବେଡ଼ିଂ ଉଠାଇଲେ। ଭାଗ୍ୟକୁ ମଦନବାବୁଙ୍କ ଗାଡ଼ି ପ୍ଲାଟଫର୍ମ ବାହାରେ ଆମ ପାଇଁ ଅପେକ୍ଷା କରିଥିଲା। ସିଧା ଯାଇ ପହଞ୍ଚିଲୁ କେନ୍ଦୁଝରରେ। ସେଠାକାର କାମ ସାରି ଆସିଲୁ ଆନନ୍ଦପୁର। ସେଠାରେ ମାମଲା ସରୁ ନ ସରୁଣୁ ଟେଲିଗ୍ରାମ ପହଞ୍ଚିଲା ନୀଳଗିରି ଯିବାପାଇଁ। ସେ ମକଦ୍ଦମା ତାରିଖ ଠିକ୍ ପରଦିନ ଥାଏ। ମାମଲାର କାଗଜପତ୍ର କିଛି ସାଙ୍ଗରେ ଆଣି ନ ଥାଏ। କୌଣସି ପ୍ରକାରେ ସେ ସବୁ ଆସି 'କେନ୍ଦୁଝର ରୋଡ଼' ରେଲଷ୍ଟେସନରେ ମୋ ପାଖରେ ଆସି ପହଞ୍ଚିଲା। ରାତି ପାହିଲେ 'ତାରିଖ'। ରେଲରେ ଯାଉ ଯାଉ କାଗଜପତ୍ର ଦେଖି ଯାହାସବୁ ଟିପାଟିପି କଲି। ପ୍ରଜାମାନଙ୍କ ତରଫରୁ ଗୋଟିଏ ମଟର ଗାଡ଼ି ଯୋଗାଡ଼ ହୋଇଥାଏ। ସେଥିରେ ବାଲେଶ୍ୱରରୁ ନୀଳଗିରି ବନ ବିଭାଗ ଡାକବଙ୍ଗଳାରେ ପହଞ୍ଚି କୋର୍ଟକୁ ଯାଉ ଯାଉ ଟିକିଏ ଡେରି ହୋଇଗଲା। କୋର୍ଟ ଅପେକ୍ଷା କରିଥାନ୍ତି ମୋ' ପାଇଁ। ସେ ସମୟରେ, କେତେଗୁଡ଼ିଏ ଗଡ଼ଜାତ ପାଇଁ ଜଣେ ଜଣେ ସେସନଜଜ୍ ନିଯୁକ୍ତି ହୋଇଥାନ୍ତି। ସେମାନେ ଯାଗାକୁ ଯାଗା ଗସ୍ତକରି ମକଦ୍ଦମା ବିଚାର କରନ୍ତି। ପ୍ରଥମ ଦିନର ଶୁଣାଣି ସରିଲ। ମୁଁ ଡାକବଙ୍ଗଳାକୁ ଫେରି, ଦ୍ୱିତୀୟ ଦିନର ଶୁଣାଣି ପାଇଁ କାଗଜପତ୍ର ଦେଖି ଶୋଇଲି। ଭୋର ପ୍ରାୟ ଚାରିଟା ବେଳକୁ କିଏ ଜଣେ ଆସି କବାଟରେ 'ଠକ୍ ଠକ୍ କଲା। ଚାଉଁ କରି ନିଦ ଭାଙ୍ଗିଗଲା। କାନ ଡେରିଲି—ପୁଣି ଠକ୍ ଠକ୍ ହେଲା। ନୀଳଗିରି ପରି ଯାଗା। ନିଛାଟିଆ ଫରେଷ୍ଟ ବଙ୍ଗଳା। ମୁଁ ଏକୁଟିଆ ଅଛି—ଏତେ ଅନ୍ଧାରରୁ କିଏ ଆସିଲା ? ସହଜେ ତ ରାଜା ପ୍ରଜା ଭିତରେ ଗଣ୍ଡଗୋଳ ଚାଲିଛି। ମୁଁ ପ୍ରଜାଙ୍କ ତରଫରୁ ଆସିଛି ବୋଲି ରାଜା ଆଉ କାହାରିକୁ ପଠାଇ ନାହିଁ ତ ! ଶଙ୍କା ହେବା ସ୍ୱାଭାବିକ୍। ତଥାପି ସାହସ କରି ଗମ୍ଭୀର ସ୍ୱରରେ ପଚାରିଦେଲି। "କିଏ ସେ ?" ଉତ୍ତର ଆସିଲା, "ଆଜ୍ଞା, ମୁଁ କୈଳାସ। ମୋ' ସାଙ୍ଗରେ ଅଛନ୍ତି କାଙ୍ଗାଳି।" ଚିହ୍ନା ସ୍ୱରପରି ମନେହେଲା।

କୈଳାସ ମହାନ୍ତି, ପ୍ରଜାଦଳର ଜଣେ ମୁଖ୍ୟ। ଗଡ଼ଜାତ ମିଶ୍ରଣ ପରେ ଜଣେ ମନ୍ତ୍ରୀ ହୋଇଥିଲେ। କାଙ୍ଗାଳି ପ୍ରଜା ମଣ୍ଡଳର ଜଣେ ନେତା। ପରେ ନୀଳଗିରିର ବିଧାୟକ ଭାବେ ନିର୍ବାଚିତ ହୋଇଥିବା ଶ୍ରୀ ବନମାଳି ଦାସଙ୍କ ଭାଇ। ରାଜାଙ୍କ ଅତ୍ୟାଚାରର ଏକ ନମୁନା ନିଜ ଆଖିରେ ଦେଖିଯିବା ପାଇଁ ମୋତେ ଡାକିବାକୁ

ଆସିଥାନ୍ତି। ମୁଁ ଅମଙ୍ଗ ହେବାରୁ ସେମାନେ ବହୁତ ଯିଗର କଲେ। ମୋତେ କିଛି କରିବାକୁ ବା କହିବାକୁ ହେବନାହିଁ। କେବଳ ହୃଦ୍‌ବୋଧ ହେଲେ ତାଙ୍କ ପାଇଁ ଯଥେଷ୍ଟ। ଅଗତ୍ୟା ରାଜିହେଲି। ତେବେ କଥା କଣ ? ସେମାନେ କହିଲେ ଯେ ରାଜ୍ୟର ଜଣେ କର୍ମଚାରୀର ସ୍ତ୍ରୀକୁ ରାଜାଙ୍କ ଲୋକମାନେ ଜବରଦସ୍ତି ନଅରକୁ ଉଠାଇ ନେଉଥିଲେ। ତାଙ୍କୁ ଥାନାରେ ଅଟକା ଯାଇଛି। ଆପଣ ଟିକେ ଦେଖିଯାଆନ୍ତୁ। ଥାନାରେ ପହଞ୍ଚି ଦେଖିଲି, ପ୍ରାୟ ଦୁଇ ତିନିଶହ ଲୋକ ରୁଣ୍ଡ ହୋଇଛନ୍ତି। ମୁଁ ଗଲାରୁ ପାଖେଇ ଯାଇ ରାସ୍ତା ଛାଡ଼ିଦେଲେ—ପାଟିତୁଣ୍ଡ କିଛି ନାହିଁ। ସମସ୍ତେ ସେମିତି ମୋ' ଆସିବାକୁ ନୀରବରେ ଅନେଇ ରହିଥିଲେ। ଥାନାରେ ଦେଖିଲି ଜଣେ ସ୍ତ୍ରୀ ଲୋକ ଛିଡ଼ା ହୋଇଛି। ତା' ସାଙ୍ଗରେ ଆଉ ଜଣେ କିଏ। କାହାରିକୁ କିଛି ନ କହି ମୁଁ ବଙ୍ଗଳାକୁ ଫେରି ଆସିଲି। କଚେରୀ ଗଲି। ଦ୍ୱିତୀୟ ଦିନର ଶୁଣାଣି ସରିଲା।

ସେଇଦିନ ମୁହଁ ସଞ୍ଜବେଳେ ମୁଁ ଡାକବଙ୍ଗଳା ବାରଣ୍ଡାରେ ବସି ଆସନ୍ତା କାଲିର ସୁଆଲ କଥା ଭାବୁଛି। କିଏ ଜଣେ ଫାଟକ ଆଡୁ ଆସିବାର ଦେଖିଲି। ଏଣିକି ତେଣିକି କନ୍‌କନ୍ ଅନେଇ ଅତି ସନ୍ତର୍ପଣରେ ଫାଟକ ଖୋଲି ଧୀରେ ଧୀରେ ମୋ' ଆଡ଼କୁ ଆଗେଇଲା। ନିର୍ଜନ ଯାଗା। ଏମିତି ସନ୍ଦେହଜନକ ଭାବରେ ଆସିବା ଦେଖି ମୋତେ ଟିକିଏ ଅଡୁଆ ଲାଗିଲା। ଆଚ୍ଛା ଯାଗା ଇଏ—ରାତି ଚାରିଟାରେ ଆସି କିଏ କବାଟ ଠକ୍ ଠକ୍ କଲାଣି ତ ସଂଧ୍ୟାରେ କିଏ ଛପି ଛପି ଆସିଲାଣି। ତଥାପି ସାହସ ବାନ୍ଧିଲେ। ଇଏତ ପ୍ରଜାମେଳିବେଳ। ପ୍ରଜାମାନେ ପ୍ରବଳ। ମୁଁ ତାଙ୍କ ତରଫ ଓକିଲ—ସେମାନେ କେବେ ମୋର କୌଣସି କ୍ଷତି କରିବେ ନାହିଁ। ବଡ଼ପାଟି କରି ଡାକିଲି। "ଓ ବାବୁ! କିଏ ସେଠି—ଶୁଣ-ଶୁଣ।" ସେ ଆସିଲା। ବହୁତ ଡରି ଯାଇଥିଲା ପରି ଦିଶୁଥାଏ। ସତରେ ଡରିଥାଏ କି ଅଭିନୟ କରୁଥାଏ କିଏ କହିବ, କଥା କ'ଣ ବୋଲି ପଚାରିଲାରୁ କହିଲେ, "ଆଜ୍ଞା! ମୁଁ ଜଣେ ନିପାରିଲା ଲୋକ। ପ୍ରଜାମଣ୍ଡଳର ଲୋକେ କାଲି ମୋ' ସ୍ତ୍ରୀକୁ ଜବରଦସ୍ତି ନେଇଯାଇ ଥାନାରେ ଅଟକେଇ ରଖିଛନ୍ତି। ଏଣୁତେଣୁ କେତେ ସବୁ ମିଛ କେଶ୍ ଯୋଡ଼ିଛନ୍ତି। ଆପଣ ଟିକିଏ ମୋ' ଗୁହାରି ଶୁଣିବାକୁ ମୋ' ସାଙ୍ଗରେ ଆସନ୍ତୁ। ଏଠି ମୁଁ ଆଉ କିଛି କହି ପାରିବି ନାହିଁ। ସେମାନେ ଚାରିପଟେ ଛପି ରହିଛନ୍ତି ମୋତେ ମାରିଦେବେ। ନେହୁରା ହେଉଛି।" ଏତକ କହି ମୋ' ଗୋଡ଼ ଧରି ପକାଇଲା। ଆଚ୍ଛା ଅଡୁଆରେ ମଣିଷ ପଡ଼ିଲା ଏଠି। ସକାଳେ କିଏ ଥାନାକୁ ଯିବାକୁ ନେହୁରା ହେଲାଣି ତ ସନ୍ଧ୍ୟାରେ ଆଉ ଜଣେ ଆସିଲାଣି। ଉପାୟ ନାହିଁ। ଯିବାପାଇଁ ରାଜିହେଲି। "ହେଇ ଆଗରେ, ହେଇ ଆଗରେ" କହି ମୋତେ

ପ୍ରାୟ ମାଇଲିଏ ବାଟ ନେଇଗଲା—ସେଠା ସର୍କିଟ୍ ହାଉସ୍‌କୁ । ସେଠି ଗୋଟିଏ ଟେବୁଲ ଉପରେ ଖୁବ୍ ସୁନ୍ଦର ଧଳା ଚାଦର ପକାଯାଇଛି । ପାଖରେ ଦୁଇ ଚାରିଟା ଚେୟାର, କେହି କୁଆଡ଼େ ନାହାନ୍ତି । ଭାବିଲି, ଇଏତ ଗୋଟେ ସମ୍ବର୍ଦ୍ଧନାର ବନ୍ଦୋବସ୍ତ । ନିଶ୍ଚୟ ରାଜାଙ୍କ କାମ । ନହେଲେ ଇଏ କୁଆଡ଼ ଏତେ କଥା କରି ପାରିବ । କିଛି ସମୟ ପରେ ପହଞ୍ଚିଗଲେ ରାଜା ସାହେବ । ସାଙ୍ଗରେ ବିଲାତି କୁକୁର । ପରିଚୟ ଦେଲେ, "ଆଜ୍ଞା ମୁଁ ନୀଳଗିରି ରାଜା" ପାଖ ଚେୟାରରେ ବସି ଟେବୁଲ ଉପରେ ସିଗାରେଟ୍ ଟିଣ ଥୋଇଲେ । ଆରମ୍ଭ କଲେ, "ଆପଣଙ୍କୁ ମୋର ଗୋଟେ କଥା କହିବାର ଅଛି । ଆମେ ଆଉ ଏଠି ରହିବୁ ନାହିଁ ? ରାଜବଂଶ ଲୋପ ପାଇଯିବ ?" କହିଲି, କାହିଁକି ସେମିତି କହୁଛନ୍ତି ? କ'ଣ ହେଲା କି ?" ସେ କହିଲେ, ଏମାନେ ମିଛଟାରେ ମୋତେ ହଇରାଣ କରି ଚାଲିଛନ୍ତି । କାଲି ରାତିରେ କୁଆଡ଼ୁ ଗୋଟେ ସ୍ତ୍ରୀ ଲୋକକୁ ନେଇ ଥାନାରେ ପହଞ୍ଚେଇଛନ୍ତି । ମୋତେ ବଦନାମ କରିବା ପାଇଁ ସେଥିରେ ମୋ ନାଁ ଯୋଡ଼ିଛନ୍ତି । କେଶ୍ ଫେଶ୍ କ'ଣ କରିଛନ୍ତି । ଆପଣ ମୋ' ତରଫରୁ ଗୋଟେ ମାମଲା କରନ୍ତୁ । ଯାହା "ଫି" କହିବେ ମୁଁ ବିନା ଦ୍ୱିଧାରେ ଦେବି ।" କହିଲି, "ଦେଖନ୍ତୁ, ରାଜାସାହେବ୍ ! ଆପଣ ବହୁତ ଡେରି କରିଦେଲେ । ଆଜି ସକାଳେ ମୁଁ ତାକୁ ଥାନାରେ ଦେଖିଛି । ଘଟଣା କଥା ଶୁଣିଛି । କାଲି ଯଦି ମୋତେ ପଚରାଯାଏ ଆପଣ ଯାଇଥିଲେ କି ? କିଛି ଦେଖିଥିଲେ କି ? କିଛି ଶୁଣିଥିଲେ କି ? ମୁଁ ତ ଆଉ ମିଛ କହି ପାରିବି ନାହିଁ । ତେଣୁ ଯେଉଁ ମାମଲାରେ ମୁଁ ସାକ୍ଷୀ ସ୍ତରକୁ ଆସିଯାଇଛି ସେଥିରେ ପୁଣି ଓକିଲାତି କରିବା ସମ୍ଭବ ନୁହେଁ । ଉଚିତ ବି ନୁହେଁ । ସେ ମୋତେ ବହୁତ ଅନୁରୋଧ କଲେ । ପ୍ରଲୋଭିତ କରିବାକୁ ଚେଷ୍ଟା କଲେ । କିଛି ଫଳ ହେଲାନାହିଁ । ପ୍ରଫେସନାଲ୍ ଏଥିକ୍‌ସ କଥା କହି ତାଙ୍କୁ ବିଦାକଲି । ସେ ଯାହାହେଉ ଭଲରେ ଭଲରେ ଡାକବଙ୍ଗଳାକୁ ଫେରିଲି ।

ଯେଉଁ ଲୋକ ମୋତେ ସର୍କିଟ୍ ହାଉସ୍‌କୁ ଡାକି ନେଇଥିଲା ସେ ପରଦିନ କୋର୍ଟରେ ଗୋଟେ ମକଦ୍ଦମା ଦାଏର୍ କଲା ଯେ, ଲୋକମାନେ ଜବରଦସ୍ତି ତା ସ୍ତ୍ରୀକୁ ଥାନାକୁ ଧରି ନେଇ ତାକୁ ଏବଂ ରାଜାଙ୍କୁ ଅପମାନିତ ଓ ଅସମ୍ମାନିତ କରିଛନ୍ତି । ମୋର ଷଡୁ ଗିରିଧାରୀ ପଟ୍ଟନାୟକଙ୍କ ଭାଇ ତାରାପ୍ରସାଦ ପଟ୍ଟନାୟକ ସେଠାରେ ଏ.ଡ଼ି.ଏମ୍. ଥାଆନ୍ତି । ଏହି ମକଦ୍ଦମାଟି ତାଙ୍କ ପାଖରେ । ସେ କ'ଣ କରିବେ କ'ଣ ନାହିଁ କିଛି ଠିକଣା କରି ନ ପାରି ରାତିରେ ଆସି ମୋ ପାଖରେ ପହଞ୍ଚିଲେ । ମୁଁ କହିଲି, "ଏଥିରେ ଭାବିବାର କ'ଣ ଅଛି ? କିଛି ସମୟ ଚାଲିଯିବ । ୟା ଭିତରେ ସତ ମିଛ ସବୁ ବାହାରି ପଡ଼ିବ ।" ସେ ଗଲେ ।

ତା' ପରଦିନ ମୁଁ ଯେଉଁ ମାମଲାରେ ଯାଇଥିଲି ତା'ର ଶୁଣାଣି ସାରି ଫେରିବା କଥା। କିନ୍ତୁ ନୀଳଗିରିର ଓକିଲମାନେ ମୋତେ ସନ୍ଧ୍ୟାରେ ଚା' ଭୋଜିକୁ ନିମନ୍ତ୍ରଣ କଲେ। କଥା କ'ଣ ଛପି ରହୁଛି। ମୁଁ ଯେ ରାଜାର ସମସ୍ତ ପ୍ରଲୋଭନ ଏଡ଼େଇ ଦେଲି ସେ ପାଇଁ ବହୁତ ପ୍ରଶଂସା କରି କହିଲେ। ମୁଁ କଥାର ମୋଡ଼ ବଦଳାଇ ଅନ୍ୟ ଆଡ଼କୁ ନେଇଗଲି। ତେବେ ସେମାନଙ୍କର ଆନନ୍ଦ ଯେ ଅନାବିଳ ତାହା ମୁଁ ଅନୁଭବ କଲି। ସରକାରଙ୍କ ତରଫରୁ ଆୟୋଜିତ ଗୋଟିଏ ଗାଡ଼ିରେ ବାଲେଶ୍ୱର ଆସି ସେଠାରୁ କଟକ ଫେରିଲି। କଟକରେ ଆସି ପହଞ୍ଚୁ ନ ପହଞ୍ଚୁଣୁ ମୋର ଜଣେ ପିଲାଦିନର ବନ୍ଧୁ— ସ୍କୁଲ ଠାରୁ ବି.ଏଲ୍. ପର୍ଯ୍ୟନ୍ତ ଏକାଠି ପଢୁଥିଲୁ। ଶ୍ରୀ ଜୟକୃଷ୍ଣ ଦାସ ପୋଲିସ କର୍ମଚାରୀ ଥାଆନ୍ତି। କହିଲେ, "ନୀଳଗିରିରୁ ତ ବହୁତ କିଛି ଆଣିଥିବ।" ମୁଁ କହିଲି, ଆସ, ଆସ, ତମେ ସେଥିରୁ କିଛି ନିଅ— ଅନ୍ତତଃ ହାଲକା ହେଉ।" ପରିହାସ ଛାଡ଼ି ସେ କହିଲେ, "ହଇଓ, ତମେ କ'ଣ ଏମିତି କଲକି ? ଦୈନିକ ଖବର କାଗଜ ସବୁ ତ ବହୁତ ଟେକା ଟେକି କରି ଲେଖୁଛନ୍ତି। ତମେ କୁଆଡ଼େ ଯେତେ ଅର୍ଥଲୋଭ ଦେଖାଇଲେ ବି ସବୁ ଏଡ଼େଇ ଦେଲ। ତମେ ନ ନେଲ ନାହିଁ—ଆମ ପାଇଁ ତ ନେଇ ଆସିଥାନ୍ତ" ଦୁହେଁ ତୃପ୍ତିରେ ହସିଲୁ।

କିଛିଦିନ ବିତିଗଲା। ଦିନେ ଖବର କାଗଜରେ ପଢ଼ିଲି ନୀଳଗିରିର ବ୍ରହ୍ମପୁର ଥାନା ଇଲାକାରେ ପ୍ରଜାମଣ୍ଡଳ ଲୋକଙ୍କ ଉପରେ ଗୁଳି ଚାଳନା ହୋଇଛି। ତା' ପରେ ପରେ ରାଜା ଗାଦି ଛାଡ଼ିଲେ। ନୀଳଗିରି ଗଡ଼ଜାତ ମିଶ୍ରଣରେ ପ୍ରଥମ ହେବାର ଗୌରବ ଲାଭ କଲେ।

ବସନ୍ତମଞ୍ଜରୀ ଦେବୀ

ସେଇ ନୀଳଗିରି ରାଜାଙ୍କ କନ୍ୟା ବସନ୍ତମଞ୍ଜରୀ ଦେବୀ କେତେଥର ମୋ ଡଗରପଡ଼ା ଘରକୁ ଆସିଛନ୍ତି—ବିଭିନ୍ନ ବିଷୟରେ। ବିଶିଷ୍ଟ ସମାଜବାଦୀ ନେତା ଜୟପ୍ରକାଶ ନାରାୟଣ ମୋ ଘରେ ଅତିଥି ହୋଇଥିଲାବେଳେ ତାଙ୍କ ସମ୍ମାନାର୍ଥେ ମୁଁ ଏକ ଚା' ଭୋଜିର ଆୟୋଜନ କରିଥିଲି। ଏହି ଚା' ଭୋଜିକୁ ଅନେକ ବିଶିଷ୍ଟ ବ୍ୟକ୍ତିଙ୍କ ମଧ୍ୟରେ ବସନ୍ତମଞ୍ଜରୀଙ୍କୁ ନିମନ୍ତ୍ରଣ କରିଥିଲେ। ସେ ମୋର ନିମନ୍ତ୍ରଣ ରକ୍ଷା କରି ଅତି ଆଗ୍ରହର ସହିତ ଆସିଥିଲେ। ଅତି ସ୍ନେହୀ ଓ ଗୁଣବତୀ। ସେ ଓଡ଼ିଶାର ସ୍ୱାସ୍ଥ୍ୟମନ୍ତ୍ରୀ ହୋଇଥିଲେ।

ଦୋଳଗୋବିନ୍ଦ ମହାନ୍ତି ହତ୍ୟା

ଅନୁଗୁଳର ପରତରା ମୌଜାରେ ଗୋଟିଏ ଜଳାଶୟକୁ କେନ୍ଦ୍ର କରି ଏକ ବଡ଼ ଧରଣର ବିବାଦ ସୃଷ୍ଟି ହୋଇଥିଲା। ସେହି ମୌଜା ଲୋକମାନଙ୍କର ଦୁଇଦଳ ମଧ୍ୟରେ ମାଛଧରା ସତ୍ତ୍ୱାସତ୍ତ୍ୱ ନେଇ ଗଣ୍ଡଗୋଳ ଭୀଷଣ ଆକାର ଧାରଣ କଲା। ତା ୧୯-୮-୫୧ରେ ମାଜିଷ୍ଟ୍ରେଟ ଦୋଳଗୋବିନ୍ଦ ମହାନ୍ତିଙ୍କ ହତ୍ୟାକାଣ୍ଡ ଘଟଣା ଘଟିବା ଆଗରୁ ତତ୍କାଳୀନ ରାଜସ୍ୱ ପରିଷଦର ସଭ୍ୟ ଶ୍ରୀ ବଳରାମ ଶିବରମଣ ଆଇ.ସି.ଏସ୍. ଏହି ପୋଖରୀ ଗଣ୍ଡଗୋଳ ସମ୍ପର୍କରେ ଅନୁସନ୍ଧାନ କରିବାକୁ ପରତରା ଗ୍ରାମକୁ ଥରେ ଯାଇଥିଲେ। ଏହି ଘଟଣାରେ ଗ୍ରାମବାସୀଙ୍କ ତରଫରୁ ମୁଁ ମକଦ୍ଦମା ପରିଚାଳନା କରୁଥିବାରୁ ଶିବରମଣଙ୍କ ସହିତ ପରତରାକୁ ଯାଇଥିଲି। ଏହି ପୁଷ୍କରିଣୀର ଜଳବଣ୍ଟନ ସମ୍ପର୍କୀୟ ଗଣ୍ଡଗୋଳର ଏକ ଶାନ୍ତିପୂର୍ଣ୍ଣ ସମାଧାନ କରିବା ଦିଗରେ ଉଦ୍ୟମ କରାଯାଇଥିଲା; ମାତ୍ର ବିଭିନ୍ନ କାରଣରୁ ଏହା ସମ୍ଭବପର ହୋଇପାରି ନ ଥିଲା। ଫଳରେ ଶାନ୍ତିରକ୍ଷା କରିବା ନିମିତ୍ତ ସେଠାକୁ ଜଣେ ମାଜିଷ୍ଟ୍ରେଟଙ୍କୁ ଯିବାକୁ ପଡ଼ିଥିଲା। ମାଜିଷ୍ଟ୍ରେଟ ଦୋଳଗୋବିନ୍ଦ ମହାନ୍ତି ପରତରା ଯାଇ ସେ ପୋଖରୀରେ ୧୪୪ ଓ ୧୪୫ ଧାରା ଜାରି କରିବା ସମୟରେ ଦଳେ ଲୋକ ଉତ୍ତ୍ୟକ୍ତ ହୋଇ ଦିନବେଳେ ତାଙ୍କୁ ସେ ପୋଖରୀ ନିକଟରେ ହତ୍ୟା କଲେ। ଏହି ହତ୍ୟାକାଣ୍ଡ ମକଦ୍ଦମାରେ ପ୍ରାଣବନ୍ଧୁ ମିଶ୍ରଙ୍କ ସମେତ ମୋଟ ୩୦ ଜଣ ମୁଦାଲା ଥିଲେ ବୋଲି ଅଭିଯୋଗ ହେଲା। ମୁଦାଲାମାନଙ୍କୁ ଫୌଜଦାରୀ ଆଇନର ବିଭିନ୍ନ ଦଫାରେ ଅଭିଯୁକ୍ତ କରାଯାଇଥିଲା। ମୁଦାଲାମାନଙ୍କ ତରଫରୁ ମୁଁ ମକଦ୍ଦମା ଚଳାଉଥିଲି ଏବଂ ଅନୁଗୁଳର ଓକିଲ ଶ୍ରୀ ତ୍ରିଲୋଚନ ମିଶ୍ର (ପରେ ଜିଲ୍ଲା ଜଜ୍) ଏଥିରେ ମୋ ସହାୟତା କରୁଥିଲେ।

ଅନୁଗୁଳଠାରେ ଏହି ମକଦ୍ଦମାର ବିଚାର ଚାଲିଲା। ସରକାରଙ୍କ ତରଫରୁ ସ୍ୱର୍ଗତ ବାଞ୍ଛାନିଧି ମହାପାତ୍ର (ପରେ ଆଡ୍‌ଭୋକେଟ୍ ଜେନେରାଲ) ମକଦ୍ଦମା ପରିଚାଳନା କରୁଥିଲେ ଓ ତାଙ୍କ ସହିତ ସହଯୋଗ କରୁଥିଲେ ସ୍ଥାନୀୟ ଆଡ୍‌ଭୋକେଟ୍ ଶ୍ରୀ ଗଗନବିହାରୀ ଦାସ। ବହୁଦିନ ଧରି ଏ ମକଦ୍ଦମା ଚାଲିଲା। ଏହାକୁ ସେସନସ୍ ଜଜ୍ ସ୍ୱର୍ଗତ ଅନନ୍ତରାମ ଗୁରୁ ବିଚାର କରି ଶ୍ରୀ ପ୍ରାଣବନ୍ଧୁ ମିଶ୍ରଙ୍କୁ ପ୍ରାଣଦଣ୍ଡ ଆଦେଶ ଦେଇଥିଲେ। ଏହାପରେ ଓଡ଼ିଶା ହାଇକୋର୍ଟ ଓ ପରେ ସୁପ୍ରିମକୋର୍ଟରେ ଅପିଲ କରାଯାଇଥିଲେ ସୁଦ୍ଧା ଉଭୟ କୋର୍ଟ ଏହି ଦଣ୍ଡାଦେଶକୁ କାଏମ ରଖିଥିଲେ। ପ୍ରାଣବନ୍ଧୁ ଫାଶୀ ପାଇବା ପୂର୍ବରୁ କହିଥିଲେ, "ମୁଖ୍ୟ ବିଚାରପତିଙ୍କୁ କହିବେ, ମୁଁ ନିର୍ଦ୍ଦୋଷ। ସେ ଜଣେ ନିର୍ଦ୍ଦୋଷ ବ୍ୟକ୍ତିକୁ ପ୍ରାଣଦଣ୍ଡ ଦେଇଛନ୍ତି।" ଲୋକ ମୁଖରେ ପ୍ରକାଶ ଯେ,

ହତ୍ୟାକାଣ୍ଡ ଘଟିବା ଦିନ ପ୍ରାଣବନ୍ଧୁ ମିଶ୍ର ଘରେ ନ ଥିଲେ। ତାଙ୍କ ବନ୍ଧୁ ଘରକୁ ଯାଇଥିଲେ। ସେଠାରୁ ଘରକୁ ଫେରୁଥିଲା ବେଳେ ବାଟରେ ଏ କଥା ଶୁଣି ସାଙ୍ଗେ ସାଙ୍ଗେ କଟକ ପଳାଇ ଆସିଥିଲେ। ସେ ଦଳର ମୁଖ୍ୟବକ୍ତା ହୋଇଥିବାରୁ ମକଦ୍ଦମାରେ ତାଙ୍କୁ ନିଶ୍ଚିତ ଭାବେ ହୋଇ ଜଡ଼ିତ କରାଯିବା ସନ୍ଦେହ କରି ଓକିଲ ପରାମର୍ଶ କରିବାକୁ ସେ ଆସିଥିଲେ।

ଘଟଣା ଦିନ ସନ୍ଧ୍ୟାରେ ମୁଁ ଓ ମୋର ମୋର ସହଯୋଗୀ ଓକିଲ ବନ୍ଧୁ ଶ୍ରୀଯୁକ୍ତ ରାଜେନ୍ଦ୍ର ମହାନ୍ତି ମୋ ଘରେ ବସିଥିଲୁ। ସେହି ସମୟରେ ସମ୍ବାଦପତ୍ର ହକର୍‌ମାନେ "ଦୋଳଗୋବିନ୍ଦ ମହାନ୍ତି ହତ୍ୟାକାଣ୍ଡ" ଡାକି ଡାକି ଯାଉଥିଲେ। 'ସମାଜ'ରେ ଏହି ହତ୍ୟାକାଣ୍ଡ ଘଟଣାଟି ମୁଖ୍ୟ ସମ୍ବାଦ ରୂପେ ପ୍ରକାଶ ପାଇଥିଲା। ଆମେ ଦୁହେଁ ସେଇଠି ବସି ଘଟଣାଟି ସମ୍ପର୍କରେ ଆଲୋଚନା କରୁଥିଲାବେଳେ ପ୍ରାଣବନ୍ଧୁ ମିଶ୍ର ହଠାତ୍ ମୋ ଘରେ ଆସି ପହଞ୍ଚିଲେ। କହିଲେ, "ମୁଁ ବନ୍ଧୁ ଘରକୁ ଯାଇଥିଲି। ଗ୍ରାମକୁ ଫେରୁଥିଲା ବେଳେ ମେରାମୁଣ୍ଡଳି ଷ୍ଟେସନରେ ଓହ୍ଲାଇ ଶୁଣିଲି ଯେ, ପରତରାରେ ଲୋକମାନେ ମାଜିଷ୍ଟ୍ରେଟ ଦୋଳଗୋବିନ୍ଦ ମହାନ୍ତିଙ୍କୁ ମାରି ଦେଇଛନ୍ତି। ଏ କଥା ଶୁଣି ମୁଁ ଭାରି ବ୍ୟସ୍ତ ହେଲି ଓ ଲୋକମାନେ ଏପରି ଭୁଲ କାହିଁକି କଲେ ବୋଲି କହିଲି। ପରତରା ଗ୍ରାମର ଜଳାଶୟ ବିବାଦରେ ମୁଁ ଦଳର ଜଣେ ମୁଖ୍ୟ ବ୍ୟକ୍ତି ହୋଇଥିବାରୁ ପୋଲିସ ନିଶ୍ଚୟ ମୋତେ ଗିରଫ କରିବେ। ଆପଣଙ୍କ ଉପରେ ନିର୍ଭର ରହିଲା। ଏ କେଶ୍‌ରୁ ଆମକୁ ରକ୍ଷା ନ କଲେ ଆମେ ଭାସିଯିବୁ।"

ପ୍ରାଣବନ୍ଧୁ ମିଶ୍ର ଅନୁଗୁଳକୁ ଫେରିବା ଫେରିବା ବାଟରେ ତାଙ୍କୁ ଗିରଫ କରାଯାଇ ଥିଲା। କେତେକ ସାକ୍ଷୀ ତାଙ୍କ ବିରୁଦ୍ଧରେ ସାକ୍ଷ୍ୟ ଦେଇ କହିଥିଲେ ଯେ, ସେ ଗୋଟିଏ ଚରାଳୀ (ଠେଙ୍ଗା ଜାତୀୟ ବାଡ଼ି)ରେ ମାଜିଷ୍ଟ୍ରେଟଙ୍କ ମୁଣ୍ଡକୁ ପାହାରେ ପକାଇବା ଫଳରେ ସେ ପାଣିରେ ପଡ଼ି ମରିଗଲେ। ସାକ୍ଷୀମାନଙ୍କ ଉପରୋକ୍ତ ଉକ୍ତିକୁ ଗ୍ରହଣ କରି ଜଜ୍ ୩୦୨ ଦଫାରେ ପ୍ରାଣବନ୍ଧୁଙ୍କୁ ମୃତ୍ୟୁଦଣ୍ଡ ଦେଇଥିଲେ। ଏହିଭଳି ଭାବରେ ମିଥ୍ୟା ସାକ୍ଷ୍ୟ ପ୍ରମାଣ ବଳରେ ଜଣେ ନିର୍ଦ୍ଦୋଷ ବ୍ୟକ୍ତିଙ୍କୁ ଫାଶୀ ଦିଆଯାଇଥିଲା।

ଏହି ହତ୍ୟା ମକଦ୍ଦମାଟି ଓଡ଼ିଶାରେ ଅଭୁତପୂର୍ବ ଘଟଣା। କାରଣ କାର୍ଯ୍ୟରତ ଥିବା ଅବସ୍ଥାରେ କୌଣସି ମାଜିଷ୍ଟ୍ରେଟଙ୍କୁ ଏହା ପୂର୍ବରୁ କେବେ ହତ୍ୟା କରାଯାଇ ନ ଥିଲା। ଏବେ ଅବଶ୍ୟ ଏହିପରି କେତୋଟି ଘଟଣା ଘଟିଲାଣି। ଯାହାହେଉ, ଜଣେ ମାଜିଷ୍ଟ୍ରେଟଙ୍କୁ ହତ୍ୟା କରାଯାଇଥିବା କାରଣରୁ ପରତରା ଗ୍ରାମରେ ପିଟୁଣୀ ଟିକସ ବସାଯାଇଥିଲା। ଫଳରେ ଗ୍ରାମର ବହୁ ନିର୍ଦ୍ଦୋଷ, ନିରୀହ ଲୋକ ଦଣ୍ଡିତ ତଥା କ୍ଷତିଗ୍ରସ୍ତ ହୋଇଥିଲେ। ଭୟଭୀତ ହୋଇ ଅନେକ ଲୋକ ଘରଦ୍ୱାର ଛାଡ଼ି ଅନ୍ୟତ୍ର ପଳାଇ

ଯାଇଥିଲେ ଏବଂ ସେହି ହୋଇ ଅଞ୍ଚଳରେ ଏକପ୍ରକାର ଆତଙ୍କରାଜ ସୃଷ୍ଟି ହୋଇଥିଲା ।

ମାଜିଷ୍ଟ୍ରେଟ୍ ଦୋଳଗୋବିନ୍ଦ ମହାନ୍ତିଙ୍କୁ ହତ୍ୟା କରାଯାଇଥିବା ଘଟଣା ସତ୍ୟ, ମାତ୍ର ପ୍ରାଣବନ୍ଧ ମିଶ୍ର ତାଙ୍କୁ ହତ୍ୟା କରିଥିବା କଥା ସତ୍ୟ ନୁହେଁ ବୋଲି ମୋର ପୂର୍ଣ୍ଣବିଶ୍ୱାସ । ଏହି କ୍ଷେତ୍ରରେ କବିବର ରାଧାନାଥ ରାୟଙ୍କ, "କେ କହଇ ମୁହିଁ ଅଟଇ ପୋଲିସ, ବିନାମେଘେ ସୃଜି ପାରଇ କୁଳିଶ" (ଦରବାର) ଲେଖା ମନକୁ ଆସେ । ଅବଶ୍ୟ ଏହାର ଅର୍ଥ ଯା ନୁହେଁ ଯେ, ପୋଲିସ ଦ୍ୱାରା ଯେତେଗୁଡ଼ିଏ ମକଦ୍ଦମା ରୁଜୁ କରାଯାଇଥାଏ ସେ ସବୁ ମିଥ୍ୟା ।

ପ୍ରାଣଦଣ୍ଡ ବିଚାର ପଦ୍ଧତିର ଶେଷଦଣ୍ଡ । ଘଟଣାର ସତ୍ୟତା ସମ୍ବନ୍ଧରେ ନିଶ୍ଚିତ ହେବା ପର୍ଯ୍ୟନ୍ତ କୌଣସି ମକଦ୍ଦମାରେ ମୁଦାଲାଙ୍କୁ ପ୍ରାଣଦଣ୍ଡ ଦେବା ଉଚିତ ହେବ ନାହିଁ । ସେଥିପାଇଁ କୌଣସି କୌଣସି ମକଦ୍ଦମାରେ ମୁଁ ବିଚାରପତି ଥିବାବେଳେ ମଧ୍ୟ ପ୍ରାଣଦଣ୍ଡ ଦେବାକୁ କୁଣ୍ଠାବୋଧ କରୁଥିଲି ।

ପାଗଳାବାବା ମକଦ୍ଦମା (ଗୁରୁକ୍ଷେତ୍ର-କୁରୁକ୍ଷେତ୍ର)

୧୯୫୪ ମସିହାର କଥା । କଟକ ସହରର ପୂର୍ବପଟ ମହାନଦୀକୂଳ କାଳିଆବୋଦାଠାରେ 'ଗୁରୁକ୍ଷେତ୍ର' ନାମରେ ବାବାଜୀମାନଙ୍କର ଗୋଟିଏ ମଠ ଥିଲା । ଲକ୍ଷ୍ମଣ ଦାସ, ବୈରାଗୀ ଦାସ, ଚିନ୍ତାମଣି ଦାସ ଓ ଗଦାଧର ଦାସ ପ୍ରମୁଖ କେତେଜଣ ବାବାଜୀ ସେଠାରେ ରହୁଥିଲେ । ବାବାଜୀମାନଙ୍କର ଏହି ମଠ ସେତେବେଳେ କାଳିଆବୋଦା ମଠ ଭାବରେ ପରିଚିତ ଥିଲେ । ବାବାଜୀମାନଙ୍କର ବିଭିନ୍ନ କାର୍ଯ୍ୟକଳାପ ସମ୍ପର୍କରେ ମଙ୍ଗଳାବାଗ ଥାନାରେ ଅଭିଯୋଗ କ୍ରମେ ତା ୨-୭-୫୪ରେ ପୋଲିସ ତରଫରୁ ଗୋଟିଏ ମକଦ୍ଦମା ରୁଜୁ ହୋଇଥିଲା । ପୋଲିସ ତରଫରୁ ଅନୁସନ୍ଧାନ ଆରମ୍ଭ ହେବାରୁ ବାବାଜୀମାନେ ଏହାର ଘୋର ପ୍ରତିବାଦ କରିଥିଲେ । ସମ୍ପୂର୍ଣ୍ଣ ପ୍ରସ୍ତୁତି ପରେ ତା ୧୮-୭-୫୪ରେ ମଠ ଉପରେ ଚଢ଼ାଉ କରାଯାଇଥିଲା । ଫଳରେ ପୋଲିସବାହିନୀ ସହିତ ବାବାଜୀମାନଙ୍କର ଘୋର ସଂଘର୍ଷ ହୋଇଥିଲା । କଟକର ପୋଲିସ ଡି.ଏସ୍.ପି. ପ୍ରେମାନନ୍ଦ ମହାନ୍ତି, ଏସ୍.ଆଇ. ଦେବରାଜ ପଟ୍ଟନାୟକ, ଜି.ଏନ୍. ଦାସଙ୍କ ସମେତ ଗୁରୁକ୍ଷେତ୍ର ଆଉଟପୋଷ୍ଟର ବହୁ ହାବିଲଦାର ଓ କନେଷ୍ଟବଲ ଏହି ଚଢ଼ାଉରେ ଅଂଶ ଗ୍ରହଣ କରିଥିଲେ । ବହୁ ପୋଲିସ କର୍ମଚାରୀ ଏଥିରେ ଆହତ ହୋଇଥିଲେ ଏବଂ ଜଣେ କନେଷ୍ଟବଲଙ୍କର ମୃତ୍ୟୁ ହୋଇଥିଲା । ବାବାଜୀମାନଙ୍କ ତରଫରୁ ଖଣ୍ଡା, ବର୍ଚ୍ଛା ଓ ତୀର ବ୍ୟବହୃତ ହୋଇଥିଲା । ପାଗଳାବାବା କ୍ରୋଧାନ୍ୱିତ ହୋଇ 'ରକ୍ତନଦୀ ବହିବ'

ଏବଂ ଆଉ ଜଣେ ବାବାଜୀ 'ସାତ ଅକ୍ଷୌହିଣୀବଳ ବସୁଧାରୁ ବାହାରି ତୁମ୍ଭଙ୍କୁ ଧ୍ୱଂସ କରିବେ, ମ୍ଳେଚ୍ଛ ସଂହାର ହେବ, ରକ୍ତନଦୀ ବୋହିବ' ବୋଲି କହିଥିବା ଅଭିଯୋଗ ହୋଇଥିଲା ।

କଟକର କେତେଜଣ ଜଣାଶୁଣା ଭଦ୍ରବ୍ୟକ୍ତି ଉକ୍ତ ମକଦ୍ଦମାରେ ବାବାଜୀମାନଙ୍କ ପ୍ରତି ସହାନୁଭୂତିଶୀଳ ଥିବା ଭଳି ଲକ୍ଷ୍ୟ କରାଯାଇଥିଲା । ବିଶିଷ୍ଟ ଆଡ଼ଭୋକେଟ୍ ସ୍ୱର୍ଗତ ହେମେନ୍ଦ୍ରନାଥ କାନୁନ୍‌ଗୋ ବାବାଜୀମାନଙ୍କର ଓକିଲ ଭାବେ ଏହି ମକଦ୍ଦମା ପରିଚାଳନା କରୁଥିଲେ । ସରକାରଙ୍କ ତରଫରୁ ମୁଁ ଏହି ମକଦ୍ଦମା ପରିଚାଳନା କରିଥିଲି । ଏଠାରେ ଉଲ୍ଲେଖ କରାଯାଇପାରେ ଯେ, ସରକାରଙ୍କ ବିରୁଦ୍ଧରେ ମକଦ୍ଦମା ପରିଚାଳନା କରିବାରେ ମୁଁ ଅଭ୍ୟସ୍ତ ଥିଲାବେଳେ ଏହି ପ୍ରଥମ ଥର ପାଇଁ ମୁଁ ସରକାରଙ୍କ ତରଫରୁ, ମକଦ୍ଦମା ପରିଚାଳନା କରିଥିଲି । ପ୍ରକାଶ ଥାଉ କି ବାବାଜୀମାନଙ୍କ ତରଫରୁ ମକଦ୍ଦମା ପରିଚାଳନା କରିବାକୁ ତାଙ୍କର କେତେଜଣ ଭକ୍ତ ମୋତେ ଅନୁରୋଧ କରିଥିଲେ । କିନ୍ତୁ ତା' ପୂର୍ବରୁ ଉଭୟ କଲେକ୍ଟର ଓ ଏସ୍.ପି. ବ୍ୟକ୍ତିଗତ ଭାବରେ ମୋ' ଘରକୁ ଆସି ସରକାରଙ୍କ ତରଫରୁ ମକଦ୍ଦମାଟି ପରିଚାଳନା କରିବାକୁ ଅନୁରୋଧ କରିଥିଲେ । ସେତେବେଳେ ଭି. ରାମନାଥନ କଟକର ଜିଲ୍ଲାପାଳ ଥାଆନ୍ତି । ସରକାରଙ୍କଙ୍କ ଦୃଷ୍ଟିରେ ଏହା ଏକ ମର୍ଯ୍ୟାଦା ପୂର୍ଣ୍ଣ ମକଦ୍ଦମା ଭାବେ ବିବେଚିତ ହୋଇଥିଲା । ସାମାଜିକ ଦୃଷ୍ଟିକୋଣରୁ ଏହା ଏକ ଗୁରୁତ୍ୱପୂର୍ଣ୍ଣ ଘଟଣା ହୋଇଥିବାରୁ ମୁଁ ସରକାରଙ୍କ ତରଫରୁ ମକଦ୍ଦମାଟି ପରିଚାଳନା କରିବାକୁ ରାଜି ହୋଇଥିଲି ।

ସେତେବେଳେ ବାବାଜୀମାନଙ୍କର ବ୍ୟବହାର ଓ କାର୍ଯ୍ୟକଳାପ ଲୋକମାନଙ୍କ ମନରେ ଏକ ପ୍ରକାର ଭୟ ସଞ୍ଚାର କରିଥିଲା । ଏ ସମ୍ପର୍କରେ ବହିମାନ ଲେଖାଯାଇ ଚାରିଆଡ଼େ ବହି କରାଯାଇଥିଲା । ମକଦ୍ଦମା ବିଚାର ସମୟରେ ବାବାଜୀମାନେ ସାଙ୍ଗ ହୋଇ କୋର୍ଟକୁ ଆସିବା ଦୃଶ୍ୟ ଦେଖିବାକୁ ବହୁତ ଲୋକ ରୁଣ୍ଡ ହେଉଥିଲେ ।

ଏ ଖେପଟା ରାଜୁବାବୁଙ୍କର

ମୋ' ଓକିଲାତି ସମୟର ଗୋଟିଏ ଘଟଣା ଲେଖୁଛି । ଚିଲିକା ଅଞ୍ଚଳର କୈବର୍ତ୍ତମାନଙ୍କ ମଧ୍ୟରୁ ଅନେକ ମୋର ମହକିଲ ଥିଲେ । ସେମାନେ ସ୍ୱଭାବତଃ ସଚ୍ଚୋଟ ଓ ସରଳ । ମୋର ଓକିଲାତି ବାବଦ୍ ଫିସ୍ ତ ସେମାନେ ଦେଉଥିଲେ, ତା' ବାଦ୍ ବେଳେବେଳେ ଚିଲିକାରେ ମାଛ ଧରିବା ସମୟରେ ଗୋଟାଏ ଗୋଟାଏ ଖେପ ମୋ' ପାଇଁ ପକାଉଥିଲେ । କହୁଥିଲେ, ଏ ଖେପଟା ରାଜୁବାବୁ ଓକିଲଙ୍କର ।"

ଏହିପରେ ଭାବରେ ମୋ' ଘରକୁ ମଧ୍ୟ ଅନେକ ଥର ଚିଲିକା ମାଛ ଆସୁଥିଲା ।

ମହକିଲଙ୍କ ଭାଳେଣି

ଗୋଟିଏ ମକଦ୍ଦମାରେ ମୁଁ ଓ ଆଡ଼ଭୋକେଟ୍ ସ୍ୱର୍ଗତ ଏମ୍. ସୁବାରାଓ ସାଙ୍ଗହୋଇ ଆଠଗଡ଼ ଯାଉଥିଲୁ । ସେ ଯେଉଁ ପକ୍ଷର ଓକିଲ ଥିଲେ, ମୁଁ ତାଙ୍କ ପ୍ରତିପକ୍ଷର ଓକିଲ ଭାବେ ମକଦ୍ଦମା ଲଢୁଥିଲି । ମୋ କାର୍‌ରେ ମୁଁ ଆଠଗଡ଼ ଯାଉଥିବା ଶୁଣି ସୁବାରାଓ ମୋ ସହିତ ଯିବାକୁ ଚାହିଥିଲେ । ତେଣୁ ମୁଁ ତାଙ୍କୁ ସାଙ୍ଗରେ ନେଇଥିଲି । ଆମେ ଏକା ଗାଡ଼ିରୁ ଓହ୍ଲାଉଥିବା ଦେଖି ଉଭୟ ପକ୍ଷ ମହକିଲଙ୍କ ମଧ୍ୟରେ ଏକପ୍ରକାର ଭାଳେଣି ପଡ଼ିଗଲା ଭଳି ଜଣାଗଲା । ସନ୍ଦେହ, କାଳେ କାହା ଓକିଲ ଅନ୍ୟ ପକ୍ଷର ଓକିଲଙ୍କୁ ପ୍ରଭାବିତ କରି କେଶ୍ ଜିତିବାକୁ ଚେଷ୍ଟା କରୁଥିବେ । ଜଣେ ମହକିଲ ମୁହଁରୁ ହଠାତ୍ ବାହାରିପଡ଼ିଲା, "କ'ଣ ବାବୁମାନେ ସାଙ୍ଗ ହୋଇ ଆସିଛନ୍ତି ?" ତାଙ୍କ ମନୋଭାବ ବୁଝିପାରି ମୁଁ କହିଲି, "ଏଥିରେ ଆଶଙ୍କା କରିବାର କିଛି ନାହିଁ ! ଆମ ଆମ ଭିତରେ ବ୍ୟକ୍ତିଗତ ବନ୍ଧୁତା ଥିଲେ ମଧ୍ୟ, ମକଦ୍ଦମା ଲଢ଼ିଲା ବେଳକୁ କେହି କାହାର ନୁହନ୍ତି । ପ୍ରତ୍ୟେକ ପ୍ରତ୍ୟେକେଙ୍କ କରାମତି ଦେଖାନ୍ତି ।"

ସହଯୋଗୀ ଆଡ୍‌ଭୋକେଟ୍‌ଗଣ

ମୁଁ ସ୍ୱାଧୀନ ଭାବରେ ମୋର ଆଇନ୍ ବ୍ୟବସାୟ ଆରମ୍ଭ କରିଥିଲି । ଅନେକ ପ୍ରତିଭାବାନ୍ ଯୁବ ଆଇନ୍‌ଜୀବୀ ବହୁ ଗୁରୁତ୍ୱପୂର୍ଣ୍ଣ ମକଦ୍ଦମାରେ ମୋର ସହଯୋଗୀ ଓକିଲ ଭାବରେ କାର୍ଯ୍ୟ କରିଥିଲେ । ପରବର୍ତ୍ତୀ ଅବସ୍ଥାରେ ଆପଣାର ଦକ୍ଷତା ବଳରେ ସେମାନଙ୍କ ମଧ୍ୟରୁ କେତେଜଣ ସମାଜସେବା କ୍ଷେତ୍ରରେ ପ୍ରତିଷ୍ଠା ଲାଭ କରିବା ସଙ୍ଗେ ସଙ୍ଗେ ଆଉ କେତେକ ମଧ୍ୟ ଉଚ୍ଚ ନ୍ୟାୟାଳୟର ବିଚାରପତି ହେବାର ଗୌରବ ଅର୍ଜନ କରିଛନ୍ତି । ଏହି ଜୁନିଅର୍ ବନ୍ଧୁମାନଙ୍କ ଭିତରୁ କେତେକଙ୍କ ସହିତ ଆଇନ୍ ବ୍ୟବସାୟ ବ୍ୟତୀତ ମୋର ଘନିଷ୍ଠ ପାରିବାରିକ ସମ୍ପର୍କ ସ୍ଥାପିତ ହୋଇଥିଲା । ଏହି ସହକର୍ମୀ ବନ୍ଧୁମାନଙ୍କ ସମ୍ବନ୍ଧରେ କିଛି ଉଲ୍ଲେଖ କରିବାକୁ ଉଚିତ ମନେ କରୁଛି ।

ଗିରିଜାଶଙ୍କର ବହିଦାର

୧୯୬୦ ମସିହାରେ ମୁଁ ଓଡ଼ିଶା ହାଇକୋର୍ଟର ବିଚାରପତି ଭାବେ ନିଯୁକ୍ତି ପାଇବା ପର୍ଯ୍ୟନ୍ତ ବହୁବର୍ଷ ଧରି ସ୍ୱର୍ଗତ ଗିରିଜାଶଙ୍କର ବହିଦାର ମୋ' ସହଯୋଗୀ ଓକିଲ ଭାବରେ କାର୍ଯ୍ୟ କରିଥିଲେ । ମୋ' ସହିତ ମିଶି ବହୁ ମକଦ୍ଦମା ପରିଚାଳନା କରିବା ବ୍ୟତୀତ ସ୍ୱତନ୍ତ୍ର ଭାବେ ଅନେକ ମକଦ୍ଦମା ପରିଚାଳନା କରି ସେ ଯଥେଷ୍ଟ ଖ୍ୟାତି ଅର୍ଜନ କରିଛନ୍ତି । ଆଇନ୍ ବ୍ୟବସାୟରେ ତାଙ୍କର ନିଷ୍ଠା ଓ ସାଧୁତା ଅତ୍ୟନ୍ତ ଉଚ୍ଚକୋଟୀର ଥିଲା ।

ଓକିଲାତି କରିବାକୁ ସେ ସମ୍ବଲପୁରରୁ କଟକ ଆସିଥିଲେ । ଆଇନ୍ ବ୍ୟବସାୟ ଆରମ୍ଭରୁ ହିଁ ମୋ' ସହିତ ତାଙ୍କର ପରିଚୟ ହୋଇଥିଲା । ମୋର ସହଯୋଗୀ ଓକିଲମାନଙ୍କ ମଧ୍ୟରେ ସେ ଥିଲେ ପ୍ରଥମ । ମୋ' ଆଇନ୍ ବ୍ୟବସାୟ ସାଙ୍ଗରେ ସେ ପ୍ରାୟ ଛାଇ ଭଳି ଶେଷ ପର୍ଯ୍ୟନ୍ତ ଥିଲେ । ନିଜର ଯୋଗ୍ୟତା ଓ ସାଧୁତା ବଳରେ ସେ

ଓଡ଼ିଶା ଓ ଭାରତ ସରକାରଙ୍କର ବହୁ କ୍ଷେତ୍ରରେ ଆଇନ ପରାମର୍ଶଦାତା ଭାବରେ କାର୍ଯ୍ୟ କରିଥିଲେ। ସେ ବହୁବର୍ଷ ଧରି କଟକର ସରକାରୀ ଓକିଲ ଭାବରେ କାର୍ଯ୍ୟ କରିଥିଲେ। କ୍ରିମିନାଲ ଲୟର ଭାବରେ ତାଙ୍କର ବିଶେଷ ଖ୍ୟାତି ଥିଲା।

ବହିଦାର ବାବୁ କରଣ ହେଲେ ମଧ୍ୟ, ଚାନ୍ଦିନୀଚୌକ ବ୍ରାହ୍ମଣ ସାହିର ବ୍ରାହ୍ମଣୀ କନ୍ୟା ଅନ୍ନପୂର୍ଣ୍ଣା ଶତପଥୀଙ୍କୁ ସିଭିଲ୍ ମ୍ୟାରେଜ୍ ଆଇନ୍ ଅନୁଯାୟୀ ବିବାହ କରିଥିଲେ। ତାଙ୍କ ଶ୍ୱଶୁର ଦାମୋଦର ଶତପଥୀ ଜଣେ ଧର୍ମପ୍ରାଣ ଓ ସଚ୍ଚୋଟ ବ୍ୟକ୍ତି ଭାବେ ପ୍ରତିଷ୍ଠା ଲାଭ କରିଥିଲେ। ସରକାରୀ ଚାକିରିରୁ ଅବସର ଗ୍ରହଣ ପରେ ସେ ନିଜକୁ ନାନା ସେବାମୂଳକ କାର୍ଯ୍ୟରେ ନିୟୋଜିତ କରିଥିଲେ।

ଅନ୍ନପୂର୍ଣ୍ଣା ମୋ' ସ୍ତ୍ରୀ ସରୋଜିନୀଙ୍କୁ ଆପଣାର ବଡ଼ ଭଉଣୀ ଭଳି ଅତ୍ୟନ୍ତ ଶ୍ରଦ୍ଧା ଓ ସମ୍ମାନ ପ୍ରଦର୍ଶନ କରନ୍ତି। ଆମେ ପ୍ରାୟ ଗୋଟିଏ ପରିବାର ଭଳି ଚଳୁଥିଲୁ କହିଲେ ଅତ୍ୟୁକ୍ତି ହେବ ନାହିଁ। ଆମର ପାରିବାରିକ ସମ୍ପର୍କ ଏବେ ବି ଅତୁଟ ରହିଛି।

ଗିରିଜାବାବୁ ଗତ କିଛି ଦିନ ହେବ ମୂତ୍ରାଶୟଜନିତ ରୋଗରେ ପୀଡ଼ିତ ହୋଇ ଶ୍ରୀରାମଚନ୍ଦ୍ର ଭଞ୍ଜ ମେଡ଼ିକେଲ୍‌ରେ ଚିକିତ୍ସିତ ହେଉଥିଲେ। ମୃତ୍ୟୁ ସହିତ ଦୀର୍ଘ ଦିନ ସଂଗ୍ରାମ କରି ଶେଷରେ ଗତ ତା ୨୮-୧୦-୮୯ ରିଖ ସନ୍ଧ୍ୟା- ୭.୩୦ ମିନିଟ୍‌ରେ ସେ ଇହଧାମରୁ ବିଦାୟ ନେଇଗଲେ। ତା' ପରଦିନ ଓଡ଼ିଶା ହାଇକୋର୍ଟରେ ସ୍ୱର୍ଗତ ବହିଦାରଙ୍କ ପ୍ରତି ଗଭୀର ଶ୍ରଦ୍ଧାଞ୍ଜଳି ଅର୍ପଣ କରାଯିବା ପରେ ପରେ ସମ୍ମାନ ପ୍ରଦର୍ଶନ ସ୍ୱରୂପ କୋର୍ଟ କାର୍ଯ୍ୟ ବନ୍ଦ ରଖାଯାଇଥିଲା। ଏତଦ୍‌ବ୍ୟତୀତ ଗତ ହାଇକୋର୍ଟ ବାର୍ ଆସୋସିଏସନ ଓ ଅନ୍ୟାନ୍ୟ ବହୁ ସଙ୍ଗଠନ ତରଫରୁ ମଧ୍ୟ ତାଙ୍କୁ ଶ୍ରଦ୍ଧାଞ୍ଜଳି ଅର୍ପଣପୂର୍ବକ ଶୋକସଭାମାନ ଅନୁଷ୍ଠିତ ହୋଇଥିଲା।

ରାଜେନ୍ଦ୍ର ଚନ୍ଦ୍ର ମହାନ୍ତି

ଶ୍ରୀଯୁକ୍ତ ରାଜେନ୍ଦ୍ର ଚନ୍ଦ୍ର ମହାନ୍ତି ମୋର ସହଯୋଗୀ (ଜୁନିଅର) ଓକିଲ ଭାବେ ବହୁଦିନ କାର୍ଯ୍ୟ କରିଥିଲେ ଓ ବହୁ ଗୁରୁତ୍ୱପୂର୍ଣ୍ଣ ମକଦ୍ଦମାରେ ମୋ ସହିତ ପୂର୍ଣ୍ଣ ସହଯୋଗ କରିଥିଲେ। ତନ୍ମଧ୍ୟରୁ ଅନୁଗୁଳଠାରେ ଘଟିଥିବା ମାଜିଷ୍ଟ୍ରେଟ ଦୋଳଗୋବିନ୍ଦ ମହାନ୍ତିଙ୍କ ହତ୍ୟାକାଣ୍ଡ ଓ କଟକ ସହରର ପାଗଳାବାବା ମକଦ୍ଦମା ପ୍ରଭୃତି ଅନେକ ଚାଞ୍ଚଲ୍ୟକର ମକଦ୍ଦମା ସେତେବେଳେ ସାରା ଓଡ଼ିଶାରେ ଚହଳ ସୃଷ୍ଟି କରିଥିଲା।

ଶ୍ରୀଯୁକ୍ତ ମହାନ୍ତି କିଛିକାଳ ଧରି କେନ୍ଦ୍ର ସରକାରଙ୍କ ଓକିଲ ଭାବେ କାର୍ଯ୍ୟ କରିଥିଲେ। କଟକର ସରକାରୀ ଓକିଲ ଭାବରେ ମଧ୍ୟ ସେ ଅତ୍ୟନ୍ତ ଦକ୍ଷତାର ସହ

କାର୍ଯ୍ୟ କରିଛନ୍ତି । ତାଙ୍କ ପୁଅ ଶ୍ରୀ ରମାକାନ୍ତ ମହାନ୍ତି ଏବେ ଓଡ଼ିଶା ହାଇକୋର୍ଟରେ ଓକିଲାତି କରୁଛନ୍ତି । ଅନ୍ୟ ଦୁଇପୁଅ ଜୟନ୍ତ ଓ ଦେବକାନ୍ତ ମଧ୍ୟ ବିଭିନ୍ନ କ୍ଷେତ୍ରରେ ପ୍ରତିଷ୍ଠା ଲାଭ କରିଛନ୍ତି ।

ଜଣେ ସ୍ନେହୀ ଓ ଉଦାର ମନୋଭାବାପନ୍ନ ଆଇନଜୀବୀ ଭାବରେ ରାଜେନ୍ଦ୍ରବାବୁ ନିଷ୍ଠାର ସହ କାର୍ଯ୍ୟକରି ବହୁ ସୁନାମ ଅର୍ଜନ କରିଛନ୍ତି । ସେ ଏବେ ମଧ୍ୟ ବେଶ୍ ଦକ୍ଷତାର ସହ ଆଇନ ବ୍ୟବସାୟ ଓ କଟକର ସରକାରୀ ଓକିଲ ଭାବରେ କାର୍ଯ୍ୟ କରୁଛନ୍ତି ।

ଜଷ୍ଟିସ୍ ପ୍ରଫୁଲ୍ଲ କିଶୋର ମହାନ୍ତି

ମୋ ଆଇନ ବ୍ୟବସାୟ ସହିତ ଯେଉଁମାନେ ସହଯୋଗୀ ଭାବରେ କାର୍ଯ୍ୟ କରୁଥିଲେ; ସେମାନଙ୍କ ମଧ୍ୟରେ ଶ୍ରୀ ପ୍ରଫୁଲ୍ଲ କିଶୋର ମହାନ୍ତି (ପରେ ଓଡ଼ିଶା ହାଇକୋର୍ଟର ବିଚାରପତି) ଅନ୍ୟତମ । ୧୯୬୦ ମସିହାରେ ମୁଁ ଓଡ଼ିଶା ହାଇକୋର୍ଟର ବିଚାରପତି ଭାବେ ନିଯୁକ୍ତି ପାଇବା ପର୍ଯ୍ୟନ୍ତ ଶ୍ରୀଯୁକ୍ତ ମହାନ୍ତି ମୋ ସହକର୍ମୀ ରୂପେ ବହୁ ଗୁରୁତ୍ୱପୂର୍ଣ୍ଣ ମକଦ୍ଦମା ବିଶେଷ ଦକ୍ଷତାର ସହ ପରିଚାଳନା କରିଥିଲେ । ପରେ ସେ ୧୯୭୪ ମସିହା ଜାନୁୟାରୀ ମାସରେ ଓଡ଼ିଶା ହାଇକୋର୍ଟର ଅତିରିକ୍ତ ବିଚାରପତି ଏବଂ ସେହିବର୍ଷ ଅଗଷ୍ଟ ୨୬ ତାରିଖରେ ସ୍ଥାୟୀ ବିଚାରପତି ଭାବେ ନିଯୁକ୍ତି ପାଇଥିଲେ । ପରବର୍ତ୍ତୀ ଅବସ୍ଥାରେ ସେ କାର୍ଯ୍ୟକାରୀ ମୁଖ୍ୟ ବିଚାରପତି ଭାବେ ଗତ ତା ୧୬-୭-୮୪ ରିଖରେ ଅବସର ଗ୍ରହଣ କରିଥିଲେ । ଅବସର ଗ୍ରହଣ କରିବା ପରେ ସେ କିଛିଦିନ ପାଇଁ ଦୁର୍ନୀତି ନିବାରଣ ବିଭାଗର ଆଇନ ପରାମର୍ଶଦାତା ଭାବରେ କାର୍ଯ୍ୟ କରିଥିଲେ ।

ଶ୍ରୀଯୁକ୍ତ ମହାନ୍ତି ତାଙ୍କର ସମସ୍ତ ଦାୟିତ୍ୱ ଅତ୍ୟନ୍ତ ନିଷ୍ଠା ଓ ଆନ୍ତରିକତାର ସହିତ ପରିଚାଳନା କରି ବ୍ୟକ୍ତିଗତ ପ୍ରଚେଷ୍ଟା ଫଳରେ ଜଣେ ସାଧାରଣ କର୍ମଚାରୀ ସ୍ତରରୁ ପରିଶେଷରେ ହାଇକୋର୍ଟର ବିଚାରପତି ହୋଇପାରିଥିଲେ ।

ଅଧୁନା ସେ କଟକ ସହରର ମହାନଦୀ ବିହାରଠାରେ ଅବସ୍ଥାନ କରୁଛନ୍ତି ଓ ନାନା ସେବାମୂଳକ କାର୍ଯ୍ୟରେ ବେଶ୍ କର୍ମତତ୍ପର ଅଛନ୍ତି । ଏବେ ସେ କେତେକ ଆଇନ ବହି ଲେଖିବାରେ ବ୍ୟସ୍ତ ଅଛନ୍ତି ।

ନୀଳମଣି ରାଉତରାୟ

ଶ୍ରୀଯୁକ୍ତ ନୀଳମଣି ରାଉତରାୟ ଆଇନ ବ୍ୟବସାୟରେ ମନ ବଳାଇ ମୋର

ସହଯୋଗୀ ଓକିଲ ଭାବରେ କାର୍ଯ୍ୟ କରିବାକୁ ଆସୁଥିଲେ। ଏକଥା ସେ ତାଙ୍କ ଆତ୍ମଜୀବନୀ "ସ୍ମୃତି ଓ ଅନୁଭୂତି" (ପୃ-୧୯୮)ରେ ଉଲ୍ଲେଖ କରିଛନ୍ତି। ହେଲେ ପରବର୍ତ୍ତୀ ଅବସ୍ଥାରେ ସେ ଓକିଲାତି ଛାଡ଼ି ସକ୍ରିୟ ରାଜନୀତିରେ ଅଂଶ ଗ୍ରହଣ କରିଥିଲେ। ଛାତ୍ର ଜୀବନରୁ ସେ ସ୍ୱାଧୀନତା ସଂଗ୍ରାମ ସହିତ ସାମିଲ ହୋଇଥିଲେ। ଏଥିପାଇଁ ତାଙ୍କୁ ବହୁବାର କାରାବରଣ କରିବାକୁ ପଡ଼ିଥିଲା। ମୋର କେତେଗୁଡ଼ିଏ ଉଲ୍ଲେଖନୀୟ ମକଦ୍ଦମା ମଧ୍ୟରେ ରେଭେନ୍ସା କଲେଜ ଛାତ୍ର ଆନ୍ଦୋଳନ ବିଷୟରେ ମୁଁ ପୂର୍ବରୁ ଆଲୋଚନା କରିଛି। ଶ୍ରୀଯୁକ୍ତ ରାଉତରାୟ ଏହି ଐତିହାସିକ ସଂଗ୍ରାମର ଅଗ୍ରସାରଥି ଥିଲେ ଏବଂ ଏଥିପାଇଁ ତାଙ୍କୁ ଅନେକ ଦୁଃଖ ଓ ନିର୍ଯ୍ୟାତନାର ସମ୍ମୁଖୀନ ହେବାକୁ ପଡ଼ିଥିଲା।

ଜଣେ ବିଶିଷ୍ଟ ସ୍ୱାଧୀନତା ସଂଗ୍ରାମୀ ଓ ପ୍ରଖ୍ୟାତ ସମାଜସେବୀ ଭାବରେ ପ୍ରତିଷ୍ଠା ଅର୍ଜନ କରି ସେ ବହୁ ବର୍ଷ ଧରି ଓଡ଼ିଶାର ବିଭିନ୍ନ ବିଭାଗୀୟ ମନ୍ତ୍ରୀ ଏବଂ ଶେଷରେ ମୁଖ୍ୟମନ୍ତ୍ରୀ ହୋଇଥିଲେ। ନିଜର ନିଷ୍ଠା ଓ କର୍ମତତ୍ପରତା ବଳରେ ସେ ଜନତା ଦଳର ପ୍ରାର୍ଥୀ ଭାବରେ ଗତ ୧୯୮୯ ମସିହା ପାର୍ଲିଆମେଣ୍ଟ ନିର୍ବାଚନରେ ପୁରୀ ନିର୍ବାଚନ ମଣ୍ଡଳୀରୁ ଲୋକସଭାକୁ ନିର୍ବାଚିତ ହୋଇ ଭାରତବର୍ଷର ଶାସନ କ୍ଷେତ୍ରରେ ପ୍ରତିଷ୍ଠା ଲାଭ କରିଛନ୍ତି। ପୂର୍ବରୁ କିଛିଦିନ ପାଇଁ ସେ କେନ୍ଦ୍ରର ସ୍ୱାସ୍ଥ୍ୟ ଓ ପରିବାର କଲ୍ୟାଣ ବିଭାଗର କ୍ୟାବିନେଟ ମନ୍ତ୍ରୀ ଭାବରେ କାର୍ଯ୍ୟକରି ଏବେ ଜଙ୍ଗଲ ଓ ପରିବେଶ ବିଭାଗର କ୍ୟାବିନେଟ ମନ୍ତ୍ରୀ ଭାବରେ କାର୍ଯ୍ୟ କରୁଛନ୍ତି।

ଶ୍ରୀଯୁକ୍ତ ରାଉତରାୟ ଓ ତାଙ୍କର ପତ୍ନୀ ସ୍ୱର୍ଗୀୟା ନଳିନୀଦେବୀ ରାଉତରାୟଙ୍କ ସହିତ ଆମ ପରିବାରର ବେଶ୍ ଘନିଷ୍ଠତା ଥିଲା। ନଳିନୀଙ୍କ ବିଷୟରେ ମୁଁ ଅତ୍ୟନ୍ତ ଆଲୋଚନା କରିଛି। ନୀଳମଣିବାବୁଙ୍କ ବଡ଼ଭାଇ ସ୍ୱର୍ଗତ ହରେକୃଷ୍ଣ ରାଉତରାୟ ଅତ୍ୟନ୍ତ ସ୍ନେହୀ ଓ ଅତିଥି ପରାୟଣ ବ୍ୟକ୍ତି ଥିଲେ। ଜଣେ ପ୍ରତିଷ୍ଠିତ ଓଡ଼ିଆ ବ୍ୟକ୍ତି ଭାବରେ କଲିକତାରେ ତାଙ୍କର ଯଥେଷ୍ଟ ସୁନାମ ଥିଲା।

ଦିନକର କଥା। ବର୍ତ୍ତମାନର ହିନ୍ଦ୍ ସେବକ ସଂଘର ସଭାପତି ଶ୍ରୀଯୁକ୍ତ ଶ୍ୟାମସୁନ୍ଦର ମିଶ୍ର, ତାଙ୍କ ପତ୍ନୀ, ଝିଅ ରମାରାଣୀ (ହୋତା), ମୁଁ ଏବଂ ମୋର ସ୍ତ୍ରୀ ସରୋଜିନୀ, ଝିଅ ଲିଲି, ବିଲି, ପୁତୁରା ବୁଢ଼ା (ଆଡ୍‌ଭୋକେଟ ଜୀବନକୃଷ୍ଣ ପଟ୍ଟନାୟକ), ଝିଆରି ବୁଢ଼ୀ (ସୁଧାମୟୀ), ମୋର ମୋହରିର ଦଇତାରିବାବୁ (ଦୟାନିଧି ଦାସ), ମେଡ଼ିକାଲରେ ପଢୁଥିବା ମୋର ଝିଆରି (ପରେ ପ୍ରଫେସର) ବାସନ୍ତୀ ପଟ୍ଟନାୟକ ଓ ତା'ର ସାଙ୍ଗ ଡାକ୍ତର ଛାତ୍ରୀ ଲକ୍ଷ୍ମୀବାଈ ସାଙ୍ଗ ହୋଇ କଲିକତା ଯାଇଥିଲୁ।

କେଉଁଠି ରହିବୁ କିଛି ସ୍ଥିର କରି ନ ଥାଉ। ଟ୍ରେନ୍‌ରୁ ଓହ୍ଲାଇବା ପରେ ହାଓଡ଼ା ଷ୍ଟେସନରେ ନୀଳମଣିବାବୁଙ୍କ ଭଣଜା ଶ୍ରୀ ସୁରେନ୍ଦ୍ରନାଥ ଖୁଣ୍ଟିଆ (ପରେ ଆଇ.ଏ.ଏସ୍.)ଙ୍କ ସହିତ ହଠାତ୍ ସାକ୍ଷାତ ହେଲା। ନୀଳମଣିବାବୁଙ୍କ ସହିତ ଆମର ପାରିବାରିକ ସମ୍ପର୍କ ଥିବା ବିଷୟରେ ସୁରେନ୍ଦ୍ର ଅବଗତ ଥିବା କାରଣରୁ ସେ ଆମକୁ ଦେଖିବା ସାଙ୍ଗେ ସାଙ୍ଗେ ତାଙ୍କ ମାମୁଁଙ୍କ ଘରକୁ ଡାକି ନେଇଥିଲେ। ହାଓଡ଼ା ଷ୍ଟେସନ ପାଖାପାଖି ନଂ ୧୨୮ ହାଓଡ଼ାରୋଡ଼୍‌ର ସାଲ୍‌କିଆ ଠାରେ ହରେକୃଷ୍ଣବାବୁଙ୍କର ଗୋଟିଏ ଦୋତାଲା କୋଠା ଥିଲା। ଆମେ ସେହି ଘରେ ଯାଇ ରହିଲୁ। ଆମ୍ଭମାନଙ୍କ ବ୍ୟତୀତ ଓଡ଼ିଶାର ବହୁ ପ୍ରତିଷ୍ଠିତ ରାଜନୀତିଜ୍ଞ ଓ ସମାଜସେବୀ ମଧ୍ୟ ବହୁବାର କଲିକତା ଯାଇ ସେଠାରେ ରହୁଥିବା ଶୁଣିଥିଲୁ। ନୀଳମଣିବାବୁ କଲିକତାରେ ରହୁଥିବା ସମୟରେ ସେ ଏହି କୋଠାର ଯେଉଁ ରୁମ୍‌ରେ ରହୁଥିଲେ ତାହା ହରେକୃଷ୍ଣବାବୁ ଆମକୁ ଦେଖାଇଥିଲେ। ସେଠାରେ ଥିଲାବେଳେ ହରେକୃଷ୍ଣବାବୁ ଆମ୍ଭମାନଙ୍କୁ ଯେଭଳି ଆତିଥ୍ୟ ପ୍ରଦାନ କରିଥିଲେ ତାହା ଆମେ ଏବେ ବି ମନେ ରଖିଛୁ। ତାହା ଜୀବନରେ ଭୁଲିହେବ ନାହିଁ।

ଏବେ ମଧ୍ୟ ନୀଳମଣିବାବୁଙ୍କ ସହିତ ଆମର ସେହି ପୂର୍ବ ସମ୍ପର୍କ ଅତୁଟ ରହିଛି। ଭଲ ମନ୍ଦ ବୁଝିବାକୁ ସେ ମଝିରେ ମଝିରେ ଆମ ଘରକୁ ଆସନ୍ତି। ଏବେ କେନ୍ଦ୍ର ମନ୍ତ୍ରୀ ଭାବରେ ସେ ଦିଲ୍ଲୀରେ ରହୁଛନ୍ତି। କାର୍ଯ୍ୟବ୍ୟସ୍ତ ରଖିବା ମଧ୍ୟ ସ୍ୱାଭାବିକ୍। ତଥାପି ମୋର ଅସୁସ୍ଥତା ବିଷୟରେ ଖବର ପାଇ ସେ ମୋତେ ଦେଖିବାକୁ ଆମ ଘରକୁ ଆସିଥିଲେ। ଦୀର୍ଘ ପଚାଶ ଷାଠିଏ ବର୍ଷରୁ ଅଧିକ ସମୟ ଧରି ଆମ ଭିତରେ ସେହ ସ୍ନେହ, ଶ୍ରଦ୍ଧା ଅତୁଟ ରହିଥିବା ଅତି ଖୁସି ଓ ସୌଭାଗ୍ୟର କଥା।

ପ୍ରଫୁଲ୍ଲ ପଟ୍ଟନାୟକ

ମୋର ସହଯୋଗୀ ଓକିଲ ହିସାବରେ ଶ୍ରୀଯୁକ୍ତ ପ୍ରଫୁଲ୍ଲ ପଟ୍ଟନାୟକଙ୍କ ନାମ ବିଶେଷ ଉଲ୍ଲେଖଯୋଗ୍ୟ। ଜଣେ ଛାତ୍ର ନେତା ଭାବରେ ରେଭେନ୍ସା କଲେଜରେ ସେ ସୁପରିଚିତ ଥିଲେ। ସେତେବେଳେ ତାଙ୍କ ବିରୁଦ୍ଧରେ ଗୋଟିଏ ମକଦ୍ଦମା ରୁଜୁ କରାଯାଇଥିଲା। ସେହି ମକଦ୍ଦମା ଲଢ଼ିବା ପାଇଁ ସେ ମୋର ସହାୟତା ଲୋଡ଼ିଥିଲେ। ମୋ ପାଖକୁ ପ୍ରଥମେ ଜଣେ ମହକିଲ ଭାବରେ ଆସି ପରବର୍ତ୍ତୀ ଅବସ୍ଥାରେ ମୋ' ଜୁନିଅର ହୋଇ କେତେ ବର୍ଷ କାର୍ଯ୍ୟ କରିଥିଲେ। ସେ ଥିଲେ ଜଣେ ଦକ୍ଷ ତଥା ନିଷ୍ଠାପର ସହଯୋଗୀ। ସର୍ବଦା ସେ ନିରଳସ ଭାବରେ କର୍ତ୍ତବ୍ୟ ସମ୍ପାଦନ କରୁଥିଲେ।

ସବୁବେଳେ ହର୍ଷ ମୁଖ। ଆଇନ୍ ବ୍ୟବସାୟ ଛାଡ଼ି ୧୯୪୮ ରୁ ୧୯୫୦ ମସିହା ପର୍ଯ୍ୟନ୍ତ ସେ ଓଡ଼ିଶା ବିଧାନସଭାର ସଚିବ ଭାବେ କାର୍ଯ୍ୟ କରିଥିଲେ। ୧୯୫୨ ମସିହାରେ ଡକ୍ଟର ହରେକୃଷ୍ଣ ମହତାବ ଭାରତର ବାଣିଜ୍ୟମନ୍ତ୍ରୀ ହେବାପରେ ସେ ତାଙ୍କର ପ୍ରାଇଭେଟ୍ ସେକ୍ରେଟାରୀ ଭାବେ ଯୋଗଦାନ କରିଥିଲେ। ଏହାପରେ ସେ ଲୋକସଭା ସଚିବାଳୟରେ ବିଭିନ୍ନ ପଦବୀରେ ଦୀର୍ଘ ୨୪ ବର୍ଷ କାଳ କାର୍ଯ୍ୟ କରି ଅତିରିକ୍ତ ସଚିବ ଭାବେ ଅବସର ଗ୍ରହଣ କରିଥିଲେ। ସଚିବ ପଦବୀ ପାଇବାକୁ ହକ୍‌ଦାର୍ ଥିଲେ ସୁଦ୍ଧା ତାଙ୍କୁ ସେଥିରୁ ବିନା କାରଣରେ ବଞ୍ଚିତ କରାଯାଇଥିଲା।

ଗତ ୧୯୭୮ ମସିହାରୁ ୧୯୮୨ ପର୍ଯ୍ୟନ୍ତ ସେ କଲିକତାସ୍ଥିତ ରେଲୱେ ସର୍ଭିସ୍ କମିଶନ୍‌ର ଚେୟାରମ୍ୟାନ୍ ଭାବେ କାର୍ଯ୍ୟ କରିଥିଲେ। ଏହାପରେ ୧୯୮୨ ରୁ ୧୯୮୫ ମସିହା ପର୍ଯ୍ୟନ୍ତ ବ୍ୟାଙ୍କିଙ୍ଗ୍ ସର୍ଭିସ୍ ବୋର୍ଡ଼ ଇଷ୍ଟର୍ଣ୍ଣ ଯୋନ୍‌ର ଚେୟାରମ୍ୟାନ୍ ହୋଇଥିଲେ। ଉକ୍ତ ପଦବୀରୁ ଅବସର ଗ୍ରହଣ କରି ଏବେ ସେ ଭୁବନେଶ୍ୱରଠାରେ ଅବସ୍ଥାନ କରୁଅଛନ୍ତି। ବର୍ତ୍ତମାନ ସୁଦ୍ଧା ସେ ବେଶ୍ ସୁସ୍ଥ ଓ କର୍ମଠ ଅଛନ୍ତି ଏବଂ ତାଙ୍କ କାର୍ଯ୍ୟଦକ୍ଷତାରେ କୌଣସି ଅବନତି ପରିଲକ୍ଷିତ ହୋଇନାହିଁ। ଅବସର ସମୟକୁ ସେ ଲେଖାଲେଖି କରି କଟାଉଛନ୍ତି।

ଜଷ୍ଟିସ୍ ଡକ୍ଟର ବ୍ରଜନାଥ ମିଶ୍ର

ଡକ୍ଟର ବ୍ରଜନାଥ ମିଶ୍ର କିଛିଦିନ ପାଇଁ ମୋର ସହଯୋଗୀ ଭାବରେ କାର୍ଯ୍ୟ କରି କେତୋଟି ମକଦ୍ଦମା ପରିଚାଳନାରେ ସାହାଯ୍ୟ କରିଥିଲେ। ସେ କଟକରେ ଓକିଲାତି କରିବାର ଅଳ୍ପକାଳ ପରେ ବାରିଷ୍ଟର ପଢ଼ିବାକୁ ବିଲାତ ଗଲେ। ସେଠାରେ ସେ ଆଇନ୍‌ରେ ଡକ୍ଟରେଟ୍ ଲାଭ କଲେ ଓ ଏଲ୍.ଏଲ୍.ଏମ୍ ପାଶ୍ କରି ବିଲାତରେ ଆଇନ୍ ବ୍ୟବସାୟ ଆରମ୍ଭ କରିଥିଲେ। କେତେ ବର୍ଷ ପରେ ଓଡ଼ିଶା ଫେରିଆସି ସେ ମଧୁସୂଦନ ଆଇନ୍ ମହାବିଦ୍ୟାଳୟର ଅଧ୍ୟକ୍ଷ ଭାବେ କାର୍ଯ୍ୟଭାର ଗ୍ରହଣ କରିଥିଲେ। ଗତ ତା ୫-୧-୧୯୮୧ ରେ ସେ ଓଡ଼ିଶା ହାଇକୋର୍ଟର ବିଚାରପତି ହୋଇଥିଲେ। ସେହି ସମୟରେ ସେ ଆଇନଗତ ସାହାଯ୍ୟ ଓ ପରାମର୍ଶ ବୋର୍ଡ଼ର କାର୍ଯ୍ୟକାରୀ ଅଧ୍ୟକ୍ଷ ଭାବେ ଅତ୍ୟନ୍ତ ଦକ୍ଷତାର ସହ ଦାୟିତ୍ୱ ତୁଲାଇଥିଲେ। କିଛିଦିନ ପରେ ସେ ଆଲହାବାଦ୍ ହାଇକୋର୍ଟର ଜଜ୍ ଭାବେ ନିଯୁକ୍ତି ପାଇ ନିଷ୍ଠାର ସହିତ କାର୍ଯ୍ୟ କରିଥିଲେ। ୧୯୯୦ ମସିହା ଜାନୁଆରୀ ମାସରେ ସେ ସିକିମ୍ ହାଇକୋର୍ଟର ମୁଖ୍ୟ ବିଚାରପତି ଭାବେ ନିଯୁକ୍ତି ପାଇ ଅଧୁନା ସେଠାରେ କାର୍ଯ୍ୟ କରୁଛନ୍ତି।

ଜଣେ ହାଇକୋର୍ଟ ଜଜ୍ ହିସାବରେ ସମଗ୍ର ଓଡ଼ିଶା ତଥା ଓଡ଼ିଶା ବାହାରେ ସେ ବହୁତ ଖ୍ୟାତି ଅର୍ଜନ କରିଛନ୍ତି ଓ ଓକିଲ ତଥା ଜନସାଧାରଣଙ୍କ ମଧ୍ୟରେ ତାଙ୍କର ଯଥେଷ୍ଟ ଖ୍ୟାତି ଏବଂ ଲୋକପ୍ରିୟତା ରହିଛି ।

ବାରିଷ୍ଟର ଗୋବିନ୍ଦ ଦାସ

ମୋର ଜଣେ ସହଯୋଗୀ ଓକିଲ ଭାବେ ବାରିଷ୍ଟର ଗୋବିନ୍ଦ ଦାସ କେତେବର୍ଷ କାର୍ଯ୍ୟ କରିଥିଲେ । ସେ ବାରିଷ୍ଟର ପଢ଼ିବା ଲାଗି ବିଲାତ ଯାଇଥିଲେ ତ ସେଠାରୁ ଫେରି ଦିଲ୍ଲୀ ସୁପ୍ରିମକୋର୍ଟରେ ଆଇନ ବ୍ୟବସାୟ ଆରମ୍ଭ କରିଥିଲେ । ମୁଁ ଫିଲ୍ମ ଆୱାର୍ଡ଼ କମିଟିର ଚେୟାରମ୍ୟାନ୍ ଥିଲାବେଳେ ଜଣେ ସଭ୍ୟ ଭାବେ ସେ ମୋ ସହିତ କିଛିକାଳ କାର୍ଯ୍ୟ କରିଥିଲେ । ସେ କିଛିକାଳ ଓଡ଼ିଶାର ଆଡ୍‌ଭୋକେଟ୍ ଜେନେରାଲ୍ ମଧ୍ୟ ଥିଲେ । ବର୍ତ୍ତମାନ ସେ ସୁପ୍ରିମକୋର୍ଟରେ ଓକିଲାତି କରୁଛନ୍ତି ।

ଏଠାରେ ଉଲ୍ଲେଖ କରାଯାଇପାରେ ଶ୍ରୀଯୁକ୍ତ ଏ.ଏନ୍. ରାୟ ସୁପ୍ରିମକୋର୍ଟର ମୁଖ୍ୟ ବିଚାରପତି ଥିଲାବେଳେ ମୁଁ ଥରେ ତାଙ୍କ ଚେମ୍ବରକୁ ଯାଇଥିଲି ଓ ବାରିଷ୍ଟର ଗୋବିନ୍ଦ ଦାସ ମୋ ସଙ୍ଗରେ ମଧ୍ୟ ଯାଇଥିଲେ । ପ୍ରଧାନ ବିଚାରପତିଙ୍କ ସହିତ ଆଗରୁ ତାଙ୍କର ପରିଚୟ ଥିଲା ଏବଂ ସେ ବାରିଷ୍ଟର ଦାସଙ୍କ ପ୍ରତି ଖୁବ୍ ଶ୍ରଦ୍ଧାବାନ୍ ଥିଲେ । ସେହି ସାକ୍ଷାତ ସମୟରେ କଥା ପ୍ରସଙ୍ଗରେ ଶ୍ରୀଯୁକ୍ତ ରାୟ ମତେ କହିଥିଲେ, “Mr. Das, Why don't you take Govind Das as a Judge of your High Court?” ଟିକିଏ ହସି ମୁଁ ଉତ୍ତର ଦେଇଥିଲି, "Who am I? It is up to you and him (Barister Das) to do so!"

ଆଇନ ବ୍ୟବସାୟ ବ୍ୟତୀତ ସାହିତ୍ୟ କ୍ଷେତ୍ରରେ ବାରିଷ୍ଟର ଦାସଙ୍କର ବିଶେଷ ପ୍ରତିଷ୍ଠା ରହିଛି । ସେ ଉଭୟ ଇଂରାଜୀ ଓ ଓଡ଼ିଆ ଭାଷାରେ ବହୁ ଉପାଦେୟ ପୁସ୍ତକ ରଚନା କରିଅଛନ୍ତି । ତାଙ୍କ ରଚିତ ଇଂରାଜୀ ପୁସ୍ତକ "Supreme Court in quest of Identity” ଓ ଓଡ଼ିଆ ଉପନ୍ୟାସ “ଅମାବାସ୍ୟାର ଚନ୍ଦ୍ର” ପାଠକ ମହଲରେ ବେଶ୍ ଆଦର ଲାଭ କରିଛି । ଜଣେ ଉଚ୍ଚକୋଟୀର ବକ୍ତା ଭାବେ ସେ ସୁପରିଚିତ ଏବଂ ସମାଜସେବା କ୍ଷେତ୍ରରେ ମଧ୍ୟ ତାଙ୍କର ଅବଦାନ ବିଶେଷ ଉଲ୍ଲେଖଯୋଗ୍ୟ ।

ବିଜୟକୃଷ୍ଣ ମହାନ୍ତି

ଆଡ୍‌ଭୋକେଟ ଶ୍ରୀଯୁକ୍ତ ବିଜୟକୃଷ୍ଣ ମହାନ୍ତି ମୋର ସହଯୋଗୀ ଓକିଲ

ଭାବେ କେତେବର୍ଷ ପାଇଁ କାର୍ଯ୍ୟ ପରିଚାଳନା କରିଥିଲେ। ସେ ସାଧାରଣରେ ମହାନ୍ତି (ବିଜୁ) ନାମରେ ସୁପରିଚିତ। ବିକ୍ରୀକର ଓ ବାଣିଜ୍ୟ କର ଆଦି ଟ୍ୟାକ୍ସ ସମ୍ବନ୍ଧୀୟ ମକଦ୍ଦମା ପରିଚାଳନା କରିବାରେ ସେ ଯଥେଷ୍ଟ ପାରଦର୍ଶିତା ଲାଭ କରିଅଛନ୍ତି ଓ କଟକର ଜଣେ ପ୍ରତିଷ୍ଠିତ ଆଡ୍‌ଭୋକେଟ୍ ଭାବେ ସୁନାମ ଅର୍ଜନ କରିଛନ୍ତି। ଆଇନ ବ୍ୟବସାୟ ବ୍ୟତୀତ ଜଣେ ପ୍ରଖ୍ୟାତ ସମାଜସେବୀ ହିସାବରେ ସେ ବିଶେଷ ଲୋକପ୍ରିୟ ଓ ବିଭିନ୍ନ ସେବାମୂଳକ ଅନୁଷ୍ଠାନ ସହିତ ସଂପୃକ୍ତ ଅଛନ୍ତି। ୧୯୭୩ ମସିହାରେ ସେ କଟକ ରୋଟାରୀ କ୍ଲବର ମୁଖ୍ୟ ଥିବା ସମୟରେ ମୋତେ ଜଣେ ଅତିଥି ଭାବେ ନିମନ୍ତ୍ରଣ କରିଥିଲେ। ମୁଁ ତାଙ୍କ ଅନୁରୋଧ ରକ୍ଷା କରି ସେ ଅଧିବେଶନରେ ଯୋଗଦାନ କରିଥିଲି ଓ ମୋର ବହୁତ ପୂର୍ବପରିଚିତ ବନ୍ଧୁଙ୍କୁ ଦେଖିବାର ସୁଯୋଗ ପାଇଥିଲି। ବିଜୟକୃଷ୍ଣଙ୍କ ପିତା ଡାକ୍ତର ଗତିକୃଷ୍ଣ ମହାନ୍ତି ମୋର କଲେଜ-ସହପାଠୀ ଥିଲେ ଓ ଆମ ଉଭୟଙ୍କ ମଧ୍ୟରେ ଖୁବ୍ ଘନିଷ୍ଠତା ଥିଲା। ବିଜୟଙ୍କ ଶ୍ୱଶୁର ଶ୍ରୀଯୁକ୍ତ ଗଗନ ବିହାରୀ ଦାସ ଜଣେ ଖ୍ୟାତିସମ୍ପନ୍ନ ଆଡ୍‌ଭୋକେଟ୍ ଭାବେ ପ୍ରତିଷ୍ଠା ଲାଭ କରି ଅନୁଗୁଳ ଠାରେ ବସବାସ କରୁଥିବା ସମୟରେ ଦେହତ୍ୟାଗ କରିଥିଲେ। ତାଙ୍କ ଅଜା ବିଚିତ୍ରାନନ୍ଦ ମହାନ୍ତି ମଧ୍ୟ ଓଡ଼ିଶାର ଜଣେ ଖ୍ୟାତିସମ୍ପନ୍ନ ବ୍ୟକ୍ତି ତଥା ଟ୍ୟାକ୍‌ସ ପ୍ରାକ୍‌ଟିସନର ଭାବେ ସୁନାମ ଅର୍ଜନ କରିଥିଲେ। ବିଜୟକୃଷ୍ଣଙ୍କ ପୁଅ ବିବେକ ମହାନ୍ତି ମଧ୍ୟ ଆଇନ ବ୍ୟବସାୟ କରୁଛନ୍ତି। ଆଉ ଦୁଇ ପୁଅଙ୍କ ମଧ୍ୟରୁ ଜଣେ ଡାକ୍ତର, ଜଣେ ଇଞ୍ଜିନୟର।

ରେବତୀନନ୍ଦନ ଦାସମହାପାତ୍ର

ଶ୍ରୀଯୁକ୍ତ ଦାସମହାପାତ୍ର (ମାନୁ) ମୋର ସହଯୋଗୀ ଓକିଲ ଭାବେ କିଛିକାଳ କାର୍ଯ୍ୟ କରିଥିଲେ। ସେ ପଶ୍ଚିମବଙ୍ଗ ଅନ୍ତର୍ଗତ ମେଦିନୀପୁରର ଅଧିବାସୀ। ସେଠାରେ ତାଙ୍କ ବଂଶ ଖୁବ୍ ସାମାଜିକ ପ୍ରତିଷ୍ଠା ଲାଭ କରିଛନ୍ତି। ତାଙ୍କର ଜଣେ ନିକଟ ସମ୍ପର୍କୀୟ ଶ୍ରୀଯୁକ୍ତ ଅଜିତ୍ କୁମାର ନାୟକ କଲିକତା ହାଇକୋର୍ଟର ବିଚାରପତି ଭାବେ ଗତ ତା ୧-୧-୮୭ ରିଖରେ ନିଯୁକ୍ତି ପାଇଛନ୍ତି। ବିଚାରପତି ହେବା ପରେ ମୋର ବଡ଼ ଜ୍ୱାଇଁ ସିକିମ୍ ହାଇକୋର୍ଟର ମୁଖ୍ୟ ବିଚାରପତି ଶ୍ରୀଯୁକ୍ତ ଯୁଗଳ କିଶୋର ମହାନ୍ତିଙ୍କ ସହିତ ସେ ମୋ ଡଗରପଡ଼ା ବାସଭବନକୁ ଆସିଥିବା ଅବସରରେ ମୋ ସହିତ ତାଙ୍କର ସାକ୍ଷାତ ହୋଇଥିଲା। ସେ ବଡ଼ ସରଳ ଓ ମିଷ୍ଟଭାଷୀ।

ରବିନାରାୟଣ ବର୍ମା

ଶ୍ରୀଯୁକ୍ତ ରବିନାରାୟଣ ବର୍ମା ବହୁବର୍ଷ ମୋର ସହଯୋଗୀ ଓକିଲ ଭାବରେ କାର୍ଯ୍ୟ କରିଥିଲେ ଓ କେତେକ ଗୁରୁତ୍ୱପୂର୍ଣ୍ଣ ମକଦ୍ଦମା ପରିଚାଳନାରେ ସହଯୋଗ କରିଥିଲେ ।

ଶ୍ରୀଯୁକ୍ତ ବର୍ମା ମୋ ବଡ଼ ଜ୍ୱାଇଁ ଯୁଗଳଙ୍କ ମାଉସୀପୁଅ ଭାଇ । ପିତା ବୀରନାରାୟଣ ମହାନ୍ତିଙ୍କର ସେ ଜ୍ୟେଷ୍ଠପୁତ୍ର । ୧୯୫୫ରେ ସେ ତାଙ୍କ ବାସସ୍ଥାନ ଖୋର୍ଦ୍ଧା ଯାଇ ସେଠାରେ ସ୍ୱାଧୀନ ଭାବରେ ଆଇନ ବ୍ୟବସାୟ କରି ବେଶ୍ ପ୍ରତିଷ୍ଠା ଲାଭ କରିଛନ୍ତି । ଆଇନ ବ୍ୟବସାୟ ସହିତ ସମାଜସେବା ଓ ଅନ୍ୟାନ୍ୟ ସାଂସ୍କୃତିକ କାର୍ଯ୍ୟକ୍ରମରେ ମଧ୍ୟ ତାଙ୍କର ଯଥେଷ୍ଟ ଅବଦାନ ରହିଛି । ସେ ଓଡ଼ିଶା ରାଜ୍ୟ ଭୂ-ବନ୍ଧକ ବ୍ୟାଙ୍କ୍‌ର ୧୯୭୦ରୁ ୭୩ ପର୍ଯ୍ୟନ୍ତ ସଭାପତି ଥିଲେ । ଖୋର୍ଦ୍ଧା ବାର୍ ଆସୋସିଏସନର ଦୀର୍ଘ ୧୨ ବର୍ଷ ଧରି ସଭାପତି ଥିଲେ । କିଛି ବର୍ଷ ପାଇଁ ଖୋର୍ଦ୍ଧାରେ ସରକାରୀ ଓକିଲ ଭାବରେ କାର୍ଯ୍ୟ କରିଥିଲେ । ଖୋର୍ଦ୍ଧାର ଏକ ପ୍ରତିଷ୍ଠିତ ବ୍ୟକ୍ତି ଭାବରେ ସେ ସୁନାମ ଅର୍ଜନ କରିଛନ୍ତି । ତାଙ୍କର ସାନଭାଇ ଆଦିତ୍ୟ ନାରାୟଣ ବର୍ମା ଏବେ ଆମେରିକାରେ ସ୍ଥାୟୀ ଭାବରେ ବସବାସ କରୁଛନ୍ତି ।

ହୃଷୀକେଶ ରାୟ

ସ୍ୱର୍ଗତ ହୃଷୀକେଶ ରାୟ ମୋର ସହଯୋଗୀ ଓକିଲ ଭାବରେ କିଛି ଦିନ କାର୍ଯ୍ୟ କରିଥିଲେ । ଜଗତ୍‌ସିଂହପୁର ନିକଟସ୍ଥ କାଦୁଅପଡ଼ା ତାଙ୍କର ଜନ୍ମସ୍ଥାନ । 'ପ୍ରଫେସର ପରିଜା ସ୍ମୃତି ଓ ପରିଷଦ'ର ସହ-ସମ୍ପାଦକ ଶ୍ରଦ୍ଧେୟ ବସନ୍ତ କୁମାର ରାୟଙ୍କ ଶ୍ୱଶୁର ବିଶିଷ୍ଟ ସମାଜସେବୀ ସ୍ୱର୍ଗତ ଦୁର୍ଯ୍ୟୋଧନ ହରିଚନ୍ଦନଙ୍କର ହୃଷୀକେଶ ହେଉଛନ୍ତି ପୁତୁରା ତଥା ଜଗତ୍‌ସିଂହପୁରର ସ୍ୱନାମଧନ୍ୟ କଂଗ୍ରେସ-ନେତା ନିଷ୍ପାପର ସମାଜସେବୀ ଶ୍ରୀଯୁକ୍ତ ପୂର୍ଣ୍ଣଚନ୍ଦ୍ର ହରିଚନ୍ଦନଙ୍କ ବଡ଼ବାପା-ପୁଅ ଭାଇ ।

ବିଶିଷ୍ଟ ରାଜନୀତିଜ୍ଞ ତଥା ବର୍ତ୍ତମାନର କେନ୍ଦ୍ରମନ୍ତ୍ରୀ ଶ୍ରୀଯୁକ୍ତ ନୀଳମଣି ରାଉତରାୟଙ୍କ ଝିଆରୀ କଲ୍ୟାଣୀଙ୍କୁ ବିବାହ କରିଥିବା କାରଣରୁ ହୃଷୀକେଶଙ୍କ ସହିତ ଆମର ଏକ ପ୍ରକାର ପାରିବାରିକ ସମ୍ପର୍କ ମଧ୍ୟ ପ୍ରତିଷ୍ଠିତ ହୋଇଥିଲା । ଭୁବନେଶ୍ୱରଠାରେ ତାଙ୍କ ବଡ଼ ଝିଅର ବିବାହ ଉତ୍ସବରେ ମଧ୍ୟ ମୁଁ ଯୋଗଦାନ କରିଥିଲି ।

ପରବର୍ତ୍ତୀ ଅବସ୍ଥାରେ ହୃଷୀକେଶ ସକ୍ରିୟ ରାଜନୀତିରେ ପ୍ରବେଶ କରିଥିଲେ । ରାଉରକେଲାକୁ ନିଜର କର୍ମସ୍ଥଳୀ ଭାବରେ ବାଛିନେଇ ସେଠାରେ ସ୍ଥାୟୀ ଭାବରେ

ଅବସ୍ଥାନ କରୁଥିଲେ ଓ ବିଭିନ୍ନ ବ୍ୟାବସାୟିକ ପ୍ରତିଷ୍ଠାନ ସହିତ ଜଡ଼ିତ ଥିଲେ । ଜଣେ ପ୍ରଭାବଶାଳୀ ସମାଜସେବୀ ଭାବରେ ମଧ୍ୟ ସେ ଖ୍ୟାତି ଅର୍ଜନ କରିଥିଲେ । ତାଙ୍କର ଅକାଳ ବିୟୋଗ ସମ୍ବାଦ ପାଇ ମୁଁ ବିଶେଷ ମର୍ମାହତ ହୋଇଥିଲି ।

ରାଉରକେଲାର ଯୁବ ବିଧାୟକ ତଥା ବର୍ତ୍ତମାନ ଓଡ଼ିଶାର ଶିକ୍ଷ ରାଷ୍ଟ୍ରମନ୍ତ୍ରୀ ଶ୍ରୀ ଦିଲିପ ରାୟ ହେଉଛନ୍ତି ହୃଷୀକେଶ ରାୟଙ୍କ ପୁତ୍ର । ୧୯୯୦ ମସିହା ନିର୍ବାଚନ ବ୍ୟତୀତ ୧୯୮୫ ନିର୍ବାଚନରେ ମଧ୍ୟ ସେ ଜନତା ଦଳ ତରଫରୁ ବିଧାନସଭାକୁ ନିର୍ବାଚିତ ହୋଇଥିଲେ । ରାଉରକେଲା ମୁନିସିପାଲିଟିର ଚେୟାରମ୍ୟାନ୍ ଭାବେ ନିର୍ବାଚିତ ହୋଇ ସେ ଅତ୍ୟନ୍ତ ଦକ୍ଷତାର ସହ କାର୍ଯ୍ୟ ପରିଚାଳନା କରିଥିଲେ । ରାଉରକେଲାରେ ତାଙ୍କର ବେଶ୍ ପ୍ରଭାବ ଓ ପ୍ରତିଷ୍ଠା ଥିବା ଆନନ୍ଦର କଥା ।

ତ୍ରିଲୋଚନ ମିଶ୍ର

ଶ୍ରୀଯୁକ୍ତ ତ୍ରିଲୋଚନ ମିଶ୍ର ପ୍ରଥମେ ଅନୁଗୁଳଠାରେ ଆଇନ୍ ବ୍ୟବସାୟ ଆରମ୍ଭ କରିଥିଲେ । ସେଠାରେ ଜଣେ ଦକ୍ଷ ଓକିଲ ଭାବରେ ତାଙ୍କର ବେଶ୍ ଖ୍ୟାତି ଥିଲା । କାଳକ୍ରମେ ସେ ଓକିଲାତିରେ ପ୍ରତିଷ୍ଠା ଲାଭ କରି ଜିଲ୍ଲାଜଜ୍ ଭାବେ ନିଯୁକ୍ତି ପାଇଥିଲେ । କେତେକ ବର୍ଷ ପରେ ସେ ଉକ୍ତ ଚାକିରିରୁ ଅବସର ଗ୍ରହଣ କରିଥିଲେ । ଅବସର ନେବା ପରେ ମଧ୍ୟ ସେ କେତେକ ବିଭାଗର ଆଇନ ପରାମର୍ଶଦାତା ଭାବେ ଦକ୍ଷତାର ସହ କାର୍ଯ୍ୟ ପରିଚାଳନା କରି ଆସୁଅଛନ୍ତି ।

ଗିରିଧାରୀ ମହାପାତ୍ର

ଶ୍ରୀଯୁକ୍ତ ଗିରିଧାରୀ ମହାପାତ୍ର ସମ୍ବଲପୁରରେ ଆଇନ୍ ବ୍ୟବସାୟ ଆରମ୍ଭ କରି ଲୋକପ୍ରିୟ ହୋଇ ପାରିଥିଲେ । ଜଣେ ମୁକ୍ତାର ହୋଇ ମଧ୍ୟ ଓକିଲଙ୍କ ସହିତ ସେ ମକଦ୍ଦମା ଲଢ଼ି ସୁନାମ ଅର୍ଜିଥିଲେ । ସମ୍ବଲପୁରର କେତେକ ବଡ଼ ବଡ଼ ମକଦ୍ଦମାରେ ସେ ମୋର ସହଯୋଗୀ ଭାବେ ଦକ୍ଷତାର ସହିତ କାର୍ଯ୍ୟ କରିଥିଲେ । କଟକର ଜିଲ୍ଲାଜଜ୍ ତଥା Endowment Commissioner ଶ୍ରୀଯୁକ୍ତ ଚିନ୍ତାମଣି ମହାପାତ୍ର ତାଙ୍କର ପୁତୁରା ।

ଗୋଲୋକ ପ୍ରସାଦ ଦାସ

ଶ୍ରୀଯୁକ୍ତ ଗୋଲୋକ ପ୍ରସାଦ ଦାସ ଆଡ଼୍‌ଭୋକେଟ୍ କେନ୍ଦ୍ରାପଡ଼ାର ଜଣେ ବ୍ୟକ୍ତି ।

ସେ ତାଙ୍କ ଓକିଲାତି ଜୀବନ ମୋର ସହଯୋଗୀ (ଜୁନିୟର) ଭାବେ ଆରମ୍ଭ କରିଥିଲେ। ମୋ' ସହିତ କିଛିଦିନ କାର୍ଯ୍ୟ କରିବା ପରେ ସେ କେନ୍ଦ୍ରାପଡ଼ା ଯାଇ ସେଠାରେ ସ୍ୱାଧୀନ ଭାବରେ ଆଇନ୍ ବ୍ୟବସାୟ ଚଳାଇ ବେଶ୍ ଖ୍ୟାତି ଅର୍ଜନ କରିଥିଲେ।

ଓକିଲାତି ବ୍ୟତୀତ ଜଣେ ସମାଜସେବୀ ହିସାବରେ ମଧ୍ୟ ସେ ସୁପରିଚିତ। ଶ୍ରୀଯୁକ୍ତ ଦାସ କେନ୍ଦ୍ରାପଡ଼ା ମ୍ୟୁନସିପାଲିଟିର ଚେୟାରମ୍ୟାନ୍ ଭାବେ ନିର୍ବାଚିତ ହୋଇ ବଡ଼ ଲୋକହିତକର କାର୍ଯ୍ୟ କରିଅଛନ୍ତି। ସେ କେନ୍ଦ୍ରାପଡ଼ା କଲେଜ କମିଟିର ପ୍ରତିଷ୍ଠାତା ସଭ୍ୟ। ତାଙ୍କର ଉକ୍ତ କଲେଜ ପ୍ରତିଷ୍ଠା କ୍ଷେତ୍ରରେ ଉଲ୍ଲେଖନୀୟ ଅବଦାନ ଅଛି ଏବଂ ଏବେ ମଧ୍ୟ ସେ ପରିଚାଳନା କମିଟିର ସଭ୍ୟ ଅଛନ୍ତି। ସେ କିଛିଦିନ ପାଇଁ କେନ୍ଦ୍ରାପଡ଼ା ନିୟନ୍ତ୍ରିତ ବଜାର ସମବାୟ ସମିତିର (ଆର.ସି.ଏମ୍.ଏସ୍) ର ସଭାପତି ମଧ୍ୟ ଥିଲେ।

ରଘୁନାଥ ଦାସ

ମୁଁ ଆଇନ ବ୍ୟବସାୟ ଆରମ୍ଭ କରିବା ପରେ ପରେ ସ୍ୱର୍ଗତ ରଘୁନାଥ ଦାସ ମୋର ସହଯୋଗୀ ଓକିଲ ଭାବେ କିଛିକାଳ କାର୍ଯ୍ୟ କରିଥିଲେ। ସେ ଓଡ଼ିଶା ହାଇକୋର୍ଟର 'ଲ' ରିପୋର୍ଟର ମଧ୍ୟ ଥିଲେ। ଜଣେ ସାହିତ୍ୟିକ ଭାବେ ସେ ଖୁବ୍ ପ୍ରତିଷ୍ଠା ଲାଭ କରିଥିଲେ। ତାଙ୍କ ରଚିତ କେତେଖଣ୍ଡ ଆଇନ ଓ ସାହିତ୍ୟର ପୁସ୍ତକ ଏବେ ମଧ୍ୟ ବେଶ୍ ଆଦୃତ। ଛାତ୍ର ଆନ୍ଦୋଳନରେ ନେତୃତ୍ୱ ନେଇ ଜଣେ ଦକ୍ଷ ସଙ୍ଗଠକ ଓ ନେତା ଭାବେ ସେ ନିଜକୁ ପ୍ରତିଷ୍ଠିତ କରାଇ ପାରିଥିଲେ। ମାତ୍ର ଦୁଃଖର ବିଷୟ, ଅଳ୍ପ ବୟସରେ ତାଙ୍କ ବିୟୋଗ ଘଟିଥିଲା।

ମାନଭଞ୍ଜନ ବହିଦାର

ସମ୍ବଲପୁରର ଶ୍ରୀଯୁକ୍ତ ମାନଭଞ୍ଜନ ବହିଦାର ସେଠାରେ ଓକିଲାତି ଆରମ୍ଭ କରି ବେଶ୍ ପ୍ରତିଷ୍ଠା ଲାଭ କରିଛନ୍ତି। ସେଠାକାର କେତେଗୁଡ଼ିଏ ମକଦ୍ଦମାରେ ସେ ସମ୍ବଲପୁରରେ ମୋ ସହଯୋଗୀ ଓକିଲ ଭାବେ ଦକ୍ଷତାର ସହିତ ମକଦ୍ଦମା ଚଳାଉଥିଲେ। ଜଣେ ବିଶିଷ୍ଟ ଆଇନଜୀବୀ ହିସାବରେ ତାଙ୍କର ଖୁବ୍ ଖ୍ୟାତି ରହିଛି।

ହରିବନ୍ଧୁ ସ୍ୱାଇଁ

ଶ୍ରୀଯୁକ୍ତ ହରିବନ୍ଧୁ ସ୍ୱାଇଁ ବଲାଙ୍ଗୀରର ବାସିନ୍ଦା। ସେ ବଲାଙ୍ଗୀରରେ ଆଇନ ବ୍ୟବସାୟ କରି ସୁନାମ ଅର୍ଜନ କରିଥିଲେ। ସେଠାକାର ବହୁତ ବଡ଼ ବଡ଼ ମୋକଦ୍ଦମା

ପରିଚାଳନା କରିବାକୁ ସେ ମୋତେ ଓ ମୋର ଜ୍ୟେଷ୍ଠ ଜାମାତା ଶ୍ରୀ ଯୁଗଳ କିଶୋର ମହାନ୍ତିଙ୍କୁ ନିଯୁକ୍ତି କରି ଆମର ସହଯୋଗୀ ଓକିଲ ଭାବେ କାର୍ଯ୍ୟ କରିଥିଲେ। ତା'ପରେ ଆଇନ ବ୍ୟବସାୟ କରିବାକୁ କଟକ ଆସିବା ପରେ ମଧ୍ୟ ମୋର ସହଯୋଗୀ ଭାବରେ ବିଭିନ୍ନ ମକଦ୍ଦମା ପରିଚାଳନା କରିଥିଲେ। ତାଙ୍କ ପୁତ୍ର ଶ୍ରୀମାନ ସୁଧାଂଶୁ କୁମାର ସ୍ୱାଇଁ ଏବେ କଟକରେ ଓକିଲାତି କରୁଅଛନ୍ତି।

ବଲାଙ୍ଗୀରରେ ଆଇନ ବ୍ୟବସାୟ କରୁଥିବା ସମୟରେ ଶ୍ରୀଯୁକ୍ତ ସ୍ୱାଇଁ ସାଧାରଣ ଲୋକଙ୍କର ବିଭିନ୍ନ ସମସ୍ୟା ସହିତ ନିଜକୁ ସାମିଲ କରିଥିଲେ। ଅନ୍ୟାୟ, ଅତ୍ୟାଚାର ବିରୁଦ୍ଧରେ ଲଢ଼େଇ କରୁଥିବା ବହୁ ବ୍ୟକ୍ତିଙ୍କ ପାଇଁ ସେ ବିନା ପଇସାରେ ମକଦ୍ଦମା ଲଢୁଥିଲେ। ଏପରିକି ସାଧାରଣ ସ୍ୱାର୍ଥଜଡ଼ିତ ଅନେକ ମକଦ୍ଦମାରେ ସେ ନିଜ ହାତରୁ ଟଙ୍କା ଖର୍ଚ୍ଚ କରି ମକଦ୍ଦମା ଲଢ଼ିଥିବାର ଅନେକ ଦୃଷ୍ଟାନ୍ତ ରହିଛି।

ବିଚାରପତି ଜୀବନ

ବିଚାରପତିର ଭୂମିକା, ଚରମ ପରୀକ୍ଷାର ମୁହୂର୍ତ୍ତଗୁଡ଼ିଏ । ରକ୍ତମାଂସର ମଣିଷ ସମସ୍ତ ମାନସିକ ଆବେଗ ସମ୍ବେଗର ଊର୍ଦ୍ଧ୍ୱକୁ ଯିବା କମ୍ କଠିନ ବ୍ୟାପାର ନୁହେଁ । ମାନବୋଚିତ ଦୋଷ ଦୁର୍ବଳତା, ତ୍ରୁଟି ବିଚ୍ୟୁତିକୁ ଅତିକ୍ରମି ବିଚାରପତିର ଆସନ ଅଳଙ୍କୃତ କରିବା ଓ ଏହାର ମର୍ଯ୍ୟାଦାକୁ ଯଥାର୍ଥ ଭାବରେ ଅକ୍ଷୁର୍ଣ୍ଣ ରଖିବା ବେଶ୍ ଗୁରୁତ୍ୱପୂର୍ଣ୍ଣ । ନ୍ୟାୟ ଅନ୍ୟାୟ, ସତ୍ୟଅସତ୍ୟ, ନୀତିଅନୀତି ମଧ୍ୟରୁ ପ୍ରକୃତ ସତ୍ୟର ଉଦ୍‌ଘାଟନ କରି ଯଥୋଚିତ ନ୍ୟାୟ ପ୍ରଦର୍ଶନ କରିବା ହେଉଛି ବିଚାରପତିର ଦାୟିତ୍ୱ । ମାତ୍ର ଏଥିରେ ମଧ୍ୟ ଭ୍ରାନ୍ତିର ଯଥେଷ୍ଟ ସମ୍ଭାବନା ରହିଛି । କାରଣ ଆମର ଆଇନ ବ୍ୟବସ୍ଥା ଏପରି ଯେ, ପ୍ରତ୍ୟକ୍ଷ ପ୍ରମାଣ ଅଭାବରୁ ଦୋଷୀ ନିର୍ଦ୍ଦୋଷ ସାବ୍ୟସ୍ତ ହୋଇପାରେ । ପୁଣି ମିଥ୍ୟା ସାକ୍ଷ୍ୟ ପ୍ରମାଣ ବଳରେ ନିର୍ଦ୍ଦୋଷ ବ୍ୟକ୍ତି ମଧ୍ୟ ସର୍ବଜନ ସମକ୍ଷରେ ଫାଶୀଖୁଣ୍ଟରେ ଝୁଲିପାରେ ।

ଏଇ ପରିପ୍ରେକ୍ଷୀରେ ବିଚାରପତିର ମାନସିକ ଅନ୍ତର୍ଦ୍ଦୋଳନ ଜଣେ ଅନୁଭବୀ ହିଁ କେବଳ ବୁଝିପାରିବ । କୌଣସି ଗୁରୁତ୍ୱପୂର୍ଣ୍ଣ ବିଚାରର ଶେଷ ନିଷ୍ପତ୍ତି ଦେଲାବେଳେ, ଦିନ ଦିନ ଧରି ଗଭୀର ଚିନ୍ତାମଗ୍ନ ହୋଇ ରହିବାକୁ ପଡ଼େ । ଅଲକ୍ଷ୍ୟରେ କେତେ ଯେ ବିନିଦ୍ର ରଜନୀ ଅତିବାହିତ ହୋଇଯାଏ, ସେକଥା ସାଧାରଣ ଲୋକେ ବୁଝି ପାରିବେ ନାହିଁ । ବେଳେବେଳେ ଏପରି ହୁଏ, ଗଦା ଗଦା ବହି ଭିତରେ ସାମାନ୍ୟ ଟିକେ ଆଲୋକର ସନ୍ଧାନ ପାଇଁ ଘଣ୍ଟା ପରେ ଘଣ୍ଟା ବିତିଯାଏ । ବାରମ୍ବାର ମନରେ ପ୍ରଶ୍ନ ଉତ୍‌ଥାପିତ ହୋଇଥାଏ, "ମୁଁ ଠିକ୍ ସିଦ୍ଧାନ୍ତରେ ଉପସ୍ଥିତ ହୋଇ ପାରିଛି ତ ? ମୁଁ କିଛି ଅନ୍ୟାୟ କରୁନାହିଁ ତ ?" ଏପରି ମାନସିକ ସନ୍ତୁଳନ ହେବା ସ୍ୱାଭାବିକ । ମୋର ଧାରଣା, ବୋଧହୁଏ ଅଧିକାଂଶ ବିଚାରପତି ଏପରି ମାନସିକ ସ୍ଥିତି ଦେଇ ଗତି କରୁଥିବେ ।

ସାଧାରଣତଃ ମନରେ ପ୍ରଶ୍ନ ଉଠେ, ଈଶ୍ୱରଙ୍କ ଦରବାରରେ କ'ଣ ନ୍ୟାୟ ମିଳେ ? ତେବେ କାହିଁକି ଏ ସଂସାରରେ ବହୁ ପାପୀତାପୀ, ଖଳଲୋକ ବେଶ୍

ସୁଖଭୋଗରେ କାଳାତିପାତ କରୁଥିଲାବେଳେ; ବହୁ ନିଷ୍ଠାପର ସାଧୁ ଲୋକ ଦୁଃଖ, ଯନ୍ତ୍ରଣା, ଅଭାବ ଅନଟନରେ ନିରନ୍ତର ସଢ଼ି ମରୁଥାନ୍ତି ? କିନ୍ତୁ ଏ ପ୍ରଶ୍ନର ଉତ୍ତର ବଡ଼ କଠିନ । ଅନେକ କହନ୍ତି, ଈଶ୍ୱର ପ୍ରାରବ୍ଧ କର୍ମ ଅନୁସାରେ ଫଳ ଦିଅନ୍ତି । ଈଶ୍ୱରଙ୍କ ଦରବାରରେ କୌଣସି ଅନ୍ୟାୟ ହୁଏ ନାହିଁ । ଆଜି ହେଉ ବା କାଲି ହେଉ, ନିଶ୍ଚୟ ପାପୀ ଦଣ୍ଡ ପାଇବ ଓ ପୁଣ୍ୟବାନ୍ ତା'ର ଈପ୍‌ସିତ ଫଳ ଲାଭ କରିବ । ଏତିକି ସାନ୍ତ୍ୱନା ମନୁଷ୍ୟକୁ ଈଶ୍ୱରଙ୍କ ନିକଟରେ ସମ୍ପୂର୍ଣ୍ଣ ନୀରବ କରାଇଦିଏ । ଈଶ୍ୱରଙ୍କୁ ପୁନର୍ବାର ନିର୍ଲିପ୍ତ, ଅନାସକ୍ତ ବିଚାରପତିର ଭୂମିକାରେ ମଣିଷ ସ୍ଥାପନା କରିଦିଏ । କିନ୍ତୁ ଆମପରି ମଣିଷ ଦେହଧାରୀ ବିଚାରପତିମାନଙ୍କୁ ଆମର ବିବେକ, ଚୈତନ୍ୟ ତିଳତିଳ ଦଂଶନ କରେ । ସମସ୍ତ ସାଂସାରିକ ଆବିଳତାରୁ ଊର୍ଦ୍ଧ୍ୱରେ ନିର୍ଲିପ୍ତ ରହି ବିଚାରପତିର ଦାୟିତ୍ୱ ତୁଲାଇବା ବାସ୍ତବିକ ଅସିଧାରରେ ବାଟ ଚାଲିବା ତୁଲ୍ୟ । ଆମେ ଭଲମନ୍ଦ ପାଇଁ କାହା ପାଖରେ ଦାୟୀ ନୋହୁଁ ସତ, ମାତ୍ର ବିବେକ ଓ ସତ୍ୟ ପାଖରେ ତ ଦାୟୀ ନିଶ୍ଚୟ !

ମୋର ବିଚାରପତି ଜୀବନକାଳ ଭିତରେ ମୁଁ ନିଷ୍ଠାପର ଭାବରେ ସତ୍ୟ ଓ ନ୍ୟାୟ ପ୍ରତି ଅନୁରକ୍ତି ପ୍ରକାଶ କରିଛି । ଯେତେବେଳେ ସଂଶୟରେ ପଡ଼ିଛି, ସେତେବେଳେ ଈଶ୍ୱରଙ୍କୁ ଡାକି ସିଦ୍ଧାନ୍ତ ଗ୍ରହଣ କରିଛି । ମୋର ଯେତେଦୂର ଧାରଣା ନ୍ୟାୟ ଓ ନୀତିର ମୌଳିକ ଆଦର୍ଶର ସୁରକ୍ଷା ଦିଗରେ ମୁଁ ଈଶ୍ୱରଙ୍କ ନିକଟରେ କୌଣସି ପ୍ରକାର ତ୍ରୁଟି କରିନାହିଁ ।

ପ୍ରତ୍ୟେକ ଆଡ୍‌ଭୋକେଟ୍‌ଙ୍କ ପାଇଁ ବିଚାରପତି ଆସନ ଅଳଙ୍କୃତ କରିବା ବେଶ୍ ଗୁରୁତ୍ୱପୂର୍ଣ୍ଣ । ସବୁରି ମନରେ ଏଥିପାଇଁ ଏକ ଗୋପନ ଅଭିଳାଷ ଥାଏ । କାରଣ ସାରା ବିଶ୍ୱରେ ବିଚାରପତି ପଦବୀ ଯଥେଷ୍ଟ ମର୍ଯ୍ୟାଦାବନ୍ତ ପଦବୀ ରୂପେ ସ୍ୱୀକୃତ ଓ ସମ୍ମାନ ଲାଭ କରିଥାଏ । ସାମାଜିକ ପ୍ରତିଷ୍ଠା, ଖ୍ୟାତି ଓ ମର୍ଯ୍ୟାଦାର ସର୍ବୋଚ୍ଚ ପଦବୀ ହେଉଛି, ବିଚାରପତି ପଦବୀ । ଜୀବନ କେବଳ ଅର୍ଥ-ସର୍ବସ୍ୱ ନୁହେଁ । ଅର୍ଥ ସମ୍ପତ୍ତି ପରେ ମଧ୍ୟ ମନୁଷ୍ୟ ଅନେକ କିଛି ଚାହେଁ । ତେଣୁ ବିଚାରପତି ହେବା ବଡ଼ ସୌଭାଗ୍ୟର କଥା ବୋଲି ବିବେଚିତ ହୋଇଥାଏ ।

ବିଚାରପତି ଭାବେ ନିଯୁକ୍ତି ପାଇବା ପୂର୍ବରୁ ବିଶିଷ୍ଟ ଆଡ୍‌ଭୋକେଟମାନଙ୍କ ସମ୍ପର୍କରେ ତଥ୍ୟ ସଂଗୃହୀତ ହୋଇଥାଏ । ନ୍ୟାୟନିଷ୍ଠା, କର୍ମଦକ୍ଷତା, ସାଧୁତା, ବିଦ୍‌ବତ୍ତା, ପାଣ୍ଡିତ୍ୟ ଓ ସର୍ବୋପରି ବ୍ୟକ୍ତିତ୍ୱକୁ ବିଚାରକୁ ନିଆଯାଇ ବିଚାରପତି ନିଯୁକ୍ତି କରାଯାଏ । ସୁତରାଂ ପ୍ରତ୍ୟେକ ଆଡ୍‌ଭୋକେଟ୍‌ଙ୍କ ପାଇଁ ବିଚାରପତି ନିଯୁକ୍ତି ହେବା ଅବଶ୍ୟ ଗୌରବର ବିଷୟ ।

ଓକିଲାତି ଜୀବନ ନାନା ଉତ୍‌ଥାନ ପତନ ଓ କର୍ମ ବହୁଳ। ସେଥିପାଇଁ ବିଚାରପତି ଭାବରେ ନିଶ୍ଚିନ୍ତ ଭାବରେ ମାସକୁ ମାସ କିଛି ଦରମା ପାଇ ଅତିସହଜ ଓ ସାବଲୀଳ ଭାବରେ ଜୀବନ ଅତିବାହିତ କରିବାର ଆକାଙ୍‌କ୍ଷା ମଧ୍ୟ ବେଳେବେଳେ ମନରେ ଉଙ୍କିମାରେ। ବିଚାରପତି ନିଯୁକ୍ତି ହେବା ପର୍ଯ୍ୟନ୍ତ ମନରେ ବିପୁଳ ଆଗ୍ରହ ଥାଏ। ମାତ୍ର କିଛିଦିନ ପରେ ହଠାତ୍ ମନେହୁଏ, ସତେ ଯେପରି ଜୀବନର ଗତିମୋଡ଼ ସବୁ କିଛି ବଦଳିଯାଇଛି। ଓକିଲାତି ଆୟ ତୁଳନାରେ ମାସିକ ଦରମା ତ କିଛି ନୁହେଁ। କିଏ ମକଦ୍ଦମାରେ ଜିତିଛି ବୋଲି ଓକିଲବାବୁଙ୍କ ଘରେ ମାଛ ଦେଲାଣି ତ କିଏ ଘିଅ ଦେଲାଣି। ଆୟ ଯେପରି ଅକଳନ୍ତି, ଖର୍ଚ୍ଚ ବି ସେମିତ ବେପରୁଆ। ଘରେ ସବୁବେଳେ କୁଣିଆ ମଇତ୍ର, ଗଲା ଅଇଲା ହାଉଜାଉ। ସାମାଜିକ ସମ୍ପର୍କ ମଧ୍ୟ ସଙ୍କୁଚିତ ହୋଇଯାଏ। ବିଚାରପତିର ଜୀବନ ବେଶ୍ ଶୃଙ୍ଖଳିତ ଜୀବନ। ଧରାବନ୍ଧା ଜୀବନ। ଇଚ୍ଛା ଥାଉ ବା ନଥାଉ ସାମାଜିକ ଅନୁଷ୍ଠାନମାନଙ୍କରେ ଯୋଗଦେବା ଅନେକ ସମୟରେ ସମ୍ଭବ ନୁହେଁ। ଏସବୁ ବେଳେବେଳେ ମାନସିକ କ୍ଳାନ୍ତି ଆଣିଦିଏ। କିନ୍ତୁ ଆଉ ଗୋଟିଏ କଥା ମିଳେ, ତାହା ହେଉଛି ପ୍ରତିଷ୍ଠା ଓ ସମ୍ମାନ। ଜ୍ଞାତ ସାରରେ ବା ଅଜ୍ଞାତ ସାରରେ ହେଉ ବୋଧହୁଏ ସବୁ ମଣିଷ ପାଇଁ ତାହା ହିଁ ହେଉଛି ଅନ୍ୟତମ ଆକର୍ଷଣ।

ବିଚାରପତି ହେଲି

୧୯୬୦ ମସିହାର କଥା। ଦିନେ ମୋର ଜଣେ ବହୁ ଦିନର ବନ୍ଧୁ ତଥା ତତ୍କାଳୀନ ମନ୍ତ୍ରୀମଣ୍ଡଳର ଅନ୍ୟତମ ସଦସ୍ୟ ଶ୍ରୀଯୁକ୍ତ ସତ୍ୟପ୍ରିୟ ମହାନ୍ତି ଫୋନ୍ ଯୋଗେ ମୋତେ ଖବର ଦେଲେ ଯେ, ଓଡ଼ିଶା ହାଇକୋର୍ଟରେ ମୋତେ ଜଜ୍ ଭାବେ ନିଯୁକ୍ତି ଦେବାପାଇଁ ମନ୍ତ୍ରୀ ମଣ୍ଡଳରେ ନିଷ୍ପତ୍ତି ନିଆଯାଇଛି କିନ୍ତୁ ସେଥିରେ ଟିକିଏ ଅସୁବିଧା ଅଛି। ମୋତେ ସ୍ଥାୟୀ ବିଚାରପତି ଭାବେ ନିଯୁକ୍ତି ଦିଆ ନ ଯାଇ କିଛିକାଳ ପାଇଁ ଅତିରିକ୍ତ ବିଚାରପତି କରାଯିବ। ମୁଁ ଏହା କଦାପି ଗ୍ରହଣ କରିବି ନାହିଁ ବୋଲି ସତ୍ୟପ୍ରିୟବାବୁଙ୍କୁ ରୋକ୍‌ଠୋକ୍ ଜଣାଇଦେଲି। ମୋତେ ଯଦି ସ୍ଥାୟୀ ବିଚାରପତି ଭାବେ ଗ୍ରହଣ କରାଯାଏ ତା' ହେଲେ ମୁଁ ରାଜି, ନଚେତ୍ ନାହିଁ ବୋଲି କହିଲି। ମାତ୍ର ସରକାରଙ୍କ ତରଫରୁ ଏଇ ଅତିରିକ୍ତ ଜଜ୍ ପାଇଁ ଥିବା ପ୍ରସ୍ତାବ ଓଡ଼ିଶା ହାଇକୋର୍ଟର ତତ୍କାଳୀନ ମୁଖ୍ୟ ବିଚାରପତି ଶ୍ରୀଯୁକ୍ତ ଆର.ଏଲ୍. ନରସିଂହମ୍‌ଙ୍କ ନିକଟକୁ ଯାଇଥିଲା। ସେ ମଧ୍ୟ ଏହି ପ୍ରସ୍ତାବରେ ରାଜି ହୋଇ ନ ଥିଲେ। ସେ ମୋ ମତାମତ ଲୋଡ଼ିବାରୁ ତାଙ୍କୁ ମୁଁ ମଧ୍ୟ ନାସ୍ତିବାଣୀ ଶୁଣାଇଦେଲି। ମୋର ସମ୍ମାନ ଓ ଆଇନ୍ ବ୍ୟବସାୟରେ

ପ୍ରତିଷ୍ଠାକୁ ଜଳାଞ୍ଜଳି ଦେଇ ଗୋଟିଏ ଅନିଶ୍ଚିତ ଅବସ୍ଥା ଭିତରକୁ ଯିବା ମୋ ପକ୍ଷେ ଆଦୌ ସମ୍ଭବ ନୁହେଁ ବୋଲି ତାଙ୍କୁ କହିଲି । ମୋର ଏହି ମତାମତ ଶ୍ରୀଯୁକ୍ତ ନରସିଂହମ୍ ସୁପ୍ରିମକୋର୍ଟର ପ୍ରଧାନ ବିଚାରପତିଙ୍କୁ ଜଣାଇ ଦେଇଥିଲେ । ଶ୍ରୀଯୁକ୍ତ ଭୁବନେଶ୍ୱର ପ୍ରସାଦ ସିହ୍ନା ସେ ସମୟରେ ପ୍ରଧାନ ବିଚାରପତି ଥାନ୍ତି । ମୁଁ ଆଗରୁ ତାଙ୍କ କୋର୍ଟରେ କେତେଥର ଓକିଲାତି କରିଥିଲି । ସେ ବ୍ୟକ୍ତିଗତ ଭାବେ ମୋତେ ଜାଣିଥିଲେ । ମୋର ବିଚାରପତି ଭାବେ ନିଯୁକ୍ତି ପାଇବା କଥା ନେଇ ସେ ଖୁସି ହେଲେ କିନ୍ତୁ ଅସ୍ଥାୟୀ ବିଚାରପତି ହେବା କଥାକୁ ପସନ୍ଦ କରି ନ ଥିଲେ ।

ଥରେ ଗୋଟିଏ ମକଦ୍ଦମାରେ ମୁଁ ସୁପ୍ରିମକୋର୍ଟକୁ ଯାଇଥିଲି । ପ୍ରଧାନ ବିଚାରପତି ଶ୍ରୀଯୁକ୍ତ ବି.ପି. ସିହ୍ନା କୋର୍ଟରେ ମୋତେ ଦେଖିଥିଲେ । ଏହା ମୋର ବିଚାରପତି ଭାବେ ନିଯୁକ୍ତି ପାଇବାର ଅଳ୍ପ କିଛିଦିନ ପୂର୍ବର ଘଟଣା । ସୁପ୍ରିମକୋର୍ଟରେ ପ୍ରାକଟିସ୍ କରୁଥିବା ଓଡ଼ିଶାର ଆଡ଼ଭୋକେଟ ଶ୍ରୀଯୁକ୍ତ ରଘୁମଣି ପଟ୍ଟନାୟକଙ୍କ ଜରିଆରେ ମୁଁ ତାଙ୍କୁ ତାଙ୍କ ଚେମ୍ବରରେ ଦେଖା କରିବାକୁ ସେ ମୋତେ ଖବର ପଠାଇଥିଲେ । ରଘୁମଣି ବାବୁଙ୍କଠାରୁ ଏ ଖବର ଜାଣିଲା ବେଳକୁ ଚାରିଟା ବାଜିଯାଇଥିଲା । କୋର୍ଟ କାମସାରି ଚିଫ୍ ଜଷ୍ଟିସ୍ ସିହ୍ନା କୋଠିକୁ ଫେରିଯାଇ ଥିବାରୁ ଚେମ୍ବରରେ ତାଙ୍କୁ ଭେଟି ପାରିଲି ନାହିଁ । ପ୍ରାୟ ପାଞ୍ଚଟା ବେଳେ ତାଙ୍କ କୋଠିକୁ ଗଲି । କିନ୍ତୁ ମୁଁ ପହଞ୍ଚିଲା ବେଳକୁ ସେ ଡକ୍ଟର କୋଠାରୀଙ୍କ ସହ ରାଷ୍ଟ୍ରପତି ଡକ୍ଟର ରାଜେନ୍ଦ୍ର ପ୍ରସାଦଙ୍କୁ ଦେଖା କରିବାକୁ ବାହାରିଥାନ୍ତି । ମୋତେ ଦେଖିଲା ପରେ କହିଲେ, "ଓଡ଼ିଶା ସରକାର ଆପଣଙ୍କୁ ଅତିରିକ୍ତ ବିଚାରପତି ଭାବେ ନିଯୁକ୍ତି ଦେବାକୁ ପ୍ରସ୍ତାବ ଦେଇଥିଲେ । ଆପଣ ସ୍ଥାୟୀ ବିଚାରପତି ଭାବେ ନିଯୁକ୍ତି ପାଇବା ଉଚିତ ହେବ ବୋଲି ମୁଁ ଲେଖିଛି । କଥା ପ୍ରସଙ୍ଗରେ କହିଲେ, "Some good news is waiting for you. You better soon proceed to Cuttack" । ତାଙ୍କଠାରୁ ଏ ଖବର ଶୁଣିଲା ପରେ ମୁଁ କଟକ ଫେରି ଆସିଲି । ସେତେବେଳେ ମାଡ୍ରାସ୍ ମେଲ୍ ଦିନ ପ୍ରାୟ ୨ଟାରେ ବାହାରି ରାତି ୧୧ଟାରେ କଟକ ଷ୍ଟେସନରେ ପହଞ୍ଚୁଥାଏ । ମୁଁ ଦିଲ୍ଲୀରୁ କଲିକତା ଆସି ସେହି ମେଲ୍‌ରେ ତା' ପରଦିନ କଟକରେ ପହଞ୍ଚିଲି । କଟକ ଷ୍ଟେସନରେ ପହଞ୍ଚି ଦେଖିଲି, ମୋର ଜଣେ ବାଲ୍ୟବନ୍ଧୁ ନରେନ୍ଦ୍ର କିଶୋର ଦାସ ଓ ମୋ ଜ୍ୟେଷ୍ଠ ଜାମାତା ଶ୍ରୀ ଯୁଗଳ କିଶୋର ମହାନ୍ତି ପ୍ରମୁଖ କେତେଜଣ ମୋ ଫେରିବା ଖବର ପାଇ ସେଠାରେ ଅପେକ୍ଷା କରିଥାନ୍ତି । ଶୁଣିଲି ହାଇକୋର୍ଟର ମୁଖ୍ୟ ବିଚାରପତି ନରସିଂହମ୍ ମୋତେ ଦୁଇଥର ଖୋଜିଛନ୍ତି ଓ ମୁଁ ପହଞ୍ଚିବା ସଙ୍ଗେ ସଙ୍ଗେ ତାଙ୍କୁ ଦେଖା କରିବାକୁ କହିଛନ୍ତି । ମୁଁ ତା' ପରଦିନ

ସକାଳେ ମୁଖ୍ୟ ବିଚାରପତିଙ୍କୁ ତାଙ୍କ କୋଠିକୁ ଯାଇ ଦେଖାକଲି । ସେ କହିଲେ, 'ଆପଣଙ୍କୁ କେନ୍ଦ୍ର ସରକାର ଓଡ଼ିଶା ହାଇକୋର୍ଟର ସ୍ଥାୟୀ ବିଚାରପତି ଭାବେ ନିଯୁକ୍ତି କରିଛନ୍ତି । ଆପଣ ମେଡ଼ିକାଲ ସାର୍ଟିଫିକେଟ ଆଣି ମୋତେ ଦିଅନ୍ତୁ ।" ମୁଁ ଯଥା ସମୟରେ ତାଙ୍କୁ ନେଇ ସାର୍ଟିଫିକେଟ ଦେଲି । ସେ ମୋ ସହିତ କରମର୍ଦ୍ଦନ କରି କହିଲେ, "Now I can congratulate you. Your appointment as a permanent Judge is final".

ଏହାର ଦୁଇଦିନ ପରେ ମୋର ଜଜ୍ ହେବା ବିଷୟ ୨-୧୦-୬୦ ତାରିଖର ସମ୍ବାଦପତ୍ରମାନଙ୍କରେ ମୋ ଫଟୋ ସହ ପ୍ରକାଶ ପାଇଥିଲା । ୧୦-୧୦-୬୦ ତାରିଖରେ ମୁଁ ଜଜ୍ ଭାବେ ଶପଥ ଗ୍ରହଣ କରିଥିଲି ଓ ସେହିଦିନ ବିଚାରପତି ଭାବରେ ଡିଭିଜନ୍ ବେଞ୍ଚରେ ମୁଖ୍ୟ ବିଚାରପତି ଶ୍ରୀଯୁକ୍ତ ନରସିଂହମ୍‌ଙ୍କ ସହିତ ବସି କାର୍ଯ୍ୟ ଆରମ୍ଭ କରିଥିଲି ।

ମୁଁ ଜଜ୍ ଭାବେ କାର୍ଯ୍ୟ କରିବାର ଦଶ-ବାରଦିନ ପରେ ସୁପ୍ରିମ କୋର୍ଟର ପ୍ରଧାନ ବିଚାରପତି ଶ୍ରୀଯୁକ୍ତ ସିହ୍ନା ଓଡ଼ିଶା ପରିଦର୍ଶନରେ ଆସିଥିଲେ । ତାଙ୍କ ସହିତ ସୌଜନ୍ୟମୂଳକ ସାକ୍ଷାତ ଲାଗି ଯାଇଥିଲି । ଓଡ଼ିଶାର ବହୁ ବିଶିଷ୍ଟ ବ୍ୟକ୍ତି ତଥା ଉଚ୍ଚପଦସ୍ଥ ସରକାରୀ କର୍ମଚାରୀ ଯାଇଥିଲେ । ସେ ଓଡ଼ିଶା ସରକାରଙ୍କ ଅତିଥି ହୋଇ ରାଜଭବନରେ ରହିଥିଲେ । ଏହି ସାକ୍ଷାତ ସମୟରେ ଅନ୍ୟମାନେ ଗଲା ପରେ ତାଙ୍କୁ ପୁଣି ଥରେ ଦେଖା କରିବାକୁ ଜଷ୍ଟିସ୍ ସିହ୍ନା ମୋତେ ସୂଚନା ଦେଇଥିଲେ । ତେଣୁ ତାଙ୍କ ରୁମ୍‌କୁ ଯାଇ ଏକାନ୍ତରେ ତାଙ୍କ ସହିତ କଥାବାର୍ତ୍ତା କରିଥିଲି । ମୁଁ ଜଜ୍ ଭାବେ କାର୍ଯ୍ୟାରମ୍ଭ କରିଥିବା କଥା ମୋଠୁଁ ଶୁଣି ସେ କହିଲେ, "ଆପଣ ଏତେ ବର୍ଷ ଓକିଲାତି (Practice) କରିଛନ୍ତି । ଆପଣଙ୍କୁ ସ୍ଥାୟୀ ଜଜ୍ ଭାବେ ନିଯୁକ୍ତି ପାଇଁ ପ୍ରସ୍ତାବ ନ ଦେଇ ଓଡ଼ିଶା ସରକାର କାହିଁକି ଅସ୍ଥାୟୀ ବିଚାରପତି କରିବାକୁ ଚାହୁଁଥିଲେ ? ଏହାର ଅସଲ କାରଣ କଅଣ ?" ଉତ୍ତରରେ ମୁଁ କିଛି ଜାଣେ ନାହିଁ ବୋଲି କହିଲି ।

ବେଞ୍ଚରେ କେତୋଟି ସ୍ମରଣୀୟ ଘଟଣାବଳୀ

ଗତ ୧୯୬୦ ମସିହା ଅକ୍ଟୋବର ୧୦ ତାରିଖରେ ମୁଁ ଓଡ଼ିଶା ହାଇକୋର୍ଟରେ ବିଚାରପତି ଭାବରେ ନିଯୁକ୍ତି ପାଇବା ଦିନଠାରୁ ୧୯୬୭ ମସିହା ନଭେମ୍ବର ପହିଲାରେ ଅବସର ଗ୍ରହଣ ପର୍ଯ୍ୟନ୍ତ ଦୀର୍ଘ ୭ ବର୍ଷ ମଧ୍ୟରେ ବହୁ ଗୁରୁତ୍ୱପୂର୍ଣ୍ଣ ମକଦ୍ଦମା ବିଚାର କରିଛି ଏବଂ ରାୟ ପ୍ରଦାନ କରିଛି । ସେସବୁ ଉଲ୍ଲେଖ କରିବା ସମ୍ଭବପର ହେଉ ନ

ଥିଲେ ମଧ୍ୟ ସାମାଜିକ ଗୁରୁତ୍ୱ ଦୃଷ୍ଟିରୁ କେତୋଟି ଘଟଣା ସମ୍ପର୍କରେ କିଛି ସୂଚନା ଦେବା ଉଚିତ ମନେ କରୁଛି ।

ଚିଫ୍-ଜଷ୍ଟିସ୍ ଏସ୍. ବର୍ମନଙ୍କ ଶପଥ ଗ୍ରହଣ

ଜଷ୍ଟିସ୍ ଖଲିଲ ଅହମ୍ମଦ ଓଡ଼ିଶା ହାଇକୋର୍ଟର ଚିଫ୍-ଜଷ୍ଟିସ୍ ପଦବୀରୁ ତା ୫-୪-୬୭ ରେ ଅବସର ଗ୍ରହଣ କରୁଥିବାରୁ ଜଷ୍ଟିସ୍ ଏସ୍. ବର୍ମନଙ୍କୁ ଓଡ଼ିଶା ହାଇକୋର୍ଟର ଚିଫ୍-ଜଷ୍ଟିସ୍ ଭାବେ ନିଯୁକ୍ତି ପ୍ରଦାନ କରାଯାଇଥିଲା । ଏହି ସମୟରେ ଏ.ଏନ୍. ଖୋସଲା ଓଡ଼ିଶାର ରାଜ୍ୟପାଳ ଥାଆନ୍ତି । ସାଧାରଣତଃ ନୂତନ ଭାବେ ନିଯୁକ୍ତି ପାଉଥିବା ଜଷ୍ଟିସ୍ ଓ ଚିଫ୍- ଜଷ୍ଟିସ୍‌ମାନଙ୍କୁ ରାଜ୍ୟପାଳ ଶପଥପାଠ କରାଇଥାନ୍ତି । କିନ୍ତୁ ସେ ନିଜର ଅସୁସ୍ଥତା ବିଷୟ ଉଲ୍ଲେଖ କରି ତାଙ୍କ ତରଫରୁ ଉକ୍ତ କାର୍ଯ୍ୟଟି ପରିଚାଳନା କରିବାକୁ ମୋତେ କ୍ଷମତା ପ୍ରଦାନ କରିଥିଲେ ଏବଂ ତା ୭-୪-୬୭ ରିଖରେ ମୁଁ ଜଷ୍ଟିସ୍ ଏସ୍. ବର୍ମନଙ୍କୁ ଚିଫ୍-ଜଷ୍ଟିସ୍ ଭାବେ ଶପଥ ପାଠ କରାଇଥିଲା ।

ପଣ୍ଡିତ ନେହେରୁଙ୍କ ମହାପ୍ରୟାଣ

୧୯୬୪ ମସିହା ମଇ ମାସ ୨୭ ତାରିଖ । ଆମ ଭାରତର ପ୍ରଥମ ପ୍ରଧାନମନ୍ତ୍ରୀ, ବିଶିଷ୍ଟ ରାଜନୀତିଜ୍ଞ ତଥା ବିଶ୍ୱ ରାଜନୀତିର ଅନ୍ୟତମ ପଙ୍ଗପୁରୋଧା ପଣ୍ଡିତ ଜବାହରଲାଲ ନେହେରୁଙ୍କ ମହାପ୍ରୟାଣ ଦିବସ । ସେ ସମୟରେ ମୁଁ ହାଇକୋର୍ଟର ବିଚାରପତି ଥାଏ । ଖରାଦିନ ପାଇଁ ହାଇକୋର୍ଟ ଛୁଟିଥିଲେ ମଧ୍ୟ ମୁଁ ଭେକେସନ ଜଜ୍ ଭାବରେ ଦାୟିତ୍ୱ ପରିଚାଳନା କରୁଥାଏ । ନେହେରୁଙ୍କ ବିୟୋଗ ସମ୍ବାଦ ପାଇବା ପରେ ଓଡ଼ିଶା ହାଇକୋର୍ଟ ଉପରେ ଉଡୁଥିବା ଜାତୀୟ ପତାକାକୁ ଅର୍ଦ୍ଧନମିତ କରିବାକୁ ଆଦେଶ ଦେଇ ମୁଁ ସେଦିନ ପୁରୀ ଯାଇଥିଲି । ପୁରୀ ସର୍କିଟ ହାଉସ୍‌ରେ ଥିବା ସମୟରେ ଉକ୍ତ ସମ୍ବାଦଟି ରେଡ଼ିଓରେ ପ୍ରଚାରିତ ହେଲା । ମୋ ପାଖ ରୁମ୍‌ରେ ଜଣେ ଭଦ୍ରବ୍ୟକ୍ତି ସସ୍ତ୍ରୀକ ଅବସ୍ଥାନ କରୁଥାନ୍ତି । ଦୀପୁ ସେତେବେଳେ ଛୋଟ ପିଲା । ସେ ମୋ’ ସହିତ ପୁରୀ ଯାଇଥାଏ । ଉକ୍ତ ଭଦ୍ର ବ୍ୟକ୍ତିଙ୍କର ନିଉଜ୍ ଶୁଣିବା ପ୍ରତି ଆଗ୍ରହ ଲକ୍ଷ୍ୟ କରି ମୁଁ ରେଡ଼ିଓଟିକୁ ମଝିରେ ଥୋଇଦେବାକୁ ଦୀପୁକୁ କହିଥିଲି । ନେହେରୁଜୀଙ୍କ ବିୟୋଗ ସମ୍ବାଦ ଶୁଣି ସେ ଭଦ୍ର ବ୍ୟକ୍ତି ଓ ତାଙ୍କର ପତ୍ନୀ କାନ୍ଦି ପକାଇଲେ । ସେମାନଙ୍କ ଏଭଳି ଅବସ୍ଥା ଦେଖି ମୁଁ ତାଙ୍କୁ କିଛିଟା ସାନ୍ତ୍ୱନା ଦେଲି ଏବଂ ସେ ନେହେରୁଙ୍କୁ କିପରି ଜାଣନ୍ତି ବୋଲି ପଚାରିଲି । ଉତ୍ତରରେ ସେ ନେହେରୁଙ୍କ ଜନୈକ ସେକ୍ରେଟାରୀ ଭାବେ କାର୍ଯ୍ୟ

କରୁଥିଲେ ବୋଲି କହିଲେ । ସେ ନେହେରୁଙ୍କ ବ୍ୟକ୍ତିଗତ ଜୀବନ ସମ୍ପର୍କରେ ଗୋଟିଏ ଦୁଇଟି ଘଟଣାର ସୂଚନା ଦେଇ ପଣ୍ଡିତ୍‌ଜୀ ଅତ୍ୟନ୍ତ କଡ଼ାଲୋକ ହେଲେ ମଧ୍ୟ ତାଙ୍କ ହୃଦୟଟା ଅତ୍ୟନ୍ତ ସରଳ ଥିଲା ବୋଲି କହିଥିଲେ । ସେ ତାଙ୍କ ନିଜସ୍ୱ ଅନୁଭୂତିରୁ ଗୋଟିଏ ଘଟଣା ବର୍ଣ୍ଣନା କରି କହିଲେ, ଥରେ ପାର୍ଲିଆମେଣ୍ଟରେ ପ୍ରଶ୍ନୋତ୍ତର ପାଇଁ ପଣ୍ଡିତଜୀ ଗୋଟିଏ ଏଜେଣ୍ଡା ପ୍ରସ୍ତୁତ କରିଥିଲେ । ଏହି ଲିଷ୍ଟରେ ଥିବା ବିଷୟଗୁଡ଼ିକ ମଧ୍ୟରୁ ଜଣେ ପୁରୁଖା ମନ୍ତ୍ରୀଙ୍କ କହିବା ଅନୁଯାୟୀ ସାମାନ୍ୟ ପରିବର୍ତ୍ତନ କରାଯାଇଥିଲା । ପଣ୍ଡିତ୍‌ଜୀ ଯେତେବେଳେ ଜାଣିଲେ ଯେ, ତାଙ୍କ କହିବା ଅନୁଯାୟୀ ଲିଷ୍ଟ ପ୍ରସ୍ତୁତ ହୋଇନାହିଁ, ସେ ନିଜ ଅଫିସରୁ ମୋ ସିଟ୍ ପର୍ଯ୍ୟନ୍ତ ଚମକି ଆସି ମୋ' ଉପରେ ଭୀଷଣ ବିରକ୍ତ ହୋଇଥିଲେ । ରାଗିଯାଇ କହିଲେ, "ହମ୍ ପ୍ରାଇମ୍ ମିନିଷ୍ଟର ୟା ତୁମ୍ ପ୍ରାଇମ୍ ମିନିଷ୍ଟର ? ତାଙ୍କର ଏଭଳି ରାଗ ଦେଖି ମୁଁ ଅତ୍ୟନ୍ତ ଭୟଭୀତ ହୋଇ ଯାଇଥିଲି । ମୋର ଚାକିରି ଚାଲିଯିବ ବୋଲି ମନେ ମନେ ସ୍ଥିର କରି ନେଇଥିଲି । ହେଲେ

GOVERNOR, ORISSA.

RAJ BHAVAN
BHUBANESWAR.

No1851.G.O.

5th April,1957.

My dear Justice Das,

The Medical Officer has advised me complete rest for a couple of days which precludes my going to Cuttuck on the 6th April for the Swearing-in ceremony. I have, therefore, issued an order appointing you to administer the affirmation to the new Chief Justice of the Orissa High Court. I have to thank you for having consented to do the same on my behalf.

With regards,

Yours sincerely,

(A.N.Khosla)

Shri Justice R.K.Das,
Orissa High Court,Cuttuck.

ପରବର୍ତ୍ତୀ ସମୟରେ ପଣ୍ଡିତଜୀ ମୋତେ ଡାକି ଭବିଷ୍ୟତରେ ଆଉ ଏପରି ନ କରିବାକୁ ପରାମର୍ଶ ଦେଇଥିଲେ ।”

ପଣ୍ଡିତ ନେହେରୁଙ୍କ ଜୀବନୀ ଉପରେ ଅନେକ ପୁସ୍ତକ ରଚନା କରାଯାଇଛି । ତାଙ୍କ ରଚିତ A letter from a father to his daughter glimpses world History ଏବଂ ତାଙ୍କର ଆତ୍ମଜୀବନୀ ମଧ୍ୟ ସମଗ୍ର ବିଶ୍ୱବାସୀଙ୍କ ପାଇଁ ଗୋଟିଏ ଗୋଟିଏ ଅମୂଲ୍ୟ ଉପହାର କହିଲେ ଅତ୍ୟୁକ୍ତି ହେବନାହିଁ ।

ପ୍ରଧାନମନ୍ତ୍ରୀ ପଣ୍ଡିତ ନେହରୁଙ୍କର ଓଡ଼ିଶା ପ୍ରତି ବଡ଼ ଶ୍ରଦ୍ଧା ଥିଲା । ବିଭିନ୍ନ କାର୍ଯ୍ୟବ୍ୟସ୍ତତା ସତ୍ତ୍ୱେ ସେ କେତେବାର ଓଡ଼ିଶା ଆସିଥିଲେ । ସେ ହୀରାକୁଦ ଡ୍ୟାମ୍ ଓ ରାଜଧାନୀ ଭୁବନେଶ୍ୱରର ଶୁଭ ଦେଇଥିଲେ । ୧୯୬୪ରେ ଭୁବନେଶ୍ୱରଠାରେ ଅନୁଷ୍ଠିତ ହୋଇଥିବା ନିଖିଳ ଭାରତ କଂଗ୍ରେସ କମିଟି ଅଧିବେଶନରେ ମଧ୍ୟ ସେ ଯୋଗଦାନ କରିଥିଲେ ।

୧୯୬୨ ମସିହା ଜାନୁୟାରୀ ୪ ତାରିଖରେ ପଣ୍ଡିତ ନେହେରୁ ରେଭେନ୍ସା କଲେଜଠାରେ ଅନୁଷ୍ଠିତ ହୋଇଥିବା ୪୯ତମ ବିଜ୍ଞାନ କଂଗ୍ରେସ ଅଧିବେଶନରେ ଯୋଗଦାନ କରିଥିଲେ । ପରବର୍ତ୍ତୀ ଅବସ୍ଥାରେ ୧୯୭୭ ଜାନୁୟାରୀ ମାସରେ ବାଣୀବିହାରଠାରେ ଅନୁଷ୍ଠିତ ୬୪ତମ ବିଜ୍ଞାନ କଂଗ୍ରେସ ଅଧିବେଶନ ଉପଲକ୍ଷେ ପ୍ରକାଶିତ (News of the World Suppliment) ସ୍ମରଣିକାରେ ଉକ୍ତ ଅଧିବେଶନରେ ସେ ପ୍ରଦାନ କରିଥିବା ସାରଗର୍ଭକ ଭାଷଣଟି ମଧ୍ୟ ପ୍ରକାଶିତ ହୋଇଛି ।

ମୁଁ ୧୯୨୮ ମସିହା କଲିକତା କଂଗ୍ରେସ ଅଧିବେଶନରେ ପଣ୍ଡିତ ନେହେରୁ ଏବଂ ତାଙ୍କ ପିତା ବିଶିଷ୍ଟ ଆଇନଜୀବୀ ପଣ୍ଡିତ ମୋତିଲାଲ ନେହେରୁଙ୍କୁ ଦେଖିବାର ସୁଯୋଗ ପାଇଥିଲି । ଏହା ବ୍ୟତୀତ ଆହୁରି ଅନେକ ଘଟଣାରେ ନେହେରୁଙ୍କୁ ଦେଖିବାର ସୁଯୋଗ ମୁଁ ପାଇଥିଲି । ନେହେରୁ ଜଣେ ଆଇନଜ୍ଞ ଥିଲେ ମଧ୍ୟ ସମାଜସେବାକୁ ସେ ନିଜ ଜୀବନର ବ୍ରତ ଭାବରେ ଗ୍ରହଣ କରି ଏଥିନିମିତ୍ତ କାରାବରଣ ଠାରୁ ଆରମ୍ଭକରି ଅନେକ ତ୍ୟାଗ ସ୍ୱୀକାର କରିଥିଲେ । ୧୮୮୯ ମସିହା ନଭେମ୍ବର ୧୪ ତାରିଖରେ ନେହେରୁ ଜନ୍ମ ଗ୍ରହଣ କରିଥିଲେ । ସେ ଶିଶୁମାନଙ୍କୁ ଅତ୍ୟନ୍ତ ସ୍ନେହ କରୁଥିବାରୁ ତାଙ୍କ ଜନ୍ମଦିନକୁ ସର୍ବତ୍ର ଶିଶୁ ଦିବସ ଭାବରେ ପାଳନ କରାଯାଉଛି ।

କଲିଙ୍ଗ ଟିଉବସ୍ ମକଦ୍ଦମା

ଓଡ଼ିଶାର ମୁଖ୍ୟମନ୍ତ୍ରୀ ଶ୍ରୀଯୁକ୍ତ ବିଜୁ ପଟ୍ଟନାୟକଙ୍କର ରାଜନୈତିକ କ୍ଷେତ୍ର

ଅପେକ୍ଷା ବ୍ୟାବସାୟିକ କ୍ଷେତ୍ର ସମ୍ପର୍କରେ ବହୁତ କଥା ଓଡ଼ିଶାବାସୀ ଜାଣି ନ ଥିବେ। ସେ ଏକାଧାରରେ ଜଣେ ପ୍ରଖ୍ୟାତ ଶିଳ୍ପପତି ଓ ସ୍ୱନାମଧନ୍ୟ ରାଜନୀତିଜ୍ଞ। 'କଳିଙ୍ଗ ଟିଉବସ୍' ନାମରେ ଗୋଟିଏ ବଡ଼ଧରଣର ଶିଳ୍ପ କାରଖାନା ସେ ଚୌଦ୍ୱାରଠାରେ ପ୍ରତିଷ୍ଠା କରିଥିଲେ। ସେଥିରେ ତାଙ୍କର ଜଣେ ଅଂଶୀଦାର ଥିଲେ ଶାନ୍ତି ପ୍ରସାଦ ଜୈନ। ବ୍ୟାବସାୟିକ କ୍ଷେତ୍ରରେ ସେମାନଙ୍କର ଅଂଶଧନ ବଣ୍ଟନକୁ କେନ୍ଦ୍ରକରି ମନୋମାଳିନ୍ୟ ହୋଇଥିଲା। ଏ ସଂକ୍ରାନ୍ତରେ ଶାନ୍ତି ପ୍ରସାଦ ଜୈନ ଓ କଳିଙ୍ଗ ଟିଉବସ୍‌ଙ୍କ ମଧ୍ୟରେ ଗୋଟିଏ ବଡ଼ଧରଣର ମକଦ୍ଦମା ହୋଇଥିଲା। ମୁଁ ସେତେବେଳେ ଓଡ଼ିଶା ହାଇକୋର୍ଟର ବିଚାରପତି ଥାଏ। ଏହି ମକଦ୍ଦମା ଲଢ଼ିବାକୁ ପକ୍ଷମାନଙ୍କ ତରଫରୁ ସଚ୍ଚିନ୍ ଚୌଧୁରୀ, ସି.କେ. ଦପ୍ତରୀ ପ୍ରମୁଖ ଭାରତର ବହୁ ବଡ଼ ବଡ଼ ଆଇନଜ୍ଞ ଆସିଥିଲେ। ଉକ୍ତ ମକଦ୍ଦମାଟି ମୁଁ ଓ ଜଷ୍ଟିସ ଗତିକୃଷ୍ଣ ମିଶ୍ରଙ୍କୁ ନେଇ ଗଠିତ ଡିଭିଜନ ବେଞ୍ଚରେ ପଡ଼ିଥିଲା। ପରେ ଉକ୍ତ ମକଦ୍ଦମାଟି ସୁପ୍ରିମକୋର୍ଟକୁ ଯାଇଥିଲା। ଏଥିରେ ସୁପ୍ରିମକୋର୍ଟ ଓଡ଼ିଶା ହାଇକୋର୍ଟର ଗସ୍ତକୁ କାଏମ୍ ରଖିଥିଲେ। ସୁପ୍ରିମକୋର୍ଟରେ ଶ୍ରୀଯୁକ୍ତ ଜୈନଙ୍କ ତରଫରୁ କେତେକ ଆଇନଗତ ବିଷୟ ଉତ୍ଥାପନ କରିବାକୁ ଚାହିଥିଲେ। ହେଲେ ସୁପ୍ରିମକୋର୍ଟ ଏ ସମ୍ପର୍କରେ ମତାମତ ଦେଇ ଲେଖିଥିଲେ, "We may add that, though the objection was not taken in the petition, it seems to have been urged before the appeal Court, Justice Das dealt with it at length and we would have agreed with him if we had permitted the question to be raised, This attack on the validity of what happened on March 29, 1958 must thus fail".

ଉକ୍ତ ମକଦ୍ଦମାଟି ଶୁଣାଣି ହେଉଥିବା ସମୟରେ ଏହି ମକଦ୍ଦମା ପରିଚାଳନା କରୁଥିବା ବିଶିଷ୍ଟ ଆଇନଜ୍ଞ ସି.କେ. ଦପ୍ତରୀ ଭାରତର ଆଟର୍ଣ୍ଣି ଜେନେରାଲ ହେବା ବିଷୟରେ ଘୋଷଣା ପ୍ରକାଶ ପାଇଥିଲା। ବିଧି ଅନୁସାରେ ସେତେବେଳେ ଦପ୍ତରୀଙ୍କୁ ଅଭିନନ୍ଦନ ଜଣାଇ ମୁଁ କହିଥିଲି, "Mr. Daphtary, I myself and on behalf of my learned brother Justice G. K. Mishra congratulate you on your appointment as the Attorney General of India".

ଆଗରୁ କହିଛି, ମୁଁ ମୋ ଆଇନ ବ୍ୟବସାୟର ପ୍ରାରମ୍ଭିକ ଅବସ୍ଥାରେ ଗୋଟିଏ ମକଦ୍ଦମା ସମ୍ପର୍କରେ ବମ୍ବେ ଯାଇ ସେଠାରେ ଏହି ସି.କେ. ଦପ୍ତରୀଙ୍କୁ ଭେଟିଥିଲି।

ଗଙ୍ଗାଧର ମହାପାତ୍ରଙ୍କ ନିର୍ବାଚନ ମକଦ୍ଦମା

ମୁଁ ଜଜ୍ ଥିଲାବେଳେ ୧୯୬୧ ମସିହା ଓଡ଼ିଶା ବିଧାନସଭା ନିର୍ବାଚନ ସମ୍ପର୍କରେ ଗୋଟିଏ ମକଦ୍ଦମା ବିଚାର କରିଥିଲି। ସେଥିରେ ପୁରୀ ଜିଲ୍ଲାର ସତ୍ୟବାଦୀ ନିର୍ବାଚନ ମଣ୍ଡଳୀରୁ ପୁରୀ ରାଜବଂଶୀୟ ଶ୍ରୀ ରାଜରାଜ ଦେବଙ୍କ ଆଡ୍‌ଭୋକେଟ ଶ୍ରୀ ଗଙ୍ଗାଧର ମହାପାତ୍ର (ପରେ ଓଡ଼ିଶାର ମନ୍ତ୍ରୀ ହୋଇଥିଲେ) ନିର୍ବାଚନ ଲଢ଼ିଥିଲେ। ରାଜାଙ୍କର ନିର୍ବାଚନ ଚିହ୍ନ ଥିଲା 'ହାତୀ'। କେତେଦିନ ପୁରୀରେ କଟାଇ ମୁଁ କଟକ ଫେରୁଥିବା ବେଳେ ସାକ୍ଷୀଗୋପାଳ ମନ୍ଦିର ନିକଟରେ ପୁରୀ ଗଜପତି ରାଜାଙ୍କ ହାତୀ ବନ୍ଧା ହୋଇଥିବା ଦେଖି ଆସିଥିଲି। ଏହି ନିର୍ବାଚନ ମକଦ୍ଦମାଟି ମୋ କୋର୍ଟରେ ପଡ଼ିଲାବେଳେ ଏଥିରେ ମୁଁ ସାକ୍ଷୀସ୍ତରକୁ ଆସିଯାଇଛି କହି ଏହାକୁ ଅନ୍ୟ କୋର୍ଟରେ ବିଚାର କରାଯିବାକୁ ପରାମର୍ଶ ଦେଇଥିଲି। ହେଲେ ସେଥିରେ କେବଳ ସେଗୁଡ଼ିକୁ ପୁନର୍ଗଣତି କରାଯିବାକୁ ଥିବାରୁ ପକ୍ଷମାନଙ୍କ ତରଫରୁ ଏହା ମୋ ଦ୍ୱାରା ବିଚାର କରାଗଲେ କୌଣସି ଆପତ୍ତି ରହିବ ନାହିଁ ବୋଲି କୁହାଯାଇଥିଲା। ଏହି ମକଦ୍ଦମାକୁ ବିଚାର କରି ମୁଁ ଭୋଟ କାଗଜଗୁଡ଼ିକୁ ସାମନାରେ ଗଣତି କରାଇଥିଲି।'

ଶ୍ରୀଯୁକ୍ତ ଗଙ୍ଗାଧର ମହାପାତ୍ରଙ୍କ ତରଫରୁ ଆଡ୍‌ଭୋକେଟ୍ ଶ୍ରୀଯୁକ୍ତ ରଙ୍ଗନାଥ ମିଶ୍ର (ଏବେ ସୁପ୍ରିମକୋର୍ଟର ପ୍ରଧାନ ବିଚାରପତି) ମକଦ୍ଦମା ପରିଚାଳନା କରୁଥିଲେ। ମାତ୍ର ଅଳ୍ପ କେତୋଟି ଭୋଟ ଉପରେ ଅଧିକ ସନ୍ଦେହ ପ୍ରକାଶ ପାଉଥିବାରୁ ମୁଁ ଉଭୟ ପକ୍ଷର ଓକିଲଙ୍କ ସାମନାରେ ସେଗୁଡ଼ିକୁ ଉପସ୍ଥାପିତ କରି ତାହା କେଉଁ ପକ୍ଷଙ୍କ ସପକ୍ଷରେ ଯିବ, ସେ ସମ୍ପର୍କରେ ନିଷ୍ପତ୍ତି ନେବାରେ ସହଯୋଗ କରିବାକୁ କହିଥିଲି। ସେମାନେ ମୋ ନିଷ୍ପତ୍ତି ସହିତ ଏକମତ ହୋଇଥିଲେ। ଏହି ମକଦ୍ଦମାରେ ଶ୍ରୀଯୁକ୍ତ ଗଙ୍ଗାଧର ମହାପାତ୍ର ଅଳ୍ପ ଭୋଟରେ ନିର୍ବାଚନ ହାରି ଯାଇଥିଲେ। ଅବଶ୍ୟ ପରବର୍ତ୍ତୀ ଅବସ୍ଥାରେ ଗଙ୍ଗାଧରବାବୁ ଓଡ଼ିଶା ବିଧାନସଭାକୁ ବହୁବାର ନିର୍ବାଚିତ ହୋଇ ଦୀର୍ଘଦିନ ଧରି ଓଡ଼ିଶାର ଅନେକ ଗୁରୁତ୍ୱପୂର୍ଣ୍ଣ ବିଭାଗର ମନ୍ତ୍ରୀ ଭାବରେ ଦାୟିତ୍ୱ ପରିଚାଳନା କରିଥିଲେ।

ମୟୁରଭଞ୍ଜ ନିର୍ବାଚନ ମକଦ୍ଦମା

ଥରେ ମୟୂରଭଞ୍ଜ ନିର୍ବାଚନ ସମ୍ବନ୍ଧୀୟ ଏକ ମକଦ୍ଦମା ମୁଁ ଓ ଜଷ୍ଟିସ୍ ଖଲିଲ ଅହମ୍ମଦଙ୍କୁ ନେଇ ଗଠିତ ଡିଭିଜନ ବେଞ୍ଚରେ ପଡ଼ିଥିଲା। ଏଥିରେ ନିର୍ବାଚନ ଅଧିକାରୀଙ୍କ ସାଧୁତା ସମ୍ପର୍କରେ ପ୍ରଶ୍ନ ଉଠିଥିଲା। ଏପରିକି ଜଷ୍ଟିସ୍ ଅହମ୍ମଦ ସଂପୃକ୍ତ ନିର୍ବାଚନ ଅଧିକାରଙ୍କ ବିରୁଦ୍ଧରେ ଖୋଲା ଖୋଲି ଭାବରେ ମତବ୍ୟକ୍ତ କରିଥିଲେ।

ଅନେକ ସମୟରେ ମକଦ୍ଦମା ସମ୍ପର୍କରେ ରାୟ ଦେବା ପାଇଁ କିଏ କେଉଁ ମକଦ୍ଦମାର ରାୟ ଦେବେ, ଆପୋଷ ଭାବରେ ଜଜ୍‌ମାନେ ତାହା ବାଣ୍ଟି ନେଇଥାନ୍ତି। ବେଳେବେଳେ ଜଜ୍‌ମାନଙ୍କ ମଧ୍ୟରେ ମତଭେଦ ମଧ୍ୟ ହୋଇଥାଏ। ସଂପୃକ୍ତ ନିର୍ବାଚନ ମକଦ୍ଦମାଟିରେ ମୋର ରାୟ ଦେବା କଥା। ଉକ୍ତ ମକଦ୍ଦମାର ରାୟ ଦେବା ପର୍ଯ୍ୟନ୍ତ ମୋର ଧାରଣା ଥିଲା ଯେ, ଜଷ୍ଟିସ୍ ଅହମ୍ମଦ ମୋ ସହିତ ଏକମତ ନ ହୋଇ ଭିନ୍ନ ମତ ଅବଲମ୍ବନ କରିବେ। ଏକ ଅଲଗା ରାୟ ଦେବେ। ସେଭଳି କ୍ଷେତ୍ରରେ ମତଭେଦ ଘଟିଲେ ଆବଶ୍ୟକ ହେଲେ ଜଣେ ତୃତୀୟ ଜଜ୍‌ଙ୍କୁ ରାୟ ଦେବାକୁ ପଡ଼ିଥାଏ। କିନ୍ତୁ ପ୍ରକୃତରେ ରାୟ ଦେଲାବେଳେ ଜଷ୍ଟିସ୍ ଅହମ୍ମଦ ମୋ ସହିତ (I entirely agree) ସମ୍ପୂର୍ଣ୍ଣ ଭାବରେ ଏକମତ ବୋଲି କହିଥିଲେ।

ପ୍ରିଭେଣ୍ଟିଭ୍ ଡିଟେନସନ ଆକ୍ଟ ସମ୍ବନ୍ଧୀୟ ମକଦ୍ଦମା

ମୁଁ ଜଜ୍ ଥିଲାବେଳେ ପ୍ରିଭେନ୍‌ଟିଭ୍ ଡିଟେନସନ ଆକ୍ଟ ଅନୁଯାୟୀ ଗୋଟିଏ କମିଟି ଗଠନ କରାଯାଇଥିଲା। ସେଥିରେ ମୁଁ ଚେୟାରମ୍ୟାନ ଥିଲି। ଅବସରପ୍ରାପ୍ତ ଜିଲ୍ଲା ଜଜ୍ ସ୍ୱର୍ଗତ ଦ୍ୱାରିକାନାଥ ଦାସ ଏହାର ଜଣେ ସଭ୍ୟ ଥିଲେ। ଜଣେ ଡିଟେନିଉଙ୍କୁ ହାତକଡ଼ା ପକାଇ ମୋ ହାଇକୋର୍ଟ ଚେମ୍ବରକୁ ଅଣାଯାଇଥିଲା। ଏ ସମ୍ପର୍କୀୟ ପୋଲିସ ରିପୋର୍ଟକୁ ସମୀକ୍ଷା କରିବା ସହିତ ସଂପୃକ୍ତ ବ୍ୟକ୍ତିଙ୍କ ବକ୍ତବ୍ୟ ଶୁଣି ସାରିବା ପରେ ଆମେ ତାଙ୍କୁ ମୁକ୍ତ କରି ଦେଇଥିଲୁ। ଏ ସମ୍ପର୍କୀୟ ମକଦ୍ଦମାରେ ସାଧାରଣତଃ ଓକିଲମାନେ ଆପିଅର କରି ନ ଥାନ୍ତି। ଏଭଳି କ୍ଷେତ୍ରରେ ହାତକଡ଼ା ପକାଇବାର ଆବଶ୍ୟକତା ନାହିଁ ବୋଲି ମୁଁ ପୋଲିସ ଅଫିସରଙ୍କୁ ସୂଚାଇ ଦେଇଥିଲି।

ମାଆର ମମତା

ଥରେ ହାଇକୋର୍ଟ ଡିଭିଜନ ବେଞ୍ଚରେ ଗୋଟିଏ କେଶ୍ ପଡ଼ିଥାଏ। ୩୪ ବର୍ଷର ପୁଅଟିକୁ ନେଇ ବାପମା' ଦୁହିଁଙ୍କ ଭିତରେ ମନାନ୍ତର ତଥା ମତାନ୍ତର ଉପୁଜିଥାଏ। ବାପ ପିଲାଟିକୁ ନିଜ ପାଖରେ ରଖିବାକୁ ଛାଡ଼ିଥିବାବେଳେ, ମା' ଚାହୁଥାଏ ତା' ପାଖରେ ରଖିବା ପାଇଁ। ବେଞ୍ଚରେ ମୋ ସହିତ ଥିବା ଜଷ୍ଟିସ୍ ନରସିଂହମ୍ କହିଲେ, "କ'ଣ କରିବା କୁହନ୍ତୁ।" ମୁଁ କହିଲି, "ପିଲାଟିକୁ କୋର୍ଟକୁ ଆଣିବା।" ପିଲାଟି ଆସିବାରୁ ତାକୁ ଦେଖି ତା'ର ମା' କାନ୍ଦିବାକୁ ଲାଗିଲା। ମୁଁ ପିଲାଟିକୁ ପଚାରିଲି, "ହଇରେ ପୁଅ, ତୁ ତୋ ମା' ପାଖରେ ରହିବୁ, ନା ବାପା ପାଖରେ ରହିବୁ?" ମା'କୁ

କାନ୍ଦୁଥିବାର ଦେଖି ପିଲାଟି ମଧ୍ୟ କାନ୍ଦିପକାଇଲା ଓ ପ୍ରଶ୍ନର ଉତ୍ତର ନ ଦେଇ କାନ୍ଦି କାନ୍ଦି ଯାଇ ମା'କୁ କୁଣ୍ଢାଇ ପକାଇଲା। ଏ ଦୃଶ୍ୟ ଥିଲା ଅଭୂତପୂର୍ବ। ବାପାକୁ ଛାଡ଼ି ପିଲାକୁ ଭରଣ ପୋଷଣ କରି ମଣିଷ କରିବା ମା' ପକ୍ଷରେ ଯେପରି କଷ୍ଟକର, ବାପ ପକ୍ଷରେ ମଧ୍ୟ ମା'କୁ ଛାଡ଼ି ଛୋଟ ପିଲାଟିକୁ ଚଳାଇବା ସେହିପରି ଅସୁବିଧାଜନକ। ତେଣୁ ପିଲାଟିର ଭବିଷ୍ୟତ ଦୃଷ୍ଟିରୁ, ବାପ ମା' ଉଭୟେ କଳିଗୋଳ ଛାଡ଼ି ଏକାଠି ରହିବା ଓ ପାରିବାରିକ ଶାନ୍ତି ଫେରାଇ ଆଣିବା ଆବଶ୍ୟକ। କୋର୍ଟଙ୍କର ଉପରୋକ୍ତ ପରାମର୍ଶ ଅନୁଯାୟୀ ସେମାନେ ଏକତ୍ର ରହିବାକୁ ରାଜି ହୋଇଥିଲେ। ମାଆର ମମତା ତଥା ପିଲାଟିର ଆକର୍ଷଣ ଏଇ କେଶ୍‌ର ସମାଧାନ କରିବାରେ ମୂଳଭିତ୍ତି ଥିଲା।

ନର୍ସ ରାଜୁଙ୍କ ସୁଆଲ

ମୁଁ ବିଚାରପତି ଥିବା ସମୟରେ ଆଡ଼୍‌ଭୋକେଟ ଏମ୍. ସୁବାରାଓଙ୍କ ନରସିଂହମ୍ ପରିବାରର ଗୋଟିଏ ଆୟକର ସମ୍ବନ୍ଧୀୟ ମକଦ୍ଦମା ଆର୍.ଏଲ. ନରସିଂହମ୍ ଓ ମୋତେ ନେଇ ଗଠିତ ଏକ ଡିଭିଜନ ବେଞ୍ଚରେ ପଡ଼ିଥିଲା। ଏହି ମକଦ୍ଦମା ପରିଚାଳନା କରିବାକୁ ଆନ୍ଧ୍ରପ୍ରଦେଶର ତତ୍କାଳୀନ ଆଡ୍‌ଭୋକେଟ୍ ଜେନେରାଲ ଶ୍ରୀଯୁକ୍ତ ନର୍ସ ରାଜୁ ଓଡ଼ିଶା ହାଇକୋର୍ଟକୁ ଆସିଥିଲେ। ସେ ଅତ୍ୟନ୍ତ ନମ୍ର ଓ ମିଷ୍ଟଭାଷୀ। ଜଟିଳ ଆଇନକୁ ସରଳ ଓ ନ୍ୟାୟୋଚିତ ଭାବରେ ଉପସ୍ଥାପନ କରିବାରେ ସେ ସିଦ୍ଧହସ୍ତ ଥିଲେ। ଏହି କାରଣରୁ ଏଭଳି ମକଦ୍ଦମାରେ ପକ୍ଷମାନେ ତାଙ୍କୁ ଓକିଲ ଭାବେ ନିଯୁକ୍ତ କରିବାକୁ ଆଗ୍ରହୀ ହେଉଥିଲେ।

ନର୍ସ ରାଜୁ ମକଦ୍ଦମାର ଶୁଣାଣି ଆରମ୍ଭ କରିବା ମାତ୍ରେ ମୁଁ ଏହି ମକଦ୍ଦମାଟି ନେବି ନାହିଁ ବୋଲି କହିଥିଲି। କାରଣ, ସୁବାରାଓଙ୍କ ସହିତ ଏହା ପୂର୍ବରୁ ମୋର କେତେକ ଦେଣନେଣ ସମ୍ପର୍କ ରହିଥିଲା। ସେତେବେଳକୁ ତାହା ପରିଶୋଧ ହୋଇ ସାରିଥିଲେ ମଧ୍ୟ ପୂର୍ବ ସମ୍ପର୍କ ଦୃଷ୍ଟିରୁ ନ୍ୟାୟ ବିଚାରରେ କାଳେ ଅନ୍ତରାୟ ସୃଷ୍ଟି ହେବ, ଏହା ଭାବି ମକଦ୍ଦମାଟି ନେବାକୁ ମୁଁ ମନାକଲି। ମୋ ବକ୍ତବ୍ୟ ଶୁଣି ନର୍ସ ରାଜୁ କହିଲେ, "ଆମେ କେବଳ ଏ କେଶ୍‌ରେ ବିଭିନ୍ନ ହାଇକୋର୍ଟର ଆଇନ ସମ୍ବନ୍ଧୀୟ ବିଷୟ ଉତ୍‌ଥାପନ କରିବୁ। ଏଣୁ ଏଥିରେ କାହାରି ବ୍ୟକ୍ତିଗତ ସୁବିଧା ହାସଲ କରିବା ନ କରିବାର ପ୍ରଶ୍ନ ଉଠୁନାହିଁ।" ଶ୍ରୀଯୁକ୍ତ ନରସିଂହମ୍ ମଧ୍ୟ ଏଥିରେ ଏକମତ ହେବାରୁ ମୁଁ ବେଞ୍ଚରେ ରହିବାକୁ ରାଜିହେଲି। କେଶ୍‌ଟି ପଡ଼ିଲା ଏବଂ ଆମ ଦୁହିଁଙ୍କ ମଧ୍ୟରୁ ମକଦ୍ଦମାରେ ରାୟ ଦେବା କାର୍ଯ୍ୟ ମୋ ଉପରେ ନ୍ୟସ୍ତ ହେଲା।

ମକଦ୍ଦମାର ସମସ୍ତ ବିଷୟବସ୍ତୁ ଅନୁଧ୍ୟାନ କରି ସୁବାରାଓଙ୍କର ଏହି କେଶ୍‌କୁ ଆମେ ଖାରଜ କରିଦେଲୁ ।

ନର୍ସ ରାଜୁ ମୋର ଏହି ରାୟ ବିରୁଦ୍ଧରେ ସୁପ୍ରିମକୋର୍ଟକୁ ଯିବା ପାଇଁ ଲିଭ୍ ମାଗିଲେ । ମାତ୍ର ଏହି କେଶ୍‌ରେ ବିଭିନ୍ନ ଆଇନ ସମ୍ବନ୍ଧୀୟ ବିଷୟରେ ବିଭିନ୍ନ ହାଇକୋର୍ଟ ଭିନ୍ନ ଭିନ୍ନ ମତପୋଷଣ କରିଥିବା କାରଣରୁ ଉକ୍ତ ବିଷୟ ସୁପ୍ରିମକୋର୍ଟରେ ବିଚାର ହେବା ଉଚିତ ବୋଲି ଆମେ ରାୟ ଦେଇ ଲିଭ୍ ଦେଇ ନ ଥିଲୁ । ପରେ ସୁବାରାଓ ଉକ୍ତ ମକଦ୍ଦମାରେ ଅବଶ୍ୟ ସୁପ୍ରିମକୋର୍ଟକୁ ଲିଭ୍ ଓ ମକଦ୍ଦମାର ବିଚାର ପାଇଁ ଯାଇଥିଲେ ।

ଏହି ମକଦ୍ଦମାଟିକୁ ନର୍ସ ରାଜୁ କିଭଳି ନ୍ୟାୟୋଚିତ ଭାବେ ଉତ୍‌ଥାପନ କରିଥିଲେ, ତାହା ଲକ୍ଷ୍ୟ କରି ମୁଁ ଅଧିକ ଆନନ୍ଦିତ ହୋଇଥିଲି । କୌଣସି ମକଦ୍ଦମାରେ ହାର-ଜିତ୍ ତ ସ୍ୱାଭାବିକ ଘଟଣା; ତେଣୁ ସେଥିରେ ସେତେ ଆନନ୍ଦ ମିଳେ ନାହିଁ, ଯେତେ ଆନନ୍ଦ ମିଳେ ତା'ର ଉପସ୍ଥାପନା ଶୈଳୀ ଯୋଗୁଁ ।

ସ୍ୱର୍ଗତ ନର୍ସ ରାଜୁ ଅତ୍ୟନ୍ତ ଭଦ୍ର ଓ ମେଳାପି ଥିଲେ । କୋର୍ଟ କାର୍ଯ୍ୟ ବ୍ୟତୀତ ସେ ମୋତେ ବ୍ୟକ୍ତିଗତ ଭାବରେ ମଧ୍ୟ ଭେଟିବାକୁ ଥରେ ମୋ ଘରକୁ ଆସିଥିଲେ । ଆସିଲାବେଳେ ସାଙ୍ଗରେ ଗୋଟିଏ ଫଳ ମଧ୍ୟ ଆଣିଥିଲେ । ତାଙ୍କ ଚଳଣିରେ ଏହା ଏକ ମର୍ଯ୍ୟାଦା-ସୂଚକ କାର୍ଯ୍ୟ ବୋଲି ମୋର ଧାରଣା ହୋଇଥିଲା । ଆଉ ଥରେ ଡାକ୍ତର ପାର୍ଥ ରାଓ ତାଙ୍କ ସ୍ତ୍ରୀ ପୁଷ୍ପ ଏବଂ ମୁଁ ଓ ମୋର ସ୍ତ୍ରୀ ସରୋଜିନୀ ମାନ୍ଦ୍ରାଜ ବୁଲିବାକୁ ଯାଉଥିବା ସମୟରେ ବାଟରେ ତାଙ୍କ ସହିତ ଦେଖା ହୋଇଥିଲା । ସେ ଆମକୁ ଯଥାସମ୍ଭବ ସାହାଯ୍ୟ କରିବା ସଙ୍ଗେ ସଙ୍ଗେ କିଛି ସମୟ ଧରି ଆମ ପାଖ ଡବାରେ ମଧ୍ୟ ବସିଥିଲେ ଓ ମଝିରେ ମଝିରେ ଆସି ଆମ ଭଲମନ୍ଦ ବୁଝୁଥିଲେ ।

ମୋ ସମୟର କେତେଜଣ ହାଇକୋର୍ଟ କର୍ମଚାରୀ

୧୯୬୦ ମସିହା ଅକ୍ଟୋବର ୧୦ ତାରିଖ ଠାରୁ ୧୯୬୭ ନଭେମ୍ବର ପହିଲାରେ ଅବସର ଗ୍ରହଣ ପର୍ଯ୍ୟନ୍ତ ସାତବର୍ଷରୁ ଅଧିକ କାଳ ମୁଁ ବିଚାରପତି ଭାବେ କାର୍ଯ୍ୟ କରୁଥିଲି । ଏହି ସମୟରେ ହାଇକୋର୍ଟର ଅନେକ କର୍ମଚାରୀଙ୍କ ବ୍ୟକ୍ତିଗତ ସମ୍ପର୍କରେ ଆସିବାର ସୁଯୋଗ ପାଇଥିଲି । କେତେକ କର୍ମଚାରୀ ମଧ୍ୟ ଦୈନନ୍ଦିନ କାର୍ଯ୍ୟ ପରିଚାଳନା କ୍ଷେତ୍ରରେ ମୋତେ ବିଭିନ୍ନ ଭାବରେ ସହଯୋଗ କରୁଥିଲେ ।

ଚାକିରିକାଳ ମଧ୍ୟରେ ସେମାନେ ମୋତେ ଯଥାସମ୍ଭବ ଶ୍ରଦ୍ଧା ଓ ସମ୍ମାନ ପ୍ରଦର୍ଶନ କରିଥିଲେ। ସେ ସମସ୍ତଙ୍କ ବିଷୟରେ ଏଠାରେ ଆଲୋଚନା କରିବା ସମ୍ଭବପର ହେଉ ନ ଥିଲେ ମଧ୍ୟ ସେମାନଙ୍କ ମଧ୍ୟରେ ସେ କେତେକ ବିଶ୍ୱସ୍ତ ଓ ପ୍ରତିଭାବାନ୍ କର୍ମଚାରୀ ଥିଲେ, ଏହା ନିଃସନ୍ଦେହରେ କୁହାଯାଇପାରେ।

ମୋର ବ୍ୟକ୍ତିଗତ କର୍ମଚାରୀଙ୍କ ମଧ୍ୟରେ ମୋ ଜଜ୍‌ମେଣ୍ଟ ରାଇଟର ଶ୍ରୀ ବ୍ରଜମୋହନ ପ୍ରଧାନ, ବେଞ୍ଚ କ୍ଲର୍କ ବୃନ୍ଦାବନ ଚନ୍ଦ୍ର ରଥ, ଜମାଦାର ସ୍ୱର୍ଗତ ବାଞ୍ଛାନିଧି ଶତପଥୀ ଓ ପିଅନମାନଙ୍କ ମଧ୍ୟରୁ ବୈକୁଣ୍ଠନାଥ ମହାପାତ୍ର, ଜୟରାମ ବାରିକ ଓ ବୁଦ୍ଧୁ ପ୍ରମୁଖଙ୍କ ନାମ ଉଲ୍ଲେଖଯୋଗ୍ୟ। ବୁଦ୍ଧୁ ତା'ର ଅବସର ପରେ ଅନେକଥର ମୋ ଘରକୁ ଆସି ମତେ ମାଲିସ୍ କରୁଥିଲା। ଏହି ସମୟରେ ସେ ଯେଉଁସବୁ ମଜା ମଜା ଗପ କରୁଥିଲା, ସେଥିରୁ ଅଳ୍ପ କିଛି ଏଥିରେ ଉଲ୍ଲେଖ କରିଛି। ଶ୍ରୀଯୁକ୍ତ ପ୍ରଧାନଙ୍କ ସାହିତ୍ୟିକ ପ୍ରତିଭା ଓ ଶ୍ରୀଯୁକ୍ତ ରଥଙ୍କ ନାଟ୍ୟକଳା କ୍ଷେତ୍ରରେ ଅବଦାନ ସମ୍ପର୍କରେ ମଧ୍ୟ ପାଠକମାନଙ୍କୁ କିଛି ସୂଚନା ଦେବାକୁ ଉଦ୍ଧାର ମନେ କରୁଛି।

ବ୍ରଜମୋହନ ପ୍ରଧାନ

ଶ୍ରୀ ବ୍ରଜମୋହନ ପ୍ରଧାନ ଆମ ଗାଁ ପାଖ ଲୋକ। ତାଙ୍କ ଗାଁ ଦୋରବାଙ୍ଗ, ଆମ ଗାଁ ବାଗଲପୁରର ଅତି ନିକଟରେ ଅବସ୍ଥିତ। ମୁଁ ବିଚାରପତି ଭାବେ ନିଯୁକ୍ତି ପାଇବା ପୂର୍ବରୁ ବ୍ରଜମୋହନ ହାଇକୋର୍ଟରେ କାର୍ଯ୍ୟ କରୁଥିଲେ। ମୁଁ ବିଚାରପତି ଥିବା ସମୟରେ ସେ ଜଜ୍‌ମେଣ୍ଟ ରାଇଟର ହୋଇଥିଲେ ଏବଂ ଏହି ପଦବୀରେ ମୋ ପାଖରେ କେତେବର୍ଷ କାର୍ଯ୍ୟ କରିଥିଲେ। ଜଣେ ସଚ୍ଚୋଟ, ନିଷ୍ଠାପର ଓ କର୍ତ୍ତବ୍ୟନିଷ୍ଠ କର୍ମଚାରୀ ଭାବରେ ସେ ସମସ୍ତଙ୍କର ଶ୍ରଦ୍ଧାର ପାତ୍ର ହୋଇ ପାରିଥିଲେ। ତାଙ୍କର ପିଲାମାନେ ଉଚ୍ଚ ଶିକ୍ଷାଲାଭ କରିଛନ୍ତି ଓ ସେମାନଙ୍କ ମଧ୍ୟରୁ କେତେଜଣ ଆମେରିକାରେ ବେଶ୍ ପ୍ରତିଷ୍ଠା ଲାଭ କରିଛନ୍ତି। ବ୍ରଜମୋହନ ଆମେରିକା ଯାଇ ସେଠାରେ କେତେବର୍ଷ ଅବସ୍ଥାନ କରିବା ଅବସରରେ ଆମେରିକାର ବିଭିନ୍ନ ସ୍ଥାନ ପରିଭ୍ରମଣ କରିଥିବା ଆନନ୍ଦର ବିଷୟ। ସେ ତାଙ୍କର ଅଭିଜ୍ଞତା ଉପରେ ଖଣ୍ଡେ ପୁସ୍ତକ ରଚନା କରିଛନ୍ତି। ଅଳ୍ପଦିନ ଆଗରୁ ତାଙ୍କ ରଚିତ ପୁସ୍ତକ ଖଣ୍ଡିକ ମୋତେ ଉପହାର ଦେଇଥିଲେ। ମୁଁ ସେ ବହିଟିକୁ ପଢ଼ିଛି। ମୋ ବିଚାରରେ ଯେଉଁମାନେ ଆମେରିକା ସମ୍ପର୍କରେ ଅଧିକ କିଛି ଜାଣିବାକୁ ଇଚ୍ଛା କରନ୍ତି, ସେମାନେ ଉକ୍ତ ପୁସ୍ତକଟି ପାଠକଲେ ଅନେକ କିଛି ଜାଣି ପାରିବେ।

ବୃନ୍ଦାବନ ଚନ୍ଦ୍ର ରଥ

ଶ୍ରୀ ବୃନ୍ଦାବନ ଚନ୍ଦ୍ର ରଥ ଓଡ଼ିଶା ହାଇକୋର୍ଟରେ କିଛିଦିନ ପାଇଁ ମୋର ବେଞ୍ଚକ୍ଲର୍କ ଭାବରେ କାର୍ଯ୍ୟ କରିଥିଲେ। ନିଜ ଅଫିସ କାର୍ଯ୍ୟ ସହିତ ସେ ରଙ୍ଗମଞ୍ଚ ସାହିତ୍ୟ ଓ ନାଟ୍ୟକଳା ପ୍ରତି ବିଶେଷ ଆଗ୍ରହ ପ୍ରକାଶ କରିବା ସଙ୍ଗେ ସଙ୍ଗେ ଏହାର ବିକାଶ କ୍ଷେତ୍ରରେ ନାନାବିଧ ଉଦ୍ୟମ କରିଥିଲେ। ସେ ଉତ୍କଳ ନାଟ୍ୟ ସଂଘର ସାଧାରଣ ସମ୍ପାଦକ ଭାବରେ ଏହାର ଏକ ମୁଖପତ୍ର 'ନାଟ୍ୟ ବିଚିତ୍ରା ଏବଂ ଓଡ଼ିଆ ନାଟକ ଶତବାର୍ଷିକୀ ଅବସରରେ 'ନାଟ୍ୟ ଶତଦଳ' ପତ୍ରିକା ପ୍ରକାଶ କରିଥିଲେ। ଏହା ବ୍ୟତୀତ ଓଡ଼ିଆ ନାଟକ ସମ୍ପର୍କରେ ସମାଲୋଚନା ପୁସ୍ତକ 'ନାଟ୍ୟକଳା' ଓ 'ନାଟ୍ୟକଳା ଏକ ଅଧ୍ୟୟନ' ନାମରେ ଦୁଇଟି ପୁସ୍ତକ ରଚନା କରିଥିଲେ। ଓଡ଼ିଶାର ପୁରାତନ ରଙ୍ଗମଞ୍ଚର ପୁନରୁଦ୍ଧାର ପାଇଁ ସେ ତାଙ୍କର ଉଦ୍ୟମ ଅବ୍ୟାହତ ରଖିଛନ୍ତି ଏବଂ 'ଉତ୍କଳ କଳାପରିଷଦ' ନାମରେ ଏକ ଅନୁଷ୍ଠାନ ପ୍ରତିଷ୍ଠା କରି ଏହାର ସାଧାରଣ ସମ୍ପାଦକ ଭାବେ କାର୍ଯ୍ୟ କରୁଛନ୍ତି।

ଶ୍ରୀଯୁକ୍ତ ରଥ ତାଙ୍କର ଉପରୋକ୍ତ କାର୍ଯ୍ୟକ୍ରମ ସମ୍ପର୍କରେ ମୋ ସହିତ କେତେବାର ଆଲୋଚନା କରିଥିଲେ ଏବଂ ମୁଁ ତାଙ୍କୁ ଯଥାସମ୍ଭବ ସହଯୋଗ ମଧ୍ୟ କରିଥିଲି।

ଚତୁର ବୁଦ୍ଧୁ

ବୁଦ୍ଧୁ ସାଧାରଣ ମଣିଷଟିଏ। ସେ ହାଇକୋର୍ଟରେ ପିଅନ ଥିଲା। କିନ୍ତୁ ଓକିଲ, ମାଜିଷ୍ଟ୍ରେଟ, ଜଜ୍ ସାହେବମାନଙ୍କ ପାଖରେ ବୁଦ୍ଧୁର ଅବାରିତ ପ୍ରବେଶ ଥାଏ। ସମସ୍ତଙ୍କର ସେ ପ୍ରିୟ। ବହୁ ବଡ଼ ବଡ଼ ଲୋକଙ୍କ ଘରକୁ ସେ ଯିବା ଆସିବା କରେ। ବାବୁଭାୟାମାନଙ୍କୁ ତେଲ ମାଲିସ୍ କରି ଅଧିକ ଦି'ପଇସା ରୋଜଗାର କରେ। ମାଲିସ୍ କରୁଥିଲା ବେଳେ ସେ ଅନେକ ସୁନ୍ଦର କଥା କୁହେ। ଯାହା ଯେଉଁଠି ଦେଖି ଶୁଣି ଆସିଥାଏ, ତାକୁ ସଜେଇ ଗୁଜେଇ କୁହେ। ତା' ବାପା ମା' ତା ନାଁ 'ବୁଦ୍ଧୁ' ଦେଇଥିଲେ କି ସମସ୍ତେ ତାକୁ ମଜାରେ ଡାକୁ ଡାକୁ ତା ନାଁ ବୁଦ୍ଧୁ ହେଲା—ସେ ରହସ୍ୟ ଏଯାଏଁ ଜଣାନାହିଁ। ସମସ୍ତେ ତାକୁ ଆଦର କରୁଥିଲେ। ଭାରି ଭଲ ଲୋକଟିଏ। ତା'ର ଗୋଟିଏ ଦି'ଟା କଥା ମନେ ପଡୁଛି। ଦିନେ ବୁଦ୍ଧୁ ଦୀନବନ୍ଧୁ ସାହୁଙ୍କ ଘରକୁ ଯାଇଛି। ବାହାର ଘରେ ତାଙ୍କ ବୋଉ ବସିଥିଲେ। ବୁଦ୍ଧୁ ଆଗରୁ କେବେ ତାଙ୍କୁ ଦେଖି ନ ଥିଲା କି

ପ୍ରକୃତ ପରିଚୟ ପାଇ ନ ଥିଲା । ଥରେ ତାଙ୍କୁ ଦେଖି କହିଲା, "ବୁଢ଼ୀ, କାହାକୁ ଅପେକ୍ଷା କରିଛୁ ? ବାବୁଙ୍କ ସାଙ୍ଗରେ ଦେଖା ହେଲଣି ?" ଉତ୍ତରରେ ଦୀନବନ୍ଧୁ ସାହୁଙ୍କ ମା' କହିଲେ, "ମୁଁ ପରା ତା' ବୋଉ । ଆଉ ଦେଖା କ'ଣ ହେବ ?" ଏତକ ଶୁଣି ବୁଦ୍ଧୁ ଛାନିଆ । ଏକା ଡିଆଁ କେ ଛୁ ।

ଆଉ ଗୋଟିଏ ଘଟଣା । ୧୯୫୭ରେ (ଅବସରପ୍ରାପ୍ତ ଚିଫ୍ ଜଷ୍ଟିସ୍) ଲିଙ୍ଗରାଜ ପାଣିଗ୍ରାହୀ ଆଇନମନ୍ତ୍ରୀ ହେବା ପରେ, ସେତେବେଳେ ଆଡ୍‌ଭୋକେଟ ଜେନେରାଲ ଥିବା ବାଞ୍ଛାନିଧି ମହାପାତ୍ରଙ୍କୁ ସାଙ୍ଗେ ସାଙ୍ଗେ ବଦଳେଇ ଦାମ ମହାନ୍ତିଙ୍କୁ ଆଡ୍‌ଭୋକେଟ ଜେନେରାଲ ଭାବେ ନିଯୁକ୍ତି ଦେଲେ । ଏଇ କଥାକୁ ଲକ୍ଷ୍ୟ କରି ଥରେ ବୁଦ୍ଧୁ ମାଲିସ୍ କଲାବେଳେ କହିଲା— "ପାଣିଗ୍ରାହୀ ଆଇନମନ୍ତ୍ରୀ ହେବା ମାତ୍ରେ ବାଞ୍ଛାନିଧି ମହାପାତ୍ର ଆଡ୍‌ଭୋକେଟ ଜେନେରାଲଙ୍କୁ ସାଙ୍ଗେ ସାଙ୍ଗେ ବିଦା କରିଦେଲେ ।" କଥାଟା ମୁଁ ପ୍ରଥମେ ବୁଝି ପାରିଲି ନାହିଁ । ପରେ ବୁଝି ହସି ହସି ବେଦମ ହୋଇଥିଲି । ବୁଦ୍ଧୁ ଆଜି ଆଉ ଇହଜଗତରେ ନାହିଁ । କିନ୍ତୁ ତା'ର ସେବା ଓ ଅନୁରକ୍ତି ବହୁ ଲୋକଙ୍କ ସ୍ମୃତିରେ ଜୀବିତ ଅଛି । ସେ ବହୁତ କଥା ଶୁଣେ ଓ ଜାଣେ, କହେ କମ୍ ।

ବୁଦ୍ଧୁ ବହୁ ବଡ଼ ବଡ଼ ଲୋକଙ୍କର ବିଶ୍ୱସ୍ତ ଥିଲା । ଥରେ ଜଷ୍ଟିସ ବୀରକିଶୋର ରାୟଙ୍କ ପାଖକୁ ପାଟନା ହାଇକୋର୍ଟର ଚିଫ୍ ଜଷ୍ଟିସ ଫଜଲ ଅଲ୍ଲି ଗୋଟିଏ ଚିଠି ଲେଖିଥିଲେ । ସେଥିରେ 'ସିକ୍ରେଟ' ମାର୍କ ଥିଲା । ବୁଦ୍ଧୁ ଆଦୌ ଇଂରାଜୀ ପଢ଼ି ନ ଥିଲେ ମଧ୍ୟ ଠଉରେଇ ସେ ଚିଠିଟିକୁ ଜଷ୍ଟିସ ବୀରକଶୋର ରାୟଙ୍କୁ ଅନ୍ୟ ସବୁ ଚିଠି ଦେଲା ପରେ ଅଲଗା ଦେଲା । ମୁଁ ସେଠି ଉପସ୍ଥିତ ଥିଲି । ଜଷ୍ଟିସ ରାୟ କହିଲେ— "ଦେଖିଲେ, ବୁଦ୍ଧୁ କେତେ ଚାଲାକ ଅଛୁ । ନାଁ ସିନା ବୁଦ୍ଧୁ, କିନ୍ତୁ ପ୍ରକୃତରେ ବିଚକ୍ଷଣ ।" ସେ ମୋତେ ବହୁତ ଦିନ ମାଲିସ କରିଥିଲା—ମାଲିସ କଲାବେଳେ ଅନେକ କଥା କହେ—କାହା ବିରୁଦ୍ଧରେ ମିଛରେ ବା କାହିଁକି କହିବ ? ଯାହା ଶୁଣେ ତାହା କହେ ।

ଅବସର ବାସରେ

ଅବସର ଗ୍ରହଣ ସବୁ ମଣିଷ ପାଇଁ ବେଶ୍ ମାର୍ମିକ ହୋଇଥାଏ । ୧୯୬୭ ମସିହା ନଭେମ୍ବର ପହିଲା ଦିନ ମୁଁ ବିଚାରପତି ଜୀବନରୁ ଅବସର ଗ୍ରହଣ କରିଥିଲି । ଦୀର୍ଘ କର୍ମମୟ ଜୀବନ ପରେ ମୋର ବିଶ୍ରାମ ଲୋଡ଼ା, ଏକଥା ସେଇଦିନ ପ୍ରଥମେ ମୁଁ ଅନୁଭବ କଲି । ବାସ୍ତବରେ ହୁଏତ ମୁଁ ବିଶ୍ରାମ ଚାହିଁ ନ ଥିଲି । କାରଣ ସେଦନ ବି ମୋ ଦେହ ମନରେ ଅପୂର୍ବ ପ୍ରାଣଶକ୍ତି ଭରି ରହିଥିଲା । କାମ କରିବାର ସ୍ପୃହା ମୋ

ଭିତରୁ ମଉଳିଯାଇ ନ ଥିଲା । ହେଲେ ବିଧି ଅନୁଯାୟୀ ଅବସର ନେବାକୁ ହୋଇଥାଏ ।

ସେଦିନର ଅନୁଭବ ସବୁ ଭିତରେ ନିଆରା । ବୋଧହୁଏ ସମସ୍ତଙ୍କର ଏପରି ଅନୁଭବ ହୋଇଥାଏ । କାରଣ ନିତିଦିନିଆ ଚିହ୍ନାଜଣା, ପରିଚିତ ବ୍ୟକ୍ତିମାନଙ୍କ ଠାରୁ ହଠାତ୍ ଯେପରି ଦୂରେଇ ଗଲାପରି ଲାଗିଲା । ଯେଉଁ ହାଇକୋର୍ଟ ପରିସର ମଧ୍ୟରେ ବହୁବର୍ଷ ଅତିବାହିତ ହୋଇ ଯାଇଛି, ଆଜିଠାରୁ ସେଠିକି ପ୍ରତିଦିନ ଆସିବା ବନ୍ଦ ହୋଇଗଲା ।

ଚିରାଚରିତ ରୀତିରେ ମୋତେ ବିଦାୟ ସମ୍ବର୍ଦ୍ଧନା ଜଣାଇଥିଲେ ହାଇକୋର୍ଟର ତତ୍କାଳୀନ ବିଚାରପତି ଓ ଅନ୍ୟାନ୍ୟ କର୍ମଚାରୀଗଣ । ହାଇକୋର୍ଟ ବାର୍ ଆସୋସିଏସନ ତରଫରୁ ମଧ୍ୟ ବିଦାୟ ସମ୍ବର୍ଦ୍ଧନା ପ୍ରଦାନ କରିଥିଲେ । ଆଡ୍‌ଭୋକେଟମାନଙ୍କ ତରଫରୁ ବାରିଷ୍ଟର ମୁରଲୀଧର ମହାନ୍ତି ପ୍ରଦାନ କରିଥିବା ଆବେଗପୂର୍ଣ୍ଣ ଭାଷଣ ମୋର ଏବେ ବି ମନେଅଛି । ଏ ସମ୍ପର୍କରେ ମୁଁ ଅନ୍ୟତ୍ର ଆଲୋଚନା କରିଛି ।

ହାଇକୋର୍ଟର ତତ୍କାଳୀନ ବିଚାରପତି, କର୍ମଚାରୀ ଓ ସେମାନଙ୍କ ସହିତ ଉକ୍ତ ବିଦାୟକାଳୀନ ସମ୍ବର୍ଦ୍ଧନା ସଭାରେ ଯୋଗଦାନ କରିଥିବା ହାଇକୋର୍ଟର କେତେକ ବରିଷ୍ଠ ଆଡ୍‌ଭୋକେଟଙ୍କ ସହିତ ସେତେବେଳେ ଯେଉଁ ଗ୍ରୁପ୍ ଫଟୋ ନିଆଯାଇଥିଲା ତାହା ମୋ ପାଖରେ ଏବେ ବି ସାଇତା ହୋଇ ରହିଛି । ମଝିରେ ମଝିରେ ଯେତେବେଳେ ଇଚ୍ଛା ହୁଏ ସେ ଫଟୋ ପାଖରେ ଠିଆହୋଇ ସେଦିନର ସେହି ବିଦାୟକାଳୀନ ମୁହୂର୍ତ୍ତର କଥାଗୁଡ଼ିକୁ ମନେ ପକାଏ । ହଜିଲା ଅତୀତର ସ୍ମୃତିକୁ ରୋମନ୍ଥନ କରି କିଛି ଆନନ୍ଦ ପାଏ, କିଛି ଦୁଃଖ ମଧ୍ୟ । ଏହା ମଧ୍ୟରେ ଢେର ସମୟ ବିତିଗଲାଣି ସତ, ହେଲେ ସବୁ ଘଟଣା ମୋତେ କାଲିପରି ଲାଗୁଛି ।

ଓଡ଼ିଶା ହାଇକୋର୍ଟର ବରିଷ୍ଠ ବିଚାରପତି ଶ୍ରୀଯୁକ୍ତ ଦାସ - ଚିଫ୍ ଜଷ୍ଟିସ୍ ଭାବେ ଏସ୍. ବର୍ମନଙ୍କୁ ଶପଥପାଠ କରାଉଛନ୍ତି ।

ଓଡ଼ିଶା ହାଇକୋର୍ଟର ଜଷ୍ଟିସ୍ ଯୁଗଳ କିଶୋର ମହାନ୍ତିଙ୍କ ଶପଥ ଗ୍ରହଣ ଉତ୍ସବ

ବାମରୁ ଡାହାଣ – ଚିଫ୍ ଜଷ୍ଟିସ୍ ଏସ୍.କେ. ରାୟ, ଜେ.କେ. ମହାନ୍ତି, ଶ୍ରୀ ବି.କେ. ବେହେରା (ପରେ ବିଚାରପତି) ଜଷ୍ଟିସ୍ ଏସ୍.ଆଚାର୍ଯ୍ୟ, ଜଷ୍ଟିସ୍ କେ.ବି. ପଣ୍ଡା, ଜଷ୍ଟିସ୍ ଏନ୍.କେ. ଦାସ ଓ ଜଷ୍ଟିସ୍ ବି.କେ. ରାୟ

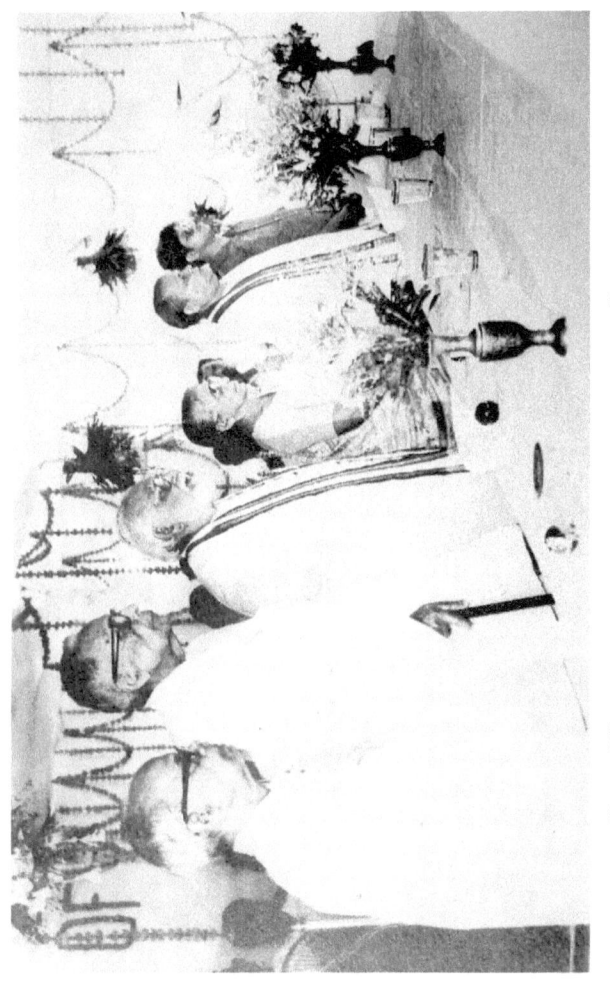

୪/୧୦/୧୯୮୪ ତାରିଖ ଦୈନିକ ସମ୍ବାଦର ପ୍ରଥମ ଉନ୍ମୋଚନ ଉତ୍ସବରେ ଜଷ୍ଟିସ୍ ଦାସ, ଡକ୍ଟର ମହତାବ, ରାଜ୍ୟପାଳ ଶ୍ରୀଯୁକ୍ତ ପାଣ୍ଡେ, ଶ୍ରୀମତୀ ଶାନ୍ତା ପାଣ୍ଡେ,
ମୁଖ୍ୟମନ୍ତ୍ରୀ ଶ୍ରୀଯୁକ୍ତ ଜାନକୀ ବଲ୍ଲଭ ପଟ୍ଟନାୟକ ଓ ସମ୍ବାଦର ସଂପାଦକ ଶ୍ରୀ ସୌମ୍ୟ ରଂଜନ ପଟ୍ଟନାୟକ ।

ବାମରୁ ଡାହାଣ — ଶିଶୁ ସାହିତ୍ୟିକ ରାମକୃଷ୍ଣ ନନ୍ଦ, ଜଷ୍ଟିସ୍ ଦାସ, ଡକ୍ଟର କୁଞ୍ଜ ବିହାରୀ ଦାଶ, ସମାଜ ସଂପାଦକ ଡକ୍ଟର ରଥ, ଚିତ୍ରଶିଳ୍ପୀ ଅସିତ ମୁଖାର୍ଜୀ ଓ ଡକ୍ଟର ଗୋପାଳ ଚନ୍ଦ୍ର ମିଶ୍ର

ଲିଗାଲ ମିସେଲାନୀର ଏକ ଉତ୍ସବରେ ଜଷ୍ଟିସ୍ ଦାସଙ୍କ ଗହଣରେ ଶ୍ରୀମତୀ ଶକୁନ୍ତଳା ମହାନ୍ତି, ବାରିଷ୍ଟର ରଣଜିତ ମହାନ୍ତି, ଜଷ୍ଟିସ୍ ଅରିଜିତ ପଶାୟତ ଓ ଶ୍ରୀ ଗୌତମ ସାମଲ ପ୍ରମୁଖ ।

ସୁପ୍ରିମକୋର୍ଟର ପ୍ରଧାନ ବିଚାରପତିଙ୍କ ଗହଣରେ

ବାମରୁ ଡାହାଣ (ବସିଛନ୍ତି) – ଜଷ୍ଟିସ୍ ଆର.କେ. ଦାସ, ଜଷ୍ଟିସ୍ ଏସ୍.ବି. ବର୍ମନ। ଜଷ୍ଟିସ୍ ବି.ପି. ସିହ୍ନା– ପ୍ରଧାନ ବିଚାରପତି, ଜଷ୍ଟିସ୍ ଆର.ଏଲ. ନରସିଂହମ୍, ମୁଖ୍ୟ ବିଚାରପତି, ଜଷ୍ଟିସ୍ ଜି.ସି. ଦାସ ଓ ଜଷ୍ଟିସ୍ କେ.କେ. ମିଶ୍ର ଏବଂ ପଛରେ ହାଇକୋର୍ଟର ପଦସ୍ଥ କର୍ମଚାରୀବୃନ୍ଦ

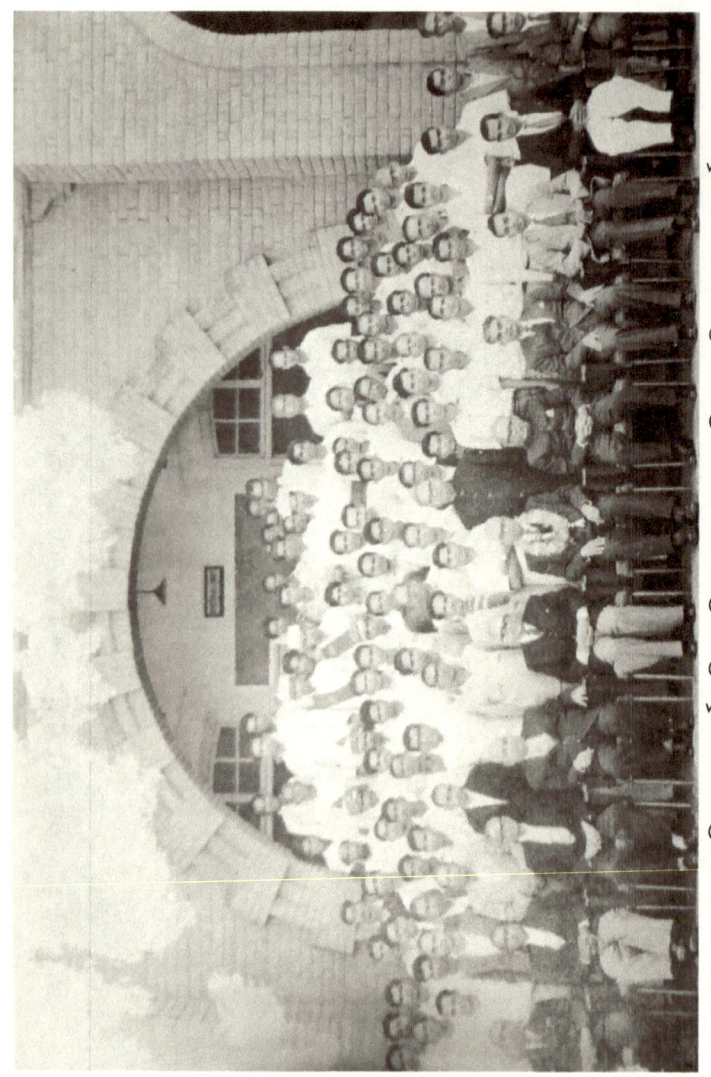

ଓଡ଼ିଶା ହାଇକୋର୍ଟର ଚିଫ୍ ଜଷ୍ଟିସ୍ ଆର. ଏଲ. ନରସିଂହମ୍‌ଙ୍କ ବିଦାୟକାଳୀନ ସମ୍ବର୍ଦ୍ଧନା

ଆକ୍ଟିଙ୍ଗ ଚିଫ୍ ଜଷ୍ଟିସ୍ ଶ୍ରୀଯୁକ୍ତ ଆର.କେ. ଦାସଙ୍କ ବିଦାୟକାଳୀନ ସମ୍ବର୍ଦ୍ଧନା – ତା ୩୧.୧୦.୧୯୬୭ ଉତ୍ସବ। ଜଷ୍ଟିସ୍ ଦାସଙ୍କ ଡାହାଣରେ ଜଷ୍ଟିସ୍ ଏ. ମିଶ୍ର ଏବଂ ବାମପଟେ ଜଷ୍ଟିସ୍ ଜି.କେ. ମିଶ୍ର, ଜଷ୍ଟିସ୍ ଏସ୍.କେ. ରାୟ, ଶ୍ରୀ ବି.କେ. ପାତ୍ର (ପରେ ଜଷ୍ଟିସ୍) ଶ୍ରୀ କେ.ପି. ମହାପାତ୍ର (ପରେ ଜଷ୍ଟିସ), ଆଡ୍‌ଭୋକେଟ୍ ଶ୍ରୀ ବି.କେ. ପାଲ ଓ ଶ୍ରୀ ଏ.ବି. ରାୟ ଏବଂ ଗହଣରେ ହାଇକୋର୍ଟର ତତ୍କାଳୀନ କର୍ମଚାରୀବୃନ୍ଦ

ଓଡ଼ିଶା ହାଇକୋର୍ଟ ବାର ଆସୋସିଏସନ୍ ଏକ ଉତ୍ସବରେ ବାମରୁ ଡାହାଣକୁ ପଛ ଧାଡ଼ିରେ ଆର. ଏନ୍. ଦାସ, ଜି. ଏସ୍. ବହିଦାର, ଏମ.ଏମ. ଦାସ, ଏସ୍. ମହାନ୍ତି, ଏସ୍.କେ. ରାୟ, ବି. ପଶାୟତ, ଜି. ଜେନା, ଏସ୍. ମହାପାତ୍ର, ଆର.କେ. ଦାସ, ଡି. ସାହୁ, ମଝି ଧାଡ଼ିରେ – ଏଲ୍.କେ. ଦାସଗୁପ୍ତା, ବି.ଏନ୍. ମହାନ୍ତି, ଏନ୍.କେ. ଦାସ, ଜି.ବି. ମହାନ୍ତି, ଜି.ଜି. ଦାସ, କେ. ମିଶ୍ର, ଶରତ ମହାନ୍ତି, କେ. ଏମ୍. ସ୍ୱାଇଁ, କେ. ଦାସ, ଡି. ମହାନ୍ତି, ,ଚ. ମହାପାତ୍ର । ବସିଛନ୍ତି – ଏସ୍. ଏନ୍. ଦାସଗୁପ୍ତା, ୟୁ.ଏନ୍. ରଥ, ସି.ଏମ୍. ଆଚାର୍ଯ୍ୟ, ଏମ୍.ଏସ୍. ରାଓ, ବି.ଏନ୍. ସେନ୍‌ଗୁପ୍ତା, ପି.ଭି.ବି. ରାଓ ଏବଂ ପି. ମହାନ୍ତି ।

ସମସାମୟିକ ବିଚାରପତିଗଣ

ମୋର ବିଚାରପତି ଜୀବନ ସମ୍ବନ୍ଧରେ ବିଭିନ୍ନ ଦିଗରୁ ଆଲୋଚନା କରିବା ଅବସରରେ ଅନ୍ୟ ଯେଉଁ ବିଚାରପତିମାନଙ୍କ ସହିତ ମୁଁ ଏକତ୍ର ମିଶି କାର୍ଯ୍ୟ କରିବାର ସୁଯୋଗ ଲାଭ କରିଥିଲି, ଏଠାରେ ସେମାନଙ୍କ ସମ୍ପର୍କରେ କିଛି ଲେଖିବା ଉଚିତ ମନେ କରୁଛି। ସେମାନଙ୍କ ମଧ୍ୟରୁ କେତେକ ଓଡ଼ିଶା ହାଇକୋର୍ଟର ମୁଖ୍ୟ ବିଚାରପତି ଭାବେ ମଧ୍ୟ ନିଯୁକ୍ତି ପାଇଥିଲେ।

ଚିଫ୍ ଜଷ୍ଟିସ୍ ଆର୍.ଏଲ୍. ନରସିଂହମ

ଆର୍.ଏଲ୍. ନରସିଂହମ ଆଇ.ସି.ଏସ୍. ସରକାରୀ କର୍ମଚାରୀ ଭାବେ ଆଇନ ବିଭାଗର ବିଭିନ୍ନ ପଦବୀରେ କାର୍ଯ୍ୟ କରି ଶେଷରେ ଓଡ଼ିଶା ସରକାରଙ୍କ ଆଇନ ସଚିବ ପଦବୀକୁ ଉନ୍ନୀତ ହୋଇଥିଲେ। ସେହି ସମୟରେ ଓଡ଼ିଶାରେ ହାଇକୋର୍ଟ ପ୍ରତିଷ୍ଠିତ ହେବାରୁ ସେ ୨୭-୭-୧୯୪୮ ତାରିଖରେ ପ୍ରଥମେ ଓଡ଼ିଶା ହାଇକୋର୍ଟର ବିଚାରପତି ଭାବେ ନିଯୁକ୍ତି ପାଇଲେ। ଏହାର କିଛି ବର୍ଷ ପରେ ୨୧–୩-୧୯୫୭ ତାରିଖରେ ସେ ଓଡ଼ିଶା ହାଇକୋର୍ଟର ମୁଖ୍ୟ ବିଚାରପତି ହୋଇଥିଲେ। ତା'ପରେ ସେ ପାଟନା ହାଇକୋର୍ଟକୁ ମୁଖ୍ୟ ବିଚାରପତି ଭାବେ ବଦଳି ହୋଇଯାଇ ସେଠାରେ କିଛି ବର୍ଷ କାର୍ଯ୍ୟକରି ଅବସର ଗ୍ରହଣ କରିଥିଲେ।

୧୯୫୨ ମସିହା ଅଗଷ୍ଟ ମାସରେ ମିଷ୍ଟର ଫଜଲ ଅଲ୍ଲି ଓଡ଼ିଶାର ରାଜ୍ୟପାଳ ଥିବା ସମୟରେ ଶାସନ ବିଭାଗଠାରୁ ବିଚାର ବିଭାଗକୁ ପୃଥକ କରିବା କାର୍ଯ୍ୟ ଆରମ୍ଭ ହୋଇଥିଲା। ନିଜେ ଆଇ.ସି.ଏସ୍. ହୋଇଥିଲେ ମୁଖ୍ୟ ବିଚାରପତି ଶ୍ରୀଯୁକ୍ତ ନରସିଂହମ୍ ଏ ଦିଗରେ ଆଗ୍ରହ ପ୍ରକାଶ କରିଥିଲେ ଏବଂ ୧-୫-୧୯୬୦ ତାରିଖରେ ଶାସନ

ବିଭାଗ ଠାରୁ ବିଚାର ବିଭାଗ ପୃଥକ ହେବା ହେବା ସମ୍ଭବ ହୋଇଥିଲା । ସେ ସମୟରେ ୱାଇ. ଏନ୍. ସୁକ୍ତଙ୍କର ଓଡ଼ିଶାର ରାଜ୍ୟପାଳ ଥିଲେ ।

ଜଣେ ଧର୍ମପ୍ରାଣ ତଥା ନ୍ୟାୟ ପରାୟଣ ବିଚାରପତି ଭାବରେ ଶ୍ରୀଯୁକ୍ତ ନରସିଂହମ୍‌ଙ୍କର ଯଥେଷ୍ଟ ସୁନାମ ଥିଲା । ଏତଦ୍‌ବ୍ୟତୀତ ସଂସ୍କୃତ ଭାଷାରେ ତାଙ୍କର ବେଶ୍ ଦକ୍ଷତା ଥିଲା । ଥରେ ଦକ୍ଷିଣ ଭାରତର ଜଣେ ପଣ୍ଡିତ ଆସି ଶ୍ରୀରାମଚନ୍ଦ୍ର ଭବନରେ ସଂସ୍କୃତରେ ବକ୍ତୃତା ଦେଇଥିଲେ । ଶ୍ରୀଯୁକ୍ତ ନରସିଂହମ ପଣ୍ଡିତଙ୍କୁ ମୋତେ ଦେଖାଇ ଦେଇ କହିଲେ, "ଜଷ୍ଟିସ୍ ଦାସଙ୍କର ସଂସ୍କୃତରେ ସେତେ ଆଗ୍ରହ ନଥିଲା । ଟିକେ ସରଳ ସଂସ୍କୃତରେ କହିଲେ ସେ ବୁଝି ପାରିବେ ।" ହେଲେ ମୁଁ କହିଥିଲି, "ସଂସ୍କୃତରେ ଯାହା କୁହାଗଲା, ତାହା ବୁଝି ହେଉଛି । ଅଧିକ କିଛି ସରଳରେ କହିବାର ଆବଶ୍ୟକତା ନାହିଁ ପଣ୍ଡିତ ମହାଶୟ କେତୋଟି ଉଦାହରଣ ଦେଇ ସଂସ୍କୃତ ଅତ୍ୟନ୍ତ ସରଳଭାଷା ବୋଲି କହିଥିଲେ ।

ନରସିଂହମ୍ ମଧ୍ୟ ଖେଳପ୍ରିୟ ଥିଲେ । ସେ ନିୟମିତ ଟେନିସ୍ ଖେଳୁଥିଲେ । ସେ ଚିଫ୍ ଜଷ୍ଟିସ୍ ଥିବା ସମୟରେ ଥରେ ବେଞ୍ଚ୍ ଓ ବାର ମଧ୍ୟରେ କ୍ରିକେଟ୍ ମ୍ୟାଚ୍ ଅନୁଷ୍ଠିତ ହୋଇଥିଲା । ବେଞ୍ଚ୍ ତରଫରୁ ଜୁଡ଼ିସିଆଲ୍ ଅଫିସରମାନେ ଏବଂ ବାର୍ ତରଫରୁ ଆଡ୍‌ଭୋକେଟ୍‌ମାନେ ଖେଳୁଥିଲେ । ବାର୍‌ରୁ ଅନ୍ୟମାନଙ୍କ ମଧ୍ୟରେ ମୋର ବଡ଼ ଜ୍ୱାଇଁ ଯୁଗଳ ମଧ୍ୟ ଖେଳୁଥିଲେ । ବାରବାଟୀ ଷ୍ଟାଡ଼ିୟମ୍‌ରେ ଏହି ମ୍ୟାଚ୍ ଅନୁଷ୍ଠିତ ହୋଇଥିଲା । ଚିଫ୍-ଜଷ୍ଟିସ୍ ନରସିଂହମ୍ ଓ ମୁଁ କ୍ଲବ ହାଉସ୍‌ରେ ବସି ଖେଳ ଦେଖୁଥାଉ । ଯୁଗଳ ବାଉଣ୍ଡରୀକୁ ବଲ ମାରିବା ଦେଖି ନରସିଂହମ୍ ବହୁତ ଖୁସି ହୋଇ ଏହା ମୋତେ ଡାକି ଦେଖାଇଥିଲେ । ଯୁଗଳଙ୍କର ମଧ୍ୟ ଖେଳ ପ୍ରତି ବିଶେଷ ଆଗ୍ରହ ଥିଲା । ସେ ତାଙ୍କର ସବୁ କାମକୁ ପଛରେ ପକାଇ କଲିକତା ପ୍ରଭୃତି ଦୂରସ୍ଥାନମାନଙ୍କୁ ଖେଳ ଦେଖିବାକୁ ଚାଲି ଯାଉଥିଲେ ।

ଜଷ୍ଟିସ୍ ସୌରି ପ୍ରସାଦ ମହାପାତ୍ର

ଜଷ୍ଟିସ୍ ସୌରିପ୍ରସାଦ ମହାପାତ୍ର ଜଣେ ଖ୍ୟାତିସମ୍ପନ୍ନ ଆଡ୍‌ଭୋକେଟ୍ ଥିଲେ ଓ ପରେ ତା ୨-୫-୧୯୫୨ ରିଖରେ ଓଡ଼ିଶା ହାଇକୋର୍ଟର ସ୍ଥାୟୀ ବିଚାରପତି ଭାବେ ନିଯୁକ୍ତି ପାଇଲେ । ତାହା ପୂର୍ବରୁ ସେ ମାନ୍ଦ୍ରାଜରେ ରେଳଭଡ଼ା ଟ୍ରିବ୍ୟୁନାଲ୍‌ରେ ସଭ୍ୟ ଥିଲେ । ସେ ଜଣେ ଧର୍ମ ପ୍ରାଣ, ସ୍ନେହୀ, ଓ ମିଷ୍ଟଭାଷୀ ବ୍ୟକ୍ତି । ଅତ୍ୟନ୍ତ ନମ୍ର ସ୍ୱଭାବର ହେଲେ ମଧ୍ୟ ସେ ବିଚାରରେ ଭାରି ଟାଣୁଆ ଥିଲେ । ବିଚାରପତି ଭାବେ ନିଯୁକ୍ତି

ପାଇବାର କିଛି ଦିନ ପୂର୍ବରୁ ସେ ମୋ' ଡଗରପଡ଼ା ଘର ପାଖ ଗୋଟିଏ ଘରେ ରହୁଥିଲେ। ବିଚାରପତି ହେବା ପରେ ତାଙ୍କ ସରକାରୀ ବାସଭବନ କ୍ୟାଣ୍ଟନ୍‌ମେଣ୍ଟ୍ ରୋଡ୍ ଘରେ ଅବସ୍ଥାନ କରୁଥିଲେ। କିଛିଦିନ ପରେ ସେ ଅସୁସ୍ଥ ହୋଇ ପଡ଼ିଲେ। ସେହି ସମୟରେ ମୁଁ ବରାବର ତାଙ୍କ ବାସଭବନକୁ ଯାଇ ଆଳାପ କରିବାର ସୁଯୋଗ ପାଇଥିଲି।

ସେ ମୋତେ ଖୁବ୍ ଭଲ ପାଉଥିଲେ। ତାଙ୍କ ମୋ' ମଧ୍ୟରେ ଅନେକ ଖୋଲା ଖୋଲି ଭାବେ ଆଲୋଚିତ ହେଉଥିଲା। ତା ୧୦-୧୦-୬୦ରେ ବିଚାରପତି ଭାବେ କାର୍ଯ୍ୟ ଆରମ୍ଭ କଲାବେଳକୁ ଜଷ୍ଟିସ୍ ସୌରି ପ୍ରସାଦ ମହାପାତ୍ରଙ୍କ ବ୍ୟତୀତ ଅନ୍ୟ ସମସ୍ତ ଜଜ୍ ହାଇକୋର୍ଟର ଉପର ମହଲାରେ କୋର୍ଟ କରୁଥିଲେ। କିନ୍ତୁ ଅସୁସ୍ଥତା ହେତୁ ସେ ଉପରମହଲାକୁ ନ ଯାଇ ତଳ ମହଲାରେ କୋର୍ଟ କରୁଥିଲେ। ନିୟମ ଅନୁଯାୟୀ ପ୍ରତିଦିନ ମୁଖ୍ୟ ବିଚାରପତିଙ୍କ ଦ୍ୱାରା ପରଦିନର ଲିଷ୍ଟ ବା ଶୁଣାଣି କେଶ୍‌ର ତାଲିକା ପ୍ରସ୍ତୁତ କରାଯାଏ। କେଉଁ ଜଜ୍ କାହା ସଙ୍ଗେ ବସି ବିଚାର କରିବେ, ତାର ତାଲିକା ପ୍ରାୟ ପ୍ରତିଦିନ ହୁଏ। ମୁଁ ଜଜ୍ ହେବାର ଅଳ୍ପଦିନ ପରେ ଜଷ୍ଟିସ୍ ମହାପାତ୍ରଙ୍କର ଅବସର ନେବାର ଥାଏ। ତେଣୁ ତାଙ୍କ ସହିତ କିଛି ଦିନ ଡିଭିଜନ୍ ବେଞ୍ଚରେ ବସି କାର୍ଯ୍ୟ କରିବା ପାଇଁ ମୁଖ୍ୟ ବିଚାରପତି ଶ୍ରୀଯୁକ୍ତ ନରସିଂହମ୍‌ଙ୍କୁ ମୁଁ ଅନୁରୋଧ କରିଥିଲି। ସେ କହିଲେ, "ମୋର କିଛି ଆପତ୍ତି ନାହିଁ। କିନ୍ତୁ ଆପଣଙ୍କୁ ଦିନକୁ ଦୁଇଥର ତଳକୁ ଯିବାକୁ ପଡ଼ିବ।" ସେତେବେଳେ ଇଲେକ୍‌ଟ୍ରିକ୍ ଲିଫ୍ଟର ବ୍ୟବସ୍ଥା ନ ଥାଏ। କିନ୍ତୁ ଉପରକୁ ପାହାଚ ଚଢ଼ି ଯିବା ଆସିବା କରିବାକୁ ପଡୁଥାଏ।

ମୁଁ ଚିଫ୍ ଜଷ୍ଟିସ୍‌ଙ୍କ ପ୍ରସ୍ତାବରେ ରାଜି ହେଲି। କହିଲି, "ଯାହା ଅସୁବିଧା ହେଉ ପଛକେ ମୋର, ସେହି ମୁତାବକ ତାଲିକା ପ୍ରସ୍ତୁତ କରିବାକୁ ଆଦେଶ ଦିଆଯାଉ।" ସେତେବେଳେ ଜଗନ୍ନାଥ ରାଓ ପଟ୍ଟନାୟକ ବହୁଦନ ଧରି ଡେପୁଟି ରେଜିଷ୍ଟ୍ରାର୍ ଥିଲେ। ଏହି ଲିଷ୍ଟ କରିବା କାର୍ଯ୍ୟ ତାଙ୍କ ଦାୟିତ୍ୱରେ ଥାଏ। ଲଞ୍ଚ୍ ପରେ ସେ ତାଲିକା ପ୍ରସ୍ତୁତ କରି ଜଜ୍‌ମାନଙ୍କୁ ଦେଖାନ୍ତି, ଯଦି ଜଜ୍‌ମାନେ ସେଥିରେ କିଛି ସଂଶୋଧନ ବା ପରିବର୍ତ୍ତନ ନ କରନ୍ତି, ତେବେ ତାହାକୁ ଚୂଡ଼ାନ୍ତ ତାଲିକା ରୂପେ ପ୍ରକାଶ କରାଯାଏ। ଡିଭିଜନ୍ ବେଞ୍ଚ୍ ପାଇଁ ପ୍ରସ୍ତୁତ ତାଲିକାକୁ ପ୍ରାୟ ଉଭୟ ଜଜ୍ ଅନୁମୋଦନ କରିବା କଥା। ଏହି ଡିଭିଜନ୍ ବେଞ୍ଚ୍‌ର ଲିଷ୍ଟ ଅନୁମୋଦନ ସମ୍ପର୍କରେ ମୋତେ ଜଷ୍ଟିସ୍ ମହାପାତ୍ରଙ୍କ ଭଳି ତଳ ମହଲା ଚେମ୍ବରକୁ ଯିବାକୁ ପଡୁଥାଏ। ମୋ' ଯିବା ବିଳମ୍ବ ହେଲେ ସେ ଫୋନ୍ କରନ୍ତି। ମୁଁ ଯାଇ ପହଞ୍ଚେ। ଆମେ ଉଭୟେ ମିଶି ମକଦ୍ଦମାର ଦୈନିକ ଶୁଣାଣି ତାଲିକା

ଅନୁଯାୟୀ ଚୂଡ଼ାନ୍ତ କରୁ। ସେ ତାଙ୍କ ଜୀବନର ଶେଷ ଡିଭିଜନ ବେଞ୍ଚରେ ମୋ' ସହିତ ବସିଥିଲେ। ତାଙ୍କ ସହିତ ମିଶି କାମ କରିବା ପାଇଁ ମୋତେ ଅଧିକ ସମୟ ମିଳି ନଥିଲା।

୨୩-୧-୧୯୬୧ ତାରିଖରେ ସେ ବିଚାରପତି ପଦରୁ ଅବସର ଗ୍ରହଣ କଲେ। କିନ୍ତୁ ଏହାର ମାତ୍ର ୩/୪ ଦିନ ପରେ ସେ ଇହଧାମ ତ୍ୟାଗ କଲେ। ମୁଁ ମୋ ଚେମ୍ବରରେ ବସିଛି, କୋର୍ଟକୁ ଯାଇ ନ ଥାଏ। ସେତିକିବେଳେ ଶ୍ରୀଅଭିମନ୍ୟୁ ମିଶ୍ର (ପରେ ହାଇକୋର୍ଟ ଜଜ୍ ହୋଇଥିଲେ) ହାଇକୋର୍ଟର ରେଜିଷ୍ଟ୍ରାର ଥା'ନ୍ତି। ସେ ମୋ ଚେମ୍ବରକୁ ଆସି କହିଲେ, "ଜଷ୍ଟିସ ମହାପାତ୍ରଙ୍କ ଦେହ ଭାରି ଅସୁସ୍ଥ ହୋଇ ପଡ଼ିଛି। ତାଙ୍କ ବଞ୍ଚିବାର ଆଶା ଖୁବ୍ କମ୍। ଆପଣମାନେ ତାଙ୍କୁ ଦେଖିବାକୁ ଯିବେ କି?" ମୁଁ କହିଲି, "ନିଶ୍ଚୟ ଯିବା। ମୁଁ ଚିଫ୍ ଜଷ୍ଟିସ୍‌ଙ୍କୁ କହୁଛି।" ଏହାପରେ ଚିଫ୍ ଜଷ୍ଟିସ ଶ୍ରୀଯୁକ୍ତ ନରସିଂହମଙ୍କୁ କହିଲି। ଆମେ ସମସ୍ତ ଜଜ୍ କାମ ବନ୍ଦ କରି କ୍ୟାଣ୍ଟନମେଣ୍ଟ ରୋଡ଼ରେ ଥିବା ତାଙ୍କ ସରକାରୀ ବାସଭବନକୁ ଗଲୁ। ସେଠାରେ ପହଞ୍ଚି ତାଙ୍କୁ ଦେଖିଲୁ, ତାଙ୍କ ପାଖରେ ଦୁଇ ତିନି ଘଣ୍ଟା ବସିଲୁ। ସନ୍ଧ୍ୟା ହୋଇ ଆସୁଥାଏ। ଆମ୍ଭେମାନେ ସେଠାରେ ଥିବା ଅବସ୍ଥାରେ ସେ ଶେଷ ନିଃଶ୍ୱାସ ତ୍ୟାଗ କଲେ। ଏହି ସମୟରେ ତାଙ୍କ ସୁପୁତ୍ର ଆଜିର ମାନ୍ୟବର ବିଚାରପତି ଶ୍ରୀ ଦେବପ୍ରସାଦ ମହାପାତ୍ର ତାଙ୍କ ମୃତ୍ୟୁଶଯ୍ୟା ନିକଟରେ ଉପସ୍ଥିତ ଥିଲେ। ଏହାପରେ ଶବ ସତ୍କାର ଲାଗି ଉଦ୍ୟମ ହେଲା ଏବଂ ଖାନ୍‌ନଗର ଶ୍ମଶାନରେ ସତ୍କାର କରାଗଲା।

କେତେକ ବିଚାରପତି ଅନେକ ସମୟରେ ବିଭିନ୍ନ ସଭାସମିତି ବା ସାଂସ୍କୃତିକ କାର୍ଯ୍ୟକ୍ରମ ସହିତ ନିଜକୁ ସଂଶ୍ଳିଷ୍ଟ କରିବାକୁ ଆଗ୍ରହ ପ୍ରକାଶ କରୁଥିବାବେଳେ, ଜଷ୍ଟିସ ସୌରି ପ୍ରସାଦ ମହାପାତ୍ର ଏହାର ସମ୍ପୂର୍ଣ୍ଣ ବିପରୀତ ଥିଲେ। ଜନସାଧାରଣଙ୍କ ଠାରୁ ସେ ସର୍ବଦା ନିଜକୁ ଦୂରେଇ ରଖୁଥିଲେ। ତାଙ୍କ ଭଳି ଜଣେ ଉଚ୍ଚକୋଟୀର ବିଚାରବନ୍ତ ବ୍ୟକ୍ତି ମିଳିବା କଷ୍ଟକର।

ଜଷ୍ଟିସ୍ ଗୋପାଳଚନ୍ଦ୍ର ଦାସ

ଜଷ୍ଟିସ ଗୋପାଳଚନ୍ଦ୍ର ଦାସ ତା ୧-୮-୫୬ ରେ ଓଡ଼ିଶା ହାଇକୋର୍ଟରେ ବିଚାରପତି ଭାବେ ନିଯୁକ୍ତି ପାଇ ତା ୧୧-୧-୭୨ ରେ ଅବସର ଗ୍ରହଣ କରିଥିଲେ। ସେ ପ୍ରଥମେ ପାଟନା ହାଇକୋର୍ଟରେ ଓକିଲାତି ଆରମ୍ଭ କରିଥିଲେ। ୧୯୪୮ରେ ଓଡ଼ିଶା ହାଇକୋର୍ଟ ପ୍ରତିଷ୍ଠା ହେବା ପରେ ସେ କଟକ ଆସି ଆଇନ ବ୍ୟବସାୟ

କରିଥିଲେ। କିଛି ସମୟ ପାଇଁ ସେ ଓଡ଼ିଶାର ସରକାରୀ ଓକିଲ ଭାବରେ କାର୍ଯ୍ୟକରି ଶେଷରେ ବିଚାରପତି ହୋଇଥିଲେ। ମୁଁ ବିଚାରପତି ହେବା ପରେ ଅନେକ ମକଦ୍ଦମା ସାଙ୍ଗ ହୋଇ ବିଚାର କରିଛୁ। ତାଙ୍କ ଘର ମୋ ଡଗରପଡ଼ା ଘରର ପାଖାପାଖି ହୋଇଥିବାରୁ ପଡ଼ୋଶୀ ଭାବରେ ତାଙ୍କ ସହିତ ବହୁ ଆଗରୁ ସମ୍ପର୍କ ସ୍ଥାପିତ ହୋଇଥିଲା। ସେ ଅତ୍ୟନ୍ତ ସ୍ନେହୀ ଓ ମେଳାପୀ ଥିଲେ। ଏଇ କେତେ ବର୍ଷ ଆଗରୁ ସେ ଆମ୍ଭମାନଙ୍କ ଠାରୁ ବିଦାୟ ନେଇ ଚାଲିଗଲେଣି।

ଜଷ୍ଟିସ୍ ଏସ୍. ବର୍ମନ

ଜଷ୍ଟିସ ସତ୍ୟଭୂଷଣ ବର୍ମନ ତା ୩-୨-୫୮ରେ ଓଡ଼ିଶା ହାଇକୋର୍ଟର ବିଚାରପତି ଭାବେ ନିଯୁକ୍ତି ପାଇଥିଲେ। ୧୯୬୭ ମସିହାରେ ଓଡ଼ିଶାର ମୁଖ୍ୟ ବିଚାରପତି ହୋଇ ତା ୩୦-୪-୭୯ରେ ଅବସର ଗ୍ରହଣ କରିଥିଲେ। ଓଡ଼ିଶାରେ ଛାତ୍ର ଆନ୍ଦୋଳନ ସମ୍ବନ୍ଧୀୟ କେତେକ ବିଷୟରେ ତଦନ୍ତ କରିବାକୁ ବର୍ମନଙ୍କୁ କମିଶନ ନିଯୁକ୍ତି କରାଯାଇଥିଲା। ସେ ଚିଫ୍ ଜଷ୍ଟିସ ନିଷ୍କ୍ରିୟ ଥିବା ସମୟରେ ହାଇକୋର୍ଟ ବିଲ୍ଡିଂର ବହୁ ପ୍ରସାର ଘଟିବା ସଙ୍ଗେ ସଙ୍ଗେ କାଳୀଗଳି ଠାରେ ଅନେକଗୁଡ଼ିଏ ଷ୍ଟାଫ୍ କ୍ୱାଟର ମଧ୍ୟ ନିର୍ମିତ ହୋଇଥିଲା। ଏ କ୍ଷେତ୍ରରେ ତାଙ୍କର ପ୍ରଚେଷ୍ଟା ପ୍ରଶଂସନୀୟ। ଏହିସବୁ କାରଣରୁ ସେ କର୍ମୀମାନଙ୍କର ପ୍ରିୟପାତ୍ର ହୋଇ ପାରିଥିଲେ।

କେତେ ମକଦ୍ଦମା ଆମେ ଏକାଠି ବସି ଶୁଣିଛୁ। ଆମ ଦୁଇଜଣଙ୍କ ମଧ୍ୟରେ ଭଲ ବୁଝାମଣା ଥିଲା। ତାଙ୍କର ମୋ ପ୍ରତି ଶ୍ରଦ୍ଧା ଓ ଆଦର ଥିବା ମୁଁ ଲକ୍ଷ୍ୟ କରିଥିଲି। ଗତ କେତେ ବର୍ଷ ଆଗରୁ ସେ ଇହଧାମରୁ ଚାଲିଗଲେଣି।

ଜଷ୍ଟିସ୍ ଜୟକୃଷ୍ଣ ମିଶ୍ର

ଜଷ୍ଟିସ ଜୟକୃଷ୍ଣ ମିଶ୍ର ଚିଫ୍ ଜଷ୍ଟିସ ଗତିକୃଷ୍ଣ ମିଶ୍ରଙ୍କ ବଡ଼ଭାଇ ତଥା ଅଧୁନା ଓଡ଼ିଶା ହାଇକୋର୍ଟର ପ୍ରଥମ ମହିଳା ବିଚାରପତି ଅମିୟ କୁମାରୀ ପାଢ଼ୀଙ୍କ ପିତା। ବିଚାରପତି ଭାବେ ମୋର ନିଯୁକ୍ତି ପୂର୍ବରୁ ତା ୧୦-୧୦-୫୯ରେ ସେ ଓଡ଼ିଶା ହାଇକୋର୍ଟର ଅତିରିକ୍ତ ବିଚାରପତି ଭାବେ ନିଯୁକ୍ତି ପାଇଥିଲେ। ମୁଁ ଜଜ୍ ହେବା ସମୟରେ ଜୟୀବାବୁଙ୍କୁ ସ୍ଥାୟୀ ଜଜ୍ ଭାବେ ନିଯୁକ୍ତି ପ୍ରଦାନ କରାଯିବାକୁ ତତ୍କାଳୀନ ମୁଖ୍ୟ ବିଚାରପତି ଶ୍ରୀଯୁକ୍ତ ନରସିଂହମ୍‌ଙ୍କୁ ଅନୁରୋଧ କରିଥିଲି। ସେତେବେଳେ ନରସିଂହମ୍ ଟିକେ ଅନିଚ୍ଛା ପ୍ରକାଶ କରି କହିଥିଲେ, 'ଆମେ ତାଙ୍କ ଭାଇ ଶ୍ରୀଯୁକ୍ତ

ଗତିକୃଷ୍ଣ ମିଶ୍ରଙ୍କୁ ସ୍ଥାୟୀ ବିଚାରପତି ଭାବେ ନିଯୁକ୍ତି ଦେବାକୁ ଚାହୁଁଅଛୁ। ଏକା ହାଇକୋର୍ଟରେ ଦୁଇ ଭାଇଙ୍କୁ ଜଜ୍ କରିବାକୁ ଅନେକେ ପସନ୍ଦ କରିବେ ନାହିଁ।" କିନ୍ତୁ ପରବର୍ତ୍ତୀ ଅବସ୍ଥାରେ ଶ୍ରୀଯୁକ୍ତ ସୁକାନ୍ତ କିଶୋର ରାୟ ଓଡ଼ିଶା ହାଇକୋର୍ଟର ଚିଫ୍ ଜଷ୍ଟିସ ଥିଲାବେଳେ ତାଙ୍କ ବଡ଼ ଭାଇ ଶ୍ରୀଯୁକ୍ତ ବିଜୟ କିଶୋର ରାୟଙ୍କୁ ଓଡ଼ିଶା ହାଇକୋର୍ଟର ସ୍ଥାୟୀ ବିଚାରପତି ଭାବେ ନିଯୁକ୍ତି ଦିଆଯାଇଥିଲା।

ରେଭେନ୍ସା କଲେଜରେ ଜୟୀବାବୁ, ବର୍ତ୍ତମାନର ହାଇକୋର୍ଟ ଜଷ୍ଟିସ୍ ଶରତ ଚନ୍ଦ୍ର ମହାପାତ୍ରଙ୍କ ପିତା ଗୋବିନ୍ଦ ଚନ୍ଦ୍ର ମହାପାତ୍ର ମୋର ସହପାଠୀ ଥିଲେ। ଆମ ତିନିଜଣଙ୍କ ମଧ୍ୟରେ ଘନିଷ୍ଠ ବନ୍ଧୁତା ଥିଲା। ଗତ ଜୀବନରୁ ଜୟୀବାବୁ ଓ ମୋ ଭିତରେ ଯେଉଁ ସମ୍ପର୍କ ସ୍ଥାପିତ ହୋଇଥିଲା ତାହା ପରବର୍ତ୍ତୀ ଜୀବନରେ ଅଧିକ ଘନିଷ୍ଠ ହୋଇ ଏପର୍ଯ୍ୟନ୍ତ ଅତୁଟ ରହିପାରିଛି। ଜୟୀବାବୁଙ୍କ ଝିଅ ଅମୀୟା ଜଜ୍ ହୋଇ ମୋତେ ସାକ୍ଷାତ କରିବାକୁ ଆସିଥିଲା। ସେତେବେଳେ ମୁଁ ତାକୁ ଜୟୀବାବୁଙ୍କ କୁଳନନ୍ଦିନୀ ହେଲୁ ବୋଲି କହି ଦ୍ୱି-ପୁରୁଷ ଜଜ୍ ହେବା କଥା କହିଥିଲେ। ଅମୀୟାର ସ୍ୱାମୀ ଶ୍ରୀଯୁକ୍ତ ଶ୍ୟାମସୁନ୍ଦର ପାଢ଼ୀ ଆଇ.ପି.ଏସ୍. ଓଡ଼ିଶାର ପୋଲିସ ମହାନିର୍ଦ୍ଦେଶକ ଭାବେ କାର୍ଯ୍ୟ କରି ନିକଟରେ ଅବସର ଗ୍ରହଣ କରିଛନ୍ତି। ଜଣେ ସାହିତ୍ୟ-ସଂସ୍କୃତି ପ୍ରେମୀ ତଥା ଧର୍ମପ୍ରାଣ ବ୍ୟକ୍ତି ଭାବରେ ସେ ପ୍ରତିଷ୍ଠା ଲାଭ କରିଛନ୍ତି।

ଜଷ୍ଟିସ୍ ଗତିକୃଷ୍ଣ ମିଶ୍ର

ଜଷ୍ଟିସ୍ ଗତିକୃଷ୍ଣ ମିଶ୍ର ତା ୩୧-୧-୭୨ ରିଖରେ ଓଡ଼ିଶା ହାଇକୋର୍ଟର ବିଚାରପତି ଭାବେ ନିଯୁକ୍ତି ପାଇ ଶେଷରେ ତା ୧-୫-୭୯ ଠାରୁ ତା ୩୧-୧୦-୭୫ ରିଖ ପର୍ଯ୍ୟନ୍ତ ଓଡ଼ିଶାର ମୁଖ୍ୟ ବିଚାରପତି ଭାବରେ କାର୍ଯ୍ୟ କରିଥିଲେ। ଜଷ୍ଟିସ୍ ଜୟକୃଷ୍ଣ ମିଶ୍ର ତାଙ୍କ ବଡ଼ଭାଇ।

ଅନେକ ଗୁରୁତ୍ୱପୂର୍ଣ୍ଣ ମକଦ୍ଦମାରେ ଆମେ ସାଙ୍ଗ ହୋଇ ବିଚାର କରିଛୁ। ଜଣେ କର୍ମଠ ଓ ନିଷ୍ଠାପର ବିଚାରପତି ଭାବରେ ତାଙ୍କର ଯଥେଷ୍ଟ ସୁନାମ ଥିଲା। ସେ ଅତ୍ୟନ୍ତ ସ୍ପଷ୍ଟବାଦୀ ଥିଲେ। କିଛିକାଳ ପାଇଁ ସେ ଓଡ଼ିଶାର ରାଜ୍ୟପାଳ (ଭାରପ୍ରାପ୍ତ) ଭାବରେ ମଧ୍ୟ କାର୍ଯ୍ୟ କରିଥିଲେ।

ଜଷ୍ଟିସ୍ ଖଲିଲ୍ ଅହମ୍ମଦ

ଜଷ୍ଟିସ୍ ଖଲିଲ୍ ଅହମ୍ମଦ ତା ୧୮-୧-୬୫ ରିଖ ଠାରୁ ତା ୫-୪-୭୭

ପର୍ଯ୍ୟନ୍ତ ଓଡ଼ିଶା ହାଇକୋର୍ଟର ମୁଖ୍ୟ ବିଚାରପତି ଥିଲେ। ସେ କିଛିଦିନ ପାଇଁ ଓଡ଼ିଶାର ଭାରପ୍ରାପ୍ତ ରାଜ୍ୟପାଳ ଭାବରେ କାର୍ଯ୍ୟ କରିଥିଲେ। ଅନେକ ମକଦ୍ଦମାରେ ଆମେ ସାଙ୍ଗ ହୋଇ ଡିଭିଜନ୍ ବେଞ୍ଚରେ ବସିଛୁ। ସେଗୁଡ଼ିକ ମଧ୍ୟରୁ ମୟୂରଭଞ୍ଜ ନିର୍ବାଚନ ମକଦ୍ଦମା ଅନ୍ୟତମ।

ଜଷ୍ଟିସ୍ ଅଭିମନ୍ୟୁ ମିଶ୍ର

ଜଷ୍ଟିସ୍ ଅଭିମନ୍ୟୁ ମିଶ୍ର ତା ୧୯-୭-୭୭ ରେ ଓଡ଼ିଶା ହାଇକୋର୍ଟରେ ବିଚାରପତି ଭାବେ ନିଯୁକ୍ତି ପାଇ ତା ୧୪-୧-୭୨ ରେ ଅବସର ଗ୍ରହଣ କରିଥିଲେ। ସେ ବିଚାରପତି ହେବାର ମାତ୍ର ତିନିମାସ ପରେ ମୁଁ ଅବସର ଗ୍ରହଣ କରିଥିଲେ ମଧ୍ୟ, କେତେକ ମକଦ୍ଦମା ଆମେ ସାଙ୍ଗ ହୋଇ ବିଚାର କରିଛୁ। ଜଣେ ସ୍ନେହୀ ତଥା ବନ୍ଧୁବତ୍ସଳ ବ୍ୟକ୍ତି ଭାବରେ ତାଙ୍କର ସୁନାମ ଥିଲା। ଅତି ଦୁଃଖର କଥା, ଜଷ୍ଟିସ୍ ମିଶ୍ର ଗତ ୧୦-୧୦-୯୦ ରିଖରେ ପରଲୋକ ଗମନ କରିଛନ୍ତି। ତାଙ୍କ ସମ୍ମାନାର୍ଥେ ଓଡ଼ିଶା ହାଇକୋର୍ଟ ବନ୍ଦ ରହିଥିଲା।

ଦୁଇ ପୁରୁଷ ଚିଫ୍ ଜଷ୍ଟିସ୍
(ଜଷ୍ଟିସ୍ ବି.କେ. ରାୟ ଓ ଜଷ୍ଟିସ୍ ଏସ୍.କେ. ରାୟ)

ଜଷ୍ଟିସ୍ ସୁକାନ୍ତ କିଶୋର ରାୟ ଓଡ଼ିଶା ହାଇକୋର୍ଟର ପ୍ରଥମ ମୁଖ୍ୟ ବିଚାରପତି ସ୍ୱର୍ଗତ ବୀରକଶୋର ରାୟଙ୍କ ପୁତ୍ର। ସେ ତା ୨୫-୧୧-୬୭ ରିଖରେ ଓଡ଼ିଶା ହାଇକୋର୍ଟରେ ବିଚାରପତି ଭାବେ ନିଯୁକ୍ତି ପାଇଥିଲେ। ପରେ ଏହାର ମୁଖ୍ୟ ବିଚାରପତି ହୋଇ ଗତ ୧-୧-୮୦ ରିଖରେ ଅବସର ଗ୍ରହଣ କରିଛନ୍ତି। ଓଡ଼ିଶା ହାଇକୋର୍ଟର ଅନ୍ୟତମ ଅବସରପ୍ରାପ୍ତ ବିଚାରପତି ଶ୍ରୀ ବିଜୟ କିଶୋର ରାୟ ତାଙ୍କ ବଡ଼ଭାଇ।

ସୁକାନ୍ତ ମୁଖ୍ୟ ବିଚାରପତି ପଦବୀରୁ ଅବସର ଗ୍ରହଣ ପରେ କେନ୍ଦ୍ର ସରକାରଙ୍କ ତରଫରୁ ଗୋଟିଏ ଇନ୍‌କ୍ୱାରୀ କମିଶନର ଭାବେ ନିଯୁକ୍ତି ପାଇ କେତେ ବର୍ଷ ଦିଲ୍ଲୀରେ କାର୍ଯ୍ୟ କରିଥିଲେ। ଏହାପରେ ସେ ଓଡ଼ିଶାକୁ ଫେରି ୧୯୮୯ ମସିହା ସେପ୍ଟେମ୍ବର ମାସରେ ଓଡ଼ିଶାର ଲୋକପାଳ ଭାବେ ନିଯୁକ୍ତି ପାଇ ଏବେ ସେହି ପଦବୀରେ କାର୍ଯ୍ୟ କରୁଅଛନ୍ତି। ମୁଖ୍ୟ ବିଚାରପତି ଥିବା ସମୟରେ ସେ କିଛିଦିନ ପାଇଁ ଓଡ଼ିଶାର ଭାରପ୍ରାପ୍ତ ରାଜ୍ୟପାଳ ଭାବେ କାର୍ଯ୍ୟ କରିଥିଲେ।

ବିଚାରପତି ଦାୟିତ୍ୱରୁ ମୁଁ ତା ୧-୧୧-୬୭ ରିଖରେ ଅବସର ଗ୍ରହଣ କଲି।

ତା'ର ମାତ୍ର କିଛିଦିନ ଆଗରୁ ସୁକାନ୍ତ ବିଚାରପତି ଭାବେ ନିଯୁକ୍ତି ପାଇଥିବାରୁ କୋର୍ଟରେ ଅଳ୍ପଦିନ ଏକତ୍ର ବସି ମକଦ୍ଦମା ବିଚାର କରିବାକୁ ସୁଯୋଗ ମିଳିଥିଲା।

ଜଷ୍ଟିସ୍ ପୀତାମ୍ବର ମିଶ୍ର

ଜଷ୍ଟିସ୍ ପୀତାମ୍ବର ମିଶ୍ର ତା ୧୮-୪-୫୪ ରେ ଓଡ଼ିଶା ହାଇକୋର୍ଟର ବିଚାରପତି ଭାବେ ନିଯୁକ୍ତି ପାଇଥିଲେ। ଏହା ପୂର୍ବରୁ ସେ ଓଡ଼ିଶାର ଆଡ୍‌ଭୋକେଟ୍ ଜେନେରାଲ ଥିଲେ। ସେତେବେଳେ ଜଷ୍ଟିସ୍ ମେହେରଚାନ୍ଦ୍ ମହାଜନ ସୁପ୍ରିମକୋର୍ଟ ଚିଫ୍-ଜଷ୍ଟିସ୍ ଓ ଜଷ୍ଟିସ୍ ଲିଙ୍ଗରାଜ ପାଣିଗ୍ରାହୀ ଓଡ଼ିଶା ହାଇକୋର୍ଟର ଚିଫ୍ ଜଷ୍ଟିସ୍ ଥିଲେ। ଜଷ୍ଟିସ୍ ମହାଜନ ତା ୪-୧-୧୯୫୪ରେ ସୁପ୍ରିମ୍‌କୋର୍ଟର ଚିଫ୍-ଜଷ୍ଟିସ୍ ଭାବେ ନିଯୁକ୍ତି ପାଇବାର କିଛିଦିନ ପରେ ଓଡ଼ିଶା ଆସିଥିଲେ। ତାଙ୍କ ସମ୍ମାନାର୍ଥେ ଓଡ଼ିଶା ହାଇକୋର୍ଟ ବାର ଆସୋସିଏସନ ତରଫରୁ ଗୋଟିଏ ଚା' ଭୋଜିର ଆୟୋଜନ ହୋଇଥିଲା। ହାଇକୋର୍ଟ ପ୍ରାଙ୍ଗଣରେ ଅନ୍ୟମାନଙ୍କ ମଧ୍ୟରେ ଆଡ୍‌ଭୋକେଟ୍ ଜେନେରାଲ ପୀତାମ୍ବର ମିଶ୍ର ମଧ୍ୟ ଉପସ୍ଥିତ ଥିଲେ। କୌଣସି କାରଣରୁ ଶ୍ରୀଯୁକ୍ତ ପାଣିଗ୍ରାହୀ ପୀତାମ୍ବରବାବୁଙ୍କୁ ଜଜ୍ କରିବା ଲାଗି ବିଶେଷ ଆଗ୍ରହ ପ୍ରକାଶ କରୁନଥିବା ଭଳି ଲକ୍ଷ୍ୟ କରାଯାଇଥିଲା। ସେ ଚା' ଭୋଜିରେ ଜଷ୍ଟିସ୍ ମହାଜନଙ୍କ ସହିତ ମୁଁ ମଧ୍ୟ ଉପସ୍ଥିତ ଥିଲି। ଜଷ୍ଟିସ୍ ମହାଜନ ପୀତାମ୍ବରବାବୁଙ୍କୁ ପଚାରିଲେ, "ହାଲୋ, ମିଷ୍ଟର ଆଡ୍‌ଭୋକେଟ୍ ଜେନେରାଲ, ଆଇ ଆମ୍ ଟୋଲ୍ଡ୍ ଦ୍ୟାଟ ୟୁ ଆର୍ ଇଲ୍ ?" ମୁଁ କହିଲି, "ସେ ତ ଆପଣଙ୍କ ପାଖରେ ଉପସ୍ଥିତ ଅଛନ୍ତି। ତାଙ୍କ ଅସୁସ୍ଥତା ବିଷୟ ଆପଣ ନିଜେ ଜାଣି ପାରୁଥିବେ।" ମୋ କହିବାର ଉଦ୍ଦେଶ୍ୟ ଥିଲା, ସେ ପ୍ରକୃତରେ ଅସୁସ୍ଥ ନଥିଲେ। ତାଙ୍କୁ ଜଜ୍ କରିବା ସମ୍ପର୍କରେ ହୁଏତ ଅନ୍ୟ କିଛି କାରଣ ଥାଇପାରେ। ଚିଫ୍-ଜଷ୍ଟିସ୍ ମହାଜନ କଥାଟା ବୁଝିଗଲେ। ଏହାର କିଛିଦିନ ପରେ ପୀତାମ୍ବର ବାବୁ ଓଡ଼ିଶା ହାଇକୋର୍ଟର ବିଚାରପତି ଭାବେ ନିଯୁକ୍ତି ପାଇଲେ। ନିଯୁକ୍ତି ପାଇବା ପରଦିନ ସେ ମୋ ଘରକୁ ଆସି ଖୁସିଖବର ଦେଇ କହିଲେ, "ସବୁ ତ ହେଲା। ପାନ ଖଣ୍ଡେ କେମିତି ଖାଇବା ?" ସେ ଭାରି ପାନ ଖାଆନ୍ତି। ଅବଶ୍ୟ କୌତୁହଳରେ ସେ ଏହା ପଚାରିଥିଲେ। ମୁଁ ମଧ୍ୟ କୌତୁହଳରେ କହିଲି, "ସେମିତି କଳରେ ଜାକିଦେବେ।"

ସେ ବିଚାରପତି ହେବାର ଅଳ୍ପ କିଛିକାଳ ପରେ ଓ ବିଚାରପତି ଥିବା ସମୟରେ ତାଙ୍କର ବିୟୋଗ ଘଟିଥିଲା।

ସାହେବ ଶୋ ଗିୟା

ଏହି ଅସୁସ୍ଥତା ବିଷୟ ଆଲୋଚନାରୁ ମୋର ଗୋଟିଏ ଘଟଣା ମନେ ପଡୁଛି। ମୁଁ ବିଚାରପତି ଭାବେ ନିଯୁକ୍ତି ପାଇବାର କିଛିଦିନ ଆଗରୁ ଥରେ ମୋର ଗୋଟିଏ ଅପରେଶନ ହେବା ଦରକାର ପଡ଼ିଥିଲା। ସେ ପର୍ଯ୍ୟନ୍ତ ଦେହରେ କେବେ ଛୁଞ୍ଚି ଫୋଡ଼ାଯାଇ ନ ଥିଲା। ଇଞ୍ଜେକସନ୍‌କୁ ମୋର ଭାରି ଡର। ସେ ସମୟର ଖ୍ୟାତନାମା ଚକ୍ଷୁରୋଗ ବିଶେଷଜ୍ଞ ଡାକ୍ତର ମହେନ୍ଦ୍ର ମିଶ୍ର, ବିଦ୍ୟୁତ୍ ଇଞ୍ଜିନିୟର ବଳରାମ ମିଶ୍ର, ସମାଜସେବୀ ଶ୍ରୀଯୁକ୍ତ ମଇମୁଦ୍ଦିନ ଅହମ୍ମଦ (ଅବସରପ୍ରାପ୍ତ ଆଇ.ଏ.ଏସ୍.) ପ୍ରମୁଖ ମୋର ଘନିଷ୍ଠ ବନ୍ଧୁଗଣ ମୋତେ ବହୁ ଭାବରେ ସାହାଯ୍ୟ କରିଥିଲେ। ଅପରେସନକୁ ଭୟ କରୁଥିବାରୁ ବଳରାମବାବୁ ମୋତେ ଜବରଦସ୍ତି ନର୍ସିଂହୋମକୁ ଟେକି ନେବାକୁ ଚାହୁଥିଲେ। କିନ୍ତୁ ମଇମୁଦିନ ବାବୁ କହିଲେ, "ସେ କ'ଣ ଛୋଟପିଲା ହୋଇଛନ୍ତି ଯେ, ତାଙ୍କୁ ଆମେ ଟେକିନେବା। ବରଂ ତାଙ୍କୁ ଭଲ ଭାବରେ ବୁଝାଇ ରାଜି କରାଇବାକୁ ପଡ଼ିବ। ଯାହାହେଉ, ଶେଷରେ ଅପରେଶନ୍ ପାଇଁ ମୁଁ ରାଜି ହେଲି।

କଟକ ବଡ଼ ଡାକ୍ତରଖାନାର ସର୍ଜରୀ ନର୍ସିଂ ହୋମ୍‌ର ୬ ନମ୍ବରରେ ମୋର ଆଡ୍‌ମିଶନ ହେଲା। ସର୍ଜରୀ ସ୍ପେଶାଲିଷ୍ଟ ଡାକ୍ତର ଗିରିଜା ଶଙ୍କର ଦାସମହାପାତ୍ର ମୋ ଅପରେଶନ କରିବା କଥା। ଡାକ୍ତର ଗିରିଧାରୀ ମହାପାତ୍ର ସେତେବେଳେ ଡାକ୍ତରଖାନାର ଆନାସ୍ଥେସିଆ ସ୍ପେଶାଲିଷ୍ଟ ଥାଆନ୍ତି। ସେ ମୋତେ ନିଶା ଔଷଧ ଦେବା ଦାୟିତ୍ୱରେ ଥାଆନ୍ତି। ଅପରେଶନ୍ ଆଗରୁ ସେ ଗୋଟିଏ ଇଞ୍ଜେକସନ୍ ଦେଲେ। କିନ୍ତୁ ସେଥିରେ ମୋ ସେନସ୍ (୧) ନ ଯିବାରୁ ମୁଁ କହିଲି, "ଡାକ୍ତରବାବୁ, କାହିଁ, ମୋ ଚେତା ଗଲା ନାହିଁ ତ?" ସେ କହିଲେ, "ଆମେ ଗିରିଧାରୀବାବୁଙ୍କୁ ଅପେକ୍ଷା କରିଛୁ। ଆସିଲା ପରେ ଆମେ ଇଞ୍ଜେକସନ୍ ସାଙ୍ଗରେ ଗୋଟିଏ ଔଷଧ ମିଶାଇ ଦେଲେ ଆପଣଙ୍କ ହୋସ୍ ଚାଲିଯିବ।"

କିଛି ସମୟ ପରେ ଗିରିଜା ବାବୁ ଆସି ପହଞ୍ଚିଲେ। ମୁଁ ଅପରେଶନ ଟେବୁଲରେ ଶୋଇଥିବାର ଦେଖି କହିଲେ, "ସାହେବ ଶୋ ଗିୟା?" ଏହାପରେ ଗିରିଧାରୀ ବାବୁ ଇଞ୍ଜେକସନ୍ ସହିତ ନିଶା ଔଷଧ ମିଶାଇ ଦେବାରୁ ମୁଁ ଅଚେତ ହୋଇଗଲି। ତା'ପରେ କ'ଣ ହେଲା, ମୋତେ ଜଣା ନାହିଁ। ଚେତା ଫେରିଲା ପରେ ଜାଣିଲି, ମୋ ଅପରେଶନ୍ ଶେଷ ହୋଇଛି।

ଏହା ଥିଲା ମୋ ଜୀବନର ପ୍ରଥମ ଅପରେଶନ୍। ମୋର ଭୟାଳୁ ଅବସ୍ଥା ଦେଖି ମୋ ପରିବାରବର୍ଗ ଓ ବନ୍ଧୁବାନ୍ଧବମାନେ ଭାରି ଚିନ୍ତିତ ଥିଲେ ଏବଂ ଅପରେଶନ୍

ଦିନ ସେମାନଙ୍କ ମଧ୍ୟରୁ ଅନେକେ ମେଡିକାଲ୍‌ରେ ଉପସ୍ଥିତ ଥିଲେ । ସେଠାରେ ଦଶ ବାର ଦିନ ରହିବା ପରେ ସୁସ୍ଥ ହୋଇ ଘରକୁ ଫେରିଲି । ଫେରିବା ଦିନ ଡାକ୍ତର ଓ ତାଙ୍କ ସହଯୋଗୀମାନଙ୍କୁ ଗୋଟିଏ ଭଲ ଭୋଜି ଦିଆଯାଇଥିଲା ।

ଏହାର କେତେ ବର୍ଷ ପରେ ପୁଣି ଥରେ ମୋର ଅପରେଶନ୍ ଦରକାର ପଡ଼ିଲା । ସେତେବେଳକୁ ମୁଁ ବିଚାରପତି ଜୀବନରୁ ଅବସର ନେଇ ସାରିଥାଏ । କିନ୍ତୁ ଏଥର ଅପରେଶନ୍ ଡାକ୍ତରଖାନାରେ ନ ହୋଇ ଗିରିଜା ବାବୁଙ୍କ ନିଜ କ୍ଲିନିକ୍‌ରେ ହୋଇଥିଲା । ତାଙ୍କ ପତ୍ନୀ ଡାକ୍ତର ବାଣୀ ଦାସମହାପାତ୍ରଙ୍କର ମୁଁ ଏକପ୍ରକାର ଅତିଥି ହୋଇ ରହିଥିଲି ।

ଏବେ ନିକଟ ଅତୀତରେ ମୋ କାଟରାକ୍ଟ ଅପରେଶନ୍ କଟକସ୍ଥ ନିଶାମଣି କ୍ଲିନିକ୍‌ରେ ହୋଇଥିଲା । ଡାକ୍ତର ଉଦ୍ଧବ ଚରଣ ଦାସ ମୋର ଏହି ଅପରେଶନ କରିଥିଲେ ।

କଲିକତାରେ ଇଣ୍ଡଷ୍ଟ୍ରିଆଲ୍ ଜଜ୍ ଭାବେ ନିଯୁକ୍ତି

ମୁଁ ଓଡ଼ିଶା ହାଇକୋର୍ଟରେ ବିଚାରପତି ପଦବୀରୁ ଅବସର ଗ୍ରହଣ କରିବା ପରେ ମୋତେ ଭାରତ ସରକାରଙ୍କ ତରଫରୁ କଲିକତାସ୍ଥିତ ଇଣ୍ଡଷ୍ଟ୍ରିଆଲ୍ ଟ୍ରିବ୍ୟୁନାଲ୍‌ର ଚେୟାରମ୍ୟାନ ଭାବେ ନିଯୁକ୍ତି ଦିଆଯାଇଥିଲା ।

କଲିକତାରେ ଭାରତ ସରକାରଙ୍କର ପଶ୍ଚିମବଙ୍ଗ, ବିହାର, ଆସାମ ଓ ଓଡ଼ିଶାର ଇଣ୍ଡଷ୍ଟ୍ରିଆଲ୍ ଓ ଲେବର୍ ଡସ୍‌ପିଉଟ୍‌ଗୁଡ଼ିକର ବିଚାର କରିବା ଲାଗି କଲିକତାରେ ଭାରତ ସରକାରଙ୍କର ଗୋଟିଏ ଇଣ୍ଡଷ୍ଟ୍ରିଆଲ ଟ୍ରିବ୍ୟୁନାଲ ଥିଲା । ତା'ର ଚେୟାରମ୍ୟାନ୍ ଭାବେ ନିଯୁକ୍ତି ପାଇଥିଲେ ସୁଦ୍ଧା ମୁଁ ପ୍ରଥମେ ଯିବାକୁ ଅରାଜି ଥିଲି; ମାତ୍ର ତତ୍କାଳୀନ ଓଡ଼ିଶାର ମୁଖ୍ୟମନ୍ତ୍ରୀ ସ୍ୱର୍ଗତ ରାଜେନ୍ଦ୍ର ନାରାୟଣ ସିଂହଦେଓଙ୍କ ବିଶେଷ ଅନୁରୋଧରେ ମୁଁ ଭାରତ ସରକାରଙ୍କର ଏହି ନିଯୁକ୍ତିକୁ ଗ୍ରହଣ କରିଥିଲି ଏବଂ କଲିକତା ଯାଇ ସେଠାରେ ଯୋଗ ଦେଇଥିଲି ।

ସେ ସମୟରେ କଲିକତା ସେଣ୍ଟ୍ରାଲ୍ ଲେବର କୋର୍ଟର ନିଜସ୍ୱ ଅଫିସ ଗୃହ ନ ଥିଲା । ସେମାନେ ଗୋଟିଏ ଘରଭଡ଼ା ନେଇ ସେଥିରେ ଟ୍ରିବ୍ୟୁନାଲର ଅଫିସ କରାଉଥିଲେ । ସେଠାରେ ସେ ପରିବେଶ ମଧ୍ୟରେ ମୋର କାମ କରିବାର ସ୍ପୃହା ଜାତ ହେଲା ନାହିଁ । ତା'ଛଡ଼ା କିଛି ଦିନ କାର୍ଯ୍ୟ କଲା ପରେ ମୋ ସ୍ୱାସ୍ଥ୍ୟ ମଧ୍ୟ ଭଲ ରହିଲା ନାହିଁ । ମୁଁ ଫେରି ଆସିବାକୁ ଚାହିଁଲି । ମାତ୍ର ସେହି ସମୟରେ ଦିନେ ରାଜେନ୍ଦ୍ର ନାରାୟଣ ସିଂହଦେଓ ରାଜସ୍ଥାନରେ ଗୋଟିଏ ସମ୍ମିଳନୀରୁ ଫେରି କଲିକତାରେ ଆସି ପହଞ୍ଚିଲେ ଓ ମୋତେ ଦେଖିବାକୁ ଆସିଲେ । ମୋର ଅସୁସ୍ଥତା ଯୋଗୁଁ ସେ ମୋତେ ଗୋଟିଏ

ଶୀତତାପନିୟନ୍ତ୍ରିତ କୋଠରି ଦେବାକୁ ଆଦେଶ ଦେଲେ। କିନ୍ତୁ ସ୍ୱାସ୍ଥ୍ୟ ଦୃଷ୍ଟିରୁ ମୁଁ ଇସ୍ତଫା ଦେଇ କଟକ ଚାଲି ଆସିଲି।

"ବାବା, ରାଜୁ ଏସେଛେ"

ସ୍ୱର୍ଗତ ପ୍ରଫେସର ଗୋପାଳ ଚନ୍ଦ୍ର ଗାଙ୍ଗୁଲି ରେଭେନ୍ସା କଲେଜରେ ଆମ ଇଂଲିଶ ପ୍ରଫେସର ଥିଲେ। ତାଙ୍କ ପୁଅ ଅନିଲ ଚନ୍ଦ୍ର ଗାଙ୍ଗୁଲି ମୋର ବନ୍ଧୁ ଓ ସହପାଠୀ ଥିଲେ। ପ୍ରଫେସର ଗାଙ୍ଗୁଲି ଅବସର ଗ୍ରହଣ କରିବା ପରେ କଲିକତାରେ ରହୁଥିଲେ। ମୁଁ କଲିକତାରେ ଥିବା ସମୟରେ ଥରେ ତାଙ୍କୁ ଦେଖା କରିଥିଲି। ସେତେବେଳକୁ ସେ ଅତ୍ୟନ୍ତ ଦୁର୍ବଳ ହୋଇ ଏକପ୍ରକାର ଶଯ୍ୟାଶାୟୀ ଅବସ୍ଥାରେ ଥିଲେ। ମୁଁ ମଧ୍ୟ ଓଡ଼ିଶା ହାଇକୋର୍ଟର ବିଚାରପତି ପଦରୁ ଅବସର ନେଇ ସାରିଥାଏ। ମୋତେ ଦେଖି ଅନିଲ ଭାରି ଖୁସି ହେଲେ ଏବଂ ତାଙ୍କ ପିତାଙ୍କ ଶଯ୍ୟା ନିକଟକୁ ମୋତେ ନେଇଗଲେ। ଅନିଲ ପ୍ରଫେସର ଗାଙ୍ଗୁଲିଙ୍କୁ କହିଲେ, "ବାବା, ରାଜୁ ଏସେଛେ!" ସାର୍ କେବଳ ମୋ ଆଡ଼କୁ ଟିକିଏ ଅନାଇଲେ। ମୁଁ ତାଙ୍କ ପାଦଧୂଳି ମୁଣ୍ଡରେ ମାରି ଫେରି ଆସିଲି।

ଇଂରାଜୀ ସାହିତ୍ୟରେ ପ୍ରଫେସର ଗାଙ୍ଗୁଲିଙ୍କର ଯଥେଷ୍ଟ ଦଖଲ ଥିଲା। ବିଶିଷ୍ଟ ଶିକ୍ଷାବତ୍ ଭାବରେ ସେ ବହୁ ସମ୍ମାନର ଅଧିକାର ଥିଲେ। ଇଂରେଜ ସରକାର ତାଙ୍କୁ 'ରାୟ ବାହାଦୁର" ଉପାଧିରେ ଭୂଷିତ କରିଥିଲେ। କଲିକତାରେ ତାଙ୍କ ପରିବାରର ଯଥେଷ୍ଟ ସୁନାମ ଥିଲା। ଅନିଲ ମଧ୍ୟ ଜଣେ ଆଇନଜୀବୀ ଭାବରେ ବେଶ୍ ଖ୍ୟାତି ଅର୍ଜନ କରିଥିଲେ।

ଜଷ୍ଟିସ୍ ରାଜେନ୍ଦ୍ର ଗାଡ଼କର

ମୁଁ ହାଇକୋର୍ଟ ଜଜ୍ ପଦବୀରୁ ଅବସର ନେବା ପରେ କିଛିଦିନ ପାଇଁ କଲିକତାର କେନ୍ଦ୍ରୀୟ ଶିଳ୍ପ ଟ୍ରିବ୍ୟୁନାଲର ଜଜ୍ ଭାବେ ନିଯୁକ୍ତି ପାଇଥିଲି। ଶ୍ରୀଯୁକ୍ତ ପି.ବି. ରାଜେନ୍ଦ୍ର ଗାଡ଼କର ସେତେବେଳକୁ ଭାରତର ପ୍ରଧାନ ବିଚାରପତି ପଦବୀରୁ ଅବସର ଗ୍ରହଣ କରିଥାଆନ୍ତି। ଥରେ ମୁଁ ତାଙ୍କୁ ଦେଖା କରିବାକୁ ଚାହିଁବାରୁ ସେ ପୁରୀ ଆସିବା ସମୟରେ ଦିନେ ସକାଳ ନଅଟାରେ ମୋତେ ସାକ୍ଷାତ କରିବାର ସମୟ ଦେଇଥାଆନ୍ତି। ପୁରୀରେ ଶ୍ରୀଜଗନ୍ନାଥଙ୍କ ଦର୍ଶନ ସାରି ଠିକ୍ ସକାଳ ନଅଟା ବେଳେ ସେ ସରକାରୀ ଅତିଥି ଭବନରେ ପହଞ୍ଚିଲେ। ମୁଁ ପୂର୍ବରୁ ସେଠାକୁ ଯାଇ ତାଙ୍କୁ ଅପେକ୍ଷା କରିଥିଲି। ସେହି ସାକ୍ଷାତ ସମୟରେ ତତ୍କାଳୀନ ଶ୍ରମ ଆଇନ ସମ୍ପର୍କରେ ତାଙ୍କ ସହିତ

କିଛି ସମୟ ଆଲୋଚନା ହୋଇଥିଲା। ଏ ସମ୍ପର୍କୀୟ ଆଲୋଚନା ଶେଷ ହେଲା ପରେ ସେ ଓଡ଼ିଶା ହାଇକୋର୍ଟର ତତ୍କାଳୀନ ମୁଖ୍ୟ ବିଚାରପତି ଶ୍ରୀଯୁକ୍ତ ଖଲିଲ ଅହମ୍ମଦଙ୍କ ପ୍ରସଙ୍ଗରେ କେତେ କଥା ମୋତେ ପଚାରି ବୁଝିଥିଲେ।

ଭାରତର ପ୍ରଧାନ ବିଚାରପତି ଭାବରେ ରାଜେନ୍ଦ୍ର ଗାଡ଼କରଙ୍କର ଖୁବ୍ ସୁନାମ ଓ ଖ୍ୟାତି ଥିଲା। ଏହା ବ୍ୟତୀତ ଅନେକ ଲୋକହିତକର କାର୍ଯ୍ୟ ଲାଗି ମଧ୍ୟ ସେ ସୁନାମ ଅର୍ଜନ କରିଥିଲେ। ସେ ୧୯୫୭ରେ ସୁପ୍ରିମକୋର୍ଟରେ ଜଜ୍ ପରେ ଚିଫ୍ ଜଷ୍ଟିସ ହୋଇଥିଲେ। ତା' ପୂର୍ବରୁ ସେ ବମ୍ବେ ହାଇକୋର୍ଟର ଜଜ୍ ଥିଲେ। ଶ୍ରମଜୀବୀ ସଂକ୍ରାନ୍ତ ବିଷୟଗୁଡ଼ିକରେ ତାଙ୍କର ଦକ୍ଷତା ଓ ଅଜ୍ଞତା ଥିବାର ପୂର୍ବରୁ ଜଣା ଯାଇଥିଲା। ସେ ସୁପ୍ରିମକୋର୍ଟ ଜଜ୍ ଥିବା ସମୟରେ ଶ୍ରମ ଆଇନ ସମ୍ବନ୍ଧରେ ତାଙ୍କର ବହୁ ଦକ୍ଷତା ଥିବାର ଜଣା ପଡୁଥିଲା ବୋଲି ସମସ୍ତେ କହୁଥିଲେ। ମୁଁ ଇଣ୍ଡଷ୍ଟ୍ରିୟାଲ ଜଜ୍ ହୋଇ କଲିକତା ଯାଇଥିଲି। ସେ କଲିକତାର ଶ୍ରମଜୀବୀମାନଙ୍କ ଆଇନ ଓ ତାଙ୍କ ଅବସ୍ଥା ସମ୍ବନ୍ଧରେ ମୋ ଠାରୁ ଜାଣିବାକୁ ମୋତେ ଅନେକ କଥା ପଚାରି ବୁଝିଥିଲେ। ଶ୍ରମିକମାନଙ୍କ ପ୍ରତି କୌଣସି ଅନ୍ୟାୟ ହେଉଛି କି ନାହିଁ ତାହା ବୁଝିବା ତାଙ୍କର ପ୍ରଧାନ ଲକ୍ଷ୍ୟ ଥିଲା ବୋଲି ମୁଁ ଜାଣିପାରିଲି।

ଜିଲ୍ଲା ପୁନର୍ଗଠନ କମିଟି

୧୯୪୭ ମସିହାରେ ଭାରତରେ ବ୍ରିଟିଶ ଶାସନର ଅବସାନ ଘଟିଲା ଓ ଦେଶ ସ୍ୱାଧୀନ ହେଲା। ପରେ ପରେ ସ୍ୱାଧୀନ ଭାରତର ପ୍ରଥମ ଉପ-ପ୍ରଧାନମନ୍ତ୍ରୀ ସର୍ଦ୍ଦାର ବଲ୍ଲଭ ଭାଇ ପଟେଲଙ୍କ ଉଦ୍ୟମରେ ଗଡ଼ଜାତମାନଙ୍କରୁ ରାଜା-ରାଜୁଡ଼ା ଶାସନ ମଧ୍ୟ ଲୋପ ପାଇଲା। ୧୯୪୮ ମସିହା ପରେ ୧୩ ଗୋଟି ଜିଲ୍ଲାକୁ ନେଇ ଓଡ଼ିଶା ରାଜ୍ୟ ଗଠନ କରାଯାଇଥିଲା। ଏହାର ପ୍ରାୟ ପଚିଶ ବର୍ଷ ପରେ ଲୋକସଂଖ୍ୟା, ଭୌଗୋଳିକ ଅବସ୍ଥିତି ଓ ପ୍ରଶାସନିକ ସୁବିଧା ଦୃଷ୍ଟିରୁ ଓଡ଼ିଶାର ଜିଲ୍ଲାଗୁଡ଼ିକର ପୁନର୍ଗଠନର ଆବଶ୍ୟକତା ଅନୁଭବ କରାଯାଇଥିଲା। ଏଥିପାଇଁ ବିଭିନ୍ନ ସମୟରେ ଓ ବିଭିନ୍ନ ସ୍ଥାନରେ ଜନ-ଆନ୍ଦୋଳନ ସହିତ ନାନାଦି ପ୍ରତିକ୍ରିୟା ହେବାରୁ ରାଜ୍ୟ ସରକାର ରାଜସ୍ୱ ବିଭାଗର ୬୪୬୫ ନମ୍ବର ୨୫-୧-୧୯୭୩ରେ ଏକ ବିଜ୍ଞପ୍ତି ଅନୁଯାୟୀ ଏଥିପାଇଁ ଏକ କମିଟି ଗଠନ କରିଥିଲେ। ଏହାର ନାମ "ଜିଲ୍ଲା ପୁନର୍ଗଠନ କମିଟି" ରଖାଯାଇଥିଲା। ମୁଁ ଏହି କମିଟିର ସଭାପତି ଥିଲି। ରାଜସ୍ୱ ବିଭାଗର Commissioner Cum-Secretary ଶ୍ରୀ ଉଦୟନାଥ ସାହୁ ଆଇ.ଏ.ଏସ୍. ଏବଂ ଶ୍ରୀ ବିମଳ ମିଶ୍ର ଆଇ.ଏ.ଏସ୍. କମିଟିର ସଦସ୍ୟ ଥିଲେ। ପରେ ଶ୍ରୀ ବିମଳ ମିଶ୍ରଙ୍କ ସ୍ଥାନରେ ଶ୍ରୀ ସୁଧାଂଶୁ ମୋହନ ପଟ୍ଟନାୟକ ଆଇ.ଏ.ଏସ୍.କୁ ନିଯୁକ୍ତି ଦିଆଯାଇଥିଲା। ଶ୍ରୀ ଫକୀର ଚରଣ ପାଣିଗ୍ରାହୀ ଓ.ଏ.ଏସ୍. (ପରେ ଆଇ.ଏ.ଏସ୍. ପାହ୍ୟାକୁ ପଦୋନ୍ନତି ପାଇଥିଲେ) ଉକ୍ତ କମିଟିର ସମ୍ପାଦକ ହୋଇଥିଲେ। ଜିଲ୍ଲା ପୁନର୍ଗଠନ କରିବାର ଆବଶ୍ୟକତା, ଯଥାର୍ଥତା ତଥା କିଭଳି ଭାବରେ ଗଠନ କରାଯିବ, ସେ ବିଷୟ ବିଚାର କରି ସୁପାରିଶ କରିବାକୁ କମିଟିକୁ କ୍ଷମତା ଦିଆଯାଇଥିଲା। ଯେଉଁ କେତେକ ବିଷୟ ବିଚାରକୁ ନିଆଯିବା ପାଇଁ କୁହାଯାଇଥିଲା, ତାହା ହେଲା–

(କ) ଦୃଢ଼ ପ୍ରଶାସନିକ ଦକ୍ଷ କାର୍ଯ୍ୟକାରିତା;

(ଖ) ଉକ୍ତ ପ୍ରଶାସନିକ ଦକ୍ଷ-କାର୍ଯ୍ୟକାରିତା ପାଇଁ ଜିଲ୍ଲାପାଳ ଓ ଅନ୍ୟାନ୍ୟ ଜିଲ୍ଲାସ୍ତରୀୟ ଅଫିସରଙ୍କ ଆବଶ୍ୟକତା;

(ଗ) ରାଜ୍ୟର ବିଭିନ୍ନ ଜିଲ୍ଲା ମଧ୍ୟରେ ଆର୍ଥନୀତିକ ସମନ୍ୱୟ ରକ୍ଷା କରିବା;

(ଘ) ବିଭିନ୍ନ ଜିଲ୍ଲା ମଧ୍ୟରେ ଓ ଜିଲ୍ଲା ଭିତରେ ଗମନାଗମନର ସୁବିଧା ପ୍ରତି ଦୃଷ୍ଟି ଦେବା;

(ଙ) କେତେକ ଆନୁଷଙ୍ଗିକ ବିଷୟ, ଯଥା—ଶିକ୍ଷା, ସ୍ୱାସ୍ଥ୍ୟ ବିଷୟ ବିଚାରକୁ ନେବା; ଏବଂ

(ଚ) ବିଭିନ୍ନ ସ୍ଥାନୀୟ ସମସ୍ୟାଗୁଡ଼ିକୁ ଅନୁଧ୍ୟାନ କରିବା ।

ମୁଖ୍ୟତଃ ଉପରୋକ୍ତ ବିଷୟଗୁଡ଼ିକୁ ବିଚାରକୁ ନେଇ ସରକାରଙ୍କୁ ଏକ ପୂର୍ଣ୍ଣାଙ୍ଗ ରିପୋର୍ଟ ଦେବାଲାଗି କମିଟି ଉପରେ ଦାୟିତ୍ୱ ନ୍ୟସ୍ତ କରାଯାଇଥିଲା ।

ଏହି ଲକ୍ଷ୍ୟରେ କମିଟି ବିଭିନ୍ନ ସମୟରେ ଓଡ଼ିଶାର ଭିନ୍ନ ଭିନ୍ନ ଅଞ୍ଚଳ ପରିଭ୍ରମଣ କରି ପ୍ରାଥମିକ ପର୍ଯ୍ୟାୟରେ ଲୋକମତ ସଂଗ୍ରହ କରିଥିଲେ । ସହସ୍ରାଧିକ ବ୍ୟକ୍ତିଙ୍କ ଠାରୁ ସାକ୍ଷ୍ୟ ଗ୍ରହଣ କରାଯାଇଥିଲା ଏବଂ ବିଭିନ୍ନ ବିଭାଗୀୟ ଅଫିସରଙ୍କ ପରାମର୍ଶ ମଧ୍ୟ ନିଆଯାଇଥିଲା । ଶେଷରେ ୧୯୭୫ ମସିହା ସେପ୍ଟେମ୍ବର ମାସରେ ଉକ୍ତ କମିଟି ସରକାରଙ୍କୁ ଯେଉଁ ସବୁ ପ୍ରସ୍ତାବମାନ ଦେଇଥିଲେ, ତାର ସାରାଂଶ ପ୍ରଦତ୍ତ ହେଲା—

୧) କଟକ ଜିଲ୍ଲାକୁ ଶାସନଗତ ସୁବିଧା ଦୃଷ୍ଟିରୁ ୨ଟି ଜିଲ୍ଲାରେ ପରିଣତ କରିବା ପାଇଁ କମିଟି ସୁପାରିଶ୍ କରିଥିଲେ । ଚଣ୍ଡିଖୋଲ, ଯାଜପୁର, କେନ୍ଦ୍ରାପଡ଼ା ଓ ପଟ୍ଟାମୁଣ୍ଡାଇ ସବ୍‌ଡ଼ିଭିଜନକୁ ନେଇ ଏକ ନୂଆ ଉତ୍ତର କଟକ ଜିଲ୍ଲା ଓ ଜଗତସିଂହପୁର, କଟକ ସଦର, ପାରାଦ୍ୱୀପ ଓ ଆଠଗଡ଼ ସବ୍‌ଡିଭିଜନକୁ ନେଇ କଟକ ଜିଲ୍ଲା ଗଠିତ ହେବାର ପ୍ରସ୍ତାବ ଦିଆଯାଇଥିଲା ।

୨) ପୁରୀ ଜିଲ୍ଲା ଭୁବନେଶ୍ୱର ସବ୍‌ଡିଭିଜନକୁ ଛାଡ଼ି ପୁରୀ ସଦର, ନିମାପଡ଼ା, ନୟାଗଡ଼ ଓ ଖୋର୍ଦ୍ଧା ସବ୍‌ଡ଼ିଭିଜନ୍‌କୁ ନେଇ ଗଠିତ ହେବାକୁ କମିଟି ପ୍ରସ୍ତାବ ଦେଇଥିଲେ । ବାଙ୍କି ଓ କଟକ ସଦରର କେତେକ ଅଞ୍ଚଳକୁ ନେଇ ଭୁବନେଶ୍ୱର ଜିଲ୍ଲା ହେବାକୁ ପ୍ରସ୍ତାବ ଥିଲା ।

୩) ଗଞ୍ଜାମ ଜିଲ୍ଲାକୁ ଦୁଇଟି ଜିଲ୍ଲାରେ ବିଭକ୍ତ କରିବାକୁ କମିଟି ସୁପାରିଶ୍ କରିଥିଲେ । ତଦନୁଯାୟୀ ପାରଳାଖେମଣ୍ଡି ଓ ଗୁଣୁପୁର ସବ୍‌ଡ଼ିଭିଜନକୁ ନେଇ ଏକ ନୂତନ ଗଜପତି ଜିଲ୍ଲା ଏବଂ ଛତ୍ରପୁର, ବ୍ରହ୍ମପୁର ଓ ଘୁମୁସର ସବ୍‌ଡ଼ିଭିଜନ୍‌କୁ ନେଇ ଗଞ୍ଜାମ ଜିଲ୍ଲା ଗଠିତ ହେବା ପ୍ରସ୍ତାବ ଥିଲା ।

୪) କୋରାପୁଟ ଜିଲ୍ଲାରୁ ଗୁଣୁପୁର ସବ୍‌ଡ଼ିଭିଜନ୍‌କୁ କାଢ଼ିଆଣି ଗଜପତି ଜିଲ୍ଲାରେ ମିଶାଯିବା ପ୍ରସ୍ତାବ ଦିଆଯାଇଥିଲା ।

୫) ଢେଙ୍କାନାଳ ଜିଲ୍ଲାରେ ଢେଙ୍କାନାଳ, କାମାକ୍ଷାନଗର, ଅନୁଗୁଳ, ତାଳଚେର, ଆଠମଲ୍ଲିକ ଓ ହିନ୍ଦୋଳ ସବ୍‌ଡ଼ିଭିଜନ ରହିବ । ଢେଙ୍କାନାଳ ଜିଲ୍ଲାରୁ ପାଲଲହଡ଼ା ସବ୍‌ଡ଼ିଭିଜନ୍‌କୁ ଆଣି ଏକ ନୂଆ ଦେଓଗଡ଼ ଜିଲ୍ଲା ଗଠିତ ହେବ ।

୬) ବୌଦ କନ୍ଧମାଳ ଜିଲ୍ଲାର କୌଣସି ପରିବର୍ତ୍ତନ କରାଯିବ ନାହିଁ । କଳାହାଣ୍ଡି ଜିଲ୍ଲା ମଧ୍ୟ ଅପରିବର୍ତ୍ତିତ ରହିବ ।

୭) ବଲାଙ୍ଗୀର, ପାଟନାଗଡ଼, ଟିଟିଲାଗଡ଼ ଓ ସୋନପୁର ସବ୍‌ଡ଼ିଭିଜନ୍‌କୁ ନେଇ ବଲାଙ୍ଗୀର ଜିଲ୍ଲା ଗଠିତ ହେବ । ବୀରମହାରାଜପୁର ତହସିଲ ଅଞ୍ଚଳକୁ ବଲାଙ୍ଗୀର ଜିଲ୍ଲାରୁ ଆଣି ସମ୍ବଲପୁର ଜିଲ୍ଲାରେ ସାମିଲ କରାଯିବ ।

୮) ସମ୍ବଲପୁର ସଦର, ବରଗଡ଼, ପଦ୍ମପୁର, ବୀର ମହାରାଜପୁର ଓ ରେଢ଼ାଖୋଲ ସବ୍‌ଡ଼ିଭିଜନ୍‌କୁ ନେଇ ସମ୍ବଲପୁର ଜିଲ୍ଲା ଏବଂ ଦେଓଗଡ଼, କୁଚିଣ୍ଡା, ଢେଙ୍କାନାଳର ପାଲଲହଡ଼ା, କେରଜଙ୍ଗ, ସୁନ୍ଦରପାଳ ଏବଂ ସୁନ୍ଦରଗଡ଼ର ବଣାଇକୁ ନେଇ ଏକ ନୂଆ ଜିଲ୍ଲା ଦେଓଗଡ଼ ଗଠିତ ହେବ ।

୯) ସୁନ୍ଦରଗଡ଼ ଓ ପାନପୋଷ ସବ୍‌ଡ଼ିଭିଜନ୍‌କୁ ନେଇ ସୁନ୍ଦରଗଡ଼ ଜିଲ୍ଲା ଗଠିତ ହେବ । ସୁନ୍ଦରଗଡ଼ ଜିଲ୍ଲାରୁ ବଣାଇ ସବ୍‌ଡିଭିଜନ୍‌କୁ ଆଣି ପ୍ରସ୍ତାବିତ ଦେଓଗଡ଼ ଜିଲ୍ଲାରେ ମିଶାଇ ଦିଆଯିବ ବୋଲି କମିଟି ସୁପାରିଶ୍ କରିଥିଲେ ।

୧୦) କେନ୍ଦୁଝର ଓ ମୟୂରଭଞ୍ଜ ଜିଲ୍ଲାର କୌଣସି ପରିବର୍ତ୍ତନ ହେବ ନାହିଁ ।

୧୧) ସବ୍‌ଡ଼ିଭିଜନ୍ ଗଠନ ସ୍ତରରେ କେତେକ ଅଦଳବଦଳ କରାଯିବା ବ୍ୟତୀତ ବାଲେଶ୍ୱର ଜିଲ୍ଲାର ପୁନର୍ଗଠନ ଆବଶ୍ୟକ ନ ଥିବାର କମିଟି ପ୍ରସ୍ତାବ ଦେଇଥିଲେ ।

ଭୁବନେଶ୍ୱରସ୍ଥିତ ସର୍ଦ୍ଦାର ପଟେଲ ହଲରେ ଉକ୍ତ ଜିଲ୍ଲା ପୁନର୍ଗଠନ କମିଟିର କାର୍ଯ୍ୟାଳୟ ଥିଲା । ସେହି ସମୟରେ କମିଟି ଆହୁରି ଅଧିକ ଜିଲ୍ଲା ସୃଷ୍ଟି କରାଯିବାର ଆବଶ୍ୟକତା ଅନୁଭବ କରୁଥିଲେ ମଧ୍ୟ ଆର୍ଥିକ ପରିସ୍ଥିତ ତଥା ଅନ୍ୟାନ୍ୟ ଶାସନଗତ ଦୃଷ୍ଟିକୋଣରୁ ଅଧିକ ଚାରିଗୋଟି ନୂତନ ଜିଲ୍ଲା ଗଠନ କରିବାକୁ ସରକାରଙ୍କୁ ସୁପାରିଶ୍ କରିଥିଲେ ।

ଅବଶ୍ୟ ପରିବର୍ତ୍ତିତ ପରିସ୍ଥିତିକୁ ବିଚାରକୁ ନେଇ ରାଜ୍ୟ ସରକାର ଗତ ୧୯୯୦ ଅକ୍ଟୋବର ତା ୨ ରିଖ ଗାନ୍ଧୀ ଜୟନ୍ତୀଠାରୁ ଓଡ଼ିଶାରେ ଦଶଗୋଟି ନୂତନ ଜିଲ୍ଲା ଗଠନ

କରାଗଲା ବୋଲି ଆନୁଷ୍ଠାନିକ ଭାବେ ଘୋଷଣା କରିଛନ୍ତି । ଘୋଷଣା ଅନୁଯାୟୀ ଗଠିତ ନୂତନ ୧୦ଟି ଜିଲ୍ଲାଗୁଡ଼ିକ ହେଲା–

ଭୁବନେଶ୍ୱର, କେନ୍ଦ୍ରାପଡ଼ା, ଯାଜପୁର, ଭଦ୍ରଖ, ଅନୁଗୁଳ, ବାମରା (ଦେବଗଡ଼), ହୀରାଖଣ୍ଡ (ବରଗଡ଼), ଗଜପତି, ଜୟପୁର ଓ ନୂଆପଡ଼ା ।

ଏହି ଅବସରରେ ମୋତେ ଓଡ଼ିଶାର ବିଭିନ୍ନ ଅଞ୍ଚଳ ବୁଲି ଦେଖିବାର ସୁଯୋଗ ମିଳିଥିଲା । ସେ ସମୟରେ ଗମନାଗମନ ତଥା ପରିବେଶ ଆଜିକାଲି ପରି ଆରାମଦାୟକ ନ ଥିଲା । କମିଟିର ସଦସ୍ୟମାନଙ୍କୁ ଡଙ୍ଗା ଯୋଗେ ନଦୀ ପାର ହେବାକୁ ପଡ଼ିଛି, ଶହ ଶହ ମାଇଲ୍ ନିଛାଟିଆ ଜଙ୍ଗଲ ଉପରେ ମୋଟର୍ କାରରେ ବନ୍ଦୀ ଭଳି ଯିବାକୁ ପଡ଼ିଛି । ଯାହାହେଉ, ମୋର ଭ୍ରମଣ-କାଳୀନ କେତେକ ଅନୁଭୂତି ଏଠାରେ ପାଠକମାନଙ୍କ ଅବଗତ ନିମନ୍ତେ ଲେଖୁଛି ।

ଆମ୍ଭମାନଙ୍କର ବାମଣ୍ଡା ଗସ୍ତ ମଧ୍ୟ ବେଶ୍ ଆନନ୍ଦଦାୟକ ହୋଇଥିଲା । ପ୍ରାକୃତିକ ସୌନ୍ଦର୍ଯ୍ୟରେ ଭରପୂର ଏହି ରାଜ୍ୟ (ପୂର୍ବତନ ଗଡ଼ଜାତ ରାଜ୍ୟ) ଅତ୍ୟନ୍ତ ମନୋରମ । ସେଠାକାର ପ୍ରଧାନ ପାଟ ଜଳପ୍ରପାତ ଓ ତୁଡ଼ିଖୋଳ ପର୍ବତ ଶ୍ରେଣୀର ରୁଦ୍ର-ସୁନ୍ଦର ଦୃଶ୍ୟ କବି ପ୍ରାଣକୁ ଯେ ଆମୋଦିତ କରିବ, ଏଥିରେ ସନ୍ଦେହ ନାହିଁ । କବିବର ରାଧାନାଥ ରାୟ ଏହିଠାରେ ଅବସ୍ଥାନ କରି ତାଙ୍କର ସୌନ୍ଦର୍ଯ୍ୟାନୁଭୂତିକୁ କବିତାରେ ରୂପାୟିତ କରିଥିଲେ । ସେ ଯେଉଁଠି ବସି କବିତା ଲେଖୁଥିଲେ, ଆମ୍ଭେମାନେ ସେ ସ୍ଥାନକୁ ଯାଇଥିଲୁ । ସେହି ସ୍ଥାନରେ କବିବରଙ୍କ ସ୍ମୃତିରେ ବାମଣ୍ଡାର ତତ୍କାଳୀନ ଶାସକ ଏକ ମଣ୍ଡପ ତିଆରି କରିଥିଲେ ଓ ତାଙ୍କ ବିଷୟରେ ଗୋଟିଏ ପଥରରେ ଖୋଳାଇ ଦେଇଥିଲେ—

"ସାହିତ୍ୟ-କାନନଚାରୀ ବସନ୍ତ କୋକିଳ,
କବିବର ରାଧାନାଥ "ରାୟ ବାହାଦୁର"
ଊନବଂଶ ଶତାଧିକ ଅଷ୍ଟ ଶତାବ୍ଦୀରେ
କରିଥିଲ ବାମଣ୍ଡାକୁ ଶୁଭ-ଆଗମନ ।"

ଜଣେ ଲୋକପ୍ରିୟ ଆଦର୍ଶ ଶାସକ ଭାବରେ ବାମଣ୍ଡାର ପୂର୍ବତନ ରାଜା ସାର୍ ବାସୁଦେବ ସୁଢ଼ଳ ଦେବଙ୍କ ବହୁତ ଖ୍ୟାତି ଥିଲା । ତାଙ୍କ ଶାସନ କାଳରେ ବହୁ ପ୍ରଜାହିତକର କାର୍ଯ୍ୟ ହୋଇଥିଲା । ସେ ନିଜେ ଜଣେ କଳା ଓ ସାହିତ୍ୟ ଅନୁରାଗୀ ବ୍ୟକ୍ତି ଥିଲେ । ସେଠାକାର ବହୁ ବିଶିଷ୍ଟ ବ୍ୟକ୍ତିଙ୍କ ମତାମତ ଶୁଣିଲା ପରେ ବାମଣ୍ଡାକୁ ଦେଓଗଡ଼ ଜିଲ୍ଲାରେ ମିଶାଇବାକୁ କମିଟି ମତ ଦେଇଥିଲେ ।

କେନ୍ଦୁଝର ଜିଲ୍ଲା ଗସ୍ତ କାଳରେ ମୁଁ ସେଠା ସର୍କିଟ୍ ହାଉସ୍‌ରେ ରହୁଥାଏ। ସେହି ସମୟରେ ରମାଦେବୀ କୌଣସି ସେବା ମୂଳକ କାର୍ଯ୍ୟରେ କେନ୍ଦୁଝର ଯାଇଥାନ୍ତି। ତାଙ୍କ ସାଙ୍ଗରେ ତାଙ୍କ ଝିଅ ଅନ୍ନପୂର୍ଣ୍ଣା ମହାରଣା (ଚୁନି) ମଧ୍ୟ ଯାଇଥାଏ। ମୁଁ ତାକୁ ମୋ' ସହିତ ଆସି ଖାଇବା ପାଇଁ କହିଥିଲି। ଚୁନି ଆସି ମୋ' ସାଙ୍ଗରେ ଖାଇଥିଲା। ମୋର କେନ୍ଦୁଝର ଗସ୍ତ ସମୟରେ ଶ୍ରୀ ଜ୍ଞାନରଞ୍ଜନ ମହାନ୍ତି ସେଠାକାର ଜିଲ୍ଲାପାଳ ଥିଲେ। ଜିଲ୍ଲା ପୁନର୍ଗଠନ କମିଟିର କାର୍ଯ୍ୟରେ ସେ ବିଶେଷ ସହାୟତା ଓ ସହଯୋଗ କରିଥିଲେ। ସେଠାରେ କମିଟି ବ୍ୟକ୍ତିବିଶେଷଙ୍କର ମତାମତ ଶୁଣିଥିଲେ ଓ ସାକ୍ଷ୍ୟ ମଧ୍ୟ ଗ୍ରହଣ କରିଥିଲେ।

ଏହି କାର୍ଯ୍ୟରେ ଆମେ ପାରଳାଖେମୁଣ୍ଡି ଯାଇଥିଲୁ। ସେଠା ଗେଷ୍ଟ-ହାଉସ୍‌ରେ ଆମ୍ଭମାନଙ୍କ ରହିବା ବ୍ୟବସ୍ଥା କରାଯାଇଥିଲା। ପାରଳାଖେମୁଣ୍ଡି ଏକ ରମଣୀୟ ସ୍ଥାନ।

ସମ୍ବଲପୁର ଜିଲ୍ଲା ମୁଖ୍ୟତଃ ପାହାଡ଼ିଆ। ମହାନଦୀକୁ ନେଇ ଏହା ସମୃଦ୍ଧ। ସେଠାକାର ପ୍ରସିଦ୍ଧ ଠାକୁରାଣୀ ହେଉଛନ୍ତି ସମଲେଈ। ତାଙ୍କର ନାମାନୁସାରେ 'ସମ୍ବଲପୁର' ନାମିତ ହୋଇଅଛି। ସେଠାରେ ଥିବା ହୀରାକୁଦ ବନ୍ଧ କେବଳ ଓଡ଼ିଶାର ନୁହେଁ, ଭାରତର ଏକ ଦୀର୍ଘକାୟ ବନ୍ଧ। ଜଳସେଚନ ଓ ବିଦ୍ୟୁତ୍ ଉତ୍ପାଦନ (Hydroelectricity) କ୍ଷେତ୍ରରେ ଏହା ପ୍ରସିଦ୍ଧ।

ଓଡ଼ିଶାର ଅନ୍ୟ ସମସ୍ତ ଗଡ଼ଜାତ ରାଜ୍ୟ ତୁଳନାରେ ମୟୁରଭଞ୍ଜ ଅତ୍ୟନ୍ତ ସମୃଦ୍ଧ ଥିଲା। ଏହାର ଖଣିଜ-ସମ୍ପଦ ଓ ବନ୍ୟ-ବିଭବ ଅତୁଳନୀୟ।

ସୁଉଚ୍ଚ ମେଘାସନ ପର୍ବତଶ୍ରେଣୀର ମନୋରମ ଶୋଭାକୁ ଲକ୍ଷ୍ୟ କରି କବିବର ରାଧାନାଥ ଲେଖିଛନ୍ତି—

"ସ୍ୱଭାବେ ଗିରୀନ୍ଦ୍ର ହୋଇ ମେଘାସନ,
ଲଭିନାହିଁ ଗିରି-ସମାଜେ ଆସନ।"

ବାସ୍ତବରେ ମୟୂରଭଞ୍ଜର ନୈସର୍ଗିକ ଶୋଭା କବି ଭାବୁକର ମନକୁ ହରଣ କରେ। ଶିମିଳିପାଳ ପର୍ବତମାଳା ମାଇଲ୍ ମାଇଲ୍ ଧରି ବ୍ୟାପି ରହିଅଛି। ହାତୀ, ବାଘ ପ୍ରଭୃତି ବହୁ ସଂଖ୍ୟାରେ ସେଠାରେ ଦେଖାଯାନ୍ତି। ଓଡ଼ିଶା ସରକାର ସେଠାରେ ଏକ ଅଭୟାରଣ୍ୟ ପ୍ରତିଷ୍ଠା କରିଛନ୍ତି। 'ଖଇରି' ବାଘୁଣୀ ସେଠାରେ ପୋଷା ମାନି ରହିଥିବା କଥା ପାଠକମାନେ ଜାଣିଥିବେ। ଏବେ ଖଇରି ଆଉ ନାହିଁ, ମାତ୍ର ସେତେବେଳେ ତାକୁ ନେଇ ଫିଲ୍ମ ତିଆରି କରାଯାଇଥିଲା। ପୃଥିବୀର ବିଭିନ୍ନ ସ୍ଥାନରୁ ଆସୁଥିବା ଭ୍ରମଣକାରୀ ତଥା ପରିଦର୍ଶକମାନେ ତାକୁ ଦେଖିବାକୁ ସେଠାକୁ ଆସୁଥିଲେ। ଖଇରି

କେବେହେଲେ ରକ୍ତର ସ୍ୱାଦ ପାଇ ନଥିଲା; ସିଝା ମାଂସକୁ 'ଅମୂଲ ସ୍ପ୍ରେ' ସହିତ ମିଶାଇ ତାକୁ ଖାଇବାକୁ ଦିଆଯାଉଥିଲା। ବାସ୍ତବିକ୍, ଏହା ଏକ ବିଚିତ୍ର କଥା।

ଏହି ଜିଲ୍ଲା ସମ୍ପୂର୍ଣ୍ଣ ପାର୍ବତ୍ୟ କିମ୍ବା ସମ୍ପୂର୍ଣ୍ଣ ସମତଳ ଅଞ୍ଚଳ ନୁହେଁ। ପାର୍ବତ୍ୟ ଅଞ୍ଚଳରେ ସାନ୍ତାଳ, କୋହ୍ଲ, ଭୂମିଜ, ବାଥୁଡ଼ି ପ୍ରଭୃତି ଆଦିବାସୀମାନେ ବାସ କରନ୍ତି। ସେମାନଙ୍କର ଭାଷା, ଚାଲିଚଳଣି, ପର୍ବପର୍ବାଣି ଓ ନୃତ୍ୟଗୀତ, ସବୁଥିରେ ସେମାନେ ସ୍ୱତନ୍ତ୍ରତା ରକ୍ଷା କରିଅଛନ୍ତି। ପ୍ରକୃତରେ ଦେଖିବାକୁ ଗଲେ ଜିଲ୍ଲାର ସମୁଦାୟ ଲୋକସଂଖ୍ୟାର ପ୍ରାୟ ତିନି ଚତୁର୍ଥାଂଶ ଆଦିବାସୀ। ସେମାନେ ଦୂରଦୂରାନ୍ତରରୁ ଆସି ବାରିପଦା (ମୟୂରଭଞ୍ଜ ରାଜ୍ୟର ରାଜଧାନୀ)ରେ ଦିନମଜୁରିଆ ଭାବେ କାର୍ଯ୍ୟ କରନ୍ତି ଓ ସନ୍ଧ୍ୟା ପୂର୍ବରୁ ସ୍ୱଗୃହକୁ ଫେରିଯାନ୍ତି। ବାରିପଦା ସହରରେ ବିଜୁଳିବତୀକୁ ଲକ୍ଷ୍ୟ କରି ଦଳଦଳ ସାନ୍ତାଳ ପୁରୁଷ ଓ ସ୍ତ୍ରୀମାନେ କାମ ସାରି ଘରକୁ ଫେରିଲା ବେଳେ ଗୀତର ସ୍ୱର ଧରନ୍ତି—

"ଡିଲ୍ ଗୋ ଡିଲ
ବାରିପଦା ବାଜାରେ
ବତୀ ଜଲିଲ...."

ମୟୂରଭଞ୍ଜ ବହୁ ବର୍ଷ ଧରି ଭଞ୍ଜବଂଶୀୟ ମହାରାଜାମାନଙ୍କ ଦ୍ୱାରା ଶାସିତ ହେଉଥିଲା। ସେମାନେ ଉଦାର ଓ ପ୍ରଜାବତ୍ସଳ ଥିଲେ। ସେମାନଙ୍କ ରାଜତ୍ୱ କାଳରେ ବିଭିନ୍ନ ବିଷୟରେ ବହୁ ଉନ୍ନତି ସାଧିତ ହୋଇଥିଲା। ଖିଚିଙ୍ଗ୍‌ଠାରେ କାରୁକାର୍ଯ୍ୟମଣ୍ଡିତ କୀଚକେଶ୍ୱରୀ ମନ୍ଦିର ପ୍ରାଚୀନ କଳା ଓ ଭାସ୍କର୍ଯ୍ୟର ପରିଚୟ ଦିଏ। ବାରିପଦାଠାରେ ଭଞ୍ଜବଂଶୀୟ ମହାରାଜାଙ୍କ ରାଜବାଟୀ (ଉଆସ) ସମଗ୍ର ଓଡ଼ିଶାରେ ବୃହତ୍ତମ ରାଜପ୍ରାସାଦ। ବର୍ତ୍ତମାନ ସେଠାରେ ମହାରାଜା ପୂର୍ଣ୍ଣଚନ୍ଦ୍ର ମହାବିଦ୍ୟାଳୟ ହୋଇଅଛି। ଓଡ଼ିଶାର ଶିକ୍ଷା, ସ୍ୱାସ୍ଥ୍ୟ ଓ ସାହିତ୍ୟ କ୍ଷେତ୍ରରେ ମୟୂରଭଞ୍ଜ ମହାରାଜାଙ୍କ ଅବଦାନ ବିଶେଷ ଉଲ୍ଲେଖଯୋଗ୍ୟ।

ଭାରତ ସ୍ୱାଧୀନ ହେବା ପରେ ଗଡ଼ଜାତ ରାଜ୍ୟସମୂହ ଭାରତ ସରକାରଙ୍କ ଶାସନାଧୀନ ହୋଇଥିଲେ ସୁଦ୍ଧା, ମୟୂରଭଞ୍ଜ ପ୍ରାୟ ବର୍ଷେ ପରେ ଓଡ଼ିଶାରେ ସାମିଲ ହୋଇଥିଲା। ବହୁ ଉଦ୍ୟମ ସତ୍ତ୍ୱେ ବିହାର କିମ୍ବା ପଶ୍ଚିମବଙ୍ଗ ମୟୂରଭଞ୍ଜକୁ ନିଜ ସହିତ ମିଶାଇ ପାରି ନ ଥିଲେ। ଏହିଥିରୁ ହିଁ ମହାରାଜାଙ୍କର ଓଡ଼ିଆ-ପ୍ରୀତି ସହଜେ ଅନୁମେୟ।

ଏଠାରେ ପ୍ରସଙ୍ଗକ୍ରମେ ମୋର ମୟୂରଭଞ୍ଜ ଗସ୍ତ ସମୟର ଗୋଟିଏ ମଜାଳିଆ କଥା ଉଲ୍ଲେଖ କରୁଛି। ଜଙ୍ଗଲ ରାସ୍ତା ଦେଇ ଥରେ ଆମ୍ଭେମାନେ କାର୍‌ରେ ଯାଉଥାଉଁ।

କେତେଗୁଡ଼ିଏ ହନୁମାଙ୍କଡ଼ ଗଛ ଉପରେ ବସିଥାନ୍ତି। ତାଙ୍କୁ ଦେଖି କାର୍‌ର ଡ୍ରାଇଭର ଗୁଣୁଗୁଣୁ ହୋଇ ଗୋଟିଏ ଗୀତ ଗାଉଥିବାର ଶୁଣିଲି। ତାକୁ କହିଲି, "ଯେଉଁ ଗୀତ ଗାଉଛ, ଟିକିଏ ଖୋଲା ଗଳାରେ ଗାଅ, ଶୁଣିବା।" ସେ ଗାଇବାକୁ ଆରମ୍ଭ କଲା—

"ଶିଂଶପା ବୃକ୍ଷର ଡାଳେ   ହନୁ ମନେ ମନେ ଭାଳେ,
ନିଶ୍ଚେ ଏ ଜାନକୀ, ଜନକ-ନନ୍ଦିନୀ   ଦେଖିଲଇଁ ବେନି ଡୋଳେ
କି ଭାଗ୍ୟ ବଳେ!"

ଲିଗାଲ ଏଡ୍

ସମାଜର ଦୁର୍ବଳ ଶ୍ରେଣୀ ଲୋକମାନଙ୍କୁ ମାଗଣାରେ ଆଇନଗତ ସାହାଯ୍ୟ ଓ ସହାୟତା ଯୋଗାଇଦେବା ନିମିତ୍ତ ଭାରତର ସମ୍ବିଧାନର ୩୯(କ) ଅନୁଚ୍ଛେଦରେ ବ୍ୟବସ୍ଥା ରହିଛି ଯେ, ନ୍ୟାୟ ବିଚାରରେ ସମସ୍ତେ ସମାନ ସୁଯୋଗ ପାଇବେ। ବିଶେଷ ଭାବେ ଆର୍ଥିକ କିମ୍ବା ଅନ୍ୟ କୌଣସି କାରଣରୁ ଅସାମର୍ଥ୍ୟ ପ୍ରକାଶ କରୁଥିବା ସମସ୍ତ ନାଗରିକଙ୍କୁ ନ୍ୟାୟ ପାଇବା ସୁଯୋଗରୁ ବଞ୍ଚିତ ନ କରିବା ଉଦ୍ଦେଶ୍ୟରେ ରାଜ୍ୟ ସରକାର ଆଇନଗତ ସାହାଯ୍ୟର ବ୍ୟବସ୍ଥା କରିବେ। ସମ୍ବିଧାନର ଉପରୋକ୍ତ ବ୍ୟବସ୍ଥା ଅନୁଯାୟୀ ଓଡ଼ିଶା ସରକାର "ଓଡ଼ିଶା ଆଇନଗତ ସାହାଯ୍ୟ ଓ ଉପଦେଶ ବୋର୍ଡ଼" ନାମକ ଏକ କମିଟି ଗଠନ କରିଥିଲେ। ଉକ୍ତ କାର୍ଯ୍ୟକ୍ରମର ସଫଳ ରୂପାୟନ ପାଇଁ ଏକ ପୂର୍ଣ୍ଣାଙ୍ଗ ଯୋଜନା ପ୍ରସ୍ତୁତ କରିବାକୁ ରାଜ୍ୟ ସରକାରଙ୍କ ୯-୩-୮୧ ତାରିଖ ପ୍ରସ୍ତାବ ଅନୁଯାୟୀ ମୋ ଅଧ୍ୟକ୍ଷତାରେ ଏକ କମିଟି ଗଠିତ ହୋଇଥିଲା। ଏଥିରେ ଅନ୍ୟମାନଙ୍କ ମଧ୍ୟରେ ରାଜ୍ୟ ସରକାରଙ୍କ ଆଇନ ସଚିବଙ୍କ ସମେତ ବିଶ୍ୱର ଗୁରୁତ୍ୱପୂର୍ଣ୍ଣ ବିଭାଗର ଶାସନସଚିବ, ତତ୍କାଳୀନ ଆଡ୍‌ଭୋକେଟ ଜେନେରାଲ ବାରିଷ୍ଟର ଗୋବିନ୍ଦ ଦାସ, ଜ୍ଞାନମଣ୍ଡଳର ସମ୍ପାଦକ ଶ୍ରୀଯୁକ୍ତ ବିନୋଦ କାନୁନଗୋ ପ୍ରମୁଖ ସଭ୍ୟ ଏବଂ ଆଡ୍‌ଭୋକେଟ ଶ୍ରୀଯୁକ୍ତ ଇନ୍ଦ୍ରଜିତ ରାୟ ଏହାର ଆବାହକ ଥିଲେ।

ସମ୍ବିଧାନର ଉକ୍ତ ଆଭିମୁଖ୍ୟକୁ କାର୍ଯ୍ୟକାରୀ କରିବା ଲକ୍ଷ୍ୟ ନେଇ ଗଠିତ ହୋଇଥିବା ଓଡ଼ିଶାର ଉକ୍ତ 'ଆଇନ ସାହାଯ୍ୟ ଓ ଉପଦେଶ ବୋର୍ଡ଼"ର ବୈଠକ ବହୁବାର ଅନୁଷ୍ଠିତ ହୋଇ ଦୁଃସ୍ଥ, ନିଃସହାୟ ଲୋକମାନଙ୍କୁ ଆଇନଗତ ସାହାଯ୍ୟ ଓ ସହାୟତା ଯୋଗାଇଦେବା କ୍ଷେତ୍ରରେ ଅନେକ ଗୁରୁତ୍ୱପୂର୍ଣ୍ଣ ନିଷ୍ପତ୍ତି ତଥା ପଦକ୍ଷେପ ନିଆଯାଇଛି। ଏହାର ପ୍ରଥମ ବୈଠକ ୩୦-୩-୮୧ ତାରିଖରେ ମୋ ଡଗରପଡ଼ାସ୍ଥିତ ବାସଭବନରେ ଅନୁଷ୍ଠିତ ହୋଇଥିଲା। ପରବର୍ତ୍ତୀ ସମୟରେ ଓଡ଼ିଶା ରାଜଭବନ,

ରାଜ୍ୟ ଅତିଥିଭବନ, ଓଡ଼ିଶା ହାଇକୋର୍ଟ ଓ କଟକ ସର୍କିଟ ହାଉସ ପ୍ରଭୃତି ବିଭିନ୍ନ ସ୍ଥାନରେ ମଧ୍ୟ ଏହାର ଗୁରୁତ୍ୱପୂର୍ଣ୍ଣ ବୈଠକମାନ ଅନୁଷ୍ଠିତ ହୋଇଥିଲା। ଏହି କାର୍ଯ୍ୟକ୍ରମରେ ସୁପ୍ରିମକୋର୍ଟର ବିଚାରପତି ଶ୍ରୀଯୁକ୍ତ ପି.ଏନ୍. ଭଗବତୀ ମଧ୍ୟ ଯୋଗଦାନ କରି ବହୁ ମୂଲ୍ୟବାନ୍ ପରାମର୍ଶ ପ୍ରଦାନ କରିଥିଲେ। ଆରମ୍ଭରୁ ମୁଖ୍ୟମନ୍ତ୍ରୀ ଶ୍ରୀଯୁକ୍ତ ଜାନକୀବଲ୍ଲଭ ପଟ୍ଟନାୟକ ଉକ୍ତ କମିଟିର ସଭାପତି ହୋଇଥିଲେ। କିଛିଦିନ ବିଚାରପତି ଡକ୍ଟର ବ୍ରଜନାଥ ମିଶ୍ର ଏହାର କାର୍ଯ୍ୟକାରୀ ସଭାପତି ଭାବରେ କାର୍ଯ୍ୟ କରିଥିଲେ। ଡକ୍ଟର ବ୍ରଜନାଥ ମିଶ୍ର ପରେ ଆହ୍ଲାବାଦ ହାଇକୋର୍ଟର ଜଜ୍ ହୋଇ ଚାଲିଗଲେ ଓ ପରେ ପରେ ସିକିମ ହାଇକୋର୍ଟର ଚିଫ୍ ଜଷ୍ଟିସ ହୋଇଗଲେ। ଅଧୁନା ବିଚାରପତି ଶ୍ରୀଯୁକ୍ତ ରାଧାଚରଣ ପଟ୍ଟନାୟକ କାର୍ଯ୍ୟକାରୀ ସଭାପତି ଭାବେ ଦାୟିତ୍ୱ ପରିଚାଳନା କରୁଛନ୍ତି।

ଏଠାରେ ଉଲ୍ଲେଖ କରାଯାଇପାରେ ଯେ, ଏହା ପର୍ବରୁ ଦେୱାନୀ ଓ ଫୌଜଦାରୀ ମକଦ୍ଦମାମାନଙ୍କରେ ଦୁଃସ୍ଥ ବା ଗରିବ ଲୋକମାନଙ୍କୁ ମକଦ୍ଦମା ଚଳାଇବା କ୍ଷେତ୍ରରେ ଆର୍ଥିକ ସହାୟତା ପ୍ରଦାନ କରିବାର ବ୍ୟବସ୍ଥା ଥିଲା। ହେଲେ ତାହା ଆବଶ୍ୟକ ଅନୁଯାୟୀ ଯଥେଷ୍ଟ ନ ଥିବା ଓ ଯଥାଯଥ ଭାବେ କାର୍ଯ୍ୟକାରୀ ନ ହେବା ଅନୁଭବ କରି ଭାରତ ସରକାରଙ୍କ ତରଫରୁ ଉକ୍ତ ଆଇନଗତ ସାହାଯ୍ୟ ଓ ଉପଦେଶ" କାର୍ଯ୍ୟକ୍ରମ ଆରମ୍ଭ କରାଯାଇଅଛି। ଅନ୍ୟାନ୍ୟ ବ୍ୟାପକ ଆଇନଗତ ବ୍ୟବସ୍ଥା କରାଯାଇଛି।

ରାଜ୍ୟର ବିଭିନ୍ନ ସ୍ଥାନମାନଙ୍କରେ ଉକ୍ତ କମିଟି ତରଫରୁ ସଭାସମିତିର ଆୟୋଜନ କରାଯାଇ ଲୋକମାନଙ୍କୁ ଅବଗତ କରାଇବା ସଙ୍ଗେ ସଙ୍ଗେ ବହୁ ମକଦ୍ଦମାର ଆଇ ସହାୟତା ଯୋଗାଇଦେବା କ୍ଷେତ୍ରରେ କେତେକ ଆବଶ୍ୟକୀୟ ପଦକ୍ଷେପ ଗ୍ରହଣ କରାଯାଇଛି। ଆର୍ଥିକ ଦୁରବସ୍ଥା ହେତୁ ଓକିଲ ନିଯୁକ୍ତି କରିବା ଓ ମକଦ୍ଦମା ଖର୍ଚ୍ଚ ଚଳାଇବା ଯେଉଁମାନଙ୍କ ପକ୍ଷେ ସମ୍ଭବ ନୁହେଁ, ସେହି ପକ୍ଷମାନଙ୍କୁ ଉଭୟ ବିଷୟରେ ସହାୟତା ପ୍ରଦାନ କରାଯାଉଅଛି। ବାସ୍ତବିକ୍ ଏହା ଦୁଃସ୍ଥ ଓ ନିଃସହାୟ ଲୋକମାନଙ୍କ ହିତ ଦୃଷ୍ଟିରୁ ସରକାରଙ୍କର ଏକ ସୁଚିନ୍ତିତ କାର୍ଯ୍ୟକ୍ରମ ଅଟେ।

ଓଡ଼ିଶା ରାଜ୍ୟସଭା ନିର୍ବାଚନ

ମୁଁ ଓଡ଼ିଶା ହାଇକୋର୍ଟରେ ୧୯୬୦ ମସିହା ଅକ୍ଟୋବର ୧୦ ତାରିଖ ଠାରୁ ୧୯୬୭ ସେପ୍ଟେମ୍ବର ପର୍ଯ୍ୟନ୍ତ ବିଚାରପତି ଭାବେ କାର୍ଯ୍ୟ କରି ୧-୧୧-୬୭ ତାରିଖରେ ଅବସର ଗ୍ରହଣ କରିଥିଲି। ଏହାର ମାତ୍ର କେତେ ମାସ ପରେ ଅର୍ଥାତ୍ ୧୯୬୮ ମସିହା ମାର୍ଚ୍ଚ ମାସରେ ଓଡ଼ିଶାରୁ କେତେ ଜଣ ରାଜ୍ୟସଭା ସଦସ୍ୟଙ୍କୁ ନିର୍ବାଚିତ କରାଯିବାକୁ ଥାଏ। ସେଥି ମଧ୍ୟରୁ ସ୍ୱତନ୍ତ୍ର ଦଳରୁ ଜଣେ ସଭ୍ୟ ନିର୍ବାଚିତ ହେବା କଥା। ସେତେବେଳେ ସ୍ୱତନ୍ତ୍ର ଦଳରେ ନେତା ଥାନ୍ତି ରାଜେନ୍ଦ୍ର ନାରାୟଣ ସିଂହଦେଓ। ସର୍ବଭାରତୀୟ ସ୍ତରରେ ଏହି ଦଳର ସର୍ବୋଚ୍ଚ ନେତା ଥାନ୍ତି ଚକ୍ରବର୍ତ୍ତୀ ରାଜଗୋପାଳଚାରୀ।

ସିଂହଦେଓଙ୍କର ମୋ ପ୍ରତି ଖୁବ୍ ଶ୍ରଦ୍ଧା ଥିଲା। ତାଙ୍କ ଦଳ ତରଫରୁ ମୋତେ ରାଜ୍ୟସଭାକୁ ପଠାଇବାକୁ ସେ ବିଶେଷ ଆଗ୍ରହୀ ଥିଲେ। ସେ ତାଙ୍କ ଦଳର କେତେଜଣ ବିଧାୟକ ବନ୍ଧୁଙ୍କ ସହ ଏ ବିଷୟରେ ଆଲୋଚନା କରି ମୋତେ ତାଙ୍କ ଦଳଭୁକ୍ତ କରି ରାଜ୍ୟସଭାକୁ ପଠାଇବାକୁ ସ୍ଥିର କରିଥିଲେ। ଏ ସମ୍ପର୍କରେ ମୋ ମତାମତ ଜାଣିବା ପାଇଁ ସେ ମୋ ନିକଟକୁ ତାଙ୍କ ଦଳର କେତେଜଣ ବିଶିଷ୍ଟ ନେତାଙ୍କୁ ପଠାଇଥିଲେ ଏବଂ ନିଜେ ବ୍ୟକ୍ତିଗତ ଭାବେ ମୋ ସହିତ ଆଲୋଚନା କରିବାକୁ ଚାହିଁଥିଲେ। ମୁଁ ତାଙ୍କୁ ସାକ୍ଷାତ କରି ଏ ବିଷୟରେ ଆଲୋଚନା କରିଥିଲି। ସ୍ୱତନ୍ତ୍ର ଦଳରେ ସେ ଯୋଗଦାନ କରିବାକୁ ରାଜି ହେଲେ ସେ ରାଜଗୋପାଳାଚାରୀଙ୍କ ଠାରୁ ସମ୍ମତି ଆଣି ମୋତେ ରାଜ୍ୟସଭାକୁ ପଠାଇବେ ବୋଲି କହିବା ସଙ୍ଗେ ସଙ୍ଗେ ସିଂହଦେଓ ରାଜ୍ୟସଭାରେ ମୋତେ ସ୍ୱତନ୍ତ୍ର ଦଳର ନେତା ଭାବେ ନିର୍ବାଚିତ କରିବାକୁ ମଧ୍ୟ ମତ ପୋଷଣ କରିଥିଲେ। ବିଶେଷ କରି ତାଙ୍କ ମତରେ ରାଜ୍ୟସଭାରେ ଓଡ଼ିଶାରୁ ବ୍ୟକ୍ତି ପ୍ରତିନିଧିତ୍ୱ କରି ପାରୁ ନ ଥିବା କାରଣରୁ ମୋତେ ସେଠାକୁ ଲାଗି ସେ ଚାହୁଁଥିବା

କଥା ଉଲ୍ଲେଖ କରି ଏ ସମ୍ପର୍କରେ ସଙ୍ଗେ ସଙ୍ଗେ ଉପଯୁକ୍ତ ପଠାଇବା ମତାମତ ପ୍ରଦାନ କରିବାକୁ ମୋତେ ପ୍ରବର୍ତ୍ତାଇ ଥିଲେ। କିନ୍ତୁ ମୁଁ ମୋର ନିଷ୍ପତ୍ତି ପରେ ଜଣାଇବି ବୋଲି କହି ଫେରି ଆସିଥିଲି। ଘରେ ପରିବାରର ସଭ୍ୟ ତଥା ମୋର ଅନ୍ୟାନ୍ୟ ହିତାକାଂକ୍ଷୀ ବନ୍ଧୁମାନଙ୍କ ସହ ଏ ସମ୍ପର୍କରେ ଆଲୋଚନା କଲି। କେହି କେହି ଏହି ସୁଯୋଗକୁ ଗ୍ରହଣ କରି ରାଜ୍ୟସଭା ସଭ୍ୟ ରୂପେ ନିର୍ବାଚିତ ହୋଇ ଯିବାକୁ ପରାମର୍ଶ ଦେଇ ଭବିଷ୍ୟତରେ ଏହା ଜୀବନର ଗତିପଥକୁ ବଦଳାଇ ଉଚ୍ଚ ସମ୍ମାନର ଅଧିକାରୀ କରାଇବ ଓ ଏହାଦ୍ୱାରା ଦେଶ ବିଦେଶର ବହୁ ଗୁରୁତ୍ୱପୂର୍ଣ୍ଣ ସ୍ଥାନ ପରିଭ୍ରମଣ କରିବାର ସୁଯୋଗ ତଥା ସମ୍ମାନ ମିଳିବ ବୋଲି କହିଥିଲେ। ହେଲେ ଅନ୍ୟ କେତେ ଜଣ ମୁଁ ମୋ ଛାତ୍ର ଜୀବନରେ କଂଗ୍ରେସ ଆନ୍ଦୋଳନ ସହିତ ସଂପୃକ୍ତ ଥିବା ଓ ହାଇକୋର୍ଟର ବିଚାରପତି ଭାବେ ଅବସର ଗ୍ରହଣ କରି ଶେଷରେ ଏକ ଦଳୀୟ ରାଜନୀତି ସହିତ ସଂପୃକ୍ତ ହେବା ସମୀଚୀନ ହେବ ନାହିଁ ବୋଲି ମତାମତ ଦେଇଥିଲି। ମୁଁ ଶେଷୋକ୍ତ ପରାମର୍ଶକୁ ଗ୍ରହଣ କରି କୌଣସି ଦଳୀୟ ରାଜନୀତି ସହିତ ହୋଇ ରାଜ୍ୟସଭାକୁ ଯିବାକୁ ଚାହେଁ ନାହିଁ ବୋଲି ଜଣାଇ ଦେଇଥିଲି।

ସ୍ୱର୍ଗତ ସିଂହଦେଓ ଅତି ଦୁଃଖର ସହିତ ମୋ ଅନିଚ୍ଛା ପ୍ରସ୍ତାବକୁ ଗ୍ରହଣ କରିଥିଲେ ସୁଦ୍ଧା ତାଙ୍କ ସହିତ ମୋର ବ୍ୟକ୍ତିଗତ ସମ୍ପର୍କ ଶେଷ ପର୍ଯ୍ୟନ୍ତ ବେଶ୍ ଭଲ ଥିଲା। ତାଙ୍କର ମୋ ପ୍ରତି ଯେ ଅଗାଧ ଶ୍ରଦ୍ଧା ଥିଲା, ତାହା ମୁଁ ଜାଣି ପାରିଥିଲି। ଏହାପରେ ଅନେକ ବିଷୟରେ ସେ ମୋ ସହିତ କଥାବାର୍ତ୍ତା କରିଥିଲେ ଓ ବହୁ ବିଷୟରେ ମୋ ମତାମତକୁ ଆଗ୍ରହର ସହିତ ଗ୍ରହଣ କରିଥିଲେ। କଲିକତାରେ ଜଣେ ଇଣ୍ଡଷ୍ଟ୍ରିଆଲ ଜଜ୍ ହେବା ନେଇ ଜୋରଦେଇ ସେ ମୋତେ କହିଥିଲେ ଓ ମୁଁ ଯେପରି କଲିକତାରେ ଭଲରେ ରହେ, ତା'ର ଯାହା କିଛି ବନ୍ଦୋବସ୍ତ କରାଯାଇପାରେ, ତାହା କରିଥିଲେ। ଥରେ ମୁଁ କଲିକତାରେ ଥିବା ସମୟରେ ସେଠାକୁ ଯାଇ ମୋତେ ଦେଖି ଭଲ ମନ୍ଦ ବୁଝିଥିଲେ। ଅବଶ୍ୟ ତା'ର କିଛିଦିନ ପରେ ମୁଁ ଅସୁସ୍ଥ ହୋଇ କଟକ ଫେରି ଆସିଲି। ଆଉ ଥରେ ରାଧାନାଥ ବାବୁ ମୋତେ ସାଙ୍ଗରେ ନେଇ ତାଙ୍କ ଘରକୁ ଭୁବନେଶ୍ୱର ଯିବାକୁ କହିଥିଲେ। ମୁଁ ଯାଇଥିଲି। ସେ ମିଟିଂରେ ମହତାବ, ନିଶାମଣି ଖୁଣ୍ଟିଆ ପ୍ରଭୃତି କେତେଜଣ ଥିଲେ। ଅନେକ ଗୁଡ଼ିଏ ଓଡ଼ିଶାର ଜାତୀୟ ସ୍ୱାର୍ଥ ସମ୍ବନ୍ଧ କଥା ପଡ଼ିଲା।

ଉତ୍କଳ ବିଶ୍ୱବିଦ୍ୟାଳୟର କୁଳପତି ମନୋନୟନ ଓ ଡକ୍ଟର ସଦାଶିବ ମିଶ୍ର

ଓଡ଼ିଶା ସରକାର ଉତ୍କଳ ବିଶ୍ୱବିଦ୍ୟାଳୟର କୁଳପତି ମନୋନୟନ କରିବା ପାଇଁ ଗୋଟିଏ କମିଟି ଗଠନ କରିଥିଲେ। ମୁଁ ଉକ୍ତ କମିଟିର ଚେୟାରମ୍ୟାନ୍ ଥିଲି। ଅନ୍ୟମାନଙ୍କ ମଧ୍ୟରେ ତତ୍କାଳୀନ ପବ୍ଲିକ୍ ସର୍ଭିସ୍ କମିଶନ୍‌ର ଚେୟାରମ୍ୟାନ୍ ମୋତିଲାଲ୍ ପଣ୍ଡିତ ଏବଂ ଡକ୍ଟର ସୁରେନ୍ ଆଚାର୍ଯ୍ୟ ଉକ୍ତ କମିଟିର ସଭ୍ୟ ଥିଲେ। ଦିନେ ମୋତିଲାଲ୍ ପଣ୍ଡିତ ମୋ ଘରକୁ ଆସି କହିଲେ ଯେ, କୁଳପତି ମନୋନୟନ ପାଇଁ କେତେଜଣ ପ୍ରଚାର ଆରମ୍ଭ କରିଦେଲେଣି। ତାଙ୍କୁ ମଧ୍ୟ ଆପ୍ରୋଚ୍ କରିଛନ୍ତି। ତାଙ୍କଠାରୁ ଏ ଖବର ପାଇ ଉକ୍ତ କାର୍ଯ୍ୟଟି ତୁରନ୍ତ ଶେଷ କରିଦେବାକୁ ଚିନ୍ତାକଲୁ ଏବଂ ଏହି କାର୍ଯ୍ୟ ନିମିତ୍ତ ଆମେ ସମସ୍ତେ ପୁରୀ ଯାଇଥିଲୁ।

ଆମେ ତିନିଜଣଯାକ ଡକ୍ଟର ସଦାଶିବ ମିଶ୍ର, ପ୍ରଫେସର ବାମାଚରଣ ଦାସ, ଏବଂ ଅବସରପ୍ରାପ୍ତ ବିଚାରପତି ଜୟକୃଷ୍ଣ ମିଶ୍ରଙ୍କ ନାମ ସୁପାରିଶ୍ କରିଥିଲୁ। ରାଜ୍ୟପାଳଙ୍କ ତତ୍କାଳୀନ ସଚିବ ରବୀନ୍ଦ୍ରନାଥ ଦାସ ଆଇ.ଏ.ଏସ୍.ଙ୍କୁ ପୁରୀରୁ ଫୋନ୍ କରି ମୁଁ କୁଳପତି ମନୋନୟନର ତାଲିକା ରାଜ୍ୟପାଳଙ୍କୁ ସାକ୍ଷାତ କରି ନିଜେ ଦେବି ବୋଲି ଜଣାଇ ଦେବାକୁ କହିଲି। ଡକ୍ଟର ସଦାଶିବ ମିଶ୍ରଙ୍କୁ କୁଳପତି ଭାବେ ମନୋନୟନ କରିବା ଏକ ପ୍ରକାର ସ୍ଥିର ହେଲା। ମୁଁ ପୁରୀରେ ଥିବାବେଳେ ଓଡ଼ିଶାର ତତ୍କାଳୀନ ମୁଖ୍ୟମନ୍ତ୍ରୀ ସ୍ୱର୍ଗତ ସଦାଶିବ ତ୍ରିପାଠୀ ମୋତେ ସାକ୍ଷାତ କରି କହିଲେ, 'ଆପଣ କ'ଣ କୁଳପତି ମନୋନୟନ କରି ସାରିଲେଣି ?" ସେ ଜଣକ ନାମ ପ୍ରସ୍ତାବ କରିବାକୁ ଚାହୁଁଥିଲେ। ମାତ୍ର ମୁଁ ତାଙ୍କୁ କହିଲି, "ଆମେ ନିଷ୍ପତ୍ତି ନେଇ ସାରିଲୁଣି।" ତା' ପରେ ସେଠାରୁ ମୁଁ ଭୁବନେଶ୍ୱର ଆସି ପୁରୀରେ ଯେଉଁ ଲଫାପାଟିକୁ ସିଲ୍ କରିଥିଲି,

ତାଙ୍କୁ ରାଜ୍ୟପାଳଙ୍କୁ ଦେଇ କହିଲି, "ମୋର ଆପଣ ଯାହା ନିଷ୍ପତ୍ତି ନେବେ।" ବର୍ତ୍ତମାନର କାମ ସରିଗଲା।

ସେ ମୋତେ କହିଲେ, "ଲଫାପା ଖୋଲନ୍ତୁ। କ'ଣ ଆପଣ ମନୋନୟନ କରିଛନ୍ତି ?"

ମୁଁ କହିଲି, "ମୁଁ ପୁରୀରେ ଘଣ୍ଟାକ ପୂର୍ବରୁ ଏହାକୁ ସିଲ୍ କରି ଧରି ଆସିଛି। ଆଉ ଖୋଲିବ କ'ଣ ? ଆପଣ ଦୟା କରି ଖୋଲନ୍ତୁ। ଯାହା ନିଷ୍ପତ୍ତି ନେବାର ନେବେ।"

ଏହାପରେ ରାଜ୍ୟପାଳ ନିଜେ ଲଫାପାଟିକୁ ଖୋଲିଲେ। ସେଥିରେ ତିନୋଟି ନାମ ଥିଲା। ସେ ନାଁ ଗୁଡ଼ିକୁ ପଢ଼ି ମୋତେ କହିଲେ, "Please advise me about the personality of the candidates" ମୁଁ ତ ଆଗରୁ ତାଙ୍କ ସହିତ ଆଲୋଚନା କରିଥିଲି। ପୁଣି କହିଲି, "ପ୍ରାର୍ଥୀ ବାଛି ଚୂଡ଼ାନ୍ତ ନିଷ୍ପତ୍ତି ନେବା କ୍ଷମତା ଆପଣଙ୍କର। ତେଣୁ ଆପଣ ଯାହା କରିବେ। କିନ୍ତୁ ଶୀଘ୍ର ନିଷ୍ପତ୍ତି ନିଅନ୍ତୁ। ତା' ନ ହେଲେ ଏ କ୍ଷେତ୍ରରେ ରାଜନୈତିକ ଚାପ ପଡ଼ିପାରେ।" ଆଲହାବାଦ୍ ହାଇକୋର୍ଟରେ କୁଳପତି ମନୋନୟନ ହୋଇ କିପରି ଗୋଟିଏ ବିବଦମାନ ପରିସ୍ଥିତି ସୃଷ୍ଟି ହୋଇଥିଲା ଏବଂ ଏହାପରେ କିପରି ସମାଧାନ ହେଲା, ତାହା ଆଲୋଚନା କରି ଶେଷରେ ଏହା କିପରି ରାଜ୍ୟପାଳଙ୍କ ସମ୍ପୂର୍ଣ୍ଣ ଇଚ୍ଛାଧୀନ କ୍ଷମତା ପରିସରଭୁକ୍ତ ତାହା ସୂଚାଇ ଦେଇଥିଲି।

ଏହାପରେ ମୁଁ କଟକ ଫେରି ଆସିଲି। ଘରେ ପହଞ୍ଚିବାର କିଛି ସମୟ ପରେ ରେଡ଼ିଓରୁ ଡକ୍ଟର ସଦାଶିବ ମିଶ୍ର ଉତ୍କଳ ବିଶ୍ୱବିଦ୍ୟାଳୟର କୁଳପତି ହେଲେ ବୋଲି ଶୁଣିଲି।

ଡକ୍ଟର ସଦାଶିବ ମିଶ୍ର

ଡକ୍ଟର ସଦାଶିବ ମିଶ୍ର ଜଣେ ବିଶିଷ୍ଟ ଅର୍ଥନୀତିଜ୍ଞ ଭାବରେ ସମଗ୍ର ଓଡ଼ିଶାରେ ସୁପରିଚିତ। ସେ ରେଭେନ୍ସା କଲେଜର ଅଧ୍ୟକ୍ଷ ଓ ଉତ୍କଳ ବିଶ୍ୱବିଦ୍ୟାଳୟର କୁଳପତି ଭାବରେ ଓଡ଼ିଶାର ବହୁ ଛାତ୍ରଛାତ୍ରୀଙ୍କ ସମ୍ମାନର ପାତ୍ର ଥିଲେ। ଓଡ଼ିଶାର ବହୁ ସେବା ଓ ସାଂସ୍କୃତିକ ଅନୁଷ୍ଠାନର କର୍ମକର୍ତ୍ତା ଭାବରେ ସେ ବହୁ ଉଲ୍ଲେଖନୀୟ ଅବଦାନ ଦେଇଛନ୍ତି ଏବଂ ଏବେ ପରିଣତ ବୟସରେ ମଧ୍ୟ ବିଭିନ୍ନ ଅନୁଷ୍ଠାନ ସହିତ ସଂପୃକ୍ତ ହୋଇ କାର୍ଯ୍ୟ ପରିଚାଳନା କରୁଛନ୍ତି।

ନୃତ୍ୟ-ସଙ୍ଗୀତ-ନାଟକ ସମ୍ବନ୍ଧରେ ମୋର ଦୀକ୍ଷାନ୍ତ ଭାଷଣ

୧୯୮୩ ମସିହା ଫେବୃଆରୀ ୩ ତାରିଖରେ ଭୁବନେଶ୍ୱରସ୍ଥିତ 'ସୂଚନା ଭବନ' ଠାରେ ଅନୁଷ୍ଠିତ ଉତ୍କଳ ସଙ୍ଗୀତ ମହାବିଦ୍ୟାଳୟର ସମାବର୍ତ୍ତନ ଉତ୍ସବରେ ମୁଖ୍ୟ-ଅତିଥି ଭାବେ ମୁଁ ଯୋଗଦାନ କରିଥିଲି। ମୋ' ପୂର୍ବରୁ ଥରେ ସମାଜ-ସମ୍ପାଦକ ଡକ୍ଟର ରାଧାନାଥ ରଥ ଦୀକ୍ଷାନ୍ତ ଭାଷଣ ଦେଇଥିଲେ। ସେଠାରେ ସଙ୍ଗୀତ କଳା ଉପରେ ମୁଁ ଯେଉଁ ଦୀକ୍ଷାନ୍ତ ଭାଷଣ ପ୍ରଦାନ କରିଥିଲି, ତା'ର କେତେକାଂଶ ଏଠାରେ ଲିପିବଦ୍ଧ କରୁଛି।

ମୋ ବିଚାରରେ ସଙ୍ଗୀତ, ନୃତ୍ୟ ଏବଂ ନାଟକ ଦେଶର ସଂସ୍କୃତିର ମୁଖଦର୍ପଣ। ଦେଶର ପରମ୍ପରା ତଥା ଐତିହ୍ୟ ପ୍ରତିଫଳିତ ହୁଏ କେବଳ ଏହି ତିନୋଟିର ସମ୍ମିଶ୍ରଣରେ। ତନ୍ମଧ୍ୟରୁ ସଙ୍ଗୀତ ଏବଂ ନୃତ୍ୟ ଦୁହେଁ ଶ୍ରେଷ୍ଠ କଳା ରୂପେ ବିବେଚିତ ଏବଂ ସଂସାର ବିଜଡ଼ିତ ମାନବ ଜୀବନରେ ପ୍ରଧାନ ମନୋରଞ୍ଜନର ମାଧ୍ୟମ। କେବଳ ସେତିକି ନୁହେଁ, ଭାରତୀୟ ପରମ୍ପରାରେ ଏହା ଏକ ଶ୍ରେଷ୍ଠ ଦର୍ଶନ ଓ ପ୍ରାଚୀନ ମୁନିଋଷିଙ୍କ ମତରେ ମୋକ୍ଷପ୍ରାପ୍ତିର ଏକ ସୂକ୍ଷ୍ମ ପଥ। 'ସଙ୍ଗୀତ ପାରିଜାତ' ନାମକ ଗ୍ରନ୍ଥରେ ଉଲ୍ଲେଖ ଅଛି–

"ବୀଣା ବାଦନ ତତ୍ତ୍ୱଜ୍ଞଃ ଶ୍ରୁତିଜାତ-ବିଶାରଦଃ
ତାଳଜ୍ଞଶ୍ଚ ପ୍ରୟାସେନ ମୋକ୍ଷ ମାର୍ଗ ନିଗଚ୍ଛତି।"

ଅର୍ଥାତ୍, ବୀଣା ବାଦନରେ ତତ୍ତ୍ୱଜ୍ଞ, ଶ୍ରୁତି, ସ୍ୱର ଗାନ ତଥା ତାଳରେ ଅଭିଜ୍ଞ ବ୍ୟକ୍ତି ବିଶେଷଙ୍କର ବିନା ପ୍ରୟାସରେ ମୋକ୍ଷ ପ୍ରାପ୍ତି ହୋଇଥାଏ। ଏକ ମହିମାମୟ, ଐତିହ୍ୟ-ପରିପୂର୍ଣ୍ଣ ଭାରତବର୍ଷରେ ଆମ ଉତ୍କଳ ଏକ ଶ୍ରେଷ୍ଠକଳାର ରାଜ୍ୟ। ଏହା

କେବଳ ଶିଳ୍ପ, ଭାସ୍କର୍ଯ୍ୟ ଏବଂ ଚିତ୍ରକଳା ପାଇଁ ନୁହେଁ, କଳାର ସମସ୍ତ ସୂକ୍ଷ୍ମ କାରୁକାର୍ଯ୍ୟ ଚୂଡ଼ାନ୍ତ ବିକାଶରେ ଏହି ରାଜ୍ୟର ପ୍ରତିଟି ଧୂଳିକଣା ଲିପ୍ତ। ବିଶେଷକରି ଓଡ଼ିଶାର ନୃତ୍ୟ, ସଙ୍ଗୀତ ଏପରି ପରିବ୍ୟାପ୍ତ ଏବଂ ଅସୀମ ଯେ, ସେ ବିଷୟ ଚିନ୍ତା କଲେ ଅଭିଭୂତ ହେବାକୁ ପଡ଼େ। କୋଣାର୍କ ମନ୍ଦିର ସୂକ୍ଷ୍ମ କାରୁକାର୍ଯ୍ୟ ଓ ଅପୂର୍ବ ଭାସ୍କର୍ଯ୍ୟ ପାଇଁ ଯେତିକି ପ୍ରସିଦ୍ଧ, ଏହି ମନ୍ଦିରରେ ଖୋଦିତ ଥିବା ଉତ୍କଳର ନିଜସ୍ୱ ନୃତ୍ୟକଳା "ଓଡ଼ିଶୀ"ର ବିଭିନ୍ନ ଭାବଭଙ୍ଗୀର ଅପୂର୍ବ ନିଦର୍ଶନ ତତୋଧିକ ବିସ୍ମୟକର। ସେହି ପୁରାତନ ଯୁଗରେ ମଧ୍ୟ ଏହି ନୃତ୍ୟ ଚରମ ଉତ୍କର୍ଷତା ଲାଭ କରିଥିଲା।

ସଙ୍ଗୀତର ପରିସର ଓ ତା'ର ପ୍ରଭାବ ଏତେ ସୁଦୂରପ୍ରସାରୀ ଯେ; ତା'ର ମୋହଜାଲରେ ଅଜ୍ଞାନ ଶିଶୁଠାରୁ ଆରମ୍ଭ କରି ବନର ତୃଣଚର ମୃଗ, ବିଷଧର ସର୍ପ ପର୍ଯ୍ୟନ୍ତ ନିଜକୁ ହଜାଇ ଦିଅନ୍ତି। ଏହି ପରିସ୍ଥିତରେ ବାକ୍‌ଶକ୍ତିଯୁକ୍ତ ମନୁଷ୍ୟ ଯଦି ସଙ୍ଗୀତରେ ଅନଭିଜ୍ଞ ରହେ, ତେବେ ସେ ପକ୍ଷଶିଙ୍ଗହୀନ ପଶୁ ତୁଲ୍ୟ ବିବେଚିତ ହୁଏ। ଏହି ପ୍ରସଙ୍ଗରେ କୁହାଯାଇଛି —

'ସାହିତ୍ୟସଙ୍ଗୀତରସାନଭିଜ୍ଞଃ
ସାକ୍ଷାତ୍ ପଶୁପୁଚ୍ଛବିଷାଣହୀନଃ।"

ଏହି ହେତୁ କଳାକାର ହେଉ ଅବା ପଥପ୍ରାନ୍ତର ଅଜ୍ଞାନ ପଥିକ ହେଉ, ସଚରାଚର ସମସ୍ତ ସୃଷ୍ଟି ଯେ ସଙ୍ଗୀତପ୍ରେମୀ, ଏଥିରେ ସନ୍ଦେହ ନାହିଁ। ଏକ ପାର୍ଶ୍ୱରେ କଠୋର ସାଧନା ସାପେକ୍ଷ ଶାସ୍ତ୍ରୀୟ ସଙ୍ଗୀତ, ତଥା ଅପରପାର୍ଶ୍ୱରେ ସରଳ, ଶାନ୍ତ ଗ୍ରାମ୍ୟ ଜୀବନର ଜୀବନ୍ତ ଚିତ୍ରର ରୂପରେଖଯୁକ୍ତ ସହଜ, ବୋଧଗମ୍ୟ ଲୋକସଙ୍ଗୀତ, ଉଭୟଙ୍କ ଦ୍ୱାରା ଭାରତଜନନୀର ଅକ୍ଷୟ କଳା-ଭଣ୍ଡାର ପ୍ରାଚୀନ କାଳରୁ ଅଦ୍ୟାବଧି ସମୃଦ୍ଧ। ସମାଜର ସୁଖ, ଦୁଃଖ, ବିରହ କିମ୍ବା ବୀରତ୍ୱ କାହାଣୀ ଏହି ଲୋକସଙ୍ଗୀତର ଅନ୍ତର୍ଭୁକ୍ତ। ଆମ ଭାରତର ପ୍ରତ୍ୟେକ ରାଜ୍ୟ ତାଙ୍କର ନିଜସ୍ୱ ଲୋକଗୀତ ବା ନୃତ୍ୟ ଦ୍ୱାରା ସମୃଦ୍ଧ। ଓଡ଼ିଶାର ଛଉନୃତ୍ୟ, ଗୋଟିପୁଅ, ଘୁମୁରା, ସାପୁଆକେଳା, ଚଇତିଘୋଡ଼ା ଓ ଡାଲଖାଇ ନୃତ୍ୟ ଓ ଗୀତ ସର୍ବଜନବିଦିତ। ସଙ୍ଗୀତ ଏବଂ ନୃତ୍ୟ ପରସ୍ପର ପରିପୂରକ। ମନୁଷ୍ୟ ହୃଦୟର ଅନ୍ତର୍ନିହିତ ଶକ୍ତି ଏବଂ ଚେତନାର ସୂକ୍ଷ୍ମ ପରିପ୍ରକାଶ ହେଉଛି ସଙ୍ଗୀତ ଓ ନୃତ୍ୟ। ନିଜକୁ ପ୍ରକାଶ କରିବାରେ ମନୁଷ୍ୟର ପ୍ରବଳ ଉତ୍କଣ୍ଠା ପ୍ରତିଫଳିତ ହୁଏ ତା'ର ନିଜସ୍ୱ ସଙ୍ଗୀତ ଓ ନୃତ୍ୟରେ। ଏହି କଳାର ଉନ୍ନତ ପରିପ୍ରକାଶ ମନୁଷ୍ୟକୁ ସାର୍ଥକ, ସୁନ୍ଦର ଏବଂ ସରସ କରିବାରେ ସାହାଯ୍ୟ କରିଥାଏ। ସଙ୍ଗୀତ ମନୁଷ୍ୟ ଜୀବନ ସହ ଓତପ୍ରୋତ ଭାବେ ଜଡ଼ିତ ଏବଂ ସଭ୍ୟତାର ରଥଚକ୍ର ଚଳାଇବାରେ ଏହା ବିଶେଷ

ଭୂମିକା ଗ୍ରହଣ କରିପାରେ। ଇତିହାସ ପୃଷ୍ଠାରୁ ଏହା ସୂଚିତ ହୁଏ ଯେ, ଉତ୍କଳ ଏକଦା ନୃତ୍ୟ, ସଙ୍ଗୀତ ଏବଂ ନାଟ୍ୟକଳାର ଏକ ମହାନ୍ ପୀଠ ଥିଲା। ଏହି କଳିଙ୍ଗର ମହାନ୍ ଶାସକ ସମ୍ରାଟ ଖାରବେଳ ସ୍ୱୟଂ ଏହି କଳାରେ ପ୍ରବୀଣ ଥିଲେ। ଐତିହାସିକ ବିବରଣୀରୁ ଏହା ଜଣାଯାଏ ଯେ, ପ୍ରାୟ ଖ୍ରୀଷ୍ଟପୂର୍ବ ପ୍ରଥମ ଶତାବ୍ଦୀରେ ମଞ୍ଚ ଉପରେ ବାଦ୍ୟଯନ୍ତ୍ରର ତାଳରେ ନର୍ତ୍ତକୀମାନେ ନିଜର କଳା ପ୍ରଦର୍ଶନ କରୁଥିଲେ। ପରବର୍ତ୍ତୀ କାଳରେ ଖଣ୍ଡଗିରି ପର୍ବତ ଗୁମ୍ଫାରେ, ମୁକ୍ତେଶ୍ୱର ଏବଂ କୋଣାର୍କ ମନ୍ଦିର ଗାତ୍ରରେ ଥିବା ନିଖୁଣ କାରୁକାର୍ଯ୍ୟରେ ପ୍ରଦର୍ଶିତ ନୃତ୍ୟରତା ରମଣୀମାନଙ୍କୁ ଦେଖିଲେ ଏହା ବିନାଦ୍ୱିଧାରେ ପ୍ରମାଣ କରାଯାଇପାରେ ଯେ, ଆବହମାନ କାଳରୁ ଉତ୍କଳବାସୀଙ୍କ ଶିରା ପ୍ରଶିରାରେ ଏହି କଳାର ରକ୍ତ ପ୍ରବାହିତ ହେଉଥିଲା। ବିଭିନ୍ନ ମନ୍ଦିରର ନାଟ୍ୟମନ୍ଦିର ଗୁଡ଼ିକ ପ୍ରମାଣ ଦିଏ ଯେ ନୃତ୍ୟ ଓ ସଙ୍ଗୀତ ଦେବାର୍ଚ୍ଚନାର ଏକ ମୁଖ୍ୟ ଅଂଶ ବିଶେଷ ଥିଲା। ଆଜିର ଓଡ଼ିଶୀ ନୃତ୍ୟକଳା ବିଭିନ୍ନ ମନ୍ଦିର ଗୃହମାନଙ୍କରେ ସଂରକ୍ଷିତ ପ୍ରାଚୀନ ତାଳପତ୍ର ପୋଥିମାନଙ୍କରେ ଲିପିବଦ୍ଧ ହୋଇଥିବା ଦେଖାଯାଏ। ଅତୀତରେ ଉତ୍କଳୀୟମାନେ ନୃତ୍ୟକଳାର ବିଭିନ୍ନ ଭାବଭଙ୍ଗୀ ତଥା ଛନ୍ଦରେ ଏକ ଅପୂର୍ବ ନିପୁଣତା ଲାଭ କରିଥିଲେ। ଏହିସବୁ, ଉତ୍କର୍ଷ ସତ୍ତ୍ୱେ ଏହା ଏକ ସ୍ୱତନ୍ତ୍ର ନୃତ୍ୟଶୈଳୀ ରୂପେ ଭାରତ ସରକାରଙ୍କ ସ୍ୱୀକୃତି ଲାଭ କରିପାରି ନ ଥିଲା। ୧୯୫୩ ମସିହାରେ ନୂଆଦିଲ୍ଲୀଠାରେ ଅନୁଷ୍ଠିତ ଆନ୍ତ ବିଶ୍ୱବିଦ୍ୟାଳୟ ଯୁବ ସମ୍ମିଳନୀରେ ପ୍ରଦର୍ଶିତ ଓଡ଼ିଶୀ ନୃତ୍ୟ ଅବଲୋକନ କରିବା ପରେ ହଙ୍ଗେରୀର ବିଖ୍ୟାତ ଭାରତ-ତତ୍ତ୍ୱବିତ୍ ତଥା କଳା-ସମୀକ୍ଷକ Dr. Charle Fabri ଓଡ଼ିଶୀ ନୃତ୍ୟର ଅପୂର୍ବ ଲାଳିତ୍ୟ ତଥା ଭାବଧାରାର ଉତ୍କର୍ଷ ହୃଦୟଙ୍ଗମ କରିପାରିଥିଲେ। ଏବଂ ଏହା ତା'ର ପଡ଼ୋଶୀ ରାଜ୍ୟମାନଙ୍କ ନୃତ୍ୟରୁ ଜନ୍ମଲାଭ କରିନାହିଁ ବୋଲି ମତବ୍ୟକ୍ତ କରିଥିଲେ। ଆନନ୍ଦର କଥା ଯେ, ଏବେ ଓଡ଼ିଶୀ ନୃତ୍ୟ ଶାସ୍ତ୍ରୀୟ ନୃତ୍ୟ ଭାବେ ସ୍ୱୀକୃତି ଲାଭ କରିସାରିଲାଣି।

ସଙ୍ଗୀତର ଅଂଶ ବିଶେଷ ଭାବେ ଓଡ଼ିଶାରେ ପ୍ରଚଳିତ ଥିବା ପାଲା ଓ ଦାସକାଠିଆ ମଧ୍ୟ ବିଶେଷ ମୌଳିକତା ବହନ କରନ୍ତି। ସଙ୍ଗୀତର ଅନ୍ୟତମ ଅଂଶ ନାଟ୍ୟାଭିନୟରେ ମଧ୍ୟ ଓଡ଼ିଶୀ ଅତି ପ୍ରାଚୀନ କାଳରୁ ପାରଦର୍ଶିତା ଲାଭ କରିଛି। ପାଣିନୀଙ୍କ ମତରେ "ନଟ୍" ଧାତୁରୁ ନାଟକର ଉତ୍ପତ୍ତି। 'ସିଦ୍ଧାନ୍ତ କୌମୁଦୀ'ରେ 'ନଟ୍'ର ପ୍ରୟୋଗ ଅଭିନୟ ଅର୍ଥରେ କରାଯାଇଅଛି। ମନୁଷ୍ୟର ସୁଖ ଦୁଃଖ ଜନିତ ଅବସ୍ଥାକୁ ଅଭିନୟ ମାଧ୍ୟମରେ ପୁନଃ ପରିପ୍ରକାଶକୁ ନାଟକ କୁହାଯାଏ। ନୃତତ୍ତ୍ୱବିତ୍‌ମାନଙ୍କ ମତରେ ସଙ୍ଗୀତ ଏବଂ ନାଟକ ଆଦିମ ଜାତିଙ୍କ କର୍ମକାଣ୍ଡ ପଦ୍ଧତିରୁ ଜନ୍ମ। ପ୍ରଖ୍ୟାତ ପାଶ୍ଚାତ୍ୟ ଗବେଷକ

ମାକ୍ସମୁଲର୍ ବୈଦିକ ଧର୍ମାନୁଷ୍ଠାନ କ୍ରିୟାରୁ ଭାରତୀୟ ନାଟ୍ୟକଳାର ଉତ୍ପତ୍ତି ବୋଲି ବର୍ଣ୍ଣନା କରିଛନ୍ତି। ଇଂରେଜ ସମୀକ୍ଷକ Mr. ward ତାଙ୍କ ରଚିତ "Dramatic Literature" ରେ ଲେଖିଛନ୍ତି, "The origin of Indian drama may unhesitatingly be described as purely native." କୌଣସି ସାହିତ୍ୟ ବା ସଭ୍ୟତାରୁ ଭାରତୀୟ ନାଟକର ଉତ୍ପତ୍ତିକୁ ସେ ଦୃଢ଼ଭାବେ ଖଣ୍ଡନ କରିଛନ୍ତି।

ଭାରତୀୟ ନାଟ୍ୟକଳାର ସ୍ୱତନ୍ତ୍ରତା ସର୍ବମତେ ସ୍ୱୀକାର୍ଯ୍ୟ। ଏହାର ଭାବ, ରାଗ ଓ ତାଳକୁ ଆଧାର କରି ଉତ୍କଳୀୟ ନାଟ୍ୟକଳା ସ୍ୱକୀୟ ମାର୍ଗରେ ପ୍ରସାରିତ ହୋଇଅଛି। ଓଡ଼ିଆ ନାଟକର ଜନ୍ମ ବିଷୟରେ ବହୁ ତର୍କ ବିତର୍କ ହୋଇଅଛି। ତେବେ ଗଣକବି ବୈଷ୍ଣବପାଣିଙ୍କୁ ଉତ୍କଳର ଆଧୁନିକ ନାଟକର ଜନ୍ମଦାତା ରୂପେ ପ୍ରାୟ ସମସ୍ତେ ମୁକ୍ତ କଣ୍ଠରେ ସ୍ୱୀକାର କରନ୍ତି। ତାଙ୍କ ବିଷୟରେ ମୁଁ ଅନ୍ୟତ୍ର ଲେଖିଛି। ତାଙ୍କ ସହିତ କଥାବାର୍ତ୍ତା କରିବାର ସୁଯୋଗ ପାଇଛି। ତାଙ୍କ ବ୍ୟତୀତ ବାଳକୃଷ୍ଣ ମହାନ୍ତିଙ୍କ ଅବଦାନ ମଧ୍ୟ ଏ କ୍ଷେତ୍ରରେ ଉଲ୍ଲେଖଯୋଗ୍ୟ। ସେମାନଙ୍କ ସମୟରେ ଏହା ଗୀତିନାଟ୍ୟ ରୂପେ ଆରମ୍ଭ ହୋଇ ଧୀରେ ଧୀରେ ସ୍ୱୟଂସମ୍ପୂର୍ଣ୍ଣ ନାଟକ ରୂପେ ବିକାଶ ଲାଭ କରିଛି। ଐତିହାସିକ ଓ ସାମାଜିକ ନାଟ୍ୟକାର ହିସାବରେ ଓଡ଼ିଶାର ବହୁ ସାହିତ୍ୟିକ ଖ୍ୟାତି ଅର୍ଜନ କରିଛନ୍ତି ଏବଂ ବହୁ ପେସାଦାର ଓ ସୌଖୀନ ରଙ୍ଗମଞ୍ଚମାନ ନିର୍ମିତ ହୋଇ ସାମାଜିକ, ଐତିହାସିକ ଓ ପୌରାଣିକ ନାଟକମାନ ଅଭିନିତ ହେଉଛି। ସଙ୍ଗୀତ, ନୃତ୍ୟ ଓ ନାଟକ ବ୍ୟତୀତ ଜନ-ସଂସ୍କୃତିର ଆଉ ଏକ ପ୍ରଧାନ ଅଙ୍ଗ ହେଉଛି ସାହିତ୍ୟ। ଉପଯୁକ୍ତ ଭାଷା ବିନା ସଙ୍ଗୀତର ଅସ୍ତିତ୍ୱ କଳ୍ପନାରହିତ। ଭାଷା ପ୍ରକାଶର ଅନ୍ୟତମ ମାଧ୍ୟମ। କେବଳ ସୁରଚିତ ବୋଧଗମ୍ୟ ସୁଲଳିତ ସଙ୍ଗୀତ ଜନସାଧାରଣଙ୍କ ମନ ଆକର୍ଷଣ କରିପାରେ। କାରଣ ଶାସ୍ତ୍ରୀୟ ସଙ୍ଗୀତର ଗଭୀରତା ମଧ୍ୟରେ ପ୍ରବେଶ କରିବାର ଧୈର୍ଯ୍ୟ ଏବଂ ସାଧନା କରିବାର ଶକ୍ତି ଈଶ୍ୱରପ୍ରଦତ୍ତ ଓ ସମୟ ସାପେକ୍ଷ। ଆଜିର ଯାନ୍ତ୍ରିକ ଯୁଗରେ ବ୍ୟସ୍ତ ମନୁଷ୍ୟ ପକ୍ଷରେ ଏହା ସହଜସାଧ୍ୟ ନୁହେଁ। ତେଣୁ ଆଧୁନିକ ସଙ୍ଗୀତର ଭାଷା ଯେତିକି ସୁଶୀଳ, ସୁରୁଚି ସମ୍ପନ୍ନ ହେବ, ସମାଜ ସେତିକି ସଭ୍ୟ ଏବଂ ଉନ୍ନତ ହେବ। ସୃଷ୍ଟିର ଉତ୍ପତ୍ତି ଲାଗି ସଙ୍ଗୀତ ଯେପରି ଦାୟୀ, ଏହାର ସ୍ଥିତି ଓ ବିକାଶ ପାଇଁ ସଙ୍ଗୀତର ଉପାଦେୟତା ମଧ୍ୟ ସେହିପରି ପ୍ରୟୋଜନ।

ସମ୍ବାଦପତ୍ର ସହିତ ମୋର ସମ୍ପର୍କ

ମୋ' ଛାତ୍ରାବସ୍ଥାରୁ ମୁଁ ସମ୍ବାଦପତ୍ର ସହିତ ସମ୍ପର୍କ ରଖି ଆସିଛି। ଦେଶର ଭଲମନ୍ଦ ବିଷୟରେ ଖବର ଜାଣିବା ପାଇଁ ସମ୍ବାଦପତ୍ର ଯେ ଏକ ଉତ୍କୃଷ୍ଟ ମାଧ୍ୟମ, ଏକଥା ଅସ୍ୱୀକାର କରିହେବ ନାହିଁ। ଏହା ସମସ୍ତେ ଜାଣନ୍ତି ଯେ ସମ୍ବାଦପତ୍ରକୁ ରାଷ୍ଟ୍ରର ଚତୁର୍ଥ ସ୍ତମ୍ଭ (Channel) ଭାବେ ବିଚାର କରାଯାଇଥାଏ। ଅନ୍ୟ ତିନୋଟି ସ୍ତମ୍ଭ ହେଲା, Legislative, Executive Judiciary. ମୋର ଯେତେଦୂର ମନେ ଅଛି, ଶ୍ରୀଯୁକ୍ତ କ୍ଷୀରୋଦ ରାୟ ଚୌଧୁରୀଙ୍କ ଉଦ୍ୟମରେ 'Star of Utkal' ନାଁରେ ଏକ ଇଂରାଜୀ ସାପ୍ତାହିକ ପତ୍ରିକା କିଛିଦିନ ପାଇଁ ଶ୍ରୀଯୁକ୍ତ ରାଜକୃଷ୍ଣ ବୋଷଙ୍କ ପରିଚାଳନାରେ ପ୍ରକାଶିତ ହୋଇଥିଲା। ସେଥିରେ ମୁଁ ଓ କେତେକ ବନ୍ଧୁ ଯାଇ ସାମୟିକ ସହଯୋଗ କରୁଥିଲୁ। କିଛି ଦିନପରେ ଉକ୍ତ weekly ର ପ୍ରକାଶନ ବନ୍ଦ ହୋଇ ଯାଇଥିଲା।

ଦିନେ ଆମ୍ଭେମାନେ ଓଡ଼ିଶାର ପୂର୍ବତନ ମୁଖ୍ୟ ବିଚାରପତି ବୀରକିଶୋର ରାୟଙ୍କ ପୁରୀଘାଟ ସ୍ଥିତ ବାସଭବନରେ ବସି ଆଲୋଚନା କରୁଥିବାବେଳେ ଓଡ଼ିଶାରେ ଏକ ସାପ୍ତାହିକ ଇଂରାଜୀ ସମ୍ବାଦପତ୍ର ପ୍ରକାଶ କରିବାର ଯୋଜନା କରିଥିଲୁ। ସେହି ଅନୁସାରେ "ଓଡ଼ିଶା ଟାଇମସ୍" ନାମରେ ୧୯୩୭ ମସିହା ଏପ୍ରିଲ ପହିଲା ଦିନ ଏହା ପ୍ରକାଶ ପାଇଥିଲା। ଏହି ପତ୍ରିକା ବିଷୟରେ ମୁଁ ଅନ୍ୟତ୍ର ଆଲୋଚନା କରିଛି। ଓଡ଼ିଶା ସ୍ୱତନ୍ତ୍ର ପ୍ରଦେଶ ହେବା ସମ୍ପର୍କୀୟ ସମ୍ବାଦ ତଥା ତତ୍କାଳୀନ ଓଡ଼ିଶା ପ୍ରଦେଶର ମୁଖ୍ୟ ମନ୍ତ୍ରୀ ପାରଳା ମହାରାଜା କୃଷ୍ଣଚନ୍ଦ୍ର ଗଜପତି ଦେବ, ମନ୍ତ୍ରୀ ମାନଧାତା ଗୋରାଚାନ୍ଦ ପଟ୍ଟନାୟକ, ଓ ମନ୍ତ୍ରୀ ଲତିଫୁର ରହମନ୍‌ଙ୍କ ଫଟୋ ସହିତ ଏକ ବିଶେଷାଙ୍କ ଭାବେ ଏହା ଆତ୍ମପ୍ରକାଶ କରିଥିଲା। ଓଡ଼ିଶାର ପ୍ରଥମ ବିଧାନସଭା ରେଭେନ୍ସା କଲେଜ ହଲ୍‌ରେ ଏ ସମ୍ବାଦପତ୍ର ମୋ' ଉପସ୍ଥିତିରେ ମନ୍ତ୍ରୀ ଓ ବିଧାୟକମାନଙ୍କ ମଧ୍ୟରେ ଅତ୍ୟନ୍ତ ଉତ୍ସାହ

ଉଦ୍ଦୀପନା ସହିତ ବଣ୍ଟନ କରାଯାଇଥିଲା । ଓଡ଼ିଶା ହାଇକୋର୍ଟର ପୂର୍ବତନ ଆଡ୍‌ଭୋକେଟ ଜେନେରାଲ୍ ସ୍ୱର୍ଗତ ବାଞ୍ଛାନିଧି ମହାପାତ୍ର, ଆଡ୍‌ଭୋକେଟ୍ ବ୍ରଜବନ୍ଧୁ ଦାସ ଏବଂ ମୋ' ଉପରେ ଏହାର ସମସ୍ତ ପରିଚାଳନା ଦାୟିତ୍ୱ ନ୍ୟସ୍ତ ଥିଲା । ମାତ୍ର କେତେ ବର୍ଷ ଚାଲିବା ପରେ 'Orissa Times' ର ପ୍ରକାଶନ ବିଭିନ୍ନ କାରଣରୁ ବନ୍ଦ ହୋଇଯାଇଥିଲା । ବହୁ ବର୍ଷ ପରେ ବର୍ତ୍ତମାନ ଶ୍ରୀଯୁକ୍ତ ଆର୍.ପି. ଶାସ୍ତ୍ରୀଙ୍କ ସମ୍ପାଦନାରେ ଏହା ପୁନଃପ୍ରକାଶିତ ହୋଇଛି ବୋଲି ଶୁଣିବାକୁ ପାଇଛି ।

୧୯୭୫ ମସିହା ଅଗଷ୍ଟ ୧୫ ତାରିଖରେ ଶ୍ରୀଯୁକ୍ତ ନବ କିଶୋର ମହାପାତ୍ରଙ୍କ ଉଦ୍ୟମ ତଥା ପରିଚାଳନାରେ 'News of the world" ନାମକ ଏକ ଇଂରାଜୀ ପତ୍ରିକା ଆତ୍ମପ୍ରକାଶ କରିଥିଲା । ସେହିଦିନ କଟକ ଶ୍ରୀରାମଚନ୍ଦ୍ର ଭବନରେ ବହୁ ବିଶିଷ୍ଟ ବ୍ୟକ୍ତିଙ୍କ ଉପସ୍ଥିତିରେ ମୁଁ ଏହା ଉନ୍ମୋଚନ କରିଥିଲି । ଉକ୍ତ କାଗଜର ମୁଖ୍ୟ ପୃଷ୍ଠପୋଷକ ଭାବେ ମୋର ପ୍ରେରଣା ଓ ସହଯୋଗ ସମ୍ପର୍କରେ ନବବାବୁଙ୍କ ସମେତ ଅନ୍ୟାନ୍ୟ ବହୁ ବିଶିଷ୍ଟ ବ୍ୟକ୍ତି ମଧ୍ୟ ଅବଗତ ଥିବେ ବୋଲି ମୋର ବିଶ୍ୱାସ । ଜାତୀୟ ସ୍ୱାର୍ଥକୁ ବଜାୟ ରଖିବା ସହିତ ଓଡ଼ିଶାର ସ୍ୱାର୍ଥ ପ୍ରତି ଗୁରୁତ୍ୱ ପ୍ରଦାନ କରିବା ଉକ୍ତ କାଗଜର ନୀତି ଥିଲା । ନବ ବାବୁଙ୍କ ସଫଳ ଉଦ୍ୟମରେ ଏହା ନାନା ବାଧାବିଘ୍ନ ଭିତରେ ଦୀର୍ଘ ୧୨-୧୩ ବର୍ଷ ହେବ ନିୟମିତ ପ୍ରକାଶିତ ହୋଇ ଆସୁଥିଲା । କେତେଦିନ ହେବ ଏହାର ପ୍ରକାଶନ ବନ୍ଦ ରହିଛି । ମୁଁ କେତେବର୍ଷ ଧରି ଏହାର ସମ୍ପାଦନା କାର୍ଯ୍ୟରେ ସହଯୋଗ କରିଥିଲି ।

ବିଭିନ୍ନ ସମ୍ବାଦପତ୍ର ପ୍ରତି ମୋର ଅଧିକ ଶ୍ରଦ୍ଧା ଥିବା ଏକ ଜଣାଶୁଣା କଥା ହୋଇଥିବାରୁ ଏଭଳି ବିଭିନ୍ନ ସମ୍ବାଦପତ୍ର ପ୍ରକାଶନ କାର୍ଯ୍ୟକ୍ରମରେ ମୁଁ ନିମନ୍ତ୍ରଣ ପାଇଥାଏ । ଡକ୍ଟର ମହତାବଙ୍କ ଉଦ୍ୟମରେ ପୂର୍ବରୁ ପ୍ରକାଶିତ ହୋଇ ବନ୍ଦ ହୋଇ ଯାଇଥିବା "Eastern Times" ପୁନଃପ୍ରକାଶ ଲାଭକରିଥିବା ସମୟରେ ଏଥି ନିମିତ୍ତ ଅନୁଷ୍ଠିତ ଏକ ଉତ୍ସବକୁ ରାଜ୍ୟପାଳଙ୍କ ସମେତ ମୋତେ ଅତିଥି ଭାବେ ନିମନ୍ତ୍ରଣ କରାଯାଇଥିଲା ।

ଗତ ତା ୪-୧୦-୧୯୮୪ ରିଖରେ ଭୁବନେଶ୍ୱରଠାରେ ଆତ୍ମପ୍ରକାଶ ଲାଭ କରିଥିବା ଦୈନିକ "ସଂବାଦ"ର ଉନ୍ମୋଚନ ଉତ୍ସବକୁ ମୋତେ ଅତିଥି ଭାବେ ନିମନ୍ତ୍ରଣ କରାଯାଇଥିଲା । ଉକ୍ତ ଉତ୍ସବରେ ସମ୍ବାଦପତ୍ରର ଭୂମିକା ସମ୍ପର୍କରେ ମୁଁ ମୋର ମତାମତ ବ୍ୟକ୍ତ କରିଥିଲି । ଅନ୍ୟାନ୍ୟ ବିଶିଷ୍ଟ ଅତିଥିମାନଙ୍କ ମଧ୍ୟରେ ଓଡ଼ିଶାର ରାଜ୍ୟପାଳ ଶ୍ରୀଯୁକ୍ତ ପାଣ୍ଡେ, ତାଙ୍କ ସହଧର୍ମିଣୀ, ଡକ୍ଟର ହରେକୃଷ୍ଣ ମହତାବ, ଏବଂ ମୁଖ୍ୟମନ୍ତ୍ରୀ

ଶ୍ରୀଯୁକ୍ତ ଜାନକୀବଲ୍ଲଭ ପଟ୍ଟନାୟକ ପ୍ରମୁଖ ଯୋଗଦାନ କରିଥିଲେ । ସେହି ଦିନଠାରୁ ଏହା ନିୟମିତ ପ୍ରକାଶିତ ହୋଇ ପ୍ରତିଷ୍ଠା ଲାଭ କରିଛି ।

ଗତ ତା ୪-୪-୮୮ ରିଖରେ ଭୁବନେଶ୍ୱରର ସୂଚନାଭବନଠାରେ ଏକ ଦୈନିକ ଇଂରାଜୀ ସମ୍ବାଦପତ୍ର "Sun Times" ର ଉନ୍ମୋଚନ ଉତ୍ସବ ଅନୁଷ୍ଠିତ ହୋଇଥିଲା । ସେଥିରେ ରାଜ୍ୟପାଳ ଶ୍ରୀଯୁକ୍ତ ବିଶ୍ୱମ୍ଭର ନାଥ ପାଣ୍ଡେ, ମୁଖ୍ୟମନ୍ତ୍ରୀ ଶ୍ରୀଯୁକ୍ତ ଜାନକୀବଲ୍ଲଭ ପଟ୍ଟନାୟକଙ୍କ ସହିତ ମୁଁ ସମ୍ମାନିତ ଅତିଥି ଯୋଗଦାନ କରିଥିଲି ।

'କୁରୁକ୍ଷେତ୍ର'ର ବାର୍ଷିକ ଉତ୍ସବ

ଗତ ଦୁଇବର୍ଷ ତଳେ ଦୈନିକ ଓଡ଼ିଆ ସଂବାଦପତ୍ର "କୁରୁକ୍ଷେତ୍ର"ର ଏକ ବାର୍ଷିକ ଉତ୍ସବରେ ଯୋଗଦାନ କରିବାର ସୁଯୋଗ ପାଇଥିଲି । କଟକ ଟାଉନହଲ୍‌ଠାରେ ଅନୁଷ୍ଠିତ ଉକ୍ତ ଉତ୍ସବରେ ଓଡ଼ିଶାର ତତ୍କାଳୀନ ସଂସ୍କୃତି ମନ୍ତ୍ରୀ ଶ୍ରୀ ଶରତ ରାଉତ, ନଗର ଉନ୍ନୟନ ମନ୍ତ୍ରୀ ଶ୍ରୀ ବଟକୃଷ୍ଣ ଜେନା, ଶ୍ରମ ଓ ନିଯୁକ୍ତି ମନ୍ତ୍ରୀ ଶ୍ରୀ ଭୂପାଳ ଚନ୍ଦ୍ର ମହାପାତ୍ର, ବିଧାୟକ ଶ୍ରୀ ଗୋପନାରାୟଣ ଦାସ, ବିଧାୟକ ଶ୍ରୀ ଜ୍ୟୋତିଷ ଚନ୍ଦ୍ର ଦାସଙ୍କ ସମେତ ବହୁ ବିଶିଷ୍ଟ ବ୍ୟକ୍ତି ଯୋଗଦାନ କରିଥିଲେ ।

'କୁରୁକ୍ଷେତ୍ର'ର ସମ୍ପାଦକ ଶ୍ରଦ୍ଧେୟ ଚିତ୍ତରଞ୍ଜନ ମିଶ୍ରଙ୍କ ସହ ମୋର ବହୁ ଆଗରୁ ପରିଚୟ ରହିଛି । ଜଣେ ଦୃଢ଼ ପ୍ରତିଜ୍ଞ, ତେଜୀୟାନ୍ ଯୁବକ ଭାବରେ ସେ ସୁପରିଚିତ । ସେ ଏକାବେଳକେ କଟକ ଓ ରାଉରକେଲାରୁ "କୁରୁକ୍ଷେତ୍ର" ପ୍ରକାଶ କରିବା ଦିଗରେ ସେଭଳି ଉଦ୍ୟମ ଆରମ୍ଭ କରିଥିଲେ, ତାହା କମ୍ ବଡ଼ ଦୁଃସାହସିକ ପଦକ୍ଷେପ ନୁହେଁ । ମୁଁ ତାଙ୍କ ଉଦ୍ୟମର ପ୍ରଶଂସା କରିବା ସଙ୍ଗେ ସଙ୍ଗେ ତାଙ୍କର ସଫଳତା କାମନା କରେ ।

ବିଭିନ୍ନ ସାଂସ୍କୃତିକ ଅନୁଷ୍ଠାନମାନଙ୍କ ସହ ସମ୍ପର୍କ

ମୋର ଜୀବନକାଳ ମଧ୍ୟରେ ମୁଁ ବହୁ ସେବା ଓ ସାଂସ୍କୃତିକ ଅନୁଷ୍ଠାନର ସମ୍ପର୍କରେ ଆସିବାର ସୁଯୋଗ ପାଇଥିଲି। ଏଥିରେ ସେ ସମସ୍ତ ବିଷୟ ଆଲୋଚନା କରିବା ସମ୍ଭବ ନୁହେଁ। ସେଗୁଡ଼ିକ ମଧ୍ୟରୁ କେତେକ ଅନୁଷ୍ଠାନର କର୍ମକର୍ତ୍ତାମାନଙ୍କ ସହିତ ଏବେ ବି ମଝିରେ ମଝିରେ ଦେଖା ସାକ୍ଷାତ ହେଲାବେଳେ ସେହି ପୂର୍ବ ସ୍ମୃତି ଆପେ ଆପେ ମନେପଡ଼ି ଯାଉଛି। ସେହିଭଳି କେତୋଟି ଅନୁଷ୍ଠାନ ସମ୍ପର୍କରେ ପାଠକମାନଙ୍କୁ କିଛି ସୂଚନା ଦେବାକୁ ଉଚିତ ମନେ କରୁଅଛି।

ଉତ୍କଳ ଆର୍ଟ ଏଣ୍ଡ କ୍ରାଫ୍ଟସ୍

ଓଡ଼ିଶାର ଅନ୍ୟତମ ବିଶିଷ୍ଟ ଚିତ୍ରଶିଳ୍ପୀ ଭାବରେ ସ୍ୱର୍ଗତ ବିଭୂତି କାନୁନ୍‌ଗୋ ବେଶ୍ ଜଣାଶୁଣା। ୧୯୨୧ ମସିହାରେ କଟକ ଜିଲ୍ଲାର ଶାଳଗାଁରେ ତାଙ୍କର ଜନ୍ମ। କିନ୍ତୁ ପରବର୍ତ୍ତୀ ଜୀବନରେ କଟକ ସହରର ଡଗରପଡ଼ାଠାରେ ସେ ରହୁଥିଲେ ଓ ତାଙ୍କ ଶେଷ ଜୀବନ ପର୍ଯ୍ୟନ୍ତ କର୍ମକ୍ଷେତ୍ର ଥିଲା ମହମ୍ମଦିଆ ବଜାର। ଏହି ମହମ୍ମଦିଆ ବଜାରରେ "ଉତ୍କଳ ଆର୍ଟ ଏଣ୍ଡ କ୍ରାଫ୍‌ଟସ୍" ନାମରେ ଥିବା ଚାରୁକଳା ଅନୁଷ୍ଠାନର ସେ ପ୍ରାଣ ପ୍ରତିଷ୍ଠାତା ଥିଲେ। ସେହି ଅନୁଷ୍ଠାନ ୧୮୬୦ ମସିହା ସୋସାଇଟି ରେଜିଷ୍ଟ୍ରେସନ ଆକ୍ଟ ଅନୁଯାୟୀ ବିଧିବଦ୍ଧ ଭାବେ ଗଠିତ ହୋଇଥିଲା। କିଛିଦିନ ପାଇଁ ମୁଁ ଥିଲି ଏହି ପ୍ରତିଷ୍ଠାନର ସଭାପତି। ଅନ୍ୟମାନଙ୍କ ମଧ୍ୟରେ ବାରିଷ୍ଟର ରଣଜିତ ମହାନ୍ତ, ଉପ-ସଭାପତି; ଖ୍ୟାତନାମା ଶିଳ୍ପୀ ଡକ୍ଟର ମୁରଲୀଧର ଟାଲି, ସମ୍ପାଦକ ସ୍ୱର୍ଗତ ବିଭୂତି କାନୁନଗୋ, କୋଷାଧକ୍ଷ; ଶିଳ୍ପୀ ଅସିତ୍ ମୁଖାର୍ଜୀ, ଯୁଗ୍ମ-ସମ୍ପାଦକ; ଏବଂ ଶ୍ରୀଯୁକ୍ତ

ସୀତାକାନ୍ତ ମହାପାତ୍ର, ଆଇ.ଏ.ଏସ୍.; ସାହିତ୍ୟିକ ଶ୍ରୀଯୁକ୍ତ ଗୋପୀନାଥ ମହାନ୍ତି; ଓଡ଼ିଶା ପବ୍ଲିକ୍ ସର୍ଭିସ କମିଶନର ଭୂତପୂର୍ବ ଚେୟାରମ୍ୟାନ ଶ୍ରୀଯୁକ୍ତ ଚିନ୍ତାମଣି ମହାପାତ୍ର, ଆଡ଼୍‌ଭୋକେଟ୍ ଶ୍ରୀଯୁକ୍ତ ଗୋକୁଳବିହାରୀ ମହାନ୍ତି, ଓଡ଼ିଶା ଲଳିତ କଳା ଏକାଡ଼େମୀର ସଭାପତି ସ୍ୱର୍ଗତ ବିପିନବିହାରୀ ଚୌଧୁରୀ, ଖ୍ୟାତନାମା ପ୍ରକାଶକ ଶ୍ରୀଯୁକ୍ତ ନବକିଶୋର ମହାପାତ୍ର ଓ ଶିଳ୍ପୀ ଶ୍ରୀଯୁକ୍ତ ଶିବ ପାଣିଗ୍ରାହୀ ପ୍ରମୁଖ ବହୁ ବିଶିଷ୍ଟ ବ୍ୟକ୍ତି ଏହି ଅନୁଷ୍ଠାନ ସହିତ ସଂପୃକ୍ତ ଥିଲେ। କଳା ଓ ସ୍ଥାପତ୍ୟର ବିକାଶ ଓ ପ୍ରଚାର ଉଦ୍ଦେଶ୍ୟରେ ପ୍ରତିଷ୍ଠିତ ଏହି ସଂସ୍ଥାରେ ବହୁ କଳାପ୍ରେମୀ ଆଗ୍ରହୀ ଛାତ୍ର ଶିକ୍ଷା ଲାଭର ସୁଯୋଗ ପାଇଥିଲେ। ନୂଆଦିଲ୍ଲୀସ୍ଥିତ କେନ୍ଦ୍ର ଲଳିତ କଳା ଏକାଡ଼େମୀର ଭାଇସ୍-ଚେୟାରମ୍ୟାନ ଶ୍ରୀଯୁକ୍ତ ଭବେଶ ଚନ୍ଦ୍ର ସାନ୍ୟାଲ ୧୯୭୯ ମସିହା ଏପ୍ରିଲ ମାସରେ ଉକ୍ତ ଅନୁଷ୍ଠାନକୁ ସରକାରୀ ଭାବେ ପରିଦର୍ଶନ କରି ସନ୍ତୋଷ ଲାଭ କରିଥିଲେ ଏବଂ ଏହାର ପ୍ରଗତି ଦିଗରେ ବହୁ ମୂଲ୍ୟବାନ୍ ପରାମର୍ଶ ଦେଇଥିଲେ।

ଶିଳ୍ପୀ ବିଭୂତି କାନୁନ୍‌ଗୋ

ସ୍ୱର୍ଗତ କାନୁନ୍‌ଗୋ କଲିକତାର ସରକାରୀ ଆର୍ଟ କଲେଜରୁ ଶିକ୍ଷାଲାଭ କରିଥିଲେ। ଆର୍ଟ ରିପ୍ରୋଡ଼କ୍‌ସନ୍ ନାମରେ ସେ ଏକ ବ୍ଲକ୍ ତିଆରି କାରଖାନା ପ୍ରତିଷ୍ଠା କରିଥିଲେ। ଜଣେ ଉଚ୍ଚକୋଟୀର ଚିତ୍ରଶିଳ୍ପୀ ତଥା ବ୍ୟଙ୍ଗ ଚିତ୍ରକାର ଭାବେ ତାଙ୍କର ସୁନାମ ଥିଲା। ଓଡ଼ିଶୀ ପଟ୍ଟଚିତ୍ରରେ ରାମାୟଣ ପୁସ୍ତକ ରଚନା ତାଙ୍କର ସର୍ବଶେଷ ଓ ଶ୍ରେଷ୍ଠ ଚିତ୍ରକୃତି !

ସେ ରାଜ୍ୟ ଲଳିତ କଳା ଏକାଡ଼େମୀ ଦ୍ୱାରା ବହୁବାର ସମ୍ମାନିତ ତଥା ପୁରସ୍କୃତ ହୋଇଥିଲେ। ଉତ୍କଳର କଳାକ୍ଷେତ୍ରକୁ ତାଙ୍କର ମହନୀୟ ଅବଦାନ ପାଇଁ ସେ ସ୍ମରଣୀୟ ହୋଇ ରହିବେ।

ବାରବାଟୀ ଷ୍ଟାଡ଼ିୟମ ଭୈରବ ଚନ୍ଦ୍ର ମହାନ୍ତି

ଯଥାର୍ଥରେ କୁହାଯାଏ—

‘ଐତିହାସିକ ଏ ଦୁର୍ଗ ବାରବାଟୀ
ବୀର ରକ୍ତ ପିଣ୍ଡେ ଗଢ଼ା ଯା’ର ମାଟି।”

ଅତୀତର ମୂକସାକ୍ଷୀ, ଓଡ଼ିଆ ଜାତିର ବୀରତ୍ୱର ପ୍ରତୀକ ବାରବାଟୀ ଦୁର୍ଗ ଆଜି ନାହିଁ, କେବଳ ରହିଛି ତା’ର ଭଗ୍ନାବଶେଷ। ଭାରତର ଅନ୍ୟାନ୍ୟ ବୃହତ୍ତମ

ଷ୍ଟାଡ଼ିୟମମାନଙ୍କ ଭଳି ବାରବାଟୀ ଷ୍ଟାଡ଼ିୟମଠାରେ ବହୁ ଜାତୀୟ ଓ ଆନ୍ତର୍ଜାତିକ କ୍ରିକେଟ, ହକି, ଫୁଟବଲ ମ୍ୟାଚ ସହିତ କ୍ରୀଡ଼ା, କୁସ୍ତି, କସରତ୍ ପ୍ରଭୃତି ଅନୁଷ୍ଠିତ ହେବା ଫଳରେ ଓଡ଼ିଆ ଜାତି ତା'ର ପୂର୍ବ ଦୁଃଖକୁ କେତେକାଂଶରେ ଭୁଲି ଯାଇଛି। ଏହା ବ୍ୟତୀତ ବାରବାଟୀ କିଲ୍ଲା ମଧ୍ୟରେ ଥିବା ସତ୍ୟବ୍ରତ ଷ୍ଟାଡ଼ିୟମଠାରେ ନିକଟ ଅତୀତରେ ଅତ୍ୟାଧୁନିକ ଜବାହରଲାଲ ନେହେରୁ ଇଣ୍ଡୋର ଷ୍ଟାଡ଼ିୟମ ପ୍ରତିଷ୍ଠିତ ହୋଇ ଐତିହାସିକ ବାରବାଟୀ ଦୁର୍ଗର ମହନୀୟ ସ୍ମୃତିକୁ ଜନମାନସରେ ଜାଗରୁକ କରି ରଖିବାରେ ସହାୟକ ହୋଇଛି।

ଏହି ବାରବାଟୀ ଷ୍ଟାଡ଼ିୟମ ନିର୍ମାଣ ସମ୍ବନ୍ଧରେ ଆଲୋଚନା କରିବାକୁ ଗଲାବେଳେ ଏହାର ପ୍ରାଣ-ପ୍ରତିଷ୍ଠାତା ସ୍ୱର୍ଗତ ଭୈରବ ଚନ୍ଦ୍ର ମହାନ୍ତିଙ୍କ ସ୍ମୃତି ଆପେ ଆପେ ମନକୁ ଛୁଏଁ। ଉକ୍ତ ଷ୍ଟାଡ଼ିୟମ ତାଙ୍କର ଐକାନ୍ତିକ ନିଷ୍ଠା ଓ ପ୍ରଗାଢ଼ ଉଦ୍ୟମର ଫଳ କହିଲେ ଅତ୍ୟୁକ୍ତି ହେବ ନାହିଁ। ଏହା ନିର୍ମାଣ କରିବା ଲାଗି ବହୁ ପ୍ରକାର ଚେଷ୍ଟା ସହିତ "ବାରବାଟୀ ଲଟେରୀ" ମଧ୍ୟ ଆରମ୍ଭ କରାଯାଇଥିଲା। ମାତ୍ର କିଛି ବର୍ଷ ପରେ ନାନା କାରଣରୁ ଏହା ସାମୟିକ ଭାବେ ବନ୍ଦ ହୋଇଥିଲେ ସୁଦ୍ଧା ଭୈରବ ବାବୁ ଓ ଅନ୍ୟ କେତେକ ଉତ୍ସାହୀ ବ୍ୟକ୍ତିଙ୍କ ଉଦ୍ୟମରେ ଏହି ଲଟେରୀ ପୁନରାୟ ଆରମ୍ଭ ହୋଇଥିଲା। ସ୍ୱର୍ଗତ ରାଜେନ୍ଦ୍ର ନାରାୟଣ ସିଂହଦେଓ ଓଡ଼ିଶାର ମୁଖ୍ୟମନ୍ତ୍ରୀ ଥିଲାବେଳେ ତାଙ୍କର ପୃଷ୍ଠପୋଷକତାରେ ଲଟେରୀର ପୁନଃପ୍ରଚଳନ କରାଯାଇଥିଲା। ଲଟେରୀ ଉଠାଣ ଉତ୍ସବରେ ଅତିଥି ଭାବେ ଯୋଗଦାନ କରିଥିଲି। ତା'ପରେ ଏହା ପୂର୍ବଭଳି ଉତ୍ସାହପ୍ରଦ ହୋଇ ନ ଥିବା କାରଣରୁ ଦ୍ୱିତୀୟବାର ପାଇଁ ବନ୍ଦକରି ଦିଆଯାଇଥିଲା ଏବଂ ଓଡ଼ିଶାରେ ଲଟେରୀ ଚିର-ଅବସାନ ଘଟିଥିଲା। ଷ୍ଟାଡ଼ିୟମର ପ୍ରତିଷ୍ଠା କ୍ଷେତ୍ରରେ ଏହି ଲଟେରୀ ଯେ ଏକ ଗୁରୁତ୍ୱପୂର୍ଣ୍ଣ ଭୂମିକା ଗ୍ରହଣ କରିଥିଲା, ଏହା ନିଃସନ୍ଦେହରେ କୁହାଯାଇପାରେ।

ଗତ ୧୯୬୮ ମସିହା ନଭେମ୍ବର ୨୪ ତାରିଖରେ ବାରବାଟୀ ରାଫଲ୍ କମିଟି ତରଫରୁ ଅନୁଷ୍ଠିତ ଏକ ଉତ୍ସବରେ ମୁଁ ମୁଖ୍ୟ ଅତିଥି ଭାବରେ ଯୋଗଦାନ କରିବାର ସୁଯୋଗ ପାଇଥିଲି। ସେତେବେଳେ ଅନ୍ୟ ଯେଉଁ ବିଶିଷ୍ଟ ବ୍ୟକ୍ତିମାନେ ସେ ସଭାରେ ଯୋଗଦାନ କରିଥିଲେ, ସେମାନଙ୍କ ମଧ୍ୟରେ ଓଡ଼ିଶାର ପୂର୍ବତନ ଯୋଗାଣ ଓ ସଂସ୍କୃତି ମନ୍ତ୍ରୀ ଶ୍ରୀଯୁକ୍ତ ନିତ୍ୟାନନ୍ଦ ମହାପାତ୍ର ତତ୍କାଳୀନ ମୁଖ୍ୟ ଶାସନ ସଚିବ ନୀଳମଣି ସେନାପତି I.C.S., ପୂର୍ବତନ ଜିଲ୍ଲାପାଳ ମନୀନ୍ଦ୍ର ନାଥ ଗୁହ, ଆଇ.ଏ.ଏସ୍., ଅବସରପ୍ରାପ୍ତ I.P.S., ମହେନ୍ଦ୍ର କୁମାର ଦାସ, ଦୁର୍ଗା ପ୍ରସାଦ ତ୍ରିପାଠୀ, I.A.S., ଲଳିତ କୁମାର ଦାସଗୁପ୍ତା

ଆଡ୍‌ଭୋକେଟ୍, ତତ୍କାଳୀନ ସ୍ୱାସ୍ଥ୍ୟମନ୍ତ୍ରୀ ଏନ୍. ରାମଶେଷାୟ । ଶିକ୍ଷାବିତ୍ ପ୍ରଫେସର ବାମାଚରଣ ଦାସ, ସମାଜସେବୀ ରୁଦ୍ରଚରଣ ମହାନ୍ତି ଆଡ୍‌ଭୋକେଟ୍, ପୂର୍ବତନ ଆଇ.ଜି. ରାମକୃଷ୍ଣ ପାଢ଼ୀ, ଅବସରପ୍ରାପ୍ତ ଆଇ.ପି.ଏସ୍. ଶ୍ରୀପତି ନନ୍ଦ, ବି.ଏମ୍. ପାଢ଼ୀ ଆଇ.ଏ.ଏସ୍., ଏବଂ ଅବୈତନିକ ସମ୍ପାଦକ ଭୈରବ ଚନ୍ଦ୍ର ମହାନ୍ତିଙ୍କ ନାମ ଉଲ୍ଲେଖଯୋଗ୍ୟ । ଉକ୍ତ ଉତ୍ସବର ଫଟୋ ଏଥିରେ ପ୍ରକାଶ ପାଇଛି ।

ଜଣେ ଉଚ୍ଚକୋଟୀର କ୍ରୀଡ଼ାପ୍ରେମୀ ଭାବରେ ଓଡ଼ିଶାରେ କ୍ରୀଡ଼ାର ପ୍ରସାର କ୍ଷେତ୍ରରେ ଭୈରବ ବାବୁଙ୍କ ଅବଦାନ ଚିରସ୍ମରଣୀୟ । ସମାଜସେବା ପ୍ରତି ମଧ୍ୟ ତାଙ୍କର ବିଶେଷ ଆଗ୍ରହ ଥିଲା । ସେ ଓଡ଼ିଶା ବିଧାନସଭାକୁ ନିର୍ବାଚିତ ହୋଇ କିଛି ଦିନ ପାଇଁ ଉପମନ୍ତ୍ରୀ ହୋଇଥିଲେ । ସେ ରାଜ୍ୟ ସଭାର ଜଣେ ସଦସ୍ୟ ମଧ୍ୟ ଥିଲେ । ଏହା ବ୍ୟତୀତର ଦୈନିକ 'ପ୍ରଜାତନ୍ତ୍ର' ଓ ଇଂରାଜୀ ଦୈନିକ "ଇଷ୍ଟର୍ଣ୍ଣ ଟାଇମସ୍'ର ସହ-ସମ୍ପାଦକ ଭାବରେ ତାଙ୍କର ଖ୍ୟାତି ଥିଲା ।

ଏବେ କାଳକ୍ରମେ ସମଗ୍ର ବିଶ୍ୱରେ କ୍ରୀଡ଼ାର ଦୃଢ଼ ପ୍ରସାର ଘଟୁଥିବା ଆନନ୍ଦର ବିଷୟ । ବିଶେଷ ଭାବେ କ୍ରିକେଟ୍ ଖେଳ ବର୍ତ୍ତମାନ ଅତ୍ୟନ୍ତ ଲୋକପ୍ରିୟତା ଅର୍ଜନ କରିଛି । କ୍ରିକେଟ୍ କଣ୍ଟ୍ରୋଲ୍ ବୋର୍ଡ଼ର ଉପସଭାପତି ଭାବେ ଭୈରବ ବାବୁ ଉକ୍ତ କ୍ରୀଡ଼ାର ବିକାଶ ପାଇଁ ନିଜେ ଆନ୍ତରିକତାର ସହିତ ବହୁତ ଉଦ୍ୟମ କରିଥିଲେ । ଓଡ଼ିଶାରେ ବାରବାଟୀ ଷ୍ଟାଡ଼ିୟମ୍‌ର ସ୍ମୃତି ସହିତ ସ୍ୱର୍ଗତ ଭୈରବ ଚନ୍ଦ୍ର ମହାନ୍ତିଙ୍କ ସ୍ମୃତି ଯେ ସତତ ଜଡ଼ିତ ହୋଇ ରହିବ, ଏଥିରେ ସନ୍ଦେହ ନାହିଁ ।

ସତ୍ୟବ୍ରତ ଷ୍ଟାଡ଼ିୟମ୍—ସତ୍ୟବ୍ରତ ପଟ୍ଟନାୟକ

କଟକର ଚାନ୍ଦିନୀଚୌକ୍‌ଠାରେ ଅବସ୍ଥାନ କରୁଥିବା ଆଇନଜୀବୀ ସ୍ୱର୍ଗତ ସତ୍ୟବ୍ରତ ପଟ୍ଟନାୟକଙ୍କ ସ୍ମୃତିରେ କଟକ-ବାରବାଟୀ ଦୁର୍ଗ ପରିସର ମଧ୍ୟରେ ସତ୍ୟବ୍ରତ ଷ୍ଟାଡ଼ିୟମ୍ ପ୍ରତିଷ୍ଠିତ ହୋଇଅଛି । ଏବେ ଏହି ପରିସର ମଧ୍ୟରେ ଅତ୍ୟାଧୁନିକ ଜବାହରଲାଲ ନେହରୁ ଇନ୍‌ଡ଼ୋର୍ ଷ୍ଟାଡ଼ିୟମ୍ ପ୍ରତିଷ୍ଠା କରାଯାଇଅଛି ।

ସ୍ୱର୍ଗର ପଟ୍ଟନାୟକ ଜଣେ ବିଶିଷ୍ଟ ଶିକ୍ଷାବିତ୍ ଥିଲେ । ଓଡ଼ିଶାରେ କ୍ରୀଡ଼ାର ବିକାଶ ପାଇଁ ତାଙ୍କର ଯଥେଷ୍ଟ ଅବଦାନ ରହିଛି ।

କଳାବିକାଶ କେନ୍ଦ୍ର—ବାବୁଲାଲ ଦୋଶୀ

ଓଡ଼ିଶାର ନୃତ୍ୟ, ସଙ୍ଗୀତ ଓ ନାଟକ ପ୍ରଭୃତିର ବିକାଶ ସମ୍ପର୍କରେ ସମ୍ୟକ୍

ଆଲୋଚନା କଲାବେଳେ ବାବୁଲାଲ୍ ଦୋଶୀଙ୍କ ସ୍ମୃତି ସ୍ୱତଃ ଆମ୍ଭମାନଙ୍କ ମନରେ ଜାଗରିତ ହୁଏ। ବାପୁଜୀଙ୍କ ଜନ୍ମସ୍ଥାନ ସୁଦୂର ଗୁଜୁରାଟରୁ ଆସିଥିବା ସ୍ୱର୍ଗତ ଦୋଶୀ ଓଡ଼ିଶାକୁ ଆପଣାର କର୍ମକ୍ଷେତ୍ର ଭାବରେ ଆଦରି ନେଇ, ଏହାର ସାଂସ୍କୃତିକ ବିକାଶ ଦିଗରେ ଯେଉଁ ଦିଗ୍‌ଦର୍ଶନ ତଥା ମହନୀୟ ପରମ୍ପରାଗତ ଅବଦାନ ଦେଇ ଯାଇଛନ୍ତି, ତାକୁ କଳାପ୍ରେମୀ ଓଡ଼ିଆ ପୁଅ ସେ କେବେହେଲେ ପାଶୋରି ଦେଇ ପାରିବ ନାହିଁ, ଏହା ସ୍ୱତଃସିଦ୍ଧ।

ବାବୁଲାଲ୍ ଦୋଶୀ, ବାଲିକୁଦାର ପୂର୍ବତନ ବିଧାୟକ ଶ୍ରୀଯୁକ୍ତ ବୈକୁଣ୍ଠ ନାଥ ମହାନ୍ତି, ଶ୍ରୀଯୁକ୍ତ ଶାରଦା ପ୍ରସନ୍ନ ପଟ୍ଟନାୟକ ପ୍ରମୁଖଙ୍କ ଉଦ୍ୟମରେ ୧୯୪୭ ମସିହାରେ ପ୍ରତିଷ୍ଠିତ 'ଜନ-ସଂସ୍କୃତି-ସଂଘ' ବହୁ ପରିବର୍ତ୍ତିତ ଅବସ୍ଥାରେ ଏବେ 'କଳାବିକାଶ କେନ୍ଦ୍ର' ରୂପେ କଟକ ସହରରେ ପ୍ରସିଦ୍ଧି ଲାଭ କରିଛି। ୧୯୫୨ ମସିହା ଅଗଷ୍ଟ ୧୦ ତାରିଖରେ ଏହା ଏକ ବିଧିବଦ୍ଧ ଅନୁଷ୍ଠାନରେ ପରିଣତ ହୋଇଥିଲା। ବିଶ୍ୱବିଖ୍ୟାତ ବୈଜ୍ଞାନିକ ତଥା ଆମ ରାଜ୍ୟର ବିଶିଷ୍ଟ ଶିକ୍ଷାବିତ୍ ଡକ୍ଟର ପ୍ରାଣକୃଷ୍ଣ ପରିଜା, ଆଇ.ଇ.ଏସ୍, ଏହାର ପ୍ରଥମ ସଭାପତି ଭାବେ ଦାୟିତ୍ୱ ବହନ କରିଥିଲେ। ଦୀର୍ଘ ୩୫ ବର୍ଷରୁ ଅଧିକ କାଳଧରି ଉକ୍ତ 'କଳାବିକାଶ କେନ୍ଦ୍ର' ଅଗଣିତ କଳାପ୍ରେମୀଙ୍କୁ ନୃତ୍ୟ, ସଙ୍ଗୀତ ଓ ନାଟକ ପ୍ରଦର୍ଶନ କରି ଆନନ୍ଦ ଦେବା ସହିତ ଶିକ୍ଷାର୍ଥୀ ଓ ଶିକ୍ଷାର୍ଥିମାନଙ୍କୁ ଉଚ୍ଚକୋଟୀର ନୃତ୍ୟ, ସଙ୍ଗୀତ ଓ ନାଟ୍ୟକଳା ଶିକ୍ଷା ଦେବାରେ, ଏବଂ ଏହାର ଗବେଷଣା ତଥା ସମ୍ପ୍ରସାରଣ ଦିଗରେ ଯେପରି କାର୍ଯ୍ୟ କରି ଆସିଛି, ତାହା ବାସ୍ତବିକ୍ ପ୍ରଣିଧାନଯୋଗ୍ୟ। କଟକର ପ୍ରସିଦ୍ଧ ଅନ୍ନପୂର୍ଣ୍ଣା ଥିଏଟର, ଜନତା ରଙ୍ଗମଞ୍ଚ ଓ କଳାଶ୍ରୀ ଥିଏଟର ପ୍ରଭୃତି ପୃଷ୍ଠପୋଷକତା ଅଭାବରୁ ନିଶ୍ଚିହ୍ନ ହୋଇ ଯାଇଥିବା ବେଳେ, ବାବୁଲାଲ୍ ଦୋଶୀଙ୍କ ବଡ଼ ଆୟାସ-ସୃଷ୍ଟି 'କଳା-ବିକାଶ ସ୍ଥାୟୀ ରଙ୍ଗମଞ୍ଚ ପ୍ରତିଷ୍ଠିତ ହୋଇଥିବା ଅତ୍ୟନ୍ତ ଗୌରବର ବିଷୟ। ଏହି ଅନୁଷ୍ଠାନର ପ୍ରତିଷ୍ଠା ଓ ପରିଚାଳନାରେ ନିଷ୍ଠାର ସହ ଜଷ୍ଟିସ୍ ହରିହର ମହାପାତ୍ର, ଡକ୍ଟର ସଦାଶିବ ମିଶ୍ର, ପ୍ରଫେସର ବାମାଚରଣ ଦାସ, ହିନ୍ଦ୍ ସେବକ ସଂଘର ସଭାପତି ଶ୍ରୀଯୁକ୍ତ ଶ୍ୟାମସୁନ୍ଦର ମିଶ୍ର ପ୍ରମୁଖ ମୁଖ୍ୟ ଭୂମିକା ଗ୍ରହଣ କରିଥିଲେ।

କଳାବିକାଶ କେନ୍ଦ୍ରର ବିଭିନ୍ନ ସମସ୍ୟା ସମ୍ପର୍କରେ ମୋ' ସହିତ ଆଲୋଚନା କରିବାକୁ ସ୍ୱର୍ଗତ ଦୋଶୀ ଅନେକ ସମୟରେ ମୋ' ନିକଟକୁ ଆସନ୍ତି। ମୁଁ ମଧ୍ୟ ଆବଶ୍ୟକତା ଅନୁଯାୟୀ ସହାୟତା କରିଛି। କେତେଥର କଳାବିକାଶ କେନ୍ଦ୍ରର ସାଂସ୍କୃତିକ ଉତ୍ସବମାନଙ୍କରେ ଯୋଗଦାନ କରିବାର ସୁଯୋଗ ଲାଭ କରିଛି। ମଣିଷ

ପରି ମଣିଷଟିଏ ଥିଲେ ବାବୁଲାଲ ଦୋଶୀ। କୌଣସି ଭେଦଭାବ ତାଙ୍କର ନ ଥିଲା। ସେ ଥିଲେ ଜଣେ ସଚ୍ଚା କର୍ମୀ ଓ ନୀରବ ସାଧକ। ତାଙ୍କ ମୃତ୍ୟୁରେ ଆମ୍ଭେମାନେ ଜଣେ କୃଷ୍ଣ ସଙ୍ଗଠକଙ୍କୁ ହରାଇଲୁ।

ସାରଳା ସାହିତ୍ୟ ସଂସଦ ଇଞ୍ଜିନିୟର ପ୍ରଭାକର ସ୍ୱାଇଁ

ଇଞ୍ଜିନୟର ଶ୍ରୀ ପ୍ରଭାକର ସ୍ୱାଇଁ ମୋର ଜଣେ ଅତ୍ୟନ୍ତ ଶ୍ରଦ୍ଧାସ୍ପଦ ବ୍ୟକ୍ତି। ସେ ସାରଳା ସାହିତ୍ୟ ସଂସଦର ପ୍ରତିଷ୍ଠାତା ସମ୍ପାଦକ। ତାଙ୍କର ଏକନିଷ୍ଠ ଉଦ୍ୟମ, ଗଭୀର ନିଷ୍ଠା, ସାଧନା ଫଳରେ ସାରଳା ସାହିତ୍ୟ ସମ୍ବନ୍ଧୀୟ 'ସାରଳା ସାହିତ୍ୟ ସମୀକ୍ଷା', 'ସାରଳା ମହାଭାରତ : ଚରିତ୍ରର ଚିତ୍ରଶାଳା', 'ମହାଭାରତର ପଟ୍ଟଭୂମି : ବ୍ୟାସଦେବ ଓ ସାରଳା ଦାସ', 'ଆଦିକବି ସ୍ମରଣିକା', 'ସାରଳା ସୃଷ୍ଟିରେ ଦିଗଦିଗନ୍ତ' ପ୍ରଭୃତି ଆଲୋଚନାମୂଳକ ପୁସ୍ତକ ପ୍ରକାଶ ପାଇଛି। ଶାରଳା ମହାଭାରତର ମୂଳ କାହାଣୀଗୁଡ଼ିକର ଆଧୁନିକ ଗଳ୍ପରୂପ, 'ଶାରଳା ମହାଭାରତର ଆଖ୍ୟାନ', 'ସାରୋଳ ମହାଭାରତ', 'ସାରଳା କଥା କାନନ', 'ସାରଳା କଥା କଲ୍ଲୋଳ' ପ୍ରଭୃତି ବହୁ ଉପାଦେୟ ପୁସ୍ତକ ପ୍ରକାଶିତ ହୋଇଛି। ସାରଳା ସାହିତ୍ୟକୁ ଜାତୀୟ ଓ ଆନ୍ତର୍ଜାତିକ ସ୍ତରରେ ପରିଚିତ କରାଇବା ପାଇଁ 'ସାରଳା ଦାସ କଥା ସାଗର' (ହିନ୍ଦୀ) 'Stories from Sarala's Mahabharat ଶୀର୍ଷକ ଇଂରାଜୀ ପୁସ୍ତକଦ୍ୱୟ ପ୍ରକାଶ ପାଇବାରେ ତାଙ୍କର ଉଦ୍ୟମ ବାସ୍ତବରେ ଅତୀବ ପ୍ରଶଂସନୀୟ। ଏତଦ୍‌ବ୍ୟତୀତ ତାଙ୍କ ଦ୍ୱାରା ଲିଖିତ 'ଉତ୍କଳ ବ୍ୟାସ ସାରଳା ଦାସ' ଓ 'ଯଦା ଯଦାହି ଧର୍ମସ୍ୟ ଗ୍ରନ୍ଥଦ୍ୱୟ ଓଡ଼ିଆ ସାହିତ୍ୟର ଦୁଇଟି ଉପାଦେୟ ଗ୍ରନ୍ଥ। ଉପରୋକ୍ତ ପୁସ୍ତକମାନଙ୍କ ମଧ୍ୟରୁ 'ସାରୋଳ କଥା ସରିତ', 'ସାରଳା କଥା କାନନ', 'ସାରଳା ସୃଷ୍ଟିର ଦିଗଦିଗନ୍ତ', 'ସାରଳା ଦାସ କଥା ସାଗର' (ହିନ୍ଦୀ), 'Stories from Sarala's Mahabharat (English)' ପ୍ରଭୃତି ପୁସ୍ତକର ମୁଖବନ୍ଧ ମୋ ଦ୍ୱାରା ଲିଖିତ। ଏହି ଅନୁଷ୍ଠାନ ଓ ଶ୍ରୀ ସ୍ୱାଇଁଙ୍କ ସହିତ ମୁଁ ଏକାନ୍ତଭାବେ ଜଡ଼ିତ ଥିଲା। ସାରଳା ସାହିତ୍ୟ ସଂସଦ ସହିତ ଜଷ୍ଟିସ ରାଧାଚରଣ ପଟ୍ଟନାୟକ ଓତପ୍ରୋତ ଭାବେ ଜଡ଼ିତ। ସେ ଏହି ଅନୁଷ୍ଠାନର ମୁଖ୍ୟ ଉପଦେଷ୍ଟା। ବିଭିନ୍ନ କାର୍ଯ୍ୟକ୍ରମକୁ କାର୍ଯ୍ୟକାରୀ କରିବାରେ ପ୍ରମୁଖ ଅଂଶ ଗ୍ରହଣ କରିଛନ୍ତି। ପୂର୍ବତନ ମନ୍ତ୍ରୀ ତଥା ବର୍ତ୍ତମାନ ଓଡ଼ିଶା ବିଧାନସଭାର ବିରୋଧୀଦଳର ନେତା ଶ୍ରୀ ବସନ୍ତ କୁମାର ବିଶ୍ୱାଳ ମଧ୍ୟ ଏହି ଅନୁଷ୍ଠାନର ପ୍ରମୁଖ କର୍ତ୍ତା ଭାବେ ଏବେ ସୁଦ୍ଧା କାର୍ଯ୍ୟ କରୁଛନ୍ତି।

ଶିଶୁ ଅନନ୍ତ ପ୍ରଗତି ସଂଘ, ବାଲିପାଟଣା

ମୋ ଜନ୍ମସ୍ଥାନ ବାଗଲପୁରକୁ ଲାଗି ତୁରିନ୍ତୁରା ଗ୍ରାମ ଅବସ୍ଥିତ। ଏହି ଗ୍ରାମର ତଥା ବାଲିପାଟଣା ଥାନା ଅନ୍ତର୍ଗତ ବିଭିନ୍ନ ଅଞ୍ଚଳର ଉତ୍ସାହୀ ଯୁବକ ବନ୍ଧୁମାନେ "ଶିଶୁ ଅନନ୍ତ ପ୍ରଗତି ସଂଘ" ନାମରେ ଏକ ସାଂସ୍କୃତିକ ଅନୁଷ୍ଠାନ ଗଠନ କରିଥିଲେ। ଏହି ଅନୁଷ୍ଠାନ ବର୍ଷର ବିଭିନ୍ନ ସମୟରେ ନାନା ସାଂସ୍କୃତିକ କାର୍ଯ୍ୟକ୍ରମ ପରିବେଷଣ କରିବା ସହିତ କେତେକ ଗ୍ରାମ-ଉନ୍ନୟନ ଓ ଉନ୍ନତିମୂଳକ କାର୍ଯ୍ୟକ୍ରମ ମଧ୍ୟ ପରିଚାଳନା କରୁଥିଲେ। ତୁରିନ୍ତୁରା ଗ୍ରାମରେ ଉକ୍ତ ଅନୁଷ୍ଠାନ ଉଦ୍ୟମରେ ମୋ ବାପାଙ୍କ ସ୍ମୃତିରକ୍ଷା ଉଦ୍ଦେଶ୍ୟରେ "ବାଞ୍ଛାନିଧି ମଧ୍ୟ ଇଂରାଜୀ ବିଦ୍ୟାଳୟ" ନାମରେ ଏକ ଶିକ୍ଷାନୁଷ୍ଠାନ ପ୍ରତିଷ୍ଠିତ ହୋଇଛି।

ଏହି "ଶିଶୁ ଅନନ୍ତ ପ୍ରଗତି ସଂଘ"ର ବିଭିନ୍ନ ଉତ୍ସବରେ ଆମ ରାଜ୍ୟ ତଥା ଦେଶର ବହୁ ମାନ୍ୟଗଣ୍ୟ ବ୍ୟକ୍ତି ଯୋଗଦାନ କରି ଉଦ୍ୟୋକ୍ତାମାନଙ୍କୁ ଉତ୍ସାହିତ କରିବା ସଙ୍ଗେ ସଙ୍ଗେ ଉନ୍ନୟନମୂଳକ କାର୍ଯ୍ୟକ୍ରମମାନଙ୍କରେ ଆବଶ୍ୟକୀୟ ସହଯୋଗ ପ୍ରଦାନ କରୁଥିଲେ। ଏପରିକି ରାଜ୍ୟର ବହୁ ବିଶିଷ୍ଟ ବ୍ୟକ୍ତି ବିଭିନ୍ନ ଭାବରେ ସଂପୃକ୍ତ ଥିଲେ। ମୁଁ ମଧ୍ୟ ବ୍ୟକ୍ତିଗତ ଭାବେ ପ୍ରଥମରୁ ଏହି ଅନୁଷ୍ଠାନ ସହିତ ସଂପୃକ୍ତ ଥିଲି ଏବଂ ଉଦ୍ୟୋକ୍ତାମାନଙ୍କୁ ବିଭିନ୍ନ କାର୍ଯ୍ୟକ୍ରମ ପରିଚାଳନା କ୍ଷେତ୍ରରେ ବରାବର ସକ୍ରିୟ ସହଯୋଗ ଓ ଯଥାସମ୍ଭବ ସାହାଯ୍ୟ କରିଥିଲି। ସେ ଅଞ୍ଚଳର ଜଣେ ଉଦୀୟମାନ ଯୁବକ ଶ୍ରୀ ରତିକାନ୍ତ ମହାନ୍ତି ଥିଲେ ଏହାର ସମ୍ପାଦକ। ବର୍ତ୍ତମାନ ଏହା ଏକ ସ୍ୱନାମଧନ୍ୟ ସାଂସ୍କୃତିକ ଅନୁଷ୍ଠାନରେ ପରିଣତ ହୋଇଅଛି।

ଶିଶୁ ଅନନ୍ତ ପ୍ରଗତି ସଭାର ପ୍ରଥମ ବାର୍ଷିକ ଉତ୍ସବ ଓ ଦ୍ୱିତୀୟ ବାର୍ଷିକ ଉତ୍ସବରେ ଯୋଗଦାନ କରିବା ସୁଯୋଗ ମୋତେ ମିଳିଥିଲା। ଉକ୍ତ ଦୁଇଟି ଉତ୍ସବ ସମ୍ବନ୍ଧରେ କିଛି କିଛି ସୂଚନା ପ୍ରଦାନ କରିବା ଉଚିତ ମନେ କରୁଛି।

ପ୍ରଥମ ବାର୍ଷିକ ଉତ୍ସବ

ଶିଶୁ ଅନନ୍ତ ପ୍ରଗଣା ସଂଘର ପ୍ରଥମ ବାର୍ଷିକ ଉତ୍ସବ ବାଲିପାଟଣାଠାରେ ଅନୁଷ୍ଠିତ ହୋଇଥିଲା। ସେହି ଉତ୍ସବରେ ସଭାପତିତ୍ୱ କରିବାର ସୁଯୋଗ ମୋତେ ମିଳିଥିଲା। ଅନ୍ୟମାନଙ୍କ ମଧ୍ୟରେ ଓଡ଼ିଶାର ତତ୍କାଳୀନ ରାଜ୍ୟପାଳ ଶ୍ରୀଯୁକ୍ତ ବି.ଡ଼ି. ଜତ୍ତି ଉକ୍ତ ଉତ୍ସବର ଉଦ୍‌ଘାଟକ, ଓଡ଼ିଶାର ଭୂତପୂର୍ବ ମୁଖ୍ୟ ଶାସନ ସଚିବ ସ୍ୱର୍ଗତ ନୀଳମଣି ସେନାପତି, ଆଇ.ସି.ଏସ୍. ପ୍ରଧାନ ଅତିଥି ଭାବେ ଯୋଗଦାନ କରିଥିଲେ। ଏହା

ବ୍ୟତୀତ ଅନ୍ୟାନ୍ୟ ବହୁ ବିଶିଷ୍ଟ ବ୍ୟକ୍ତି, ତଥା ବହୁ ଉଚ୍ଚପଦସ୍ଥ ସରକାରୀ କର୍ମଚାରୀଙ୍କ ସମେତ ବାଲିପାଟଣା ପଞ୍ଚାୟତ ସମିତିର ବହୁ ସଂଖ୍ୟକ ସଂସ୍କୃତି ପ୍ରେମୀ ଜନସାଧାରଣ ଉତ୍ସବରେ ଯୋଗଦାନ କରିଥିଲେ। ଅନୁଷ୍ଠାନ ଆନୁକୂଲ୍ୟରେ ବିଭିନ୍ନ ସାଂସ୍କୃତିକ ପ୍ରତିଯୋଗିତାର କୃତୀ ପ୍ରତିଯୋଗୀମାନଙ୍କୁ ପୁରସ୍କାର ପ୍ରଦାନ କରାଯାଇଥିଲା। ଏହି ପ୍ରତିଯୋଗିତାରେ ମୁଖ୍ୟତଃ ବହୁ ସଂଖ୍ୟକ ଯୁବକ ସଂଘ ଓ ମହିଳାସମିତି ଯୋଗ ଦେଇଥିଲେ।

ଦ୍ୱିତୀୟ ବାର୍ଷିକ ଉତ୍ସବ

ତା ୫-୧-୧୯୭୫ ରିଖରେ ବାଲିପାଟଣାଠାରେ ଉକ୍ତ ପ୍ରଗତି ସଂଘର ଦ୍ୱିତୀୟ ବାର୍ଷିକ ଉତ୍ସବ ଅନୁଷ୍ଠିତ ହୋଇଥିଲା। ଏଥିରେ ସମ୍ମାନନୀୟ ଅତିଥି ଭାବେ ଯୋଗଦେବାର ସୁଯୋଗ ମୋତେ ମିଳିଥିଲା। ଅନ୍ୟମାନଙ୍କ ମଧ୍ୟରେ ଓଡ଼ିଶାର ତତ୍କାଳୀନ କୃଷି, ସମବାୟ, ପୂର୍ତ୍ତ ଓ ପରିବହନ ବିଭାଗ ମନ୍ତ୍ରୀ ଶ୍ରୀଯୁକ୍ତ ଲକ୍ଷ୍ମଣ ମଳିକ ମୁଖ୍ୟ ଅତିଥି ଭାବେ ଯୋଗଦାନ କରିଥିଲେ। ସଭାପତିତ୍ୱ କରିଥିଲେ ଏହି ଅନୁଷ୍ଠାନର ସଭାପତି ପଦ୍ମଭୂଷଣ ଶ୍ରୀଯୁକ୍ତ କାଳିନ୍ଦୀ ଚରଣ ପାଣିଗ୍ରାହୀ। ଏହି ଉତ୍ସବରେ ବିଭିନ୍ନ ସାଂସ୍କୃତିକ କାର୍ଯ୍ୟକ୍ରମ ସହିତ ବିଭିନ୍ନ ପ୍ରତିଯୋଗିତାର କୃତୀ ଛାତ୍ରଛାତ୍ରୀମାନଙ୍କୁ ପୁରସ୍କାର ବିତରଣ କରାଯାଇଥିଲା। ସଂଘର ଉଦ୍ୟୋକ୍ତାମାନେ ଏହି ଅଞ୍ଚଳର ବିଭିନ୍ନ ସମସ୍ୟା ସମ୍ପର୍କରେ ଆଲୋକପାତ କରିବା ସଙ୍ଗେ ସଙ୍ଗେ ଏହି କୃଷିପ୍ରଧାନ ଅଞ୍ଚଳରେ ଜଳସେଚନର କାର୍ଯ୍ୟକ୍ରମକୁ ତ୍ୱରାନ୍ୱିତ କରିବା ଓ ଗମନାଗମନର ସୁବିଧା କରାଯିବାକୁ ନିବେଦନ କରିଥିଲେ।

ପଞ୍ଚସଖାଙ୍କ ମଧ୍ୟରେ ଅନ୍ୟତମ ଶିଶୁ ଅନନ୍ତ ଦାସଙ୍କ ଜନ୍ମସ୍ଥାନ ଏହି ସ୍ଥାନରେ ଥିବା ହେତୁ ତାଙ୍କ ପବିତ୍ର ସ୍ମୃତିରକ୍ଷା ଉଦ୍ଦେଶ୍ୟରେ ଏଠାରେ ଏକ ଶିକ୍ଷାନୁଷ୍ଠାନ "ଶିଶୁ ଅନନ୍ତ ମହାବିଦ୍ୟାଳୟ" ପ୍ରତିଷ୍ଠିତ ହୋଇ ପାରିଥିବା ଆନନ୍ଦର ବିଷୟ।

ୟୁନିଭର୍ସ – ଗିରିଜାଭୂଷଣ ପଟ୍ଟନାୟକ

୧୯୭୬ ମସିହା ଫେବୃୟାରୀ ୨୦ ତାରିଖରେ ୟୁନିଭର୍ସ ପ୍ରତିଷ୍ଠା ଲାଭ କଲା। ଓଡ଼ିଶାର ସାଂସ୍କୃତିକ ଓ ସାମାଜିକ ବିକାଶ କ୍ଷେତ୍ରରେ ଏହା ନିରବଚ୍ଛିନ୍ନ ଭାବରେ କାର୍ଯ୍ୟ କରୁଛି। ୧୯୭୭ରେ ୟୁନିଭର୍ସ ଆନୁକୂଲ୍ୟରେ ବୌଦ୍ଧ ଓ ଜୈନ ଦର୍ଶନ ଉପରେ ଏକ ଆନ୍ତର୍ଜାତିକ ସମ୍ମିଳନୀ ଅନୁଷ୍ଠିତ ହୋଇଥିଲା। ଏହା ପରଠାରୁ ବିଭିନ୍ନ

ଭାଷାରେ ପ୍ରାୟ ଆଠଟି ଆନ୍ତର୍ଜାତିକ ସେମିନାର ଅନୁଷ୍ଠିତ ହେବା ସଙ୍ଗେ ସଙ୍ଗେ ଏଥିରେ ଆଲୋଚିତ ନିବନ୍ଧାବଳୀମାନଙ୍କର ସମ୍ପାଦନା କରାଯାଇ ଏପର୍ଯ୍ୟନ୍ତ ପ୍ରାୟ ୧୫ ଖଣ୍ଡ ପୁସ୍ତକ ପ୍ରକାଶିତ ହୋଇଛି । ସାଂସ୍କୃତିକ ଓ ବୌଦ୍ଧିକ ବିକାଶ ଲକ୍ଷ୍ୟ ନେଇ ଏଥିରେ ପ୍ରାୟ ପ୍ରତି ସପ୍ତାହରେ ଥରେ କୌଣସି ଏକ ଚଳନ୍ତି ବିଷୟ ବସ୍ତୁ ଉପରେ ଆଲୋଚନାଚକ୍ର ଅନୁଷ୍ଠିତ ହେଉଅଛି । ଆମ ଓଡ଼ିଶାର ବିଶିଷ୍ଟ ଶିକ୍ଷାବିତ୍‌ମାନଙ୍କ ସମେତ ଦେଶ ବିଦେଶର ବହୁ ବିଶିଷ୍ଟ ବ୍ୟକ୍ତି ଅନେକ ସମୟରେ ଉକ୍ତ ଅନୁଷ୍ଠାନରେ ଉଦ୍‌ବୋଧନ ଦେଇଥାନ୍ତି ।

ପ୍ରତିବର୍ଷ ଫେବୃୟାରୀ ମାସରେ ଉକ୍ତ ଅନୁଷ୍ଠାନ ତରଫରୁ ଏକ ରାଜ୍ୟସ୍ତରୀୟ ଶିଶୁମେଳା ଅନୁଷ୍ଠିତ କରାଯାଉଛି । ବିଭିନ୍ନ ସ୍କୁଲର ଛାତ୍ରଛାତ୍ରୀମାନେ ବହୁ ସଂଖ୍ୟାରେ ଉକ୍ତ କାର୍ଯ୍ୟକ୍ରମରେ ଅଂଶ ଗ୍ରହଣ କରୁଥିବା ଆନନ୍ଦର ବିଷୟ । ୟୁନିଭର୍ସ ଦ୍ୱାରା ଏକ ଲାଇବ୍ରେରୀ ମଧ୍ୟ ସଙ୍ଗଠିତ ହୋଇଛି । ଗବେଷଣା ପାଇଁ ଏହା ବିଶେଷ ଉପଯୋଗୀ । ଉକ୍ତ ଅନୁଷ୍ଠାନ ସାଂସ୍କୃତିକ କାର୍ଯ୍ୟକ୍ରମ ସହିତ କେତେକ ସାମାଜିକ ଓ ଜନକଲ୍ୟାଣ କାର୍ଯ୍ୟକ୍ରମ ମଧ୍ୟ ଗ୍ରହଣ କରିଅଛି ।

ପ୍ରତ୍ୟେକଟି ମଣିଷ ହୃଦୟରେ ସଂସ୍କୃତି ଓ ବନ୍ଧୁତ୍ୱ ଚେତନାକୁ ଜାଗରୂକ କରାଇବା ଉକ୍ତ ଅନୁଷ୍ଠାନର ଆଭିମୁଖ୍ୟ । ସବୁଦଳ, ମତ ଓ ଗୋଷ୍ଠୀର ଲୋକେ ଏହାର ସଭ୍ୟ । ବିଭିନ୍ନ କାର୍ଯ୍ୟକ୍ରମରେ ମୁଁ ମଧ୍ୟ କେତେବାର ଏହି ଅନୁଷ୍ଠାନକୁ ଯାଇଛି ।

ୟୁନିଭର୍ସର ପ୍ରତିଷ୍ଠା ପଛରେ ଗିରିଜା ଭୂଷଣ ପଟ୍ଟନାୟକଙ୍କ ଅବଦାନ ବିଶେଷ ଉଲ୍ଲେଖଯୋଗ୍ୟ । ଜଣେ କବି ଓ ଲେଖକ ଭାବରେ ତାଙ୍କର ପ୍ରତିଷ୍ଠା ଅଛି । ବିଶେଷକରି ଜଣେ ଦକ୍ଷ ସଙ୍ଗଠକ ଭାବରେ ସେ ସୁଖ୍ୟାତି ଅର୍ଜନ କରିଛନ୍ତି । ବିଭିନ୍ନ ସାଂସ୍କୃତିକ ତଥା ସେବାମୂଳକ କାର୍ଯ୍ୟକ୍ରମକୁ ସେ ନିଜ ଜୀବନର ବ୍ରତ ଭାବରେ ଗ୍ରହଣ କରି ଏଥି ନିମିତ୍ତ ଅତ୍ୟନ୍ତ ଆନ୍ତରିକତାର ସହିତ କାର୍ଯ୍ୟ କରୁଛନ୍ତି । ଜଣେ ସମାଜସେବୀ ଭାବରେ ମଧ୍ୟ ତାଙ୍କର ସୁନାମ ଅଛି । ତାଙ୍କ ପତ୍ନୀ ଡକ୍ଟର କମଳ କୁମାରୀ ପଟ୍ଟନାୟକଙ୍କ ସମ୍ପର୍କରେ ମୁଁ ପୂର୍ବରୁ ଆଲୋଚନା କରିଛି ।

ଜଣେ ଜଣେ ବ୍ୟକ୍ତିଙ୍କ ଏକନିଷ୍ଠ ଉଦ୍ୟମରେ ଯେ ଗୋଟିଏ ଗୋଟିଏ ବିରାଟ ଅନୁଷ୍ଠାନ ଗଢ଼ି ଉଠିପାରେ 'ୟୁନିଭର୍ସ' ହେଉଛି ତା'ର ଏକ ଉଦାହରଣ । ସେହିପରି ଅନ୍ୟ କେତୋଟି ଅନୁଷ୍ଠାନ ଓ ସେମାନଙ୍କର ପ୍ରାଣ-ପ୍ରତିଷ୍ଠାତାଙ୍କ ସମ୍ପର୍କରେ ମୁଁ ଏଥିରେ ଆଲୋଚନା କରିଛି ।

ପୋଲିସ ଜନତା ସମ୍ପର୍କ ଆଲୋଚନା ଚକ୍ର

୧୯୭୬ ମସିହା ମଇମାସ ୫ ଓ ୬ ତାରିଖ ଦୁଇଦିନଧରି କଟକର ବାରବାଟୀ ଷ୍ଟାଡ଼ିୟମ ଠାରେ ଓଡ଼ିଶା ପୋଲିସ ସଂସ୍ଥା ଆନୁକୂଲ୍ୟରେ ପୋଲିସ ଜନତା ସମ୍ପର୍କ ଉପରେ ଗୋଟିଏ ଆଲୋଚନା-ଚକ୍ର ଆୟୋଜିତ ହୋଇଥିଲା। ଏହାର ଦ୍ୱିତୀୟ ଦିବସ ତା ୬-୫-୭୬ ଆଲୋଚନା-ଚକ୍ରରେ ସ୍ୱନାମଧନ୍ୟ କବି ପଦ୍ମଭୂଷଣ କାଳନ୍ଦୀ ଚରଣ ପାଣିଗ୍ରାହୀ, ସମାଜ ସମ୍ପାଦକ ଡକ୍ଟର ରାଧାନାଥ ରଥ, ବିଶିଷ୍ଟ ଐତିହାସିକ (ଉତ୍କଳ ବିଶ୍ୱବିଦ୍ୟାଳୟର ପୂର୍ବତନ କୁଳପତି) ଡକ୍ଟର ମନ୍ମଥନାଥ ଦାସ, ଆଇନଜୀବୀ (ବର୍ତ୍ତମାନ ଓଡ଼ିଶା ହାଇକୋର୍ଟର ବିଚାରପତି) ଶ୍ରୀ ଲିଙ୍ଗରାଜ ରଥ, ବାରିଷ୍ଟର ବୀରେନ୍ଦ୍ର ମୋହନ ପଟ୍ଟନାୟକ, ତତ୍କାଳୀନ ବିଧାନସଭା ସଦସ୍ୟ ଶ୍ରୀ ଶ୍ରୀକାନ୍ତ ପଣ୍ଡା ଓ ଶ୍ରୀ ବାସୁଦେବ ମହାପାତ୍ର (ଓଡ଼ିଶାର ପୂର୍ବତନ ମନ୍ତ୍ରୀ)ଙ୍କ ସହିତ ମୁଁ ମଧ୍ୟ ଯୋଗଦାନ କରିବାର ସୁଯୋଗ ପାଇଥିଲି। ତତ୍କାଳୀନ ପୋଲିସ ଆଇ.ଜି. ଶ୍ରୀ ନରସିଂହ ସ୍ୱାଇଁଙ୍କ ପ୍ରତ୍ୟକ୍ଷ ତତ୍ତ୍ୱାବଧାନରେ ଉକ୍ତ ଆଲୋଚନା-ଚକ୍ର ଅନୁଷ୍ଠିତ ହୋଇଥିଲା। ଏଥିରେ ଅଂଶ ଗ୍ରହଣ କରିଥିବା ବିଶିଷ୍ଟ ବ୍ୟକ୍ତିମାନେ ଜନସାଧାରଣ ଓ ପୋଲିସ ବାହିନୀ ମଧ୍ୟରେ ସୁ-ସମ୍ପର୍କ ରକ୍ଷା କରାଯିବା ଉଚିତ ବୋଲି ମତାମତ ଦେଇ ଏ ସମ୍ପର୍କରେ ସୁଚିନ୍ତିତ ପରାମର୍ଶମାନ ଦେଇଥିଲେ।

ସ୍ୱାଗତିକା : ବରଦା ପ୍ରସନ୍ନ ପଟ୍ଟନାୟକ

କଟକରେ 'ସ୍ୱାଗତିକା' ନାମରେ ଏକ ଅନୁଷ୍ଠାନ ସୁପରିଚିତ ମାଜିଷ୍ଟ୍ରେଟ୍ ଶ୍ରୀଯୁକ୍ତ ବରଦା ପ୍ରସନ୍ନ ପଟ୍ଟନାୟକଙ୍କ ଉଦ୍ୟମରେ ୧୯୮୨ ମସିହାରେ ପ୍ରତିଷ୍ଠା କରିଛି। ଉକ୍ତ ଅନୁଷ୍ଠାନ ତରଫରୁ ବିଭିନ୍ନ ଭାଷାରେ ସର୍ବଭାରତୀୟ କବି ସମ୍ମିଳନୀ ପ୍ରତିବର୍ଷ ଡିସେମ୍ବର ମାସରେ ଅନୁଷ୍ଠିତ କରାଯାଇ କବିମାନଙ୍କୁ ସମ୍ବର୍ଦ୍ଧନା ଓ ମାନପତ୍ର ପ୍ରଦାନ କରାଯାଉଛି। ବିଭିନ୍ନ ଭାଷାଭାଷୀ କବିମାନଙ୍କ ମଧ୍ୟରେ ଐକ୍ୟସ୍ଥାପନ ଜରିଆରେ ଜାତୀୟ ସଂହତି ପ୍ରତିଷ୍ଠା କ୍ଷେତ୍ରରେ ଏହା ବିଶେଷ ସହାୟକ ହୋଇଛି।

ଉକ୍ତ ଅନୁଷ୍ଠାନର ଶୁଭ ଉଦ୍‌ଘାଟନ ନିମିତ୍ତ ଉଦ୍ୟୋକ୍ତାମାନେ ମୋତେ ନିବେଦନ କରିଥିଲେ। କିନ୍ତୁ ଅସୁସ୍ଥତାବଶତଃ ମୁଁ ଉକ୍ତ କାର୍ଯ୍ୟକ୍ରମରେ ଯୋଗଦାନ କରି ପାରିନଥିଲେ ମଧ୍ୟ ଉକ୍ତ କାର୍ଯ୍ୟକ୍ରମ ପ୍ରତି ମୋର ଶୁଭେଚ୍ଛା ପ୍ରଦାନ କରିଥିଲି। ଉକ୍ତ ଅନୁଷ୍ଠାନର କର୍ମକର୍ତ୍ତାମାନେ ଅନେକ ସମୟରେ ମୋ' ସହିତ ବିଭିନ୍ନ ବିଷୟରେ ପରାମର୍ଶ କରିବାକୁ ଆସିଥାନ୍ତି।

ମଣିମାଣିକ—ପରମାନନ୍ଦ ଅଧିକାରୀ

ଶ୍ରୀଯୁକ୍ତ ପରମାନନ୍ଦ ଅଧିକାରୀଙ୍କ ବ୍ୟକ୍ତିଗତ ଉଦ୍ୟମରେ 'ମଣିମାଣିକ' ଓ 'କଳାବିନୋଦ' ନାମକ ଦୁଇଟି ଅନୁଷ୍ଠାନ ଗଠିତ ହୋଇ ଶିଶୁମାନଙ୍କର ବୌଦ୍ଧିକ ବିକାଶ ଓ ସାହିତ୍ୟିକ ଚେତନାର ପ୍ରଚାର ଓ ପ୍ରସାର କ୍ଷେତ୍ରରେ ଉଲ୍ଲେଖନୀୟ ଭୂମିକା ଗ୍ରହଣ କରିଛନ୍ତି। ଓଡ଼ିଶାର ବହୁ ବିଶିଷ୍ଟ ବ୍ୟକ୍ତି ଉକ୍ତ ଅନୁଷ୍ଠାନ ସହ ସଂପୃକ୍ତ ଥିଲେ ମଧ୍ୟ ଶ୍ରଦ୍ଧେୟ ପରମାନନ୍ଦ ବାବୁଙ୍କ ଐକାନ୍ତିକ ଚେଷ୍ଟାରେ ହିଁ ଏହାର ସମସ୍ତ କାର୍ଯ୍ୟକ୍ରମ ପରିଚାଳିତ ହୋଇଥାଏ।

ଅଧିକାରଙ୍କ ଅଧିକାର ଓ ଅନୁରୋଧକୁ ଗୁରୁତ୍ୱ ଦେଇ କଟକସ୍ଥ ଶ୍ରୀରାମଚନ୍ଦ୍ର ଭବନ ଓ ଗଡ଼ଗଡ଼ିଆ ମହାଦେବଙ୍କ ପ୍ରାଙ୍ଗଣରେ ଅନୁଷ୍ଠିତ ହୋଇଥିବା କେତେକ କାର୍ଯ୍ୟକ୍ରମରେ ମୁଁ ଯୋଗଦାନ କରିଥିଲି। ୧୯୮୨ ମସିହା ନଭେମ୍ବର ୧୪ ତାରିଖ 'ଶିଶୁ-ଦିବସ" ଅବସରରେ ଶ୍ରୀଯୁକ୍ତ ପରମାନନ୍ଦ ଅଧିକାରୀଙ୍କ ଦ୍ୱାରା ସଙ୍କଳିତ "ମଣିମାଣିକ ବିଜ୍ଞାନ ଗଳ୍ପମାଳା"ର ଉଦ୍‌ଘାଟନ ଉତ୍ସବରେ ମୁଁ ଯୋଗଦାନ କରିଥିଲି। ମୋ ସହିତ ଯୋଗଦାନ କରିଥିବା ବିଶିଷ୍ଟ, ବ୍ୟକ୍ତିମାନଙ୍କ ମଧ୍ୟରେ ଓଡ଼ିଶା ହାଇକୋର୍ଟର ତତ୍କାଳୀନ ମୁଖ୍ୟ ବିଚାରପତି ଓ ବର୍ତ୍ତମାନ ସୁପ୍ରିମକୋର୍ଟର ପ୍ରଧାନ ବିଚାରପତି ଶ୍ରୀଯୁକ୍ତ ରଙ୍ଗନାଥ ମିଶ୍ର, କବି ପଦ୍ମଶ୍ରୀ କାଳିନ୍ଦୀ ଚରଣ ପାଣିଗ୍ରାହୀ, ପ୍ରଫେସର ଗୋକୁଳାନନ୍ଦ ମହାପାତ୍ର, ଶିଶୁ ସାହିତ୍ୟିକ ଶ୍ରୀ ଉଦୟନାଥ ଷଡ଼ଙ୍ଗୀ, ଶ୍ରୀ ଦୋଳଗୋବିନ୍ଦ ଶାସ୍ତ୍ରୀ, ପ୍ରଶାସକ ଶ୍ରୀଧର ବିଶ୍ୱାଳ ଓ ସ୍ୱର୍ଗତ ବିଚିତ୍ରାନନ୍ଦ କର ପ୍ରମୁଖଙ୍କ ନାମ ଉଲ୍ଲେଖଯୋଗ୍ୟ।

ଉକ୍ତ ଅନୁଷ୍ଠାନର ପରିଚାଳନା ସମ୍ପର୍କରେ ଶ୍ରୀ ଅଧିକାରୀ ଅନେକବାର ମୋ ସହିତ ଆଲୋଚନା କରିଛନ୍ତି। ଏ କ୍ଷେତ୍ରରେ ମୁଁ ମୋର ଯଥାସମ୍ଭବ ସହଯୋଗ କରିଛି। ବିଶେଷକରି ଶିଶୁମାନଙ୍କର ବୌଦ୍ଧିକ ବିକାଶ କ୍ଷେତ୍ରରେ ପରମାନନ୍ଦ ଯେଉଁ ଉଦ୍ୟମ ଚଳାଇ ରଖିଛନ୍ତି ତା'ର ସଫଳତା କ୍ଷେତ୍ରରେ ସବୁ ସ୍ତରରୁ ସହଯୋଗ ମିଳିବା ଉଚିତ।

ଜାତୀୟ ଚଳଚ୍ଚିତ୍ର ଓ ଦୂରଦର୍ଶନ ପ୍ରତିଷ୍ଠାନ–ରଣଧୀର ଦାସ

୧୯୮୭ ମସିହା ଏପ୍ରିଲ ୧୨ ତାରିଖ ସନ୍ଧ୍ୟାରେ ଜାତୀୟ ଚଳଚ୍ଚିତ୍ର ଓ ଦୂରଦର୍ଶନ ପ୍ରତିଷ୍ଠାନର ଉଦ୍‌ଘାଟନ ଉତ୍ସବ ଡଗରପଡ଼ା ସ୍ଥିତ ଶ୍ରୀ ରଣଧୀର ଦାସଙ୍କ 'ଜୀବନରଙ୍ଗ' ପରିସର ମଧ୍ୟରେ ଅନୁଷ୍ଠିତ ହୋଇଥିଲା। କଟକ ଦୂରଦର୍ଶନ କେନ୍ଦ୍ରର ନିର୍ଦ୍ଦେଶିକା ଶ୍ରୀମତୀ ବୀଣାଦେବୀ ଉକ୍ତ ଉତ୍ସବକୁ ଆନୁଷ୍ଠାନିକ ଭାବେ ଉଦ୍‌ଘାଟନ କରିଥିଲେ। ଉକ୍ତ ଉତ୍ସବରେ ମୁଁ ଅଧ୍ୟକ୍ଷତା କରିବାର ସୁଯୋଗ ପାଇଥିଲି। ଅନ୍ୟମାନଙ୍କ

ମଧ୍ୟରେ ବିଶିଷ୍ଟ ଚଳଚ୍ଚିତ୍ର ନିର୍ଦ୍ଦେଶକ ତଥା ଅଭିନେତା ଶ୍ରୀ ଶରତ ପୂଜାରୀ, ଶ୍ରୀମତୀ ପାର୍ବତୀ ଘୋଷ, ଶ୍ରୀ ଶାରଦା ପ୍ରସନ୍ନ ନାୟକ, ଶ୍ରୀ ରାଜେନ୍ଦ୍ର ନାରାୟଣ ଦାସ, ଶ୍ରୀ ବୃନ୍ଦାବନ ଚନ୍ଦ୍ର ରଥ ପ୍ରମୁଖ ବହୁ ବିଶିଷ୍ଟ ବ୍ୟକ୍ତି ଯୋଗଦାନ କରିଥିଲେ । ଶ୍ରୀ ରଣଧୀର ଦାସ ଓ ଶ୍ରୀମତୀ ବିଜୟିନୀ ଦାସ ବିଭିନ୍ନ କାର୍ଯ୍ୟକ୍ରମ ପରିଚାଳନା କରିଥିଲେ ।

ରଣଧୀର ଦାସ ନାଟକ ଓ ଚଳଚ୍ଚିତ୍ରର ପ୍ରସାର କ୍ଷେତ୍ରରେ ଦୀର୍ଘଦିନ ହେଲା ନିରବଚ୍ଛିନ୍ନ ଭାବରେ ଉଦ୍ୟମ ଚଳାଇ ରଖିଛନ୍ତି । ଚଳଚ୍ଚିତ୍ର ଉପରେ ସମ୍ପାଦନାରେ ପ୍ରକାଶ ପାଉଥିବା 'ଜୀବନରଙ୍ଗ' ସାଧାରଣରେ ବେଶ୍ ଆଦର ଲାଭ କରିଛି । କେବଳ ଜଣେ ଲେଖକ ହିସାବରେ ନୁହନ୍ତି, ବିଶିଷ୍ଟ ସଙ୍ଗଠକ ଭାବରେ ମଧ୍ୟ ତାଙ୍କର ସୁନାମ । ସେ ବିଭିନ୍ନ ସାଂସ୍କୃତିକ ଅନୁଷ୍ଠାନ ସହିତ ସଂପୃକ୍ତ । ତାଙ୍କର ପତ୍ନୀ ଶ୍ରୀମତୀ ବିଜୟିନୀ ଦାସ ଜଣେ ଔପନ୍ୟାସିକା ଭାବରେ ବେଶ୍ ସୁପରିଚିତା । ଆକାଶବାଣୀ ଓ ଦୂରଦର୍ଶନ ମାଧ୍ୟମରେ ମୁଁ ତାଙ୍କର ଅନେକ କୃତି ସହିତ ପରିଚିତ । ମୋର ନାତି ଅଧ୍ୟାପକ ତାପସ କୁମାର ମହାନ୍ତି, ରଣଧୀର ଦାସଙ୍କ ଭାଣିଜୀଙ୍କୁ ବିବାହ କରିବା ପରଠାରୁ ସେମାନଙ୍କ ସହିତ ଆମର ପାରିବାରିକ ସମ୍ପର୍କ ପାଇଅଛି ।

ଶୋଭନୀୟ ଆନ୍ଦୋଳନ ଓ କୁମାର ଭାଇ

ଲୋକମାନଙ୍କ ମନୋଭାବର ପରିବର୍ତ୍ତନ ଉଦ୍ଦେଶ୍ୟରେ ଶିକ୍ଷାପଦ୍ଧତି, ସାହିତ୍ୟ, ନାଟକ, କଳା, ରେଡ଼ିଓ, ଟେଲିଭିଜନ ଓ ଚଳଚ୍ଚିତ୍ର ଆଦି ଗଣ-ମାଧ୍ୟମଗୁଡ଼ିକର ସୁପରିବର୍ତ୍ତନ କରିବାକୁ ଅଶୋଭନୀୟତା ନିରୋଧ ଆନ୍ଦୋଳନ ଜରିଆରେ କୁମାର ଭାଇ ଯେଉଁ ଉଦ୍ୟମ ଆରମ୍ଭ କରିଛନ୍ତି, ତାହା ସ୍ୱାଗତ ଯୋଗ୍ୟ । ଉକ୍ତ ଅଶୋଭନୀୟତା ନିରୋଧ ଆନ୍ଦୋଳନର କେତେକ କାର୍ଯ୍ୟକ୍ରମରେ ମୁଁ ଯୋଗଦାନ କରିବାର ସୁଯୋଗ ପାଇଥିଲି । ବିଶେଷ କରି ତରୁଣ ଛାତ୍ରଛାତ୍ରୀଙ୍କ ହୃଦୟରେ ଉକ୍ତ ଶୋଭାମୟ ଚେତନାର ଜାଗରଣ ନିମିତ୍ତ କୁମାର ଭାଇ ଅତ୍ୟନ୍ତ ନିଷ୍ଠାର ସହିତ କାର୍ଯ୍ୟ କରୁଛନ୍ତି । ଏଥିପାଇଁ ତାଙ୍କରି ଉଦ୍ୟମରେ କଟକ ଜିଲ୍ଲାର ଉଦୟଗିରି ଠାରେ ପ୍ରତିଷ୍ଠିତ ଶୋଭାମୟ ଶିକ୍ଷାଶ୍ରମ ଏବେ ବେଶ୍ ସଫଳତାର ସହିତ କାର୍ଯ୍ୟ କରୁଥିଲାବେଳେ କଟକ ସହରର ବିଡ଼ାନାସୀଠାରେ ମଧ୍ୟ ଗତ କେତେ ବର୍ଷ ହେବ ଏକ ଶୋଭାମୟ ଶିକ୍ଷାଶ୍ରମ ପ୍ରତିଷ୍ଠିତ ହୋଇଛି ଏବଂ ଏଥିରେ କାର୍ଯ୍ୟ କରୁଥିବା କର୍ମଚାରୀମାନେ ଉତ୍ସର୍ଗୀକୃତ ଭାବରେ ସେମାନଙ୍କର କର୍ତ୍ତବ୍ୟ କରୁଛନ୍ତି । ଏତଦ୍‌ବ୍ୟତୀତ କୋଣାର୍କ ଓ ଘଟ ଗାଁ ପ୍ରଭୃତି କେତେକ ସ୍ଥାନରେ ଏହାର ଶାଖାମାନ ପ୍ରତିଷ୍ଠିତ ହୋଇ କାର୍ଯ୍ୟ କରୁଅଛି ।

ମୋର ବିଶିଷ୍ଟ ବନ୍ଧୁ ତଥା ବିଶିଷ୍ଟ ସମାଜସେବୀ ହିନ୍ଦ୍ ସେବକ ସଂଘର ସଭାପତି ଶ୍ରୀ ଶ୍ୟାମସୁନ୍ଦର ମିଶ୍ର, ପୂର୍ବତନ କୁଳପତି ଡକ୍ଟର ଦେବେନ୍ଦ୍ର ଚନ୍ଦ୍ର ମିଶ୍ର ଓ ଶ୍ରଦ୍ଧେୟ ଶୈଳେନ୍ ରାୟ ପ୍ରମୁଖ ବହୁ ବିଶିଷ୍ଟ ବ୍ୟକ୍ତି ଉକ୍ତ ଅନୁଷ୍ଠାନ ସହିତ ସଂପୃକ୍ତ।

ଉକ୍ତ ଅଶୋଭନୀୟ ନିରୋଧ ଆନ୍ଦୋଳନର ବିଭିନ୍ନ କାର୍ଯ୍ୟକ୍ରମ ପ୍ରତି ସରକାର ତଥା ଜନସାଧାରଣଙ୍କ ତରଫରୁ ଆବଶ୍ୟକୀୟ ସହଯୋଗ ମିଳିଲେ ଏହାର ମୁଖ୍ୟ ନିର୍ଦ୍ଦେଶକ କୁମାର ଭାଇ ଆରମ୍ଭ କରିଥିବା ଏକ ମହାନ ଲକ୍ଷ୍ୟ ସାଧିତ ହୋଇ ପାରନ୍ତା। ଏଥିରେ ସନ୍ଦେହ ନାହିଁ। ଏଥିପାଇଁ ସମ୍ମିଳନୀର ଉଦ୍ୟମ ହେବା ବାଞ୍ଛନୀୟ।

ଓଡ଼ିଶା ଫିଲ୍ମ ଆୱାର୍ଡ଼ କମିଟି

ଚଳଚ୍ଚିତ୍ର ନିର୍ମାତାମାନଙ୍କୁ ସବ୍‌ସିଡି ଦେଇ ଉଚ୍ଚମାନର ଫିଲ୍ମ ନିର୍ମାଣ କରିବା, ଚଳଚ୍ଚିତ୍ରର ପ୍ରଯୋଜନା, ନିର୍ଦ୍ଦେଶନା, ଅଭିନୟ ଏବଂ ସଙ୍ଗୀତ ତଥା ନୃତ୍ୟ ପରିଚାଳନା ପ୍ରଭୃତି କ୍ଷେତ୍ରରେ କୁଶଳ କଳାକାରମାନଙ୍କୁ ପୁରସ୍କୃତ କରିବା ପ୍ରଭୃତି ଲକ୍ଷ୍ୟ ନେଇ ଫିଲ୍ମ ଆୱାର୍ଡ କମିଟି ଗଠିତ ହୋଇଥିଲା। ତା'ର ମୁଖ୍ୟ କାର୍ଯ୍ୟାଳୟ କଟକରେ ଅବସ୍ଥିତ।

କିଛିବର୍ଷ ପାଇଁ ମୁଁ ଉକ୍ତ ପିଲ୍ମ ଆୱାର୍ଡ଼୍ କମିଟିର ଚେୟାରମ୍ୟାନ୍ ଭାବେ ଦାୟିତ୍ୱ ସମ୍ପାଦନ କରିଥିଲି। ଜଷ୍ଟିସ୍ ନବକିଶୋର ଦାସ, ଡକ୍ଟର ସଦାଶିବ ମିଶ୍ର, ବାରିଷ୍ଟର ଗୋବିନ୍ଦ ଦାସ, ଜ୍ଞାନପୀଠ ପୁରସ୍କାର ବିଜେତା ଶ୍ରୀଯୁକ୍ତ ଗୋପୀନାଥ ମହାନ୍ତି ଏହି କମିଟିର ସଭ୍ୟ ଏବଂ ତତ୍କାଳୀନ କଲଚରାଲ୍ ଆଫାୟାର୍ସର ନିର୍ଦ୍ଦେଶକ ଶ୍ରୀଯୁକ୍ତ ଜୟଦେବ ପାଢ଼ୀ, ଆଇ.ଏ.ଏସ୍ ଏହାର ସଭ୍ୟ-ସଂପାଦକ (Member-Secretary) ଥିଲେ। ଅନ୍ୟାନ୍ୟ କାର୍ଯ୍ୟକ୍ରମ ସହିତ ଉକ୍ତ ଅନୁଷ୍ଠାନ ତରଫରୁ ଯେଉଁ ବିଶିଷ୍ଟ କଳାକାରମାନଙ୍କୁ ଆୱାର୍ଡ ପ୍ରଦାନ କରାଯାଇଥିଲା, ସେମାନଙ୍କ ମଧ୍ୟରେ ସର୍ବଶ୍ରୀ ଧୀରେନ୍ଦ୍ର ନାଥ ବିଶ୍ୱାଳ, ପ୍ରଫୁଲ୍ଲ କର, ନିତାଇ ପାଲିତ, ଓ ରଘୁନାଥ ପାଣିଗ୍ରାହୀ ପ୍ରମୁଖଙ୍କ ନାମ ଉଲ୍ଲେଖଯୋଗ୍ୟ। ଏହା ବ୍ୟତୀତ ବିଭିନ୍ନ ସମୟରେ ଯେଉଁମାନଙ୍କୁ ଆୱାର୍ଡ ଦିଆଯାଇଥିଲା, ସେମାନଙ୍କ ମଧ୍ୟରୁ କେତେକଙ୍କ ନାମ ଉଲ୍ଲେଖ କରିବା ବୋଧହୁଏ ସମୀଚୀନ ହେବ। ଶ୍ରୀ ସାମୁଏଲ ସାହୁ (ବାବି) ରାଷ୍ଟ୍ରପତି ପୁରସ୍କାର ଲାଭ କରିବା ସହିତ 'ବନ୍ଧନ' ଚଳଚ୍ଚିତ୍ରରେ ଶ୍ରେଷ୍ଠ ଅଭିନେତା ବିଶିଷ୍ଟ ସଙ୍ଗୀତଜ୍ଞ ବାଳକୃଷ୍ଣ ଦାସ, ପ୍ରତିଷ୍ଠିତ ଚଳଚ୍ଚିତ୍ର ପ୍ରଯୋଜିକା ଓ ଅଭିନେତ୍ରୀ ପାର୍ବତୀ ଘୋଷ, ଗଞ୍ଜାମର କବିରାଜ କୃଷ୍ଣଚନ୍ଦ୍ର ତ୍ରିପାଠୀ ଓ ପ୍ରଖ୍ୟାତ ନିର୍ଦ୍ଦେଶକ ତଥା ଅଭିନେତା ଗୋବିନ୍ଦ ତେଜ (ଏହି ଚାରିଜଣ ଜୟଦେବ ଆୱାର୍ଡ ପ୍ରାପ୍ତ); ଏବଂ ଚଳଚ୍ଚିତ୍ରରେ ବିଭିନ୍ନ କ୍ଷେତ୍ରରେ ପାରଦର୍ଶିତା ଲାଭକରିଥିବା ସର୍ବଶ୍ରୀ ପ୍ରିୟନାଥ ମିଶ୍ର

'କା' ଚଳଚ୍ଚିତ୍ରର ଏକଶତ ରଜନୀ ଉତ୍ସବ

ବାମରୁ ଡାହାଣ – ଔପନ୍ୟାସିକ କାହ୍ନୁଚରଣ ମହାନ୍ତି, ସାହିତ୍ୟିକ କାଳିନ୍ଦୀ ଚରଣ ପାଣିଗ୍ରାହୀ, ଡକ୍ଟର ସଦାଶିବ ମିଶ୍ର, ସମାଜ ସଂପାଦକ ଡକ୍ଟର ରାଧାନାଥ ରଥ, ଅଧ୍ୟାପକ ରାଜକିଶୋର ରାୟ ପ୍ରମୁଖ।

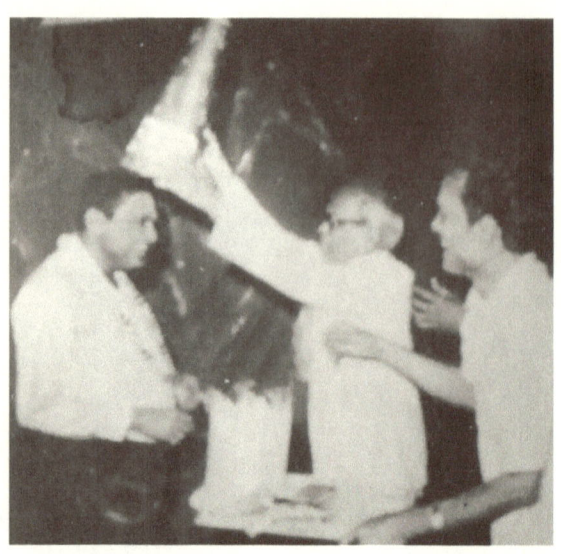

ଆକାଶବାଣୀ କଳାକାର ସଂଘ ଆନୁକୂଲ୍ୟରେ ଅନୁଷ୍ଠିତ ହୋଲି ଉତ୍ସବରେ ତତ୍କାଳୀନ ମନ୍ତ୍ରୀ ଡାକ୍ତର ଝସକେତନ ସାହୁ ଓ ଡ. ବ୍ରଜମୋହନ ମହାନ୍ତିଙ୍କ ସହ

ଜଷ୍ଟିସ ଦାସ ନାଟ୍ୟକାର ଶ୍ରୀ ଗୋପାଳ ଛୋଟରାୟଙ୍କୁ ପୁରସ୍କାର ପ୍ରଦାନ କରୁଛନ୍ତି । ଅନ୍ୟମାନଙ୍କ ମଧ୍ୟରେ ଅଧ୍ୟାପକ ରାଜକିଶୋର ରାୟ ଓ ଶ୍ରୀ ବୃନ୍ଦାବନ ଚନ୍ଦ୍ର ରଥ ପ୍ରମୁଖ

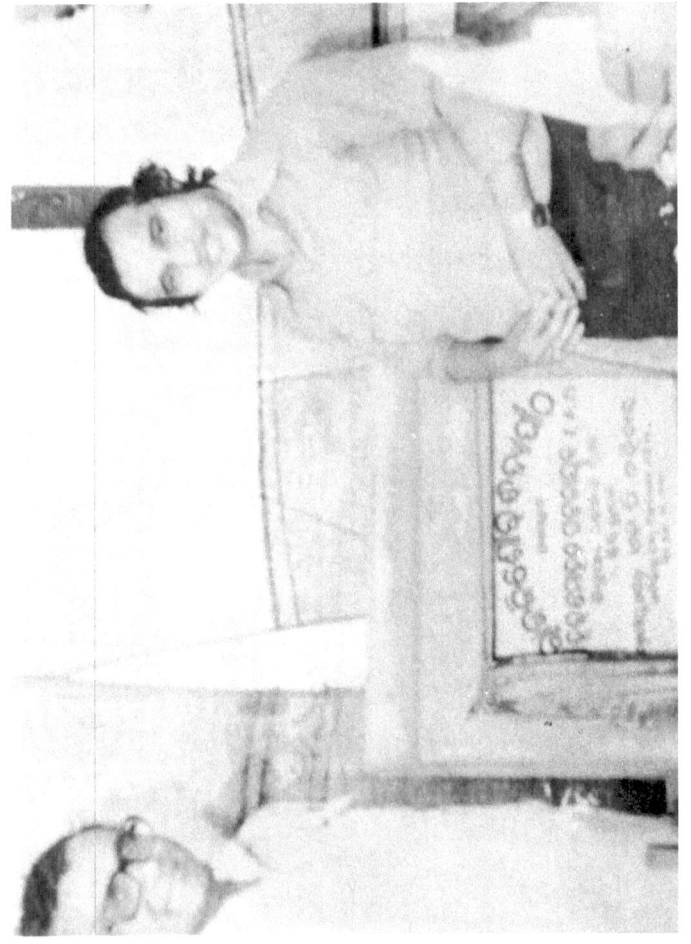

ରାଜକିଶୋର ବିଦ୍ୟାପୀଠର ଭିତ୍ତି ପ୍ରସ୍ତର ସ୍ଥାପନ

ରାଜକିଶୋର ବିଦ୍ୟାପୀଠର ପରିଦର୍ଶନ ଅବସରରେ ଜଷ୍ଟିସ୍ ଜେ.କେ. ମହାନ୍ତି, ବସନ୍ତ କୁମାର ରାୟ, ବିଦ୍ୟାପୀଠର ସଂପାଦକ ଗୋବିନ୍ଦ ଚନ୍ଦ୍ର ରାଉତ, ସଭ୍ୟ ଝୁମର ବିଶ୍ୱାଳ, ମାଧ୍ୟମିକ ଶିକ୍ଷା ନିର୍ଦ୍ଦେଶକ ଡକ୍ଟର ଉମାକାନ୍ତ ମହାପାତ୍ର ଏବଂ ବିଦ୍ୟାପୀଠର ଶିକ୍ଷକବୃନ୍ଦ

୦୨/୦୬/୮୭ ତାରିଖ, ପ୍ରଫେସର ପରିଜାଙ୍କ ନବମ ବାର୍ଷିକ ଶ୍ରାଦ୍ଧସଭା। ସଭାପତି ଜଷ୍ଟିସ୍ ଦାସ ଭାଷଣ ଦେଉଛନ୍ତି। ପାଖରେ ପ୍ରଫେସର ବାମାଚରଣ ଦାସ ଓ ଡକ୍ଟର ଦୀନବନ୍ଧୁ ମିଶ୍ର ଏବଂ ଅନ୍ୟାନ୍ୟ ବିଶିଷ୍ଟ ଭଦ୍ରବ୍ୟକ୍ତି, ଭଦ୍ର ମହିଳାଗଣ

କଟକ କଲେକ୍ଟୋରେଟ୍ ପରିସର ମଧ୍ୟରେ ଇନ୍ଦିରା ଗାନ୍ଧୀଙ୍କ ଜୟନ୍ତୀ ଉତ୍ସବ ୧୯୮୪ ବିଚିତ୍ରାନନ୍ଦ କର, ଜଷ୍ଟିସ ଦାସ, ହରମୋହନ ପଟ୍ଟନାୟକ ଆଇ.ଏ.ଏସ୍. ପ୍ରଜାତନ୍ତ୍ରର ସମ୍ପାଦକ ଭର୍ତ୍ତୃହରି ମହତାବ, କର୍ମଚାରୀ ସାଂସ୍କୃତିକ ପରିଷଦର ସାଧାରଣ ସମ୍ପାଦକ ଶ୍ରୀ ବସନ୍ତ କୁମାର ରାୟ

ବାମରୁ ଡାହାଣ – ସାମ୍ବାଦିକ ସତ୍ୟରାୟ, ଅରୁଣ କୁମାର ପଣ୍ଡା, ଜଷ୍ଟିସ୍ ନବ କୁମାର ଦାସ, ଜଷ୍ଟିସ୍ ଦାସ ଓ ଡାକ୍ତର ଶରତ ଚନ୍ଦ୍ର ମିଶ୍ର

କର୍ମଜୀବୀ ମହିଳା ନିକେତନର ବାର୍ଷିକ ଉତ୍ସବରେ ରାଜ୍ୟପାଳ ଶ୍ରୀଯୁକ୍ତ ପାଣ୍ଡେ ଭାଷଣ ଦେଉଛନ୍ତି,
ପାଖରେ ଜଷ୍ଟିସ ଦାସ ଓ ସଭାନେତ୍ରୀ ନିରୁପମା ରଥ ପ୍ରମୁଖ

(ପିର), ଘନଶ୍ୟାମ ମହାପାତ୍ର (କନକଲତା ଚିତ୍ର ପାଇଁ ଜାତୀୟ ପୁରସ୍କାର ପ୍ରାପ୍ତ, ଅକ୍ଷୟ ମହାନ୍ତି (ସଙ୍ଗୀତ ନିର୍ଦ୍ଦେଶକ), ଶରତ ପୂଜାରୀ (ସମ୍ବଲପୁର ଲରମ୍ଭା ମହାବିଦ୍ୟାଳୟର ଅଧ୍ୟକ୍ଷ), ପ୍ରମୁଖ ଆୱାର୍ଡ ଲାଭ କରିଥିଲେ। ମୋ' ଭାଣିଜୀର ପୁଅ ଶ୍ରୀମାନ୍ ରବି ପଟ୍ଟନାୟକ ମଧ୍ୟ 'ସୁନାଚଢ଼େଇ' ଚଳଚ୍ଚିତ୍ରରେ ଶ୍ରେଷ୍ଠ ସମ୍ପାଦନା ପାଇଁ ୧୯୮୮ ମସିହାରେ ଆୱାର୍ଡ ପାଇଥିଲେ।

ଓଡ଼ିଆ ନାଟକ ଶତବାର୍ଷିକୀ

ନାଟ୍ୟ ସଂଘ ଦ୍ୱାରା ସଙ୍ଗଠିତ ଓଡ଼ିଆ ନାଟକ ଶତବାର୍ଷିକୀ କମିଟି ଭବନରେ ନାଟକ ଆନୁକୂଲ୍ୟରେ ଗତ ୯-୧-୭୭ ତାରିଖରେ କଟକ ଶ୍ରୀରାମଚନ୍ଦ୍ର ଭବନରେ ନାଟକ ଶତବାର୍ଷିକୀ ଉତ୍ସବ ଅନୁଷ୍ଠିତ ହୋଇଥିଲା। ଏହାକୁ ବିଶିଷ୍ଟ ନାଟ୍ୟକାର କବିଚନ୍ଦ୍ର ଉକ୍ଟର କାଳୀଚରଣ ପଟ୍ଟନାୟକ ଉଦ୍‌ଘାଟନ କରିଥିଲେ। ଏଥିରେ ଯୋଗଦାନ କରି ନାଟ୍ୟକାର ଲାଲା ନଗେନ୍ଦ୍ର କୁମାର ରାୟ, ଶ୍ରୀରାମଚନ୍ଦ୍ର ମିଶ୍ର, ଶ୍ରୀ ପଦ୍ମଚରଣ ପଟ୍ଟନାୟକ ଓ ଶ୍ରୀ ବ୍ରଜ କିଶୋର ନାୟକ ପ୍ରମୁଖ ଶତବାର୍ଷୀକ ଉତ୍ସବ ସମ୍ପର୍କରେ ବିଭିନ୍ନ ଦୃଷ୍ଟିକୋଣରୁ ଆଲୋଚନା କରିଥିଲେ। ଓଡ଼ିଆ ନାଟକ ଶତବାର୍ଷିକୀ କମିଟିର ସଭାପତି ଭାବରେ ଉକ୍ତ ଉତ୍ସବରେ ମୁଁ ଅଧ୍ୟକ୍ଷତା କରିଥିଲି।

ଏହି ଶତବାର୍ଷୀକ ଅବସରରେ ଗତ ୧୮-୯-୭୭ ତାରିଖ ସନ୍ଧ୍ୟାରେ ଭୁବନେଶ୍ୱରସ୍ଥ ରବୀନ୍ଦ୍ର ମଣ୍ଡପରେ ଏକ ଉତ୍ସବ ଅନୁଷ୍ଠିତ ହୋଇଥିଲା। ଏଥିରେ ମୁଁ ସଭାପତିତ୍ୱ କରିଥିଲି। ଅନ୍ୟମାନଙ୍କ ମଧ୍ୟରେ ଓଡ଼ିଶାର ତତ୍କାଳୀନ ମୁଖ୍ୟମନ୍ତ୍ରୀ ଶ୍ରୀ ନୀଳମଣି ରାଉତରାୟ ମୁଖ୍ୟ ଅତିଥି ଓ ସାଂସ୍କୃତିକ ବିଭାଗ ମନ୍ତ୍ରୀ ଶ୍ରୀ ବିଶ୍ୱଭୂଷଣ ହରିଚନ୍ଦନ ସମ୍ମାନିତ ଅତିଥି ଭାବେ ଯୋଗଦାନ କରିଥିଲେ। ଉତ୍କଳ ନାଟ୍ୟ ସଂଘର ସଭାପତି କିଶୋର କବି ଶ୍ୟାମସୁନ୍ଦର ଦାସ ସ୍ୱାଗତ ଭାଷଣ ଓ ନାଟ୍ୟ ସଂଘର ସାଧାରଣ ସମ୍ପାଦକ ଶ୍ରୀ ବୃନ୍ଦାବନ ଚନ୍ଦ୍ର ରଥ ସୂଚନା ପ୍ରଦାନ କରିଥିଲେ। ଏଥିରେ ଓଡ଼ିଶାର ସ୍ୱନାମଧନ୍ୟ ୧୮ ଜଣ ନାଟ୍ୟକାର— କବିଚନ୍ଦ୍ର ଉକ୍ଟର କାଳୀଚରଣ ପଟ୍ଟନାୟକ, ଶ୍ରୀ ରାମଚନ୍ଦ୍ର ମହାପାତ୍ର, ଶ୍ରୀ ରମା ରଞ୍ଜନ ମହାନ୍ତି, ଶ୍ରୀ ଶ୍ରଦ୍ଧାକର ସୂପକାର, ଶ୍ରୀ ପ୍ରାଣବନ୍ଧୁ କର, ଲାଲା ନଗେନ୍ଦ୍ର କୁମାର ରାୟ, ଶ୍ରୀ ରାମଚନ୍ଦ୍ର ସ୍ୱାଇଁ, ଶ୍ରୀ କାର୍ତ୍ତିକ କୁମାର ଘୋଷ, ଶ୍ରୀ ସତ୍ୟନାରାୟଣ ପଣ୍ଡା, ଶ୍ରୀ ପଦ୍ମଚରଣ ପଟ୍ଟନାୟକ, ଶ୍ରୀ ବ୍ରଜ କିଶୋର ନାୟକ, ଶ୍ରୀ ଲକ୍ଷ୍ମୀଧର ନାୟକ, ଶ୍ରୀ ଗୋପାଳ ଛୋଟରାୟ, ଶ୍ରୀ ଉଦୟନାଥ ମିଶ୍ର, ଶ୍ରୀମତୀ ସୀତାଦେବୀ ଖାଡ଼ଙ୍ଗା, ଶ୍ରୀ ଭଞ୍ଜ

କିଶୋର ପଟ୍ଟନାୟକ, ଶ୍ରୀ ରାମଚନ୍ଦ୍ର ମିଶ୍ର ଓ ଶ୍ରୀ ମନୋରଞ୍ଜନ ଦାସଙ୍କୁ ଅଭିନନ୍ଦିତ କରାଯାଇଥିଲା ।

ଶେଷରେ ଓଡ଼ିଶା ସଙ୍ଗୀତ ନାଟକ ଏକାଡ଼େମୀ ଆନୁକୂଲ୍ୟରେ ଉତ୍କଳ ସଙ୍ଗୀତ ମହାବିଦ୍ୟାଳୟ ଦ୍ୱାରା ନିର୍ଦ୍ଦେଶିତ ଆଦି ନାଟକ "ବାବାଜୀ" ମଞ୍ଚସ୍ଥ ହୋଇଥିଲା । ଅଧ୍ୟାପକ ଶ୍ରୀ ବିଜୟ ମହାନ୍ତି ଉକ୍ତ ନାଟକରେ ନିର୍ଦ୍ଦେଶନା ଦେଇଥିଲେ ।

ଏହି ଶତବାର୍ଷିକୀ ଅବସରରେ ରାଜ୍ୟର ବିଭିନ୍ନ ସ୍କୁଲ କଲେଜର ଛାତ୍ରଛାତ୍ରୀଙ୍କ ମଧ୍ୟରେ ନାଟକ ସମ୍ବନ୍ଧୀୟ ବିଭିନ୍ନ ପ୍ରତିଯୋଗିତାର ଆୟୋଜନ କରାଯାଇଥିଲା । ରାଜ୍ୟର ବିଭିନ୍ନ ନାଟ୍ୟ ସଂସ୍ଥା ଜରିଆରେ ନାଟକ ମଞ୍ଚସ୍ଥ କରାଯିବାର ଆୟୋଜନ ହୋଇଥିଲା ।

ଉଲ୍ଲେଖଯୋଗ୍ୟ ଯେ ଛାତ୍ରାବସ୍ଥାରୁ ମୋର ନାଟକ ପ୍ରତି ଅନୁରାଗ ଜାତ ହୋଇଥିଲା ଓ ପରବର୍ତ୍ତୀ ଜୀବନରେ ମୁଁ ଅନ୍ନପୂର୍ଣ୍ଣା ଥିଏଟର ଆଦି ବିଭିନ୍ନ ନାଟ୍ୟ ସଂସ୍ଥାର ପୃଷ୍ଠପୋଷକତା କରିଥିଲି । ଏହା ମୁଁ ପୂର୍ବରୁ ଆଲୋଚନା କରିଛି ।

ମୋ ଅନ୍ନପୂର୍ଣ୍ଣା ଥିଏଟର ତରଫରୁ ଗତ ୩–୧୧–୮୨ ତାରିଖରେ ଅନୁଷ୍ଠିତ ସୁବର୍ଣ୍ଣ ଜୟନ୍ତୀ ଉତ୍ସବରେ ମଧ୍ୟ ମୁଁ ଯୋଗଦାନ କରିଥିଲି । ସେଦିନ ମୋ ସହିତ ତତ୍କାଳୀନ କେନ୍ଦ୍ରାଞ୍ଚଳ ରାଜସ୍ୱ କମିଶନର (ବର୍ତ୍ତମାନ ଓଡ଼ିଶାର ଶାସନ ସଚିବ) ଶ୍ରୀ ରମାକାନ୍ତ ମିଶ୍ର, ଆଇ.ଏ.ଏସ୍.; ତତ୍କାଳୀନ ମନ୍ତ୍ରୀ ଶ୍ରୀ ଯୁଗଳ କିଶୋର ପଟ୍ଟନାୟକ, ଶ୍ରୀ ସଂଗ୍ରାମ, କେଶରୀ ମହାପାତ୍ର ଓ ସ୍ୱର୍ଗତ ରବୀନ୍ଦ୍ର ପରିଜା ପ୍ରମୁଖ ବହୁ ବିଶିଷ୍ଟ ବ୍ୟକ୍ତି ଉତ୍ସବରେ ଯୋଗଦାନ କରିଥିଲେ ।

ଆଉଥରେ 'କା' ଏକଶତ ରଜନୀ ଉତ୍ସବରେ ମଧ୍ୟ ମୁଁ ଯୋଗଦାନ କରିବାର ସୁଯୋଗ ପାଇଥିଲି । ମୋ ସହିତ ପଦ୍ମଭୂଷଣ କବି କାଳିନ୍ଦୀ ଚରଣ ପାଣିଗ୍ରାହୀ, 'କା' ଉପନ୍ୟାସର ଲେଖକ କାହ୍ନୁ ଚରଣ ମହାନ୍ତି, ସମାଜ ସମ୍ପାଦକ ଡକ୍ଟର ରାଧାନାଥ ରଥ, ଅଧ୍ୟାପକ ରାଜକିଶୋର ରାୟ ଓ ଡକ୍ଟର ସଦାଶିବ ମିଶ୍ର ପ୍ରମୁଖ ବହୁ ବିଶିଷ୍ଟ ବ୍ୟକ୍ତି ଉକ୍ତ ଉତ୍ସବରେ ଯୋଗଦାନ କରିଥିଲେ ।

ଓଡ଼ିଶା ସରକାରଙ୍କ ଦ୍ୱାରା ଗଠିତ ଜିଲ୍ଲା ପୁନର୍ଗଠନ କମିଟିର ଚେୟାରମ୍ୟାନ ଥିଲାବେଳେ ଶ୍ରୀ ସୁରେନ୍ଦ୍ର ଦାସ କିଛି ଦିନ ପାଇଁ ମୋର ସହଯୋଗୀ ଭାବରେ କାର୍ଯ୍ୟ କରିଥିଲେ । ପରବର୍ତ୍ତୀ ଅବସ୍ଥାରେ ତାଙ୍କ ଉଦ୍ୟମରେ "ଚିନ୍ତା ଓ ଚେତନା" ନାମରେ ଏକ ସାହିତ୍ୟାନୁଷ୍ଠାନ ପ୍ରତିଷ୍ଠା ଲାଭ କରିଥିଲା । ଏହି ଅନୁଷ୍ଠାନ ଆନୁକୂଲ୍ୟରେ ସେ କେତେକ ସାରସ୍ୱତ ସମ୍ମେଳନର ଆୟୋଜନ କରି ସାହିତ୍ୟ ମାଧ୍ୟମରେ ଉନ୍ନତ ଚିନ୍ତା ଓ ଚେତନାର ପ୍ରସାର ନିମିତ୍ତ ଉଦ୍ୟମ କରିଥିଲେ । ୧୯୮୪ ମସିହା ମାର୍ଚ୍ଚ ମାସରେ

ଭୁବନେଶ୍ୱରସ୍ଥିତ ସୂଚନା ଭବନ ଠାରେ ଏହାର ସାରସ୍ୱତ ବସନ୍ତ ସମ୍ମେଳନ ଅନୁଷ୍ଠିତ ହୋଇଥିଲା । ବିଶିଷ୍ଟ ସମାଜସେବୀ ତଥା ସାହିତ୍ୟିକ ଡକ୍ଟର ହରେକୃଷ୍ଣ ମହତାବ, ମହାପାତ୍ର ନୀଳମଣି ସାହୁ, ନଦିୟା ବିହାରୀ ମହାନ୍ତି, ବିଶ୍ୱମ୍ଭର ପରିଡ଼ା, ପ୍ରସନ୍ନ କୁମାର ପାଟଶାଣୀ, ପ୍ରସନ୍ନ ପ୍ରଧାନ ପ୍ରମୁଖ ବହୁ ବିଶିଷ୍ଟ ବ୍ୟକ୍ତି ଉକ୍ତ ଅନୁଷ୍ଠାନ ସହିତ ସଂପୃକ୍ତ । ମୁଖ୍ୟ ଉପଦେଷ୍ଟା ଭାବରେ ମୁଁ କିଛି ଦିନ ପାଇଁ ଉକ୍ତ ଅନୁଷ୍ଠାନ ସହିତ ସଂପୃକ୍ତ ଥିଲି । ଏହାର ବିଭିନ୍ନ କାର୍ଯ୍ୟକ୍ରମ ସମ୍ପର୍କରେ ସୁରେନ୍ଦ୍ର ବହୁବାର ମୋ ସହିତ ପରାମର୍ଶ କରିଥିଲେ ।

ସ୍ମୃତି ସଂସ୍କୃତି ପରିଷଦ, ବାଲିକୁଦା

ଉକ୍ତ ସ୍ମୃତି ସଂସ୍କୃତି ପରିଷଦର ପ୍ରତିଷ୍ଠାତା ସମ୍ପାଦକ ଶ୍ରଦ୍ଧେୟ ବସନ୍ତ କୁମାର ରାୟଙ୍କ ଉଦ୍ୟମରେ ବାଲିକୁଦା ପଞ୍ଚାୟତ ସମିତି ପ୍ରାଙ୍ଗଣରେ ଅନୁଷ୍ଠିତ ୧୯୮୫ ମସିହା ଉତ୍କଳ ଦିବସ ଓ ବିଶ୍ୱବିଖ୍ୟାତ ବୈଜ୍ଞାନିକ ତଥା ଆମର ଗୁରୁ ପ୍ରଫେସର ପ୍ରାଣକୃଷ୍ଣ ପରିଜାଙ୍କ ଜୟନ୍ତୀ ଉତ୍ସବରେ ଏହା ଜନ୍ମଲାଭ କରିଥିଲା । ପରିଷଦର ସଭାପତି ଶ୍ରୀ ନରୋତ୍ତମ ମହାନ୍ତିଙ୍କ ସମେତ ବିଶିଷ୍ଟ ସମାଜସେବୀ ତଥା ସ୍ୱାଧୀନତା ସଂଗ୍ରାମୀ ଶ୍ରୀ ହରେକୃଷ୍ଣ ବିଶ୍ୱାଳ, ସମାଜସେବୀ ନିରଞ୍ଜନ ଦାସ ଓ ଅନ୍ୟାନ୍ୟ କର୍ମକର୍ତ୍ତାମାନେ ବାଲିକୁଦାଠାରେ ପ୍ରଫେସର ପରିଜାଙ୍କ ସମେତ ବାଲିକୁଦା ଉଚ୍ଚ ବିଦ୍ୟାଳୟର ପ୍ରତିଷ୍ଠାତା ସମ୍ପାଦକ, ବିଶିଷ୍ଟ ସମାଜସେବୀ ତଥା ମୋର ବନ୍ଧୁ ସ୍ୱର୍ଗତ ରାଜକିଶୋର ଦାସ ଏବଂ ବିଦ୍ୟାଳୟର ପ୍ରତିଷ୍ଠାତା ପ୍ରଧାନ ଶିକ୍ଷକ ସ୍ୱର୍ଗତ ପରଶୁରାମ ଦାସଙ୍କ ସ୍ମୃତିଚାରଣ ସହିତ ବିଭିନ୍ନ ସାଂସ୍କୃତିକ କାର୍ଯ୍ୟକ୍ରମମାନ ପରିଚାଳନା କରୁଛନ୍ତି । ପରିଷଦ ତରଫରୁ ପରିଜାଙ୍କ ଉପରେ ଦୁଇଟି ଉପାଦେୟ ସ୍ମରଣିକା ପ୍ରକାଶିତ ହୋଇଛି । ଛାତ୍ରଛାତ୍ରୀଙ୍କ ମଧ୍ୟରେ ବହୁବାର ବିଭିନ୍ନ ପ୍ରତିଯୋଗିତା ଅନୁଷ୍ଠିତ କରାଯାଇ ସେମାନଙ୍କୁ ପୁରସ୍କାର ଓ ପ୍ରମାଣପତ୍ର ପ୍ରଦାନ କରାଯାଉଅଛି ।

ଉକ୍ତ ଅନୁଷ୍ଠାନ ଗଠନ ସମୟରୁ ଏହାର କର୍ମକର୍ତ୍ତାମାନେ ମୋ ସହିତ ବରାବର ସମ୍ପର୍କ ରକ୍ଷା କରିଛନ୍ତି । ଏହାର ବିଭିନ୍ନ ଉତ୍ସବରେ ଯୋଗଦାନ କରିବାକୁ ସେମାନେ ମୋତେ ଅନୁରୋଧ କରିଥିଲେ ମଧ୍ୟ ଏ ପରିଣତ ବୟସରେ ବାଲିକୁଦା ଯିବା ମୋ ପକ୍ଷେ ସମ୍ଭବପର ହୋଇପାରିନାହିଁ । ଉଲ୍ଲେଖଯୋଗ୍ୟ ଯେ ସ୍ୱର୍ଗତ ରାଜକିଶୋର ଦାସଙ୍କ ଭଉଣୀ ଉମାଙ୍କ ସହିତ ମୋର ବଡ଼ଶଳା ପୁରୀ ଜିଲ୍ଲା କୁମାରପଡ଼ାର ସମାଜସେବୀ ଉମାକାନ୍ତ ମହାନ୍ତିଙ୍କ ବିବାହ ଉତ୍ସବର ବରଯାତ୍ରୀ ଭାବରେ ମୁଁ ବହୁ ଆଗରୁ ଥରେ ବାଲିକୁଦା ଯାଇଥିଲି ।

ଉକ୍ତ ପରିଷଦ ଆନୁକୂଲ୍ୟରେ ଆୟୋଜିତ ବିଭିନ୍ନ ଉତ୍ସବରେ ମୋର ବଡ଼ଙ୍କାଇଁ ସିକିମ୍ ହାଇକୋର୍ଟର ମୁଖ୍ୟ ବିଚାରପତି ଶ୍ରୀ ଯୁଗଳ କିଶୋର ମହାନ୍ତି, ପ୍ରଫେସର ବାମା ଚରଣ ଦାସ, ଡକ୍ଟର ଶ୍ରୀରାମ ଚନ୍ଦ୍ର ଦାଶ, ଅଧ୍ୟାପକ ହୃଦାନନ୍ଦ ରାୟ, ଡକ୍ଟର ଗଦାଧର ମିଶ୍ର, ଅଧ୍ୟକ୍ଷ ପଠାଣି ପଟ୍ଟନାୟକ, ଉଚ୍ଚ ଶିକ୍ଷା ନିର୍ଦ୍ଦେଶକ ଡକ୍ଟର ଘନଶ୍ୟାମ ଦାସ, ମାଧ୍ୟମିକ ଶିକ୍ଷା ନିର୍ଦ୍ଦେଶକ ଡକ୍ଟର ଉମାକାନ୍ତ ମହାପାତ୍ର, ଶିକ୍ଷାବିତ୍ ଡକ୍ଟର ଶତ୍ରୁଘ୍ନ ନାଥ, ଡକ୍ଟର ଦେବକାନ୍ତ ମିଶ୍ର, ଶ୍ରୀ ଦୁର୍ଗା ପ୍ରସାଦ ସିଂହ, ଅବସରପ୍ରାପ୍ତ ପୋଲିସ ଡି.ଜି. ଶ୍ରୀ ଶ୍ୟାମସୁନ୍ଦର ପାଢ଼ୀ, ଇଞ୍ଜିନିୟର ଜାନକୀ ବଲ୍ଲଭ ସ୍ୱାଇଁ, ଶ୍ରୀ ବିଷ୍ଣୁ ଚରଣ ମହାନ୍ତି, ଶ୍ରୀ ଚୈତନ୍ୟଦେବ ସ୍ୱାଇଁ, ଶ୍ରୀ ପ୍ରବୋଧ ଚନ୍ଦ୍ର ମହାନ୍ତି, ଶ୍ରୀ ବାଳମୁକୁନ୍ଦ ମହାନ୍ତି, ଉପଜିଲ୍ଲାପାଳ ଶ୍ରୀ କୃଷ୍ଣଚନ୍ଦ୍ର ମହାନ୍ତି, ବାଲିକୁଦା କଲେଜ ଶ୍ରୀ ଶଶିଭୂଷଣ ପଟ୍ଟନାୟକ ଓ ଅଧ୍ୟକ୍ଷ ଶାରଦା ଚରଣ ମହାନ୍ତି, ସମିତିର ପୂର୍ବତନ ଚେୟାରମ୍ୟାନ ଶ୍ରୀ ଧର୍ମାନନ୍ଦ ସାହୁ, ଯୁବ ବିଧାୟକ ଶ୍ରୀ ଜ୍ୟୋତିଷ ଚନ୍ଦ୍ର ଦାସ, ମନ୍ତ୍ରୀ ଶ୍ରୀ ବାସୁଦେବ ମହାପାତ୍ର ଏବଂ ବର୍ତ୍ତମାନର ରାଜ୍ୟସଭା ସଦସ୍ୟା ତଥା ନାରୀନେତ୍ରୀ ଶ୍ରୀମତୀ ମୀରା ଦାସ ପ୍ରମୁଖ ବହୁ ବିଶିଷ୍ଟ ବ୍ୟକ୍ତି ଯୋଗଦାନ କରି ସେମାନଙ୍କର ଉପାଦେୟ ପରାମର୍ଶ ପ୍ରଦାନ କରିଛନ୍ତି।

ଉକ୍ତ ଅନୁଷ୍ଠାନ ଧାରାବାହିକ ଭାବରେ ତା'ର ଉଦ୍ୟମ ଚଳାଇ ରଖି ପାରିଲେ ଏହା କେବଳ ବାଲିକୁଦା କାହିଁକି ସମଗ୍ର ଓଡ଼ିଶାର ଶିକ୍ଷା ଓ ସାଂସ୍କୃତିକ ବିକାଶ କ୍ଷେତ୍ରରେ ଯଥେଷ୍ଟ ସହାୟକ ହୋଇ ପାରିବ ବୋଲି ମୋର ବିଶ୍ୱାସ।

ଡକ୍ଟର ଶ୍ରୀରାମଚନ୍ଦ୍ର ଦାଶଙ୍କ ୭୯ ତମ ଜୟନ୍ତୀ ଉତ୍ସବ

ଗତ ତା ୧୬-୧୧-୮୬ ରିଖ ସନ୍ଧ୍ୟାରେ ବିଶିଷ୍ଟ ଶିକ୍ଷାବିତ୍, ବାଗ୍ମୀ ଡକ୍ଟର ଶ୍ରୀରାମଚନ୍ଦ୍ର ଦାଶଙ୍କର ୬୯ ତମ ଜୟନ୍ତୀ ଉପଲକ୍ଷେ ଏକ ସମ୍ବର୍ଦ୍ଧନା ସଭା ସ୍ଥାନୀୟ ଶ୍ରୀରାମଚନ୍ଦ୍ର ଭବନରେ ଅନୁଷ୍ଠିତ ହୋଇଥିଲା। ଏଥିରେ ସମାଜସେବୀ ଡାକ୍ତର ଶରତ ଚନ୍ଦ୍ର ମିଶ୍ର ଅଧ୍ୟକ୍ଷତା କରିଥିଲେ। ବିଶିଷ୍ଟ ଶ୍ରମିକ ନେତା, କଟକ ମ୍ୟୁନିସିପାଲିଟିର ପୂର୍ବତନ ଚେୟାରମ୍ୟାନ୍ ତଥା କବି ଶ୍ରୀ ମନମୋହନ ମିଶ୍ର ମୁଖ୍ୟବକ୍ତା ଭାବରେ ଯୋଗଦାନ କରିଥିଲେ। ଉକ୍ତ ଉତ୍ସବରେ ମୁଁ ମୁଖ୍ୟ ଅତିଥି ଭାବେ ଯୋଗଦାନ କରିବାକୁ ସୁଯୋଗ ପାଇଥିଲି। ଏଥିରେ ମାତୃଭୂମିର ସମ୍ପାଦକ ସ୍ୱର୍ଗତ ବିଚିତ୍ରାନନ୍ଦ କର, ଅଧ୍ୟାପକ ପଠାଣି ପଟ୍ଟନାୟକ, ଶ୍ରୀ ଅଜିତ୍ କୁମାର ତ୍ରିପାଠୀ, ଆଇ.ଏ.ଏସ୍., କବି ମୁରାରି ମୋହନ ଜେନା, ଆଡ୍‌ଭୋକେଟ୍ ସତ୍ୟପ୍ରିୟ ମହାପାତ୍ର, ସାହିତ୍ୟିକ ରବିନାରାୟଣ ମହାପାତ୍ର,

ମନପବନର ସମ୍ପାଦକ ଅଧ୍ୟାପକ ମହେଶ୍ୱର ମହାନ୍ତି, ଶ୍ରୀ ବରଦା ପ୍ରସନ୍ନ ପଟ୍ଟନାୟକ, ଶ୍ରୀ ଧରଣୀଧର ନାଥ ମୁଖ୍ୟ ଉଦ୍ୟକ୍ତା 'ନୀଳଶୈଳ'ର ସାଧାରଣ ସଂପାଦକ ଶ୍ରୀ ରାଜକିଶୋର ରାୟ ଓ ଶ୍ରୀ ବସନ୍ତ କୁମାର ରାୟ ପ୍ରମୁଖ ବହୁ ବିଶିଷ୍ଟ ବ୍ୟକ୍ତି ଭାଷଣ ଦେଇ ଡକ୍ଟର ଦାଶଙ୍କ ବଳିଷ୍ଠ ବ୍ୟକ୍ତିତ୍ୱ ସମ୍ପର୍କରେ ଆଲୋଚନା କରିଥିଲେ। ମୋ' ବିଚାରରେ ଡକ୍ଟର ଦାଶ ଯେ ଜଣେ ଟାଣୁଆ, ନିର୍ଭୀକ, ନିରପେକ୍ଷ, ସ୍ପଷ୍ଟବାଦୀ ବ୍ୟକ୍ତି ଏଥିରେ ସନ୍ଦେହ ନାହିଁ। ଆଇନ ଓ ରାଜନୀତି କ୍ଷେତ୍ରରେ ସେ ବେଶ୍ ଦକ୍ଷତା ହାସଲ କରିଛନ୍ତି। ଓଡ଼ିଶାରେ ତାଙ୍କ ଭଳି ପ୍ରତିଭା ପ୍ରାୟ ବିରଳ କହିଲେ ଅତ୍ୟୁକ୍ତି ହେବ ନାହିଁ। ନିଷ୍ଠୁର ସତ୍ୟ ପ୍ରକାଶ କରିବାକୁ ସେ କେବେ କୁଣ୍ଠାବୋଧ କରନ୍ତି ନାହିଁ। ତାଙ୍କର ପ୍ରଜ୍ଞା, ଧୀମତ୍ତା ଓ ତୀକ୍ଷ୍ଣ ସ୍ମରଣ ଶକ୍ତିର ପଟାନ୍ତର ନାହିଁ। ଜଣେ ବିଶିଷ୍ଟ ଶିକ୍ଷାବତ୍ ତଥା ରାଜନୀତି ବିଜ୍ଞାନର ପ୍ରଫେସର ଭାବରେ ତାଙ୍କର ଯଥେଷ୍ଟ ଖ୍ୟାତି ରହିଛି। ସେ ଉତ୍କଳ ବିଶ୍ୱବିଦ୍ୟାଳୟର କେବଳ ଜଣେ ପ୍ରଫେସର ଭାବରେ ନୁହନ୍ତି, ଜଣେ ପ୍ରଭାବଶାଳୀ ପ୍ରଶାସକ ଓ ଛାତ୍ରବତ୍ସଳ ଶିକ୍ଷକ ଭାବରେ ଯଥେଷ୍ଟ ଗୌରବର ଅଧିକାରୀ।

ଓଡ଼ିଶାର ବହୁ ଶିକ୍ଷା ଓ ସାଂସ୍କୃତିକ ଅନୁଷ୍ଠାନ ସହିତ ସେ ବିଭିନ୍ନ ଭାବରେ ସଂପୃକ୍ତ। ପ୍ରାୟ ସହସ୍ରାଧିକ ଉତ୍ସବାନୁଷ୍ଠାନର ସେ ସଭାପତି, ମୁଖ୍ୟ ଅତିଥି ଓ ମୁଖ୍ୟବକ୍ତା ଭାବରେ ସମଗ୍ର ଓଡ଼ିଶା ଏପରିକି ଓଡ଼ିଶା ବାହାରର ବହୁ ସ୍ଥାନରେ ତାଙ୍କର ଉଚ୍ଚକୋଟୀର, ତଥ୍ୟପୂର୍ଣ୍ଣ ଭାଷଣ ପ୍ରଦାନ କରି ଅଗଣିତ ଛାତ୍ରଛାତ୍ରୀ ଓ ଜନତାର ଶ୍ରଦ୍ଧାର ପାତ୍ର ହୋଇ ପାରିଛନ୍ତି। ସେ ବହୁ ଉପାଦେୟ ପୁସ୍ତକ ରଚନା କରିଛନ୍ତି। ସତ୍ୟବାଦୀ ଓ ସ୍ପଷ୍ଟବାଦୀ ପୁରୁଷ ଭାବରେ ଡକ୍ଟର ଦାଶଙ୍କୁ ବହୁ ଘାତ-ପ୍ରତିଘାତର ସମ୍ମୁଖୀନ ହେବାକୁ ପଡ଼ିଥିଲେ ମଧ୍ୟ ସେ ଆଦୌ ବିଚଳିତ ନହୋଇ ନିଜର ବିବେକାନୁମୋଦିତ ପଥରେ ଦୃଢ଼ସଙ୍କଳ୍ପ ହୋଇ ଆଗେଇ ଚାଲିଛନ୍ତି। ଜଣେ ପ୍ରତିଷ୍ଠିତ ତଥା ବିରଷ୍ଠ ଆଇନଜୀବୀ ଭାବରେ ସେ ଏବେ ଓଡ଼ିଶା ହାଇକୋର୍ଟ ବାରରେ ମଧ୍ୟ ସୁପରିଚିତ।

ଆମର କୁଳଗୁରୁ ବିଶିଷ୍ଟ ବୈଜ୍ଞାନିକ ଶିକ୍ଷାବିତ୍ ଡକ୍ଟର ପ୍ରାଣକୃଷ୍ଣ ପରିଜା, ଶିକ୍ଷାବିତ୍ ଡକ୍ଟର ଶ୍ରୀରାମଚନ୍ଦ୍ର ଦାଶ ଓ ଅନ୍ୟତମ ପ୍ରଗଳ୍ଭ ବକ୍ତା ଅଧ୍ୟାପକ ହୃଦାନନ୍ଦ ରାୟଙ୍କ ଭଳି ବହୁ କୃତୀ ସନ୍ତାନଙ୍କ ଜନନୀ ଭାବରେ ବାଲିକୁଦା ଅଞ୍ଚଳ ଯେ ଏକ ଉଚ୍ଚ ସମ୍ମାନର ଅଧିକାରୀ ହୋଇ ପାରିଛି, ଏହା ବିନା ଦ୍ୱିଧାରେ କୁହାଯାଇପାରେ।

କଟକ କଲେକ୍ଟୋରେଟରେ ସାଂସ୍କୃତିକ ଉତ୍ସବ

ଗତ ୧୯୮୪ ମସିହା ନଭେମ୍ବର ୧୯ ତାରିଖରେ ଭାରତର ଭୂତପୂର୍ବ

ପ୍ରଧାନମନ୍ତ୍ରୀ ଶ୍ରୀମତୀ ଇନ୍ଦିରା ଗାନ୍ଧୀଙ୍କ ଜନ୍ମତିଥି ଅବସରରେ ତାଙ୍କ ସ୍ମୃତି ପ୍ରତି ଶ୍ରଦ୍ଧାଞ୍ଜଳି ଅର୍ପଣ ସହିତ କର୍ମଚାରୀ ସାଂସ୍କୃତିକ ପରିଷଦ ଆନୁକୁଲ୍ୟରେ ପ୍ରକାଶିତ ଏକ ସାହିତ୍ୟ ପତ୍ରିକା 'ସପ୍ତଧାରା' ଉନ୍ମୋଚନ କରିବାର ସୁଯୋଗ ମୁଁ ପାଇଥିଲି। ଅନ୍ୟମାନଙ୍କ ମଧ୍ୟରେ 'ମାତୃଭୂମି' ସମ୍ପାଦକ ତଥା ଉତ୍କଳ ସାହିତ୍ୟ ସମାଜର ସଭାପତି ସ୍ୱର୍ଗତ ବିଚିତ୍ରାନନ୍ଦ କର ଓ ପ୍ରଜାତନ୍ତ୍ର ସମ୍ପାଦକ ଶ୍ରୀ ଭର୍ତ୍ତୃହରି ମହତାବ ପ୍ରମୁଖ ବହୁ ବିଶିଷ୍ଟ ବ୍ୟକ୍ତି ଏଥିରେ ଯୋଗଦାନ କରି ଦେଶର ଏକତା ଓ ଅଖଣ୍ଡତା ରକ୍ଷା କରିବା ପାଇଁ ପ୍ରାଣୋତ୍ସର୍ଗ କରିଥିବା ଇନ୍ଦିରା ଗାନ୍ଧୀ ସମଗ୍ର ବିଶ୍ୱର କୋଟି କୋଟି ଜନତାଙ୍କ ଆଶା ଭରସାର ପ୍ରତୀକ ଥିଲେ ବୋଲି ମତବ୍ୟକ୍ତ କରି ତାଙ୍କର ପବିତ୍ର ସ୍ମୃତି ପ୍ରତି ଶ୍ରଦ୍ଧାଞ୍ଜଳି ଅର୍ପଣ କରିଥିଲେ।

ଉକ୍ତ ଉତ୍ସବରେ କର୍ମଚାରୀ ସାଂସ୍କୃତିକ ପରିଷଦର ସଭାପତି ତଥା ଜିଲ୍ଲାପାଳ ଶ୍ରୀ ହରମୋହନ ପଟ୍ଟନାୟକ, ଆଇ.ଏ.ଏସ୍. ଅଧ୍ୟକ୍ଷତା କରିଥିଲେ। ସାଧାରଣ ସମ୍ପାଦକ ତଥା ସପ୍ତଧାରାର ସମ୍ପାଦକ ଶ୍ରୀ ବସନ୍ତ କୁମାର ରାୟ ସ୍ୱାଗତ ଭାଷଣ ଦେଇଥିଲେ। ସମାଜ କଲ୍ୟାଣ ଅଧିକାର ଶ୍ରୀ ନକୁଳ ଚନ୍ଦ୍ର ରାଉତ ଧନ୍ୟବାଦ ଅର୍ପଣ କରିଥିଲେ। ଏଥିରେ ଅତିରିକ୍ତ ଜିଲ୍ଲାପାଳ ଶ୍ରୀ ଚନ୍ଦ୍ରମଣି ନାୟକ, ଶ୍ରୀ ଗୌର ଗୋବିନ୍ଦ ଦାସ, ଶ୍ରୀ ରାମଚନ୍ଦ୍ର ସ୍ୱାଇଁ, ଶ୍ରୀ ନବୀନ କୁମାର ପରିଜା ଏବଂ ମାଜିଷ୍ଟ୍ରେଟ୍ ଶ୍ରୀ ବରଦା ପ୍ରସନ୍ନ ପଟ୍ଟନାୟକଙ୍କ ସମେତ ବିଭିନ୍ନ ଅଫିସର ଓ କର୍ମଚାରୀମାନେ ବହୁ ସଂଖ୍ୟାରେ ଯୋଗଦାନ କରି ଶ୍ରୀମତୀ ଗାନ୍ଧୀଙ୍କ ସ୍ମୃତି ପ୍ରତି ଶ୍ରଦ୍ଧାଞ୍ଜଳି ଅର୍ପଣ କରିଥିଲେ।

ଦୀର୍ଘ ୪୦ ବର୍ଷ ପରେ ଏହିଭଳି ଏକ ଉତ୍ସବର ଉଦ୍‌ଘାଟକ ଭାବରେ ଜିଲ୍ଲାପାଳ କାର୍ଯ୍ୟାଳୟର ସମସ୍ତ କର୍ମଚାରୀଙ୍କ ସହିତ ମିଳିତ ହୋଇ ମୁଁ ଆନନ୍ଦିତ ହୋଇଥିଲି।

ରାଜକିଶୋର ବିଦ୍ୟାପୀଠ

କଟକ ସହରର ଅନତିଦୂର ମହାନଦୀ ବ୍ରିଜ୍‌ର ଉତ୍ତର ପଟରେ ଅବସ୍ଥିତ ନୂତନ ଶିକ୍ଷାଞ୍ଚଳ ଜଗତପୁରଠାରେ ଏ ଅଞ୍ଚଳ (ତରୋଳ)ର ଉଦୀୟମାନ, ତେଜୀୟାନ ଯୁବକ ଶ୍ରଦ୍ଧେୟ ଗୋବିନ୍ଦ ଚନ୍ଦ୍ର ରାଉତଙ୍କ ଉଦ୍ୟମରେ ୧୯୮୩ ମସିହା ପ୍ରାରମ୍ଭରେ ରାଜକିଶୋର ବିଦ୍ୟାପୀଠର ପରିକଳ୍ପନା କରାଯାଇଥିଲା। ସେହିବର୍ଷ ମାର୍ଚ୍ଚ ୨୪ ତାରିଖରେ କଟକର ତତ୍କାଳୀନ ଜିଲ୍ଲାପାଳ ଶ୍ରୀ ହରମୋହନ ପଟ୍ଟନାୟକ, ଆଇ.ଏ.ଏସ୍. ଉକ୍ତ ବିଦ୍ୟାପୀଠର ଭିତ୍ତିପ୍ରସ୍ତର ସ୍ଥାପନ କରିଥିଲେ। ଏଥି ନିମିତ୍ତ ଅନୁଷ୍ଠିତ ଉତ୍ସବରେ ତତ୍କାଳୀନ ଅତିରିକ୍ତ ଶିକ୍ଷା ନିର୍ଦ୍ଦେଶକ ତଥା ମୋର ଅତି ଆପଣାର

ସହଯୋଗୀ ଆଡ୍‌ଭୋକେଟ ସ୍ୱର୍ଗତ ଗିରିଜା ଶଙ୍କର ବହିଦାରଙ୍କ ଭାଇ ଶ୍ରଦ୍ଧେୟ ନବଜିତ୍ ପ୍ରସାଦ ବହିଦାର, ଆଇ.ଏ.ଏସ୍. ଅଧ୍ୟକ୍ଷତା କରିଥିଲେ। ସେହିଦିନ ଠାରୁ ଉକ୍ତ ବିଦ୍ୟାପୀଠର କଳେବର କ୍ରମେ କ୍ରମେ ବୃଦ୍ଧିପାଇ ଏବେ ଏକ ପୂର୍ଣ୍ଣାଙ୍ଗ ଅନୁଷ୍ଠାନରେ ପରିଣତ ହୋଇଛି। ଏସବୁ କାର୍ଯ୍ୟ ପଛରେ ବିଦ୍ୟାପୀଠର ପ୍ରତିଷ୍ଠାତା ସମ୍ପାଦକ ଶ୍ରୀ ଗୋବିନ୍ଦ ଚନ୍ଦ୍ର ରାଉତ ଓ ତାଙ୍କର ବିଶିଷ୍ଟ ସହଯୋଗୀ ଶ୍ରୀ ଝୁମର ବିଶ୍ୱାଳ ପ୍ରମୁଖଙ୍କ ଭୂମିକା ସବୁଠାରୁ ବଳି ଉଲ୍ଲେଖଯୋଗ୍ୟ। ସେମାନଙ୍କର ନିଷ୍ଠା ଓ ଆନ୍ତରିକ ଉଦ୍ୟମ ବିନା ଏଭଳି ଏକ ଅନୁଷ୍ଠାନ ଛିଡ଼ା କରିବା ସେ ଆଦୌ ସମ୍ଭବପର ହୋଇ ନ ଥାନ୍ତା, ଏହା ବିନା ଦ୍ୱିଧାରେ କୁହାଯାଇପାରେ। ଏପର୍ଯ୍ୟନ୍ତ ମାଟ୍ରିକ ପରୀକ୍ଷା ଦେଇଥିବା ୩ ଟି ବ୍ୟାଚ୍‌ର ଫଳାଫଳ ସନ୍ତୋଷଜନକ ହୋଇଛି। ଶିକ୍ଷକ-ଶିକ୍ଷାର୍ଥୀମାନେ ସେବାମୂଳକ ମନୋଭାବ ନେଇ ଆନ୍ତରିକତାର ସହିତ କାର୍ଯ୍ୟ କରୁଛନ୍ତି। ଉପରୋକ୍ତ କାରଣରୁ ଏହା ସେ ଅଞ୍ଚଳରେ ଏକ ଆଦର୍ଶ ଅନୁଷ୍ଠାନରେ ପରିଣତ ହେବାକୁ ଯାଉଥିବା ଆନନ୍ଦର ବିଷୟ।

ଉକ୍ତ ବିଦ୍ୟାପୀଠ ପ୍ରତି କ୍ଷେତ୍ରରେ ମୋର ବିଶେଷ କିଛି ସହଯୋଗ ବା ଭୂମିକା ଅଛି ବୋଲି ମୁଁ ବିଚାର କରେନାହିଁ। ଉଦ୍ୟୋକ୍ତାମାନେ ଉକ୍ତ ଅନୁଷ୍ଠାନକୁ ମୋ ନାମରେ ନାମିତ କରୁଥିବା ଘଟଣାକୁ ମୁଁ ପସନ୍ଦ କରି ନ ଥିଲେ ମଧ୍ୟ ସେମାନଙ୍କ ଅକପଟ ସ୍ନେହମମତା ତଥା ଜିଦ୍‌କୁ ପରାହତ କରି ଏକ ଗଠନମୂଳକ ପ୍ରକ୍ରିୟାରେ ପ୍ରତିବନ୍ଧକ ସୃଷ୍ଟି କରିପାରି ନ ଥିଲା। ବିଦ୍ୟାପୀଠର ସମ୍ପାଦକ ଶ୍ରଦ୍ଧେୟ ରାଉତ, ଶ୍ରୀ ଝୁମର ବିଶ୍ୱାଳ, ପରିଚାଳନା ସମିତିର ଅନ୍ୟାନ୍ୟ କର୍ମକର୍ତ୍ତା ଏବଂ ଶିକ୍ଷକ-ଶିକ୍ଷୟିତ୍ରୀମାନେ କେତେଥର ମୋ ଡଗରପଡ଼ା ଘରକୁ ଆସି ବିଭିନ୍ନ ବିଷୟରେ ଆଲୋଚନା କରିଛନ୍ତି।

ଗତ ୧୯୮୯ରେ ଅନୁଷ୍ଠିତ ବାର୍ଷିକୋତ୍ସବ ତଥା ପୁରସ୍କାର ବିତରଣ ଉତ୍ସବରେ ବିଦ୍ୟାପୀଠର ପ୍ରଧାନ ଶିକ୍ଷକ ଶ୍ରୀ ରବୀନ୍ଦ୍ରନାଥ ରାଉତରାୟ ଯେଉଁ ବିବରଣୀ ପାଠ କରିଥିଲେ, ସେଥିରୁ ଅନୁଷ୍ଠାନର ଇତିବୃତ୍ତି ତଥା ଅନ୍ୟାନ୍ୟ ଘଟଣା ବିଶଦ ଭାବରେ ଉଲ୍ଲେଖ କରାଯାଇଛି। ବିଦ୍ୟାପୀଠ ସମ୍ପର୍କରେ ଅଧିକ କିଛି ଜାଣିବାକୁ ଇଚ୍ଛା କରୁଥିବା ବନ୍ଧୁମାନଙ୍କ ଉଦ୍ଦେଶ୍ୟରେ ସେ ବିବରଣୀଟିକୁ ଏଥିରେ ପ୍ରକାଶ କରିବାକୁ ଉଚ୍ଚାର ମନେ କରୁଛି।

ରାଜକିଶୋର ବିଦ୍ୟାପୀଠର ବାର୍ଷିକୋତ୍ସବ ଓ ପୁରସ୍କାର ବିତରଣ ଉତ୍ସବ ୧୯୮୯ 'ବାର୍ଷିକ ବିବରଣୀ ପାଠ"

ସମ୍ମାନାସ୍ପଦ ସଭାପତି,

ବରେଣ୍ୟ ଲୋକସଭା ସଦସ୍ୟା ଓ ସର୍ବଭାରତୀୟ ମହିଳା କଂଗ୍ରେସର ସଭାନେତ୍ରୀ ତଥା ଉକ୍ତ ଉତ୍ସବର ମୁଖ୍ୟ ଅତିଥି ଶ୍ରୀମତୀ ଜୟନ୍ତୀ ଦେବୀ, ଓଡ଼ିଶା ମାଧ୍ୟମିକ ଶିକ୍ଷା ନିର୍ଦ୍ଦେଶକ ତଥା ଅଦ୍ୟ ସଭାର ସମ୍ମାନନୀୟ ଅତିଥି ଡକ୍ଟର ଉମାକାନ୍ତ ମହାପାତ୍ର, କଟକ ସଦର ମହକୁମାର ଅବସରପ୍ରାପ୍ତ ଅଧିକାରୀ ତଥା ଅଦ୍ୟ ଉତ୍ସବର ମୁଖ୍ୟ ବକ୍ତା ଶ୍ରୀଯୁକ୍ତ ରଘୁନାଥ ପାତ୍ର, ନିମନ୍ତ୍ରିତ ଅତିଥି ବୃନ୍ଦ, ବିଦ୍ୟାଳୟ ପରିଚାଳନା କମିଟିର କର୍ମକର୍ତ୍ତାଗଣ, ସମବେତ ଭଦ୍ରମଣ୍ଡଳୀ, ମୋର ଶିକ୍ଷକ-ଶିକ୍ଷୟିତ୍ରୀ ଏବଂ ଶ୍ରଦ୍ଧେୟ ଛାତ୍ରଛାତ୍ରୀ !

ବୃହତ କଟକ ନଗର ଉପକଣ୍ଠରେ ଗଢ଼ି ଉଠିଥିବା ଜଗତପୁର ନୂତନ ଶିକ୍ଷାଞ୍ଚଳର କେନ୍ଦ୍ରସ୍ଥଳୀରେ ଅବସ୍ଥିର ଉକ୍ତ ବିଦ୍ୟାପୀଠର 'ବାର୍ଷିକୋତ୍ସବ ତଥା ପୁରସ୍କାର ବିତରଣ ଉତ୍ସବ' ପାଳନର ଏହି ଶୁଭ ଅବସରରେ ଆପଣମାନଙ୍କ ପ୍ରତି ଗଭୀର କୃତଜ୍ଞତା ଜ୍ଞାପନ କରିବା ସଙ୍ଗେ ସଙ୍ଗେ ଅନୁଷ୍ଠାନର ବାର୍ଷିକ ଇତିବୃତ୍ତ ଉପସ୍ଥାପନ କରିବାର ପରମ ସୌଭାଗ୍ୟ ଲାଭ କରିଥିବାରୁ ମୁଁ ନିଜକୁ ଅତୀବ ଗୌରବାନ୍ୱିତ ମନେକରୁଅଛି ।

୧୯୮୩ ମସିହା ମାର୍ଚ୍ଚ ୨୪ ତାରିଖ । ଉକ୍ତ ବିଦ୍ୟାପୀଠର ଇତିହାସରେ ଏହା ଏକ ଚିରସ୍ମରଣୀୟ ଦିବସ । ଏହି ଶୁଭ ଲଗ୍ନରେ ନବଦିଗନ୍ତର ଆଲୋକ ତୋଳି ଉକ୍ତ ନବନିର୍ମିତ ଶିଶୁ ଅନୁଷ୍ଠାନଟି ଭୂତପୂର୍ବ ଜିଲ୍ଲାପାଳ ଶ୍ରୀଯୁକ୍ତ ହରମୋହନ ପଟ୍ଟନାୟକ, ଆଇ.ଏ.ଏସ୍.ଙ୍କ ଦ୍ୱାରା ଭିତ୍ତିପ୍ରସ୍ତର ସ୍ଥାପନ କରାଯାଇଥିଲା ଏବଂ ଅତିରିକ୍ତ ଶିକ୍ଷ ନିର୍ଦ୍ଦେଶକ ଶ୍ରୀଯୁକ୍ତ ଏନ୍.ପି. ବହିଦାର, ଆଇ.ଏ.ଏସ୍. ସେଥିରେ ପୌରୋହତ୍ୟ କରିଥିଲେ । ଉକ୍ତ ବିଦ୍ୟାଳୟ ପ୍ରତିଷ୍ଠା ଦିଗରେ ମାନ୍ୟବର ଓଡ଼ିଶା ହାଇକୋର୍ଟର ଅବସରପ୍ରାପ୍ତ ବିଚାରପତି ଶ୍ରୀଯୁକ୍ତ ରାଜକିଶୋର ଦାସଙ୍କ ଅବଦାନ ଯେ ଅତୁଳନୀୟ, କହିବା ବାହୁଲ୍ୟ । ସେହି ମହାମାନ୍ୟ ପୁରୁଷଙ୍କର ନାମାନୁସାରେ ଉକ୍ତ ବିଦ୍ୟାପୀଠ ନାମିତ ହୋଇଅଛି । ତାଙ୍କର ଉପଦେଶ ଓ ପ୍ରେରଣାକୁ ପାଥେୟ କରି ବିଦ୍ୟାଳୟ ପରିଚାଳନା କମିଟିର ସମ୍ପାଦକ ଶ୍ରୀ ଗୋବିନ୍ଦ ଚନ୍ଦ୍ର ରାଉତ, ସଭାପତି ଶ୍ରୀ ପ୍ରଦୀପ୍ତ କୁମାର କର ଏବଂ ସଭ୍ୟ ଶ୍ରୀ ଝୁମର ବିଶ୍ୱାଳ ଏହି ଚିରଉଦ୍ଭାସିତ ଶିଶୁ ଅନୁଷ୍ଠାନଟିକୁ କମିଟିର ସମ୍ପାଦକ ଶ୍ରୀ ଗୋବିନ୍ଦ ସବୁମତେ ରୂପରେଖ ଦେଇ ଜୀବନ୍ତ କରିପାରିଛନ୍ତି ।

ଅନୁଷ୍ଠାନ ସ୍ଥାପନ ସମ୍ବନ୍ଧୀୟ, ଅବତରଣ ପଂକ୍ତି ପରିଶେଷରେ ମୁଁ ଉକ୍ତ ବିଦ୍ୟାପୀଠର ଶିକ୍ଷାଦାନ ସମ୍ପର୍କରେ ସଂକ୍ଷେପରେ କିଛି ବ୍ୟକ୍ତ କରିବାକୁ ଯାଉଛି ।

ଇଂରାଜୀରେ ଏକ ପ୍ରବଚନ ଅଛି– "Light a candle, rather than curse the darkness that envelopes us. Weshould do something positive something concrete to better the world we liv live in." ଯଥାର୍ଥରେ, ବହୁ ଘାତ-ପ୍ରତିଘାତ ସତ୍ତ୍ୱେ ଉକ୍ତ ବିଦ୍ୟାପୀଠ ତା'ର ଭବିଷ୍ୟତର ସମସ୍ତ ଆଶା ଭରସାକୁ ପାଥେୟ କରି ଏ ଅଞ୍ଚଳରେ ଏକ ଆଲୋକ ବର୍ତ୍ତିକାର ସଙ୍କେତ ବହନ କରି ତା'ର କର୍ତ୍ତବ୍ୟ ପଥରେ ଆଗୁସାର ହୋଇଛି । ପୁନଶ୍ଚ, ଛାତ୍ରଛାତ୍ରୀମାନଙ୍କ ଶିକ୍ଷାଗତ ତଥା ବୌଦ୍ଧିକ ବିକାଶ ନିମିତ୍ତ ଯେଉଁଭଳି ଶିକ୍ଷକମାନଙ୍କର ସାନ୍ନିଧ ଲାଭ କରି ଉକ୍ତ ଅନୁଷ୍ଠାନ ତା'ର ଦୃଢ଼ସ୍ଥିତ ବଜାୟ ରଖିବାକୁ ପ୍ରୟାସୀ, ସେହି ଶୂନ୍ୟତାକୁ ସମୟାନୁକ୍ରମେ ନିଯୁକ୍ତିପ୍ରାପ୍ତ ଯୁବ ଶିକ୍ଷକମଣ୍ଡଳୀ ପରିପୂର୍ଣ୍ଣ କରିଛନ୍ତି । ଅଧୁନା ଉକ୍ତ ବିଦ୍ୟାଳୟରେ ନଅଜଣ ଶିକ୍ଷକ ଶିକ୍ଷୟିତ୍ରୀ କାର୍ଯ୍ୟ କରିଆସୁଛନ୍ତି ଏବଂ ତତ୍ ସଙ୍ଗେ ସଙ୍ଗେ ଛାତ୍ରଛାତ୍ରୀମାନଙ୍କ ସଂଖ୍ୟା ପ୍ରତିବର୍ଷ ଆଶାନୁରୂପ ବୃଦ୍ଧିପାଇ ଆସୁଅଛି ।

ଅତୀବ ଆନନ୍ଦର ବିଷୟ ଯେ, ଚଳିତ ଶିକ୍ଷାବର୍ଷରେ ମାଧ୍ୟମିକ ଶିକ୍ଷା କର୍ତ୍ତୃପକ୍ଷ ଉକ୍ତ ବିଦ୍ୟାଳୟକୁ ସରକାରୀ ସ୍ୱୀକୃତି ପ୍ରଦାନ କରିଅଛନ୍ତି ଏବଂ ଉକ୍ତ ବିଦ୍ୟାଳୟ ପରିସର ମଧ୍ୟରେ ୧୯୮୫-୮୭ ଶିକ୍ଷାବର୍ଷ ଠାରୁ ସ୍ଥାପିତ ନିମ୍ନ ପ୍ରାଥମିକ ବିଦ୍ୟାଳୟଟି ପୂର୍ବତନ ଏସ୍.ଡ଼ି.ଓ. ଶ୍ରୀଯୁକ୍ତ ପାତ୍ରଙ୍କର ଉଦ୍ୟମ ତଥା ଶ୍ରୀମତୀ ପଟ୍ଟନାୟକଙ୍କର ସଦିଚ୍ଛା କ୍ରମେ "ଉନ୍ନୀତ ମଧ୍ୟ ଇଂରାଜୀ ବିଦ୍ୟାଳୟ"କୁ ଉନ୍ନୀତ ହୋଇଛି ।

ସାଂସ୍କୃତିକ ଚେତନାର ଜାଗରଣ ସ୍ୱରୂପ ବିଦ୍ୟାଗତ ଗଣନାଥ ଓ ବିଦ୍ୟାର୍ଥୀ । ଶ୍ରୀ ଶ୍ରୀ ସରସ୍ୱତୀଙ୍କ ପୂଜୋତ୍ସବ ପ୍ରତିବର୍ଷ ମହା ମହାସମାରୋହରେ ବିଦ୍ୟାଳୟରେ ପାଳିତ ହୁଏ ।

କ୍ରୀଡ଼ା ଓ କସରତ ଶିକ୍ଷାଦାନର ଏକ ଅବିଚ୍ଛେଦ ଅଙ୍ଗ ହୋଇଥିବାରୁ ଏହାକୁ ସ୍ୱତନ୍ତ୍ର ସ୍ଥାନ ଦିଆଯାଇଛି । ପ୍ରତିବର୍ଷ ଭଳି ଚଳିତ ବର୍ଷ ଉଚ୍ଚ ବିଦ୍ୟାଳୟରେ ବାର୍ଷିକ କ୍ରୀଡ଼ା ପ୍ରତିଯୋଗିତା ଅନୁଷ୍ଠିତ ହୋଇଥିଲା । ଉକ୍ତ ପ୍ରତିଯୋଗିତାରେ କୃତିତ୍ୱ ପ୍ରଦର୍ଶନ କରିଥିବା ବିଜୟୀ ପ୍ରତିଯୋଗୀମାନଙ୍କୁ ଆଜିର ଏହ ଉଦ୍ଦିଷ୍ଟ ଉତ୍ସବରେ ପୁରସ୍କୃତ କରାଯିବ ।

ଐକ୍ୟ ଓ ସମଚେତନାର ନିଦର୍ଶନ ସ୍ୱରୂପ ଉକ୍ତ ବିଦ୍ୟାଳୟର ଗୁରୁଜୀମାନଙ୍କ ମଧ୍ୟରେ ସମପରିଚ୍ଛଦ (Uniform dress) ପ୍ରଚଳନ କରାଯାଇଛି ।

ବିଦ୍ୟାଳୟର ଶିକ୍ଷାଦାନରେ ମାଧ୍ୟମିକ ବିଦ୍ୟାଳୟ ପାଇଁ ଉଦ୍ଦିଷ୍ଟ 'ବେତାର ମାଧ୍ୟମରେ ଶିକ୍ଷା ପ୍ରସାରଣ କାର୍ଯ୍ୟକ୍ରମ'କୁ ସନ୍ନିବେଶିତ କରାଯାଇଛି ।

ଗତବର୍ଷ ହାଇସ୍କୁଲ ସାର୍ଟିଫିକେଟ ପରୀକ୍ଷା ଦେଇଥିବା ଉକ୍ତ ବିଦ୍ୟାଳୟର ଛାତ୍ରଛାତ୍ରୀମାନଙ୍କ ମଧ୍ୟରୁ ଶତକଡ଼ା ୮୦ ଭାଗ ଛାତ୍ରଛାତ୍ରୀ କୃତକାର୍ଯ୍ୟ ହୋଇଛନ୍ତି ।

ପରିଶେଷରେ ଆଜିର ଏହି ଶୁଭ ମଙ୍ଗଳମୟ ଅବସରରେ ମୁଁ ବିଦ୍ୟାଳୟର କେତେକ ଅଭାବ ଅନାଟନ ବିଷୟ ଉପସ୍ଥାପନ କରୁଛି ।

ପ୍ରଥମତଃ, ଅନୁଷ୍ଠାନ ଦ୍ୱୟର ଆବଶ୍ୟକତା ଅନୁଯାୟୀ ଶ୍ରେଣୀ କକ୍ଷର ଏକ ପ୍ରଧାନ ସମସ୍ୟା ।

ବିଦ୍ୟାଳୟ ପରିସର ମଧ୍ୟସ୍ଥ କ୍ରୀଡ଼ୋପଯୋଗୀ ସ୍ଥାନାଭାବ ଯୋଗୁଁ ଛାତ୍ରଛାତ୍ରୀମାନେ ଘୋର ଅସୁବିଧାର ସମ୍ମୁଖୀନ ହୋଇ ଆସୁଛନ୍ତି ।

ବହୁ ଅଭିଭାବକ ସେମାନଙ୍କର ପୁତ୍ର କନ୍ୟାଙ୍କୁ ଛାତ୍ରାବାସରେ ରଖିବା ପାଇଁ ଇଚ୍ଛାପ୍ରକାଶ କରି ଆସୁଥିଲେହେଁ ସମ୍ବଳ ଅଭାବରୁ ବିଦ୍ୟାଳୟରେ ଛାତ୍ରାବାସର ସୁବିଧା ସମ୍ଭବ ହୋଇପାରୁନାହିଁ ।

ବିଦ୍ୟାଳୟରେ ବିଜ୍ଞାନ ପାଠଦାନ ନିମିତ୍ତ ଆବଶ୍ୟକୀୟ ବିଜ୍ଞାନୋପକରଣର ଅଭାବ ରହିଛି ।

ବିଦ୍ୟାଳୟର ଉପରୋକ୍ତ କ୍ଷୁଦ୍ର ଦାବୀଗୁଡ଼ିକ ଉପସ୍ଥାପିତ କରିବାର ସୁଯୋଗ ପାଇ ଆମ୍ଭେ ଧନ୍ୟ ଓ କୃତଜ୍ଞ । ଆପଣମାନଙ୍କର ଶୁଭ କୃପାଦୃଷ୍ଟି ପଡ଼ିଲେ ଉପରୋକ୍ତ ବ୍ୟକ୍ତ ସମସ୍ୟାଗୁଡ଼ିକ ଅଚିରେ ସମାଧାନ ହୋଇପାରିବ ବୋଲି ଆମ୍ଭମାନଙ୍କର ଗଭୀର ବିଶ୍ୱାସ ।

ଶେଷରେ ଯେଉଁ ମହାନୁଭବ ବ୍ୟକ୍ତି ତଥା ଅନୁଷ୍ଠାନଗୁଡ଼ିକ ଏହି ଶିକ୍ଷାନୁଷ୍ଠାନ ଗଢ଼ି ତୋଳିବାରେ ସେମାନଙ୍କର ଯଥାଶକ୍ତି ସହଯୋଗ ତଥା ସହାନୁଭୂତି ପ୍ରଦର୍ଶନ କରିଆସିଛନ୍ତି ସେମାନଙ୍କୁ ଆମ୍ଭର ଶ୍ରଦ୍ଧାପୂତ ସାଧୁବାଦ ଜଣାଉଛି ।

ପରିଶେଷରେ ଯେଉଁ ସହୃଦୟ ବଦାନ୍ୟ ବ୍ୟକ୍ତି ଅଦ୍ୟ ଉତ୍ସବଟିକୁ ସାଫଲ୍ୟମଣ୍ଡିତ କରିବାରେ ଅକୁଣ୍ଠିତ ସାହାଯ୍ୟ ଓ ସହଯୋଗ କରିଛନ୍ତି ସେମାନଙ୍କ ନିକଟରେ ମୁଁ ହାର୍ଦ୍ଦିକ କୃତଜ୍ଞତା ଜ୍ଞାପନ କରୁଛି । ମୋର ସମ୍ମାନାସ୍ପଦ ପରିଚାଳନା କମିଟିର ସମ୍ପାଦକ, ସଭାପତି, ସଦସ୍ୟବର୍ଗ ଓ ମୋର ସହକର୍ମୀବୃନ୍ଦ ଏହି ଉତ୍ସବ ଆୟୋଜନରେ ସେମାନଙ୍କର ସ୍ୱ ସ୍ୱ ପ୍ରଶଂସନୀୟ ଭୂମିକା ପାଇଁ ମୁଁ ହୃଦୟର ନିଭୃତ କୋଣରୁ ସେମାନଙ୍କୁ ଅଭିନନ୍ଦନ ତଥା କୃତଜ୍ଞତା ଜଣାଉଛି ।

– ଜୟ ହିନ୍ଦ୍ –

ପ୍ରଧାନ ଶିକ୍ଷକ

ରାଜକିଶୋର ବିଦ୍ୟାପୀଠ, ଗରୋଳ

ପ୍ରଫେସର ପରିଜା ସ୍ମୃତି ପରିଷଦ

ବିଶ୍ୱବିଖ୍ୟାତ ବୈଜ୍ଞାନିକ ତଥା ଶିକ୍ଷାବିତ୍ ପ୍ରଫେସର ପ୍ରାଣକୃଷ୍ଣ ପରିଜାଙ୍କ ହୋଇ ସ୍ମୃତିରକ୍ଷା ଉଦ୍ଦେଶ୍ୟରେ ପ୍ରଫେସର ପରିଜା ସ୍ମୃତି ଓ ପରିଷଦ ଗଠିତ ବିଶ୍ୱସ୍ତ କାର୍ଯ୍ୟକ୍ରମ ପରିଚାଳନା କରୁଛନ୍ତି ! ଓଡ଼ିଶାର ବିଶିଷ୍ଟ ଜନନାୟକ ଡକ୍ଟର ହରେକୃଷ୍ଣ ମହତାବ ଆରମ୍ଭରୁ ଏହାର ସଭାପତି ଥିଲେ ମଧ୍ୟ କାର୍ଯ୍ୟକାରୀ ସଭାପତି ଭାବରେ ମୋତେ ବିଭିନ୍ନ କାର୍ଯ୍ୟକ୍ରମ ପରିଚାଳନା କରିବାକୁ ପଡୁଥିଲା । ଡକ୍ଟର ମହତାବଙ୍କ ବିୟୋଗ ପରଠାରୁ ପରିଷଦର ସଭାପତି ଭାବରେ ମୋତେ ଏପର୍ଯ୍ୟନ୍ତ ଦାୟିତ୍ୱ ପରିଚାଳନା କରିବାକୁ ପଡୁଅଛି ।

ଉଲ୍ଲେଖଯୋଗ୍ୟ ଯେ, ଗତ ତା ୨।୬।୭୮ରେ ପ୍ରଫେସର ପରିଜାଙ୍କ ମହାପ୍ରୟାଣ ପରେ ଶ୍ରଦ୍ଧେୟ ବସନ୍ତ କୁମାର ରାୟଙ୍କ ଆହ୍ୱାନରେ ସେ ରହୁଥିବା ତେଲେଙ୍ଗା ବଜାରସ୍ଥିତ କଲ୍ୟାଣପୁର ମେସ୍‌ରେ ତା ୧।୪।୭୯ ରିଖ ପରିଜାଙ୍କ ପବିତ୍ର ଜନ୍ମତିଥି ଅବସରରେ ଏକ ବୈଠକ ଶ୍ରୀ ନିହାର ରଞ୍ଜନ ରାୟଙ୍କ ଅଧ୍ୟକ୍ଷତାରେ ଅନୁଷ୍ଠିତ ହୋଇଥିଲା । ସେଥିରେ ପରିଜାଙ୍କ ସ୍ଥାୟୀ ସ୍ମୃତିରକ୍ଷା ଉଦ୍ଦେଶ୍ୟରେ ପଦକ୍ଷେପ ଗ୍ରହଣ କରିବାକୁ ଶ୍ରୀ ବସନ୍ତ କୁମାର ରାୟଙ୍କ ଅଧ୍ୟକ୍ଷତାରେ ଏକ ଆଡ଼ହକ କମିଟି ଗଠନ କରାଯାଇଥିଲା । ଉକ୍ତ ଆଡ଼ହକ କମିଟିରେ ଅନ୍ୟମାନଙ୍କ ମଧ୍ୟରେ ଶ୍ରୀ ପ୍ରମୋଦ କୁମାର ମହାନ୍ତି, ଶ୍ରୀ କୁମାରେନ୍ଦ୍ର ମହାନ୍ତି, ଶ୍ରୀ ବନବିହାରୀ ମହାନ୍ତି, କଣ୍ଠଶିଳ୍ପୀ ଶୁଭଲକ୍ଷ୍ମୀ ସାସମଲ (ଦାସ) ଏବଂ ବିଭିନ୍ନ କଲେଜର ଛାତ୍ରନେତାଙ୍କ ମଧ୍ୟରୁ ଏସ୍.ସି.ବି. ମେଡିକାଲର ଡାକ୍ତର ରମେଶ ଚନ୍ଦ୍ର ଦାସ, ରେଭେନ୍ସା କଲେଜର ଶ୍ରୀ ଅନିଲ ଜେନା, ଖ୍ରୀଷ୍ଟ କଲେଜର ଶ୍ରୀ ଶେଷଦେବ ନନ୍ଦ, ଷ୍ଟୁଆର୍ଟର ଶ୍ରୀ ଲଲାଟେନ୍ଦୁ ମହାପାତ୍ର ଓ ଶୈଳବାଳା ମହିଳା କଲେଜର ସସ୍ମିତା ମିଶ୍ର ଓ ସ୍ୱର୍ଣ୍ଣପ୍ରଭା ମଙ୍ଗରାଜ ପ୍ରମୁଖଙ୍କୁ ସାମିଲ କରାଯାଇଥିଲା । ଏକ ରାଜ୍ୟସ୍ତରୀୟ ସ୍ଥାୟୀ କମିଟି ଗଠନ ନିମିତ୍ତ ଉକ୍ତ ଆଡ଼ହକ କମିଟି ଉଦ୍ୟମରେ ଗତ ତା ୧୫।୫।୭୯ ସନ୍ଧ୍ୟାରେ କଟକ ଟାଉନହଲଠାରେ ଏକ ସଭା ଡକ୍ଟର ହରେକୃଷ୍ଣ ମହତାବଙ୍କ ଅଧ୍ୟକ୍ଷତାରେ ଅନୁଷ୍ଠିତ ହୋଇଥିଲା । ମୋ ସମେତ ସମାଜ ସମ୍ପାଦକ ଡକ୍ଟର ରାଧାନାଥ ରଥ, ଜଷ୍ଟିସ ହରିହର ମହାପାତ୍ର, ପ୍ରଫେସର ବାମାଚରଣ ଦାସ, ଡକ୍ଟର ଶ୍ରୀରାମଚନ୍ଦ୍ର ଦାଶ, ଶ୍ରୀ ବିଶ୍ୱନାଥ ପଣ୍ଡିତ, ତ୍ରିଲୋଚନ କାନୁନ୍‌ଗୋ, କୁଳପତି ଡକ୍ଟର ବିଦ୍ୟାଧର ମିଶ୍ର, ଡକ୍ଟର ବଂଶୀଧର ପରିଜା, ଡକ୍ଟର ବିଦ୍ୟାଧର ପାଢ଼ୀ, ଡକ୍ଟର ସୂର୍ଯ୍ୟକାନ୍ତ ଦାସ, ଡକ୍ଟର ସୁନୀଲକାନ୍ତି ଘୋଷ, ଡକ୍ଟର ଗୌରୀରାଣୀ ଘୋଷ, ଡକ୍ଟର ଦୀନବନ୍ଧୁ ମିଶ୍ର, ଡକ୍ଟର କମଳ କୁମାରୀ ପଟ୍ଟନାୟକ ପ୍ରମୁଖ ବହୁ ବିଶିଷ୍ଟ ବ୍ୟକ୍ତି

ଯୋଗଦାନ କରି ଆଲୋଚନାରେ ଅଂଶ ଗ୍ରହଣ କରିଥିଲେ। ଆହ୍ୱାୟକ କମିଟିର ଚେୟାରମ୍ୟାନ୍ ଶ୍ରଦ୍ଧେୟ ବସନ୍ତ କୁମାର ରାୟ ପ୍ରାରମ୍ଭିକ ସୂଚନା ଦେବାପରେ ସମାଜ ସମ୍ପାଦକ ଡକ୍ଟର ରଥ ଓ ଡକ୍ଟର ବିଦ୍ୟାଧର ପାଢ଼ୀ ପ୍ରମୁଖ ଆଲୋଚନାରେ ଅଂଶଗ୍ରହଣ କରି ପରିଜାଙ୍କ ସ୍ଥାୟୀ ସୁରକ୍ଷା ସମ୍ପର୍କରେ ଉପାଦେୟ ପରାମର୍ଶ ଦେଇଥିଲେ। ଉକ୍ତ ଟାଉନ୍‌ହଲ ସଭାରେ ଡକ୍ଟର ହରେକୃଷ୍ଣ ମହତାବଙ୍କ ଅଧ୍ୟକ୍ଷତାରେ ସ୍ମୃତି ପରିଷଦ ଗଠନ କରାଯାଇ ଏଥିରେ ମୋତେ କାର୍ଯ୍ୟକାରୀ ସଭାପତି ଭାବେ ନିର୍ବାଚିତ କରାଯାଇଥିଲା। ସେହିଦିନଠାରୁ ଉକ୍ତ ଅନୁଷ୍ଠାନ ସହିତ ସଂପୃକ୍ତ ହୋଇ ମୁଁ ଯଥାସମ୍ଭବ ଦାୟିତ୍ୱ ପରିଚାଳନା କରିଆସୁଛି।

ଉକ୍ତ ପ୍ରଫେସର ପରିଜା ସ୍ମୃତି ପରିଷଦ ଆନୁକୂଲ୍ୟରେ ୧୯୭୯ ମସିହାଠାରୁ ଏପର୍ଯ୍ୟନ୍ତ ପ୍ରତିବର୍ଷ ଜୁନ୍ ୨ ତାରିଖରେ ବାରବାଟୀ ଷ୍ଟାଡ଼ିୟମ କ୍ଲବ୍ ହାଉସ୍‌ଠାରେ ପ୍ରଫେସର ପରିଜାଙ୍କ ସ୍ମୃତିସଭା ଦୀର୍ଘ ୧୨ ବର୍ଷ ଧରି ପାଳିତ ହୋଇ ଆସୁଅଛି। ଓଡ଼ିଶାର ବହୁ ବିଶିଷ୍ଟ ବ୍ୟକ୍ତି ଉକ୍ତ ଶ୍ରାଦ୍ଧସଭାରେ ଯୋଗଦାନ କରି ପରିଜାଙ୍କ ଅନନ୍ୟ ବ୍ୟକ୍ତିତ୍ୱ, ପାଣ୍ଡିତ୍ୟ, ସାଙ୍ଗଠନିକ କର୍ମପ୍ରବଣତା, ବିଚକ୍ଷଣ ପ୍ରଶାସନିକ ଦକ୍ଷତା ଓ ସାମାଜିକ ଦାୟିତ୍ୱବୋଧ ଆଦି ସୁଗୁଣଗୁଡ଼ିକ ସମ୍ପର୍କରେ ପ୍ରତ୍ୟକ୍ଷ ଅଭିଜ୍ଞତା-ଲବ୍ଧ ଘଟଣାବଳୀ ସମ୍ପର୍କରେ ଉଦ୍‌ବୋଧନ ଦେଇ ଆସୁଛନ୍ତି। ଗତ ୧୯୮୮ ମସିହା ଶ୍ରାଦ୍ଧସଭାରେ ଓଡ଼ିଶାର ତତ୍କାଳୀନ ମୁଖ୍ୟମନ୍ତ୍ରୀ ଶ୍ରୀ ଜାନକୀ ବଲ୍ଲଭ ପଟ୍ଟନାୟକ ଓ ସଂସ୍କୃତି ମନ୍ତ୍ରୀ ଶ୍ରୀ ଶରତ ରାଉତ ଯୋଗଦାନ କରି ପରିଜାଙ୍କ ବାସ୍ତବ ସ୍ମୃତିରକ୍ଷା ନିମିତ୍ତ ସରକାରୀ ସ୍ତରରେ ପ୍ରଫେସର ପରିଜା ଜନ୍ମଶତବାର୍ଷିକୀ କର୍ମୀ ଗଠନ କରାଯାଇ ଆବଶ୍ୟକୀୟ ପଦକ୍ଷେପ ଗ୍ରହଣ କରାଯିବ ବୋଲି ଘୋଷଣା କରିଥିଲେ। ଚଳିତ ୧୯୯୦ ମସିହା ଏପ୍ରିଲ ପହିଲାରୁ ପରିଜାଙ୍କ ଜନ୍ମଶତବାର୍ଷିକୀ କାର୍ଯ୍ୟକ୍ରମ ଆରମ୍ଭ କରାଯାଇଛି।

ରାଜ୍ୟ ସରକାରଙ୍କ ସହଯୋଗ କ୍ରମେ ପରିଜା ଚେୟାର ପ୍ରତିଷ୍ଠା କରାଯାଇଛି ଏବଂ ବିଶିଷ୍ଟ ଉଦ୍ଭିଦ-ବିଜ୍ଞାନୀ ପ୍ରଫେସର ପ୍ରଫୁଲ୍ଲ ଚନ୍ଦ୍ର ତ୍ରିପାଠୀ ପରିଜା ପ୍ରଫେସର ଭାବେ ନିଯୁକ୍ତି ପାଇ କାର୍ଯ୍ୟ କରୁଛନ୍ତି। ପରିଜା ସ୍ମାରକୀ ବକ୍ତୃତାମାଳା ମଧ୍ୟ କାର୍ଯ୍ୟକାରୀ ହେଉଅଛି ଓ ଭାରତର ବହୁ ବିଶିଷ୍ଟ ବ୍ୟକ୍ତି ଉତ୍କଳ ବିଶ୍ୱବିଦ୍ୟାଳୟକୁ ଆସି ସ୍ମାରକୀ ବକ୍ତୃତା ପ୍ରଦାନ କରୁଛନ୍ତି। ଉପରୋକ୍ତ କାର୍ଯ୍ୟକ୍ରମ ନିମିତ୍ତ ଓଡ଼ିଶାର ତତ୍କାଳୀନ ମୁଖ୍ୟମନ୍ତ୍ରୀ ଶ୍ରୀ ନୀଳମଣି ରାଉତରାୟଙ୍କ ଅବଦାନ ବିଶେଷ ଉଲ୍ଲେଖଯୋଗ୍ୟ। ସ୍ମୃତି ପରିଷଦ ତରଫରୁ ପରିଜା ସ୍ମାରକୀ ଛାତ୍ରବୃତ୍ତି ପ୍ରଦାନ ନିମିତ୍ତ ୧୯୮୦ ମସିହା ଶ୍ରାଦ୍ଧ ସଭାରେ ଓଡ଼ିଶାର ଉତ୍କଳ, ବ୍ରହ୍ମପୁର ଓ ସମ୍ବଲପୁର ବିଶ୍ୱବଦ୍ୟାଳୟକୁ ୨୦୦୦୦ ଟଙ୍କା ଲେଖାଏଁ ଯୋଗାଇ

ଦିଆଯାଇଅଛି ଏବଂ ଓଡ଼ିଶା କୃଷି ଓ ବୈଷୟିକ ବିଶ୍ୱବିଦ୍ୟାଳୟକୁ ମଧ୍ୟ ନିମିତ୍ତ ୨୦,୦୦୦ ଟଙ୍କାର ଚେକ୍ ପ୍ରଦାନ କରାଯାଇଅଛି। ପ୍ରଫେସର ପରିଜାଙ୍କ ସ୍ମୃତି ଉଦ୍ଦେଶ୍ୟରେ ବିଭିନ୍ନ ସ୍କୁଲ, କଲେଜର ଛାତ୍ରଛାତ୍ରୀଙ୍କ ମଧ୍ୟରେ କୁଇଜ୍ ଓ ବକ୍ତୃତା ପ୍ରତିଯୋଗିତା ଅନୁଷ୍ଠିତ ହେଉଅଛି। ରେଭେନ୍ସା କଲେଜଠାରେ ପରିଜାଙ୍କର ଏକ ପ୍ରତିମୂର୍ତ୍ତି ସ୍ଥାପନ କରାଯିବା ସହିତ କଲେଜର ଏକ ହଷ୍ଟେଲକୁ ତାଙ୍କ ନାମରେ ନାମିତ କରାଯାଇଅଛି।

ଉପରୋକ୍ତ ବିଭିନ୍ନ କାର୍ଯ୍ୟକ୍ରମ ପରିଚାଳନା କ୍ଷେତ୍ରରେ ଯେଉଁସବୁ ଅନୁଷ୍ଠାନ ଓ ବନ୍ଧୁମାନେ ସହଯୋଗ କରିଛନ୍ତି ତାଙ୍କୁ ପରିଷଦ ତରଫରୁ କୃତଜ୍ଞତା ଜ୍ଞାପନ କରାଯାଇଥିଲେ ମଧ୍ୟ ମୁଁ ବ୍ୟକ୍ତିଗତ ଭାବରେ ମୋର କୃତଜ୍ଞତା ଜ୍ଞାପନ କରୁଛି। ଏତଦ୍‌ବ୍ୟତୀତ ଉକ୍ତ ସ୍ମୃତି ପରିଷଦର କର୍ମକର୍ତ୍ତା ସଦସ୍ୟ ଭାବରେ ଡକ୍ଟର ମହତାବ, ପ୍ରଫେସର ବାମାଚରଣ ଦାସ, ଡକ୍ଟର ମହେନ୍ଦ୍ର ରାଉତ, ଜ୍ଞାନମଣ୍ଡଳ ସମ୍ପାଦକ ବିନୋଦ କାନୁନ୍‌ଗୋଙ୍କ ଠାରୁ ଆରମ୍ଭକରି ଜଷ୍ଟିସ ହରିହର ମହାପାତ୍ର, ଡକ୍ଟର ସଦାଶିବ ମିଶ୍ର, ଡକ୍ଟର ହରିହର ପଟ୍ଟନାୟକ, ଡକ୍ଟର ଗଦାଧର ମିଶ୍ର, ଚାଟାର୍ଡ ଆକାଉଣ୍ଟାଣ୍ଟ ଏଚ୍. ନାୟକ ଡକ୍ଟର ଉମାକାନ୍ତ ମହାପାତ୍ର, ଡକ୍ଟର ଘନଶ୍ୟାମ ଦାସ, ଡକ୍ଟର ଲକ୍ଷ୍ମୀକାନ୍ତ ଦାସ, ଇଞ୍ଜିନିୟର ପ୍ରଭାକର ସ୍ୱାଇଁ, ବିଭିନ୍ନ ସମୟରେ ସମ୍ପାଦକ ଭାବରେ ଦାୟିତ୍ୱ ପରିଚାଳନା କରିଥିବା ଡକ୍ଟର ଦୀନବନ୍ଧୁ ମିଶ୍ର, ଡକ୍ଟର ଦେବକାନ୍ତ ମିଶ୍ର, ଡକ୍ଟର କମଳ କୁମାରୀ ପଟ୍ଟନାୟକ, ଯୁଗ୍ମ ସମ୍ପାଦକ ଶ୍ରୀ ଦୁର୍ଗା ପ୍ରସାଦ ସିଂହ, ସହସମ୍ପାଦକ ଶ୍ରଦ୍ଧେୟ ବସନ୍ତ କୁମାର ରାୟ ଓ ଶ୍ରୀ ନିହାର ରଞ୍ଜନ ରାୟ ପ୍ରମୁଖ ବିଭିନ୍ନ କାର୍ଯ୍ୟକ୍ରମ ପରିଚାଳନାରେ ବହୁ ଭାବରେ ସହଯୋଗ କରିଛନ୍ତି। ବିଶେଷକରି ପରିଷଦ ତରଫରୁ ବିଭିନ୍ନ ବିଶ୍ୱବିଦ୍ୟାଳୟକୁ ଯେଉଁ ୬୦,୦୦୦ ଟଙ୍କା ପ୍ରଦାନ କରାଯାଇଅଛି ତାହା ପରିଷଦର ଯୁଗ୍ମ ସମ୍ପାଦକ ଶ୍ରୀ ଦୁର୍ଗା ପ୍ରସାଦ ସିଂହଙ୍କ ଆନ୍ତରିକ ଉଦ୍ୟମ ଫଳରେ ସମ୍ଭବ ହୋଇପାରିଛି। ପରିଷଦର ବିଭିନ୍ନ କାର୍ଯ୍ୟକ୍ରମ ପରିଚାଳନା କ୍ଷେତ୍ରରେ ସହ-ସମ୍ପାଦକ ଶ୍ରଦ୍ଧେୟ ବସନ୍ତ କୁମାର ରାୟ ମଧ୍ୟ ବିଶେଷ ଭାବରେ ସହଯୋଗ କରିଛନ୍ତି।

ପ୍ରଫେସର ପରିଜାଙ୍କ ଜନ୍ମ ଶତବାର୍ଷିକୀ ଅବସରରେ ଉତ୍କଳ ବିଶ୍ୱବିଦ୍ୟାଳୟ, ଜନ୍ମସ୍ଥାନ ବାଲିକୁଦା ଓ କଟକ ସହରରେ ତାଙ୍କର ତିନୋଟି ପୂର୍ଣ୍ଣାବୟବ ପ୍ରତିମୂର୍ତ୍ତି ସ୍ଥାପନ ସହିତ ଶୂନ୍ୟସ୍ତରରେ ପରିଜା ଇନ୍‌ଷ୍ଟିଚ୍ୟୁଟ୍ ପ୍ରଫେସର ପରିଜା ସ୍ମାରକୀ ବକ୍ତୃତାମାଳାର ବ୍ୟାପକ ପ୍ରଚଳନ, ତାଙ୍କ ବହୁମୁଖୀ ପ୍ରତିଭା ସହିତ ଆମର ଦାୟାଦମାନଙ୍କୁ ପରିଚିତ କରାଇବାକୁ ଏକାଧିକ ସ୍ମରଣିକା ଓ ପୁସ୍ତକ ପ୍ରକାଶନ ଏବଂ ଏକ ସ୍ମାରକୀ

ଡାକଟିକଟ ପ୍ରଚଳନ ନିମିତ୍ତ ପ୍ରସ୍ତାବ କରାଯାଇଥିବାରୁ ଏହାର ସଫଳତା କ୍ଷେତ୍ରରେ ସବୁ ସ୍ତରରୁ ଆବଶ୍ୟକୀୟ ସହଯୋଗ ମିଳିବ ବୋଲି ଆଶା କରୁଛି।

କଲେଜିଏଟ୍ ସ୍କୁଲରେ ସାଂସ୍କୃତିକ ଉତ୍ସବ

ରେଭେନ୍ସା କଲେଜିଏଟ୍ ସ୍କୁଲର ମୁଁ ଜଣେ ପୂର୍ବତନ ଛାତ୍ର। ପୂର୍ବତନ ରାଜ୍ୟପାଳ ସ୍ୱର୍ଗତ ନିତ୍ୟାନନ୍ଦ କାନୁନ୍‌ଗୋଙ୍କ ପରେ କିଛି ବର୍ଷ ପାଇଁ ମୁଁ ଉକ୍ତ ସ୍କୁଲର ପୁରାତନ ଛାତ୍ରସଂଘର ସଭାପତି ଥିଲି। ସେ ସମୟରେ ସ୍ୱନାମଧନ୍ୟ ସାମ୍ବାଦିକ ଶ୍ରୀ ସତ୍ୟରାୟ ପୁରାତନ ଛାତ୍ରସଂଘର ସମ୍ପାଦକ ଭାବରେ ବେଶ୍ ଦକ୍ଷତାର ସହ କାର୍ଯ୍ୟ କରିଥିଲେ।

୧୯୮୨ ଜାନୁଆରୀ ୨୩ ତାରିଖରେ ପାଳିତ ହୋଇଥିବା ନେତାଜୀ ଜୟନ୍ତୀ ଉତ୍ସବରେ ମୁଁ ସଭାପତିତ୍ୱ କରିଥିଲି। ମୋ ସହିତ ଓଡ଼ିଶାର ତତ୍କାଳୀନ ଅର୍ଥମନ୍ତ୍ରୀ ଶ୍ରୀ ରଘୁନାଥ ପଟ୍ଟନାୟକ, କଟକର ଜିଲ୍ଲାପାଳ ଶ୍ରୀ ହରମୋହନ ପଟ୍ଟନାୟକ, ଆଇ.ଏ.ଏସ୍.; ଚିଫ୍ କଞ୍ଜରଭେଟର—ଫରେଷ୍ଟ ଶ୍ରୀ ସଚ୍ଚିଦାନନ୍ଦ ଦାସ, ଶ୍ରୀ ରଜତ କୁମାର କର ଓ ଆଡ୍‌ଭୋକେଟ୍— ସ୍ୱର୍ଗତ ଅମିତାଭ ମହାପାତ୍ର ପ୍ରମୁଖ ବହୁ ବିଶିଷ୍ଟ ବ୍ୟକ୍ତି ଯୋଗଦାନ କରିଥିଲେ।

ଏତଦ୍‌ବ୍ୟତୀତ ୧୯୮୪ ମସିହାରେ ଅନୁଷ୍ଠିତ ନେତାଜୀ ଜୟନ୍ତୀ ଉତ୍ସବରେ ମଧ୍ୟ ମୁଁ ସଭାପତିତ୍ୱ କରିଥିଲି। ଏଥିରେ ବିଶିଷ୍ଟ ଶିକ୍ଷାବିତ୍ ବାଗ୍ମୀ ଡକ୍ଟର ଶ୍ରୀରାମଚନ୍ଦ୍ର ଦାଶ, ତତ୍କାଳୀନ କେନ୍ଦ୍ରାଞ୍ଚଳ ରାଜସ୍ୱ କମିଶନର ଶ୍ରୀ ଅମୂଲ୍ୟରତ୍ନ ନନ୍ଦ, ଆଇ.ଏ.ଏସ୍. (ବର୍ତ୍ତମାନ ଭାରତର ଜନଗଣନା ନିର୍ଦ୍ଦେଶକ), ଜଷ୍ଟିସ ଦେବପ୍ରିୟ ମହାପାତ୍ର ଓ ରାଧାନାଥ ଟ୍ରେନିଂ କଲେଜର ଅଧ୍ୟକ୍ଷ କେଶବ ଚନ୍ଦ୍ର ପତି ପ୍ରମୁଖ ବହୁ ବିଶିଷ୍ଟ ବ୍ୟକ୍ତି ଯୋଗଦାନ କରିଥିଲେ।

ସେହିବର୍ଷ ଏପ୍ରିଲ ୨୮ ତାରିଖରେ ଜାତୀୟ ଗୌରବ କୁଳବୃଦ୍ଧ ମଧୁସୂଦନ ଦାସଙ୍କ ଜୟନ୍ତୀ ଉତ୍ସବ ମଧ୍ୟ ସ୍କୁଲରେ ଅନୁଷ୍ଠିତ ହୋଇଥିଲା। ଏଥିରେ ମୁଁ ସଭାପତିତ୍ୱ କରିଥିଲି। ବିଶିଷ୍ଟ ସାହିତ୍ୟିକ ତଥା ପୂର୍ବତନ ଲୋକସଭା ସଦସ୍ୟ ଶ୍ରୀ ସୁରେନ୍ଦ୍ର ମହାନ୍ତି ମୁଖ୍ୟ ବକ୍ତା ଭାବରେ ଯୋଗଦାନ କରିଥିଲେ। ସ୍କୁଲ ପରିସର ମଧ୍ୟରେ ମୁଁ ମଧୁବାବୁଙ୍କର ଏକ ପ୍ରତିମୂର୍ତ୍ତି ଉନ୍ମୋଚନ କରିବାର ସୁଯୋଗ ପାଇଥିଲି। ସେତେବେଳେ ଶ୍ରୀରାମଚନ୍ଦ୍ର ପଣ୍ଡା ବିଦ୍ୟାଳୟର ପ୍ରଧାନ ଶିକ୍ଷକ ଥିଲେ।

ସ୍କୁଲରେ ଅନୁଷ୍ଠିତ ଶ୍ରୀ ଅରବିନ୍ଦ ଜୟନ୍ତୀ କମିଟି ପକ୍ଷରୁ ଆୟୋଜିତ ବିଭିନ୍ନ

ଉତ୍ସବରେ ମଧ୍ୟ ମୁଁ ଅଧ୍ୟକ୍ଷତା କରିବାର ସୁଯୋଗ ପାଇଥିଲି। ଥରେ ଗୋଟିଏ ଉତ୍ସବରେ ମୋ' ସହିତ ଜଷ୍ଟିସ୍ ନବକୁମାର ଦାସ, ସ୍ୱନାମଧନ୍ୟ ସମାଜସେବୀ ଡାକ୍ତର ଶରତ ଚନ୍ଦ୍ର ମିଶ୍ର, ବିଶିଷ୍ଟ ସାମ୍ବାଦିକ ଶ୍ରୀ ଅରୁଣ କୁମାର ପଣ୍ଡା ଏବଂ ସାମ୍ବାଦିକ ଶ୍ରୀ ସତ୍ୟରାୟ ଯୋଗଦାନ କରିଥିଲେ।

ଉପରୋକ୍ତ ବିଭିନ୍ନ କାର୍ଯ୍ୟକ୍ରମ ପରିଚାଳନା କ୍ଷେତ୍ରରେ ପୁରାତନ ଛାତ୍ରସଂଘ ସମ୍ପାଦକ ତଥା ସ୍ୱନାମଧନ୍ୟ ସାମ୍ବାଦିକ ଶ୍ରୀ ସତ୍ୟରାୟ (ନିଲୁ)ଙ୍କ ଭୂମିକା ବିଶେଷ ଉଲ୍ଲେଖଯୋଗ୍ୟ। ନିଜର ଦକ୍ଷତା ଓ କର୍ମକୁଶଳତା ପାଇଁ ସେ ବହୁବାର ସାମ୍ବାଦିକ ସଂଘର ସାଧାରଣ ସମ୍ପାଦକ ଭାବରେ ନିର୍ବାଚିତ ହୋଇ 'ସମାଜ'ର ସବ୍-ଏଡ଼ିଟର ଭାବେ ସେ ସୁପରିଚିତ। ସେ ଆକାଶବାଣୀର ସାମୟିକ ସମ୍ବାଦ ପ୍ରତିନିଧି ଭାବରେ ମଧ୍ୟ କାର୍ଯ୍ୟ କରୁଅଛି। ବିଭିନ୍ନ ସେବା ଓ ସାଂସ୍କୃତିକ ଅନୁଷ୍ଠାନ ସହିତ ସଂପୃକ୍ତ ହୋଇ ସେ ଉତ୍ସର୍ଗୀକୃତ ଭାବରେ କାର୍ଯ୍ୟ କରୁଥିବା ଆନନ୍ଦର ବିଷୟ।

ନିଲୁ ମୋର ବଡ଼ନାତି ଆଡ୍‌ଭୋକେଟ୍ ପ୍ରଦୀପ ମହାନ୍ତି (ଦୀପୁ)ର ବାଲ୍ୟ ବନ୍ଧୁ। ସେ ଅନେକ ସମୟରେ ଆମ ଘରଆଡ଼େ ଆସିଥାଏ। ତା' ସହିତ ଆମର ପାରିବାରିକ ସମ୍ପର୍କ ଅଛି। ତା'ର ବାପା ଶ୍ରଦ୍ଧେୟ ପ୍ରଫୁଲ୍ଲ ଚନ୍ଦ୍ର ରାୟ ଜଣେ ଖ୍ୟାତନାମା ସମାଜସେବୀ। ସେ ବାରଙ୍ଗ ପଞ୍ଚାୟତ ସମିତିର ପ୍ରାୟ ୧୨ ବର୍ଷ ଧରି ଚେୟାରମ୍ୟାନ ଥିଲେ। କଟକରେ ତାଙ୍କ ଅଟୋ ମୋବାଇଲ ବ୍ୟବସାୟ ଚାଲିଛି। କଟକ ବାଦାମବାଡ଼ିଠାରେ ସେ ଘର କରି ରହୁଛନ୍ତି।

ନୀଳଚକ୍ରର ବାର୍ଷିକ ଉତ୍ସବ

ରେଭେନ୍ସା କଲେଜ ଛାତ୍ର ୟୁନିୟନର ପୂର୍ବତନ ସଭାପତି ଆଡ୍‌ଭୋକେଟ୍ ଶ୍ରୀ ବ୍ରହ୍ମାନନ୍ଦ ପଣ୍ଡାଙ୍କ ଉଦ୍ୟମରେ 'ନୀଳଚକ୍ର' ନାମରେ ଏକ ସାମାଜିକ ସାଂସ୍କୃତିକ ଅନୁଷ୍ଠାନ ଗଠିତ ହୋଇ ଓଡ଼ିଆ ଭାଷା, ସଂସ୍କୃତି ଓ ପରମ୍ପରାର ସୁରକ୍ଷା କ୍ଷେତ୍ରରେ ବହୁ ଉଲ୍ଲେଖନୀୟ ପଦକ୍ଷେପ ଗ୍ରହଣ କରିଛନ୍ତି। ବିଶେଷକରି ପଡ଼ୋଶୀ ରାଜ୍ୟର ପ୍ରଭାବରେ ଓଡ଼ିଶାର ସୀମାନ୍ତ ଓ ଉପାନ୍ତ ଅଞ୍ଚଳରେ କ୍ରମେ ଅବକ୍ଷୟ ଚାରିଆଡ଼କୁ ଗତି କରୁଥିବା ଓଡ଼ିଆ ଭାଷା ଓ ସଂସ୍କୃତିକୁ ବଞ୍ଚାଇ ରଖିବା କ୍ଷେତ୍ରରେ ଉକ୍ତ ଅନୁଷ୍ଠାନ ଅତ୍ୟନ୍ତ ନିଷ୍ଠାର ସହ କାର୍ଯ୍ୟ କରୁଅଛି। ଏବେ ଓଡ଼ିଶା ତଥା ଓଡ଼ିଶା ବାହାରେ ବିଭିନ୍ନ ସ୍ଥାନରେ ଥିବା 'ନୀଳଚକ୍ର'ର ବିଭିନ୍ନ ଶାଖା ସଙ୍ଗଠନର କର୍ମକର୍ତ୍ତା ଓ ସଭ୍ୟମାନେ ଉତ୍ସର୍ଗୀକୃତ ଭାବରେ ସେମାନଙ୍କର ଉଦ୍ୟମ ଅବ୍ୟାହତ ରଖିଛନ୍ତି। ମୋର ପଡ଼ୋଶୀ ସ୍ୱନାମଧନ୍ୟ ଔପନ୍ୟାସିକ

ଘନଶ୍ୟାମ ମହାନ୍ତିଙ୍କ ପୁତ୍ର ତଥା ରେଭେନ୍ସା କଲେଜ ଛାତ୍ର ୟୁନିୟନର ଅନ୍ୟତମ ପୂର୍ବତନ ସଭାପତି ଚକ୍ରଧରପୁର କଲେଜର ଅଧ୍ୟାପକ ଚିତ୍ତରଞ୍ଜନ ମହାନ୍ତି ମଧ୍ୟ ଉକ୍ତ ସଙ୍ଗଠନର ଜଣେ ସକ୍ରିୟ କର୍ମକର୍ତ୍ତା ଭାବରେ ଅତ୍ୟନ୍ତ ନିଷ୍ଠାର ସହିତ କାର୍ଯ୍ୟ କରୁଛନ୍ତି ।

ବିଚାରପତି ଜୀବନରୁ ଅବସର ଗ୍ରହଣ ପରେ ନୀଳଚକ୍ରର ବାର୍ଷିକ ଉତ୍ସବରେ କେତେବାର ଯୋଗଦାନ କରିଥିଲେ । ପ୍ରଗଳ୍ଭ ବକ୍ତା ଅଧ୍ୟାପକ ହୃଦାନନ୍ଦ ରାୟ, ଅଧ୍ୟାପକ ଗୌରୀ କୁମାର ବ୍ରହ୍ମା, ମହାପାତ୍ର ନୀଳମଣି ସାହୁ ପ୍ରମୁଖ ବହୁ ବିଶିଷ୍ଟ ବ୍ୟକ୍ତି ମଧ୍ୟ ଏହାର ବିଭିନ୍ନ କାର୍ଯ୍ୟକ୍ରମରେ ଯୋଗଦାନ କରୁଥିଲେ । ଅନୁଷ୍ଠାନର ସଭାପତି ଶ୍ରଦ୍ଧେୟ ବ୍ରହ୍ମାନନ୍ଦ ପଣ୍ଡା, ସାଧାରଣ ସମ୍ପାଦକ ସୁରେନ୍ଦ୍ର ନାଥ ମହାନ୍ତି ଓ ବସନ୍ତ କୁମାର ଗ୍ରହାଚାର୍ଯ୍ୟ ପ୍ରମୁଖ ଅନେକ ବାର ମୋ' ଡଗରପଡ଼ା ବାସଭବନକୁ ଆସି 'ନୀଳଚକ୍ର'ର ବିଭିନ୍ନ କାର୍ଯ୍ୟକ୍ରମ ସମ୍ପର୍କରେ ଆଲୋଚନା କରୁଥିଲେ । ଉକ୍ତ ଅନୁଷ୍ଠାନର କାର୍ଯ୍ୟକ୍ରମ ପ୍ରତି ଏବେ ବି ମୋର ଶ୍ରଦ୍ଧା ଅତୁଟ ରହିଛି ଏବଂ ମୁଁ ଏହାର ସଫଳତା କାମନା କରୁଅଛି ।

ଉତ୍କଳ ମହିଳା ସମିତି

ଡାକ୍ତର ଶ୍ରୀମତୀ ନିରୁପମା ରଥଙ୍କ ଉଦ୍ୟମରେ ୧୯୭୨ ମସିହା ନଭେମ୍ବର ୭ ତାରିଖରୁ ଉକ୍ତ ମହିଳା ସମିତି ପ୍ରତିଷ୍ଠିତ ହୋଇ ଏବେ ବେଶ୍ ସଫଳତା ହାସଲ କରି ପାରିଛି । ଶ୍ରଦ୍ଧେୟା ନିରୁପମା ଆରମ୍ଭରୁ ଏ ପର୍ଯ୍ୟନ୍ତ ଉକ୍ତ ମହିଳା ସମିତିର ସଭାନେତ୍ରୀ ଭାବରେ ଅତ୍ୟନ୍ତ ନିଷ୍ଠାର ସହ କାର୍ଯ୍ୟ କରୁଛି । ଏଥି ସହିତ ସେ ଭାରତୀୟ ମହିଳା ଫେଡ଼େରେସନର ମଧ୍ୟ ସଭାନେତ୍ରୀ । ଅନ୍ୟମାନଙ୍କ ମଧ୍ୟରେ ପ୍ରଥମ ସମ୍ପାଦିକା ୰ ସାବିତ୍ରୀ ମିଶ୍ର, ଶ୍ରୀମତୀ ଶାନ୍ତି ମଞ୍ଜରୀ ପଟ୍ଟନାୟକ, ୰ ଅନସୂୟା ସାହୁ, ଶ୍ରୀମତୀ ଭାଗ୍ୟଲକ୍ଷ୍ମୀ ଚୌଧୁରୀ, ଶ୍ରୀମତୀ ସୁଦୀପ୍ତା ଦାସ, ଶ୍ରୀମତୀ ନଳିନୀ ପଟ୍ଟନାୟକ, ଶ୍ରୀମତୀ ଶୈଳ ବେହେରା, ଶ୍ରୀମତୀ ବିଜୟଲକ୍ଷ୍ମୀ ସାହୁ ଓ ଶ୍ରୀମତୀ ସନ୍ଧ୍ୟା ମହାପାତ୍ର ପ୍ରମୁଖ ବିଭିନ୍ନ ସମୟରେ ଉକ୍ତ ସଙ୍ଗଠନର ପରିଚାଳନା ସହିତ ସଂପୃକ୍ତ ହୋଇ ସେବା ଓ ଉତ୍ସର୍ଗୀକୃତ ମନୋଭାବ ନେଇ କାର୍ଯ୍ୟ କରୁଛନ୍ତି ।

୧୯୭୫ ମସିହାରେ ବର୍ଲିନ୍‌ଠାରେ ଅନୁଷ୍ଠିତ ହୋଇଥିବା ଆନ୍ତର୍ଜାତିକ ମହିଳା ସମ୍ମେଳନରେ ମଧ୍ୟ ଉକ୍ତ ସଙ୍ଗଠନର ୩ ଜଣ କର୍ମକର୍ତ୍ତା ଯୋଗଦାନ କରିଥିଲେ । ମହିଳାମାନଙ୍କୁ ସାକ୍ଷର କରିବା, ନାରୀ ନିର୍ଯ୍ୟାତନା ବିରୁଦ୍ଧରେ ସ୍ୱର ଉତ୍ତୋଳନ କରିବା, ଯୌତୁକ, ବଧୂ ହତ୍ୟା ଆଦି ସାମାଜିକ କଳଙ୍କ ଲୋପ କରାଯିବା ଦିଗରେ ସଚେତନତା ସୃଷ୍ଟି କରିବା, ଆଇନ ଓ ଅଧିକାର ସମ୍ପର୍କରେ ମହିଳାମାନଙ୍କୁ ସଚେତନ କରାଇ

ସେମାନଙ୍କ ନିରପତ୍ତା ରକ୍ଷା ଦିଗରେ ଆବଶ୍ୟକୀୟ ପଦକ୍ଷେପ ନେବା ଆଦି ମହିଳାମାନଙ୍କ କ୍ଷେତ୍ରରେ କେତେକ କାର୍ଯ୍ୟକ୍ରମ ହାତକୁ ନେଇ ଉକ୍ତ ସଙ୍ଗଠନ ସଫଳତାର ସହ କାର୍ଯ୍ୟ କରୁଥିବା ଆନନ୍ଦର ବିଷୟ ।

ଗତ କିଛିବର୍ଷ ତଳେ ଉକ୍ତ ମହିଳା ସମିତି ଆନୁକୁଲ୍ୟରେ କଟକ ସହରସ୍ଥିତ ଗମ୍ଭାଡିଆଠାରେ କର୍ମଜୀବୀ ମହିଳାଙ୍କ ରହିବା ପାଇଁ ପ୍ରତିଷ୍ଠିତ କର୍ମଜୀବୀ ମହିଳା ନିକେତନର ଏକ ବାର୍ଷିକ ଉତ୍ସବରେ ମୁଁ ଯୋଗଦାନ କରିବାର ସୁଯୋଗ ପାଇଥିଲି । ସେଦିନ ମୋ' ସହିତ ଓଡ଼ିଶାର ପୂର୍ବତନ ରାଜ୍ୟପାଳ ଶ୍ରୀଯୁକ୍ତ ବିଶ୍ୱମ୍ଭରନାଥ ପାଣ୍ଡେ ମଧ୍ୟ ଯୋଗଦାନ କରିଥିଲେ ।

କଟକ, କଲେକ୍ଟୋରେଟ୍ ଷ୍ଟାଫ୍-କମିଟିର ସମ୍ମିଳନୀ

ଶ୍ରଦ୍ଧେୟ ବସନ୍ତ କୁମାର ରାୟ ଓ ଅନ୍ୟାନ୍ୟ କର୍ମକର୍ତ୍ତାମାନଙ୍କ ଅନୁରୋଧକ୍ରମେ ଗତ ତା ୩୧-୫-୮୮ରେ କଟକ କଲେକ୍ଟୋରେଟ୍ ଷ୍ଟାଫ୍ କମିଟିର ୩ୟ ସମ୍ମିଳନୀରେ ଯୋଗଦାନ କରିଥିଲି । ଓଡ଼ିଶାର ତତ୍କାଳୀନ ରାଜସ୍ୱମନ୍ତ୍ରୀ ଶ୍ରୀ ଯୁଗଳ କିଶୋର ପଟ୍ଟନାୟକ, ପୂର୍ବତନ ମନ୍ତ୍ରୀ ତଥା ରାଜ୍ୟସଭା ସଦସ୍ୟ ଶ୍ରୀ ବାସୁଦେବ ମହାପାତ୍ର, କେନ୍ଦ୍ରାଞ୍ଚଳ ରାଜସ୍ୱ କମିଶନର ଶ୍ରୀ ସତ୍ୟରଞ୍ଜନ ପାଲ୍, ଆଇ.ଏ.ଏସ୍.; ଜିଲ୍ଲାପାଳ ଶ୍ରୀ ଅକ୍ଷୟ କୁମାର ଦାସ, ଆଇ.ଏ.ଏସ୍. ପ୍ରମୁଖ ବହୁ ବିଶିଷ୍ଟ ବ୍ୟକ୍ତି ନିମନ୍ତ୍ରିତ ଅତିଥି ଭାବରେ ଉପସ୍ଥିତ ଥିଲେ । କର୍ମଚାରୀ ନେତାମାନଙ୍କ ମଧ୍ୟରୁ ମୁଖ୍ୟ ବିଭାଗୀୟ ଅମଲା ସଂଘର ସଭାପତି ଶ୍ରୀ ପ୍ରତାପ ଚନ୍ଦ୍ର ଦାସ, ଶ୍ରୀ ଅର୍ଜୁନ ମହାକୁଳ ଓ ଶ୍ରୀ ଗୋବିନ୍ଦ ଚନ୍ଦ୍ର ପଣ୍ଡା ପ୍ରମୁଖ ଆଲୋଚନାରେ ଅଂଶ ଗ୍ରହଣ କରି କର୍ମଚାରୀମାନଙ୍କର ବିଭିନ୍ନ ସମସ୍ୟା ସମ୍ପର୍କରେ ଆଲୋକପାତ କରିଥିଲେ ।

ଏଥିରେ ଷ୍ଟାଫ୍ କମିଟିର ସଭାପତି ଶ୍ରୀ ନିରଞ୍ଜନ ଜେଠୀ ଅଧ୍ୟକ୍ଷତା କରିଥିଲେ । ସାଧାରଣ ସମ୍ପାଦକ ଶ୍ରୀ ପ୍ରତାପ ଚନ୍ଦ୍ର ଦାସ ସମ୍ପାଦକୀୟ ବିବରଣୀ ପାଠ କରିଥିଲେ ।

ଅଭ୍ୟର୍ଥନା ସମିତିର ଅଧ୍ୟକ୍ଷ ତଥା ଅଫିସ ସୁପରିଣ୍ଟେଣ୍ଡେଣ୍ଟ ଶ୍ରୀ ଜଗନ୍ନାଥ ମିଶ୍ର ସ୍ୱର୍ଗତ ଭୂଷଣ ଏବଂ ଷ୍ଟାଫ୍ କମିଟିର ପୂର୍ବତନ ସାଧାରଣ ସମ୍ପାଦକ ତଥା ଅଭ୍ୟର୍ଥନା ସମିତିର ଉପାଧ୍ୟକ୍ଷ ଶ୍ରୀ ବସନ୍ତ କୁମାର ରାୟ ପ୍ରାରମ୍ଭିକ ସୂଚନା ପ୍ରଦାନ କରିଥିଲେ ।

ଉକ୍ତ ସମ୍ମିଳନୀରେ ଯୋଗଦାନ ଅବସରରେ ଅନ୍ୟାନ୍ୟ ବିଭାଗର କର୍ମଚାରୀମାନଙ୍କ ତୁଳନାରେ ଜିଲ୍ଲାସ୍ତରୀୟ କର୍ମଚାରୀମାନେ ବହୁତ କମ୍ ଦରମା ପାଉଥିବା ଏବଂ ପଦୋନ୍ନତି କ୍ଷେତ୍ରରେ ସେମାନଙ୍କ ପାଇଁ ବିଶେଷ କିଛି ସୁଯୋଗ ନ

ଥିବା ଜାଣି ଦୁଃଖିତ ହୋଇଥିଲି । ମୋ ବିଚାରରେ ଏକା ପ୍ରକାରର କାର୍ଯ୍ୟ କରୁଥିବା ସବୁ ସ୍ତରର ଅମଲାମାନଙ୍କର ନିଯୁକ୍ତିସ୍ତର ଓ ଦରମାହାର ସମାନ ହେବା ଉଚିତ । ଜିଲ୍ଲାସ୍ତରରେ କାର୍ଯ୍ୟ କରୁଥିବା ସମସ୍ତ ସମ୍ପ୍ରସାରଣ ଅଧିକାରୀ ପଦବୀଗୁଡ଼ିକରେ ଜିଲ୍ଲାସ୍ତରୀୟ ଯୋଗ୍ୟତା-ସମ୍ପନ୍ନ ଅଭିଜ୍ଞ ଅମଲାଙ୍କୁ ପଦୋନ୍ନତି ଦିଆଯିବା କ୍ଷେତ୍ରରେ ସରକାରୀ ନୀତି ସ୍ଥିର ହେବା ଆବଶ୍ୟକ ।

୧୯୮୮ ମସିହା ପବିତ୍ର ସରସ୍ୱତୀ ପୂଜା ଦିନ 'ବିଦ୍ୟାଭାରତୀ' ନାମରେ ମୋ' ଅଧ୍ୟକ୍ଷତାରେ ଏକ ନୂତନ ଅନୁଷ୍ଠାନ ଗଠିତ ହୋଇଅଛି । ଓଡ଼ିଶାର ପୂର୍ବତନ ମୁଖ୍ୟମନ୍ତ୍ରୀ ଶ୍ରୀ ଜାନକୀବଲ୍ଲଭ ପଟ୍ଟନାୟକ, ଅବସରପ୍ରାପ୍ତ ଚିଫ୍-ଜଷ୍ଟିସ୍ ଶ୍ରୀ ଯୁଗଳ କିଶୋର ମହାନ୍ତି, ପୂର୍ବତନ ଡି.ଜି. ଶ୍ରୀ ରାଜେନ୍ଦ୍ରନାରାୟଣ ଦାସ, ପୂର୍ବତନ ଲୋକସଭା ସଦସ୍ୟା ଶ୍ରୀମତୀ ଜୟନ୍ତୀ ପଟ୍ଟନାୟକ, ଶ୍ରୀ ମତଲୁବ ଅଲ୍ଲି, ପ୍ରଫେସର ଗଙ୍ଗାଧର ବଳ, ଶ୍ରୀ ଦୁର୍ଗା ପ୍ରସାଦ ସିଂହ, ଇଞ୍ଜିନିୟର ପ୍ରଭାକର ସ୍ୱାଇଁ ଶ୍ରୀ ରଣଧୀର ଦାସ, ଅଧ୍ୟାପିକା ସୁଲୋଚନା ଦାସ ଓ ଶ୍ରୀ ବସନ୍ତ କୁମାର ରାୟ ଏହାର ବିଭିନ୍ନ ଦାୟିତ୍ୱରେ ଅଛନ୍ତି ।

ମୁଖ୍ୟତଃ ବିଭିନ୍ନ କ୍ଷେତ୍ରରେ କୃତିତ୍ୱ ହାସଲ କରିଥିବା ପ୍ରତିଭାଗୁଡ଼ିକୁ ସମ୍ମାନିତ କରାଯିବା ସହିତ ବିଭିନ୍ନ ସେବା ଓ ସାଂସ୍କୃତିକ କାର୍ଯ୍ୟକ୍ରମ ପରିଚାଳନା କରିବା ଉକ୍ତ ଅନୁଷ୍ଠାନର ଲକ୍ଷ୍ୟ । ଇତି ମଧ୍ୟରେ ବିଦ୍ୟାଭାରତୀ ଆନୁକୂଲ୍ୟରେ କେତୋଟି ଆଲୋଚନାଚକ୍ର ଅନୁଷ୍ଠିତ ହୋଇ ଯାଇଛି । ସ୍ୱାମୀ ନିତ୍ୟାନନ୍ଦ ସରସ୍ୱତୀ, ଡାକ୍ତର ଶରତ ଚନ୍ଦ୍ର ମିଶ୍ର ପ୍ରମୁଖ ବହୁ ବିଶିଷ୍ଟ ବ୍ୟକ୍ତି ଉକ୍ତ ଆଲୋଚନାରେ ଅଂଶ ଗ୍ରହଣ କରିଛନ୍ତି । ଭବିଷ୍ୟତରେ ଏହାର ବିଭିନ୍ନ କାର୍ଯ୍ୟକ୍ରମ ଆରମ୍ଭ କରାଯିବାର ପ୍ରସ୍ତାବ ଅଛି ।

ପରିଚିତ ଓ ଅନ୍ତରଙ୍ଗତା

ଦୀର୍ଘ ଦେଢ଼ହଜାର ବର୍ଷ ପରାଧୀନତା ପରେ, ସ୍ୱାଧୀନତା ମୁକ୍ତି ସୂର୍ଯ୍ୟର ଉଦୟ ଉତ୍ସବ ଘଟିଥିଲା ଭାରତ ଭୂଖଣ୍ଡରେ। ଏହି ଦୃଷ୍ଟିରୁ ବିଂଶ ଶତାବ୍ଦୀର ପ୍ରଥମାର୍ଦ୍ଧ ଭାରତର ଇତିହାସରେ ବେଶ୍ ଗୁରୁତ୍ୱପୂର୍ଣ୍ଣ। ସ୍ୱାଧୀନତା ପୂର୍ବରୁ ଓ ପରେ ବହୁ ଐତିହାସିକ ବ୍ୟକ୍ତିମାନେ ଓଡ଼ିଶାର ରାଜନୈତିକ, ସାମାଜିକ ଓ ସାଂସ୍କୃତିକ ଜୀବନରେ ପ୍ରମୁଖ ଭୂମିକା ଗ୍ରହଣ କରିଛନ୍ତି; ସୌଭାଗ୍ୟ କ୍ରମେ ସେମାନଙ୍କ ମଧ୍ୟରୁ କେତେଜଣଙ୍କ ନିବିଡ଼ ସମ୍ପର୍କରେ ମୁଁ ଆସିଛି। କେବଳ ଓଡ଼ିଶା ନୁହେଁ, ଭାରତର ଜନଜୀବନକୁ ଯେଉଁ ବରପୁତ୍ରମାନେ ଦିଗ୍‌ଦର୍ଶନ ଦେଇ ଆସିଛନ୍ତି, ସେମାନଙ୍କ ମଧ୍ୟରୁ କେତେଜଣଙ୍କୁ ଅତିଥି ଭାବରେ ପାଇ ମୁଁ ବିଶେଷ ଭାବରେ ଗୌରବାନ୍ୱିତ ହୋଇଛି। ମୋ' ଜୀବନର କ୍ରମ ପ୍ରବାହମାନତାରେ ସେମାନଙ୍କର ଚିନ୍ତା ଓ ଚେତନା ସମ୍ମିଳିତ ହୋଇ ତାକୁ ମହାନ୍ ଓ ପ୍ରଶସ୍ତ କରିଛି। ସେହି ଆନନ୍ଦ ମଧୁର ଅନୁଭବଗୁଡ଼ିକର ଉଲ୍ଲେଖ ନକରି ରହିପାରୁନାହିଁ। ଏହି ଐତିହାସିକ ପୁରୁଷମାନେ ସେମାନଙ୍କ କୃତି ଓ କୀର୍ତ୍ତି ପାଇଁ ମହାକାଳରେ ଅମର ହୋଇ ରହିବେ।

ଜୟପ୍ରକାଶ ନାରାୟଣ

ମୁଁ ଭାରତର ବହୁ ବିଶିଷ୍ଟ ବ୍ୟକ୍ତିଙ୍କୁ ମୋ' ଘରେ ଅତିଥିଭାବେ ପାଇବାର ସୌଭାଗ୍ୟ ଲାଭ କରିଥିଲେ। ସେମାନଙ୍କ ମଧ୍ୟରେ ଲୋକନାୟକ ଜୟପ୍ରକାଶ ନାରାୟଣ ଅନ୍ୟତମ। ସେ ଓ ତାଙ୍କ ପତ୍ନୀ ପ୍ରଭାବତୀ ଦେବୀ ଦୁଇଥର ମୋର ଅତିଥି ହୋଇ ରହିଥିଲେ। ସେହି ସମୟରେ ତାଙ୍କ ସହିତ ଚା' ଭୋଜିରେ ଯୋଗଦାନ କରିବା ଲାଗି ମୁଁ ଓଡ଼ିଶାର କେତେକ ମାନ୍ୟଗଣ୍ୟ ବ୍ୟକ୍ତିଙ୍କୁ ମୋ' ଘରକୁ ଅତିଥିଭାବେ ନିମନ୍ତ୍ରଣ କରିବାର ସୁଯୋଗ ପାଇଛି। ଏଭଳି ପ୍ରତ୍ୟେକ ଥର ସେ ମୋ' ଘରେ

ଅନ୍ୟୁନ ୨-୩ ଦିନ ରହିଆନ୍ତି ଓ ଅନ୍ୟାନ୍ୟ ବିଶିଷ୍ଟ ବ୍ୟକ୍ତିମାନଙ୍କ ଗହଣରେ ତାଙ୍କ ସହିତ ଦେଶର ଗୁରୁତ୍ୱପୂର୍ଣ୍ଣ ଘଟଣା ସମ୍ପର୍କରେ ଆଲୋଚନା କରାଯାଇଥାଏ।

ମୁଁ ହାଇକୋର୍ଟର ବିଚାରପତି ଭାବେ ଦାୟିତ୍ୱ ଗ୍ରହଣ କରିବା ପରେ ନବକୃଷ୍ଣ ଚୌଧୁରୀ ଜୟପ୍ରକାଶଙ୍କୁ କହିଥିଲେ, "ଆପଣଙ୍କୁ ଆତିଥ୍ୟ ପ୍ରଦାନ କରୁଥିବା ରାଜକିଶୋର ଦାସ ଏବେ ଓଡ଼ିଶା ହାଇକୋର୍ଟର ବିଚାରପତି ହୋଇଛନ୍ତି।" ଏହା ଜାଣି ଜୟପ୍ରକାଶଜୀ ତାଙ୍କ ଆଡୁ କହିଲେ, "ଏଣିକି ତାଙ୍କ ଘରେ ଅତିଥି ହୋଇ ରହିବା ମୋ' ପକ୍ଷେ ସମୀଚୀନ ହେବନାହିଁ।" ସେଥର ସେ ମୋତିଲାଲ ପଣ୍ଡିତଙ୍କ ବିହାରୀ ବାଗରେ ରହିଲେ।" ମୁଁ ସେଠାକୁ ଯାଇ ତାଙ୍କ ସହିତ ସାକ୍ଷାତ କରିଥିଲି ଏବଂ ମୁଁ ଜଜ୍ ହୋଇଥିଲେ ମଧ୍ୟ ମୋ' ଘରେ ସେ ଅତିଥି ହୋଇ ରହିବା କ୍ଷେତ୍ରରେ କୌଣସି ପ୍ରକାର ବାଧା ନାହିଁ ବୋଲି କହିଥିଲା। ମୁଁ ଆପଣଙ୍କୁ ଅଡୁଆରେ ପକାଇବାକୁ ଚାହେଁ ନାହିଁ ବୋଲି କହି ସେ ଏଥିନିମିତ୍ତ ମୋତେ ଧନ୍ୟବାଦ ଅର୍ପଣ କରିଥିଲେ। ନିମନ୍ତ୍ରଣ ରକ୍ଷା କରି ପାରୁନଥିବାରୁ ଦୁଃଖ ପ୍ରକାଶ ମଧ୍ୟ କରିଥିଲେ। ଅବଶ୍ୟ ସେ ସବୁବେଳେ କହନ୍ତି ଯେ Orissa is my 2nd home. ସେ ଓଡ଼ିଶାକୁ ଖୁବ୍ ଭଲ ପାଉଥିଲେ।

ମୋ' ଘରେ ରହୁଥିବା ବେଳେ ଉଭୟଥର ପ୍ରଭାବତୀ ଦେବୀ ତାଙ୍କ ସାଙ୍ଗରେ ଥାନ୍ତି ଓ ଜୟପ୍ରକାଶଙ୍କ ଖାଇବା ପିଇବା ଦାୟିତ୍ୱ ଆମ୍ଭେମାନେ ବୁଝିଥିଲେ ମଧ୍ୟ ପ୍ରଭାବତୀ ଦେବୀ ପାଖେ ପାଖେ ରହି ସବୁ ଜିନିଷ ପ୍ରସ୍ତୁତ କରିବାରେ ସହଯୋଗ କରନ୍ତି। ଏପରିକି ଆମ ରୋଷେଇ ଘରେ ପଶି ନିଜ ହାତରେ ଦହି ଓ ଅନ୍ୟାନ୍ୟ ଖାଇବା ଜିନିଷ ତିଆରି କରିବା କଥା ମୁଁ ନିଜେ ଦେଖିଛି। ସନ୍ଧ୍ୟାରେ ବିଭିନ୍ନ ବିଷୟରେ ଆଲୋଚନା ବେଳେ ଓ ଖିଆପିଆ ସାରି ରାତିରେ ଶୋଇବାକୁ ଯିବା ଆଗରୁ ମୁଁ ଜୟପ୍ରକାଶଜୀଙ୍କ ସହିତ ବହୁବାର ତାଙ୍କ ପାରିବାରିକ ତଥା ରାଜନୈତିକ ଜୀବନ ସମ୍ପର୍କରେ ଆଲୋଚନା କରିଛି। ସେ ଅତି ଅଳ୍ପ ବୟସରେ ପ୍ରଭାବତୀ ଦେବୀଙ୍କୁ ବିବାହ କରିଥିବା ଓ ମହାତ୍ମା ଗାନ୍ଧୀ ପ୍ରଭାବତୀଙ୍କୁ ଝିଅ କରି ତାଙ୍କୁ (ଜୟପ୍ରକାଶଙ୍କ ଫଟୋକୁ ରଖି) ବିବାହ କରାଇ ଦେଇଥିବା କଥା କହିଥିଲେ। କାରଣ, ଏହି ସମୟରେ ସେ ହଠାତ୍ ଜେଲ୍‌କୁ ଚାଲିଯିବା ଯୋଗୁଁ ତାଙ୍କ ସହିତ ବିଧିବଦ୍ଧ ବୈଦିକ ରୀତିରେ ବିବାହ ସମ୍ପନ୍ନ ହୋଇପାରି ନ ଥିଲା।

ଆମେରିକା ଯାଇ ସେଠାରେ କଠିନ ପରିଶ୍ରମ କରି ଅଧ୍ୟୟନ କରୁଥିଲେ। ସେଠାରେ ସେ ଆତ୍ମଗୋପନ କରି ରହିଥିବା ଉଲ୍ଲେଖ କରି ତାଙ୍କୁ ଇଂରେଜ ସରକାର

ଧରିବା ପାଇଁ ଅନେକ ଉଦ୍ୟମ କରିଥିଲେ ଓ ଏଥିନିମିତ୍ତ ବହୁତ ପୁରସ୍କାର ମଧ୍ୟ ଘୋଷଣା କରିଥିଲେ ବୋଲି କହିଥିଲେ । ସେ ଭାରତରେ ବନାରସ ବିଶ୍ୱବିଦ୍ୟାଳୟ ପ୍ରଭୃତିରେ ବହୁବାର ମଧ୍ୟ ଆତ୍ମଗୋପନ ନ କରି ରହିଥିଲେ । ଆମେରିକାରେ ବହୁଦିନ ରହିବା ପରେ ସେ ଭାରତକୁ ଫେରିଆସି 'କଂଗ୍ରେସ-ସମାଜବାଦ" ଦଳ ଗଠନ କରିଥିଲେ । ପଣ୍ଡିତ ଜବାହରଲାଲ ନେହେରୁ ଯେତେବେଳେ ପ୍ରଥମଥର ସରକାର ଗଠନ କଲେ, ସେ ଜୟପ୍ରକାଶଙ୍କୁ ତାଙ୍କ ମନ୍ତ୍ରୀମଣ୍ଡଳର ଜଣେ ସଦସ୍ୟ ଭାବେ ନେବାକୁ ଅନୁରୋଧ କରିଥିଲେ; ମାତ୍ର ନେହେରୁଙ୍କର ଅନୁରୋଧକୁ ସେ ଗ୍ରହଣ ନକରି ସମାଜବାଦ ଦଳ ସହିତ ରହି କିଛିଦିନ ପରେ ଭୂଦାନ ଆନ୍ଦୋଳନରେ ସକ୍ରିୟ ଅଂଶ ଗ୍ରହଣ କରିଥିଲେ ।

ପରବର୍ତ୍ତୀ ଅବସ୍ଥାରେ ତାଙ୍କ ପ୍ରଚେଷ୍ଟାରେ ୧୯୭୭ ମସିହାରେ ଭାରତରେ ପ୍ରଥମଥର ପାଇଁ ଅଣକଂଗ୍ରେସ- ଜନତା ସରକାର ଗଠିତ ହୋଇଥିଲା । ସେ ନିଜେ ହସ୍ତକ୍ଷେପ କରି ନଥିଲେ ତତ୍କାଳୀନ ଜନତାପାର୍ଟିର ନେତା ଶ୍ରୀଯୁକ୍ତ ମୋରାରଜୀ ଦେଶାଇ ପ୍ରଧାନମନ୍ତ୍ରୀ ଭାବେ ଶପଥ ଗ୍ରହଣ କରିବା ହୁଏତ ସମ୍ଭବପର ହୋଇ ନଥାନ୍ତା ।

ମହାତ୍ମା ଗାନ୍ଧୀଙ୍କୁ ବାଦ୍‌ଦେଲେ ଜୟପ୍ରକାଶଜୀଙ୍କ ଭଳି ରାଜନୈତିକ ତଥା ସାଧାରଣ ଜୀବନ ଯାପନ କ୍ଷେତ୍ରରେ ଏବେ ନିର୍ମଳ ଚରିତ୍ରର ବ୍ୟକ୍ତି ଭାରତବର୍ଷରେ ବିରଳ । ତାଙ୍କ ବିରାଟ ବ୍ୟକ୍ତିତ୍ୱ ନିକଟରେ ଚମ୍ବଲ ଉପତ୍ୟକାର ଦୁର୍ଦ୍ଦାନ୍ତ ଦସ୍ୟୁମାନେ ଯେପରି ଅଭୂତପୂର୍ବ ଭାବେ ଆତ୍ମସମର୍ପଣ କରିଥିଲେ, ତାହା ତାଙ୍କ ଜୀବନର ଅନ୍ୟ ଏକ ଉଲ୍ଲେଖଯୋଗ୍ୟ ଘଟଣା ।

ଶ୍ରୀମତୀ ଇନ୍ଦିରା ଗାନ୍ଧୀ

୧୯୭୫ ମସିହାର କଥା । ସେତେବେଳେ ଶ୍ରୀମତୀ ଇନ୍ଦିରା ଗାନ୍ଧୀ ଭାରତର ପ୍ରଧାନମନ୍ତ୍ରୀ ଥାନ୍ତି । ଓଡ଼ିଶାର ପୂର୍ବତନ ମୁଖ୍ୟମନ୍ତ୍ରୀ ଶ୍ରୀଯୁକ୍ତ ଜାନକୀ ବଲ୍ଲଭ ପଟ୍ଟନାୟକ ସେ ସମୟରେ ଭାରତର ପ୍ରତିରକ୍ଷା ବିଭାଗ ରାଷ୍ଟ୍ରମନ୍ତ୍ରୀ ଭାବରେ ଦିଲ୍ଲୀରେ ରହୁଥାନ୍ତି । ମୋ ଅନୁରୋଧକ୍ରମେ ଜାନକୀବାବୁ ଶ୍ରୀମତୀ ଗାନ୍ଧୀଙ୍କ ସହିତ ମୋର ଏକ ସୌଜନ୍ୟମୂଳକ ସାକ୍ଷାତର ବ୍ୟବସ୍ଥା କରିଥିଲେ । ସେହି ସାକ୍ଷାତର ସମୟ ସକାଳ ୯.୩୦ରୁ ସ୍ଥିର କରାଯାଇଥିଲା । ମୁଁ ନିର୍ଦ୍ଧାରିତ ସମୟର ପାଞ୍ଚମିନିଟ ପୂର୍ବରୁ ତାଙ୍କ ସରକାରୀ ବାସଭବନରେ ପହଞ୍ଚିଲି ! ତାଙ୍କ ଘରୋଇ ସଚିବ ମୋତେ ଅପେକ୍ଷା କରି ରହିଥିଲେ ଏବଂ ମୁଁ ସେଠାରେ ପହଞ୍ଚିବା ମାତ୍ରେ ସେ ମୋତେ ଶ୍ରୀମତୀ ଗାନ୍ଧୀଙ୍କ ବୈଠକଖାନାକୁ ନେଇଥିଲେ । ଶ୍ରୀମତୀ ଗାନ୍ଧୀ ସେଠାକୁ ଆସିବା ଆଗରୁ ମୁଁ ତାଙ୍କ

କୋଠଘରେ ଥିବା ବିଭିନ୍ନ ଫଟୋଚିତ୍ରକୁ ଲକ୍ଷ୍ୟ କରୁଥିଲା । ଠିକ୍ ସାଢ଼େ ୯ଟାରେ ସେ ଆସି ପହଞ୍ଚିଲେ । "Good Morning Prime Minister" ସମ୍ବୋଧନ କରି ଫଟୋ ସବୁ ଦେଖୁଛି ବୋଲି କହିଥିଲେ ।

ସେ ସମୟରେ ଆହ୍ଲାବାଦ ହାଇକୋର୍ଟରେ ଏକ ଗୁରୁତ୍ୱପୂର୍ଣ୍ଣ ନିର୍ବାଚନ ସଂକ୍ରାନ୍ତୀୟ ମକଦ୍ଦମା ବିଚାର ଚାଲିଥାଏ । ଶ୍ରୀମତୀ ଗାନ୍ଧୀ ଠିକ୍ ତା' ପୂର୍ବରୁ ଆହ୍ଲାବାଦ ହାଇକୋର୍ଟରେ ସାକ୍ଷ୍ୟ ଦେଇ ଫେରିଥାନ୍ତି । ମାତ୍ର ସେଥିଯୋଗୁ ସେ ଆଦୌ କ୍ଳାନ୍ତ ଥିବା ଭଳି ଜଣା ପଡୁ ନ ଥାଆନ୍ତି । ଉକ୍ତ ସାକ୍ଷ୍ୟ ପ୍ରଦାନ ସମ୍ପର୍କରେ ଆଲୋଚନା କରି କୋର୍ଟରେ ତାଙ୍କୁ ଅସଂଖ୍ୟ ଅସଙ୍ଗତ ପ୍ରଶ୍ନ କରାଯାଇଥିବା ସେ ଉଲ୍ଲେଖ କରିଥିଲେ । ମୁଁ କହିଲି, "କୋର୍ଟ ପରିସର ମଧ୍ୟରେ ଆଇନଜ୍ଞମାନଙ୍କର ଅନେକ ସ୍ୱାଧୀନତା ଥାଏ ।" ସେଥିପାଇଁ ଆଶ୍ଚର୍ଯ୍ୟ ବା ବିବ୍ରତ ହେବାର କିଛି ନାହିଁ ।

ମହାରଜା ପ୍ରତାପ କେଶରୀ ଦେଓ

ପ୍ରତାପ କେଶରୀ ଦେଓ କଳାହାଣ୍ଡି ମହାରଜା ଭାବରେ ସାରା ଓଡ଼ିଶାରେ ସୁପରିଚିତ । ଜଣେ ପ୍ରଜାବତ୍ସଳ ରାଜା ତଥା ସୁଶାସକ ଭାବେ ତାଙ୍କର ବହୁତ ସୁନାମ ଅଛି । ଦୀର୍ଘଦିନ ଧରି ସେ ଥିଲେ ପାର୍ଲିଆମେଣ୍ଟର ସଭ୍ୟ ।

୧୯୫୮ ମସିହାର କଥା । କଳାହାଣ୍ଡି ମହାରାଜା ମୋ ଘରେ ଅତିଥି ହୋଇ ରହୁଥାନ୍ତି । ଦିନେ ସକାଳେ ରାଜେନ୍ଦ୍ର ନାରାୟଣ ସିଂହଦେଓ (ଓଡ଼ିଶାର ପୂର୍ବତନ ମୁଖ୍ୟମନ୍ତ୍ରୀ) ଧଳା ରଙ୍ଗର ଧୋତି ଓ ପଞ୍ଜାବୀ ପିନ୍ଧି ମୋ ଘରେ ପହଞ୍ଚିଲେ । ତାଙ୍କ ପରିଚୟ ଦେଇ ସେ କଳାହାଣ୍ଡି ମହାରାଜାଙ୍କୁ ଭେଟିବାକୁ ଆସିଛନ୍ତି ବୋଲି କହିଲେ । ପ୍ରଥମେ ମୁଁ ଅବଶ୍ୟ ତାଙ୍କୁ ଚିହ୍ନି ପାରି ନ ଥିଲି; କିନ୍ତୁ ଷଢ଼େଇକଳା, ଖରସୁଆଁକୁ ଓଡ଼ିଶାରେ ମିଶାଇବା ଦାବୀକରି କଟକରେ ଗୋଟିଏ ସଭାରେ ଓଜସ୍ୱିନୀ ଭାଷାରେ ବକ୍ତୃତା ଦେଇ ସେ ଜେଲ ଯାଇଥିବା କଥା ମୋର ମନେ ପଡ଼ିବାରୁ ମୁଁ ତାଙ୍କୁ ଜାଣିଛି ବୋଲି କହିଥିଲି । ସେଦିନ କଳାହାଣ୍ଡିଙ୍କୁ ଦେଖା କରିବାକୁ ବିଶିଷ୍ଟ ସର୍ବୋଦୟ ନେତା ସ୍ୱର୍ଗତ ଗୋପବନ୍ଧୁ ଚୌଧୁରୀ (ଗୋପଭାଇ) ମଧ୍ୟ ଆସିଥିଲେ ଓ ଆମ୍ଭମାନଙ୍କ ସହିତ ମଧ୍ୟାହ୍ନ ଭୋଜନରେ ଯୋଗଦାନ କରିଥିଲେ । ଅନ୍ୟତ୍ର କହିଛି, ଗୋପଭାଇଙ୍କ ଅନୁରୋଧ ରକ୍ଷାକରି କଳାହାଣ୍ଡି ମହାରାଜା 'ଭୂଦାନ'କୁ ଅନେକ ଜମି ଦାନ କରିଥିଲେ ।

ଶ୍ରୀ ପ୍ରତାପ କେଶରୀ ଦେଓଙ୍କ ସହିତ ମୋର ବେଶ୍ ବନ୍ଧୁତା ହୋଇଥିଲା ।

ଜୀବନର ଅନେକ ଘଟଣାରେ ଆମେ ବହୁବାର ପରସ୍ପରକୁ ଭେଟିଛୁ। ତାଙ୍କ ସହିତ ବହୁ ଚିଠିପତ୍ର ବିନିମୟ ମଧ୍ୟ ହୋଇଛି।

କଳାହାଣ୍ଡି ମହାରଜାଙ୍କ ବିଷୟରେ ଲେଖିଲା ବେଳେ ମୋର ସ୍ୱର୍ଗତ ମଧୁସୂଦନ ମହାନ୍ତି ଆଡ଼୍‌ଭୋକେଟଙ୍କ କଥା ମନେ ପଡ଼ୁଛି। ଥରେ ସେ ଅନେକ ଥର କହନ୍ତି, "ମଧୁବାବୁ (ମିଷ୍ଟର ଦାସ) ଥିଲାବେଳେ ତାଙ୍କ ଘରକୁ ରାଜାମହାରାଜାମାନେ ଆସୁଥିଲେ। ଏବେ ସେମାନେ ମିଷ୍ଟର ରାଜକିଶୋର ଦାସଙ୍କ ଘରକୁ ଆସୁଛନ୍ତି। ପ୍ରକୃତରେ ରାଜୁବାବୁ ହିଁ ହେଉଛନ୍ତି ଏବେକାର ମିଷ୍ଟର ଦାସ ଓଡ଼ିଶାର ଦ୍ୱିତୀୟ ମଧୁବାବୁ"।

ଏଠାରେ ଉଲ୍ଲେଖଯୋଗ୍ୟ ଯେ, ପୂର୍ବତନ କେନ୍ଦ୍ରମନ୍ତ୍ରୀ ଓ ଢେଙ୍କାନାଳ ରାଜା ଶ୍ରୀଯୁକ୍ତ କାମାକ୍ଷା ପ୍ରସାଦ ସିଂହଦେଓ ମଧ୍ୟ କେତେଥର ମୋ ଡଗରପଡ଼ା ବାସଭବନକୁ ଆସିଛନ୍ତି।

ରାଜେନ୍ଦ୍ର ନାରାୟଣ ସିଂହଦେଓ

ଓଡ଼ିଶାର ପୂର୍ବତନ ମୁଖ୍ୟମନ୍ତ୍ରୀ ସ୍ୱର୍ଗତ ରାଜେନ୍ଦ୍ର ନାରାୟଣ ସିଂହଦେଓ ଜଣେ ଅତି ଦକ୍ଷ ପ୍ରଶାସକ ଭାବରେ ବିଶେଷ ଖ୍ୟାତି ଅର୍ଜନ କରିଛନ୍ତି। (ବଲାଙ୍ଗିର) ମହାରାଜା ନାମରେ ସେ ସର୍ବସ୍ୱ ପରିଚିତ। ସେ ଅତ୍ୟନ୍ତ ପ୍ରଜାବତ୍ସଳ ଥିଲେ ଏବଂ ବହୁ ଲୋକହିତକର କାର୍ଯ୍ୟ କରି ସାଧାରଣ ଜନତାର ହୃଦୟକୁ ଜୟ କରି ପାରିଥିଲେ।

ଏବେ ବିହାର ସହିତ ରହିଥିବା ଓଡ଼ିଶାର ଏକ ଅବିଚ୍ଛେଦ୍ୟ ଅଙ୍ଗ ଷଢ଼େଇକଳା ରାଜପରିବାରରେ ତାଙ୍କର ଜନ୍ମ ହୋଇଥିଲା ୧୯୧୨ ମସିହାରେ। ତାଙ୍କ ପିତାଙ୍କ ନାମ ଆଦିତ୍ୟ ପ୍ରତାପ ସିଂହ। ପାଟଣାର ମହାରାଜା ପୃଥ୍ୱୀରଜ ସିଂହଦେଓଙ୍କର ପୁତ୍ରସନ୍ତାନ ନ ଥିବାରୁ ସେ ସେ ସିଂହଦେଓଙ୍କୁ ପୋଷ୍ୟପୁତ୍ର କରି ଆଣିଥିଲେ। ୨୧ ବର୍ଷ ବୟସରୁ ୧୯୩୩ ମସିହାରେ ସେ ପାଟଣା ରାଜ୍ୟର ଗାଦିନସୀନ ହୋଇଥିଲେ ଓ ୧୯୪୭ ଅଗଷ୍ଟ ପର୍ଯ୍ୟନ୍ତ ସେ ପାଟଣା ମହାରାଜା ଭାବରେ ରାଜ୍ୟ ଶାସନ କରିଥିଲେ। ଭାରତ ସହିତ ଦେଶୀୟ ରାଜ୍ୟଗୁଡ଼ିକର ମିଶ୍ରଣ ନିମିତ୍ତ ଯେଉଁ ଚୁକ୍ତିପତ୍ର ସ୍ୱାକ୍ଷରିତ ହୋଇଥିଲା, ସେଥିରେ ଓଡ଼ିଶାର ଦେଶୀୟ ରାଜ୍ୟଗୁଡ଼ିକ ମଧ୍ୟରୁ ସ୍ୱର୍ଗତ ସିଂହଦେଓ ଏହି ମିଶ୍ରଣ ଚୁକ୍ତିପତ୍ର ସ୍ୱାକ୍ଷର କରିଥିଲେ ଏବଂ ପରେ ତାଙ୍କ ରାଜ୍ୟର ସମସ୍ତ ସମ୍ପତ୍ତିକୁ ଭାରତ ସରକାରଙ୍କ ହସ୍ତରେ ଅର୍ପଣ କରିଦେଇଥିଲେ।

ପରବର୍ତ୍ତୀ ଅବସ୍ଥାରେ ସେ ଓଡ଼ିଶା ରାଜନୀତିରେ ସକ୍ରିୟ ଭାବରେ ଅଂଶ ଗ୍ରହଣ

କରିଥିଲେ। ୧୯୪୯ ମସିହାରେ ସେ 'ଗଣତନ୍ତ୍ର ପରିଷଦ' ନାମରେ ଏକ ରାଜନୈତିକ ଦଳ ଗଠନ କରି ୧୯୫୨ରେ ଲୋକସଭାକୁ ନିର୍ବାଚିତ ହୋଇଥିଲେ। ୧୯୫୭ ମସିହାରେ ସେ ଓଡ଼ିଶା ବିଧାନସଭାକୁ ନିର୍ବାଚିତ ହୋଇ ବିରୋଧୀ ଦଳର ନେତା ରୂପେ କାର୍ଯ୍ୟ କରିଥିଲେ ଏବଂ ୧୯୫୯ରେ କଂଗ୍ରେସ ଗଣତନ୍ତ୍ର ପରିଷଦର ମିଳିତ ମନ୍ତ୍ରୀ ମଣ୍ଡଳରେ ସେ ସ୍ଥାନ ପାଇଥିଲେ। ପରେ ତାଙ୍କର ଏହି ଗଣତନ୍ତ୍ର ପରିଷଦ ଦଳ ୧୯୬୨ ମସିହାରେ ଭାରତରେ ସ୍ୱର୍ଗତ ରାଜଗୋପାଳାଚାରୀଙ୍କ ଦ୍ୱାରା ପ୍ରତିଷ୍ଠିତ ସ୍ୱତନ୍ତ୍ର ଦଳ ସହିତ ମିଶି ଯାଇଥିଲା। ତା'ପରେ ସେ ୧୯୬୭ ମସିହାରେ ସ୍ୱତନ୍ତ୍ର-ଜନକଂଗ୍ରେସ ଦ୍ୱାରା ଗଠିତ ଓଡ଼ିଶାର ମିଳିତ ମନ୍ତ୍ରୀ ମଣ୍ଡଳରେ ମୁଖ୍ୟମନ୍ତ୍ରୀ ଦାୟିତ୍ୱ ଗ୍ରହଣ କରିଥିଲେ। ପୁଣି ୧୯୭୧ ମସିହାରେ ସ୍ୱର୍ଗତ ବିଶ୍ୱନାଥ ଦାଶଙ୍କ ନେତୃତ୍ୱରେ ଗଠିତ ମନ୍ତ୍ରୀ ମଣ୍ଡଳରେ ସେ ଶ୍ରୀଯୁକ୍ତ ନୀଳମଣି ରାଉତରାୟ ଉପ-ମୁଖ୍ୟମନ୍ତ୍ରୀ ହୋଇଥିଲେ।

୧୯୭୫ ମସିହାରେ ଶ୍ରୀମତୀ ନନ୍ଦିନୀ ଶତପଥୀ ଓଡ଼ିଶାର ମୁଖ୍ୟମନ୍ତ୍ରୀ ଥିଲାବେଳେ ସ୍ୱର୍ଗତ ସିଂହଦେଓ ବିରୋଧୀ ଦଳର ନେତା ଥିଲେ। ଏହି ସମୟରେ ସେ ଅସୁସ୍ଥ ହୋଇ ବମ୍ବେସ୍ଥିତ ଟାଟା ଇନ୍‌ଷ୍ଟିଚ୍ୟୁଟ୍‌ରେ ଚିକିତ୍ସାଧୀନ ଥିଲେ ଓ ୧୯୭୫ ଫେବୃୟାରୀ ୨୩ ତାରିଖରେ ଶେଷ ନିଃଶ୍ୱାସ ତ୍ୟାଗ କରିଥିଲେ। ତାଙ୍କ ଅକାଳ ବିୟୋଗରେ ଉତ୍କଳର ଜଣେ ସୁଯୋଗ୍ୟ ପ୍ରଶାସକ ଓ ହୃଦୟବାନ୍ ମହାନ୍ ବ୍ୟକ୍ତିଙ୍କୁ ହରାଇଲା। କେବଳ ଶାସନ କ୍ଷେତ୍ରରେ କାହିଁକି, ଶିକ୍ଷା, ସଂସ୍କୃତି ଓ ସମାଜସେବା ଆଦି ବିଭିନ୍ନ ବିଭାଗକୁ ତାଙ୍କର ଅବଦାନ ଅସୀମ। ତାଙ୍କର ବିରାଟ ବ୍ୟକ୍ତିତ୍ୱ ଓ ବହୁମୁଖୀ ପ୍ରତିଭାର ସମ୍ୟକ୍ ଆଲୋଚନା କଲେ, ତାହା ଏକ ସ୍ୱତନ୍ତ୍ର ପୁସ୍ତକ ହେବ।

ସ୍ୱର୍ଗତ ରାଜେନ୍ଦ୍ର ନାରାୟଣ ସିଂହଦେଓଙ୍କ ବ୍ୟକ୍ତିଗତ ସମ୍ପର୍କରେ ଆସିବା ଲାଗି ମୋତେ ବହୁ ସୁଯୋଗ ମିଳିଥିଲା। ଏଠାରେ ଗୋଟିଏ ଦୁଇଟି ଘଟଣା ପାଠକମାନଙ୍କ ଅବଗତ ପାଇଁ ଉଲ୍ଲେଖ କରୁଅଛି।

୧୯୫୮ ମସିହାରେ କଳାହାଣ୍ଡି ମହାରଜା ମୋ ଘରେ ଅତିଥି ହୋଇ ରହୁଥିବା ବେଳେ ରାଜେନ୍ଦ୍ର ନାରାୟଣ ସିଂହଦେଓ ତାଙ୍କୁ କେବେ କେବେ ସାକ୍ଷାତ୍ କରିବାକୁ ଆସୁଥିଲେ। ଆଉ ଥରେ କେତେକ ଆଇନଗତ ସମସ୍ୟା ଉପରେ ଆଲୋଚନା କରିବାକୁ ସେ ତାଙ୍କ ବଡ଼ଭାଇଙ୍କୁ ସାଙ୍ଗରେ ଆଣି ମୋ ପାଖକୁ ଆସିଥିଲେ। ଅଳ୍ପଦିନ ପରେ ତାଙ୍କ ଭାଇଙ୍କର ମୃତ୍ୟୁ ହୋଇଥିଲା। ଏହି ସବୁ ଘଟଣା ପୂର୍ବରୁ ଓଡ଼ିଶାର ସୀମା ଆନ୍ଦୋଳନ ସମୟରେ ମଧ୍ୟ ମୁଁ ତାଙ୍କୁ କଟକରେ ଦେଖିବା ଓ ତାଙ୍କ ଭାଷଣ ଶୁଣିବାର ସୁଯୋଗ ପାଇଥିଲି।

ମୁଁ ବିଚାରପତି ପଦରୁ ଅବସର ଗ୍ରହଣ କରିବା ପରେ ୧୯୬୭ ମସିହା ଡିସେମ୍ବର ମାସରେ ଥରେ ସିଂହଦେଓ ତାଙ୍କର ଜଣେ ବନ୍ଧୁଙ୍କ ଜରିଆରେ ମୋତେ ତାଙ୍କ ଘରକୁ ଭୋଜି ଖାଇବାକୁ ନିମନ୍ତ୍ରଣ କରିଥିଲେ। ସେତେବେଳେ ସେ ଓଡ଼ିଶାର ମୁଖ୍ୟମନ୍ତ୍ରୀ ଥାଆନ୍ତି। ଏକାଠି ବସି ଖାଇବା ସମୟରେ ଓଡ଼ିଶା ରାଜନୀତି ସମ୍ପର୍କରେ ବହୁ ଆଲୋଚନା ହୋଇଥିଲା। ସେ ମୋତେ ଓଡ଼ିଶାରୁ ରାଜ୍ୟସଭାକୁ ପଠାଇବାକୁ ୧୯୬୮-୭୪ରେ ଇଚ୍ଛା ପ୍ରକାଶ କରି ଏହା ଗ୍ରହଣ କରିବାକୁ ଅନୁରୋଧ କରିଥିଲେ; ମାତ୍ର ମୁଁ ତାଙ୍କୁ ଏଥିପାଇଁ ସଶ୍ରଦ୍ଧ ଧନ୍ୟବାଦ ଜଣାଇବା ସଙ୍ଗେ ସଙ୍ଗେ ସକ୍ରିୟ ରାଜନୀତିରେ ପ୍ରବେଶ କରିବାକୁ ଆଗ୍ରହୀ ନୁହେଁ ବୋଲି କହିଥିଲି। ମୁଁ ପ୍ରଥମରୁ କଂଗ୍ରେସରେ ଥିବା କାରଣରୁ ଅନ୍ୟ ଏକ ଦଳ ପକ୍ଷରୁ ରାଜ୍ୟସଭାକୁ ଯିବା ମୋ ପକ୍ଷେ ଉଚିତ ହେବ ନାହିଁ ବୋଲି ମୋ ଜ୍ୱାଇଁ ଯୁଗଳ ଓ ରାଜେନ୍ଦ୍ର ପରାମର୍ଶ ଦେଇଥିଲେ। ସେ ମୁଖ୍ୟମନ୍ତ୍ରୀ ଥିଲାବେଳେ ବଙ୍ଗଳା, ଓଡ଼ିଶା, ଆସାମ ଓ ବିହାର ରାଜ୍ୟ ପାଇଁ ଉଦ୍ଦିଷ୍ଟ କଲିକତାସ୍ଥିତ ଇଣ୍ଡଷ୍ଟ୍ରିଆଲ ଟ୍ରିବ୍ୟୁନାଲରେ ବିଚାରପତି ଭାବେ ମୋତେ ନିଯୁକ୍ତି ମିଳିଥିଲା ଓ ମୁଁ ଏହା ଗ୍ରହଣ କରି କିଛିଦିନ କଲିକତାରେ ରହି ସେ କାର୍ଯ୍ୟ କରିଥିଲି। ମୁଁ ଅସୁସ୍ଥ ହୋଇ ପଡ଼ିବାରୁ କଲିକତା ଛାଡ଼ି ଚାଲିଆସିଲି। ମୁଁ ସେଠାରେ ଥିବା ସମୟରେ ସିଂହଦେଓ ମୋତେ ଦେଖିବାକୁ ଯାଇ ମୋର ଭଲ ମନ୍ଦ ବୁଝିଥିଲେ।

୧୯୫୫ରେ ଷଢ଼େଇକଳା ଓ ଖରସୁଆଁକୁ ଓଡ଼ିଶାରେ ମିଶାଇବା ପାଇଁ ଯେଉଁ ଆନ୍ଦୋଳନ ହୋଇଥିଲା, ସିଂହଦେଓ ତା'ର ନେତୃତ୍ୱ ନେଇଥିଲେ। ୧୪୪ ଧାରା ଭଙ୍ଗ କରି ସେ ଯେଉଁ ଓଜସ୍ୱିନୀ ବକ୍ତୃତା ଦେଇଥିଲେ ଓ ସେଥିପାଇଁ ଯେପରି କାରାବରଣ କରିଥିଲେ, ମୁଁ ସେହି ଘଟଣାର ପ୍ରତ୍ୟକ୍ଷଦର୍ଶୀ। ବିଚ୍ଛିନ୍ନାଞ୍ଚଳର ମିଶ୍ରଣ, ସେଠାରେ ଓଡ଼ିଆ ଭାଷା ଓ ସଂସ୍କୃତିର ସୁରକ୍ଷା ଲାଗି "ନୀଳଚକ୍ର" ସଙ୍ଗଠନ ତରଫରୁ ଯେଉଁ ସବୁ ଉଦ୍ୟମ ହୋଇଥିଲା, ତାକୁ ସିଂହଦେଓ ପ୍ରୋତ୍ସାହନ ଯୋଗାଇଥିଲେ। ମୁଁ ମଧ୍ୟ ଏଥିରେ ତାଙ୍କୁ ବରାବର ସହଯୋଗ କରୁଥିଲି।

ସ୍ୱର୍ଗତ ରାଜେନ୍ଦ୍ର ନାରାୟଣ ସିଂହଦେଓଙ୍କ ପବିତ୍ର ସ୍ମୃତି ଓଡ଼ିଆ ଜାତି ପକ୍ଷରେ ଅଭୁଲା, ଅପାଶୋରା।

କାମାକ୍ଷା ପ୍ରସାଦ ସିଂହଦେଓ

ଜିଲ୍ଲା ପୁନର୍ଗଠନ ସଂକ୍ରାନ୍ତରେ ଢେଙ୍କାନାଳ ଗସ୍ତ କରିବା ଅବସରରେ ସେଠାକାର ବହୁ ବିଶିଷ୍ଟ ବ୍ୟକ୍ତି ଆମ ଆଗରେ ସେମାନଙ୍କ ମତବ୍ୟକ୍ତ କରିଥିଲେ।

ତନ୍ମଧ୍ୟରେ ଶ୍ରୀଯୁକ୍ତ କାମାକ୍ଷା ପ୍ରସାଦ ସିଂହଦେଓଙ୍କ ଯୁକ୍ତ ବିଶେଷ ସାରଗର୍ଭକ ଥିଲା। ସେ ଆଠମଲ୍ଲିକ ଓ ପାଲଲହଡ଼ା ସବ୍‌ଡିଭିଜନ୍‌ର କେତେକ ଅଞ୍ଚଳର ପୁନର୍ଗଠନ ଲାଗି ଯୁକ୍ତି ବାଢ଼ିଥିଲେ ଏବଂ ଲୋକମାନଙ୍କ ତରଫରୁ ଖୁବ୍ ସୁନ୍ଦର ଭାବରେ ନିଜର ଆପତ୍ତି ଉପସ୍ଥାପିତ କରିଥିଲେ। ମୁଁ ତାଙ୍କୁ ଚିହ୍ନି ନଥିଲି। କିନ୍ତୁ ତାଙ୍କର ନମ୍ର ମଧୁର ବ୍ୟବହାର ଏବଂ ବିଷୟବସ୍ତୁ ଉପସ୍ଥାପନ କରିବାର ଭଙ୍ଗୀ ମୋତେ ଖୁବ୍ ଆନନ୍ଦ ଦେଇଥିଲା। ସେକ୍ରେଟାରୀଙ୍କୁ ପଚାରିବାରେ ସେ ଢେଙ୍କାନାଳ ରାଜା ବୋଲି ତାଙ୍କର ପରିଚୟ ଦେଇଥିଲେ। ମୁଁ ତାଙ୍କ ବାପାଙ୍କୁ ଆଗରୁ ଚିହ୍ନି ଥିଲି ବୋଲି କହିଲି।

ଆଉ ଦିନେ ଶ୍ରୀଯୁକ୍ତ ସିଂହଦେଓ ମୋ' ଘରକୁ ଆସିଥିଲେ। ତାଙ୍କ ପରିଧାନ କୌଣସି ପ୍ରକାର ରାଜକୀୟ ମୂଲ୍ୟବାନ ପୋଷାକ ନଥିଲା, ସେ ଧୋତି ଓ ପଞ୍ଜାବୀ ପିନ୍ଧିଥିଲେ। ଗୋଟିଏ ରୁଚି ସମ୍ପନ୍ନ ଯେ କୌଣସି ସାଧାରଣ ଲୋକଙ୍କ ପରି ତାଙ୍କୁ ମତେ ଦେଖିବାକୁ ଭଲ ଲାଗିଥିଲା।

ପରବର୍ତ୍ତୀ ସମୟରେ ସେ ଲୋକସଭାକୁ ନିର୍ବାଚିତ ହୋଇ ଭାରତର ଜଣେ ମନ୍ତ୍ରୀଭାବେ କିଛି କାଳ କାର୍ଯ୍ୟ କରିଥିଲେ। କ୍ରୀଡ଼ାକ୍ଷେତ୍ରରେ ସେ ବେଶ୍ ପ୍ରତିଷ୍ଠା ଲାଭ କରି ପାରିଥିବା ଆନନ୍ଦର ବିଷୟ।

ପ୍ରଥମ ଓଡ଼ିଆ ଚିଫ୍ ସେକ୍ରେଟାରୀ

ପ୍ରଥମ ଓଡ଼ିଆ ଆଇ.ସି.ଏସ୍. ନୀଳମଣି ସେନାପତିଙ୍କର ଘର ଆମ ଗାଁ ପାଖ ଗାରେଡ଼ି ପାଞ୍ଚଣ ଗାଁ ରେ। ଜିଲ୍ଲାପାଳ, ରାଜସ୍ୱ କମିଶନର ଓ ମୁଖ୍ୟ ଶାସନ ସଚିବ ପ୍ରଭୃତି ଉଚ୍ଚ ପଦବୀରେ ସେ ଦକ୍ଷତାର ସହ କାର୍ଯ୍ୟ କରିଥିଲେ। ୧୯୫୭ ମସିହାରେ ବୋର୍ଡ଼ ଅଫ୍ ରେଭିନିୟୁର ପ୍ରେସିଡ଼େଣ୍ଟ ଥିବା ସମୟରେ ସେ ସରକାରୀ ଚାକିରିରୁ ଅବସର ଗ୍ରହଣ କରିଥିଲେ।

ସେନାପତି ସାହେବ ଆଇ.ସି.ଏସ୍. ହୋଇ ଯେଉଁଦିନ ବିଲାତରୁ ଫେରିଲେ, ତାଙ୍କୁ କଟକର ଟାଉନହଲଠାରେ ଏକ ସମ୍ବର୍ଦ୍ଧନା ଦିଆଯାଇଥିଲା। ସେହିଦିନ ମୁଁ ତାଙ୍କ ପ୍ରଥମ ଓ ପ୍ରତ୍ୟକ୍ଷ ସମ୍ପର୍କରେ ଆସିଥିଲି। ତା' ଛଡ଼ା ମୋର ସୌଭାଗ୍ୟ ଯେ, ସେ, ୧୯୬୮ ମସିହା ନଭେମ୍ବର ୨୪ ତାରିଖରେ ବାରବାଟୀ ରାଫଲ କମିଟିର ଏକ ଉତ୍ସବରେ ମୁଁ ମୁଖ୍ୟ ଅତିଥିଭାବେ ଯୋଗଦାନ କରିଥିଲି। ସେ ମଧ୍ୟ ଉକ୍ତ ଉତ୍ସବରେ ଅନ୍ୟାନ୍ୟ ବହୁ ବିଶିଷ୍ଟ ବ୍ୟକ୍ତିଙ୍କ ସହ ଯୋଗଦାନ କରିଥିଲେ। ଆମ ସମସ୍ତଙ୍କର ଏକ ଫଟୋଗ୍ରାଫ୍ ସେତେବେଳେ ନିଆଯାଇଥିଲା। (ତାହା ଏଥିରେ ଅନ୍ୟତ୍ର ପ୍ରକାଶିତ

ହୋଇଅଛି ।) ଏତଦ୍‌ବ୍ୟତୀତ ଆମଘର ପାଖ ବାଲିପାଟଣାଠାରେ ଶିଶୁ ଅନନ୍ତ ପ୍ରଗତି ସଂଘର ବାର୍ଷିକୋତ୍ସବରେ ଆମେ ସାଙ୍ଗ ହୋଇ ଯୋଗଦାନ କରିଥିଲୁ । ଜଣେ ସୁଦକ୍ଷ ପ୍ରକାଶକ ଭାବରେ ସେ ଓଡ଼ିଶାର ସର୍ବାଙ୍ଗୀନ ଉନ୍ନତି ନିମିତ୍ତ ବହୁ ଉଦ୍ୟମ କରିଯାଇଛନ୍ତି । ତାଙ୍କର ପ୍ରଚେଷ୍ଟାରେ କଟକ ସହରର ରାସ୍ତାଘାଟର ସମ୍ପ୍ରସାରଣ ହୋଇଥିଲା ।

ଅବସର ଗ୍ରହଣପରେ ସେ ଓଡ଼ିଶା ଗେଜେଟିୟରସ୍‌ର ଅବୈତନିକ ମୁଖ୍ୟ ସମ୍ପାଦକ ଭାବରେ ବହୁ ବର୍ଷଧରି କାର୍ଯ୍ୟ କରିଥିଲେ । ଏହି ଦାୟିତ୍ୱରେ ଥିଲାବେଳେ ସେ ଜିଲ୍ଲା ଗେଜେଟିୟରସ୍ ଓ ଷ୍ଟେଟ ଗେଜେଟିୟର ମାଧ୍ୟମରେ ଓଡ଼ିଶାର ବହୁ ଉଚ୍ଚକୋଟୀର ଘଟଣାବଳୀକୁ ଲୋକଲୋଚନକୁ ଆଣି ପାରିଥିଲେ । ସେ ତାଙ୍କର ଶେଷ ଜୀବନ ଭୁବନେଶ୍ୱରଠାରେ କଟାଇଥିଲେ । ତାଙ୍କ ଅସୁସ୍ଥତା ବିଷୟରେ ଖବର ପାଇ ଦେଖା କରିବାକୁ ମୁଁ ତାଙ୍କ ଭୁବନେଶ୍ୱର ଘରକୁ ଯାଇଥିଲି । ତାଙ୍କ ସହିତ କେତେକ ବିଷୟରେ ଆଲୋଚନା ପରେ ସେ ସଙ୍କଳନ କରିଥିବା କେତେଖଣ୍ଡ ଗେଜେଟିୟର ମୋତେ ପ୍ରଦାନ କରିଥିଲେ । ତାଙ୍କ ଶ୍ରଦ୍ଧାର ସ୍ମାରକୀ ସ୍ୱରୂପ ମୁଁ ସେଗୁଡ଼ିକୁ ଏବେ ସାଇତି ରଖିଛି ।

ସାହେବୀ କାଇଦାରେ ସେ ତାଙ୍କ ଜୀବନ କଟାଇଥିଲେ ସୁଦ୍ଧା ଓଡ଼ିଆ ଭାଷା, ସଂସ୍କୃତି ପ୍ରତି ତାଙ୍କର ଯଥେଷ୍ଟ ଶ୍ରଦ୍ଧା ଥିଲା । ସେ କୁସଂସ୍କାର ଓ ଅନ୍ଧ-ବିଶ୍ୱାସର ଘୋର ବିରୋଧୀ ଥିଲେ । ମହିମା ଧର୍ମ ପ୍ରତି ତାଙ୍କର ଅନୁରାଗ ଥିଲା । ବାହାରକୁ କଠୋର ଜଣା ପଡୁଥିଲେ ମଧ୍ୟ ସେ ଅତ୍ୟନ୍ତ ସ୍ନେହୀ ଓ ବନ୍ଧୁବତ୍ସଳ ଥିଲେ ।

ହବକି ନ ହବ ଠିକଣା ନାହିଁ, ବାଲିଙ୍ଗି ଦେଖ

ସେନାପତିଙ୍କ ସମ୍ପର୍କରେ ଗୋଟିଏ ମଜା କଥା ନ କହି ରହି ପାରୁନାହିଁ । କମିଶନର ଥିଲାବେଳେ ଥରେ ଡେପୁଟୀ କଲେକ୍ଟର ଚାକିରି ପାଇଁ ପରୀକ୍ଷାର୍ଥୀମାନଙ୍କୁ ସେ ଇଣ୍ଟରଭିୟୁ କରିବାକୁ ଯାଇଥାନ୍ତି । ସେ ସୁଟ୍, ଟାଇ ପ୍ରଭୃତି ପିନ୍ଧି ବେଶ୍ ସ୍ମାର୍ଟ ଭାବରେ ଯାଉଥାନ୍ତି । ତାଙ୍କ ପାଖାପାଖି ଦୁଇଜଣ ପରୀକ୍ଷାର୍ଥୀ ସେମାନଙ୍କର ମୌଖିକ ପରୀକ୍ଷା ସମ୍ପର୍କରେ ଆଲୋଚନା କରି ଯାଉଥାନ୍ତି । ସେତିକିବେଳେ ନୀଳମଣି ସେନାପତି କ'ଣ ଟିକେ ଗମ୍ଭୀର ଭାବରେ କହିଲେ । ତା' ଭିତରୁ ଜଣେ ପରୀକ୍ଷାର୍ଥୀ ତାଙ୍କୁ ଲକ୍ଷ୍ୟ କରି କହିଲା, 'ହବକି ନ ହବ ଠିକଣା ନାହିଁ, ବାଲିଙ୍ଗି ଦେଖ ।' ନୀଳମଣି ସେନାପତି କିଛି ଉତ୍ତର ନଦେଇ ଚାଲିଗଲେ । ଇଣ୍ଟରଭିୟୁ ପ୍ରକୋଷ୍ଠରେ ତାଙ୍କୁ ପରୀକ୍ଷକ ଭାବରେ ଦେଖି ପରୀକ୍ଷାର୍ଥୀ ଦି' ଜଣ କ'ଣ ଭାବିଥିବେ, ସେ କଥା ତାଙ୍କୁ ଜଣା । ଉକ୍ତ ଘଟଣା

ଘଟିବାର କିଛିଦିନ ପରେ ଜଣେ ବନ୍ଧୁଙ୍କଠାରୁ ଏତକ ଶୁଣି ଆମେ କେତେଜଣ ବନ୍ଧୁ ବେଶ୍ ଆମୋଦିତ ହୋଇଥିଲୁ, ପରୀକ୍ଷାର୍ଥୀ ଦୁହେଁ ଭାବିଥିଲେ, ସେ (ସେନାପତି) ହେଉଛନ୍ତି ତାଙ୍କ ପରି ଜଣେ ପରୀକ୍ଷାର୍ଥୀ। ମାତ୍ର ସେ ନିଜେ ଏ ପରୀକ୍ଷାର ପରୀକ୍ଷକ, ଏକଥା ତାଙ୍କ କଳ୍ପନାର ବାହାରେ ଥିଲା।

ବି. ଶିବରମଣ, ଆଇ.ସି.ଏସ୍.

ବଳରାମ ଶିବରମଣ, ଆଇ.ସି.ଏସ୍. ସାଧାରଣରେ ବି. ଶିବରମଣ ସାହେବ ଭାବରେ ପରିଚିତ। ସେ ୧୯୩୪ ମସିହାରେ ସରକାରୀ ଚାକିରିରେ ଯୋଗଦାନ କରି ଜୀବନରେ ବହୁ ଉଚ୍ଚତର ପଦବୀରେ ଅବସ୍ଥାପିତ ହୋଇ ଶେଷରେ ଓଡ଼ିଶାର ମୁଖ୍ୟ ଶାସନସଚିବ ହୋଇଥିଲେ। ଶ୍ରୀଯୁକ୍ତ ଶିବରମଣ ସରକାରୀ ଚାକିରିରୁ ଅବସର ନେବାପରେ ମଧ୍ୟ ଏବେ କର୍ମତତ୍ପର ଅଛନ୍ତି। ବିଭିନ୍ନ କ୍ଷେତ୍ରରେ ତାଙ୍କର ଯଥେଷ୍ଟ ପ୍ରଶାସନିକ ଅଜ୍ଞତା ରହିଛି। ଓଡ଼ିଶା ସରକାର ଏବେ ତାଙ୍କୁ ରାଜ୍ୟ ଯୋଜନା ବୋର୍ଡ଼ର ଉପାଧକ୍ଷ ଭାବେ ନିଯୁକ୍ତି ପ୍ରଦାନ କରିଛନ୍ତି।

ଶିବରମଣ ରାଜସ୍ୱ ବୋର୍ଡ଼ର ସଭ୍ୟ ଥିବା ସମୟରେ ଅନୁଗୁଳର ଲୋକଙ୍କ ମଧ୍ୟରେ ପରତରା ମୌଜାରେ ଥିବା ଏକ ଜଳାଶୟକୁ କେନ୍ଦ୍ରକରି ଗାଁ ଲୋକଙ୍କ ମଧ୍ୟରେ ବିବାଦ ଉପୁଜିଥିଲା। ଏହି ଘଟଣାରେ ମାଜିଷ୍ଟ୍ରେଟ ଦୋଳଗୋବିନ୍ଦ ମହାନ୍ତିଙ୍କ ହତ୍ୟା ହୋଇଥିଲା। ଉକ୍ତ ହତ୍ୟାକାଣ୍ଡ ଘଟିବା ପୂର୍ବରୁ ପରତରା ଜଳାଶୟ ଗଣ୍ଡଗୋଳ ସମ୍ପର୍କରେ ଅନୁସନ୍ଧାନ କରିବାକୁ ଶିବରମଣ ସେଠାକୁ ଯାଇଥିଲେ। ଏହି ଘଟଣାରେ ମୁଁ ଗ୍ରାମବାସୀଙ୍କ ତରଫରୁ ମକଦ୍ଦମା ପରିଚାଳନା କରୁଥିବାରୁ ତାଙ୍କ ସହିତ ମୋର ସାକ୍ଷାତ ହୋଇଥିଲା, ଏହା ବ୍ୟତୀତ ଗୋଟିଏ ସେଲସ୍‌ଟ୍ୟାକସ୍ ମକଦ୍ଦମାରେ ମୁଁ ସମ୍ବଲପୁର ଯାଇ ଶିବରମଣଙ୍କ କୋର୍ଟରେ ମକଦ୍ଦମା ପରିଚାଳନା କରିଥିଲି। ଶିବରମଣ କଟକରେ ଥିଲାବେଳେ ତାଙ୍କ ଝିଅ କନକ ମୋ ଝିଅ ବିଲି ସହିତ ବିଭିନ୍ନ ଘଟଣାରେ ମୁଁ ଶିବରମଣଙ୍କୁ ଜାଣିବାର ସୁଯୋଗ ପାଇଥିଲି। ସେ ଭାରି ସ୍ନେହୀ ଓ ମେଳାପୀ। ଗର୍ବ କି ଅହଙ୍କାର ତାଙ୍କୁ ସ୍ପର୍ଶ କରିନାହିଁ। ସେ ଜଣେ ଉଚ୍ଚକୋଟୀର ଭଦ୍ରଲୋକ।

ସାରଙ୍ଗଧର ଦାସ

ସ୍ୱର୍ଗତ ସାରଙ୍ଗଧର ଦାସ ଅନେକଥର ମୋ ବିନୋଦବିହାରୀ ଘରକୁ ଆସିଥିଲେ। ତାଙ୍କ ସହିତ ବିଭିନ୍ନ ବିଷୟରେ ଆଲୋଚନା କରିବା ଓ ତାଙ୍କର ବିଭିନ୍ନ ଅଭିଜ୍ଞତା

ଶୁଣିବାର ବହୁ ସୁଯୋଗ ମୋତେ ମିଳିଥିଲା। ସେ କଟକ ଆସୁଥିବାବେଳେ ଅନେକ ସମୟରେ ମୋ ପଡ଼ୋଶୀ ତଥା ଓଡ଼ିଶାର ବିଶିଷ୍ଟ ଆଇନଜ୍ଞ ସ୍ୱାମୀ ବିଚିତ୍ରାନନ୍ଦ ଦାସ ଓ ତାଙ୍କ ଭାଇ ସ୍ୱନାମଧନ୍ୟ ବି. ଦାସଙ୍କ ଘରକୁ ଆସିଥାନ୍ତି।

ସାରଙ୍ଗବାବୁ ଜଣେ ସଚ୍ଚା ସମାଜବାଦୀ ନେତା ଥିଲେ। ଓଡ଼ିଶା ଗଡ଼ଜାତ ଆନ୍ଦୋଳନର ସେ ଥିଲେ ଜଣେ ମୁଖ୍ୟ କର୍ଣ୍ଣଧାର। ତାଙ୍କୁ ସେତେବେଳେ ଅନେକେ "ଗଡ଼ଜାତ ଗାନ୍ଧୀ" ବୋଲି କହୁଥିଲେ। ଭାରତର ସ୍ୱାଧୀନତା ଆନ୍ଦୋଳନରେ ମଧ୍ୟ ସେ ସକ୍ରିୟ ଅଂଶ ଗ୍ରହଣ କରିଥିଲେ।

ସେ ଆମେରିକା ଓ ଜାପାନରେ ରହି ଚିନିଶିଳ୍ପ ସମ୍ପର୍କରେ ବହୁ ଅଭିଜ୍ଞତା ଅର୍ଜନ କରିଥିଲେ। ସେଠାରୁ ଫେରି ସେ ନିଜର ଜନ୍ମସ୍ଥାନ ଢେଙ୍କାନାଳରେ ଏକ ଚିନି କାରଖାନା ପ୍ରତିଷ୍ଠା କରିଥିଲେ। ମାତ୍ର ନାନା କାରଣରୁ ତୁ ତାହା ରହିପାରି ନ ଥିଲା।

ସାରଙ୍ଗବାବୁ ଫ୍ରିଡ଼ା ନାମକ ଏକ ସୁଇସ୍ ମହିଳାଙ୍କୁ ବିବାହ କରିଥିଲେ। ସେ ଭାରତ ଆସି ସ୍ୱାମୀଙ୍କ ସହ ଏଠାରେ ରହୁଥିଲେ। ସେ "My Indian Husband" ନାମକ ଏକ ପୁସ୍ତକ ରଚନା କରିଥିଲେ ବୋଲି ଶୁଣିଥିଲି। ସାରଙ୍ଗବାବୁ କଂଗ୍ରେସ ତରଫରୁ ତିର୍ତ୍ତୋଲ-ଏରସମା ନିର୍ବାଚନମଣ୍ଡଳୀରୁ ଓଡ଼ିଶା ବିଧାନସଭାକୁ ନିର୍ବାଚିତ ହୋଇଥିଲେ ଓ ପରେ କଂଗ୍ରେସ ଦଳରୁ ଇସ୍ତଫା ଦେଇ ସୋସାଲିଷ୍ଟ ପାର୍ଟିରେ ଯୋଗ ଦେଇଥିଲେ। ୧୯୫୨ରୁ ୧୯୫୭ପର୍ଯ୍ୟନ୍ତ ସେ ଲୋକସଭାର ସଭ୍ୟ ଥିଲେ ଓ ଜଣେ ଦକ୍ଷ ପାର୍ଲିଆମେଣ୍ଟାରିଆନ୍ ଭାବେ ସୁନାମ ଅର୍ଜନ କରିଥିଲେ।

ସେ ଜଣେ ସ୍ନେହୀ ଓ ବନ୍ଧୁବତ୍ସଳ ବ୍ୟକ୍ତି ଥିଲେ ଏବଂ ଗରିବ ଖଟିଖିଆ ଲୋକଙ୍କ ପ୍ରତି ବିଶେଷ ସମ୍ବେଦନଶୀଳ ଥିଲେ। ଅନୁଗୁଳଠାରେ ପ୍ରତିଷ୍ଠିତ ସ୍ୱନାମଧନ୍ୟ ସମାଜସେବା ଅନୁଷ୍ଠାନ "ନବଜୀବନ ମଣ୍ଡଳ"ର ସେ ଥିଲେ ପ୍ରଧାନ ଉଦ୍ୟୋକ୍ତା। ମୃତ୍ୟୁ ପୂର୍ବରୁ ତାଙ୍କର ସମସ୍ତ ସମ୍ପତ୍ତି ସେ ସମାଜବାଦ ସଙ୍ଗଠନ ତଥା ନିଜ ଅଞ୍ଚଳର ଲୋକଙ୍କ କଲ୍ୟାଣ ଉଦ୍ଦେଶ୍ୟରେ ଦାନ କରିଯାଇଛନ୍ତି। ବିଶିଷ୍ଟ ସମାଜବାଦୀ ନେତା ତଥା ସମାଜସେବୀ ଶ୍ରୀଯୁକ୍ତ ବିଶ୍ୱନାଥ ପଣ୍ଡିତ ଓ କଟକ ସଦର ନିର୍ବାଚନ ମଣ୍ଡଳୀର ବିଧାୟକ ଶ୍ରୀଯୁକ୍ତ ରାଜେନ୍ଦ୍ର ପ୍ରସାଦ ସିଂହ ପ୍ରମୁଖଙ୍କ ଉଦ୍ୟମରେ ସାରଙ୍ଗଧରଙ୍କ ସ୍ମୃତିରକ୍ଷା ନିମିତ୍ତ ବିଭିନ୍ନ କାର୍ଯ୍ୟକ୍ରମ ଅନୁଷ୍ଠିତ ହେଉଥିବା ଆନନ୍ଦର ବିଷୟ। ତାଙ୍କ ପରି ଜଣେ ମହାନ ନେତାଙ୍କ ଉପଯୁକ୍ତ ସୁରକ୍ଷା କ୍ଷେତ୍ରରେ ଉଭୟ ସରକାରୀ ଓ ବେସରକାରୀ ସ୍ତରରେ ଅଧିକ ପଦକ୍ଷେପ ନିଆଯିବା ବାଞ୍ଛନୀୟ।

ରବି ରାୟ – ଲୋକସଭା ବାଚସ୍ପତି

ଶ୍ରୀଯୁକ୍ତ ରବି ରାୟଙ୍କୁ ମୁଁ ବହୁଦିନରୁ ଜାଣେ । ତାଙ୍କ ଗାଁ ଆମ ଗାଁ ବାଗଲପୁରର ପାଖାପାଖି । ମୋର ଯେତେଦୂର ମନେପଡୁଛି, କଟକ ଟାଉନହଲ୍‌ଠାରେ ଏକ ସଭାରେ ତାଙ୍କ ସହିତ ମୋର ପ୍ରଥମ ପରିଚୟ ହୋଇଥିଲା । ସେଠାରେ ତାଙ୍କର ଭାଷଣ ଶୁଣିବାର ସୁଯୋଗ ପାଇଥିଲି ।

ସେ ରେଭେନ୍ସା କଲେଜ ଛାତ୍ର ୟୁନିୟନର ସଭାପତି ଥିଲେ । ପରବର୍ତ୍ତୀ ଅବସ୍ଥାରେ ସକ୍ରିୟ ରାଜନୀତିରେ ଯୋଗଦାନ କରି ବହୁବାର ରାଜ୍ୟସଭାକୁ ନିର୍ବାଚିତ ହୋଇଥିଲେ । ପ୍ରଥମେ ସଂଯୁକ୍ତ ସୋସାଲିଷ୍ଟ ପାର୍ଟି ଟିକେଟରେ ନିର୍ବାଚିତ ହୋଇଥିଲେ । ୧୯୭୭ରେ ତତ୍କାଳୀନ ଜନତା ପାର୍ଟିର ପ୍ରାର୍ଥୀ ଭାବରେ ରାଜ୍ୟସଭାକୁ ନିର୍ବାଚିତ ହୋଇ କେନ୍ଦ୍ରରେ କ୍ୟାବିନେଟ୍ ମନ୍ତ୍ରୀ ହୋଇଥିଲେ । ଗତ ୧୯୮୯ ନିର୍ବାଚନରେ ସେ ପୁନର୍ବାର ଲୋକସଭାକୁ ନିର୍ବାଚିତ ହୋଇ ସଂସଦୀୟ ବ୍ୟବସ୍ଥାର ସର୍ବୋଚ୍ଚ ପଦବୀ ଲୋକସଭାର ବାଚସ୍ପତି ଆସନ ଅଳଂକୃତ କରିଛନ୍ତି । ଏଭଳି ଜାତୀୟ ସମ୍ମାନର ଅଧିକାରୀ ହେବାରେ ସେ ହେଉଛନ୍ତ ପ୍ରଥମ ଓଡ଼ିଆ । ଏଥିପାଇଁ ସାରା ଓଡ଼ିଶାର ଲୋକେ ମଧ୍ୟ ଗର୍ବ ଅନୁଭବ କରନ୍ତି । ଏବେ ଜଷ୍ଟିସ୍ ରଙ୍ଗନାଥ ମିଶ୍ର ସୁପ୍ରିମ୍ କୋର୍ଟର ପ୍ରଧାନ ବିଚାରପତି ହେବା ଦ୍ୱାରା ଓଡ଼ିଶାବାସୀ ଅଧିକ ଆନନ୍ଦିତ ହୋଇଛନ୍ତି ।

ଶ୍ରୀଯୁକ୍ତ ରାୟଙ୍କ ସହିତ ମୋର ବେଶ୍ ଘନିଷ୍ଠତା ରହିଛି । ଅଳ୍ପ କେତେଦିନ ଆଗରୁ ମୋ ଅସୁସ୍ଥତା ସମ୍ବାଦ ପାଇ ବାଚସ୍ପତି ଶ୍ରୀଯୁକ୍ତ ରାୟ ମୋତେ ଦେଖିବାକୁ ମୋର ଡଗରପଡ଼ା ବାସଭବନକୁ ଆସିଥିଲେ । ସାଙ୍ଗରେ ତାଙ୍କର ପତ୍ନୀ ପ୍ରଫେସର ସରସ୍ୱତୀ ସ୍ୱାଇଁ ମଧ୍ୟ ଆସିଥିଲେ । ସରସ୍ୱତୀ କେବଳ ଜଣେ ସ୍ୱନାମଧନ୍ୟା ଡାକ୍ତର ନୁହଁନ୍ତି,—ଜଣେ ଆଦର୍ଶ ଗୃହିଣୀ । ସମାଜସେବା କ୍ଷେତ୍ରରେ ମଧ୍ୟ ତାଙ୍କର ପ୍ରତିଷ୍ଠା ଅଛି ।

ରଙ୍ଗନାଥ ମିଶ୍ର – ପ୍ରଧାନ ବିଚାରପତି

ଜଷ୍ଟିସ୍ ରଙ୍ଗନାଥ ମିଶ୍ର ବିଚାରପତି ଜୀବନର ସର୍ବୋଚ୍ଚ ପଦବୀ ସୁପ୍ରିମ୍ କୋର୍ଟର ପ୍ରଧାନ ବିଚାରପତିଭାବେ ନିଯୁକ୍ତି ପାଇଥିବା ଅତ୍ୟନ୍ତ ଆନନ୍ଦର ବିଷୟ । ଏଥିପାଇଁ ସମଗ୍ର ଓଡ଼ିଶାବାସୀ ଗର୍ବିତ । ସେ ୧୯୮୧ ମସିହାରେ ଓଡ଼ିଶା ହାଇକୋର୍ଟର ମୁଖ୍ୟ ବିଚାରପତି ହୋଇଥିଲେ ।

ଓଡ଼ିଶାର ବିଶିଷ୍ଟ ସମାଜସେବୀ, ରାଜନୀତିଜ୍ଞ, ଶିକ୍ଷାବିତ୍ ତଥା ପୂର୍ବତନ

ମନ୍ତ୍ରୀ ପଣ୍ଡିତ ଗୋଦାବରୀଶ ମିଶ୍ରଙ୍କର ଶ୍ରଦ୍ଧେୟ ରଙ୍ଗନାଥ ହେଉଛନ୍ତି ସୁଯୋଗ୍ୟ ସନ୍ତାନ । ସେ ସୁପ୍ରିମ୍‌କୋର୍ଟର ପ୍ରଧାନ ବିଚାରପତି ହୋଇ ପଣ୍ଡିତ ଗୋଦାବରୀଶ ମିଶ୍ରଙ୍କ ସମ୍ମାନକୁ ଅକ୍ଷୁଣ୍ଣ ରଖିବା ସଙ୍ଗେ ସଙ୍ଗେ ସମଗ୍ର ଭାରତରେ ଓଡ଼ିଶାକୁ ମଧ୍ୟ ଗୌରବାନ୍ୱିତ କରିଛନ୍ତି ।

ଶ୍ରଦ୍ଧେୟ ରଙ୍ଗନାଥଙ୍କୁ ମୁଁ ବହୁ ଆଗରୁ ବ୍ୟକ୍ତିଗତ ଭାବରେ ଜାଣେ । ସେ ଓକିଲାତି କରୁଥିବା ସମୟରେ କେତେବାର ମୋ କୋର୍ଟରେ ଆପିଅର କରିଥିଲେ । ଏହା ମୁଁ ଅନ୍ୟତ୍ର ଆଲୋଚନା କରିଛି ।

ଜଷ୍ଟିସ ହରିହର ମହାପାତ୍ର

ଜଷ୍ଟିସ୍ ହରିହର ମହାପାତ୍ର ବୟସରେ ମୋ' ଠାରୁ ବଡ଼ । ଜ୍ଞାନରେ ମଧ୍ୟ ସେହିପରି । ବହୁ ବର୍ଷ ଧରି ତାଙ୍କ ସହିତ ମୋର ଘନିଷ୍ଠତା ରହି ଆସିଛି । କଟକରେ ଆମେ ପଡ଼ୋଶୀ ଭାବେ ବାସ କରି ଆସୁଛି । ସେ ୧୯୫୯ ମସିହାରେ ବିଚାରପତି ହେଲେ । ମୁଁ ତା'ର ପର ବର୍ଷ ୧୯୬୦ ମସିହାରେ ବିଚାରପତି ଭାବେ ନିଯୁକ୍ତି ପାଇଲି । ସେ ଅଭିନନ୍ଦନ ଜଣାଇ ପାଟନାରୁ ମୋ' ପାଖକୁ ଖଣ୍ଡେ ଶ୍ରଦ୍ଧାପୂର୍ଣ୍ଣ ପତ୍ର ଲେଖିଥିଲେ । ମୁଁ ବିନୋଦ ବିହାରୀରେ ରହୁଥିବା ସମୟରେ ମୋର ଉପର ମହଲା ବୈଠକଖାନାରେ ଅନେକ ବନ୍ଧୁ ଯୋଗ ଦେଉଥିଲେ । ନାନା ବିଷୟରେ ଚର୍ଚ୍ଚା କରାଯାଉଥିଲା ଏବଂ ବେଳେବେଳେ ମକ୍ ଆସେମ୍ବ୍ଲି ମଧ୍ୟ ହେଉଥିଲା । ତାଙ୍କ ପକ୍ଷରୁ ଜଣାପଡ଼େ ଯେ, ସେ ମୋ ଅଲକ୍ଷ୍ୟରେ ଅନେକ କଥା ଲକ୍ଷ୍ୟ କରୁଥିଲେ । ଏପରିକି ମୋର ଚୌକି ଟେବୁଲର ସାଇଜ୍ ମଧ୍ୟ ତାଙ୍କ ଦୃଷ୍ଟିରୁ ବାଦ୍ ପଡ଼ିନି । ସେ ମୋତେ ରଜା, ରଜା ବୋଲି ଶ୍ରଦ୍ଧାରେ ଡାକନ୍ତି । ପାଠକମାନଙ୍କ ଉଦ୍ଦେଶ୍ୟରେ ତାଙ୍କ ପତ୍ରଟି ଏଠାରେ ଉଲ୍ଲେଖ କରୁଅଛି ।

ବିଜୁ ପଟ୍ଟନାୟକ

ଶ୍ରୀଯୁକ୍ତ ବିଜୟାନନ୍ଦ ପଟ୍ଟନାୟକ (ବିଜୁ)ଙ୍କୁ ମୁଁ ତାଙ୍କ ପିଲାଟି ଦିନୁ ଜାଣିଛି । ସେ ମୋତେ 'ରାଜୁଭାଇ' ବୋଲି ଡାକନ୍ତି । ତାଙ୍କ ପିଲା ବିଶିଷ୍ଟ ସମାଜସେବୀ ସ୍ୱର୍ଗତ ଲକ୍ଷ୍ମୀନାରାୟଣ ପଟ୍ଟନାୟକଙ୍କ ସହିତ ମୋର ବହୁତ ଘନିଷ୍ଠତା ଥିଲା । ତାଙ୍କ ସହିତ ସାଙ୍ଗ ହୋଇ ବିଭିନ୍ନ ଘଟଣାରେ କାର୍ଯ୍ୟ କରିବାର ସୁଯୋଗ ମୋତେ ମିଳିଥିଲା । ଏ ସମ୍ପର୍କରେ ମୁଁ ଅନ୍ୟତ୍ର ଆଲୋଚନା କରିଛି ।

ଶ୍ରୀଯୁକ୍ତ ବିଜୁ ପଟ୍ଟନାୟକ ଛାତ୍ରାବସ୍ଥାରୁ ରାଜନୀତି ସହିତ ଜଡ଼ିତ ହୋଇ

ସ୍ୱାଧୀନତା ସଂଗ୍ରାମରେ ଅଂଶ ଗ୍ରହଣ କରିଥିଲେ । ସେଥିପାଇଁ ସେ ଜେଲଦଣ୍ଡ ଭୋଗ କରିଛନ୍ତି । ସେ ୧୯୬୧ ମସିହାରେ ଓଡ଼ିଶାର ମୁଖ୍ୟମନ୍ତ୍ରୀ ଥିଲେ "କାମରାଜ୍ ପ୍ଲାନ୍" ଅନୁଯାୟୀ ୧୯୬୩ ମସିହାରେ ମୁଖ୍ୟମନ୍ତ୍ରୀ ପଦରୁ ଅବ୍ୟାହତି ନେଇଥିଲେ । ୧୯୭୭ ମସିହାରେ ଜନତାଦଳ ପକ୍ଷରୁ ନିର୍ବାଚିତ ହୋଇ ମୋରାରଜୀ ଦେଶାଇଙ୍କ ମନ୍ତ୍ରୀମଣ୍ଡଳରେ ଯୋଗଦାନ କରିଥିଲେ । ରାଜନୈତିକ କ୍ଷେତ୍ର ବ୍ୟତୀତ ଶିଳ୍ପ ପ୍ରତିଷ୍ଠା କ୍ଷେତ୍ରରେ ମଧ୍ୟ ସେ ଖ୍ୟାତି ଅର୍ଜନ କରିଛନ୍ତି ।

ଶ୍ରୀଯୁକ୍ତ ବିଜୁ ପଟ୍ଟନାୟକ ଜଣେ ତେଜୀୟାନ୍ ତଥା ସ୍ୱାଧୀନଚେତା ନେତା । ସ୍ୱର୍ଗତ ଜବାହରଲାଲ ନେହେରୁ ଓ ଇନ୍ଦିରାଗାନ୍ଧୀଙ୍କ ସହ ତାଙ୍କର ବ୍ୟକ୍ତିଗତ ସମ୍ପର୍କ ଥିଲା । ଓଡ଼ିଶାର ପାରାଦ୍ୱୀପ ବନ୍ଦରର ଉନ୍ନତି ତଥା ଅନ୍ୟାନ୍ୟ କେତେକ କ୍ଷେତ୍ରରେ ତାଙ୍କର ଅବଦାନ ଉଲ୍ଲେଖଯୋଗ୍ୟ ।

ଜନତାଦଳ ପକ୍ଷରୁ ନିର୍ବାଚିତ ହୋଇ ସେ ଏବେ ଓଡ଼ିଶାର ମୁଖ୍ୟମନ୍ତ୍ରୀ ଅଛନ୍ତି । ଜଣେ ସର୍ବ ଭାରତୀୟ ନେତା ଭାବରେ ତାଙ୍କର ସୁନାମ ଅଛି ।

ସୁରେନ୍ଦ୍ରନାଥ ଦ୍ୱିବେଦୀ

ଶ୍ରୀଯୁକ୍ତ ସୁରେନ୍ଦ୍ରନାଥ ଦ୍ୱିବେଦୀ ଗଣତାନ୍ତ୍ରିକ ସମାଜବାଦର ଜଣେ ପ୍ରବକ୍ତା ଭାବରେ ସର୍ବତ୍ର ପରିଚିତ । ଅତି ଅଳ୍ପ ବୟସରୁ ସେ ପାଠପଢ଼ା ଛାଡ଼ି ସ୍ୱାଧୀନତା ସଂଗ୍ରାମରେ ଝାସ ଦେଇଥିଲେ । ଏଥିପାଇଁ ତାଙ୍କୁ ବହୁବାର କାରାବରଣ ଠାରୁ ଆରମ୍ଭକରି ଅସୀମ ତ୍ୟାଗ ସ୍ୱୀକାର କରିବାକୁ ପଡ଼ିଛି । ଇଂରେଜ ସରକାରଙ୍କ ତରଫରୁ ତାଙ୍କ ବିରୁଦ୍ଧରେ ଅନେକ ମକଦ୍ଦମା ରୁଜୁ କରାଯାଇଥିଲା ।

କମ୍ୟୁନିଷ୍ଟ ଷଡ଼ଯନ୍ତ୍ର ମାମଲାଭଳି ୧୯୪୩ ମସିହାରେ ବିଶିଷ୍ଟ ସମାଜବାଦୀ ନେତା ଶ୍ରୀ ସୁରେନ୍ଦ୍ର ନାଥ ଦ୍ୱିବେଦୀ ୰ ନିଶାମଣି ଖୁଣ୍ଟିଆ, ଶ୍ରୀ ବାଙ୍କ ବିହାରୀ ଦାସ, ୰ ଭୈରବ ଚନ୍ଦ୍ର ମହାନ୍ତି ଓ ଶ୍ରୀ ନରସିଂହ ଚରଣ ମହାନ୍ତି ପ୍ରମୁଖଙ୍କ ବିରୁଦ୍ଧରେ ହୋଇଥିବା ମକଦ୍ଦମା ମଧ୍ୟ ସେ ସମୟରେ ବେଶ୍ କିଛି ଚହଳ ସୃଷ୍ଟି କରିଥିଲା । କମ୍ୟୁନିଷ୍ଟ ନେତାମାନଙ୍କ ବିରୁଦ୍ଧରେ ହୋଇଥିବା ମକଦ୍ଦମାଗୁଡ଼ିକୁ ମୁଁ ପରିଚାଳନା କରୁଥିଲାବେଳେ ମୋର ବନ୍ଧୁ ବିଶିଷ୍ଟ ଆଇନଜୀବୀ ଦୀନବନ୍ଧୁ ସାହୁ ସମାଜବାଦୀ ନେତାମାନଙ୍କ ବିରୁଦ୍ଧରେ ହୋଇଥିବା ମକଦ୍ଦମାଗୁଡ଼ିକୁ ପରିଚାଳନା କରୁଥିଲେ । ତେବେ ଦୀନବନ୍ଧୁ ବାବୁ ପ୍ରମୁଖ ଅନେକ ସମୟରେ ମୋ' ବିନୋଦ ବିହାରୀ ଘରକୁ ଆସି ଉକ୍ତ ମକଦ୍ଦମା ପରିଚାଳନା ସମ୍ପର୍କରେ ମୋ' ସହିତ ପରାମର୍ଶ କରୁଥିଲେ ।

ପରବର୍ତ୍ତୀ ଅବସ୍ଥାରେ ଦ୍ୱିବେଦୀ କେନ୍ଦ୍ରାପଡ଼ା ନିର୍ବାଚନ ମଣ୍ଡଳୀରୁ ଲୋକସଭାକୁ ବହୁବାର ନିର୍ବାଚିତ ହୋଇ ଜଣେ ଦକ୍ଷ ପାର୍ଲାମେଣ୍ଟାରିଆନ୍ ଭାବରେ ନିଜ କୃତିତ୍ୱର ପରିଚୟ ପ୍ରଦାନ କରିଥିଲେ। ସେ କେତେବର୍ଷ ପାଇଁ ଲୋକ ସଭାରେ ପ୍ରଜା ସମାଜବାଦୀ ଦଳର ନେତା ଭାବରେ ମଧ୍ୟ ବେଶ୍ ସଫଳତାର ସହିତ ଦାୟିତ୍ୱ ପରିଚାଳନା କରିଥିଲେ। ପାର୍ଲିଆମେଣ୍ଟ୍‌ରେ ଅନେକ ବୈଧାନିକ ପ୍ରଶ୍ନ ସହିତ ଓଡ଼ିଶାର ତଥା ସମଗ୍ର ଦେଶର ଗରିବ ଖଟିଖିଆ, ଚାଷୀ ମୂଲିଆ ଶ୍ରେଣୀର ଲୋକଙ୍କ ସ୍ୱାର୍ଥରକ୍ଷା ଦିଗରେ ସେ ଦୃଢ଼ ଭାବରେ ସ୍ୱର ଉତ୍ତୋଳନ କରିଥିଲେ। ନାନା ଅତିରିକ୍ତ ପ୍ରଶ୍ନ ଉତ୍‌ଥାପନ କରି ଦ୍ୱିବେଦୀ ଉତ୍ତର ଦେଉଥିବା ମନ୍ତ୍ରୀମାନଙ୍କୁ ପାର୍ଲିଆମେଣ୍ଟ୍‌ରେ କିଭଳି ଅସ୍ତବ୍ୟସ୍ତ ଏପରିକି ଅପଦସ୍ଥ ମଧ୍ୟ କରୁଥିଲେ, ତାହା ଅନେକ ସମୟରେ ଆଲୋଚନାର ବିଷୟ ହେଉଥିଲା। ଜଣେ ଆଦର୍ଶ ଲୋକସଭା ସଦସ୍ୟ ଭାବରେ ସମଗ୍ର ଭାରତରେ ତାଙ୍କର ଖ୍ୟାତି ଥିଲା।

ଗଣତାନ୍ତ୍ରିକ ସମାଜବାଦ ଉପରେ ତାଙ୍କର ଗଭୀର ଅଧ୍ୟୟନ ଏ ସମ୍ପର୍କରେ ସେ ଏକ ଉପାଦେୟ ପୁସ୍ତକ ରଚନା କରିଥିଲେ। ତାଙ୍କ ଆତ୍ମଜୀବନୀ 'ମୋ ଜୀବନ ସଂଗ୍ରାମ' ମଧ୍ୟ ଏକ ଉପାଦେୟ ଗ୍ରନ୍ଥ। ଏଥିରୁ ସମସାମୟିକ ଘଟଣାବଳୀ ସମ୍ପର୍କରେ ଅନେକ କଥା ଜାଣିହୁଏ। ଦ୍ୱିବେଦୀ ସ୍ୱର୍ଗତ ଜୟପ୍ରକାଶ ନାରାୟଣଙ୍କର ଜଣେ ଘନିଷ୍ଠ ବନ୍ଧୁ ଥିଲେ। ୧୯୭୫ ଜୁନ୍ ୨୬ ତାରିଖରେ ସମଗ୍ର ଭାରତରେ ଜରୁରୀକାଳୀନ ବ୍ୟବସ୍ଥା ପ୍ରଚଳନ କରାଯାଇଥିଲା। ସ୍ୱର୍ଗତ ଜୟପ୍ରକାଶ ନାରାୟଣ ସରକାରଙ୍କ ଉକ୍ତ ଇମରଜେନ୍ସୀର ଦୃଢ଼ ସମାଲୋଚକ ଥିଲେ। ସେ ଭାରତର ବିଭିନ୍ନ ଅଞ୍ଚଳ ବୁଲି ତତ୍କାଳୀନ ସରକାର ବ୍ୟବସ୍ଥା ବିରୁଦ୍ଧରେ ଲୋକମାନଙ୍କୁ ସଙ୍ଗଠିତ କରିଥିଲେ ଓ ତାଙ୍କର ଉଦ୍ୟମ ଯୋଗୁଁ ୧୯୭୭ରେ ଭାରତରେ ଏକ ଅଣକଂଗ୍ରେସ ସରକାର ପ୍ରତିଷ୍ଠା ହେବା ସମ୍ଭବପର ହୋଇଥିଲା। ଦ୍ୱିବେଦୀ ଜୟପ୍ରକାଶଙ୍କ ଲିଖିତ 'ସମ୍ପୂର୍ଣ୍ଣ କ୍ରାନ୍ତି'ର ଏକ ରାଜନୈତିକ ସମୀକ୍ଷା 'ଜୟପ୍ରକାଶଙ୍କ ଜୟ ଯାତ୍ରା' ନାମରେ ଏକ ପୁସ୍ତକ ମଧ୍ୟ ରଚନା କରିଛନ୍ତି।

ବିଭିନ୍ନ ଘଟଣାରେ ମୋର ଦ୍ୱିବେଦୀଙ୍କ ସହ ଦେଖା ସାକ୍ଷାତ ହୋଇଛି। ଥରେ ଭାରତର ଜଣେ ବିଶିଷ୍ଟ ସମାଜବାଦୀ ନେତା ଭୁବନେଶ୍ୱରକୁ ଏକ ସଭା କରିବାକୁ ଆସିଥିଲେ। ଦ୍ୱିବେଦୀଙ୍କ ଅନୁରୋଧ କ୍ରମେ ମୁଁ ଉକ୍ତ ସଭାରେ ଯୋଗଦାନ କରିଥିଲି। ତାଙ୍କ ମାମୁଁ ବିଶିଷ୍ଟ ଚିକିତ୍ସକ ସ୍ୱର୍ଗତ କୁଳମଣି ମିଶ୍ରଙ୍କ ସହିତ ଆମର ପାରିବାରିକ ସମ୍ପର୍କ ଥିଲା। ଦ୍ୱିବେଦୀ କଟକ ଆସି ଅଧିକାଂଶ ସମୟରେ ମାମୁଁଙ୍କ ତେଲେଙ୍ଗା ବଜାର ଘରେ ରହୁଥିଲେ। ବିଭିନ୍ନ ସଭା ସମିତିରେ ମଧ୍ୟ ମୁଁ ଦ୍ୱିବେଦୀଙ୍କୁ ଦେଖିବା ଓ ତାଙ୍କର

ଭାଷଣ ଶୁଣିବାର ସୁଯୋଗ ପାଇଥିଲି । ୧୯୭୮ ମସିହା ଜୁନ୍ ୨ ତାରିଖରେ ବିଶିଷ୍ଟ ଶିକ୍ଷାବିତ୍ ଡକ୍ଟର ପରିଜାଙ୍କ ଦେହାନ୍ତ ହେବା ପରେ ୧୯୭୯ ଜୁନ୍ ୨ ତାରିଖରେ କଟକ ବାରବାଟୀ ଷ୍ଟାଡ଼ିୟମ୍ କ୍ଲବ୍ ହାଉସରେ ପରେ ତାଙ୍କର ପ୍ରଥମ ବାର୍ଷିକ ଶ୍ରାଦ୍ଧ ସଭା ଅନୁଷ୍ଠିତ ହୋଇଥିଲା । ଡକ୍ଟର ରାଧାନାଥ ରଥ, ଡକ୍ଟର ହରେକୃଷ୍ଣ ମହତାବ୍ ପ୍ରମୁଖ ଓଡ଼ିଶାର ବହୁ ବିଶିଷ୍ଟ ବ୍ୟକ୍ତିଙ୍କ ଗହଣରେ ଶ୍ରୀଯୁକ୍ତ ଦ୍ୱିବେଦୀ ମଧ୍ୟ ଉପସ୍ଥିତ ଥିଲେ ଏବଂ ସେଠାରେ ତାଙ୍କ ସହିତ ସାକ୍ଷାତ ହୋଇଥିଲା । ଜଣେ ବିଶିଷ୍ଟ ଶ୍ରମିକନେତା ଭାବରେ ତାଙ୍କର ସୁନାମ ଅଛି । ସେ ଏବେ ରାଉରକେଲାରେ ଅବସ୍ଥାନ କରୁଛନ୍ତି ଓ ଶ୍ରମିକ କର୍ମଚାରୀଙ୍କ କଲ୍ୟାଣ ପାଇଁ ତାଙ୍କର ସଂଗ୍ରାମ ଅବ୍ୟାହତ ରଖିଛନ୍ତି ।

ବାଙ୍କ ବିହାରୀ ଦାସ

ଜଣେ ବିଶିଷ୍ଟ ସମାଜବାଦୀ ନେତା ଭାବରେ ଶ୍ରୀ ବାଙ୍କ ବିହାରୀ ଦାସ କେବଳ ଓଡ଼ିଶାରେ ନୁହେଁ ସମଗ୍ର ଭାରତରେ ମଧ୍ୟ ସୁପରିଚିତ । ଜଣେ ଖ୍ୟାତି-ସମ୍ପନ୍ନ ପାର୍ଲାମେଣ୍ଟାରିଆନ୍ ଭାବରେ ସେ ବେଶ୍ ପ୍ରତିଷ୍ଠା ଲାଭ କରିଛନ୍ତି । ସେ ଛାତ୍ର ଜୀବନରୁ ଜାତୀୟ ଆନ୍ଦୋଳନ ସହିତ ସାମିଲ ହୋଇ କାରାବରଣ କରିଥିଲେ । ପରବର୍ତ୍ତୀ ଅବସ୍ଥାରେ ସେ ବହୁବାର ଓଡ଼ିଶା ବିଧାନସଭାକୁ ନିର୍ବାଚିତ ହୋଇ ପ୍ରଥମେ ଅର୍ଥମନ୍ତ୍ରୀ ଓ ପରେ ରାଜସ୍ୱମନ୍ତ୍ରୀ ଭାବରେ ବେଶ୍ ଦକ୍ଷତାର ସହ କାର୍ଯ୍ୟ ପରିଚାଳନା କରିଥିଲେ । ଏହା ପୂର୍ବରୁ ରାଜ୍ୟ ସଭା ସଭ୍ୟ ଭାବରେ ମଧ୍ୟ ପାର୍ଲିଆମେଣ୍ଟରେ ସେ ନିଜ ଦକ୍ଷତାର ପରିଚୟ ପ୍ରଦାନ କରିଥିଲେ ।

ଜିଲ୍ଲା ପୁନର୍ଗଠନ କମିଟି ଗଠନ ସମୟରେ ସେ ରାଜସ୍ୱମନ୍ତ୍ରୀ ଥିଲେ । ମୁଁ ଚେୟାରମ୍ୟାନ୍ ହେବାକୁ ରାଜି ହେଉ ନ ଥିଲି । ହେଲେ ସେ ଏଥିପାଇଁ ମୋତେ ବିଶେଷ ଭାବରେ ଅନୁରୋଧ କରିବା ଯୋଗୁଁ ମୁଁ ତାହା ଏଡ଼ାଇ ନପାରି ଉକ୍ତ ଗୁରୁତ୍ୱପୂର୍ଣ୍ଣ ଦାୟିତ୍ୱ ବହନ କରିଥିଲି । ସେ ଅନେକବାର ମୋ ଘରକୁ ଆସିଛନ୍ତି ଓ ଅନେକ ଗୁରୁତ୍ୱପୂର୍ଣ୍ଣ ବିଷୟରେ ଆଲୋଚନା କରିଛନ୍ତି ।

ଜାତୀୟ ରାଜନୀତି, ବିଶେଷ କରି ଅର୍ଥନୀତି ଉପରେ ବାଙ୍କ ବାବୁଙ୍କର ଯଥେଷ୍ଟ ଗବେଷଣା ରହିଛି । ସେ ଜଣେ ସୁବକ୍ତା ଓ ସୁଲେଖକ ମଧ୍ୟ । ବିଭିନ୍ନ ପୁସ୍ତକ ଓ ପତ୍ରପତ୍ରିକାରୁ ମୁଁ ତାଙ୍କର ଅନେକ ତଥ୍ୟପୂର୍ଣ୍ଣ ପ୍ରବନ୍ଧ ପାଠ କରିଛି । ବିଭିନ୍ନ ସଭା ସମିତିରେ ତାଙ୍କର ପାଣ୍ଡିତ୍ୟପୂର୍ଣ୍ଣ ତଥ୍ୟ-ସମ୍ବଳିତ ବକ୍ତୃତା ଶୁଣିବାର ସୁଯୋଗ ପାଇଛି । ସେ ଏବେ ରାଜନୀତିରେ ସକ୍ରିୟ ଅଛନ୍ତି । ଓଡ଼ିଶା କୃଷକ ମହାସଂଘର ସଭାପତି

ଭାବରେ କୃଷକମାନଙ୍କର ସ୍ୱାର୍ଥରକ୍ଷା ପାଇଁ ସେ ନିଷ୍ଠାର ସହ କାର୍ଯ୍ୟ କରୁଛନ୍ତି ।

ଶ୍ରୀଯୁକ୍ତ ଦାସଙ୍କ ସହଧର୍ମିଣୀ ଶ୍ରୀମତୀ ସୁଧା ମଞ୍ଜରୀ ଦାସ ଜଣେ ଆଦର୍ଶ ପ୍ରଧାନ ଶିକ୍ଷୟିତ୍ରୀ ଭାବରେ ସୁନାମ ଅର୍ଜନ କରିଥିଲେ । ତାଙ୍କର ପିଲାମାନେ ଉଚ୍ଚଶିକ୍ଷା ଲାଭକରି ସମାଜର ବିଭିନ୍ନ କ୍ଷେତ୍ରରେ ସଫଳତାର ସହିତ କାର୍ଯ୍ୟ କରୁଛନ୍ତି ।

ନିଶାମଣି ଖୁଣ୍ଟିଆ

ଓଡ଼ିଶା ବିଧାନସଭାର ଜଣେ ଟାଣୁଆ ବିଧାୟକ ଭାବରେ ସ୍ୱର୍ଗତ ନିଶାମଣି ଖୁଣ୍ଟିଆଙ୍କ ଖ୍ୟାତି ଥିଲା । ପ୍ରଜା ସୋସାଲିଷ୍ଟ ପାର୍ଟି (ପି.ଏସ୍.ପି.)ର ଚାଳଘର ନିର୍ବାଚନ ଚିହ୍ନରେ ନିର୍ବାଚନ ଲଢ଼ି ସେ ତିର୍ତୋଲ ନିର୍ବାଚନମଣ୍ଡଳୀରୁ ବହୁବାର ଓଡ଼ିଶା ବିଧାନ ସଭାକୁ ନିର୍ବାଚିତ ହୋଇଥିଲେ । ବିଧାନସଭାର ଗୁରୁତ୍ୱପୂର୍ଣ୍ଣ ଆଲୋଚନାରେ ଅଂଶ ଗ୍ରହଣ କରି ସେ ନିଜ ଦକ୍ଷତାର ନାନା ଗୁରୁତ୍ୱ ପ୍ରମାଣ ଦେଇଥିଲେ । ଜଣେ ବିରୋଧୀ ଦଳର ନେତା ହୋଇ ମଧ୍ୟ ସରକାରୀ କଳ ଉପରେ ତାଙ୍କର ଯଥେଷ୍ଟ ପ୍ରଭାବ ଥିଲା । ସେ ଅନେକ ବଡ଼ ବଡ଼ କମିଟିର ସଦସ୍ୟ ଭାବରେ ବହୁ ବଡ଼ ଗୁରୁତ୍ୱପୂର୍ଣ୍ଣ ଦାୟିତ୍ୱ ଅତ୍ୟନ୍ତ ସଫଳତାର ସହିତ କାର୍ଯ୍ୟକାରୀ କରିଥିଲେ ।

ଛାତ୍ରାବସ୍ଥାରୁ ସେ ଜାତୀୟ ଆନ୍ଦୋଳନ ପ୍ରତି ଆକୃଷ୍ଟ ହୋଇ ଦେଶ ସେବାକୁ ଜୀବନର ବ୍ରତ ଭାବରେ ଆଦରି ନେଇଥିଲେ ଏଥିପାଇଁ ତାଙ୍କୁ ଅନେକ ତ୍ୟାଗ ସ୍ୱୀକାର କରିବାକୁ ପଡ଼ିଥିଲା । ଗାଁ ଗହଳିର ଗରିବ କୃଷିଶ୍ରମିକ ବିଶେଷ କରି ଭାଗଚାଷୀମାନଙ୍କୁ ସଂଗଠିତ କରାଇ ସେ ବଡ଼ ବଡ଼ ଜମିମାଲିକଙ୍କ ବିରୁଦ୍ଧରେ ଜୋରଦାର ଆନ୍ଦୋଳନ ଆରମ୍ଭ କରି ସେଥିରେ ସଫଳତା ହାସଲ କରିଥିଲେ । ଜଣେ ପ୍ରତିଷ୍ଠିତ ଶ୍ରମିକ ନେତା ଭାବରେ ମଧ୍ୟ ତାଙ୍କର ସୁନାମ ଥିଲା । ସେ ପାରାଦ୍ୱୀପ ବନ୍ଦର କର୍ମଚାରୀ ସଂଘର ସଭାପତି ତଥା କିଛିଦିନ ପାଇଁ ନିଖିଳ ଭାରତ ପୋର୍ଟ ଆଣ୍ଡ ଡକ୍ସ କର୍ମଚାରୀ ସଂଘର ଉପ-ସଭାପତି ଭାବରେ ମଧ୍ୟ ଅତ୍ୟନ୍ତ ଦକ୍ଷତାର ସହ କାର୍ଯ୍ୟ କରିଥିଲି । ପାରାଦ୍ୱୀପ ବନ୍ଦରର ଉନ୍ନତି ପାଇଁ ଅତ୍ୟନ୍ତ ନିଷ୍ଠାର ସହ କାର୍ଯ୍ୟ କରିଥିଲେ । ପାରାଦ୍ୱୀପକୁ ରେଳଲାଇନ ଦ୍ୱାରା ସଂଯୋଗ କରିବା କ୍ଷେତ୍ରରେ ସ୍ୱର୍ଗତ ଖୁଣ୍ଟିଆଙ୍କ ଅବଦାନ ଉଲ୍ଲେଖଯୋଗ୍ୟ । ଏ ସଂକ୍ରାନ୍ତରେ ସେ କେତେଖଣ୍ଡ ପୁସ୍ତକ ମଧ୍ୟ ରଚନା କରିଥିଲେ ।

କିଛି ବର୍ଷ ତଳେ ତିର୍ତୋଲଠାରେ ପ୍ରତିଷ୍ଠା ଲାଭ କରିଥିବା ଶାରଳା ସୂତାକଳର ଉଦ୍‌ଘାଟନ ଉତ୍ସବରେ ଯୋଗଦାନ କରି ସେ ଭୁବନେଶ୍ୱର ଫେରୁଥିବା ବେଳେ ପାରାଦ୍ୱୀପ ରାସ୍ତାରେ ତାଙ୍କ କାର୍‌ଟି ଦୁର୍ଘଟଣାର ସମ୍ମୁଖୀନ ହୋଇଥିଲା । ଅଚେତ

ଅବସ୍ଥାରେ କିଛି ଦିନ ମେଡ଼ିକାଲରେ ରହିବା ପରେ ନିଶାମଣି ବାବୁଙ୍କ ଅକାଳ ବିୟୋଗ ଘଟିଥିଲା। ବିଭିନ୍ନ ଘଟଣାରେ ମୁଁ ତାଙ୍କର ବ୍ୟକ୍ତିଗତ ସମ୍ପର୍କରେ ଆସିବାର ସୁଯୋଗ ପାଇଥିଲି। ତାଙ୍କ ପତ୍ନୀ ଶାନ୍ତିସୁଧା ଖୁଣ୍ଟିଆଙ୍କର ସମାଜସେବା କ୍ଷେତ୍ରରେ ଅବଦାନ ଥିଲା।

ରାଜକୃଷ୍ଣ ବୋଷ

ଶ୍ରୀଯୁକ୍ତ ରାଜକୃଷ୍ଣ ବୋଷ ଓ ମୁଁ ୧୯୨୮ ମସିହା କଂଗ୍ରେସ ଅଧିବେଶନରେ ସାଙ୍ଗ ହୋଇ ଯୋଗଦାନ କରିଥିଲୁ। ସେହି ସମୟରୁ ଆମ ଦୁହିଁଙ୍କ ମଧ୍ୟରେ ଘନିଷ୍ଠତା ବୃଦ୍ଧି ପାଇଥିଲା। ଜଣେ ପ୍ରତିଭାବାନ୍ ଯୁବକର୍ମୀ ଭାବରେ ସେ ସୁନାମ ଅର୍ଜନ କରିଥିଲେ। ମେଡ଼ିକାଲ ସ୍କୁଲର ଛାତ୍ର ଥିଲାବେଳେ ସେ ଅଧାରୁ ପଢ଼ା ଛାଡ଼ି ଅସହଯୋଗ ଆନ୍ଦୋଳନରେ ଝାସ ଦେଇଥିଲେ। ଆନ୍ଦୋଳନର ପ୍ରାରମ୍ଭିକ ଅବସ୍ଥାରେ ଶ୍ରୀଯୁକ୍ତ ବୋଷ ଏବଂ ସ୍ୱର୍ଗତ ଯଦୁମଣି ମଙ୍ଗରାଜ ଉଭୟେ ତେଜୀୟାନ୍ ଯୁବକ ତଥା ସୁବକ୍ତା ଭାବରେ ପ୍ରତିଷ୍ଠା ଲାଭ କରିଥିଲେ ଓ ବହୁବାର କାରାବରଣ କରିଥିଲେ। ପରବର୍ତ୍ତୀ ଅବସ୍ଥାରେ ସେ ଓଡ଼ିଶା ବିଧାନ ସଭାକୁ ନିର୍ବାଚିତ ହୋଇ ମହତାବ ମନ୍ତ୍ରୀ ମଣ୍ଡଳର ଜଣେ ସଦସ୍ୟ ଥିଲେ। ଜଣେ ନିଷ୍ଠାପର ସମାଜସେବୀ ଭାବେ ତାଙ୍କର ଯଥେଷ୍ଟ ଖ୍ୟାତି ରହିଛି।

ଯଦୁମଣି ମଙ୍ଗରାଜ

ସ୍ୱର୍ଗତ ଯଦୁମଣି ମଙ୍ଗରାଜଙ୍କୁ ମୁଁ ପ୍ରଥମେ କାଠଯୋଡ଼ି ନଈବାଲି ସଭାରେ ଦେଖିଥିଲି। ବିଦେଶୀ ବସ୍ତ୍ର ବର୍ଜନ ଆନ୍ଦୋଳନରେ ନିଜକୁ ସାମିଲ୍ କରି ସେ ବିଲାତି ପୋଷାକପତ୍ର ସବୁ ନିଆଁରେ ପୋଡ଼ିଥିଲେ। ୧୯୨୮ କଂଗ୍ରେସ ଅଧିବେଶନ (କଲିକତା)ରେ ଆମେ ସାଙ୍ଗ ହୋଇ ଯୋଗଦାନ କରିଥିଲୁ। ସ୍ୱାଧୀନତା ସଂଗ୍ରାମର ବିଭିନ୍ନ କାର୍ଯ୍ୟକ୍ରମ ସହିତ ଓତପ୍ରୋତ ଭାବରେ ଜଡ଼ିତ ହୋଇ ସେ ବହୁବାର କାରାବରଣ କରିଥିଲେ। ଜଣେ ଅତି ତେଜୀୟାନ୍ ବକ୍ତା ଭାବରେ ସେ ସର୍ବତ୍ର ପରିଚିତ ଥିଲେ।

ପ୍ରଫେସର ବାମାଚରଣ ଦାସ

ଦିନକର କଥା। ବାମାଚରଣ ମୋ ଘରେ ଆସି ପହଞ୍ଚିଲେ। ଆମ ଦୁଇଜଣଙ୍କ ମଧ୍ୟରେ ଗୋଟିଏ ବିଷୟରେ ଆଲୋଚନା ଚାଲିଲା। ସେତେବେଳକୁ ଦିନ ଚାରିଟା ବାଜିଲାଣି। କିନ୍ତୁ ସମାଧାନ ହୋଇ ପାରୁନାହିଁ। ସନ୍ଧ୍ୟା ଛଅଟାରେ ଆଉ ଥରେ ବସି କାର୍ଯ୍ୟପନ୍ଥା

ସ୍ଥିର କରିବୁ ବୋଲି ସ୍ଥିର ହେଲା। ବାମାଚରଣ ଆସି ପହଞ୍ଚିଲେ। ସେତେବେଳକୁ ମୋ କାନ୍ଥ ଘଣ୍ଟାରେ ପାଞ୍ଚଟା ପଇଁଚାଳିଶ ବାଜିଥାଏ। ମୁଁ କହିଲି, "ଛଅଟା ବାଜି ନାହିଁ। ଆଉ ଟିକିଏ ପରେ ବସିବା।" ସେ କହିଲେ, ଏବେ ଛଅଟା ବାଜିଲାଣି।" ମୁଁ ମନାକଲି। ଏଭଳି କଥା ହେଉଥିଲା ବେଳେ ଆମ ଦୁହିଁଙ୍କର ଜଣେ ଘନିଷ୍ଠ ବନ୍ଧୁ ବାରିଷ୍ଟର ମୁରଲୀଧର ମହାନ୍ତି ଆସି ପହଞ୍ଚିଲେ। ପଚାରିଲେ, "କଥା କ'ଣ ?" ମୁଁ କହିଲି, 'ଘଣ୍ଟାର ସମୟ ଅନୁଯାୟୀ କାମ କରିବା କଥା।" ମୋ ପାଟିରୁ କଥା ନ ସରୁଣୁ ସେ ଘଣ୍ଟାକୁ ଅନାଇବେ କହିଲେ, "ଘଣ୍ଟା ବନ୍ଦ ହୋଇଯାଇଛି।" ହସ ହେଲା, ବାମାଚରଣ କହିଲେ "ଦାସେ, ଏଥର ରସଗୋଲା ଆସୁ।" ରସଗୋଲା ଆସିଲା ଏବଂ ଖିଆ ହେଲା।

ବାମାଚରଣ ତାଙ୍କର ସମସ୍ତ କାର୍ଯ୍ୟ ନିର୍ଦ୍ଧାରିତ ସମୟରେ ହିଁ କରୁଥିଲେ। ତାଙ୍କର ସମୟାନୁବର୍ତ୍ତିତା ପରିଜା ସାହେବଙ୍କ ସହିତ ତୁଳନୀୟ। ପରିଜା ସାହେବଙ୍କ ଅନେକ ଛାତ୍ରର ସେ ଉତ୍ତରାଧିକାରୀ ଥିଲେ। ବାହାରକୁ ଗମ୍ଭୀର ଜଣା ପଡୁଥିଲେ ମଧ୍ୟ ବାସ୍ତବ କ୍ଷେତ୍ରରେ ସେ ଅତ୍ୟନ୍ତ ଖୁସିବାସିଆ ଲୋକ। ସେ ପାଖରେ ଥିଲାବେଳେ କେହି କେବେ କ୍ଲାନ୍ତି ଅନୁଭବ କରିବା ମୁଁ ଲକ୍ଷ୍ୟ କରିନାହିଁ। ଗୋଟିଏ ଘଟଣା କହୁଛି। ବନ୍ଧୁ ବାରିଷ୍ଟର ମୁରଲୀଧର ମହାନ୍ତିଙ୍କର ବାହାଘର ବାରିପଦାର ହରେକୃଷ୍ଣ ମହାନ୍ତିଙ୍କ ଝିଅ ସହିତ ହେଉଥାଏ। ବାମାଚରଣ ଓ ମୁଁ ବରଯାତ୍ରୀ ହୋଇ ଯାଇଥାଉଁ। ବାରିପଦାକୁ ଯାଉଥିବା ଛୋଟ ରେଳ ଗାଡ଼ିଟି ଧୀର ମନ୍ଥର ଗତିରେ ଯାଉଥାଏ। ଆମେ ସେଇ ଗାଡ଼ିରେ ଗଲାବେଳେ ବାଟରେ ଠାକୁରତୋଟା ଷ୍ଟେସନରେ ଜଳଖିଆ ଖାଇଲୁ। ଗାଡ଼ି ଛାଡ଼ିବା ସମୟ ହେବାରୁ ଦୋକାନ ପଇସା ନବାକୁ ତର ତର ହେଲା। ଉତ୍ତରରେ ବାମାଚରଣ କହିଲେ, "ବ୍ୟସ୍ତ କାହିଁକି ? ଗାଡ଼ି ଯାଉ। ଆମେ ଏଠୁ ଚାଲି ଚାଲି ଗଲେ ବି ଆଗ ଷ୍ଟେସନରେ ସେ ଗାଡ଼ି ଧରିପାରିବୁ।" ବାମାଚରଣଙ୍କର ବାପାଙ୍କ ନାଁ ରାଜକିଶୋର ଦାସ। ମୁଁ ତାଙ୍କୁ ବେଳେବେଳେ ମଜା କରିବା ପାଇଁ 'ତୁ' ପିଲାଟା ବୋଲି କହେ। ସେ ଥଟ୍ଟା କରି ମୋତେ 'ମଉସା' ବୋଲି ଡାକିଥାନ୍ତି। ଆଜି ସେ ହଜିଲା ଅତୀତକୁ ମନେ ପକାଇଲେ ଅତ୍ୟନ୍ତ ଦୁଃଖ ଲାଗୁଛି। ଜୀବନର ଅନେକ ଘଟଣାରେ ଆମେ ସାଙ୍ଗ ହୋଇଥାଉ। ରେଭେନ୍ସା କଲେଜ ପରିଚାଳନା ସମିତି, ପ୍ରଫେସର ପରିଜା ସ୍ମୃତି ପରିଷଦଠାରୁ ଆରମ୍ଭ କରି ବହୁ ସାମାଜିକ ଓ ସାଂସ୍କୃତିକ ଅନୁଷ୍ଠାନରେ ଜଣେ ଘନିଷ୍ଠ ବନ୍ଧୁ ଓ ସହଯୋଗୀ ଭାବରେ ସେ ମୋତେ ସହାୟତା କରିଛନ୍ତି। ପରିଜା ସ୍ମୃତି ପରିଷଦର ପ୍ରତିଷ୍ଠାତା ଉପ-ସଭାପତି ଓ କୋଷାଧ୍ୟକ୍ଷ ଭାବରେ ଶେଷ ପର୍ଯ୍ୟନ୍ତ ସେ ଅତି ନିଷ୍ଠାର ସହ କାର୍ଯ୍ୟ କରିଥିଲେ।

ମୁଁ ମୁଖ୍ୟ ଅତିଥି ଭାବେ ଯୋଗଦାନ କରିଥିବା ବାରବାଟୀ ରାଫଲ୍‌ର ଗତ ୨୪-୧୧-୭୮ ତାରିଖ ଲଟେରୀ ଉଠାଣର ଏକ ଉତ୍ସବରେ ସ୍ୱର୍ଗତ ନୀଳମଣି ସେନାପତି, ମନୀନ୍ଦ୍ର ନାଥ ଗୁହ, ରାମକୃଷ୍ଣ ପାଢ଼ୀ, ଭୈରବ ଚନ୍ଦ୍ର ମହାନ୍ତି ଓ ଶ୍ରୀଯୁକ୍ତ ନିତ୍ୟାନନ୍ଦ ମହାପାତ୍ର ପ୍ରମୁଖ ବିଶିଷ୍ଟ ବ୍ୟକ୍ତିମାନଙ୍କ ସହିତ ବାମାଚରଣ ମଧ୍ୟ ଉପସ୍ଥିତ ଥିଲେ। ଆମ୍ଭମାନଙ୍କର ସେଇ ମିଳିତ ଫଟୋଗ୍ରାଫ୍‌ଟିକୁ ମୁଁ ଏପର୍ଯ୍ୟନ୍ତ ଯତ୍ନରେ ସାଇତି ରଖିଛି। ବାରବାଟୀ ଷ୍ଟାଡ଼ିୟମ୍‌ର ପ୍ରତିଷ୍ଠା କ୍ଷେତ୍ରରେ ତାଙ୍କର ଯଥେଷ୍ଟ ଅବଦାନ ଥିଲା। ସେ ଓଡ଼ିଶା ଅଲିମ୍ପିକ୍ ଆସୋସିଏସନ ପ୍ରତିଷ୍ଠାତା ସଭ୍ୟ ତଥା ଉପ-ସଭାପତି ଭାବରେ କ୍ରୀଡ଼ାର ପ୍ରସାର ବହୁବିଧ ଉଦ୍ୟମ କରିଥିଲେ। କ୍ରୀଡ଼ା ସହିତ ବିମାନ ଚାଳନା ପ୍ରତି ମଧ୍ୟ ତାଙ୍କର ଯଥେଷ୍ଟ ଆଗ୍ରହ ଥିଲା। ସେ ଅଣ-ପେଷାଦାର ବିମାନ-ଚାଳକ ଭାବରେ ଲାଇସେନ୍ସ ପାଇଥିଲେ। ଏଭଳି ଯୋଗ୍ୟତା ହାସଲ କରିବା କ୍ଷେତ୍ରରେ ସେ ଥିଲେ ଓଡ଼ିଶାର ଜଣେ ଅଗ୍ରଗଣ୍ୟ ବ୍ୟକ୍ତି।

ଓଡ଼ିଆ ସଂସ୍କୃତିର ବିକାଶ ଦିଗରେ ତାଙ୍କର ଯଥେଷ୍ଟ ଅବଦାନ ଥିଲା। ସେ କଟକ କଳାବିକାଶ କେନ୍ଦ୍ର ସହିତ ବହୁଦିନ ଧରି ସଂପୃକ୍ତ ଥିଲେ ଏବଂ କେତେବର୍ଷ ଏହାର ସଭାପତି ଭାବରେ କାର୍ଯ୍ୟ ପରିଚାଳନା କରିଥିଲେ। ଓଡ଼ିଶୀ ନୃତ୍ୟକୁ ଲୋକପ୍ରିୟ କରିବା ସଙ୍ଗେ ସଙ୍ଗେ ଆନ୍ତର୍ଜାତିକ ସ୍ତରରେ ଏହାର ମର୍ଯ୍ୟାଦା ବୃଦ୍ଧି କରିବାକୁ ଉଦ୍ୟମ କରିଥିଲେ। ନିଜର ଆନ୍ତରିକତା ଓ ଆଶୀର୍ବାଦରେ ତାଙ୍କର କନ୍ୟା ଶ୍ରୀମତୀ କୁଙ୍କୁମ ମହାନ୍ତି (ଶ୍ରୀଯୁକ୍ତ ମଦନ ମହାନ୍ତି I.A.Sଙ୍କ ସହଧର୍ମିଣୀ) ଜଣେ ଆନ୍ତର୍ଜାତିକ ଖ୍ୟାତିସମ୍ପନ୍ନ ନୃତ୍ୟଶିଳ୍ପୀ ଭାବରେ ଗୌରବ ଅର୍ଜନ କରିଛନ୍ତି।

ଜଣେ ପ୍ରବୀଣ ଶିକ୍ଷାବିତ୍ ତଥା ସୁଦକ୍ଷ ଗଣିତଜ୍ଞ ଭାବରେ ସମଗ୍ର ଦେଶରେ ତାଙ୍କର ଯଥେଷ୍ଟ ସୁନାମ ଅଛି। ଗଣିତକୁ ଲୋକପ୍ରିୟ କରିବା ପାଇଁ ସେ ଆନ୍ତରିକ ପ୍ରଚେଷ୍ଟା କରିଥିଲେ ଏବଂ 'ଗଣିତ ବିଚିତ୍ରା' ପତ୍ରିକାର ସେ ଥିଲେ ସମ୍ପାଦକ। କେବଳ ଜଣେ ଶିକ୍ଷାବିତ୍ ଭାବରେ ନୁହଁନ୍ତି, ଆଦର୍ଶ ଶିକ୍ଷକ ପ୍ରଶାସକ କ୍ରୀଡ଼ାବିତ୍ ଓ ସମାଜସେବୀ ଭାବରେ ସେ ସର୍ବତ୍ର ସମ୍ମାନିତ। ଗତ ୧୯୮୮ ମସିହା ସେପ୍ଟେମ୍ବର ୫ ତାରିଖରେ ପବିତ୍ର ଗୁରୁଦିବସରେ ସେ ଆମ୍ଭମାନଙ୍କଠାରୁ ଚିରବିଦାୟ ନେଇ ସାରିଛନ୍ତି।

ପ୍ରଫେସର ବାମାଚରଣ ଦାସଙ୍କ ପ୍ରଥମ ବାର୍ଷିକ ଶ୍ରାଦ୍ଧ ଉପଲକ୍ଷେ

ସ୍ମୃତିସଭାର ବିବରଣୀ

ପ୍ରଫେସର ଦାସଙ୍କ ପ୍ରଥମ ବାର୍ଷିକ ଶ୍ରାଦ୍ଧ ଉପଲକ୍ଷେ ୧୯୮୯ ସେପ୍ଟେମ୍ବର ୫

ତାରିଖ ଗୁରୁଦିବସ ସନ୍ଧ୍ୟାରେ ମୋ ଅଧ୍ୟକ୍ଷତାରେ ଏକ ସ୍ମୃତିସଭା ଅନୁଷ୍ଠିତ ହୋଇଥିଲା। ଏହି ମନୋଜ୍ଞ ଉତ୍ସବରେ ଓଡ଼ିଶାର ମାଧ୍ୟମିକ ଶିକ୍ଷା ବିଭାଗର ପୂର୍ବତନ ଡି.ପି.ଆଇ ତଥା ପ୍ରବୀଣ ଗଣିତଜ୍ଞ ଡକ୍ଟର ଘନଶ୍ୟାମ ସାମଲ ସମ୍ମାନିତ ଅତିଥି ଭାବରେ ଯୋଗ ଦେଇଥିଲେ।

ବହୁ ବିଶିଷ୍ଟ ବ୍ୟକ୍ତି ଏହି ଉତ୍ସବରେ ଉପସ୍ଥିତ ରହି ସ୍ୱର୍ଗୀୟ ଦାସଙ୍କ ଫଟୋ ଚିତ୍ରରେ ପୁଷ୍ପମାଲ୍ୟ ଅର୍ପଣ କରିବା ପୂର୍ବକ ତାଙ୍କ ମହାନ ଆତ୍ମା ପ୍ରତି ଭକ୍ତିପୂତ ଶ୍ରଦ୍ଧାଞ୍ଜଳି ନିବେଦନ କରିଥିଲେ।

ଉତ୍କଳ ବିଶ୍ୱବିଦ୍ୟାଳୟର ସ୍ନାତକୋତ୍ତର ଗଣିତ ବିଭାଗର ମୁଖ୍ୟ ପ୍ରଫେସର ଡକ୍ଟର ଗୋକୁଳାନନ୍ଦ ଦାସ ତାଙ୍କ ଗୁଣକୀର୍ତ୍ତନ କରିବା ଅବସରରେ ତାଙ୍କର ଯଥାର୍ଥ ସ୍ମୃତି ରକ୍ଷା ଉଦ୍ଦେଶ୍ୟରେ 'ଓଡ଼ିଶା ମାଥେମାଟିକାଲ୍ ଇନ୍‌ଷ୍ଟିଚ୍ୟୁଟ୍' ପ୍ରତିଷ୍ଠା କରିବା ପାଇଁ ସମୟୋଚିତ ପରାମର୍ଶ ଦେଇଥିଲେ। ଡକ୍ଟର ହରିହର ପଟ୍ଟନାୟକ, ପ୍ରଫେସର ବିଷ୍ଣୁ ପ୍ରସାଦ ଆଚାର୍ଯ୍ୟ, ଡକ୍ଟର ଘନଶ୍ୟାମ ସାମଲ, ଡକ୍ଟର ସୁଦର୍ଶନ ନନ୍ଦ, ଡ. ସୁଭାଷ ଚନ୍ଦ୍ର ଜେନା, ସ୍ୱନାମଧନ୍ୟ ଚାର୍ଟାର୍ଡ଼ ଆକାଉଣ୍ଟାଣ୍ଟ ଶ୍ରୀ ହୃଦୟାନନ୍ଦ ନାୟକ, ଡକ୍ଟର ଦେବକାନ୍ତ ମିଶ୍ର ପ୍ରମୁଖ ଏହି ପ୍ରସ୍ତାବ ପ୍ରତି ଦୃଢ଼ ସମର୍ଥନ ଜ୍ଞାପନ କରିବା ସଙ୍ଗେ ସଙ୍ଗେ ଏହାର ବାସ୍ତବ ରୂପାୟନ ଦିଗରେ କେତେକ ଉପାଦେୟ ପ୍ରସ୍ତାବ ଦେଇଥିଲେ। ଡକ୍ଟର ହରିହର ପଟ୍ଟନାୟକ ଓ ଶ୍ରୀଯୁକ୍ତ ନାୟକ ନିଜ ନିଜ ପ୍ରତ୍ୟକ୍ଷ ଅଭିଜ୍ଞତାରୁ ସ୍ୱର୍ଗୀୟ ଦାସଙ୍କ ବହୁମୁଖୀ ପ୍ରତିଭା, ସମୟାନୁବର୍ତ୍ତିତା, ପ୍ରଶାସନିକ ଦକ୍ଷତା କ୍ରୀଡ଼ାନୁରାଗ ସମ୍ବନ୍ଧରେ ମର୍ମସ୍ପର୍ଶୀ ବିବରଣୀ ଉପସ୍ଥାପନା କରିଥିଲେ।

ଶ୍ରୀଯୁକ୍ତ ରାଜେନ୍ଦ୍ର ନାରାୟଣ ଦାସ ଗଣିତଜ୍ଞ ବାମାଚରଣଙ୍କ ସଙ୍ଗୀତାନୁରାଗ ସମ୍ପର୍କରେ ପ୍ରତ୍ୟକ୍ଷାନୁଭୂତିରୁ ବିବରଣୀ ପ୍ରଦାନ କରଥିଲେ। ସେ ସୂଚାଇଥିଲେ ଯେ, ସ୍ୱର୍ଗୀୟ ପ୍ରଫେସର ଦାସଙ୍କ ପ୍ରଯତ୍ନ ଓ ପଥପ୍ରଦର୍ଶନ ଯୋଗୁଁ ଆଜି ତାଙ୍କ କନ୍ୟା ଶ୍ରୀମତୀ କୁମ୍‌କୁମ୍ ମହାନ୍ତି ଆନ୍ତରାଷ୍ଟ୍ରୀୟ ସ୍ତରରେ ଜନୈକ ପ୍ରବୀଣା ନର୍ତ୍ତକୀ ଭାବରେ ସୁନାମ ଅର୍ଜନ କରିଛନ୍ତି। ଓଡ଼ିଶା ଅଲିମ୍ପିକ ଆସୋସିଏସନ ଓ କଳାବିକାଶ କେନ୍ଦ୍ରର ଉତ୍ତରୋତ୍ତର ବିକାଶ ଦିଗରେ ସ୍ୱର୍ଗୀୟ ଦାସଙ୍କ ଭୂମିକା ସମ୍ପର୍କରେ ସେ ବିଶେଷ ତଥ୍ୟ ପରିବେଷଣ କରିଥିଲେ।

ସ୍ୱନାମଧନ୍ୟ ବିଦ୍ୟାପୁରୀ ପ୍ରକାଶନ ସଂସ୍ଥାର ସ୍ୱତ୍ତାଧିକାରୀ ଶ୍ରୀ ପୀତାମ୍ବର ମିଶ୍ର ଏହ ମନୋଜ୍ଞ ଉତ୍ସବରେ ପ୍ରଫେସର ବାମାଚରଣ ଦାସ ପରିକ୍ରମା ଶୀର୍ଷକ ଗୋଟିଏ ପୁସ୍ତକ ପ୍ରକାଶ କରିବାର ନିର୍ଭର ପ୍ରତିଶ୍ରୁତି ଦେଇଥିଲେ ଏବଂ ଏଥିପାଇଁ ସେ ଓଡ଼ିଶାର ବୁଦ୍ଧିଜୀବୀମାନଙ୍କର ଆନ୍ତରିକ ସହଯୋଗ କାମନା କରିଥିଲେ।

ଏହି ଅବସରରେ ବିଦ୍ୟାପୁରୀ ପ୍ରକାଶିତ 'ଗଣିତ ବିଚିତ୍ରା'ର ବିଶେଷ (ସ୍ୱର୍ଗୀୟ ଦାସଙ୍କ ପ୍ରଥମ ଶ୍ରାଦ୍ଧ ବାର୍ଷିକୀ ଉପଲକ୍ଷେ) ମୁଁ ଉଦ୍‌ଘାଟନ ଏବଂ ଏଥିରେ ମୁଦ୍ରିତ ମୋର ଶ୍ରଦ୍ଧାଞ୍ଜଳିଟିକୁ ଡକ୍ଟର ସାମଲ ସଭାସ୍ଥଳରେ ପାଠ କରିଥିଲେ।

ଉକ୍ତ ଉତ୍ସବରେ ପ୍ରଫେସର ଦାସଙ୍କ କନ୍ୟା ଡାକ୍ତର ଶ୍ରୀମତୀ କସ୍ତୁରୀ ଦାସ ଓ ଶ୍ରୀମତୀ କୁଙ୍କୁମ ମହାନ୍ତି, ଜ୍ୱାଇଁ ଶ୍ରୀ ମଦନ ମୋହନ ମହାନ୍ତି ଆଇ.ଏ.ଏସ୍. ପ୍ରଫେସର ଦାସଙ୍କ ଶାଳକ ଶ୍ରୀ ସାଧୁ ସୁନ୍ଦର ଦାସ (ପେଡ଼ି), ଇଞ୍ଜିନିୟର ପ୍ରଭାକର ସ୍ୱାଇଁ ଓ ଶ୍ରୀ ବସନ୍ତ କୁମାର ରାୟ, ଶ୍ରୀ ସାରଙ୍ଗଧର ସାହୁ ପ୍ରମୁଖ ବହୁ ବିଶିଷ୍ଟ ବ୍ୟକ୍ତି ଯୋଗଦାନ କରି ତାଙ୍କ ଶ୍ରଦ୍ଧାଞ୍ଜଳୀ ଅର୍ପଣ କରିଥିଲେ।

ଏହାପରେ ପ୍ରଫେସର ଦାସଙ୍କ ସ୍ଥାୟୀ ସ୍ମୃତିରକ୍ଷା ଉଦ୍ଦେଶ୍ୟରେ ଡକ୍ଟର ଘନଶ୍ୟାମ ସାମଲଙ୍କ ଅଧ୍ୟକ୍ଷତାରେ ସ୍ମୃତି ପରିଷଦର କର୍ମକର୍ତ୍ତା ନିର୍ବାଚନ ଅନୁଷ୍ଠିତ ହୋଇଥିଲା। ଏହାର କାର୍ଯ୍ୟକାରୀ ସମିତିକୁ ସର୍ବସମ୍ମତ କ୍ରମେ ନିମ୍ନଲିଖିତ ବିଶିଷ୍ଟ ବ୍ୟକ୍ତିମାନଙ୍କୁ ନିର୍ବାଚିତ କରାଯାଇଅଛି।

ସଭାପତି : ଜଷ୍ଟିସ ଶ୍ରୀ ରାଜକିଶୋର ଦାସ

ଉପ-ସଭାପତି : ଡକ୍ଟର ରମାନାଥ ମହାନ୍ତି ଓ ଡକ୍ଟର ଘନଶ୍ୟାମ ସାମଲ

ସେକ୍ରେଟାରୀ ଓ କୋଷାଧ୍ୟକ୍ଷ : ଡକ୍ଟର ଗୋକୁଳାନନ୍ଦ ଦାସ

କାର୍ଯ୍ୟକାରୀ କମିଟିର ୧୭ ଜଣ ସଭ୍ୟ : ଡକ୍ଟର ଉମାକାନ୍ତ ମହାପାତ୍ର, ଡକ୍ଟର ଏନ୍.ଏନ୍. ସ୍ୱାମୀ, ଡକ୍ଟର ବିଷ୍ଣୁ ପ୍ରସାଦ ଆଚାର୍ଯ୍ୟ, ଡକ୍ଟର ସୁଦର୍ଶନ ନନ୍ଦ, ଡକ୍ଟର ଦେବକାନ୍ତ ମିଶ୍ର, ଡକ୍ଟର ସୁବାସ ଚନ୍ଦ୍ର ଜେନା, ଡକ୍ଟର ହରିହର ପଟ୍ଟନାୟକ, ଡକ୍ଟର ପି.ସି. ମହାପାତ୍ର, ଶ୍ରୀ ମଦନ ମୋହନ ମହାନ୍ତି, ଆଇ.ଏ.ଏସ୍ ଇଞ୍ଜିନିୟର ପ୍ରଭାକର ସ୍ୱାଇଁ, ଶ୍ରୀ ହୃଦାନନ୍ଦ ନାୟକ, ଶ୍ରୀ ପୀତାମ୍ବର ମିଶ୍ର, ଶ୍ରୀ ବସନ୍ତ କୁମାର ରାୟ, ଶ୍ରୀ ରାଜେନ୍ଦ୍ର ନାରାୟଣ ଦାସ, ଡାକ୍ତର ଶ୍ରୀମତୀ କସ୍ତୁରୀ ଦାସ, ଶ୍ରୀ ସାରଙ୍ଗଧର ସାହୁ ଓ ଶ୍ରୀ ସାଧୁ ସୁନ୍ଦର ଦାସ।

ଏହି ଉତ୍ସବରେ ଡକ୍ଟର ଦେବକାନ୍ତ ମିଶ୍ର ସଂଯୋଜକ ଦାୟିତ୍ୱ ତୁଲାଇଥିଲେ ଏବଂ ଶେଷରେ ଶ୍ରୀ ବସନ୍ତ କୁମାର ରାୟ ଅତିଥିମାନଙ୍କୁ ଧନ୍ୟବାଦ ଜ୍ଞାପନ କରିଥିଲେ।

ପ୍ରାଣନାଥ ପଟ୍ଟନାୟକ

ରାଜନୈତିକ ପ୍ରତିପତ୍ତି ଅପେକ୍ଷା ଆଦର୍ଶକୁ ଯେଉଁ ନେତାମାନେ ଉଚ୍ଚ ସ୍ଥାନ ଦିଅନ୍ତି, ସେମାନଙ୍କ ମଧ୍ୟରେ ସ୍ୱର୍ଗତ ପ୍ରାଣନାଥ ପଟ୍ଟନାୟକ ଅନ୍ୟତମ। କ୍ଷମତାର ଲାଳସା

ତାଙ୍କର ଆଦୌ ନ ଥିଲା । ୧୯୩୦ ରୁ ୧୯୪୭ ମଧ୍ୟରେ ଜଣେ ସ୍ୱାଧୀନତା ସଂଗ୍ରାମୀ ଭାବରେ ସେ ଦଶଥର କାରାବରଣ କରିଥିଲେ । ପରିବାରର ମୋହ ତାଙ୍କ ବିପ୍ଳବାତ୍ମକ କାର୍ଯ୍ୟକଳାପରେ ବାଧା ସୃଷ୍ଟି କରିପାରି ନ ଥିଲା । ସେ ଥିଲେ ଜଣେ ସଚ୍ଚା ଦେଶପ୍ରେମୀ, ସତ୍ୟାଗ୍ରହ ତଥା ଜନସେବକ । ୧୯୩୭ ମସିହାରେ କଂଗ୍ରେସ ତରଫରୁ ନିର୍ବାଚନରେ ଜୟଯୁକ୍ତ ହୋଇ ଓଡ଼ିଶା ବିଧାନ ସଭାର ସଭ୍ୟ ହୋଇଥିଲେ ଏବଂ ମୁଖ୍ୟତଃ ଦୀନଦରିଦ୍ର ମଲିମୁଣ୍ଡିଆଙ୍କର ଆର୍ଥିକ ତଥା ସାମାଜିକ ଉନ୍ନତି ଦିଗରେ ସର୍ବଦା ଚେଷ୍ଟିତ ଥିଲେ । ସେ ଭଲ ପାଉଥିଲେ ମଣିଷକୁ ଏବଂ ତାଙ୍କର ଧର୍ମ ଥିଲା 'କର୍ମ' ! ରୋଗୀ ଦୁଃଖୀଙ୍କ ସେବା କରିବା ଲାଗି ସେ ବରାବର ଜୀବନଯାପନ କରୁଥିଲେ । ଟିକିଏ ହେଲେ ଅହଙ୍କାର ନାହିଁ, ସବୁବେଳେ ହସ ହସ ମୁହଁ, କି ବିରାଟ ବ୍ୟକ୍ତିତ୍ୱ ସତେ !

ବହୁବର୍ଷ ଧରି ପ୍ରାଣନାଥ ବାବୁ ଥିଲେ ଉତ୍କଳ ରାଜ୍ୟ କୃଷକ ସଂଘର ସଭାପତି ଏବଂ କୃଷକ ଆନ୍ଦୋଳନର କର୍ଣ୍ଣଧାର ! ବ୍ୟକ୍ତିଗତ ଭାବରେ ମୁଁ ତାଙ୍କୁ ଯେତିକି ଜାଣିଛି, ଲେଖି ବସିଲେ ପୋଥି ହେବ । ନିଜ ନୀତିରେ ସେ ସବୁବେଳେ ଅଟଳ ଓ ନିର୍ଭୀକ ଥିଲେ; ତେଣୁ ତାଙ୍କୁ ଅର୍ଥ, ଯଶ, କ୍ଷମତା ଓ ପ୍ରତିପତ୍ତିର ଲାଳସା ସ୍ପର୍ଶ କରିପାରି ନ ଥିଲା ।

ଖୋର୍ଦ୍ଧାରେ ଅବସ୍ଥିତ 'ପ୍ରାଣନାଥ ମହାବିଦ୍ୟାଳୟ' ତାଙ୍କର ଉଦ୍ୟମରେ ହିଁ ସ୍ଥାପିତ ହୋଇଛି । ଏହା ତାଙ୍କ ଜୀବନର ଶ୍ରେଷ୍ଠ ସ୍ମୃତି ହୋଇ କାଳକାଳକୁ ରହିବ ।

ଜାତୀୟ ଆନ୍ଦୋଳନରେ ଅଂଶ ଗ୍ରହଣ କରି ସେ ବହୁବାର କାରାବରଣ କରିଥିଲେ । ତତ୍କାଳୀନ ଇଂରେଜ ସରକାରଙ୍କ ତରଫରୁ ତାଙ୍କ ବିରୁଦ୍ଧରେ ଅନେକ ମକଦ୍ଦମା ହୋଇଥିଲା । ତାଙ୍କ ତରଫରୁ ମୁଁ ମକଦ୍ଦମା ପରିଚାଳନା କରିଥିଲି । ଏକଥା ମୁଁ ଅନ୍ୟତ୍ର ଆଲୋଚନା କରିଛି ।

ବୀରେନ୍ ମିତ୍ର

କଟକ ନଗରରେ "ମୋଗଲ ଦରବାର" ବୋଲି କୁହାଯାଉଥିବା ସ୍ୱର୍ଗତ ବୀରେନ୍ ମିତ୍ରଙ୍କ ଘରକୁ ଦୁଃଖୀ ଅଭାବଗ୍ରସ୍ତ ଲୋକ ଯିଏ ଯେତେବେଳେ ଯାଉଥିଲା, କିଛି ନା କିଛି ସାହାଯ୍ୟ ତାକୁ ମିଳୁଥିଲା । କଳିଗୋଳ, ଭଲ ମନ୍ଦ ସବୁଥରେ ବୀରେନ୍ ବାବୁଙ୍କୁ ଖୋଜା ପଡ଼େ । (କଟକର ସାଧାରଣ ଲୋକେ ତାଙ୍କୁ ସଚରାଚର 'ବୀରେନ୍‌ଦା' ବୋଲି କହନ୍ତି ।) ଗରିବ ଛାତ୍ରମାନଙ୍କୁ ପାଠ ପଢ଼ିବା ପାଇଁ ସେ ଖୋଲା ମନରେ ସାହାଯ୍ୟ କରନ୍ତି, ଲୋକର ବିପଦ ଆପଦରେ ଯାଇ ଛିଡ଼ା ହୋଇଯାନ୍ତି । ଏହି ଜନପ୍ରିୟତା

ତାଙ୍କୁ ବାରମ୍ବାର କେବଳ ଓଡ଼ିଶା ବିଧାନ ସଭାର ସଦସ୍ୟ କରାଇ ନାହିଁ, ଉପ-ମୁଖ୍ୟମନ୍ତ୍ରୀ ଓ ମୁଖ୍ୟମନ୍ତ୍ରୀ ଭାବେ ମଧ୍ୟ ପ୍ରତିଷ୍ଠିତ କରିପାରିଛି। ବୀରେନ୍ ବାବୁ ଶ୍ରୀଯୁକ୍ତ ବିଜୁ ପଟ୍ଟନାୟକଙ୍କର ଜଣେ ଘନିଷ୍ଠ ବନ୍ଧୁ ଥିଲେ ଓ ୧୯୬୧ ମସିହାରେ ପଟ୍ଟନାୟକ କ୍ୟାବିନେଟ୍‌ରେ ଉପ-ମୁଖ୍ୟମନ୍ତ୍ରୀ ଥିଲେ। ବିଜୁ ବାବୁଙ୍କ ଇସ୍ତଫା ପ୍ରଦାନ (କାମରାଜ୍ ପ୍ଲାନ୍ ଅନୁଯାୟୀ) ପରେ ସେ ଓଡ଼ିଶାର ମୁଖ୍ୟମନ୍ତ୍ରୀ ହୋଇଥିଲେ। ଡକ୍ଟର ହରେକୃଷ୍ଣ ମହତାବ ଥିଲେ ତାଙ୍କ ରାଜନୈତିକ ଗୁରୁ। କ୍ଷମତାର ଲାଳସା ମନ ମଧ୍ୟରେ ନ ରଖି ସେ ନିଷ୍ଠାପର ଭାବେ ଡକ୍ଟର ମହତାବଙ୍କ ପାଇଁ ନିର୍ବାଚନ ସମେତ ଅନ୍ୟାନ୍ୟ କାର୍ଯ୍ୟ ପରିଚାଳନା କରିଥିଲେ ଏବଂ ପରବର୍ତ୍ତିତ ପରିସ୍ଥିତିରେ ତାଙ୍କୁ ବିରୋଧ ମଧ୍ୟ କରିଥିଲେ।

ସ୍ୱର୍ଗତ ବୀରେନ୍ ମିତ୍ରଙ୍କର ଏକ ପୂର୍ଣ୍ଣାବୟବ ପ୍ରସ୍ତର ପ୍ରତିମୂର୍ତ୍ତି କଟକସ୍ଥ ଷ୍ଟୁଆର୍ଟ ସ୍କୁଲର ବିପରୀତ ପାର୍ଶ୍ୱ ଛକ ଉପରେ ରହିଛି।

ଜାନକୀ ବଲ୍ଲଭ ପଟ୍ଟନାୟକ

ଓଡ଼ିଶାର ପୂର୍ବତନ ମୁଖ୍ୟମନ୍ତ୍ରୀ ଶ୍ରୀ ଜାନକୀ ବଲ୍ଲଭ ପଟ୍ଟନାୟକ ମୋର ସବୁ ସ୍ୱାଧୀନତା-ସଂଗ୍ରାମୀ ସ୍ୱର୍ଗତ ନିରଞ୍ଜନ ପଟ୍ଟନାୟକଙ୍କ କନ୍ୟା ଶ୍ରୀମତୀ ଜୟନ୍ତୀ ପଟ୍ଟନାୟକ (କୁନି)କୁ ବିବାହ କରିଛନ୍ତି। ତାଙ୍କ ପରିବାର ତଥା ସେମାନଙ୍କ ସହିତ ମୋର ସମ୍ପର୍କ ସମ୍ବନ୍ଧରେ ମୁଁ ଅନ୍ୟତ୍ର ଆଲୋଚନା କରିଛି।

ଶ୍ରୀଯୁକ୍ତ ପଟ୍ଟନାୟକ ରେଭେନ୍ସା କଲେଜରେ ପଢୁଥିବା ସମୟରେ ଜଣେ ଛାତ୍ରନେତା ଭାବରେ ଖ୍ୟାତି ଅର୍ଜନ କରିଥିଲେ। ଏହାପରେ ସେ ବନାରସ ହିନ୍ଦୁ ବିଶ୍ୱବିଦ୍ୟାଳୟରୁ ରାଜନୀତି ବିଜ୍ଞାନରେ ଏମ୍.ଏ. ପାଶ୍ କରିଥିଲେ। ସଂସ୍କୃତ ସମେତ ଓଡ଼ିଆ ଏବଂ ଇଂରାଜୀ ଭାଷାରେ ମଧ୍ୟ ତାଙ୍କର ଅଗାଧ ପାଣ୍ଡିତ୍ୟ ଅଛି। ଜଣେ ସୁ-ସାହିତ୍ୟିକ ଭାବରେ ମଧ୍ୟ ତାଙ୍କର ସୁନାମ ରହିଛି।

ଡକ୍ଟର ହରେକୃଷ୍ଣ ମହତାବଙ୍କ ପ୍ରତିଷ୍ଠିତ ପ୍ରଜାତନ୍ତ୍ର ଓ 'ଇଷ୍ଟର୍ଣ୍ଣ ଟାଇମ୍ସ' ସହିତ ସଂପୃକ୍ତ ହୋଇ ଜାନକୀ ବାବୁ ଜଣେ ସାମ୍ବାଦିକ ଭାବରେ ଜୀବନ ଆରମ୍ଭ କରିଥିଲେ। ପ୍ରଜାତନ୍ତ୍ରର ସମ୍ପାଦକ ଭାବରେ ତାଙ୍କର ସୁଖ୍ୟାତି ଥିଲା। ଏକ ପ୍ରଗତିଶୀଳ ସାହିତ୍ୟପତ୍ରିକା 'ପୌରୁଷ'ର ସେ ପ୍ରତିଷ୍ଠାତା ସମ୍ପାଦକ ଡକ୍ଟର ପ୍ରାଣକୃଷ୍ଣ ପରିଜା, ନୀଳମଣି ସେନାପତି ଆଇ.ସି.ଏସ୍. ଭଳି ବହୁ ବିଶିଷ୍ଟ ବ୍ୟକ୍ତିଙ୍କର ଜୀବନୀ ସେ ଧାରାବାହିକ ଭାବରେ 'ପୌରୁଷରେ' ପ୍ରକାଶ କରାଉଥିଲେ। ଏବେ ଆମ୍ଭେମାନେ ପରିଜାଙ୍କର ଯେଉଁ ଅସମ୍ପୂର୍ଣ୍ଣ ଆତ୍ମଜୀବନୀ "ମୋ ଛାତ୍ର ଜୀବନ" ପଢ଼ିବାକୁ ପାଉଛେ, ତାହା କେବଳ ଜାନକୀ

ବାବୁଙ୍କ ଆନ୍ତରିକ ଉଦ୍ୟମ ଫଳରେ ସମ୍ଭବ ହୋଇ ପାରିଛି । ସେ ସଂସ୍କୃତ ଭାଷାରେ କେତେଖଣ୍ଡ ଉପାଦେୟ ପୁସ୍ତକ ରଚନା କରିଛନ୍ତି । ଏବେ ଅଳ୍ପଦିନ ହେବ ଜାନକୀ ବାବୁ ଏବଂ ଜୟନ୍ତୀଙ୍କ ଦ୍ୱାରା "ବ୍ୟାସକୃତ ମହାଭାରତ ସଂକ୍ଷିପ୍ତସାର" ନାମରେ ଏକ ଉପାଦେୟ ଗ୍ରନ୍ଥ ପ୍ରକାଶିତ ହୋଇ ସାଧାରଣରେ ବେଶ୍ ଲୋକପ୍ରିୟତା ଅର୍ଜନ କରିଛି । ବିଭିନ୍ନ ଭାଷା ଓ ବହୁ ପତ୍ରପତ୍ରିକାରେ ମଧ୍ୟ ତାଙ୍କର ବହୁ ଉପାଦେୟ ପ୍ରବନ୍ଧ ପ୍ରକାଶିତ ହୋଇ ଉଚ୍ଚ ପ୍ରଶଂସିତ ହୋଇଅଛି । ଜଣେ ସଫଳ ରାଜନୀତିଜ୍ଞ ଭାବରେ ନିଜ ବ୍ୟକ୍ତିତ୍ୱର ପରିଚୟ ପ୍ରଦାନ ସହିତ ଜଣେ ସ୍ୱନାମଧନ୍ୟ ସାମ୍ବାଦିକ, ଉଚ୍ଚକୋଟୀର ସାହିତ୍ୟିକ, ସୁବକ୍ତା ଓ ସଫଳ ସଙ୍ଗଠକ ଭାବରେ ମଧ୍ୟ ସେ ଖ୍ୟାତି ଅର୍ଜନ କରିଛନ୍ତି ।

କଂଗ୍ରେସ ଦଳ ତରଫରୁ ସେ କଟକରୁ ବହୁବାର ଲୋକସଭାକୁ ନିର୍ବାଚିତ ହୋଇ ପର୍ଯ୍ୟାୟ କ୍ରମେ ଭାରତର ଉପମନ୍ତ୍ରୀ, ରାଷ୍ଟ୍ରମନ୍ତ୍ରୀ ଓ କ୍ୟାବିନେଟ୍ ମନ୍ତ୍ରୀ ଭାବରେ ଅତ୍ୟନ୍ତ ସଫଳତାର ସହିତ ବହୁ ଗୁରୁତ୍ୱପୂର୍ଣ୍ଣ ବିଭାଗର କାର୍ଯ୍ୟ ପରିଚାଳନା କରି ଶେଷରେ ୧୯୮୦ ମସିହାରୁ ୧୯୮୯ ମସିହା ପର୍ଯ୍ୟନ୍ତ ଦୀର୍ଘ ୧୦ ବର୍ଷ କାଳ ଓଡ଼ିଶାର ମୁଖ୍ୟମନ୍ତ୍ରୀ ଭାବରେ କାର୍ଯ୍ୟ କରି ଲୋକପ୍ରିୟତା ଅର୍ଜନ କରିଛନ୍ତି । ନିଖିଳ ଭାରତ କାର୍ଯ୍ୟକାରୀ କମିଟିର ଜଣେ ପ୍ରଭାବଶାଳୀ ସଭ୍ୟ ଭାବରେ ମଧ୍ୟ ସେ ପ୍ରତିଷ୍ଠା ଅର୍ଜନ କରିଛନ୍ତି ।

ତାଙ୍କ ଶାସନକାଳ ମଧ୍ୟରେ ଓଡ଼ିଶାର ବହୁବିଧ ଉନ୍ନତି ସାଧିତ ହୋଇ ପାରିଛି । "ହଜାରେ ଦିନରେ ହଜାରେ ଶିଳ୍ପ"ର ସେ ଯେଉଁ ସ୍ଲୋଗାନ ଆରମ୍ଭ କରିଥିଲେ, ତାହା ବହୁ ଭାବରେ କାର୍ଯ୍ୟକାରୀ ହୋଇ ପାରିଛି । ଓଡ଼ିଶାରେ ଆଧୁନିକ ଷ୍ଟାର ହୋଟେଲ ପ୍ରତିଷ୍ଠାକୁ ସେ ବହୁ ଭାବରେ ଉତ୍ସାହିତ କରିଛନ୍ତି । ଆଇନ ବିଭାଗର ପ୍ରଭୂତ କଲ୍ୟାଣ ସାଧିତ ହୋଇଛି ଏବଂ ଆଇନ ପରାମର୍ଶ ଓ ଆର୍ଥିକ ସହାୟତା (ଲିଗାଲ୍ ଏଡ୍) କାର୍ଯ୍ୟକ୍ରମକୁ ସଂପ୍ରସାରିତ ଓ ବ୍ୟାପକ କରାଯାଇଛି । ପୁରୀଠାରେ ଏକ ସଂସ୍କୃତ ବିଶ୍ୱବିଦ୍ୟାଳୟ ପ୍ରତିଷ୍ଠିତ ହୋଇଛି ।

କଟକ ସହରର ସାମୂହିକ ବିକାଶ କ୍ଷେତ୍ରରେ ତାଙ୍କର ଅବଦାନ ଉଲ୍ଲେଖଯୋଗ୍ୟ । କଟକର ରିଙ୍ଗ ରୋଡ୍, ଓଭରବ୍ରିଜ୍, ମହାନଦୀ ବ୍ୟାରେଜ୍ ବିଡ଼ାନାସୀଠାରେ ନୂତନ କଟକ ସହରର ପରିକଳ୍ପନା ତାଙ୍କର ଶାସନ କାଳରେ ସମ୍ଭବ ହୋଇ ପାରିଛି ।

ସମସ୍ତଙ୍କ ପ୍ରତି ସୌଜନ୍ୟମୂଳକ ବ୍ୟବହାର ପ୍ରଦର୍ଶନ ହିଁ ତାଙ୍କର ଏକ ଉଲ୍ଲେଖନୀୟ ଗୁଣ ବୋଲି କହିଲେ ଅତ୍ୟୁକ୍ତି ହେବନାହିଁ । ବୋଧହୁଏ ଏଥିପାଇଁ ସେ ତାଙ୍କ ଶାସନ କାଳ ମଧ୍ୟରେ ସହକର୍ମୀମାନଙ୍କ ଠାରୁ ଆରମ୍ଭ କରି କର୍ମଚାରୀ ପର୍ଯ୍ୟନ୍ତ

ସବୁ ସ୍ତରର ଲୋକଙ୍କର ଶ୍ରଦ୍ଧାଭାଜନ ହୋଇପାରିଥିଲେ । ନିଜର ସରଳ ଅମାୟିକ ବ୍ୟବହାରରେ ସେ ସମସ୍ତଙ୍କୁ ଆପଣାର କରିପାରିଥିଲେ ।

ପ୍ରାଣକୃଷ୍ଣ ପଡ଼ିହାରୀ

ସ୍ୱର୍ଗତ ପଣ୍ଡିତ ପ୍ରାଣକୃଷ୍ଣ ପଡ଼ିହାରୀ ୧୮୮୩ ମସିହା ଜାନୁୟାରୀ ୨୧ ତାରିଖରେ ଜଗତସିଂହପୁର ଜୟବଡ଼ଠାରେ ଜନ୍ମଗ୍ରହଣ କରିଥିଲେ । ସେ କିଛିଦିନ ପାଇଁ ଟ୍ରେନିଂ ସ୍କୁଲରେ ଶିକ୍ଷକତା କରିଥିଲେ । ପରେ ସ୍ୱାଧୀନତା ସଂଗ୍ରାମରେ ଯୋଗଦେଇ ସେ ବହୁବାର କାରାବରଣ କରିଥିଲେ । ସେ ଜେଲ୍‌ରେ ଥିବା ସମୟରେ ସେଠାରେ ଥିବା ବାନରସେନାଙ୍କ ଭଲ ମନ୍ଦ କଥା ବୁଝୁଥିଲେ । ସମାଜସେବା କ୍ଷେତ୍ରରେ ମଧ୍ୟ ତାଙ୍କର ସୁନାମ ଥିଲା ।

ମୁଁ ପୁରୁଣା କଲେଜ ଗଳିରେ ରହୁଥିବା ସମୟରେ ପଡ଼ିହାରୀ ମୋ ଘନିଷ୍ଠ ସମ୍ପର୍କରେ ଆସିଥିଲେ ଓ ବହୁବାର ମୋ ଘରକୁ ଆସି ନାନା ବିଷୟରେ ଆଲୋଚନା କରୁଥିଲେ । ସ୍ୱଭାବତଃ ସେ ଅତ୍ୟନ୍ତ ସ୍ନେହୀ ଓ ପରୋପକାରୀ । ତାଙ୍କ ସମ୍ପର୍କରେ ଗୋଟିଏ ଘଟଣା ମୋର ମନେ ଅଛି । ଥରେ ସେ ଜଣେ ଲୋକକୁ ମୋ ମକ୍କେଲ ଭାବେ ସାଙ୍ଗରେ ଆଣିଥିଲେ । ସେ ଲୋକଟି ତା' ଭାଇକୁ ହତ୍ୟା କରି ଆଇନ କବଳରୁ ରକ୍ଷା ପାଇବା ଉଦ୍ଦେଶ୍ୟରେ ମୋ ସାହାଯ୍ୟ ଚାହୁଁଥିଲା । ମୁଁ ମକଦ୍ଦମାଟି ନେଇ ନ ଥିଲି, ହେଲେ ସେ ତା' ଭାଇକୁ କିପରି ମାରିଲା ଜାଣିବାକୁ ଚାହୁଁଥିଲା । ସେ କହିଲା ଯେ, ଘର କାନ୍ଥର ସୀମାରେଖା ଟିକିଏ ଏପାଖ ସେପାଖ ହେବା କଥାରୁ ବଚସା ହେଲା ଓ ସେ ରାଗିଯାଇ ଗୋଟାଏ ଠେଙ୍ଗାରେ ତା' ଭାଇକି ପିଟି ଦେବ କ'ଣ, ମାଡ଼ ମୁଣ୍ଡରେ ବାଜିବାରୁ ଭାଇ ପ୍ରାଣ ହରାଇଲା । ସେତେବେଳେ ମୁଁ ବୁଝିଥିଲି ଯେ, ବେଳେବେଳେ ଅନିଚ୍ଛାସତ୍ତ୍ୱେ, ସାମାନ୍ୟ ଗଣ୍ଡଗୋଳରୁ ଏହିଭଳି ମର୍ଡ଼ର କେଶ୍ ହୋଇଯାଏ ଏବଂ ଏଥିଯୋଗୁଁ ଆସାମୀ ବହୁ କଠିନ ଦଣ୍ଡ ଭୋଗ କରିଥାଏ ।

ସ୍ୱର୍ଗତ ପଡ଼ିହାରୀ ୧୯୫୮ ମସିହା ଅଗଷ୍ଟ ୮ ତାରିଖରେ ଇହଲୀଳା ସମ୍ବରଣ କରିଥିଲେ । ତାଙ୍କ ସ୍ମୃତି ଉଦ୍ଦେଶ୍ୟରେ କଟକସ୍ଥ ଗୌରୀଶଙ୍କର ପାର୍କରେ "ପଡ଼ିହାରୀ ପାଠାଗାର" ନାମକ ଏକ ଆଦର୍ଶ ସରକାରୀ ପାଠାଗାର ପ୍ରତିଷ୍ଠିତ ହୋଇଛି ।

ଲୋକନାଥ ପଟ୍ଟନାୟକ

ସ୍ୱର୍ଗତ ଲୋକନାଥ ପଟ୍ଟନାୟକ ପୁରୀର ଅନ୍ୟତମ ବିଶିଷ୍ଟ ଆଡ୍‌ଭୋକେଟ

ଭାବେ ଖ୍ୟାତି ଅର୍ଜନ କରିଥିଲେ । ସେ କେତେ ବର୍ଷ ପାଇଁ ଓଡ଼ିଶା ବାର୍ କାଉନସିଲର ସଭାପତି ଥିଲେ । ମୁଁ ଓଡ଼ିଶା ହାଇକୋର୍ଟର ବିଚାରପତି ଭାବେ ନିଯୁକ୍ତି ପାଇବା ପରେ ଲୋକନାଥ ବାବୁ ମତେ ଏକ ସମ୍ବର୍ଦ୍ଧନା ଦେଇଥିଲେ ।

ସଙ୍ଗୀତ କଳା ପ୍ରତି ତାଙ୍କର ବିଶେଷ ଆଗ୍ରହ ଥିଲା । ସେ ଅନେକଗୁଡ଼ିଏ ଲୋକପ୍ରିୟ ଭଜନ ଓ ସଙ୍ଗୀତ ରଚନା କରିଛନ୍ତି । ସେଥି ମଧ୍ୟରୁ କେତେକ ବିଭିନ୍ନ କଣ୍ଠଶିଳ୍ପୀଙ୍କ ଦ୍ୱାରା କଟକ ଆକାଶବାଣୀ ତରଫରୁ ପ୍ରଚାରିତ ହୋଇ ଶ୍ରୋତାମାନଙ୍କ ପ୍ରଶଂସା-ଭାଜନ ହୋଇଛି ।

ମୁଁ ପୁରୀ ଯାଉଥିବାବେଳେ ଅନେକ ସମୟରେ ତାଙ୍କ ସହିତ ସାକ୍ଷାତ ଓ ଆଳାପ ଆଲୋଚନା ହେଉଥିଲା ।

ବିଶ୍ୱନାଥ ପଣ୍ଡିତ

ଶ୍ରୀଯୁକ୍ତ ବିଶ୍ୱନାଥ ପଣ୍ଡିତ ମୋର ପଡ଼ୋଶୀ । ବିଭିନ୍ନ ଘଟଣାରେ ଆମର ଦେଖା ସାକ୍ଷାତ ହୋଇଥାଏ । ବିଶେଷତଃ ଚାନ୍ଦିନୀଚୌକର ବିଭିନ୍ନ ସାଂସ୍କୃତିକ କାର୍ଯ୍ୟକ୍ରମରେ ଆମେ ପ୍ରାୟ ଅନେକ ସମୟରେ ଏକତ୍ରିତ ହୋଇଥାଉଁ । ଜଣେ ବିଶିଷ୍ଟ ସମାଜବାଦୀ ନେତା ଭାବରେ ତାଙ୍କର ବେଶ୍ ସୁନାମ ରହିଛି । ୧୯୭୭ ମସିହା ସାଧାରଣ ନିର୍ବାଚନରେ ସେ କଟକ ସହର ନିର୍ବାଚନ ମଣ୍ଡଳୀରୁ ନିର୍ବାଚିତ ହେବା ସହିତ ତତ୍କାଳୀନ ଜନତା ପାର୍ଟିର ରାଜ୍ୟ ସଭାପତି ଭାବେ ଦାୟିତ୍ୱ ତୁଲାଇଥିଲେ ।

ବିଶ୍ୱନାଥ ବାବୁ ହେଉଛନ୍ତି ଜଣେ ବରିଷ୍ଠ ଶ୍ରମିକନେତା । ବିଶେଷ କରି ଗରିବ ଖଟିଖିଆ ମେହନତ ମଣିଷଙ୍କ ନ୍ୟାଯ୍ୟ ଦାବୀ ହାସଲ କ୍ଷେତ୍ରରେ ସେ ଅବିରତ ସଂଗ୍ରାମ କରି ଆସିଛନ୍ତି ଏବଂ ଏବେ ପରିଣତ ବୟସରେ ମଧ୍ୟ ସେ ଏ ଦିଗରେ ସଂଗ୍ରାମରତ । ଜଣେ ସଚ୍ଚୋଟ ନିଷ୍ଠାପର ସ୍ପଷ୍ଟବାଦୀ ଓ ସ୍ୱାଧୀନଚେତା ବ୍ୟକ୍ତି ଭାବରେ ତାଙ୍କର ସୁନାମ ରହିଛି । ସ୍ୱାଧୀନତା ଆନ୍ଦୋଳନରେ ଯୋଗ ଦେଇ ସେ ବହୁବାର କାରାବରଣ କରିଛନ୍ତି ଓ ଜୀବନରେ ଅନେକ ତ୍ୟାଗ ସ୍ୱୀକାର କରିଛନ୍ତି ।

ଅଦ୍ୱୈତ ବଲ୍ଲଭ ରାୟ

ଶ୍ରୀଯୁକ୍ତ ଅଦ୍ୱୈତ ବଲ୍ଲଭ ରାୟ ଜଣେ ବିଶିଷ୍ଟ ସ୍ୱାଧୀନତା ସଂଗ୍ରାମୀ ଭାବେ ସୁପରିଚିତ । ପ୍ୟାରିମୋହନ ଏକାଡ଼େମୀର ଏକାଦଶ ଶ୍ରେଣୀର ଛାତ୍ର ଥିଲାବେଳେ ସେ ଗାନ୍ଧିଜୀଙ୍କ ଆଦର୍ଶରେ ପ୍ରଭାବିତ ହୋଇ ଲୁଣ ମରା ଆନ୍ଦୋଳନରେ ଭାଗ ନେଇଥିଲେ

ଓ ଇଂରେଜ ସରକାରଙ୍କ ବିଷ ଦୃଷ୍ଟିରେ ପଡ଼ି କାରାବରଣ କରିଥିଲେ । ସରକାର-ବିରୋଧୀ କାର୍ଯ୍ୟକ୍ରମରେ ବାରମ୍ବାର କାରାବରଣ କରିବା ଫଳରେ ତାଙ୍କୁ ଘରେ ରହିବାକୁ ତାଙ୍କ ବାପା ବାରଣ କରିଥିଲେ; ମାତ୍ର ତାଙ୍କ ପ୍ରତି ପରୋକ୍ଷ ସମର୍ଥନ ଥିଲା । ସେ ଖୁବ୍ ଭଲ ଭାବେ ଜାତୀୟ ସଙ୍ଗୀତ ଗାନ କରିପାରୁଥିଲେ ।

ଶ୍ରୀଯୁକ୍ତ ରାୟ କିଛିଦିନ ଧରି 'ସମାଜ' ସମ୍ବାଦପତ୍ର ସହ ସଂପୃକ୍ତ ଥିଲେ ଓ ସାମ୍ବାଦିକତା କ୍ଷେତ୍ରରେ ତାଙ୍କର ସୁନାମ ଥିଲା । ତାଙ୍କ ସହିତ କଟକ ସ୍ୱରାଜ ଆଶ୍ରମରେ ମୋର ବହୁବାର ସାକ୍ଷାତ ହୋଇଥିଲା ଏବଂ କେତେକ ଘଟଣାରେ ସେ ମୋ ସହିତ ଆଲୋଚନା କରିବା ପାଇଁ ମୋ ଘରକୁ ଆସିଛନ୍ତି । ଜାତୀୟ ସଙ୍ଗୀତ ଗାନ ମାଧ୍ୟମରେ ସ୍ୱାଧୀନତା ଆନ୍ଦୋଳନ ପ୍ରତି ତାଙ୍କର ପ୍ରେରଣା ଅଭିନନ୍ଦନୀୟ ।

ମନମୋହନ ଚୌଧୁରୀ

ଜଣେ ସ୍ୱାଧୀନତା ସଂଗ୍ରାମୀ, ସର୍ବୋଦୟ ନେତା ଓ ଆଦର୍ଶ ଗାନ୍ଧିବାଦୀ ଭାବରେ ଶ୍ରୀଯୁକ୍ତ ମନମୋହନ ଚୌଧୁରୀ ବେଶ୍ ସୁପରିଚିତ । ତାଙ୍କ ପିତା ଗୋପବନ୍ଧୁ ଚୌଧୁରୀ ଅସହଯୋଗ ଆନ୍ଦୋଳନର ଜଣେ କର୍ଣ୍ଣଧାର ଥିଲେ । ମନମୋହନ ବ୍ରିଟିଶ୍ ସରକାରଙ୍କ ଶିକ୍ଷା ଅନୁଷ୍ଠାନରେ ଆଦୌ ପଢ଼ି ନାହାନ୍ତି । ସତ୍ୟାଗ୍ରହ ଆନ୍ଦୋଳନରେ ଯୋଗଦାନ କରି ସେ ବହୁବାର ଜେଲ୍ ଦଣ୍ଡ ଭୋଗିଛନ୍ତ ଓ ଲାଠିମାଡ଼ ମଧ୍ୟ ଖାଇଛନ୍ତି । ଜଣେ ନିଃସ୍ୱାର୍ଥପର ସମାଜସେବୀ ଭାବରେ ତାଙ୍କର ଅଶେଷ ଖ୍ୟାତି ରହିଛି । ସେ ପ୍ରାଦେଶିକ କଂଗ୍ରେସ କମିଟିର ସଭ୍ୟ ଥିଲେ ଓ ନିଖିଳ ଭାରତ କଂଗ୍ରେସ କମିଟିରେ ପ୍ରତିନିଧିତ୍ୱ କରିଥିଲେ ।

ଶ୍ରୀଯୁକ୍ତ ଜଣେ ସୁଲେଖକ । ସେ ଓଡ଼ିଆ, ଇଂରାଜୀ ଓ ହିନ୍ଦୀ ଭାଷାରେ କେତେକ ଉପାଦେୟ ପୁସ୍ତକର ରଚୟିତା ଏବଂ ଗ୍ରାମସେବକ, ସର୍ବୋଦୟ ପ୍ରଭୃତି କେତେକ ଓଡ଼ିଆ ପତ୍ରିକାର ସମ୍ପାଦକ ।

ତାଙ୍କ ପ୍ରତି ମୋର ଗଭୀର ଶ୍ରଦ୍ଧା ଓ ଆଦର ରହିଛି । ବହୁ ସମୟରେ ସେ ମୋ ଘରକୁ ଆସନ୍ତି । ତାଙ୍କ ପତ୍ନୀ ଶ୍ରୀମତୀ ସୌମିତ୍ରା ଚୌଧୁରୀ ମଧ୍ୟ ଜଣେ ସର୍ବୋଦୟ କର୍ମୀ ଭାବରେ ଅନେକ ସେବାମୂଳକ କାର୍ଯ୍ୟକ୍ରମରେ ନିଜକୁ ସାମିଲ କରିଛନ୍ତି ।

ଅନ୍ନପୂର୍ଣ୍ଣା ମହାରଣା

ବିଶିଷ୍ଟ ଗାନ୍ଧିବାଦୀ ନେତା ଗୋପବନ୍ଧୁ ଚୌଧୁରୀଙ୍କ କନ୍ୟା ତଥା ମନମୋହନ

ଚୌଧୁରୀଙ୍କ ଭଗିନୀ ଶ୍ରୀମତୀ ଅନ୍ନପୂର୍ଣ୍ଣା ମହାରଣା (ଚୁନି) ଅତି ପିଲା ବୟସରୁ ସତ୍ୟାଗ୍ରହ ପ୍ରତି ଆକର୍ଷିତ ହୋଇଥିଲେ। ତାଙ୍କ ମା ସ୍ୱନାମଧନ୍ୟା ରମାଦେବୀଙ୍କ ଆଦର୍ଶ ତାଙ୍କ ଜୀବନକୁ ପ୍ରଭାବିତ କରିଥିଲା। ଇଂରେଜ ସରକାରଙ୍କ ଚକ୍ଷୁରେ ବେଆଇନ୍ ଘୋଷିତ ଲୁଣ ମରା ଅଭିଯାନରେ ସେ ବାନର ସେନାଙ୍କୁ ବିଭିନ୍ନ ଭାବରେ ସାହାଯ୍ୟ କରିଥିଲେ। ଗାନ୍ଧିଜୀଙ୍କ ସହିତ ପଦଯାତ୍ରା କରିବା ସଙ୍ଗେ ସଙ୍ଗେ ତାଙ୍କର ନିର୍ଦ୍ଦେଶରେ ଗାଁକୁ ଫେରିଯାଇ ଗାଁରେ ଚାଷୀ ମୂଲିଆଙ୍କ ପାଇଁ କାମ କରିବାକୁ ସେ ଆଗଭର ହୋଇଥିଲେ। ଶ୍ରୀମାନ୍ ଶରତ ଚନ୍ଦ୍ର ମହାରଣାଙ୍କୁ ବିବାହ କରି ପତି ପତ୍ନୀ ଉଭୟ ନିରାଡ଼ମ୍ବର ଓ ସରଳ ଜୀବନଯାପନ କରୁଛନ୍ତି। ମୁଁ ତାଙ୍କ ସମ୍ପର୍କରେ ଅନ୍ୟତ୍ର ଆଲୋଚନା କରିଛି।

ମୁରଲୀଧର ଟାଲି

ତୈଳଚିତ୍ର ଓ ପ୍ରତିକୃତି ଅଙ୍କନରେ ଡକ୍ଟର ମୁରଲୀଧର ଟାଲିଙ୍କ କୃତିତ୍ୱ ଅନନ୍ୟ ସାଧାରଣ। ଓଡ଼ିଶା ତଥା ପଶ୍ଚିମବଙ୍ଗ ସରକାରଙ୍କ ବୃତ୍ତି ଲାଭ କରି ସେ କଲିକତାସ୍ଥ ଆର୍ଟ ସ୍କୁଲରୁ ଗୁରୁକଳାରେ ବିଶେଷ ଯୋଗ୍ୟତା ସହ ଉତ୍ତୀର୍ଣ୍ଣ ହେବା ପରେ ଜଣେ ଚିତ୍ରଶିଳ୍ପୀ ଭାବରେ କର୍ମମୟ ଜୀବନ ଆରମ୍ଭ କରିଥିଲେ। ପିଲାଦିନେ ପାଠ ନ ପଢ଼ି ଚିତ୍ର ଆଙ୍କୁଥିବାରୁ ବାପା କାଳେ ରାଗିବେ, ସେଥିପାଇଁ ରାତିରେ ଟାଇଲ୍ ଛାତ ଉପରେ ଲଣ୍ଠନ ଜାଳି ଛବି ଆଙ୍କୁଥିଲେ। କିଶୋର ବୟସରୁ ଆଜି ପର୍ଯ୍ୟନ୍ତ ସାଧନା ଅବ୍ୟାହତ ରଖି ସେ ବିଭିନ୍ନ ସମୟରେ ରାଜ୍ୟ ତଥା ସର୍ବଭାରତୀୟ ସ୍ତରରେ ବିଶିଷ୍ଟ ଚିତ୍ରଶିଳ୍ପୀ ଭାବେ ପୁରସ୍କୃତ ତଥା ସମ୍ମାନିତ ହୋଇଛନ୍ତି। ଏବେ ପରିଣତ ବୟସରେ ମଧ୍ୟ ସେ ପ୍ରତ୍ୟେକ ଦିନ ସାତ ଆଠ ଘଣ୍ଟା ଚିତ୍ର ଆଙ୍କିବାରେ ବ୍ୟସ୍ତ ରହୁଛନ୍ତି।

ତାଙ୍କର ପ୍ରଖ୍ୟାତ କଳାକୃତିମାନଙ୍କ ମଧ୍ୟରେ 'ମା', 'ଦୁଇ ଭଉଣୀ', 'ଗାଁ ମୁଣ୍ଡ', 'ଧାନ କ୍ଷେତରେ ପାଣି ମଡ଼ା" ଓ 'ଗୋପନ ମିଳନ' ପ୍ରଭୃତି ବିଶେଷ ଉଲ୍ଲେଖଯୋଗ୍ୟ।

ସେ ସମ୍ବଲପୁରର ଲୋକ। କଟକରେ ଥିବା କଲେଜ୍ ଅଫ ଆର୍ଟସ୍ ଏଣ୍ଡ କ୍ରାଫ୍‌ଟସ୍‌ର ଅବୈତନିକ ଅଧ୍ୟକ୍ଷ ପଦରୁ ଅବସର ଗ୍ରହଣ କଲା ପରେ ସେ ବର୍ତ୍ତମାନ ଭୁବନେଶ୍ୱରର ଶହୀଦନଗରରେ ତାଙ୍କ ପରିବାର ସହିତ ଅବସ୍ଥାନ କରୁଛନ୍ତି।

ଏଚ୍. ନାୟକ

ଶ୍ରୀଯୁକ୍ତ ହୃଦୟାନନ୍ଦ ନାଟକ ସାଧାରଣରେ ଏଚ୍. ନାୟକ ଚାଟାର୍ଡ଼ ଆକାଉଣ୍ଟାଣ୍ଟ୍

ଭାବେ ପରିଚିତ। ଓଡ଼ିଶାର ବିଭିନ୍ନ ଧର୍ମ, ସେବା ଓ ସାଂସ୍କୃତିକ ଅନୁଷ୍ଠାନମାନଙ୍କ ସହିତ ସେ ବହୁ ଭାବରେ ସଂପୃକ୍ତ ଏବଂ ସେମାନଙ୍କୁ ବିଭିନ୍ନ ଭାବେ ସାହାଯ୍ୟ କରିବା ସହିତ ମୁକ୍ତ ହସ୍ତରେ ଦାନ କରନ୍ତି। ଜଣେ ସମାଜସେବୀ ହିସାବରେ ମଧ୍ୟ ସେ ପ୍ରତିଷ୍ଠା ଲାଭ କରିଛନ୍ତି। ପ୍ରଫେସର ପରିଜା ସ୍ମୃତି ପରିଷଦର ସେ ଜଣେ ଆଜୀବନ ସଭ୍ୟ। ଏ ସମ୍ପର୍କୀୟ କେତେକ ବୈଠକରେ ଯୋଗଦାନ କରିବା ସଙ୍ଗେ ସଙ୍ଗେ ଆଉ କେତେକ ଘଟଣାରେ ମୋ ସହିତ ପରାମର୍ଶ କରିବା ପାଇଁ ସେ କେତେଥର ମୋ ଡଗରପଡ଼ା ଘରକୁ ଆସିଛନ୍ତି। ଜଣେ ସରଳ ସଦାଶୟ ଓ ଅମାୟିକ ବ୍ୟକ୍ତି ଭାବରେ ଶ୍ରୀଯୁକ୍ତ ନାୟକ ବିଶେଷ ସୁନାମ ଅର୍ଜନ କରିଛନ୍ତି।

ଓଡ଼ିଶା ହାଇକୋର୍ଟର ବିଚାରପତି ଜଷ୍ଟିସ୍ ଅରିଜିତ ପଶାୟତ ତାଙ୍କର ଜାମାତା।

ହରିହର ପଟ୍ଟନାୟକ

ଡକ୍ଟର ହରିହର ପଟ୍ଟନାୟକ ବ୍ରହ୍ମପୁର ବିଶ୍ୱବିଦ୍ୟାଳୟର ପୂର୍ବତନ କୁଳପତି। ପୂର୍ବରୁ ସେ ରେଭେନ୍ସା କଲେଜରେ ବିଜ୍ଞାନ ବିଭାଗର ପ୍ରଫେସର ତଥା ବିଭାଗୀୟ ମୁଖ୍ୟ ଏବଂ କିଛିକାଳ ଖଲ୍ଲିକୋଟ କଲେଜର ପ୍ରିନ୍‌ସିପାଲ ହୋଇଥିଲେ। ପ୍ରଫେସର ପରିଜାଙ୍କର ସେ ଥିଲେ ଜଣେ ଅନୁରକ୍ତ ଛାତ୍ର।

ତାଙ୍କ ସହିତ ଡକ୍ଟର ପଟ୍ଟନାୟକଙ୍କର ବ୍ୟକ୍ତିଗତ ସମ୍ପର୍କ ଥିଲା। ପରବର୍ତ୍ତୀ ସମୟରେ ସେ 'ପରିଜା ସ୍ମୃତି ପରିଷଦ'ର ଅନ୍ୟତମ ପ୍ରତିଷ୍ଠାତା ସଭ୍ୟ ଥିଲେ। ଏବେ ସେ ଉକ୍ତ ପରିଷଦର ଉପସଭାପତି ତଥା କୋଷାଧ୍ୟକ୍ଷ ଅଛନ୍ତି।

ଜଣେ ପ୍ରତିଷ୍ଠିତ ଉଦ୍ଭିଦବିଜ୍ଞାନୀ ଭାବେ ତାଙ୍କର ସୁନାମ ଅଛି। ଅବସର ଗ୍ରହଣ ପରେ ସେ କିଛିଦିନ ପାଇଁ ଓଡ଼ିଶା ରେଲୱେ ସର୍ଭିସ୍ ବୋର୍ଡ଼ର ଚେୟାରମ୍ୟାନ୍ ହୋଇଥିଲେ। ଏବେ ବିଭିନ୍ନ ସେବା ଓ ସାଂସ୍କୃତିକ ଅନୁଷ୍ଠାନମାନଙ୍କ ସହିତ ସଂପୃକ୍ତ ହୋଇ ସେ ସମୟ ଅତିବାହିତ କରୁଛନ୍ତି। ସେ ଅତ୍ୟନ୍ତ ସଚ୍ଚୋଟ ଓ ନ୍ୟାୟପରାୟଣ।

ଲଲାଟେନ୍ଦୁ ପରିଜା

ଶ୍ରୀଯୁକ୍ତ ଲଲାଟେନ୍ଦୁ ପରିଜା (ଲୁଲୁ) ପ୍ରଫେସର ଡକ୍ଟର ପ୍ରାଣକୃଷ୍ଣ ପରିଜାଙ୍କ ସୁଯୋଗ୍ୟ ପୁତ୍ର। ସେ ଭାରତୀୟ ପ୍ରଶାସନିକ ସେବା (ଆଇ.ଏ.ଏସ୍)ରେ ଯୋଗଦାନ କରି ଅନେକ ଗୁରୁତ୍ୱପୂର୍ଣ୍ଣ ପଦବୀରେ କାର୍ଯ୍ୟ କରି ପରିଶେଷରେ ଓଡ଼ିଶାର ମୁଖ୍ୟ ଶାସନ-ସଚିବ ପଦବୀକୁ ଉନ୍ନୀତ ହୋଇଥିଲେ। ଏବେ ସେ ଓଡ଼ିଶା ପବ୍ଲିକ୍ ସର୍ଭିସ୍ କମିଶନ୍‌ର

ଚେୟାରମ୍ୟାନ୍ ଭାବେ ଦାୟିତ୍ୱ ପରିଚାଳନା କରୁଛନ୍ତି । ଜଣେ କର୍ତ୍ତବ୍ୟନିଷ୍ଠ ଓ ଆଦର୍ଶ ପ୍ରଶାସକ ଭାବରେ ତାଙ୍କର ବେଶ୍ ସୁନାମ ଅଛି । ସେ ଅତ୍ୟନ୍ତ ସରଳ ଏବଂ ଅମାୟିକ ବ୍ୟକ୍ତି । ତାଙ୍କ ସମ୍ପର୍କରେ ଆସିଥିବା ଅନେକ ଲୋକଙ୍କ ମୁହଁରୁ ମୁଁ ତାଙ୍କର ପ୍ରଶଂସା ଶୁଣିଛି । ଉଚ୍ଚ ପଦବୀରେ ଅଧିଷ୍ଠିତ ହୋଇ ମଧ୍ୟ ତାଙ୍କୁ ଗର୍ବ ଅହଂକାର ଆଦୌ ସ୍ପର୍ଶ କରିନାହିଁ ।

ଲଲାଟେନ୍ଦୁ (ଲୁଲୁ)ଙ୍କୁ ମୁଁ ବହୁ ଆଗରୁ ଜାଣିଥିଲି । ପ୍ରଫେସର ପରିଜାଙ୍କ ଦେହାନ୍ତ ପରେ, ତାଙ୍କ ସ୍ମୃତି ରକ୍ଷା ଲାଗି ଯେଉଁ ପରିଷଦ ଗଠିତ ହୋଇଛି, ମୁଁ ତା'ର ସଭାପତି ଥିବା କାରଣରୁ ଏହାର ବିଭିନ୍ନ କାର୍ଯ୍ୟକ୍ରମରେ ଲୁଲୁ ସହିତ ମୋର ଅନେକଥର ଦେଖା ସାକ୍ଷାତ ହୋଇଛି । ବାରବାଟୀ ଷ୍ଟାଡ଼ିୟମ୍ କ୍ଲବ୍ ହାଉସ୍‌ଠାରେ ଏପର୍ଯ୍ୟନ୍ତ ଅନୁଷ୍ଠିତ ହୋଇଥିବା ସ୍ୱର୍ଗତ ପରିଜାଙ୍କର ସମସ୍ତ ଶ୍ରାଦ୍ଧ ସଭାରେ ଲୁଲୁ ଓ ତାଙ୍କ ପତ୍ନୀ ଶ୍ରୀମତୀ ପ୍ରତିମା ପରିଜା ଯୋଗଦାନ କରିଥିବା ମୁଁ ଲକ୍ଷ୍ୟ କରିଛି ।

ପ୍ରଫେସର ପରିଜାଙ୍କ ବଡ଼ ପୁଅ ଶ୍ରୀ ପ୍ରତାପରୁଦ୍ର ପରିଜା (ଠୁରା) ମଧ୍ୟ ମୋର ପରିଚିତ । ଠୁରା କେତେଥର ମୋ ଡଗରପଡ଼ା ଘରକୁ ଆସିଛନ୍ତି । ଏମାନଙ୍କ ସହିତ ଆମର ପାରିବାରିକ ସମ୍ପର୍କ ରହିଛି ।

ହୃଦାନନ୍ଦ ରାୟ

ଜଣେ ସ୍ୱନାମଧନ୍ୟ ବକ୍ତା ଭାବରେ ଅଧ୍ୟାପକ ହୃଦାନନ୍ଦ ରାୟ ସର୍ବତ୍ର ପରିଚିତ । ତାଙ୍କର ଅସାଧାରଣ ପାଣ୍ଡିତ୍ୟ ଏବଂ ଓଜସ୍ୱିନୀ ଭାଷା ସଚରାଚର ସମସ୍ତଙ୍କୁ ତାଙ୍କ ବକ୍ତୃତା ଶୁଣିବା ଲାଗି ଆକର୍ଷିତ କରିଥାଏ । ମୋର ମନେହୁଏ, ଓଡ଼ିଶାରେ ତାଙ୍କ ଭଳି ବକ୍ତା ବିରଳ । ସ୍ୱର୍ଗତ ବିଚ୍ଛନ୍ଦ ଚରଣ ପଟ୍ଟନାୟକଙ୍କ "କଳିଙ୍ଗ ଭାରତୀ" ଅନୁଷ୍ଠାନ ସହିତ ସେ ପ୍ରଥମରୁ ହିଁ ସଂପୃକ୍ତ ଥିଲେ । ଦର୍ଶନ ଶାସ୍ତ୍ରର ଜଣେ ଅଧ୍ୟାପକ ଭାବରେ ଜୀବନ ଆରମ୍ଭ କରି ଶେଷରେ ସେ ଅଧ୍ୟକ୍ଷ ପଦବୀକୁ ଉନ୍ନୀତ ହୋଇଥିଲେ ।

ସେ ପୁରୀ ସାମନ୍ତ ଚନ୍ଦ୍ର ଶେଖର ମହାବିଦ୍ୟାଳୟର ଅଧ୍ୟକ୍ଷ ଥିବାବେଳେ ଅନେକ ସମୟରେ ତାଙ୍କ ସହିତ ମୋର ଦେଖା ସାକ୍ଷାତ ହେଉଥିଲା । "ନୀଳଚକ୍ର" ପ୍ରଭୃତି ବିଭିନ୍ନ ସାଂସ୍କୃତିକ ଅନୁଷ୍ଠାନର ସଭା ସମିତିରେ ମଧ୍ୟ ମୁଁ ଅଧ୍ୟାପକ ରାୟଙ୍କ ସାରଗର୍ଭକ ତଥା ଚିତ୍ତାକର୍ଷକ ଭାଷଣ ବହୁବାର ଶୁଣିଛି । ଅବସର ଗ୍ରହଣ କରିବା ପରେ ସେ ଭାରତର ବିଭିନ୍ନ ତୀର୍ଥସ୍ଥାନ ଭ୍ରମଣ କରିବା ସହିତ ସଭାମାନଙ୍କରେ ଭାଷଣ ଦେଉଥିବା ଅତି ଆନନ୍ଦର କଥା ।

ହୃଦାନନ୍ଦଙ୍କ ପିତା ୰ ଭୋଳାନାଥ ବାବୁ ଜଣେ ପ୍ରତିଷ୍ଠିତ ଆଇନଜୀବୀ ଥିଲେ। ସେ ମୋର ସମସାମୟିକ ଥିବାରୁ ଅନେକ ସମୟରେ ତାଙ୍କ ସହିତ କଚେରୀରେ ଦେଖା ସାକ୍ଷାତ ହେଉଥିଲା। ହୃଦାନନ୍ଦଙ୍କ ସାନଭାଇ ଡାକ୍ତର ସ୍ୱାମୀ ନିମାନନ୍ଦ ରାୟ ଜଣେ ସ୍ୱନାମଧନ୍ୟ ପାଥୋଲୋଜିଷ୍ଟ। ସେ ସ୍ୱାମୀ ନିଗମାନନ୍ଦଙ୍କର ଜଣେ ଅନୁଗତ ଭକ୍ତ।

ପ୍ରଦୀପ୍ତ କିଶୋର ଦାସ

ଶ୍ରୀଯୁକ୍ତ ପ୍ରଦୀପ୍ତ କିଶୋର ଦାସ ଓଡ଼ିଶାର ଅନ୍ୟତମ ସମାଜବାଦୀ ନେତା ଭାବେ ସୁପରିଚିତ। ପ୍ରଜା ସୋସାଲିଷ୍ଟ ପାର୍ଟିର ମୁଖପତ୍ର "କୃଷକ" ସହିତ ସେ ବିଶେଷ ସଂପୃକ୍ତ ଥିଲେ ଏବଂ ସେଥିରେ ବିଭିନ୍ନ ସମୟରେ ତାଙ୍କର କେତେକ ଲେଖା ପ୍ରକାଶ ପାଇଥିଲା। ରେଭେନ୍ସା କଲେଜର ସେ ଥିଲେ ଜଣେ ଅତି ମେଧାବୀ ଛାତ୍ର ତଥା ଉଦୀୟମାନ ଛାତ୍ରନେତା। ୧୯୭୭ ମସିହା ଜନତା ମନ୍ତ୍ରୀ ମଣ୍ଡଳରେ ସେ ଓଡ଼ିଶାର ଶିକ୍ଷା ଓ ସ୍ୱାସ୍ଥ୍ୟମନ୍ତ୍ରୀ ହୋଇଥିଲେ। ତାଙ୍କର ଉଚ୍ଚ ଚିନ୍ତା ସହିତ ଜୀବନ ଯାପନ ପ୍ରଣାଳୀ ମଧ୍ୟ ସାଧାରଣ ଥିଲା। ମନ୍ତ୍ରୀ ଥିଲାବେଳେ ମଧ୍ୟ ସେ ଚାଲି ଚାଲି ହୋଟେଲକୁ ଯାଇ ଖାଉଥିଲେ। ଅନାଡ଼ମ୍ବର ବେଶଭୂଷା ପରିହିତ ଏକ ସରଳ, ସ୍ନେହୀ ଓ ଅମାୟିକ ଭଦ୍ରଲୋକ ଭାବେ ସେ ସର୍ବତ୍ର ଆଦୃତ।

ସେ ମାହାଙ୍ଗା ଅଞ୍ଚଳର ଅଧିବାସୀ ଓ ପ୍ରଫେସର ସ୍ୱର୍ଗତ ବାମାଚରଣ ଦାସଙ୍କ ସମ୍ପର୍କୀୟ। ଅନେକ ସମୟରେ ମୁଁ ତାଙ୍କୁ ଦେଖିଛି ଓ ତାଙ୍କୁ ଜାଣିବାର ସୁଯୋଗ ପାଇଛି।

ଅନିଲ କୁମାର ଘୋଷ

ଶ୍ରୀ ଅନିଲ କୁମାର ଘୋଷ ପ୍ରଜା ସୋସାଲିଷ୍ଟ ପାର୍ଟିର ଜଣେ ସକ୍ରିୟ କର୍ମୀ ଥିଲେ। ତାଙ୍କ ଭାଇ ନିରଞ୍ଜନ ଘୋଷ ଜଣେ ବିଶିଷ୍ଟ ସ୍ୱାଧୀନତା ସଂଗ୍ରାମୀ ଥିଲେ। ଜଣେ ସଚ୍ଚୋଟ ଓ ନିଷ୍କାପର କର୍ମୀ ଭାବେ ଶ୍ରୀ ଘୋଷଙ୍କର ସୁନାମ ରହିଛି। 'କର୍ମବୀର ଗୌରୀଶଙ୍କର-ସ୍ମୃତି-ସଂସଦ' ସହିତ ସଂପୃକ୍ତ ହୋଇ ବିଭିନ୍ନ କାର୍ଯ୍ୟ ଉପଲକ୍ଷରେ ଉକ୍ତ ଅନୁଷ୍ଠାନର କର୍ମକର୍ତ୍ତା ଶ୍ରୀମତୀ ଶୋଭା ରାୟ, ସାମ୍ବାଦିକ ପ୍ରବୀର ସରକାର ପ୍ରମୁଖଙ୍କ ସହିତ ଶ୍ରୀଯୁକ୍ତ ଘୋଷ କେତେବାର ମୋ ଡଗରପଡ଼ା ବାସଭବନକୁ ଆସିଛନ୍ତି। ତାଙ୍କ ଭାଇ ଘୋଷ ଜଣେ ଆଇନଜୀବୀ। ସମାଜସେବା କ୍ଷେତ୍ରରେ ତାଙ୍କ ପରିବାରର ସୁନାମ ଅଛି।

ଏଠାରେ ଉଲ୍ଲେଖ କରାଯାଇ ପାରେ ଯେ, ଗୌରୀଶଙ୍କର ରାୟଙ୍କ ସଂପାଦନାରେ ପ୍ରଥମେ ଉତ୍କଳଦୀପିକା ପ୍ରକାଶିତ ହୋଇଥିଲା । ତାଙ୍କ ନାମାନୁସାରେ ଗୌରୀଶଙ୍କର ପାର୍କକୁ ନାମିତ କରାଯାଇଅଛି ଓ ଶତବାର୍ଷିକୀ ଅବସରରେ ପାର୍କରେ ତାଙ୍କର ଏକ ପ୍ରତିମୂର୍ତ୍ତି ସ୍ଥାପିତ ହୋଇଛି । କଟକ ଟାଉନ୍‌ହଲ୍‌ରେ ମଧ୍ୟ ତାଙ୍କର ପ୍ରତିମୂର୍ତ୍ତି ରଖାଯାଇଛି ।

ତ୍ରିଲୋଚନ କାନୁନ୍‌ଗୋ

ଶ୍ରୀରାମଚନ୍ଦ୍ର ଭବନରେ ଗୋଟିଏ ସଭା ଅନୁଷ୍ଠିତ ହେଉଥାଏ । ମୁଁ ସେ ସଭାରେ ସଭାପତିତ୍ୱ କରୁଥାଏ । ମୁଖ୍ୟ ଅତିଥି ଭାବରେ ଯୋଗଦେଇ ଥାଆନ୍ତି ଶ୍ରୀଯୁକ୍ତ ଜାନକୀ ବଲ୍ଲଭ ପଟ୍ଟନାୟକ । ଅନେକ ବକ୍ତା ଥାଆନ୍ତି ସେଦିନ । ସମୟ ଅତିରିକ୍ତ ହୋଇଥିବାରୁ ବହୁ ବକ୍ତାଙ୍କୁ କହିବାକୁ ସୁଯୋଗ ମିଳିବ କି ନାହିଁ ମୁଁ ଚିନ୍ତା କରୁଥାଏ । ସେତେବେଳକୁ ରାତି ପ୍ରାୟ ଦଶଟା ହେବଣି । ଦର୍ଶକ ଗ୍ୟାଲେରୀରୁ ଗୋଟିଏ ଛୋଟ ଚିପା ମୋ ପାଖକୁ ଆସିଲା । ସେଇ ଲେଖାଟି ଥିଲା ତ୍ରିଲୋଚନ କାନୁନ୍‌ଗୋଙ୍କର । ସେ ସଭାରେ ଭାଷଣ ଦେବା ପାଇଁ ଅନୁରୋଧ କରିଥିଲେ । ମୁଁ ମନା କରିଦେବାକୁ ଭାବୁଛି, ଜାନକୀ ବାବୁ ସୁପାରିଶ କରି କହିଲେ, ସେ ଖୁବ୍ ଭଲ କୁହନ୍ତି, ତାଙ୍କୁ କିଛି ସମୟ ଦିଅନ୍ତୁ । ମୁଁ ତାଙ୍କୁ ମାତ୍ର ପାଞ୍ଚମିନିଟ କହିବାକୁ ଅନୁମତି ଦେଇଥିଲି ।

ସେଇଦିନୁ ମୁଁ ତାଙ୍କୁ ଜାଣିଛି । କେବଳ ରେଭେନ୍ସା କଲେଜର ୟୁନିଅନର ପୂର୍ବତନ ସଭାପତି, ପୂର୍ବତନ ବିଧାୟକ ଭାବରେ ନୁହେଁ, ଜଣେ ଦକ୍ଷ ସଚ୍ଚୋଟ ଓ ନ୍ୟାୟନିଷ୍ଠ ସମାଜସେବୀ ତଥା ରାଜନୀତିଜ୍ଞ ଭାବରେ ତ୍ରିଲୋଚନ ବାବୁ ସୁପରିଚିତ । ଦେଶର ବିଭିନ୍ନ ସାମ୍ପ୍ରତିକ ଘଟଣାବଳୀ ସମ୍ପର୍କରେ ସେ ବେଶ୍ ସଚେତନ । ସେ କିଛିଦିନ ପାଇଁ କଟକ ମ୍ୟୁନସିପାଲିଟିର ଚେୟାରମ୍ୟାନ ଥିଲେ । ଏହି ସମୟରେ କଟକ ସହରରୁ ମଶା ଉପଦ୍ରବ ଲୋପ କରିବା ପାଇଁ ସେ ଫିଙ୍ଗା ମେସିନର ପ୍ରଚଳନ କରାଇଥିଲେ । ସହରର ଦଳପୋଖରୀ ତଥା ଅଳିଆ ଆବର୍ଜନାଗୁଡ଼ିକ ସଫା କରିବା ପ୍ରତି ବେଶ୍ ଗୁରୁତ୍ୱ ପ୍ରଦାନ କରିଥିଲେ । ଏତଦ୍‌ବ୍ୟତୀତ ଆହୁରି ଅନେକ ଲୋକହିତକର କାର୍ଯ୍ୟ କରି ସେ କଟକବାସୀଙ୍କ ପାଇଁ ସ୍ମରଣୀୟ ହୋଇ ରହିଛନ୍ତି । ସେ ସବୁ ମହଲରେ ବେଶ୍ ଲୋକପ୍ରିୟ ଅଛନ୍ତି ।

ମନମୋହିନୀ ଦେବୀ

ସ୍ୱର୍ଗତା ମନମୋହିନୀ ଦେବୀ ଜଣେ ସ୍ୱାଧୀନଚେତା ଓ ସ୍ୱନାମଧନ୍ୟା ନାରୀ

କବି । ସେ ଅନେକଗୁଡ଼ିଏ ପୁସ୍ତକର ପ୍ରଣେତା । ତାଙ୍କ ସ୍ୱାମୀ ସ୍ୱର୍ଗତ ବୈଦ୍ୟନାଥ ଦାସ ଜଣେ ଦକ୍ଷ ପୋଲିସ ଅଫିସର (ଡି.ଏସ୍.ପି) ତଥା ଜଣେ ସମାଜସେବୀ ଥିଲେ । ସ୍ୱର୍ଗତା ମନମୋହିନୀ ଦେବୀ ଜାତୀୟ କବି ବୀରକିଶୋର ଦାସଙ୍କ ପୁତ୍ର ସମର ବଲ୍ଲଭ ଦାସଙ୍କୁ ପୋଷ୍ୟପୁତ୍ର କରିଥିଲେ ଓ ତାଙ୍କୁ ମୋ ଶଳା ରାଧାକାନ୍ତ (ରଙ୍ଗୁ)ଙ୍କ ଝିଅ ସହିତ ବାହା ଦେଇଥିଲେ । ଫଳରେ ସେ ହେଲେ ରାଧାକାନ୍ତର ସମୁଦୁଣୀ ତଥା ମୋର ସମୁଦୁଣୀ ମଧ୍ୟ ।

ସେ ତାଙ୍କର ଅନେକ ପାଣ୍ଡୁଲିପି ମୋତେ ପଢ଼ିବାକୁ ଦେଇଥିଲେ । ସେଥିରୁ ତାଙ୍କ ସାହିତ୍ୟିକ ପ୍ରତିଭାର ସୂଚନା ମିଳୁଥିଲା । ଜଣେ ବିଶିଷ୍ଟା ନାରୀ କବି ଭାବରେ ସେ ରାଜ୍ୟ ସାହିତ୍ୟ ଏକାଡେମୀ ତଥା ରାଜ୍ୟର ବହୁ ଅନୁଷ୍ଠାନ ଦ୍ୱାରା ସମ୍ମାନିତା ହୋଇଥିଲେ ।

କର୍ଣ୍ଣେଲ ହିମାଂଶୁ ଶେଖର ମହାପାତ୍ର

କର୍ଣ୍ଣେଲ ହିମାଂଶୁ ଶେଖର ମହାପାତ୍ର ମନମୋହିନୀ ଦେବୀଙ୍କ ଜ୍ୱାଇଁ । ମୁଁ ଥରେ ମସୋରୀ ଯିବାର ପ୍ରସ୍ତାବ ନେଇ ଡେରାଡୁନ ଯାଇଥାଏ । ସେ ମୋତେ ତାଙ୍କ ଗାଡ଼ିରେ ତାଙ୍କ ଘରକୁ ନେଉଥାନ୍ତି । ବାଟରେ ଆମେ କେତେ କଥା ଗପ କରି ଯାଉଥାଉ । ମୁଁ ଯୁଦ୍ଧ ସମ୍ପର୍କରେ ଅନେକ ପ୍ରଶ୍ନ ତାଙ୍କୁ ପଚାରିଥିଲି । କଥା ପ୍ରସଙ୍ଗରେ ସେ କହିଥିଲେ, କେଉଁ ଗୁଳିରେ କିଏ ମରିବ, ତାହା ପୂର୍ବରୁ ନିର୍ଦ୍ଧାରିତ ହୋଇଥାଏ । ଯେପରି 'ଦାନେ ଦାନେ ମେଁ ଲିଖାହୈ ଖାନେ ବାଲା କା ନାମ୍' । ଠିକ୍ ସେପରି ଯୁଦ୍ଧରେ ମୃତ୍ୟୁବରଣ କରିବାର ଭୟ ଅହେତୁକ । ଯାହା କିଛି ଘଟିବାର ଅଛି, ତାହା ବହୁ ପୂର୍ବରୁ ଲେଖା ହୋଇ ରହିଛି । ପରେ ସେ ଚିଲିକା ଉନ୍ନୟନ ନିଗମର ଚେୟାରମ୍ୟାନ ଭାବରେ ଓଡ଼ିଶାରେ ଆସି ଅବସ୍ଥାପିତ ହୋଇଥିଲେ । ଏବେ ସେ ବିଭିନ୍ନ ପ୍ରକାର ଜନହିତକର କାର୍ଯ୍ୟରେ ନିଜକୁ ନିୟୋଜିତ କରି ରଖିଛନ୍ତି ।

ଶରତ ଚନ୍ଦ୍ର ପରିଜା

ସ୍ୱର୍ଗତ ଶରତ ଚନ୍ଦ୍ର ପରିଜା, ଆଡ୍‌ଭୋକେଟ୍ ଗତ ତା ୫-୫-୮୯ ରିଖଠାରୁ ଆମ୍ଭମାନଙ୍କୁ ଛାଡ଼ି ପରଲୋକ ଗମନ କଲେଣି । ସେ କାଳୀଗଳିସ୍ଥିତ ତାଙ୍କ ଘରେ ଅବସ୍ଥାନ କରୁଥିଲେ । ଜଣେ ଆଇନଜୀବୀ ଭାବରେ ତାଙ୍କର ସୁନାମ ଥିଲା । ଆମ ଦୁଇଜଣଙ୍କର ଅନେକ ସମୟରେ କଚେରୀରେ ଦେଖା ସାକ୍ଷାତ ହେଉଥିଲା । କିନ୍ତୁ

ତାଙ୍କ ସହିତ ମୋର ପ୍ରଥମ ପରିଚୟ ହୋଇଥିଲା ଯେତେବେଳେ କଟକ ମୋଟର ଆସୋସିଏସନ୍‌ର ସେ ଜଣେ ପ୍ରମୁଖ ସଭ୍ୟ ଥିଲେ। ଶରତ ବାବୁ ହେଉଛନ୍ତି ବିଶିଷ୍ଟ ଜମିଦାର ପୂର୍ଣ୍ଣଚନ୍ଦ୍ର ପରିଜାଙ୍କ ପୁଅ।

କଟକ ମୋଟର ଆସୋସିଏସନ୍

ମୋର ଯେତେଦୂର ମନେ ପଡୁଛି, ଏହା ୧୯୩୦ ମସିହାର କଥା। ଦେୱାନ୍ ବାହାଦୁର ଲକ୍ଷ୍ମୀଧର ମହାନ୍ତିଙ୍କ ସଭାପତିତ୍ୱରରେ "କଟକ ମୋଟର ଆସୋସିଏସନ୍" ନାମରେ ଗୋଟିଏ ଅନୁଷ୍ଠାନ ଗଠନ କରାଯାଇ କଟକ ସହରରୁ ବିଭିନ୍ନ ସ୍ଥାନକୁ ବସ୍ ଚଳାଚଳର ବ୍ୟବସ୍ଥା କରାଯାଇଥିଲା। ଉକ୍ତ ଆସୋସିଏସନ୍ ସହିତ ଦେୱାନ୍ ବାହାଦୁର ଶ୍ରୀକୃଷ୍ଣ ମହାପାତ୍ର, ଜାତୀୟ କବି ବୀରକିଶୋର ଦାସ, ଆଡ୍‌ଭୋକେଟ୍ ଶରତ ଚନ୍ଦ୍ର ପରିଜା, ଚକ୍ରଧର ମିଶ୍ର ଗିରୀଶ ଚନ୍ଦ୍ର ବୋଷ (ମନି ବୋଷ) ପ୍ରମୁଖ ବହୁ ବିଶିଷ୍ଟ ବ୍ୟକ୍ତି ସଂପୃକ୍ତ ହୋଇଥିଲେ। ମନି ବୋଷ ବହୁଦିନ ଧରି ଉକ୍ତ ମୋଟର ଆସୋସିଏସନ୍‌ର ସମ୍ପାଦକ ଥିଲେ। ଲ' ପାଶ୍ କରିବା ପରେ ମୁଁ କିଛିଦିନ ପାଇଁ ଉକ୍ତ ଆସୋସିଏସନ୍ ସହିତ ସଂପୃକ୍ତ ହୋଇ ଏହାର ଆଇନ ପରାମର୍ଶଦାତା ଭାବରେ କାର୍ଯ୍ୟ କରିଥିଲି।

ଯେତେବେଳେ ଲୋକମାନଙ୍କ ଯିବା ଆସିବା ପାଇଁ ବିଶେଷ କିଛି ବ୍ୟବସ୍ଥା ନଥିଲା ଓ ଆଜିକାଲି ପରି ରାସ୍ତାଘାଟର ପ୍ରସାର କିମ୍ବା ବହୁ ସଂଖ୍ୟାରେ ବସ୍ ଚଳାଚଳ କରୁ ନ ଥିଲା, ସେତେବେଳେ ଉକ୍ତ କଟକ ମୋଟର ଆସୋସିଏସନ୍‌ର ବସ୍ ସର୍ଭିସ୍ ଲୋକମାନଙ୍କୁ ଗମନାଗମନ କ୍ଷେତ୍ରରେ ବହୁ ଭାବରେ ସାହାଯ୍ୟ କରିଥିଲା। ପରବର୍ତ୍ତୀ ଅବସ୍ଥାରେ ମାଧବାନନ୍ଦ ଦାସ, ଦଳବେହେରା ପ୍ରମୁଖ କଟକର ବସ୍ ମାଲିକମାନେ ଉକ୍ତ କାର୍ଯ୍ୟକ୍ରମ ସହିତ ସାମିଲ ହୋଇଥିଲେ। ମଙ୍ଗଳାବାଗର ଚକ୍ରଧର ମିଶ୍ର ତାଙ୍କ ବସ୍‌ର ନାଁ 'ଗଙ୍ଗାଯମୁନା', ଶରତ ଚନ୍ଦ୍ର ପରିଜା ତାଙ୍କ ବସ୍‌ର ନାଁ 'ଭାରତ ବାହିନୀ' ଦେଇଥିଲେ। ଆଉ କେତେକ ବସ୍‌ର ନାମ 'ଉତ୍କଳ ବାହିନୀ' ଓ 'ବିଶ୍ୱ ବାହିନୀ' ବୋଲି ମଧ୍ୟ ରଖାଯାଇଥିଲା। ଚକ୍ରଧର ମିଶ୍ର ମାଗଣାରେ ହୋମିଓ ପାଥିକ୍ ଔଷଧ ବିତରଣ କରୁଥିଲେ। ଅଳ୍ପଦିନ ଆଗରୁ ତାଙ୍କର ପରଲୋକ ହୋଇ ଯାଇଛି।

ପୂର୍ଣ୍ଣଭାଇ ଫାଟକ

ମୁଁ ବିନୋଦ ବିହାରୀରେ ରହୁଥିଲାବେଳେ ଆମ ଘର ଅଗଣାରେ ଗୋଟିଏ ବଡ଼ ଫାଟକ ଥିଲା। ବଡ଼ ଫାଟକ ସହିତ ଗୋଟିଏ ଛୋଟ ଫାଟକ ମଧ୍ୟ ରହିଥିଲା।

ଗାଡ଼ି ଯିବା ଆସିବାକୁ ଛାଡ଼ିଦେଲେ ପ୍ରାୟ ଅଧିକାଂଶ ସମୟରେ ଛୋଟ ଗେଟ୍ ବାଟ ଦେଇ ଯିବା ଆସିବା କରାଯାଉଥିଲା। ଦିନକର ଘଟଣା। ପୂର୍ଣ୍ଣଚନ୍ଦ୍ର ପରିଜା (ପୂର୍ଣ୍ଣ ଭାଇ) ମୋତେ ଭେଟିବାକୁ ଆସି ଗେଟ୍ ବାହାରେ ଠିଆ ହୋଇଗଲେ। ଛୋଟ ଫାଟକ ବାଟ ଦେଇ ଆସିବାକୁ ଚେଷ୍ଟା କରି ସେ ବିଫଳ ହୋଇଥିଲେ। ଜମିଦାର ଲୋକ। ବେଶ୍ ପୃଥୁଳକାୟ ପେଟ। ଫାଟକ ପାଖରେ ଠିଆ ହୋଇ ମୋ ପାଖକୁ ଖବର ପଠାଇଲେ। ବଡ଼ ଫାଟକ ଖୋଲା ହେଲା। ସେ ଭିତରକୁ ଆସିଲେ। ସେହି ଦିନର ଅଭିଜ୍ଞତାରୁ ଗେଟ୍ ପାଖରେ ଜଣେ ଜଗୁଆଳ ରଖିବାର ବ୍ୟବସ୍ଥା କରିଥିଲି। ଏହାପରେ ଆଉ କେତେବାର ମଧ୍ୟ ପୂର୍ଣ୍ଣ ଭାଇ ଆମ ଘରକୁ ଆସିଥିଲେ। ମଜା କରିବାକୁ ମୁଁ କହୁଥିଲି, "ପୂର୍ଣ୍ଣ ଭାଇ, ତମପାଇଁ ତ ଜଣେ ଲୋକକୁ ନିଯୁକ୍ତି ଦେଲି। ଖରଚଟା ଦେଇଦିଅ।" ସେ କେବଳ ନିର୍ମଳ ହସଟିଏ ହସି ଦିଅନ୍ତି। ବାସ୍ତବିକ୍, ପୂର୍ଣ୍ଣଭାଇ ଅତ୍ୟନ୍ତ ମଜାଳିଆ ଲୋକ ଥିଲେ। ଅନେକ ଘଟଣାରେ ମୁଁ ତାଙ୍କ ସମ୍ପର୍କରେ ଆସିବାର ସୁଯୋଗ ପାଇଥିଲି।

ରେଭରେଣ୍ଡ ବ୍ରଜାନନ୍ଦ ମହାନ୍ତି

ରେଭରେଣ୍ଡ ବ୍ରଜାନନ୍ଦ ମହାନ୍ତି ଦକ୍ଷିଣ ଓଡ଼ିଶାର ଲୋକ ହେଲେ ସୁଦ୍ଧା ତାଙ୍କର କର୍ମସ୍ଥଳୀ ଥିଲା କଟକ ସହର। ସେ ଦୀର୍ଘ ଦିନ ଧରି କଟକ ଖ୍ରୀଷ୍ଟ କଲେଜର ଅଧ୍ୟକ୍ଷ ଭାବେ କାର୍ଯ୍ୟ କରିଥିଲେ।

ସେ ଥିଲେ ଜଣେ ସଚ୍ଚା ଖ୍ରୀଷ୍ଟିୟାନ୍। ଈଶ୍ୱରଙ୍କଠାରେ ତାଙ୍କର ପ୍ରଗାଢ଼ ବିଶ୍ୱାସ ଥିଲା। ଏମ୍.ଏ., ବି.ଏଲ୍. ପାଶ୍ କରି ସେ ଅନ୍ୟ କୌଣସି ପଦବୀକୁ ଆଶା ନ ରଖି ଅଧ୍ୟାପନାରେ ନିଜକୁ ନିୟୋଜିତ କରିଥିଲେ। ତାଙ୍କ ପରି ଆଦର୍ଶ ନୀତିବାଦୀ ଲୋକ ଖୁବ୍ କ୍ୱଚିତ୍ ଦେଖାଯାନ୍ତି। ଜଣେ ନିଷ୍ଠାପର ଶିକ୍ଷକ ତଥା ଦକ୍ଷ ପ୍ରଶାସକ ଭାବରେ ତାଙ୍କର ବିଶେଷ ଖ୍ୟାତି ଥିଲା। ସେ ଥିଲେ ମିଷ୍ଟାଳାପୀ, ସ୍ପଷ୍ଟବାଦୀ ଓ ଛାତ୍ରବତ୍ସଳ। ସେ ସର୍ବଦା ଶିକ୍ଷାୟତନର ଉନ୍ନତି ଲାଗି ଚେଷ୍ଟିତ ଥିଲେ, ତେଣୁ ତାଙ୍କର ସହକର୍ମୀ ଓ ଅତ୍ୟନ୍ତ ଶ୍ରଦ୍ଧା ଓ ସମ୍ମାନ ପ୍ରଦର୍ଶନ କରୁଥିଲେ। ଛାତ୍ରମାନଙ୍କର ଚରିତ୍ର ଗଠନ ଲାଗି ସେ ସେମାନଙ୍କୁ ବହୁ ମୂଲ୍ୟବାନ ପରାମର୍ଶ ଦେଉଥିଲେ।

ତାଙ୍କ ସହିତ କେତେଥର ମୋର ସାକ୍ଷାତ ହୋଇଛି। ସେ ଆମ୍ଭମାନଙ୍କ ଠାରୁ ଚିର ବିଦାୟ ଘେନି ଯାଇଥିଲେ ସୁଦ୍ଧା, ତାଙ୍କର ସ୍ମୃତି ସର୍ବଦା ମାନସପଟରେ ଜାଗରୁକ ହୋଇ ରହିଥିବ।

ରାୟ ବାହାଦୁର ଦୁର୍ଗାଚରଣ ଦାସ

ଅବସରପ୍ରାପ୍ତ ଆଇ.ଏ.ଏସ୍. ରାୟ ବାହାଦୁର ଦୁର୍ଗାଚରଣ ଦାସ ଶାସକ ଭାବରେ ପ୍ରତିଷ୍ଠା ଅର୍ଜନ କରିଥିଲେ। ବିଶିଷ୍ଟ ସମାଜସେବୀ ସ୍ୱର୍ଗତ ଲକ୍ଷ୍ମୀନାରାୟଣ ପଟ୍ଟନାୟକ ଓ ମୁଁ ଥରେ ସମ୍ବଲପୁରରୁ ଫେରୁଥିବା ବାଟରେ ଏକ ଦୁର୍ଘଟଣାର ସମ୍ମୁଖୀନ ହୋଇ ତାଙ୍କର ସାହାଯ୍ୟ ଲୋଡ଼ିଥିଲୁ। ସେତେବେଳେ ସେ ଅନଗୁଳର ଏସ୍.ଡି.ଓ. ଥିଲେ। ଏହା ମୁଁ ଅନ୍ୟତ୍ର ଆଲୋଚନା କରିଛି। ସେ ଶାସନ କ୍ଷେତ୍ରରେ ବହୁ ଗୁରୁତ୍ୱପୂର୍ଣ୍ଣ ପଦ-ପଦବୀରେ କାର୍ଯ୍ୟ କରି ଶେଷରେ ରାଜସ୍ୱ କମିଶନର ହୋଇ ଅବସର ଗ୍ରହଣ କରିଥିଲେ। ତାଙ୍କ ସହିତ ମୋର ବେଶ୍ ବନ୍ଧୁତା ଥିଲା। ମୁଁ ବିଚାରପତି ଭାବେ ନିଯୁକ୍ତି ପାଇବା ସମ୍ବାଦ ପାଇ ମୋତେ ଅଭିନନ୍ଦନ ଜଣାଇ ସେ ଏକ ହୃଦୟସ୍ପର୍ଶୀ ଚିଠି ପଠାଇଥିଲେ। ତାହା ଏବେ ବି ମୁଁ ସାଇତି ରଖିଛି।

ଦୁର୍ଗାଚରଣ ବାବୁ ହେଉଛନ୍ତି ପୂର୍ବତନ ରାଜ୍ୟପାଳ ସ୍ୱର୍ଗତ ନିତ୍ୟାନନ୍ଦ କାନୁନ୍‌ଗୋଙ୍କ ଭିଣୋଇ। ତାଙ୍କର ପତ୍ନୀ ଶ୍ରୀମତୀ ନିର୍ମଳା ଦେବୀ ଜଣେ ସୁ-ଲେଖିକା ଭାବରେ ଖ୍ୟାତି ଅର୍ଜନ କରିଥିଲେ। ତାଙ୍କର ପୁତ୍ରମାନେ ମଧ୍ୟ ବହୁ ଉଚ୍ଚତର ପଦବୀରେ ଅଧିଷ୍ଠିତ ହୋଇ ନିଜ ଦକ୍ଷତାର ପ୍ରମାଣ ଦେଇଛନ୍ତି। ସେମାନଙ୍କ ମଧ୍ୟରୁ ରେଭେନ୍ସା କଲେଜର ପୂର୍ବତନ ଅଧ୍ୟକ୍ଷ ତଥା ଅବସରପ୍ରାପ୍ତ ଡି.ପି.ଆଇ. ପ୍ରଫେସର ବିଧୂଭୂଷଣ ଦାସ ଏବଂ ବର୍ତ୍ତମାନ ଓଡ଼ିଶାର ଅତିରିକ୍ତ ମୁଖ୍ୟ ଶାସନ ସଚିବ ଭାବରେ କାର୍ଯ୍ୟ କରୁଥିବା ଶ୍ରୀଯୁକ୍ତ ଆର୍.ଏନ. ଦାସ, ଆଇ.ଏ.ଏସ୍. ପ୍ରଭୃତିଙ୍କୁ ମୁଁ ବ୍ୟକ୍ତିଗତ ଭାବରେ ଜାଣେ। ଅନେକ ଘଟଣାରେ ସେମାନଙ୍କ ସହିତ ମୋର ଦେଖା ସାକ୍ଷାତ ହୋଇଛି।

ନାଗରୀ ମୋହନ ପଟ୍ଟନାୟକ

ଅବସରପ୍ରାପ୍ତ ଆଇ.ଏ.ଏସ୍. ଶ୍ରୀଯୁକ୍ତ ନାଗରୀ ମୋହନ ପଟ୍ଟନାୟକ ହେଉଛନ୍ତି ରସିକ ମୋହନ ପଟ୍ଟନାୟକଙ୍କ ସାନ ଭାଇ। ଜଣେ ଦକ୍ଷ ପ୍ରଶାସକ ଭାବରେ ନାଗରୀ ବାବୁ ପ୍ରତିଷ୍ଠା ଲାଭ କରିଛନ୍ତି। ସେ କେରଳର ଚିଫ୍-ସେକ୍ରେଟାରୀ ଭାବେ କାର୍ଯ୍ୟ କରିଥିଲେ। ସେହି ସମୟରେ ଭାରତର ପୂର୍ବତନ ରାଷ୍ଟ୍ରପତି ସ୍ୱର୍ଗତ ଭି.ଭି. ଗିରି କେରଳର ରାଜ୍ୟପାଳ ଥିଲେ। ଉଭୟଙ୍କ ମଧ୍ୟରେ ଘନିଷ୍ଠତା ଥିଲା।

ନାଗରୀ ବାବୁ କିଛି ଦିନ ପାଇଁ ତ୍ରିପୁରାର ଚିଫ୍-କମିଶନର ଭାବେ ନିଯୁକ୍ତି ପାଇଥିଲେ। ସେହି ସମୟରେ ଏକ ବିଷୟରେ ପ୍ରଧାନମନ୍ତ୍ରୀ ପଣ୍ଡିତ ନେହେରୁ ଓ

ତାଙ୍କ ମଧ୍ୟରେ ଭୁଲ ବୁଝାମଣା ହୋଇଥିଲା । କିନ୍ତୁ ପରେ ନେହେରୁ ଜାଣି ପାରିଥିଲେ ଯେ, ନାଗରୀ ବାବୁ ଯାହା କହିଥିଲେ ତାହା ଠିକ୍ ଥିଲା । ସେ ଶ୍ରୀଯୁକ୍ତ ପଟ୍ଟନାୟକଙ୍କୁ ଚା' ପିଇବାକୁ ଡାକି "ତୁମେ ଯାହା କହିଥିଲ ତାହା ଠିକ୍ ଥିଲା" ବୋଲି କହିଥିଲେ । ଏଥିରୁ ପଣ୍ଡିତ ନେହେରୁଙ୍କ ମହନୀୟତା ସମ୍ପର୍କରେ ଜାଣିହୁଏ ।

ନାଗରୀ ବାବୁ ତଥା ତାଙ୍କ ପରିବାର ସହିତ ଆମର ବହୁ ଆଗରୁ ସମ୍ପର୍କ ରହିଆସିଛି । ନାଗରୀ ବାବୁ କେତେବାର ଆମ ଘରକୁ ମଧ୍ୟ ଆସିଛନ୍ତି ।

ରସିକ ମୋହନ ପଟ୍ଟନାୟକ

ମୋ ଜୀବନର ପ୍ରଥମ ମକଦ୍ଦମା ପରିଚାଳନା କରିବାକୁ ମୁଁ ବାଙ୍କୀ ଯାଇଥିବା ଅବସରରେ ସେଠାରେ ରସିକ ମୋହନ ପଟ୍ଟନାୟକଙ୍କୁ ପ୍ରଥମେ ଭେଟିବାର ସୁଯୋଗ ପାଇଥିଲି । ମୁଁ ଏହା ଆଗରୁ ଆଲୋଚନା କରିଛି । ପରବର୍ତ୍ତୀ ଅବସ୍ଥାରେ ରସିକ ବାବୁ ପୋଲିସ୍ ବିଭାଗରେ ଉଚ୍ଚସ୍ଥାନ ଅଧିକାର କରି ପ୍ରତିଷ୍ଠା ଲାଭ କରିଥିଲେ । ତାଙ୍କ ପ୍ରତି ମୋର ଶ୍ରଦ୍ଧା ଥିଲା ।

ଓଡ଼ିଶାର ବର୍ତ୍ତମାନର ଭିଜିଲାନସ୍ ଆଇ.ଜି. ଶ୍ରୀ ରାଜେନ୍ଦ୍ର ମୋହନ ପଟ୍ଟନାୟକ ରସିକ ବାବୁଙ୍କ ପୁଅ । ଜଣେ ଦକ୍ଷ ତଥା ନିଷ୍ପାପର ପୋଲିସ୍ ଅଫିସର ଭାବରେ ସେ ପ୍ରତିଷ୍ଠା ଲାଭ କରିଛନ୍ତି । ମୋର ସାନ ଜ୍ୱାଇଁ ଓଡ଼ିଶାର ଅବସରପ୍ରାପ୍ତ ଭିଜିଲାନ୍ସ ଡି.ଜି. ଶ୍ରୀ ରାଜେନ୍ଦ୍ର ନାରାୟଣ ଦାସ ଓ ସାନଝିଅ ବିଳାସିନୀ (ବିଲି) ସହିତ, ଶ୍ରୀଯୁକ୍ତ ପଟ୍ଟନାୟକ ଓ ତାଙ୍କ ପତ୍ନୀ ସୁଭାଷିଣୀଙ୍କର ଘନିଷ୍ଠ ପାରିବାରିକ ସମ୍ପର୍କ ଅଛି । ଏମାନେ ଅନେକ ସମୟରେ ଆମ ଘରଆଡ଼େ ବୁଲି ଆସିଥାନ୍ତି ।

ହରମୋହନ ପଟ୍ଟନାୟକ

କଟକର ପୂର୍ବତନ ଜିଲ୍ଲାପାଳ ଶ୍ରଦ୍ଧେୟ ହରମୋହନ ପଟ୍ଟନାୟକ ଆଇ.ଏ.ଏସ୍.ଙ୍କର ଗତ ତା ୧୦।୧୧।୯୦ରିଖ ୩ ଟାରେ ଦିଲ୍ଲୀର ସଫ୍‌ଦରଜଙ୍ଗ ହସ୍‌ପିଟାଲରେ ଅକାଳ ବିୟୋଗ ସମ୍ବାଦ ପାଇ ମୁଁ ବିଶେଷ ଭାବରେ ମର୍ମାହତ ହୋଇଥିଲି । ମୋର ଦୀର୍ଘ ଜୀବନକାଳ ମଧ୍ୟରେ ସ୍ୱର୍ଗତ ପଟ୍ଟନାୟକଙ୍କ ଭଳି ସଚ୍ଚୋଟ, ନିଷ୍ପାପର ତଥା କର୍ତ୍ତବ୍ୟନିଷ୍ଠ ସରକାରୀ କର୍ମଚାରୀ ମୁଁ ଖୁବ୍ କମ୍ ଦେଖିବାକୁ ପାଇଛି । ଜଣେ ଆଇ.ଏ.ଏସ୍. ଅଫିସର ଭାବରେ ସେ ବହୁ ଗୁରୁତ୍ୱପୂର୍ଣ୍ଣ ପଦବୀରେ ଅଧିଷ୍ଠିତ ହୋଇଥିଲେ ମଧ୍ୟ ତାଙ୍କୁ ଅହଙ୍କାର ସ୍ପର୍ଶ କରି ନ ଥିଲା । ନିଜର ସରଳ ନମ୍ର ବ୍ୟବହାରରେ

ସେ ସମସ୍ତଙ୍କ ହୃଦୟକୁ ଜୟ କରିପାରିଥିଲେ। ଅଧସ୍ତନ କର୍ମୀମାନଙ୍କର ଅତ୍ୟନ୍ତ ଶ୍ରଦ୍ଧାଭାଜନ ହୋଇ ପାରିଥିଲେ।

୧୯୮୨ରୁ ୧୯୮୫ ଏପ୍ରିଲ ୨୪ ତାରିଖ ପର୍ଯ୍ୟନ୍ତ ସେ କଟକର ଜିଲ୍ଲାପାଳ ଥିଲେ। ଅନେକ ଘଟଣାରେ ମୁଁ ତାଙ୍କୁ ବ୍ୟକ୍ତିଗତ ଭାବରେ ଜାଣିବାର ସୁଯୋଗ ପାଇଥିଲି। କଟକର ରିଙ୍ଗ୍‌ରୋଡ଼ ତଥା ଅନ୍ୟ କେତେକ ଉଚ୍ଚ ଉନ୍ନୟନମୂଳକ କାର୍ଯ୍ୟ ମୋତେ ବୁଲାଇ ଦେଖାଇଥିଲେ। ଏହି ବୁଲିବା ବେଳେ ବନ୍ୟା ସମୟରେ ସେ ବିଡ଼ାନାସୀ ପଠାରେ ଗୋଟିଏ ଗଛରେ ଚଢ଼ି କିପରି ପାଣି ସୁଅରୁ ନିଜକୁ ରକ୍ଷା କରିଥିଲେ ତାହା କହିଥିଲେ। ୧୯୮୨ ମସିହାର ପ୍ରଳୟଙ୍କରୀ ବନ୍ୟାରେ ସେ ନିଜ ଜୀବନକୁ ବିପନ୍ନ କରି ଅତି ଦକ୍ଷତା ଓ ନିଷ୍ଠାର ସହିତ ନିଜ ଦାୟିତ୍ୱ ପରିଚାଳନା କରିଥିଲେ।

୧୯୮୪ ମସିହା ନଭେମ୍ବର ୧୯ ତାରିଖରେ କଟକ କଲେକ୍ଟୋରେଟ୍ ସମ୍ମିଳନୀ ଗୃହରେ ଶ୍ରୀମତୀ ଇନ୍ଦିରା ଗାନ୍ଧୀଙ୍କ ଜୟନ୍ତୀ ଉତ୍ସବରେ ମୁଖ୍ୟ ଅତିଥି ଭାବେ ଯୋଗଦାନ କରିଥିଲି। ଜିଲ୍ଲାପାଳ ତଥା କର୍ମଚାରୀ ସାଂସ୍କୃତିକ ପରିଷଦର ସଭାପତିତ୍ୱ ଭାବରେ ଉକ୍ତ ଉତ୍ସବରେ ସେ ଅଧ୍ୟକ୍ଷତା କରିଥିଲେ।

ଏତଦ୍‌ବ୍ୟତୀତ ଆହୁରି ଅନେକ ଘଟଣାରେ ସ୍ୱର୍ଗତ ପଟ୍ଟନାୟକ ମୋ ଡଗରପଡ଼ା ବାସଭବନକୁ ଆସି ଅନେକ ଗୁରୁତ୍ୱପୂର୍ଣ୍ଣ ବିଷୟରେ ଆଲୋଚନା କରିଥିଲେ।

ପୁରୀ ଜିଲ୍ଲାର ଡମାଣ୍ଡୋ ନିକଟସ୍ଥ କାଶୀପୁର ଗ୍ରାମରେ ଗତ ୧୯୪୯ ମସିହା ନଭେମ୍ବର ୩ ତାରିଖରେ ଜନ୍ମଗ୍ରହଣ କରିଥିବା ଶ୍ରଦ୍ଧେୟ ହରମୋହନ ମାତ୍ର ୪୧ ବର୍ଷ ବୟସରେ ନିଜର ପତ୍ନୀ ଶ୍ରୀମତୀ ଗୀତା ପଟ୍ଟନାୟକ ଏବଂ ଦୁଇଟି ପିଲାଙ୍କୁ ଅସହାୟ ଅବସ୍ଥାରେ ଛାଡ଼ିଦେଇ ଅକାଳରେ ବିଦାୟ ନେଇ ଚାଲିଯିବା ଅତ୍ୟନ୍ତ ଦୁଃଖଦାୟକ।

ପ୍ରାଣନାଥ ମହାନ୍ତି

ଶ୍ରୀଯୁକ୍ତ ପ୍ରାଣନାଥ ମହାନ୍ତି ଆଇ.ଏ.ଏସ୍. (ଅବସରପ୍ରାପ୍ତ) ଜଣେ ଆଦର୍ଶ ପ୍ରଶାସକ ଭାବରେ ପ୍ରତିଷ୍ଠା ଅର୍ଜନ କରିଥିଲେ। ନିଜ ସରକାରୀ କାର୍ଯ୍ୟ ବ୍ୟତୀତ ସମାଜସେବା କ୍ଷେତ୍ରରେ ମଧ୍ୟ ତାଙ୍କର ଆଗ୍ରହ ଥିଲା। ବେଦ ବେଦାନ୍ତ ଉପରେ ତାଙ୍କର ଯଥେଷ୍ଟ ଗବେଷଣା ଅଛି। ଏ ସମ୍ପର୍କରେ ସେ କେତେଖଣ୍ଡ ଉପାଦେୟ ପୁସ୍ତକ ମଧ୍ୟ ରଚନା କରିଛନ୍ତି। ସେ ଲଣ୍ଡନ ଯାଇ ସେଠାରେ କିଛି ବର୍ଷ ଅବସ୍ଥାନ କରିଥିଲେ।

ଅନେକ ଘଟଣାରେ ମୁଁ ପ୍ରାଣନାଥ ବାବୁଙ୍କ ବ୍ୟକ୍ତିଗତ ସମ୍ପର୍କରେ ଆସିବାର

ସୁଯୋଗ ପାଇଥିଲି। ସେ ବହୁବାର ମୋ ଡଗରପଡ଼ା ଘରକୁ ମଧ୍ୟ ଆସିଛନ୍ତି। ସେ ଅତ୍ୟନ୍ତ ସ୍ନେହୀ ଓ ବନ୍ଧୁବତ୍ସଳ ବ୍ୟକ୍ତି ଭାବରେ ସୁପରିଚିତ।

ସ୍ୱାମୀ ଚିଦାନନ୍ଦ ସରସ୍ୱତୀ

ସ୍ୱାମୀ ଚିଦାନନ୍ଦ ସରସ୍ୱତୀ ମହାରାଜାଙ୍କୁ ଥରେ ତାଙ୍କ ଋଷିକେଶ ଆଶ୍ରମରେ ଭେଟି କିଛି କଥାବାର୍ତ୍ତା କରିବାର ସୁଯୋଗ ପାଇଥିଲି। ସେଥରକ ମୁଁ ଆଶ୍ରମରେ ଅତିଥି ଭାବରେ ସେଠାରେ ଗୋଟିଏ ଦିନ ରହି ଖାଇପିଇ ଆସିଥିଲି। ଆମ ଦେଶର ବହୁ ବିଶିଷ୍ଟ ବ୍ୟକ୍ତି ଉକ୍ତ ଅନୁଷ୍ଠାନ ସହିତ ସଂପୃକ୍ତ। ସୁଖର କଥା ଯେ ଆମ ଓଡ଼ିଶାର ଶ୍ରୀ ଚିତ୍ତରଞ୍ଜନ ମହାନ୍ତି ଶିବ ଚିଦାନନ୍ଦ ଭାବରେ ଉକ୍ତ ଡିଭାଇନ୍ ଲାଇଫ୍ ସୋସାଇଟିର ଅନେକ ଗୁରୁତ୍ୱପୂର୍ଣ୍ଣ ଦାୟିତ୍ୱ ପରିଚାଳନା କରୁଛନ୍ତି। ଗତ କିଛି ଦିନ ତଳେ ସେ ମୋ ଡଗରପଡ଼ା ବାସଭବନକୁ ଆସିଥିଲେ।

ଉକ୍ତ ଦିବ୍ୟ ଜୀବନ ସଂଘର କେତେକ କାର୍ଯ୍ୟକ୍ରମରେ ମୁଁ ଅତିଥିଭାବେ ଯୋଗଦାନ କରିବାର ସୁଯୋଗ ପାଇଥିଲି। ଆଗାମୀ ୧୯୯୧ ମସିହା ଫେବୃୟାରୀ ମାସରେ କଟକସ୍ଥ ଜବାହାରଲାଲ ନେହେରୁ ଇଣ୍ଡୋର ଷ୍ଟାଡ଼ିୟମରେ ଉକ୍ତ ଅନୁଷ୍ଠାନର ଏକ ଆନ୍ତର୍ଜାତିକ ଧର୍ମ ସମ୍ମିଳନୀ ଅନୁଷ୍ଠିତ ହେଉଥିବା ଆନନ୍ଦର ବିଷୟ।

କବି ବାଳକୃଷ୍ଣ ପଟ୍ଟନାୟକ

କବି ବାଳକୃଷ୍ଣ ପଟ୍ଟନାୟକଙ୍କୁ ମୁଁ ବ୍ୟକ୍ତିଗତ ଭାବରେ ଜାଣିଥିଲି। ପଲ୍ଲୀ-ସଙ୍ଗୀତ ରଚନା କ୍ଷେତ୍ରରେ ତାଙ୍କର ବେଶ୍ ଦକ୍ଷତା ଥିଲା। ରତ୍ନରେଣୁ, ଫୁଲ ବଉଳବେଣୀ, ଗୁରୁ ଲବଙ୍ଗଲତା, ଚିର ଜୁହାର ପ୍ରଭୃତି ଅନେକ କବିତା ପୁସ୍ତକର ସେ ରଚୟିତା। ଗୁରୁ ଲବଙ୍ଗଲତା ଓ ଫୁଲ ବଉଳବେଣୀ କବିତା ଓଡ଼ିଶାର ପୁରପଲ୍ଲୀରେ ବେଶ୍ ଆଦର ତଥା ପ୍ରସାର ଲାଭ କରିଥିଲା। କଟକ ଜିଲ୍ଲାର ବେଣ୍ଟକାର ତାଙ୍କର ଜନ୍ମସ୍ଥାନ। ତାଙ୍କର ପିଲାମାନଙ୍କ ମଧ୍ୟରୁ କେତେ ଜଣ ଶିଳ୍ପ କ୍ଷେତ୍ରରେ ବେଶ୍ ପ୍ରତିଷ୍ଠା ଲାଭ କରିଛନ୍ତି।

ପି. ଭି. କୃଷ୍ଣମୂର୍ତ୍ତି

ପି.ଭି. କୃଷ୍ଣମୂର୍ତ୍ତି କଟକ ଆକାଶବାଣୀର ବହୁ ବର୍ଷ ଧରି କେନ୍ଦ୍ର ନିର୍ଦ୍ଦେଶକ ଭାବରେ କାର୍ଯ୍ୟ କରିଥିଲେ। ସେ କଟକରେ ଥିବା ସମୟରେ ଓଡ଼ିଆ ସଂସ୍କୃତି ତଥା ପର୍ବପର୍ବାଣିଗୁଡ଼ିକର ପ୍ରଚାର ଓ ପ୍ରସାର କ୍ଷେତ୍ରରେ ବେଶ୍ ସହାୟକ ହୋଇଥିଲେ।

ଉପରୋକ୍ତ କାରଣରୁ ସେ ଓଡ଼ିଶାର ବହୁ ସଂସ୍କୃତି-ପ୍ରେମୀ ବନ୍ଧୁଙ୍କର ଅତ୍ୟନ୍ତ ଶ୍ରଦ୍ଧାଭାଜନ ଥିଲେ। ତାଙ୍କର ପ୍ରୋତ୍ସାହନରେ ଓଡ଼ିଆ ସଂସ୍କୃତିର ଏକ ମହାନ ପରମ୍ପରା "କୁମାର ପୂର୍ଣ୍ଣିମା"କୁ ଅତ୍ୟନ୍ତ ସରସ, ସୁନ୍ଦର ଓ ଉପଭୋଗ୍ୟ କରିବା ଲକ୍ଷ୍ୟ ନେଇ "କୁମାର ଉତ୍ସବ ସମିତି" ଗଠନ କରାଯାଇଥିଲା। ଉକ୍ତ ସମିତି ସହିତ ମୋର ବଡ଼ଭାଇ ଯୁଗଳ କିଶୋର ମହାନ୍ତି ସଂପୃକ୍ତ ଥିଲେ। ଆଡ୍‌ଭୋକେଟ ଗୋବିନ୍ଦ ଦାସ ପ୍ରମୁଖ ବହୁ ବିଶିଷ୍ଟ ବ୍ୟକ୍ତି ଏହାର ମୁଖପତ୍ର ଭାବରେ 'ଆମେ'ର କେତୋଟି ସଂଖ୍ୟା ମଧ୍ୟ ପ୍ରକାଶିତ ହୋଇଥିଲା।

କୃଷ୍ଣ ମୂର୍ତ୍ତିଙ୍କ ପ୍ରତି ମୋର ଶ୍ରଦ୍ଧା ଥିଲା। ସେ କେତେଥର ମୋ ଡଗରପଡ଼ା ବାସଭବନକୁ ମଧ୍ୟ ଆସିଛନ୍ତି। ଦିନକର କଥା। ମୁଁ କୃଷ୍ଣ ମୂର୍ତ୍ତିଙ୍କୁ ପଚାରିଲି, "ଓଡ଼ିଶାରେ ତ ଏତେଦିନ ରହିଲଣି। ଓଡ଼ିଆ ସଙ୍ଗୀତ ଓ ସଂସ୍କୃତିର ପ୍ରସାର ପାଇଁ ବେଶ୍ କିଛି ପ୍ରେରଣା ମଧ୍ୟ ଯୋଗାଇଛି। ହେଲେ ଓଡ଼ିଆ ଗୀତରୁ କିଛି ଜାଣିଛ ?" ଉତ୍ତରରେ ହଁ ଜାଣିଛି ବୋଲି କହି ସଙ୍ଗେ ସଙ୍ଗେ "ତୋ ଲାଗି ଗୋପ ଦାଣ୍ଡ ମନାରେ କାଳିଆସୁନା......" ଗୀତରୁ ପଦେ ସ୍ୱରଦେଇ ଗାଇଥିଲେ। ସେ ଭାରି ମେଳାପୀ ଓ ସ୍ନେହୀ ଲୋକ ଥିଲେ।

ବାଲୁକେଶ୍ୱର ଆଚାର୍ଯ୍ୟ

କବିରାଜ ବାଲୁକେଶ୍ୱର ଆଚାର୍ଯ୍ୟଙ୍କୁ ମୁଁ ଅତି ପିଲାଦିନରୁ ଜାଣିଥିଲି। ପରିବାରର ଡାକ୍ତର ଭାବରେ ସେ ମଝିରେ ମଝିରେ ଆମ ବଡ଼ବାପା ବଳରାମ ଦାସଙ୍କ ଘରକୁ ଆସୁଥିଲେ। ମୁଁ କଟକ ଆସି ପ୍ରଥମେ ବଡ଼ବାପାଙ୍କ ସାହେବଜାଦା ବଜାର ଘରେ ରହୁଥିଲି। କବିରାଜେ ବଗି ଗାଡ଼ିରେ ଆସନ୍ତି। ସାଙ୍ଗରେ ଖଣ୍ଡେ ବ୍ୟାଗ୍ ଥାଏ। ପ୍ରଥମେ ଘର ଭିତରକୁ ଯାଇ ଔଷଧ ପତ୍ର ଦିଅନ୍ତି। ଫେରିଲା ବେଳେ ଆମ ପିଲାମାନଙ୍କୁ ଗୋଟିଏ ଗୋଟିଏ ମୋଦକ ଧରାଇ ଦିଅନ୍ତି। ତାହା ଖାଇବାକୁ ବେଶ୍ ଭଲ ଲାଗେ।

ଯେତେବେଳେ ଆଧୁନିକ ଡାକ୍ତରୀ ଚିକିତ୍ସାର ବିଶେଷ ପ୍ରସାର ଘଟି ନ ଥିଲା, ସେତେବେଳେ କବିରାଜ ବାଲୁକେଶ୍ୱର ଆଚାର୍ଯ୍ୟ ଚିକିତ୍ସକ ଭାବରେ ବେଶ୍ ପ୍ରତିଷ୍ଠା ଲାଭ କରିଥିଲେ। ବହୁ ବଡ଼ ବଡ଼ ଲୋକ ତାଙ୍କ କବିରାଜ ଚିକିତ୍ସା ଉପରେ ନିର୍ଭର କରୁଥିଲେ ଓ ଓ ସୁଫଳ ପାଉଥିଲେ ମଧ୍ୟ। ସେ ସମୟରେ ତାଙ୍କର ସୁନାମ ଚାରିଆଡ଼େ ବ୍ୟାପି ଯାଇଥିଲା। ଏବେ ତାଙ୍କର ପୁତ୍ର କବିରାଜ ଲକ୍ଷ୍ମୀନାରାୟଣ ଆଚାର୍ଯ୍ୟ ମଧ୍ୟ

ବେଶ୍ ସଫଳତାର ସହିତ କବିରାଜ ଚିକିତ୍ସାକୁ ଚଳାଇ ରଖିଛନ୍ତି । ବହୁ ରୋଗୀ କଟକ ନୟାସଡ଼କ ସ୍ଥିତ ତାଙ୍କ କ୍ଲିନିକ୍‌କୁ ଚିକିତ୍ସା ପାଇଁ ଆସୁଛନ୍ତି ।

ବସନ୍ତ କୁମାର ପାଣିଗ୍ରାହୀ

ଶ୍ରୀ ବସନ୍ତ କୁମାର ପାଣିଗ୍ରାହୀ ଜଣେ ଆଇନଜୀବୀ ଭାବରେ ସୁପରିଚିତ । ଓଡ଼ିଶା ବାର କାଉନ୍‌ସିଲ୍‌ର ଅନ୍ୟତମ କର୍ମକର୍ତ୍ତା ଭାବରେ ମଧ୍ୟ ତାଙ୍କର ସୁନାମ ଅଛି । ଏହା ବ୍ୟତୀତ ଉତ୍କଳ ସମ୍ମିଳନୀର ସାଧାରଣ ଜଣେ ସମ୍ପାଦକ ତଥା ସମାଜସେବୀ ଭାବରେ ସେ ପ୍ରତିଷ୍ଠା ଲାଭ କରିଛନ୍ତି । ଓଡ଼ିଶାର ବହୁ ସେବା ଓ ସାଂସ୍କୃତିକ ଅନୁଷ୍ଠାନମାନଙ୍କ ସହ ସେ ବିଶେଷ ଭାବରେ ବହୁ ବର୍ଷ ଧରି ଶ୍ରୀଯୁକ୍ତ ପାଣିଗ୍ରାହୀଙ୍କ ସହିତ ମୋର ଘନିଷ୍ଠତା ରହି ଆସିଛି । ଅନେକ କ୍ଷେତ୍ରରେ ଆମେ ଏକ କାର୍ଯ୍ୟ କରିବାର ସୁଯୋଗ ପାଇଥିଲୁ । ଓଡ଼ିଶାର ବିଚ୍ଛିନ୍ନାଞ୍ଚଳଗୁଡ଼ିକରେ ଓଡ଼ିଆ ଭାଷା ଓ ସଂସ୍କୃତିକୁ ବଞ୍ଚାଇ ରଖିବା କ୍ଷେତ୍ରରେ ତାଙ୍କର ଅବଦାନ ସ୍ୱୀକାର୍ଯ୍ୟ । ଏଥିନିମିତ୍ତ ସେ ବ୍ୟକ୍ତିଗତ ଭାବରେ ମଧ୍ୟ ବହୁ ଅର୍ଥ ଖର୍ଚ୍ଚ କରିଛନ୍ତି । ଏ ସମ୍ପର୍କରେ ମୋ ସହିତ ଅନେକବାର ପରାମର୍ଶ କରିଛନ୍ତି ଓ ଚିଠିପତ୍ର ମଧ୍ୟ ପଠାଇଛନ୍ତି ।

ମାୟାଧର ମାନସିଂହ

ଜଣେ ପ୍ରତିଭାବାନ କବି ଓ ସମାଲୋଚକ ଭାବରେ 'ଡକ୍ଟର ମାୟାଧର ମାନସିଂହଙ୍କର ସାହିତ୍ୟିକ ଅବଦାନ ଅତୁଳନୀୟ । ତାଙ୍କ ରଚିତ ପୂଜାରିଣୀ, ଧୂପ, ହେମଶସ୍ୟ, ନଷ୍ଟନୀଡ଼, ଶିକ୍ଷା ଶିକ୍ଷକ ଓ ଶିକ୍ଷାୟତନ ପ୍ରଭୃତି ପାଠକ ମହଲରେ ବିଶେଷ ଆଦୃତ । ଓଡ଼ିଶୀ ସଙ୍ଗୀତକୁ ଭାରତୀୟ ଶାସ୍ତ୍ରୀୟ ସଙ୍ଗୀତ ଭାବେ ପ୍ରତିଷ୍ଠିତ କରିବାକୁ ସେ ବହୁ ପରିଶ୍ରମ କରିଥିଲେ । ଅନେକ କାବ୍ୟ କବିତା ଲେଖି ଉତ୍କଳ ବାଣୀଭଣ୍ଡାରକୁ ସମୃଦ୍ଧ କରିବାରେ ତାଙ୍କ ଅବଦାନ ଅବିସ୍ମରଣୀୟ । ତାଙ୍କ ପତ୍ନୀ ହେମଲତା ମାନସିଂହଙ୍କର ମଧ୍ୟ ସାହିତ୍ୟ ପ୍ରତି ଅନୁରାଗ ଥିଲା ।

ମୁଁ ବହୁବାର ମାନସିଂହଙ୍କ ସମ୍ପର୍କରେ ଆସିଥିଲି ।

ସଚ୍ଚିଦାନନ୍ଦ ରାଉତରାୟ

ଡକ୍ଟର ସଚ୍ଚିଦାନନ୍ଦ ରାଉତରାୟ (ସଚ୍ଚି ରାଉତରାୟ)ଙ୍କୁ ଅତ୍ୟାଧୁନିକ କବିତାର ପ୍ରତିଷ୍ଠାତା ବୋଲି କୁହାଯାଇଥାଏ । ଗଳ୍ପ, ଉପନ୍ୟାସ ଓ ରମ୍ୟ-ରଚନା ଲେଖିବାରେ

ମଧ୍ୟ ସେ ସିଦ୍ଧହସ୍ତ । ସେ ରେଭେନ୍ସା କଲେଜରେ ପଢୁଥିବା ବେଳେ ଛାତ୍ର ଆନ୍ଦୋଳନର ଜଣେ ପ୍ରମୁଖ ନେତା ଥିଲେ । ତାଙ୍କ ବିରୁଦ୍ଧରେ ଯେଉଁ ମକଦ୍ଦମା ରୁଜୁ କରାଯାଇଥିଲା, ସେଥିରେ ତାଙ୍କ ପକ୍ଷ ନେଇ ମୁଁ କେଶ୍ ଲଢ଼ିଥିଲି । ସେହି ସୂତ୍ରରେ ତାଙ୍କ ସହିତ ମୋର ପରିଚୟ ଓ ଆଳାପ ହୋଇଥିଲା । ଏହି ମକଦ୍ଦମା ସମ୍ପର୍କରେ ମୁଁ ଅନ୍ୟତ୍ର ଆଲୋଚନା କରିଛି ।

ନିକଟ ଅତୀତରେ ସେ ଜ୍ଞାନପୀଠ ପୁରସ୍କାର ଲାଭ କରିଛନ୍ତି । ଏବେ ମଧ୍ୟ ତାଙ୍କର ଲେଖନୀ ଚଳାଇ ରଖିଛନ୍ତି । ବିଭିନ୍ନ ପତ୍ରପତ୍ରିକା ମାଧ୍ୟମରେ ତାଙ୍କର ଉଚ୍ଚକୋଟୀର ଲେଖାମାନ ପ୍ରକାଶିତ ହେଉଛି ।

ଶରତ ଚନ୍ଦ୍ର ମିଶ୍ର

ଡାକ୍ତର ମିଶ୍ର ମୋର ବହୁ ଦିନର ପରିଚିତ ବନ୍ଧୁ । ତାଙ୍କ ବଡ଼ଭାଇ ସ୍ୱର୍ଗତ (ଡାକ୍ତର) ମହେନ୍ଦ୍ର ଚନ୍ଦ୍ର ମିଶ୍ରଙ୍କ ସହିତ ମଧ୍ୟ ମୋର ଘନିଷ୍ଠତା ଥିଲା । ଚିକିତ୍ସା କ୍ଷେତ୍ରରେ ଉଭୟଙ୍କର ବହୁତ ସୁନାମ । ଶରତ ବାବୁ ଅତ୍ୟନ୍ତ ମିଷ୍ଟଭାଷୀ, ପରୋପକାରୀ, କର୍ତ୍ତବ୍ୟପରାୟଣ ଏବଂ ଦେବୋପମ ଚରିତ୍ରର ଅଧିକାରୀ । ତାଙ୍କର ଉପରୋକ୍ତ ସଦ୍‌ଗୁଣାବଳୀ ଯୋଗୁଁ ତାଙ୍କୁ ଉତ୍କଳ ପାଠକ ସଂସଦ ତରଫରୁ ସମ୍ମାନିତ କରାଯାଇ ରାଜ୍ୟପାଳଙ୍କ ଦ୍ୱାରା "ଜନ ସେବକ" ଉପାଧିରେ ଭୂଷିତ କରାଯାଇଥିଲା ।

ମୁଁ ଇଣ୍ଡଷ୍ଟ୍ରିଆଲ୍ ଜଜ୍ ଭାବରେ କଲିକତାରେ କିଛିଦିନ ରହିଥିଲି । ସେଠାରେ ମୋ ଦେହ ଅସୁସ୍ଥ ହେବାରୁ କଲିକତାର ସଂପୃକ୍ତ ଅଫିସରମାନେ ସେଠାରେ ବହୁତ ବ୍ୟସ୍ତ ହୋଇ ପଡ଼ିଲେ । ଯାହା ହେଉ, କଲିକତା ଛାଡ଼ି ମୋତେ କଟକ ଚାଲି ଆସିବାକୁ ହେଲା । ସେହି ସମୟରେ ଶରତ ବାବୁ ଆସି ମୋ ଚିକିତ୍ସା ଦାୟିତ୍ୱ ନେଲେ । ତାଙ୍କୁ ଜଣ୍ଡିସ୍ ହୋଇଥାଏ, କିନ୍ତୁ ନିଜେ ଅସୁସ୍ଥ ଥାଇ ମଧ୍ୟ ସେ ବହୁବାର ଆସି ମୋର ଦେଖାଶୁଣା କରୁଥିଲେ । ମୋତେ ଜଣ୍ଡିସ୍ ହୋଇଥିଲାବେଳେ ସେ ମୋର ଚିକିତ୍ସା କରିଥିଲେ ।

ସାଧାରଣ ଡାକ୍ତରମାନଙ୍କ ତୁଳନାରେ ତାଙ୍କ ସ୍ଥାନ ବହୁ ଉଚ୍ଚରେ । ତାଙ୍କର ଶିଶୁସୁଲଭ ସରଳତା, ସତ୍ୟନିଷ୍ଠା ଓ ନିର୍ଲୋଭ ପ୍ରକୃତ ଅନୁକରଣୀୟ । କଟକ ଶ୍ରୀରାମ ଶ୍ରୀରାମଚନ୍ଦ୍ର ଭଞ୍ଜ ମେଡ଼ିକାଲ୍ କଲେଜର ପ୍ରଫେସର ହୋଇ ସେ ଅବସର ଗ୍ରହଣ କରିଅଛନ୍ତି ।

ବିଜୟ ଦାସ

ବିଜୟ ଦାସ ପୁରୀର ଜଣେ ପ୍ରତିଷ୍ଠିତ ତଥା ପ୍ରଭାବଶାଳୀ ବ୍ୟକ୍ତି। ସେ ହେଉଛନ୍ତି ସେଠା "ବିଜୟ ଇଣ୍ଟରନ୍ୟାସନାଲ୍ ହୋଟେଲ"ର ପ୍ରତିଷ୍ଠାତା। ଉକ୍ତ ହୋଟେଲର ଉନ୍ମୋଚନ ଉତ୍ସବରେ ମୁଁ ମୁଖ୍ୟ ଅତିଥି ଭାବେ ଯୋଗଦାନ କରିଥିଲି।

ସେ ବିଜୟ ବାବୁ ଜଣେ ଧର୍ମପ୍ରାଣ ବ୍ୟକ୍ତି। ଜଗନ୍ନାଥଙ୍କ ଦର୍ଶନ କରିବାକୁ ସେ ପ୍ରତିଦିନ ଶ୍ରୀମନ୍ଦିରକୁ ଯାନ୍ତି। ମୁଁ ପୁରୀ ଗଲେ ତାଙ୍କ ସହିତ ମଝିରେ ମଝିରେ ଦେଖାହୁଏ। ସେ ଅତ୍ୟନ୍ତ ସ୍ନେହୀ ଓ ମେଳାପୀ ଲୋକ।

ରାଜକିଶୋର ରାୟ

ଅଧ୍ୟାପକ ରାଜକିଶୋର ରାୟ ଏକାଧାରରେ ଜଣେ କୃତୀ ଶିକ୍ଷାବିତ୍, ସାହିତ୍ୟିକ, ଅଭିନେତା ଏବଂ ବାଗ୍ମୀ। ତାଙ୍କ ରଚିତ 'କଳିଙ୍ଗ ଶିଳ୍ପୀ' ପ୍ରଭୃତି ଅନେକ କ୍ଷୁଦ୍ରଗଳ୍ପ ଓଡ଼ିଶାର ବିଭିନ୍ନ ପତ୍ରପତ୍ରିକାରେ ପ୍ରକାଶିତ ହୋଇ ଅଗଣିତ ପାଠକଙ୍କ ହୃଦୟକୁ ସ୍ପର୍ଶ କରିଅଛି। ବକ୍ତୃତା ଦେବାର ଶୈଳୀ ମଧ୍ୟ ତାଙ୍କର ଅନବଦ୍ୟ। ବିଭିନ୍ନ ସଭା-ସମିତି ତଥା ସ୍ୱେଚ୍ଛାସେବୀ ସଙ୍ଗଠନରେ ମୁଁ ତାଙ୍କ ସମ୍ପର୍କରେ ଆସିଛି ଏବଂ ତାଙ୍କ ପ୍ରତିଭା ବିଷୟ ଜାଣିପାରିଛି। ରାଜୁ ବାବୁଙ୍କ ଝିଅ ମହାଶ୍ୱେତା ଓ ମାଳବିକା ଓଡ଼ିଆ ଚଳଚ୍ଚିତ୍ରମାନଙ୍କରେ ଅପୂର୍ବ ସଫଳତାର ସହ ଅଭିନୟ କରିଛନ୍ତି। ଏବେ ଏ ଦୁହେଁ ଚିତ୍ରଜଗତରେ ଓ ମନସ୍ୱିନୀ ସାହିତ୍ୟ କ୍ଷେତ୍ରରେ କାର୍ଯ୍ୟ କରୁଛନ୍ତି।

ଶରତ ଚନ୍ଦ୍ର ରାଉତରାୟ

ଆଡ୍‌ଭୋକେଟ ଶରତ ଚନ୍ଦ୍ର ରାଉତରାୟ ପୁରୀର ଜଣେ ପ୍ରତିଷ୍ଠିତ ଆଇନଜୀବୀ ତଥା ସମାଜସେବୀ ଭାବରେ ସୁପରିଚିତ। ବିଭିନ୍ନ ସାଂସ୍କୃତିକ ଅନୁଷ୍ଠାନ ସହିତ ସେ ବିଭିନ୍ନ ଭାବରେ ସଂପୃକ୍ତ। ମୁଁ ପୁରୀ ଗଲେ ଅନେକ ସମୟରେ ଶରତ ବାବୁଙ୍କ ସହିତ ଦେଖା ସାକ୍ଷାତ ହୋଇଥାଏ। ସେ କଟକ ଆସିଲେ ଆମ ଘରଆଡ଼େ ବୁଲି ଆସନ୍ତି। ତାଙ୍କ ପରିବାର ସହିତ ଆମର ଘନିଷ୍ଠ ପାରିବାରିକ ସମ୍ପର୍କ ଅଛି। ତାଙ୍କ ପୁଅ ଦେବାଶିଷ ରାୟ, ଝିଅ ରଚିତା ରାଉତରାୟ ଓ ଜ୍ୱାଇଁ ବଂଶୀଧର ରାଉତରାୟ ସମସ୍ତେ ଆଇନଜୀବୀ।

ଗୁରୁଚରଣ ମହାନ୍ତି

ପ୍ରଫେସର ଗୁରୁ ଚରଣ ମହାନ୍ତି ରେଭେନ୍ସା କଲେଜର କେମିଷ୍ଟ୍ରି ଅଧ୍ୟାପକ

ଭାବରେ ବେଶ୍ ପ୍ରତିଷ୍ଠା ଲାଭ କରିଥିଲେ। ଜଣେ ଛାତ୍ରବତ୍ସଳ ଅଧ୍ୟାପକ ଭାବରେ ତାଙ୍କର ସୁନାମ ଥିଲା। ତାଙ୍କ ପୁଅ ଶରତ କୁମାର ମହାନ୍ତି ବିଭିନ୍ନ ବିଭାଗରେ ଜଣେ ବିଚାରପତି ଭାବରେ କାର୍ଯ୍ୟ କରିଥିଲେ। ଅବସର ଗ୍ରହଣ ପରେ ସେ ଏବେ ଆଇନ ବ୍ୟବସାୟ କରୁଛନ୍ତି। ଉକ୍ତ ପରିବାର ସହିତ ଆମର ଘନିଷ୍ଠତା ରହିଛି।

ଗଣେଶ୍ୱର ଦାସ

ଶ୍ରୀ ଗଣେଶ୍ୱର ଦାସ ଏବେ ରାଉରକେଲା ସରକାରୀ କଲେଜର ଅଧ୍ୟକ୍ଷ ଭାବରେ କାର୍ଯ୍ୟ କରୁଛନ୍ତି। ସେ ରାୟସାହେବ ଦାମୋଦର ଦାସଙ୍କ ପୁଅ। ଦାମୋଦର ବାବୁ ମୋର ସମ୍ପର୍କରେ ସଢୁ ହେବେ। ସେ ପାଟଣା ସେକ୍ରେଟାରୀଏଟ୍‌ରେ ଡେପୁଟି ସେକ୍ରେଟାରୀ ଭାବରେ କାର୍ଯ୍ୟ କରି ଅବସର ଗ୍ରହଣ କରିଥିଲେ। ଦାମବାବୁ ଓ ତାଙ୍କ ପତ୍ନୀ ତୁଙ୍ଗିଅପା ଆମ୍ଭମାନଙ୍କ ଠାରୁ ବିଦାୟ ନେଇ ଚାଲିଗଲେଣି। ଆମେ ପୁରୀ ଗଲେ ଅନେକ ସମୟରେ ତାଙ୍କ ଘରକୁ ଯାଇଥାଉ। ସେ ଆମକୁ ଅତ୍ୟନ୍ତ ଶ୍ରଦ୍ଧା କରିବା ସଙ୍ଗେ ସଙ୍ଗେ ଭଲ ଭାବରେ ଚର୍ଚ୍ଚା କରନ୍ତି।

ରେଭେନ୍ସା କଲେଜ ପରିଚାଳନା କମିଟି

ରେଭେନ୍ସା କଲେଜ ପରିଚାଳନା କମିଟି ସହିତ ମୁଁ ଦୀର୍ଘଦିନ ଧରି ସଂପୃକ୍ତ। ଡକ୍ଟର ପ୍ରାଣକୃଷ୍ଣ ପରିଜା ଏହାର ସଭାପତି ଥିଲାବେଳେ ମୁଁ ଜଣେ ସଭ୍ୟ ଭାବରେ କାର୍ଯ୍ୟ କରିଥିଲି। ପରେ ଏହାର ସଭାପତି ଭାବରେ ପ୍ରାୟ ୧୦ ବର୍ଷରୁ ଅଧିକ କାଳ ଧରି କାର୍ଯ୍ୟ କରି ଆସୁଛି।

ଏଠାରେ ଉଲ୍ଲେଖ କରାଯାଇ ପାରେ ଯେ ଶ୍ରୀରାମଚନ୍ଦ୍ର ଭଞ୍ଜ ମେଡ଼ିକାଲ କଲେଜ ପରିଚାଳନା କମିଟି ସହିତ ମଧ୍ୟ ମୁଁ ସଂପୃକ୍ତ ଥିଲି।

ପରିଚାଳନା ସମିତି ସହିତ ସଂପୃକ୍ତ ହୋଇ ମୁଁ ରେଭେନ୍ସା କଲେଜର ଅଧ୍ୟକ୍ଷ ଡକ୍ଟର ମହେନ୍ଦ୍ର କୁମାର ରାଉତ, ଡକ୍ଟର କ୍ଷେତ୍ରମୋହନ ପଟ୍ଟନାୟକ, ଡକ୍ଟର କ୍ଷୀରୋଦ ଚନ୍ଦ୍ର ପଟ୍ଟନାୟକ, ମେଜର ବଟକୃଷ୍ଣ ମହାନ୍ତି, ଡକ୍ଟର ଦୀନବନ୍ଧୁ ମିଶ୍ର, ଡକ୍ଟର ଉମାକାନ୍ତ ମହାପାତ୍ର, ଡକ୍ଟର ଲକ୍ଷ୍ମୀକାନ୍ତ ଦାସ ଏବଂ ବର୍ତ୍ତମାନର ଅଧ୍ୟକ୍ଷ ଡକ୍ଟର ଅନନ୍ତ ଚରଣ ସାହୁଙ୍କୁ ବ୍ୟକ୍ତିଗତ ଭାବରେ ଜାଣିବାର ସୁଯୋଗ ପାଇଥିଲି।

ଉପରୋକ୍ତ ଅଧ୍ୟକ୍ଷମାନେ ସେମାନଙ୍କର ଦାୟିତ୍ୱ ଦକ୍ଷତାର ସହ ପରିଚାଳନା କରିବା ସଙ୍ଗେ ସଙ୍ଗେ ଛାତ୍ରମାନଙ୍କ ପ୍ରତି ମଧ୍ୟ ସମ୍ବେଦନଶୀଳ ଥିଲେ। ସେମାନଙ୍କ

ମଧ୍ୟରୁ କେତେଜଣଙ୍କ ବ୍ୟକ୍ତିଗତ ଉଦ୍ୟମରେ କଲେଜର ଅନେକ କିଛି ଉନ୍ନୟନମୂଳକ କାର୍ଯ୍ୟ ସାଧିତ ହୋଇ ପାରିଥିଲା । ଅଧ୍ୟକ୍ଷଙ୍କ ବ୍ୟତୀତ କଟକର ଲୋକସଭା ସଦସ୍ୟା ଶ୍ରୀମତୀ ଜୟନ୍ତୀ ପଟ୍ଟନାୟକ, ବିଧାୟକ ଶ୍ରୀ ମୁସ୍ତାଫିଜ୍ ଅହମ୍ମଦ ଓ କଟକର ଜିଲ୍ଲାପାଳ ପ୍ରମୁଖ ବହୁ ବିଶିଷ୍ଟ ବ୍ୟକ୍ତି ଉକ୍ତ ପରିଚାଳନା କମିଟିର ସଦସ୍ୟ ଭାବରେ ମୋ ସହିତ କାର୍ଯ୍ୟ କରିଥିଲେ ।

ମୁସ୍ତାଫିଜ୍ ଭାଇ

ରେଭେନ୍ସା କଲେଜ ପରିଚାଳନା କମିଟିର ଅନ୍ୟତମ ସଦସ୍ୟ ଭାବରେ କଟକ ସହରର ବିଧାୟକ (ବର୍ତ୍ତମାନ ଓଡ଼ିଶାର ସ୍ୱାସ୍ଥ୍ୟ ଓ ପରିବାର କଲ୍ୟାଣ ବିଭାଗର ରାଷ୍ଟ୍ରମନ୍ତ୍ରୀ) ଶ୍ରୀ ମୁସ୍ତାଫିଜ୍ ଅହମ୍ମଦଙ୍କ ସହିତ ବହୁବାର ଦେଖା ସାକ୍ଷାତ ହୋଇଥିଲା । ସେହି ସମୟରେ ମୁଁ ଅହମ୍ମଦଙ୍କ କର୍ମ ଦକ୍ଷତା ଲକ୍ଷ୍ୟ କରିଥିଲି । କଟକ ସହରର କେତେକ ସମସ୍ୟା ସମ୍ପର୍କରେ ତାଙ୍କ ସହିତ ଆଲୋଚନା କରିଥିଲି । ସେ ସାଧାରଣରେ 'ମୁସ୍ତାଫିଜ୍ ଭାଇ' ନାମରେ ପରିଚିତ । ନିଜର ସରଳ ନମ୍ର ବ୍ୟବହାର ଯୋଗୁଁ ସେ ଅନେକ ଲୋକଙ୍କର ଶ୍ରଦ୍ଧାର ପାତ୍ର ହୋଇ ପାରିଛନ୍ତି ।

ନବ କିଶୋର ମହାପାତ୍ର

ଶ୍ରୀ ନବ କିଶୋର ମହାପାତ୍ର ମୋର ବହୁଦିନର ପରିଚିତ ବନ୍ଧୁ । ତାଙ୍କ ପ୍ରତିଷ୍ଠିତ କେ. ମହାପାତ୍ର ଆଣ୍ଡ କୋ. ଏକ ଅଗ୍ରଣୀ ପ୍ରକାଶନ ସଂସ୍ଥା ଭାବରେ ଖ୍ୟାତିଲାଭ କରିଛି । ଉକ୍ତ ଅନୁଷ୍ଠାନ ତରଫରୁ ସେ ବହୁ ଉପାଦେୟ ପୁସ୍ତକ ପ୍ରକାଶନ ସହିତ ଅନେକ ଗୁଡ଼ିଏ ପତ୍ରପତ୍ରିକା ମଧ୍ୟ ପ୍ରକାଶ କରୁଛନ୍ତି ।

ସାମ୍ବାଦିକତା କ୍ଷେତ୍ରରେ ତାଙ୍କର ବିଶେଷ ଆଗ୍ରହ ଅଛି । ପ୍ରାୟ ୧୨ ବର୍ଷ କାଳ ସେ "ନିଉଜ୍ ଅଫ୍ ଦି ୱାର୍ଲଡ଼" ନାମରେ ଏକ ଦୈନିକ ଇଂରାଜୀ ସମ୍ବାଦପତ୍ର ପ୍ରକାଶ କରିଥିଲେ । ଉକ୍ତ ସମ୍ବାଦପତ୍ରକୁ ମୁଁ ପ୍ରଥମେ ଉନ୍ମୋଚନ କରିଥିଲି । କିଛିଦିନ ଧରି ଉକ୍ତ ସମ୍ବାଦପତ୍ରର ସମ୍ପାଦକୀୟ ଲେଖା ଯିବାରେ ମଧ୍ୟ ସହଯୋଗ କରିଥିଲି । ସେହି ସମୟରୁ ନବବାବୁଙ୍କ ସହିତ ଯେଉଁ ସମ୍ପର୍କ ଆରମ୍ଭ ହୋଇଥିଲା ତାହା ଏବେ ବି ଅତୁଟ ରହିଛି । ସେ ମଝିରେ ମଝିରେ ମୋ ଡଗରପଡ଼ା ବାସଭବନକୁ ଆସି ବିଭିନ୍ନ ବିଷୟରେ ପରାମର୍ଶ କରିଥାନ୍ତି । 'ମନପବନ', 'ଛାତ୍ରସାଥୀ', 'ସତକଥା', 'ସରଳା' ଆଦି ବିଭିନ୍ନ ରୁଚିର କେତେଖଣ୍ଡ ପତ୍ରିକା ମଧ୍ୟ ସେ ପ୍ରକାଶ କରୁଛନ୍ତି ।

ଗତ କିଛିଦିନ ତଳେ କଟକ କଳାବିକାଶ କେନ୍ଦ୍ରଠାରେ ଶିଶୁ-ପତ୍ରିକା 'ମନପବନ'ର ରଜତ ଜୟନ୍ତୀ ଉତ୍ସବ ଅନୁଷ୍ଠିତ ହୋଇଥିଲା । ଏଥିରେ ସମାଜ ସମ୍ପାଦକ ଡକ୍ଟର ରାଧାନାଥ ରଥ, ବିଶିଷ୍ଟ ଶିଶୁ ସାହିତ୍ୟିକ ତଥା ମୋର ସହପାଠୀ ଶ୍ରୀ ରାମକୃଷ୍ଣ ନନ୍ଦଙ୍କ ସହିତ ମୁଁ ଅତିଥି ଭାବରେ ଯୋଗଦାନ କରିଥିଲେ । ସେହି ଉତ୍ସବ ଅବସରରେ ନିଆଯାଇଥିବା ଆମ ତିନିଜଣଙ୍କର ଏକ ମିଳିତ ଫଟୋଗ୍ରାଫ୍ ଏଥିରେ ଅନ୍ୟତ୍ର ପ୍ରକାଶିତ ହୋଇଛି ।

ରଘୁ ରାଉତ

ଏବେ ନବ କିଶୋର ମହାପାତ୍ର ପ୍ରକାଶ କରୁଥିବା 'ସତକଥା'ର ସ୍ୱର୍ଗତ ରଘୁ ରାଉତ ହେଉଛନ୍ତି ପ୍ରତିଷ୍ଠାତା ସମ୍ପାଦକ । ସମାଲୋଚନାମୂଳକ ପତ୍ରିକା ଭାବରେ ଏକ ସମୟରେ ଏହା ବିଶେଷ ପ୍ରତିଷ୍ଠା ଲାଭ କରିଥିଲା । ରଘୁ ରାଉତ କଟକ ମ୍ୟୁନିସିପାଲିଟିର କାଉନସିଲର ଥିଲେ । ଜଣେ ତେଜୀୟାନ୍ ବ୍ୟକ୍ତି ଭାବରେ ତାଙ୍କର ଖ୍ୟାତି ଥିଲା ।

ସେହି ସମୟରେ ଲାଲା ନଗେନ୍ଦ୍ର କୁମାର ରାୟ 'ନିର୍ଭୀକ' ନାମରେ ଆଉ ଏକ ସମାଲୋଚନାମୂଳକ ପତ୍ରିକା ପ୍ରକାଶ କରୁଥିଲେ । 'ସତକଥା' ଭଳି 'ନିର୍ଭୀକ' ମଧ୍ୟ ଲୋକପ୍ରିୟତା ଅର୍ଜନ କରିପାରିଥିଲା ।

ଶ୍ରୀ ଅଚ୍ୟୁତାନନ୍ଦ କରଙ୍କ ସମ୍ପାଦିତ 'ଦୁର୍ମୁଖ' ଏବେ ସାରା ଓଡ଼ିଶାରେ ପ୍ରସାର ଲାଭ କରିଛି । ଏଥିପାଇଁ ଶ୍ରୀଯୁକ୍ତ କରଙ୍କ ନିଷ୍ଠା ଓ ଅଧ୍ୟବସାୟ ପ୍ରଶଂସନୀୟ ।

ଅନ୍ୟ ଏକ ସମାଲୋଚନାମୂଳକ ପତ୍ରିକ 'ବଜ୍ରବାଣ' ଶ୍ରୀ ସରୋଜ କୁମାର ପାଣିଗ୍ରାହୀଙ୍କ ସମ୍ପାଦନାରେ ପ୍ରକାଶିତ ହେଉଅଛି । ଶ୍ରୀ ପାଣିଗ୍ରାହୀ ବେଳେବେଳେ ମୋ ଡଗରପଡ଼ା ବାସଭବନ ଆଡ଼େ ବୁଲି ଆସନ୍ତି । ଭାରି ମଉଜିଆ ଲୋକ ।

ସୁଶୀଲ କୁମାର ପଟ୍ଟନାୟକ

ଶ୍ରୀ ସୁଶୀଲ କୁମାର ପଟ୍ଟନାୟକ ଜଣେ ଯୁବ ଆଇନଜୀବୀ । ସାମ୍ବାଦିକତା କ୍ଷେତ୍ରରେ ତାଙ୍କର ଆଗ୍ରହ ଅଛି । ତାଙ୍କ ସମ୍ପାଦନାରେ 'ଚାରିଅଟ୍' ନାମରେ ଏକ ଇଂରାଜୀ ପତ୍ରିକା ପ୍ରକାଶ ପାଇଥିଲା । ସେ ପତ୍ରିକାରେ ମୋ ବ୍ୟତୀତ ଅନେକ ପ୍ରତିଷ୍ଠିତ ବ୍ୟକ୍ତିଙ୍କର ବହୁ ଉପାଦେୟ ପ୍ରବନ୍ଧ ପ୍ରକାଶ ପାଇଥିଲା ।

ଘନଶ୍ୟାମ ମହାପାତ୍ର

୧୯୬୦ ମସିହାରୁ ଆରମ୍ଭ କରି ଶ୍ରୀଯୁକ୍ତ ଘନଶ୍ୟାମ ମହାପାତ୍ର ଆଜି ସୁଦ୍ଧା ପ୍ରାୟ ୨୫ଟି ଫିଚର୍ ଓ ଡକ୍ୟୁମେଣ୍ଟାରୀ ଫିଲ୍ମର ପ୍ରଯୋଜନା ତଥା ନିର୍ଦ୍ଦେଶନା ଦେଇ ଓଡ଼ିଶା ତଥା ଭାରତରେ ବହୁ ସୁନାମ ଅର୍ଜନ କରିଛନ୍ତି। ବିଜ୍ଞାନର ଛାତ୍ର ଘନଶ୍ୟାମ ବାବୁ ସିନେମାଟୋଗ୍ରାଫି ଓ ପଲିଟେକ୍ନିକ୍‌ରେ ଡିପ୍ଲୋମା ହାସଲ କରିସାରି ଦୁଇବର୍ଷ ପାଇଁ ବମ୍ବେର ଫିଲ୍ମସ୍ଥାନ୍ ଷ୍ଟୁଡିଓରେ କେତେକ ଚଳଚ୍ଚିତ୍ରରେ ସହକାରୀ ନିର୍ଦ୍ଦେଶକ ଭାବେ କାର୍ଯ୍ୟ କରିଥିଲେ। ପରେ ଓଡ଼ିଶାକୁ ଆସି ଅର୍ଥ ଓ ଉତ୍ସାହର ଅଭାବ ସତ୍ତ୍ୱେ ଦୃଢ଼-ସଂକଳ୍ପ ହୋଇ କେତେକ ଶିକ୍ଷାମୂଳକ ଡକ୍ୟୁମେଣ୍ଟାରୀ ଫିଲ୍ମ ନିର୍ମାଣ କରିଥିଲେ। 'ଓଡ଼ିଶୀ ନୃତ୍ୟ', 'ମା' ଓ ଶିଶୁ' ପ୍ରଭୃତି ସେମାନଙ୍କ ମଧ୍ୟରେ ଖ୍ୟାତି ଅର୍ଜନ କରିଅଛି। ତାଙ୍କ ପ୍ରଯୋଜିତ ପୂର୍ଣ୍ଣାଙ୍ଗ ଚଳଚ୍ଚିତ୍ର "କନକଲତା" ଶ୍ରୀ ମହାପାତ୍ରଙ୍କୁ ରାଜ୍ୟ ଜାତୀୟ ପୁରସ୍କାରରେ ସମ୍ମାନିତ କରିଛି। କେବଳ ଜାତୀୟ ନୁହେଁ, ଆନ୍ତର୍ଜାତିକ କ୍ଷେତ୍ରରେ ସେ ପୁରସ୍କୃତ ହୋଇଛନ୍ତି ଏବଂ ଆନ୍ତର୍ଜାତିକ ଡକ୍ୟୁମେଣ୍ଟାରୀ ଚଳଚ୍ଚିତ୍ର ଉତ୍ସବରେ ଯୋଗଦେବା ପାଇଁ ଚେକୋସ୍ଲୋଭାକିଆ ଓ ରୁଷିଆ ମଧ୍ୟ ଯାଇଛନ୍ତି।

ନାନା ଅଭାବ ଓ ଅସୁବିଧା ଭିତରେ ଦୃଢ଼ସଂକଳ୍ପ ହୋଇ କାର୍ଯ୍ୟ କଲେ ମନୁଷ୍ୟ କିପରି ଉଚ୍ଚ ସ୍ଥାନକୁ ଯାଇପାରେ, ଶ୍ରୀ ମହାପାତ୍ର ତା'ର ଉଜ୍ଜଳ ଦୃଷ୍ଟାନ୍ତ। ସେ ବହୁବାର ମୋ ଘରକୁ ଆସିଛନ୍ତି; ବିଭିନ୍ନ କ୍ଷେତ୍ରରେ ମୁଁ ମଧ୍ୟ ତାଙ୍କୁ ସାହାଯ୍ୟ, ସହାନୁଭୂତି ଓ ପରାମର୍ଶ ଦେଇଛି। ତାଙ୍କ ଅଧ୍ୟବସାୟ ଏବଂ କୃତିତ୍ୱ ପାଇଁ ମୁଁ ବିଶେଷ ଆନନ୍ଦିତ। ତାଙ୍କର ଉତ୍ତରୋତ୍ତର ଉନ୍ନତି ହେଉ, ଏହା ହିଁ ଈଶ୍ୱରଙ୍କଠାରେ ମୋର ପ୍ରାର୍ଥନା।

ବିନୋଦିନୀ ଷଡ଼ଙ୍ଗୀ

ଶ୍ରୀମତୀ ବିନୋଦିନୀ ଷଡ଼ଙ୍ଗୀ ଶିକ୍ଷା ବିଭାଗରେ ଏକ ଉଚ୍ଚ ପଦବୀରେ କାର୍ଯ୍ୟ କରି ଅବସର ଗ୍ରହଣ କରିଛନ୍ତି। ସେ ଏବେ ପୁରୀଠାରେ ସ୍ଥାୟୀ ଭାବରେ ଅବସ୍ଥାନ କରୁଛନ୍ତି। ନିଜ ଉଦ୍ୟମରେ ସେ ପୁରୀରେ ଏକ ନର୍ସରୀ ପ୍ରତିଷ୍ଠା କରିଛନ୍ତି। ଏଥିପାଇଁ ଅନେକ ଅର୍ଥ ମଧ୍ୟ ବିନିଯୋଗ କରିଛନ୍ତି। ଏହା ବେଶ୍ ସଫଳତାର ସହ କାର୍ଯ୍ୟକାରୀ ହେଉଥିବା ଜଣାଯାଏ।

ଶ୍ରୀମତୀ ଷଡ଼ଙ୍ଗୀଙ୍କ ସହିତ ମୋ ସ୍ତ୍ରୀ ସରୋଜିନୀଙ୍କର ବେଶ୍ ବନ୍ଧୁତା ଥିଲା। ସେ ଦୁଇଜଣଯାକ ସାଙ୍ଗ ହୋଇ ଥରେ ଦିଲ୍ଲୀ ବୁଲିବାକୁ ଯାଇଥିଲେ। ସେ ଅନେକ ସମୟରେ ଆମ ଘରକୁ ବୁଲି ଆସୁଥିଲେ ଓ ମଝିରେ ମଝିରେ ଆମ ଘରେ ରହୁଥିଲେ।

କାହ୍ନୁ ଚରଣ ମହାନ୍ତି

ଶ୍ରୀ କାହ୍ନୁଚରଣ ମହାନ୍ତି ମୋର ପଡ଼ୋଶୀ। ଡଗରପଡ଼ାରେ ତାଙ୍କ ପାଚେରୀକୁ ଆମ ପାଚେରୀ ଲାଗିଛି। କାହ୍ନୁ ବାବୁ ଭରି ଖାଣ୍ଟି ଲୋକ। ସେ ରେଭେନ୍ସା କଲେଜିଏଟ୍ ସ୍କୁଲର ପ୍ରଧାନ ଶିକ୍ଷକ ଥିଲେ। ପରେ ଇନସ୍ପେକ୍ଟର ଅଫ୍ ସ୍କୁଲସ୍ ଥିଲାବେଳେ ଅବସର ଗ୍ରହଣ କରିଥିଲେ। ସ୍ନେହୀ ଓ ମେଳାପୀ। ବିଭିନ୍ନ ବହି ଓ ଖବରକାଗଜ ପଢ଼ିବାରେ ତାଙ୍କର ଭାରି ଝୁଙ୍କ୍।

ତାଙ୍କର ଭାଇ ପ୍ରଫେସର ରାଧାଚରଣ ମହାନ୍ତି ଜଣେ ପ୍ରତିଷ୍ଠିତ। ସେ ଶ୍ରୀରାମଚନ୍ଦ୍ର ଭଞ୍ଜ ମେଡ଼ିକାଲର ସୁପରିଣ୍ଟେଣ୍ଡେଣ୍ଟ୍ ଭାବେ କାର୍ଯ୍ୟ କରି ନିକଟରେ ଅବସର ଗ୍ରହଣ କରିଛନ୍ତି। ତାଙ୍କ ସ୍ତ୍ରୀ ଡାକ୍ତର ସୁଜାତା ମହାନ୍ତି ସ୍ତ୍ରୀରୋଗ-ବିଶେଷଜ୍ଞ ଭାବରେ ସୁନାମ ଅର୍ଜନ କରିଛନ୍ତି।

କାହ୍ନୁ ବାବୁଙ୍କ ପିତା ସ୍ୱର୍ଗତ ଗୋପାଳ ଚରଣ ମହାନ୍ତି ଜଣେ ଆଦର୍ଶ ଶିକ୍ଷକ ଥିଲେ। ମୁଁ ତାଙ୍କର ଛାତ୍ର ଥିଲି। ବିଶିଷ୍ଟ ସ୍ୱାଧୀନତା ସଂଗ୍ରାମୀ ଗୋପବନ୍ଧୁ ଚୌଧୁରୀ ଓ ନବକୃଷ୍ଣ ଚୌଧୁରୀ ତାଙ୍କର ଭଣଜା। ଗୋପାଳ ବାବୁଙ୍କ ବିୟୋଗ ସମ୍ବାଦ ପାଇ ତାଙ୍କୁ ଦେଖିବାକୁ ଗୋପଭାଇ ଆସିଥିଲେ। ମୁଁ ସେଠାରେ ଉପସ୍ଥିତ ଥିଲି। ଗୋପଭାଇ ପହଞ୍ଚି କହିଲେ, "ମାମୁଁ ତ ଶୋଇ ଯାଇଛନ୍ତି।"

ଦେବେନ୍ଦ୍ରନାଥ ମହାନ୍ତି

ଆଡ଼୍‌ଭୋକେଟ୍ ଦେବେନ୍ଦ୍ର ମହାନ୍ତି ମୋର ଅନେକ ଦିନରୁ ପରିଚିତ। ଆଇନ୍ ବ୍ୟବସାୟ ଠାରୁ ସେ ସମାଜ ସେବାକୁ ଅଗ୍ରାଧିକାର ଦେଇଥାନ୍ତି! କଟକ ଅର୍ବାନ କୋଅପରେଟିଭ୍ ବ୍ୟାଙ୍କର ସଭାପତି ଭାବରେ ସେ ଉକ୍ତ ବ୍ୟାଙ୍କର ପ୍ରସାର ନିମିତ୍ତ ନିଷ୍ଠାର ସହିତ କାର୍ଯ୍ୟ କରିଛନ୍ତି।

ପ୍ରଫେସର ଡାକ୍ତର ଗୁରୁପ୍ରସାଦ ମହାନ୍ତି ଓ ତାଙ୍କର ଅନ୍ୟ ଭାଇମାନଙ୍କୁ ମଧ୍ୟ ମୁଁ ବ୍ୟକ୍ତିଗତ ଭାବରେ ଜାଣେ। ଡାକ୍ତର ମହାନ୍ତି ଶ୍ରୀରାମଚନ୍ଦ୍ର ଭଞ୍ଜ ମେଡ଼ିକାଲର ସର୍ଜରୀ ବିଭାଗର ପ୍ରଫେସର ତଥା ବିଭାଗୀୟ ମୁଖ୍ୟ ଭାବରେ କାର୍ଯ୍ୟ କରି ନିକଟରେ ଅବସର ଗ୍ରହଣ କରିଛନ୍ତି। ସାହିତ୍ୟ ଓ ସାଂସ୍କୃତିକ କାର୍ଯ୍ୟକ୍ରମରେ ତାଙ୍କର ଆଗ୍ରହ ଅଛି।

ସନ୍ତୋଷ କୁମାର ମହାନ୍ତି

ଆଡ଼୍‌ଭୋକେଟ୍ ସନ୍ତୋଷ କୁମାର ମହାନ୍ତି ମୋର ଅନ୍ୟତମ ପଡ଼ିଶା। ତାଙ୍କ

ପିତା ସଚ୍ଚିଦାନନ୍ଦ ମହାନ୍ତି ଓଡ଼ିଶା ହାଇକୋର୍ଟର ଜଣେ ବରିଷ୍ଠ କର୍ମଚାରୀ ଭାବରେ ସୁନାମ ଅର୍ଜନ କରିଥିଲେ। ମୁଁ ବିଚାରପତି ଜୀବନରୁ ଅବସର ଗ୍ରହଣ କରିବା ସମୟରେ ହାଇକୋର୍ଟ କର୍ମଚାରୀମାନଙ୍କ ତରଫରୁ ମୋତେ ବିଦାୟ ସମ୍ବର୍ଦ୍ଧନା ଦିଆଯାଇଥିଲା। ସଚ୍ଚିବାବୁ ଉତ୍ସବରେ ବିଦାୟ-ବାର୍ତ୍ତା ପାଠ କରିଥିଲେ।

ଶ୍ରଦ୍ଧେୟ ସନ୍ତୋଷ କୁମାର ମହାନ୍ତି ଆଇନଜୀବୀ ଭାବରେ ପ୍ରତିଷ୍ଠା ଲାଭ କରିଛନ୍ତି। ସେ ବୋର୍ଡ଼ ଅଫ୍ ରେଭେନ୍ୟୁର ଅତିରିକ୍ତ ଷ୍ଟାଣ୍ଡିଂ କାଉନସିଲର୍ ଭାବରେ କାର୍ଯ୍ୟ କରୁଛନ୍ତି। ସମାଜସେବା କ୍ଷେତ୍ରରେ ତାଙ୍କର ଆଗ୍ରହ ଥିବା ମୁଁ ଲକ୍ଷ୍ୟ କରିଛି।

ଦୁର୍ଗା ପ୍ରସାଦ ସିଂହ

ପ୍ରଫେସର ପ୍ରାଣକୃଷ୍ଣ ପରିଜା ସ୍ମୃତି ପରିଷଦ ସହିତ ଶ୍ରୀଯୁକ୍ତ ଦୁର୍ଗା ପ୍ରସାଦ ସିଂହ ମୂଳରୁ ସଂପୃକ୍ତ ରହି ଏଥିନିମିତ୍ତ ଅତ୍ୟନ୍ତ ନିଷ୍ଠାପର ଭାବେ କାର୍ଯ୍ୟ କରିଛନ୍ତି। ବିଶେଷ କରି ଉକ୍ତ ପରିଷଦ ଆନୁକୂଲ୍ୟରେ ଓଡ଼ିଶାର ବିଭିନ୍ନ ବିଶ୍ୱବିଦ୍ୟାଳୟକୁ "ପରିଜା ଛାତ୍ରବୃତ୍ତି" ପ୍ରଦାନ କରାଯିବା ନିମିତ୍ତ ଅନୁଦାନ-ପାଣ୍ଠି ସଂଗ୍ରହ କ୍ଷେତ୍ରରେ ତାଙ୍କର ଭୂମିକା ବିଶେଷ ଉଲ୍ଲେଖଯୋଗ୍ୟ।

ସେ ରାଜ୍ୟ ବାଣିଜ୍ୟ କର ବିଭାଗରେ ଯୋଗଦାନ କରି ନିଜର ଦକ୍ଷତା ବଳରେ ଅତିରିକ୍ତ ବାଣିଜ୍ୟ କର କମିଶନର୍ ପଦବୀକୁ ଉନ୍ନୀତ ହୋଇଥିଲେ। ସଂପ୍ରତି ସେ ବାଣିଜ୍ୟକର ଟ୍ରିବ୍ୟୁନାଲ୍‌ର ମେମ୍ବର ଭାବେ କାର୍ଯ୍ୟ କରୁଅଛନ୍ତି।

ଶ୍ରୀଯୁକ୍ତ ସିଂହଙ୍କ ଝିଅ ନିବେଦିତା ପ୍ରଫେସର ଡକ୍ଟର ଗଙ୍ଗାଧର ବଳଙ୍କ ପୁତ୍ର ଅରୁଣ ବଳ ଆଇ.ଏ.ଏସ୍.ଙ୍କୁ ବିବାହ କରିଛି। ତାଙ୍କ ପୁଅ ଶ୍ରୀମାନ୍ ଆଦିତ୍ୟ ପ୍ରସାଦ ସିଂହ ଜଣେ ଡାକ୍ତର।

ବିଜୟ କୁମାର ପାଣିଗ୍ରାହୀ

ଓଡ଼ିଶାର ଅବସରପ୍ରାପ୍ତ ଡି.ଜି. ଶ୍ରୀ ବିଜୟ କୁମାର ପାଣିଗ୍ରାହୀଙ୍କ ସହିତ ମୋର ଅନେକ ଦିନରୁ ପରିଚୟ। ଜଣେ ଦକ୍ଷ ପୋଲିସ ଅଫିସର ଭାବରେ ସେ ସୁନାମ ଅର୍ଜନ କରିଛନ୍ତି। ଓଡ଼ିଆ ସାହିତ୍ୟ ଓ ସଂସ୍କୃତି ପ୍ରତି ତାଙ୍କର ଯଥେଷ୍ଟ ଅନୁରାଗ ଅଛି। ସେ 'ଜ୍ଞାନମଣ୍ଡଳ', 'ୟୁନିଭର୍ସ' ଆଦି ଅନେକ ସାହିତ୍ୟିକ ଅନୁଷ୍ଠାନ ସହିତ ସଂପୃକ୍ତ। ମୋର ସାନ ଜ୍ୱାଇଁ ଅବସରପ୍ରାପ୍ତ ପୋଲିସ ଡି.ଜି. ଶ୍ରୀ ଆର୍.ଏନ୍. ଦାସଙ୍କର ସେ ଜଣେ ଘନିଷ୍ଠ ବନ୍ଧୁ। ମଝିରେ ମଝିରେ ସେ ଆମ ଘରକୁ ଆସନ୍ତି।

ଶୁକଦେବ ଦାସ

ଶ୍ରୀଯୁକ୍ତ ଶୁକଦେବ ଦାସ ବହୁଦିନ ଧରି ବିଚାର ବିଭାଗର ଜଣେ ପଦସ୍ଥ ଅଫିସର ଭାବରେ ଓଡ଼ିଶାରେ କାର୍ଯ୍ୟ କରିଥିଲେ । ଅବସର ଗ୍ରହଣ ପରେ ସେ ଆସାମ ସରକାରଙ୍କ ତରଫରୁ ଏକ ଟ୍ରିବ୍ୟୁନାଲର ବିଚାରପତି ଭାବରେ ନିଯୁକ୍ତ ପାଇ କିଛିଦିନ ଗୌହାଟୀରେ ଅବସ୍ଥାନ କରିଥିଲେ । ଏହାପରେ ସେ ସିକିମ୍ ହାଇକୋର୍ଟର ରେଜିଷ୍ଟ୍ରାର ଭାବରେ ଗ୍ୟାଙ୍ଗଟକ୍ ଠାରେ ମଧ୍ୟ କିଛିଦିନ କଟାଇଥିଲେ । ସିକିମ୍ ହାଇକୋର୍ଟର ମୁଖ୍ୟ ବିଚାରପତି ଥିଲାବେଳେ ଯୁଗଳ ବାବୁ ସେଠାରେ ଯେଉଁ ରଥଯାତ୍ରା ଆରମ୍ଭ କରିଥିଲେ ସେଠାକାର ଓଡ଼ିଆ ଆସୋସିଏସନ୍‌ର ଅନ୍ୟାନ୍ୟ କର୍ମକର୍ତ୍ତାମାନଙ୍କ ସହ ଶୁକବାବୁ ମଧ୍ୟ ବହୁ ଭାବରେ ସହଯୋଗ କରିଥିଲେ । ସେ ଜଣେ ସଂସ୍କୃତି-ପ୍ରେମୀ ବ୍ୟକ୍ତି ।

ରବୀନ୍ଦ୍ର ନାଥ ମହାନ୍ତି

ଶ୍ରୀ ରବୀନ୍ଦ୍ର ନାଥ ମହାନ୍ତି, ଆଇ.ଏଫ୍.ଏସ୍. ଫରେଷ୍ଟ ଡିପାର୍ଟମେଣ୍ଟ୍‌ର ଅନେକ ଗୁରୁତ୍ୱପୂର୍ଣ୍ଣ ପଦବୀରେ କାର୍ଯ୍ୟ କରିଛନ୍ତି । ରାଜ୍ୟ ସୋସିଆଲ୍ ଫରେଷ୍ଟ୍ରି କର୍‌ପୋରେସନ୍‌ର ପରିଚାଳନା-ନିର୍ଦ୍ଦେଶକ ଭାବରେ ମଧ୍ୟ ସେ କିଛିଦିନ ପାଇଁ କାର୍ଯ୍ୟ କରିଥିଲେ । ଶ୍ରୀଯୁକ୍ତ ମହାନ୍ତି ଓ ତାଙ୍କର ବନ୍ଧୁ ଓଡ଼ିଶା ପି.ଏସ୍.ସି.ର ସଭ୍ୟ ଶ୍ରୀ ବିଜୟ ଚନ୍ଦ୍ର କାନୁନ୍‌ଗୋ ମଝିରେ ମଝିରେ ମୋ ଡଗରପଡ଼ା ବାସଭବନ ଆଡ଼େ ଆସନ୍ତି । ବେଶ୍ ସ୍ନେହୀ ଓ ବନ୍ଧୁବତ୍ସଳ । ଜଣେ ଦକ୍ଷ ପ୍ରଶାସକ ଭାବରେ ଶ୍ରୀଯୁକ୍ତ ମହାନ୍ତି ସୁନାମ ଅର୍ଜନ କରିଛନ୍ତି ।

ବିଜୟ ଚନ୍ଦ୍ର କାନୁନ୍‌ଗୋ

ବିଜୟ ଚନ୍ଦ୍ର କାନୁନ୍‌ଗୋ ବିଚାର ବିଭାଗରେ ନିଯୁକ୍ତି ପାଇ ଜିଲ୍ଲା ଜଜ୍ ଭାବରେ କାର୍ଯ୍ୟ କରିଥିଲେ । ଏହାପରେ ସେ ଓଡ଼ିଶା ପବ୍ଲିକ୍ ସର୍ଭିସ୍ କମିଶନ୍‌ର ସଭ୍ୟ ଭାବରେ କେତେ ବର୍ଷ ପାଇଁ କାର୍ଯ୍ୟ କରି ଏବେ ନିକଟରେ ଅବସର ଗ୍ରହଣ କରିଛନ୍ତି । ବିଚାର ବିଭାଗରେ କାର୍ଯ୍ୟ କରୁଥିବା ସମୟରୁ ମୁଁ ତାଙ୍କୁ ଜାଣିବାକୁ ପାଇଥିଲି । ନିଜର ଶାନ୍ତ ଓ ସରଳ ବ୍ୟବହାରରେ ସେ ସମସ୍ତଙ୍କୁ ଆପଣାର କରିପାରିଛନ୍ତି ।

ବୀଣା ଦେବୀ

ଶ୍ରୀମତୀ ବୀଣାଦେବୀ ଓଡ଼ିଶାର ପୂର୍ବତନ ଆଡ୍‌ଭୋକେଟ ଜେନେରାଲ ସ୍ୱର୍ଗତ ବାଞ୍ଛାନିଧି ମହାପାତ୍ରଙ୍କ କନ୍ୟା ତଥା ବିଶିଷ୍ଟ ଆଇନଜୀବୀ ଶ୍ରୀଯୁକ୍ତ ରମାକାନ୍ତ ମହାପାତ୍ରଙ୍କ

ଭଗିନୀ। ସେ ଜଣେ ଖ୍ୟାତନାମା ସଙ୍ଗୀତଶିଳ୍ପୀ। କଟକ ଆକାଶବାଣୀ ଦ୍ୱାରା ପ୍ରଚାରିତ ତାଙ୍କର କେତେକ ଭଜନ, ଆଧୁନିକ ଓ ପଲ୍ଲୀଗୀତ ଶ୍ରୋତାମାନଙ୍କର ବିଶେଷ ପ୍ରଶଂସାଭାଜନ ହୋଇଛି। ବାଲ୍ୟକାଳରୁ ହିଁ ତାଙ୍କର ଗୀତ ଗାଇବା ଅଭ୍ୟାସ ଥିଲା ଏବଂ ଏଥିପାଇଁ ସେ ବହୁବାର ପୁରସ୍କାର ଲାଭ କରିଥିଲେ। କଟକ ଆକାଶବାଣୀରେ କିଛି ବର୍ଷ କାର୍ଯ୍ୟ କରିବା ପରେ ସେ କଟକ ଦୂରଦର୍ଶନ କେନ୍ଦ୍ରରେ ଡାଇରେକ୍ଟର ଭାବେ ନିଯୁକ୍ତି ପାଇଥିଲେ। ଏବେ ସେ ଉକ୍ତ ପଦବୀରେ ଥାଇ ତାଙ୍କ ଦାୟିତ୍ୱ ପରିଚାଳନା କରୁଛନ୍ତି।

ଏଠାରେ ପ୍ରକାଶ କରାଯାଇପାରେ ଯେ, ଗତ ୧୯୮୮ ମସିହାରେ ଥରେ କଟକ ଦୂରଦର୍ଶନ କେନ୍ଦ୍ରରୁ "ଅନେକରେ ଏକ" କାର୍ଯ୍ୟକ୍ରମରେ ମୋର ଏକ ସାକ୍ଷାତକାର କାର୍ଯ୍ୟକ୍ରମ ପ୍ରସାରିତ ହୋଇଥିଲା। କଟକ ଦୂରଦର୍ଶନ କେନ୍ଦ୍ରର ତତ୍କାଳୀନ କର୍ମଚାରୀ ଶ୍ରୀ ଲାଲମୋହନ ପାତ୍ର (ସମ୍ପ୍ରତି ଓଡ଼ିଶା ସରକାରଙ୍କ ଅଧୀନରେ କାର୍ଯ୍ୟ କରୁଥିବା ଜନୈକ ପ୍ରଶାସନିକ ଅଧିକାର) ଓ ଶ୍ରୀ ଶୁଭେନ୍ଦୁ ମହାନ୍ତି ଏଥିରେ ସହଯୋଗ କରିଥିଲେ।

ଶାରଦା ପ୍ରସନ୍ନ ନାୟକ

ଶ୍ରୀ ଶାରଦା ପ୍ରସନ୍ନ ନାୟକ ଦୀର୍ଘ ଦିନ ଧରି କଟକ ଆକାଶବାଣୀ ଓ ଦୂରଦର୍ଶନରେ କାର୍ଯ୍ୟ କରି ଏବେ ଅବସର ଗ୍ରହଣ କରିଛନ୍ତି। ତାଙ୍କ ଲିଖିତ ଗୀତିନାଟ୍ୟ 'ଶ୍ରୀଗୁଣ୍ଡିଚା ଓ ରଚିତ ବହୁ ସଙ୍ଗୀତ କଟକ ବେତାର କେନ୍ଦ୍ରରୁ ପ୍ରଚାରିତ ହୋଇଛି। ଜଣେ ନାଟ୍ୟକାର ଭାବରେ ତାଙ୍କର ଯଥେଷ୍ଟ ଅବଦାନ ରହିଛି। ତାଙ୍କ ରଚିତ ନାଟକମାନଙ୍କ ମଧ୍ୟରୁ 'ସୁନାମାଟି', 'ସଂଖାଳୀ' ଓ ପରିଶୋଧ' (ଯୁଗ୍ମ-ଲେଖକ ଶ୍ରୀ ଭଞ୍ଜକିଶୋର ପଟ୍ଟନାୟକ) ପ୍ରଭୃତି ବିଶେଷ ଉଲ୍ଲେଖଯୋଗ୍ୟ। ଓଡ଼ିଆ ଚଳଚ୍ଚିତ୍ର କ୍ଷେତ୍ରରେ ଜଣେ ପ୍ରଯୋଜକ, ନିର୍ଦ୍ଦେଶକ ତଥା ଅଭିନେତା ଭାବରେ ସେ ପ୍ରତିଷ୍ଠିତ।

ମୋ ଡଗରପଡ଼ା ଘରକୁ ସେ ଅନେକ ସମୟରେ ଆସନ୍ତି ଓ ବିଭିନ୍ନ ବିଷୟରେ ମୋର ପରାମର୍ଶ ଗ୍ରହଣ କରିଥାନ୍ତି।

ବାରିଷ୍ଟର ରଘୁମଣି ପଟ୍ଟନାୟକ

ବାରିଷ୍ଟର ଶ୍ରୀଯୁକ୍ତ ରଘୁମଣି ପଟ୍ଟନାୟକଙ୍କ ସହିତ ମୋର ପରିଚିତ ତଥା ସମ୍ପର୍କ ଅନେକ ଦିନର। କିଛିଦିନ ସେ ବାରିଷ୍ଟରୀ ପାଶ୍ କରି ଓକିଲାତି ବ୍ୟବସାୟରେ

ମନୋନିବେଶ କରିଥିଲେ। କିଛି ବର୍ଷ ସୁପ୍ରିମକୋର୍ଟରେ ଓକିଲାତି କରିବା ପରେ ଓଡ଼ିଶା ଫେରିଆସି କଟକରେ ଓକିଲାତି କଲେ ଏବଂ ବର୍ତ୍ତମାନ ସୁଦ୍ଧା ପ୍ରାକ୍ଟିସ୍ କରୁଛନ୍ତି। ସେ ବାଙ୍କିର ଅଧିବାସୀ ଏବଂ ସାମାଜିକ ସେବା କ୍ଷେତ୍ରରେ ତାଙ୍କର ଉଲ୍ଲେଖନୀୟ ଅବଦାନ ରହିଛି।

ଅନେକ ସମୟରେ ସେ ମୋ ଘରକୁ ଆସନ୍ତି। "ଜୀବନୀ" ଲେଖିବା ପାଇଁ ସେ ମୋତେ ବାରମ୍ବାର ଉତ୍ସାହିତ କରିଛନ୍ତି।

ଟହଲି ଦଳାଇ

ଆଡ଼୍‌ଭୋକେଟ୍ ଶ୍ରଦ୍ଧେୟ ଟହଲି ଦଳାଇ ବହୁ ବର୍ଷ ହେଲା ଆମ ଘର ସହିତ ସଂପୃକ୍ତ। ସେ ମୋ ଜ୍ୟେଷ୍ଠ ଜାମାତା ସିକିମ୍ ହାଇକୋର୍ଟର ଅବସରପ୍ରାପ୍ତ ଚିଫ୍ ଜଷ୍ଟିସ୍ ଶ୍ରୀ ଯୁଗଳ କିଶୋର ମହାନ୍ତିଙ୍କ ଜୁନିୟର ଭାବରେ ଯୋଗଦାନ କରିଥିଲେ। ବହୁ ବର୍ଷ ଧରି ସେ କେନ୍ଦ୍ର ସରକାରଙ୍କ ଅତିରିକ୍ତ ଷ୍ଟାଣ୍ଡିଂ କାଉନ୍‌ସେଲର ଭାବରେ କାର୍ଯ୍ୟ କରୁଛନ୍ତି। ଆଇନ ବ୍ୟବସାୟରେ ଦୀର୍ଘ ଦିନର ଅଭିଜ୍ଞତା ତାଙ୍କୁ ବେଶ୍ ପ୍ରତିଷ୍ଠିତ କରାଇ ପାରିଛି।

ଟହଲି ବାବୁଙ୍କ ପୁଅ ଶ୍ରୀମାନ୍ ଅଶୋକ କୁମାର ଦଳାଇ ମଧ୍ୟ ଜଣେ ଆଡ଼୍‌ଭୋକେଟ୍।

ପ୍ରତିଭା ରାୟ

ଅଧ୍ୟାପିକା ଡକ୍ଟର ପ୍ରତିଭା ରାୟଙ୍କୁ ମୁଁ ପ୍ରଥମେ ପ୍ରଫେସର ପ୍ରାଣକୃଷ୍ଣ ପରିଜାଙ୍କ ସ୍ମୃତି ସଭାରେ ଜାଣିବାକୁ ପାଇଥିଲି। ଓଡ଼ିଶାର ସେ ଜଣେ ଖ୍ୟାତନାମା ଲେଖିକା। କ୍ଷୁଦ୍ରଗଳ୍ପ ଓ ଉପନ୍ୟାସ ରଚନା ଶୈଳୀ ତାଙ୍କର ଅନୁପମ। ସେ ଓଡ଼ିଶା ସାହିତ୍ୟ ଏକାଡେମୀ ତଥା ଅନ୍ୟାନ୍ୟ କେତେକ ଅନୁଷ୍ଠାନ ଦ୍ୱାରା ପୁରସ୍କୃତା ତଥା ସମ୍ମାନିତା ହୋଇଛନ୍ତି। ତାଙ୍କର କେତେକ ଲେଖା ହିନ୍ଦୀ ଭାଷାରେ ଅନୁବାଦିତ ହୋଇ ପ୍ରକାଶ ପାଇଥିବା ଜାଣି ମୁଁ ବିଶେଷ ଆନନ୍ଦିତ।

ଶ୍ରୀମତୀ ପ୍ରତିଭା ଓ ତାଙ୍କ ସ୍ୱାମୀ ଇଞ୍ଜିନିୟର ଶ୍ରୀ ଅକ୍ଷୟ ଚନ୍ଦ୍ର ରାୟ କେତେବାର ଆମ ଘରକୁ ଆସିଛନ୍ତି।

ଶୁକଦେବ ମହାପାତ୍ର

ପଞ୍ଜାବ ୟୁନିଭର୍ସିଟିରୁ ଟେକ୍‌ସଟାଇଲ ଇଞ୍ଜିନିୟରିଂ ପାଶ୍ କରି ଶୁକଦେବ

ମହାପାତ୍ର ବିଭିନ୍ନ ସରକାରୀ ଓ ବେସରକାରୀ ସଂସ୍ଥାରେ କାର୍ଯ୍ୟ କରିଥିଲେ। ସେ ଜଣେ ସଚ୍ଚୋଟ ଓ କର୍ତ୍ତବ୍ୟପରାୟଣ ବ୍ୟକ୍ତି। କିଛି ବର୍ଷ ସରକାରୀ ଚାକିରି କଲା ପରେ ସେଥିରୁ ଅବ୍ୟାହତି ନେଇ ସ୍ୱାଧୀନ ଭାବରେ ଅର୍ଥ ଉପାର୍ଜନ ତଥା ପ୍ରତିଷ୍ଠା ଲାଭ କରିବା ଲାଗି କଣ୍ଟ୍ରାକ୍ଟର ସହିତ ଅନ୍ୟାନ୍ୟ ସ୍ୱତନ୍ତ୍ର ବ୍ୟବସାୟରେ ସେ ନିଜକୁ ନିୟୋଜିତ କରିଛନ୍ତି। ତାଙ୍କ ପତ୍ନୀ ଶ୍ରୀମତୀ ଦ୍ୟୁତିକା ମହାପାତ୍ର କଟକ କାଜିବଜାରସ୍ଥ ଗାର୍ଲସ୍ ହାଇସ୍କୁଲର ହେଡ଼ମିଷ୍ଟ୍ରେସ୍ ଭାବେ କାର୍ଯ୍ୟ କରୁଛନ୍ତି।

ତାଙ୍କର ଜନୈକ ବନ୍ଧୁ ଏକ୍‌ଜିକ୍ୟୁଟିଭ୍ ଇଞ୍ଜିନୟର ଶ୍ରୀ ପ୍ରଭୁ ଚରଣ କାନୁନ୍‌ଗୋଙ୍କ ଜରିଆରେ ତାଙ୍କ ସହିତ ମୋର ପରିଚୟ ହୋଇଥିଲା। ଯେ ହଉଚି ୬।୫।୭୮ ତାରିଖର କଥା। ସେହିଦିନୁ ସେ ବରାବର ମୋ ଘରକୁ ଆସନ୍ତି ଓ ତାଙ୍କ ସହିତ ମୋର ବହୁ ଘନିଷ୍ଠତା ରହିଛି। ତାଙ୍କର ଅନ୍ୟତମ ବନ୍ଧୁ ଇଞ୍ଜିନିୟର ଶ୍ରୀ ପର୍ଶୁରାମ ପରିଡ଼ା ମଧ୍ୟ ତାଙ୍କ ସହିତ ମୋ ଘରକୁ ବେଳେବେଳେ ଆସନ୍ତି। ସେ ମଧ୍ୟ ଜଣେ ଭଲ ମଣିଷ ଏବଂ ତାଙ୍କ ପିଲାମାନେ ବେଶ୍ ପ୍ରତିଷ୍ଠିତ।

ଶ୍ରୀ ମହାପାତ୍ର ବାଦାମବାଡ଼ି ଅଞ୍ଚଳରେ ରକ୍‌ସି ହୋଟେଲ ଗଳିରେ ରହୁଛନ୍ତି। ତାଙ୍କର ପିଲାମାନେ ମେଧାବୀ ଛାତ୍ର ଭାବରେ ସୁନାମ ଅର୍ଜନ କରିଛନ୍ତି।

କିଶୋର ଚନ୍ଦ୍ର ମହାନ୍ତି

ଡାକ୍ତର କିଶୋର ଚନ୍ଦ୍ର ମହାନ୍ତି କଟକ ସିଦ୍ଧେଶ୍ୱର ସାହି ମ୍ୟୁନସିପାଲ ଡିସପେନସରୀରେ ବହୁ ବର୍ଷ ଧରି କାର୍ଯ୍ୟ କରି ଆସୁଛନ୍ତି। ସ୍ଥାନୀୟ ବାସିନ୍ଦାମାନଙ୍କ ମଧ୍ୟରେ ଜଣେ ଅଭିଜ୍ଞ ଡାକ୍ତର ଭାବରେ ତାଙ୍କର ଜନପ୍ରିୟତା ରହିଛି।

ଡାକ୍ତର ମହାନ୍ତି ମୋ ବଡ଼ଜ୍ୱାଇଁ ଜଷ୍ଟିସ ଶ୍ରୀ ଯୁଗଳ କିଶୋର ମହାନ୍ତିଙ୍କ ସମ୍ପର୍କୀୟ ଭାଇ। ସେ ମୋ ଘରକୁ ପ୍ରାୟ ବରାବର ଆସନ୍ତି ଏବଂ ଆମ୍ଭମାନଙ୍କ ସ୍ୱାସ୍ଥ୍ୟ ସମ୍ବନ୍ଧରେ ଖବର ବୁଝନ୍ତି। ତାଙ୍କ ବଡ଼ ଭାଇ ଶ୍ରୀଯୁକ୍ତ ଆନନ୍ଦ ଚନ୍ଦ୍ର ମହାନ୍ତି ଜଣେ ଆଇନଜୀବୀ।

ସୁଲୋଚନା ଦାସ

ଅଧ୍ୟାପିକା ସୁଲୋଚନା ଦାସଙ୍କୁ ମୁଁ ଅନେକ ଦିନରୁ ଜାଣେ। ଶୈଳବାଳା ମହିଳା କଲେଜର କେବଳ ଜଣେ ଅଧ୍ୟାପିକା ଭାବରେ ନୁହେଁ, ଜଣେ ସୁଲେଖିକା, ସୁବକ୍ତା ଏବଂ ନିଷ୍ଠାପର ସମାଜସେବିକା ଭାବରେ ମଧ୍ୟ ତାଙ୍କର ପ୍ରତିଷ୍ଠା ଅଛି। ବିଭିନ୍ନ ସାଂସ୍କୃତିକ ତଥା ସେବାମୂଳକ କାର୍ଯ୍ୟରେ ତାଙ୍କ ଭଳି ଏକନିଷ୍ଠ ଉତ୍ସର୍ଗୀକୃତ ସହଯୋଗୀ

ମୁଁ କ୍ୱଚିତ ଦେଖିବାକୁ ପାଇଛି। ମୋର ଆତ୍ମଜୀବନୀ ଲେଖିବା କାର୍ଯ୍ୟରେ ତାଙ୍କର ସହଯୋଗ ବିଶେଷ ଉଲ୍ଲେଖଯୋଗ୍ୟ।

ଜଣେ ଲେଖିକା ଭାବରେ ସେ ବେଶ୍ ଖ୍ୟାତି ଅର୍ଜନ କରିଛନ୍ତି। ଏଥିପାଇଁ ସେ ୟୁନିଭରର୍ସିଟି ଚାନ୍‌ସେଲର ଆୱାର୍ଡ଼, ବିଷୁବ ଆୱାର୍ଡ଼ ଠାରୁ ଆରମ୍ଭ କରି ନୀଳଶୈଳ, ଜୀବନରଙ୍ଗ, ଗୋକର୍ଣ୍ଣିକା ଓ ଚଲାପଥ—ବିଷୁବ ମିଳନ ତରଫରୁ ମଧ୍ୟ ସେ ବହୁବାର ସମ୍ମାନିତା ହୋଇଛନ୍ତି। ଜଣେ ଆଦର୍ଶ ବକ୍ତା ଭାବରେ ତାଙ୍କର ସୁନାମ ଅଛି ଓ ବିଭିନ୍ନ ସଭାସମିତିରେ ସେ ଯୋଗଦାନ କରିବାର ସୁଯୋଗ ପାଇଛନ୍ତି। ଓଡ଼ିଶାର ବିଭିନ୍ନ ପତ୍ରପତ୍ରିକାରେ ଧାରାବାହିକ ଭାବରେ ତାଙ୍କର ଲେଖା ପ୍ରକାଶ ପାଇ ଉଚ୍ଚ ପ୍ରଶଂସିତ ହୋଇ ପାରିଛି। ସେ ତାଙ୍କର ଗଳ୍ପ, ଉପନ୍ୟାସ ଓ ରମ୍ୟରଚନା ମଧ୍ୟରୁ ମଧୁକ୍ଷରା, ସ୍ୱପ୍ନାହତା, ମରୁତୀର୍ଥ, ବିଚିତ୍ରବର୍ଣ୍ଣା ଓ ଶତରୂପା ଆଦି କେତେଖଣ୍ଡ ପୁସ୍ତକ ପଢ଼ିବାକୁ ଦେଇଛନ୍ତି। ସେଗୁଡ଼ିକ ମଧ୍ୟରୁ ଅନେକ ସୁଖପାଠ୍ୟ।

ସୁଲୋଚନାଙ୍କ ସ୍ୱାମୀ ଅଧ୍ୟାପକ କୃଷ୍ଣଚନ୍ଦ୍ର ମହାନ୍ତି ଜଣେ ଆଦର୍ଶ ସମାଜସେବୀ। ଶିକ୍ଷକତା କାର୍ଯ୍ୟରୁ ଅବ୍ୟାହତି ନେଇ ସେ ଗତ କିଛିଦିନ ହେବ ସକ୍ରିୟ ରାଜନୀତି ସହିତ ସଂପୃକ୍ତ ହୋଇ ଅତି ନିଷ୍ଠାର ସହିତ କାର୍ଯ୍ୟ କରୁଛନ୍ତି। ସାମ୍ବାଦିକତା କ୍ଷେତ୍ରରେ ମଧ୍ୟ ତାଙ୍କର ଅଜ୍ଞତା ରହିଛି। ଅତୀତରେ ବହୁ ପ୍ରଗତିଶୀଳ ଦୈନିକ ସମ୍ବାଦପତ୍ର ସହିତ ସେ ସଂପୃକ୍ତ ଥିଲେ।

ବସନ୍ତ କୁମାର ରାୟ

ବିଶ୍ୱ-ବିଖ୍ୟାତ ବୈଜ୍ଞାନିକ ଡକ୍ଟର ପ୍ରାଣକୃଷ୍ଣ ପରିଜାଙ୍କ ସ୍ମୃତିରକ୍ଷା ଉଦ୍ଦେଶ୍ୟରେ ଗତ ତା ୧୫।୫।୭୯ରେ କଟକ ଟାଉନହଲ୍‌ଠାରେ ଅନୁଷ୍ଠିତ ବୈଠକରେ ଶ୍ରୀ ବସନ୍ତ କୁମାର ରାୟଙ୍କୁ ମୁଁ ପ୍ରଥମେ ଜାଣିବାକୁ ପାଇଲି। ସେହି ସମୟରୁ ଆଜି ପର୍ଯ୍ୟନ୍ତ ତାଙ୍କ ସହିତ ବେଶ୍ ଘନିଷ୍ଠତା ରହି ଆସିଛି। ମୋ ଜୀବନୀ ଲେଖିବା କାର୍ଯ୍ୟରେ ସେ ଆନ୍ତରିକ ସହଯୋଗ କରିଛନ୍ତି।

ପ୍ରଫେସର ପରିଜା ସ୍ମୃତି ପରିଷଦ, ବାଲିକୁଦା ସ୍ମୃତି ସଂସ୍କୃତି ପରିଷଦ ଏବଂ ବାଲିକୁଦା ମୈତ୍ରୀ ସଂସଦ, କଟକ—ଆଦି ବିଭିନ୍ନ ସାଂସ୍କୃତିକ ଓ ସେବା-ମୂଳକ ଅନୁଷ୍ଠାନରେ ସେ ଅତ୍ୟନ୍ତ ନିଷ୍ଠାର ସହିତ କାର୍ଯ୍ୟ କରୁଥିବା ମୁଁ ଲକ୍ଷ୍ୟ କରିଛି। ବିଭିନ୍ନ ସାଙ୍ଗଠନିକ କାର୍ଯ୍ୟ ସହିତ ଲେଖାଲେଖି ପଢ଼ାପଢ଼ି ପ୍ରତି ସେ ଆଗ୍ରହୀ। ସେ କେତେଖଣ୍ଡ ପତ୍ରିକା ମଧ୍ୟ ସମ୍ପାଦନା କରିଛନ୍ତି। ଜଣେ କର୍ମଚାରୀ ନେତା ଭାବରେ ମଧ୍ୟ ତାଙ୍କର

ପ୍ରତିଷ୍ଠା ଅଛି । ଭବିଷ୍ୟତରେ ସେ ଜଣେ ସମାଜସେବୀ ଭାବରେ ପ୍ରତିଷ୍ଠା ଲାଭ କରିବେ ବୋଲି ଆଶା କରାଯାଏ ।

ଶ୍ରଦ୍ଧେୟ ରାୟ ଜଣେ 'ଲ' ଗ୍ରାଜୁଏଟ୍ । ଯେକୌଣସି ଉଚ୍ଚତର ପଦବୀରେ କାର୍ଯ୍ୟ କରିବା ଭଳି ଯୋଗ୍ୟତା ଓ ଦକ୍ଷତା ତାଙ୍କର ଅଛି ।

ଶ୍ରୀ ଧ୍ରୁବ ଚରଣ ବାରିକ ବସନ୍ତଙ୍କ ସହିତ ମୋ ପାଖକୁ ଆସିଥିଲେ । ବି.ଏ. ପାଶ୍ କରି ସେ ଜଣେ ସରକାରୀ କର୍ମଚାରୀ ଭାବରେ ଜୀବନ ଆରମ୍ଭ କରିଛନ୍ତି । ଭାରି ବିଶ୍ୱସ୍ତ । ମୋ ଜୀବନୀ ଲେଖାରେ ସେ କେତେକ ସହଯୋଗ ମଧ୍ୟ କରିଛନ୍ତି ।

ରଙ୍ଗାଧର ସୂତାର

ଡାକ୍ତର ରଙ୍ଗାଧର ସୂତାରଙ୍କୁ ମୁଁ ଅନେକ ଆଗରୁ ଜାଣେ । ଜଣେ ଶିଶୁରୋଗ ବିଶେଷଜ୍ଞ ଭାବରେ ତାଙ୍କର ସୁନାମ ଅଛି । ଏବେ ସେ ରାଜଧାନୀ ହସ୍‌ପିଟାଲରେ ଅବସ୍ଥାପିତ ହୋଇ କାର୍ଯ୍ୟ କରୁଛନ୍ତି ।

ସେ କଟକର କଲ୍ୟାଣୀ ନଗରଠାରେ ଏବେ ଘର କରି ରହୁଛନ୍ତି । ତାଙ୍କ ପତ୍ନୀ ଶ୍ରୀମତୀ କୁନ୍ତଳା ଦେବୀ ଜଣେ ଆଦର୍ଶ ଶିକ୍ଷୟିତ୍ରୀ । ଡକ୍ଟର ସୂତାର କେତେବାର ମୋ ଡଗରପଡ଼ା ଘରଆଡ଼େ ଆସି ଜୀବନୀ ଲେଖାରେ ସହଯୋଗ କରିଛନ୍ତି । ସେ ଜଣେ ଅତି ସଚ୍ଚୋଟ ବ୍ୟକ୍ତି । ତାଙ୍କର ସରଳ ନମ୍ର ବ୍ୟବହାର ଯୋଗୁଁ ସେ ଅନେକଙ୍କର ପ୍ରିୟପାତ୍ର ହୋଇ ପାରିଛନ୍ତି ।

ସାରଙ୍ଗଧର ସାହୁ

ଶ୍ରୀ ସାରଙ୍ଗଧର ସାହୁଙ୍କ ସହିତ ମୋର ବହୁ ବର୍ଷର ପରିଚୟ । ସେ ବି.ଏସ୍‌ସି. ପାଶ୍ କରି ଜଣେ ଯୁବ ଶିଳ୍ପୋଦ୍ୟୋଗୀ ଭାବରେ ଜୀବନ ଆରମ୍ଭ କରିଛନ୍ତି । ମୋ ଜାଣିବାରେ ଶ୍ରଦ୍ଧେୟ ସାହୁ ଜଣେ କର୍ତ୍ତବ୍ୟନିଷ୍ଠ ବ୍ୟକ୍ତି । ତାଙ୍କ ଉପରେ ଯେକୌଣସି ଦାୟିତ୍ୱ ନ୍ୟସ୍ତ କଲେ ସେ ତାହା ନିଷ୍ଠାର ସହ କରିଥିବା ମୁଁ ଲକ୍ଷ୍ୟ କରିଛି । ସେ ଅନେକ ଅନୁଷ୍ଠାନ ସହ ସଂପୃକ୍ତ । ସେ କଟକର ପିଠାପୁରଠାରେ ତାଙ୍କର ଷ୍ଟିଲ୍ ବାସନ କାରଖାନାଟିର ପରିଚାଳନା ସହିତ ଅନ୍ୟାନ୍ୟ ବ୍ୟାବସାୟିକ କାର୍ଯ୍ୟ ମଧ୍ୟ କରୁଛନ୍ତି ।

ସେ ବହୁବାର ମୋ ପାଖକୁ ଆସି ମୋତେ ବିଭିନ୍ନ କାର୍ଯ୍ୟରେ ସାହାଯ୍ୟ କରିଛନ୍ତି । ଜୀବନୀ-ଲେଖା କାର୍ଯ୍ୟରେ ଯେତେବେଳେ ଯେଉଁ ଉପକରଣର ଆବଶ୍ୟକତା ପଡ଼ିଛି, ତାହା ଯୋଗାଡ଼ କରି ଆଣିବାରେ ତାଙ୍କର ଭୂମିକା ଉଲ୍ଲେଖଯୋଗ୍ୟ ।

ସେଦିନରୁ ଆଜି

ପରାଧୀନ ଭାରତରେ ଜନ୍ମଲାଭ କରି ଦୀର୍ଘକାଳ ବିଦେଶୀ ଶାସକର ଅବିଚାର, ଅତ୍ୟାଚାର ଓ ଶୋଷଣ ଦେଖି ଆସିଥିଲା। ସ୍ୱାଧୀନତାର କିଛିକାଳ ପୂର୍ବରୁ ଆମର ଜୀବନ-ପ୍ରବାହରେ ଯୁଗାନ୍ତକାରୀ ପରିବର୍ତ୍ତନର ସୂତ୍ରପାତ ହୋଇଥିଲା। ଏହାର ମହାନ ମନ୍ତ୍ରଦାତା ଥିଲେ ଆମ ଜାତିର ଜନକ ମହାତ୍ମା ଗାନ୍ଧୀ। ଗାନ୍ଧିଜୀଙ୍କ ଉପଯୁକ୍ତ ଦାୟାଦ ଭାବରେ ଭାରତୀୟ ଜାତୀୟ କଂଗ୍ରେସର ପ୍ରମୁଖ କର୍ଣ୍ଣଧାର ପଣ୍ଡିତ ଜବାହରଲାଲ ନେହେରୁ, ନେତାଜୀ ସୁଭାଷଚନ୍ଦ୍ର ବୋଷ, ସର୍ଦ୍ଦାର ବଲ୍ଲଭ ଭାଇ ପଟେଲ, ଲାଲବାହାଦୁରୀ ଶାସ୍ତ୍ରୀ ପ୍ରଭୃତି ଜନନାୟକଗଣ ଶାନ୍ତି ତଥା ପ୍ରଗତିର ଆଲୋକବର୍ତ୍ତିକା ଜଳାଇ ଯାଇଛନ୍ତି। ଏ କ୍ଷେତ୍ରରେ ଓଡ଼ିଶାରେ ଉତ୍କଳଗୌରବ ମଧୁସୂଦନ ଦାସ ଓ ଉତ୍କଳମଣି ଗୋପବନ୍ଧୁ ଦାସଙ୍କ ଭୂମିକା ମଧ୍ୟ ଉଲ୍ଲେଖଯୋଗ୍ୟ। ବହୁ ବର୍ଷ ଧରି ଯେଉଁ ପ୍ରଗତି ସମ୍ଭବ ହୋଇପାରି ନଥିଲା, ମାତ୍ର ଏଇ କେତେ ବର୍ଷ ଭିତରେ ତାହା ସମ୍ଭବ ହୋଇ ପାରିଛି। ବିଜ୍ଞାନ ଆଜି ଅସମ୍ଭବକୁ ସମ୍ଭବରେ ପରିଣତ କରିପାରିଛି। ସାରା ବିଶ୍ୱରେ ବିଜ୍ଞାନର ଅପ୍ରତିହତ ଜୟଯାତ୍ରା। ବହୁ ନୂତନ ନୂତନ ଧରଣର ଯନ୍ତ୍ରପାତି, କଳକବ୍‌ଜା ଆବିଷ୍କାର ଓ ଉଦ୍ଭାବନ ମଣିଷକୁ ମହାଜାଗତିକ ସ୍ତରରେ ପହଞ୍ଚାଇ ପାରିଛି। ଭୌତିକ ସୁଖ ସମୃଦ୍ଧିର ଆଜି ଅନ୍ତ ନାହିଁ।

ପାର୍ଥିବ ଦୃଷ୍ଟିରୁ ବିଚାର କଲେ ଜୀବନର ମାନଦଣ୍ଡ ଏଇ କେତେ ବର୍ଷ ମଧ୍ୟରେ ଆଶାତୀତ ଭାବରେ ବୃଦ୍ଧି ପାଇଛି। ଯାନବାହନର ସୁବିଧା ସୁଯୋଗ ଯୋଗୁଁ ପୃଥିବୀ ଆଜି କ୍ଷୁଦ୍ର ହୋଇ ଯାଇଛି। ବିଦ୍ୟା, ବୁଦ୍ଧି, କୌଶଳ ଦ୍ୱାରା ମନୁଷ୍ୟ ଆଜି ଅସାଧ୍ୟ ସାଧନ କରୁଛି। ଗ୍ରହରୁ ଗ୍ରହାନ୍ତରକୁ ଯାଇ ସେଠାରେ ବସବାସ କରିବାର ପରିକଳ୍ପନା କରୁଛି। ଆଧୁନିକ ଯନ୍ତ୍ରମାନବ (ରୋବର୍ଟ)ର ସୃଷ୍ଟି, ରିମୋଟ୍ କଣ୍ଟ୍ରୋଲର, ହାର୍ଟ, ପ୍ଲାଣ୍ଟେସନ୍, ଟେଷ୍ଟ ଟିଉବ୍ ବେବି ଏବଂ କମ୍ପ୍ୟୁଟର ପ୍ରଚଳନ ପ୍ରଭୃତି ବିଜ୍ଞାନର

ଚମତ୍କାରିତା ସାଧାରଣ ଜନମାନସକୁ ଅଭିଭୂତ କରିଦେଇଛି । ଅଗାଧ ସମୁଦ୍ର ଭିତରେ ବୁଡ଼ି ଯାଇଥିବା ଆକାଶଯାନ "କନିଷ୍କ"ର ବ୍ଲାକ୍‌ବକ୍‌ସ ଉଦ୍ଧାର କରିବାଲାଗି ରୋବର୍ଟ ଯାଇଥିଲା ମହାସାଗରର ଅତଳ ଗର୍ଭକୁ ଏବଂ ସେ ଖୋଜି ଆଣିବାରେ ସଫଳ ହୋଇଥିଲା । ଏସବୁ ଘଟଣା ସାଧାରଣ ପରିକଳ୍ପନାର ବାହାରେ । ବିଜ୍ଞାନର ଏଇ ଅଭୁତପୂର୍ବ ଆଟମ୍‌ବମ୍‌ର ଲୋମହର୍ଷଣକାରୀ ଚରମ ବିଭୀଷିକା ମଧ୍ୟ ଜଡ଼ିତ । ଭଗବାନ ନ କରନ୍ତୁ ! ମାତ୍ର ତୃତୀୟ ବିଶ୍ୱଯୁଦ୍ଧ ଯଦି ହୁଏ, ତା'ହେଲେ ବିଜ୍ଞାନ ହିଁ ଧ୍ୱଂସର କାରଣ ହେବ ।

ଆଜି ଦୁଇ ଜର୍ମାନୀର ଏକତ୍ରୀକରଣ ହୋଇଛି । ପାରସ୍ପରିକ ଈର୍ଷାର ପ୍ରତୀକ ବର୍ଲିନ୍‌ର ସେଇ ବିରାଟ ପ୍ରାଚୀର ଭାଙ୍ଗି ଖଣ୍ଡ-ବିଖଣ୍ଡିତ ହୋଇଛି । ଲୁହାପରଦା ବୋଲି କୁହାଯାଉଥିବା ସୋଭିଏତ୍ ରୁଷର ଅଭୂତପୂର୍ବ ପରିବର୍ତ୍ତନ ହୋଇଛି । ସେଠାରେ ବ୍ୟକ୍ତି-ସ୍ୱାତନ୍ତ୍ର୍ୟ ପ୍ରତି ବିଶେଷ ଆଗ୍ରହ ସୃଷ୍ଟି ହୋଇଛି । ଦକ୍ଷିଣ ଆଫ୍ରିକାରୁ ବର୍ଣ୍ଣ ବୈଷମ୍ୟବାଦ ଲୋପ ପାଇବାର ଶୁଭ ସୂଚନା ଦେଖା ଦେଇଛି । ଡକ୍ଟର ନେଲ୍‌ସନ ମାଣ୍ଡେଲା ଦୀର୍ଘ ୨୭ ବର୍ଷର କାରାବାସ ପରେ ମୁକ୍ତ ହୋଇ କଳାଗୋରା ଭେଦଭାବ ଦୂର କରିବା ପାଇଁ ଆପ୍ରାଣ ଉଦ୍ୟମ ଚଳାଇ ରଖିଛନ୍ତି । ଅନ୍ୟ ପକ୍ଷରେ ଚାଇନାରେ ମୁଣ୍ଡ ଟେକୁଥିବା ଛାତ୍ର ଆନ୍ଦୋଳନକୁ ଦବାଇ ଦିଆଯାଇଛି । ହିଂସା, ଦ୍ୱେଷ, ରକ୍ତପାତର ରାଜୁତି ସମଗ୍ର ପୃଥିବୀରେ । ମାନବ ସଭ୍ୟତା ଏକ ବାରୁଦଗଦା ଉପରେ ଦଣ୍ଡାୟମାନ । ଇରାକ୍ କୁଏତ୍‌କୁ ମାଡ଼ି ବସିବା ଫଳରେ ଆମେରିକାର ହସ୍ତକ୍ଷେପ ଜନିତ ସମସ୍ୟା ବିଶ୍ୱର ଚିନ୍ତାନାୟକମାନଙ୍କର ଚିନ୍ତାର କାରଣ ହୋଇଛି । ଉପରୋକ୍ତ ଘଟଣାବଳୀ ବ୍ୟତୀତ ଆହୁରି ଅନେକ ଘଟଣା ଘଟି ସାରିଛି । ଗୋଟି ଗୋଟି କରି କହି ବସିଲେ ଗୋଟିଏ ସ୍ୱତନ୍ତ୍ର ପୋଥିହେବ ।

ପୃଥ୍ୱୀର ବିଭିନ୍ନ ଦେଶରେ ଯେପରି ସେମାନଙ୍କର ନାନା ସମସ୍ୟା ରହିଛି, ଆମ ଭାରତବାସୀଙ୍କ ଜୀବନରେ ମଧ୍ୟ ସେହିପରି ବହୁ ସମସ୍ୟା ଅଛି । ଅତ୍ୟାବଶ୍ୟକୀୟ ସାମଗ୍ରୀଗୁଡ଼ିକର ମୂଲ୍ୟ ଅତିରିକ୍ତ ଭାବରେ ବୃଦ୍ଧି ପାଇଛି । ଶିକ୍ଷିତ ବେକାରୀମାନଙ୍କ ସଂଖ୍ୟା ଏତେ ଅଧିକ ଯେ, ସେମାନଙ୍କୁ କାମ ଯୋଗାଇ ଦିଆଯାଇ ପାରୁନାହିଁ ।

ମାନବିକତାର ଦ୍ରୁତହ୍ରାସ ଫଳରେ ବିଶ୍ୱାସରେ ସଙ୍କଟ ସୃଷ୍ଟି ହୋଇଛି । ରାଜନୀତି ଆଜି ଆଦର୍ଶଚ୍ୟୁତ, ବ୍ୟକ୍ତିଗତ ସ୍ୱାର୍ଥ ଓ କ୍ଷମତାର ମୋହ ସମୂହ ସ୍ୱାର୍ଥ ଓ ଜାତୀୟ ସ୍ୱାର୍ଥର ପରିପନ୍ଥୀ ହୋଇ ଦେଶର ନୈତିକ ମୂଲ୍ୟବୋଧକୁ ହତ୍ୟା କରିବାରେ ଲାଗିଛି । ସ୍ୱାଧୀନତାପ୍ରାପ୍ତିର ପଚାଶ ବର୍ଷ ପୂରିନାହିଁ । ଅଥଚ ଆମେ ଲକ୍ଷ୍ୟହରା ହୋଇ ପଡ଼ିଛୁ ।

ଅର୍ଥ ଜୀବନଧାରଣ ପାଇଁ ଏକାନ୍ତ ଆବଶ୍ୟକ। ଏକଥା ମୁଁ ଅସ୍ୱୀକାର କରୁନାହିଁ। କିନ୍ତୁ ଏବେ ଜୀବନ ଅର୍ଥ-ସର୍ବସ୍ୱ ହୋଇ ପଡ଼ିଛି। ବ୍ୟବସାୟ କ୍ଷେତ୍ରରେ ଅସାଧୁ ପନ୍ଥା ଅବଲମ୍ବନ କରାଯାଉଥିବାର ବ୍ୟାପକ ଅଭିଯୋଗ ହେଉଅଛି। ଏଇ କେତେ ଦିନର କଥା ବା! ଦିନ ଥିଲା, ଗାଁ ଗଣ୍ଡାରେ ପରସ୍ପର ଉପରେ ଯେଉଁ ସ୍ନେହ, ସହାନୁଭୂତି ଥିଲା, ମାନ ଥାନ ଥିଲା—ଆଜି ତାହା ନାହିଁ। ଗ୍ରାମୀଣ ଜୀବନର ମାଧୁର୍ଯ୍ୟ ଆଜି ଆଉ ନାହିଁ। ଏସବୁ ଦେଶ ପାଇଁ ଗଭୀର ଉଦ୍‌ବେଗର କଥା। ପଞ୍ଜାବ, କାଶ୍ମୀର ଓ ଆସାମ ପ୍ରଭୃତି ସୀମାନ୍ତ ରାଜ୍ୟଗୁଡ଼ିକରେ ବିଚ୍ଛିନ୍ନତାବାଦୀମାନେ ଯେପରି ମୁଣ୍ଡଟେକି ଉଠୁଛନ୍ତି, ତାହା କେବଳ ଚିନ୍ତାର କାରଣ ହୋଇ ନାହିଁ, ବରଂ ଦେଶକୁ ରସାତଳକୁ ଟାଣି ନେଉଅଛି।

ଏବେ ଯେ କେବଳ ରାଜନୈତିକ ସ୍ତରରେ ଏପରି ସଂକଟ ଘନେଇ ଆସିଛି ତାହା ନୁହେଁ; ସାମାଜିକ ଓ ଅର୍ଥନୈତିକ ଜୀବନରେ ମଧ୍ୟ ଅନୁରୂପ ଅବସ୍ଥା ସୃଷ୍ଟି ହୋଇଛି। ଯୌତୁକପ୍ରଥା, ବଧୂହତ୍ୟା, ନାରୀ ଧର୍ଷଣ, ସନ୍ତ୍ରାସବାଦ, ଲୁଣ୍ଠନ, ପାରିବାରିକ ଜୀବନର ଅସଙ୍ଗତ ଏବଂ ସର୍ବୋପରି ବେକାରୀ ସମସ୍ୟା ପ୍ରଭୃତି ଆଦି ଆମର ସାମାଜିକ ଜୀବନରେ ଅଭାବମୟ ପରିସ୍ଥିତି ସୃଷ୍ଟି କରିଛି। ମୋର ଯାହା ଯାହା ମନେହୁଏ, ସାମାଜିକ ଶୃଙ୍ଖଳା ଓ ଦାୟିତ୍ୱବୋଧ କ୍ରମଶଃ ମାନବ ହୃଦୟରୁ ଲୋପ ପାଇଯିବାକୁ ବସିଲାଣି। ସୁଅ ମୁହଁର ପତର ପରି ସମୟର ପ୍ରବାହ ଉପରେ ଆମେ ସମସ୍ତେ ଭାସୁଛେ। କାହାର କିଛି ଠିକଣା ନାହିଁ। ସାମାଜିକ ଜୀବନରେ ନୈତିକ ଆଦର୍ଶ ଓ ମାନବିକ ମୂଲ୍ୟବୋଧ ଆଜି ନିଛକ ବାସ୍ତବତା ପାଖରେ ମୁଣ୍ଡ ନୁଆଁଇଛି। ତେଣୁ ଆମର ଗତି କୁଆଡ଼େ—ଏ କଥା ଚିନ୍ତା କରିବା ଆବଶ୍ୟକ।

ଅର୍ଥନୈତିକ ବିକାଶ ପାଇଁ ଆମ ଦେଶ ବହୁ ଯୋଜନାମାନ ପ୍ରଣୟନ କରୁଛି। ସେଥିପାଇଁ ନୀତିନିୟମ ତିଆରି କରାଯାଉଛି। ଅଥଚ ଭାରତ ଦିନକୁ ଦିନ ଋଣଭାରରେ ଭାରାକ୍ରାନ୍ତ ହେବାରେ ଲାଗିଛି। ସର୍ବସ୍ୱ ଅର୍ଥନୈତିକ ଅସାମଞ୍ଜସ୍ୟ ପରିଲକ୍ଷିତ ହେଉଛି। ଅନେକ କ୍ଷେତ୍ରରେ ନ୍ୟାୟାଳୟରୁ ନ୍ୟାୟ ମିଳିବା ସମ୍ପର୍କରେ ଅଭିଯୋଗ ହେଉଥିବା ଶୁଣାଯାଉଛି। କୁହାଯାଇଛି— "There is no guarantee of Justice except the Personality of the Judge" (Elrlich)। ନ୍ୟାୟାଧିପତିମାନେ ସାଧାରଣ ଜନତା ଦୃଷ୍ଟିରେ ଦେବତା ଭଳି ସମ୍ମାନ ପାଇଥାନ୍ତି। ଦେଶର ସ୍ୱାର୍ଥ ଓ ସାଧାରଣ ଜନତାର ସ୍ୱାର୍ଥ ସହିତ ନ୍ୟାୟ, ସତ୍ୟ, ଧର୍ମ ସୁରକ୍ଷାର ଦାୟିତ୍ୱ ସେମାନଙ୍କ ହାତରେ ନ୍ୟସ୍ତ। ଏଠାରେ ଆଉ ଗୋଟିଏ ଉକ୍ତି ଉଦ୍ଧାର କରାଯାଇପାରେ—"Justice is more important than Justices"

ଆମ ଓଡ଼ିଶାରେ ବି କେତେ କ'ଣ ପରିବର୍ତ୍ତନ ହୋଇଗଲାଣି । ଏଥିପାଇଁ ଆମର ପୂର୍ବସୂରୀମାନେ ଚେଷ୍ଟା କରିଥିଲେ । କିଞ୍ଚିତ୍ ପରିମାଣରେ ଆମେ ମଧ୍ୟ ଉଦ୍ୟମ କରିଥିଲୁ । ଏବେ ବି ଅନ୍ୟମାନେ ପ୍ରଚେଷ୍ଟା ଚଳାଇ ରଖିଛନ୍ତି । ଅନେକ ଦୃଷ୍ଟିରୁ ଆମେ ଆଗେଇଛୁ । ଏଇ କେତେ ବର୍ଷ ଭିତରେ ଓଡ଼ିଶାରେ ଶିକ୍ଷାର ବହୁଳ ପ୍ରସାର ଘଟିଛି । ଉତ୍କଳ ବିଶ୍ୱବିଦ୍ୟାଳୟ ବ୍ୟତୀତ ବ୍ରହ୍ମପୁର, ସମ୍ବଲପୁର ଏବଂ ଓଡ଼ିଶା କୃଷି ଓ ବୈଷୟିକ ବିଶ୍ୱବିଦ୍ୟାଳୟ ପ୍ରତିଷ୍ଠିତ ହୋଇଛି । ପୁରୀରେ ଏକ ସଂସ୍କୃତ ବିଶ୍ୱବିଦ୍ୟାଳୟ ମଧ୍ୟ ହୋଇଛି । କଟକର ଶ୍ରୀରାମଚନ୍ଦ୍ର ଭଞ୍ଜ ମେଡ଼ିକାଲ କଲେଜ, ବ୍ରହ୍ମପୁରର ମହାରଜା କୃଷ୍ଣଚନ୍ଦ୍ର ଗଜପତି ମେଡ଼ିକାଲ କଲେଜ ଓ ସମ୍ବଲପୁରର ବୁର୍ଲାଠାରେ ବୀର ସୁରେନ୍ଦ୍ର ସାଏ ମେଡ଼ିକାଲ କଲେଜ ପ୍ରତିଷ୍ଠିତ ହୋଇ ଆଧୁନିକ ଚିକିତ୍ସା କ୍ଷେତ୍ରରେ ଉଲ୍ଲେଖନୀୟ ସଫଳତା ହାସଲ କରିଛି । ଶିଳ୍ପ ଓ ବାଣିଜ୍ୟ କ୍ଷେତ୍ରରେ ରାଉରକେଲା ଷ୍ଟିଲ୍ ପ୍ଲାଣ୍ଟ, ପାରାଦ୍ୱୀପ ବନ୍ଦର, ସୁନାବେଡ଼ା-ମିଗ୍ ଫ୍ୟାକ୍ଟରୀ, ଅନଗୁଳଠାରେ ନାଲ୍‌କୋର ପ୍ରତିଷ୍ଠା ସାଙ୍ଗକୁ କ୍ରୀଡ଼ା କ୍ଷେତ୍ରରେ ବାରବାଟୀ ଷ୍ଟାଡ଼ିୟମ ଓ ଜବାହରଲାଲ ନେହେରୁ ଇଣ୍ଡୋର ଷ୍ଟାଡ଼ିୟମ୍ ମଧ୍ୟ ପ୍ରତିଷ୍ଠା ଲାଭ କରିପାରିଛି ।

ଆଜି ଜଣେ ଓଡ଼ିଆ ଲୋକସଭାର ବାଚସ୍ପତି । ଆଉ ଜଣେ ସୁପ୍ରିମକୋର୍ଟର ପ୍ରଧାନ ବିଚାରପତି । ଓଡ଼ିଶା ଭାରତର ମାନଚିତ୍ରରେ ଆଉ ସବୁଠୁ ଗରିବ ରାଜ୍ୟ ହୋଇ ନ ରହି ଏକ ଶ୍ରେଷ୍ଠ ତଥା ସମୃଦ୍ଧ ରାଜ୍ୟରେ ପରିଣତ ହେବ । ତା'ର ପୂର୍ବ ଗୌରବ ଫେରି ପାଇବ । ଏ ବିଶ୍ୱାସ ଆମେ ପୋଷଣ କରିବାର ବେଳ ଆସିଛି ।

ଗୋଟିଏ କଥା ନ କହି ରହି ପାରୁନାହିଁ । ଧର୍ମ ଜଗତରେ ଆଜି ବହୁ ଗୋଷ୍ଠୀ, ବହୁ ଦାର୍ଶନିକ-ମତବାଦ ମୁଣ୍ଡ ଟେକିଛି । ପ୍ରେମ, ସଦ୍ଭାବନା, ସଂହତି, ସେବା, ପରୋପକାରକୁ ସବୁ ଧର୍ମରେ ଉଚ୍ଚ ସ୍ଥାନ ଦିଆଯାଇଛି । ମାତ୍ର ଆଜି ଧର୍ମ ମନୁଷ୍ୟକୁ ସଂକୀର୍ଣ୍ଣ ସ୍ୱାର୍ଥର ନିଗଡ଼ ଭିତରେ ବନ୍ଦୀ କରିଦେବାର ପ୍ରୟାସ କରୁଛି । ଧର୍ମ ନାମରେ ଧର୍ମାନ୍ଧତାର ଜୟଯାତ୍ରା ନ ହେଉ । ଆମର ଉତ୍ତର ପୁରୁଷମାନେ ଆମ ଦେଶର ମାନ ମର୍ଯ୍ୟାଦା ରକ୍ଷା କରିବାରେ ସମର୍ଥ ହୁଅନ୍ତୁ ।

ମୋର ପଞ୍ଚାଅଶି ବର୍ଷର ଜୀବନରୁ ବହୁ ବର୍ଷ କେବଳ ଆଇନକାନୁନ୍ କଥାରେ କଟିଯାଇଛି । ସେଇଥିପାଇଁ ମୋର ସ୍ୱତଃ ଇଚ୍ଛାହୁଏ, ଆମର ଜଜ୍‌ମାନେ ଗର୍ବ, ଦମ୍ଭରେ ନ୍ୟାୟାଳୟର ସ୍ୱାଧୀନତାକୁ ଅକ୍ଷୁଣ୍ଣ ରଖନ୍ତୁ । ଆମେମାନେ କେତେ କ'ଣ କରୁଛୁ, ତା'ର ବିଚାର ଆମ ଅନ୍ତେ ସମୟ କରିବ । କିନ୍ତୁ ସବୁବେଳେ ମନକୁ ଆସେ ଯେ, ଆସନ୍ତା ବଂଶଧରମାନେ ଏଇ ମଶାଲକୁ ଆହୁରି ଊର୍ଦ୍ଧ୍ୱକୁ ନେଇଯିବେ । ଆହୁରି

ଆଲୋକିତ କରିବେ। ବିଚାର ବିଭାଗ ଉପରେ ଦେଶର ଉଜ୍ଜ୍ୱଳ ଭବିଷ୍ୟତ ବହୁ ଭାବରେ ନିର୍ଭର କରେ।

ଶେଷରେ କହିରଖେ ଯେ, ଯାହାସବୁ ମନେ ପଡ଼ିଛି, ଠିକେ ଠିକେ ଲେଖିଛି। ଅନେକ କଥା ହୁଏତ ସେଥିରୁ ବାଦ ପଡ଼ିଯାଇଥିବ। ଅନେକଙ୍କ ସମ୍ପର୍କରେ କଥା କିଛି ଘଟଣା ମନ ଭିତରୁ ଧୋଇ ହୋଇ ଯାଇଥିବ। ଏହି ଅବସରରେ ସେମାନଙ୍କୁ କ୍ଷମା ମାଗୁଛି।

■

ନ୍ୟାୟମୂର୍ତ୍ତି ରାଜକିଶୋର ଦାସଙ୍କ ସଂକ୍ଷିପ୍ତ ଜୀବନୀ

ଅବିଭକ୍ତ ପୁରୀ ଜିଲ୍ଲାର ଏକ ଛୋଟିଆ ଗାଁ ବାଗଲପୁରରେ ୧୯୦୫ ମସିହାରେ ନ୍ୟାୟମୂର୍ତ୍ତି ରାଜକିଶୋର ଦାସ ଜନ୍ମଗ୍ରହଣ କରିଥିଲେ। ପିତା ବାଞ୍ଛାନିଧି ଦାସ ଓ ମାତା ସୁବାସିନୀ ଦେବୀଙ୍କର ସେ ଏକମାତ୍ର ପୁତ୍ର ସନ୍ତାନ ଥିଲେ। ଗ୍ରାମ ଚାଟଶାଳୀରେ ପ୍ରାଥମିକ ଶିକ୍ଷା ସମାପ୍ତ ପରେ ୧୯୧୫ ମସିହାରେ ଉଚ୍ଚ ଶିକ୍ଷା ପାଇଁ କଟକ ଆସିଥିଲେ। ଉଚ୍ଚ ଶିକ୍ଷା ପାଇଁ ପ୍ରସିଦ୍ଧି ଲାଭ କରିଥିବା ରେଭେନ୍ସା କଲିଜିଏଟ୍ ସ୍କୁଲରେ ମାଧ୍ୟମିକ ସ୍କୁଲ ଶିକ୍ଷା ଓ ରେଭେନ୍ସା କଲେଜରେ କଲେଜ ଶିକ୍ଷା ସମାପ୍ତ କରିଥିଲେ।

ଜଷ୍ଟିସ୍ ରାଜକିଶୋର ଦାସଙ୍କ ଆତ୍ମଜୀବନୀ 'ଅନେକ ଦିନର ଅନେକ କଥା'ରେ ତତ୍କାଳୀନ ସମୟର ସାମାଜିକ ଓ ରାଜନୈତିକ ଘଟଣାବଳୀ ପ୍ରତିଫଳିତ ହୋଇଛି। ସ୍ୱରାଜ୍ୟ ଆଶ୍ରମରେ ଅବସ୍ଥାପିତ ସ୍ୱାଧୀନତା ସଂଗ୍ରାମୀମାନଙ୍କ ପାଇଁ ଘର ଘର ବୁଲି 'ମୁଠି ଚାଉଳ' ପ୍ରତ୍ୟକ୍ଷ ଭାବରେ ସଂଗ୍ରହ କରୁଥିଲେ ଓ ଆଇନଜୀବୀ ଭାବରେ ବିନା ପଇସାରେ ସ୍ୱାଧୀନତା ସଂଗ୍ରାମୀମାନଙ୍କ ମୋକଦ୍ଦମା ଲଢ଼ି ଦେଶାତ୍ମବୋଧର ପରିଚୟ ଦେଇଥିଲେ।

ଜଷ୍ଟିସ୍ ଦାସଙ୍କର ବୃତ୍ତି ପରିବର୍ତ୍ତନଶୀଳ ଥିଲା। ଜଣେ ଆଇନଜୀବୀ ଭାବରେ ସେ ୧୯୩୪ ମସିହାରେ ବାରରେ ଯୋଗ ଦେଇଥିଲେ। ଜଣେ ଆଇନଜୀବୀ ଭାବେ ସେ ମୁଖ୍ୟତଃ ବିଦ୍ୟାର୍ଥୀ, ଗରିବ ଓ ନିଷ୍ପେସିତ ଲୋକମାନଙ୍କର ଅଧିକାର ସୁରକ୍ଷା ପାଇଁ ମୋକଦ୍ଦମା ଲଢ଼ି ବିଶେଷ ସୁଖ୍ୟାତି ଅର୍ଜନ କରିଥିଲେ। ମହକିଲମାନେ ତାଙ୍କ ହାତରେ କେସ୍ ଦେଇ ନିଜକୁ ସୁରକ୍ଷିତ ମଣୁଥିଲେ। କାରଣ ସେ ସ୍ୱଳ୍ପ ମୂଲ୍ୟରେ ମୋକଦ୍ଦମା ଲଢୁଥିଲେ। ତାଙ୍କ ଅଧୀନରେ ବହୁ ଯୁବ ଆଇନଜୀବୀ ମୋକଦ୍ଦମା ପରିଚାଳନା ଶିଖି

ଭବିଷ୍ୟତରେ ଦକ୍ଷ ଆଇନଜୀବୀ ଭାବରେ ସ୍ୱତନ୍ତ୍ର ପରିଚୟ ସୃଷ୍ଟି କରିଥିଲେ । ସେମାନଙ୍କ ମଧ୍ୟରେ ଥିଲେ ଦକ୍ଷ ଫୌଜଦାରୀ ଓକିଲ ଗିରିଜା ଶଙ୍କର ବହିଦାର, ନୀଳମଣି ରାଉତରାୟ ଯିଏ ଭବିଷ୍ୟତରେ ଓଡ଼ିଶାର ମୁଖ୍ୟମନ୍ତ୍ରୀ ଆସନ ମଣ୍ଡନ କରିବା ସହ କେନ୍ଦ୍ରମନ୍ତ୍ରୀ ମଧ୍ୟ ହୋଇପାରିଥିଲେ । ଦକ୍ଷ ଦେୱାନୀ ଓକିଲ ରାଜେନ୍ଦ୍ର ଚନ୍ଦ୍ର ମହାନ୍ତି, ମୁଖ୍ୟ ବିଚାରପତି ସୁକାନ୍ତ କିଶୋର ରାୟ, ଯିଏ ପରେ ଓଡ଼ିଶା ହାଇକୋଟର ମୁଖ୍ୟ ବିଚାରପତି ହୋଇଥିଲେ । ଜଷ୍ଟିସ ଯୁଗଳ କିଶୋର ମହାନ୍ତି ପରେ ତାଙ୍କର ଜାମାତା ହୋଇଥିଲେ । ବାରିଷ୍ଟର ଗୋବିନ୍ଦ ଦାସ ଓ ବିଜୟ କୃଷ୍ଣ ମହାନ୍ତି ପରେ ଓଡ଼ିଶା ସରକାରଙ୍କ ଆଡଭୋକେଟ ଜେନେରାଲ ଭାବେ କାର୍ଯ୍ୟ କରିଥିଲେ ।

ଏହି ଦକ୍ଷ ଓ ଉଚ୍ଚ ନ୍ୟାୟ ସମ୍ପନ୍ନ ଆଇନ ବିଶାରଦ ୧୯୬୦ ମସିହାରେ ସ୍ଥାୟୀ ବିଚାରପତି ଭାବରେ ଓଡ଼ିଶା ହାଇକୋର୍ଟରେ ଯୋଗ ଦେଇଥିଲେ । ଜଣେ ବିଚାରପତି ଭାବେ ଗମ୍ଭୀର ଓ ବହୁ ଯୁଗାନ୍ତକାରୀ ନ୍ୟାୟ ପ୍ରଦାନ କରିଥିଲେ । ଯୁବ ଆଇନଜୀବୀମାନଙ୍କୁ ପେଷାରେ ତିଷ୍ଠି ରହିବା ପାଇଁ ବହୁ ଦୃଷ୍ଟାନ୍ତମୂଳକ ଓ ନୀତିଗତ ଉପଦେଶ ମାନ ପ୍ରଦାନ କରୁଥିଲେ ।

୧୯୬୭ ମସିହାରେ ବରିଷ୍ଠ ବିଚାରପତି ପଦରୁ ଅବସର ଗ୍ରହଣ ପରେ ସେ ଅଧିକ ଚଳଚଞ୍ଚଳ ହୋଇପଡ଼ିଥିଲେ । ନିଜର ବହୁବିଧ ଗୁଣବତ୍ତା ଯୋଗୁଁ ବହୁ ଲୋକ ପ୍ରିୟତା ଅର୍ଜନ କରିଥିଲେ । ୧୯୭୪ ମସିହାରେ ଗଠିତ ଜିଲ୍ଲା- ପୁନର୍ଗଠନ କମିଟିର ଅଧ୍ୟକ୍ଷ ଭାବେ କାର୍ଯ୍ୟ ତୁଲାଇଥିଲେ । ତତ୍କାଳୀନ ମୁଖ୍ୟମନ୍ତ୍ରୀ ନନ୍ଦିନୀ ଶତପଥୀଙ୍କ କାର୍ଯ୍ୟଧାରାର ତଦନ୍ତ କମିଶନର ମୁଖ୍ୟ ଥିଲେ । 'ରାଜ୍ୟ ଚଳଚ୍ଚିତ୍ର ସମ୍ମାନ' କମିଟିର ମୁଖ୍ୟ ଭାବେ ତତ୍କାଳୀନ ସରକାର ତାଙ୍କୁ ନିଯୁକ୍ତି ଦେଇଥିଲେ । ୧୯୦୩ ମସିହାରେ ଗଠିତ ହୋଇଥିବା ଉତ୍କଳ ସମ୍ମିଳନୀ ସହିତ ଦୀର୍ଘ ୨୦ ବର୍ଷ ଧରି ଏହାର ପ୍ରଶାସନିକ ସଭ୍ୟ ଭାବେ କାର୍ଯ୍ୟ କରିଥିଲେ । ଜୀବନର ଶେଷ ପର୍ଯ୍ୟନ୍ତ 'ଅନ୍ନପୂର୍ଣ୍ଣା ରଙ୍ଗମଞ୍ଚ' ଓ 'ଉତ୍କଳ ସାହିତ୍ୟ ସମାଜ' ସହିତ ଅଙ୍ଗାଅଙ୍ଗି ଭାବେ ଜଡ଼ିତ ଥିଲେ ।

ସାମ୍ବାଦିକତାରେ ତାଙ୍କର ଅସାଧାରଣ ଦୁର୍ବଳତା ଥିଲା । 'ନିଉଜ୍ ଅଫ୍ ୱାର୍ଲ୍ଡ'ର ସମ୍ପାଦକୀୟ ପୃଷ୍ଠା ପ୍ରତ୍ୟହ ଲେଖିଥିଲେ । ଓଡ଼ିଶାର କଳା ଓ ସଙ୍ଗୀତ ପ୍ରତି ତାଙ୍କର ସ୍ୱତନ୍ତ୍ର ଦୃଷ୍ଟି ଥିଲା । ଅନ୍ନପୂର୍ଣ୍ଣ ରଙ୍ଗମଞ୍ଚ, ଉତ୍କଳ ଆର୍ଟ ଆଣ୍ଡ କ୍ରାଫ୍ଟ, କଳା ବିକାଶ କେନ୍ଦ୍ର ସହିତ ଦୀର୍ଘଦିନ ଜଡ଼ିତ ଥିଲେ ।

୧୯୯୫ ମସିହା ଡିସେମ୍ବର ୧୬ ତାରିଖରେ ନିଜର ଘଟଣାବହୁ ଓ କର୍ମମୟ ଜୀବନ ଶେଷ କରି ଇହଲୀଳା ସମ୍ବରଣ କରିଥିଲେ ।

BLACK EAGLE BOOKS

www.blackeaglebooks.org
info@blackeaglebooks.org

Black Eagle Books, an independent publisher, was founded as a nonprofit organization in April, 2019. It is our mission to connect and engage the Indian diaspora and the world at large with the best of works of world literature published on a collaborative platform, with special emphasis on foregrounding Contemporary Classics and New Writing.

www.ingramcontent.com/pod-product-compliance
Lightning Source LLC
Chambersburg PA
CBHW060545080526
44585CB00013B/454
9781645608035